이타심

자신과 세상을 바꾸는 위대한 힘

마티유 리카르의 저서

『깨어 있는 방랑Le Vagabond de l'Éveil』 2018

『히말라야에서 보낸 50년Un demi-siècle dans l'Himalaya』 2017

『나를 넘다: 과학과 명상, 지성과 영성의 만남Cerveau & méditation: Dialogue entre le bouddhisme et les neurosciences』 볼프 싱어와 공저, 2017

『상처 받지 않는 삶Trois amis en quête de sagesse』 2016

『동물을 위한 호소Plaidoyer pour les animaux』 2015

『108개의 미소108 sourires』 2011

『구도의 길: 티베트 불교 문장 선집Chemins spirituels』 2010

『평온의 땅 부탄Bhoutan, terre de sérénité』 2008

『명상의 기술L'Art de la méditation』 2008

『부동의 여행Un voyage immobile』 2007

『자비의 눈으로 보는 티베트Tibet, regards de compassion』 2006

『행복을 찾아 떠난 소년La Citadelle des neiges』 2005

『행복, 하다Plaidoyer pour le bonheur』 2003

『불자들의 히말라야Himalaya bouddhiste』 2002

『손바닥 안의 우주L'Infini dans la paume de la main』 트린 주안 투안과 공저, 2000

『티베트의 승무Moines danseurs du Tibet』 1999

『승려와 철학자Le Moine et le Philosophe』 장 프랑수아 르벨과 공저, 1997

『티베트의 정신L'Esprit du Tibet』 1996, 2011(개정판)

이타심

자신과 세상을 바꾸는 위대한 힘

Matthieu Ricard 마티유 리카르 지음 ● 이희수 옮김

PLAIDOYER POUR L'ALTRUISME
la force de la bienveillance

하루헌

정신적 스승이신 제14 대 달라이 라마 텐진 갸초,

칸귤 린포체, 딜고 켄체 린포체

그리고 자비심에 눈을 뜨게 해 주신 모든 분께

몸소 이타심을 실천하며 좋은 본보기가 되어 주신 어머니와 여동생께

이타심을 위해 의기투합하는 도반 크리스토프 앙드레와 폴린 앙드레께

이타심에 대해 과학적 근거를 제공하여

책의 신뢰를 높여 준 과학계 친구이자 멘토인 대니얼 뱃슨,

리처드 데이비슨, 폴 에크만, 폴 길버트, 제인 구달,

리처드 레이어드, 앙투안 루츠, 타니아 싱어,

데니스 스노워, 프란스 드 발

그리고 많은 제 궁금증을 풀어 주고 깨우쳐 주신 모든 분께

백여 가지에 이르는 인도주의 활동을 펼치며

직접 자비심을 실천하는 카루나 세첸의 친구, 동료, 후원자 여러분께.

도움이 필요한 사람이 있으면 어디든지 달려가는 라파엘 드망드르께

마지막으로 이타심이 정말 필요한 분들께

이 책을 바칩니다.

일러두기
- 맞춤법과 외래어 표기는 국립국어원 용례를 따랐으며, 고유 명사 및 전문 용어 떼어쓰기는 원칙에 따라 단어별로 떼어 썼다. 외래어는 필요한 경우에 원어를 병기했다. 인명은 한글로만 표기하고 원어는 책 말미에 실린 「인명 대조표」에 밝혀 두었다.
- 단행본, 정기 간행물, 신문에는 겹낫표(『 』)를 논문에는 홑낫표 (「 」)를 표기했다.
- 본문에 나오는 도서, 다큐멘터리는 원 제목을 번역 표기하는 것을 원칙으로 하되 국내에 번역 출간 및 소개된 제목을 그대로 따르고 원제를 병기했다.

시대적 요청에 부응하는 생각보다 더 강력한 것은 없다.

- 빅토르 위고

서론

나는 내 이야기를 하기보다는 인생에 깊이 영향을 미치는 위대한 사상가들 말에 귀를 기울이는 편이다. 그런데 지금은 내 삶에서 중요한 전환점이 되었던 대목들을 술회하려고 한다. 그래야 이 책을 쓰게 된 연유와 과정을 이해하는 데 도움이 될 것 같다.

나는 성년이 될 때까지 프랑스에서 살았다. 스무 살이 되던 해인 1967년에 처음 인도를 방문했다. 훗날 내 스승이 된 칸귤 린포체를 비롯해 위대한 티베트 불교 지도자들을 만나기 위해서였다. 또한 그해 파스퇴르 연구소에서 프랑수아 자콥 지도 아래 세포 유전학 박사 논문을 준비하기 시작했다. 당시에 여러 해 동안 과학자가 되는 훈련을 받은 덕에 오늘날 지식인으로서 엄정성과 정직성을 중요하게 여기게 되었다.

1972년에 박사 논문을 마무리한 나는 인도 다르질링에 가서 스승 곁에 머물기로 결심했다. 스승을 만난 후 몇 해 동안 인도, 부탄, 네팔, 티베트 등지에서 단순한 삶을 살았다. 한 달에 한 번 편지가 올까 말까 하고 라디오나 신문도 없이 살았다. 세상이 어떻게 돌아가는지 거의 몰랐다. 그때 나는 영적 스승이신 칸귤 린포체 밑에서 가르침을 받았으며 1975년에 스승이 입적하신 뒤에는 딜고 켄체 린포체의 제자가 되어 수행을 했다. 몇 년 동안 은거하면서 명상 수련을 한 것이다. 그러면서 특별한 인연을 맺은 다르질링의 올겐 쿤장 초링 사원이나 네팔의 세첸 테니 달곌링 사원 일에 발 벗고 나서 최선을 다하는 한편, 티베트 문화 및 종교 유산 보존을 위해 열심히 뛰어다녔다. 나는 스승들의 가르침 덕분에 이타심을 통해 얻을 수 있는 많은 이로움을 깨달을 수 있었다.

그러던 중 1997년에 프랑스 한 출판사로부터 제안을 받았다. 지금은 고인이 되셨지만 내 아버지이자 철학자인 장 프랑수아 르벨과 대담을 하자는 것이었다. 그래서 세상의 빛을 보게 된 책이 대담집『승려와 철학자』이다. 이 책을 계기로 나는 익명으로 조용히 살아가던 일상에 마침표를 찍어야 했다. 하지만 다른 한편으로는 새로운 기회를 많이 접할 수 있었다.

사반세기 동안 서양을 등진 채 불교 공부와 수행에 푹 빠져 살아온 내가 이 시대를 살아가는 사람들의 생각과 다시 마주하게 되었다. 먼저 베트남 출신 천체 물리학자인 트린 주안 투안과 대화를 통해 과학계와 다시 인연을 맺었으며(『손바닥 안의 우주』), 신경 과학자 프란시스코 바렐라와 사업가 애덤 앵글이 과학과 불교의 교류를 촉진하기 위해 달라이 라마의 지원을 받아 설립한 마음과 생명 연구소Mind & Life Institute 모임에도 참여하게 되었다. 2000년부터는 위스콘신 대학교 매디슨 캠퍼스에 있는 리처드 데이비슨의 연구실에서 진행한 심리학 및 신경 과학 연구 프로젝트에 적극 동참하고 있다. 명상을 통한 정신 수련의 장기적, 단기적 효과를 분석하는 것이 연구의 목표이다. 수년간 연구에 참여하면서 리처드 데이비슨과 우정을 돈독히 하고 긴밀한 협력 관계를 구축했다. 폴 에크만, 타니아 싱어와 볼프 싱어 부녀, 대니얼 뱃슨, 앙투안 루츠 등 여러 다른 과학자들과도 비슷한 인연을 맺었다.

한마디로 말해서 동양의 불교적 가르침과 서양의 과학이라는 굵직한 두 원류가 합류하는 지점에서 뜻깊은 경험을 쌓은 것이었다.

동양에서 돌아왔을 때 세상을 보는 내 눈은 달라져 있었다. 더 나은 인간이 되기 위해 삶과 사고방식을 바꾸는 것이 가장 중요하다고 여기는 문화와 사람들 사이에서 사는 것이 나에게는 더 익숙했다. 이익과 손해, 쾌락과 불쾌, 칭찬과 비판, 유명과 무명에 일희일비하는 삶은 성숙하지 못한 것이고 번뇌만 유발한다고 생각하게 되었다. 뭐니 뭐니 해도 자비심─이타적인 사랑(慈心)과 측은지심(悲心)이 인간의 삶에 가장 중요한 덕목이고 구도의 핵심이었다. 지금도 마찬가지지만 세상사람 모두 선善을 행하고 깨달음을 얻을 수 있는 불변의 능력을 갖고 있다고 여기는 불교적 관점에 고취되어 있었다.

세상도 많이 변해 있었다. 다시 찾은 서양 세계는 개인주의를 강점이자 덕목으로 숭상하다 못해 이기주의와 자기도취가 만연해 있어서 무척 곤혹스러웠다. 내 눈에는 그것이 사회 안에서 더불어 살아가는 최적의 방법이 아니었다.

'타자지향적' 사회와 '자기중심적' 사회 사이에 괴리가 생기게 된 문화적, 철학적 원인에 대해 생각하던 중에 문득 "인간은 인간에게 늑대 같은 존재"[1]라는 고대 로마 희극 작가 플라우투스가 한 말이 생각났다. 플라우투스의 이런 주장을 받아들여 확대 재생산한 것이 "만인의 만인에 대한 투쟁"[2]을 말한 토마스 홉스, 이타심을 나약한 인간의 특징이라고 규정한 니체, "인간이 선하다는 증거를 거의 발견하지 못했다."[3]라고 주장한 프로이트였다. 그것이 염세적 세계관을 가진 사상가 몇 명의 문제라고 생각하고 대수롭지 않게 여겼는데 오판이었다. 그들의 사상이 갖는 영향력을 제대로 파악하지 못했다. 내 생각이 짧았다.

1. Plautus, *The Comedy of Asses*, Harvard University Press, 1916.
2. Hobbes, Thomas, *Leviathan*, 1651, Chapter 13.
3. Freud, Sigmund, in a letter to Oskar Pfister, September 10, 1918. http://www3.dbu.edu/mitchell/freud%27sillusion.htm

이 현상을 제대로 이해하려고 백방으로 노력했다. 그리고 깨달았다. 인간의 행동, 말, 생각의 동기가 모두 이기심이라는 대전제가 오랫동안 서양의 심리학과 진화론과 경제 이론을 지배했으며 마침내 정론으로 득세했음에도 불구하고 최근까지도 이에 대해 반박하는 목소리가 거의 없었다는 사실을. 더욱더 놀라운 일은 사람이 무슨 일을 하든지 근본적으로 이기주의적인 동기를 찾아내려고 안간힘을 쓰는 지식인이 항상 있다는 사실이었다.

서양 사회를 관찰하는 과정에서 '현자賢者'는 이제 본받아야 할 대상에서 저만치 밀려나고 유명 인사, 부자, 권력자들이 그 자리를 차지했다고 결론지을 수밖에 없었다. 지나치게 소비를 중시하고, 호의호식을 즐기고, 돈이 절대 권력으로 세상에 군림하는 것을 보면서 요즘 사람들은 행복과 충만감을 달성하겠다는 인생의 목표를 망각한 채 삶의 수단에만 집착해 살아가는 것 같았다. 그런데 또 인기도를 묻는 설문 조사를 하면 간디, 마틴 루터 킹, 넬슨 만델라, 테레사 수녀와 같은 사람들이 상위를 점하고 있다. 세상이 정말 이상한 모순에 사로잡혀 있는 것 같다. 문제의 설문 조사에서 몇 년째 연속으로 프랑스 사람들 사이에서 가장 인기 있는 인물로 뽑힌 사람은 피에르 신부(노숙자의 주거 환경 개선과 자립을 위해 평생을 헌신)였다. 그런데 북아메리카인 수백 명을 대상으로 실시한 설문 조사 결과를 보니 의문이 약간 해소되었다. 이 조사에서 "달라이 라마와 톰 크루즈 가운데 누구를 존경합니까?"라는 질문에 80퍼센트가 달라이 라마라고 대답했다. 반면에 "선택이 가능하다면 두 사람 중 누가 되고 싶습니까?"라는 질문에 대해서는 70퍼센트가 톰 크루즈라고 답변했다. 이것을 보면 우리는 인간의 진정한 가치가 무엇인지 알지만 부와 권력과 명예에 현혹되어 정신적 가치를 추구하기보다 편안하고 안락해 보이는 것에 끌려가고 있다는 것을 알 수 있었다.

그런데 세상이 아무리 폭력에 뒤흔들려도 일상을 들여다보면 우리의 삶에 협조와 우정, 사랑과 배려의 궤적이 면면히 이어지고 있는 것을 쉽게 볼 수 있다. 자연이라고 해서 영국 시인 알프레드 테니슨이 개탄한 것처럼 늘 "시뻘건 이빨과 발톱"[4]만 세우지 않는다. 하버드 대학교 스티븐 핑커 교수가 『우리 본성은 선한 천사The Better Angels of our Nature』에서 집대성한 심층 연구 결과를 잘 살펴보면 언론을 통해 형성된 인상이나 통념과 달리 지난 몇 세기 동안 형태와 종류를 불문하고 폭력이 줄어들고 있다는 것을 알 수 있다.[5]

나는 과학자들과 교류하는 과정에서 인간의 본성에 대한 왜곡된 시각이 최근 30년 동안 수정되어 왔다는 사실을 알고 안도했다. 보편적인 이기주의의 가설이 잘못되었음을 입증하는 과학적 연구가 꾸준히 증가하고 있다.[6] 특히 대니얼 뱃슨은 심리학자 가운데 처음으로 엄격한 과학적 프로토콜을 이용해 이타심이 정말 존재하는지, 혹시 위장된 형태의 이기심에 불과한 것이 아닌지 알아보는 실험 연구를 감행했다.

4. Lord Tennyson, Alfred, "In Memoriam." *In The Works of Alfred Lord Tennyson*, Wordsworth Editions, 1998.
5. 특히 Tremblay, Richard, *Early Learning Prevents Youth Violence*, http://www.excellence-earlychildhood.ca/documents/Tremblay_AggressionReport_ANG.pdf 및 Pinker, Steven, *The Better Angels of Our Nature: Why Violence Has Declined*, Penguin, 2012 참조.
6. 특히 심리학자 Batson, C. Daniel, *The Altruism Question* (1991) *and Altruism in Humans* (2011), Oxford University Press, 정치 평론가이자 철학자 Monroe, Kristen Renwick, *The Heart of Altruism* (1996), 사회학자 Kohn, Alfie, *The Brighter Side of Human Nature, Altruism and Empathy in Everyday Life* (1992), 심리학자 Wallach, Michael and Lise, *Psychology's Sanction for Selfishness* (1983), 동물 행동학자 Waal de, Frans, *The Age of Empathy: Nature's Lessons for a Kinder Society* (2009), 심리학자 Lecomte, Jacques, *La Bonté humaine: Altruisme, empathie, générosité* (2012), 그 밖에 Joseph Butler, David Hume, Charlie D. Broad, & Norman J. Brown 등 여러 철학자의 저술 참조.

살아 있는 본보기의 위력

나는 어렸을 때 착한 일을 하는 사람이 가장 훌륭한 사람이라는 말을 자주 들었다. 어머니는 행동으로 직접 보여 주었으며, 내가 존경하는 많은 분들도 착한 마음씨를 기르라고 늘 말씀하셨다. 그들의 말과 행동은 영감의 원천이 되었으며, 자기중심적인 생각에서 벗어나 선하고 의미 있는 삶을 살고 싶은 희망을 키우게 했다. 나는 특별히 믿는 종교가 없이 세속적인 환경에서 자란 탓에 교육 과정에서 이타심이나 자선을 교조적인 이념으로 주입받지 않았다. 남들이 하는 모범적인 언행을 보고 배운 것이 전부였다.

나는 1989년부터 달라이 라마의 프랑스어 통역이라는 명예로운 일을 수행하고 있다. 달라이 라마가 자주 하는 말 가운데 "나의 종교는 친절"이라는 말이 있다. 이 말의 가르침은 본질적으로 이런 것이다. "적을 포함해 세상에 존재하는 모든 중생은 나와 같이 고통을 두려워하고 행복하기를 바란다. 이런 생각을 하면 친구든 적이든 타인의 행복을 깊이 염려하게 된다. 이것이 진정한 자비심의 본질이다. 남에게 아무 관심도 없이 행복을 추구하는 것은 큰 잘못이다." 달라이 라마는 이러한 가르침을 매일같이 몸소 실천하고 있다. 그를 찾아오는 방문객이나 공항에서 마주치는 낯선 사람이나 그 누구든지 한결같이 마음을 다해 주의를 기울인다. 그리고 선의가 그득한 눈으로 상대방의 마음을 찡하게 만들고는 미소를 보내며 조용히 자리를 뜬다.

몇 년 전, 네팔에 있는 산중에서 안거를 하기 위해 준비를 할 때 달라이 라마께 조언을 구한 적이 있다. 그때 이렇게 말씀했다. "처음에도 자비에 대해 명상하고, 중간에도 자비에 대해 명상하고, 마지막에도 자비에 대해 명상하라."

명상을 하는 수행자는 먼저 자기 자신이 변해야 남에게 제대로 도움을 줄 수 있다. 달라이 라마는 명상하는 삶과 현실의 일상을 잇는

다리가 필요하다고 강조한다. 지혜 없는 자비심이 맹목이라면 행동 없는 자비심은 위선이다. 그래서 나는 달라이 라마를 비롯해 여러 스승의 가르침을 받들어 1999년부터 카루나 세첸[7] 활동에 매진하고 있다. 카루나 세첸은 헌신적으로 일하는 자원봉사자들과 아낌없이 도와주는 후원자들로 구성된 인도주의 단체로 티베트, 네팔, 인도에 학교, 병원, 빈민 구제원을 짓거나 재정적으로 후원하는 일을 하며 이미 완료된 프로젝트만 해도 120건이 넘는다.

오늘날 우리 앞에 놓인 과제

오늘날 우리는 수많은 과제가 산적한 시대를 살고 있다. 중요한 과제 가운데 하나는 경제 발전, 행복 추구, 환경 보호 간에 절대적으로 필요한 사안들을 조화시키는 것이다. 이러한 사안들은 시간을 기준으로 단기, 중기, 장기로 나눌 수 있으며 여기에 자신의 이해관계, 가까운 사람들의 이해관계, 모든 존재의 이해관계를 다시 중첩할 수 있다.

경제와 금융은 갈수록 빠른 속도로 진화하고 주식 시장은 하루가 다르게 폭등과 폭락을 반복한다. 일부 은행들이 의기투합해 개발하고 투자자들이 투기 목적으로 사용하는 새로운 초고속 매매 기법은 초당 4억 건의 거래를 발생시킨다. 상품의 수명 주기도 갈수록 짧아지기만 한다. 50년 만기 국채에 돈을 넣겠다는 투자자는 이제 단 한 명도 없을 정도이다! 유복하게 살아가는 부자들은 어려운 처지에 있는 사람들이나 미래 세대를 위해 생활 수준을 낮추려 하지 않는다. 곤궁한 사람들은 재산을 모으려는 당연한 욕구 외에 굳이 필요 없는 것까지 갈구하게 만드는 소비 사회로 들어가고 싶어 한다.

삶의 만족도는 흔히 인생 계획, 경력, 가족, 세대를 기준으로 측정된

---

7. www.karuna-shechen.org 참조.

다. 살면서 맛보는 순간순간의 품질, 삶을 다채롭게 물들이는 기쁨과 고통, 타인과 관계에 따라서도 측정이 가능하다. 처한 환경에 따라 만족과 불만족이 결정되기도 하고, 처한 환경을 행복하게 받아들이느냐 불행하게 받아들이느냐에 따라 만족과 불만족으로 갈리기도 한다.

환경은 최근까지만 해도 수만 년이나 수백만 년의 시간을 지질학적, 생물학적, 기후학적 시대로 나눠 진화 과정을 구분했다. 물론 거대 소행성 충돌이나 화산 폭발과 같은 대재앙이 일어나 종이 대량 멸종한 경우는 예외이다. 그런데 요즘 들어 이런 변화의 속도가 계속 빨라지고 있다. 인간이 벌이는 여러 가지 활동으로 인해 대대적인 생태학적 격변이 일어나고 있기 때문이다. 특히 1950년부터 급속도로 변하면서 인류세Anthropocene('인간의 시대'라는 뜻)라는 새로운 지질 시대 개념까지 탄생했다. 인류세는 역사상 최초로 인간의 활동이 지구 생태계에 커다란 변화(현재까지는 주로 파괴)를 초래한 시대이다. 일찍이 보지 못했던 까다로운 문제가 기습 공격을 한 셈이다.

천연 자원을 개발해서 커다란 이익을 취하는 부자 나라들은 생활 수준을 낮추려고 하지 않는다. 바로 그런 나라들이 기후 변화를 비롯해 여러 가지 재앙과 골칫거리(예를 들어 최저 기온 상승으로 말라리아와 같은 질병이 새로운 지역이나 고도가 높은 지역에서 유행하는 문제)를 양산하는 당사국들인데 정작 피해를 보는 것은 기후 격변과 아무 상관도 없는 극빈 국가들이다. 아프가니스탄 국민 한 명은 카타르인보다 2,500배, 미국인보다 1,000배나 적은 이산화 탄소를 배출한다. 미국 재계의 거물 스티븐 포브스는 24시간 뉴스 전문 채널인 폭스 뉴스에 출연해 해수면 상승에 대해 이렇게 말했다. "앞으로 100년 뒤에 일어날 일 때문에 지금 당장 일하는 방식을 바꾼다는 것은 정말 이상한 일이라고 생각한다."[8] 이런 식의 발언이야말로 정신 나간 말 아닐까? 미

---

8. Forbes, Stephen, Fox News 토론 중에 한 말, 2009년 10월 18일.

국 최대 규모의 육가공 회사 수장도 서슴지 않고 냉소적인 말을 늘어놓는다. "중요한 것은 우리 고기를 파는 것이다. 50년 뒤에 무슨 일이 일어날지는 알 바가 아니다."[9]

절대 그렇지 않다. 이건 우리가 고민해야 할 문제이다. 우리 자녀와 지인들, 우리 후손은 물론 사람이든 짐승이든 현재는 물론 미래에도 이 땅에서 살아야 할 모든 생명체의 문제이기 때문이다. 제 한 몸과 피붙이들에게만 정신을 쏟는 것은 유감스러운 자기중심주의의 표현이라고 할 수 있다.

앞으로도 지금처럼 계속 기하급수적인 속도로 천연 자원을 소비하면서 성장에만 집착하다가는 2050년경이 되면 아마 새로운 행성이 세 개쯤 필요할 것이다. 그러나 우리에게는 새로운 행성 세 개가 없다. 인류가 안전한 환경 안에서 번영을 계속하려면 끝없이 '더 많이'를 외치는 탐욕을 억제해야 한다. '자발적 단순한 삶Voluntary simplicity'은 빈곤하게 사는 것이 아니라 절제하며 사는 것이다. 그래야 사회 정의도 촉진되고 부가 몇몇 사람의 손에 과도하게 집중되는 것을 막을 수 있다.

'단순 또는 소박'이라고 하면 궁핍이나 가난, 축소된 가능성, 척박한 삶을 연상하는 사람이 많다. 그렇지만 자발적 단순한 삶은 행복을 쪼그라들게 하는 것이 아니라 오히려 삶의 질을 높인다는 사실을 우리는 경험을 통해 알고 있다. 집이나 공원 또는 야외에 나가 자녀나 친구와 하루를 보내는 것과 쇼핑몰을 누비면서 쇼핑을 하는 것 가운데 어느 편이 더 즐거운 일일까? 정신적 만족에서 비롯되는 자족감과 고가의 자동차, 명품 브랜드 의류, 호화로운 집, 그것도 모자라 갈수록 많은 것을 갈구하는 것 가운데 어느 편이 더 즐거운 일일까?

미국 로체스터 대학교의 심리학자 팀 캐서와 동료 학자들은 물질만능주의적 가치가 결국 어떤 대가를 치러야 하는지 극명하게 보여

9.   BBC World Service, 2010년 1월 8일.

주었다.[10] 그들은 대표 표본 집단을 대상으로 20년간 연구를 했다. 이 연구는 재력과 남에게 보이는 이미지, 사회적 지위 등 소비 사회가 부추기는 물질적, 외형적 가치를 인생의 의미로 삼은 사람들은 삶의 만족도가 떨어진다는 사실을 입증했다. 그런 사람들은 자기 자신만 생각하면서 협력보다 경쟁을 선호하고, 공공 이익에 크게 기여하지 않고, 환경 문제에 무관심하다. 사회적 관계가 약하며 관계를 중요시하지만 정작 진정한 친구가 별로 없다. 고통 당하는 사람들에게 공감과 측은지심을 별로 보이지 않으며 자신의 목적 달성을 위해 남을 이용하는 경향이 있다. 또한 역설적인 일이지만 건강도 다른 사람들에 비해 양호하지 못하다. 이런 식의 과도한 소비지향주의는 극단적인 자기중심주의와 밀접한 관련이 있다.

개인주의는 좋게 보면 진취적인 정신과 창의성을 고취하고 규범이라든가 자유를 구속하는 케케묵은 교리를 뛰어넘을 수 있지만 순식간에 무책임한 이기주의와 걷잡을 수 없는 자기도취로 변질되어 다른 모든 사람의 행복을 해칠 수 있다. 이기주의는 점점 커져 가는 빈부 격차, "나만 잘 살면 그만"이라는 사고방식, 앞으로 올 미래 세대에 대한 무관심 등 오늘날 우리를 위협하는 문제들의 핵심에 자리 잡고 있다.

이타심의 필요성

뇌리를 떠나지 않는 심각하고 복잡한 문제들의 미로에서 벗어나려면 길잡이가 필요한데 이타심이 바로 그런 길잡이 역할을 할 것이다. 단기적, 중기적, 장기적으로 요구되는 것들을 조화시키고 세 가지 시간축을 자연스럽게 연결시킬 것이다.

이타심은 흔히 종교와 세속 사회에서 모두 최고의 도덕적 가치로

10. Kasser, Tim, *The High Price of Materialism*, MIT Press, 2003.

간주되지만 경쟁과 개인주의가 만연한 세상에서는 발붙일 자리가 거의 없다. 심지어 이타심이 희생을 강요한다면서 이타심의 일방적인 윤리에 반기를 들고 일어서 이기심의 미덕을 찬양하는 사람들도 있다.

그런데 요즘 같은 세상에서는 이타심이 그 어느 때보다 시급하게 필요하다. 이타심은 자연스럽게 우러나 남을 보살피는 어진 마음이다. 갖가지 이기적인 동기가 이따금 마음을 스쳐 가거나 아예 마음을 점령하기도 하지만 그래도 사람은 누구나 남을 보살피는 어진 마음을 발휘할 줄 안다.

그렇다면 앞에서 설명한 여러 가지 중차대한 문제에 있어서 이타심의 효용은 과연 무엇일까? 몇 가지 예를 살펴보자. 사람들이 저마다 이타심을 길러 다른 사람들의 행복을 위해 배려한다면 예를 들어 금융계 종사자들이 연말에 보너스를 한몫 챙겨 보겠다는 일념 하나로 소액 투자자들이 맡긴 돈을 들고 앞뒤 안 가리고 투기에 뛰어드는 일 따위는 하지 않을 것이다. 투기를 하더라도 식량, 곡식, 물 등 찢어지게 가난한 사람들이 생존하는 데 꼭 필요한 원자재를 대상으로 삼지는 않을 것이다.

우리가 주변에 있는 사람들이 영위하는 삶의 질을 좀 더 진지하게 생각한다면 의사 결정자들과 사회를 이끌어 가는 리더들이 근로 조건과 가정생활, 사회생활, 기타 여러 가지 삶의 측면을 개선하는 데 관심을 가질 것이다. 또한 빈곤층과 부의 25퍼센트를 장악하고 있는 상위 1퍼센트 계층[11] 간의 격차가 어째서 갈수록 벌어지기만 하는 것인지 의문을 갖고 바라볼 것이다. 그래서 결국은 자신들이 이익을 실현하고 부를 축적하는 기반으로 삼고 있는 사회가 어떤 상황에 놓여 있는지 직시하게 될 것이다.

남에게 조금만 관심을 갖는다면 다들 불의와 차별, 빈곤을 퇴치하

11. 이 수치는 미국의 상황.

겠다는 각오로 행동할 것이다. 동물을 인간의 맹목적인 노리개로 만들고 소비 상품으로 전락시키는 식의 태도에 대해서도 재고할 것이다.

끝으로 앞으로 세상에 올 미래 세대의 운명을 진심으로 걱정하면 사소한 눈앞의 이익을 위해 후손들에게 오염되고 메마른 지구를 물려주는 일은 하지 않을 것이다.

오히려 상호 신뢰의 장을 열고 다른 사람의 이익을 소중하게 생각하는 사회 연대적 경제를 촉진하려고 노력할 것이다. 지금까지와는 다른 새로운 경제학, 여러 현대 경제학자들이 옹호 입장을 밝히고 있는 신개념 경제학[12]의 가능성을 검토할 것이다. 그런 경제학은 자연과 인간의 활동과 재정적 수단이라는 3대 축[13]을 바탕으로 자연을 온전한 상태로 보호하고 인간의 활동을 통해 번영의 꽃을 피우고 재정적 수단을 이용해 인간의 생존을 보장하고 합리적인 수준의 물질적 필요를 충족시킬 것이다.

전통 경제학자들은 대부분 오랫동안 인간이 오로지 이기적인 이해관계만 추구한다는 가설을 토대로 이론을 전개해 왔다. 잘못된 가설이다. 그런데도 애덤 스미스가 『국부론The Wealth of Nations』에서 주장한 자유 교환 원칙에 기반을 두고 있는 오늘날 경제 시스템들은 아직도 이 가설을 그대로 받아들이고 있다. 애덤 스미스조차 『도덕 감정론 Theory of Moral Sentiments』에서 사회가 조화롭게 기능하려면 타인의 행복을 배려해야 한다고 분명히 밝혔건만 경제학자들은 이를 무시하고 그럴 필요 없다고 주장한다.

21세기 진화론 가운데 다윈이 생물계에서 협력이 중요하다고 강조한 사실을 까맣게 잊어버리고 동일 유전자를 부분적으로 갖고 있는

---

12 특히 데니스 스노워, 에른스트 페르, 리처드 레이어드, 조셉 스티글리츠와 GNH(국민 행복 지수, Gross National Happiness) 관계자들. GNH는 부탄 국왕이 처음 제안한 이후 브라질, 일본 등 여러 나라에서 도입이 고려되고 있는 행복 지수.
13 3대 축은 경제학자 브뤼노 로슈가 개발한 "상호 공제mutuality" 개념에 해당.

개체들 간에 생물학적 관계가 가까울수록 이타심이 의미를 발휘한다고 주장하는 이론들이 있다. 앞으로 살펴보겠지만 눈부신 발전을 이룩한 최신 진화론에서는 혈연 관계나 종족 집단 관계를 초월한 확장된 이타심의 가능성을 제시하고 있으며 이로써 인간이 천성적으로 협력에 매우 능한 "초협력자super-cooperators"[14]라는 사실에 관심이 모아지고 있다.

여러 연구를 살펴보면 언론 매체의 첫 페이지를 장식하는 수많은 충격적인 뉴스에서 보는 것과 달리 자연재해와 같은 비극적 사태가 발생했을 때 사람들이 "나만 살면 그만."이 아니라 상부상조의 원칙에 따라 약탈보다 공유를 실천하며, 공포보다 침착을, 무관심보다 헌신을, 비겁한 모습보다 용기 있는 모습을 보인다는 것을 알 수 있다.[15]

뿐만 아니라 수천 년의 경험이 축적된 명상 수련을 통해 사람은 언제든지 변화가 가능하다는 사실이 입증되었다. 글 읽는 법, 악기 연주하는 법을 배우는 것처럼 어떤 형태로든 훈련이 쌓이면 뇌 기능과 구조가 새롭게 재편된다는 사실이 신경 과학 연구를 통해 밝혀지면서 유구한 역사를 가진 명상의 효과가 다시 한 번 확인되었다. 자비심-이타적 사랑(慈心)과 측은지심(悲心)을 갖는 훈련을 해도 결과는 마찬가지이다.

최신 진화론 연구는 주로 문화 진화에 초점을 맞추고 있다.[16] 문화는 개인 변화보다 속도가 느리지만 유전적 변화보다는 훨씬 빨리 변화한다. 이러한 진화가 축적되어 교육과 모방을 통해 후대로 전승되는 것이다.

---

14 특히 데이비드 슬론 윌슨, 엘리엇 소버, 에드워드 윌슨, 마틴 노왁의 연구에 뿌리를 둔 개념.

15 이 문제에 대해 앞서 언급한 Lecomte, Jacques, *La Bonté humaine* (2012) 중 최근 발생한 수많은 비극적 사건에 의한 왜곡과 과장에 대한 내용과 *op. cit.* 9장 La banalité du bien 'The banality of the good' 참조.

16 특히 Robert Boyd & Peter J. Richerson의 논문과 Richerson & Boyd, *Not By Genes Alone*, 2005 참조.

그게 다가 아니다. 문화와 개인이 서로 끊임없이 영향을 주고받는다. 새로운 문화 속에서 성장한 사람은 남들과 약간 달라진다. 신경가소성neuroplasticity에 의해 새로운 습관이 뇌를 변화시키고 후성 유전학epigenetics을 통해 유전자가 다르게 발현되기 때문이다. 그런 사람들은 다시 그들이 몸담고 있는 문화와 단체의 진화에 기여할 것이고 세대가 바뀌면 또 다시 똑같은 과정이 반복되어 나타나게 된다.

요약하자면 이타심은 현재와 미래에 사람들 삶의 질을 높이는 데 결정적인 요인으로 작용할 것이다. 이타심이 순진하고 인정 많은 사람들이나 갖는 고상한 이상주의적 사고방식으로 폄하되어서는 안 된다. 통찰력을 발휘해 이 점을 인정하고 용기 있게 말할 수 있어야 한다. 그렇다면 이타심은 과연 무엇일까? 이타심이 정말 존재할까? 어떤 모습일까? 사람이 좀 더 이타적으로 변할 수 있을까? 만약 그렇다면 방법은 무엇일까? 극복해야 할 문제는 무엇일까? 어떻게 하면 좀 더 이타적인 사회, 좀 더 나은 세상을 만들 수 있을까? 이제부터 이런 문제들에 대해 살펴보도록 하겠다.

목 차

I 이타심이란 무엇인가?

II 진정한 이타심이 존재할까?

III 이타심의 등장

IV 이타심의 함양

V 이타심의 대항 세력

VI 이타적인 사회 건설

I

이타심이란 무엇인가?

남을 돕는 사람이 되라.
그것이 삶의 목적이다.

– 세네카

1

이타심의 본질

몇 가지 정의

이타심이라는 단어를 사전에서 찾아보자. 라루스Larousse 사전은 "다른 사람이 잘 되도록 사심 없이 배려하는 마음"이라고 해서 동기나 일시적인 정신 상태로 정의하고 있고 로베르Robert 사전은 "남에게 관심과 호의를 보이면서 헌신하는 성향" 즉 오래 지속되는 성격적 특성이라고 설명하고 있다. 이타심의 정의는 여러 가지가 있으며 내용이 서로 모순되는 경우도 있다. 이타심이 정말 존재한다는 것을 보여 주고 사회에 널리 전파하려면 용어의 뜻을 분명히 할 필요가 있다.

'다른, 다른 사람'을 뜻하는 라틴어 단어 alter에서 파생된 '이타심 altruism'이라는 말은 사회학의 아버지이자 실증주의의 창시자인 오귀스트 콩트가 19세기에 처음 사용했다. 콩트는 이타심을 "이기적인 욕망과 자기중심주의가 배제된 상태로 남들이 행복한 삶을 영위하도록 헌신하며 사는 것"[1]이라고 생각했다.

미국 철학자 토마스 네이젤은 이타심에 대해 "다른 사람을 이롭게 하기 위해 사심 없이 행동하고자 하는 의향"[2]이라고 설명한다. "한 사람의 이해관계가 다른 사람이 하는 행위에 동기라는 형태로 직접 영향을 미침으로써"[3] 유발되는 이성적 행동 의지라는 말이다.

사람들이 남을 보살피고자 하는 어진 마음을 갖고 있다고 굳게 믿는 사상들 중에 진일보한 생각을 하는 사람도 있다. 예를 들어 미국 철학자 스티븐 포스트는 이타적 사랑을 "다른 사람이 행복한 삶을 누리는 것에 대해 사심 없이 기뻐하는 것, 그런 기쁨을 위해 남을 보살피고 봉사하는 행위에 참여하는 것"이라고 정의한다. 포스트는 또한 "이처럼 남을 보살피고자 하는 마음은 무한한 사랑에 의해 모든 사람에게 예외 없이 지속적으로, 일관되게 확대된다."[4]라고 설명한다. 기독교에서 말하는 아가페가 타인에 대한 무조건적인 사랑이라면 불교에서 말하는 자비심은 중생 즉 인간과 인간 이외 지각 있는 존재까지 아우르는 개념이다.

학자들 가운데 의도를 실제 행동으로 표출하는 것에 무게 중심을 두는 사람도 있고 이타심과 이타적 행동에서 결정적인 것은 동기라고 생각하는 사람도 있다. 이타심 연구로 일가를 이룬 심리학자 대니얼 뱃슨은 "이타심은 다른 사람의 행복 증진을 궁극적 목표로 삼는 동기 부여 상태"[5]라고 말한다. 그는 궁극적인 목표로서 이타심(남의 행복을 도모하는 것이 나의 명백한 목표이다.)과 수단으로서 이타심(내가 행복한 삶을 영위하기 위해 다른 사람의 행복을 도모한다.)을 분명하게 구분한다. 뱃슨의 견해에 따르면 동기가 이타적이려면 다른 사람들의 행복 도모 자체를 목표로 삼아야 한다.[6]

1. *Oeuvres d'Auguste Comte: Système de politique positive ou Traité de sociologie* The Works of Auguste Comte: System of Positive Polity or Treatise on Sociology, Editions Anthropos, 2007, vol. 1, pp. 7~10.
2. Nagel, Thomas, *The Possibility of Altruism*, Princeton University Press, 1978, p. 79.
3. *Ibid.*, p. 80.
4. Post, Stephen G., *Unlimited Love: Altruism, Compassion, and Service*, Templeton Foundation Press, 2003, p. vi.
5. Batson, C. D., (2001), *op. cit.*, p. 20.

이타심이 발현되는 여러 가지 양상 가운데 선goodness은 상황만 되면 언제든지 행동으로 표출될 수 있는 존재 방식이다. 그에 비해 남을 보살피는 어진 마음(bienveillance(불어), benevolence(영어))은 "(다른 사람의) 행복을 소망한다."라는 뜻의 라틴어 단어 benevole에서 파생된 말로 남에 대해 호의적인 성향과 이를 행동으로 표출하고자 하는 의지가 동반되는 상태를 가리킨다. 배려solicitude는 다른 사람의 처지에 대해 지속적으로 관심을 두고 세심하게 마음을 쓰는 것이다. 다른 사람이 놓인 상황에 관심을 갖게 되면 그 사람에게 필요한 것을 제공하고 행복을 도모하고 고민을 해결해 주고 싶어진다. 헌신dedication은 다른 사람과 사회에 이익이 되는 명분을 위해 자신을 돌보지 않고 봉사하는 것이다. 친절kindness은 남에게 나타내는 행동에 따뜻한 보살핌과 배려의 마음이 배어나는 것이다. 박애fraternity(자크 아탈리의 용어를 빌자면 sorority)는 우리 모두가 인류라는 대가족의 일원이자 형제자매이므로 다른 사람들의 처지가 나에게도 매우 중요하다고 느끼는 감정이다. 박애에는 조화, 화합, 단결의 개념이 포함되어 있다. 생물학자 필립 쿠릴스키는 "다른 사람들의 자유를 위해 행동하고자 하는 결연한 의지"[7]를 가리켜 타자애他者愛 altruity라고 정의하기도 했다. 사람들이 모인 크고 작은 규모의 집단에 대해 느끼는 연대의식solidarity은 공동의 운명을 가로막는 시련이나 사건이 닥쳐 다 함께 이겨 내야 할 때 나타나는 감정이다. 이를 확장시키면 운명 공동체라는 의식에서 사회 극빈층이나 재해, 재난을 당한 피해자들에게 이런 감정을 가질 수 있다.

6. 이 점에 대해 뱃슨은 엠마누엘 칸트와 의견이 같다. 칸트는 이렇게 썼다. "항상 인간을 …… 목표로 생각하고 행동해야 한다. 사람을 수단으로 취급해서는 안 된다." *Groundwork of the Metaphysic of Morals* (1785). 페이지 미상.
7. Kourilsky, P. *Le Manifeste de l'altruisme*. Odile Jacob, 2011, p. 27.

행위만으로 이타심을 규정할 수 없다

미국 캘리포니아주 어바인 대학교의 정치학 및 철학 교수인 크리스틴 먼로는 『이타심의 본질The Heart of Altruism』에서 대가를 바라지 않고 다른 사람들의 행복을 도모하기 위해 위험을 무릅쓰고 수행한 행위에만 '이타심'이라는 말을 사용해야 한다고 주장하고 있다. 먼로는 이타심에 좋은 의도가 반드시 필요하지만 그것만으로는 충분하지 않다고 말한다. 행위가 수반되어야 하고 분명한 행동 목표가 있어야 하며 그것이 타인의 행복한 삶에 기여해야 한다는 것이다.[8]

그렇지만 먼로도 행위의 결과보다 동기가 중요하다는 것은 인정한다[9]. 따라서 이타심이라는 용어를 겉으로 드러나는 행동에만 국한해서 적용하지 않는 것이 바람직할 것 같다. 외형적인 행동만 봐서는 그것을 유발한 동기를 확실히 알 수 없기 때문이다. 또한 다른 사람의 행복을 도모하기 위해 행동한 것이라면 설사 바람직하지 않거나 예상치 못했던 결과가 나오더라도 그 행동의 이타적 성격을 문제 삼을 수 없다. 이타심을 행동으로 표출하는 과정에서 행위자의 의지와 무관하게 이를 가로막는 장애물이 나타나도 동기의 이타적 성격에는 변함이 없을 것이기 때문이다.

그 밖에도 먼로는 행위자가 감수해야 할 위험이 없거나 실제적 또는 잠재적으로 치러야 할 "대가"가 없는 행동은 이타적인 행동으로 볼 수 없다고 생각한다. 이타적인 사람이라면 다른 사람의 행복을 도모하기 위해 위험을 감수할 각오가 되어 있을 것이다. 그런데 누군가를 위해 위험을 감수하는 것만으로는 그 행동을 이타적이라 부를 수 있는 필요조건도 충분조건도 되지 않는다. 상대방의 신뢰를 얻으려고

8. Monroe, Kristen Renwick, *The Heart of Altruism: Perceptions of a Common Humanity*, Cambridge University Press, 1996, p. 6.
9. *Ibid.*

그런 행동을 할 수도 있고, 감수해야 할 위험을 상쇄하고도 남을 정도로 커다란 이익을 챙기기 위해 위험을 무릅쓰고 남을 돕는 사람도 얼마든지 있을 수 있다. 한술 더 떠서 위험한 업적을 달성해 명성을 누리겠다는 이기심에서 위험에 뛰어드는 사람도 있고 혹은 정반대로 위험 요소는 전혀 없지만 진심으로 남의 행복을 바라는 마음에서 행동하는 사람도 있을 수 있다. 남을 보살피는 마음으로 재산의 일부를 기부하거나 자선 단체에서 일하면서 어려운 사람들을 돕는 사람은 위험을 무릅쓰는 것은 아니지만 우리가 보기에 이타적이라고 하기에 손색이 없는 행동을 한 것이다.

동기가 행동에 색깔을 부여한다

호의적이든 악의적이든 중립적이든 마음에 품고 있는 동기가 행동에 색을 입힌다. 수정 구슬 아래 깔아 놓은 천 때문에 구슬 색이 변하는 것과 같은 이치이다. 표면적인 행동만으로는 이타적 행동과 이기적 행동을 구별할 수 없고 남이 잘 되기 바라는 마음에서 하는 거짓말과 해코지하기 위해 하는 거짓말을 구분할 수 없다. 어떤 어머니가 아이를 갓길로 세게 밀어 차에 치이지 않도록 했다면 그 어머니 행동은 겉보기에만 폭력적일 뿐이다. 누군가 사기를 칠 의도로 다가와서 환하게 미소를 지으면서 칭찬을 늘어놓는다면 그의 행동은 겉으로만 호의적일 뿐 의도는 이기적임이 확실하다.

대니얼 뱃슨은 저서 『인간의 이타심Altruism in Humans』에서 동기가 이타적인지 아닌지 판단하는 기준을 제시하고 있다.[10]
이타심에는 동기가 있어야 한다. 본능적인 반사 행동이나 무의식적으로 나오는 자동화된 행동은 결과가 유익하건 해롭건 이타적이거나 또는 이기적이라고 규정할 수 없다.

　이타심과 이기심의 차이는 수적인 것이 아니라 질적인 것이다. 이타성을 결정하는 것은 동기의 성격과 품질이지 강도가 아니다.

　사람 마음에는 이타적 동기와 이기적 동기가 다양하게 공존하며 자신의 이해관계와 다른 사람의 이해관계를 동시에 고려해야 중립적이 될 수 있다.

　때로는 이타적인 이유도 아니고 이기적인 이유도 아니지만 의무감 때문에 또는 법을 준수하기 위해 남에게 이익이 되는 방향으로 행동하는 경우도 있다.

　행위적 표출은 상황에 따라 달라지며 외형적 행위는 동기의 이타적인 성격이나 이기적인 성격에 아무 영향도 주지 못한다.

　이타심이라고 해서 반드시 개인의 희생이 수반되는 것이 아니다. 오히려 개인을 이롭게 할 수도 있다. 그렇게 해서 얻는 이익이 행위의 궁극적인 목적이 아니라 부수적인 결과라면 아무 문제도 되지 않는다.

　이타심은 본질적으로 동기에 속하며 동기는 행위를 불러일으킨다. 동기가 행동으로 표출되지 않더라도 남의 행복을 도모하는 것이 궁극적인 목표라면 진정한 이타심이라고 볼 수 있다.

　반면에 이기주의자는 오로지 자신만 생각하는 것도 모자라 다른 사람들을 이익을 추구하는 도구로 생각한다. 목적 달성에 필요하다면 남들의 행복쯤은 무시하거나 아예 짓밟아 버린다.

　사람은 외부 사건을 통제하는 능력에 한계가 있고 장기적인 예측 능력이 부족하다는 점을 고려할 때 당장 눈앞에 보이는 결과만으로는 그것이 이타적인 행동인지 이기적인 행동인지 판단할 수 없다. 약물 해독 치료나 알코올 중독 치료 중인 사람이 금단 현상을 보인다는

10.　간단히 소개한 이타적 동기의 특성에 대한 자세한 내용은 Batson, C. D., (2001), pp. 22~23 참조.

이유로 그에게 약물이나 술을 준다면 당장은 고통을 덜어 주겠지만 장기적으로는 전혀 도움이 되지 않는다.

반면에 언제 어디서나 스스로의 동기를 정직하고 성실하게 분석하고 그것이 이기적인지 이타적인지 판단하는 것은 충분히 가능한 일이다. 그러므로 무엇보다 중요한 것은 행동 기저에 깔린 의도이다. 구체적으로 어떤 방법을 선택하느냐 하는 것은 우리가 습득한 지식과 통찰력, 행동 능력에 따라 달라질 것이다.

타인의 가치를 소중하게 생각하라

다른 사람을 소중히 여기고 그 사람 처지에 관심을 갖는 것이 이타심을 구성하는 중요한 두 가지 구성 요소이다. 이런 태도가 몸에 배면 관심 영역에 들어온 사람에게 남을 보살피는 어진 마음을 베푸는 형태로 표출되고 나아가 언제든지 기꺼이 남을 돌보는 개방성과 유연성을 보인다.

다른 사람에게 필요한 것이나 특별한 욕구가 있는데 그것만 충족되면 고통에서 벗어나거나 행복해질 수 있다는 것을 알았다고 치자. 그럼 제일 먼저 공감을 통해 그 사람의 필요를 지각할 것이고, 다음으로 염려하는 마음에서 그 사람에게 필요한 것이 충족되도록 도우려는 의지가 생길 것이다. 반대로 남을 별로 소중하게 여기지 않으면 그 사람에게 무관심할 것이므로 필요한 것을 생각하기는커녕 아예 눈치조차 채지 못할 것이다.[11]

---

11. 철학자 막스 셸러는 교감에 대한 저서에서 이렇게 쓰고 있다 "사랑이 사람이나 물건의 높은 가치가 뇌리에 갑자기 떠오르면서 저급한 가치에서 고매한 가치로 옮겨 가는 움직임이라면 증오는 반대로 움직인다." 그 후 에디트 슈타인이 셸러의 분석을 받아들여 스승인 독일 철학자 후설의 전통에 따라 현상학적 접근법으로 공감의 문제를 검토했다. Scheler, Max, *The Nature of Sympathy*, Transaction Publishers, 2008, p. 152와 Stein, Edith, *On the Problem of Empathy: The Collected Works of Edith Stein*, 3d rev. ed., ICS Publications, 1989 참조. 나에게 이 두 책을 소개한 미셸 비트볼에게 감사드린다.

이타심에는 '희생'이 필요치 않다

남을 이롭게 하고 남의 행복을 도모하면서 기쁨을 느끼고 예상치 않았던 이득까지 누린다고 해서 이기적인 행동이 되는 것은 아니다. 진정한 이타심은 남을 돕느라 고생을 해야 하는 것도 아니고 깊은 만족감을 얻었다고 해서 진정성을 상실하는 것도 아니다. 희생이라는 개념도 사실은 상대적일 뿐이다. 다음 일화에서 볼 수 있는 것처럼 누군가에게 희생으로 보이는 것이 다른 사람에게는 이득이 될 수도 있다.

인도주의 단체 카루나 세첸에서 함께 일하는 산짓 벙커 로이는 스무 살 적만 해도 인도 최고 명문 학교를 졸업한 명문가 자제로서 그야말로 눈앞에 인생의 탄탄대로가 펼쳐진 유망한 젊은이였다. 어머니는 아들이 의사나 엔지니어가 되든가 세계은행에 들어가기를 바라고 있었다. 그런데 1965년에 인도에서 가난한 주 가운데 하나로 꼽히는 비하르 지방에 끔찍스러운 기근이 들었다. 벙커는 간디의 친구이자 인도의 위대한 도덕적 지도자인 자이 프라카시 나라얀에게 깊은 감명을 받고 동년배 친구들과 함께 피해가 가장 심한 마을에 가 보기로 했다. 몇 주 후 집에 돌아온 벙커는 딴 사람이 되어 있었다. 어머니에게 그 마을에 가서 살겠다고 말했다. 아들 걱정에 말을 잇지 못하던 어머니가 이렇게 물었다. "마을에 가서 뭘 할 거니?" 벙커는 대답했다. "비숙련 노동자로 일하면서 우물을 팔 거예요."

"어머니는 놀라 기절할 지경이셨어요." 벙커는 이렇게 회고한다. 다른 식구들이 이렇게 말하면서 어머니를 안심시키려고 했다. "사춘기 때는 다들 한번씩 이상주의자가 되어 저러는 법이죠. 걱정 마세요. 몇 주 동안 고생을 하면 환멸을 느껴 다시 집에 돌아올 거예요."

하지만 벙커는 고향에 돌아가지 않고 여러 마을을 누비면서 사십 년을 살았다. 그는 육 년 동안 라자스탄주의 변방을 돌며 공기 드릴로 우물 300개를 팠다. 어머니는 몇 년 동안 벙커와 말을 섞지 않았다. 그가 틸로니아라는 마을에 정착했을 때는 지방 관리들도 그를 이상한 눈으로 쳐다봤다.

"경찰에 쫓기는 신세요?"

"아닙니다."

"시험에 낙방했소?"

"아닙니다."

"공무원이 되려다가 실패했소?"

"아닙니다."

벙커처럼 사회적 지위가 있고 고등 교육을 받은 사람은 가난한 마을에 설 자리가 없었다.

벙커는 우물 파는 일 외에 많은 일을 할 수 있다는 사실을 깨달았다. 그는 남자들이 학업을 마친 뒤 모두 도시로 떠난 뒤 고향 일에 아무 거들떠보지도 않는 것을 목격하고 반농담으로 "남자들은 쓸모없는 종족"이라고 잘라 말했다. 그는 여성을 교육하는 것이 더 낫겠다고 생각했다. 특히 가족을 돌봐야 하는 어린 주부들보다 여가 시간이 많은 젊은 할머니들(35~50세)을 대상으로 삼았다. 글을 몰라도 훈련을 통해 태양 전지 패널을 만드는 '태양열 엔지니어'로 육성할 수 있었으며 더 좋은 것은 삶의 터전인 마을을 버리고 떠날 염려가 없다는 점이었다.

오랜 세월 동안 지방 자치 단체들과 세계은행을 비롯해 여러 국제 기구들로부터 무시 당하고 욕을 들었다. 그래도 그는 포기하지 않고 문맹인 할머니들 수백 명을 교육시켜 인도를 비롯한 여러 나라 시골 마을 천여 곳에 태양 에너지를 공급했다. 이제는 인도 정부와 여러 기관에서 지원을 받고 있으며 전 세계에 모범 사례로 소개되고 있다. 그 밖에도 벙커는 조상 대대로 물려받은 농부들의 지식과 경험을 활용한 프로그램을 여러 개 만들었다. 마을 전체가 일 년 동안 사용할 수 있을 정도의 빗물을 대형 물탱크에 모으는 것도 그 가운데 하나였다. 물탱크를 만들기 전에는 아낙네들이 매일 무거운 항아리를 들고 몇 시간씩 걸어 물을 길러 다녔다. 그나마 오염된 물밖에 구하지 못하는 경우도 많았다. 벙커는 라자스탄에 맨발의 대학Barefoot College을 설립했다. 비록 학위도 없는 교사들이지만 오랜 세월 동안 경험을 쌓으며 얻은 지식을 공유하는 학교이다. 여기서는 간디 공동체처럼 모두가 소박한 생활을 영위하며 한 달 임금도 100유로가 넘지 않는다.

그 사이에 가족과 화해한 벙커는 이제 가문의 자랑거리가 되었다. 오랜 세월 동안 벙커 친지들이 말도 안 되는 희생이라고 생각했던 일이 오히려 성공을 가져다주고 열정과 만족으로 충만한 삶을 만들어준 것이다. 그는 자신이 선택한 길을 걸으면서 수많은 난관에 봉착했지만 낙담하지 않았으며 어려울수록 오히려 머리를 쓰고 자비심과 창의력을 발휘했다. 벙커는 전 세계 27개국에서 사십 년째 탁월한 프로젝트를 수없이 주도해 결실을 내고 있으며, 의미 있는 인생을 산 벙커역시 평정심으로 만족스런 삶을 만끽하고 있다.

벙커와 그의 협력자들은 종이 공예로 만든 커다란 꼭두각시가 등장하는 인형극을 기획해 마을 사람들에게 생생한 교육을 제공한다. 꼭두각시를 제작할 때는 예전에 그를 업신여기던 사람들을 조롱이라도 하듯 세계은행이 발행한 보고서를 재활용한다. 벙커는 간디의 말을 빌려 이렇게 말한다. "처음에는 당신을 무시한다. 다음에는 비웃는다. 그러다가 싸움을 건다. 그래도 최후의 승리자는 당신이다."

타인의 필요 앞에서 배려와 신중함으로 일관하라

스위스 철학자 알렉상드르 졸리앙은 이렇게 말한다. "이타심이 지니고 있는 가장 큰 장점은 타인의 필요에 세심하게 귀 기울인다는 것이다. 이타심은 타인의 필요에서 시작해서 타인의 필요로 돌아간다."[12]

졸리앙은 인도의 현자 스와미 프라지난파드가 한 말을 빌어 이렇게 덧붙인다.

"이타심은 정교한 기술이다. 뒤죽박죽 뭐든지 무조건 떠안기는 것이 아니라 타인 곁에서 필요한 것이 무엇인지 살피는 것이다. 스와미 프라지난파드가 '사랑은 계산'이라고 말했을 때 계산은 상대방이 처한 상황에 맞춰 그의 필요를 완벽하게 충족시켜 주는 치밀한 계산을 가리키는 것이었다. 자기가 좋다고 해서 타인에게까지 무조건 밀어붙이는 일이 너무 많다. 시쳇말로 '너나 가져라.'를 외치고 싶어진다. 자기에게 좋은 것을 타인에게까지 강요하는 것이 문제이다. 타인을 사랑한다는 것은 상대방을 또 하나의 나로 생각하고 사랑하는 것이 아니다. 남에게 다가가고 그의 말에 귀 기울이고 호의를 베풀려면 남이 다를 수 있음을 허용해야 한다. 상대방에게 나의 일부를 투영하지 말아야 한다. 나를 버려야 한다."

나의 아버지 장 프랑수아 르벨은 내가 과학자의 길을 포기하고 히말라야 산중에 들어가 스승 곁에서 살겠다고 했을 때 대경실색했지만 그래도 사랑으로 내 선택을 존중하고 아무 말도 하지 않았다. 훗날 『승려와 철학자』가 출판된 후 아버지는 이렇게 말했다. "마티유는 나이가 스물여섯이나 된 다 큰 어른이었다. 어떻게 살 것인지는 스스로 결정할 문제였다."

인도주의 구호 단체들이 수혜 집단에 필요한 것과 그들이 정말 원하는 것이 무엇인지 제대로 들어 보지도 않고 그 집단에게 '유익'하다고 짐작되는 일을 결정하는 사례가 심심치 않게 나온다. 그 때문에 구호 프로그램과 해당 지역 주민들 욕구 사이에 괴리가 생기기도 한다.

12. Alexandre Jollien, 2012년 1월 29일 스위스 그슈타트에서 저자와 대화 중 언급.

일시적인 정신 상태와 지속적인 성향

대니얼 뱃슨이 생각하는 이타심은 존재 방식이라기보다 목표를 지향하도록 격려하는 힘, 목표가 달성되면 사라지는 추진력에 더 가깝다. 그래서 뱃슨은 이타심을 지속적인 성향이라기보다 다른 사람의 필요를 구체적으로 인지했을 때 발생하는 일시적인 정신 상태라고 생각한다. 그는 '이타주의자'보다 '이타심'에 대해 논하기를 더 좋아한다. 사람들 마음속에는 몇몇 사람에 대한 이타적 동기와 다른 몇몇 사람에 대한 이기적 동기가 뒤섞여 있을 수 있다. 개인적인 이해관계가 다른 사람의 이해관계와 경합하면서 심적 갈등이 유발되기도 한다.

그렇지만 한 사람의 마음속에서 지배적인 정신 상태가 무엇이냐에 따라 이타적 성향 또는 이기적 성향에 대해 얼마든지 이야기할 수 있을 것으로 보인다. 조건 없는 이타심과 편협한 이기심 사이에 여러 단계의 정신 상태를 상정할 수 있을 것이다. 스코틀랜드 철학자 프랜시스 허치슨은 이타심에 대해 "우연히 마음이 동해서 일어나는 연민, 저절로 느껴지는 애정, 고마움 같은 것이 아니라 늘 변함없는 인간미, 영향력 안에 있는 사람 모두에게 공공의 이익이 확장되기 바라는 마음, 모든 형태의 자선 행위에 참여하고자 하는 욕구, 어떻게 하면 인류 전체를 이롭게 할 수 있을지 알고 싶어 하는 마음"[13]이라고 했다. 한편 미국 역사학자 필립 할리는 이렇게 말한다. "선善은 교리나 원칙이 아니라 살아가는 방식이다."[14]

---

13. Hutcheson, Frances, *An Essay on the Nature and Conduct of the Passions and Affections with Illustrations on the Moral Sense* [1742] http://oll.libertyfund.org/?option=com_staticxt&staticfile=show.php%3Ftitle=885. Terestchenko, Michel, *Un si fragile vernis d'humanité : Banalité du mal, banalité du bien*, Editions La Decouverte, 2007, p. 60에 인용.
14. Hallie, Philip, *Lest Innocent Blood Be Shed: The Story of The Village of Le Chambon and How Goodness Happened there*, Harper Perennial, 1994. Terestchenko, M. *op. cit.* p. 207에 인용.

이렇게 지속되는 마음속 성향에는 구체적인 세계관이 동반된다. 크리스틴 먼로에 따르면 "이타주의자들은 세상을 바라보는 방식이 다르다. 우리 눈에는 낯선 사람에 불과해도 그들 눈에는 다 같은 인간으로 보인다. …… 바로 이런 관점이 이타심의 본질을 이룬다."[15]

프랑스 심리학자 장 프랑수아 데샹과 레미 핀켈슈타인도 개인적 가치로서 이타심과 친사회적 행동, 특히 자원봉사 활동 사이에 연관성이 있다는 것을 보여 주었다.[16]

그 밖에도 예상치 못했던 상황이 벌어졌을 때 무의식적으로 나타내는 반응을 보면 마음속 깊이 뿌리박힌 성향과 심적 준비 정도를 알 수 있다. 사람이 물에 빠졌을 때 대부분의 사람들은 그를 구하려고 손을 내밀겠지만 사이코패스나 증오심으로 가득한 사람은 손가락 하나 까딱하지 않거나 가학적인 만족감을 느낄 것이다.

요컨대 마음속에 이타심이 가득할수록 타인의 필요에 직면했을 때 지체 없이 밖으로 표출되는 법이다. 그 점에 관해 캐나다 철학자 찰스 테일러는 이렇게 쓰고 있다. "현대 윤리학은 무엇이 올바른 일인가 하는 문제 외에 무엇이 행복한 존재 방식인가 하는 문제에도 관심을 둔다."[17] 이런 맥락에서 좀 더 넓은 관점에서 이타심을 바라보면서 이타성을 삶의 방식으로 함양하고 계발하는 문제에 대해 고려해 보자.

15. Monroe, Kristen, *op. cit.* p. 3.
16. Deschamps, Jean-François, & Finkelstein, Rémi, Existe-t-il un véritable altruism basé sur les valeurs personnelles? *Les Cahiers internationaux de psychologie sociale* (1), 37~62.
17. Taylor, Charles, *Sources of The Self: The Making of The Modern Identity*, Harvard University Press, 1989, p. 13.

2
이타심의 확장

이타심은 호수에 조약돌을 던졌을 때 수면에 그려지는 파문과 같다. 처음에 아주 작은 원이었던 것이 차츰 커지다가 결국 수면 전체를 감싸 안는다.

— 알렉상드르 졸리앙[1]

사람은 대개 자신이 소중하게 여기거나 자신에게 잘하는 사람에게 진심으로 보살피는 마음을 갖기 마련이다. 그런 어진 마음을 수많은 다른 사람들, 특히 자신을 홀대하는 사람들에게까지 확장한다는 것은 원래 무척 어려운 일이다. 그렇지만 남을 보살피는 마음과 측은지심이 올바른 행동을 했을 때 주는 '보상'이 아니라 모든 존재의 행복을 증진하고 고통을 치유하는 중요한 목표를 갖고 있다는 사실을 이해하면 이성적 판단과 정신 수련을 통해 그런 사람들까지 모두 이타심의 대상에 포함시킬 수 있다. 이번 장에서는 그러기 위해 불교에서 권장하는 방법에 대해 이야기하려고 한다. 포교를 하려는 뜻이 아니라

---

1   Alexandre Jollien, 2012년 1월 29일 스위스 그슈타트에서 저자와 대화 중 언급.

불교 철학과 수행에서 비롯된 몇 가지 사항이 보편적 가치를 지닌다는 것을 강조하려고 한다. 이런 것이 바로 달라이 라마가 말하는 인간적 가치의 증진 또는 세속 윤리이다. 원칙적으로 종교를 배척하지 않지만 어떤 종교에도 의존하지 않는 윤리라는 말이다.[2]

이타심과 자비심은 최대한 널리 확산되어야 한다. 남의 행복에 무심하고 주변 사람들의 고통을 보려고 하지 않으면 인간과 세상의 안녕과 행복이 있을 수 없다는 것을 명심해야 한다.[3]

이타적 사랑, 측은지심, 공감

불교에서는 이타적 사랑(慈心)을 "모든 중생이 행복과 행복의 원인을 찾기 바라는 마음"이라고 정의한다. 불교에서 '행복'이란 일시적으로 안락하고 쾌적한 느낌이 아니라 이타심, 내면의 자유, 정신력을 비롯한 여러 가지 품성과 현실 직시를 근간으로 하는 존재 방식이다.[4] 불교에서 말하는 '행복의 원인'은 지금 당장 행복한 삶을 살도록 하는 직접적인 원인뿐만 아니라 그것의 뿌리가 되는 것, 다시 말해서 지혜를 추구하고 현실을 보다 정확하게 이해하기 위해 노력하는 것을 모두 일컫는다.

이와 같은 이타적 열망에는 남을 이롭게 하기 위해 늘 염려하는 태도와 모두가 진정한 행복을 얻을 수 있도록 무엇이든 힘닿는 데까지 하겠다는 결의가 동반된다. 그런 뜻에서 불교는 아리스토텔레스와 일맥상통한다. 아리스토텔레스가 생각하는 '친애friendly feeling'는 "누군가에게 행복이라 생각되는 것이 이루어지기를 바라는 마음", "능력이 미

2   The Dalai Lama, Ancient Wisdom, Modern World: Ethics for a New Millennium, Little, Brown, 1999.
3   André, C. Les États d'âme, Odile Jacob, 2009, p. 351 이하 참조.
4   Ricard, Matthieu, Happiness: A Guide to Developing Life's Most Important Skill, Little, Brown, 2007 참조 .

치는 한 그 행복이 이루어지도록 돕고 싶어 하는 것"이다.[5]

교조주의적으로 '고통은 나쁜 것'이라고 선언하고 마는 것이 아니라 고통에서 벗어나기 원하는 모든 존재의 소원을 배려하는 것이다. 교리에 따라 고통을 추상적인 것으로 보고 멈추려고 애쓰는 태도는 존재 자체와 그들이 당하는 구체적인 고통에 세심하게 주의를 기울이지 않을 우려가 있다. 그래서 달라이 라마는 이렇게 조언한다. "남에게 진정한 자비심과 보살피는 마음을 가지려면 실제로 세상에 존재하는 사람에게 초점을 맞춰 명상을 하면서 그 사람에 대해 측은지심과 자애로운 마음을 키운 다음에 그것을 다른 사람들에게로 확장해야 한다. 한 번에 한 사람씩 공을 들여야 한다. 그렇지 않으면 측은지심이 너무 광범위한 감정으로 희석될 위험이 있으며 명상의 초점이 흐려지고 강도가 약해질 것이다."[6] 역사의 교훈을 통해 잘 알고 있듯이 선악을 교조주의적으로 구분해 정의하면 온갖 일탈과 왜곡이 가능해진다. 종교 재판부터 전체주의적인 독재 정권에 이르기까지 그런 예는 얼마든지 많다. 이 점에 대해 아버지 장 프랑수아 르벨은 가끔 이런 말을 했다. "전체주의 정권의 주장은 이런 것이다. '우리는 당신들을 행복하게 하는 법을 안다. 우리가 정한 규칙을 따르기만 하면 된다. 그런데 규칙을 따르지 않겠다면 미안하지만 당신들을 제거할 수밖에 없다.'"[7]

이타심의 특징은 모든 존재를 하나도 빠짐없이 조건을 따지지 않고 보살피고자 하는 마음이며 언제 어디서나 개별 존재에게 표현될 수 있다. 마음속에 스며들어 가득히 적시고 있다가 누구든지 그것이

5   Aristotle, Rhetoric, II, 4, W. Rhys Roberts 번역, 온라인은 http:// classics.mit.edu/ Aristotle/rhetoric.2.ii.html. Audi, Paul, in L'empire de la compassion, Les Belles Lettres, 2011, p. 37.

6   The Dalai Lama & Vreeland, Nicholas, An Open Heart: Practicing Compassion in Everyday Life, Little, Brown, 2001, pp. 96~97.

7   Jean-François Revel, 저자와 나눈 대화 중에.

필요할 때 상황에 맞춰 적절하게 표출된다.

측은지심(悲心)은 이타적 사랑(慈心)이 다른 사람의 고통과 직면했을 때 표출되는 형태이다. 불교에서는 측은지심을 일컬어 "모든 존재가 고통과 고통의 원인으로부터 벗어나기 바라는 것"이라고 정의한다. 헤네폴라 구나라타나 스님은 측은지심을 일컬어 "상대방의 고통을 생각하면 애간장이 녹아나는 것"[8]이라고 시적으로 표현한 바 있다. 그런 열망을 느꼈으면 그 사람의 고뇌를 해소하기 위해 가능한 모든 방법을 동원하는 실천이 뒤따라야 한다.

여기서도 마찬가지로 당장 눈앞에 보이는 원인과 고통을 야기하는 근본적인 원인이 모두 '고통의 원인'에 포함된다. 근본적인 원인 중 으뜸은 무지(불교에서는 무명無明이라고 표현한다.)이다. 무지란 현실을 그릇되게 이해하는 것도 포함된 개념이다. 현실을 그릇되게 이해하면 증오나 강박적 욕망과 같은 불안한 정신 상태에 빠져들게 되고 그런 상태에서 행동하게 된다. 무지에 빠지면 돌고 도는 고통의 굴레에서 벗어나지 못하고 지속력 있는 행복을 외면하게 된다.

그러므로 이타적 사랑(남을 보살피는 자애의 마음)과 측은지심은 이타심의 두 얼굴이라고 할 수 있다. 둘의 차이는 목표이다. 이타적 사랑은 모든 존재가 행복을 구가하기 바라는 것이고 측은지심은 고통의 근절에 초점을 맞춘다. 세상에 지각 있는 존재가 살고 있는 한, 그들이 고통에 신음하는 한, 이타적 사랑과 측은지심은 지속되어야 한다.

여기서 우리는 공감을 상대방의 감정에 대해 정서적으로 공명하고 상대방이 처한 상황을 이성적으로 자각하는 능력이라고 정의하도록 하겠다. 공감은 특히 다른 사람이 겪는 고통의 성격과 강도를 알게 한다. 이를테면 이타적 사랑을 측은지심으로 바꾸는 데 촉매 역할을 한다고 할 수 있다.

---

8   Gunaratana, B. H., *Eight Mindful Steps to Happiness: Walking The Path of The Buddha*, Wisdom Publications, p. 74.

명료한 의식의 중요성

이타심이 나갈 길을 밝히는 것이 명료한 의식lucidity과 지혜wisdom이다. 다른 사람들이 갖고 있는 욕구와 변덕에 무턱대고 다가가서는 안 된다. 진정한 사랑에는 남을 보살피는 한없는 자애와 흔들리지 않는 분별력이 결합되어야 한다. 사랑의 범위와 한계를 이렇게 명확히 정의했으면 어떤 상황에서나 자초지종을 충분히 따진 다음에 스스로 이렇게 물어야 한다. '이제부터 내가 할 일이 장기적, 단기적으로 어떤 장점과 단점이 있을까? 나의 행동이 사람들에게 영향을 미치게 될까?' 이타적 사랑은 편파성을 뛰어넘어서, 명료한 의식으로 타인의 행복을 도모하는 최선의 방법이 무엇인지 심사숙고해야 한다. 공평무사하려면 누군가를 동정한다고 해서 그를 더 우대해서는 안 된다. 다른 사람들도 똑같이 어려움에 처해 있고 어쩌면 도움이 더 절실할지 모른다. 그런데 사람은 몇몇 사람과 좀 더 돈독한 관계를 갖기 마련이고 유전적으로 피붙이와 친구들을 특별히 더 챙기고 보살피도록 짜여 있다. 그렇다면 이런 사실과 조건 없고 공평무사한 사랑을 어떻게 조화시킬 수 있을까? 태양에 비유해 설명해 보자. 태양은 모든 사람을 똑같이 비춘다. 어느 방향에서나 밝기도 같고 온기도 같다. 그런데 여러 가지 이유로 태양과 좀 더 가까운 곳에서 더 많은 열을 받는 사람이 있다. 그가 그런 특권을 누린다고 해서 따돌림 당하지 않는다. 이와 같이 살아 있는 모든 존재를 사랑으로 포용하면서 우리 책임 하에 있는 사람들을 최선을 다해 돌보는 선의 형태를 개발하는 것이 가능할 것으로 보인다.

타인의 행복을 함께 기뻐하고 공평무사한 마음을 키워라

불교에서는 이타적 사랑과 측은지심에 다른 사람의 행복과 훌륭한 품성을 보고 함께 기뻐하는 마음(喜心)과 공평무사(捨心)가 덧붙여진다.

함께 기뻐하는 마음은 다른 사람의 업적과 훌륭한 품성을 보고 기쁨을 느끼는 것이다. 남의 행복을 도모하고 남에게 유익한 계획을 성공으로 이끈 사람, 힘들게 노력해서 다른 사람의 소원을 실현한 사람, 다양한 재능과 능력을 가진 사람을 향해 마음 깊은 곳에서 우러나는 환호를 보내는 것이다. 이러한 환호와 축하에는 그들이 앞으로도 계속 행복하기를 바라고 그들이 지니고 있는 훌륭한 품성과 자질이 퇴색하지 않고 영원히 이어지거나 더욱 커지기 바라는 마음이 동반된다. 이렇게 다른 사람의 좋은 일에 함께 기뻐하는 능력은 남이 행복한 꼴을 두 눈 뜨고 보지 못하는 경쟁심, 시기, 질투와 같은 감정을 고치는 해독제 역할을 한다. 아울러 세상과 인류를 염세적으로, 절망적으로 보는 버릇을 고치는 데 특효약이 되기도 한다.

공평무사(捨無量心)는 이타심에 반드시 필요한 요소이다. 모든 존재가 행복을 찾고 고통에서 놓여나기 바라는 마음이 사사로운 애착 때문에 흔들리고 남이 우리를 대하는 방식, 우리 앞에서 처신하는 방식에 따라 왔다갔다 해서는 안 되기 때문이다. 공평무사는 남이 건강하면 기뻐하고 아프면 치료하려고 고심하는 자애롭고 헌신적인 의사의 태도이다.

이타심이 감상주의에 빠져 편파적인 태도를 낳을 수 있다. 나는 가난한 나라를 여행하면서 어린이들을 만나는 일이 많다. 그 중 한 아이에게 호감이 간다고 해서 특별 대우를 한다면 의도는 남을 보살피려는 어진 마음이지만 공평성과 통찰력의 부족을 드러낸 것이 된다. 정작 나의 도움이 더 필요한 것은 옆에 있는 다른 아이들일지도 모르기 때문이다.

마찬가지로 오로지 '귀엽다'는 이유 하나로 몇몇 동물들 처지만 걱정하고 못생긴 동물은 아무리 큰 고통을 당해도 무심하게 버려둔다면 이는 편견과 편애에서 비롯된 가식적인 이타심에 불과하다. 그래서 공평무사의 개념이 중요하다. 불교에서는 이타심이 겉모습이나 행동, 친한 정도에 상관없이 지각이 있는 존재 모두에게 퍼져 나가야 한다고 가르친다.

태양이 선한 사람과 악한 사람, 아름다운 풍경과 쓰레기 더미를 가리지 않고 모두 공평하게 빛을 내리쬐는 것처럼 공평무사는 모든 중생에게 차별 없이 적용되어야 한다. 자비심이란 악인을 만났을 때 그가 하는 악의에 찬 태도와 남에게 피해를 입히는 행동을 너그러이 봐주는 것이 아니다. 부추기는 것은 더더욱 아니다. 그런 사람은 중병에 걸렸거나 광기에 시달린다고 보고 하루 빨리 무지와 마음속 적개심에서 벗어나기를 기원한다. 그렇다고 해서 윤리관이 다르거나 의견 차가 심한 사람을 모두 병든 자로 취급한다는 뜻은 아니다. 병든 자란 타인에게 심각하게 해를 끼칠 수 있는 생각을 가진 사람이다. 남에게 해가 되는 행위를 태연히 쳐다보거나 무관심하게 지켜보는 것이 아니라 병원균을 퇴치하듯 악행의 원인을 제거할 수 있다고 보는 것이다.

확장된 이타심이 보편적 성격을 갖는다고 해서 애매모호하고 추상적이거나 지각 있는 존재들과 현실로부터 단절되는 것이 아니다. 명료한 의식으로 전후 사정과 정황을 파악하지 못하는 것도 아니다. 확장된 이타심은 다양하고 많은 존재들 속에서 희석되는 것이 아니라 개개 존재들이 갖고 있는 다양하고 많은 필요에 따라 오히려 위력이 강해지고 우리 관심 영역 안에 들어오는 모든 존재에 지체 없이 실현가능하게 적용된다.

더군다나 그 자리에서 당장 성공을 이룩해야 하는 것도 아니다. 지각 있는 존재가 모두 하루아침에 고통에서 벗어나는 기적이 이루어지리라고 기대하는 사람은 아무도 없다. 워낙 어마어마한 일인 만큼 태산 같은 용기가 필요하다. 기원후 7세기 인도에 살았던 승려 샨티데바는 이렇게 말했다.

이 세상이 존재하는 한

중생이 존재하는 한
나 또한 여기에 머물러
이 세상 모든 고통을 없애리라!

두려움을 극복하라

이타적 사랑의 여러 가지 측면 중에서 중요한 것 하나가 바로 용기이다. 진정한 이타심은 주저 없이, 걱정 없이 남에게 다가간다. 이타심을 가로막는 가장 큰 장애물은 불안감과 두려움이다. 사소하게라도 방해를 받거나 냉정하게 거절을 당하거나 비판 받거나 욕을 먹으면 주눅이 들어 자기 보호부터 하게 된다. 또한 불안감이 들면 아예 마음의 문을 걸어 잠그고 다른 사람들과 거리를 두게 된다. 이타심을 키우려면 내면의 힘을 키워 끊임없이 이어지는 변화무쌍한 상황을 스스로의 정신적 역량으로 헤쳐 나가야 한다. 그런 굳은 자신감이 생기면 언제든지 열려 있는 태도로 남을 대하면서 이타심을 발휘할 수 있다. 불교에서 '용감한 자비심'을 말하는 이유가 바로 그런 것이다. 간디도 이렇게 말한 적이 있다. "사랑은 사람이건 사물이건 무서울 것이 없다. 두려움의 뿌리를 아예 싹둑 잘라 버렸기 때문이다."

타인의 필요에 대해 이해의 폭을 넓혀라

어려운 사람의 처지를 걱정하는 마음이 클수록 고통을 덜어 주고자 하는 동기가 커지는 법이다. 그런데 크든 작든 행복을 주려면 상대방이 필요한 것을 올바르고 정확하게 파악하고 그에게 진정 필요한 것이 무엇인지 아는 것이 중요하다.[9] 불교에서 말하는 살아 있는 모든 존재의 궁극적 필요는 모든 형태의 고통에서 벗어나는 것이다. 여기에는 당장 눈에 보이지 않지만 무지에서 비롯된 고통으로부터 놓여나는 것도 포함된다.

모든 존재가 모든 고통에서 벗어나기를 바란다는 것을 인정하면 친구와 적, 가까운 사람과 모르는 사람, 인간과 동물을 가리지 않고 이타심의 범위를 확장할 수 있다. 다만 이타심이 적에게로 확장되면 고려해야 할 적의 필요는 그가 가진 악의적 목표를 완수하는 것이 아니라 그런 악의적 목표를 만든 원인을 근절하는 것이다.

생물학적 이타심에서 확장된 이타심으로

달라이 라마는 이타심을 두 가지 유형으로 나눈다. 하나는 진화 과정에서 물려받은 생물학적 성향으로 인해 자연 발생적으로 표출되는 사랑이다. 여기에는 자녀와 가까운 친지를 돌보고 더 나아가 자신을 자애로 대하는 이들을 보살피는 본능이 반영되어 있다.

이런 선천적 이타심은 타고나는 것이므로 따로 교육 받을 필요가 없다. 선천적 이타심 중에서 가장 강력한 형태가 부성애와 모성애이다. 그렇지만 이 역시 한계가 있고 편파적이다. 혈연관계에 의존하거나 남에 대해 호의가 있는지 없는지, 다른 사람이 우리를 어떻게 대접하는지에 따라 달라지는 것이 보통이기 때문이다.

어린이, 노인, 환자를 배려하는 마음은 그들이 약자이기 때문에 보호가 필요하다는 데서 비롯된다. 자식 외에 다른 아이들, 가까운 친지가 아닌 낯선 사람들의 처지에 마음이 동할 수는 있지만 선천적 이타심이 생판 모르는 사람에게 확장되기는 그리 쉽지 않다. 하물며 적이라면 더욱 더 어려울 것이다. 선천적 이타심은 변덕이 죽 끓듯 해서 여태껏 호의적이던 친구나 친지가 태도를 바꿔 무관심하게 굴거나 심지

9   뱃슨에게 공감적 배려empathic solicitude는 다른 사람이 어려움이나 궁핍한 상황에 처해 있음을 인지했을 때 생기는 남을 향한 감정, 그런 지각과 조화를 이루는 감정이다. Batson, Daniel, *Altruism in Humans*, Oxford University Press, 2011, p. 11 참조.

어 적대감을 나타내면 하루아침에 사라져 버릴 수 있다.

그에 비해 확장된 이타심은 편파적이지 않다. 이것은 대부분 저절로 나오는 감정이 아니기 때문에 배우고 길러야 한다. 다윈은 이렇게 썼다. "동정sympathy은 본능으로 습득되지만 훈련과 습관에 의해 강화되기도 한다."[10] 출발점이 어디건 이타심을 배양하면 가까운 친지에 한정되던 범위를 훨씬 더 확장할 수 있다.

진화 과정에서 획득한 본능적 이타심, 그 중에서도 특히 어머니가 자식에게 보이는 이타심이 확장된 이타심의 기반이 될 수 있다. 물론 본래 기능은 그것이 아니다. 윌리엄 맥두걸, 대니얼 뱃슨, 폴 에크만을 비롯한 여러 심리학자들과 엘리엇 소버 같은 철학자, 데이비드 슬론 윌슨과 같은 진화학자들이 이러한 생각을 지지하고 있다.[11]

이타심이 확장되려면 두 단계를 거쳐야 한다. 첫째, 이전보다 훨씬 더 많은 존재가 필요로 하는 것을 자각해야 한다. 특히 여태껏 이방인이나 적으로 간주하던 사람들이 필요한 것까지 이해해야 한다. 둘째, 지각 있는 존재의 규모를 훨씬 더 방대하게 잡아서 가치를 부여해야 한다. 친지를 비롯해 우리가 속한 사회적 집단, 민족, 종교, 국가는 물론이고 인간종을 뛰어넘어야 한다.[12]

흥미롭게도 다윈은 이런 확장이 일어날 것을 예상했을 뿐만 아니라 심지어 필요한 일이라고까지 했다. 그는 이렇게 말한다. "동정은 앞서 언급한 이유로 인해 항상 더 넓고 더 보편적인 것으로 변하려는 경향이 있다. 천성의 가장 고귀한 부분이 퇴화되지 않는 한, 이성이 아무리 억제하라고 해도 동정을 억누르기는 어려울 것 같다."[13]

아인슈타인도 1921년에 쓴 편지에서 그것이 이상적이라고 말했다.

10 Darwin, Charles, *The Descent of Man, and Selection in Relation to Sex*, 1891, Chapter 4.
11 Sober, Elliott, & Wilson, David Sloan, *Unto Others: The Evolution and Psychology of Unselfish Behavior*, Harvard University Press, 1999.
12 몇 차례 대화를 나누는 과정에서 이 두 가지를 구분하도록 도와준 대니얼 뱃슨에게 감사드린다.
13 Darwin, *The Descent of Man*, and *Selection in Relation to Sex, op. cit.*, Chapter 5.

사람은 시간과 공간의 제약을 받는 우주의 일부입니다. 사람이 인식하고 경험하는 자기 자신과 생각과 감정은 나머지 모든 것과 분리된 별개의 사건입니다. 사람 의식에 나타나는 일종의 착시 현상이 여기서 비롯됩니다. 사람은 이렇게 착각의 감옥에 갇혀 있습니다. 그것이 개인적 욕망에 제약을 가하고 몇몇 가까운 측근에게만 애정을 보이도록 강요합니다. 우리가 할 일은 그런 감옥에서 벗어나 세상에 존재하는 모든 생물과 아름다운 자연이 포함되도록 자비심의 범위를 넓히는 것입니다.[14]

이타심의 범위를 넓히려면 다음과 같은 깨달음이 선행되어야 한다. 자신의 내면을 깊숙이 들여다보면 고통을 원하지 않는다. 아침에 잠에서 깨어나 '하루 종일, 가능하다면 평생토록 고통스럽게 살고 싶어.' 하는 사람은 아무도 없다. 내 안에 고통 받지 않겠다는 열망이 있음을 인식한 뒤 나를 다른 존재의 의식에 투영하면 어떤 일이 일어날까? 그 존재도 나처럼 온갖 고민과 정신적 혼란에 빠져 있을지 모른다. 그도 나처럼 가능한 한 고통 받지 않기를 원하는 것 아닐까? 그 역시 나처럼 고통에서 벗어나기를 원한다면 그런 소원은 존중되어야 한다.

불행하게도 행복으로 충만한 삶을 누릴 여건이 되지 못해 의도적으로 자신에게 상처를 내거나 절망에 사로잡혀 자해하거나 심하면 자살하는 사람들이 있다.[15] 그런 사람들은 대개 사랑이 부족하고 인생이 의미가 없고 자신감과 분명한 삶의 방향이 없어 자기 파괴에 이르는 경우이다. 그런 극단적인 행위는 절망의 절규이며 도와달라는 외침이다. 행복을 어떻게 찾아야 할지 모르거나 폭력적인 외부 환경 때문에 행복을 포기할 수밖에 없는 사람들이 자기를 표현하는 방법이다.

14 아인슈타인이 1950년에 아들을 잃은 친구 로버트 S. 마커스에게 쓴 편지. 편지 원본은 이스라엘 히브리 예루살렘 대학교 도서관 아인슈타인 정보 도서관에 보관되어 있으며 http://blog.onbeing.org/post/241572419/einstein-sleuthing-by-nancyrosenbaum-associate producer에서 사본을 열람할 수 있다.
15 이 책 26장 나를 싫어할 것인가 좋아할 것인가 참조.

이타심과 자비심의 감정적, 인지적 측면

남의 고통을 보면 마음이 아프고 그 사람이 고통스럽기 때문에 나도 고통스럽다. 남이 기뻐하면 나도 기쁘고 그가 괴로워하면 나도 슬퍼진다. 이런 것이 바로 정서적 공명emotional resonance이다. 반면에 타인의 고통을 보고 눈앞에 보이는 이유나 지속적인 원인, 피상적 이유나 심층적 원인을 파악하고 판단을 내려 고통을 덜어 주는 것은 지식과 '인지적' 자비심의 영역에 해당한다. '인지적' 자비심은 고통의 원인을 다각도로 이해하는 것과 직결되어 있다. 그래서 범위도 훨씬 넓고 영향도 훨씬 크다. 이타심의 정서적 측면과 인지적 측면은 서로 단절되고 분리된 정신 상태가 아니라 상호 보완적이다. 사람에 따라 이타심이 강력한 감정적 경험의 형태로 시작되었다가 나중에 고통의 원인을 분석하기 시작한 뒤에 인지적 이타심으로 바뀌는 경우도 있다. 그런데 이타심이 오로지 정서적 차원에만 머물러 있으면 한계가 있을 수밖에 없다.

실제로 불교에서는 고통의 근본 원인을 무지라고 설명한다. 무지란 현실을 왜곡하고 증오, 질투, 교만, 강박적 욕구 등 갖가지 혼란을 유발하는 정신적 혼란 상태이다. 고통의 부수적 원인, 즉 가시적으로 표출되는 모습에만 관심을 기울이면 고통을 결코 치유할 수 없다. 배에 구멍이 뚫리면 선원들을 전부 불러 모아 물을 퍼내는 것만으로는 부족하다. 급선무는 물이 스며들어 오는 구멍을 막는 일이다.

분별에 기반을 둔 사랑과 자비심

이타심을 확장하려면 고통의 다양한 단계와 정도를 이해해야 한다. 부처님이 "고통을 알아본다."라고 했을 때 고통이란 질병, 전쟁, 기근, 불의, 사랑하는 이와 사별 등 흔히 볼 수 있고 직접 겪을 수 있는 누가 봐도 명백한 고통을 뜻하는 것이 아니다. 그런 고통은 (우리와 친지들에게) 직접 영향을 미치는 것이든 (언론을 통해, 일상에서 경험을 통해) 간접적으로 영향을 미치는 것이든 누구에게나 자명하게 보인다. 사회 경제적 불평등, 차별, 전쟁에 의한 고통은 눈으로 확인할 수 있다. 그에 비해 부처님이 보여 주려고 한 것은 고통의 잠재적 원인이다. 지금 당장은 뼈아픈 경험의 형태로 모습을 드러내지 않지만 지속적으로 고뇌를 유발하는 고통의 원천이다.

인간의 고통은 대부분 증오, 탐욕, 이기심, 교만, 질투와 같은 정신 상태에 뿌리를 두고 있다. 불교에서는 이를 일컬어 자신의 존재와 타인들의 삶에 독이 된다는 뜻으로 '정신적 독소'라고 부른다. 부처님 말씀에 따르면 이렇게 혼미한 정신 상태를 유발하는 원천은 무지이다. 무지는 단순히 정보 부족에서 생기는 것이 아니라 현실을 왜곡되게 바라보고 고통을 유발하는 으뜸가는 원인을 제대로 이해하지 못하는 데서 비롯된다. 이에 대해 티베트 불교의 훌륭한 스승, 초갬 트룽파는 다음과 같이 설명한다. "무지는 어리석음과 아무 상관도 없다. 어떻게 보면 무지는 매우 똑똑하다. 대신에 그런 꾀바름이 일방적으로만 작동한다. 사물을 있는 그대로 보지 않고 투영된 상을 만들어 오직 그것에 대해서만 반응하기 때문이다."[16]

무지는 현실을 제대로 보지 못하는 것, 다시 말해서 현실에 포개져 있는 정신적 날조와 조작을 모두 벗긴 뒤에 나타나는 사물의 본질을 인식하지 못하는 것과 관련이 있다. 그런 날조와 조작 때문에 눈에 보이는 사물의 모습과 사물의 본질 사이에 괴리가 생기는 것이다. 그래서 덧없는 것을 영원한 것이라 착각하고 재력, 권력, 명예, 순간적인 쾌락에 대한 욕구와 같이 고통의 원천이 되는 것을 행복이라 생각한다.

우리는 외부 세계를 인지할 때 자율성을 가진 실체들이 모여 하나

---

16   Trungpa, Chögyam, *Cutting Through Spiritual Materialism*, Shambhala, 1973.

의 전체를 이룬다고 보고 각각의 실체에 고유한 속성이라 생각되는 특징을 부여한다. 사람 눈에는 사물이 본질적으로 '유쾌'하거나 '불쾌'한 것처럼 보인다. 사람에 대해서도 융통성 없이 '좋은 사람', '나쁜 사람', '친구', '적' 등으로 구분한 뒤 그것을 그 사람의 고유한 특징이라고 생각한다. 그들을 인지하는 '나' 또는 자아도 구체적으로 실제적으로 존재하는 것처럼 보인다. 이런 착각 때문에 집착이나 혐오와 같은 강력한 반사 행동이 생기는 것이다. 마음이 이렇게 분별없이 미망에 사로잡혀 있다가는 증오, 집착, 탐욕, 질투, 교만에 빠져 고통이 수시로 모습을 드러낼 것이다.

대니얼 뱃슨이 정의한 것처럼 이타심을 남이 갖고 있는 필요를 구체적으로 인지하는 데서 비롯되는 정신 상태라고 본다면 불교에서 말하는 궁극적 필요는 현실에 대한 잘못된 관점을 일소해 버리는 것이다. '현실은 이런 것'이라고 교조주의적으로 강요하는 것이 아니라 사물에 대한 인식과 사물의 진정한 본질 사이에 존재하는 격차를 해소하는 데 필요한 지식을 엄격한 분석을 통해 제공하는 것이다. 사물에 대한 인식과 본질 사이의 격차를 해소한다는 것은 예를 들어 변화무쌍한 것을 영원한 것이라 생각하지 않고 상호 의존적 관계에 불과한 것을 독립된 개체로 보지 않고 무수한 원인으로 인해 끝없이 변화를 거듭하는 경험의 연속에 불과한 것을 자율적이고 항구적이고 단일한 '나'의 존재라고 주장하지 않는 것이다. 부처님은 늘 이렇게 말씀하셨다. "금이 정말 금인지 확인하려고 손으로 만져 보고 망치로 내려치고 도가니에 넣어 녹여 보듯이 단순히 나를 존경해서 나의 가르침을 받아들이지 말고 면밀히 조사하고 살펴보라." 그러면서 지도나 안내 책자만 하나 던져 준다. 내가 걷고 싶은 길을 나보다 먼저 걸어 본 사람이 남겨 놓은 발자취를 따라갈 수 있도록 하는 것이다.

이런 관점에서 보면 지식이나 지혜는 현실을 올바르게 이해하는 것이다. 다시 말해서 변화무쌍한 원인과 조건이 무수하게 얽히고설켜 모든 현상이 나타난다는 사실을 올바르게 이해하는 것이다. 비가 내리는 가운데 햇살이 비치면 무지개가 생기지만 그런 현상을 유발하는 조건 가운데 하나가 없어지면 무지개는 온데간데없이 사라진다. 마찬가지로 현상도 근본적으로 상호 의존적인 방식으로 존재하는 것이지 독립적으로 항구적으로 존재하는 것이 아니다. 이것을 아는 것은 단순히 지적 호기심을 만족시키려는 것이 아니라 궁극적으로 치유하려는 것이다. 상호 의존성을 이해하면 무엇보다 먼저 우리 마음이 자신과 남 사이에 세워 놓은 환상에 불과한 벽을 무너뜨릴 수 있다. 그럼 자존심, 질투, 적의가 그릇된 바탕에서 비롯되었다는 것을 확실히 알수 있다. 세상의 모든 존재가 상호 의존적이라면 그들의 행복과 고통이 우리와 밀접하게 연결되어 있는 것이다. 남의 고통 위에 나의 행복을 쌓아 올리겠다는 발상은 부도덕할 뿐 아니라 현실성도 없다. 만물에 대한 사랑과 자비심은 이러한 상호 의존성의 이해에서 비롯되는 직접적 결과이다.

그러므로 이타적인 태도를 키우기 위해 다른 사람의 심리 상태를 감정적으로 느끼는 것은 불필요한 일이다. 그 대신에 다른 사람이 고통에서 벗어나고 싶어 한다는 것을 이해하고 그것을 중요시하고 그 사람의 열망이 이루어지도록 관심을 깊이 기울여야 한다. 자비심―이타적 사랑과 측은지심이 인지적인 성격일수록 이타심의 비중이 커진다. 그래서 남들이 겪는 고통을 보고 고뇌에 빠지는 등 혼미한 감정으로 인해 타격을 받는 일이 줄어든다. 고통을 보고 비탄에 빠지면 남들을 보살피는 자애로운 마음이 생기는 것이 아니라 반대로 외부 세계와 단절을 꾀한다든가 감상에 빠져 이타심을 가장한 선심 공세를 펼칠 수 있다.

의사와 같은 태도로 임한다는 것

확장된 이타심은 이타심의 대상이 어떤 식으로 행동하느냐에 따라 이리저리 흔들리지 않는다. 그것보다 훨씬 기저에서 근본적으로 작용하기 때문이다. 확장된 이타심은 무지해서 혹은 무지로 인해 생긴 마음의 독소 영향으로 해로운 행동을 한다는 사실을 충분히 인식했을 때 드러난다. 그렇기 때문에 악의적인 행동 앞에서 본능적인 반응을 뛰어넘을 수 있다. 그런 악의적인 행동은 정신병자가 주변 사람들을 공격하는 행동과 다르지 않다는 것을 알기 때문이다. 따라서 이 경우에는 의사처럼 대처하게 된다. 정신적으로 장애가 있는 환자가 자신을 진찰하던 의사를 구타했다고 치자. 그럼 의사는 환자를 맞받아치는 것이 아니라 치료 방법을 모색할 것이다.

언뜻 보면 적을 보살피는 마음으로 대하는 것이 부적절한 일처럼 보이고 "나를 해치려고 하는 사람인데 왜 잘 되기를 바라야 하는가?"라는 생각이 들 수 있다. 불교에서 제시하는 답은 간단하다. "그역시 고통을 원하지 않기 때문이다. 그 역시 무지에 빠져 있기 때문이다. 무지로 인해 남을 해치려고 하는 것이기 때문이다." 진정한 이타심은 해를 끼친 자가 자신의 일탈을 깨닫고 동료에게 해코지하는 것을 그만두기 바라는 것이다. 복수를 하거나 또 다른 고통을 안겨 벌을 주는 것과는 전혀 다른 반응이다. 이것은 유약함이 아니라 지혜로움의 반증이다.

자비심이라고 해서 상대방이 나쁜 짓을 또 저지르지 못하도록 막지 말란 법은 없다. 예컨대 피에 굶주린 독재자가 더 이상 범죄를 저지르지 못하도록 수단을 총동원해 막으려고 할 때 이를 말리지 않는다. 단, 그런 행동을 할 때 독재자의 마음에서 증오와 잔인성이 사라지기를 바라는 마음이어야 한다. 달리 방법이 없다면 무력을 동원하는 것도 금하지 않는다. 다만 무력이 증오심으로 점철되어서는 안되고 더 큰 고통을 미연에 방지하기 위해 필요한 것이어야 한다.

이타심은 남들이 저지른 악행을 축소하거나 용인하는 것이 아니라 모든 형태의 고통을 덜어 주는 것이다. 눈에는 눈, 이에는 이로 모질게 복수하는 것이 아니라 증오의 고리를 끊는 것이 목표이다. 간디는 이렇게 말했다. "눈에는 눈, 이에는 이로 복수를 하면 세상에 맹인과 이빨 빠진 사람이 넘쳐날 것이다." 샨티데바는 좀 더 세련된 비유를 썼다. "내가 악당을 얼마나 죽일 수 있겠는가? 그들은 도처에 숨어 있다. 몽땅 해치운다는 것은 불가능하다. 대신에 증오심을 죽이면 나는 원수들을 모두 물리칠 수 있다."[17]

"삶이 아무리 끔찍해도 먼저 해야 할 일은 이해를 모색하는 것이다."[18] 미국의 철학자 알피 콘이 한 말이다. 최근에 노르웨이에서 형을 선고 받은 광기 어린 집단 살해범 안데르스 브레이비크를 취조했던 경찰관 오스본 라크류는 이런 말을 했다. "우리는 영화에서 보는 것처럼 주먹으로 책상을 내려치지 않는다. 대신에 최대한 말을 많이 하게 만들어 '적극적으로 청취'하고 맨 마지막에 이렇게 묻는다. '당신이 한 행동을 어떻게 설명할 수 있는가?'"[19] 악의 재발을 방지하려면 악이 어떤 이유에서 어떻게 발생하는지를 이해하는 것이 필수적이다.

이타심은 보람도 아니고 도덕적 판단도 아니다

착한 행동을 했다며 칭찬이나 상을 받기 위해 이타적 사랑과 측은지심을 실천하는 것이 아니다. 이타심과 자비심을 행하지 않는다고 해서 비난을 받거나 벌을 받는 것도 아니다. 이타심과 자비심은 도덕적 판단을 바탕으로 한 것도 아니다. 물론 도덕적 판단을 배제할 수는 없

---

17 Shantideva, *A Guide to the Bodhisattva Way of Life*, Snow Lion Press, 1997. 온라인은 http://www.fodian.net/world/be_bodsv.html (내용이 약간 수정된 번역).

18 Kohn, Alfie, *The Brighter Side of Human Nature: Altruism and Empathy in Everyday Life*, Basic Books, 1992, p. 156.

19 BBC World Service, Outlook, September 7, 2011.

다. 프랑스 철학자 앙드레 콩트 스퐁빌이 쓴 것처럼 "도덕성은 사랑이 없을 때만 필요한 것이다." 자비심은 고통의 성격, 종류, 원인에 상관 없이 모든 고통을 제거하는 것이 목표이다. 그런 식으로 생각하면 이 타심과 자비심이 공평무사하고 무한한 것이 될 수 있다.

존재의 고통을 멈출 수 있다는 사실이
이타심을 더욱 강하게 만든다

"연민이 쓸모없어지면 사람들은 연민에 진력낸다."[20] 알베르 카뮈는 이렇게 썼다. 고통에 종지부를 찍을 수 있다는 사실과 그런 목적을 달 성하는 데 필요한 방법을 알면 무력하고 경원하던 연민이 자비심 즉 다른 사람들을 고통에서 해방시키고자 하는 강한 의지로 변한다. 그 러기 위해 거치는 여러 단계가 바로 사성제四聖諦(네 가지 고귀한 진리)이 다. 사성제는 부처님의 첫 가르침이다. 이 가르침은 바라나시 근처에 있는 사르나트 녹야원에서 펼쳐졌다. 사성제의 첫 번째 진리는 눈에 보이든 보이지 않든 모든 형태의 괴로움을 있는 그대로 인정하는 고 의 진리(苦諦)이다. 두 번째 진리는 괴로움, 무지, 그 뒤에 이어지는 분 노, 탐욕과 기타 여러 가지 고통의 원인이 되는 집의 진리(集諦)이다. 이 러한 정신적 독소들은 원인 제거가 가능하므로 괴로움의 소멸이 가능 하다. 이것이 세 번째 진리인 멸제滅諦이다. 네 번째 진리는 괴로움의 소 멸이라는 가능성을 현실로 바꾸는 도의 진리(道諦)이다. 이 도란 고통 의 원인을 제거할 수 있는 방법을 모두 실행에 옮기는 과정이다.

　무지는 결국 따지고 보면 착오 즉 현실이 왜곡된 것에 불과하므로 언제든지 해소가 가능하다. 어슴푸레한 빛 아래서 밧줄을 뱀으로 잘 못 보고 겁먹을 수 있지만 밧줄에 불빛을 비춰 그것이 무엇인지 제대

20　Camus, Albert, *The Plague*, Vintage, 1991, p. 91

로 알면 공포의 이유가 사라진다. 그러므로 무지는 사물의 궁극적 본성에 영향을 미치지 않는 우발적인 현상이다. 무지가 본질을 감추는 바람에 올바르게 이해하지 못하는 것뿐이다. 그래서 지식이 우리를 자유롭게 한다는 것이다. 『현관장엄론Ornament of Sutras』에 보면 "해방(해탈)이란 망상이 사라지는 것"이라는 구절이 있다.

고통이 인간의 숙명이라면 고통에 대해 끊임없이 걱정하는 것은 쓸데없이 고민만 늘리는 일이다. 그런 의미에서 달라이 라마가 농담조로 이런 말을 한 적이 있다. "고통을 해소할 방법이 없다면 고통에 대해 가급적 생각하지 말고 해변에 나가 시원한 맥주를 들이키는 편이 훨씬 낫다." 그렇지만 고통의 원인을 얼마든지 제거할 수 있는데 그런 가능성을 무시한다면 두고두고 후회하게 될 것이다. 제7 대 달라이 라마 켈상 갸초 는 이렇게 썼다.

고통에서 벗어날 방법이 있다면
매 순간을 바쳐 그것을 찾아야 한다.
오직 바보들만 고통 속에서 살아간다.
독인 줄 뻔히 알고도 독약을 마신다면 슬프지 않겠는가?[21]

불교에서 보는 니르바나nirvana(열반)란 "죽어서 사라지는 상태"가 아니라 각각의 존재가 깨달음에 이르러 무지와 고통에서 벗어난 상태이다. 그렇다고 해서 삼사라Samsara라고 하는 고통의 지배를 받는 생사유전에서 괴로움이 보편적인 현상으로 더 이상 존재하지 않는다는 뜻이 아니라 개인이 개별적으로 윤회에서 벗어날 수 있다는 뜻이다. 고통에서 해방될 수 있다는 사실을 자각하면 자비심이 무기력한 연민과

---

21 *The Collected Works (gsun 'bum) of the Seventh Dalai Lama blo-bzan-bskal-bzang-rgya-mtsho*, published by Dodrup Sangye, Gangtok, 1975년에서 1983년 사이에 마티유 리카르가 티베트어에서 번역.

는 전혀 다른 차원이 된다. 달라이 라마는 2003년 파리에서 설법을 하면서 이런 예를 든 적이 있다.

낮은 고도로 나는 소형 항공기를 타고 있다고 상상해 보자. 아래를 내려다보니 난파선의 생존자가 태평양 한가운데에서 헤엄을 치고 있다. 당신은 그를 직접 도울 수도 없고 구조 요청을 할 수도 없는 처지이다. 그럼 정말 슬프다는 생각이 들 것이다. 이럴 때 느껴지는 연민은 무력감에서 비롯되는 것이다.

그런데 마침 작은 섬이 눈에 들어온다. 안개 때문에 난파선 생존자 눈에는 보이지 않지만 방향만 잘 잡으면 헤엄쳐 도달할 수 있는 거리이다. 그 순간 당신의 연민이 자비심으로 변한다. 불쌍한 조난자가 목숨을 건질 가능성이 있다는 것을 안 이상, 지척에 있는 섬이 그의 눈에 들어오기를 진심으로 바라면서 수단을 총동원해 알려 주려고 노력할 것이다.

이처럼 진정한 이타심은 고통의 원인에 대한 이해와 누구든지 고통에서 벗어날 수 있다는 신념을 바탕으로 한다. 감상이 아니라 분별에 의존하기 때문에 현자는 정서적 공감을 표시할 때 흔히 동반되는 강렬한 감정 표현을 하지 않을 수 있다. 이타심은 또한 주체와 객체의 개념을 독립적 개체로 파악하는 자기중심적 집착에 사로잡히지 않는 것이 특징이다. 마지막으로 이타심은 모든 존재에게 공평하게 적용된다.

불교의 길(佛道)에서는 자비심 – 이타심적 사랑과 측은지심이 모든 존재를 이롭게 하기 위해 깨달음(무지와 정신적 고뇌를 뛰어넘어 궁극적으로 현실을 올바르게 이해하는 것)에 이르겠다는 확고한 결의로 이어진다. 이렇게 용감한 결의를 일컬어 보리심菩提心(bodhicitta)이라고 하며 보리심의 두 가지 목표는 깨달음과 모든 존재를 이롭게 하는 것이다. 타인을 고통의 원인에서 해방시키려면 먼저 자기 자신이 무지에서 벗어나야 한다.

　사물의 이치가 이러하니 이타심을 육성하는 것이 역시 가능하다는 생각이 들 것이다. 사람은 실제로 새로운 사고방식에 익숙해지고 우리 안에 배아 상태로 잠들어 있는 여러 가지 자질을 경험을 통해 습득하는 능력을 갖고 있다. 단, 그것들을 개발하려면 훈련이 필요하다. 이타심이 우리를 이롭게 하는 장점에 대해 곰곰이 생각해 보면 이 길로 접어들어야겠다는 의욕이 생긴다. 더불어 이타심을 함양하는 데 필요한 훈련이 어떻게 이루어지는지 기제를 자세히 알면 우리 안에 있는 변화의 잠재력을 더욱 완벽하게 깨달을 수 있다.

3

공감이란 무엇인가?

공감이라는 말이 과학계와 일상 언어에서 갈수록 많이 사용되고 있다. 공감은 실제로 서로 다른 몇 가지 정신 상태를 가리키는데 그것이 무엇인지 좀 더 자세히 살펴보도록 하자. '공감'이라는 단어는 독일어 Einfühlung(감정 이입)을 번역한 것으로 "마음속에서 상대방을 느끼는" 능력을 가리킨다. 독일 심리학자 로베르트 피셔가 집, 옹이 많은 고목, 바람이 강하게 몰아치는 언덕 등 외부 물체에 자신을 투영시켜 표현한 것으로 1873년에 처음 사용했다.[1] 철학자인 테오도어 립스가 훗날 개념을 확장시켜 예술가가 상상력을 동원해 무생물이나 다른 사람의 경험에 자신을 투영시켰을 때 얻을 수 있는 느낌을 가리키는 말이 되었다. 립스는 이 말의 뜻을 설명하면서 다음과 같은 예를 들었다. 곡예사가 팽팽한 줄에 올라 줄타기를 하는 동안 관객들이 열심히 쳐다보고 있다. 관객들은 자기도 모르게 곡예사와 한 몸이 되어 마음속으로 그와 함께 발걸음을 옮긴다.[2] 그 뿐만 아니라 정작 곡예사

---

1   영어에서 공감을 뜻하는 *empathy*는 20세기 초에 심리학자 에드워드 티치너가 '감정 이입'이라는 단어 Einfüftlung을 번역하는 과정에서 처음 사용되었다.

2   Lipps, Theodor, Einfühlung, innere Nachahmung und Organempfindung. *Archiv für die gesamte Psychologie*, 1(2), pp. 185~204.

는 느끼지 않는 불안감과 현기증까지 생생하게 경험한다.

공감은 다른 사람의 느낌을 정서적으로 지각affective perception하거나 다른 사람의 경험을 인지적으로 상상cognitive imagination함으로써 시작된다. 공감을 하는 당사자는 두 경우 모두 자신의 감정과 남의 감정을 분명하게 구분한다. 그런 면에서 둘 사이의 구분이 모호해지는 정서 전이emotional contagion와 차이가 있다.

정서적 공감은 남이 처한 상황과 기분, 다른 사람의 표정, 시선, 어조, 행동에 나타나는 감정에 공명할 때 나타난다.

공감의 인지적 차원은 남이 한 경험을 마음속에 다시 불러오면서 시작되는데 방법은 두 가지이다. 다른 사람의 느낌과 그 사람이 그런 경험을 통해 어떤 영향을 받았을지 상상할 수도 있고 우리가 그 사람의 입장에 섰을 때 어떤 느낌일지 상상할 수도 있다.

공감이 이타적인 동기로 이어질 수도 있지만 타인의 고통에 직면해 오히려 고뇌를 느끼면서 도피하고 싶은 마음이 생겨 외부 세계와 단절하거나 눈앞의 고통에서 시선을 돌려 버릴 수도 있다.

여러 사상가와 과학자들이 '공감' 외에 동정, 측은지심과 같이 공감과 비슷하면서도 차이가 있는 여러 개념에 다양한 의미를 부여한 탓에 혼란스럽게 느껴질 수도 있다. 어쨌든 1970년대와 1980년대 이후 심리학자인 대니얼 뱃슨, 잭 도비디오, 낸시 아이젠버그와 신경 과학자인 장 데세티, 타니아 싱어가 밝힌 최신 과학적 연구를 통해 개념의 뉘앙스를 확실히 이해하고 공감과 이타심이 서로 어떤 관계에 있는지 살펴보았다.

타자와 공명

정서적 공감은 기쁨이든 괴로움이든 타자의 감정에 공명하는 것이다. 남이 느끼는 기분을 떠올리는 과정에서 어쩔 수 없이 본인 감정과 심리적 투영이 뒤섞일 수밖에 없고 때로는 두 가지를 구분하기 어려운 경우도 일어난다.

　권위 있는 감정 전문가이자 심리학자인 폴 에크만에 따르면 공감적 자각은 두 단계에 걸쳐 일어난다. 먼저 다른 사람의 느낌을 알아차리고 그 다음에 그의 여러 감정과 공명하는 것이다.[3] 다윈이 「인간과 동물의 감정 표현The Expression of Emotions in Man and Animals」에서 밝힌 것처럼 인간은 진화를 통해 다른 사람의 표정, 음성과 어조, 동작 언어를 보거나 듣고 감정을 읽는 능력을 갖추게 되었다.[4] 문제는 그 과정에서 본인의 감정과 편견이 거름망으로 작용해 왜곡되기 쉽다는 것이다. 다윈의 경우에 노예 제도 폐지를 외치면서 투쟁하기까지 다소 시간이 걸렸다. 비글호를 타고 탐험을 하면서 노예들이 어떤 대접을 받는지 직접 보고 깊은 혼란에 빠진 뒤에야 비로소 입장을 바꿀 수 있었다. 당시는 백인과 흑인의 기원이 다르고 흑인은 인간과 동물의 중간 단계라는 학설이 득세하던 시절이라 흑인들이 그에 상응하는 대우를 받았다. 다윈은 노예들의 처지와 운명을 직접 목격하고 그들의 고통에 진심으로 공감을 한 후 열렬한 노예제 폐지론자가 되었다.

수렴적 공명과 확산적 공명

에크만은 정서적 공명을 두 가지 유형으로 나눈다. 하나는 수렴적 공명convergent resonance이다. 유사 공명identical resonance이라고도 한다. 상대방이 괴로우면 나도 괴롭고 상대방이 화내는 것을 보면 나도 분노를 느끼는 것이다. 예를 들어 아내가 저녁에 직장에서 돌아와 상사에게 부당한 대우를 받았다고 하면서 흥분할 때 남편도 함께 화를 내면서 분개한 어조로 "그 자가 당신한테 어떻게 그럴 수 있지!"라고 말하는

3　Paul Ekman, 2009년 11월 대화 중에.

4　Darwin, Charles, *The Expression of Emotion in Man and Animals*, 1872.

경우이다.

반작용적 공명reactive resonance 또는 확산적 공명divergent resonance에서는 남편이 아내와 같은 감정을 느끼고 함께 화를 내는 것이 아니라 한 발짝 뒤로 물러서서 아내에게 관심을 표시하면서 이렇게 말하는 것이다. "말도 안 되는 인간한테 그런 취급을 당하다니 내 마음이 너무 안 좋군. 내가 어떻게 해 줄까? 차를 한 잔 끓여 줄까? 아니면 나가서 같이 산책이라도 할까?" 이런 반응은 배우자의 감정을 보듬어 주지만 감정적으로 분위기가 전혀 다르다. 냉정하게 한 발짝 뒤로 물러서서 배우자가 느끼는 분노와 쓰라린 감정을 진정시킴으로써 상대방을 돕는 것이다. 두 경우 모두 사람들은 자신의 감정에 관심을 보인다는 데 대해 고마워할 것이다. 반면에 배우자의 감정에 공명하지 못한다면 아마 이런 말을 할 것이다. "야단을 맞았다고? 그런 일 안 당하는 사람이 어디 있어? 그러려니 하고 넘어가는 게 최고야!" 배우자에게 전혀 위로가 되지 않는 말임이 분명하다.

공감과 동정

일상적으로 많이 쓰는 동정sympathy이라는 말은 "타고난 친근감, 친화력"을 뜻하는 그리스어 단어 sumpatheia의 어원적 의미를 그대로 간직하고 있다. 누군가에게 동정을 느낀다는 것은 그 사람과 어느 정도 친근하면서 그와 비슷한 감정을 느끼고 그 사람을 보살피는 어진 마음을 갖고 있어야 한다.[5] 동정은 다른 사람에게 마음의 문을 열고 나와 남 사이에 놓인 벽을 허문다. 남에게 "동정을 베풉니다.(You have all my sympathies.)"라는 말을 한다는 것은 그 사람이 처한 어려운 상황을 이해하며 거기서 벗어나고자 하는 것이 당연하다고 생각하기 때문에

---

5   그리스어 *sumpatheia*에 '상호 의존성'이라는 의미도 있다는 것은 흥미로운 일이다.

호의와 지지를 표시한다는 뜻이다.

그런데 다윈과 이타심 연구의 선구자인 낸시 아이젠버그[6]를 비롯해 여러 심리학자는 동정을 좀 더 정확히 정의하면 남에 대한 배려나 불쌍하게 여기는 마음, 남이 행복해지거나 처지가 나아지기를 기원하는 감정이라고 말한다.

낸시 아이젠버그에 따르면 사람은 먼저 인지적 공명과 결부된 정서적 공명을 느낀 뒤에 다른 사람이 처한 상황과 그의 관점을 고려하게 된다. 여기에 과거에 몸소 겪은 경험의 기억이 추가되면서 마음속에 경각심이 일기 시작하고 상대방의 처지에 반응을 보인다. 그런 반응은 감정의 강도와 그 감정을 통제하는 방식에 따라 달라진다. 반감이나 회피 반응이 나올 수도 있다.

경우에 따라 그런 반응이 동정과 친사회적 행동으로 이어지기도 하고 자기중심적 고뇌로 이어지기도 한다. 후자는 회피 반응으로 이어질 수도 있고 자신의 불안을 잠재우기 위해 남을 돕는 이기주의적인 친사회적 반응으로 이어질 수도 있다.

영장류 동물학자인 프란스 드 발은 동정을 일컬어 공감이 활성화된 형태라고 생각한다. "공감은 다른 누군가에 대해 정보를 수집하는 과정이다. 반면에 동정에는 다른 사람에 대한 관심, 상대방이 처한 상황을 개선하고자 하는 욕구가 반영되어 있다.[7]" 이제 공감과 이타심의 정의를 검토하면서 두 개념의 관계를 분명하게 정립해 보자.

6   Darwin, Charles, *op. cit.*; Eisenberg, Nancy, & Strayer, Janet, *Empathy and Its Development*, Cambridge University Press, 1990.
7   Waal, Frans de, *The Age of Empathy: Nature's Lessons for a Kinder Society*, Harmony Books, 2009, p. 88.

타인과 똑같은 감정을 느껴야 이타심이 생길까?

타인과 정서적으로 공명하면 이타적인 태도를 일으키는 데 도움이 될 것이다. 그렇지만 반드시 타인과 똑같은 감정을 느껴야 하는 것은 아니다. 비행기 공포증이 있어서 말로 다 표현할 수 없는 불안감으로 온몸이 뻣뻣하게 굳어 버린 사람이 옆에 있다고 상상해 보자. 날씨는 쾌청하고 조종사는 경험이 많은 베테랑이다. 내가 느긋하고 편안한 마음이라고 해서 옆에 있는 사람을 염려하고 최선을 다해 침착하고 따뜻하게 다독이지 말란 법은 없다. 나는 불안하지 않으므로 옆 사람이 느끼는 감정에 동요되지는 않는다. 대신에 그 사람이나 그 사람이 느끼는 기분을 염려한다. 바로 그런 나의 침착성을 이용해 불안을 진정시키고 그를 안심시킬 수 있을 것이다.

마찬가지로 맞은편에 앉아 있는 사람이 심각한 병에 걸렸다고 치자. 그 사람이 사실을 아직 모르거나 고통을 자각하지 못해도 나는 그에 대해 강한 사랑과 측은지심을 느낄 수 있다. 이때 상대방이 자각 증상을 느끼지 못하므로 그 사람과 똑같이 느낀다는 것은 불가능한 일이다.

그렇지만 정서적 공명을 통해 그 사람의 느낌을 상상해 보면 내 안에 훨씬 더 강한 측은지심이 일어나면서 공감적 관심이 훨씬 더 적극적인 형태를 띠게 된다. 자신의 경험을 통해 상대방에게 필요한 것을 분명하게 자각하기 때문이다. 남의 감정과 기분을 느낄 수 있는 능력이 타인의 처지에 무관심한 사람, 특히 사이코패스들에게 결여되어 있다.

타인의 입장이 되기

타인의 입장이 된 자신을 상상하고 그 사람의 소원과 걱정이 무엇인지 생각하고 상대방의 시각에서 상황을 바라보는 수고를 아끼지 않는 것이야말로 공감을 느끼는 강력한 방법이다. 타인의 처지에 마음이 동하려면 그 사람이 처한 상황을 신중하게 고려하고 그 사람 관점에서 보고 자신이 같은 상황에 놓였을 때 어떤 기분일지 이해하는 것이 매우 중요하다. 장 자크 루소는 이렇게 말했다. "부자가 가난한 사람을 측은하게 여기지 않는 것은 가난한 자신의 모습을 상상할 수 없기 때문이다."

타인의 고통에 얼굴을 부여하는 것은 정말 중요한 일이다. 타인이란 추상적인 개체나 객체도 아니고 근본적으로 나와 멀리 떨어져 있는 요원한 존재도 아니다. 비극적 사건이나 상황을 전해 듣고 도무지 실감이 안 나는 경우가 있다. 그럴 때 수많은 사진과 얼굴과 시선을 보고 사람들의 목소리를 들으면 사정이 완전히 달라진다. 1968년부터 1970년까지 아프리카에 있었던 작은 나라 비아프라에서 비극적인 기아 사태가 발생했다. 그때 인도주의 단체들이 호소하는 말보다 얼굴이 수척하고 팔다리가 앙상한 비아프라 어린이들의 사진이 사태를 해결하는 데 훨씬 효과적이었다.[8] 사람들이 고통 당하는 것을 눈으로 직접 확인하면 군말이 있을 수 없다. 누구든지 그들을 존중하고 그들의 처치를 염려하게 된다.

한 미국인 교사의 증언이다. 에이즈가 처음 유행하기 시작해 수치스런 병으로 치부되던 시절 이야기이다. 담임을 맡았던 반 학생들이 대부분 에이즈 환자들을 매우 부정적으로 생각하고 있었다. "죽어 마땅한" 사람들이라거나 "어떤 식으로도 그들과 엮이고 싶지 않다."라고 표현할 정도였다. 그런데 학생들에게 에이즈로 죽어 가는 사람들이 겪는 고통을 다큐멘터리로 보여 주자 대부분 충격을 받고 일부는 눈물까지 흘렸다.[9]

---

8   요즘은 언론과 미디어를 통한 비슷한 이미지의 반복적 노출이 공감 반응을 반감시키고 여론의 냉담한 무관심을 초래한다. Boltanski, Luc, *La Souffrance à distance*, Gallimard, Folio, 2007 참조.

군인들도 죽은 적의 시신에서 신분증과 가족사진이 나오면 죽은 사람의 삶이 주마등처럼 눈앞을 스쳐 가면서 적도 자신과 다를 바 없이 평범한 인간임을 알게 되었다고 고백을 한다. 에리히 마리아 레마르크의 자전적 소설『서부 전선 이상 없다』에 보면 자기 손으로 적군을 죽인 젊은 독일군 병사의 감정을 묘사하면서 시신을 향해 이렇게 말하는 대목이 있다.

예전에 넌 관념에 불과했다. 내가 머릿속으로 조합해 놓고 반드시 무찌르겠다고 결연한 의지를 불태우던 숫자 말이다. 나는 그렇게 조합된 숫자를 칼로 찔렀다. 그런데 이제 처음으로 너도 나와 똑같은 인간이라는 사실을 알게 되었다. 전에는 네가 가진 수류탄과 총검과 소총을 생각했는데 이제는 네 아내가 보이는구나. 네 얼굴이 어른거리고 우리의 공통점이 눈에 들어온다. 날 용서해라, 친구. 깨달음은 꼭 한 발자국씩 늦게 찾아온다. 너도 우리와 다를 바 없이 불쌍한 녀석이고 네 어머니도 우리네 어머니들마냥 불안에 떤다는 것, 너도 우리처럼 죽음을 두려워하고 우리와 똑같이 죽어 가며 단말마의 고통을 느낀다는 것을 왜 사람들이 진작 말해 주지 않았을까? 용서해라, 친구. 네가 어떻게 나의 적이 될 수 있었을까?[10]

이 대목에 딱 들어맞는 미국 철학자 찰리 던바 브로드의 지적이 있다. "사람들이 잘했다고 박수를 보내거나 너그러이 봐 주는 가혹 행위는 대부분 가해자들이 희생자의 입장에 선 자신을 상상하지 못할 만큼 멍청하거나 의도적으로 그런 상상을 하지 않기 때문에 일어나는

9   Wilder, D. A., Social Categorization: Implications for Creation and Reduction of Intergroup Bias. *Advances in Experimental Social Psychology*, 19, 1986, pp. 291~355. Kohn, Alfie, *op. cit.*, p. 145에 인용.
10   Remarque, Erich Maria, *All Quiet on the Western Front*, Ballantine Books, 1987, p. 223.

것이다."[11]

간통죄로 투석형을 선고 받고 돌에 맞아 죽는 여인의 고통, 죄가 있건 없건 사형수가 형 집행을 기다리면서 느끼는 감정, 죽어 가는 아이를 지켜보는 어머니의 절망, 이런 것을 상상하는 데 긴 생각이 필요할까? 남의 고통이 강하게 마음을 짓눌러 힘겨울 때야 비로소 그 고통을 무시하지 않을 수 있는 걸까? 바로 그런 맹목과 무분별 때문에 살인과 전쟁이 일어나는 것 아닐까? 카프카는 이렇게 썼다. "전쟁은 끔찍한 상상력 부족에서 비롯된다."

나는 어렸을 때 몇 년 동안 할머니 댁에서 산 적이 있다. 할머니는 응석을 잘 받아 주는 분이었다. 마음씨 좋은 할머니는 휴가철에 브르타뉴 지방으로 피서를 떠나면 주로 르크루아직 항구 부둣가에 낚싯대를 드리우고 소일을 하셨다. 그 옆에는 비구덴 사람들이 쓰는 하얀 레이스로 만든 머리 장식을 한 브르타뉴 할머니들이 잔뜩 모여 있었다. 나는 친절하기 그지없는 할머니들이 못된 일을 할 수 있으리라고 한번도 생각해 보지 못했다. 우리 할머니가 어떻게 남에게 해코지를 하실 수 있을까? 할머니가 물 밖으로 건져 내는 꿈틀거리는 물고기들은 햇살에 반짝이는 작은 장난감처럼 보였다. 버들가지로 엮은 바구니 안에서 물고기들이 숨이 막혀 눈이 흐려지는 장면은 차마 보기가 힘들었다. 그럴 때는 재빨리 눈을 돌려 수면에 떠 있는 작은 코르크 찌를 바라보면서 찌가 빨리 가라앉아 또 다른 물고기가 잡히기를 기대하는 편이 훨씬 더 좋았다. 물론 나는 물고기와 입장을 바꿔 생각한 적이 단 한 번도 없었다.

몇 년 후 열세 살이 되었을 때 친구인 여자아이가 내게 단도직입적으로 물었다. "뭐라구? 네가 낚시를 해?" 친구는 놀라 꾸짖는 말투였

11 Broad, Charlie Dunbar, Egoism as a theory of human motives. *In Ethics and the History of Philosophy*, Routledge, 1952, pp. 218~31. Milo, R. D. (1973). Egoism and Altruism. Wadsworth Publications, p. 97에 인용.

다. "네가 낚시를 해?" 불현듯 낚시의 현실이 적나라하게 눈앞에 펼쳐졌다. 쇠고리에 입이 꿰인 채 물 밖으로 끌려 나온 물고기가 공기 중에서 '익사'하고 있었다. 사람이 물에 빠져 죽는 것과 다를 바가 없었다. 물고기가 갈고리를 물도록 살아 있는 벌레를 꿰어 미끼로 던졌으니 생명을 죽이려고 또 하나의 나약한 생명을 희생시킨 셈이었다.

내 할머니는 누구에게나 다정한 분이 아니었다. 할머니도 나도 그때까지 굳이 상대편 입장에 서 보지 않은 것이다. 내가 어떻게 그토록 오래 고통을 모른 체 할 수 있었을까? 나는 슬픔에 목이 메어 보잘것없는 취미에 불과해진 낚시를 당장 그만두었으며 그로부터 몇 년 후 평생 채식만 하기로 마음먹었다.

세계 도처에서 비극적 사태가 발생해 수많은 사람들이 목숨을 잃는 마당에 작은 물고기 걱정을 한다는 것이 지나친 과장이나 우스꽝스런 일처럼 보일 수 있다. 나도 잘 안다. 그렇지만 진정한 자비심에는 장벽이 없다는 사실을 이해하는 것이 중요하다고 생각된다. 일부의 고통, 일부의 존재에 대해 자비심이 없으면 다른 모든 고통과 다른 모든 존재에 대해서도 자비심이 부족할 수 있다. 사람들은 서로 뭔가 공통점이 있다고 생각되는 사람들에게 동정을 느끼는 경향이 있다. 모종의 공통점은 가족 관계가 될 수도 있고 민족, 국가, 종교가 될 수도 있으며 단순히 비슷하게 보이는 것일 수도 있다. 그렇지만 공감적 관심은 확장을 거듭해 공명에 이르러야 한다. 공명은 누구나 다 똑같은 인간이고, 세상의 모든 지각 있는 존재도 사람과 마찬가지로 고통을 원치 않는다는 사실에서 나오는 것이다.[12]

일상생활에서 남들과 조화롭게 살려면 타인의 입장에서 세상을 보는 것이 필요하다. 그렇지 않으면 현실을 왜곡하고 쓸데없는 고통을 야기하는 날조된 정신적 허상 속에 갇혀 살 위험이 있다. 만약에 지하

12 특히 Kohut, Heinz, *The Restoration of The Self*, University of Chicago Press, 2009을 참조.

철 기관사가 바로 내 앞에서 문을 닫아 버렸다면 화를 내면서 '날 태워 주지 않은 이유가 뭐냐?'고 따질 것이다. 이런 행동이야말로 지하철 기관사 입장에서 상황을 파악하지 못하는 짓이다. 기관사 눈에는 익명의 승객들이 오르고 내리는 모습만 보인다. 열차를 출발시키려면 어쩔 수 없이 누군가 앞에서는 문을 닫아야 한다.

심리학적 관점에서 본 다양한 형태의 공감

심리학자인 대니얼 뱃슨은 '공감'이라는 말이 여러 가지 뜻으로 사용되지만 따지고 보면 결국 두 가지 문제로 귀결된다고 했다. 첫째는 '남의 생각과 느낌을 어떻게 알 수 있느냐' 하는 것이고 둘째는 '어떤 요인 때문에 남의 처지에 관심을 갖고 그에 대해 배려하며 세심하게 반응하느냐' 하는 것이다.[13]

뱃슨은 '공감'이라는 말의 용법을 여덟 가지로 구분했다. 이들은 서로 연관되어 있지만 단순히 동일한 현상을 다양한 측면에서 바라본 것만은 아니다. 뱃슨은 여덟 가지 양상 중에서 이른바 "공감적 관심 empathic concern"만 이타적 동기를 유발하는 필요충분조건이 된다고 결론 내렸다.[14]

첫 번째 양상은 남의 내면 상태를 아는 것이다. 그런 지식은 남을 배려할 이유는 될 수 있지만 이타적 동기를 유발하는 데는 필요충분하지 않다. 누군가의 생각이나 느낌을 잘 알고 있어도 그 사람의 운명에 얼마든지 무관심할 수 있다.

두 번째 양상은 운동성, 신경성 모방motor and neural mimicry이다. 프레

---

13 Batson, C. D. "These things called empathy: Eight related but distinct phenomena." In Decety, J., *The Social Neuroscience of Empathy*, MIT Press, 2009.
14 Batson, C. D. (2011), *op. cit.* 이 책에는 공감에 대해 다양한 정의를 제시하는 과학적 참고 문헌이 많이 포함되어 있다.

스턴과 드 발은 브라더스, 다마지오 등의 연구 결과를 바탕으로 공감과 정서적 전이의 토대가 되는 신경 메커니즘에 대해 최초로 이론적 모델을 정립했다. 이들의 설명에 따르면 어떤 사람이 특정한 상황에 놓인 것을 보고 우리의 신경 체계가 그 사람의 신경 체계와 비슷한 상태를 채택하여 몸이나 얼굴 표정으로 그를 모방하고 그 사람과 비슷한 감각을 느끼게 된다는 것이다.[15] 이렇게 물리적 행동을 관찰하고 모방하는 과정이 개인 사이에서 전달되는 학습 과정의 기초가 된다. 신경 과학자 타니아 싱어는 이 모델에서 공감과 단순한 감정 전이가 분명히 구분되지 않는다고 생각한다. 공감은 자신과 타인을 명확하게 구별하는 데 비해 감정 전이는 자신의 감정과 타인의 감정을 혼동한다. 뱃슨은 이렇게 물리적 행동을 관찰하고 모방하는 과정이 공감의 느낌을 불러일으키는 데 기여는 할 수 있지만 그것을 설명하기에 충분하지 않다고 본다. 실제로 사람은 남의 행동을 무조건 모방하는 것이 아니다. 축구 선수가 득점하는 장면을 보면서 열렬한 반응을 나타내는 것은 사실이지만 누군가가 서류 정리하는 모습이나 자신이 별로 좋아하지 않는 음식을 먹는 것을 보면서 그것을 모방하고 싶다고 느끼거나 감정적 반향을 느끼지는 않는다.

세 번째 양상인 정서적 공명은 기쁨이건 슬픔이건 남이 느끼는 감정을 그대로 느끼는 것이다.[16] 다른 사람과 정확하게 똑같은 경험을

---

15   Preston, S. D., Waal, F. B. M. de, et al. (2002) Empathy: Its ultimate and proximate bases, *Behavioral and Brain Sciences*, 25(1), pp. 1~20 참조. "지각 행동 모델Perception-action model(PAM)"은 거울 뉴런 연구로부터 일부 착안한 것이다. 뇌의 몇몇 영역에 존재하는 거울 뉴런은 예를 들어 누군가 다른 사람이 흥미로운 몸짓이나 행동을 하는 것을 봤을 때 활성화된다(이 책 5장에 있는 두 개의 뇌가 하는 하나의 행위 참조). 거울 뉴런이 모방이나 주체 간 공명의 토대가 될 수 있기는 하지만 공감은 훨씬 더 복잡한 현상이며 관여하는 뇌의 영역도 훨씬 더 많다. Rizzolatti, G., & Sinigaglia, C., *Mirrors in The Brain: How Our Minds Share Actions, Emotions, and Experience*, Oxford University Press, 2008.
16   Thompson, R. A. (1987). "Empathy and emotional understanding: The early development of empathy." *In Empathy and Its Development*, 119~145. In Eisenberg, N., & Strayer, J., *Empathy and Its Development*, Cambridge University Press, 1990.

하는 것은 불가능하지만 비슷한 감정은 느낄 수 있다. 친구들끼리 다시 만나 기뻐하면 바라만 봐도 저절로 기분이 좋아지지만 심한 고난에 빠진 사람들을 보면 마음이 아프고 눈물이 흐른다. 남이 경험하는 감정을 대략적으로나마 느끼면 이타적인 동기가 유발될 수 있지만 그런 유형의 느낌이 반드시 필요한 것도, 충분한 것도 아니다.[17] 경우에 따라서는 남의 감정을 그대로 느끼는 것이 오히려 이타적인 반응을 억제할 수 있다. 공포에 질린 사람을 바라보면 겁이 덜컥 나면서 타인의 처지보다 자신이 느끼는 불안감에 더 관심이 쏠린다.[18] 스스로 고통을 당하지 않고 타인의 고통을 인지하기만 해도 충분히 동기가 유발된다.

네 번째 양상은 남이 처한 상황에서 자신을 바라보는 것, 남의 상황에 자신을 투영하는 것이다. 테오도어 립스가 감정 이입Einfühlung이라는 말로 지칭한 경험이 바로 이것이다. 그런데 다른 사람의 처지에 관심을 갖기 위해서 경험의 소소한 부분까지 전부 상상할 필요는 없다. 그 사람이 고통스럽다는 사실을 아는 것만으로도 충분하다. 잘못하면 남의 감정을 상상하는 과정에서 그릇된 생각을 할 수도 있다.

다섯 번째 양상은 남이 하는 말과 직접 관찰한 내용, 그 사람에 대해 평소 알고 있던 지식, 그의 가치관, 소원하는 바를 토대로 그 사람의 느낌을 최대한 명확하게 그리는 것이다. 그런데 상대방의 내면을 상상하고 그린다고 해서 반드시 이타적 동기가 생기는 것은 아니다.[19]

17 Batson, C. D., Early, S., & Salvarani, G. Perspective taking: Imagining how another feels versus imagining how you would feel, *Personality and Social Psychology Bulletin*, 23(7), 1997, pp. 751~758.

18 Mikulincer, M., Gillath, O., Halevy, V., Avihou, N., Avidan, S., & Eshkoli, N. Attachment theory and reactions to others' needs: Evidence that activation of the sense of attachment security promotes empathic responses. *Journal of Personality and Social Psychology*, 81(6), 2001, p. 1205.

19 Coke, J. S., Batson, C. D., & McDavis, K. Empathic mediation of helping: A two-stage model. *Journal of Personality and Social Psychology*, 36 (7), 1978, p. 752.

타산적이고 악의가 있는 사람은 남의 마음이 어떤지 알고 있으면 이를 이용해 그 사람을 마음대로 조종하고 해를 끼칠 수 있다.

여섯 번째 양상은 자기 자신의 성격과 희망과 세계관을 이용해 다른 사람의 입장이 되었을 때 어떤 생각과 느낌이 들지 상상하는 것이다. 친구는 오페라 애호가이거나 로큰롤 음악 팬인데 정작 당신은 그런 부류의 음악을 매우 싫어한다고 치자. 친구가 느낄 기쁨을 상상하고 만족은 하겠지만 당신이 직접 오페라나 로큰롤 공연을 보면 전혀 감흥이 없을 것이다. 그래서 조지 버나드 쇼는 이런 말을 했다. "남들이 네게 해 주었으면 하고 바라는 대로 그들에게 해 주지 마라. 그들은 취향이 다를 수 있다."

일곱 번째 양상은 타인의 고통을 목격하거나 떠올릴 때 느끼는 공감적 고뇌empathic distress이다. 이런 형태의 공감은 이타적인 태도로 이어지기보다 회피성 행동으로 귀결될 가능성이 크다. 실제로 이것은 남을 위하는 마음에서 고민하거나 남의 입장에 서는 것이 아니라 다른 사람 때문에 불안을 느끼는 것이다.[20]

이런 식으로 고뇌를 느끼면 남에게 관심도 두지 않고 남이 겪는 고통에 대해 적절한 대응도 하지 않는다. 특히 눈앞의 고통에서 주의를

---

20 저자에 따라 공감에 붙이는 명칭이 다음과 같이 다양하다.
· "공감적 고뇌Empathic distress" in Hoffman, M. L., "The development of empathy," in J. P. Rushton and R. M. Sorrentino (eds.), *Altruism and Helping Behavior: Social, Personality, and Developmental Perspectives*, Erlbaum, 1981, pp. 41~63.
    empathy," in J. P. Rushton and R. M. Sorrentino (eds.), *Altruism and Helping Behavior: Social, Personality, and Developmental Perspectives*, Erlbaum, 1981, pp. 41~63.
· "고뇌적 교감Distressed sympathy" in McDougall, W., *An Introduction to Social Psychology*, Methuen, 1908.
· "개인적 고뇌Personal distress," Batson, C. D., Prosocial motivation: Is it ever truly altruistic? *Advances in Experimental Social Psychology*, 20, 1987, pp. 65~122.
· "관찰에서 비롯되는 불쾌감Unpleasant feeling provoked by observation," in Piliavin, J. A., Dovidio, J. F., Gaertner, S. L, & Clark, R. D., III, *Emergency Intervention*, Academic Press, 1981.
· "공감Empathy," in Krebs, D., Empathy and Altruism. *Journal of Personality and Social Psychology*, 32(6), 1975, p. 1134. Batson, C. D. (2011), *op. cit.*에 인용.

돌려 버림으로써 불안감이 해소되는 경우일수록 더 그렇다.

개중에 충격적인 이미지를 절대로 보지 못하는 사람들이 있다. 그런 사람들은 현실을 직시하기보다 괴로움을 유발하는 현실에서 아예 눈을 돌려 버리는 것을 더 선호한다. 물리적, 심리적으로 빠져나갈 구멍을 선택하는 것은 고통을 당하는 피해자들에게 유용할 게 전혀 없는 행동이다. 현실을 있는 그대로 충분히 파악하고 그것을 바로잡을 수 있도록 행동하는 편이 훨씬 바람직하다.

프랑스 여성 철학자 미리암 르보 달론은 이렇게 쓰고 있다. "내가 고통당하지 않기 위해 남이 고통당하는 것을 원하지 않는다. 나는 나를 사랑하는 마음에서 타인에게 관심을 기울인다. …… 그런 뜻에서 연민은 이타적인 감정이 아니다."[21] 미리암 르보 달론이 묘사하는 것은 공감적 고뇌이다. 이타적 사랑에서 직접적으로 비롯되지만 고통에 직면했을 때 나타나는 정신 상태 즉 이 책에서 말하는 자비심은 아니다. 진정한 자비심은 자기 자신이 아니라 타인이 중심이 된다.

오로지 자기 위주로만 사는 사람은 자신에게 악영향을 미칠 수 있는 모든 것 앞에서 약한 모습을 보이기 마련이다. 이런 정신 상태에 사로잡혀 벗어나지 못하면 타인의 고통을 자기중심적으로 관조하면서 일말의 용기마저 꺾여 흐지부지하게 된다. 타인의 고통이 짐스럽게 느껴지면서 고뇌가 점점 더 커지기 때문이다. 반면에 자비심은 남의 고통을 직시하면서 용기백배하여 고통을 해소하겠다는 마음 자세와 결의가 갈수록 더 공고해진다.

타인의 고통에 공명하느라 개인적 고뇌가 심해지면 타인에게 기울인 주의의 방향을 돌려 선의와 이타적 사랑의 능력을 되살려야 한다. 심리학자인 내 친구 이야기를 읽어 보면 무슨 말인지 쉽게 이해할 수

---

21 Revault d'Allonnes, M., *L'Homme compassionnel*, Seuil, 2008, p. 22. 라틴어 어원을 생각하면 혼동이 일어나는 것도 충분히 이해가 간다. 라틴어에서 compassion은 "~으로 고통 받다."라는 뜻의 compatior와 "공유된 고통"이라는 뜻의 compassio에서 파생된 말이다.

있을 것이다.

네팔에서 시타라는 젊은 여성이 상담을 받으러 왔다. 시타는 언니가 목매 자살한 후 죽은 언니의 이미지에 집착하고 있었다. 사람들이 모인 곳마다 샅샅이 뒤지면서 언니를 찾으러 다니고 밤새 기다렸지만 끝내 언니의 자살을 막지 못했다는 죄책감에 사로잡혀 있었다. 하루 종일 일도 못하고 눈물만 흘렸다. 눈물이 마르면 탈진해서 자리에서 일어날 수조차 없었다. 어느 날 상담 도중 시타가 내 눈을 똑바로 쳐다봤다. 고통의 화신 같은 모습을 한 그녀가 단도직입적으로 이렇게 물었다. "이렇게 언니를 잃는다는 게 어떤 건지 아세요? 절대 헤어지지 못할 거예요. 저는 태어나서부터 지금까지 늘 언니랑 같은 방을 쓰면서 모든 것을 나누면서 살아왔어요. 그런데도 언니의 자살을 막지 못했어요."

시타의 손을 잡고 참을 수 없이 고통스러워하는 얼굴을 들여다보면서 나 자신이 흔들리는 것을 느꼈다. 열여섯 살에 자살한 사촌 언니가 생각나서 울음이 터질 것 같았다. 초인적인 힘을 그러모아 눈물을 참아야 했다. 내 의식이 정서적 공명에 휩싸여 어쩔 줄 모르고 있었다. 그렇지만 거기서 내가 울음을 터뜨리면 시타를 도울 수 없다는 것을 잘 알고 있었다. 나는 시타 손을 잡은 채 잠자코 있다가 마음껏 울고 나서 천천히 숨을 쉬라고 말했다. 나도 똑같이 하면서 감정을 수습했다. 절망이 시타를 맹공격하고 있었다. 가까스로 마음을 가라앉힌 나는 아픈 가슴과 눈물로 뿌옇게 흐려진 두 눈을 생각하지 않고 사촌 언니의 기억을 지우면서 시타를 바라보았다.

감정에 휩싸인 위기의 순간이 지나자 시타가 서서히 트라우마의 이미지에서 벗어나는 것이 느껴졌다. 나는 이렇게 말했다. "당신이 얼마나 슬픈지 알아요. 정말로 잘 알고 있어요. 그렇지만 당신만 슬픈 게 아니에요." 나는 시타가 내 말에 귀를 기울이는지 확인하기 위해 잠시 기다렸다가 이렇게 말을 이었다. "저도 당신 나이 때 사촌 언니를 잃었어요. 그래서 얼마나 고통스러운지 잘 알아요. 그렇지만 그때 나는 아무것도 할 수 없었다는 것을 인정했어요. 내 잘못이 아니었어요. 그리고 고통을 극복하고 잘 살 수 있다는 것도 받아들였어요." 불현듯 시타가 고개를 들고 내 눈을 똑바로 쳐다봤다. 내 말이 진정인지, 정말 그런 충격을 극복할 수 있는지 확인하려는 것 같았다. 놀랍게도 시타는 자리에서 일어나 나를 껴안으며 이렇게 중얼거렸다. "저도 노력할게요. 고맙습니다."

이 심리학자는 상담 초기에 공감적 고뇌에 빠졌던 것이 분명하다. 자비심을 느끼고 있음에도 불구하고 일치하는 정동affects과 투영된 감정이 너무 많아 몇 분 동안 환자를 도울 여력이 없었던 것이다. 침착을 되찾고 환자와 환자의 아픔에 정신을 집중하고 나서야 비로소 고통을 극복하는 데 도움이 될 만한 말을 찾을 수 있었다.

여덟 번째 양상인 공감적 관심은 다른 사람의 필요를 인지한 뒤에 진심으로 그 사람을 돕고 싶다고 욕구를 느끼는 것이다. 대니얼 뱃슨에 따르면[22] 관심의 방향이 자신을 향하지 않고 직접 타인을 향할 수 있고 이타적 동기를 유발하는 필요충분조건이 될 수 있는 것은 오로지 공감적 관심뿐이다. 실제로 고통당하는 사람을 봤을 때 중요한 것은 그 사람에게 최대한 위로가 되는 태도를 보여 주고 그들의 고통을 해소하기 위해 가장 적합한 조치가 무엇인지 판단하는 것이다. 본인이 충격을 받았는지 여부나 남과 똑같은 감정을 느끼는지 여부는 부수적인 것에 불과하다.

대니얼 뱃슨은 앞의 여섯 가지 공감 양상은 저마다 이타적 동기를 유발하는 데 기여할 수는 있지만 이타적 동기 유발을 보장하지는 못

<hr>

22 Batson, C. D., *The Altruism Question: Toward a Social Psychological Answer*, Lawrence Erlbaum, 1991; Batson, C. D. (2011), *op. cit.*

하며 이타적 동기 유발의 필수 요건도 되지 못한다고 결론짓는다. 일곱 번째 양상인 공감적 고뇌는 이타심을 저해하는 것이 확실하다. 마지막 공감적 관심만이 우리 마음속에 이타적 동기와 행동을 유발하는 필요충분조건이 된다.

연민과 자비심

연민은 이기심의 발로로서 주로 거만한 태도로 남을 불쌍히 여기는 감정이며 동기가 이타적이라고는 결코 말할 수 없다. 이를테면 우월 감이 가득한 태도로 자선을 베푸는 것이다. 아프리카 속담에 이런 말이 있다. "주는 손은 받는 손보다 늘 높이 있는 법이다." 스위스의 철학자 알렉상드르 졸리앙이 좀 더 구체적인 설명을 제공한다. "연민에는 연민 받는 사람의 굴욕이 들어 있다. 이타심과 자비심은 평등에 뿌리를 두고 있기 때문에 남을 모욕하지 않는다." 졸리앙은 스피노자의 말을 약간 바꿔 이렇게 표현한다. "연민은 슬픔이 우선이다. 나는 남의 고통에 슬퍼할 뿐, 남을 진심으로 사랑하지는 않는다. 그에 비해 자비심은 사랑이 우선이다."[23]

소설가 슈테판 츠바이크도 연민과 자비심의 차이를 설명하면서 감상적인 연민은 사실 알고 보면 "남의 고통을 보면서 가슴 죄는 괴로운 감정에서 가능한 한 빨리 벗어나고 싶어 하는 조바심에 불과하다. 남의 고통을 가엾게 여겨 돌보는 것이 아니라 낯선 이의 고통 앞에서 제 영혼을 지키려고 애쓰는 본능적인 방어 반응이다. 중요한 것은 감

---

23 알렉상드르 졸리앙의 말에 따르면 스피노자는 '연민'이나 '자비심'과 같은 말을 직접 사용하지 않았지만 당시의 언어로 연민에 해당하는 말은 슬픔이 주가 되고 자비심은 사랑이 주가 된다고 설명했다. 그는 『윤리학Ethics』 3권 정리 28에서 "동정Commiseration은 우리와 비슷하다고 생각되는 다른 사람이 겪는 고통을 생각할 때 유발되는 슬픔"이라고 말한다. 정리 24에서는 이렇게 쓰고 있다. "연민은 다른 사람이 행복하면 기쁘고 다른 사람이 불행하면 슬퍼지는 사랑이다." 2012년 1월 29일 졸리앙과 대화 중.

상적이지 않고 창조적인 연민이다. 이것은 원하는 것이 무엇인지 정확히 알고 능력의 한계에 도달할 때까지 끈질기게 노력하는 집요한 감정이다."[24] 츠바이크가 말하는 감상주의적 연민은 앞에서 설명한 공감적 고뇌와 비슷하다.

신경 과학적 관점에서 본 정서 전이, 공감, 자비심

독일 라이프치히에 있는 막스 플랑크Max-Planck 신경 과학 연구소의 소장이자 신경 과학자인 타니아 싱어와 철학자 프레데릭 드 비뉴몽은 약간 다른 용어 체계와 분석을 제시하고 있다. 두 학자는 뇌 연구 결과를 근거로 정서 상태를 세 가지로 구분했는데 정서 전이, 공감, 자비심이 바로 그것이다.[25] 그들에 따르면 이 세 가지 정서 상태는 인지적 표상cognitive representation과 확연히 다르다. 인지적 표상은 타인의 생각과 의도를 파악하고 그의 주관적 관점을 채택하되 타인과 정서적 공명을 하지 않기 때문이다.[26]

싱어와 비뉴몽의 정의에 따르면 공감은 1) 타인의 정서 상태를 관찰하거나 상상함으로써 유발되는 2) 타인의 정서 상태와 유사한(과학 용어로 동형isomorphic이라고 한다.) 3) 정서 상태이며 4) 그것이 남에게서 비롯된 정서 상태라는 확실한 의식이 개입한다.[27] 공감에 대한 이런 접근은 기본적으로 대니얼 뱃슨의 입장과 크게 다르지 않으면서 복잡한

24 Zweig, Stefan, epigraph to *Beware of Pity*, Phyllis and Trevor Blewitt 번역, NYRB Classics, 2006, p. xxv.
25 뇌에서 통증에 관여하는 영역은 전방 섬상 세포군 피질anterior insular cortex과 전 대상 피질anterior cingulate cortex이다. 혐오에 관여하는 뇌 영역은 전방 섬상 세포군 피질이다. 중립적인 촉각을 경험할 때는 2차 체성 감각 피질secondary somatosensory cortex 이 활성화된다. 기쁨이나 기분 좋은 느낌에는 섬엽insula, 선조체striatum, 정중 안와 피질median orbitofrontal cortex이 관여할 것이다. 인지적 이해는 내측 전두엽medial prefrontal cortex, 측두 두정 접합temporal parietal junction, 상측 두구superior temporal sulcus에 의존한다. 사람들에게 각자의 생각과 신념에 대해 숙고하라고 할 때 활성화되는 신경망이 바로 이것이다.
26 전문가들은 이를 일컬어 마음 이론theory of mind라고 한다.

정신 상태의 양상을 좀 더 자세하게 들여다볼 수 있도록 도와준다. 공
감의 본질적인 특징은 남과 내가 분명히 구분된 상태에서 남과 정서
적으로 공명하는 것이다. 다시 말해서 내가 느끼는 감정이 남에게서
비롯되었다는 것을 알고 남의 감정과 나의 감정을 혼동하지 않는 것
이다. 남의 감정과 나의 감정을 제대로 구분하지 못하는 사람은 쉽게
정서 전이에 빠져서 다음 단계인 공감에 도달하지 못하는 것으로 나
타났다.[28]

남이 나타내는 감정의 강도, 명확성, 긍정적 또는 부정적인 성격과
더불어 고통당하는 사람과 관찰자가 정서적으로 유대가 있느냐 없느
냐에 따라 관찰자가 나타내는 공감 반응의 강도가 크게 달라질 수 있
다.[29] 당사자들 간의 유사성과 친한 정도, 타인의 필요에 대한 정확한
평가[30], 고통당하는 사람이 그의 고통을 지각한 사람에게 보이는 태
도(예를 들어 고통당하는 사람이 상대방에게 화를 낼 수 있다.) 등이 모두 공
감의 강도를 달리하는 요인이 될 수 있다.

공감을 느끼는 사람의 성격이나 특징도 영향을 미친다. 예를 들어
내가 현기증에 시달리지 않으면 현기증으로 고생하는 사람과 정서적

27 Vignemont, F. de, & Singer, T. The empathic brain: how, when and why? *Trends in
    Cognitive Sciences*, 10(10), 2006, pp. 435~441 참조. 이번 장은 이 논문 외에 2012년 1월에 타
    니아 싱어가 내게 설명한 내용을 바탕으로 한 것이다. 나는 몇 년째 타니아 싱어의 연구에 참여하
    고 있다.
28 Decety, J. "L'empathie est-elle une simulation mentale de la subjectivité d'autrui", in
    Berthoz, A., Jorland, G., & collectif (2004). *L'Empathie*. Odile Jacob, p. 86.
29 Singer, T., Seymore, B., O'Doherty, J. P., Stephan, K. E., Dolan, R. J., & Frith, C. D.
    Empathic neural responses are modulated by the perceived fairness of others.
    Nature, 439(7075), 2006, pp. 466~469; Hein, G., Silani, G., Preuschoff, K., Batson, C. D.,
    & Singer, T. Neural responses to ingroup and outgroup members' suffering predict
    individual differences in costly helping. Neuron, 68(1), 2010, pp. 149~160; Hein, G., &
    Singer, T. I feel how you feel but not always: the empathic brain and its modulation.
    Current Opinion in Neurobiology, 18(2), 2008, pp. 153~158.
30 Batson, C. D., Lishner, D. A., Cook, J., & Sawyer, S. Similarity and nurturance: Two
    possible sources of empathy for strangers. *Basic and Applied Social Psychology*, 27(1),
    2005, pp. 15~25.

으로 공명하기 쉽지 않겠지만 그렇다고 해서 그 사람을 도와주거나 편안하게 해 줘야 한다는 사실조차 깨닫지 못할 정도는 아닐 것이다.

전후 사정도 요인이 될 수 있다. 예를 들어 기뻐하는 것이 부적절하거나 무례한 일이라고 생각되는 상황이라면(예를 들어 복수 행위를 한 사람에게 잘했다고 하면서 기뻐하는 경우) 정서적 공명이 일어나지 않을 것이다.[31]

정서 전이의 경우에는 그것이 남에 의해 유발되었다는 사실도 알아채지 못하고 자신에게 무슨 일이 일어났는지도 정확히 모른 채 무의식적으로 남이 느끼는 것을 그대로 느낀다. 동공의 크기가 변하고 심장 박동이 빨라지거나 느려지는 경우도 있겠지만 그런 신체적 징후조차 의식하지 못한 채 걱정스런 표정으로 좌우를 살필 것이다. 그러다가 "저 사람이 불안해 하기 때문에 내가 불안한 것"이라는 자각이 생기는 순간, 그것은 더 이상 정서 전이가 아니라 공감 또는 의식적인 정서적 공명으로 변한다.

정서 전이로서 고뇌는 동물이나 유아에게서도 찾아볼 수 있다. 아기들은 다른 아기가 울면 따라서 운다. 그렇다고 아기들이 공감을 느끼거나 서로를 염려하는 것이 아닐 것이다. 아기들이 자기 자신과 다른 아기를 구분할 줄 아는지 알아야 하는데 아기들에게 직접 물어볼 수도 없는 일이라 판단하기가 어렵다. 유아들이 나와 남을 구별하는 징후와 공감 징후를 처음 나타내기 시작하는 것은 18개월부터 24개월 사이의 일이다.

타니아 싱어와 동료 학자들은 자비를 고통당하고 있거나 곤궁한 사람을 위해 개입하고 싶어 하는 이타적 동기라고 정의한다. 남이 고통을 겪고 있다는 깊은 자각과 고통을 해소하고 남의 이익을 도모하고자 하는 의지가 결합된 것이다. 그러므로 자비심은 남을 배려하는

---

31 위에 인용된 다양한 내용에 대해 자세히 알아보려면 de Vignemont, F., & Singer, T. (2006), *op. cit.* 참조.

따뜻하고 진실한 감정이 수반되지만 '공감'처럼 남의 고통을 반드시 액면 그대로 느낄 필요는 없다.[32]

한때 타니아 싱어의 연구 팀에서 함께 일한 올가 클리메키는 과학자들이 보는 자비심을 "정서적 차원에서 느끼고 인지적 차원에서 이해하며 동기 차원에서 돕고 싶다."라고 요약한다.[33]

비행기 여행을 두려워하는 남편과 아내의 예에서 아내가 남편에게 보일 수 있는 여러 가지 반응을 살펴보면서 위에서 나온 여러 가지 정신 상태를 설명해 보자.

1. 아내가 남편 옆 자리에 앉아 있다. 남편의 호흡이 빨라지기 시작하자 의식은 못하지만 아내도 호흡이 빨라지면서 동요하기 시작한다. 이것은 정서 전이다. 실제로 누군가가 이 여성에게 기분이 어떠냐고 물으면 그냥 "괜찮다."라고 하거나 기껏해야 "왜 그런지 모르겠지만 불편한 느낌"이라고 대답할 것이다. 여성의 심장 박동 수, 동공 팽창 여부 등 생리적 지표를 측정하면 불안의 징후를 볼 수 있을 것이다. 이 여성은 정서 전이 상태이므로 상대방이 느끼는 감정을 의식하지 못한 채 자신의 감정에 대해 혼란스러워 한다.

2. 남편이 불안해하기 때문에 자신도 걱정이 되는 것임을 아내가 깨닫는다. 이 여성은 이제 남편에게 공감을 느끼는 것이다. 여성 자신도 일말의 불안을 느끼고 호흡과 맥박이 빨라지는 것을 감지한다. 남편이 괴로워하기 때문에 자신도 고통스럽다는 것을 여성은 알고 있다. 따라서 아내와 남편 간에 혼동은 없다. 이 여성은 남편과 정서적 공명

32 Singer, T., & Steinbeis, N. Differential roles of fairness and compassion-based motivations for cooperation, defection, and punishment. *Annals of The New York Academy of Sciences*, 1167(1), 2009, pp. 41~50; Singer, T. The past, present and future of social neuroscience: A European perspective. *Neuroimage*, 61(2), 2012, pp. 437~449.
33 Klimecki, O., Ricard, M., & Singer, T. Empathy versus compassion-Lessons from 1st and 3rd person methods. In Singer, T., & Bolz, M. (eds.), *Compassion: Bridging Practice and Science*, a multimedia book [e-book], 2013.

상태이지만 그를 꼭 돕겠다는 것은 아니다. 이것이 공감의 특징이다. 이타적 동기가 아직 유발되지 않았다.

3. 여성은 불안하지 않다. 오히려 배려하는 따뜻한 마음과 남편의 고통을 덜어 주기 위해 뭔가를 해야겠다는 의욕을 느낀다. 여성은 이렇게 생각한다. "난 괜찮지만 남편이 좌불안석이야. 불안을 덜어 주려면 내가 어떻게 해야 하지? 남편의 손을 잡아 진정시키고 달래야겠어." 이것이 바로 타니아 싱어가 말하는 자비심이다.

4. 순전히 인지적 관점으로만 사태를 관찰하고 정서적 요소가 결여된 상황이다. 여성은 오로지 관념적으로만 기능을 다하면서 이렇게 생각한다. "나는 남편이 비행기를 무서워한다는 것을 안다. 남편을 돌보고 주의를 기울여야 한다." 여성에게는 불안도 없지만 따스한 마음도 없다. 오로지 비행기 공포증이 있는 사람들은 불쾌감을 느낀다는 사실을 상기시켜 주는 정신적 도식만 갖고 있을 뿐이다. 그것을 이용해 남편이 그런 경우에 해당한다고 추론한다. 여성은 남편에게 도움이 될 것이라 생각해서 손을 잡는다.

타니아 싱어 연구진은 공감, 자비심, 인지적 인식의 신경 과학적 기초가 조금씩 다르며 따라서 각각 다른 정신 상태에 해당한다는 사실을 입증했다.[34]

공감을 하면 좋은 점

신경 과학자들은 공감을 해서 얻을 수 있는 장점을 두 가지로 꼽는다. 첫째, 정서적 공감은 인지적 접근에 비해 다른 사람의 행동을 직접적으로 정확하게 예측할 수 있는 경로가 될 수 있다. 실제로 남과 비슷한 감정을 공유하고 있으면 그 사람의 감정과 필요한 것에 훨씬 더 적

---

34 Klimecki, O. M., Leiberg, S., Lamm, C., & Singer, T. Functional neural plasticity and associated changes in positive affect after compassion training. *Cerebral Cortex*, 2012.

합하게 반응하는 것을 관찰할 수 있다.

둘째, 공감은 우리가 처한 환경에 대해 유용한 지식을 습득하도록 한다. 예를 들어 어떤 사람이 기계를 만지다가 화상을 당해 고생하는 것을 보면 굳이 직접 화상을 당해 보지 않아도 화상 당한 사람과의 정서적 공명을 통해 그 기계 사용을 꺼릴 것이다. 이렇게 공감은 남의 경험을 통해 나를 둘러싼 세상을 평가하고 가늠할 수 있는 효과적인 도구가 된다. 아울러 공감은 타인과 소통을 도와주는 소중한 도구이기도 하다.[35]

어떤 정신 상태가 이타심으로 이어지는가?

대니얼 뱃슨이 분석 정리한 공감 여덟 가지 중에서 공감적 관심만 이타적 동기를 불러일으킬 수 있는 필요충분조건이 된다고 앞에서 말한 바 있다. 그렇다면 타니아 싱어를 비롯한 신경 과학자들이 나눈 범주의 경우에는 과연 어떨까?

정서 전이는 공감을 불러일으키는 전구체의 역할은 할 수 있지만 이타적 동기를 불러일으키는 데는 도움이 되지 않는다. 정서 전이 상태에서는 나와 남이 혼동되어 있기 때문이다. 오히려 이타심에 방해가 될 수 있다. 정서 전이에 압도되어 혼미해지면 오로지 자기 자신만 염려하게 된다.

공감 또는 정서적 공명도 본래 중립적인 개념이다. 상황에 따라, 사람에 따라 남에 대한 배려로 발전할 수도 있고 다른 사람의 필요에 부응하고자 하는 욕구를 불러일으킬 수도 있지만 공감이 고뇌를 낳아 자신에게만 관심을 집중하게 되어 다른 사람의 필요에 소홀할 수 있다. 그렇기 때문에 공감만으로는 이타심을 유발하기에 불충분하다.

---

35 자기도취, 사이코패스, 인격 장애 등 병리학적 현상에서는 사회적 상호 작용에 관여하는 연쇄적 정서적 반응이 정상적으로 작동하지 않아 공감 능력이 저하된다. 이 책 27장 공감의 결핍 참조.

인지적 접근의 경우, 이타심으로 가는 중간 단계는 될 수 있어도 공감과 마찬가지로 이타적 동기를 유발하는 데는 필요조건도 충분조건도 되지 않는다. 공감도 자비심도 느끼지 않지만 타인의 생각을 미루어 짐작하는 데 탁월한 능력을 갖고 있어 이를 이용해 사람을 마음대로 조종하는 식의 순전히 이기적인 행동을 나타낼 수 있다. 사이코패스가 바로 그런 경우이다.

남은 것은 자비심뿐이다. 자비심의 핵심은 이타적 동기이다. 이것이 남이 이롭기를 소원하고 행동을 통해 그 소원을 실현하겠다는 의지를 유발하는 데 필요충분조건이 된다. 이처럼 자비심은 다른 사람이 처한 상황에 대한 자각에 타인의 고통을 덜어 주고 행복을 안겨 주겠다는 의지가 결합된 것이다. 아울러 남의 감정과 나의 감정을 혼동하여 왜곡하지도 않는다.

공감적 관심을 이야기하는 심리학자들이나 신경 과학자들이나 자비를 가장 큰 덕목으로 치는 불교에서나 고통으로 인해 신음하는 세상의 모든 존재를 향해 문을 활짝 열어 두는 자비심이 중요하다고 이구동성으로 강조한다.

4
신경 과학 실험을 통해 본 공감과 자비심

나는 2007년에 네덜란드 마스트리히트 대학교의 라이너 괴벨Rainer Goebel 신경 과학 실험실에서 타니아 싱어가 진행한 공감에 관한 연구 프로젝트에 협력자 겸 피험자로 참여한 적이 있다. 타니아 싱어는 심한 고통 속에 살아가는 사람들을 상상하면서 마음속에 강력한 공감의 감정을 불러일으키라고 요청했다. 싱어는 괴벨 박사가 사용하던 새로운 기능적 자기 공명 영상fMRI 기술을 사용했다. 보통은 실험이 다 끝난 뒤에 데이터를 분석하는데 fMRI 기술은 뇌 활동의 변화를 실시간으로 추적할 수 있다는 것이 장점이었다(rt-fMRI). 명상가 즉 나는 실험의 프로토콜에 따라 일정 시간 동안 주기를 달리하면서 마음속에 공감과 같이 정해진 정신 상태를 불러일으켰다가 중립 상태에 들어가기를 20회 정도 반복해야 한다. 중립 상태란 머리를 비운 채 아무 생각도 하지 않고 아무런 명상 기술도 적용하지 않는 상태이다.

처음에 명상을 몇 회 진행한 뒤 쉬는 시간에 타니아 싱어가 내게 이렇게 물었다. "뭘 어떻게 하는 거죠? 보통 사람들이 남의 고통에 대해 공감을 느낄 때 보던 것과 너무 많이 달라요." 나는 무조건적인 자비 즉 자비심에 대해 명상하면서 고통을 겪는 사람들은 물론 모든 중생에 대해 강력한 사랑과 선의의 감정을 가지려고 애썼다고 설명했다.

실제로 나중에 데이터를 모두 분석해 보니 내가 자비심에 대해 명상할 때 활성화되는 대뇌 신경망과 타니아 싱어가 수년간 연구해 온 공감에 관련된 신경망이 확연히 다른 것을 볼 수 있었다. 기존의 실험에서는 스캐너 근처에 한 사람이 앉아 있고 그 사람 손에 고통스런 전기 충격이 가해지는 장면을 명상 훈련을 받지 않은 피험자들이 관찰하는 식이었다. 연구진은 고통당하는 사람을 바라보는 피험자들에게서 통증과 관련된 뇌 부분이 활성화되는 것을 발견했다. 다른 사람이 고통당하는 것을 보고 그들도 괴로웠던 것이다. 좀 더 구체적으로 말해서 공감 반응이 나타날 때 뇌의 전측 뇌섬엽anterior insula과 대상 피질 cingulate cortex이 강력하게 활성화되었다. 이 두 영역이 활성화되는 것은 고통이라는 부정적인 정서적 경험과 연관이 있다.[1]

타니아 싱어는 내가 이타심과 자비심에 대해 명상하는 동안 활성화되는 대뇌 신경망이 크게 다른 것에 주목했다. 특히 자비심에 대한 명상에서 부정적인 감정과 고통에 연계된 신경망이 아니라 소속감이나 모성애와 같이 전통적으로 긍정적인 감정과 관련이 있다고 알려진 뇌 영역이 활성화되었다.[2]

1   통증에 대한 공감을 연구한 32가지 논문의 요약본을 보려면 Lamm, C., Decety, J., & Singer, T. Meta-analytic evidence for common and distinct neural networks associated with directly experienced pain and empathy for pain. *Neuroimage*, 54(3), 2011, pp. 2492~2502 참조.
2   자비심을 통해 긍정적인 반응이 증가할 때는 정중 안와 피질median orbitofrontal cortex, 복부 선조ventral striatum, 복측 피개부Ventral Tegmental Area(VTA), 뇌간 핵nuclei of the brainstem, 중격측 좌핵nucleus accumbens, 정중 뇌섬median insula, 창백pallidum, 피각putamen과 원래 사랑(특히 모성애), 소속감, 만족감에 관여하는 뇌 영역까지 뇌 신경망이 총망라되어 활성화된다. 공감 시 활성화되는 뇌 영역은 앞 뇌섬anterior insula과 정중 대상 피질 median cingulate cortex 이다. Klimecki, O. M., *et al*. (2012), *op. cit.*; Klimecki, O., Ricard, M., & Singer, T. (2013), *op. cit.*.

공감과 달리 자비심은 지치는 법이 없다

이상과 같은 초기 실험 결과를 토대로 다른 사람이 아파할 때 나타나는 정서적 공명과 그런 고통에 대해서 느끼는 자비심의 차이를 좀 더 깊이 파고들어 확실히 구분해 보자는 연구 프로젝트가 새로 탄생했다. 우리는 아픈 사람에 대한 정서적 공명이 여러 차례 반복되면 감정적 피로와 고뇌를 유발한다는 사실을 이미 알고 있었다. 고통에 시달리는 환자들을 계속 돌봐야 하는 간호사, 의사, 간병인들이 흔히 경험하는 이 현상을 영어에서는 '번아웃burnout'이라 하고 프랑스어에서는 '감정적 탈진épuisement émotionnel', '자비심에 대한 피로fatigue de la compassion'라고 표현한다. 직업 생활에서 늘 마주치는 고민, 스트레스, 압박감의 영향으로 정상적인 활동을 계속하기 어려울 정도로 '무너지는' 것이다. 번아웃은 다른 사람의 고통에 일상적으로 노출되는 사람, 특히 보건 의료, 사회 복지 분야에 종사하는 사람들이 자주 앓는 병이다. 한 연구에 따르면 미국에서는 간병 인력의 60퍼센트가 번아웃을 앓고 있거나 앓은 적이 있으며 그 가운데 3분의 1이 일시적으로 일을 중단해야 할 정도로 심각했던 것으로 밝혀졌다.[3]

타니아 싱어 연구 팀과 토론을 하는 과정에서 우리는 이타적 사랑(慈心)과 측은지심(悲心)으로 이루어진 자비심과 이타심이 긍정적인 감정과 관련되어 있음을 발견하고 번아웃은 '자비심 피로증'이 아니라 '공감 피로증'이라는 결론에 도달했다. 자비심은 고뇌와 좌절로 이어지지 않는다. 오히려 정신력과 균형 잡힌 마음, 고통당하는 사람들을 돕겠다는 사랑과 용기의 결단을 더 강력하게 만든다. 자비심은 본질적으로 고갈되는 법이 없으며 진력내거나 탈진을 유발하는 것이 아니라 피로하고 지쳤을 때 심기일전하여 극복하도록 한다.[4]

3   Felton, J. S. Burnout as a clinical entity-its importance in health care workers. *Occupational Medicine*, 48(4), 1998, pp. 237~250.

불교에서는 명상 수행자가 측은지심(悲心)에 대해 수련을 할 때 제일 먼저 살아 있는 모든 존재를 괴롭히는 고통과 그런 고통의 원인에 대해 명상을 시작한다. 이를 위해 수행자는 다양한 형태의 괴로움을 참을 수 없을 때까지 최대한 실감나게 상상한다. 이렇게 공감을 통해 접근하는 것은 고통을 해소하고 싶다는 깊은 열망을 불러일으키기 위함이다. 그런데 단순히 원하는 것만으로는 부족하기 때문에 고통을 해소하기 위해 힘닿는 데까지 무슨 일이든지 하겠다는 투지를 길러야 한다. 그래서 수행자는 현실 인식을 왜곡하는 무지와 증오, 욕망, 집착, 질투와 같은 고통을 만들어 내는 마음의 독소를 비롯해 고통의 근본적인 원인에 대해 명상을 한다. 그러면서 남을 이롭게 하기 위해 무엇이든지 할 수 있는 준비를 갖추고 행동에 대한 의지를 키운다.

　　이와 같은 측은지심에 대한 훈련은 이타적 사랑(慈心)에 대한 교육과 병행해 진행된다. 이타적 사랑을 키우기 위해 수행자는 먼저 가까운 사람 중 무한한 자애의 감정이 느껴지는 누군가를 상상한다. 그런 다음, 세상 만물을 향해 차별 없이 빛을 비추는 태양처럼 차츰 모든 존재로 자애를 확장시켜 나간다.

　　타인에 대한 사랑, 공감(타인의 고통에 대한 공명이라는 의미), 측은지심이라는 세 가지 차원은 서로 자연스럽게 연결되어 있다. 이타적 사랑 속에서 존재의 고통에 직면하면 공감이 나타나고 그런 대면에서 측은지심(고통과 고통의 원인을 뿌리 뽑겠다는 욕구)이 생겨난다. 변화를 촉발하는 것은 타인이 고통당하고 있음을 알려 주는 공감이다. 요컨대 이타적 사랑이 공감이라는 프리즘을 통해 자비심이 된다고 할 수 있다.

4　자비심과 공감 피로 사이의 신경망 차이에 대해서는 Klimecki, O., & Singer, T., Empathic distress fatigue rather than compassion fatigue? Integrating findings from empathy research in psychology and social neuroscience. In Oakley, B., Knafo, A., Madhavan, G., & Wilson, D. S., *Pathological Altruism*, Oxford University Press, 2011, pp. 368~383 참조.

수행자의 관점

원래의 실험 이야기로 다시 돌아가 보자. 이튿날 아침에 내가 제일 먼저 참여한 실험은 공감을 주제로 한 것이었다. 다른 사람, 이를테면 가까운 지인이 겪는 고통에 대해 공감하는 감정을 최대한 강렬하게 만들어내야 했다. 그런데 관건은 이타적 사랑이나 측은지심이 나타나지 않도록 막아 오로지 공감에만 집중하는 것이었다. 이렇게 공감만 따로 분리시킨 이유는 공감이라는 감정에 대해 이해도를 높이고 공감과 자비심을 좀 더 명확하게 구별하고 공감이 활성화시키는 뇌 영역이 구체적으로 어디인지 알아내고 싶었기 때문이었다.

명상을 하는 동안 나는 정신을 집중해 지정된 정신 상태 즉 이 경우에는 공감을 최대한 또렷하고 안정적이고 강렬하게 만들어 내기 위해 최선을 다했다. 약해지려고 하면 되살리고 일시적으로 주의가 산만해져 느슨해지면 또다시 불러일으켰다. 실험은 한 번 시작되면 한 시간 반 정도 계속되었으며 명상을 1분 정도 한 다음 30초 동안 휴식하기를 반복했다. 말이 휴식이지 실은 실험이 끝날 때까지 몇 밀리미터 이상 몸을 움직일 수 없었다.

그날 진행된 공감에 대한 명상은 전날 밤 시청한 BBC 다큐멘터리에서 다룬 충격적인 내용을 주제로 삼았다. 루마니아에 있는 한 병원에 수용된 심신 장애 어린이들의 생활 환경을 다룬 다큐멘터리였다. 그 아이들은 병원에서 매일 먹이고 씻기지만 사실상 생사를 하늘에 맡긴 채 방치된 것이나 다름이 없었다. 아이들 대부분은 끔찍할 정도로 말랐으며 허약하다 못해 걷다가 다리가 부러진 아이도 있었다. 간호 보조사들은 아이 다리를 임시 부목에 고정한 뒤 매트리스 위에 눕혀 두는 것으로 할 일을 다 했다는 식이었다. 몸을 씻기는 동안 아이들은 고통스런 신음 소리를 냈다. 또 다른 아이는 해골 같은 모습으로 가구 하나 없는 방 한구석에 앉아 퀭한 눈으로 고개를 끄덕거리고 있었다.

다들 간호 보조사들이 다가와도 눈을 들어 쳐다보지도 않았다. 만사를 포기한 것처럼 보였다. 한 달에도 몇 명씩 아이들이 죽어 나갔다.

나는 또한 교통사고로 심한 부상을 당한 뒤 한밤중이라 도움도 받지 못하고 홀로 피를 흘리며 도로 옆에 누워 있던 지인을 떠올리면서 유혈이 낭자한 광경에 혐오감이 밀려와 깜짝 놀라기도 했다.

그렇게 한 시간 정도, 중간에 잠깐씩 짧은 중립기를 가지면서 뭐라 형언할 수 없는 고통을 최대한 강렬하게 머릿속에 떠올렸다. 얼마 안 있어 그런 고통과 공명하는 것이 견딜 수 없이 괴로워졌다. 고통이 너무 심해 거리를 두게 되고 불안감 때문에 무기력해져서 아이들에게 적극적으로 다가갈 수 없었다. 아주 짧은 시간이었지만 이타적 사랑과 측은지심에서 해리된 강렬한 공감의 경험이 나를 번아웃으로 몰아갔다.

바로 그때 이어폰에서 타니아 싱어의 말소리가 들렸다. 자기 공명 영상을 이용한 스캐너 실험을 한 번 더 할 의향이 있으면 오후로 예정되어 있던 자비심에 대한 명상을 바로 진행해도 좋다는 것이었다.

공감만 분리하고 보니 이타적 사랑과 측은지심이 너무나도 아쉬웠던 나는 흔쾌히 동의했다. 명상의 방향을 이타적 사랑과 측은지심 쪽으로 돌리기 무섭게 마음속에 전혀 다른 풍경이 펼쳐지기 시작했다. 아이들이 겪는 고통의 이미지가 여전히 강렬하게 남아 있었지만 견디기 어려운 고뇌와 무력감이 마음을 가득 채우는 것이 아니라 아이들에 대한 무한한 사랑에서 용기가 강하게 솟구치는 것을 느낄 수 있었다.

자비심에 대해 명상을 하기 시작하자 댐의 수문이 활짝 열린 것처럼 이타적 사랑과 측은지심이 파도처럼 밀려나와 아이들의 고통을 촉촉이 적셨다. 고통의 분자가 전부 사랑의 분자로 바뀐 것이다. 나와 아이들 사이에 거리감이 사라졌다. 손을 스치기만 해도 신음하는 아이나 피를 흘리며 쓰러져 있는 사람에게 어떻게 다가가야 할지 몰라 쩔쩔매는 것이 아니라 마음으로 그들을 끌어안고 자애와 사랑을 듬

뿍 쏟고 있었다. 실제 상황이었어도 아이들을 다정하게 감싸고 위로했을 것이다.

여기서 명상가가 스스로의 고통을 완화해서 기분이 나아진 것이지 이타심이 어디 있느냐며 반박하는 사람들이 있을지도 모른다. 그런 반박에 내가 할 수 있는 답은 첫째, 명상가가 여러 가지 고뇌에서 스스로 벗어난 것은 전혀 잘못이 아니라는 것이다. 자칫 잘못하다가는 자신의 고뇌에 마비되어 고통 받는 사람이 있어도 보살피지 않고 오로지 자기 자신만 돌볼 수 있기 때문이다. 둘째, 감정과 정신 상태는 전염 효과가 크다는 것을 부정할 수 없다는 것이다. 이것이 가장 중요한 핵심이다. 고통을 겪는 사람과 함께 있으면 그 옆에 있는 사람도 고뇌에 빠져 어쩔 줄 모르게 되고 그러면 고통당하는 사람을 정신적으로 더욱 불편하게 만들 수 있다. 반대로 도움을 주러 온 사람이 남을 보살피는 어진 마음이 가득해 평화롭고 침착한 태도로 상대방을 세심하게 배려하는 사람이라면 환자가 그런 태도에 위로 받을 것이 분명하다. 마지막으로 측은지심과 남을 보살피는 자애의 마음은 강한 정신력과 다른 사람을 돕겠다는 욕구를 가진 사람 안에서 더욱 커진다는 사실이다. 측은지심과 이타적 사랑에는 따뜻하고 다정하고 긍정적인 측면이 있다. 남의 고통에 대한 단순한 공감에서 찾아볼 수 없는 것이 바로 이것이다.

내 경험으로 되돌아가서 공감에 대한 명상은 번아웃이라는 한계에 부딪쳤지만 이타적 사랑이나 측은지심에 대한 명상은 진력나는 법이 없었다. 실제로 용기를 꺾는 것이 아니라 북돋아 주었으며 고뇌를 가중시키는 것이 아니라 남들을 돕겠다는 결의를 한층 더 강하게 만들었다. 고통에 직면하기는 마찬가지였지만 이타적 사랑과 측은지심은 좀 더 건설적으로 남의 고통에 다가갈 수 있도록 하면서 그들을 돕고 싶은 마음과 결의를 증폭시켰다. 내 경험으로 볼 때 공감은 정서적 탈진 증상으로 이어지는 '공감 피로감'이 있지만 자비심은 확실히 피로 현상이 없었다.

데이터를 철저히 분석한 타니아 싱어는 내가 역전 현상을 경험했을 때 뇌의 특정 영역에서 일어나는 활동의 양상이 크게 달라졌다고 설명했다. 그런 변화는 주로 공감에 관여하는 전측 뇌섬엽과 전측 대상 피질anterior cingulate cortex에 영향을 미쳤다. 특히 내가 공감에서 측은지심으로 넘어가자 보통 긍정적인 감정을 느꼈을 때 활발하게 활동하는 뇌의 특정 영역이 더 많이 활성화되는 것을 볼 수 있었다. 이 실험은 지금도 계속되고 있으며 연구 결과가 조만간 발표될 예정이다.[5]

정확한 자기 성찰적 탐구와 스캐너에서 얻은 데이터 분석 결과를 합치면 명상가의 '일인칭' 경험과 과학자의 '삼인칭' 경험이 만나 유익한 정보가 얻어진다. 노련한 명상가와 과학자들이 협력 연구를 할 때 얻을 수 있는 장점이 바로 이런 것이다.

타니아 싱어와 과학자들은 그 후 리소스ReSource라는 명칭의 종단 연구[6]를 개시했다. 이 프로젝트는 한 그룹의 초보 자원자들을 대상으로 일 년 동안 공감과 자비심을 비롯해 다양한 정서적 인지적 능력과 정신 능력을 훈련시키는 것이 목표이다.[7]

연구진들은 이렇게 광범위한 프로젝트를 시작하기에 앞서 이타적 사랑과 공감에 대해 명상한 적이 있는 초보 피험자들을 대상으로 일주일 동안 교육을 실시했다. 이 예비 연구에서 사람들 대부분이 타인의 고통에 직면했을 때 느끼는 공감은 통증, 고뇌, 불안, 좌절 등 전적으로 부정적인 감정과 상관이 있다는 결과가 나왔다. 공감의 신경적

---

5   Singer, T., & Bolz, M. (eds.) (2013), *op. cit.*; Klimecki, O., Ricard, M., & Singer, T. (2013), *op. cit.*. 최신 간행물로는 Klimecki, O., Leiberg, S., Ricard, M., & Singer, T. Differential Pattern of Functional Brain Plasticity after Compassion and Empathy Training. *Social Cognitive and Affective Neuroscience*, 2013이 있다.
6   피험자의 변화를 몇 개월, 몇 년에 걸쳐 관찰하는 연구 방법을 가리킨다.
7   Bornemann B., & Singer, T., "The resource study training protocol." In Singer, T., & Bolz, M. (eds.), *Compassion: Bridging Practice and Science*, 2013, a multimedia book [e-book].

표지neural signature는 부정적 감정과 비슷하다. 일반적으로 남의 고통을 보고 공감을 느낄 때나 우리 자신이 고통을 느낄 때나 같은 신경망(전측 뇌섬엽과 대상 피질)이 활성화되는 것으로 알려져 있다.

타니아 싱어와 학자들은 피험자들을 두 그룹으로 나눴다. 한 그룹은 자비심─이타적 사랑과 측은지심에 대해 명상하고 다른 그룹은 오로지 공감에 대해서만 명상했다. 1차 결과에 따르면 일주일 동안 자비심에 대해 명상한 초보 피험자들이 고통당하는 사람들에 대한 동영상을 훨씬 더 긍정적이고 자애로운 태도로 감상하는 것으로 나타났다. 여기서 '긍정적인' 태도란 관찰자들이 고통을 받아들일 수 있는 것으로 생각한다는 뜻이 아니라 고통을 보고 고뇌, 혐오, 낙담, 회피 등 '부정적인' 정신 상태에 빠지는 것이 아니라 용기를 내거나 모성애를 느끼거나 도와줄 방법을 찾겠다고 결의하는 등의 건설적인 반응을 나타낸다는 뜻이다.[8]

게다가 이제는 공감한다고 해서 타인의 고통을 보고 무조건 부정적, 충격적으로 받아들이고 불안해 하지도 않았다. 이런 변화가 생긴 원인은 피험자들이 어떤 상황에서나 타인을 보살피는 자애의 감정을 느끼도록 훈련 받았기 때문이라고 생각된다. 그러니까 힘든 상황이 닥쳤을 때 이타적 사랑과 측은지심으로 대처하고 남의 고통과 대면했을 때 회복 탄력성을 보이는 것이다. 회복 탄력성resilience이란 보통 환자의 입장에서 하는 말이다. 보리스 시뤼니크는 트라우마를 겪었을 때 개인이 갖고 있는 내부 역량을 발휘해 트라우마를 극복하는 것이 회복 탄력성이라고 정의했다.[9] 여기서는 남의 고통을 목격한 관찰자가 초기에 느끼는 고뇌를 극복하고 고뇌를 적극적인 이타적 사랑과 측은지심으로 바꾸는 능력을 회복 탄력성으로 부르도록 하겠다. 실

---

8   Klimecki, O. M., *et al.* (2012). *op. cit.*.
9   Cyrulnik, B., Jorland, G., & collectif. *Resilience : Connaissances de base.* Odile Jacob, 2012.

험에 참가한 초보 피험자들의 뇌 활동을 측정한 데이터에서도 소속감과 측은지심의 신경망이 활성화되는 것으로 나타났다. 이것이 공감에 대해서만 명상한 그룹과 차이점이었다.

일주일 동안 오로지 공감 능력을 키우고 타인의 고통에 대해 정서적으로 공명하도록 훈련 받은 피험자들은 계속 부정적인 가치에 공감적 반응을 연계시켰고 자신의 감정과 눈물을 통제하지 못할 정도로 고통에 민감해졌다. 이들은 고통스러운 장면이 담긴 동영상을 보면 부정적 정서가 증가했으며 일상생활에서 흔히 보는 장면에 대해서도 훨씬 더 부정적으로 반응했다. 공감적 공명에 대한 훈련 때문에 별 것 아닌 상황에서도 부정적 정서에 민감해진 것이다. 어떤 피험자는 잘 아는 사람이건 낯선 사람이건 일상에서 마주치는 모든 사람들에 대해 훨씬 더 공감을 느끼게 되었다고 했다. 한 여성은 아침에 지하철에 올라 사람들을 바라보면 사방에서 고통이 눈에 들어오기 시작한다고 말했다.[10]

이렇게 불안정한 효과가 나타날 수 있다는 사실을 진즉에 알고 있던 타니아 싱어와 올가 클리메키는 일주일 동안 공감에만 전념한 피험자들에게 이타적 사랑에 대한 훈련을 추가로(하루에 한 시간씩) 받게 했고 이 추가 교육 과정을 통해 공감 훈련으로 인한 부정적 영향이 상쇄되는 것을 관찰할 수 있었다. 부정적 정서가 초기 수준으로 떨어지고 긍정적 정서가 증가한 것이다. 뇌에서도 자비심, 긍정적 정서, 모성애에 관련된 대뇌 신경망에 상응하는 변화가 나타났다.[11] 다시 일주일 동안 자비심에 관한 훈련을 실시한 후 남을 도와주는 경향을 측정하기 위해 특별 설계된 가상 게임에서 친사회적 행동이 증가하는 것을

10. 공감적 공명을 훈련시키면 남의 고통과 자신의 고통에 대한 공감에 관여하는 신경망의 활동이 증가하는 것으로 나타났다. 이때 활성화되는 신경망으로는 전측 뇌섬엽anterior insula과 전내측 대상 피질anterior medial cingulate cortex이 있다. Singer, T., & Bolz, M. (eds.) (2013), *op. cit.*.

관찰할 수 있었다.[12]

위스콘신 대학교 매디슨 캠퍼스에 있는 리처드 데이비슨의 신경 과학 연구소에서 일하는 프랑스 학자 앙투안 루츠와 동료 학자들도 같은 현상을 연구한 바 있다. 그들이 한 실험에서 자비심 상태에 들어간 숙련된 명상가 여섯 명은 고뇌를 호소하는 목소리 녹음을 듣고 통증에 관련된 전측 뇌섬엽이 아니라 모성애와 소속감에 관련된 내측 뇌섬엽medial insula과 마음 이론에 관련된(다른 사람의 생각을 상상하는) 영역들이 활성화되는 것으로 나타났다. 초보 명상가들과는 다른 결과였다.[13] 이 관찰 내용을 통해 숙련된 명상가들이 초보들보다 타인의 고통에 훨씬 민감하고 관심이 훨씬 더 크다는 것을 볼 수 있었다. 또한 그것이 자신이 느끼는 고뇌 때문이 아니라 정말 남을 보살피는 자애의 감정을 느끼는 것 그리고 훈련을 통해 이런 정신 상태를 육성하는 것이 가능하다는 사실을 알 수 있었다.

공감에 자비심을 불어넣으려면

얼마 전에 간호사 한 분과 이야기를 나눈 적이 있다. 간호사들이 대부분 그러한 것처럼 자신이 맡아 돌보는 환자들의 문제와 고통에 늘 당당히 대처하며 살아가는 분이었다. 그 자리에서 난 헬스 케어 종사자들을 위한 최신 연수 프로그램들에서 '환자들과 감정적 거리를 유지'

---

11. 구체적으로 말해서 안와 피질orbitofrontal cortex, 복부 선조ventral striatum, 전대상 피질 anterior cingulate cortex이 여기에 포함된다. 참가자들은 훈련 과정에서 '이타적 사랑', '자애'를 뜻하는 팔리어 단어 메타metta의 개념에 대해 강의를 들었다. 수업은 대부분 친절과 자애로운 소원 빌기('행복하세요.', '건강하세요.' 등)에 초점이 맞춰졌다. 참가자들이 강사와 하루를 보내고 매일 저녁 한 시간씩 집단 훈련을 받는 것도 수업에 포함되어 있다. 참가자들은 집에서도 배운 것을 실천해야 했다 .

12 Klimecki, O. M. *et al.* (2012), *op. cit.*.

13 Lutz, A., Brefczynski-Lewis, J., Johnstone, T., & Davidson, R. J. Regulation of the neural circuitry of emotion by compassion meditation: Effects of meditative expertise. *PLoS One*, 3 (3), 2008, e1897.

하는 데 중점을 두고 있다는 말을 들었다. 보건 업계 종사자들을 괴롭히는 악명 높은 번아웃을 방지하려는 목적이었다. 천성이 따스하고 함께 있는 것만으로도 마음 든든해지는 그 간호사는 내게 이렇게 털어놓았다. "이상한 말이지만 전 고통에 시달리는 사람들을 돌보면서 제가 뭔가를 얻어 가는 느낌이 들어요. 그런 '이득'에 대해 동료들과 이야기하면서 긍정적인 감정을 갖는 것이 죄스러웠어요." 나는 그 말을 듣고 측은지심과 공감적 고뇌의 차이라고 생각되는 점을 간단하게 설명했다. 그 간호사가 경험한 것이 바로 그 차이였다. 죄책감을 느낄 필요가 전혀 없었다. 공감적 고뇌와 달리 이타적 사랑과 측은지심은 내적 역량을 강화해 긍정적인 마음 상태로 다른 사람의 고통과 대면할 수 있도록 한다. 아이가 병원에 입원했을 때 공감적 고통에 빠져 어쩔 줄 몰라 하며 병든 아이의 얼굴도 차마 보지 못하고 불안하게 복도에서 서성이는 엄마보다 아이 곁을 지키면서 아이의 손을 잡아주고 애정 어린 말로 위로하는 엄마가 아이의 건강에 훨씬 유익하다는 것은 두말할 나위도 없을 것이다. 그 간호사는 내 설명을 듣고 안도하면서 가끔 양심의 가책을 느꼈지만 그것이 환자를 돌보는 자신의 경험과 일치한다고 털어놓았다. 공감은 자비심을 불러일으키는 방아쇠의 역할을 하는 것이 사실이지만 자비심이 충분히 넓은 공간을 확보하고 있어야 공감이 억제할 수 없는 고뇌로 변질되지 않을 수 있다.

앞서 언급한 사전 연구를 바탕으로 생각할 때 고통에 시달리는 사람들을 일상적으로 돌보는 직업을 가진 사람들은 이타적 사랑과 측은지심에 대해 훈련을 받는 것이 필요할 것으로 보인다. 몸이 아프거나 장애가 있는 친지(부모, 자녀, 배우자)를 돌봐야 하는 사람들도 그런 훈련을 받으면 도움이 될 것이다. 이타적 사랑은 우리 마음속에 긍정적인 공간을 만들어 공감적 고뇌의 독을 제거하므로 정서적 공명이 확산되어 번아웃 고유의 정서적 탈진을 유발하지 못하도록 방지한다. 이타적 사랑과 측은지심 없는 공감은 전기 펌프 안에 물이 순환하지 않는 것과 같아 얼마 가지 못하고 과열로 타 버리고 만다. 그러므로 공감은 이타적 사랑이라는 넓은 공간 안에서 일어나야 한다. 측은지심의 인지적 측면을 고려하는 것도 중요하다. 고통의 다양한 수준과 눈에 보이거나 보이지 않는 고통의 원인을 이해하는 것이 중요하다는 말이다. 그래야 스스로 정신력과 남을 보살피는 자애와 마음의 평화를 유지하면서 남들을 효과적으로 도울 수 있다. 프랑스 심리학자 크리스토프 앙드레는 이렇게 썼다. "우리에게는 자비심의 온기와 위력이 필요하다. 세상을 명료하게 인식할수록 현실을 있는 그대로 받아들이고, 자명한 사실 앞에 머리를 조아리는 법이다. 자비심의 온기와 위력 없이는 살면서 마주치는 너무나도 많은 고통을 제대로 대면할 수 없다."[14]

14   Christophe André, *Feelings and Moods*, Polity Press, 2012, p. 250.

5
지고한 감정, 사랑

지금까지 우리는 이타심을 동기라고 했다. 남을 이롭게 하려는 의지라고 설명했다. 이번 장에서는 바버라 프레드릭슨과 몇몇 심리학자가 진행한 사랑에 대한 연구를 소개하려고 한다. 우리는 보통 사랑을 두 사람 또는 여러 사람 사이에서 일어나는 긍정적인 공명, 금방 사라지지만 무한 갱신이 가능한 감정이라고 본다. 사랑의 감정은 이타심의 개념과 일치하는 부분도 있고 약간 다른 부분도 있다.

노스캐롤라이나 대학교의 바버라 프레드릭슨은 마틴 셀리그먼과 함께 긍정 심리학을 창시한 사람이다. 프레드릭슨은 심리학자 중에서 기쁨, 만족, 감사, 경이, 열정, 영감, 사랑과 같은 긍정적인 감정이 단순히 부정적인 감정이 없는 상태가 아니라는 데 처음으로 주의를 환기시킨 사람이다. 기쁨은 슬픔이 없는 상태가 아니고 자애는 단순히 악의가 없는 상태가 아니다. 긍정적인 감정에는 마음의 중립성으로 축소시킬 수 없는 차원이 하나 더 있다. 깊은 만족감의 원천이 된다는 점이다. 다시 말해 행복한 인생을 살려면 부정적인 감정, 마음을 어지럽히는 감정들을 불식시키는 것만으로는 부족하다. 긍정적인 감정이 꽃을 피우도록 만들어야 한다.

프레드릭슨은 긍정적인 감정들이 사람의 마음을 열어 좀 더 폭넓은 관점에서 상황을 바라보고, 남의 말에 귀 기울이면서 유연하고 창조적인 태도로 행동하게 한다는 사실을 보여 주었다.[1] 마음을 급속도로 가라앉게 만드는 우울과 달리 긍정적인 감정들은 마음을 급속도로 띄우는 동시에 회복 탄력성을 높여 역경을 순조롭게 헤치고 나가게 한다.

현대 심리학에서는 감정을 지속 기간은 짧지만 여러 차례 반복해 일어날 수 있는 강도 높은 정신 상태라고 본다. 폴 에크만과 리처드 래저러스와 같은 감정 전문가들이 가려낸 기본 감정에는 기쁨, 슬픔, 분노, 공포, 놀람, 혐오, 경멸과 같이 얼굴 표정에 분명한 특징이 있고 특유의 생리학적 반응으로 누구나 금방 알아볼 수 있는 감정들이 포함된다. 여기에 이타적 사랑, 측은지심, 호기심, 관심, 애정, 수치심, 죄책감이 추가된다.[2] 일시적인 감정이 며칠 동안 쌓이면 기분moods이 바뀌고 기분이 반복되다 보면 정신적 기질mental disposition, 성격적 특징이 조금씩 달라진다. 바버라 프레드릭슨은 최신 연구 결과에 비춰볼 때 모든 긍정적인 감정 중에서 사랑이 최고의 감정이라고 주장한다.

사랑에 대한 사전적 정의로는 "어떤 사람이 다른 사람에게 보이는 호의나 애정"(라루스 사전), "좋다고 느끼거나 인정한 사물 또는 대상에 대해 호의적인 정서와 의지를 나타내는 성향"(로베르 사전), "친족 관계나 개인적 친분에서 발생하는 상대방에 대한 강한 애정"(메리엄 웹스터 사전) 등이 있다. 그 밖에도 사랑은 다양하고 많은 정의를 갖고 있다. 놀라운 일이 결코 아니다. 캐나다의 시인이자 소설가인 마가렛 애

1   Fredrickson, B. L. The role of positive emotions in positive psychology: The broaden-and-build theory of positive emotions. *American Psychologist, 56*(3), 2001, p. 218; Fredrickson, B. "Positive emotions." In Snyder C. R., & Lopez, S. J., *Handbook of Positive Psychology*, Oxford University Press, 2002, pp. 122~125 (뒤에 이어지는 인용).

2   Ekman, Paul, *Emotions Revealed: Recognizing Faces and Feelings to Improve Communication and Emotional Life*, Holt, 2007; Ekman, P., & Davidson, R. J., *The Nature of Emotion: Fundamental Questions*, Oxford University Press, 1994.

트우드가 쓴 글처럼 "에스키모에게는 눈이 매우 중요하기 때문에 에스키모어에서 눈을 지칭하는 단어가 쉰두 개나 된다. 사랑에 대한 말도 그 정도는 되어야 할 것이다."[3]

바버라 프레드릭슨은 사랑을 세 가지 사건이 동시다발적으로 일어날 때 나타나는 긍정적 공명이라고 정의한다. 세 가지 사건이란 첫째, 긍정적인 감정을 하나 이상 공유하는 것, 둘째, 두 사람의 행동과 생리적 반응의 동시성, 셋째, 상대방의 행복에 기여하고자 하는 의도, 서로를 아끼고 보살피려는 의도이다.[4] 이런 식의 긍정적인 감정의 공명은 일정 기간 지속될 수도 있고 메아리 잔향처럼 증폭될 수도 있다. 그러다가 결국 소멸하고 만다. 이 점은 다른 모든 감정과 마찬가지이다.

이 정의에 따르면 사랑은 일반적으로 생각하는 것보다 폭이 넓고 개방적이고 지속 기간도 짧은 편이다. "사랑은 오래 지속되지 않는다. 대부분이 인정하는 것보다 훨씬 빨리 지나간다. 대신에 끝없는 갱신이 가능하다." 프레드릭슨과 동료 학자들은 사랑이 상황에 민감하고 충족되어야 할 사전 조건이 몇 가지 있지만 이 조건만 만족되면 하루에도 수없이 사랑의 감정이 재생산된다는 사실을 연구 결과를 통해 보여 주었다.[5]

이 연구가 시사하는 바를 제대로 이해하려면 통상적으로 '사랑'이라 부르는 것에서 한 발짝 뒤로 물러서야 한다. 여기서 말하는 사랑은 효성이나 낭만적인 사랑, 결혼이나 정절을 약속하는 의식과는 거리가 멀다. "내가 말하는 사랑은 감정에 대한 과학적 접근에 토대를 두고 있다." 프레드릭슨은 최신 저서 『러브 2.0Love 2.0』에서 이렇게 말한다.[6]

---

3   Atwood, Margaret, *Surfacing*, Anchor, 1998, p. 107.
4   Fredrickson, B. Love 2.0: *How Our Supreme Emotion Affects Everything We Feel, think, Do, and Become*, Hudson Street Press, 2013, p. 16. 책이 나오기도 전인데도 책에 실린 증거 내용을 미리 보여 준 바버라 프레드릭슨에게 감사드린다.
5   *Ibid.*, p. 5.
6   *Ibid.*

『러브 2.0』은 프레드릭슨의 연구 결과를 대중이 읽기 쉽도록 집대성한 책이다.

심리학자들이 사랑을 몇 년이고 변함없이 계속되는 관계, 죽을 때까지 평생 지속되는 깊은 유대 관계로 보지 않는다는 말이 아니다. 오히려 학자들은 그런 유대 관계가 신체적, 정신적 건강에 미치는 효용을 강조해 왔다.[7] 다만 대부분의 사람들이 말하는 '사랑'이라는 지속적 상태는 긍정적 감정의 공명이 이루어지는 아주 짧은 순간들이 여러 개 모여 축적된 결과물이라는 것이 학자들의 생각이다.

그런가 하면 정서적 불협화음이 축적되고 부정적인 감정을 나누는 순간이 반복되면 이것이 오래 지속되던 깊은 관계를 좀먹고 결국 파괴하고 만다. 예를 들어 소유욕에 불타 집착하면 공명이 모두 사라질 것이고 질투하는 경우라면 공명에 독이 올라 부정적인 공명으로 변할 것이다.

사랑은 배려와 남을 보살피는 자애, 측은지심을 통해 타인을 바라보게 한다. 따라서 사랑을 하면 남의 처지와 남의 행복을 진심으로 염려하게 된다는 취지에서 사랑을 이타심과 결부할 수 있을 것이다.[8] 다른 유형의 관계들은 결코 그렇지 않다. 프레드릭슨이 초창기에 한때 사랑과 대척점에 있다고 생각되는 것에 관심을 둔 적이 있다. 이를테면 여성(또는 남성)을 '성적 대상'으로 보는 관점 같은 것이다. 사랑에 긍정적인 효과가 많은 만큼 이런 관계는 여러 가지로 유해한 영향을 미칠 수 있다. 실제로 남을 성적 대상으로 보는 것은 남의 행복을 위한 일이 아니라 남의 외모와 성적 욕구에 투자하고 남을 도구로 보면서 남이 아닌 자기 자신을 위해 쾌락을 도모하는 것이다.[9] 그보다 정도는

7   House, J. S., Landis, K. R., & Umberson, D. Social relationships and health. *Science*, 241(4865), 1988, pp. 540~545. Diener, E., & Seligman, M. E. P. Very happy people. *Psychological Science*, 13(1), 2002, pp. 81~84도 참조.

8   Hegi, K. E., & Bergner, R. M. What is love? An empirically-based essentialist account. *Journal of Social and Personal Relationships*, 27(5), 2010, pp. 620~636.

약하지만 소유욕에서 비롯된 애착도 긍정적 공명을 질식하게 만든다. 그런 애착을 품지 않는 것은 누군가를 덜 사랑하는 것이 아니라 남을 사랑하는 체하면서 오로지 자기를 사랑하는 일에만 골몰하지 않는다는 뜻이다.

사랑이 이타성을 띠는 경우는 매 순간 친구, 배우자, 동거인 등 주변 사람들과 함께 살아가는 기쁨, 그들의 행복에 기여하는 기쁨으로 표출될 때이다. 상대방에게 집착하는 것이 아니라 상대의 행복을 염려하고, 상대방을 소유하려고 드는 것이 아니라 상대의 안락과 행복에 책임을 느끼고, 초조해 하면서 남이 알아주기를 기다리는 것이 아니라 기쁨과 남을 보살피는 자애로운 마음을 주고받는 것이 바로 사랑이다.

이런 식의 긍정적 공명은 둘 이상의 사람만 있으면 언제든지 느낄수 있다. 따라서 사랑은 배우자나 낭만적인 관계를 맺고 있는 파트너에게만 특별히 한정되지 않으며 자식이나 부모, 친지에 대해 느끼는 따스하고 다정한 감정에만 국한되지 않는다. 사랑은 아무 때나 불시에 나타날 수 있다. 기차 옆 자리에 앉은 사람이라도 친절과 배려를 베풀면 상호 존중과 감사 속에 사랑과 비슷한 태도가 유발될 수 있다.

상호 공명이라고 볼 수 있는 이러한 사랑의 개념은 앞에서 정의한 확장된 이타심과는 성격이 약간 다르다. 확장된 이타심은 조건 없이 남을 보살피는 마음으로 상호적이지 않을 수 있으며 남이 우리를 대하는 태도나 행동거지에 따라 달라지지도 않는다.

9   Fredrickson, B. (2013), *op. cit.*, 주석 7, p. 186, 및 Fredrickson, B. L., & Roberts, T. A. Objectification theory. *Psychology of Women Quarterly*, 21(2), 1997, pp. 173~206; Fredrickson, B. L., Hendler, L. M.,Nilsen, S., O'Barr, J. F., & Roberts, T. A. Bringing back the body: A retrospective on the development of objectification theory. *Psychology of Women Quarterly*, 35(4), 2011, 689~696.

사랑의 생물학

긍정적 공명으로서 사랑은 생물학적으로 우리 몸에 깊이 각인되어 있으며 생리학적으로 보면 특정한 뇌 영역의 활동과 옥시토신oxytocin(뇌에서 만들어지는 폴리펩타이드. 사회적 상호 작용에 영향을 미친다.)과 미주 신경(진정 및 타인과 관계를 촉진하는 기능이 있다.)의 상호 작용에 의해 유발되는 결과물이다.

지난 20년 동안 수집된 과학적 데이터를 살펴보면 사랑 또는 사랑의 결핍이 사람의 생리 작용과 여러 가지 생화학적 물질의 조절에 얼마나 큰 변화를 초래하는지 알 수 있다. 하물며 그것이 세포 내 유전자 발현 방식에까지 영향을 미칠 수 있는 물질임에랴. 그렇게 이루어지는 복잡한 상호 작용들이 모두 모여 사람의 신체적 건강과 활력과 행복에 영향을 미친다.

두 개의 뇌가 하는 하나의 행위

두 사람이 함께 대화를 나누며 시간을 보내더니 서로 장단이 척척 맞는 것 같은 기분이 들 때가 있다. 그런가 하면 마음이 통하지 않아 함께 시간을 보내는 것이 고역스런 사람들도 있다.

프린스턴 대학교의 신경 과학자 유리 해슨 팀은 바로 그런 문제에 관심을 갖고 연구를 진행했다. 그들은 대화를 통해 연결된 두 사람의 뇌가 어떤 식으로 유사한 신경 세포 배열을 채택해 공명에 들어가는지 보여 주었다. 학자들은 다른 사람이 하는 말에 주의 깊게 귀를 기울이고 그 사람과 이야기를 나누는 것만으로도 두 사람 뇌에서 비슷한 영역이 동시에 활성화된다는 놀라운 사실에 주목했다.[10] 해슨은 이

---

10 여기서 문제는 단순히 상대방 목소리나 자신 음성이 아닌 대화 내용에 대해 나타나는 반응이다. 예를 들어 남이 러시아어와 같이 모르는 외국어를 말하면 뇌 활동의 동기화가 중지되었다.

를 가리켜 "두 개의 뇌가 하나의 행위를 한다."라고 말한다. 흔히 하는 말로 '마음이 통한 것'이다. 유리 해슨은 이와 같은 "뇌의 짝짓기"가 커뮤니케이션에 반드시 필요하다고 생각한다.[11] 그는 뇌 짝짓기가 특히 섬엽insula에서 활발하게 일어난다는 것도 보여 주었다. 섬엽은 앞에서 본 것처럼[12] 공감에서 핵심적인 역할을 하는 영역이므로 정서적 공명이 일어났다는 뜻이 된다.[13] 두 개의 뇌 사이에서 일어나는 동기화는 두 사람이 감정적인 대화를 나눌수록 높게 나타났다.[14]

이 연구 결과를 접한 프레드릭슨은 사랑에서 긍정적 공명이 일어나는 매우 짧은 순간도 두 사람의 뇌가 하나의 행위를 하는 것이라고 추론하게 된다. 서로 이해가 깊으면 서로를 아끼는 마음이 생기고 그것이 출발점이 되어 서로를 보살피는 어진 의도와 행동이 저절로 나타난다고 프레드릭슨은 설명한다.[15] 그럼 평소에 '나'에게 관심의 초점을 두던 주관적 경험이 좀 더 아량 있고 개방적으로 변해 '우리'에게 관심을 두게 된다.[16]

그런데 이게 전부가 아니다. 유리 해슨 연구 팀은 사람 뇌가 상대방 뇌 활동이 나타나기 몇 초 전에 그것을 미리 예측한다는 것까지 입증했다. 대화를 하다가 공감적 공명이 일어나면 상대방이 금방 무슨 말

11 Stephens, G. J., Silbert, L. J., & Hasson, U. Speaker-listener neural coupling underlies successful communication. *Proceedings of The National Academy of Sciences, 107*(32), 2010, 14425~14430; Hasson, U. I can make your brain look like mine. *Harvard Business Review, 88*(12), 2010, 32~33. Fredrickson, B. (2013), op. cit., pp. 39~44에 인용 및 설명.

12 이 책 4장 신경 과학 실험을 통해 본 공감과 자비심 참조

13 Singer, T., & Lamm, C. The social neuroscience of empathy. *Annals of The New York Academy of Sciences, 1156*(1), 2009, pp. 81~96; Craig, A. D. How do you feel-now? The anterior insula and human awareness. *Nature Reviews Neuroscience*, 10, 2009, pp. 59~70.

14 Hasson, U., Nir, Y., Levy, I., Fuhrmann, G., & Malach, R. Intersubject synchronization of cortical activity during natural vision. *Science, 303*(5664), 2004, pp. 1634~1640.

15 Fredrickson B. (2013), *op. cit.*, p. 43.

16 Fredrickson, B., *Positivity: Groundbreaking Research Reveals How to Embrace The Hidden Strength of Positive Emotions, Overcome Negativity, and thrive*, Crown Archetype, 2001.

을 할 것인지 정서적으로 예측할 수 있다는 뜻이다. 보통 상대방의 말을 주의 깊게 듣고 있으면 상대방이 이야기하려는 바와 그가 표현하려는 감정을 미리 내다볼 수 있는 것이 사실이다.

그동안 많이 거론된 현상 중에 "거울 뉴런"이라는 것이 있다. 거울 뉴런은 뇌의 아주 미세한 영역에 존재하는데 예를 들어 누군가 다른 사람이 하는 동작에 흥미를 느꼈을 때 활성화된다.[17] 이 뉴런들은 이탈리아 파르마 대학교의 자코모 리촐라티 교수 연구 팀에 의해 우연히 발견되었다. 당시에 원숭이가 바나나를 손에 쥐었을 때 구체적으로 어떤 유형의 뉴런이 활성화되는지 연구 중이었는데 마침 연구진들이 원숭이들이 있는 실험실에서 점심 식사를 하게 되었다. 그런데 누군가가 음식을 입으로 가져가기만 하면 원숭이에게 연결된 기록 장치에서 딱딱 소리가 났다. 연구진이 음식 먹는 모습을 보고 원숭이들의 뉴런이 활성화되었던 것이다. 이를 계기로 어떤 동작을 수행하는 사람과 그 사람을 관찰하는 다른 사람 뇌에서 동일한 영역이 활성화된다는 사실이 밝혀졌다. 따라서 거울 뉴런은 모방과 사람들 사이에서 일어나는 공명의 기본적인 토대가 될 수 있다. 다만 정서적 측면과 인지적 측면이 모두 포함된 공감 현상은 그보다 훨씬 더 복잡하고 관여하는 뇌 영역도 훨씬 더 많다.

옥시토신과 사회적 상호 작용

뇌 화학 분야에서도 사회적 상호 작용에 대해 흥미로운 발견이 이어지고 있다. 수 카터와 동료 학자들이 뇌의 시상 하부에서 만들어져 몸 전체에 순환되는 옥시토신이라는 펩타이드의 효과를 밝혀낸 것이 발

---

17 거울 뉴런의 발견과 거울 뉴런에 대한 연구 성과를 요약한 내용은 Rizzolatti, G., & Sinigaglia, C., *Mirrors in The Brain: How Our Minds Share Actions, Emotions,* and Experience, Oxford University Press, 2008 참조.

단이 되었다. 수 카터 연구 팀은 산에 사는 들쥐들과 달리 평생 한 파트너와 짝짓기를 하며 일부일처제를 고수하는 프레리 들쥐를 연구했다. 그들은 프레리 들쥐의 옥시토신 수준이 산에 사는 들쥐보다 훨씬 더 높다는 데 주목했다. 다음으로 프레리 들쥐 뇌에 분포하는 옥시토신의 수준을 인위적으로 높이자 서로 몸을 밀착한 채 모여 있는 습성이 평소보다 훨씬 더 강해지는 것으로 나타났다. 반면에 수컷 프레리 들쥐의 옥시토신 생성을 억제하면 산에 사는 들쥐와 다름없이 바람기가 상승했다.[18]

옥시토신은 모성애와도 밀접한 관계가 있다. 암양의 옥시토신 생성을 억제하면 갓 태어난 새끼를 돌보지 않고 방치한다. 반면에 어미 쥐가 새끼들을 열심히 핥으면서 정성껏 보살피면 편도체(감정 표현에 꼭 필요한 아주 작은 뇌 영역)와 피질하 뇌 영역 안에서 옥시토신 수용체의 수가 증가한다.[19] 사랑을 받은 새끼 쥐들은 그렇지 않은 새끼 쥐들보다 침착하고 호기심 많고 불안감이 덜한 것으로 밝혀졌다. 마이클 미니의 연구에서도 생후 열흘 동안 어미의 사랑을 듬뿍 받은 새끼 쥐들은 스트레스를 유발하는 유전자의 발현이 차단된 것으로 나타났다.[20]

사람은 성관계를 할 때와 출산 시, 모유 수유 직전에 옥시토신이 현저하게 증가한다. 사람은 옥시토신의 변화가 훨씬 더 미묘하게 나타나는데 이를 비침습적인 기술로 연구하기가 어렵다. 그래도 코 스프레이를 이용해 옥시토신을 흡입하면 뇌까지 도달한다는 사실을 알게 된

18 Cho, M. M., DeVries, A. C., Williams, J. R., & Carter, C. S. The effects of oxytocin and vasopressin on partner preferences in male and female prairie voles (Microtus ochrogaster). *Behavioral Neuroscience 113* (5), 1999, p. 1071.
19 Champagne, F. A., Weaver, I. C. G., Diorio, J., Dymob, S., Szyf, M., & Meaney, M. J. Maternal care associated with methylation of the estrogen receptor-alpha1b promoter and estrogen receptor-alpha expression in the medial preoptic area of female offspring. *Endocrinology*, 147(6), 2006, pp. 2909~2915.
20 Francis, D., Diorio, J., Liu, D., & Meaney, M. J. Nongenomic transmission across generations of maternal behavior and stress responses in the rat. *Science*, 286(5442), 1999, pp. 1155~1158.

후부터 연구가 훨씬 수월해졌다. 이 기술 덕분에 과학자들은 옥시토신을 흡입한 사람들이 대인 관계에 관련된 신호를 더 잘 알아차리고 다른 사람들과 눈을 자주 맞추면서 교감하고 미소와 표정에 나타나는 미세한 감정의 뉘앙스에 관심이 더 많다는 사실을 입증할 수 있었다. 결론적으로 옥시토신을 흡입한 사람들은 남의 기분을 제대로 파악하는 능력이 훨씬 탁월한 것으로 밝혀졌다.[21]

취리히 대학교 에른스트 페르 연구소의 미카엘 코스펠트와 마르쿠스 하인리히는 자원 피험자들에게 옥시토신 또는 플라시보를 흡입하게 한 후 "신뢰 게임"에 참여시켰다.[22] 게임을 하는 동안 피험자들은 파트너에게 돈을 얼마 빌려줄 것인지 결정해야 했다. 파트너는 빌린 돈을 나중에 갚을 수도 있고 그대로 가질 수도 있다. 옥시토신을 흡입한 사람은 배신당할 위험이 있음에도 불구하고 플라시보를 흡입한 사람들보다 두 배나 더 높은 믿음을 나타냈다.[23] 다른 연구에서는 비밀에 부쳐야 할 정보를 가르쳐 줄 때 옥시토신을 흡입하면 상대방에 대한 신뢰가 44퍼센트 증가하는 것이 입증되었다.[24] 현재까지 진행된 여러 연구에서 옥시토신을 흡입하면 자신감이 높아지고 인심이 후해지고 협력을 잘하며 타인의 감정에 예민해지고 커뮤니케이션을 할 때

21 Guastella, A. J., Mitchell, P. B., & Dadds, M. R. Oxytocin increases gaze to the eye region of human faces. *Biological Psychiatry*, 63(1), 2008, p. 3; Marsh, A. A., Yu, H. H., Pine, D. S., & Blaire, R. J. R. Oxytocin improves specific recognition of positive facial expressions. *Psychopharmacology*, 209(3), 2010, pp. 225~232; Domes, G., Heinrichs, M., Michel, A., Berger, C., & Herpertz, S. C. Oxytocin improves "mind-reading" in humans. *Biological Psychiatry*, 61(6), 2007, pp. 731~733.

22 Kosfeld, M., Heinrichs, M., Zak, P. J., Fischbacher, U., & Fehr, E. Oxytocin increases trust in humans. *Nature*, 435 (7042), 2005, pp. 673~676.

23 여기서 학자들은 옥시토신이 위험을 감수하는 행동(예를 들어 스카이다이빙과 같이)은 뭐든지 증가시키는 것이 아니라 이해관계가 달린 문제에 대해 남을 믿기로 하는 행동만 증가시킨다는 사실을 보여 주었다.

24 Mikolajczak, M., Pinon, N., Lane, A., De Timary, P., & Luminet, O. Oxytocin not only increases trust when money is at stake, but also when confidential information is in the balance. *Biological Psychology*, 85(1), 2010, pp. 182~184.

더 건설적인 태도로 임하며 판단을 할 때 너그러워지는 것으로 나타 났다.

일부 신경 과학자들은 옥시토신을 단 한 번만 흡입해도 분노와 공 포를 느끼거나 위협을 느낄 때 활성화되는 편도체 부분이 억제되고 긍정적인 사회적 상호 작용을 할 때 활성화되는 편도체 부분이 자극 되는 데 충분함을 입증하기도 했다.[25]

더 나아가 옥시토신이 "투쟁 도피fight or flight" 반응의 반대 개념인 "진정과 소통calming and connecting"을 유도하는 행동과 반응에서 중요한 역할을 한다는 사실이 입증되었다.[26] 옥시토신은 실제로 사회 공포증 을 진정시키고 다른 사람들과 소통 능력을 배가시킨다.[27] 사람은 번 식은 물론 생존과 번영을 위해서도 풍부한 관계가 필요하다. 그래서 신경 생리학자들이 옥시토신을 일컬어 "위대한 생명의 촉진제"라고 부르는 것이다.[28]

옥시토신은 한때 언론을 통해 "사랑의 호르몬" 또는 "유대감의 호 르몬"이라고 알려져 유명세를 탔다. 그런데 실제 상황은 훨씬 더 복잡 하다. 옥시토신이 사회적 상호 작용에 효과적이라는 데는 이론의 여 지가 없지만 긍정적인 영향만 있는 것이 아니기 때문이다. 상황과 사

25 Gamer, M., Zurowski, B., & Büchel, C. Different amygdala subregions mediate valence-related and attentional effects of oxytocin in humans. *Proceedings of The National Academy of Sciences, 107*(20), 2010, pp. 9400~9405. 그 밖에 Kirsch, P., Esslinger, C., Chen, Q., Mier, D., Lis, S., Siddhanti, S., & Meyer-Lindenberg, A. Oxytocin modulates neural circuitry for social cognition and fear in humans. *Journal of Neuroscience, 25*(49), 2005, pp. 11489~11493; Petrovic, P., Kalisch, R., Singer, T., & Dolan, R. J. Oxytocin attenuates affective evaluations of conditioned faces and amygdala activity. *Journal of Neuroscience, 28*(26), 2008, pp. 6607~6615 참조.

26 Uvnäs-Moberg, K., Arn, I., & Magnusson, D. The psychobiology of emotion: The role of the oxytocinergic system. *International Journal of Behavioral Medicine, 12*(2), 2005, pp. 281~295.

27 Campbell, A. Oxytocin and human social behavior. *Personality and Social Psychology Review, 14*(3), 2010, pp. 281~295.

28 Lee, H. J., Macbeth, A. H., & Pagani, J. H. Oxytocin: The great facilitator of life. *Progress in Neurobiology, 88*(2), 2009, pp. 127~151.

람에 따라 신뢰와 아량을 높여 주기도 하지만 또 다른 상황, 다른 성격을 가진 사람들에게는 시기심과 남의 불행을 보고 기뻐하는 성향, 자기편에 속하는 사람들에 대한 편애 등을 부추기기도 한다.[29] 한 연구 결과를 보면 옥시토신 흡입 후 자원 피험자 중 일부가 '내 편'이라고 생각하는 사람들에게만 협조적으로 대하고 다른 집단 사람들에게는 덜 협조적인 태도를 보이는 것으로 나타났다.[30]

이상으로 볼 때 옥시토신은 상황과 사람에 따라 친사회적 행동을 강화하는 경우도 있고 편가르기를 하며 차별하는 성향을 강화하는 경우도 있다. 이렇게 외형적으로 모순적인 효과를 관찰한 수 카터는 옥시토신이라는 뇌 펩타이드가 사회적 행동을 조절하는 모종의 체계에 참여할 가능성이 있으며 옥시토신 작용이 각 개인의 이력과 감정적 특징 위에 중첩되어 나타날 수 있다는 가설을 내세웠다. 그 밖에도 옥시토신은 사회적 신호에 대한 주의를 강화하여 그것을 알아차리는 데 도움을 주는 역할도 하는 것으로 보인다. 옥시토신이라는 신경 펩타이드 영향 하에 놓이면 사교적인 성격을 가진 사람은 사교성을 십분 발휘하지만 불안과 시기심이 강한 사람은 옥시토신으로 인해 불안이나 질투와 같은 감정이 오히려 악화된다. 옥시토신이 이타적 동기를 부여하는 데 미치는 영향에 대해서는 아직까지 연구된 바가 없다. 옥시토신이 인간관계에서 하는 역할에 관해 아직 연구할 것이 많이 남아 있는 셈이다.

29 Shamay-Tsoory, S. G., Fischer, M., Dvash, J., Harari, H., PerachBloom, N., & Levkovitz, Y. Intranasal administration of oxytocin increases envy and schadenfreude (gloating). *Biological Psychiatry, 66*(9), 2009, pp. 864~870.
30 De Dreu, C. K. W., Greer, L. L., Van Kleef, G. A., Shalvi, S., & Handgraaf, M. J. J. Oxytocin promotes human ethnocentrism. *Proceedings of The National Academy of Sciences, 108*(4), 2011, pp. 1262~1266.

마음을 진정시키고 남을 향해 마음을 열어 주는 미주 신경

미주 신경은 심장을 비롯한 여러 장기와 뇌를 연결한다. 공포를 느껴 심장이 쿵쾅거리는 가운데 도망갈 준비를 하거나 적에 맞서 싸울 태세를 갖출 때 우리 몸의 조직을 진정시키고 상대방과 의사소통을 용이하게 하는 것이 바로 미주 신경이다.

그 밖에도 미주 신경은 얼굴 근육을 자극해 함께 대화하고 있는 사람에게 장단을 맞춰 표정을 짓고 눈을 자주 마주치도록 한다. 또한 중이의 미세 근육을 조절해 환경 소음 속에서 들려오는 누군가의 목소리에 정신을 집중할 수 있도록 하기도 한다. 미주 신경은 이런 식으로 사회적 교류를 돕고 긍정적 공명의 가능성을 높이는 역할을 한다.[31]

미주 신경톤vagal tone은 미주 신경의 활동을 나타내는 것으로 호흡 속도가 심장 박동에 미치는 영향을 측정해 평가한다. 신체적, 정신적 건강에는 미주 신경 톤이 높은 것이 좋다. 들숨에서 심장 박동 수를 높이고(그래서 신선한 산소를 실은 혈액이 온 몸에 빨리 퍼지도록 한다.) 날숨에서 심장 박동 수를 낮춰(빠른 혈액 순환이 필요 없을 때) 호흡을 아낀다. 미주 신경 톤은 보통 해가 바뀌어도 늘 비슷하게 유지되면서 안정적인 양상을 보이며 장기적으로 건강에 영향을 미친다. 대신에 사람마다 차이가 매우 크다.

미주 신경 톤이 높은 사람은 환경이 바뀌어도 신체적, 정신적으로 적응을 잘 하고 혈당, 염증 반응 등 체내 생리학적 프로세스와 감정, 주의력, 행동 조절에 더 능하다. 심장 발작 확률이 비교적 낮고 발작이 일어나더라도 회복 속도가 빠르다.[32] 미주 신경 톤은 면역 체계가 튼

31 Porges, S. W. Social engagement and attachment. *Annals of The New York Academy of Sciences, 1008*(1), 2003, pp. 31~47.
32 Bibevski, S., & Dunlap, M. E. Evidence for impaired vagus nerve activity in heart failure. *Heart Failure Reviews, 16*(2), 2011, pp. 129~135.

튼한지 여부를 알려 주는 지표가 되기도 한다. 만성 염증은 뇌졸중, 당 뇨병, 특정 유형의 암 발생률을 높이는데 높은 미주 신경 톤은 만성 염 증 감소와 관련이 있다.[33]

다소 전문적인 내용을 간단히 설명한 것은 바버라 프레드릭슨 연 구 팀이 이타적 사랑에 대한 명상으로 미주 신경 톤이 개선될 수 있다 는 사실을 입증함에 따라 중요성을 갖게 되었기 때문이다.

일상에서 사랑을 키우는 법

일반적으로 흔히 보는 긍정적인 감정, 그중에서도 특히 사랑의 여러 가지 특징에 주목했던 바버라 프레드릭슨은 이타적 사랑이 커짐에 따 라 기쁨, 평온, 감사 등 앞서 설명한 여러 가지 장점들이 증가하는 데 대해 어떻게 하면 (단순한 상관관계가 아니라) 인과 관계를 밝힐 수 있을 지 고민했다. 프레드릭슨은 사랑을 비롯해 여러 가지 유익한 감정을 갈수록 많이 느끼는 집단과 명상을 하지 않는 통제 집단, 이른바 대조 군을 엄격한 조건 하에서 비교하기로 하고 제비뽑기로 두 그룹을 나 누었다. 문제는 어떻게 해야 한쪽 그룹의 피험자들이 갈수록 긍정적 인 감정을 많이 느끼게 만드느냐 하는 것이었다.

그 때문에 프레드릭슨은 2,500년 전부터 불교 명상 수행자들이 사 용하고 있는 고대 기술에 관심을 갖게 되었다. 자애와 이타적 사랑을 가르치는 이 훈련 방법은 서양에서 메타metta(불교 경전에 사용된 팔리어 용어) 명상이라는 이름으로 널리 알려져 있다. 시간이 흐를수록 점점 더 체계적, 자발적으로 변화하는 것을 목표로 삼는 이 명상법이야말

---

33 Kiecolt-Glaser, J. K., McGuire, L., Robles, T. F., & Glaser, R. Emotions, morbidity, and mortality: New perspectives from psychoneuroimmunology. *Annual Review of Psychology, 53*(1), 2002, pp. 83~107; Moskowitz, J. T., Epel, E.S., & Acree, M. Positive affect uniquely predicts lower risk of mortality in people with diabetes. *Health Psychology, 27*(1S), 2008, p. S73.

로 프레드릭슨이 찾던 바로 그것이었다.[34]

프레드릭슨은 실험을 위해 특별한 종교적 성향이나 명상 경험이 없는 신체 건강한 성인 140명을 선발해 한 그룹에 70명씩 배치했다. 실험은 7주 동안 진행되었다. 실험을 하는 동안 첫 번째 집단의 피험자들은 다시 20명 규모의 하위 집단으로 나눠 자격을 갖춘 강사에게 이타적 사랑에 대해 명상 교육을 받은 후 하루에 20분 정도 혼자 배운 대로 명상을 하도록 했다. 첫 주에는 자기 자신에 대한 자애, 둘째 주에는 친지에 대한 사랑에 초점을 맞췄으며 나머지 5주 동안은 피험자와 가까운 지인들뿐 아니라 그들이 아는 모든 사람, 그 다음으로는 전혀 모르는 낯선 사람, 마지막으로는 세상의 모든 존재로 명상의 대상을 넓혀 나갔다.

결과는 분명했다. 이 그룹은 원래 명상 초보자들이었음에도 불구하고 마음을 진정하는 법은 물론, 더 나아가 사랑과 자애를 베푸는 능력을 크게 개발한 것으로 나타났다. 명상을 한 피험자들은 통제 집단에 비해 사랑, 일상 활동에 대한 몰입, 평온, 기쁨 등 여러 가지 좋은 감정을 훨씬 더 많이 느꼈다(실험이 끝난 뒤 통제 집단에게도 동일한 훈련에 참여할 수 있는 기회를 부여했다).[35] 프레드릭슨은 교육을 받는 중에도 이타적 사랑에 대한 명상의 긍정적인 효과가 하루 종일 지속된다는 사실과 효과가 날마다 누적된다는 사실에 주목했다.

신체 상태를 측정했을 때도 피험자들의 건강이 확실히 좋아진 것으로 나타났다. 심지어 시간이 지나도 큰 변화가 없는 미주 신경 톤까지 상승한 것을 볼 수 있었다.[36] 나는 이 결과를 보면서 언젠가 심리학자 폴 에크만이 '체육관'을 만들자고 했던 것이 떠올랐다. 도시 곳곳에

34 Fredrickson B. (2013), op. cit., p. 10.
35 Fredrickson, B. L., Cohn, M. A., Coffey, K. A., Pek, J., & Finkel, S. M. Open hearts build lives: positive emotions, induced through loving-kindness meditation, build consequential personal resources. Journal of Personality and Social Psychology, 95(5), 2008, p. 1045.

있는 헬스 클럽에서 규칙적으로 운동을 하면 건강이 증진되는 것처럼
이타심과 자비심을 키울 수 있는 곳을 만들자는 것이었다.

사랑과 이타심, 일시적인 감정과 지속적 성향

이 장을 마무리하면서 몇 가지 생각해 볼 것이 있다. 지금까지 소개한
연구 결과들은 모두 흥미진진한 것들이고 바버라 프레드릭슨이 설명
한 다양한 실천 방법도 각자 삶의 질을 크게 높여 줄 것이 분명하다.
나는 프레드릭슨과 직접 이야기를 나눌 기회가 있었는데 그녀는 사랑
을 "뭐니 뭐니 해도 감정, 불현듯 나타나 몸과 마음에 스며드는 순간적
인 상태"[37]로 보고 타인의 존재도 반드시 필요하다고 생각하고 있다.

그 말은 혼자일 때는 사랑하는 사람들을 생각하고 지난 날의 사랑을 돌
이켜 보고 더 많은 사랑을 갈구하고 심지어 이타심에 대해 명상을 하고
열정적인 사랑을 고백하는 편지를 쓰는 순간에도 진정한 사랑을 경험하
는 것이 아니라는 말이다. 혼자일 때 느끼는 강렬한 감정이 건강과 행복
한 삶에 중요하고 꼭 필요한 것이 사실이지만 그 감정은 (아직) 공유되지
않았기 때문에 빼놓을 수도 없고 부정할 수도 없는 공명이라는 물리적
요소가 부족한 상태이다. 물리적 존재야말로 사랑과 긍정적 공명의 열
쇠이다.[38]

36 Kok, B. E., Coffey, K. A., Cohn, M. A., Catalino, L. I., Vacharkulksemsuk, T., Algoe, S.
    B., Brantley, M., & Fredrickson, B. L. Positive emotions drive an upward spiral that
    links social connections and health. *Psychological Science, 24*, 2012, p. 1123; Kok, B.
    E., & Fredrickson, B. L. Upward spirals of the heart: Autonomic flexibility, as indexed
    by vagal tone, reciprocally and prospectively predicts positive emotions and social
    connectedness. *Biological Psychology, 85*(3), 2010, pp. 432~436.
37 Fredrickson, B. (2013), *op. cit.*, p. 16.
38 *Ibid.*, p. 23.

다른 사람과 물리적으로 상호 작용하는 것이 중요하다는 사실과 그것이 갖는 고유의 장점을 부정할 생각은 없다. 다만 이타심에는 중요한 차원이 두 가지 더 있다. 이를 간과해서는 안 된다.

감정은 오래 가지 않는다. 그렇지만 그것이 반복되다 보면 지속적인 성향을 낳기 마련이다. 이타적 성향을 가진 사람이 다른 사람과 공명하면 그 공명에는 대부분 남을 보살피는 자애가 스며있을 것이다. 이타적 성향이 약하다면 순간적으로 이루어진 긍정적 공명이 얼마 안 있어 이기적인 동기와 결합되어 긍정적인 효과가 그리 크지 못할 것이다. 바로 그렇기 때문에 바버라 프레드릭슨이 연구한 불교 명상의 경우처럼 긍정적인 공명의 순간을 끈기 있게 발전시켜 나가는 것과 이타적 동기를 지속적으로 함양하는 것이 중요하다.

이 시점에 등장하는 것이 바로 인지적 측면이라는 두 번째 차원이다. 인지적 측면은 정서적 측면보다 광범위하고 기분이 달라져도 크게 영향을 받지 않는다. 일면식도 없는 사람들을 포함해 무수한 지각 있는 존재들 모두에게 이타심을 무한 확장할 수 있는 것이 바로 이 인지적 측면 덕분이다. 일시적이지만 갱신 가능한 감정에 결부된 다양한 측면을 인지적 과정과 지속적 성향에 통합시켜야 이타적 사랑이 최적점에 도달해 꽃을 피울 수 있다.

6

나도 이롭고 남도 이로운 일거양득의 실현

다른 종교적 전통과 같이 불교에서도 남의 이익을 도모하는 것을 가장 바람직한 행동이라 생각하고 그것이 간접적으로 자신의 이익을 실현하는 최고의 방법이라고 본다. 이기적인 행복을 추구하면 결국 실패할 수밖에 없지만 남을 이롭게 하는 것은 성취의 가장 중요한 요소이자 궁극적으로 깨달음으로 가는 과정이다.

불교의 이상은 보리심이다. 보리심이란 "모든 중생을 이롭게 하기 위해 깨달음에 도달하고자 하는 열망"이다. 이 열망이야말로 스스로 행복해지는 유일한 방법이다. 7세기 인도 불교의 대학자이자 고승인 샨티데바는 『입보리행론』에 다음과 같이 썼다.

세상의 모든 행복은
남의 행복을 추구하는 데서 온다.
세상의 모든 불행은
제 한 몸의 행복을 찾는 데서 온다.

무슨 말이 더 필요하랴?

사사로운 이익에 따라 행동하는 우매한 인간과
남을 이롭게 하기 위해 열심히 노력하는 현자를
직접 비교해 보면 될 것을![1]

이런 관점은 서양 사상에서도 전혀 생소하지 않다. 이기주의의 보편성을 주장한 토마스 홉스 이론에 처음으로 반기를 든 학자 중 한 사람인 철학자이자 성공회 신부 조지프 버틀러는 다음과 같이 썼다.

그러므로 자기애에 몰두할수록 그에 정비례해서 개인의 이익이 커질 가능성은 희박하며 …… 편협한 자기애가 팽배하면 결국 스스로에게 실망해 개인의 이익이라는 목적까지 부정하는 지경에 이를 수 있다.[2]

『에밀, 교육론Emile, Or on Education』에서 장 자크 루소는 자기애와 이기심을 구분하고 있다. 열망하던 바가 충족될 때 만족감과 기쁨을 느끼는 자기애는 남을 보살피는 자애와 얼마든지 양립이 가능하지만 이기심은 늘 자기 자신의 이익을 남의 이익보다 우선적으로 생각하면서 세상 모든 사람에 자신의 욕망을 참작해 달라고 요구한다.

그런데 남에게 이익이 되는 일을 한다고 해서 반드시 스스로의 행복을 희생해야 하는 것이 아니다. 오히려 반대이다. 남들이 겪는 고통을 해소하기 위해 몸소 나서 수고를 아끼지 않고 일을 한다든가 재산의 일부나 안락한 생활을 포기하기로 마음먹을 수 있다. 실제로 진실하고 확고한 이타적 동기에서 마음이 동했다면 이런 행동을 실패가 아닌 성공, 손해가 아닌 이득, 고행이 아닌 기쁨으로 받아들일 것이다.

---

1   Shantideva, *The Way of The Bodhisattva: A Translation of The Bodhicharyavatara*, Padmakara Translation Group 번역, Shambhala Publications, 1997, p. 129.

2   Butler, Joseph, from "Five Sermons" in *The Whole Works of Joseph Butler*, Ulan Press, 2012, pp. 106~107.

이른바 '자기희생적' 헌신[3]은 자기희생적이라는 이유 하나로 자기중심주의egocentrism 옹호자들에게 매도당하지만 실은 이기주의자들에게만 희생일 뿐 이타주의의 관점에서 보면 성취의 초석이 된다. 삶의 질도 떨어지는 것이 아니라 오히려 상승한다. 알버트 슈바이처는 "사랑은 유일하게 줄 때마다 두 배로 불어나는 것"이라고 말했다. 따라서 이것은 더 이상 희생이라고 할 수 없다. 자신이 행한 일이 주관적인 관점에서 고통이나 손해라고 느껴지지도 않거니와 오히려 올바르고 바람직하고 필요한 행동을 했다는 만족감을 주기 때문이다.

이타적인 행동이나 남의 이익을 도모하기 위해 자진해서 행한 희생에 대해 '대가'를 치렀다고 한다면 그것은 주로 물리적인 안위나 재력이나 시간과 같이 외형적인 희생을 말한다. 그런데 이렇게 밖으로 드러나는 비용은 내면적 비용과 비교도 되지 않는다. 남을 이롭게 하기 위해 시간과 자원을 들였더라도 그로 인해 내면적으로 이득을 얻었다면 비용이라는 개념 자체가 온데간데없이 사라진다.

더군다나 모든 지각 있는 존재들이 공통적으로 바라는 고통을 피하고자 하는 소원이 얼마나 소중한 것인지 그 가치를 인정한다면 그들에게 유익한 일을 하기 위해 약간의 고생과 어려움을 받아들이는 것이 얼마든지 당연하고 바람직한 일처럼 보일 것이다. 이런 관점에서 볼 때 이타적인 행동이 우리에게 간접적으로나마 이익이 된다면 물론 좋겠지만 이익이 되건 손해가 되건 그것은 하등 중요하지 않다. 약간의 희생이 필요하더라도 의미가 있다면 수고할 가치가 있다. 그럴수록 성취감이 커지기 때문이다.

중요한 것은 절도와 상식이다. 고통을 줄이는 것이 가장 중요한 판단 기준이라면 남의 작은 이익을 위해 우리의 지속적인 행복을 포기한다는 것은 어리석은 짓이다. 누군가가 물속에 빠뜨린 반지를 건지기

3　이 책 25장 이기주의를 전도하는 사람들 참조.

위해 목숨을 건다든가 병든 알코올 중독자에게 거금을 들여 보드카 한 상자를 선물하는 것은 터무니없는 짓이다. 반면에 반지를 낀 여자가 물에 빠졌을 때 사람의 생명을 구하는 일이나 알코올 중독으로 죽어 가는 사람을 치료하기 위해 돈을 대는 것은 매우 바람직한 일이다.

어떤 행위를 하고 이익을 얻으면 무조건 이기적인가?

사심 없는 행동은 그것을 수행하고 만족감을 느껴도 사심 없는 행동임에 변함이 없다. 만족을 얻겠다는 동기에서 행동한 것이 아니더라도 남을 이롭게 하고 거기서 만족감을 얻을 수 있다. 그런데 전적으로 이기적인 이유 때문에 이타적인 행동을 하는 사람은 기대했던 효과를 얻지 못하면 실망할 가능성이 크다. 이유는 간단하다. 자애로운 동기에서 나온 자애로운 행위만이 진정한 만족을 얻을 수 있기 때문이다. 이타심에는 이렇게 남에게도 좋고 나에게도 좋은 일을 성취하는 데서 오는 시너지 효과가 뒤따르는 것으로 보인다. 이러한 시너지 효과가 결실을 맺으려면 남의 이익을 도모하는 것이 이타적 행동의 가장 주된 목적이 되어야 한다. 행위자가 자신의 성취감을 위해 물불을 가리지 않는 게 아니라면 그런 행동에서 성취감을 얻을 수 있다는 사실을 미리 알고 있었다고 하더라도 행위의 이타적인 성격이 훼손되지는 않는다.

밭을 갈아 밀을 심는 농부는 가족을 먹여 살리기에 충분한 밀을 수확하는 것이 목표이다. 수확하고 난 밀의 줄기는 짚으로 활용할 수 있다. 그런데 농부가 오로지 짚더미로 곳간을 채울 목적으로 일년내내 열심히 일한다면 그런 농부를 지지하는 사람은 아무도 없을 것이다.

미국 에모리 대학교 종교학과 교수인 존 던은 불교에서 진정한 이익과 손해를 계산하는 방법을 일컬어 반농담으로 "불교 경제학"이라 부른다. 예를 들어 돈 문제로 분쟁에 휘말렸다고 치자. 이때 내가 이기면 표피적으로는 부를 얻지만 마음을 어지럽히는 적대감이라는 심적 대가를 지불해야 하고 결국 원한의 앙금이 남는다. 그러니까 내면적으로 가난해졌다. 반대로 사심 없이 관용을 베풀면 표피적으로는 가난해져도 마음의 평화와 행복이라는 측면에서 더 풍요로워졌다. 표피적 '손실'로 기록될 수 있는 물질적 '대가'가 내면적 '이득'으로 바뀐 것이다. 실제로 "심리 경제학"의 관점에서 보면 관용의 자세로 베푸는 사람과 이를 감사하는 마음으로 받는 사람 모두 승리자이다.

티베트 불교의 위대한 스승 딜고 켄체 린포체에 따르면 진정한 이타심은 "측은지심에서 저절로 우러나 보상을 기대하지 않고 남의 필요에 부응하는 것이다. 인과응보의 법칙은 늘 변함이 없으니 남의 이익을 도모하는 행동이 언젠가 결실을 맺겠지만 이타주의자는 그 점을 계산에 넣지 않는다. 사람들이 감사의 뜻을 제대로 표시하지 않는다든가 좀 더 나은 대우를 받아야 한다고는 꿈에도 생각하지 않는다. 다만 자신에게 부당한 행동을 한 사람이 훗날 태도를 바꾸면 진심으로 기뻐하고 마음속 깊이 만족할 것이다."[4]

이와 같은 내면의 경제학은 '공덕'이라는 개념과 관련이 있다. 이에 대해 오해하는 사람이 많은데 불교에서 말하는 공덕은 착한 행동을 하고 쌓는 '점수'가 아니라 남을 최대한 이롭게 하면서 스스로 행복해지는 긍정적인 에너지이다. 그런 뜻에서 공덕은 작물 재배와 비슷하다. 정성을 다해 가꾸면 풍성한 수확을 거두어 다들 배불리 먹을 수 있기 때문이다.

모두 지거나 모두 이기는 게임

이기적인 행복을 추구하면 실패할 수밖에 없다. 여기에는 여러 가지

---

4 Khyentse Rinpoche, Dilgo, *The Heart of Compassion: The Thirty-Seven Verses on the Practice of a Bodhisattva*, Shambhala Press, 2007, p. 127.

이유가 있다. 첫째, 개인적 경험이라는 측면에서 이기심은 자기 자신을 너무 중요하게 여기는 데서 비롯되기 때문에 끊임없는 고통의 원천이 된다. 자기중심주의는 희망과 두려움을 배가시키고 해로운 것을 끊임없이 반복하게 만든다. '나'에게 집착하다 보니 극히 사소한 일도 행복에 커다란 영향을 미치는 것처럼 느껴진다. 일그러진 거울을 통해 세상을 왜곡되게 바라보고 그런 정신적 혼미 상태에서 날조된 판단과 가치를 주변에 투영한다. 그런 식으로 투영을 계속하면 스스로 비참해질 뿐만 아니라 외부적 요인에서 비롯되는 혼란과 무의식적인 생각에 의해 쉽게 타격을 받아 늘 거북하고 불안한 느낌이 든다.

자아의 거품 속에 갇혀 있으면 성미에 조금만 안 맞아도 그것이 크게 확대되어 보인다. 내면이 편협하니 뭔가가 끊임없이 튀어나와 거품의 벽에 부딪히고 그것이 반복되는 과정에서 마음 상태와 감정이 과장되게 부풀려져 감당하기 어려울 정도가 된다. 별것 아닌 기쁨이 극도의 환희로 바뀌고 작은 성공에 허영만 늘어간다. 애정이 집착으로 변하고 실패하면 우울에 빠져 허우적거리고 조금이라도 마음에 안 드는 것이 있으면 자극을 받아 공격적으로 변한다. 살면서 밀어닥치는 파도를 건전한 방식으로 관리해야 하는데 그에 필요한 내적 역량이 부족한 것이다. 이런 자아의 세계는 작은 유리그릇에 담긴 물과 같아서 소금을 한꼬집만 넣어도 당장 마시지 못할 물로 변해 버린다. 반대로 자아의 거품을 터트리고 나온 사람은 소금을 한 주먹 넣어도 맛에 변화가 없는 호수에 비유할 수 있다. 이기심으로는 모두가 패배할 수밖에 없다. 스스로 행복하지 않은 것은 말할 것도 없고 주변 사람들까지 불행에 빠뜨린다.

두 번째 이유는 이기심이 현실과 완전히 모순된다는 사실에서 기인한다. 이기심은 개개의 사람들이 서로 아무 관계없이 살아가는 고립된 존재라고 가정하는데 이것부터 잘못된 것이다. 이기적인 사람은 자아의 거품 속에서 오로지 자기만의 행복을 구축하고 싶어 한다. 이기주의자의 생각을 요약하면 이렇다. "각자의 행복은 각자 구축하는 것이다. 나는 나의 행복을 만들 테니 당신은 당신의 행복에나 신경을 써라. 당신이 행복해지는 데 반대하지 않는다. 어쨌거나 나와 상관없는 일이다." 그런데 현실은 절대 그렇지 않다. 사람은 고립된 존재가 아니고 우리 행복은 다른 사람의 도움을 받아야 구축될 수 있다. 내가 세상의 중심인 것처럼 느껴지지만 실제로 세상은 다른 사람들 것이다.

그러므로 이기심은 불만과 불행을 낳는 가장 큰 원인이라 자신을 사랑하는 효과적인 방법이 될 수 없다. 이기주의는 행복을 확보하기 위해서 할 수 있는 가장 어리석은 시도이다. 심리학자 에리히 프롬은 불교적 사고와 같은 노선에서 이기주의적인 행동에 대해 이렇게 언급했다. "자기 자신의 자아를 사랑하는 것은 다른 사람의 자아(타아)를 사랑하는 것과 밀접하게 연결되어 있다. 이기심과 자기애는 동일한 것이 아니라 정반대되는 개념이다. 이기주의자는 자신을 너무 사랑하는 게 아니라 자신에 대한 사랑이 너무 부족한 것이다. 이기주의자는 사실 자신을 증오하는 사람이다."[5] 이기적인 사람은 행복해지는 데 필요한 분별력 있는 노력을 전혀 하지 않는 사람이다. 자기도 모르는 사이에 스스로를 불행에 빠뜨리는 일은 뭐든지 찾아서 하면서 자신을 증오한다. 끊임없이 실패하는 과정에서 마음속에 좌절감과 분노가 생기고 그로 인해 자기 자신과 외부 세계에 등을 돌리게 되는 것이다.

자기중심주의는 고통의 화수분이다. 이타심이나 자비심과는 사정이 전혀 다르다. 실제 경험의 차원에서 이타적 사랑에는 마음속 깊이 충만한 느낌이 동반된다. 또 앞으로 보게 되겠지만 이타적 사랑은 긍정적인 감정에 연관된 뇌 영역을 가장 넓게 활성화시키는 마음 상태이기도 하다. 이타적 사랑이야말로 긍정적인 감정 중 최고로 긍정적인 감정이라 할 수 있다.

5   Fromm, Erich, *Man for Himself: An Inquiry into the Psychology of Ethics*, Rinehart and Co., 1947, pp. 134~136.

더욱이 이타심은 우리 자신과 우리를 둘러싼 모든 것이 상호 의존적이라는 사실에 정확히 부합한다. 일상적인 인식으로 보면 사물에 객관적이고 독립적인 실체reality가 있을 것 같지만 실은 모든 것은 다른 것에 의존해야 존재할 수 있다.

이런 보편적 상호 의존성을 이해해야 마음속 깊은 곳에서 이타심이 우러나올 수 있다. 사람의 물리적 존재와 생존, 안락한 삶과 건강 등이 모두 남의 손에 달려 있다. 치료약이라든가 식량이라든가 외부 세계에서 제공받는 것에 따라 우리 생존이 좌지우지된다. 이 사실을 올바르게 알아야 남의 입장에 서서 그들의 행복을 기원하고 그들의 소원을 존중하고 그들의 열망이 실현되기를 진심으로 빌 수 있다.

이타심이 이기심보다 우월하다는 것은 도덕적 가치 판단인 동시에 상식과 확고한 현실 인식을 바탕으로 내린 이성적 판단이다.

이타심과 행복한 삶 사이에 필연적인 관계가 있을까?

불을 피우면 온기가 생기는 것이 필연인 것처럼 진정한 이타심에는 개인적 만족이 뒤따르기 마련이다. 누군가의 건강이나 자유를 회복시킨다든가 죽음을 면하게 한다든가 해서 자애로운 행동을 하면 궁극적으로 내면의 본성과 조화를 이루었다는 느낌이 들지 않는가? 비록 순식간이지만 자기중심주의가 '나'와 세상 사이에 쌓아 놓은 허상의 벽이 사라지고 세상의 모든 존재가 근본적으로 서로 의존하고 있음을 실감하면서 자연과 완전 합일을 이룬 것처럼 느껴지는 이런 마음 자세를 좀 더 자주 경험하고 싶은 마음이 들지 않는가?

반대로 잠시 격분에 사로잡혀 날뛰다가 정신을 되찾고는 '제정신이 아니었어!' 아니면 '내가 내가 아니었어!'라는 식의 변명을 하지 않는가? 사람에게 해로운 정신 상태는 본성과 조화를 이루었다는 느낌에서 점점 멀게 느껴지는 경향이 있다. 본성과 이루는 조화를 "자아에 충실"한 상태라고 표현한 프랑스 철학자 미셸 테레첸코는 이타심을 "습관의 포기, 겸양, 자아 상실, 희생적 무욕을 통해 근원적 타자성(신, 도덕적 율법, 타자)에 헌신하는 것"이라 상정하던 것에서 벗어나 "자아 의식, 자아 충실, (철학적, 윤리적, 종교적)신념과 감정(공감 또는 자비심)에 일치하는 행동을 해야 한다는 마음속 깊은 곳에서 우러난 의무감 때문에 혹은 남의 시선이나 판단, 사회적으로 인정받으려는 욕구에 괘념치 않고 스스로 생각하는 자아의 이미지에 맞게 행동하겠다는 자각을 바탕으로 타자를 자애로 보살피는 관계"로 개념을 바꾸자고 제안하고 있다.[6]

이제 선과 행복이 어떤 관계에 있는지 분명히 이해할 수 있을 것이다. 선과 행복은 둘 다 자아와의 화합에서 비롯되며 서로를 낳고 서로를 강하게 만든다. 플라톤은 이렇게 말했다. "세상에서 가장 행복한 사람은 악의라고는 털끝만큼도 없는 영혼을 가진 사람이다."[7]

이타심과 선과 행복은 사회적 동물인 인간의 진화사 관점에서 봐도 충분히 커다란 의미가 있다. 남에 대한 사랑, 애정, 관심은 따지고 보면 생존에 필수적인 요소들이다. 신생아는 어머니의 부드러운 손길이 없이는 몇 시간도 채 살지 못할 것이다. 신체적으로 장애가 있는 노인은 돌봐 주는 사람이 없으면 금방 세상을 뜨고 말 것이다. 사람은 사랑을 받아야 사랑을 줄 수도 있고 주는 방법도 안다.

6. Terestchenko, Michel (2007), *op. cit.*, p. 17.
7. Plato, *Gorgias, Complete Works*, Volume 1, Gallimard, 1940.

II
진정한 이타심이 존재할까?

세상의 모든 진실은 세 단계를 거친다. 먼저 조롱을 받는다.
다음으로 강력한 반대에 부딪힌다. 마지막으로 예나 지금이나
자명하기 그지없는 것으로 간주된다.

− 아르투르 쇼펜하우어

7
이해타산적 이타심과 보편적 상호 부조

겉으로만 남을 위하는 척하는 위선적인 이타주의자들이 매우 많다. 보상을 바라는 타산적인 속셈에서 남의 이익을 도모할 수도 있고 칭찬을 받거나 비난을 피하고 싶은 의도에서 혹은 남의 고통을 보고 불편한 감정이 들어 이를 완화하고 싶은 마음에서 남을 이롭게 할 수도 있다. '이해타산적 이타심'은 이타심과 이기심이 혼합된 형태이다. 남의 이익에 기여하고자 하는 진심이 있으므로 위선적으로 연막을 치는 것은 아니다. 단, 조건이 하나 있다. 자신의 이해관계에 도움이 되어야 한다.

사람들은 서로 흔쾌히 도움을 주고받는다. 자신의 이익을 야무지게 챙기면서 남에게 베푼 호의를 협상 카드로 활용한다. 공정 무역, 전통 사회에서 행하던 물물 교환, 기부와 역기부가 모두 그런 예에 속한다. 공정하게 행동하고 남에게 피해를 주지 않도록 조심하기만 하면 타인 존중과 충분히 양립 가능한 방법이다. 따라서 이해타산적 이타심이라고 해서 전부 다 기만이나 위선이라고는 할 수 없다. 그럼에도 불구하고 뭔가 이득을 얻겠다는 의도로 누군가에게 이익이 되는 행동을 했다면 그것을 가리켜 진정한 이타심이라고 할 수는 없다. 더욱이 남을 보살피는 자애로운 태도 없이 이루어지는 단순한 교환 행위는 불신, 위선, 조작, 심지어 적대감으로 귀결되기 십상이다.

이해타산적 이타심이 전적인 이기심에서 비롯될 수도 있다. 라 로슈푸코는 이런 의견을 내놓았다. "자기보다 힘 있는 사람을 사랑해야 한다고 굳게 믿는 사람들이 있다. 그런데 우정을 가능하게 하는 것은 오로지 이해관계밖에 없다. 헌신을 하는 것은 상대에게 이익을 주고 싶어서가 아니라 자신이 얻을 수 있는 이익을 위해서 그러는 것이다."[1] 레미 드 구르몽의 말마따나 이타주의자는 "사리판단 분명한 이기주의자"에 지나지 않는 것일까? 우리가 고작 그 정도밖에 안 되는 것일까?

이해타산적 이타심과 공동선의 실현

자크 아탈리와 앙드레 콩트 스퐁빌 같은 저술가들은 우리 사회가 처음부터 사심 없는 이타심을 바라기보다 우선은 이해타산적이고 합리적이고 공평한 이타심을 추구하는 것이 훨씬 더 실현가능성이 높다고 생각한다. 자크 아탈리는 이러한 이해타산적 이타심의 근간이 인간 행동의 상호 의존성이라는 점에 주의를 환기시킨다.

> 이해타산적 이타심은 자유가 박애로 바뀌는 전환점이다. 인류 문명은 남의 행복에서 나의 행복을 찾는 능력을 갖춰야 앞으로 살아남을 수 있다.[2] …… 남이 행복해야 좋은 것이다. 먼 나라에 가난한 사람이 줄어들어야 우리 마음이 평화로울 수 있다.[3]

---

1   Duc de La Rochefoucauld, François, *Reflections; Or Sentences and Moral Maxims*, Bund and Friswell 번역, Echo Library, 2007, Maxim 85, pp. 34~35.
2   *Monde des religions*과 인터뷰 내용 중. 대담 및 정리 Frédéric Lenoir, Karine Papillaud, 2007.
3   Jacques Attali, 2006년 11월 19일 20minutes.fr과 인터뷰.

프랑스의 경제학자 세르주 크리스토프 콜름이 생각하는 '전환점'은 일반적인 호혜성이다.

자발적인 이타심, 상호성을 강요하지 않는 이타심은 …… 개인의 자유를 바탕으로 타인에게 득이 되는 긍정적인 행동을 하고 그것이 공동체 의식의 뼈대가 된다. 이것이 곧 자유와 박애의 조화이다.[4]

그러므로 조화로운 사회란 개인 이익과 공동체 이익 사이에서 공평한 균형점을 찾고 서로를 보살피며 호혜적으로 자애를 베풀라고 격려하는 사회이다. 그런 자애는 공평한 균형점을 존중할 때만 개인의 이익 실현 가능성이 극대화된다는 사실을 이해하는 데서 탄생한다. 철학자 앙드레 콩트 스퐁빌은 이렇게 말한다. "정치는 이기적인 개인을 똑똑하게 만드는 절묘한 기술이다. 그것이 바로 내가 말하는 '연대 의식'이고 자크 아탈리가 말하는 '이해타산적 이타심'이다. 관건은 사람들에게 남의 이익을 중시하는 것이 곧 자신의 이익을 도모하는 것임을 납득시키는 것이다."[5]

미래를 대비하는 상호 부조

장기적으로 서로에게 공평한 상호 부조는 모든 인간 사회와 상당히 많은 동물 사회에 없어서는 안 될 구성 요소이다. 실제로 협력은 사회적 동물의 생존에 필수적이다. 다윈은 이렇게 썼다. "동물들은 사회적 본능에 의해 동료와 어울리면서 기쁨을 느끼고 그들과 교감이 생기면 다양한 도움을 준다. …… 사회성이 있는 동물들은 서로를 지키고

---

4 Kolm, S.-C., *La bonne économie*, PUF, 1984 p. 191.
5 André Comte-Sponville, 크리스토프 앙드레, 폴린 앙드레의 초청으로 이루어진 저녁 식사 자리에서 나눈 대화 중.

…… 서로에게 위험을 경고한다."[6]

　동물의 상호 부조 사례로 자주 거론되는 것 중 하나가 라틴 아메리카에 서식하는 박쥐의 일종인 흡혈박쥐이다. 흡혈박쥐들은 대부분 암컷과 새끼들이 스무 마리 정도씩 군집을 이루고 산다. 이들은 밤에 농장에 내려와 가축의 피를 빨아먹는다. 그런데 많은 흡혈박쥐가 사흘에 한 번 꼴로 사냥에 실패해서 피를 마시지 못하고 새벽에 그냥 집으로 돌아온다. 어린 새끼일수록 그런 경우가 많다. 흡혈박쥐는 대사량이 높기 때문에 이틀 내내 아무것도 먹지 못하면 사흘째 밤까지 살아남기 어렵다. 굶주린 흡혈박쥐는 동료에게 다가가 먹이를 구걸한다. 그럼 대개의 박쥐들은 밤에 빨아먹은 동물의 피를 일부 뱉어 준다.

　오랫동안 박쥐를 연구한 동물 행동학자 제럴드 윌킨슨에 따르면 이렇게 먹은 것을 뱉어 주는 것은 혈연관계가 있는 암컷(어미와 자식 또는 친척)끼리만 하는 일이 아니라 십여 년 정도 관계를 쌓은 비혈연관계인 암컷들 사이에서도 볼 수 있다고 한다. 이 암컷들은 대개 함께 머물면서 다른 박쥐들보다 더 열심히 서로 털고르기를 해 준다. 다른 박쥐에게 피를 나눠 주기를 여러 번 거부하는 암컷이 있으면 다른 박쥐들이 그 암컷을 기피한다. 심하면 공동체의 훼에서 추방될 수 있다. 그렇게 되면 막상 자신이 다른 박쥐의 도움이 필요할 때 피를 받지 못해서 아사할 위험이 있다.[7]

　인간 사회의 상호 부조는 공동체 안에서 남에게 도움을 주고 도움받은 데 대해 감사 표시를 하면서 균형을 유지하는 구조적인 방법이다. 구성원들끼리 서로 잘 아는 공동체는 필요하면 남에게 협조하는 것을 당연하게 생각한다. 공동체 안에서 그런 원칙에 따라 행동하지

6　Darwin, Charles, Descent of Man, op. cit., 온라인은 다음을 참고. http://www.infidels.org/library/historical/charles_darwin/descent_of_man/chapter_04.html

7　Wilkinson, G. S. Reciprocal altruism in bats and other mammals. Ethology and Sociobiology, 9(2-4), 1988, pp. 85~100.

않거나 남의 호의를 받기만 하고 갚지 않는 사람이 있으면 그 사람은 얼마 안 있어 배척당하고 만다.

인도 북서쪽 끄트머리에 있는 잔스카르 고지대에서는 오래 전부터 전해 오는 상호 부조 전통이 공동체 불문율로 굳어졌다. 이곳에서는 매년 동네를 하나씩 정해 새해맞이 축제 준비를 맡긴다. 순번을 정해 돌아가면서 이웃을 위해 잔치를 열고 기름진 음식을 풍성하게 준비해 대접해야 한다. 사람들은 암묵적 이해에 따라 진행되는 이런 관행을 반드시 지켜야 한다고 생각한다. 잔스카르에서는 혈연관계가 없는 사람들끼리 종교 의식 중에 서약을 하고 조합을 형성하기도 하며 출생, 혼인, 사망 등 중요한 가정사가 있을 때마다 조합원들끼리 서로 도움을 주고받는다. 예를 들어 누가 죽으면 조합에서 장례 비용과 장례식을 도맡는 식이다. 최근 몇 년 사이에 젊은이들이 평원 지대의 도시로 대거 빠져 나가면서 남은 사람들끼리 이런 상호 부조의 전통을 이어 가기가 부담스러워진 것이 사실이지만 그렇다고 포기하면 남의 눈 밖에 날까 두려워 무슨 일이 있어도 전통을 유지하려고 애쓰고 있다.[8]

이러한 상호 부조 체계는 계약 관계나 상업적 거래와는 거리가 멀다. 계약에 매여 있는 사람도 없고 서로 빚을 갚으라고 강요할 수도 없다. 이러쿵저러쿵 참견하는 외부 권력도 없다. 마을 이장을 찾아가서 아무개네 집이 오래 전부터 잔치를 베풀지 않는다고 불평하며 따지는 것은 상상할 수도 없고 말도 안 되는 일이다. 사람들 입소문 하나면 모든 게 해결된다. 상호 부조하면서 사는 집단에 남든가 거기서 뛰쳐나가 왕따로 살든가, 둘 중 하나이다.

안데스 부족들은 잉카 제국 이전부터 대가족을 연상하게 하는 사회 단위를 이루고 살았다. 공동체 구성원들은 밭을 경작하고 집을 지을 때 서로 비슷비슷한 규모의 도움을 주고받았으며, 도움을 주고받

8   이 정보를 제공한 다니엘레 폴미에게 감사드린다.

을 때마다 각자 한 일을 정확히 기록해 두었다. 이들의 상호 부조란 도움 받은 일을 시간 수로 따져 그에 준하는 일로 되돌려 주는 것이다. 예를 들어 밭을 다섯 고랑 가는 데 도움을 받았다든가 직조하는 데 공임이 많이 드는 옷감 한 필을 주었다든가 하는 내용을 기억했다가 그에 상응하는 시간이나 가치로 돌려받는다. 여기서도 상호 부조는 사회적 관계를 풍부하게 하고 보호하는 가치가 매우 컸다.[9]

상호 부조를 정량화하면 아프리카 이크 부족처럼 극단적인 상황이 발생할 수 있다. 이들은 주인의 의지와 상관없이 주인이 보지 않을 때 남의 밭을 갈거나 남의 집 지붕을 수리해 놓는다. 자신이 필요할 때 요구할 수 있도록 마음의 빚을 지우려는 목적이다. "한 번은 지붕을 고치겠다고 올라간 사람이 하도 많아 집이 무너질 뻔한 일도 있었다. 집주인이 아무리 항의를 해도 소용이 없었다."[10] 이크 부족의 상호 기부 의식을 연구한 영국 인류학자 콜린 턴불은 이렇게 전한다. "어떤 사람이 크게 욕을 먹은 적이 있다. 도움을 받을 때마다 보은의 빚을 없애려고 그 자리에서 바로 음식으로 빚을 갚았기 때문이다(음식은 힘든 노동에 참여하는 것보다 훨씬 쉬운 일에 속한다)." 스칸디나비아의 속담에 "수전노는 선물 받는 것을 가장 두려워한다."라는 말이 있는데 그 말이 딱 맞는 대목이다.[11]

그런데 보통은 폴 에크만의 통찰과 일치했다. "소규모 공동체와 마을들은 사람들끼리 협력을 잘 할수록 넉넉한 삶을 누렸으며 유아 생존율도 더 높았다. 50년 전에 현대인들과 접촉이 거의 없이 살아온 뉴기니섬 사람들을 연구한 적이 있는데 그들 사회에서는 음식 만드는 일부터 출산, 맹수를 물리치는 일까지 모든 것에 협력이 필수였다. 싸

---

9   http://www.scribd.com/doc/16567239/The-Inca-From-Village-to-Empire 참고
10 Turnbull, Colin M., *The Mountain People*, Simon & Schuster, 1972, p. 146.
11 전통 사회에서 볼 수 있었던 다양한 형태의 선물 교환 의식에 대해서는 수없이 많은 연구가 이루어졌다. 특히 Mauss, M., *Essai sur le don: Forme et raison de l'éChange dans les sociétés archaïques*, PUF, 2007 및 플로랑스 베베르의 서문 참조.

움을 좋아하거나 부당하게 이득을 취하는 모리배와 함께 일하고 싶어 하는 사람은 아무도 없다. 마을에서 남을 착취했다가는 얼마 안가 처벌을 받거나 치명적으로 나쁜 평판을 얻을 수밖에 없다. 그러니 사람들의 유전자풀이 갈수록 협력을 선호하는 쪽으로 변할 수밖에 없다."[12]

상호 부조는 상호 기부를 넘어 연대감을 포함할 수도 있다. 예를 들어 티베트 유목민은 출생률이 높지만 불행히 산모와 신생아의 사망률도 높은 편이다. 산모가 아이를 낳다가 사망하면 이웃 텐트에 사는 친족 중 한 사람이 어머니를 여윈 아이를 자동으로 맡아 키우며 아이들이 충분히 성장하거나 아내를 잃은 아버지가 재혼할 때까지 두 가정이 함께 모여 산다.

아프리카 사막에서 사냥을 해서 먹고사는 이크족부터 뉴기니섬의 파푸족까지 공동체적 협력을 실천하며 살아가는 사람들은 모두 공동의 목표를 위해 함께 노력하는 데서 커다란 기쁨을 느낀다고 말한다. 그들은 노동 분담과 협력을 일상생활에서 가장 가치 있는 순간으로 꼽는다.

도시는 다양한 수준에서 협조가 이루어지고 그것이 동반 상승효과를 내서 출현한 것이다. 그런데 대도시처럼 규모가 큰 공동체는 구성원을 전부 파악하는 것조차 힘들다. 그래서 '나만 잘 살면 그만'이라는 식의 사고방식이 팽배하고 상호 부조라는 무언의 약속을 회피하는 모리배들이 쉽게 나타난다.

---

12 Paul Ekman, 개인적 정보 교환, 2009. 인류학자인 에크만은 1972년에 뉴기니의 파푸아 부족의 표정과 감정을 연구했다.

상호 부조가 보편화될 수 있을까?

상호 공제 조합과 협동조합은 자발적이고 (조직의 크기와 기능에 따라 다르지만) 익명 형태의 상호 부조이다. 국가 차원에서 보면 사회 보장 제도와 노인, 극빈층, 고아, 실업자에 대한 지원 정책이 보편적 상호 부조의 형태라고 할 수 있다.

경제학자인 세르주 크리스토프 콜름은 20세기에 세계를 두 동강 낸 자유 시장 경제, 즉 자본주의와 전체주의적 계획 경제가 "모두 이기심과 개인의 도구화, 증오, 갈등, 경쟁, 지배, 착취, 소외에 바탕을 둔 것"이라고 하면서 둘 다 도토리 키 재기라고 말한다. 콜름은 "인간의 가장 훌륭한 품성과 가장 바람직한 사회적 관계를 바탕으로 인간 본성과 사회적 관계를 더욱 공고히 하는"[13] 보편적 상호 부조라는 대안적 모델을 지지한다. 그가 생각하는 상호 부조 개념은 누구든지 사회에 기여하고 모두로부터 돌려받는 것이다. 통상적으로 누가 기부했는지 알려지지 않으니 기부자는 따로 없다. "전체가 개인을 위하고 개인이 전체를 위할"뿐이다.[14]

이번 장에서는 이해타산적 이타심과 보편적 상호 부조가 구성원들의 건설적인 관계를 가능하게 한다는 점에서 편협한 이기주의와 다르다는 것을 살펴보았다. 이것이 발판이 되어 사심 없는 이타심으로 도약할 수도 있다. 실제로 남을 보살피는 자애의 미덕이 어떤 것인지 깨닫게 되면 사람들이 대가를 챙기려고 하기보다 자기중심주의적인 생각을 떨치고 오직 남의 행복을 도모하기 위해 이타심을 실천하는 것도 꽤 괜찮은 일이라고 판단할 수 있지 않겠는가.

---

13 Kolm, Serge-Christophe (1984), *op. cit.*, p. 11. 나를 만나 이야기를 나누고 저서를 보여 준 데 대해 세르주 크리스토프 콜름에게 감사드린다. 콜름은 프랑스 사회 경제 분석 연구 센터Centre de recherche en analyse socio-economique 소장, 하버드 대학교와 스탠포드 대학교 교수를 지냈다.

14 Kolm, S.-C. (1984), *op. cit.*, p. 56.

8

사심 없는 이타심

사심이 전혀 없어 보이는 이타적 행동의 예를 들어 보라고 하면 누구
든지 이야기보따리를 몇 개쯤 풀어놓을 수 있을 것이다. 일화가 하나
뿐이면 보고 들은 바를 전달하는 정도의 가치밖에 없겠지만 다음 예
에서 보는 것처럼 서로 일치하는 내용이 여러 개 쌓이면 증거로서 가
치를 갖게 된다.

　뉴욕 오페라단의 바순 연주자 사이러스 시걸은 어느 날 맨해튼 시
내에서 버스를 기다리고 있었다. 그런데 잠깐 옆에 내려놓았던 소중한
바순이 슬그머니 사라져 버렸다. 보험은 들어 놓았지만 25년 동안 동
고동락한 악기인지라 충격이 이만저만 아니었다. 바순은 악기마다 고
유한 특성이 있어 정확히 똑같은 것을 다시 만나기가 어렵다. 사이러
스도 그것을 알고 있었다. 얼마 후 한 악기 전문점에 노숙자가 들어와
12,000달러 상당의 바순을 고작 10달러에 팔겠다고 했다. 음악가 집
안에서 자란 점원은 악기의 진짜 주인이 지금 어떤 기분일지 상상이
갔다. 그 자리에서 흥정을 하고 3달러에 악기를 사들인 점원은 그때부
터 악기점을 찾은 음악가들을 모두 붙잡고 바순을 도둑맞은 음악가
를 수소문하기 시작했다. 며칠 후 소식을 들은 사이러스는 당장 악기

점으로 달려갔고 애지중지하던 바순을 되찾을 수 있었다. 점원 마비스는 보상을 전혀 원하지 않았다. 사이러스가 3달러라도 갚겠다고 했지만 그마저 거절했다.[1] 이 일화는 물에 빠진 사람을 구하려고 얼음장 같은 물에 뛰어드는 것만큼 용감한 행동은 아닐지 몰라도 관대하고 사심 없는 행동의 모범을 보여 주는 좋은 이야기임에는 틀림이 없다.

캐나다 노바스코샤주에 살던 바이올렛 라지와 남편 앨런은 2010년에 로또에 당첨되어 1,100만 달러가 넘는 돈을 수령했다. 부부는 새 집을 사고 사치를 하는 대신에 당첨금의 98퍼센트를 지역과 국가 자선 단체에 기부했다. "받는 것보다 주는 것이 더 나은 일"이라 판단했기 때문이었다. "물건은 단 한 개도 사지 않았다. 필요한 것이 하나도 없었다."[2] 바이올렛이 이렇게 말하자 앨런은 다음과 같이 덧붙였다. "행복은 돈으로 살 수 없다. 당첨금은 아무것도 아니었다. 우리에게는 서로가 있으니까."

영국 태생인 스탠 브록은 스물여섯 시간을 꼬박 걸어야 의사의 진찰을 받을 수 있는 아마존 숲에서 와피샤나 인디언들과 몇 년을 함께 살았다. 많은 사람들이 제때 치료를 받지 못해 죽어가는 것을 목격한 그는 의료 지원 혜택을 받을 수 있도록 하겠다고 다짐했다. 그 후 스탠 브록은 에미상을 수상한 TV 다큐멘터리 「와일드 킹덤Wild Kingdom」에 출연해 말을 타고 올가미로 야생 동물을 잡고 늪에서 아나콘다와 격투를 벌여 일약 유명해졌다. 그렇지만 그에게는 모두 의미 없는 일이었다. 가치 있는 일을 해야 할 때가 왔다고 생각한 그는 전 재산을 털어 가이아나Guyana 정글을 비롯한 오지에서 무료로 의료 서비스를 제공하는 자선 단체 RAMRemote Area Medical을 설립했다.

훗날 미국에 정착한 스탠 브록은 미국 시민들이 건강 관리, 특히 치과와 안과 치료를 제대로 받지 못하는 것을 안타깝게 여겨 이동 클리

---

1   The Samaritans of New York, *New York Times*, September 5, 1988, p. 26.
2   *Daily Mail*, November 5, 2010, and CBC News, November 4, 2010.

닉을 세우기로 결심했다. 클리닉이 문을 열자마자 수천 명의 가난한 환자들이 몰려들었고 치료를 받기 위해 추위 속에서 밤을 지새우는 사태까지 벌어졌다. 브록이 설립한 RAM재단은 수백 명의 자원봉사자들 덕분에 미국에서 현재 50만 명이 넘는 환자를 돌보고 있다. 스탠 브록은 지금도 낡은 비행기를 몰고 가이아나에 가 산간벽지에 의료품을 보급하고 있다. 일흔일곱이 된 그는 청빈 서원을 하고 집, 자동차, 심지어 은행 계좌조차 없이 산다. 잠은 사무실 바닥에 양탄자를 깔고 잔다. "별로 재미없는 삶이로군요!" 인터뷰를 하러 온 BBC 기자의 말에 브록은 이렇게 응수했다. "정반대지요! 순간을 즐기며 살 수 있으니 얼마나 좋은지 몰라요."

이상은 몇 가지 일화에 불과하지만 놀랍다고 해서 보편적인 예가 아니라고 성급히 결론짓지 말자. 이와 비슷한 증언은 수백 개도 더 있다. 모두 긴 말이 필요 없는 이야기들이다.

무사무욕無私無慾을 측정하는 실험

실험을 통해 사리사욕 없는 행동임을 확인하는 것이 가능하다.[3] 심리학자 레너드 버코위츠는 한 그룹의 자원 피험자들에게 감독자의 지시에 따라 종이 상자를 만들라고 요청했다. 피험자들 중 절반에게는 실적이 익명으로 처리되지만 피험자들의 실적에 따라 감독자 점수가 달라진다고 말했다.

결과를 살펴보니 그 말을 들은 피험자들이 아무 말도 듣지 못한 사람들보다 훨씬 더 오래 훌륭하게 일을 한 것으로 나타났다. 다시는 만날 일이 없을 감독자에게 이익이 되기 바라는 마음으로 다들 자발적으로 행동한 것이다. 이것을 보고 보상을 기대한 행동이라고는 할 수

3   Berkowitz, L., & Daniels, L. R. Responsibility and dependency. *Journal of Abnormal and Social Psychology*, 66(5), 1963, p. 429.

없을 것이다.

게다가 물질적 보상이 걸려 있으면 이타적 행동의 빈도가 오히려 감소한다는 것이 사회학자들에 의해 밝혀졌다. 표본 규모가 매우 큰 헌혈자를 대상으로 한 연구 결과를 보면 헌혈을 하고 돈을 받고 싶어 하는 사람은 2퍼센트도 채 되지 않았으며 거의 다 혈액이 필요한 사람들에게 도움이 되고 싶다고 말했다.[4] 영국에서 실시된 한 유명한 조사에서는 헌혈자들에게 보상을 했더니 헌혈자의 수가 오히려 줄어드는 것으로 나타났다. 보수를 제공한다는 사실이 이타적 행동의 품격을 떨어뜨리는 바람에 평소에 헌혈을 하던 기증자들마저 의욕이 저하되었던 것이다.[5] 실제로 그때까지 영국은 미국에 비해 국민 수 대비 헌혈량이 훨씬 많았다.

가장 단순한 설명

누군가에게 진심에서 우러난 선물을 할 때 그 행동의 아름다움은 상대방에게 기쁨을 주는 것이지 선물의 대가로 뭔가를 바라는 것이 아니다. 선물을 받는 사람은 타산적 계산이 조금도 없다는 것을 알기에 더욱 더 기쁘게 선물을 받는 것이다. 좋아하는 사람에게 주는 진심 어린 선물과 영리를 목적으로 한 경품의 차이가 바로 거기에 있다. 경품이 사심 가득한 선물이라는 것은 이제 공공연한 비밀이다.

미국인 학자 낸시 아이젠버그와 신시아 닐은 3~4세 유아들을 대상으로 연구를 하면서 그들이 위선적인 대답이나 환심을 사기 위한 답을 하지 않을 것이라고 가정했다.[6] 두 사람은 유아원 아이들이 자기

4   Kohn, A. (1992), op. cit., p. 230.
5   Titmuss, R. M. The gift relationship: From human blood to social. Policy, London, 1970.
6   Eisenberg, N., & Neal, C. Children's moral reasoning about their own spontaneous prosocial behavior. Developmental Psychology, 15(2), 1979, p. 228.

물건을 다른 아이들과 자연스럽게 공유하는 장면이나 슬퍼하는 친구, 화가 난 친구를 위로하는 행동을 보고 "왜 그걸 존에게 주었니?"라는 식의 질문을 하면서 이유를 물었다. 대다수 아이들이 친구에게 도움이 필요했다고 콕 집어 언급했다. 예를 들어 간식을 나눠 준 아이는 "걔가 배가 고파서."라고 말했다. 친구들을 돕지 않으면 선생님에게 벌을 받거나 부모님에게 야단을 맞을까 두려웠다는 말은 전혀 없었다. 다만 그런 행동을 하면 남들이 착한 아이라고 생각할 것 같았다는 말을 한 아이는 몇 명 있었다.

카네기 위원회로부터 영웅 메달[7]을 수여 받은 루실 밥콕은 자신이 과연 메달을 받을 자격이 있는지 의문을 표시하면서 이렇게 말했다. "메달을 받는 것이 부끄러운 일은 아니지만 내가 영웅적인 행동을 했다고 생각한 적이 없기 때문에 약간 겸연쩍다." 나치의 박해를 받던 유대인들을 구한 '열방의 의인Righteous Among the Nations'들도 마찬가지였다. 그들은 훗날 서훈이 수여되었을 때 별로 중요하지 않은 일, 예기치 않았던 당황스런 일이라고 생각했고 심지어 "바람직하지 않은 일"로 보는 이들도 있었다. 그런 행동을 한 동기 중에 훈장을 받겠다는 생각이 아예 없었던 것이다. 의인 중 한 명은 이렇게 말했다. "정말 별 것 아니었다. 대단한 일을 한 게 아니었다. 위험을 무릅쓰는 데 대해 염려하거나 그런 행동을 했다고 질책을 당하거나 인정 받을 것이라고 상상해 보지 않았다. 난 그저 마땅히 해야 할 일을 한 것이라고 생각했다."[8]

요컨대 일상에서 흔히 하는 행동 중에 진정한 이타심이 가장 단순하고 가장 설득력 있는 설명이 되는 경우가 있다는 것이다. 칭찬과 비난을 초월한 이타심 말이다. 이타적 행동의 이면을 파헤쳐 이기적인

7   카네기 영웅 기금 위원회Carnegie Hero Fund Commission는 1904년에 미국 자선 사업가 앤드류 카네기에 의해 설립되었으며 매년 영웅적인 행동을 한 사람들을 뽑아 상을 수여한다. 설립 이후 수여된 메달만 1만 개에 달한다.
8   Monroe, K. R. (1996), op. cit., p. 61.

동기를 찾으려고 하는 사람들이 흔히 하는 주장을 잘 들여다보면 금방 말이 안 된다는 것을 알 수 있다.

철학자이자 도덕주의자인 찰리 던바 브로드는 이렇게 강조한다. "철학계에서도 심심찮게 볼 수 있는 일이지만 이유 불문하고 잘못된 생각을 받아들인 다음, 그 생각과 상충될 수밖에 없는 평범한 사실들을 설명하느라 갖은 애를 쓰고 끝없이 재능을 낭비하는 똑똑한 사람들이 있다."[9]

인도 남부 지방에서 육십여 년 동안 삼만 명에 달하는 불우한 어린 이들을 돌보며 살아온 세락 신부가 어느 날 내게 이렇게 말했다. "그래도 나는 사람들의 끝도 없이 선한 마음에 깜짝 깜짝 놀란다. 마음과 눈이 닫힌 것처럼 보이는 사람들조차 선하기 이를 데 없다. 우리 인생의 판을 짜고 존재의 내용을 채우는 것은 나를 제외한 다른 모든 사람들이다. 타고르 시인이 말한 바와 같이 사람들은 각각 '위대한 우주 콘서트'를 구성하는 음표이다. 아무도 사랑의 호소에 저항할 수 없다. 시간이 지나면 누구든지 다 무너진다. 나는 진심으로 인간의 본성이 착하다고 믿는다. 항상 사람의 좋은 점, 아름다운 점을 보면서 종교, 계급, 사상을 따지지 말고 인간의 위대성을 찾으려 하고 그것을 절대 무너뜨려서는 안 된다."

냉소를 벗어던져라

비판적 사고방식은 과학을 연구하는 데 꼭 필요한 자질이지만 인간의 선한 본성에 관련된 모든 것을 무조건 냉소하고 비방하는 식이 되면 그것은 객관성에 대한 방증이 아니라 편협한 정신과 만성적 비관주의의 징후라고 할 수 있다. 예전에 한번 달라이 라마에 대한 심층 취재

---

9   Milo, R. D., *Egoism and Altruism*, Wadsworth Publications, 1973 p. 98.

프로그램을 준비하는 텔레비전 취재 팀과 몇 주 동안 동행하면서 그런 살아 있는 예를 보았다. 당시에 나는 네팔, 미국, 프랑스 등지에서 취재진과 만나 달라이 라마가 참석하는 다양한 행사를 취재하고 인터뷰 할 수 있도록 최선을 다해 도와주었다. 그 과정에서 취재진이 달라이 라마의 행동과 인격에 숨어 있을지 모를 결함을 찾으려 한다는 것을 깨달았다.[10] 촬영이 거의 끝나갈 무렵 나는 PD에게 이렇게 말했다. "넬슨 만델라, 데스몬드 투투, 바츨라프 하벨, 달라이 라마와 같이 우리 시대의 위대한 도덕가들에 관해 일을 하려면 그분들을 평범한 사람들 수준으로 끌어내릴 것이 아니라 그분들의 수준에 도달하기 위해 노력해야 한다고 생각하지 않으십니까?" 내 말을 들은 PD는 당황해서 픽하고 쓴웃음을 지을 뿐이었다.

사람은 누구나 장점과 단점이 있고 빛과 어둠이 혼재하기 마련이다. 악의적인 나태에 빠져 있다가는 나은 인간이 되기를 포기하는 것이 아마 인간이 선한 존재임을 인정하고 선한 마음을 키우기 위해 노력하는 것보다 훨씬 더 쉬울 것이다. 그러므로 선을 목격하면 폄하할 것이 아니라 그것으로부터 영감을 얻고 그것이 우리 삶에 커다랗게 자리 잡을 수 있도록 최선의 노력을 다하는 것이 바람직한 일이다.

---

10   2008년 10월 9일 프랑스 TV 채널 France 2에서 방영된 시사 매거진 Envoyé special 중.

9
선의 진부성

25루피(약 400원 정도)짜리 지폐 두 장을 받은 걸인이 불행을 함께하는 다른 걸인 친구에게 반을 나눠 준다(네팔에서는 25루피가 무시하지 못할 금액이다). 고된 야근을 마치고 기진맥진 상태인 간호사가 홀로 죽음을 맞아야 할 환자를 위해 몇 시간 더 병원에 남아 있기로 한다. 어려움에 처한 아이들을 돌보는 일에 평생을 바친 내 여동생 에브는 가출 아동을 맞아들이는 일이라면 한밤중이라도 망설임 없이 잠자리를 박차고 일어난다. 지하철에서 한 여성 승객이 매우 불안해하는 것을 보고 북아프리카 출신 이민자 남성이 일면식도 없고 다시 만날 가능성도 거의 없는 여성에게 이렇게 위로의 말을 건넨다. "아가, 다 괜찮아질 테니 걱정마라." 눈코 뜰 새 없이 바쁜 하루 일과를 마치고 퇴근을 하던 엔지니어가 평소보다 500미터를 더 걸어야 하는 수고를 마다치 않고 길을 잃은 외국인에게 호텔로 돌아가는 길을 알려준다.

지금까지는 주로 "악의 진부성"[1]에 대해 논의가 이루어졌으나 이제는 선의 진부성에 대해 이야기하면서 연대, 배려, 남의 이익을 도모하기 위한 노력 등에 대해 생각해야 할 때가 온 것 같다. 이들은 간간이 우리 일상에 나타나 사회생활의 질을 크게 높인다. 그런데 막상 상호 원조와 배려의 실천이 생활화된 사람들은 이웃을 돕는 것이 "정상"이라고 입을 모은다. 이렇게 진부성이라는 개념에 주의를 환기시키는 데는 그럴 만한 이유가 있다. 일상에서 실천되는 선이 눈에 거의 띄지 않기 때문이다. 일상 속의 선은 과시적이지 않고 익명적이다. 테러나 끔찍한 범죄, 정치인들의 성생활과 달리 언론의 헤드라인을 장식하지 않는다. '선이 진부'하다면 이는 누구나 주위에 선을 행할 수 있다는 뜻이기도 하다.

세계 곳곳에서 전개되는 봉사 활동

"남을 돕는 것은 자연의 이치에 부합하는 행동이다. 도움을 주거나 받는 일에 절대 싫증 내지 말라."[2] 마르쿠스 아우렐리우스는 이렇게 말했다. 나라마다 조금씩 다르지만 유럽에서는 인구 5분의 1에서 3분의 1 정도 즉 1억 명 이상이 봉사 활동에 참여한다.[3] 미국은 봉사 활동을 하는 사람이 인구의 50퍼센트에 육박하며 대다수가 여성과 은퇴자들이다. 그들은 남는 시간이 있으면 다른 사회 구성원을 돕는 것이 의무라고 생각한다.[4] 미국 경우에는 자원봉사 활동이 특히 예술 영역에서 활발하게 이루어지면서 수많은 문화 시설들의 순조로운 운영에

---

1 철학자 한나 아렌트는 유대인 학살 나치 전범 아돌프 아이히만에게 "악의 진부성"이라는 말을 적용했다. 아이히만은 재판이 진행되는 동안 평범한 공무원으로서 맡은 바 역할을 다하고 명령을 수행했다는 식의 인간적인 이미지로 어필하려고 애썼다. Arendt, H., *Eichmann in Jerusalem: A Report on The Banality of Evil*, Penguin, 1963.

2 Marcus Aurelius, *The Meditations.*

3 Gaskin, K., Smith, J. D., & Paulwitz, I., *Ein neues Bürgerschaftliches Europa: Eine Untersuchung zur Verbreitung und Rolle von Volunteering in zehn europäischen Ländern*, Lambertus, 1996. 이들이 연구 대상으로 삼은 나라에서 자원봉사자의 비율은 네덜란드 38%, 스웨덴 36%, 영국 34%, 벨기에 32%, 덴마크 28%, 프랑스와 아일랜드가 25%, 독일이 18%로 나타났다.

4 Martel, F., *De la culture en Amérique*, Gallimard, 2006, p. 358; Clary, E. G., & Snyder, M. A functional analysis of altruism and prosocial behavior: The case of volunteerism. In *Prosocial Behavior*, Sage Publications, 1991, pp. 119~148.

단단히 한몫을 하고 있다. 보스턴 미술관의 경우 무급 자원봉사자가 1,500명에 달한다. 그 밖에도 미국인 4분의 3은 매년 자선 단체에 기부를 한다.

프랑스는 자원봉사자 수가 1,400만 명이며 프랑스 국민 4분의 1에 해당한다(그 중 3분의 1은 60대 이상).[5] 일주일에 2시간 이상 봉사 활동을 하는 사람은 300만 명이 조금 넘는다.[6] 2004년에 자원봉사자들이 수행한 업무를 모두 합치면 양적으로 82만 개의 정규직 일자리와 맞먹는다.[7] 자원봉사자들은 대개 비영리 단체에서 일하며 이들 단체들은 처지가 어려운 사람들에게 도움을 주는 것을 유일한 목표로 삼는다. 자원봉사자들이 제공하는 무상 노동이 모든 사람의 복지 향상에 크게 기여하고 있음은 말할 것도 없다.

연대적 참여는 단순 자원봉사 활동을 훌쩍 뛰어넘는 차원의 일이다. 특히 인도주의 프로젝트와 단체에서 일하는 봉사자들은 참여도 면에서 한 단계 높은 수준을 보인다. 세계 곳곳에서 이웃을 위해 헌신하는 사람들의 이야기를 전부 모으면 아마 책을 몇 권은 쓸 수 있을 것이다. 여기서는 그 중 두 가지를 소개한다.[8]

5   Laville, J.-L., *Politique de l'association*, Seuil, 2010. 그들은 110만 개 협회, 2,160만 회원들을 위해 일한다.

6   Chatel, Véronique, *Profession: bénévole*, in *L'Express*, special issue, No. 9, May–June 2011, p. 54.

7   문화 및 엔터테인먼트(28%), 스포츠(20%), 사회적 활동, 보건 위생 및 인도주의 활동(17%), 인권 보호(15%, 노동조합, 소비자 권리 보호 등), 종교(8%), 교육(6%), 정당, 유산 기관(3%), 환경(2.6%), 생물 다양성 보호, 자연공원 복원 등 활동 분야는 다양하다. Le travail bénévole: un essai de quantification et de valorization, [Archive] INSEE. *Economie et statistique*, No. 373, 2004 [pdf] 참조.

8   Post, S. G. (2011). *The Hidden Gifts of Helping: How the Power of Giving, Compassion, and Hope Can Get Us Through Hard Times*. John Wiley & sons ltd에 실린 사례.

순간순간 기쁨으로 가득한 삶

2010년에 나는 촘푸눗이라는 40대 타이 여성을 알게 되었다. 신체적으로나 정신적으로나 건강미가 넘쳐 흘렀다. 그 여성은 자신의 사연이라면서 다음과 같은 이야기를 들려주었다. "원래 어려서부터 사회로부터 버림받은 사람들을 돕는 일이 좋았어요. 옛날에 우리나라 교도소에 수감되어 있는 재소자들이 끔찍한 환경에서 산다는 이야기를 들은 적이 있기에 간호사가 된 후 방콕에 있는 교도소에서 몇 년일을 하겠다고 자원했습니다. 그때 타이 남부의 항구 도시인 수랏타니는 환경이 더 열악하다는 말을 들었어요. 현재 거기서 십 년째 일하고 있습니다. 교도소 측 예산 부족으로 의사가 없어서 저 혼자 재소자 1,300명의 건강을 돌보고 있죠. 위험인물로 관리되는 사람들은 창살 틈으로만 면회가 허용되기도 합니다. 그래도 잘 찾아보면 그들을 돌볼 방법은 있습니다. 아니면 손을 잡고 위로의 말이라도 합니다. 지금까지 문제가 있었던 적이 한 번도 없어요. 그들은 저를 존중합니다. 제가 오로지 그들을 위해 그곳에 있는 것이고 그들을 도우려고 최선을 다한다는 것을 알기 때문이죠. 그들이 어떤 죄를 저질렀는지는 제 알 바가 아닙니다."

교도소에서 근무하는 유일한 여성으로서 1,300명에 달하는 남성들의 건강을 책임진다는 것은 심리적으로 극복하기 힘든 시련이 될 수 있지만 굳은 결의에 찬 촘푸눗은 어려움 없이 임무를 수행하고 있다. "할 일이 많아요. 다들 아픈 데가 정말 많거든요. 제 행동 하나하나가 그들의 고통을 덜어 줄 수 있으니 저는 매 순간 만족할 따름입니다."

조이날 애버딘의 놀라운 이야기

방글라데시에 사는 예순한 살의 조이날 애버딘은 하루 종일 릭쇼의 페달을 밟아 먹고산다. 방글라데시에서 교통수단으로 흔히 사용되는 릭쇼는 사람이 운전하는 커다란 삼륜 자전거로 뒤에 손님이 탈 수 있도록 2인용 벤치가 설치되어 있지만 서너 사람이 같이 앉아 있는 광경을 흔히 본다. 애버딘이 하루에 버는 돈은 1~2달러에 상당하는 금액이다.

"아버지를 병원에 모시고 가지 못해 돌아가셨습니다. 병원에 가려면 꼬박 이틀을 걸어야 하거든요. 그 때문에 화병이 다 날 지경이었죠! 사람들이 우리가 돈이 없으니까 힘도 없다고 생각하는데 그게 잘못된 생각이라는 것을 보여 주고 싶었습니다."

조이날 애버딘은 고향인 탄하샤디아 마을에 병원을 짓겠다는 목표 하나로 도시로 나가 인력거 운전사가 되었고 병원 지을 돈을 모을 때까지 고향에 돌아가지 않겠다고 마음먹었다.

그는 30년 동안 페달을 밟으면서 매일 수입의 일부를 저축했다. 예순 살이 되었을 때 4,000 달러 정도를 모았다. 계획을 실행하기에 충분한 금액이었다. 그는 그 돈을 갖고 고향에 돌아가 작은 병원을 지었다. 초창기에는 도무지 의사를 구할 수 없었다. "사람들이 나를 믿지 않았어요." 그는 이렇게 털어놓는다. 하는 수 없이 응급 구조대원들을 데리고 진료를 시작했다. 그 후 그가 하는 놀라운 일을 사람들이 높이 평가하면서 도움 받을 길이 열리기 시작했다. 작고 허름한 마을 병원이지만 이제는 하루에 300명 정도의 환자를 진료할 정도가 되었다. 애버딘은 병원 운영을 위해 환자들에게 소액의 성금을 받는다. 그의 사연이 신문에 보도된 후 익명의 기부금이 들어오는 경우도 생겼다. 언젠가 한번은 고액의 아주 특별한 기부금이 들어와서 갖고 있던 작은 땅에 아이들 500명을 수용할 수 있는 교육 센터를 지었다.

예순두 살이 된 애버딘은 지금도 여전히 지칠 줄 모르고 인력거를

몰아 사람들을 실어 나르며 병원에 입원한 환자들의 복지를 위해 힘
차게 페달을 밟고 있다.

급부상하는 비정부 기구

전 세계에서 활동 중인 국제 비정부 기구NGO는 약 4만 개에 달한다.
자국 NGO보다 그 수가 훨씬 많다. 러시아는 자국 NGO가 약 28만
개에 달하며 인도 경우에도 2009년에 300만 개가 넘었다. 미국에서는
2000년 이후 지금까지 자선 단체 수가 두 배 증가했다(현재 약 100만
개). 물론 전부 다 제대로 운영되는 것은 아니고 잘못된 운영으로 비판
을 받는 단체들도 일부 있다. 그럼에도 불구하고 이런 NGO들의 움
직임은 규모 면에서 최근 반세기 사이에 이룩된 가장 위대한 혁신으
로 손꼽히며 사회 변화를 이끄는 중요한 요인이 되고 있다. NGO 중
에 정치적 목적이나 스포츠, 예술에 초점을 맞춘 것도 있지만 대부분
은 빈곤 퇴치, 환경 정화, 교육, 건강 등 사회적 소명을 갖고 있으며 전
쟁이나 자연재해 발생 시 긴급 지원 활동을 전개한다. 평화를 증진하
고 여성의 삶을 개선하기 위해 애쓰는 NGO도 있다.

NGO 중 세계 최대 규모인 BRAC(방글라데시 농촌 발전 위원회)는 방
글라데시를 비롯해 7개국에서 7,000만 명 이상의 여성들의 빈곤 탈출
을 위해 지원을 아끼지 않았다. 플래닛 파이낸스PlaNet Finance는 60개국
에서 마이크로 크레딧(무담보 소액 대출) 프로그램을 순조롭게 진행하
고 있다. 그린피스, 영국의 EIA 환경 조사국과 같은 국제 NGO와 수
만 개에 달하는 소규모 지역 NGO들은 환경 보호와 동물 보호를 위
해 헌신하고 있다.

키바Kiva, 글로벌기빙GlobalGiving, 마이크로월드MicroWorld[9]는 인터넷

을 통해 다른 사람에게 더 나은 삶을 제공하고 싶어 하는 기부자들과 도움이 필요한 사람들을 직접 연결한다. 그 중 2005년에 설립된 키바는 50만 명의 기부자들이 제공한 3억 달러 자금을 60개국에서 마이크로 크레딧 형태로 대출하고 98퍼센트에 달하는 상환율을 기록했다. 글로벌기빙도 2002년부터 지금까지 5,000건 이상의 자선 프로젝트에 자금을 조달했다. 마이크로월드는 부양가족이 가난을 면하도록 일이나 사업을 시작하려는 사람들에게 돈 빌려줄 사람이나 기관을 연결시킨다. 이상은 몇 가지의 사례일 뿐 비슷한 예는 얼마든지 많다.

공황, 이기적 반응, 무기력한 체념에 대한 헛소문

심리학자 자크 르콩트는 영감을 주는 저서 『착한 인간La Bonté humaine』에서 자연재해가 발생하면 이기심보다 연대감이, 약탈보다 질서가, 공황 상태보다 침착성이 두드러지게 나타난다는 것을 잘 보여 주는 연구 결과들을 한 장章에 총망라해 놓았다.[10] 그런데 현실은 정반대라고 생각하도록 오도하는 일이 왕왕 발생한다. 자크 르콩트는 2005년 8월에 허리케인 카트리나가 뉴올리언스주와 루이지애나주를 강타하고 미시시피강의 제방을 무너뜨렸을 당시의 상황이 대표적인 예라고 말한다. 허리케인 카트리나는 미국 역사상 가장 큰 피해를 안기고 떠난 자연재해에 속한다.

그런데 엎친 데 덮친 격으로 비극이 하나 더 추가되었다. 사태가 시작되고 얼마 안 있어 사람들의 경악을 금치 못할 행동이 언론을 통해 알려지기 시작한 것이다. 8월 31일, CNN 기자가 총격과 약탈이 발생했다고 전하면서 "뉴올리언스가 미국에서 손꼽히는 대도시가 아니라 전쟁터를

---

9   http://www.kiva.org/, http://www.microworld.org/fr/, http://www.globalgiving.org/.
10 Lecomte, J. (2012), *La Bonté humaine. op. cit.*, Chapter 1.

방불케 한다."라고 말했다.

상황이 심상치 않다고 판단한 레이 내긴 뉴올리언스 시장은 경찰관 1,500명에게 구조 작업을 멈추고 약탈을 막는 데 총력을 기울이라고 명령했다.[11] 언론에서 강간과 살인 사건이 일어났으며 경찰관이 저격수들의 표적이 되고 있다는 보도가 이어지자 루이지애나 주지사 캐슬린 블랑코는 이렇게 선언했다. "우리는 법과 질서를 회복할 것이다. 지금 나를 가장 분노하게 만드는 것은 이런 자연재해가 사람들의 가장 추악한 얼굴을 드러내게 한다는 사실이다. 그런 식의 행동을 절대 용납하지 않을 것이다."[12] 블랑코 주지사는 뉴올리언스에 방위군 병력을 투입해 발포권을 부여하고 이렇게 말했다. "이들은 방금 이라크에서 돌아온 전투 경험 풍부한 정예 요원들이다. 이들이 내 명령을 받아 거리의 질서를 회복할 것이다. 이들은 사격 및 저격에 능하며 필요하면 언제든지 발포할 준비가 되어 있다. 그들이 잘할 것이라 믿는다."[13] 세상에 종말이라도 온 것 같은 뉴올리언스의 모습이 방송을 타고 전 세계로 퍼져나갔다. 질서 회복을 위해 배치된 군인만 7만 2천 명이 넘었다. 르콩트가 쓴 것처럼 "사람들이 정부 통제에서 벗어나면 남들의 고통은 안중에도 없이 악랄한 살인 본능으로 돌아간다는 믿음을 확인시켜 주는 것 같았다. 문제는 그런 가공할 만한 묘사가 완전히 날조된 것이었다는 사실이다. 허위 사실이 몰고 온 결과는 비극 그 자체였다."[14]

잔뜩 흥분해서 위험을 경고하는 뉴스가 여기저기서 터져 나오면서

---

11 Esterbrook, J. (August 31, 2005), New Orleans fights to stop looting, CBS news. Lecomte (2012), *op. cit.*, p. 22에 인용.
12 *Arkansas Democrat-Gazette* (September 2, 2005). "Governor Kathleen Blanco: Strong leadership in the midst of catastrophe," pdf 인용.
13 Anonymous (September 2, 2005). Troops told "shoot to kill" in New Orleans. ABC News online.
14 Lecomte, *op. cit.*, p. 24.

긴급 구조 요원들은 통제 불능의 범죄자 무리들과 마주칠 것이라 생각한 나머지 현장에 제때 도착해 효과적으로 활동을 전개할 수 없었다. 도대체 무슨 일이 있었던 것일까? 사실인즉슨 기자들이 귀동냥으로 얻어 들은 소문을 확인도 하지 않고 보도해 버린 것이었다. 언론 매체들은 한바탕 보도 열풍이 끝난 후 자기 반성의 시간을 가졌다. 허리케인이 지나가고 한 달 후, 『로스앤젤레스 타임즈』는 다음과 같은 말로 잘못을 시인했다. "강간, 폭력, 사망자 수 모두 거짓이었다."[15] 『뉴욕 타임즈』는 에드워드 컴퍼스 뉴올리언스 경찰국장의 말을 인용했다. 컴퍼스 경찰국장은 약탈자들이 도시를 장악했으며 특히 어린이들을 대상으로 강간과 공격이 발생했다고 한 자신의 말이 잘못이었음을 인정하고 이렇게 말했다. "살인을 입증할 만한 공식적인 보고는 없다. 강간이나 성폭행에 대해서도 공식적으로 보고된 바 없다. 지금까지 파악한 내용에 따르면 뉴올리언스 주민들의 전반적인 반응은 언론에 보도된 폭력으로 얼룩진 혼돈 상태와 전혀 달랐다."[16]

실제로는 수백 개의 상호 부조 집단이 자연 발생적으로 구성되었다. 로빈후드 활빈당Robin Hood Looters이라는 집단도 그 중 하나였다. 이 조직은 원래 친구들 11명이 모여 결성한 것인데 노동일을 하는 이웃 주민들이 나중에 가세했다. 그들은 가족들을 안전한 곳으로 대피시킨 뒤 위험을 무릅쓰고 현장으로 돌아가 주민들을 구했다.

2주 동안 배를 징발하고 버려진 집에 들어가 음식과 물, 옷가지를

---

15 Rosenblatt, S., & Rainey, J. Katrina takes a toll on truth, news accuracy, *Los Angeles Times*, 2005, p. 27.
16 Dwyer, J., & Drew, C. Fear exceeded crime's reality in New Orleans. *New York Times*, 25 (2005): A1. Rodriguez, H., Trainor, J., & Quarantelli, E. L. Rising to the challenges of a catastrophe: The emergent and prosocial behavior following Hurricane Katrina. *Annals of The American Academy of Political and Social Science, 604*(1), 2006, pp. 82~101 및 Tierney, K., Bevc, C., & Kuligowski, E. Metaphors matter: Disaster myths, media frames, and their consequences in Hurricane Katrina. *Annals of The American Academy of Political and Social Science, 604*(1), 2006, pp. 57~81도 참조. Lecomte, *op. cit.*, p. 348에 인용.

꺼내 왔다. 그 와중에도 자발적으로 무기를 소지하지 말자는 등의 규칙을 정해서 지켰으며 지역 경찰이나 주 방위군과 공조해 위험 지역에서 구조된 생존자들을 위탁받기도 했다.[17]

결론적으로 말해서 "극소수의 반사회적인 행동이 나타난 적이 있긴 하지만 긴급 상황에서 펼쳐진 활동은 대다수가 친사회적, 이타적 성격의 것이었다."[18] 뉴올리언스의 한 경찰관은 이렇게 말했다. "대부분의 사람들이 서로 돕는 데 정말 정말 열심이었으며 그러고도 대가를 바라지 않았다."[19]

재해 연구소Disaster Research Center에서 실시한 조사에 따르면 해당 지역에 군대를 파견하기로 한 결정이 오히려 희생자 수를 늘리는 결과를 초래한 것으로 나타났다. 시내에 약탈자들이 너무 많아 구조대원들이 접근을 꺼린다는 뉴스를 보고 집에서 나가지 않겠다고 버틴 사람도 있을 정도였다.[20] 이렇게 실제로 일어나지도 않은 폭력과 맞서 싸우느라 "담당 공무원들이 지역 주민들의 선의와 이타적 정신은 물론 지역사회가 갖고 있는 자원을 제대로 활용할 수 없었다. …… 당국은 구조 작업을 하던 인력을 빼내 사회 질서 유지에 투입함으로써 허리케인 피해자의 생명보다 법과 질서를 우선시하는 모습을 드러냈다."[21]

뉴올리언스 사태는 드문 일이 아니다. 자연재해가 발생하면 사람들이 공포에 빠져 '나만 잘 살면 그만'이라는 식의 반응을 보인다는 믿음이 널리 퍼져 있다. 언론과 영화를 통해 공황에 빠진 사람들이 괴

17 Lecomte, op. cit., pp. 25~26.
18 Rodriguez et al. (2006), op. cit., p. 84.
19 Barsky, L., Trainor, J., & Torres, M. (2006). Disaster Realities in the Aftermath of Hurricane Katrina: Revisiting the Looting Myth. http://udspace.udel.edu/handle/19716/2367.
20 U.S. House of Representatives (2006), A failure of initiative: Final Report of the Select Bipartisan Committee to Investigate the Preparation for and Response to Hurricane Katrina, Washington, U.S. Government Printing Office, pp. 248~249. Lecomte, op. cit., p. 348에 인용.
21 Tierney, K., Bevc, C., & Kuligowski, E. (2006). op. cit., pp. 68~75.

성을 지르며 무질서하게 뛰어다니는 장면에 너무 익숙해진 것이다. 그러면서 위험에서 최대한 빨리 멀리 도망치려고 하는 사람들의 '공포' 반응과 사람들이 스스로를 통제하지 못해 비이성적으로 행동하는 '공황' 반응을 혼동한다.[22] 사회학자들에 따르면 위험한 곳에 갇혔을 때 탈출이 유일하게 살아남을 수 있는 방법인데 그것이 불가능해 보이고 아무도 자신을 구해 주지 않을 것 같다는 생각이 들 때 공황 상태에 빠진다고 한다.[23] 바로 그럴 때 두려움이 제어 불가능한 공황 상태로 바뀐다.

미국 델라웨어 대학교 재해 연구 센터에는 재해 발생 시 사람들이 나타내는 반응에 대한 세계 최대 규모의 데이터베이스가 있다. 재해가 발생하면 첫째, 사람들이 모두 공황에 빠지고 둘째, 이기적인 행동, 심하면 범죄 행위가 크게 증가하며 셋째, 구조를 기다리는 동안 무기력한 느낌이 든다는 세 가지 믿음이 널리 퍼져 있지만 이 거대한 데이터를 분석하면 그것이 모두 터무니없는 낭설이라는 것을 알 수 있다.

토마스 글래스와 존스홉킨스 대학교 연구진은 지진, 열차 탈선, 비행기 사고, 가스 폭발, 허리케인, 토네이도, 폭탄 폭발 및 그에 따른 화재와 같이 희생자를 많이 내는 열 가지 주요 재해가 발생했을 때 사람들이 나타내는 반응을 분석했다. 그 결과, 모든 경우에 희생자들이 즉시 지도자를 중심으로 그룹을 형성해 모두가 인정하는 규칙을 적용하기 시작했으며 최대한 많은 사람이 생존한다는 가정 하에 역할 분담을 한 것으로 나타났다.[24]

사회학자 리 클라크는 이렇게 썼다. "2001년 9월 11일, 세계 무역

---

22 Quarantelli, E. L. The nature and conditions of panic. *American Journal of Sociology*, 1954, pp. 267~275.

23 Der Heide, E. A. Common misconceptions about disasters: Panic, the "disaster syndrome," and looting. *The First*, 72, 2004, 340~380. Lecomte, (2012), *op. cit.*, p. 349 에 인용.

24 Glass, t. a. (2001). understanding public response to disasters. *Public Health Reports*, 116 (suppl. 2), 69. Lecomte, J. (2012). *op. cit.*, p. 28에 인용.

센터가 테러 공격을 받았을 때 목격자들이 이구동성으로 한 말은 공황 상태가 거의 없었던 반면, 서로 협조하면서 돕는 광경을 흔히 볼 수 있었다는 것이었다. 희생자가 매우 많았음에도 불구하고 비행기가 충돌한 지점보다 아랫층에 있었던 사람들이 거의 다 살아서 나올 수 있었던 것은 공황 상태가 없었기 때문이었다."[25]

영국 사회학자 존 드루리와 동료 학자들도 클라크와 의견을 같이 했다. "56명이 사망하고 700명이 부상당한 2005년 런던 폭탄 테러(지하철 세 곳과 버스 한 곳에서 폭탄이 터짐) 당시에 가장 흔히 볼 수 있었던 장면은 새로운 폭발이 일어나거나 터널이 무너질지도 모른다는 두려움에도 불구하고 생전 처음 보는 낯선 사람을 돕는 행동이었다.[26] …… 인터뷰에 응한 사람들 중 이기적인 행동을 언급한 사람은 단 한 명도 없었다. 가장 자주 들을 수 있었던 말은 '일치단결', '다 같은', '친숙한', '사회의 일원', '모두', '다 함께', '인정', '공감' 등이었다 …… 이들이 말하고자 한 것은 '공통의 정체성'이었다."

재난 연구 센터의 공동 설립자인 엔리코 카란텔리가 내린 결론은 다음과 같다. "나는 '공황'이라는 말을 사회 과학 개념으로 다뤄야 한다는 생각에 더 이상 동의하지 않는다. 그건 사람들이 하기 좋은 말에서 따온 꼬리표에 불과하다. …… 700건에 달하는 현장 사례를 연구했지만 주변적인 몇몇 경우를 빼고는 딱히 공황에서 비롯된 행동이라고 할 만한 것을 발견하지 못했다."[27]

재해가 발생했을 때 약탈이라 할 만한 행동이 나타나는 경우는 매

---

25 Clarke, L. (2002). Le mythe de la panique. *Sciences humaines*, 16~20. Clarke, L. (2002). Panic: Myth or reality? *Contexts*, 1(3), 21~26. Connell, R. (2001). "Collective behavior in the September 11, 2001 evacuation of the World Trade Center." http://putnam.lib. udel.edu/ 8080/dspace/handle/19716/683도 참조.

26 Drury, J., Cocking, C., & Reicher, S. The nature of collective resilience: Survivor reactions to the 2005 London bombings. *International Journal of Mass Emergencies and Disasters*, 27(1), 2009, pp. 66~95. Lecomte, *op. cit.*, pp. 36~37에 요약.

27 Clarke (2002). *op. cit.*, p. 24에 인용.

우 드물다. 엔리코 카란텔리는 '약탈'과 '정당한 점유 또는 귀속'을 확실히 구분해야 한다고 말한다. 정당한 점유나 귀속이란 위기 발생 시 시급한 필요에 의해 가능하면 나중에 돌려주겠다는 의도로 사용하지 않거나 버려진 물건 또는 생활재를 가져가는 것이다. 단, 즉시 소비 가능하고 생존에 꼭 필요한 음식, 물, 의약품 등은 여기에 해당하지 않는다. 학자들은 약탈이 일어나도 대부분 집단이 조직적으로 저지르는 행위가 아니라 개인이 숨어서 하는 일이며 그런 행동을 하면 다른 생존자들의 비난의 대상이 된다는 사실도 밝혀냈다.[28]

2011년에 쓰나미가 일본을 강타했을 때 약탈, 절도는 고사하고 무질서한 광경조차 찾아보기 어려웠던 것을 기억할 것이다. 비극적 참사를 취재하기 위해 현장을 찾은 언론은 일본인들의 친사회적 행동 양상을 인상 깊게 지켜보면서 놀라움과 감탄을 감추지 못했다. 이는 모두가 서로를 가까운 사람으로 생각하고 남에 대해 책임감을 느끼는 공동체 의식과 개인주의보다 예의와 의무감을 훨씬 더 중요시하는 일본의 문화에서 비롯된 것이다.

자연재해, 테러, 사고 등은 흔하거나 진부한 것과는 거리가 먼 예외적인 상황이다. '선의 진부성'을 논하는 이번 장에서 그것들을 언급한 이유는 그런 극한 상황에서조차 가장 많이 볼 수 있는 현상은 서로를 돕고 원조를 제공하고 연대감을 표시하는 것이며 무관심, 이기주의, 폭력, 탐욕은 정말 찾아보기 어렵다는 것을 한 번 더 강조하고자 하는 뜻이다.

---

28 Quarantelli, E. L. Conventional beliefs and counterintuitive realities. *Social Research: An International Quarterly*, 75(3), 2008, pp. 873~904. Lecomte, *op. cit.*, p. 33에 인용.

10

이타적인 영웅정신

사심 없는 이타심이 과연 얼마나 큰일을 할 수 있을까? 여러 연구 결과
를 살펴보면 남을 도울 때 치러야 할 대가가 너무 높으면 이타적 행동
의 빈도가 줄어든다고 한다. 그렇다고 아예 없다는 것이 아니다. 위험
이 커도 용기를 내고 결의를 다져 남을 도운 예들을 영웅적이라고 말
한다. 흔하지 않은 행동이라 그런 것이 아니다. 요즘은 영웅적 행동에
대한 소식을 거의 매일 들을 수 있다. 따라서 희귀성은 그리 중요한 것
이 아니다. 그런 행동을 영웅적이라고 하는 이유는 자신이 비슷한 상
황에 놓였을 때 과연 어떤 반응을 보였을지 자문해 보고 그것이 얼마
나 대담하고 헌신적인 행동인지 진심으로 높이 평가하기 때문이다.

2007년 1월 2일, 웨슬리 오트리가 두 딸을 데리고 뉴욕 맨해튼 137
번가 브로드웨이역에서 지하철을 기다리고 있었다. 그때 갑자기 간질
발작을 일으킨 청년이 눈에 들어왔다. 웨슬리는 청년이 혀를 깨물지
않도록 펜을 이용해 턱을 벌려 놓았다. 그런데 발작이 잦아들어 자리
에서 일어서려고 하던 청년이 어지러운 듯 비틀거리더니 플랫폼 아래
로 떨어졌다.[1]

청년이 선로 위에 쓰러져 있는데 멀리서 역으로 진입하는 열차 불

빛이 보이기 시작했다. 웨슬리는 근처에 있던 여성에게 두 딸을 맡긴 후 선로로 뛰어내렸다. 원래 청년을 끌고 플랫폼으로 올라올 계획이었지만 시간이 없다는 것을 깨달았다. 그래서 청년 위로 몸을 던진 뒤 선로 사이 배수 도랑 바닥에 납작하게 누운 채 청년이 꼼짝 못하게 했다. 지하철 기관사가 최선을 다해 제동을 걸었지만 열차는 아슬아슬하게 두 사람 몸 위를 지나갔다. 열차 밑바닥에서 떨어진 윤활유 자국이 웨슬리 모자에 선명하게 남아 있었다. 훗날 웨슬리는 기자들에게 이렇게 말했다. "대단한 일을 한 것 같지 않습니다. 그냥 도움이 필요한 사람이 보여서 옳다고 생각하는 일을 한 것입니다. '누가 저 사람을 도와줘야지 안 그러면 큰일나겠어!' 이렇게 생각했습니다."

그는 과거 경험 덕분에 순간적으로 어떻게 할지 결단을 내릴 수 있었다고 했다. "저는 건축 일을 하는데 협소한 공간에서 하는 일이 많습니다. 그래서 주위를 둘러봤죠. 제 판단이 틀리지 않았습니다. 아슬아슬했지만 공간이 있었거든요."

미국 캘리포니아주 홈볼트 대학교의 사무엘 올리너와 펄 올리너 명예 교수는 이타심의 사회학과 나치 치하에서 수많은 유대인들을 구한 "열방의 의인"에 대한 연구에 평생을 바친 학자들이다. 그들에 따르면 이타심은 다음과 같은 조건을 만족할 때 영웅적인 성격을 갖게 된다.

- 누군가 남을 돕는 것이 목표이다.
- 커다란 위험이나 희생을 수반한다.
- 보상에 연연해하지 않는다

---

1   Buckley, Cara. Man Is Rescued By Stranger on Subway Tracks, *New York Times*, January 3, 2007 등 여러 기사 내용. 다른 비슷한 사건의 경우, 구조자가 신원을 밝히려고 하지 않았다. 2009년 3월, 뉴욕 펜실베이니아 역에서 한 시민이 철도에 떨어진 남자를 구조했다. 사람들이 매연과 먼지를 뒤집어 쓴 구조자를 격려하려고 몰려들자 그는 마침 역에 들어온 열차 안으로 몸을 숨겼으며 현장에 있던 기자가 질문을 해도 대답하지 않았다. Wilson, Michael. An Unsung Hero of the Subway, *in New York Times*, March 16, 2009.

- 자발적이다.[2]

앞서 소개한 일화와 마찬가지로 크리스틴 먼로가 들려주는 이야기는 이 네 가지 조건을 모두 충족하고도 남는다.

캘리포니아주 남부 산악 지대에서 하이킹을 즐기는 40대 남성의 이야기이다. 그날도 평소와 같이 하이킹을 즐기고 있었는데 여자 비명 소리가 들렸다. 한 여성이 산에서 사자가 내려와 아기를 물어갔다고 했다. 남자는 사자가 아기를 물고 사라졌다는 쪽으로 뛰어갔다. 발자국을 따라간 그는 사자가 아기를 단단히 물고 있는 모습을 발견했다. 아기는 아직 살아 있었다. 남자는 막대기를 집어 들고 공격을 가하면서 사자 정신을 어지럽게 만들었고 사자는 여자 아기를 입에서 떨어뜨렸다. 사자의 공격을 가까스로 물리친 그는 심한 상처를 입었지만 목숨을 건진 아기를 어머니에게 데려다 주었다. 남자는 아기와 어머니를 병원까지 안전하게 데려다 준 다음 자취를 감추었다.[3]

아기 어머니가 고마운 마음에 사건을 세상에 널리 알리면서 남자도 유명해졌다. 그렇지만 정작 남자는 유명세를 원치 않았고 미국 카네기 위원회가 매년 영웅적인 행동을 한 사람에게 수여하는 영웅 메달도 고사했다. 그는 모든 인터뷰를 거절하고 대중의 관심에서 벗어나려고 애썼다. 크리스틴 먼로가 『이타심의 본질The Heart of Altruism』를 집필하는 과정에서 요청한 인터뷰도 물론 거절했다. 남자는 정중하지만 단호한 거절 편지에서 "명예를 원치 않는다. 인쇄 매체와 방송에서 보이는 관심은 부적절한 것이며 대중의 갈채가 매우 불쾌하게 느껴진다."라고 입장을 밝혔다. [4]

---

2   Oliner, Samuel and Pearl, *Do Unto Others: Extraordinary Acts of Ordinary People*, Basic Books, 2003, p. 21.

3   Monroe, Kristen, *The Heart of Altruism, op. cit.*, pp. 140~141.

우리가 그런 상황에 직면했다면 과연 어떻게 행동했을지 알 수 있는 방법은 없다. 어머니들은 대개 아이를 구하려는 반응을 보인다. 아이로 인해 목숨이 위태로워져도 두 번 생각하지 않는다. 그런데 생면부지의 사람들을 위해 그런 행동을 하는 사람들이 있다. 인간은 기본적으로 이기적이라는 강력한 선입견에도 불구하고 영웅적인 행동을 하는 사람들의 예는 교조주의적인 선입견에 의문을 제기할 중요한 논리적 근거가 된다. 그런데도 이렇게 반대하고 나서는 사람이 있을 것이다. "그 사람들은 성인군자이지만 우리는 그렇지 않다." 사람은 이타심을 키워야 한다고 하면 아무렇지도 않게 무시하는 사람들이 흔히 들먹이는 이야기이다.

영웅 정신과 이타심

스탠포드 대학교의 심리학자 필립 짐바르도와 동료 학자들은 사람들이 일반적으로 기대하는 수준 이상의 위험이나 희생을 자발적으로 수용하는 것이 영웅 정신의 전제 조건이라고 생각한다.[5] 다시 말해서 영웅적 행동을 한 사람이 그런 위험을 받아들여야 할 도덕적 의무가 전혀 없다는 말이다. 물리적 위험을 받아들여야 하는 경우에는 스스로 느끼는 두려움을 극복해야 신속하고 단호하게 행동할 수 있다.[6]

짐바르도는 영웅 정신을 크게 셋으로 구분해 군인 영웅 정신, 시민 영웅 정신, 사회적 영웅 정신으로 나눈다. 군인 영웅 정신은 군대 규율과 군인 정신에서 요구하는 것 이상으로 용기와 희생을 보여 주는 행

4   Ibid.
5   Franco, Blau, & Zimbardo, P. Heroism: A conceptual analysis and differentiation between heroic action and altruism. *Review of General Psychology*, 15(2), 2011, pp. 99~113.
6   Hughes-Hallett, L., *Heroes*, London: Harper Collins, 2004; Eagly, A., & Becker, S. Comparing the heroism of women and men. *American Psychologist*, 60, 2005, pp. 343~344.

위이다. 전우를 구하기 위해 목숨을 바치는 행위가 여기에 속한다. 시민 영웅 정신은 이를테면 물에 빠진 사람을 구하려고 얼음장같이 차가운 물속으로 뛰어드는 것이다. 행위자가 위험을 무릅쓸 마음의 준비가 되지 않은 상태이며 복종의 의무나 도덕률에 이끌려 행동하지 않는 것이 보통이다. 사회적 영웅 정신은 인종 격리 정책인 아파르트헤이트가 한창이던 남아프리카 공화국에서 인종 차별주의에 반기를 들고 싸운 사람이나 회사 내 부정부패를 고발한 직원의 행동 같은 것이다. 군인 영웅 정신이나 시민 영웅 정신에서 나온 행동보다 극적인 효과가 덜하고 긴 시간에 걸쳐 나타나는 것이 보통이다. 일반적으로 사회적 영웅 정신은 당장 수반되는 물리적 위험은 없지만 치러야 할 대가가 무척 클 수 있다. 예를 들어 직업을 잃는다든가 동료나 사회로부터 배척당한다든가 하는 것이다.[7]

1984년에 워싱턴 DC에 있는 미국 환경 보호국Environmental Protection Agency에서 일하던 화학자 케이트 젠킨스는 그린피스로부터 파일을 하나 받았다. 거기에는 다국적 농업 생물 공학 기업 몬산토가 PCB(폴리 염화 바이페닐)의 무해성을 증명하기 위해 실시한 과학적 연구가 조작된 것이며 이 화학 제품이 독성이 높다는 사실을 몬산토도 알고 있다는 내용이 들어 있었다. 젠킨스는 상사에게 이 사실을 알리고 고발장의 성격을 띤 보고서를 제출했으나 몬산토 부사장이 EPA의 고위층에 손을 쓰는 바람에 보고서가 묻히게 되었다. 분노한 젠킨스는 보고서를 직접 언론에 공개하기로 마음먹었다. 그때부터 불행이 시작되었다. 젠킨스는 좌천도 모자라 몇 년 동안 계속 괴롭힘을 당해 사는 것이 지옥처럼 되어 버렸다. 그렇지만 젠킨스 덕분에 정부와 몬산토의 야합

7   Franco, Z., & Zimbardo, P. The banality of heroism. *Greater Good*, 3, 2006~2007, Fall–Winter, pp. 30~35; Glazer, M. P., & Glazer, P. M. On the trail of courageous behavior. *Sociological Inquiry*, 69, 1999, pp. 276~295; Shepela, S. T., Cook, J., Horlitz, E., Leal, R., Luciano, S., Lutfy, E.,... Warden, E. Courageous resistance. *Theory and Psychology*, 9, 1999, pp. 787~805.

이 만천하에 알려졌고 수많은 PCB와 '에이전트 오렌지agent orange(베트남전에 사용된 고엽제)' 피해자들이 보상을 받을 수 있게 되었다.[8]

짐바르도는 영웅 정신에 대해 상황주의적 관점을 제시한다. 신속하고 과감한 개입이 필요한 상황에서는 사람들이 대부분 영웅적으로 행동할 수 있다는 것이다. 상황이 영웅 정신을 발휘하는 데 꼭 필요한 촉매라면 상황에 개입하는 사람의 결심은 아무도 몰래 그의 의식 속 깊은 곳에서 이루어진다. 나치로부터 유대인들을 구한 의인들을 비롯해 많은 영웅들이 그런 영웅적 행위에 뛰어든 것은 마음속 깊이 뿌리박힌 도덕규범에 따라 양심을 돌아보고 결정한 일이었다.[9]

제노 프랑코와 필립 짐바르도는 성인 미국인 3,700명을 대상으로 영웅 정신과 단순한 이타심의 차이가 무엇인지 묻는 설문 조사를 실시했다.[10] 질문에 답한 사람들 중 96퍼센트는 화재가 났을 때 사람들을 구하는 것이야말로 가장 순수한 형태의 영웅 정신이라고 대답했고 나머지 4퍼센트는 그것을 단순한 이타심이라고 했다.[11] 반면에 내부 고발자를 비롯한 사회적 영웅에 대해서는 답변이 미온적이었다. 이런 행동에 흔히 수반되는 논란 때문인지 26퍼센트가 그런 행동은 영웅 정신도 아니고 이타심도 아니라고 답했다.[12] 이타심은 사심 없이 도움을 주는 것이고 영웅 정신은 이타심이 극단적인 상황에 적용된 것이라고 정의한 사람도 있었다.

이타심은 영웅적 행동을 불러일으키는 가장 중요한 동기가 될 수

---

8   Robin, M.-M., The World According to Monsanto: Pollution, Corruption, and The Control of The World's Food Supply. New Press, 2010. Kindle, pp. 1432~1530.
9   Shepela, S. T. et al. (1999), op. cit..
10   Franco, Z. E., Blau, K., & Zimbardo, p. G. (2011). op. cit..
11   설문 조사 참가자 중에서 동료를 위해 목숨을 바치는 군인이 영웅적 행동을 했다고 생각하는 사람은 88퍼센트였으며 9퍼센트가 이타적 행동, 3퍼센트가 영웅주의도 아니고 이타심도 아니라고 답했다.
12   Monin, B., Sawyer, P. J., & Marquez, M. J. (2008). Rejection of moral rebels: Resenting those who do the right thing. Journal of Personality and Social Psychology, 95, 76~93.

있지만 항상 그런 것은 아니다. 영웅적 행동에 사람에 대한 배려가 있는 것은 사실이지만 국가에 대한 충성심(군인 영웅 정신의 경우), 불의와 악습에 대한 분노(내부 고발자의 경우) 같은 것이 두드러진 역할을 할 수도 있다. 다음에 이어지는 이야기를 보면 심한 고통에 시달리는 사람에 대한 이타적 관심과 불의, 차별, 학대의 가해자에 대한 하늘을 찌르는 분노가 뒤섞여 있는 것을 볼 수 있다.

루실 이야기

루실은 파란만장한 삶을 산 사람이다. 그녀는 아주 어렸을 때부터 용기 있는 행동으로 남을 돕는 것이 자연스러운 일이라고 생각했다. 루실이 어린 시절을 보낸 1950년대는 미국에서 인종 차별이 아직 심하던 시절이었다. 그런데도 어린 루실은 닭을 안고 버스에 오르려는 흑인 소녀가 운전기사에게 승차 거부당하는 광경을 보고 기꺼이 소녀 편에 서서 도왔다. 루실은 소녀에게 버스에 타라고 한 뒤 자기 옆 자리에 앉혔다. 흑인을 백인 지정석에 앉힌다는 것은 당시 정서상 상상조차 할 수 없는 일이었다. 결국 루실과 루실 어머니는 이 일 때문에 지역 주민들에게 노여움을 사고 말았다. 그 후 루실은 미국 육군에 입대해 아프리카에서 파견 복무를 했다. 비록 체격은 왜소했지만 강가에서 어떤 남자를 두들겨 패는 병장을 강물에 밀어 넣을 정도는 되었다. 그 일로 앙심을 품은 병장은 복수의 의미로 루실을 죽도록 두들겨 팼고 루실은 평생 장애인으로 살게 되었다. 그렇다고 남을 돕는 일을 그만둘 루실이 아니었다. 크리스틴 먼로가 소개한 일화[13]를 보면 그것을 확실히 알 수 있다.

13   Monroe, K. R. (1996), *op. cit.*, pp. 66~67.

7월 29일[14] 책상에 앉아 일을 하고 있었다. …… 그때 끔찍한 비명 소리가 들려왔다. "살려 주세요! 아파요, 도와주세요!" 창밖을 내다보니 한 남자가 여자의 몸을 잡고 있었다. 마당에서 세차를 하던 이웃집의 젊은 여자였다. 남자는 여자의 머리채를 잡고 자동차 뒤로 끌고 가더니 보도 위에 패대기를 쳤다.

그 순간 '뭔가 해야 한다, 당장 뭐든 해야 한다.'는 생각이 들었다. 다들 일하러 나가서 이웃에 사람이 아무도 없는 시간이었다. 나는 중증 장애인이다. 병원에서 퇴원한 지 얼마 되지 않아 등과 다리에 정형외과용 보조 기구를 차고 있었다.

그래도 루실은 밖으로 나갔다. 지팡이가 있어야 걸을 수 있음에도 불구하고 최선을 다해 계단을 뛰어 내려가 강간 미수범과 젊은 여자가 있는 쪽으로 달려갔다. 루실이 현장에 도착했을 때 키가 1미터 95센티나 되는 거구의 남자가 여자 옷을 찢고 범하려 했다. 남자에게 여자를 놓아 주라고 소리쳤지만 남자는 늙은이 고함 따위에는 꿈쩍도 하지 않았다.

나는 남자에게 다가가 여자를 놓으라고 다시 소리를 질렀다. 이번에는 녀석이 몸을 돌려 날 쳐다보았지만 하던 짓은 멈추지 않았다. 나는 지팡이를 들어 녀석의 목과 머리를 때리기 시작했다. 녀석은 몸을 일으킬 수밖에 없었다. 그리고 내게로 다가왔다. 난 이렇게 말했다. "내가 널 죽여 주마. 자, 올 테면 와 봐. 허튼 소리가 아냐." 그리고는 여자를 향해 소리쳤다. "집에 들어가 문 걸어 잠그고 가만히 있어. 나한테 신경 쓰지 말고 어서 들어가. 아무도 집안에 들이지 마!"

나중에 사람들이 내게 이렇게 물었다. "겁나지 않았어요?" 물론 겁

14 1987년 7월 29일, 미국 아칸소주 리틀록Little Rock에서 있었던 일. 22세의 여인을 구한 루실 밥콕은 이 사건을 계기로 카네기 영웅 기금 위원회에서 메달을 받았다.

이 많이 났다. 너무 기분 나쁘게 생긴 남자라 그날이 내 장삿날이 아닐까 하는 생각까지 들었다. 둘 중 하나는 죽어야 끝날 것 같았다. 그렇지만 그런 녀석이 무고한 사람을 해치려고 하는데 가만히 있을 수 없었다. 그건 내 인생에 절대 있을 수 없는 일이었다.

녀석이 내 어깨를 쳤다. 나는 다시 지팡이를 휘둘렀고 녀석도 주먹으로 공격을 가해 왔다. 나는 물러서지 않고 여자를 향해 다시 소리쳤다. "얼른 집으로 들어가라니까!"

여자가 집으로 들어간 뒤 내가 녀석을 잡지 않으면 이번에도 "증거 불충분" 사건으로 끝나고 말 것이라는 생각이 들었다. 그래서 나온 김에 끝장을 보기로 마음먹었다. "그래, 네가 시작한 일이니까 어디 끝까지 가 보자."

내가 다시 지팡이로 내려치자 녀석이 날 죽이겠다고 위협했다. "빌어먹을 늙은이, 오늘 내 손에 죽었어." 나는 어디 한번 해 보라고 응수했다. "어떻게 되는지 두고 보자고." 녀석은 결국 몸을 돌려 자동차로 도망쳤다. 나는 뒤를 쫓았다. 녀석이 차에 오르는 순간, "가긴 어딜 가" 하면서 차 문 사이로 발을 집어넣었고 목청껏 이렇게 외쳤다. "경찰 불러 줘요, 얼른! 경찰을 불러!"

그랬더니 녀석이 다시 차에서 내려 냅다 도망치기 시작했다. 도망치지 못하게 막아야 한다는 것을 잘 알고 있었다. 나는 지팡이를 휘두르며 따라갔다. 숨이 차서 죽을 지경이었다. 생지옥이 따로 없었다.

그때 어떤 남자가 나타나 무슨 일이냐고 물었다. 도망치는 녀석이 젊은 여자를 강간하려 했다고 말하자 그는 "제게 맡기고 들어 가세요."라고 했다. 나는 오던 길을 거슬러 집으로 돌아왔다.

마침내 경찰이 출동해 강간 미수범을 체포했다. 다행히 루실은 몇 군데 타박상을 입은 게 전부였다. 그녀는 이렇게 말했다.

171

화가 나면 아픈 것쯤 생각도 나지 않아요. 그놈들(강간범들)은 비겁한 놈들입니다. 냅다 큰 소리를 지르면 상황이 달라질 수 있어요. …… 사람을 염려하는 마음만 있으면 하늘이 무너져도 도와야겠다는 생각이 드는 법이죠. 나는 키가 1미터 70센티에 몸무게가 59킬로그램입니다. 파리도 죽이지 못해요. 그런데도 녀석에게 겁을 주는 데 성공했어요. 직접 집에서 나와 사건에 개입하지는 못해도 전화기를 들거나 창 앞에 모습을 나타낼 수는 있잖아요. 뭔가 해야 해요. 행동해야 합니다. 평생 가만히 무기력하게 서서 남들이 학대당하는 것을 보고만 있을 건가요?

크리스틴 먼로는 어째서 루실 같은 사람이 그 일을 한 것이냐고 물었다. 그리고 용기도 없고 그럴 생각조차 하지 않는 사람이 그토록 많은 이유는 뭐냐고 물었다. "저도 그 점에 대해 생각을 해봤어요." 루실은 이렇게 대답했다. "저희 어머니와 할머니는 어떤 형태든 불의를 봤으면 맞서 싸워야 한다고 가르치셨어요. 내가 그 자리에 함께 있었으니 나도 책임이 있는 거예요. 어머니와 할머니가 세상 사람을 전부 다 사랑하라고 가르치셨거든요."

남을 구하기 위해 목숨을 바친 이들의 예는 무수히 많다. 19세기 티베트에 도라 직메 켈상이라는 은둔 수행자가 있었다. 어느 날 아침, 마을 중앙 광장에 나갔는데 사람들이 잔뜩 모여 있었다. 그는 가까이 다가갔다. 사람들이 도둑을 잡아 벌겋게 달아오른 철마 위에 앉혀 잔인하게 죽이려고 하고 있었다. 도라 직메 켈상은 군중 앞에 나가 이렇게 말했다. "내가 도둑질을 했소." 갑자기 광장에 정적이 감돌았다. 형을 집행하려던 관리가 무표정한 얼굴로 그를 바라보며 이렇게 물었다. "방금 당신이 한 말의 대가를 기꺼이 치르겠소?" 도라 직메 켈상은 고개를 끄덕였다. 결국 켈상이 말 위에서 죽고 도둑은 목숨을 건졌다. 이처럼 극단적인 경우에 보통 수준을 훌쩍 뛰어넘는 자비심 외에 도라 직메 켈상에서 과연 무슨 동기가 더 있었을까? 동네에서 이방인에 불과한 사람이니 마음만 먹으면 얼마든지 조용히 가던 길을 갔을 텐데 말이다.

아우슈비츠 포로수용소에 갇혀 있던 프란체스코회 신부 막시밀리안 콜베도 스스로 죽음을 선택한 사람이다. 그는 아내와 아이가 있는 가장이 수용소를 탈출한 죄수를 도운 대가로 굶주림과 갈증 속에 죽어야 할 운명에 처한 것을 보고 그 가장 대신 다른 죄수 아홉 명과 함께 죽었다. 1989년 6월 5일, 베이징 톈안문 대로에서 탱크 앞에 버티고 서서 열일곱 대의 탱크를 30분 동안이나 꼼짝 못하게 만들었던 '이름 모를 청년'이 보여준 용기를 상기해 보자. 그는 중국의 민주화를 요구하던 시위대를 해산시킨 탱크에 기어 올라가 이렇게 말했을지 모른다. "당신들 여기서 뭐 하는 짓이오? 당신들 때문에 도시 전체가 혼란에 빠졌소. 돌아가시오. 국민들을 이제 그만 죽이시오." 그 후 청년에게 무슨 일이 일어났는지 아는 사람은 아무도 없지만 맹목적으로 권력을 휘두르는 독재 정권에 맨몸으로 맞선 그의 이미지는 방송을 타고 전 세계로 퍼져 나가 만인의 영웅이 되었다.

자식을 둔 부모, 특히 어머니는 자녀를 구하기 위해 물불을 가리지 않는다고 한다. 그래도 이런 예들을 보면서 우리처럼 평범한 사람들은 절대 할 수 없는 일이라는 생각이 드는 것은 어쩔 수가 없다. 영웅적 행동을 보여 주는 일화들은 인간이 근본적으로 선한 존재임을 역설하는 동시에 인간이란 최악과 최선이 모두 가능한 존재라는 생각을 하게 한다. 필립 짐바르도는 "영웅 정신의 진부함"에 대해 다음과 같이 쓰고 있다. "나쁜 짓을 해서 벌을 받은 사람들도 영웅적인 행동을 하는 사람과 별반 다르지 않다. 알고 보면 그들도 평범한 사람일 뿐이다."[15] 특정한 순간, 특정한 상황에서 제반 여건과 개인의 성향이 합쳐지면 저울의 눈금이 이타심으로 기울기도 하고 이기심으로 기울기도 하며 때로는 순수한 자비심을 향할 수도 있고 최악의 잔인성을 향할 수도 있다.

15 Zimbardo, P., *The Lucifer Effect*, Ebury Digital. Kindle Edition, 2011, p. 1134.

11

조건 없는 이타심

영웅적 이타심이 위급한 상황뿐 아니라 장기간에 걸쳐 발휘되면 전에 없던 새로운 양상을 띤다. 개인이나 집단이 생명을 위협받는 사람들을 구하기 위해 위험하고 힘든 일을 수없이 반복하는 것이 바로 그런 경우이다.

독일인인 오토 슈프링거는 제2차 세계 대전 당시 프라하에 살고 있었다. 그는 유대인이 사장이던 회사를 인수한 뒤 자신의 지위를 이용해 가짜 신분증을 제공하고, 게슈타포 장교에게 뇌물을 주어 강제 수용소에 끌려가야 할 유대인들을 여러 명 구했다. 오스트리아 레지스탕스 조직과 손잡고 일했으며 유대인 여성을 보호하기 위해 그 여성과 결혼까지 하고 마침내 체포되어 강제 수용소로 보내졌다. 수용소에서도 유대인 수백 명을 구한 그는 수용소 탈출 후 미국 캘리포니아주에 정착했다.[1] 캘리포니아에서 오토 슈프링거를 만난 크리스틴 먼로는 그를 인간미와 열정이 넘치는 사람, 겸손하면서도 자신감으로 가득한 사람이라고 묘사한다. 그는 많은 유대인의 목숨을 구한 사실

---

1 Monroe, K. R. (1996), *op. cit.*, pp. ix~xv.

을 인정하면서 이렇게 덧붙였다.

제가 한 일이 과연 이타심에서 비롯된 것인지 잘 모르겠습니다. 제 친구 중에 이타주의자임이 확실한 친구가 한 명 있었습니다. 이름이 카리인데 머리가 비상했죠. …… 그는 자신이 유대인 여성과 결혼하면 그 여성을 보호할 수 있다는 걸 알고 친구들만 보면 이렇게 물었어요. "어디 결혼할 만한 유대인 여자 없을까?"

마침 남편을 잃고 혼자 두 딸을 키우는 여성이 있었다. 카리는 그 여성과 결혼해 한동안 평화롭게 잘 살았다. 그러던 어느 날, 게슈타포가 들이닥쳐 그의 아내와 딸 한 명을 체포해 갔고 둘 다 아우슈비츠에 수용되었다. 카리는 남은 딸을 숨어 지내게 했다. 얼마 후 유대인과 결혼한 사람들은 모두 강제로 이혼을 해야 했다. 어기면 감옥행이었다. 카리의 친구들은 불행한 일이지만 아내가 이미 수용소에 끌려갔으니 이혼 서류에 서명을 하라고 설득했다. 그러자 카리는 독일인들 성격이 워낙 철두철미해서 자신이 이혼을 하면 서류를 꼼꼼히 검토할 것이고 그럼 딸 두 명 중 한 명밖에 체포하지 못했다는 사실을 알면 나머지 한 명도 잡으러 올 것이 분명하다고 대답했다. 용케 체포되지 않은 어린 의붓딸이 발각되지 않도록 혼인 상태를 유지하는 것이 의무라고 생각한 것이다. "카리는 남은 아이가 발각될 가능성을 원천 봉쇄하려다가 수용소에 끌려갔고 거기서 생을 마감했습니다. 이런 것이 바로 진정한 이타심입니다." 오토 슈프링거는 이렇게 말했다.

오토 슈프링거는 왜 목숨을 걸고 남들을 구했을까? 그는 종교도 없고 스스로를 특별히 청렴한 사람이라고 생각하지도 않았다. 농담 조로 자신의 도덕성이 평균적인 미국 하원 의원보다 약간 높을 뿐이라고 말할 정도였다. 운영하던 회사를 핑계 삼아 전쟁 통에 몇 년 동안 인도에 나가 안전하게 살다 올 수도 있었는데 굳이 왜 유대인을 구하는 활동을 했을까? 그는 이렇게 설명했다.

분노가 끓어올라 미칠 지경이었습니다. 그게 내가 해야 할 일이라는 느낌이 들었어요. 그렇게 끔찍한 일이 눈앞에서 펼쳐지는데 측은한 생각이 들지 않을 수가 없었습니다. 특별할 게 하나도 없는 일이죠. 나치가 와서 설치는데 아무것도 안 할 사람이 어디 있겠습니까?

크리스틴 먼로는 슈프링거 말에다 이렇게 덧붙인다. "그럼에도 불구하고 사람들 대부분이 아무 일도 하지 않았다는 사실은 오토도 알고 나도 잘 알고 있다. 모든 사람이 오토가 말하는 '보통 사람'이었다면 홀로코스트는 아마 일어나지도 않았을 것이다." 인터뷰 끝에서 먼로는 이렇게 썼다.

나는 오토 덕분에 뭔가 아주 특별한 것, 전에 한 번도 보지 못한 강도와 순도 높은 그 뭔가를 만나게 되었음을 깨달았다. 바로 이타심이었다. 그것이 진짜배기라는 것을 난 알고 있었다. 그렇지만 나 자신이 그것을 올바르게 이해할 수 있을지, 다른 사람에게 만족스러울 정도로 설명할 수 있을지는 의문이었다.

유대인을 구한 사람들은 발각되면 자신은 물론 가족들까지 목숨이 위태롭다는 것을 다들 잘 알고 있었다. 그들은 즉흥적으로 결단을 내리는 일이 많았다. 도망 중인 사람과 우연히 마주쳐서 죽음의 수용소로 끌려갈 위험을 무릅쓰고 도움을 제공하는 식이었다. 그렇지만 한 번 시작한 일을 끝까지 밀고 나가려면 세밀하고 복잡한 전략이 필요했다. 그들은 자신이 한 일을 인정받지 못한 경우가 많았지만 옛일을 들먹이며 자랑하고 다니지 않았다. 이타적인 행동을 하고 이익을 얻기는커녕 건강을 해치거나 재정적, 사회적으로 오랫동안 후유증에 시달린 사람이 거의 대부분이었다. 그렇지만 자신이 한 일을 후회하는 사람은 아무도 없었다.

이레네의 사연

이레네 구트 옵다이크는 남을 구하겠다는 강한 결의를 바탕으로 자신의 목숨을 담보로 모든 행동을 강행했다는 점에서 가장 순수한 형태의 이타심과 용기를 실천한 인물이다.[2]

이레네는 폴란드 작은 마을에서 태어났다. 가톨릭 신자로 이웃에 대한 사랑을 당연한 덕목으로 여기고 사랑으로 자녀를 돌보던 다정한 부모 밑에서 네 자매와 함께 행복한 어린 시절을 보냈다.

1939년 9월 1일, 폴란드가 독일과 소련에 의해 분할 점령되었다. 당시에 이레네는 간호사가 되려고 라돔이라는 도시에서 유학 생활을 하고 있었는데 라돔 대부분이 독일군의 폭격에 파괴되는 바람에 가족과 연락이 끊긴 채 2년 동안 살았다. 당시에 열일곱 살이던 이레네는 레지스탕스 대원 그리고 간호사 몇 명과 함께 리투아니아로 피난을 갔지만 소련 군인들에게 강간과 구타를 당한 뒤 방치되어 사경을 헤매게 되었다. 러시아 병원에서 의식을 회복한 그녀는 눈이 퉁퉁 부어 앞이 보이지 않을 정도였다. 의식을 잃고 눈밭에 누워 있는 것을 보고 측은하게 여긴 러시아 의사가 그녀를 구한 것이었다. 건강을 회복한 이레네는 병원에서 몇 달 동안 간호사로 일한 뒤 폴란드로 송환되었다.

1941년에 라돔으로 돌아간 이레네는 그곳에서 피난 생활을 하고 있던 부모와 재회했다. 그들은 모든 것을 잃고 입에 겨우 풀칠을 하며 근근이 살고 있었다. 재회의 행복은 오래 가지 않았다. 이레네 아버지 타데우쉬가 독일군에 징발되어 독일과 폴란드 국경 지역에 있는 도자

2   Opdyke, I. G., In My Hands: Memories of a Holocaust Rescuer, Anchor, 1999.

기 공장으로 부역을 나가게 되자 어머니는 이레네와 이레네의 여동생 야니나를 라돔에 남겨둔 채 어린 딸 셋만 데리고 남편을 따라가기로 결심했다. 바로 그 시기에 이레네는 유대인에 대한 첫 번째 검거 작전 과 박해 현장을 직접 목격했다. 군수 공장 조립 라인에서 강제 노동을 하던 그녀는 공장장이던 뤼거메르 소령을 알게 되었다. 그녀의 유창한 독일어 실력(이레네는 폴란드어, 독일어, 러시아어, 이디시어를 유창하게 구사 한다.)에 감동을 받은 소령은 자기 밑에 들어와 마을 장교 식당에서 일 할 수 있도록 주선을 했다.

스무 살이던 이레네는 그때부터 유대인 수십 명의 생명을 구하기 시작했다. 먼저 일상에서 할 수 있는 작은 일부터 시작했다. 독일 장교 식당과 타르노폴(Ternopol의 폴란드 이름. 현재는 우크라이나령-옮긴이) 게토 사이에 쳐진 철조망 울타리 아래로 매일 조금씩 먹을 것을 떨어 뜨려 놓았다. 별것 아닌 일처럼 보이지만 자칫 잘못하다가는 목숨을 잃을 수도 있었다. 이레네는 갈수록 대담해졌다. 장교 식당에서 세탁 을 담당하게 된 후에는 자신의 입지를 이용해 이웃 강제 수용소에서 일하던 유대인들을 뽑아 일이 덜 고되고 더 나은 식사가 제공되는 세 탁장에서 일하도록 했다.

가냘픈 몸매에 일 잘하는 직원을 의심하는 사람은 아무도 없었다. 이레네는 "이런 식으로 약점을 유리하게 활용했다."라고 말했다. 급기 야 뤼거메르 소령과 타르노폴 및 서부 우크라이나 지역의 유대인 학 살 책임자인 피도 눈물도 없는 SS 사령관 로키타가 주고받는 대화까 지 염탐할 수 있게 되었다. 검거나 보복 작전에 대한 정보가 귀에 들어 올 때마다 유대인 친구들에게 알려 주었다. 노동 수용소나 게토를 떠 나고 싶어 하는 사람이 생기면 마차에 몰래 사람들을 싣고 직접 야노 브카 숲까지 데려다 주었다. "그럴 때마다 '이 일을 할 것인가, 말 것인 가'를 고민한 게 아니라 '어떻게 할 것인가'를 생각했다. 그게 나의 운 명이었다. 어린 시절부터 줄곧 걸어온 그 길을 계속 가야지 안 그러면 나를 잃어버렸을 것이다." 훗날 이레네는 이렇게 말했다. 그녀는 수용소에서 도망친 사람들을 숲에 데려다 주는 일 외에 정기적으로 먹을 것과 약품까지 실어 날랐다.

1943년, 스탈린 군대의 공격을 앞두고 독일군이 후퇴하기 시작했다. 뤼거메르 소령은 타르노폴에 있는 별장으로 거처를 옮기기로 했다. 그해 7월, 잔혹 무도한 로키타 사령관이 지역 내 유대인들을 7월 말까지 전부 몰살시키겠다고 벼르고 있었다.[3] 상황이 다급해진 것을 눈치챈 이레네는 상상할 수 없이 위험한 일을 벌였다. 유대인 친구들을 뤼거메르 소령의 욕실에 설치되어 있는 통풍관에 숨겼다가 모두 잠든 밤을 틈타 뤼거메르 소령이 새로 징발한 빌라로 데려가 사람이 살 수 있게 개조한 지하실에 기거하게 했다. 뤼거메르 소령이 거처하는 빌라에서 열한 명의 유대인을 일 년 이상 함께 살게 한 것이다!

어느 날 이레네가 숨겨 준 클라라와 판카가 주방에 올라와 있다가 불시에 집에 돌아온 뤼거메르 소령에게 들키고 말았다. 이레네는 친구들의 목숨을 구하기 위해 마지못해 소령의 정부가 되었다. "문제의 심각성에 비해 내가 지불해야 할 대가는 아무것도 아니었다. 신이 도왔다고 생각한다. 나는 내 행동이 옳은 일이라고 100퍼센트 확신했다." 모두의 예상과 달리 소령은 비밀을 입 밖에 내지 않았다. 심지어 저녁 시간에 이레네의 두 친구와 어울려 노는 일까지 있었다. 빌라 지하실에 유대인 아홉 명이 더 있다는 사실은 까맣게 모른 채.

1944년에 소련의 붉은 군대가 타르노폴로 진격해 오자 뤼거메르 소령은 이레네에게 집을 비우고 두 친구를 사라지게 만들라고 명령했다. 소련군 포병 부대의 폭격이 진행 중이고 독일군 순찰병들이 변방 지역을 누비고 다니던 때라 이레네는 깊은 밤에 친구 열한 명을 숲으로 데려가 그곳에 숨어 지내던 다른 도망자들과 합류하게 했다.

---

3 Opdyke, *op. cit.*, p. 111.

독일군이 타르노폴에서 철수하자 이레네는 뤼거메르 소령을 따라갈 수밖에 없었지만 키엘체에서 도망쳐 나와 폴란드 해방을 위해 붉은 군대와 싸우고 있던 폴란드 빨치산에 합류했다가 소련 점령군에게 체포되었다. 그 후 탈출에 성공한 이레네는 전쟁 중에 자신이 목숨을 살린 사람들로부터 보살핌을 받았다. 종전 후 그녀는 친구들이 모두 안전하게 크라쿠프에 살고 있다는 것을 알게 되었다. 1945년, 투쟁과 영양실조와 질병으로 기력이 쇠한 이레네는 독일 헤시슈 리히테나우 난민 캠프에서 살다가 윌리엄 옵다이크가 이끄는 UN 대표단이 그녀의 사연을 취재한 후 그들의 주선으로 미국 시민권을 받았다. 1949년에 미국으로 이주해 1956년에 윌리엄 옵다이크와 결혼한 이레네는 캘리포니아주에서 두 번째 인생을 시작했다. 과거에 대해 이야기하던 이레네는 이런 말로 말을 맺었다.

맞다. 그게 나였다. 나란 아이가 가진 것이라고는 자유 의지밖에 없었다. 난 그걸 호박 구슬처럼 손안에 꽉 움켜쥐었다. 전쟁은 선택의 연속이었다. 수많은 사람이 선택을 했다. 인류 역사를 통틀어 가장 수치스럽고 잔인한 선택을 한 사람도 있었다. 하지만 우리 중 일부는 약간 다른 선택을 했다. 나도 나만의 선택을 한 것이다.

유대인을 구한 의인들은 누구인가?

나치에 의해 몰살당한 유대인들은 유럽 거주 유대인의 60퍼센트에 달하는 600만 명이었다. 사무엘 올리너와 펄 올리너에 따르면 아무런 보상도 없이 목숨을 걸고 유대인을 도운 의인은 총 5만 명 정도라고 한다.[4] 그 중 많은 수는 앞으로도 영영 신원을 알 수 없을 것이다. 유대인을 도왔다는 이유만으로 죽음을 당한 사람도 많다. 독일, 폴란드, 프랑스에서 유대인을 돕는 것은 사형죄에 해당했다. 야드 바셈 홀로코스트 박물관은 목숨을 건진 유대인들로부터 영웅적 행동을 한 의인 6천 명의 이름을 수집했다. 올리너에 따르면 '열방의 의인'들은 동시대에 같은 지역에 살면서 핍박 받는 유대인들을 위해 개입하지 않은 사람들에 비해 타인에 대한 배려와 개인주의를 뛰어넘는 가치관에 입각해 교육을 받은 것으로 추정된다. 의인들의 부모는 다른 부모들보다 자녀들에게 타인에 대한 존중, 성실, 정직, 정의, 평등, 관용에 대해 자주 이야기했으며 규칙을 엄격하게 지키거나 순종적인 태도를 갖는 것을 크게 강조하지 않았다. 권위에 복종하는 경향이 있는 시민들의 경우에 순종하지 말라는 양심의 소리를 듣지 않고 명령만을 곧이곧대로 이행한다는 것은 널리 알려진 사실이다.

의인들은 대부분 거짓말 하지 말고 남의 것을 훔치지 말고 위조 서류를 만들지 말라는 기존 도덕규범을 가차 없이 무시하고 자신이 보호하고자 하는 사람을 구하는 더 큰 선을 행했다. 그런 행동을 한 동기를 묻자 그들은 남에 대한 관심이나 배려, 공정성, 나치가 자행한 끔찍한 만행에 대한 분노 등을 거론했다.

의인들은 또한 인류 전체에 대해 만인 구원론자universalist의 입장에서 접근하는 경우가 많았다. 그들 중 절반 이상은 "유대인도 우리와 똑같은 사람이며 박해 받지 않고 살 권리가 있다."[5]면서 그런 신념의 중요성을 강조했다.

의인 중 4분의 3 정도가 공감에 관련된 동기를 언급했으며 자비심, 연민, 관심, 애정이라는 말을 많이 했다. 자비심에는 보통 남을 구하기 위해 필요하다면 뭐든지 하겠다는 결의가 동반된다. 그들은 이렇게 말했다. "내가 죽는 한이 있어도 돕기로 마음먹었다. …… 그럴 수밖에 없었다. …… 누군가는 해야 할 일이었다. …… 핍박 받는 사

---

4   폴란드에 거주하던 유대인의 90퍼센트에 해당하는 300만 명이 집단 학살 당하거나 아우슈비츠, 소비보르, 트레블링카, 벨제크, 마이다네크 등 폴란드에 세워진 강제 수용소에서 처형되었다.

5   Oliner, S. P. & P. M., *The Altruistic Personality: Rescuers of Jews in Nazi Europe*, Macmillan, 1988, p. 2.

람들의 고통을 가만히 구경만 하고 있을 수 없었다."[6]

의인으로 많은 사람의 생명을 구한 스타니슬라스는 이렇게 말했다. "어떤 상황인지 상상이 가십니까? 열여섯 살, 열일곱 살 먹은 소녀 두 명이 찾아와 부모는 살해당하고 자신들은 강간을 당했다고 합니다. 두 아이에게 무슨 말을 할 수 있겠어요? 미안하지만 여긴 사람이 너무 많아 재워줄 수 없으니 다른 데 가서 알아보라고 할까요?"[7]

의인들은 "궁지에 몰린 사람이 나와 다를 바 없는 인간"임을 자각한 것이 그들을 구하기로 마음먹은 가장 결정적인 요인이었다고 자주 언급했다.

이타심으로 하나된 사람들

유대인들이 추방되거나 학살당하지 않도록 지역 사회 전체가 똘똘 뭉친 경우도 있었다. 특히 덴마크와 이탈리아에서 그런 식으로 단합된 모습을 많이 볼 수 있었다. 국민 중 일부가 힘을 합쳐 유대인 가족들을 조건 없이 숨겨 주고 보호한 것이다. 프랑스에서도 비슷한 예가 있었다. 오트 루아르라는 외딴 지역에서 개신교도들이 적극적으로 나서서 유대인들이 국경을 넘어 스위스로 들어갈 수 있도록 도운 것이다. 르 상봉 쉬르 리뇽 마을이 모범적인 사례였다. 처음으로 상봉을 찾은 난민은 프랑코 군대를 피해 도망친 스페인 공화주의자들이었다. 다음으로는 나치 정권을 피해 탈출한 독일인들과 비시Vichy 정부(1940년에 남부 프랑스 비시를 거점으로 세워진 프랑스 친독 정부—옮긴이)의 대독 협력 강제 노동국에 징집되지 않으려고 도망친 젊은 프랑스 청년들이었다. 그렇지만 그 중에서 가장 큰 비중을 차지했던 것은 유대인들이었다.

6 *Ibid.*, p. 166.
7 *Ibid.*, p. 168.

유대인들이야말로 절체절명의 위기에 처해 있었고 그들을 숨겨 주는 사람들도 가장 큰 위험에 노출되었다.

마을 주민이라고 해야 총 3,300명에 불과했지만 서서히 조직적으로 힘을 결집했고 몇 년 동안 5,000명 이상의 유대인을 숨겨 주었다. 교구 신자들은 마을의 목사 앙드레 트로크메의 조언에 따라 다양한 작전을 세워 사람들을 숨기고 먹여 살리고 위조 서류를 조달하고 안전한 곳으로 데려다주었다. 미국 역사학자 필립 할리가 샹봉의 의인들을 소재로 쓴 『무고한 피를 흘리지 않기 위하여Lest Innocent Blood Be Shed』 내용이 철학자 미셸 테레첸코가 쓴 『이토록 나약한 인간의 겉모습Un si fragile vernis d'humanité』에 요약되어 있는데 이를 보면 모든 일이 어떻게 시작되었는지 알 수 있다.[8]

1940년에서 1941년으로 넘어가는 어느 겨울밤이었다. 목사의 아내 마그다 트로크메는 부엌 화덕에 장작을 채워 넣다가 문 두드리는 소리를 듣고 소스라치게 놀랐다. 문을 열자 온 몸이 하얀 눈으로 뒤덮인 꽁꽁 얼어붙은 여자가 몸을 떨면서 서 있었다. 공포에 질려 금방이라도 달아날 것 같은 얼굴이었다. 나치의 박해를 피해 목사관을 찾아온 최초의 유대인이었다. 그곳은 그녀 말고도 몇 년 동안 수백 명의 유대인들에게 피난처가 될 곳이었다. 여자는 수심이 가득하고 다 죽어 가는 목소리로 들어가도 되는지 물었다. "물론이죠, 어서 들어오세요." 마그다 트로크메는 이렇게 대답했다.

필립 할리는 또 이렇게 썼다. "마그다를 비롯해 샹봉 주민 모두는 그때부터 나치 독일군 점령이 끝나는 날까지 누군가의 면전에서 문을 닫는 행동이 단순히 도와주지 못하겠다는 뜻이 아니라 한 사람에

8   *Ibid.*, p. 131.

게 차마 하지 못할 짓을 하는 것임을 뼈저리게 깨닫게 되었다. 이유야 어찌 되었건 간에 문을 걸어 잠그는 것은 곧 그 사람을 위험 속에 몰아넣는 일이었다."[9]

그런 행동이 극도로 위험한 것이었음은 말할 것도 없다. 나치는 전황이 불리할수록 더욱 더 잔혹해졌고 위험도 그만큼 커져 갔다.[10] 필립 할리는 마그다 트로크메의 말을 인용한다. "조직에 의존했다면 아마 성공하지 못했을 것입니다. 비대한 조직이 문 앞에 몰려든 사람들에 대해 어떤 결정을 내릴 수 있었겠습니까? 난민들이 줄을 잇는 마당이라 신속한 결단이 필요했습니다. 관료들이라면 많은 사람을 구하는 데 오히려 방해가 되었을 것입니다. 그에 비해 우리는 우리끼리 자유롭고 신속하게 결정을 내릴 수 있었습니다."[11]

미셸 테레첸코가 내린 결론은 다음과 같다.

남을 도와야 한다는 의무감은 그들에게 '제2의 천성'이자 '늘 변함없는 성향' 같은 것이었다. …… 유대인을 도운 이타적 행위는 마음속 깊은 곳에서 자연스럽게 솟아나 그냥 지나칠 수 없는 일종의 의무였다. 상당히 큰 위험이 동반되는 것은 맞지만 희생이나 헌신과는 거리가 먼 일이었다. 그들은 그렇게 행동하면서 자아와 '사리사욕'을 포기한 것이 아니었다. 오히려 철저히 그것에 입각해 충실하게 대응한 것이었다.[12]

---

9   여기에 소개된 사건의 개요는 Hallie, P. P., *Lest Innocent Blood Be Shed* (Reprinted edition), Harper Perennial, 1994, p. 12, 및 Terestchenko, M., *Un si fragile vernis d'humanité*, 2007, *op. cit.*, p. 213에 실린 내용이다.

10   *Ibid.*, p. 173.

11   Terestchenko, M. (2007). *op. cit.*에 요약되어 있는 내용.

12   Hallie, P. P., *op. cit.*, pp. 267~268.

'우리는 한 가족'이라는 세계관

수많은 의인들의 면면을 분석한 크리스틴 먼로에 따르면 의인들의 사회적 출신이나 배경은 매우 다양한 것으로 나타났다.[13] 예를 들어 나치가 유대인 말살을 시도한 제2차 세계 대전 중에는 건조 과일 가게에서 일하는 일자무식의 네덜란드 남자도 있었고, 자식을 여덟 명이나 둔 부부도 있었다. 그 부부는 자기들이 보호하고 있는 사람들에게 음식을 나눠 주느라 정작 자식들은 배를 곯는 일도 있었다. 유명 국제 학교를 나와 여러 언어에 능통하던 유럽 제너럴 모터스 사장 딸도 의인 중 한 사람이었다. 아흔세 칸 대궐 같은 저택에서 자란 슐레지엔의 한 여성 백작은 돈은 많지만 반유대주의자인 가문과 절연하고 수의학 박사 학위를 취득해 서커스단에서 일하면서 많은 유대인을 구하는 일에 기여했다. 종전 후 일부 국가에서는 유대인 가족들을 보호하느라 경제적으로 어려움에 빠진 의인들에게 정부 차원에서 재정적 보상을 제공하기도 했으나 거의 대부분이 보상을 거부했다.[14] 그런데 전쟁 통에는 말할 것도 없고 종전 후에도 자국 국민들에게 배척당한 의인이 많았다는 사실을 밝혀야 할 것 같다. "유대인을 좋아한다."라면서 그들이 보인 영웅적 행동을 웃음거리로 만드는 사람도 있었다.

의인 중에는 타국에서 결혼을 하고 가까운 친지들에게조차 일언반구 자신이 한 일을 알리지 않은 사람도 있었다.[15] 먼로는 이렇게 썼다. "내가 인터뷰한 이타주의자들은 모두 훗날 주어진 명예나 훈장, 특히 이스라엘 야드 바 홀로코스트 박물관에서 수여한 '열방의 의인'이라는 최고 호칭을 대수롭지 않게 생각했다. 삼십 년 전에 있었던 일로 보상을 받으리라고 생각하지 못했던 사람이 대다수였으며 그것을 원하

---

13 Terestchenko, M., *op. cit.*
14 Monroe, K. R. (1996). *op. cit.*, p. 121.
15 *Ibid.*, p. 140.

지 않는다고 한 사람도 놀라울 정도로 많았다. 대부분이 기뻐하기는 했지만 자신이 한 일의 의도와 동기에 대해 보상 받을 생각은 눈곱만큼도 없었다." 그들이 이구동성으로 표시한 감정은 생명을 구한 데 대한 깊은 만족감이었다.

먼로에 따르면 수많은 의인들의 증언에서 발견되는 공통점 한 가지는 세상과 남을 바라보는 시각이었다. 그것은 사람들이 서로 의존해서 살아간다는 사실에 대한 자각과 모두 다 같은 인간이라는 인식을 바탕으로 한 것이었다.[16] 모든 인간을 자애롭게 대접해야 한다는 생각도 거기서 비롯되는 것이다. "나는 늘 유대인들을 형제라고 생각했다."라고 한 독일인 의인은 프랑스 작가 마렉 알테르에게 이렇게 털어놓았다.[17]

대개의 경우에 근본적으로 '선한 사람'이나 근본적으로 '악한 사람'은 없다. 걸어온 인생 역정이 서로 다를 뿐이다. 바로 이런 식의 이해가 이타주의자들에게 한없는 관용과 놀라운 용서 능력을 길러주는 것으로 보인다. 그런 맥락에서 한 의인은 사무엘 올리너와 펄 올리너에게 이런 말을 했다.

사람은 누구나 똑같기 때문이다. 우리는 누구든지 삶을 누릴 권리가 있다. 그것은 명백한 살상이었고 난 그것을 참을 수 없었다. 유대인이 아니라 이슬람교도라도 난 도왔을 것이다. ······ 사람이 물에 빠졌을 때와 똑같은 일이다. 물에 빠진 사람에게 어떤 신을 믿느냐고 묻지 않는다. 앞뒤 안 가리고 뛰어들어 구할 뿐이다. ······ 그 사람들도 나 못지않게 삶을 누릴 권리가 있었다.[18]

---

16 *Ibid.*, p. 142.
17 *Ibid.*, pp. 206~207.
18 Halter, M., *La Force du bien*, Robert Laffont, 1995, p. 95.

사무엘 올리너와 펄 올리너는 그 증거로 유대인 가족을 숨겨 주던 집단의 한 여성 이야기를 들려준다. 어느 날 공습 중에 남편과 함께 독일군 병영 옆을 지나게 되었는데 독일군 병사 한 명이 밖으로 뛰어나왔다. 머리에 큰 상처를 입어 피를 많이 흘리고 있었다. 여성의 남편은 병사를 자전거에 실어 독일군 전투 사령부로 데려갔다. 건물 입구에 있는 종을 울린 다음, 문이 열리는 것만 확인하고 즉시 자리를 떴다. 나중에 레지스탕스 활동을 하는 친구 몇 명이 "이적 행위"를 했다면서 배신자라고 비난했다. 여성의 남편은 이렇게 대답했다. "그렇지 않아. 그는 심각한 부상을 당한 상태였어. 적군이 아니라 고통당하는 인간에 불과했지." 그는 유대인 가족을 구했다는 이유로 '영웅' 대접을 받는 것도, 심각한 부상을 입은 독일군 병사를 도왔다는 이유로 '배신자' 취급을 당하는 것도 모두 거부했다.[19] 영웅적 이타주의자가 고통 앞에 서면 국적, 종교, 정치 같은 꼬리표는 아무 의미가 없다는 것을 잘 보여주는 대목이다.

지금까지 살펴본 의인들의 행동을 종합하면 진정한 이타주의자들의 특징을 몇 가지 알 수 있다. 그들은 피해자들이 궁지에 몰린 상태이며 무일푼에 살아남을 가능성도 크지 않다는 것을 알았는데도 자신과 가족 모두를 위협할 만큼 커다란 위험을 불사하면서 아무런 보상도 기대하지 않고 행동했다. 나치에게 쫓기는 유대인을 숨겨 주는 것은 위험천만한 일이었으므로 도덕적으로 의무감을 느껴도 회피하면 그만이었다. 개중에 자신을 숨겨 준 가족에게 해가 돌아갈까 두려워 게슈타포에게 자수할 생각을 한 유대인도 있었지만 의인들 대부분은 이를 강력하게 말렸다. 이스라엘 '열방의 의인' 회장을 지낸 모르데차이 팔디엘은 인간의 마음속에는 어진 본성이 있어 조건 없는 이타심에서 비롯된 행동을 이해할 수 있으며 그런 행동을 보면서 선이 인간 본

19   Oliner, S. P., & Oliner, P. M. (1988), *op. cit.*, p. 228. 18. *op. cit.*

성이라는 사실을 알 수 있다고 결론짓는다. 그는 『예루살렘 포스트』
에 다음과 같은 글을 썼다.[20]

'열방의 의인'들이 한 행동을 조사하면 할수록 의문이 점점 더 커진다.
그들의 행동을 이상화하고 칭송하는 것이 과연 정당한 일일까? 우리는
지금 이토록 큰 선을 베푼 사람들을 영웅으로 만들겠다는 의도로 그들
의 저의와 동기를 파헤치고 있다. 그런데 정작 의인들은 스스로를 영웅
이라 생각하지 않는다. 홀로코스트 중에 한 일은 정상적인 일이었다고
생각한다. 이 수수께끼를 과연 어떻게 풀어야 할까?

우리는 지난 수백 년 동안 철학자들에게 세뇌당하면서 살아왔다.
그들은 다른 장점은 전부 무시하고 인간의 가증스러운 측면에만 초점
을 맞추고 이기적이고 비열한 성향만 강조했다. 의식적으로든 아니든
우리는 홉스나 프로이트의 명제를 받아들여 인간이 오직 자기 자신에
게만 몰두하면서 다른 사람의 필요에 관심을 거의 두지 않고 파괴를
일삼는 공격적인 존재라고 생각하고 있다. ……

그래서 인간의 어진 모습을 보면 아연실색하면서 그것이 인간의 자
연스런 속성이라고 차마 인정하지 못한다. 그래서 그렇게 특별한 행동
에 숨은 동기나 기상천외한 설명을 찾아 헤맨다. ……

그들의 행동을 칭송하면서 적당한 거리를 두고 공손히 모시려고 애
쓸 게 아니라 우리 안에 잠재된 이타적 능력을 되찾는 것이 더 낫지 않
을까? 아무리 어려워도 기회가 있을 때마다 남을 돕는 것이 인간의 본
성이다. ……

다른 사람의 선한 행동에 대해 불가사의한 설명을 찾으려고 애쓰는
일 따위는 이제 그만두자. 대신에 우리 안에 숨어 있는 불가해한 선을
다시 발견해 보자.

20. Mordecai Paldiel. Is goodness a mystery? *Jerusalem Post*, October 8, 1989.

12

실험을 통해 살펴보는 진정한 이타심

물건을 훔치고 사기를 치고 폭력을 휘두르는 사람을 보면 다들 무심한 태도로 "본성이 들통났다.", "진면목을 드러냈다."라고 말한다. 그 외 행동은 모두 남에게 보여 주기 위한 위선에 불과하고 그것이 언젠가 금이 가고 터져서 본성을 드러낸다는 말이다. 반면에 누군가가 아주 착한 행동을 하고 고통 받는 사람들을 위해 봉사라도 할라치면 그를 가리켜 "진짜 성인군자"라고 하면서 보통 사람은 꿈도 꾸지 못할 영웅적 행동이라는 식으로 말한다.

인간을 움직이는 것은 오로지 이기심이라고 주장하는 이들은 겉으로만 이타적이고 그 안에 숨은 동기는 이기적인 행동을 무수히 들먹인다. 스페인 출신의 미국인 철학자이자 동식물 연구가인 조지 산타야나는 이렇게 주장한다.

인간의 본성 중 관대한 충동은 어쩌다 한 번 일어나는 것이며 언제든지 반전될 수 있다. …… 그것은 깡패가 눈물을 글썽이며 감정에 호소할 때와 같이 애교 섞인 막간 공연이거나 겉으로만 그럴듯하게 들리는 자기기만적 위선에 불과하다. 사람들의 저항감을 줄이기 위해 낯선 사람 앞에서 예의를 차리는 것과 비슷하다. …… 그런데 긴장감을 조성해 보라. 겉모습을 조금만 파고들면 아마 사납고 고집불통이고 뼛속까지 이기적인 인간이 튀어나올 것이다.[1]

미국의 진화생물학자 마이클 기셸린은 똑같은 관점을 좀 더 적나라하게 표현했다.

사람이 자신의 이익만을 위해 행동할 수 있음에도 불구하고 형제, 친구, 부모, 자식에게 가혹 행위를 하거나 신체를 훼손하거나 살인을 저지르지 않는 것은 오로지 편의주의 때문인 것 같다. '이타주의자'의 가죽을 벗겨 보라. '위선자'가 피 흘리는 모습을 보게 될 것이다.[2]

라 로슈푸코에게는 우정도 이기심의 일종일 뿐이다.

사람들이 우정이라 부르는 것은 각자의 이익을 위해 사교를 하면서 서로의 이해관계를 챙기고 주선 또는 알선을 주고받는 것뿐이다. 자존심 때문에 늘 뭔가 손에 넣고 싶은 것이 생기는 시장터에 불과하다.[3]

가상 시나리오

내가 히말라야에서 몇몇 사람들과 함께 하이킹을 한다고 상상해 보자. 잘 아는 친구도 있고, 당일 아침 출발 직전에 팀에 합류한 낯선

---

1 Harold Schulweis, Oliner, S. P., & Oliner, P. M. (1988). Op. cit, p. ix~x의 서문에 인용.
2 Ghiselin, M. T., *The Economy of Nature and The Evolution of Sex*, University of California Press, 1974, p. 247.
3 La Rochefoucauld, F. de (1678/2010), *Reflections; or Sentences and Moral Maxims* (Kindle Locations 483~484). Kindle Edition.

사람도 있다. 늦은 오후에 협로를 하나 지난 뒤 숙소에 가서 식사를 할 예정이지만 점심은 변변히 준비를 하지 못했다. 그런데 휴식 시간에 가방을 뒤지다가 까맣게 잊고 있던 빵 한 덩어리와 치즈 조각을 발견했다. 내가 할 수 있는 행동은 세 가지 정도 된다. 1번, 사람들 눈을 피해 다른 곳에 가서 몰래 다 먹어 치운다. 2번, 친한 친구들과 나눠 먹는다. 3번, 싱글벙글하며 사람들에게 가서 이렇게 말한다. "이것 좀 보세요, 가방 속에 이런 게 들어 있네요!" 언뜻 보면 세 가지 행동 중 1번은 극단적인 이기심, 2번은 편애라는 한계가 있는 한정적 이타심, 3번은 편파성 없는 이타심인 것처럼 보인다.

그런데 그렇게 간단한 문제가 아니다. 설사 내가 빵과 치즈를 모두와 나눠 먹었다고 해도 동기가 무엇이냐에 따라 사정이 전혀 달라질 수 있다. 남을 잘 챙기는 본성에 따라 자연스럽게 행동한 것일 수도 있지만 이타심과 거리가 먼 이유로 다른 사람들에게 먹을 것을 나눠 준 것일 수도 있다. 예를 들어 사람 없는 곳에서 혼자 간식을 먹다가 혹시 들킬까 봐 두려웠을 수 있다. 칭찬받는 게 좋아서 치즈 한 조각 양보하고 주위 사람들에게 좋은 이미지를 남기려고 그랬을 수 있다. 혹은 다른 사람들이 나의 친절한 마음에 감동해서 숙소에 도착한 뒤 내게 저녁을 사 줄 것이라는 계산이 서서 그렇게 행동했을 수 있다. 지금까지 무심했던 사람들의 환심을 사고 싶었을 수도 있고 혼자 다 먹고 싶지만 무엇이든지 남과 나눠야 한다는 부모님의 가르침이 생각나 의무감에서 한 일일 수도 있다.

이렇게 간단한 예만 봐도 진정한 이타심과 분명히 구분해야 할 다양한 형태의 가식적 행동을 얼마든지 볼 수 있다.

그런데 사리사욕을 챙기는 행동이라도 남에게 도움이 되는 것이 있다. 뭔가 이득을 얻으려고 누군가에게 선물을 주는 경우가 그렇다. 또 반드시 남을 속이겠다는 의도는 아니지만 겉으로만 이타적이면서 자기 이익을 추구하는 행동도 있고 엄격히 말해 이타심은 아니지만 나름대로 고귀한 의무감 같은 것에서 비롯된 행동도 있을 수 있다.

실험대에 오른 이타심

앞 장에서는 인간의 선한 본성이 드러난 경우를 생생한 경험담을 통해 살펴보았다. 그 중에는 대단히 위험한 상황도 포함되어 있었다. 파란만장한 인생을 살면서 이레네 구트 옵다이크가 한 여러 가지 행동, 남의 고통을 덜어 주고 핍박을 면하게 하고 목숨을 구하기 위해 절박한 상황에서도 확고하고 헌신적인 태도를 보인 여러 사람들의 사연을 보고도 진심에서 우러난 이타심의 증거를 보지 못한다면 이는 상식 밖의 행동일 것이다.

인간의 행동을 전부 싸잡아서 이기심의 발로라고 우기는 것은 선입견에서 비롯되는 일이다. 과학 문헌에 실린 논문들 중에서 그런 편견이 옳다고 확증하는 경험적 연구가 있는지 예를 들어보라고 하면 아마 단 한 편도 찾아내지 못할 것이다. 물론 행동을 유발하는 동기는 매우 다양하며 그 중에는 이타적인 것도 있고 이기적인 것도 있을 수 있다. 그렇다고 해서 이타심의 존재까지 전면 부인할 수는 없다. 그럼에도 불구하고 보편적 이기주의의 논리가 시류에 휩쓸려 여전히 대세로 군림하면서 사람들의 집단 심리에 영향을 미치고 있다.

1930년대부터 1970년대까지는 심리학 문헌에 '이타심'이라는 용어가 거의 등장하지 않았다. 미국 심리학회 회장이던 도널드 캠벨은 1975년 당시에 통용되던 생각을 다음과 같이 요약했다. "심리학과 정신과학이 …… 인간의 동기가 이기적인 욕구라고 설명할 뿐 아니라 암시적 또는 명시적으로 마땅히 그래야 한다고 가르치고 있다."[4]

현실이 그랬기 때문에 심리학자 대니얼 뱃슨이 체계적인 실험 방법을 통해 반론을 원천적으로 차단해야 한다고 생각한 것이다. 뱃슨은

---

4   Campbell, D. T. On the conflicts between biological and social evolution and between psychology and moral tradition. *American Psychologist*, *30*(12), 1975, 1104. Batson, C. D. (1991), *op. cit.*, p. 42에 인용.

다음과 같은 설명으로 자신의 선택이 정당함을 주장하고 있다.

홀로코스트를 면하려고 애쓰는 사람들을 목숨 걸고 보호한 사람, 세계 무역 센터 테러 사건 당시에 생존자들을 안전한 곳으로 대피시키느라 생명을 잃은 소방관, 상어의 공격으로 부상당한 아이를 바다에서 구한 사람이 무슨 동기에서 그런 행동을 했는지 파헤친다는 것은 무척이나 고약한 취미처럼 보일 수 있다. 그렇지만 사람이 정말 이타적인 동기를 가질 수 있는지 알고 싶다면 반드시 철두철미한 조사가 이루어져야 한다.[5] ......

앞서 언급한 사례들을 전해 들으면 마음이 든든하고 살아갈 의욕이 샘솟는다. 사람이(뿐만 아니라 동물까지) 서로를 위해 멋진 일을 할 수 있다고 상기시켜 주기 때문이다. 이 점을 늘 마음에 새겨 두는 것이 중요하다.

그렇다고 이런 사례들이 이타심이 존재한다는 결정적인 증거가 되는 것이 아니다. ...... 실제로 아무리 영웅적인 행동이라도 남을 돕는 것만으로는 이타심이라고 할 수 없다. 이타심은 특별한 형태의 동기를 가리키며 그것의 궁극적인 목표는 다른 사람의 행복을 증진하는 것이다. ......

따라서 아무리 성자나 순교자라도 개인적인 이익을 바라고 행동했을 가능성을 감안해야 한다. 남을 도움으로써 얻을 수 있는 이익은 얼마든지 많다. 감사를 받고 남들로부터 존경을 받고 스스로 만족감을 얻으려고 남을 도울 수 있다. 욕을 먹지 않으려고 죄책감이나 수치심을 느끼지 않으려고 도움을 줄 수도 있다. 나중에 필요할 때 도움을 받으려고 역사에 이름을 남기려고 천국에 자리 하나 맡으려고 남을 도울 수 있다. 아니면 남의 고통을 보면서 느끼는 고뇌를 덜어 내겠다는 생

5   Batson, C. D. (2011), *op. cit.*, p. 4.

각일 수도 있다. 이타심이 정말 존재한다는 확실한 증거를 찾고 싶다면 눈에 띄는 극적인 사건에만 매달려서는 안 된다. 그런 식으로는 결코 문제를 해결할 수 없다.[6]

이 연구를 시작할 때 대니얼 뱃슨은 과학자들 대부분이 이타적인 것처럼 보이는 행동도 근본적인 동기는 이기적이라고 생각한다는 사실을 누구보다 잘 알고 있었다. 그랬기 때문에 오직 실험적 검증만이 동기의 성격에 대해 확실한 결론을 내릴 수 있고 이타심이 존재한다는 가설이 맞는지 틀리는지 회의주의자들이 납득할 수 있을 정도로 확실하게 밝힐 수 있다고 생각한 것이다.[7]

일상 속 이타심 연구

뱃슨의 의도는 여러 가지 측면에서 특별하고 뛰어난 영웅적 이타심이 아니라 일상생활 속에서 흔히 볼 수 있는 이타심을 파헤쳐보자는 것이었다.

내가 분석하려고 하는 이타적 동기는 영웅이나 성자들의 독점물이 아니다. 예외에 가까울 정도로 특별하지도 않고 부자연스럽지도 않는다. 오히려 누구나 이타적인 동기로 행동할 수 있다는 것을 보여 주려고 한다. …… 이타심을 흔히 볼 수 없고 인간의 본성에 반하는 것이라고 가정하면 그것이 일상적 경험의 주변을 떠돌고 있어 어쩌다 한번 볼까 말까 한 것, 극단적인 자기희생이 필요한 것이라고 생각하게 된다. …… 나는 이

---

6   *Ibid.*, pp. 87~88.
7   Hatfield, E., Walster, G. W., & Piliavin, J. A. Equity theory and helping relationship. In *Altruism, Sympathy and Helping: Psychological and Sociological Principles*, 1978, pp. 115~139. Batson, C. D. (1991), p. 39에 인용.

타심이 인간의 삶에서 하는 역할을 가장 잘 찾아볼 수 있는 것이 우리가 흔히 하는 일상의 경험이라고 주장하고 싶다.[8]

일상 속 이타심을 과연 어떻게 파헤칠 수 있을까? 20세기 중반에 접어들어 존 B. 왓슨과 벌허스 스키너 등을 비롯한 행동주의자들은 동기, 감정, 심상, 심지어 의식에 대해서조차 거론을 거부하며 소위 "블랙박스"(주관적 내면세계)에서 일어나는 일은 일절 배제하고 관찰 가능한 행동에만 관심을 집중하기로 했다. 행동주의가 그렇게 동기의 영역에 대한 연구를 금하는 바람에 이타심에 대한 지식이 발전할 수 없었다.

밖으로 드러나는 행동만 관찰하고 묘사해서는 인간을 움직이는 마음속 깊은 곳의 동기를 알아낼 수 없는 것이 당연한 일이다. 따라서 피험자의 동기를 분명하게 판별할 수 있는 실험적 테스트를 새로 고 안해야 했다. 이에 대해 뱃슨은 다음과 같이 설명한다.

사람의 본성을 이해하고 좀 더 인간적인 사회를 건설하도록 하는 방책 이 무엇인지 알려고 하는 사람들에게는 동기가 행위만큼 중요하다. 사 람과 동물이 훌륭한 일을 한다는 것만 알아서는 충분하지 않다. 그들이 왜 그런 일을 하는지 이유를 알아야 한다.[9]

대니얼 뱃슨은 캔자스 대학교 연구 팀과 함께 이 문제에 대한 답을 구하는 데 매진해 왔다.

사람들은 도대체 왜 서로를 돕는 것일까? 그것이 진정한 이타심에 서 나오는 행동일 수도 있지만 이기적인 동기에 복종하는 것일 수도 있다. 이기심에서 남을 돕는 행위는 달성하고자 하는 목표에 따라 크

8   Batson, C. D. (2011), *op. cit.*, p. 4.
9   *Ibid.*, p. 89.

게 세 부류로 나뉜다. 첫째, 불편한 감정을 줄이기 위한 것 둘째, 징계나 처벌을 피하기 위한 것 셋째, 상을 받기 위한 것이다.

첫 번째 경우에는 누군가가 고통당하는 것을 보고 공감하다가 마음속에 불편한 느낌이 일어날 수 있다. 그러면 거북함을 줄이고 싶은 욕구가 생긴다. 이 경우에 남을 돕는 것은 목적 달성을 위한 여러 가지 방법 중 하나에 불과하다. 남을 돕는 것 외에 다른 방법이 불편한 느낌을 줄일 수 있다면 그것도 얼마든지 해법이 될 수 있다. 예를 들어 다른 사람의 고통을 보지 않는 방법이 있을 것이다. 이것이 지난 50년 동안 심리학 문헌에서 가장 자주 볼 수 있었던 설명이고 지난 몇 세기 동안 철학 책에 가장 많이 등장한 이유이다.

이기적인 동기의 두 번째 유형은 처벌을 피하는 것이다. 처벌이란 물질적인 재산을 잃는 것, 타인과 관계가 악화되는 것(비난, 거부, 추문)일 수도 있고 떳떳하지 못한 마음(죄책감, 수치심, 실패감)이 될 수도 있다.

세 번째 유형에서는 앞에서 본 것처럼 예상되는 보상이 물질적인 것일 수도 있고 인간관계에 관한 것일 수도 있으며 남한테 달린 문제일 수도 있고(물질적 혜택, 칭찬, 명성, 입지 상승 등) 자기 스스로에게 달린 문제일 수도 있다(만족감, 의무를 완수했다는 느낌).

다음에서는 이기적인 동기와 그것이 인간의 모든 행동을 만족스럽게 설명하지 못한다는 것을 뱃슨과 동료 학자들이 어떻게 규명하는지 살펴보도록 하겠다.

자신의 고뇌를 덜기 위해 남을 돕는 것

남의 고통을 목격하면 불편한 느낌이 들고 심하면 고뇌에 이를 수 있다는 것을 앞에서 보았다. 이것이 바로 대니얼 뱃슨이 공감적 고뇌라고 정의한 행동이다. 자신만의 세계에 틀어박혀 고통의 결과와 고통이 우리 안에 불러일으키는 감정에만 주로 관심을 둔다. 이 경우에는 남을 돕든 남의 고통을 외면하든 이타적인 동기의 행동이 될 수 없다.

남이 고통 받는 모습을 피해 달아날 수 없어서 그를 돕는다면 그 행동의 주된 동기는 자신의 고뇌를 덜고 싶은 욕망일 것이다. 마침 핑계가 생겨서 용케 남의 고통과 대면하지 않고 피할 수 있으면 그 사람은 당장 도망치는 길을 선택할 것이다. 윤리주의자 프랭크 샤프는 공감이 고통스럽게 느껴져서 남을 돕는 것은 상대방의 고통 때문에 생겨난 불편한 마음을 가장 신속하게 제거하려고 애쓰는 것이라고 말했다.[10]

진정한 이타주의자라면 마음속의 불편한 느낌이 경고음처럼 작용하면서 상대방의 고통을 인지하고, 그 상황이 얼마나 심각한 것인지 자각한다. 그러면 경고를 받은 이타주의자는 가능한 방법을 총동원해 혼란 상태와 원인을 해소할 것이다. 미국 철학자 토마스 네이젤은 이렇게 설명한다. "동정이란 고통을 해소해야 할 상태로 뼈아프게 인식하는 것이다."[11]

실험 내용과 결과

남이 겪는 고통 때문에 내가 괴로웠다면 해결책은 두 가지이다. 하나는 다른 사람이 고통에서 벗어날 수 있도록 돕는 것이다(그럼 나도 동시에 괴로움을 벗어던질 수 있다). 다른 하나는 물리적으로 혹은 심리적으로 거리를 두면서 괴로움에서 벗어날 수 있는 다른 방법을 찾는 것이다. 심리적 탈출이 효과는 가장 좋다. 남의 고통에 계속 신경이 쓰이는 상태에서 시선만 돌려 봤자 '눈에서 멀어지지만 마음은 가까운' 상태라 불편한 느낌을 떨쳐 버릴 수 없다. 어떤 사람의 행동이 첫 번째 유형의 이기적인 동기에서 비롯된 것인지 아니면 정말 이타적인 행동

10 Sharp, F. C. *Ethics*. Century, 1928, p. 494.
11 Nagel, T., *Possibility of Altruism*, Princeton University Press, 1979, p. 80.

인지 어떻게 실험을 통해 확인할 수 있을까?

대니얼 뱃슨은 여성들을 칸막이가 있는 작은 방에 한 명씩 들여보낸 뒤 모니터를 통해 옆방에 있는 케이티라는 여학생을 관찰하게 하는 실험을 고안했다. 관찰자들에게 케이티가 유쾌하지 못한 환경에서 일을 할 때 나타나는 성과에 관한 실험에 자원한 학생이라고 소개한다. 실험 중에 케이티에게 전기 충격이 가해지는데 위험하지 않은 강도(정전기 강도의 두서너 배 정도)이지만 불쾌감은 느낄 수 있다. 2분 길이의 실험을 최소 2회, 최대 10회 실시하며 전기 충격은 불규칙한 간격으로 가해진다. 참가자들에게 케이티와 직접 대면할 일은 없다고 미리 말한다.

관찰 대상이 여성이면 관찰자도 40명 정도의 여성으로 구성한다. 관찰자들을 제비뽑기로 두 그룹으로 나눈 다음 한 명씩 불러 실험을 진행한다.[12] 첫 번째 그룹 관찰자들에게는 케이티가 최소 2회, 최대 10회 실험에 참여하는데 처음 두 번의 실험만 관찰하면 된다고 말한다. '회피가 쉬운' 여건을 만들기 위한 것이다. 두 번째 그룹 관찰자들에게는 전기 충격이 2회에서 많게는 10회까지 가해질 텐데 실험이 모두 끝날 때까지 케이티를 관찰해야 한다고 말한다. 이것은 '회피가 어려운' 상황이다. 두 그룹의 관찰자들 모두에게 케이티가 교통사고로 부모님을 여의고 어린 남동생을 부양해야 하는 처지이며 연구소에서 주는 보수를 받기 위해 실험에 참여하는 것이라고 말한다. 그런 다음에 각 그룹의 관찰자 절반에게 케이티가 처한 상황이 눈앞에 어른거릴 정도로 천천히 또렷하게 상상을 해 보라고 시간을 준다. 나머지 절반에게는 상상하라는 말은 하지 않고 케이티의 처지만 이야기한다. 이런 심

---

12   관찰 대상인 피험자가 남성일 때 예의를 지킨다든가 '여성에게 매너 있게 행동'하는 일이 생길까 봐 관찰자들도 모두 남자로 통일했다. 관찰자들이 어려움에 처한 여성을 도와야 한다고 '의무감'을 느끼면 변수가 추가되어 상황이 복잡해지기 때문이다. 남성을 대상으로 한 실험도 했는데 결과는 같았다.

리적 조작은 케이티의 처지를 상상한 관찰자들 사이에서 더 큰 공감을 불러일으키기 위한 것이었다.

실험이 시작되면 관찰자는 칸막이가 있는 방에 혼자 앉아 폐쇄 회로 TV 화면을 통해 케이티가 들어오는 것을 보게 된다. 사실 그것은 관찰자가 바뀔 때마다 똑같이 트는 녹화 영상이다. 모든 관찰자가 동일한 프로토콜에 따라 실험에 참여하는 것이 중요하기 때문이다. 케이티는 학생이 아니라 케이티 역할을 맡은 배우였으며 실제로 전기 충격도 받지 않는다. 관찰자들만 그 사실을 까맣게 모른다.

동영상에 실험 책임자 마사도 등장한다. 마사는 케이티에게 프로토콜을 설명한다. 전기 충격이 정전기보다 두서너 배 정도 센 강도이지만 해롭지는 않다고 설명하고 케이티 팔에 전극을 붙인다. 그런데 첫 번째 실험이 진행되는 동안 케이티 얼굴을 보면 전기 충격이 무척 고통스럽다는 것을 알 수 있다. 오죽하면 두 번째 실험이 끝난 뒤에 마사가 잠시 휴식을 선언하고 밖에 나가 물을 한 잔 가져다가 케이티에게 건넬 정도이다.

그 사이에 다른 실험 담당자가 이 광경을 지켜보는 관찰자에게 느낌이 어떤지 물어본다. 특히 관찰자가 느끼는 고뇌의 정도와 고통스러워하는 케이티 반응에 관찰자가 얼마나 공감하는지 물어본다.

마사가 케이티에게 괜찮은지 물어본다. 케이티는 어렸을 때 말을 타다가 전기 울타리에 떨어진 적이 있는데 그때 받은 충격으로 아주 미미한 전기 충격에도 민감하게 반응한다고 털어놓는다. 마사가 실험을 중단하자고 하지만 케이티는 "아뇨. 시작을 했으니 끝을 봐야죠. 괴롭기는 하지만…… 중요한 연구인데…… 그냥 계속해요." 이렇게 대답한다.

그 말을 들은 마사가 해결책을 하나 제시한다. "칸막이 옆에서 이 장면을 관찰하는 사람도 심리학과 학생인데 혹시 대신 실험에 참여할 수 있는지 물어볼게요." 케이티는 안도와 주저가 뒤섞인 표정으로 잠시 생각을 하다가 마지못해 동의한다. 마사는 실험을 잠시 중단한다고 선언하고 금방 돌아오겠다고 말한다. 화면이 꺼진다.

그때 담당자가 관찰자에게 이렇게 말한다. "어찌된 일인지 들으셨죠. 마사가 케이티 대신에 실험에 참가하실 수 있는지 알고 싶어 해요. 물론 꼭 해 달라는 것은 아녜요. 계속 관찰자 역할만 하셔도 상관없어요. 케이티를 돕고 싶다면 앞으로 진행할 여덟 차례 실험에 케이티 대신 참가하시면 됩니다. 그럼 케이티가 당신을 관찰할 것입니다. 두 분이 직접 만날 일은 없어요."

그룹에 따라 여기에다가 추가 선택지를 하나씩 더 제시한다. '회피가 쉬운' 그룹 관찰자들에게는 케이티 대신 참여할 생각이 없고 관찰자로 남고 싶으면 두 차례 실험이 끝났으니 어떤 기분인지(불안감, 공감 등) 설문지만 작성하고 돌아가도 좋다고 말한다.

'회피가 어려운' 그룹 관찰자들에게는 케이티 대신 실험에 참여할 생각이 없으면 앞으로 여덟 차례 실험이 진행되는 동안 관찰자 역할만 수행하면 된다고 말한다.

그 결과, 회피가 쉬워서 공감이 약했던 여성 관찰자들 중 케이티를 지켜보기가 괴로워서 실험에 대신 참가하겠다고 한 사람은 18퍼센트에 불과했다. 회피가 어려운 그룹은 그 자리를 벗어나 괴로움을 덜 수 없었기 때문에 64퍼센트의 참가자가 케이티 대신 실험에 참여하겠다고 했다.

그에 비해 회피가 쉽든 어렵든 강한 공감을 느끼지만 개인적 고뇌가 크지 않았던 관찰자들은 85퍼센트가 케이티를 대신하겠다고 했다. 결론적으로 후자의 관찰자들이 보인 공감적 배려가 자신의 괴로움을 덜겠다는 의도가 아니라 케이티의 이익을 도모하고자 한 것이었으므로 진정한 이타심에서 비롯되었다고 할 수 있다. 강한 공감을 느끼지만 개인적으로 고뇌가 크지 않았던 관찰자 중에서 회피가 쉬운 그룹에서는 91퍼센트, 회피가 어려운 그룹에서는 82퍼센트가 케이티

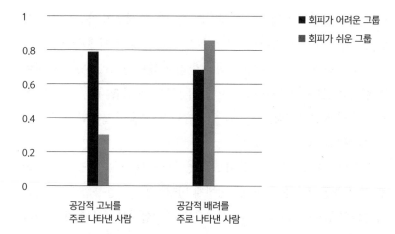

케이티를 대신해서 전기 충격을 받겠다고 나선 사람들의 비율. 공감적 배려를 뚜렷하게 나타내는 사람들은 굳이 그러지 않아도 되는데 케이티 대신 실험에 참여하겠다고 의사 표시를 한 것을 볼 수 있다. 그에 비해 공감적 고뇌가 큰 사람들은 회피가 어려운 경우에만 케이티를 대신하겠다고 나섰다.

를 대신하기로 했다. 실험 프로토콜이 조금씩 다른 네 종류의 연구 내용을 모두 살펴보면(그래프 참조) '공감적 배려가 뚜렷한' 관찰자들 중 85퍼센트가 케이티를 대신한 것으로 나타났다.[13] 결론적으로 후자의 관찰자들이 보인 공감적 배려가 오로지 자신의 괴로움을 덜어보겠다는 의도로 나온 것이 아니라 케이티의 이익을 도모하고자 한 것이므로 진정한 이타심에서 비롯되었다고 할 수 있다.

벌 받지 않으려고 남을 돕는 행동과 죄책감

남을 돕고 싶은 마음은 전혀 없지만 죄책감에 시달리느니 수고를 조금 하는 편이 심리적 부담이 적기 때문에 남을 돕는 사람들이 있다.

토마스 홉스는 인간을 움직이는 유일한 동기는 자기 보호이며 그

---

13 이 책에 언급된 그래프나 도식 출전은 1065페이지에 실어 두었다.

렇기 때문에 어떤 상황에서든 자신의 이익을 앞세우기 마련이라고 끊임없이 주장하던 사람이다. 그런 홉스가 어느 날 걸인에게 적선하는 장면을 지인에게 들켰다. 홉스의 철학적 견해를 잘 알고 있는 사람이라 한마디 했다. "매우 이타적인 행동을 하는 것 같습니다." 그러자 홉스는 이렇게 반박했다. "그럴 리 있겠습니까. 마음이 불편한 게 싫어서 그런 것뿐입니다."

유명한 일화를 하나 더 살펴보자. 승합 마차를 타고 가던 에이브러햄 링컨 대통령이 승객 중 한 명에게 털어놓았다. "훌륭한 일을 하는 사람들의 궁극적 동기는 이기심이라고 생각합니다." 그때 마침 마차가 지나가고 있던 다리 아래쪽에서 암퇘지가 미친 듯이 꽥꽥거리는 소리가 들려 왔다. 새끼 돼지들이 물에 빠진 것이었다. 링컨은 마부에게 멈추라고 하고는 마차에서 뛰어내려 새끼 돼지들을 강기슭으로 끌어냈다. 마차가 다시 출발하자 아까 그 승객이 한마디 했다. "에이브, 방금 일어난 일에 이기심이 어디 있소?" 그러자 링컨이 이렇게 대답했다. "아니죠. 이거야말로 이기심의 정수를 보여 주는 일입니다. 늙은 암퇘지가 새끼들 때문에 걱정하는 것을 보고 그냥 지나쳤다면 내 마음이 하루 종일 불편했을 겁니다. 이게 다 내 마음 편하자고 한 일이라는 걸 모르시겠소?"

그런데 남의 행복을 하찮게 여겼다는 생각에 마음이 불편하고 죄책감이 든다는 것 자체는 이기심의 징후가 아니라는 점을 명심하자. 한없이 이기적이기만 한 사람이라면 남의 고통을 보고 고민조차 하지 않을 것이다. 이기적인 성향이 강한 사람이라면 일말의 죄책감이 생겨도 '알고 보면 스스로 자초한 일이야.', '벌 받을 짓을 했으니 벌을 받는 거야.', '가난한 주제에 일이라도 더 해야지.' 이렇게 생각하면서 스스로 아무 일도 하지 않는 데 대해 그럴듯한 변명을 만들어 내 죄책감을 무마하려 할 것이다.

극단적인 경우이기는 해도 이기적인 행동을 한 데 대해 불편한 마음을 떨쳐 버리려고 가치 전도의 철학 논리를 만든 사람도 있다. 미국 철학자 겸 소설가 아인 랜드가 바로 그런 경우이다. 아인 랜드가 이른 바 "객관주의"라고 부르는 "윤리적 이기주의"에서는 이타심을 부도덕 하다고 주장한다. 참을 수 없는 희생을 강요하고 행복하게 살려는 인간의 욕망에 가당치 않은 제약을 가한다는 것이 이유이다.[14]

그렇다면 사람들이 단순히 죄책감을 피하려고 남을 돕는 게 아니라는 것은 어떻게 입증할 수 있을까? 이번에는 학생으로 구성된 실험 참가자들을 두 그룹으로 나눈 다음, 그들이 소정의 테스트를 통과하면 줄리라는 여학생이 전기 충격을 받지 않는다고 말한다. 그런데 테스트가 워낙 어려워서 아무도 통과를 하지 못한다. 그때 한 그룹에게는 (죄책감을 느끼도록) 테스트가 비교적 쉬웠다고 말하고 다른 그룹에게는 테스트가 너무 어려웠기 때문에 그들의 잘못이 아니라고 말한다.[15]

그 결과, 공감이 강한 피험자들은 테스트에 통과하지 못한 후 어떤 설명을 들었건 상관없이 줄리에 대해 걱정을 했고 공감이 약한 피험자들은 줄리가 전기 충격을 받아도 그들의 잘못이 아니라는 말을 듣자마자 안도의 한숨을 내쉬는 것으로 나타났다. 이타주의자들이 도움이 필요한 사람들을 도우러 달려오는 것은 단순히 양심에 한 점 부끄러움 없으려고 그러는 것이 아니라는 것을 알 수 있다.

뱃슨을 반박하는 사람들의 논리 중에 물리적 회피가(실험실에서 나간다고 해서) 곧 불편한 마음이나 죄책감에 대한 심리적 회피(케이티를 잊어버리는 것)를 뜻하는 것은 아니라는 주장이 있다. 강한 공감을 느끼고 모든 상황에서 케이티 대신 전기 충격을 받겠다고 한 사람이라도 '그래, 지금 케이티를 돕지 않으면 나중에 내 마음이 괴로울 거야.'

---

14 이 문제는 이 책 25장 이기주의를 전도하는 사람들에서 더 자세하게 다룰 것이다.
15 Batson, C. D., & Weeks, J. L. (1996), Mood effects of unsuccessful helping: Another test of the empathy-altruism hypothesis. *Personality and Social Psychology Bulletin*, 22(2), 148~157.

라고 생각할 수 있다는 것이다.[16] 그렇다면 그것은 이기적인 동기에 해당한다. 따라서 실험 중에 케이티 처지가 생각이 나서 괴로울 것을 예상했는지 여부가 중요했다.[17]

실험 결과에 따르면 공감이 강한 사람들은 비록 나아질 것이 없는 상황이었지만 한 달 뒤에 케이티가 어떻게 되었는지 알고 싶어 하는 것으로 나타났다. 공감이 약한 사람들은 대부분 앞에서 설명한 첫 번째 실험에서 물리적 회피를 선택했던 것처럼 케이티에 대한 이야기를 다시 듣고 싶어 하지 않는 심리적 회피를 선택했다.

이를 본 학자들은 남의 처지에 대해 진심으로 걱정하는 사람은 안 좋은 소식을 들었을 때 느낄 수 있는 불편한 감정에 괘념치 않고 소식을 듣고 싶어 한다고 결론지었다.

이제 남은 실험은 사람들이 개입하지 않은 데 대해 변명을 하기 싫어서 남을 돕는 것이 아님을 입증하는 것이다. 이 경우에는 참가자들에게 시간을 좀 내서 어려움에 처한 여성을 도와 달라고 청했다. 첫 번째 그룹에게는 다른 참가자 대부분이 자진해서 도왔다고 알려 주고 두 번째 그룹에게는 실제로 도움을 제공한 사람이 소수였다고 말해 주었다.

이 경우에 도와주고 싶은 마음이 없는 참가자는 다른 사람들도 다 그렇게 행동하니까 괜찮다고 생각할 수 있다. 실험을 한 결과, 두 그룹 모두 젊은 여성에게 강하게 공감하는 참가자는 도움을 제공했으며 공감이 약한 사람은 두 번째 그룹의 경우에 변명 거리가 있었으므로 돕는 행동이 줄어든 것으로 나타났다.

16 반대 의견에 대해서는 Hoffman, M. L. (1991). Is empathy altruistic? *Psychological Inquiry*, 2(2), 131~133; Sober, E., & Wilson, D. S. (1999), *Unto Others: The Evolution and Psychology of Unselfish Behavior*. Harvard University Press; Wallach, L., & Wallach, M. A. (1991). Why altruism, even though it exists, cannot be demonstrated by social psychological experiments. *Psychological Inquiry*, 2(2), 153~155 등 참조.
17 나중에 실험이 끝난 후 케이티가 잘 살고 있다고 확신할 수 있다는 사실은 실험 결과에 영향을 주지 않는다.

비난을 피하려고 남을 돕는 행동

욕먹는 게 두려워 이타적으로 행동한다면 이는 우리 행동을 남의 의견과 생각에 종속시키는 것과 다름이 없다. 좋든 싫든 남을 위하는 행위를 하는 데 투입하는 '비용'이 주변 사람들에게 욕을 먹는 것보다 싸게 먹힌다고 생각하는 것이다. 이런 동기는 위선적인 이타주의자들에서 많이 볼 수 있다.

사람들이 타인의 비난을 피하겠다는 목적만으로 돕는 것이 아니라는 것을 어떻게 확인할 수 있을까? 이 가설을 실험하기 위해 새로운 참가자 그룹을 구성했다. 자넷이라는 여성이 몹시 어려운 처지에 놓였는데 친구가 없어 외로워한다고 설명하고 함께 시간을 보내라고 말한다. 그런 다음 참가자들을 두 개 그룹으로 나누고 첫 번째 그룹에게는 자넷과 함께 시간을 보내겠다고 하면 그 사실을 실험 담당자와 자넷에게 통보하겠다고 말하고 두 번째 그룹에게는 어떤 결정을 내리든 비밀을 보장하겠다고 말한다.

앞에서와 마찬가지로 각 그룹 구성원 절반에게는 공감을 불러일으키기 위해 자넷 처지에 대해 잠깐 상상을 해 보라고 말하고 나머지 구성원에게는 그냥 사람들을 만나고 싶다는 자넷의 요청서를 읽어 보라고 한다. 실험 결과, 강한 공감을 느낀 참가자들은 결정을 비밀에 부치든 공개하든 상관없이 4분의 3 정도가 자넷을 만나겠다고 했고 공감이 약한 참가자들은 신상이 공개되지 않을 경우에 대부분 자넷을 만나지 않겠다고 한 것으로 나타났다. 그러므로 진정한 이타주의자는 남의 눈이나 반응을 예상하고 그에 따라 이리저리 흔들리지 않으며 다른 사람들이 알아주기 바라는 마음에서 행동하지 않는다는 것을 알 수 있다.[18]

---

18 반면에 별로 공감하지 않는 사람들이 도움을 주는 것은 나중에 욕을 먹거나 비난을 받을까 두려워서 하는 행동이다.

보상에 대한 타산적 기대

내가 네게 호의를 베풀었으니 당장 혹은 조만간 빚을 갚아라. 이런 기대를 노골적으로 표현할 수도 있고 넌지시 알릴 수도 있고 아예 표현하지 않을 수도 있다. 이런 이타심은 동물 세계에서 흔히 볼 수 있다. 이를테면 내가 네 목을 긁었으니 너도 내 목을 긁어 달라는 식이다. 임팔라는 서로 목을 핥아 주는 것이 버릇인데 한 쪽이 핥기를 멈추면 다른 쪽도 멈춘다.

이익을 챙기는 것이 궁극적인 목표라면 이타심을 가장해 타산적으로 사리사욕을 챙길 것이다. 남의 행복은 안중에도 없고 오직 자신에게 유리한 행동을 유도하려고 할 것이다.

그런 계산이 때로는 장기적인 목표를 겨냥한다는 것을 다들 잘 안다. 유산을 상속받으려고 몇 년이고 노약자를 돌보면서 공을 들일 수도 있고 훗날 개인적으로 이익을 취하려고 지역 유지들의 환심을 살 수도 있다.

세 번째 형태의 위장된 이타심은 칭찬을 받거나 고맙다는 말을 들으려고 호의를 베풀거나 좋은 평판을 얻으려고 기부를 하는 것이다.

그런데 다른 사람들을 도구로 생각하고 남을 이용해 자신의 이익을 챙기는 것이 아니라면 남과 친목을 도모하고 서먹함을 없애려고 친절한 행동을 하는 것만으로는 이기적인 행동이 되지 않는다.

칭찬 자체는 나쁜 것이 아니다. 진심으로 남을 위해 행동한다면 찬사를 받는 것은 기분 좋은 격려가 될 수 있다(단, 그로 인해 허영심에 빠지지 말아야 한다). 칭찬은 남이 좋은 일을 한 데 대해 감사를 표시하는 것이다. 그런데 불교에서는 이 점에 있어 신중해야 한다고 경고한다. "남이 널 칭찬하면 그것은 네 됨됨이가 아니라 네가 행동으로 구현한 미덕을 칭찬하는 것이라 생각하라. 반면에 남이 널 비판하면 이는 네 됨됨이와 네 결점에 대해 욕하는 것이라 생각하라."

어쨌거나 남에게 아무리 유익한 일이라도 오로지 칭찬을 받거나 사회적으로 좋은 이미지를 구축할 요량으로 행동하면 이는 이타심을 흉내 낸 가식에 불과하다. 다른 사람의 이익을 도모하면서 스스로 충만한 느낌을 얻으려면 이타심이든 자비심이든 자기중심적이어서는 안 된다. 크리스토프 앙드레는 이렇게 썼다.

> 자비심은 대가 없는 행동에서만 자비심이며 나중에 돌려받을 것을 기대하는 투자가 결코 아니다. 대가를 바라면 언젠가는 반드시 쓰라린 감정과 분노로 이어진다. [19]

보상을 기대하고 돕는 행위와 실험적 검증

보상을 받기 위해 누군가를 돕고 있는데 만약 다른 사람이 중간에 끼어든다면 물질적 보상이나 사회적 보상을 받을 수 없으니 만족감이 줄어들 것이다. 그런데 이타주의자에게 중요한 것은 도움 받아야 할 사람에게 도움의 손길이 미치는 것이지 누가 그 일을 했는지는 중요하지 않다. 따라서 이타주의자가 느끼는 만족감은 줄어들지 않고 그대로일 것이다. 뱃슨은 바로 그 점을 확인하고 싶었다.

사람들이 보상을 받기 위해 남을 돕는 것일까? 기분이 좋아지기 위해 남을 돕는 것일까? 앞에서 살펴본 케이티 이야기로 돌아가자. 강한 공감을 느낀 사람들이 (그들이 흔히 주장하는 것처럼) 남을 도우면 기분이 좋아져서 그러는 것이라면 도움을 주고 나서 그것이 효과적일지 아닐지 알 수 없는 경우에는 선뜻 도우려고 하지 않을 것이다. 그런데 실험 결과에서는 강한 공감을 느낀 사람들 경우에 케이티 형편이 나아지면 알려 주겠다고 했을 때나 케이티 근황을 알려 주지 않겠다고

---

19 André, C. Les Etats d'Ame. Odile Jacob, 2009, p. 353.

했을 때나 변함없이 도움을 제공했다.

더군다나 한 달 후라고 케이티 사정이 나아질 게 없는데도 근황을 알고 싶은지 아닌지 선택하라고 했을 때 이타주의자들 대부분이 케이티 처지를 걱정하면서 한 달 후 어떻게 지내는지를 알려 달라고 했다. 그들이 오로지 자기 기분 좋으려고 남을 돕는다면 나쁜 소식을 접할 위험이 있을 때 회피하는 선택을 해야 앞뒤가 맞는다.

혹시 '차별화'되는 것이 자랑스러워서 남을 돕는다면 어떨까? 이타적이라고 생각되는 사람이 친절을 베풀고 나서 돋보이고 싶어서 그런 행동을 하는지 아닌지를 알려면 어떻게 해야 할까? 본인이 아닌 다른 사람이 돕는 행위를 해도 여전히 만족하는지 알아보면 된다. 진정한 이타주의자라면 결과가 중요하지 그 상황에서 자신이 영웅 대접을 받는 것이 중요하지 않다.

새로운 실험을 통해 이 문제에 대해 알아보았다. 실험 참가자들이 헤드폰을 통해 수잔이라는 여성의 목소리를 듣는다. 수잔은 집중력 테스트를 받고 있는데 실수를 하면 전기 충격이 가해진다고 하면서 이렇게 말한다. "끔찍할 정도는 아닌데…… (신경질적인 웃음) 그래도 꽤 아파요. 그래서 실수가 너무 많이 나오지 않았으면 해요." 수잔이 이렇게 덧붙이면서 공감의 감정을 불러일으킨다.

먼저 참가자가 수잔과 똑같은 과제를 푼다. 참가자가 전기 충격을 받을 위험은 없다. 오히려 과제를 올바르게 해결하면 수잔이 틀렸을 때 받을 전기 충격을 줄여 줄 수 있다. 설문 조사를 통해서도 참가자들이 수잔에 대해 느끼는 공감을 평가한다.

다음으로는 동일한 그룹의 참가자들에게 수잔이 틀려도 전기 충격을 가하지 않고 담당자가 그냥 실수한 내용을 지적만 하기로 했다고 말한다. 실험 결과, 진정한 이타주의자(수잔에게 공감을 가장 크게 표시한 사람)는 자신의 노력으로 전기 충격이 줄었을 때나 실험자가 수잔에게 전기 충격을 가하지 않기로 했다는 말을 들었을 때나 똑같이 만족감을 드러내는 것으로 나타났다. 따라서 이타주의자들은 자신이 수잔의 고통을 덜어 주었다는 생각 때문이 아니라 수잔이 고통 받지 않는다는 사실에서 만족감을 느낀다는 것을 알 수 있다.[20]

대니얼 뱃슨이 이상의 연구 결과를 발표하자 다른 학자들은 뱃슨의 관찰 결과를 이기주의적인 관점에서 다시 설명하느라 무척 분주했다.[21] 뱃슨의 연구진들은 반론이 제기되면 그에 대응해 새로운 프로토콜을 만들어 상상할 수 있는 모든 이기주의적인 설명에 대해 실험을 실시했다.[22] 뱃슨은 철저하고 끈질긴 실험과 연구를 통해 도출한 결론을 다음과 같이 밝히고 있다. "18년에 걸쳐 진행된 31종의 사회 심리학 연구를 검토한 결과, 타인의 이익과 행복 도모를 유일한 목표로 삼는 진정한 이타심이 명백히 존재하는 것으로 확인되었다. …… 현재로서는 이 연구 결과들을 이기주의에 입각해 설명하는 내용 중 개연성이 있는 것은 아무것도 없다."[23]

어느 정도 예상은 했지만 속 시원한 결론을 직접 확인하니 이렇게 좋을 수가 없다! 오래 전부터 대세로 굳어진 이기주의의 보편성에 대해 선입견을 해소하는 것은 정말 중요한 일이다. 이 선입견이 맞는 것

---

20 Batson, C. D., Dyck, J. L., Brandt, J. R., Batson, J. G., Powell, A. L., McMaster, M. R., & Griffitt, C. (1988), Five studies testing two new egoistic alternatives to the empathy-altruism hypothesis. *Journal of Personality and Social Psychology, 55*(1), 52. 실험에서 알 수 있는 또 한 가지 사실은 이타주의자들이 수잔의 운명을 좌우지할 수 있을 때 테스트 결과가 더 좋았으며 수잔에게 위험이 닥치지 않는다는 사실을 알고 있을 때는 세심한 배려가 덜하다는 것이다. 반면에 별로 공감하지 않는 사람들은 수잔이 위험에 처했을 때 이타주의자들보다 점수가 낮은 데 비해 수잔이 위험하지 않다는 것을 알면 더 높은 점수를 얻었다. 이런 현상에 대해 공감이 낮은 사람들은 자신의 점수에 더 관심이 많으며 이타주의자들이 테스트에 관심을 기울이지 않는 것은 그것이 수잔에게 유용하지 않기 때문이라고 설명할 수 있다.

21 특히 다음을 참조. Cialdini, R. B. Altruism or egoism? That is (still) the question. *Psychological Inquiry, 2*(2), 1991, 124~126.

22 관심이 있는 독자는 뱃슨의 논문과 최신 저서 *Altruism in Humans* (2011)에 요약된 내용을 참고하면 좀 더 자세한 사항을 알 수 있다.

23 Batson, C. D. Why act for the public good? Four answers. *Personality and Social Psychology Bulletin, 20*(5), 1994, 603~610. 뱃슨의 결론이 실린 논문은 1994년에 발표되었다. 1978년부터 1996년까지 약 18년 동안 총 31개 실험이 진행되었으며 결과는 모두 공감-이타주의 가설을 뒷받침하는 것이었다.

으로 판명되었다면 이타적인 사회를 만들려고 애쓰는 것이 전부 시간 낭비가 될 뻔했다. 미셸 테레첸코는 이렇게 말했다. "인간의 행동을 예측하고 이해하는 것을 목표로 삼는 과학적 가설로서 심리적 이기주의가 자비심에 대한 일련의 실험에 의해 부인되고 반박되었다. 따라서 사심 없고 아량 있어 보이는 행동을 포함해 인간의 모든 행동을 이기주의로 설명할 수 있다고 우기는 것은 잘못된 것이라고 보아야 한다. 획기적인 반증이 없는 한, 이것이 유일한 과학적 결론이다."[24]

배슨의 연구는 수많은 반론과 논쟁을 낳았지만[25] 현재까지 이 이론이 오류라고 증명된 바는 없다. 오히려 이타적 가설이 상호 부조, 아량, 자애의 행동에 대해 더 나은 설명을 제공한다. 이기주의적인 해석이 이렇게 경험적 사실과 과학적 연구에 의해 부인되고 있음에도 불구하고 여전히 옳다고 생각한다면 그것을 입증하는 것은 보편적 이기주의 이론을 지지하는 사람들의 몫이다. 대니얼 배슨의 요지는 다음과 같다. "이타심은 인간사에서 생각보다 파급력이 크고 위력이 대단하다. 지금까지는 중요성을 인정받지 못해 우리가 하는 행동의 동기가 무엇이고 무엇이 만족감을 주는지 올바르게 이해하지 못했다. 사람들 사이에 더 나은 관계를 정립하고 배려심 넘치는 사회를 만들기 위해 노력을 기울이는 데도 악조건으로 작용했다. 그런 결점을 극복하려면 이타심의 범위와 위력을 인정하는 것만으로는 부족하다. 이것은 앞으로 이어질 중요한 일에 첫발을 내딛는 것에 불과하다."[26]

정말 중요한 결론은 이것이다. 첫째, 진정한 이타심은 존재한다. 둘째, 그것이 영웅이나 성자 등 비범하고 뛰어난 존재들의 독점물이 아니다. 셋째, 대니얼 배슨, 낸시 아이젠버그, 마이클 토마셀로를 비롯해 여러 학자들이 보여 준 것처럼 이타심이 일상생활 중에 일어나는 수많

24 Terestchenko, M. Égoïsme ou altruisme? *Revue du MAUSS* n° 1, 312333.
25 특히 다음을 참조. Cialdini, R. B. (1991). *op. cit.*.
26 Batson, Daniel, *Altruism in Humans, op. cit.*, p. 161

은 행동 속에 존재하는 것이 확실하다면 여기서 아주 중요한 교훈을 몇 가지 얻을 수 있다. 먼저, 이타심도 인간의 다른 많은 자질과 마찬가지로 개인적 차원에서 계발, 함양할 수 있고 사회적 차원에서 격려, 고무할 수 있다는 사실이다. 학교에서 협력, 친사회적 행동, 연대감, 동지 의식, 비차별 등 이타심에서 나오는 태도를 중점 육성하면 적지 않은 성과를 거둘 수 있을 것이다. 또한 남에 대한 배려가, 통합된 경제 체제 개발을 꿈꾸는 것이 세상 물정 모르는 이상주의가 결코 아닐 수 있다.

이기심이 존재한다는 것은 누구나 다 아는 사실이다. 이 점에 관해서는 따로 설득이 필요 없을 것이다. 언젠가 이타심이 인간의 본성으로 명실공히 인정받는 날이 오면 개인주의적 이해관계에만 집착하지 않고 남에게 문을 활짝 여는 문화의 탄생을 향해 진일보할 것이다.

13

보편적 이기주의 이론을 반박하는
철학적 논거

인간은 언제 어디서나 개인적 이해관계를 꾀하는 존재라고 생각하는 관점은 영국 철학자 토마스 홉스의 영향으로 구체화된 개념이다. 오늘날에도 인간을 뼛속까지 이기주의자라고 보는 홉스의 관점을 수많은 철학자들이 그대로 답습하고 있다.[1] 인문학자들은 이를 "보편적 이기주의" 또는 "심리적 이기주의"라고 부르는데 다들 짐작할 수 있는 것처럼 이 이론에서는 이기심이 존재할 뿐 아니라 사람의 모든 행동이 이기심이라는 동기에서 비롯된다고 생각한다. 타인의 행복을 원한다고 해도 역시 자신의 이익을 '극대화'하는 간접적인 수단에 불과하다. 개인의 이해관계가 남을 돕는 이유가 될 수 있다는 것을 부정할 사람은 아무도 없다. 그런데 보편적 이기주의 이론에서는 그보다 한술 더 떠 그것이 유일한 동기라고 주장한다.

홉스의 중요한 라이벌인 데이비드 흄은 보편적 이기주의 이론의 추종자들을 곱게 보지 않았다. 그는 보편적 이기주의에 대해 "사실을 더할 나위 없이 몰지각하고 경솔하게 검토한 결과"라고 평가했다.[2] 윤

1　철학자들의 입장에 대한 자세한 내용을 보려면 Batson, C. D., *The Altruism Question: Toward a Social Psychological Answer*, Lawrence Erlbaum, 1991, Chapter 1, 2 참조.

리 이론을 구축하기보다 인간의 행동을 경험적으로 관찰하는 편에 가까웠던 흄은 동시대를 살았던 철학자들에 대해 이렇게 말했다. "아무리 절묘하고 독창적이라도 사실과 관찰을 토대로 하지 않은 윤리 시스템은 모두 거부해야 할 때가 왔다." 흄은 이타심의 존재를 부정하는 것이 다음과 같이 상식에 어긋나는 일이라고 봤다.

> 이기주의 가설에 대한 가장 확실한 반박은 그 가설이 사람들의 공통적인 느낌과 편파성을 최대한 배제한 개념에 어긋난다는 사실이다. 이토록 커다란 역설을 입증하려면 철학적으로 어마어마한 노력이 필요할 것이다. 아무리 부주의한 관찰자라도 자애와 아량이 넘치는 성향과 사랑, 우정, 감사와 같은 열정이 존재하는 것이 눈에 보일 것이다. 이런 감정들은 저마다 원인과 결과와 목적과 작용 방법이 있고 그것이 공통적으로 사용하는 언어와 흔히 이루어지는 관찰 속에 그대로 나타나는데 이기주의와는 확연하게 구분이 된다.[3]

그런데도 보편적 이기주의를 주장하는 이들은 갖은 애를 쓰면서 일상생활에서 흔히 보는 수많은 이타심에 대한 몰상식한 설명을 찾으려고 한다. 진정한 이타심은 당연히 존재할 수 없다고 생각하기도 한다. 미국 사회 생물학자 로버트 트리버즈는 물에 빠진 사람을 구하려고 승용차에서 뛰어나와 얼음장 같은 물속에 뛰어든 남자에 대해 이기적인 동기가 없었다면 "구조자가 물에 빠져 죽어 가는 사람을 애써 구하지 않았을 것이 분명"하다고 단언할 정도이다.[4]

---

2 David Hume, *Works of David Hume. A Treatise of Human Nature, An Enquiry Concerning Human Understanding, An Enquiry Concerning The Principles of Morals, The Natural... Dialogues Concerning Natural Religion* (Kindle Locations 3705~3706). MobileReference. Kindle Edition.

3 *Ibid..*

4 Kohn, A., *The Brighter Side of Human Nature, op. cit.*, p. 215에 인용.

문제는 인간의 동기를 폄하하는 편협한 관점이 이 이론에 반영되어 있다는 것이다. 철학자 조엘 파인버그는 다음과 같이 말한다.

심리적 이기주의를 옹호하는 논거가 신중하게 수집된 경험적 증거(자료가 풍부한 보고서, 확인된 경험, 설문 조사, 인터뷰, 실험 데이터 등)로 구성되어 있다면 비판적인 철학자가 트집을 잡을 수 없을 것이다. 심리적 이기주의가 인간의 동기를 연구하는 과학적 이론을 표방하는 데 대해 이를 받아들이거나 거부하는 것은 실험 심리학자의 문제이지 철학자의 문제가 아니다. 그런데 실제로 심리적 이기주의를 입증하는 실험적 증거는 매우 드문 편이다. …… 보편적 이기주의 이론을 지지하는 사람들은 대개 '자기들끼리 과학을 논하며 노닥거리는' 사이비 과학자들이고 그들은 대부분 '느낌'이나 비경험적 부류에 속하는 것을 바탕으로 논거를 세운다.[5]

보편적 이기주의 이론은 사실을 들어 논박하기를 꺼린다

과학적 가설은 실험을 통한 검증도 가능해야 하지만 사실을 통한 반박이 가능해서 정말 그런 사실이 있으면 오류로 입증될 수 있어야 한다. 어떤 이론이 직접 관찰할 수 있는 사실과 상관없이 항상 사실이라는 식으로 공식화되어 있으면 그런 이론은 지식의 발전에 아무 도움도 되지 못한다. 칼 포퍼가 보여 준 것처럼 원칙적으로 오류를 증명할 수 없는 이론은 과학이 아니라 이데올로기이다.

보편적 이기주의 이론은 그것 하나만으로 인간의 행동을 전부 설명할 수 있다고 주장할 때부터 벌써 약점을 드러내는 것이다. 아이에게 자두를 주지 않는 것은 (자기가 먹으려고 아껴 두는 것이므로) 이기적인 행동이다. 아이에게 자두를 주는 것도 (나중에 마음이 켕기는 것이 싫

5 Feinberg, J., & Shafer-Landau, R., *Reason and Responsibility: Readings in Some Basic Problems of Philosophy*, Wadsworth, 1971, Chapter 19.

어서 주는 것이거나 아이가 조르는 것이 짜증나서 입막음을 하려고 주는 것이 므로) 이기적인 행동이다. 그렇다면 실험을 통해 진짜 동기를 확인하지 않고도 얼마든지 정반대되는 가설을 세울 수 있다. (아이가 자두를 좋아한다는 사실을 알고 있을 때) 아이에게 자두를 주는 것이나 (아이가 자두를 먹으면 항상 배가 아프다는 것을 알고 있을 때) 주지 않는 것이나 모두 이타적인 행동이라고 하는 것이다.

'이기적'이라는 말을 모든 행동에 예외 없이 일률적으로 적용하면 터무니없는 해석이 나올 수 있다. 이를테면 수류탄 위로 몸을 날려 전우들을 살린 병사가 저 혼자 살려고 전우들을 수류탄 위로 밀어 죽게 만든 병사만큼 이기적이라는 결론이 나오기 때문이다. 그런 식이라면 존재나 호흡조차 이기적인 행위가 되어 버린다. 에이브러햄 매슬로 Abraham Maslow가 경고한 것처럼 "가진 것이 망치뿐인 사람의 눈에는 만물이 다 못으로 보이는 법이다."[6]

철학적 차원에서 보편적 이기주의를 지지하는 사람들은 주로 다음과 같은 주장을 한다.

• 남을 돕는 것은 스스로 만족감을 얻기 위해서이다.
• 영웅적인 행동은 사실 이타적인 행동이 아니다. 행위자가 충동에 따라 움직인 것이지 진정한 의미에서 선택을 한 것이 아니기 때문이다.
• 무슨 일을 하든지 사람이 바라는 것은 오직 하나, 자신의 행복한 삶이다. 이것부터가 이기적인 것이다.
• 자유 의지에 의한 행동은 곧 자신의 의지와 욕구를 표출하는 것이므로 우리가 하는 모든 행동은 이기적이다.

---

6   Maslow, A. H., *The Psychology of Science, a Reconnaissance*, Henry Regnery, 1966.

타인의 행복을 도모하는 것이 자신의 행복을 위해서일까?

이렇게 말하는 사람들이 있다. "남들을 도운 것은 사실이지만 그 과정에서 큰 만족감을 느꼈다. 오히려 내가 그들에게 감사해야 한다." 앵글로 색슨 사람들은 선행을 한 뒤에 느껴지는 만족감에 대해 warm glow라는 말을 많이 쓴다. 마음속 훈훈한 빛, 마음을 덥히는 따사로움이라는 뜻이다.

그런데 이런 가설이 이타적인 행동에 전부 적용되지는 않는 것 같다. 소방관이 불난 집에 사람을 구하러 뛰어 들어가면서 "자, 이제 불구덩이로 들어간다. 이따가 나와서 얼마나 기분이 좋을까!" 이렇게 말하는 장면을 상상이나 할 수 있을까? 물론 말도 안 되는 가설이다.

심리학자 알피 콘은 다음과 같이 강조한다. "그런 가설이 옳다는 것을 증명하려면 죽음의 문턱에서 사람을 구한 구조 대원의 얼굴에 환한 미소가 떠오르는 것만 보여 줘서는 충분하지 않다. 목숨을 걸고 현장에 뛰어들기 전부터 구조 대원이 그런 기분 좋은 여운을 머릿속에 그리고 있었다는 것을 증명해야 한다."[7]

이타적인 행동을 하고 나서 만족감을 느꼈다고 해서 그 행동이 이기주의적인 것으로 바뀌는 것이 아니다. 주된 동기가 만족감의 추구가 아니기 때문이다. 등산을 하다가 다쳐서 쉼터 오두막에 누워 꼼짝도 못하는 친구를 위해 먹을 것을 구해 오려고 밖으로 나간다. 이때 산길을 걸으면 건강에 유익할 것이고 본인도 그런 장점을 인정하겠지만 하이킹이 몸에 좋기 때문에 친구를 위해 먹을 것을 구하러 나갔다고 한다면 이는 기만적인 논리가 아닌가? 현대 심리학의 창시자인 윌리엄 제임스가 예로 든 이야기를 들으면 더욱 실감이 날 것이다. "증기 여객선은 대서양을 건너기 위해 석탄을 태운다. 이것을 갖고 석탄을

---

7   Kohn, A. (1992). *op. cit.*, p. 209.

연소할 목적으로 여객선이 대서양을 건너는 것이라고 결론지을 수는 없는 것 아닌가?"[8]

솔직히 말해서 "나중에 기분이 좋아지려고 이 사람에게 이타적으로 행동하겠어."이런 식의 이기적인 계산을 한다면 아마 예상했던 것만큼 기쁘게 느껴지지 않을 것이다. 만족은 계산된 이기주의가 아니라 진정한 이타심에서 비롯되는 것이다. 19세기 영국 철학자이자 사회학자인 허버트 스펜서는 이렇게 말했다. "남의 행복을 도모하는 과정에서 개인적으로 이익을 얻었다면 …… 실제로 한 행동에 이기적인 동기가 전혀 없었을 때만 그 이익을 온전히 만끽할 수 있다."[9] 간단히 말해서 행위자에게 이익이 되는 모든 행동을 이기주의라고 한다면 이는 주요 원인과 부수적인 효과를 혼동하는 처사이다.

이타적 행동이라고 해서 항상 즐거움만 동반되는 것은 아닐 것이다. 위급한 상황에서 인명을 구조할 때와 박해 받는 피해자를 장기간 보호해야 하는 사람들은 행동 전후에 강한 두려움에 사로잡히는 일이 많다. 이런 일은 대개 비극적인 상황에서 발생하기 때문에 '기분' 따위는 촌각을 다투는 다급한 일에 밀려나게 된다. 게다가 극단적이기까지 한 긴장감이 유쾌하다고는 절대 말할 수 없을 것이다. 이레네 구트 옵타이크는 제2 차 세계 대전 중에 폴란드에서 몇 차례나 목숨이 위태로운 고비를 넘기면서 죽음 앞에 선 유대인들을 구했다. 그녀는 행동에 몰두해 있을 때 느꼈던 감정과 과거를 회상하며 느끼는 충만한 성취감이 분명히 다르다고 말한다. 그녀가 당시에 고귀한 행동을 하고 있다는 사실을 의식하고 있었을까? "그때는 몰랐어요." 이레네는 이렇게 말한다. "그런데 나이가 들수록 점점 더 부자가 되는 기분입니다. 옛날로 돌아가도 그때와 똑같은 일을 할 겁니다. 오늘날 내

8   더 자세한 내용은 James, W. Principles of Psychology, Holt, vol. 2, 1890, p. 558 참조.
9   Spencer, H. (1892). The Principles of Ethics, vol. 1. D. Appleton and Co., p. 241, 279. Kohn, A. (1992). op. cit., p. 210에 인용.

가 구한 많은 사람들이 잘 살고 있고 일부는 결혼을 해서 아이를 가졌어요. 그 아이들이 앞으로 또 자기 아이들을 갖겠죠. 내가 용기와 힘을 내서 그런 일을 했기 때문에 이 모든 게 가능하다고 생각하면 기분이 정말 좋아요."[10] 시간이 많이 흐른 뒤에 돌이켜 보니 잘한 일이었다고 생각되다니 엘레네의 행동이 더욱 고귀하게 느껴진다. 그렇다고 이타성이 퇴색되는 것이 결코 아니다.

보편적 이기주의가 변형된 아류 이론이 하나 있다. 이른바 심리적 쾌락주의psychological hedonism라는 것이다. 영국의 철학자 존 스튜어트 밀이 쓴 것처럼 끊임없이 쾌락을 추구하는 것이다.[11] "우리는 이기주의자들이다. 우리가 진정 원하는 것은 즐거운 경험을 하고 그것을 연장하는 것, 불쾌한 경험을 피하거나 줄이는 것뿐이다." 심리적 쾌락주의에 따르면 사람은 이타적인 행동을 통해 쾌감을 느끼는 동안만 이타적일 뿐, 이타적으로 행동하지 말아야 불쾌감을 피할 수 있으면 이타심을 포기하게 된다고 한다. 그런데 이것은 말이 안 되는 논리이다. 원하던 행위를 했을 때 긍정적인 느낌이 드는 것은 당연한 일이다. 노력을 해도 목표에 도달하지 못하면 긴장 상태가 그대로 유지되지만 행위를 완수하면 긴장 상태가 해소되기 때문이다.[12] 결승점을 통과한 육상 선수, 집짓기를 마친 건축가, 한 편의 그림을 완성한 화가, 방금 빨래를 마친 사람, 이 모두가 할 일을 마친 데 대해 기쁨을 느낀다. 그런데 빨래를 하는 이유는 깨끗한 옷을 입기 위한 것이지 "세탁 끝!" 하면서 만족감을 느끼기 위해서가 아니다. 마찬가지로 남의 행복을 도모하면서 만족을 얻었다고 해서 무조건 동기가 이기적이라고 할 수 없다. 만족을 위해서가 아니라 남의 행복을 도모하려고 한 행위이기 때

---

10 크리스틴 먼로에게 한 이야기. Monroe, K. R. (1996). *op. cit.*, p. 142.
11 좀 더 자세한 분석은 Broad, C. D., *Ethics and The History of Philosophy* (new edition), 2010, pp. 218~231 참조.
12 Schlick, M., Problems of Ethics, Nabu Press, 2011.

문이다.

아울러 조엘 파인버그가 강조하는 것처럼 이타적인 행동을 완수하고 만족감을 느끼려면 천성적으로 남의 행복을 소중히 해야 한다. 남 처지에 전혀 무관심하다면 어떻게 남을 돌보고 기쁨을 느끼겠는가?[13]

선택의 여지가 없었다?

보편적 이기주의를 지지하는 이들은 유대인들을 구한 용감한 의인들에 대해서도 나름의 논리를 갖고 있다. 그들은 주로 평범한 영웅들이 진술한 내용을 교묘하게 끌어다 쓴다. 의인들은 목숨을 걸고 남을 도운 데 대해 "선택의 여지가 없었다."라는 말을 자주 한다. 커다란 위험을 무릅쓰고 나치에게 박해 받는 유대인들을 보호한 마고라는 여성이 크리스틴 먼로에게 이렇게 말한 바 있다. "누가 물에 빠졌다고 가정하자. 이 상황에서 한가하게 '들어가서 구할까? 말까? 어떤 방법으로 구할까?' 이렇게 생각하고 앉아 있는 사람은 아무도 없다."[14]

보편적 이기주의가 옳다고 생각하는 사람들은 무의식적으로 나온 행동은 행동에 앞선 의도가 없기 때문에 이타적이라고 할 수 없다고 잘라 말한다. 그런데 주저하지 않고 행동했다고 해서 선택의 여지가 없었거나 아무 의도 없이 막무가내로 행동하는 것이 아니다. 그것은 선택지가 너무 자명해서 즉각 행동이 일어난 것이지 꼭두각시처럼 아무 생각 없이 움직였다는 뜻이 아니다.

대니얼 뱃슨은 이렇게 말한다. "불이 난 건물로 돌진하거나 위험한 물속에 뛰어든 많은 사람들이 흔히 그러는 것처럼 상황이 모두 종료된 뒤에는 아무 생각 없이 행동했다고 말할 수 있다. 그렇지만 행동하기에 앞서 생각을 한 것이 확실하다. 그렇지 않았다면 그들이 지체 없이

---

13 Feinberg, J. (1971). *op. cit.*
14 Monroe, K. R. (1996). *op. cit.*, p. 201.

제공한 도움이 상황에 적합하지 않았을 것이다. …… 따라서 신중하게 오래 생각한 것은 아니지만 어쨌든 순간적으로 판단을 한 것이 사실이라고 봐야 할 것이다. 그 또한 목표지향적인 것임에 틀림이 없다."[15]

예기치 못했던 상황이 벌어졌는데 사태가 너무 급박해서 오래 생각할 시간도 없이 판단을 내려야 하는 경우가 있다. 이때 자연스럽게 나오는 행동은 행위자의 마음 상태가 적나라하게 표현된 것이다. 겉으로는 본능적인 행동인 것처럼 보이지만 실은 오랜 시간에 걸쳐 습득한 존재의 방식이 순간적으로 표출되는 것이다.

자신의 행복을 바라는 마음과 이타심은 양립이 불가능한가?

'자기애', 좀 더 정확히 말해서 '자신의 행복을 원하는 것'과 이기주의를 혼동해서는 안 된다. 철학자 로널드 마일로가 설명하는 것처럼 자기애가 자기 자신의 행복을 원하는 것이라면 이기적인 사랑은 오로지 자신의 행복만 원하는 것이다. 18세기 영국 철학자이자 신학자인 조셉 버틀러는 사람의 관심사가 다양한 만큼 자기 자신의 행복을 도모하는 것과 남의 행복을 원하는 것이 양립 가능하다고 강조한다. 버틀러는 "양식 있는enlightened 자기애"를 옹호한다. 그러기 위해서는 이타적인 행동을 하면서 부수적으로 자신의 행복을 실현할 수 있어야 하고 그로 인해 이타적인 행동의 동기가 이기적으로 변질되지 않아야 한다.[16] 그에 비해 걷기, 잠자기, 숨쉬기와 같은 행위는 이기적이지도 않고 이타적이지도 않으면서 자신의 행복에 기여한다.[17]

캠브리지 대학교 교수인 철학자 노먼 브라운은 자신의 행복을 추구하는 것이 이기적인 일이라면 보람차고 행복한 인생을 살기 위해 지

---

15   Batson, C. D. (2011). *op. cit.*, p. 64.
16   Butler, J. (1751). *Five Sermons. op. cit.*.
17   Milo, R. (1973). *op. cit.*.

혜와 미덕을 실천하려고 노력하는 것조차 이기적인 일로 규정해야 할 것이라고 말한다.[18]

실제로 이기주의자가 잘못을 저지르는 것은 주로 무지에서 비롯되는 일이다. 행복과 고통의 메커니즘을 제대로 이해하면 남에게 선행을 베푸는 동시에 자신의 이익을 도모할 수 있을 것이다. 장 자크 루소도 비슷한 이야기를 했다. "남에게 좋은 일을 하는 것이야말로 인간의 마음이 맛볼 수 있는 가장 진실된 행복이라는 사실을 알고 있고 그렇게 느낀다."[19] 불교에서 진정으로 자신의 행복을 도모하는 길은 매순간을 충만하게 살기 위해 노력하는 것, 증오와 자기중심적 욕망과 질투와 그 밖에 마음을 좀먹는 모든 독소를 떨치고 지혜에 도달하기 바라는 것이다. 그런 상태가 되면 이기심으로 인해 마음이 어지러워지지 않고 언제나 주변 사람들 모두를 선하게 대할 수 있다.

자기 의지와 욕구에 따라 행동하면 무조건 이기적인 행동인가?

이 주장에 따르면 행위자의 욕구가 행동을 유발한 것이므로 이기적인 행동이 된다. 내가 자유롭게 행동한다는 것은 따지고 보면 뭐든지 내가 원하는 대로 하는 것이므로 나는 이기주의자라는 입장이다. 노먼 브라운의 말대로 이런 주장은 "사람을 움직이는 동기가 욕구뿐이라는 말밖에 되지 않는다. 슬프도록 진부한 이야기라고나 할까. 이 경우에 타인의 욕구 때문에 의욕이 고취되어 행동하는 것은 칭찬받아 마땅한 일이 아니라 논리적으로 불가능한 일이 되어 버린다. 왜냐하면 욕구란 행동의 주체가 갖는 성향"[20]이니까. 이타적이려면 행위자가 행동을 하고 싶어 해서는 안 된다는 것이니 말이 안 되는 소리이다.

18 Brown, N. J. Psychological egoism revisited. *Philosophy*, 54(209), 1979, pp. 293~309.
19 Rousseau, J.-J. *Rêveries du promeneur solitaire*. 6e promenade. Le Livre de Poche.
20 Brown, N. J. (1979). *op. cit.*.

또한 오로지 남을 돕고 싶어서, 그 욕구를 채우기 위해 남에게 이익이 되는 행동을 하겠다는 것이라면 생각을 다른 데로 돌리면 걸리적거리는 욕망이 날아가 버릴 것이다. 그런데 그게 그렇지가 않다. 도움이 필요한 사람에게 주의를 기울이면 다시 그를 돕고 싶다는 욕구가 솟구쳐서 뭔가 유용한 일을 하지 않는 한 그것이 사라지지 않는다.

그러므로 이타심과 이기심 사이를 갈라놓는 차이는 뭔가를 원하는 것이 나라는 사실이 아니라 내가 원하는 바의 성격이다. 그것이 자애로울 수도 있고 악의적일 수도 있고 중립적일 수도 있다. 나는 내가 행복하기를 바라는 것처럼 남이 행복하기를 바랄 수 있다. 이기심은 단순히 뭔가를 욕구하는 것이 아니라 남의 이익은 전혀 고려하지 않고 오로지 자신의 이익만 생각하면서 욕구를 실현하고자 하는 것이다.

더 나아가 대부분의 경우에 윤리적으로 중립적인 것처럼 보이는 활동에 이타심을 불어넣는 것이 가능하다. 예를 들어 건강하게 오래 살면서 자신의 행복과 남의 행복을 동시에 실현하기를 바랄 수 있다. 이런 사고방식이 생각의 중심에 늘 자리 잡고 있으면 무슨 일을 하든지 남을 보살피는 자애로운 마음으로 할 것이다.

이타심과 이기심의 변곡점은 동기에 달려 있다. 우리가 하는 행동이 이타적인지, 이기적인지 색깔을 정하는 것은 동기 즉 우리가 추구하는 궁극적인 목표이다. 겉으로 드러나는 사건의 흐름을 마음대로 통제할 수는 없지만 어떤 상황에서나 의도를 되돌아보고 이타적인 태도를 취하는 것은 충분히 가능하다. 불교에는 일상 활동을 하면서 이타적인 마음을 쌓을 수 있는 수행법이 있다. 예를 들어 문을 열 때마다 '모든 중생에게 행복의 문이 열리기를 기원합니다.', 문을 닫을 때마다 '모든 중생에게 고통의 문이 닫히기를 기원합니다.'라고 생각하는 것이다. 불을 켤 때마다 '나와 모든 사람들 마음에 지혜의 불이 켜져 증오와 탐욕과 오만을 태우기를 기원합니다.'라고 생각하는 것이다.

이타심이 없으면 타인을 향한 다른 감정도 없다

조셉 버틀러는 귀류법적 논증을 제시했다. 만약 사람이 이기적이기만 하다면 남의 처지에 관심을 두지 않을 것이다. 만약 그렇다면 잘 되기를 바라든, 못 되기를 바라든 남을 위해 뭔가를 바라는 일을 하지 않을 것이다. 두 가지가 정반대이기는 하지만 어쨌든 긍정적으로든 부정적으로든 남의 처지에 관심을 두는 것이기 때문이다. 완벽한 이기주의자는 자신의 이익을 위해 남에게 몹쓸 일을 할 수도 있고 남을 행복하게 할 수도 있지만 어떤 경우에도 자신의 이익은 포기하지 못할 것이다. 그런데 개중에 목숨 걸고 복수를 하거나 남에게 해코지를 하는 사람이 있다. 그들이 자신의 이익을 포기하면서까지 남에게 해를 끼칠 수 있다면 사리사욕을 벗어 던지고 좋은 일을 하는 것은 어째서 불가능하겠는가?

보편적 이기주의는 도덕성의 존재에 모순된다

도덕성이란 남에게 공정하고 바람직한 것에 대한 고려를 근간으로 한다. 철저한 이기주의자는 타인을 자신의 목적을 달성하는 수단으로밖에 생각하지 않는다. 그렇기 때문에 타인의 처지를 진실된 마음으로 고려하지 못한다. "나만 잘 살면 그만."인 세상에는 도덕관념이 존재할 수 없다. 기껏해야 서로 손해 끼치지 않으려고 이기주의자들끼리 맺은 계약이나 협약이 존재할 뿐이다.

　인간을 움직이게 하는 동기가 정말 이기심뿐이라면 타인의 악행에 대해 놀라움과 분노를 느낄 이유가 어디에 있겠는가? 사기꾼의 행각이나 침몰하는 배에서 승객이 대피하기도 전에 배를 버리고 도망친 선장에 대해 도대체 왜 반감을 갖겠는가? 오히려 그런 행동이 지극히 정상이라고 생각해야 맞는 것 아니겠는가?

실제로 지독한 이기주의자들도 때로는 다른 사람이 행한 착한 일이나 아량 있는 행동에 대해 칭찬을 보낸다. 은연중에 남들은 이타심이 가능하다는 것을 인정하는 것이다. 그런데 남이 이타심을 가질 수 있다고 인정하려면 자기 자신도 가능하다는 것을 알아야 한다. 생판 알지도 못하는 감정을 남이 느끼고 있다고 말할 수 없기 때문이다.

뿐만 아니라 아무리 구제 불능의 이기주의자라도 공평한 대우를 정상적이라 생각하고 부당한 대접을 받으면 분개할 것이다. 공평성의 가치를 암묵적으로 인정하지 않고서는 공평한 대우를 요구할 수 없다. 스스로 공평성의 가치를 인정한다면 자신도 남을 공평하게 대우해야 한다는 사실을 받아들여야 한다.

심리학자 조너선 하이트를 비롯해 인간의 도덕 개념이 선천적이라는 사실을 실험을 통해 확인하는 학자들이 갈수록 늘고 있다. 하이트에 따르면 사람은 대부분의 상황에서 본능이나 직관을 통해 받아들일 수 있는 행동인지 아닌지 먼저 느낀 다음에 이성적 사고를 통해 자신의 선택을 정당화한다.[21]

요컨대 심리적 이기주의는 노먼 브라운이 말한 것처럼 "위험해서 더 매력적인 이론이다. 철학자들 대부분은 이 이론을 역사상 최고로 단세포적인 미망에 불과하다고 생각한다. 인류의 이상을 비웃는 냉소주의와 겉모습만 그럴 듯한 과학적 방법론을 결합시켜 대단히 고매한 이론인 것처럼 위장해 평범한 독자들이 저항하기 어려운 개념적 혼란을 불러일으킨다."

실제 경험의 영역에서 이기심이 존재한다는 객관적인 사실 외에 사회학적 연구든 과학적 실험이든 사람들의 행동이 모두 이기심에서 비롯된다고 독단적으로 단언할 만한 근거는 어디에서도 찾아볼 수 없다. 따라서 보편적 이기주의는 인간의 행동을 철저히 조사해서 얻은

---

21 Haidt, J., *The Righteous Mind: Why Good People Are Divided by Politics and Religion*, Allen Lane, 2012.

지식이 아니라 지식인의 선험적 편견에서 나온 개념이라고 볼 수 있다.

패배주의를 버리고 이타심을 선택하라

이타심과 선이 인간의 본성이라고 인정하는 것은 곧 그런 잠재된 능력을 생각과 행동에 충분히 표출하라고 권장하는 것이다. 이기심을 인간의 천성이라고 전제하는 것은 반사회적인 행동을 정당화하고 잘못을 바로잡겠다는 열망를 훼손하는 일이다. 지금까지 이기심에 대해 "그게 인간의 본성"이라고 하는 말을 얼마나 많이 들었는가? 하버드 대학교의 제롬 케이건 교수는 북아메리카 사회에서 개인의 이익을 최우선으로 생각하는 것이 널리 용인되는 풍토에 대해 다음과 같이 설명한다.

> 많은 미국인들이 자기중심주의도 질투, 폭력, 근친상간과 마찬가지로 인간의 본성에 잔존하는 동물적 유산이므로 받아들일 수밖에 없다고 생각한다. [22]

진정한 이타심이 존재한다는 우리의 견해는 단순히 이론적인 문제가 아니다. 그것이 우리의 사고방식과 행동 양상에 상당히 큰 영향을 미칠 수 있다. 마틴 루터 킹 2세는 이렇게 말했다. "빛으로 가득한 창조적 이타주의의 길을 갈 것인지, 칠흑 같이 어두운 파괴적인 이기심 속에서 헤맬 것인지는 각자의 결정에 달린 문제이다."

22 Kagan, J., *Unstable Ideas: Temperament, Cognition, and Self*, Harvard University Press, 1989. Kohn, A. (1992). *op. cit.*, p. 41에 인용.

남을 보살피는 마음이 미워하는 마음보다
천성에 더 가까운가?

달라이 라마는 증오보다 사랑이, 이기심보다 이타심이 천성에 더 가깝다는 말을 자주 한다. 누구든지 태어나서 죽을 때까지 살아남기 위해서 사랑을 주고받으며 자신과 타인의 행복한 삶을 도모해야 한다는 말이다. 달라이 라마는 또한 남에게 선을 행하면 기분이 '좋아'지고 남에게 해를 끼치면 기분이 '나빠'진다고 덧붙인다. 누구든지 자애로운 사람과 함께 있기를 좋아하는 법이다. 심지어 동물들도 화 잘 내고 난폭하고 예측할 수 없는 사람은 멀리한다. 달라이 라마에 따르면 선과 행복이 긴밀하게 연계되어 있는 이유가 인간이 '사회적 동물'이기 때문이라고 한다. 태어나서부터 죽을 때까지 상호 부조와 자애를 주고받으면서 생존하고 살아가기 때문이라는 말이다.

그렇다면 인류가 무수한 갈등과 폭력에서 벗어나지 못하고 있는 것은 과연 어떻게 설명할 수 있을까? 남을 보살피는 마음은 인간의 마음이 균형을 이루어 평온한 상태가 표출되는 것이고 폭력은 마음의 균형이 깨진 상태라고 할 수 있다. 남을 미워하는 마음은 미워하는 사람과 미움 받는 사람 모두를 고통스럽게 하는 일탈 행동이다. 산길을 걸어 올라갈 때 잘못하면 발을 헛디뎌 급경사에서 굴러 떨어질 수 있다. 판단의 기준을 상실하고 마음의 균형이 깨지면 무슨 일이 일어날지 아무도 모른다.

마음속에 악의적인 생각이 생기면 빨리 제압하는 법을 배워야 한다. 불이 나면 숲이 화염에 휩싸이기 전에 불씨를 잡아야 하는 것과 같은 이치이다. 이렇게 항상 경계하고 통제하지 않으면 우리 안에 잠재된 남을 보살피는 자애로운 마음에서 눈 깜짝할 사이에 멀리 벗어날 수 있다.

각자가 가진 선의 잠재력을 키우려면

위대한 인물들 중에 상황이 아무리 열악해도 인간의 선한 본성에 호소하면 언제든지 선한 행동을 이끌어 낼 수 있다고 역설하는 사람들이 많이 있다. 특히 넬슨 만델라는 그런 태도가 사회적, 정치적 명분에 어떻게 기여하는지를 분명하게 보여 주었다.

> 예나 지금이나 나는 인간의 마음속 깊은 곳에 자비와 관용이 숨어 있다는 것을 잘 알고 있다. 태어날 때부터 피부색이나 사회적 배경이나 종교를 이유로 남을 미워하는 사람은 아무도 없다. 증오하려면 증오하는 법을 배워야 한다. 증오를 배울 수 있다면 사랑도 배울 수 있다. 인간의 마음에서 사랑은 증오보다 본성에 더 가깝다. 수감 생활을 할 때 나와 동료가 이제 한계에 도달했다고 생각하며 실의에 빠져 있으면 항상 간수들 중에 인간미를 보여 주는 사람이 나타났다. 극히 짧은 순간이었지만 마음을 다잡고 살아가기에 충분했다. 사람의 선한 심성은 은폐는 가능할지언정 결코 꺼지지 않는 불꽃과 같은 것이다.[23]

달라이 라마는 가끔 동물과 달리 인간은 서로에게 엄청나게 착한 일도 할 수 있고 엄청나게 나쁜 일도 할 수 있는 유일한 종이라고 말한다. 어떻게 하면 인간 본성 중 선한 측면이 우위에 서게 할 수 있을까? 북아메리카 체로키 인디언 노인이 손자에게 들려줬다는 이야기에서 어쩌면 그 답을 찾을 수 있을지 모르겠다. "마음속에서 인정사정없는 싸움이 벌어진다. 늑대 두 마리가 미친 듯이 싸우고 있다. 한 놈은 이름이 악이다. 녀석은 증오, 분노, 탐욕, 질투, 교만, 원한, 분노, 인색, 비겁으로 똘똘 뭉쳐 있다. 다른 한 놈의 이름은 선이다. 그 녀석은 행

---

23   Mandela, Nelson, *Long Walk to Freedom*, Little, Brown, 1994.

복, 기쁨, 평온, 사랑, 친절, 연민, 희망, 겸손, 관용, 진실, 자신감 그 자체이다. 두 녀석은 너뿐 아니라 다른 모든 사람의 마음속에서 싸우고 있다." 아이는 잠시 생각을 하더니 할아버지에게 이렇게 물었다. "어떤 늑대가 이겨요?" 노인의 대답은 간단명료했다. "네가 먹이를 준 녀석이 이긴단다."

III

이타심의 등장

14

진화론과 이타심

생물 진화에 혁명적 통찰을 제시한 찰스 다윈

1859년에 찰스 다윈이 『종의 기원On the Origin of Species』을 발표했다. 이것은 뒤이어 출판된 몇 가지 저작물과 함께 진화론에 토대를 마련한 저서였다. 여기서 다윈은 가장 단순한 형태의 하등 생물이 좀 더 복잡한 형태로 진화하는 메커니즘, 특히 인간을 비롯한 여러 동물종의 특징인 정신 상태와 감정으로 진화하는 과정과 연속적 단계를 설명하고 있다.

그는 인간이 "타자에 대한 동정과 선의를 본능적으로 마음속에 갖고 있으며 그것들이 항상 일정 수준 활성화되어 있다."[1]라고 인정했다. 다윈은 동정을 "사회적 본능의 기본적 구성 요소"라고 봤으며 "그와 유사한 감정을 소유하지 않은 사람은 괴물에 가까울 것"이라고 결론짓는다. 보통 다윈주의에 이타심이 설 자리가 없는 것으로 알려져 있지만 사실은 그렇지 않다. 진화론은 원래 공감대 형성과 개체들 간의

---

1   Darwin, C., *The Descent of Man, and Selection in Relation to Sex*, Vol. 1, John Murray, 1871, p. 90, http://darwin-online.org.uk/.

협력을 강조한다. "생존 경쟁struggle for existence"이라는 말은 다윈이 아니라 '다윈의 불독'을 자처하던 영국 철학자 허버트 스펜서가 처음 사용했다는 사실을 잊지 말아야 한다.

유전학에 대해 알려진 바가 거의 없는 시절이었지만 다윈은 치밀한 관찰과 날카로운 통찰을 통해 동물종 사이의 관계와 역사에 대한 지식에 일대 혁명을 몰고 왔다. 다윈은 종의 다양성이 오랜 세월 주변 환경에 끊임없이 적응해 온 결과임을 깨달았다. 전대 학자들이 미처 보지 못한 관계의 본질과 특수성을 놀라운 식견으로 파고든 다윈은 발견 내용을 한데 모아 종의 진화 이론을 구축했다. 이 이론에 기반이 되는 필수 요소는 세 가지이다.

- 유전적 돌연변이: 무작위로 발생하며 같은 종의 구성원들과 차별화되는 유전적 변이를 초래한다.
- 변이: 개체의 생존력과 번식력을 높여 자연 선택에 유리하게 만들어주며 결국 세대가 거듭될수록 돌연변이를 가진 개체들의 수가 많아진다.
- 적응: 외부 환경이 바뀌면 약간 다른 특징을 지닌 개체가 새로운 환경에 적응해 더 잘 산다. 그들은 주변 환경으로부터 자연 선택의 압력을 받으며 세대가 거듭될수록 더욱 번성한다.

다윈(1809~1882)이 세상을 떠난 후 그와 동시대를 살았던 그레고어 멘델(1822~1884)에 의해 유전자의 개념이 알려지고 1950년대에 들어서야 왓슨과 크릭에 의해 DNA의 구조가 밝혀졌다는 것을 생각할 때 다윈의 식견은 놀라운 것이 아닐 수 없다. 요즘은 '유전적 특성'이 아니라 유전자에 대해 이야기하지만 그 정도로 진화론의 토대가 흔들리지는 않는다.

생명체 출현부터 협력과 이타심의 등장까지

생명체의 탄생이란 주어진 환경에서 온전한 상태를 유지하면서 새로운 개체 형성에 필요한 정보를 다음 세대에 전송할 수 있는 개체가 출현하는 것이다. 그런 정보는 유전자를 구성하는 분자들 속에 암호화되어 있다. 서로 비슷한 게놈과 특징을 갖고 있으며 유성 생식의 경우에 번식을 하는 개체들끼리 식물종 또는 동물종을 이룬다. 이 개체들은 환경과 끊임없이 역동적으로 상호 작용하면서 일정 정도 자율성을 누린다.

그렇다면 가장 단순한 형태의 상호 작용에서 가장 복잡한 형태의 심리적 메커니즘으로 전환이 어떻게 일어나는 것일까? 먼저 다양한 생물학적 과정과 행동에는 저마다 담당하는 '기능'이 있다. 예를 들어 광합성은 식물이 빛 에너지를 사용할 수 있도록 하고 알을 품는 포란은 알이 부화될 때까지 따뜻한 온도를 유지한다. 야생 동물들이 하는 사냥 기능은 식량을 확보하는 것이다.

기능의 개념에 추가되는 것이 '필요'의 개념이다. 나무 한 그루가 성장하려면 물, 산소, 빛 그리고 흙에서 끌어온 영양분이 필요하다. 진화가 진행되면서 이 과정이 갈수록 복잡해진다. 박테리아의 필요, 굴의 필요, 생쥐의 필요, 인간의 필요가 전부 다르지만 모든 종들은 생물계 안에서 서로 의존하면서 살아간다.

동물계에서는 그런 필요가 경향을 낳는다. 영양소 농도 구배에 따라 이동하는 박테리아의 단순한 굴성부터 생존을 위협하는 건조하고 뜨거운 지표면에서 멀리 달아나는 지렁이들의 성향, 좀 더 진화된 생물들에게서 볼 수 있는 복잡한 경향과 충동이 모두 경향이다.

유기체가 주관적으로 필요와 경향을 자각하는 능력이 생기면 여기에 다시 '욕구'나 '열망'이라는 측면이 추가된다. 유기체의 기능과 필요, 경향이 실현되도록 방향을 정하고 촉진하는 것이 열망이다. 지각 있는 존재들에서 찾아볼 수 있는 가장 기본적인 의식적 열망은 고통을 피하고 안락을 추구하는 것이다. 고통과 안락에 대한 판단이 물리적인 영역에서 정신적인 영역으로 옮겨갈수록 열망은 복잡해진다.

포식자가 피식자를 죽일 때 피식자는 생체 기능이 중단되면서 포식자의 영양물이 된다. 피식자의 필요와 열망은 좌절되었지만 포식자의 필요와 열망은 충족되었다. 따라서 어떤 상황이 바람직한 것인지 아닌지는 상대적이라고 할 수 있다. 구체적으로 누구의 시점에서 보느냐에 따라 판단이 달라진다.

유기체가 자신의 정체성과 열망을 자각할 수 있으면 다른 유기체도 정체성과 열망을 갖고 있다는 사실을 자각하게 된다. 거기서 공감이 비롯된다.

개체들의 열망은 서로 일치할 수도 있고 대립될 수도 있다. 이 단계에서 등장하는 것이 윤리이다. 윤리는 어떤 행동이 바람직한지 아닌지(유익한지 유해한지), 상황이 바람직한지 아닌지(공정한지 부당한지) 등에 대한 판단을 바탕으로 한다. 판단을 할 때는 타자들의 열망을 고려하지만 그렇다고 자신의 열망을 무시하는 것은 아니다. 동기가 이타적이다, 이기적이다 하는 가치에 대한 판단과 직결되는 것이 이런 식의 평가이다.

남의 필요나 열망을 눈곱만큼도 고려하지 않는 사람은 자신의 필요를 충족하기 위해 남을 도구처럼 이용할 것이고 그러면서 한없이 이기적인 자신의 동기와 행동이 과연 정당한 것인지 조금도 의심하지 않을 것이다.

호혜성을 바탕으로 한 이타심은 사회적 계약으로 이어진다. 사회적 계약이란 개인들 사이의 관계를 규정한 규칙, 사람들이 자기에게 이득 되는 것이 있기 때문에 지키겠다고 합의한 규칙들을 모아 놓은 것이다.

개인이 다른 개인의 열망이 타당한지 여부를 숙고하기 시작할 때 윤리에 또 하나의 차원이 추가된다. 이때부터 윤리는 수단이 아니라 명실상부한 목표가 된다. 공감과 추론을 통해 타인의 입장에 서고 타인의 관점에서 세상을 보고 타인이 열망하는 바를 자각하고 타인의 열망도 자신의 열망 못지않게 합법적이라는 것을 이해하게 된다. 그러면 타인을 자신의 이익을 실현하기 위한 도구로 생각하지 않고 존중하게 된다.

타인의 가치를 자각함으로써 타인을 이롭게 하는 것을 궁극적인 목표로 삼는 동기와 행동이 유발되면 그것이 곧 이타심이다. 그 중에서도 특히 타인의 고통을 덜어 주는 것을 목표로 하면 그것을 자비심이라고 한다. 이익을 바라고 행동하지 않아도 타인을 이롭게 하는 행동이 자신에게 이익을 가져다 줄 수 있다. 또는 반대로 타인을 위해 자신의 이익을 어느 정도 포기하기로 마음먹었으므로 대가를 치러야 하는 경우도 있다. 그래도 자신의 행동에 만족할 것이므로 희생이라고 할 정도는 아니다.

윤리의 품질과 타당성은 보편성에 비례해서 증가한다. 예를 들어 틈만 나면 사람들 호주머니를 터는 범죄자들도 훔친 물건을 공정하게 나누기 위해 정한 '강도의 윤리'를 준수할 것이며 사람들에게 가혹하게 구는 악당이나 폭군도 가족에게는 윤리를 지키고 자기 자식들에게는 사랑을 쏟아 부을 것이다. 그런 윤리는 보편적 가치가 있다고 할 수는 없다.

여기서 윤리 시스템은 대부분 고려 대상이 인간에 한정된다는 사실에 주목할 필요가 있다. 시스템의 유용성을 의심하는 것은 아니지만 적용 범위가 상당히 제한적인 것이 사실이다. 윤리는 살아 있는 모든 존재의 열망을 빠짐없이 고려하고 다양한 형태와 복잡성 정도를 전부 포용해야 보편적이라고 할 수 있다. 그런 윤리는 고통을 피하고 싶어 하는 모든 지각 있는 존재의 욕구를 존중해야 할 것이다. 욕구의 주체가 지능이 높지 않고 인간이 이해할 수 있는 언어로 욕구를 표현하지 못한다고 해도 이 점은 마찬가지이다. 반면에 지능이 높은 존재는 높은 지능을 잘 활용해 인간이 아닌 다른 존재들도 고통을 원하지 않기는 마찬가지라는 사실을 받아들여야 할 것이다.

윤리는 근본적으로 이타심과 일맥상통한다. 처음에는 나와 가까운 사람들이나 나를 이롭게 하는 사람들을 대상으로 한 제한적인 이타심으로 시작되지만 차츰 낯선 사람들에게로 확장되다가 마침내 모든 지각 있는 존재의 처지에 관심을 갖게 된다.

우리는 과연 그런 윤리를 존중할 수 있을까? 사람은 생물학적으로 제한적 이타심에 적합하도록 프로그래밍되어 있지만 그 능력을 잘 활용하면 그것을 토대로 확장된 이타심으로 나아갈 수 있다.

경쟁이냐 협력이냐

다윈은 세 가지 유형의 행동이 가능할 것으로 예상했다. 첫째는 완전히 무의식적이고 본능적인 행동(하등한 유기체들의 경우), 둘째는 개체의 이익을 추구하는 행동(대개 다른 개체들에게 손해를 끼치는 경우), 셋째는 부모가 자식을 돌본다든가 집단 내 다른 구성원들과 교감할 때 나타나는 사회적 본능에 따른 행동이다. 다음의 내용을 읽어보면 다윈이 인간의 경우에 그런 교감을 가족, 친족을 넘어 인간종 전체로 확장할 수 있다고 생각했다는 것을 확실히 알 수 있다.

문명이 발전하고 소규모 부족이 여럿 모여 더 큰 규모의 공동체를 형성함에 따라 개인의 입장에서도 직접 알지는 못해도 같은 공동체에 소속되어 있는 구성원 전체로 사회적 본능과 교감을 확대해야 마땅하다는 당위성이 느껴질 것이다.

이 시점에 도달하면 교감이 모든 국가, 모든 인종에 속한 사람들 전부에게로 널리 확산되는 것을 막을 수 있는 것은 인위적인 장벽밖에 없다. 경험 상, 불행한 일이지만 외모와 관습이 전혀 다른 사람들을 같은 인간으로 여기기까지 얼마나 많은 시간이 필요한지 모른다.

인간의 경계를 넘는 교감, 즉 동물에 대한 공감은 윤리적으로 가장 나중에 습득하게 되는 것 같다. …… 사람의 천성 중 가장 고귀한 것 중 하나인 이러한 미덕은 교감의 폭이 넓어질수록 까다로워지지만 결국은 지각 있는 모든 생명체로 확장될 것으로 보인다. 소수의 사람들이 그런 미덕을 지키고 발전시키기 시작하면 교육을 통해 젊은 층에 퍼져나가고 그것이 본보기가 되어 여론을 형성하게 된다.[2]

감정과 감정 진화의 권위자인 폴 에크만은 이러한 다윈의 입장이 동양의 불교 사상과 매우 흡사하다고 말한다.[3]

다윈은 '생존 경쟁'이라는 말을 은유적인 의미로만 사용했다. 실제로 개 두 마리가 고기 조각을 차지하려고 서로 맞서 경쟁할 수도 있고 나무 두 그루가 사막에서 살아남으려고 가뭄에 맞서 '투쟁'할 수도 있다.[4] 식물의 '생존 경쟁'에는 두 종種 간의 적대감이 개입하지 않는다. 진화 과정에서 손 하나 까딱하지 않고 경쟁에서 이기는 종도 있다. 예를 들어 우월한 면역 체계를 갖고 있거나 우월한 눈이나 코를 갖고 있어 포식자를 감지하는 능력이 뛰어난 경우이다.[5] 유기체들이 희소하고 귀중한 자원을 차지하거나 사회 계층 구조에서 자신의 입지를 확립하기 위해 다른 종이나 같은 종의 구성원들과 직접 경쟁하는 경우도 물론 있지만 상호 작용 전체를 장기적, 총체적으로 놓고 살펴보면 대부분은 폭력적이지도 않고 직접적이지도 않다.[6]

2   *Ibid.* p. 100.
3   Ekman, P. 2010. Darwin's compassionate view of human nature. *JAMA* 303(6), 557.
4   E. Sober, in Davidson, R. J., & Harrington, A., *Visions of Compassion: Western Scientists and Tibetan Buddhists Examine Human Nature*, Oxford University Press, 2002, p. 50.
5   이 부분에 대해 설명해 준 프란스 드 발에게 감사를 전한다.
6   특히 Trivers, R. L., *Social Evolution*, 1985, Benjamin-Cummings 참조.

1880년 당시에 상트페테르부르크 대학교에서 학장을 지낸 러시아 생물학자 칼 표도로비치 케슬러는 생존 투쟁에 성공한 후 종이 서서히 진화하는 과정에서 훨씬 더 중요한 것은 상호 투쟁의 법칙이 아니라 상부상조의 법칙이라고 역설했다.[7] 다윈과 맥을 같이 하는 이러한 생각에서 영감을 받은 것이 러시아 지리학자이자 무정부주의자였던 표트르 크로포트킨이다. 그는 동물의 세계에서 나타나는 상부상조의 연구에 몰두했으며『상부상조, 진보의 요소L'Entraide, un facteur de l'évolution』에 주요한 내용이 기록되어 있다.[8]

경쟁은 보통 협력보다 눈에 잘 띄고 화려해서 눈요깃감이 되기 십상이다. 공공장소에서 싸움이 일어나면 바로 사람들이 모여들 정도로 장시간 다양한 방법으로 협력해 일하는 사람들보다 훨씬 더 크게 주목을 받는다. 그런데 생물계는 경쟁보다 협력에 더 의존한다고 해야 맞을 것이다. 진화 역학 프로그램을 총괄하고 있는 하버드 대학교의 마틴 노왁이 설명하는 것처럼 진화에서 새로운 수준의 조직을 구축하려면 협력이 필요하다. 유전자는 염색체 안에서 협력하고 염색체는 세포 안에서 협력하고 세포는 유기체와 좀 더 복잡한 구조 안에서 협력하며 그런 구조들이 신체 안에서 협력하고 신체들이 사회 안에서 협력하는 것이다.[9] 협력은 유전자가 같은 개체뿐 아니라 유전자가 다른 개

---

7   Memoirs of the Society of Naturalists of St. Petersburg. Peter Kropotkin, *Mutual Aid: A Factor of Evolution*, London: Freedom Press, 2009에 인용.

8   표트르 크로포트킨은 생존 경쟁이나 강자 생존에 반대하면서 부르주아 사회의 특징인 개인주의를 고발하고 사람과 동물종이 어울려 살아갈 수 있다는 것을 보여 주고자 했다. 그는 1902년에 출간된 『상부상조, 진보의 요소』에서 다양한 관찰 결과를 토대로 타인과 나누는 교감과 연대 의식이 인간 저변에 깔려 있는 본능적인 구성 요소이며 그런 모습은 자연에서도 흔히 볼 수 있다고 결론지었다. 그런데 크로포트킨의 생각에는 모순이 많다. 그는 "영구적 반란révolte permanente"에서 승리를 거두기 위해서라면 폭력을 사용해도 된다고 생각했으며 손수 편집하던 간행물 『반역자Le Révolté』에 그런 입장을 가감 없이 밝혔다.

9   Nowak, M. A., & Highfield, R., *SuperCooperators: Altruism, Evolution, and Why We Need Each Other to Succeed*, Simon & Schuster, 2011, pp. 274~275. Bourke, A. F. G., *Principles of Social Evolution*, Oxford University Press, 2011. 이런 주장들이 잘 요약되어 있는 Candau, Joël. Pourquoi coopérer. *Terrain* (1), 2012, pp. 4~25도 참조.

체들 사이에서도 찾아볼 수 있다. 생물의 역사를 살펴보면 원래 독립적이었던 개체들이 모여 힘을 합쳐 온전한 개체를 이룬다. 인간도 그렇고 개미 군체의 초유기체도 그런 경우이다. 그런 맥락에서 볼 때 유전자와 박테리아를 비롯해 고등 동물까지 모두 적용되는 '협력'이라는 말에는 의식적 동기라는 뜻이 내포되어 있지 않다.[10]

일반적으로 동물들은 정도의 차이만 있을 뿐, 다양하고 복잡한 방법으로 서로 협력한다. 일부는 출산과 번식을 하는 짧은 기간을 빼고는 고독하게 살아가기도 한다. 반면에 군서하는 동물들은 동족과 함께 있기를 좋아해서 반드시 상호 작용을 하지 않더라도 공동의 거처에서 군집해 살아가는 경향이 있다. 거기서 좀 더 복잡해지면 명확한 사회 구조가 아닌 준사회 단계로 넘어가는데 이 단계의 특징이 바로 어버이 양육이다. 새끼가 젖을 뗄 때까지 공들여 양육하는 것이다. 그 다음에 동물종 중 일부에서 군체 단계가 나타난다. 조류처럼 대군체인 경우에는 부모가 집단의 안전이 보장되는 공동 영역에 머물면서 직계 자손들만 직접 돌본다. 공동체 단계에서는 암컷들끼리 협력하면서 새끼들을 돌보고 먹이고 보호한다. 마지막으로 가장 복잡한 단계가 진사회(眞) 단계이다. 개미굴과 같은 공동 서식지를 건설하고 방어하는 모습이 관찰되며 성년이 지난 개체들이 장기적인 협력을 통해 새끼들을 키우면서 일에 대해 분업과 전문화가 이루어진다.[11]

---

10 예를 들어 5백 종이 넘는 박테리아는 치아와 점막에 대량 서식하면서 협력과 경쟁의 가능성을 제공한다는 사실을 다들 잘 알고 있을 것이다. 그런데 이 박테리아들이 단일 종의 서식이 어려운 환경에서 생존할 수 있는 것은 협력 덕분인 것으로 밝혀졌다. Kolenbrander, P. E. Mutualism versus independence: Strategies of mixed-species oral biofilms in vitro using saliva as the sole nutrient source. *Infect. Immun., 69*, 2001, 5794~5804 참조. 박테리아에 대해서는 Koschwanez, J. H., Foster, K. R., & Murray, A. W. Sucrose utilization in budding yeast as a model for the origin of undifferentiated multicellularity. *PLoS Biology*, 2011, 9(8)도 참조.
11 특히 Aron, S., Passera, S. & L., *Les Sociétés animales: évolution de la coopération et organisation sociale*, De Boeck University, 2000 및 Wilson, E. O., *The Social Conquest of Earth* (1st edition), Liveright, 2012 참조.

예나 지금이나 진화론에서 가장 까다로운 문제 중 하나가 바로 이 타적 협력을 설명하는 것이다. 이런 유형의 협력에는 개인이 치러야 할 대가가 수반된다. 그런데 '생존 경쟁' 관점에서 개인의 생존에 이익이 될 것이 없어 보이는 이런 대가를 설명하기가 무척 어려웠다. 그럼에 도 불구하고 인간 사회에서는 이런 행동이 도처에서 나타난다. 몇몇 한정된 지인의 테두리에서 벗어나 혈연관계도 아닌 사람들을 대상으 로 경우에 따라서는 값비싼 대가를 치르거나 위험을 무릅쓰면서까지 지속적으로 강력하고 반복적이고 다양한 형태의 협력에 뛰어드는 사 람들이 있다.[12]

이타심과 '생존 경쟁'은 양립이 가능한가?

다윈은 곤충 사회에서 볼 수 있는 불임충처럼 나중에 알고 보면 집단 에 유용하지만 개인에게는 효용이 전혀 없는 이타적 행동이 있다는 것 을 발견하고 이를 가리켜 "내 이론에 최고로 심각한 반론을 제기하는 사실"[13]에 부딪쳤다고 말했다. 자연 선택은 "개인에게 유용하기보다 해가 되는 구조를 유발할 수 없다. 개인은 자신의 이익에 의해 자신의 이익을 위해서만 움직일 수 있기 때문이다."[14] 그 말은 이타심이 존재 하려면 종에게 유익한 근본적 유용성이 있어야 한다는 뜻이다.

이런 감정의 출현 과정이 아무리 복잡해도 서로 돕고 서로 방어하는 모 든 동물들에게 매우 중요하기 때문에 자연 선택 과정에서 발전할 수밖 에 없다. 측은지심이 강한 개체가 많이 포함된 공동체일수록 번영을 누

---

12 Candau, J. (2012), *op. cit.* 및 Henrich, J., & Henrich, N., *Why Humans Cooperate: A Cultural and Evolutionary Explanation*, Oxford University Press, 2007.
13 Darwin, *The Origin of Species*, Chapter 8, http://darwin-online.org.uk
14 *Ibid.*, Chapter 6, http://darwin-online.org.uk/.

리고 자손의 수도 많았다.[15]

이타심으로 득을 보는 것은 개체가 아니면 집단이었다. 이후 다윈의 생각을 발전시키고 보완한 이론가들은 이타심의 문제만 나오면 늘 난색을 표했다. 진화 철학자 엘리엇 소버는 이렇게 설명한다.

실제로 그들에게 이타심의 문제는 눈엣가시였다. 선험적으로 생각하면 철저하게 이기적으로 행동하는 개체가 '생존 경쟁'에서 유리할 것 같기 때문이다. 이기주의자는 식량을 비롯해 한정된 양의 자원들을 주저 없이 독식할 것이고 번식기에 잠재적 경쟁자들을 잔인하게 몰아낼 것이며 생존에 유리하다면 지체 없이 이타주의자들을 죽일 것이다. 그렇기 때문에 어떤 집단에서든지 이타적인 기질을 나타내는 유전자들이 어떻게 뿌리내릴 수 있을지 상상하기가 어려웠다.

그런 관점에서 보면 자발적으로 남에게 유리한 상황을 만들어 주는 것은 개체의 생존 기회를 최적화하기 위해 절대 금기시해야 할 일이다. 논리적으로만 따지면 이타주의자들은 생존 경쟁에서 영원한 패배자가 되어야 하는데 현실은 그렇지가 않다.

어떤 이타심을 말하는 것인가?

이번 장에서 진화론자들이 말하는 '이타심'에 대해 한 가지 명심해야 할 사항이 있다. 진화론자들은 동기가 아니라 친사회적 행동, 다시 말해서 남에게 득이 되면서 행위자가 어느 정도 대가를 치러야 하는 행동에만 관심을 둔다. 그에 비해 우리는 지금까지 이타심을 정신 상태,

---

15 Darwin, C., *The Descent of Man, op. cit.*, p. 82. http://darwin-online.org.uk/.

동기, 남들에게 필요한 것을 제공하고자 하는 의도, 남을 위해 좋은 일을 하고 고통을 덜어 주고자 하는 욕구라고 정의했다. 엘리엇 소버는 이러한 동기를 "진화론적 이타심"에 상대되는 개념으로 "심리학적 이타심"이라고 부른다.[16]

진화론자들에게 '이타주의자'는 개미 군체에 득이 되는 행동을 하는 불임 일개미나 포식자가 나타났을 때 동료들이 안전한 곳으로 도망칠 수 있도록 경계성警戒聲을 내서 맹금류의 주의를 돌리고 때로는 잡아 먹혀 죽기까지 하는 새에게 적용되는 말이다. 전통적인 '생존 경쟁' 이론에서 그런 희생적인 행동은 아무 의미가 없다. 제 명에 죽지 못하고 일찍 세상을 떠난 '이타주의자'는 생존자들보다 적은 자손을 남기기 때문이다. 따라서 그것은 세대가 거듭되는 사이에 자연스럽게 제거될 행동이다. 동물 행동학자 듀가트킨에 따르면 하다못해 박테리아도 다른 박테리아에게 유익하지만 스스로 생식 능력이 저하되는 행동을 한다면 이타주의자라고 부를 수 있다.[17] 이것만 봐도 이타심을 동기라고 보는 우리의 견해와 거리가 멀다는 것을 쉽게 알 수 있다.

대니얼 뱃슨은 『이기적 유전자』의 저자인 리처드 도킨스가 이빨이 나쁜 말을 만들어 내는 유전적 변이를 일컬어 진화론적 관점에서 '이타적'이라고 한 것을 기억하고 있다. 이빨이 나쁜 말은 상대적으로 풀을 적게 먹어서 다른 말들이 먹을 풀을 많이 남기기 때문에 이타적이라는 논리이다.[18] 만약 그렇다면 구취가 심한 사람은 배우자를 구할 가능성이 낮아서 다른 사람들이 유전자를 후대에 물려줄 기회를 더 많이 누리도록 하므로 이타주의자라고 하는 것과 다를 바가 없다. 당

---

16 Sober, E., & Wilson, D. S., *Unto Others, op. cit.*, pp. 201~205.
17 Dugatkin, L. A., *Cooperation Among Animals*, Oxford University Press, 1997.
18 프란스 드 발은 이것이 이타심과 아무 관계도 없는 예라고 말한다. 진화론자 시각에서 엄격하게 말하면 어떤 특징이 다른 개체들에게 유익해서 자연 선택될 경우에만 이타심이라고 할 수 있다. 그런데 이빨이 나쁘다는 특징이 다른 말들에게 유익해서 진화되었다는 것은 말이 안 된다. 개인적 정보 교환.

연히 말도 안 되고 이타심과 관계도 없는 이야기이다. 뱃슨은 이렇게 밝힌다. "내가 말하는 이타심은 이빨이 안 좋은 말이나 구취가 심한 사람이 아니라 구체적으로 남을 이롭게 하는 것을 목표로 하는 동기를 의미한다."

일반적으로 동기를 지칭하는 용어를 진화론자들이 마음대로 남용하면서 불필요한 혼란을 야기하는 것은 유감스러운 일이다. 진화론자들이 '이타적'이라는 말 대신 다른 개체들에게 '유익한', '도움이 되는', '이로운', '유리한' 같은 말을 사용했더라면 훨씬 좋았을 것이다. 그랬다면 진화론적 이타심의 성격에 대한 논의가 진정한 이타심을 인간의 본성으로 보는 우리의 관점에 영향을 미치지 못했을 것이다.

같은 유전자를 가진 자들에 대한 편애

"진화론적 이타심"은 이타심의 문제에 매료된 젊은 영국인 학자에 의해 부분적으로 밝혀졌다. 1960년대에 케임브리지 대학교에서 수학 중이던 윌리엄 도널드 해밀턴은 무슨 수를 써서라도 이타심의 유전적 진화에 대해 밝혀내겠다고 마음먹었다. 친구도 없고 내성적이었던 그는 연구실이나 자기 책상조차 신청하지 않고 집과 도서관을 오가면서 연구를 계속했다. 도서관이 문을 닫는 날이면 기차역 벤치를 이용했다. 번번이 교수들의 거센 비판에 부딪혀 과학을 그만둘까 고민한 적도 있었지만 그래도 끈기 있게 연구에 매진해 1963년과 1964년에 만인의 무관심 속에 각각 한 편씩 총 두 편의 논문을 발표했다.[19] 해밀턴이 과학 박사 자격이 없다고 생각하던 논문 지도교수들은 1968년까지 박사학위 수여를 거부하기도 했다. 그러나 이 논문들은 장차 진

19 Hamilton, W. D. (1963). The evolution of altruistic behavior. *American Naturalist*, 97(896), 354~356. Hamilton, W. D. (1964). The genetical evolution of social behaviour. *Journal of theoretical Biology*, 7(1), 1~16.

화론에 중대한 영향을 미치게 된다. 여기서 해밀턴은 비교적 간단한 방정식을 이용해 20세기 진화론의 위대한 발견 중 하나로 손꼽히는 내용을 설명했다.[20]

다윈은 개인의 생존에 비교적 유리하게 작용하는 유전적 '형질'이 전달된다고 했다. 쉽게 말해서 자신과 같은 형질을 가진 자손을 낳을 수 있다는 말이다. 해밀턴은 자손을 최대한 많이 낳는 것이 유전자를 다음 세대에 전달하는 유일한 방법이 아니라는 것을 보여 주었다. 해당 유전자를 일부만 갖고 있는 가까운 친척이 자손을 낳아도 같은 목표가 달성된다는 것이다.

해밀턴은 논문 두 편에서 유명한 방정식을 하나 제시했다. 방정식이 설명하는 내용은 요즘 우리가 혈연 선택이라 부르는 것으로 유전적으로 혈연도가 가까운 개체를 돕는 행동이 자연 선택에 유리하다는 것이다. 당시까지는 개체의 '번식 성공도'를 자손의 수로 측정했다.[21] 그런데 해밀턴은 이 선택 가치가 해당 개체뿐 아니라 형제자매, 조카 등 유전적으로 혈연도가 가까운 모든 개체의 성공에도 비례한다는 사실을 보여 주었다. 혈연도가 가까운 개체들은 해당 개체의 유전자 일부를 공유하고 있다.(형제자매는 50퍼센트의 유전자를 공유하며 사촌은 25퍼센트, 조카딸은 12.5퍼센트의 유전자를 공유한다.)

이 경우에 전체 번식 성공도(해밀턴이 "포괄 적합도"라고 명명한 전체 선택 가치)는 직접적 번식 성공도(해당 개체의 직계 자손 수)와 간접적 번식 성공도(해당 개체의 유전자 일부를 갖고 있는 근연 개체들의 자손 수)의 합이다. 요컨대 직접적으로든 간접적으로든 다음 세대로 전달된 유전자 전체 양이 중요하다는 말이다.

이로써 몇몇 동물들에서 볼 수 있는 이타적 행동이 진화론적 관점에서 순식간에 의미를 갖게 되었다. 해밀턴의 방정식은 영국의 위대한

---

20 Wilson, E. O., *The Insect Societies*, Harvard University Press, 1971.
21 기술적으로 한 개체의 "선택 가치"는 번식 성공도라고 할 수 있다.

유전학자 홀데인의 직관을 공식화한 것이다. 홀데인은 형제나 자매 두 명 또는 사촌 네 명 또는 조카 여덟 명을 살리기 위해 목숨을 바치는 것이 가치 있는 일이라고 했다. 늑대 한 마리가 사냥꾼에게 쫓기는 동료들의 무리에서 빠져 나와 홀로 사냥꾼의 주의를 끄는 데 성공함으로써 자신의 유전자를 갖고 있고 앞으로 번식하게 될 형제, 자매, 조카들의 생명을 충분히 많이 구할 수 있다면 그의 살신성인은 유전자가 다음 세대로 널리 전파되는 데 이로운 일임에 틀림이 없다.

해밀턴의 방정식은 그 후 자연에서 일어나는 훨씬 더 복잡한 상황에서 수없이 입증되었다. 예를 들어 얼룩 다람쥐의 일종인 벨딩 땅다람쥐는 포식자가 접근했을 때 인근에 근연 개체가 많을 때 경고성을 가장 많이 지르는 것으로 나타났다.(경고성을 지르면 포식자에게 잡아먹히는 경우가 절반 이상일 정도로 매우 위험한 행동이다.)[22]

사회성 곤충 전문가인 에드워드 O. 윌슨은 1965년에 해밀턴의 연구 내용을 처음 접한 후 그의 업적을 과학계에 널리 알리는 데 커다란 기여를 했다. 해밀턴의 방정식은 곤충 전체 바이오매스의 절반을 차지하는 개미나 꿀벌의 일부, 기타 막시류膜翅類 곤충 등 진眞사회성 곤충에서 반론의 여지가 없을 정도로 확실하게 입증되었다.[23]

이를 통해 '이타적인' 개체가 감수해야 할 행위의 대가가 근연 개체들에 의한 유전자 전파라는 이득보다 크지만 않다면 "진화론적 이타심"의 행동 성향을 가진 돌연변이는 기존에 생각되던 것처럼 자연 선택 시 불리한 것이 아니라 오히려 유리하다는 것을 알 수 있다.

22 Clutton-Brock, T. H., O'Riain, M., Brotherton, P., Gaynor, D., Kansky, R., Griffin, A., & Manser, M. Selfish sentinels in cooperative mammals. *Science, 284*(5420), 1999, p. 1640.

23 이것은 딱총 새우, 벌거숭이 두더지쥐, 특정 종류의 말벌, 꿀벌, 딱정벌레와 최근 발견된 흡충류 Trematoda 기생충 사이에서 사실로 확인되었다. 최초로 사실이 확인된 것은 해밀턴의 첫 논문이 발표된 지 13년 후 로버트 트리버즈와 호프 헤어의 연구 결과에서였다. Trivers, R.L., & Hare, H. Haplodiploidy and the evolution of the social insects. *Science, 191*(4224), 1976, 249~263.

조지 프라이스의 대역정

윌리엄 D. 해밀턴이 뛰어난 혁신가로 인정 받아 이름이 알려지기 전, 그의 고독한 연구에 합류한 독특한 인물이 하나 있었다. 이름은 조지 프라이스.[24] 전기 수리공인 아버지와 오페라 가수인 어머니 사이에서 태어나 가난하게 자란 그는 화학을 전공한 뒤 스무 살이 되던 해에 원자 폭탄 개발 계획인 맨해튼 프로젝트에 참여했다. 발명가로 IBM에서 근무하기도 한 그는 나중에 런던으로 건너가 정착했다. 도서관에서 우연히 해밀턴의 논문을 발견하고 흥미를 느낀 프라이스는 해밀턴에게 편지를 썼다. 그렇게 해서 서신 교환이 시작되었고 원래 진화론에 식견이 별로 없었던 프라이스는 이를 계기로 협력과 이타적 행동은 물론, 협박, 공격성, 위해 행위까지 설명할 수 있는 수학적 모델을 정립하기에 이르렀다. 조지 프라이스는 메모를 들고 런던 대학교 인간 유전학과 세드릭 스미스 학과장을 찾아갔다. 프라이스의 아이디어에 깊은 인상을 받은 스미스는 프라이스가 좀 더 나은 환경에서 연구를 할 수 있도록 그 자리에서 연구실 열쇠를 주었다.

해밀턴과 몇 차례 더 서신을 주고받은 조지 프라이스는 '공분산' 방정식을 만들어 자애로운 행동, 악의적 행동을 비롯해 동물계에서 확인된 여러 유형의 행동과 사실을 설명했다. 이타심은 직계 가족에서 집단으로 갈수록 감소하다가 서로 다른 집단에 속해 있는 개체들 사이에서는 공격성으로 변한다. 그 밖에 조건이 맞으면 개체들이 모인 집단 안에서 이타심이 발휘될 수 있다는 것도 보여 주었다.

프라이스도 해밀턴처럼 처음에는 인정을 받지 못해 『네이처』에 논문을 보냈지만 거절당하고 말았다. 해밀턴이 나서서 자신의 새 논문[25]

---

24 조지 프라이스의 전기 참조. Harman, O. S., *The Price of Altruism*, Norton, 2010.
25 Hamilton, W. D. (1970). Selfish and spiteful behaviour in an evolutionary model. *Nature*, 228, 1218~1219.

이 프라이스의 방정식을 토대로 한 것이라 프라이스의 논문을 실어주지 않으면 새 논문을 발표할 수 없다고 우겨서 겨우 통과될 정도였다. 우여곡절 끝에 『네이처』에 실린 「선택과 공분산」[26]은 그 누구의 관심도 끌지 못했다. 당시에 이 논문의 중요성을 이해한 것은 해밀턴이 유일했던 것 같다. 프라이스는 몇 년이 지난 뒤에야 20세기에 이루어진 진화론 분야의 대발견에 공헌한 인물로 인정받았다.

남을 이롭게 하는 행동의 호혜성

인류의 조상은 인류 역사의 98퍼센트가 넘는 기간 동안 협력을 토대로 부족을 이루고 수렵 채집을 하면서 살았다.[27] 대가족 구성원들의 도움을 받아 자녀를 키웠고 대개는 부족 전체가 육아에 참여했다. 남성과 여성 모두 식량을 구하러 다녔는데 남성은 사냥을, 여성을 식용 식물 채집을 주로 했다.[28] 이들 사회는 호혜와 협력을 바탕으로 한 것이었다.

1971년에 로버트 트리버즈는 장기적인 교환과 상호 부조의 관계를 수립하면 개인의 생존과 번식이 훨씬 용이할 수 있다고 시사했다. 호혜성의 법칙을 지키는 사람들은 독단적으로 행동하는 사람들이 누리지 못하는 이익을 장기적으로 얻을 수 있다는 것이다. 따라서 트리버즈의 "호혜적 이타심reciprocal altruism" 이론에 따르면 서로 근연 관계가

26 Price, G. R., & others. (1970). Selection and covariance. *Nature, 227*(5257), 520.
27 Hill, K. R. (2002). Altruistic cooperation during foraging by the Ache, and the evolved human predisposition to cooperate. *Human Nature, 13*(1), 105~128; Kelly, R. L., *The Foraging Spectrum: Diversity in Hunter-Gatherer Lifeways*, Smithsonian Institution Press, 1995.
28 Richerson, P. J., & Boyd, R., *Not by Genes Alone: How Culture Transformed Human Evolution*, University of Chicago Press, 2004. Wood, W., & Eagly, A. H. (2002). A cross-cultural analysis of the behavior of women and men: Implications for the origins of sex differences. *Psychological Bulletin, 128*(5), 699.

아니라도 개체들끼리 서로 돕는 것이 장기적으로 이익이 된다. 트리버즈 역시 동기에 관심을 두지 않았고 "심리학적 이타심"의 문제는 다루지 않았지만 해밀턴의 이론이 유전적 근연 개체들에게만 적용되던 데 비해 호혜적 이타심은 남을 이롭게 하는 행동의 적용 범위를 넓혔다는 데 의의가 있다. 트리버즈에 따르면 호혜적 이타심은 수명이 비교적 길고 상호 의존적이며 믿을 만하고 도움을 받았으면 되돌려 줄 줄 아는 개체와 양심 없는 모리배를 구분할 수 있을 만큼 서로에 대해 잘 아는 종에서 발달했을 가능성이 높다. 그런 종은 평등한 조직을 갖고 있고 집단 구성원 전체가 나서서 자손을 돌본다.[29]

파라과이 깊은 산중에서 살아가는 아체 부족에 대한 킴 힐의 연구[30]를 살펴보면 수렵과 채집을 하는 남자와 여자들이 혈연관계는 없지만 과거에 도움을 준 부족 구성원들을 돕는 데 시간의 10퍼센트를 할애하는 것으로 나타났다. 또한 그들은 먹을 것을 분배할 때 가까운 혈연을 챙기기보다 형평성을 중시하고 개인별로 필요한 것을 고려했다. 아체족에게는 식량 확보가 불규칙하고 불확실한 일인 만큼 호혜성이 더 큰 의미가 있다. 아체족에게 호혜적 이타심은 식량이 귀해지는 시기를 대비하는 일종의 보험과 같은 것이다.

킴 힐과 동료 학자들은 전 세계에서 오늘날까지 명맥을 유지하고 있는 수렵 채집 집단들의 사회 구조도 면밀히 분석했다. 그들은 아들이든 딸이든 자식들이 모두 가정의 울타리를 벗어나 살아가기 때문에 사회 구성원들이 대부분 친척보다 친구 관계에 가깝다는 사실에 주목했다. 그러므로 사람이 낯선 사람에게 친절을 베푸는 것은 (해밀턴의

29 Trivers, R. L. (1971). The evolution of reciprocal altruism. *Quarterly Review of Biology*, 35~57; Axelrod, R., & Hamilton, W. D. (1981), The evolution of cooperation. *Science*, 211(4489), 1390; Boyd, R., & Richerson, P. J. (1988). An evolutionary model of social learning: The effects of spatial and temporal variation. *Social Learning: Psychological and Biological Perspectives*, 29~48.
30 Hill, K. R. (2002). *op. cit.*.

모델을 적용했을 때 예상되는 것처럼) 유전자의 중개에 의한 것이 아니라 문화의 점진적 진화로 인해 생기는 결과로 보인다.[31]

유전자가 이기적이라고?

1976년에 리처드 도킨스가 『이기적 유전자』를 발표해 큰 성공을 거두었다. 이 책에서 도킨스는 진화 과정에서 가장 중요한 본질은 개체의 생존이 아니라 유전자의 생존이라고 설명하고 있다.[32] 도킨스가 가장 크게 공헌한 바는 다윈이 말하는 선택과 경쟁이 종이나 개체의 수준이 아니라 기본적인 유전 형질 복제자, 다시 말해서 유전자를 구성하는 DNA 분자의 수준에서 이루어진다는 것을 밝힌 것이다. 도킨스는 다음 문장에서 이런 생각을 분명하게 내세우고 있다. "우리는 생존 기계이다. 유전자라는 이름으로 알려진 이기적인 분자들을 보존하도록 프로그래밍된 맹목적인 로봇이다."[33]

다윈이 "국가와 인종을 초월해 사람들 모두"와 "인류의 벽을 넘어" 동물에게까지 교감이 확대될 가능성이 있다고 한 데 대해 도킨스는 미망에서 깨어나라면서 다음과 같이 썼다.

이 책의 요지는 인간을 비롯해 모든 동물들이 유전자에 의해 만들어진 기계라는 것이다. …… 아무 탈 없이 번창하는 유전자의 주요한 특징은 인정사정없는 이기심이라고 할 수 있다. 유전자의 이기심은 보통 개체의 이기적인 행동을 유발한다.

---

31 Hill, K. R., Walker, R. S., Božičević, M., Eder, J., Headland, T., Hewlett, B., Hurtado, A. M., *et al.* (2011). Co-residence patterns in hunter-gatherer societies show unique human social structure. *Science, 331*(6022), 1286. 래브라도Labrador의 이누이트족, 파라과이의 아체족, 오스트레일리아의 와닌딜자우구아족Wanindiljaugwa을 비롯해 원시 부족을 많이 연구했다.
32 Dawkins, R., *The Selfish Gene*, Oxford University Press, (2d ed.), 1990.
33 *Ibid.*, p. ix.

개체 수준에서 유전자가 제한된 형태의 이타심을 불러일으켜 본래의 이기적인 목표를 달성할 수 있게 하는 것은 특수한 경우이다. …… 그렇지 않다고 하고 싶지만 보편적인 사랑과 종 전체의 행복은 진화론에서 말이 안 되는 개념이다.[34]

도킨스가 더 나은 세상을 만드는 것에 반대하는 것은 물론 아니다. 다만 인간은 타고난 성향으로 볼 때 그런 일을 할 수 없는 존재이며 그런 목표를 달성하는 데 유리하게 작용할 만한 게 사람에게 없다는 것이 도킨스의 생각이다.

여기서 우리는 이타심이 생물학적으로 타고난 천성이 될 수 없으므로 우리의 아이들에게 이타적으로 행동하는 법을 가르쳐야 한다는 교훈을 명심해야 한다.[35]

앞으로 동물과 아동에 대해 이야기하면서 다시 살펴보겠지만 예를 들어 펠릭스 바르네켄과 마이클 토마셀로의 연구를 보면 전혀 그렇지 않다는 것을 알 수 있다. 그들은 다음과 같이 결론 내리고 있다. "바로 그렇기 때문에 우리는 인간의 개체 발생 초기에 관찰되는 이타적 성향이 타고난 천성을 반영하는 것이라고 주장하고 싶다." 사람뿐만 아니라 침팬지도 이타적으로 서로 돕는 것을 볼 때 "인간이 갖고 있는 이타심의 계통 발생적 뿌리가 인간과 침팬지의 공통 선조가 살았던 약 600만 년 전으로 거슬러 올라갈 수 있다."라는 뜻이다.[36]

도킨스가 진화 과정에서 유전자가 핵심적인 역할을 한다고 역설한

---

34 *Ibid.*, p. 3.
35 *Ibid.*, p. 139.
36 Warneken, F., & Tomasello, M. (2009). The roots of human altruism. *British Journal of Psychology*, 100, 455~471.

데 대해 더 이상 왈가왈부할 것은 없지만 심리학 용어를 가져다가 성격과 차원이 전혀 다른 과정을 지칭하는 데 사용한 것은 무척 유감스러운 일이다. 책의 흥행에 큰 몫을 담당했을 『이기적 유전자』라는 제목만 해도 그렇다. 만약 이 책에 '유전자의 자기 영속성에 관하여'라는 제목을 달았더라면 과연 어떤 일이 일어났을까? 위대한 동물학자 제인 구달은 이 책이 베스트셀러에 오른 이유에 대해 이렇게 말했다. "많은 사람들에게 부분적으로나마 인간의 이기심과 잔혹성에 대해 변명을 제공했기 때문이라고 생각한다. 그건 유전자가 그렇다는 것뿐이다. 우리도 어쩔 수 없는 일이다. …… 인간이 자행하는 못된 행동에 대해 책임을 벗을 수 있어 다들 마음이 편했던 것 같다."[37]

프란스 드 발은 이렇게 지적한다. "유전자가 '이기적'이라고 하는 것은 강물이 '잔뜩 성나서 포효'하거나 햇살이 '따사로운 손으로 어루만진다.'고 하는 것과 전혀 다를 게 없다. 유전자는 사실 작은 DNA 덩어리에 불과하다."[38] 도킨스가 비록 "심리학적 동기에 관심이 없다."라고 말했지만 동기를 연상시키는 '이기적'이라는 말을 사용하는 바람에 그렇잖아도 이타심의 본질을 거론할 때마다 일어나는 혼란을 더욱 가중시킨 꼴이 되었다.

이러한 모호성은 많은 사람들에게 상상의 나래를 펼치게 만들었고 결국 우리 시대 최고의 개인주의자와 이기주의자들에게는 자신의 행동을 정당화할 수 있는 논리를 제공했다. 프란스 드 발은 기업 사기와 부패로 파산한 엔론의 경우가 한 예라고 말한다. "현재 교도소에서 복역 중인 이 회사의 CEO 제프 스킬링은 리처드 도킨스의 『이기적 유전자』를 맹목적으로 떠받들면서 회사 안에서 치열한 경쟁을 선동했다."[39]

---

37 Goodall, J., & Berman, P. L. *Reason for Hope: A Spiritual Journey*, Grand Central Publishing, (1999), p. 121.
38 Waal, F. D. de, *The Age of Empathy*, p. 42.

실제로 스킬링은 사내 동료들끼리 점수를 매기는 내부 평가 시스템을 만들어 판단을 종용한 다음, 점수가 낮은 사람을 모두 해고했다. 매년 하위 20퍼센트에 든 직원은 인터넷 사이트에 보기 민망한 사진이 내걸리는 모욕을 당한 뒤 회사에서 쫓겨났다. 엔론에서 살아남으려면 동료들을 공격하면서 악착스럽게 물고 늘어지는 수밖에 없었다!

근본으로 회귀

해밀턴 이론은 수많은 진眞사회성 곤충 집단의 행태와 놀랍도록 일치하는 양상을 보였지만 인간의 행동, 그 중에서도 특히 혈연관계와 무관한 고차원적 협력을 특징으로 하는 모든 행동에 대해서는 당황스러울 정도로 설명 능력이 없었다. 실제로 사람은 가까운 관계가 아닌 사람은 말할 것도 없고 인간 이외 다른 종에게까지 이타심을 확장할 수 있다. 혈연 선택의 관점에서 보면 결코 상상할 수 없는 일이다.

영국『가디언』과학 담당 기자는 후쿠시마 원자력 발전소에서 손상된 원자로를 냉각시키기 위해 최고 50시간 동안 쉬지 않고 일하다가 건강을 심각하게 해칠 정도로 방사능에 노출된 180명의 일본인들에 대해 다음과 같이 썼다.

혈연 선택이 동물계에는 정확하게 적용되지만 인간의 이타심과 협력을 설명하기에는 확실히 역부족이다. 일본 원자력 발전소에서 근무하는 직원이 자신의 유전자를 후대에 널리 전파하고자 한다면 얼른 기차표를 끊고 일가친척을 불러 모아 후쿠시마에서 멀리 떨어진 곳으로 도망치는

---

39 McLean, B., & Elkind, P., *The Smartest Guys in The Room: The Amazing Rise and Scandalous Fall of Enron*, Penguin, 2003. Waal, F. B. M. de (2009), p. 39에 인용. Clarke, T. (2005). Accounting for Enron: shareholder value and stakeholder interests. *Corporate Governance: An International Review, 13*(5), 598~612.

것이 상책일 것이다.[40]

어미 잃은 새끼 돼지들을 잡아먹기는커녕 젖을 물린 캘커타 동물원 호랑이처럼 다른 종을 보살피는 동물들에 대해 리처드 도킨스는 TV 다큐멘터리에 출연해 "이기적 유전자의 낙오자들"이라고 혹평한 바 있다.

유전자만 '이기적'인 것이 아니라 사람도 유전자에 충실하게 살려면 이기적인 행동만 해야 한다는 말인가? 반면에 확장된 이타심은 다윈주의의 진화 원칙을 거스르지 않고 진화에서 협력이 담당하는 기본적인 역할을 고려해 완벽한 설명을 할 수 있다. 어쨌든 그것이 최신 진화론에서 나오는 새로운 발견 내용이다. 여기에는 동물의 행동에 대한 방대한 양의 관찰 자료와 새로운 수학적 인구 역학 모델이 결합되어 있다.

에드워드 O. 윌슨은 앞에서 언급한 것처럼 혈연 선택 이론을 지지하던 대표적인 인물이다. 그는 1971년에 이런 글을 썼다. "사회성 곤충에 관한 지식이 나보다 훨씬 미천했던 해밀턴이 이 곤충들에 대해 20세기 유일의 대 발견을 했다는 것을 인정하지 않을 수 없다."[41] 혈연관계의 중요성을 토대로 한 이 이론은 그 후 40년 동안 진화론적 사고를 지배했다. 그런데 오늘날 존경받는 학자로 최정상의 위치에 오른 윌슨이 사회적 종의 출현과 성공을 보편화된 협력으로 설명할 수 있다고 주장하고 있다. 옛날에 실수했다고 생각하면서 고전적 다윈주의의 선택 이론과 다를 바 없는 개념으로 돌아간 것이다. 최신 저서인『지구의 정복자The Social Conquest of Earth』의 제목만 봐도 그것을 알 수 있다.[42]

루카 카발리 스포르차, 마커스 펠드만과 같이 저명한 유전학자들

40 "The Very Human Heroes of Fukushima," *The Guardian*, Thursday, March 24, 2011.
41 Wilson, E. O. (1971). *op. cit.*
42 Wilson, E. O., *The Social Conquest of Earth*, Liveright, 2012.

을 비롯해 1970년대부터 해밀턴의 이론으로 이타심을 설명하기에는 한계가 있다고 주의를 환기시킨 사람들이 많이 있었다.[43] 그렇지만 해밀턴 이론의 계승자들은 혈연 선택을 진화론의 보편적 원리로 생각하고 이 이론 하나로 이타적 협력을 포함한 모든 것을 설명하려고 들었다. 그런데 시간이 흐르면서 윌슨도 이론의 타당성에 대해 의구심이 들었던 것이다. 그런 의심은 생물학자이자 수학자이며 진화 역학 프로그램 디렉터로 있는 하버드 대학교의 마틴 노왁과 함께 연구를 시작하면서 구체화되었다. 윌슨은 해밀턴 이론이 수학적으로 매우 훌륭하다고 생각했지만 현장 관찰에서 모순되는 사례가 늘어나자 이 이론이 과연 현실 세계에 적용되는지 의문이 생기기 시작했다. 노왁은 반대로 해밀턴 이론이 자연에서는 이미 검증되었으나 수학적으로 모호하고 한계가 있다고 생각했다. 그런 두 사람이 만나 서로를 해방시킨 것이다.[44]

노왁은 하버드 대학교의 수학자 코리나 타니타와 손잡고 고전적인 다윈주의의 자연 선택 개념에 입각해서 좀 더 엄격한 수학적 모델을 만들었다. 근연 관계부터 진화에 개입하는 협력 행동까지 모두 아우르는 모델이었다. 인구 역학과 유전학을 기반으로 한 이 모델은 하나의 개체 집단에서 일어나는 다양한 상호 작용을 개인의 차원과 집단 차원에서 모두 검토하게 한다.[45]

새로운 공식이 필요했던 이유는 두 가지였다. 첫째, "확장된 이타심"에 관해 해밀턴 이론의 한계를 뛰어넘는 이론이 필요했고 둘째, 갈

43 Cavalli-Sforza, L. L., & Feldman, M. W. (1978). Darwinian selection and "altruism." *theoretical Population Biology*, 14(2), 268~280.
44 Nowak, M. A., & Highfield, R. (2011). *op. cit.*, p. 106.
45 보충 정보는 다음을 참조. "Supplementary Information," doi: 10.1038/nature09205, 이 정보는 www.nature.com/nature에서 메인 논문과 함께 찾아볼 수 있다. Nowak, M. A., Tarnita, C. E., & Wilson, E. O. (2010). The evolution of eusociality. *Nature*, 466(7310), pp.1057~1062. 조지 프라이스의 공분산 방정식은 이 새로운 분석에도 포함되어 있으며 이 분석에서는 조지 프라이스의 공분산 방정식을 수학적 항진 명제로 설명한다.

수록 늘어나는 혈연 선택 이론의 예외를 설명해야 했다. 말벌 전문가 중에서 특히 노스캐롤라이나 주립 대학교의 제임스 헌트와 방갈로르 인도 과학 연구소의 라가벤드라 가닥카가 그들이 연구하던 종에 혈연 선택이 적용되지 않는다는 사실을 발견했다.[46] 필립 존스와 동료들도 두 개의 흰개미 군체들이 적대 관계로 만나 싸우다가 각 군체에서 살아남은 개체들끼리 협력해 하나의 군체를 형성한다는 것을 보여주었다.[47]

특히 윌슨은 대규모 동물 사회 즉 진사회성이 출현하게 된 주된 요인이 근본적으로 혈연관계에 있는 것이 아니라 방어 가능하고 대대로 새끼들을 키울 수 있는 '둥지(지하 개미굴과 같이 공동 거주와 번식이 이루어지는 장소)'의 건설이었다고 주장하고 있다. 예를 들어 암컷인 여왕개미와 그 자손인 성충 개미들이 둥지에 남아 다음 세대를 보살필 때 진사회성 공동체가 성립될 수 있으며 그런 공동체에 존재하는 혈연관계는 해밀턴이 생각했던 것처럼 필연적인 원인이라기보다 공동체 형성의 산물에 불과할지도 모른다는 것이다. 간단히 말해서 혈연관계가 유용하기는 하지만 반드시 필요한 것은 아니라는 이야기이다. 현재는 친족 관계가 아닌 개체들로 구성된 진사회성 군체들의 사례가 많이 알려져 있다.[48]

---

46 Hunt, J. H., *The Evolution of Social Wasps*, Oxford University Press, 2007; Gadagkar, R., & Gadagkar, R., *The Social Biology of Ropalidia Marginata: Toward Understanding The Evolution of Eusociality*, Harvard University Press, 2001.

47 Johns, P. M., Howard, K. J., Breisch, N. L., Rivera, A., & Thorne, B. L. (2009). Nonrelatives inherit colony resources in a primitive termite. *Proceedings of The National Academy of Sciences, 106*(41), 17452~17456. 동물 행동학자 엘리 리드비터도 학명이 Polistes dominulus인 말벌이 매년 봄에 집을 새로 짓는데 이를 위해 혈연관계가 아닌 암컷들끼리 작은 집단을 형성한다는 것을 보여 주었다. 리드비터의 관찰에 따르면 집짓기에 참여하는 암컷은 홀로 지내는 말벌보다 자손이 더 많았다. Leadbeater, E., Carruthers, J. M., Green, J. P., Rosser, N. S., & Field, J. (2011). Nest inheritance is the missing source of direct fitness in a primitively eusocial insect. *Science, 333*(6044), 874~876.

48 두 학자의 최신 저서에 포함된 참고 자료 참조. Wilson, E. O. 2012. *The Social Conquest of Earth*, Liveright, et Nowak, M., & Highfield, R. 2011. *SuperCooperators*.

노왁, 타니타, 윌슨의 수학적, 설명적 모델은 수십 년 동안 혈연 선택만으로 진화를 설명하던 진화론자들 사이에 폭풍 같은 논쟁을 불러일으켰다. 과학 저널 『네이처』에서 주거니 받거니 논문 발표와 논증이 뜨겁게 이어졌으며 지금도 논쟁이 계속되고 있다.[49] 어쨌든 이것은 개인, 개인이 모여 만들어진 집단, 그런 집단의 행동에 영향을 미치는 문화 등 다양한 수준에서 자연 선택이 일어날 수 있다는 생각에 새로운 논거를 제시하는 모델이다.

진화 관점에서 본 '집단' 개념

자연 선택이 개체뿐만 아니라, 좀 더 구체적으로 말해서 개체가 갖고 있는 유전자뿐만 아니라 개체집단에도 유리하게 또는 불리하게 작용할 수 있다는 생각은 다윈 이후 현재까지 다양하게 받아들여져 왔으며 지금도 숱한 논쟁거리가 되고 있다. 다윈에 의해 처음 제시된 이 생각은 1960년대 말에 배제되었다가[50] 1975년에 해밀턴과 프라이스에 의해 재조명되었지만 큰 반향을 얻지 못했다. 그 후 새로운 논거를 통해 데이비드 슬론 윌슨, 엘리엇 소버[51], E. O. 윌슨, 마틴 노왁에 의해 수정되었다.

여기서 집단은 일정 기간 함께 모여 서로의 미래와 번식 성공에 영향을 미치는 개체들의 집합이라고 정의할 수 있다.[52] 예를 들어 꿀벌

---

49 Nowak, M. A., Tarnita, C. E., & Wilson, E. O. (2010). *op. cit.*. 이 논문에 대한 반응은 Abbot, P., Abe, J., Alcock, J., Alizon, S., Alpedrinha, J. A. C., Andersson, M.,... Balshine, S. (2011). Inclusive fitness theory and eusociality. *Nature, 471*(7339), E1-E4 참조. 저자들 답변으로는 Nowak, M. A., Tarnita, C. E., & Wilson, E. O. (2011). Nowak *et al.* reply, *Nature, 471*(7339), E9-E10 참조.

50 Williams, G. C., *Adaptation and Natural Selection*, Princeton University Press, 1966 집단 선택을 신랄하게 비판한 이 책의 출판이 계기가 되었다.

51 Sober, E., & Wilson, D. S., *Unto Others.*. 두 저자가 진화론적 관점에서 이타심의 문제를 어떻게 바라보는지 전반적인 개관을 흥미롭게 제공한다.

들은 이웃 벌통에서 사는 꿀벌보다 같은 벌통에서 사는 꿀벌들에게 더 큰 영향을 미친다. 이러한 집단은 수명이 단 며칠로 끝날 수도 있고 평생 존속할 수도 있다. 예를 들어 탐험가 열 명이 중앙아메리카 정글로 보물을 찾으러 떠나려고 한다고 생각해 보자. 이들이 바로 그런 집단에 해당한다. 이 집단은 탐험을 통해 구성원 모두 이익을 얻을 수도 있고 위험에 노출될 수도 있다. 구성원 각각이 하는 행동이 모든 구성원의 운명에 영향을 미치게 될 것이다.[53]

이타심은 확산이 가능한가?

생물의 조직은 다세포 생물의 세포부터 개체, 집단을 거쳐 생태계에 이르기까지 모든 수준에서 자연 선택의 압력을 받고 있다. 집단 선택은 개체 선택에 반대되는 개념이 아니라 개체 선택의 경계를 뛰어넘는 것이다. 본래 개체들이 모두 경쟁할 때는 협력을 가장 적게 하고 다른 개체들이 베푸는 친절을 최대한 이용하는 개체가 가장 큰 성공을 거둔다. 그런데 집단이 경쟁에 돌입하면 가장 강건한 협력 관계를 구축한 집단이 승리자가 된다. 실제로 진화 과정에서 집단의 결정적인 성공 요인은 강력한 협조 능력이었다. 협력에 강한 집단이 다른 집단에 비해 생존율이 높았다.[54]

월슨과 소버가 제안한 수학적 모델에 따르면 개체들이 대부분 이타적인 집단은 협력과 상부상조가 집단 전체에 여러 가지 이익을 가져다주어 번영을 누린다. 다른 개체들의 이타심을 아전인수로 이용해

52　Hamilton, W. D. (1975), Innate social aptitudes of man: An approach from evolutionary genetics. *Biosocial Anthropology, 133*, 155.
53　해당 집단이 한 장소에 모두 함께 있어야 하는 것은 아니다. 외국인 탐험가가 그들이 앉아 있는 테이블에 와서 앉았다고 해서 집단의 일원이 되는 것도 아니다. 그렇지만 구성원 한 명이 탐사에 참여하지 않고 프랑스에 남아 원격으로 물류를 담당할 수 있다.
54　Bowles, S., & Gintis, H., *A Cooperative Species: Human Reciprocity and Its Evolution*, Princeton University Press, 2011.

먹는 이기주의자들이 약간 섞여 있어도 이 점에 변함이 없다. 그러므로 이 집단의 구성원들은 더 많은 자손을 가질 것이고 그들 대부분이 이타적인 성격을 가질 것이다.

이기적인 개체가 대다수를 차지하는 집단은 '나만 잘 살면 그만!'이라는 식의 태도가 지배적이다. 이것이 공동체 전체의 성공에 불리하게 작용해 제대로 번영하지 못한다. 그런 집단에서는 소수에 해당하는 이타주의자들이 불리한 입장이고 너무 고립되어 있어서 그들의 협력 정신이 다른 구성원들에게 영향을 미치지 못한다. 이기적인 구성원이 이타적인 구성원보다 유리한 입장에 있는 것은 사실이지만 전반적으로 분위기가 침체되어 있어 자손 수가 적을 것이다.

이상의 과정이 대대로 반복되면 이타적인 형질을 가진 개체들의 비율이 증가할 것이다. 수많은 세대에 걸쳐 수학적 검증을 거친 이 모델에서 우리는 개체 집단 중 이타주의자의 비율이 일정 역치를 넘어서면 세대가 바뀌면서 이타적 형질이 증폭된다는 매우 고무적인 교훈을 얻을 수 있다.[55]

마틴 노왁과 코리나 타니타는 소버, 윌슨과 협력하여 이타적 협력이 번영을 가져다주는 조건을 구체적으로 밝혀냈다. 실제로 인간 사회는 특정 관심사와 가치와 활동을 공유하는 사람들의 집합이라고 정의할 수 있다. 누군가와 공통점이 많을수록 그 사람과 상호 작용이 많아질 것이고 그럼 관심사를 더욱 활발하게 공유하면서 더 많은 협력을 하게 될 것이다.

개인들끼리 협력하면서 살아가는 사회에서 예외 없이 대두되는 영원한 골칫거리는 부당 이득을 취하는 모리배들이다. 경제학자들이

---

55 앞으로 이 책을 읽을 때 진화학자들이 말하는 '이타심'은 '남들에게 유익한 행동'이라는 점을 기억해야 한다. 진화학자들은 대니얼 뱃슨과 우리가 이 책에서 말하는 이타심을 지칭할 때 '심리학적 이타심'이라는 말을 쓴다.

"무임 편승자"라고 부르는 이들은 협력자들이 베푸는 친절을 교묘하게 이용해 그들을 속이고 부당하게 이득을 취한다. 대다수의 사람들이 서로 믿고 협력할 때 무임 편승자들은 그저 남들을 착취하거나 이용해 먹는다. 무임 편승자가 너무 많아지면 공동체가 쇠퇴의 길로 접어든다. 이렇게 신뢰도와 협력도는 시간이 지남에 따라 변한다.

협력자들은 시간이 갈수록 서로 힘을 모아 일할 것이고 무임 편승자들이 판치는 집단은 시간이 갈수록 쇠락할 것이다. 그런데 변화는 반복된다. 번영하는 협력자 집단 속에 새로운 무임 편승자들이 계속 침투하기 때문이다.[56]

노왁과 동료 학자들이 수백 세대에 걸쳐 다양한 수학적 모델을 테스트한 결과, 급격한 변동이 아니고서는 협력자들이 얼마나 자주 모여 힘을 합하느냐에 따라 성공 여부가 달라지는 것으로 밝혀졌다. 이런 협력 빈도가 무임 편승차가 다른 무임 편승자와 결탁하는 빈도보다 높으면 이타적인 협력자들이 다수를 차지하게 된다. 요컨대, 이타적인 사회로 발전하려면 이타주의자들끼리 서로 연합하고 힘을 합치는 것이 필수적이다. 요즘은 협력자들과 이타주의자들이 물리적으로 같은 장소에 모여야만 시너지를 낼 수 있는 것이 아니다. 첨단 커뮤니케이션 수단, 특히 소셜 네트워크를 이용하면 지리적으로 여기저기에 흩어져 있는 많은 사람들이 동참할 수 있는 협력의 움직임을 만들어내는 것이 얼마든지 가능하다.

56　Nowak, M. A., & Highfield, R. (2011). *op. cit.*, pp. 262~263.

15

모성애가 확장된 이타심의 토대라면?

대니얼 뱃슨은 이타심의 진화적 기원이 어디인지 아직 정확하게 밝혀지지 않았다고 하면서 이렇게 말한다. "인간 세계에서는 부모가 자식을 보살피는 양육 본능에서 이타심의 기원을 부분적으로나마 찾아볼 수 있다. 양육 본능은 인류 진화의 역사에서 매우 강력하게 자연 선택되었으며 양육 본능이 없었다면 인간종은 이미 오래 전에 사라졌을지 모른다. 어쩌면 애정을 다해 남을 돌보는 본능에 기반한 이타심이 인간의 삶에 깊이 파고들어 아주 흔히 볼 수 있고 너무 자연스러운 나머지 중요성을 제대로 인식하지 못했던 것인지도 모른다."[1] 뱃슨은 인간의 경우에 이타심의 유래를 해밀턴의 혈연 선택이나 트리버즈의 호혜적 이타심 혹은 사회화라든가 연합체를 형성하는 유전적 성향에서 찾으려고 하기보다 모성과 부성 본능에서 비롯된 다정함과 공감이 인지적으로 보편화되어 이타심의 유전적 기반을 이룬 것이라고 보는 편이 논리적으로 더 적합하고 경험적으로 검증하기도 쉽다고 생각한다.[2]

이런 생각은 사실 다윈에서 비롯된 것이다. 다윈은 타자에 대한 사

1   Batson, C. D. (2011). *Altruism in Humans, op. cit.*, p. 4.
2   *Ibid.*

랑이 부모 자식 간의 애정에 기반을 두고 있으며 그가 매우 중요하다고 생각한 교감의 감정과 관련이 있다고 봤다.[3] 자손의 행복한 삶을 염려하지 않는 포유류 종은 세상에서 금방 사라지고 말 것이다.[4] 20세기 초에 커다란 영향력을 발휘한 사회 심리학자 윌리엄 맥두걸은 다윈의 자연 선택 이론에 기반을 둔 심리학적 방법론을 정립하고 모성 및 부성 본능과 그에 연계된 '다정한 감정emotions of tenderness' 그리고 의미를 좀 더 확대해서 보호가 필요한 약자들에 대한 관심과 배려의 중요성을 역설했다. 맥두걸은 모든 본능을 통틀어 부모가 자식을 돌보는 것이 가장 강력한 본능이라고 봤으며 이것이 비혈연 관계의 사람들에 대한 확장된 이타심의 기초가 된다고 주장했다.

엘리엇 소버, 프란스 드 발, 폴 에크만과 앞에서 언급한 대니얼 뱃슨 등 우리 시대의 여러 학자들이 이 가설을 채택했으며 진화 과정에서 선택된 자질이 훗날 전혀 다른 기능을 수행하는 일이 흔히 있다고 설명했다. 이렇게 자식들과 피붙이들을 보살피는 경향이 인간종의 보존에 결정적인 역할을 한 것은 물론이거니와 확장된 이타심의 기원이 되었을 것으로 보인다.[6] 폴 에크만은 이렇게 말한다.

3   Darwin, C. (1871). op. cit., p. 308. 실제로 공감(감정 이입)의 중요한 원천 중 하나라고 여겨지는 양육(부모가 자식을 돌보는 행위)은 공감 능력보다 역사가 훨씬 오래된 태곳적 본능에 기반을 둔 것이다. 신경 체계가 발달되지 않아 복잡한 인지 능력이나 감정 능력이 없는 동물 종에서도 양육은 흔히 관찰된다. 예를 들어 전갈의 어미는 동작이 둔해져서 포식자의 눈에 띌 위험이 있는데도 새끼들을 등에 업고 다닌다. Shaffer, L. R., & Formanowicz, J. (1996), A cost of viviparity and parental care in scorpions: Reduced sprint speed and behavioural compensation. Animal Behaviour, 51(5), 1017~1024.

4   Bell, D. C. (2001). Evolution of parental caregiving. Personality and Social Psychology Review, 5(3), 216~229.

5   McDougall, W., An Introduction to Social Psychology, Methuen 1908. 여러 가지 내용에 대해 대니얼 뱃슨이 내게 알기 쉽게 설명했다. 그 밖에 Batson, C. D (1991). op. cit., Chapters 2와 3을 참조.

6   Sober, E., in Davidson, R. J., & Harrington, A., Visions of Compassion: Western Scientists and Tibetan Buddhists Examine Human Nature, Oxford University Press, 2002, p. 99, 및 Sober, E., & Wilson, D. S. (1998). op. cit.; Waal, F. B. M. de, Le Bon Singe: Les bases naturelles de la morale, Bayard, 1997; Churchland, P. S., Braintrust: What Neuroscience Tells Us about Morality, Princeton University Press, 2011.

여러 연구를 통해 출산 경험이 있는 여성은 그렇지 않은 여성보다 아이의 울음소리에 생물학적으로 강한 반응을 나타내는 것으로 밝혀졌다. 어머니들은 비록 강도는 덜하지만 자기 자식 외에 다른 아이의 소리에도 반응을 보인다. 자식을 보호하고자 하는 본능이 우리를 모든 아이들의 부모로 만드는 것이다. 그 뿐만이 아니다. 노약자에게도 같은 반응을 나타낸다. 남에 대한 염려 어린 관심이 커지면서 곤경에 처한 사람을 모두 돕고 싶은 마음이 생기는 것이다.[7]

동물의 경우에도 종이 다름에도 불구하고 이타심에서 양자를 들이는 놀라운 사례를 찾아볼 수 있다. 부에노스아이레스에는 버려진 아기를 데려다 강아지들과 함께 보살핀 유명한 암캐가 있었다. 어떤 감동적인 다큐멘터리에서도 비슷한 장면을 볼 수 있다. 표범 한 마리가 새끼를 밴 비비 원숭이를 추격 끝에 죽이고 만다. 비비 원숭이는 새끼를 낳고 숨을 거둔다.[8] 갓 태어난 새끼 원숭이를 본 표범은 흠칫 놀라더니 잠시 머뭇거린다. 표범은 곧 태도를 바꿔 새끼 원숭이를 부드럽게 대해주고 다른 포식자들이 다가오자 새끼 원숭이를 입으로 살짝 물어 나뭇가지 위에 안전하게 올려놓는다. 새끼 원숭이가 처음에 무서워하면서 위로 기어오르려고 하자 표범이 따라가 다시 잡아온다. 기진맥진한 새끼 원숭이가 표범의 발톱 사이에 가만히 몸을 눕히자 표범은 그런 작은 원숭이를 열심히 핥아준다. 표범과 새끼 원숭이는 마침내 서로 몸을 기댄 채 잠이 든다. 새끼 원숭이의 목숨을 앗아간 것은 한밤의 추위였다.

7   Paul Ekman, 저자와 대화 중에.
8   표범 vs. 비비 원숭이, http://www.youtube.com/watch?v=Nvp9cELWHhs.

대규모 '엄마' 부대

인간의 출산은 여러 가지 측면에서 유인원과 다르다. 진화론적 관점에서 여성들은 비교적 최근까지 잦은 간격으로 출산을 했으며 그렇게 해서 태어난 아이들은 태생적으로 몸이 약해 어머니들에게 오래 의존할 수밖에 없었다. 수렵 채집인들의 경우 여성들이 평균 4년에 한 번씩 출산을 한 것으로 추정된다. 침팬지 암컷은 6년에 한 번, 오랑우탄은 8년에 한 번 출산을 한다. 새끼 침팬지는 여섯 살이 되면 거의 자립해서 살 수 있지만 아이는 자립할 때까지 긴긴 세월이 걸린다. 빈번한 출산과 자손의 긴 의존 기간이라는 두 가지 요인이 복합적으로 작용해서 인간 세계의 어머니들은 자녀를 기르는 데 도움이 더 많이 필요하다. 현생 인류의 조상인 직립 보행 영장류에서 여러 사람이 육아에 참여하는 어버이 양육parental care이 처음 나타난 것은 약 180만 년 전의 일이다.[9]

세라 블래퍼 허디는 이 문제를 연구하는 데 평생을 바쳤다. 블래퍼 허디 연구와 다른 인류학자들과 동물학자들이 한 연구를 종합하면 다음과 같은 이론을 얻을 수 있다.

초기 영장류의 자식 양육 방법에서 가장 참신했던 점은 어머니 외에 아이를 기르는 사람의 범위가 넓다는 것이다. 이렇게 많은 사람들에게 의존하다 보니 선발압selection pressure이 생겨 남의 마음 상태를 잘 읽으면서 해코지를 할 사람과 도움을 줄 사람을 가려내는 데 소질이 있는 사람들이 유리한 위치를 점하게 되었다.[10]

9   Hrdy, S. B., *Mothers and Others: The Evolutionary Origins of Mutual Understanding*, Belknap Press, 2009, pp. 67 and 109.
10   *Ibid.*, p. 66.

신생아들이 이렇게 일찍부터 많은 사람들과 상호 작용을 하는 것이 인간 사회에서 협력과 공감의 정도를 높이는 데 상당히 큰 기여를 했을 것이다. 라이프치히 소재 막스 플랑크 연구소의 심리학자 마이클 토마셀로에 따르면 정서적 공감 외에 사람이 학습을 통해 습득하는 중요한 능력 중 하나는 남들이 무슨 생각을 하는지 관심을 갖고 이를 자신의 행동에 끊임없이 반영하는 것이라고 한다.

아프리카 원시 수렵 부족인 하드자족은 아기가 태어나면 스물네 시간 안에 열여덟 명의 손을 거치도록 한다.[11] 부모 외에 양육을 돕는 대행 부모alloparent가 아동의 인지 발달, 공감 능력, 자립성을 비롯해 여러 가지 품성 발달에 결정적인 역할을 한다는 것도 입증된 사실이다.[12] 아이가 첫돌이 될 때까지 양육을 담당하는 가장 중요한 사람은 역시 어머니이지만 할머니, 종조모, 형제자매, 아버지, 심지어 잠시 집에 들른 손님까지 아이를 보살핀다. 어머니가 아닌 여성들이 모유 수유를 해서 아이를 키우는 것은 야생 원숭이들에게서 볼 수 없는 현상이지만 수렵 채집인의 87퍼센트가 이런 방식으로 아이를 키웠으며 티베트나 네팔의 시골 지역에 가면 요즘도 이런 일을 왕왕 볼 수 있다.[13]

이는 영장류와 전혀 다른 새로운 현상에 해당한다. 침팬지 어미는 새끼가 태어난 후 처음 6개월 동안 새끼를 아무도 만지지 못하게 한다. 새끼와 자매 관계인 암컷들조차 새끼를 돌보고 싶다고 의사를 표명해도 허용되는 일이 거의 없다.[14] 이렇게 새끼를 보호하는 이유 중하나는 집단 내 수컷이 영아를 살해할 위험이 있기 때문이다. 6개월도 안 된 원숭이가 홀로 남겨져 있다면 대개는 불길한 징후라고 봐야 한

11 Marlowe, F., "Who tends Hadza children?" in Hewlett, B., & Lamb, M., *Hunter-Gatherer Childhoods*, 2005, pp. 177~190. Hrdy, S. B. (2009). *op. cit.*, p. 76에 인용.
12 Sagi, A., IJzendoorn, M. H., Aviezer, O., Donnell, F., Koren-Karie, N., Joels, T., & Harl, Y. (1995). Attachments in a multiple-caregiver and multiple-infant environment: The case of the Israeli kibbutzim. *Monographs of The Society for Research in Child Development, 60* (2-3), 71~91. Hrdy, S. B. (2009). *op. cit.*, p. 131에 인용.
13 Hrdy, S. B. (2009). *op. cit.*, p. 77.

다. 어미가 사라졌으니 새끼는 오래 살아남지 못할 것이다.

이러한 상황은 침팬지의 사회적 의사소통과 공감 능력 발달에 중요한 결과를 초래한다. 새끼 침팬지와 관계를 유지하는 것이 유일하게 어미뿐인데 어미가 새끼를 항상 끼고 다니므로 어미가 보이지 않아 걱정할 이유도 없고 주위에 있는지 확인조차 할 필요가 없다. 반대로 인간의 신생아는 자신에게 말을 걸고 손짓 발짓을 하고 눈을 맞추고 품에 안아 주는 어머니, 아버지와 그 밖에 수많은 사람들과 시각적, 청각적, 감정적으로 접촉을 한다. 이때 매개 역할을 하는 것이 얼굴 표정이다. 아기는 표정을 알아보고 태어난 직후부터 모방을 시작한다.

영국 메디컬 연구 위원회UK Medical Research Council는 아프리카 감비아에서 작물 재배를 하면서 살아가는 만딩카족 어린이들의 성장 속도를 1950년부터 1980년까지 추적 조사했다. 아동 2천여 명 중 부모 손에서만 자란 아이들은 40퍼센트가 다섯 살이 되기 전에 사망했다. 그런데 형제나 자매(특히 자매)가 있고 외할머니가 가까운 곳에 사는 아동은 5세 이전 사망률이 40퍼센트에서 20퍼센트로 떨어졌다.[15] 특히 출생 직후에 받은 할머니의 보살핌이 3년 후 아동의 건강 상태와 인지 능력에 결정적으로 작용한다.[16] 허디는 "대행 부모"의 도움이 없었다면 인류가 살아남지 못했을 것이라고 생각한다. '가족'의 개념이 부모와 자녀로 좁혀진 것은 유럽 경우에는 20세기에 들면서, 미국 경우에

14　Hrdy, S. B. (2009). *Mothers and Others: The Evolutionary Origins of Mutual Understanding*. Belknap Press, p. 68. 그런데 공동육아를 하는 영장류 중에 어미가 자식 돌보는 일을 남에게 허락하는 종도 있다. 열대 원숭이 중에도 동료가 자기 새끼를 맡아 키우도록 하는 경우가 있다.(프랑스 드 발과 개인적 정보 교환)

15　Sear, R., Mace, R., & McGregor, I. A. (2000). Maternal grandmothers improve nutritional status and survival of children in rural Gambia. *Proceedings of The Royal Society of London. Series B: Biological Sciences, 267*(1453), 1641. Hrdy, S. B. (2009). *op. cit.*, pp. 107~108에 인용.

16　Pope, S. K., Whiteside, L., Brooks-Gunn, J., Kelleher, K. J., Rickert, V. I., Bradley, R. H., & Casey, P. H. (1993). Low-birth-weight infants born to adolescent mothers. *JAMA, 269*(11), 1396~1400. Hrdy, S. B. (2009). *op. cit.*, pp. 107~108에 인용.

는 1950년대부터 시작된 일이다.[17] 그 전에는 대부분 삼대가 모여 가족을 이루고 살았고 삼촌, 고모, 조카까지 함께 사는 경우도 많았다.

1930년대에 미국 어머니들 사이에서 존 왓슨 박사의 육아 이론이 유행한 적이 있었다. 유명한 만큼 유해성도 컸던 왓슨 박사 이론에서는 강하고 자립적인 아이를 원하면 신생아 때부터 많이 안지 말고 원하는 만큼 울도록 내버려 두라고 권한다. 또 "지나치게 감상적인 태도로 자식을 돌보던 과거의" 어머니들에게 부끄러운 줄 알라고 말한다.[18] 그런데 불가리아와 중국 고아들을 대상으로 이루어진 연구에 따르면 신체 접촉과 정서적 상호 작용이 결핍될 경우에 아이들 생리적, 지적 발달에 심각한 악영향이 있는 것으로 나타났다.

아버지는 뭐 하는 존재인가?

유인원 세계에서 새끼들이 성년의 수컷들과 어울려 노는 일은 종종 있지만 수컷 고릴라가 새끼를 품에 안는다든가 보살피는 일은 거의 볼수 없다. 그렇지만 예외의 경우도 있어서 티티 원숭이들은 수컷이 항상 새끼들을 돌보고 어미는 젖을 먹일 때와 잠을 재울 때만 새끼를 품에 안는다. 티티 원숭이 새끼들은 아비의 등에 업혀 많은 시간을 보내고 어미보다 아비와 떨어졌을 때 불안감을 나타낸다.[19] 고아가 된 어린 침팬지를 데려다가 업어 주고 보살피는 수컷 침팬지도 심심치 않게

---

17 Hrdy, S. B. (2009). op. cit., p. 144.

18 Watson, J., Psychological Care of Infant and Child, W. W. Norton, 1928, p. 82. Hrdy, S. B. (2009). op. cit., p. 82에 인용.

19 Fernandez-Duque, E. (2007). Cost and benefit of parental care in free ranging owl monkey (Aotus azarai). 요약본이 3월 28일부터 31일까지 미국 필라델피아에서 열린 제76 차 미국 체질 인류학자 협회American Association of Physical Anthropologists 연례 회의에서 발표되었다. Wolovich, C. K., Perea-Rodriguez, J. P., & Fernandez-Duque, E. (2008). Food transfers to young and mates in wild owl monkeys (Aotus azarai). American Journal of Primatology, 70(3), 211~221. Hrdy, S. B. (2009). op. cit., pp. 88~89에 인용.

볼 수 있다.[20]

일반적으로 아버지들은 어머니들보다 자식을 돌보는 일이 훨씬 적지만 예외도 있다. 예를 들어 아프리카 아카족은 밤이나 낮 시간의 절반 정도를 아버지가 갓난아기를 보살핀다. 방글라데시 베디아Bedia 종족이나 선더반 삼각주에 있는 수상 가옥에서 살아가는 집시들은 여성들이 시골 마을을 누비며 싸구려 장신구를 팔러 다니는 동안 주로 남자들이 보트에 머물면서 아이들을 돌본다.[21] 평균적으로 볼 때 수렵 채집 사회 아버지들이 오늘날 서양 사회 아버지들보다 아이들과 보내는 시간이 훨씬 많았다.[22]

향후 인간의 공감 능력이 감퇴할 위험이 있을까?

진화 전문가들은 선택적 요인 하나를 없애면 진화적으로 금방 여러 가지 후속 결과가 초래된다는 것을 알고 있다. 세라 허디는 아이들이 앞으로 협업적 육아에 수반되는 풍부한 상호 작용을 누리지 못하면 공감 능력이 위축될 것이라고 내다본다. 공감과 남을 이해하는 능력은 특유의 양육 방식 덕분에 개발되는 것인데 앞으로 대다수가 이런 혜택을 누리지 못하면 동굴 속에서 시력을 잃어버린 장님 물고기처럼 자비심과 감정적 소통을 추구하는 태도도 사라져 버릴 것이 분명하다는 것이다. 향후 우리 후손들이 테크놀로지 측면에서 지금은 감히 상상조차 할 수 없는 여러 분야에서 유능한 인재로 성장할 것이고 작금의 인류와 같은 경쟁력은 물론, 어쩌면 더 높은 수준의 지능을 겸비할 것이라고 허디는 예측한다. 반면에 우려도 크다. "그들이 과연 인간적

20 Boesch, C., Bole, C., Eckhardt, N., & Boesch, H. (2010). Altruism in forest chimpanzees: The case of adoption. *PloS one*, 5(1), e8901.

21 Busquet, G., *À l'écoute de l'Inde; des mangroves du Bangladesh aux oasis du Karakoram*, Transboréal, 2013, pp. 105ff.

22 Hrdy, S. B. (2009). *op. cit.*, p. 128.

일까? 지금 우리처럼 공동체적 양육이라는 유산을 통해 인격이 형성되고 공감을 느끼고 다른 사람들의 감정을 알고 싶어 하고 인류라는 종의 변별적 자질인 인간성이라는 특징을 간직하고 있을까? 장담할 수 없다."[23]

오늘날 여성들이 해결해야 할 가장 큰 과제 중 하나는 초기 영장류의 진화 과정에서 공동체가 발 벗고 나서 해 주던 일, 전통 사회에서 선의를 가진 수많은 사람들이 자진해서 대신 해 주던 일을 전적으로 혼자 해결해야 한다는 것이다. 어쩌면 그것이 오늘을 살아가는 여성들의 가장 큰 비극일지도 모른다. 탁아소와 같은 보육 시설이 하나의 대안이 될 수 있을 것이다. 양질의 탁아소는 어린이 인지적, 정서적 능력 발달에 긍정적이라는 사실이 여러 연구를 통해 밝혀진 바 있다.[24]

여성들에게 모성을 버리라고 권유하는 사람들도 있지만[25] 우리가 정말 해야 할 일은 자식을 돌보는 부모와 같은 양육 본능이 사회 구성원 모두의 마음속에 되살아나도록 만드는 것이라고 세라 허디는 말한다.

23 Ibid., pp. 292~293.
24 데이케어 센터의 효과에 대한 상세 연구는 다음을 참조. NICHD Early Child Care Research Network, 1997, 및 McCartney, K., "Current research on child care effects," in Tremblay, R. E., et al., Encyclopedia on Early Childhood Development [online], Centre of Excellence for Early Childhood Development, 2004, 1~5. 이 연구는 계속 진행 중이며 진행 상황을 www.nichd.nih.gov 및 www.excellence-earlychildhood.ca에서 볼 수 있다. Hrdy, S. B. (2009). op. cit., p. 125에 인용.
25 예를 들어 프랑스의 철학자이자 사학자인 엘리자베스 바댕테르는 모성 본능이라는 개념이 "구태의연한 생각"이고 자연주의적 발상의 담론은 퇴보이자 개악이라고 생각한다. Badinter, É., Le Conflit: La femme et la mère, Le Livre de Poche, 2011.

16

문화 진화

교육, 축적, 모방, 진화

문화는 개념이 무척 복잡한 탓에 매우 다양하게 정의되어 왔다.[1] 진화론자들은 특정 문화에 속한 개인들 행동에 영향을 미치는 정보 집합을 문화라고 생각한다. 여기에는 사상, 지식, 신념, 가치, 능력, 태도가 모두 포함되며 이것들은 교육과 모방 등 다양한 사회적 전달을 통해 습득된다.[2]

문화 진화는 윤리적 가치에도 적용된다. 다른 것보다 사람들 마음을 끌고 영감을 주는 도덕적 가치는 개체 사이에서 전달될 확률이 높다. 문화 진화는 일반적인 의미의 신념이나 신앙에도 적용될 수 있다. 단, 사람들에게 훌륭한 삶의 기회나 사회적 지위 향상의 가능성을 제공해야 한다.

1   학자들 중에 문화의 중요성을 부인하는 사람들이 있다. 진화 인류학자 로라 벳직은 한 학술서에서 대놓고 이렇게 밝히고 있다. "나는 개인적으로 문화가 불필요하다고 생각한다." Betzig, L. L., *Human Nature: A Critical Reader*, Oxford University Press, 1997, p. 17. Richerson, P. J., & Boyd, R. (2004). *op. cit.*, p. 19에 인용.

2   *Ibid.*, p. 5.

교육이란 지식을 자발적, 조직적으로 전달하는 것이다. 교육을 전문적인 직업이 아닌 문화의 관점에서 보면 보수를 기대하지 않고 남에게 유용한 정보를 제공하는 일이므로 본질적으로 이타적인 행동에 해당한다. 동물들은 자손에게 사냥과 같은 특수한 형태의 전문 지식을 가르친다. 그에 비해 혈연관계가 없는 개인들에게 자발적으로 지식을 전달하는 것은 인간에서만 찾아볼 수 있는 독특한 현상이다.[3]

여기서 핵심은 인간의 지식 전달과 문화의 진화가 누적적이라는 사실이다. 세대가 바뀔 때마다 원점으로 돌아가 처음부터 다시 시작하는 것이 아니라 이전 세대가 습득한 지식과 기술적 경험을 그대로 물려받는다. 그래서 모든 도구와 행동에 역사가 깃들어 있고 뒤를 잇는 세대가 그것들의 품질을 높이고 가짓수를 늘려감에 따라 점점 더 복잡해진다.[4]

문화 발전에 크게 기여하는 또 하나의 요인이 바로 모방 본능이다. 인간은 대부분 주류로 인정받는 태도와 관습, 신념에 순응하려는 경향이 있다. 공동체가 규범에 순응하라고 권하는데 따르지 않으면 비난을 받든가 아니면 여러 가지 형태의 처벌을 감수해야 한다. 처벌을 가하는 사람 입장에서 보면 대단치 않은 것이라도 처벌 받는 사람에는 참담한 결과를 불러오는 수가 있다. 그런 처벌을 받으면 개인의 평판이 나빠질 수 있으며 심하면 공동체에서 배척당할 수 있다.

문화 진화는 조화로운 공동체 생활을 보장할 수 있도록 행동 규범을 정의하고 그것을 준수하도록 감독하는 사회 제도를 확립하도록 촉진한다. 그런데 이 규범은 고정되어 있는 것이 아니다. 사회 규범도 문화처럼 새로운 지식을 획득함에 따라 진화한다. 그렇게 해서 다양한 문화 집단이 스스로를 정의하고 다원주의 모델에 따라 경쟁을 하며 그 결과, 번영의 꽃을 피우는 문화도 나오고 쇠퇴하는 문화도 생긴

---

3   Tomasello, M., *Why We Cooperate*, MIT Press, 2009, p. xiv.
4   *Ibid.*, p. x.

다. 로버트 보이드와 피터 리처슨은 이에 대해 다음과 같이 설명한다.

진화론은 유전자들이 존속하고 확산되는 이유를 설명한다. 그와 마찬
가지로 합리적인 문화 진화 이론이라면 어떤 신념과 태도는 널리 확산
되어 오래 명맥을 유지하고 또 어떤 신념과 태도는 금방 사라지는 이유
가 무엇인지 설명할 수 있어야 한다.[5]

유전자보다 빠른 진화 속도

문화 진화 연구는 미국인 학자 로버트 보이드와 피터 리처슨이 주축
이 되어 지난 30년 동안 놀라운 발전을 이룩한 새로운 학문 분야이
다. 그들에 따르면 두 가지 진화가 동시에 이루어진다. 하나는 속도가
매우 느린 유전자 진화이고 다른 하나는 그보다 속도가 훨씬 빠른 문
화 진화이다. 문화 진화는 유전자 영향만으로는 결코 진화하지 못했
을 심리적 능력의 출현을 가능하게 만든다. 이런 생각은 두 학자의 공
저인 『유전자만이 아니다Not by Genes Alone』의 제목에 잘 나타나 있다.[6]

실제로 인간 사회가 오천 년 만에 이토록 복잡해진 것을 유전적 변
화의 결과로만 보기에는 너무 빠른 감이 있다. 그렇다고 해서 개인이
새로운 환경에 적응한 것으로만 설명하기에는 속도가 너무 느리다.
전쟁이나 평화, 미혼이나 기혼, 부자나 가난뱅이처럼 개인의 적응은
단 몇 년 사이에도 얼마든지 일어날 수 있다. 그에 비해 문화 진화는
최근 오천 년 동안 비교적 빠른 속도로 사회가 복잡해진 것을 설명할
수 있을 정도의 속도를 갖고 있다.

5   Richerson, P. J., & Boyd, R. (2004). op. cit., p. 6.
6   Boyd, R., & Richerson, P. J. (1976). A simple dual inheritance model of the conflict
    between social and biological evolution. Zygon®, 11(3), 254~262. 그 밖에 두 사람의 주요
    저서인 Not by Genes Alone (2004). op. cit.

실제로 진화에서 문화가 부상하게 된 이유는 "유전자가 할 수 없는 일을 문화는 할 수 있기"[7] 때문이다.

보이드와 리처슨에 따르면 인간종이 출현한 이후 지금까지 인간 사회가 굵직굵직한 변화를 이룩한 것은 문화 진화가 있었기에 가능했던 일이다. 최근 세 세기 동안 폭력에 대한 인식, 그 중에서도 특히 전쟁에 대한 문화적 인식에 상당한 변화가 생긴 것을 예로 들 수 있을 것 같다. 고문을 얼마든지 용인할 수 있는 구경거리로 생각하고 전쟁을 고귀하고 명예로운 일로 바라보던 문화에서 차츰 폭력을 받아들이지 못하고 전쟁을 부도덕하고 야만적인 것으로 보는 사회로 바뀌었으며 현재 우리는 인권을 존중하고 평화를 추구하는 방향으로 나아가고 있다. 그 뿐만이 아니다. 문화와 개인은 서로 끊임없이 영향을 주고받는다. 새로운 문화를 접하면서 자란 사람은 남들과 약간 다르다. 새로운 습관을 습득해서 그것이 몸에 배면 신경 가소성과 후성 유전학에 의한 유전자 발현으로 뇌에 변화가 생기고 그런 변화를 겪은 개인은 나중에 다시 그들이 몸담고 있는 문화 진화를 위해 기여한다.

의심 많은 양치기와 느긋한 농부

문화 전달cultural transmission의 전형적인 예를 하나 살펴보자. 미국 대륙에서 북부보다 남부가 살인 사건 발생률이 높다는 것은 널리 알려진 사실이다. 이 현상을 연구하던 사회학자들은 남부 사람들이 평소에 훨씬 더 예의 바르게 행동하지만 욕설이나 도발에 훨씬 더 민감하게 반응하고 시민들의 무기 소지를 허용한 미국 연방 헌법 수정 조항 2조에 대해 더 강한 애착을 보인다는 점에 주목했다. 남부 미국인들은 명예를 중시하고 예법이나 체면에 관한 불문율이 깨졌을 때 직접 응분

---

7 Richerson, P. J. & Boyd, R.(2004). *op. cit.* p. 7

의 조치를 취해 정의를 구현하고자 한다. 문화는 생리적으로도 몸에 각인된다. 코르티솔 수치(스트레스 지표)로 측정되는 모욕에 대한 반응과 테스토스테론 수치(폭력적 성향의 지표)가 남부 사람이 북부 사람보다 훨씬 높은 것을 보면 알 수 있다.

미국 인구의 다양한 기원을 연구하던 학자들은 남부 미국인들이 대부분 인구 밀도가 낮은 스코틀랜드와 아일랜드 지역에서 양을 지키던 목자들의 후손이라는 점에 주목했다. 양치기들이 다 그런 것처럼 양떼를 보호하고 감시하면서 목초지에 침입자가 들어오지 못하도록 늘 경계 태세를 늦추지 않는 것이 몸에 뱄고 그런 생활 방식이 약속, 암묵적 관습(법적으로 광대한 야생 목초지가 양치기 소유는 아니었으므로), 도발에 대한 신속한 대응, 명예를 중시하면서 언제든지 폭력을 사용할 준비가 되어 있는 문화를 낳은 것이다. 반면에 미국 북부는 과거에 비교적 평화로운 문화 코드를 가진 잉글랜드, 네덜란드, 독일 출신 농부들이 정착한 곳이다. 농부들은 밤새 누가 밭에 들어와 농작물을 훔쳐가지 않을까 전전긍긍하면서 살지 않는다.

나도 동부 티베트 유목민들에게서 남부 미국인들과 비슷한 행동을 목격한 적이 있다. 그들은 자존심이 아주 강해서 명예 규약에 어긋나는 일이 있을 때마다 신속히 보복에 나서는 경향이 있었다. 그 점에서만큼은 그들을 말로 설득하기가 매우 어려웠다. 또한 키우는 짐승에 대해서도 늘 노심초사였다. 한번은 해발 5,000미터의 황량한 고지에서 티베트인 지인 몇 명과 야영을 했는데 해가 떨어지자 눈이 내리기 시작했다. 친구들은 커다란 텐트를 내버려 두고 "우리는 밖에서 자겠소."라고 말했다. 경악을 금치 못하는 나에게 그들은 이렇게 설명했다. "말들 때문에 어쩔 수 없어요. 밤새 누가 훔쳐 갈 지 몰라요." 결국 그들은 양털로 만든 커다란 외투를 껴입고 밤새도록 텐트 밖에 서서 잠을 잤다. 동이 트자 눈을 뜬 그들이 제일 먼저 한 일은 온 몸에 수북이 쌓인 눈을 툭툭 털어 내는 것이었다.

문화적 차이는 유전적 차원이 아니다

모든 연구 결과가 전 세계에서 나타나는 문화적 차이는 유전에 의한 것이 아니라고 입을 모은다. 어린 나이에 미국 백인 가정에 입양된 한국 어린이들은 미국 아이처럼 행동하고 한국에서 태어났다는 사실을 상기시키는 문화적 특성을 하나도 보이지 않는 것으로 나타났다. 그 아이들은 대개 태생 문화에 대해서 관심도 별로 없었다.[8] 부모를 여의고 북미 원주민 가정에 입양된 유럽 출신 어린이들에 대한 연구를 봐도 아이들은 아메리카 인디언의 행동과 관습, 심지어 소속감까지 충실하게 이어받은 것으로 나타났다.[9]

따라서 앞에서 언급한 미국 남부와 북부의 폭력 수준의 차이는 유전적 돌연변이가 아니라 교육과 솔선수범의 본보기를 통해 독특한 가치와 규범 체계가 한 세대에서 다음 세대로 전달된 탓이라고 봐야 할 것이다.

문화 진화의 메커니즘

문화적 가치는 주로 카리스마 넘치는 지도자, 학자, 연예인 등 우리에게 가르침을 주는 사람이나 걸출한 유명 인사들이 만들어 낸다. 주류 가치에 가장 쉽게 순응하는 것은 학식이나 가진 것이 없는 사람들인 것으로 나타났다.

문화적 사고와 가치는 원형 그대로 전달되는 것이 아니라 대개 변

---

8   Lydens, L.A. "A Longitudinal Study of Cross-cultural Adoption: Identity Development Among Asian Adoptees at Adolescence and Early Adulthood." Northwestern University, 1988. Richerson, P. J., & Boyd, R. (2004). *op. cit.*, p. 39~42에 인용.

9   Heard, J. N., & Norman, J., *White into Red: A Study of The Assimilation of White Persons Captured by Indians*. Scarecrow Press, 1973. Richerson, P. J., & Boyd, R. (2004). *op. cit.*, pp. 41~42에 인용.

형된다는 점에도 주목할 필요가 있다. 일부만 전달된다든가 오류나 부분적 왜곡이 있을 수 있다. 그렇지만 예를 들어 문법, 물리, 수학 교과목에서처럼 충실하고 신뢰도 높은 형태로 전달되는 경우도 있다. 모든 것이 가르침을 통해 전달되는 과목이나 주제 고유의 내재적, 객관적 불변성 정도에 달린 문제이다.

앞에서 본 것처럼 문화 전달은 누적적으로 이루어진다. 세대가 바뀔 때마다 전 세대의 지식과 경험을 바탕으로 그 위에 새로운 지식과 경험이 쌓인다. 이것이 오늘날 사회가 기술 영역에서 눈부신 발전을 이룩할 수 있었던 유일한 이유이다. 만약 세대가 바뀔 때마다 백지 상태에서 불 피우는 법, 금속 추출하는 법, 전기 생산하는 법부터 다시 발견해야 했다면 지금도 애플과 블랙베리는 사과와 딸기에 불과했을 것이다.

문화는 새로운 정보의 양이 많을수록 진화 속도가 빨라진다. 새로운 지식이 거의 없거나 환경이 너무 안정적이면 문화가 변할 까닭이 없기 때문이다. 그런데 환경이 너무 불안정하면 지속적이고 급속한 변동에 적응할 시간적 여유가 없기 때문에[10] 끊임없이 변화하는 복잡한 환경에서는 해당 집단에서 주류가 되는 관습에 순응하는 편이 보통 더 유리하다. 개인이 모인 집단에서 협력이라든가 이타심과 같이 전혀 새로운 가치가 확산되려면 그 안에 있는 개인들이 집단의 목표에 중요성을 부여해야 하고 대가를 약간 치르더라도 협력할 마음의 준비

10 Richerson, P. J., & Boyd, R. (2004). *op. cit.*, pp. 139~145, 사회적 학습은 인간 고유의 능력이자 문화 발전의 근간이다. 이 책은 최근 50만 년의 최신세Pleistocene 후반에 일어난 전례 없는 기후 변화가 사회적 학습의 발달로 인해 일어났을 가능성이 크다고 지적한다. 실제로 최초 영장류와 많은 포유류의 뇌 용량이 커져서 행동이 변한 것과 기후 변화 사이에는 서로 밀접한 관계가 있다. 최초 영장류는 뇌가 커지면서 새 도구를 제작하고 지식을 습득해 후대에 전수하는 능력이 발달했다. 그들은 약 260만 년 전에 도구를 만들기 시작했는데 시간이 지나도 제작하는 도구에 큰 변화가 없었다. 그러다가 25만 년 전에 급격하게 다양한 도구가 늘어나기 시작했으며 5만 년 전부터는 아프리카에 살던 인류가 전 세계로 퍼져 나갔다. Hofreiter, M., Serre, D., Poinar, H. N., Kuch, M., Pääbo, S., *et al.* (2001), Ancient DNA. *Nature Reviews Genetics*, 2(5), 353~359 참조. Richerson, P. J., & Boyd, R. (2004). *op. cit.*, p. 143에 인용.

가 되어야 한다. 여러 연구 결과에 따르면 강력한 본보기가 필요하며 남을 관찰하고 남과 함께 행동하는 과정에서 생기는 건전한 경쟁심도 중요한 것으로 나타났다.

마지막으로 개인주의나 협동 정신 중에서 선택을 해야 한다고 생각해 보자. 이렇게 성격이 다른 문화적 가치들이 있을 때는 해당 가치관을 갖고 있는 사람들의 번영이나 쇠퇴에 확실한 효과를 미쳐야 선택이 이루어질 수 있다.

이타적인 문화를 향하여

유전자로 따지자면 우리는 수천 년 전에 살았던 조상들보다 우월하지도 않고 열등하지도 않다. 그렇지만 사람은 개인적 차원에서 변할 수 있으며 개인이 몸담고 살아가는 터전이 되는 문화도 진화를 거듭하고 있다. 두 개의 칼날이 만나 서로를 벼리면서 예리해지듯 문화와 개인도 상호 연마가 가능하다.

건전한 경쟁심, 영감, 강력한 본보기는 순응주의의 고귀한 측면으로 문화의 안정성과 계속성을 보장하는 동시에 확장의 원동력으로 작용한다. 이 점을 명심하고 우리가 독려하는 이타심을 앞으로 우리 삶과 행동 안에서 구체적으로 구현해야 할 것이다. 메시지를 전달하려면 전달자가 곧 메시지가 되어야 한다.

지금까지 이타심, 협력, 상부상조가 일상에 널리 퍼져 있다는 것을 살펴봤다. 언론을 통해 알려진 내용이나 흔히 편견에 의거해 생각하는 것보다 그 양이 훨씬 더 많다. 지난 반세기 동안 우리는 전쟁을 혐오하게 되었고 지구가 '거대한 촌락'에 불과하다는 인식이 널리 퍼져나가는 것을 목격했다. NGO의 역할이 증가하고 있고 많은 시민들이 세계 곳곳에서 벌어지는 일, 특히 도움이 필요한 사건에 관심을 갖게 되었다. 이 모든 것이 사고방식과 문화가 변하고 있다는 뜻이다. 달라이 라마가 즐겨 사용하는 표현처럼 "보편적 책임감"을 지향하는 쪽으로 문화가 바뀌고 있다는 말이다. 진화는 여전히 현재 진행형이다. 건물을 지을 돌을 쌓고 망망대해에 물을 한 방울 더한다는 생각으로 참여하는 것만으로도 충분할 수 있지만 촉매가 화학 반응을 촉진하듯 변화가 좀 더 쉽게 이루어지도록 도와주고 증폭시키는 방안도 생각해 볼 수 있을 것이다.

17

동물의 이타적 행동

"스탠스베리 선장은 유타주 소금 호숫가에서 눈이 먼 늙은 펠리칸을 발견했다. 몸집이 비대한 펠리칸은 이미 오래 전부터 동료들 도움을 받아 먹이를 받아먹는 처지인 듯 했다. 블라이스 씨는 내게 인도 까마귀들이 다른 눈 먼 까마귀 두세 마리에게 먹이를 주는 광경을 봤다고 했으며 어느 집에서 기르는 수탉도 비슷한 경우가 있었다고 들었다. 내가 직접 본 것은 개였다. 그 개는 친하게 지내던 고양이가 병들자 바구니 안에 누워 있는 친구 옆을 지날 때마다 몸을 핥아 주었다. 그것은 개의 세계에서 우호적인 감정을 표시하는 가장 확실한 방법이었다. …… 동물들은 사랑과 교감 외에도 사람들이 도덕적 자질이라고 생각하는 특성을 여러 가지 나타낸다."[1]

이것은 찰스 다윈이 19세기에 쓴 글의 한 대목이다. 그보다 150년 전에 프랑스 철학자 데카르트와 말브랑슈가 동물은 "생각도 없고 감성도 없고 그 어떤 정신생활도 없는 지각없는 꼭두각시"에 지나지 않는다고 자신 있게 단언했던 것을 생각하면 그 사이에 얼마나 큰 발전

---

1   Darwin, C., "On the Origin of Species," in *Works of Charles Darwin* (1st, 2nd, and 6th editions). Kindle Edition locations 53721~53722 및 53732.

이 있었는지 짐작이 가고도 남는다.

그 후 동물들의 풍부한 정신생활을 밝혀낸 연구들이 줄줄이 발표되었다. 제인 구달, 프란스 드 발을 비롯해 여러 동물학자들의 관찰 내용에서 알 수 있듯이 간단한 신호들을 이용해 고통, 공포, 분노, 사랑, 기쁨, 놀람, 초조, 권태, 성적 흥분, 기타 여러 가지 정신적, 감정적 상태를 표현하는 것은 인간만 갖고 있는 능력이 결코 아니다. 다윈은 이 문제에 대해 논문 한 편을 모두 할애해 관찰한 다양한 내용을 소개하고 있다. 그것이 다윈의 역작 『인간과 동물의 감정 표현The Expression of the Emotions in Man and Animals』이다.[2]

사실 잘 생각해 보면 그리 놀라운 일도 아니다. 인간에게 지능, 공감, 이타심이 있다면 그것들이 어찌 하루아침에 난데없이 나타날 수 있었을까? 모든 것이 수백만 년에 걸쳐 점진적으로 이루어진 진화의 결과물이라면 인간이 느끼는 여러 가지 감정의 전조를 동물들에게서도 관찰할 수 있어야 한다. 이것이 『인간의 유래와 성 선택The Descent of Man and Selection in Relation to Sex』을 집필할 때 다윈이 갖고 있던 생각이다.[3]

인간 외에 다른 어떤 유기체도 이런 종류의 능력을 갖지 못했거나 인간의 능력이 하등 동물의 능력과 성격이 전혀 다른 것이었다면 우리가 가진 고도의 능력이 점진적인 진화의 결과라는 사실을 결코 납득할 수 없었을 것이다. 그렇지만 그런 식의 근본적인 차이가 없다는 것은 얼마든지 쉽게 입증할 수 있다. …… 몇 가지 사실을 통해 매우 하등한 동물들의 지능이 예상보다 훨씬 높다는 것을 알 수 있다.

종의 진화를 거시적으로 보면 모든 것이 복잡한 문제이다.

---

2 Darwin, C. (1877). *The Expression of The Emotions in Man and Animals, op. cit.*
3 Darwin, C. (1871) *The Descent of Man, op. cit.* vol. 1, p. 35, http:// darwin-online.org. uk/.

폭력을 부정하는 것이 아니다

이번 장에서는 동물 세계에 존재하는 공감과 이타적 행동을 분석하려고 한다. 동물계 도처에 폭력이 도사리고 있다는 것을 부정하려는 것이 결코 아니다. 여기서 폭력이란 다른 개체에게 부상을 입히거나 목숨을 빼앗는 행위, 힘으로 제약을 가하거나 상대방 의지에 반하는 뭔가를 얻어 내는 행위를 포함해 적대적, 공격적 행동과 태도를 모두 포함한 개념이다. 이번 장에 등장하는 동물들은 대부분 극도로 폭력적인 행동을 할 수 있는 종들이다. 제인 구달이 탄자니아 곰베 스트림 국립 공원에서 관찰한 이른바 "침팬지 전쟁"은 인간이 지닌 호전성의 기원에 대해 다양한 논평을 불러일으킨 사건이었다. 이 문제에 대해서는 나중에 다시 논의하겠다. 제인 구달과 동료 학자들은 침팬지 한 무리가 동족을 죽이는 장면을 보고 대경실색했다. 그들이 죽인 침팬지는 원래 같은 무리에 있었는데 따로 떨어져 나가 옛날 공유지 한 구석에서 사는 무리에 속한 녀석이었다. 그런데 잊지 말아야 할 것은 그 장면을 목격한 사람들이 벌써 몇 년째 침팬지들 삶을 가까이서 지켜보던 학자들이었고 그런 광경이 벌어진 것이 그때가 처음이었다는 사실이다. 그들은 침팬지들에게 이름까지 지어 줄 정도로 한 마리 한 마리 다 잘 알고 있었다. 다른 학자들이 경쟁 관계에 있는 무리를 학살하는 현장을 목격한 적이 있었다고 했지만 그 경우도 상당히 희귀한 사례에 해당한다. 침팬지 세계에서 가장 자주 일어나는 살상은 어린 새끼를 죽이는 영아 살해이며 주로 수컷들에 의해 자행된다. 대부분 다른 공동체에 속한 암컷들의 새끼를 죽인다.

동물의 행동이건 사람의 행동이건 폭력이 평화적인 행동보다 훨씬 더 큰 관심을 끌기 마련이라는 사실도 잊지 말아야 한다. 현재로서는 사람과 동물 안에 내재된 충동 중 폭력이 우세하다고 볼 만한 과학적 증거는 없다.

프란스 드 발은 40년 동안 동물 행동 연구에 매진한 뛰어난 영장류 동물학자로서 특히 유인원의 행동에 정통하다. 이제 연구의 초점이 동물들에게 공감 능력이 있는지 없는지가 아니라 공감이 어떻게 표현되는지를 증명하는 문제로 옮겨 갔다고 생각한다. 동물에게 공감 능력이 있다는 것이 아직은 널리 알려진 사실이 아니다. 프란스 드 발은 언젠가 저명한 심리학자가 한 말을 기억하고 있다.[4] 심리학자는 동물들이 가끔 협력하는 경우가 있지만 그들에게 중요한 것은 뭐니 뭐니 해도 자신의 생존이라고 단언하면서 자신의 말이 옳다는 것을 입증하려는 듯 이런 말을 덧붙였다. "원숭이는 동족을 구하기 위해 물속에 뛰어들지 않습니다."

프란스 드 발은 그 말을 듣고 워쇼라는 암컷 침팬지를 떠올렸다. 워쇼는 친하게 지내던 다른 암컷 침팬지가 괴로워서 우는 소리를 듣고 전류가 흐르는 철책 울타리를 두 개나 뛰어넘어 친구에게 달려갔다. 도랑에 빠진 친구 침팬지가 빠져나오려고 필사적으로 애를 쓰고 있었다. 워쇼는 미끌거리는 진흙탕 속으로 걸어 들어가 친구가 뻗은 손을 가까스로 잡아 마른 땅 위로 끌어냈다. 침팬지들이 수영을 할 줄 모르고 물이 무릎까지만 와도 공황 상태에 빠진다는 것을 생각하면 워쇼가 한 일은 정말 엄청난 위업이었다. 워쇼가 물에 대한 공포를 극복한 것은 그만큼 강력한 동기가 있었기 때문이다. '내가 지금 도와주면 나중에 날 도와주겠지.' 하는 식의 타산에 의해 움직였다는 설명은 워쇼 경우에도 그렇고 뉴욕 지하철에서 승객을 구하기 위해 선로로 뛰어내린 웨슬리 오트리 경우에도 그렇고 언어도단이다. 본능적으로 나온 이타적 충동만이 그렇게 앞뒤 안 가리는 행동을 가능하게 한다. 그 밖에 물에 빠진 새끼들을 구하려고 애쓰다가 익사한 침팬지가 목격된 적도 있다.

---

4   하버드 대학교의 제롬 케이건 교수.

영장류의 세계에서는 상호 부조의 예를 많이 찾아볼 수 있다. 침팬지들이 표범의 공격을 받아 부상당한 동료들을 돌본 사례가 있다. 그들은 혀로 상처를 핥아 피를 닦아 내고 이물질을 말끔히 없앤 다음 상처 주변을 맴도는 파리들을 쫓았다. 그리고 나서도 동료들 곁을 계속 지켰으며 이동할 때는 부상으로 힘이 빠진 침팬지들과 보조를 맞춰 평소보다 천천히 걸었다.[5]

위스콘신 국립 영장류 연구 센터Wisconsin National Primate Research Center 에서 레서스 원숭이라고도 불리는 어린 암컷 히말라야 원숭이 한 마리가 심각한 운동 장애 때문에 걷기, 기어오르기, 식사 등 일상생활에 흔히 필요한 기능을 제대로 수행하지 못하고 있었다. 이들 원숭이 가족과 무리 구성원들은 아픈 원숭이를 내버려 두지 않고 열심히 보살폈다. 특히 연배가 비슷한 다른 암컷들보다 털고르기를 두 배나 더 해 주었다.[6] 원숭이 세계에서 털고르기는 서로를 보살피고 사회적으로 상호 작용을 할 때 하는 가장 중요한 행위이다. 유인원들도 장애가 있는 동료들에게 그런 배려의 행위를 하는 것이 자주 관찰되었다.

동물들은 서로 상종하는 방법이 매우 다양하며 동족과 그저 함께 있기를 좋아하는 단순 군거(群居)부터 성년에 도달한 동물들이 새끼들을 돌보고 먹이고 보호하기 위해 서로 협력하는 복잡한 사회 조직 단계까지 복잡성도 각양각색이다. 상호 작용이 차츰 풍부해지고 다양해지면 동료들의 행동을 최대한 정확하게 이해하는 것이 스스로에게 유용해진다. 이런 경향이 최고조에 도달하면 동료의 의도를 알아차리고 동료의 생각과 느낌을 상상할 수 있게 된다. 그렇게 해서 나타나는 것이 공감이다.

---

5   코트디부아르의 타이 국립 공원, Waal, F. B. M. de (2010). op. cit., p. 7에 인용.
6   Waal, F. B. M. de (1997). Le Bon Singe. op. cit.

남을 보살피는 자애의 행동

마음에서 상대방과 입장을 바꿔 생각함으로써 상대방의 의도나 필요를 이해하는 '마음 이론theory of mind'에 대해 검토하기에 앞서 먼저 동물도 공감 성향이 있다는 것 즉 감정 이입을 할 줄 안다는 사실을 보여주는 행동을 몇 가지 살펴보도록 하자.

남을 보살피는 자애의 행동은 다양한 형태로 나타날 수 있다. 동족을 도우러 달려오고 그들을 보호하고 위험에서 구출하고 교감과 우정 심지어 감사의 뜻을 표시하고 그들이 고통스러워 할 때 위로하고 동료들과 번식이나 혈연관계가 아닌 우정의 관계를 수립하며 마지막으로 동료 중 하나가 세상을 떠나면 애도를 표한다.

상호 부조

여러 관찰 사례들을 살펴보면 동물들이 위험에 처하거나 혼자 힘으로 해결하지 못하는 상황에 처한 동료를 봤을 때 적극적으로 돕는다는 사실을 알 수 있다. 몇 가지 예를 들어보자.

칠레의 한 고속도로. 양방향에서 자동차들이 씽씽 달리고 있는데 길을 잃은 것처럼 보이는 개 한 마리가 지나가는 차들을 그럭저럭 피하면서 길 위에서 방황하고 있었다. 그 개는 얼마 안 있어 지나가던 차에 치이고 말았다. 사고 장면이 녹화된 보안 카메라의 다음 장면은 도로에 누워 있는 개의 모습이었다. 그때 어디서 나타났는지 노란 털을 가진 개가 갑자기 달리는 차들을 헤치고 나타나 차에 치인 개 엉덩이를 이빨로 물었다. 노란 개는 고군분투한 끝에 의식을 잃은 동료를 고속도로 갓길로 끌고 나갔다. 개들을 피하려고 곡예 운전을 하는 차들을 헤치고 갓길에 도착한 것만으로도 기적이었다.[7]

이번에는 개 사육장 경비가 BBC 방송에 나와 들려준 약간 가벼운 내용이다. 어느 날 아침 그는 우리에서 빠져 나온 개 세 마리가 주방에 들어가 멋대로 음식을 먹어 치운 것을 발견하고 깜짝 놀랐다. 그 일이 있은 후 우리마다 문이 제대로 잠겼는지 거듭 확인을 했지만 다음 날 밤에도 똑같은 일이 일어났다. 어찌된 영문인지 궁금해진 경비는 사육장 구석에 숨어 돌아가는 상황을 지켜보았다. 직원들이 모두 나가자 개 한 마리가 쇠창살 사이로 발을 내밀어 개장 문 밖에 걸려 있는 자물쇠를 여는 것이 보였다. 놀랍게도 개는 바로 주방으로 가지 않고 친구 둘이 있는 우리로 가서 문을 연 뒤 기뻐서 날뛰는 친구들과 함께 인적 없는 주방으로 향하는 것이었다.

이 개는 여러 가지로 아주 특별하다. 먼저, 우리에서 빠져나올 정도로 머리가 비상하고 다음으로는 친구들과 우정을 소중히 할 줄 아는 의리파이다. 그리고 주방 탐험을 위해 하루 온종일 기다릴 수 있을 정도로 욕구 충족을 지연하는 데 능하다. 마지막으로 마음만 먹으면 맛있는 것을 독식할 수도 있는데 상당 부분을 다른 개들과 나눌 줄 아는 마음씨를 지녔다.

40년 동안 케냐의 마사이 마라 국립 보호 구역에서 코끼리를 연구한 이언 더글러스 해밀턴은 어느 날 코 일부가 덫에 걸려 절단된 코끼리를 보았다. 코끼리는 매우 불안한 상태였고 제 힘으로 먹이를 먹지 못하고 있었다. 그때 다른 코끼리가 한 마리 다가오더니 부상당한 코끼리 몸을 코로 여러 차례 쓰다듬고 강가에서 뜯어 온 갈대를 직접 입에 넣어 주었다. 코를 다친 코끼리는 그 후 혼자 힘으로 먹이를 먹을 수 있게 되었지만 뭉툭해진 코로는 부드러운 갈대 밖에 따지 못해 갈대를 주식으로 삼게 되었다. 더욱 놀라운 것은 무리 전체가 부상당한 동료를 내버려 두지 않고 동료의 주된 식량이 된 갈대밭 근처에 정착했다는 사실이다. 무리 구성원들 간에 연대감이 돈독하고 상대에게

7   YouTube 동영상 참조. www.youtube.com/watch?v=DgjyhKN_35g.

꼭 필요한 것이 무엇인지 정확히 이해할 정도로 머리가 좋은 코끼리들임에 틀림이 없다.

우정

영장류들은 우정 관계를 맺고 이를 오래 이어 갈 줄 아는 모습을 보인다. 프란스 드 발은 혈연관계가 없는 암컷 원숭이 두 마리를 예로 든다. 이들은 늘 함께 다니면서 서로에게 계속 애정 표시를 하고 서로의 새끼에게 따뜻하게 입맞춤을 퍼붓고 싸움이 났을 때 지원군이 되었다. 수컷이 위협적인 태도로 둘 중 한 원숭이에게 다가가면 하위 계층에 속한 다른 원숭이가 친구를 똑바로 쳐다보면서 경고의 뜻으로 소리를 질러댔다.[8]

　루시는 인간의 손에서 자란 암컷 침팬지였다. 어느 날 친구 삼으라는 뜻에서 루시에게 새끼 고양이를 데려다 주었는데 첫 만남은 그리 원만하게 이루어지지 않았다. 루시가 새끼 고양이를 밀쳐 내고 심지어 물려고까지 하는 것으로 보아 짜증스러워하는 것이 분명했다. 두 번째 만남도 실패로 돌아가고 세 번째 만남에서야 비로소 루시가 평온한 태도로 고양이를 대하기 시작했다. 새끼 고양이는 루시가 가는 곳마다 졸졸 따라다녔다. 결국 30분 만에 예전의 낯가림을 벗어 던진 루시는 고양이를 손에 들고 뽀뽀를 하는 등 전혀 다른 태도를 보였다. 얼마 안 있어 둘은 단짝 친구가 되었다. 루시는 고양이 털을 고르고 두 팔에 안고 둥개둥개 다독이고 작은 거처를 만들어 사람들이 가까이 오지 못하게 보호했다. 새끼 고양이는 어린 침팬지들처럼 루시 옆구리에 매달리지는 못했지만 루시 등에 뛰어 올라 함께 이동했다. 그렇지 않으면 루시가 고양이를 손에 들고 다녔다. 학자들과 컴퓨터 화면에 보이는

8　Waal, F. B. M. de (2010). *op. cit.*, p. 56.

상징을 이용해 의사소통을 하던 터라 어휘력이 꽤 풍부했던 루시는 새끼 고양이에게 "올 볼All ball"이라고 이름까지 지어 주었다.[9]

재회의 기쁨과 이별의 슬픔

한 동물원에서 같은 무리 중에 어울려 살다가 헤어진 후 오랫동안 보지 못했던 성년 수컷 침팬지 두 마리가 재회를 했다. 동물원 관계자들은 혹시 둘이 싸울까 걱정했지만 두 유인원은 불알동무처럼 서로를 얼싸안고 등을 툭툭 치더니 감격의 키스까지 나누었다. 그런 다음 오랜 시간을 들여 정성껏 서로의 털을 골라 주었다.[10]

오랫동안 서로 만나지 못하고 지내던 코끼리 떼들의 상봉도 멋진 볼거리를 연출한다. 신시아 모스가 목격한 코끼리 떼는 멀리서 서로의 위치를 확인한 뒤(코끼리들은 귀에 들리는 울음소리 외에 사람 귀에 들리지 않는 저주파 소리를 이용해 멀리 떨어진 곳에서도 서로 의사소통을 한다.) 거리가 500미터 정도로 좁혀지자 울음소리를 내서 서로를 부르면서 길을 안내하고 기쁨을 표시했다. 드디어 상대편 코끼리들 모습이 눈에 들어오기 시작하자 목청껏 울음소리를 내며 서로를 향해 냅다 달리기 시작했다. 각 무리의 대장인 암컷 두 마리가 먼저 엄니를 교차시키고 코를 감고 귀를 펄럭거리면서 얼굴을 비볐다. 다른 코끼리들도 모두 대장이 하는 대로 따라 했다.[11]

오랜 시간을 함께 한 친구가 죽은 뒤 삶의 재미를 잃고 결국 죽어가는 동물도 많이 있다. 여러 해 동안 곡마단에서 수의사로 일한 J. Y. 헨더슨이 목격한 말들이 그런 경우이다. 같은 마구간에서 오래 함께

9　Savage, E., Temerlin, J., & Lemmon, W. (1975). Contemporary Primatology 5th Int. Congr. Primat., Nagoya, 1974, pp. 287~291. Karger.
10　Waal, F. B. M. de (1997). op. cit., p. 220.
11　Moss, C., Elephant Memories: thirteen Years in The Life of an Elephant Family, William Morrow & Co., 1988, pp. 124~125.

산 말 두 마리 가운데 한 마리가 먼저 죽자 남은 말이 계속 신음하기 시작했다.[12] 자지도 않고 먹지도 않았다. 다른 말들과 함께 지내도록 하고 특별 관리 하에 정성껏 보살피면서 식단까지 개선했지만 소용이 없었다. 말은 결국 두 달 뒤에 죽고 말았다. 수의사들조차 병명을 알지 못했다. 주인에게 방치된 상태에서 서로 의지하면서 10년을 함께 산 염소와 당나귀 우정 이야기도 있다. 이들은 마침내 구출되어 각각 서로 다른 동물 보호소에 수용되었다. 염소는 우울한 모습으로 우리 안에 누워 엿새 동안 먹이를 입에 대지 않았다. 새 관리인들은 염소가 친구와 헤어져서 그렇다는 것을 알아차리고 차로 14시간이 걸리는 곳으로 사람을 보내 당나귀를 데려왔다. 염소는 당나귀 소리를 듣자마자 경중경중 뛰면서 태도가 완전히 달라졌고 친구가 도착한 지 20분도 채 되지 않아 다시 먹이를 먹기 시작했다.[13]

유인원의 선별 공감

프란스 드 발은 『공감의 시대Age of Empathy』에서 유인원들 사이에서 관찰한 여러 가지 공감 사례를 소개하고 있다. 이들을 살펴보면 유인원들이 상대방에게 필요한 것이 무엇인지 정확히 이해하고 있고 그에 맞는 반응을 보인다는 것을 알 수 있다.

우리 영장류 연구소에 있는 피오나라는 늙은 암컷 침팬지는 넓은 우리 안에서 다른 침팬지들과 자유롭게 어울려 놀며 소일을 한다. 그런데 날씨가 궂은 날이면 몹쓸 관절염이 재발해서 걷고 기어오르는 데 애를 먹

---

12 Henderson, J. Y., Circus Doctor, P. Davies, 1952, p. 78. Masson, J. M., & McCarthy, S., *Quand les éléphants pleurent*, Albin Michel, 1997에 인용.
13 www.animalplace.org/mr-g-and-jellybean-united 참조. 정보를 제공한 제인 구달에게 감사의 뜻을 표한다.

는다. 그럴 때는 다른 암컷들이 달려와 피오니를 도와준다. 예를 들어 침팬지 여러 마리가 털 고르기를 하려고 정글짐에 옹기종기 모여 있으면 피오니가 끙끙거리며 거기를 기어오르느라 숨이 턱에 찰 정도가 된다. 그럼 혈연관계도 없는 젊은 암컷이 피오니 뒤에 서서 피오니가 원하는 곳에 도달할 때까지 거대한 엉덩이를 두 손으로 받치고 밀어 올린다. 이 것은 아무나 할 수 있는 간단한 일이 결코 아니다.[14]

위험이 밀어닥칠 때 벗어나게 하는 것도 누군가를 보호하는 방법이 될 수 있다. 그러기 위해서는 위험을 예측할 줄 알아야 하고 상대방이 위험을 알아채지 못하니 늦기 전에 개입해야 한다는 판단을 할 줄 알 아야 한다.

제인 구달은 탄자니아의 곰베 국립 공원에 있던 폼이라는 아홉 살 짜리 암컷 침팬지를 기억한다. 폼이 슬금슬금 기어오는 커다란 뱀을 보고 경고음Alarm Call을 내자 무리 전체가 나무위로 피했다. 그런데 폼 동생인 수컷 프로프만 경고음을 듣지 못했는지 그 뜻을 이해하지 못 했는지 뱀이 다가오는 쪽으로 걸어가고 있었다. 이를 본 폼은 나무에 서 다시 내려가 동생을 끌고 안전한 곳으로 피신했다.[15]

제인 구달은 "더욱 더 놀라운 일"이라면서 폼과 비슷한 연배의 그 렘린이 어린 동생을 진드기로부터 "구출한" 일화를 들려준다. "그렘 린 동생은 어미와 함께 높이 자란 풀밭을 가로질러 가고 그렘린은 동 생 뒤를 따라 가는 중이었다. 그렘린이 갑자기 동생을 움켜잡더니 멀 리 끌고 갔다. 동생은 비명을 지르면서 어미에게 가려고 했지만 그렘 린은 동생을 놓지 않고 풀밭에서 멀리 끌고 갔다. 내가 가서 봤더니 알 에서 깨어났는지 진드기 수백 마리가 줄기 아래쪽에 잔뜩 매달려 있었

14 Waal, F. B. M. de (2010). *op. cit.*, p. 153.
15 Goodall, J., & Berman, P. L., *Reason for Hope: A Spiritual Journey*, Grand Central Publishing, 1999, p. 139.

다. 나중에 어미가 앉아서 진드기들을 모두 잡았다!"[16]

인간 손에서 자란 침팬지들은 상황에 적합한 공감 감정을 행동을 통해 보여 주는 능력을 갖고 있다. 러시아 동물학자 나디아 코츠는 구소련 시대에 과학계와 아무 교류 없이 어린 침팬지 요니를 아들과 함께 키우면서 행동을 연구했다. 프란스 드 발이 인용한 코츠의 글 중에 요니가 양어머니인 코츠를 걱정하는 모습이 생생하게 묘사된 대목이 있다.

> 요니가 집안에서 제일 높은 지붕이나 우리 천장에 매달려 놀 때면 아무리 소리쳐 부르고 어르고 달래도 말을 듣지 않는다. 그런데 내가 눈을 감고 흐느끼거나 우는 척하면 깜짝 놀라면서 놀던 것을 멈추고 쏜살같이 달려온다. 그리고는 내게 몹쓸 짓을 한 사람을 찾아내려는 듯 내 얼굴을 빤히 들여다보면서 주위를 부산스럽게 빙빙 돌고 무슨 일인지 알고 싶은지 손바닥에 내 턱을 올려놓고 손가락으로 얼굴을 부드럽게 어루만진다. 그런 다음, 두 주먹을 불끈 쥐고 사방으로 돌아다닌다. …… 내가 슬퍼하고 비통해 할수록 요니는 따스한 정을 표시한다.[17]

감사 표시

영장류는 대개 자기들을 돌보는 이들과 서로 이를 잡아 준다든가 기쁨을 나타냄으로써 감사의 뜻을 표시한다. 영장류 연구의 선구자인 볼프강 쾰러는 비가 억수같이 쏟아지는 어느 날 저녁, 침팬지 두 마리를 밖에 그냥 두고 왔다는 사실을 깨닫고 서둘러 밖에 나가 데리고 왔다. 굳게 잠긴 비바람 막이 시설의 문을 가까스로 열고 침팬지들이 따뜻하고 보송보송한 잠자리로 어서 들어가 쉴 수 있도록 문 옆으로 비

---

16 제인 구달, 개인적 정보 교환.
17 Waal, F. B. M. de (2010). *op. cit.*, pp. 130~131.

켜졌다. 날도 추운데 침팬지들의 꽁꽁 언 몸을 타고 빗줄기가 주룩주룩 흘러내리고 있었다. 그때까지 불쌍하고 초조한 태도로 일관하던 침팬지들은 편안한 잠자리로 들어가다 말고 쾰러를 향해 몸을 돌리더니 한 마리는 가슴을, 다른 한 마리는 다리를 꼭 끌어안는 것이었다. 둘은 그렇게 마음껏 감사의 뜻을 전달한 뒤에야 비로소 건초더미로 달려 들어갔다.[18]

최신 동영상 한 편을 보면 사경을 헤매다가 건강을 되찾아 야생 세계로 돌아가게 된 침팬지가 정글로 들어가기 직전에 제인 구달을 오랫동안 포옹하는 장면이 있다.[19]

코끼리들이 보여 주는 다양한 공감 양상

신시아 모스는 동료 학자들과 함께 남부 케냐 암보셀리 생태계에서 35년 동안 코끼리 약 2천 마리를 대상으로 행태를 연구했다. 코끼리들을 일일이 다 알아보고 이름을 붙일 정도였다. 코끼리들은 사회생활이 매우 풍부한 편이며 청각, 후각, 시각을 이용한 복잡한 의사소통 방법을 갖고 있다. 아프리카 사바나에서는 암컷 코끼리들이 무리를 떠나지 않고 평생 함께 살면서 다른 암컷 새끼들까지 돌보는 일이 많다. 이것이 그들의 생존에 매우 중요한 요인으로 작용한다.[20] 학자들은 수년 동안 기록한 방대한 관찰 내용 중에서 동료가 괴로워하는 것을 보고 공감 반응을 나타낸 특기할 만한 사건을 250건 이상 추려냈다.[21] 그 중에는 위험을 이겨 내기 위해 힘을 모으고 다른 코끼리를 보호하

18 Köhler, W., & Winter, E., *The Mentality of Apes*, K. Paul, Trench, Trubner, 1925. Rollin, B. E., *The Unheeded Cry: Animal Consciousness, Animal Pain and Science*, Oxford University Press, 1989, p. 223에 인용.

19 동영상을 보려면 다음을 참조. https://www.youtube.com/watch?v=If08i5vqlvQ.

20 Lee, P. (1987). Allomothering among African elephants. *Animal Behaviour*, 35(1), 278~291.

고 위로하고 이동할 때 도와주고 다른 어미의 새끼들을 돌보고 동료 몸에 박힌 이물질을 제거하는 등 다양한 행동이 포함되어 있었다.

성년 코끼리들은 포식자가 나타난다든가 다른 코끼리가 적대적인 태도를 보인다든가 하여 위험이 닥치면 흔히 서로 힘을 합쳐 대처하는 모습을 보인다. 어린 새끼나 다 큰 코끼리가 상처를 입어도 대부분 다른 코끼리가 와서 보호한다. 가장 자주 볼 수 있는 일은 어미들이 새끼들을 보호하기 위해 수심이 갑자기 깊어지는 늪 가장자리라든가 위험한 곳에 가지 못하도록 단속을 하고 서로 싸우는 새끼들을 떼어 놓는 것이다. 그런데 이때 어미와 친한 다른 암컷들이 개입하기도 한다. 어미가 새끼와 몇 시간 떨어져 있어야 할 경우에는 도우미가 어미의 역할을 대신한다.

진창에 빠지거나 높은 데서 떨어져서 일어서지 못하는 코끼리가 있으면 다른 코끼리들이 와서 코로 끌어올리거나 엄니를 이용해 들어 올리려고 애쓴다.

수의사가 쏜 진정제 화살이나 창 같은 것이 코끼리 몸에 박혔을 때도 다른 코끼리들이 상처를 어루만지는 것을 흔히 볼 수 있다. 때로는 이물질을 제거해 주기도 한다. 어미 코끼리가 새끼 입에서 비닐봉지를 꺼내 멀리 던져 버리는 장면이 관찰된 적도 있다.

돌고래 및 기타 고래류의 이타적 행동

동물학자 멜바 콜드웰과 데이비드 콜드웰의 관찰 내용을 살펴보면 돌고래들도 인간, 유인원, 코끼리처럼 선별적으로 도움을 제공한다는 것을 알 수 있다.[22]

21 Bates, L. A., Lee, P. C., Njiraini, N., Poole, J. H., Sayialel, K., Sayialel, S.. Byrne, R. W. (2008). Do elephants show empathy? *Journal of Consciousness Studies*, 15(10-11), 204~225.

존 릴리는 앤틸리스 제도 근처에서 무리에서 이탈한 어린 돌고래를 보았다. 돌고래는 상어 세 마리로부터 공격을 받고 도와 달라고 울음 소리를 냈다. 저희들끼리 대화를 나누던 같은 무리의 성년 돌고래들은 대화를 멈추고 위험에 빠진 어린 돌고래를 향해 전속력으로 헤엄쳐 갔다. 어뢰와 같은 기세로 현장에 도착한 돌고래들은 전속력(시속 60km)으로 상어들을 들이받았고 상어들은 그 자리에서 기절해 심해로 나가 떨어졌다. 그 사이에 암컷 돌고래들은 호흡을 하러 수면 위에 떠오르지도 못할 만큼 심한 부상을 당한 어린 돌고래를 보살폈다. 어린 돌고래의 머리가 수면 밖으로 나가도록 암컷 두 마리가 아래서 헤엄치면서 몸을 쳐들어 주었으며 이들이 숨을 쉴 수 있도록 가끔씩 다른 암컷들이 교대를 했다.[23]

부상당한 돌고래의 상처가 아물거나 죽을 때까지 2주 내내 구조 작업이 계속된 적도 있었다. 그 기간 동안 구조에 참여하는 돌고래들은 먹지도 않고 오로지 숨 쉴 때만 수면 위로 떠오를 뿐이었다.[24]

사람의 목숨을 구한 돌고래에 대한 증언도 꽤 많다. 중국 하얼빈 소재 폴라랜드 아쿠아리움에서 다이빙 선수 양원이 호흡 장비 없이 진행되는 프리 다이빙 대회에 참가하고 있었다. 그곳은 흰돌고래를 키우는 수족관이라 수심이 6미터가 넘고 수온도 얼음장 같이 차가웠다. 양원은 다리에 강한 경련과 마비가 일어나 물속으로 가라앉기 시작했고 '이제 죽었구나.' 하는 생각밖에 들지 않았다. 그때 수족관에 사는 밀라라는 흰돌고래가 다이빙 선수의 다리를 입에 물고 수면으로 올라

22　Caldwell, M. C., & Caldwell, D. K., "Epimeletic (Care-Giving) Behavior in Cetacea." In *Whales, Porpoises and Dolphins*. University of California Press, 1966, pp. 755~789.

23　Lilly, J. C. (1963), Distress call of the bottlenose dolphin: Stimuli and evoked behavioral responses. *Science, 139*(3550), 116; Lilly, J. C., *Man and Dolphin*, Gollancz, 1962.

24　Brown, D. H., & Norris, K. S. (1956). Observations of captive and wild cetaceans. *Journal of Mammalogy, 37*(3), 311~326; Siebenaler, J., & Caldwell, D. K. (1956), Cooperation among adult dolphins. *Journal of Mammalogy, 37*(1), 126~128.

갔다. 다른 흰돌고래 한 마리는 아래쪽에서 제 등을 이용해 다이빙 선수를 밀어 올렸다.[25]

뉴질랜드에서는 이런 일이 있었다. 갑자기 돌고래 떼가 나타나더니 양치기 개들이 양떼를 몰듯 수영하던 사람 네 명 주위를 에워쌌다. 그중 한 명이 도망치려고 하자 돌고래 두 마리가 제지하면서 억지로 포위망 안으로 밀어 넣었다. 잠시 후 돌고래 떼의 포로가 된 네 사람 눈에 거대한 백상어가 지나가는 것이 보였다. 돌고래들은 그렇게 네 사람을 보호하다가 40분 만에 풀어 주었다.[26]

고래들은 동료가 포경선의 공격을 받으면 십중팔구 동료를 돕기 위해 그 자리에 나타나 포경선과 부상당한 동료 사이에 끼어들어 배를 전복시키기도 한다. 고래잡이배들이 고래들의 이런 행태를 악용하는 일도 있다. 어린 고래를 생포한 뒤 성년이 지난 고래들이 새끼를 구하러 오면 기다리고 있다가 전부 잡아 올리는 것이다.[27]

바다코끼리들에게서도 상호 부조의 행동을 찾아볼 수 있다. 그들은 자기들끼리 강력한 사회적 유대를 형성해 음식을 나눠 먹고 다른 바다코끼리들의 새끼들을 돌보고 공격을 받으면 구하러 달려온다.[28] 예를 들어 바다코끼리가 육지에서 사냥꾼의 총에 맞아 부상을 당했을 때 가능하면 다른 바다코끼리들이 부상당한 동료를 물가로 끌고 온다. 만약 헤엄을 칠 수 없을 정도로 다쳤다면 숨을 쉴 수 있게 머리가 수면 밖에 나가도록 유지한 상태에서 다른 바다코끼리들이 등에 업어 이동시킨다.[29]

25 사진을 보려면 영국의 데일리메일Daily Mail 2009년 7월 29일 자 참조. http:// www.dailymail. co.uk/news/article-1202941/Pictured-The-moment-Mila-brave-Beluga-whale-saved-stricken-divers-life-pushing-surface.html.
26 2004년 11월 22일 뉴질랜드 통신사New Zealand Press Association 보도 내용.
27 Nishiwaki. M. (1962), Aerial photographs show sperm whales' interesting habits. Nor. Hvalfangstid. 51:395~398. Davis, W. M., Nimrod of The Sea; or The American Whaleman, Harper, 1874.
28 Who Is the Walrus? New York Times, May 28, 2008.

이종 동물 간 상호 부조

서로 다른 종에 속하는 동물들끼리 서로 돕는 것은 흔한 일은 아니지만 사례가 전혀 없지는 않다. 학자들은 이를 모성 본능과 보호 본능의 연장선상에서 나오는 행동이라고 생각한다.

동물학자 랠프 헬퍼가 회고록에서 언급한 일화는 동아프리카에서 목격한 장면이다. 우기에 어미 코뿔소가 염밭못 가까이로 새끼를 데리고 갔는데 새끼가 진흙 구덩이에 빠지고 말았다. 새끼가 어미를 부르자 어미는 새끼 발자국을 따라와 새끼의 몸 냄새를 맡지만 어찌해야 좋을지 몰라 쩔쩔매다가 다시 숲으로 돌아갔다. 새끼가 계속 신음 소리를 내자 어미가 다시 돌아왔지만 뾰족한 수가 없는 것 같았다. 그때 한 떼의 코끼리가 염밭못으로 왔다. 새끼가 걱정된 어미 코뿔소는 코끼리들을 공격했고 코끼리들은 숲으로 후퇴했다. 잠시 후 거대한 코끼리 한 마리가 다시 나타나더니 새끼 코뿔소에게 다가가 코로 냄새를 맡은 다음, 무릎을 꿇고 앉아 새끼 코뿔소 몸 아래로 엄니를 넣어 코뿔소를 들어 올리려고 했다. 그러자 어미 코뿔소가 쏜살같이 나타나 코끼리를 공격했고 코끼리는 멀찌감치 후퇴했다. 이 과정이 몇 시간 동안 반복되었다. 어미 코뿔소가 숲으로 돌아가면 코끼리가 다시 나타나 새끼 코뿔소를 진흙탕에서 빼내기 위해 애를 썼고 그러다가 어미 코뿔소의 공격이 시작되면 포기하고 숲으로 돌아갔다. 코끼리 떼는 결국 그곳을 떠났다. 이튿날 아침 헬퍼와 삼림 감시원이 새끼 코뿔소를 구하려고 다가갔다. 겁을 먹은 새끼는 도망치려고 용을 쓰다 스스로 진흙탕에서 빠져 나오는 데 성공했고 결국 새끼 울음소리를 듣고 다가온 어미한테 냅다 도망을 쳤다.[30]

29 Mohr, E., *Das Verhalten der Pinnipedier*, W. de Gruyter, 1956.
30 Helfer, R., *The Beauty of The Beasts*, Jeremy P. Tarcher, 1990, pp. 82~83.

위로

마음을 위로하는 행동은 유인원과 개, 늑대 같은 갯과 동물뿐 아니라 까마귓과에서도 흔히 볼 수 있다. 테레사 로메로와 동료 학자들이 관찰한 침팬지가 동료를 위로하는 행동만 해도 삼천 건이 넘는다.[31] 그들 연구를 살펴보면 이러한 행동은 사회적으로 가까운 사이일 때 더 자주 나타나며 보통 수컷보다 암컷에서 더 자주 볼 수 있다.(단, 사회적으로 높은 위치에 있는 수컷은 예외. 이들은 위로하는 행동을 많이 하는데 무리의 사회적 단합을 위한 것이라고 추정된다.)

보통 싸움을 했는데 화해를 못한 경우, 수컷 침팬지가 패자에게 다가와 위로를 한다. 반면에 싸움이 끝난 후 당사자들끼리 화해를 했으면[32] 위로를 하는 행동은 거의 찾아볼 수 없다. 위로를 하러 오는 침팬지가 상대방의 필요를 가늠할 수 있다는 뜻이다. 위로는 다양한 방식으로 표현된다. 피해자에게 털 고르기를 해 주기도 하고 안아 주거나 몸을 토닥거리고 키스를 해 주기도 한다. 위로는 상호적이다. 위로를 하던 쪽이 싸움에서 지는 날이 오면 위로를 받게 된다.

애도 표현

애도는 코끼리들에게서 특히 자주 볼 수 있는 공감 표현이다. 코끼리는 임종이 임박하면 동료들이 주위에 몰려들어 일으켜 세우려고 하고 심지어 먹이를 먹이려고 한다. 그러다가 사망이 확인되면 나뭇가지를 가져다가 죽은 코끼리 몸이 안 보일 때까지 쌓아 올린다. 그런 다

31 Romero, T., Castellanos, M. A., & Waal, F. B. M. de (2010). Consolation as possible expression of sympathetic concern among chimpanzees. *Proceedings of The National Academy of Sciences, 107*(27), 12110.

32 Waal, F. B. M. de, *De la réconciliation chez les primates*, Flammarion, 1992 참조.

음 머리를 밖으로 향한 채 시신을 에워싸고 원을 그리거나 한 마리씩 시신 앞에 와서 코로 망자의 다리를 만지고 잠시 묵념을 한 다음, 뒤에 서 있는 코끼리를 위해 자리를 비킨다. 이런 광경을 보면 조문객이 순서대로 관 앞에 와서 꽃을 바치는 인간 세계의 장례식을 떠올리지 않을 수 없다. 어린 코끼리가 죽었을 때는 코끼리 떼가 모두 물러간 뒤 어미가 혼자 잠시 남는 경우도 있다. 어미는 무리들 사이로 돌아가서도 비통한 마음을 표하는 뜻에서 며칠 동안 맨 뒤에 서서 다른 코끼리들을 따라 걸어간다.

코끼리들은 선천적으로 함께 살던 동료 유골에 끌리는 것으로 보인다. 유골을 단번에 알아보는 데도 전혀 어려움이 없다. 한 시간쯤 뼈를 사방으로 뒤집어 보고 냄새를 맡다가 일부를 아예 가져가기도 한다. 신시아 모스가 암컷 코끼리 턱뼈를 발견해 나이를 판정하려고 캠프에 가져다 놓았을 때 있었던 일이다. 죽은 코끼리가 생전에 속해 있던 코끼리 떼가 몇 주 후에 캠프 부근을 지나게 되었다. 코끼리들은 길을 우회해 캠프에 들러 뼈를 살펴보고 사라졌다. 그런데 다른 코끼리들이 모두 떠나고 난 뒤에도 새끼 코끼리 한 마리가 그 자리에 남아 턱뼈를 만지작거리고 있었다. 나중에 알고 보니 죽은 암컷의 새끼였다. 어린 코끼리는 발로 뼈를 이리저리 뒤집어 보고 코로 집어 들기까지 했다.[33] 그 뼈가 누구 것인지 알고 추억을 더듬으며 감상에 젖은 것이 분명했다. 모스가 관찰한 코끼리 중에 아가사라는 암컷이 있었다. 이 코끼리는 어미가 사망하고 15개월이 지난 뒤에도 어미가 죽은 자리로 가 오랫동안 어미의 두개골을 만지작거렸다.

다른 종에 대해 애도를 표하는 흥미로운 경우도 관찰된 바 있다. 짐바브웨에서 새끼 코끼리가 새끼 코뿔소와 단짝 친구가 되었다. 그런데 밀렵꾼들이 새끼 코뿔소를 죽여 뿔을 절단한 뒤 땅 속에 암매장해

---

33 Moss, C. (1988). *Elephant Memories. op. cit.*, pp. 272~273.

버렸다. 새끼 코끼리는 깊이가 1미터나 되는 땅을 파헤쳐 친구 시신을 발굴한 뒤 고통스럽게 비명을 질렀다. 그 옆에서 늙은 코끼리 두 마리가 어린 코끼리를 부축한 채 위로하고 있었다.[34]

침팬지들도 동료가 죽으면 경악하면서 오랫동안 자리를 뜨지도 소리를 내지도 못하고 시신을 관찰한다. 어미 침팬지는 새끼를 잃으면 몇 주 동안 충격에서 헤어나오지 못한다. 아프리카 기니에서는 죽은 새끼의 시신이 미라가 될 때까지 두 달 이상 나뭇가지로 파리를 쫓으며 품에 안고 다닌 어미 침팬지도 있었다.

제인 구달은 어미 플로를 부적 사랑하던 여덟 살짜리 침팬지 플린트를 기억한다. 어미가 죽은 뒤 깊은 우울에 빠진 플린트는 사흘 뒤에 어미가 휴식을 취하던 나무 위 보금자리로 기어 올라가 텅 빈 공간을 한참 동안 바라보다가 나무에서 내려와 풀밭에 누운 채 눈을 크게 뜨고 허공을 응시했다. 먹이를 거의 끊다시피한 플린트는 3주 후에 사망했다.[35]

애도의 정은 많은 종의 동물에게서 관찰되었으며 그 중에는 애완동물도 포함된다. 스코틀랜드에는 1858년에 사망한 주인의 무덤을 14년이나 지킨 스카이테리어가 있었다. 이웃 사람들은 개에게 먹이를 챙겨 주고 죽은 뒤에 주인 옆에 묻었으며 충견을 기리는 뜻에서 작은 공동묘지에 개 동상을 만들어 세웠다.

입양 현상

원숭이와 유인원 모두 6개월 미만일 때 어미가 없으면 입양이 되지 않

---

34 Ryan, M., & Thornycraft, P. Jumbos mourn black rhino killed by poachers, *Sunday Independent*, November 18, 2007, Bekoff, M., & Pierce, J., *Wild Justice: The Moral Lives of Animals*, University of Chicago Press, 2009, p. 105에 인용.

35 Goodall, J. (2011). *Through A Window: Thirty Years with the Chimpanzees of Gombe*. phoenix. p. 190. 사진 Flint prostré, p. 213.

는 한 목숨을 부지할 수 없다. 어미가 죽으면 형제자매가 훌륭한 돌보미가 될 수 있지만 혈연관계가 없는 동료에게 입양이 되기도 한다. 제인 구달은 여러 건의 입양 사례를 설명하고 있다.[36] 세 살짜리 침팬지 멜은 어미를 여읜데다 형제자매도 없었다. 혈연관계가 없는 열두 살짜리 수컷 침팬지 스핀들이 없었다면 아마 살아남지 못했을 것이다. 둘은 곧 늘 붙어 다니는 사이가 되었다. 스핀들은 멜의 무리가 이동하는 동안 기다려 주고 자주 업어 주기도 했다. 무리에서 싸움이 났을 때 멜이 성난 수컷 가까이 가면 스핀들이 나서서 멜을 멀리 데려가 위기를 모면하게 했다. 스핀들로서는 그런 행동 자체가 위험을 무릅쓰는 일이었다.

크리스토프 보슈와 동료 학자들은 동아프리카에 있는 타이 숲에 사는 침팬지들 사이에 입양 사례가 자주 발생하는 것을 목격했다.[37] 다섯 살 미만의 고아 침팬지는 살아남지 못하거나 다른 침팬지들보다 발달이 느린 것이 보통이지만 고아가 입양이 되면 정상적인 발달을 보인다. 보슈가 관찰한 고아 침팬지 서른여섯 마리 중 열여덟 마리가 입양되었는데 특이한 것은 열여덟 마리 중 절반이 수컷에게 입양되었다는 것이다. 그 중 하나는 친아비였고 나머지는 직접적인 관계가 없는 침팬지였다. 실제로 수컷 침팬지는 특정한 암컷과 깊은 관계를 맺지 않으며 자손도 돌보지 않는다. 그런데 침팬지를 입양한 의붓아비들은 매일 이동하는 동안(하루 평균 8킬로미터) 양아들을 업고 다녔으며 몇 년 동안 먹을 것을 나눠 먹었다. 이 정도면 상당량한 투자에 해당한다. 학자들은 표범이 많은 지역에 사는 침팬지들이라 이렇게 연대 의식이 투철했을 것이라고 생각한다.

36 Goodall, J., & Berman, P. L. (1999). *Reason for Hope: A Spiritual Journey*. Grand Central Publishing, p. 139~140.

37 Boesch, C., Bole, C., Eckhardt, N., & Boesch, H. (2010). Altruism in forest chimpanzees: The case of adoption. *PloS One, 5*(1), e8901.

사회적 문화 전달

앞에서 지식 전달이 수반되는 고차원적인 문화는 인간 세계에서만 광범위하게 발전했다고 말한 바 있다. 그렇다고 해서 동물에게 문화가 아예 없다는 뜻이 아니다. 같은 종 안에서도 집단에 따라 문화적 변형이 관찰되는데 그것은 유전자에서 비롯되는 변종이 아니다.

아프리카에서는 서로 이웃에 사는 침팬지라도 소속된 무리에 따라 털 고르는 방식이 조금씩 다르다. 수마트라 오랑우탄은 지역에 따라 사용하는 도구가 다르다. 이런 차이는 생태적 환경의 영향이 아니라 사회적으로 학습한 내용이 다르기 때문에 나타나는 것이다. 원숭이, 새, 돌고래, 고래, 늑대, 곰을 비롯해 많은 동물들은 공동체 구성원이 처음 '발견'한 새로운 습관을 단 몇 주 만에 무리 전체에 전파할 수 있다. 대표적인 예로 자주 거론되는 것이 영국의 박새이다. 지금으로부터 몇 십 년 전에 이 새들은 알루미늄 재질의 우유병 마개에 구멍을 낸 다음 우유 표면에 떠 있는 크림을 쪼아 먹기 시작했다. 박새의 이런 행동은 몇 주 만에 전국 방방곡곡으로 퍼져 나갔다. 앞에서 언급한 코끼리들의 고차원적인 애도 행동도 사람들이 문화라고 생각하는 것에 속한다.

동물 문화의 개념을 처음 도입한 사람은 스코틀랜드 영장류 학자 윌리엄 맥그루였다.[38] 동물 문화의 개념은 1963년에 나온 제인 구달의 박사 학위 논문에서 처음 도입되었으며 그 후 윌리엄 맥그루와 기타 여러 학자들에 의해 정교하게 발전되었다. 프랑스 동물학자 도미니크 레스텔이 강조하는 것처럼 동물 문화는 인간 문화의 고유한 측

---

38 McGrew, W. C., *Chimpanzee Material Culture: Implications for Human Evolution*, Cambridge University Press, 1992; McGrew, W. C., *The Cultured Chimpanzee: Reflections on Cultural Primatology*, Cambridge University Press, 2004. 과학 월간지 *Science et Avenir*, 특별호(2005년 10월~11월)에 실린 Dominique Lestel의 기사도 참조.

면인 언어, 예술, 종교 등을 바탕으로 하지 않는다는 점에서 사람의 문화와 약간 다르지만 유전적으로 전달되지 않고 사회적으로 전달되므로 문화임에 틀림이 없다. 단, 세대가 바뀔 때마다 축적되는 것 같지는 않으며 인간의 문화에 비해 한계가 있는 것이 사실이다.

남의 생각을 아는 것과 "마음 이론"

동물은 다른 동물이 마음속에 무슨 생각을 갖고 있는지 짐작할 수 있을까? 동물들이 동료의 행동을 관찰하고 생각할 줄 아는 것은 확실하지만 그렇다고 실제로 그들의 정신 상태를 상상하고 내다볼 수 있는 것은 아니다.

동물들이 동료를 기만하기 위해 시치미를 떼고 사실을 은폐하면서 연극을 할 줄 안다는 것은 널리 알려진 사실이다. 어치라는 새는 식량을 숨기는 동안 다른 어치가 그 장면을 봤다는 것을 알아차리면 짐짓 모른 체 하고 있다가 다른 어치가 자리를 뜨기 무섭게 다시 식량을 꺼내 다른 곳에 숨긴다. 다른 어치가 자기 식량을 훔쳐갈 수 있다는 사실을 완벽하게 이해하고 있다는 뜻이다. 그렇다면 어치가 다른 어치의 입장에 서서 다른 어치의 머릿속 생각을 상상하는 것이 과연 어느 정도나 가능할까? 동물학자들 중에 처음으로 이 문제를 연구한 사람은 에밀 멘젤[39]이었지만 타자의 생각에 대한 "마음 이론" 개념은 데이비드 프리맥과 가이 우드러프에 의해 확립되었다.[40]

몇 가지 관찰 내용을 살펴보고 구체적으로 결론을 도출해 보자. 미국 조지아주 애틀랜타에 소재한 에모리 대학교 여키스 국립 영장류

39 Menzel, E. W. (1975). Purposive behavior as a basis for objective communication between chimpanzees. *Science*, *189*(4203), 652; Menzel, E. W. (1978). Cognitive mapping in chimpanzees. *Cognitive Processes in Animal Behavior*, 375~422.
40 Premack, D., Woodruff, G., *et al.* (1978). Does the chimpanzee have a theory of mind? *Behavioral and Brain Sciences*, 1(4), 515~526.

연구 센터Emory Yerkes National Primate Research Center에서 침팬지를 연구한 브라이언 헤어에 따르면 사회적으로 지위가 낮은 원숭이들은 음식에 다가가기 전에 지위가 높은 경쟁자의 눈치를 본다고 한다.[41] 토마스 부그냐르도 까마귀들 사이에게 비슷한 행동을 관찰한 바 있다. 까마귀는 식량을 숨겨 놓을 곳에 다가갈 때 먼저 주위에 누가 있는지 살핀다. 먹을 것을 곳간에 넣는 장면을 동료 까마귀가 봤겠다 싶으면 동료가 훔쳐 가기 전에 서둘러 은닉처로 달려가 숨겨 놓은 식량을 회수한다. 반대로 다른 까마귀들이 식량 은닉처가 어디인지 모르는 게 확실한 것 같으면 여유만만하게 행동한다.[42] 그러니까 상대방이 무엇을 아는지 모르는지 확실하게 알고 있다는 이야기이다. 꼬리 감는 원숭이capuchin monkey, 개, 늑대 그리고 앞으로 보게 될 돌고래들에서도 비슷한 행동이 관찰되었다.[43] 프란스 드 발은 이런 관찰 내용으로 볼 때 마음 이론이 인간에게만 적용된다는 생각은 잘못된 것이라고 주장한다.[44]

신야 야마모토와 동료 학자들은 침팬지들이 상호 부조할 뿐 아니라 다른 침팬지에게 필요한 것이 무엇인지 정확하게 헤아릴 줄 안다는 것을 보여 주었다.[45] 실험을 위해 서로 잘 아는 침팬지 두 마리를 나란히 붙어 있는 우리에 넣었다. 중간에 작은 창이 있어 서로 물건을

41 Hare, B., Call, J., & Tomasello, M. (2001). Do chimpanzees know what conspecifics know? *Animal Behaviour, 61*(1), 139~151.

42 Bugnyar, T., & Heinrich, B. (2005). Ravens, Corvus corax, differentiate between knowledgeable and ignorant competitors. *Proceedings of The Royal Society B: Biological Sciences, 272*(1573), 1641.

43 늑대와 개에 대해서는 Virányi, Z., Gácsi, M., Kubinyi, E., Topál, J., Belényi, B., Ujfalussy, D., & Miklósi, Á. (2008)참조. Comprehension of human pointing gestures in young human-reared wolves *(Canis lupus)* and dogs *(Canis familiaris)*. *Animal Cognition, 11*(3), 373~387. 꼬리 감는 원숭이에 대해서는 Kuroshima, H., Fujita, K., Adachi, I., Iwata, K., & Fuyuki, A. (July 3, 2003) 참조. A capuchin monkey *(Cebus apella)* recognizes when people do and do not know the location of food. *Animal Cognition, 6*(4), 283~291.

44 Waal, F. B. M. de (2010). *op. cit.*, pp. 150~151 and 346~347.

45 Yamamoto, S., Humle, T., & Tanaka, M. (2012). Chimpanzees' flexible targeted helping based on an understanding of conspecifics' goals. *Proceedings of The National Academy of Sciences of The United States of America.*

주고받을 수도 있다. 첫 번째 침팬지 우리에는 막대기, 빨대, 올가미, 체인, 밧줄, 커다란 납작붓, 허리띠 등 일곱 가지 물건이 든 상자가 놓여 있었다.

두 번째 침팬지가 과일 주스를 마시기 위해 막대기나 빨대와 같은 도구가 필요한 상황에 놓이자 첫 번째 침팬지에게 몸짓과 소리를 이용해 도움이 필요하다는 신호를 보낸다. 그럼 첫 번째 침팬지가 직접 상황을 보고 평가한 뒤에 일곱 가지 도구 중 적절한 것을 골라 창문을 통해 동료에게 건네주는데 열에 아홉이 올바른 도구였다. 첫 번째 침팬지에게 주어지는 보상은 아무것도 없다.

이 상황에서 중간 창에 불투명한 판을 대 첫 번째 침팬지의 시야를 차단하면 그는 두 번째 침팬지가 도움을 요청할 때 여전히 도와주고 싶어 하면서도 상황을 직접 보고 판단할 수 없어서 아무것이나 손에 잡히는 대로 던지게 된다. 침팬지 여러 마리를 데리고 동일한 실험을 반복해서 실시했는데 도움을 요청 받은 침팬지 한 마리는 직접 상황을 판단해 적합한 도구를 넘기려고 미리 봐둔 불투명한 판 위에 난 작은 구멍으로 다가가기도 했다.

영리한 돌고래

미국 미시시피주 걸프포트에 있는 해양 포유류 연구소Institute for Marine Mammal Studies에서 돌고래 조련사들이 돌고래들의 도움을 받아 수조 청소를 하자고 아이디어를 냈다. 얼마 안 있어 돌고래들은 능숙하게 플라스틱이나 판지 조각을 물어다 주고 상으로 물고기를 한 마리씩 받았으며 수조는 티끌 하나 없이 깨끗해졌다. 그런데 켈리라는 암컷 돌고래가 상을 많이 받으려고 작전을 개발했다. 켈리는 신문이나 골판지 상자처럼 크기가 큰 쓰레기를 발견하면 바로 조련사에게 가져가서 물고기와 교환하는 것이 아니라 수조 바닥에 있는 바위 틈새에 숨겨 놓고 작게 잘라 하나씩 하나씩 가져다주고 매번 물고기를 받아 냈다. 이렇게 가치 있는 투자를 하려면 적어도 두 가지 이상의 능력이 필요하다. 첫째, 쓰레기를 발견하자마자 통째로 가져가 물고기를 받아내고 싶은 유혹을 참을 수 있어야 한다. 아이들도 10분만 참으면 사탕을 두 개 먹을 수 있는데 욕구를 억누르지 못해 즉석에서 하나만 먹고마는 어린이가 절반 이상이라는 소위 '스탠퍼드 마시멜로 실험Stanford Marshmallow Experiment'의 결과를 다들 알고 있을 것이다.[46] 돌고래가 보인 두 번째 능력은 쓰레기 크기나 그것을 발견하자마자 즉시 가져다주는 것은 중요한 일이 아니고 쓰레기는 전체나 일부나 똑같은 가치를 갖고 있다는 사실을 이해한 것이다.

켈리의 기발한 재주는 그게 다가 아니었다. 이 영리한 돌고래는 물고기 일부를 따로 숨겼다가(여기서도 욕망을 지연시킨다.) 가끔씩 그것을 수면으로 가져가 갈매기를 잡는 미끼로 사용했다. 갈매기가 보지못하도록 수면 바로 아래 숨어 있다가 갈매기가 날아와 미끼를 낚아채려는 순간, 다치지 않을 정도로만 갈매기 두 발을 입으로 꽉 물고조련사가 오기를 기다렸다. 조련사는 갈매기를 죽이고 싶지 않은 마음에 켈리에게 물고기를 던지고 그걸 본 켈리는 물고 있던 새를 놓아주는 식이다. 켈리는 자신의 전략이 적중한 것을 확인하고 새끼들에게도 이를 가르쳤다. 결국 돌고래들 사이에서 갈매기 사냥이 가장 인기있는 스포츠가 되었다.[47] 돌고래가 머리를 쓰고 도구를 사용하고 계획을 세우고 치밀한 계략을 사용하고 습득한 삶의 지혜를 다른 돌고래에게 가르칠 줄 안다는 것을 켈리가 생생하게 보여 준 셈이다.

46 Mischel, W., Ebbesen, E. B., & Raskoff Zeiss, A. (1972). Cognitive and attentional mechanisms in delay of gratification. *Journal of Personality and Social Psychology*, 21(2), 204.
47 Rohan, A. de (2003). Deep thinkers: The more we study dolphins, the brighter they turn out to be. *The Guardian* (UK). Balcombe, J., & Balcombe, J. P., *Second Nature: The Inner Lives of Animals*, Palgrave Macmillan, 2003, p. 33에 인용.

새 날갯짓을 도와주고 싶었던 보노보

이번에는 프랑스 드 발이 들려주는 암컷 보노보 쿠니의 이야기이다. 보노보는 피그미침팬지라고도 불리는 포유류 영장목 성성이과 동물이다. 쿠니는 찌르레기가 울타리 주변에 둘러쳐진 유리벽에 부딪쳐 기절한 것을 보고 조심스럽게 주워 들더니 손동작을 하면서 어서 다시 날아 보라고 격려했다. 반응이 없자 찌르레기를 나무 꼭대기에 올려놓고 모형 비행기를 날리듯이 두 손으로 새 날개를 펼친 뒤 공중으로 휙 날렸다. 그렇게 하면 새가 하늘로 날아오를 것이라고 생각하는 것 같았다. 새들이 보통 때 하던 동작을 쿠니가 기억하고 있었던 것이다. 그렇지만 상태가 너무 안 좋았던 찌르레기는 그대로 땅에 곤두박질쳤다. 쿠니는 나무에서 다시 내려와 죽어가는 새를 집어 들고 다른 침팬지들이 가까이 오지 못하도록 오랫동안 보호했다.[48]

상대방을 이해하려면 자신을 정확히 알아야 할까?

약간 이상한 말처럼 들릴지 모르지만 이것은 공감 발달에 매우 중요한 문제이다. 사람의 경우 거울에 비친 자기 모습을 알아보기 시작하는 18개월부터 24개월 사이에 공감을 표시하기 시작하는 것으로 알려져 있다. 이를 알아볼 수 있는 전형적인 방법이 아이 모르게 아이 이마에 빨간색 낙서를 하는 것이다. 거울에 비친 제 얼굴을 알아보는 아이는 빨간 낙서를 손으로 만지면서 지우려고 할 것이다. 밀림이나 바다속에 거울 같은 것이 없다는 걸 감안하면 많은 동물이 거울 테스트에 통과했다는 것이 그저 놀라울 뿐이다. 1970년에 심리학자이자 진화 전문가인 고든 갤럽이 보여 준 것처럼[49] 이 테스트에 처음 합격한 것

---

48 Waal, F. B. M. de (2010). *op. cit.*, p. 132에 설명되어 있다.
49 Gallup, G. G. (1970). Chimpanzees: Self-recognition. *Science, 167*(3914), 86.

은 유인원이었으며 돌고래, 코끼리, 까치가 그 뒤를 이었다.

1999년에 본 에코노모 뉴런von Economo neuron(VEN이라고도 한다.)이라는 매우 독특하게 생긴 방추형 뉴런이 영장류 28과 중 인간과 네 종류의 유인원에만 존재한다는 사실을 신경 과학자들이 규명했다.[50] 거울 테스트를 통과한 종들이었다. 얼마 후에는 고래, 돌고래, 코끼리에도 VEN 세포가 존재하는 것으로 밝혀졌다.[51]

거울을 보고 스스로를 알아보는 능력과 VEN의 존재 그리고 공감이라는 고차원적 능력 사이에 상관관계가 있다는 이야기가 될 것이다. 학사들은 공감이 여러 가지 형태로 나타날 수 있다는 것과 거울에서 스스로를 알아보는 능력이 자신과 타인을 이해하는 필요조건이라는 데 의견을 같이 하고 있다.

어디까지를 증거로 보아야 하나?

동물에게 이타심 즉 "타자의 행복 도모를 궁극적 목표로 삼는 동기"가 있다는 것을 입증할 수 있을까? 앞에서 대니얼 뱃슨이 한 실험 내용을 살펴보면서 사람에게 그런 동기가 있는지 없는지 확실하게 증명한다는 것이 무척 어려운 일이라는 것을 실감한 바 있다. 동물은 의사소통이 훨씬 더 어려운 만큼 동물을 대상으로 비슷한 실험을 하는 동물학자들이 어떤 어려움에 부딪힐지 충분히 상상이 가고도 남는다.

그런데 기존에 수행된 관찰 내용을 몇 가지 살펴보면 동물에게도 이타적 동기가 있다는 것을 분명히 알 수 있다. 프란스 드 발은 내게

50 Nimchinsky, E. A., Gilissen, E., Allman, J. M., Perl, D. P., Erwin, J. M., & Hof, P. R. (1999). A neuronal morphologic type unique to humans and great apes. *Proceedings of The National Academy of Sciences, 96*(9), 5268.
51 Hakeem, A. Y., Sherwood, C. C., Bonar, C. J., Butti, C., Hof, P. R., & Allman, J. M. (2009), Von Economo neurons in the elephant brain. *The Anatomical Record: Advances in Integrative Anatomy and Evolutionary Biology, 292*(2), 242~248.

이런 일화를 들려주었다. "늙은 어미 침팬지가 거동이 불편해졌다. 특히 물이 있는 곳이 거처에서 멀리 떨어져 있는데 거기까지 물을 마시러 가기가 점점 더 힘들어졌다. 어미 침팬지가 물가를 향해 서서히 거동을 시작하자 젊은 암컷 침팬지 한 마리가 먼저 달려가 입 속에 물을 잔뜩 물고 와서는 어미 입에 넣어 주었다." 크리스토프 보슈도 야생에서 살아가는 암컷 침팬지가 늙은 암컷 침팬지에게 입에 물고 있던 물을 넣어 주는 장면을 목격한 적이 있다.

대니얼 뱃슨은 이 경우에 모든 정황을 따져볼 때 진정한 공감적 관심이 존재한다고 봐야 맞겠지만 아무리 감동적인 사례라도 이것이 곧 이타심의 증거가 되는 것은 아니라는 데 의견을 같이 한다. 행동의 주체가 어떤 동기에서 그런 일을 했는지 알 수 없기 때문이다.[52] 학자들은 바로 그런 불확실성을 해소하기 위해 이 문제에 대해 설득력 있는 답을 줄 수 있는 실험 프로토콜의 설계를 시도했다.

이 실험들은 대부분 마이클 토마셀로, 펠릭스 바르네켄과 라이프치히 막스 플랑크 연구소 학자들이 고안한 것이다. 특히 바르네켄은 보상이 전혀 없어도 침팬지들이 무보수로 동료를 도우러 오는지 알아보고 싶었다.[53] 장소는 우간다에 있는 한 동물 보호 구역. 침팬지들이 울타리가 쳐진 광활한 공간에서 소일하고 있다. 밤이 되면 다들 건물 안으로 들어온다.

실험이 시작되면 실험자 한 명이 침팬지들과 실험자 사이에 쳐진 창살에 몸을 바짝 붙이고 서서 침팬지들 쪽에 있는 막대기를 잡으려고 애쓰는 척 한다. 막대기가 아슬아슬하게 실험자 손을 벗어난다. 그러자 곧 침팬지 한 마리가 다가와 막대기를 잡아 실험자에게 건넨다. 다음으로는 쉽게 도달하기 어려운 곳에 막대기를 올려놓는다. 침팬

---

52 대니얼 뱃슨과 대화 중에.
53 Warneken, F., & Tomasello, M. (2006). Altruistic helping in human infants and young chimpanzees. *Science, 311*(5765), 1301.

지가 2.5미터나 되는 단 위에 기어 올라가야 막대기를 잡을 수 있다.[54] 그래도 침팬지는 거기를 애써 기어 올라가 막대기를 가져다준다. 재미난 것은 침팬지에게 상을 준다고 해서 도와주는 빈도가 늘어나지 않는다는 사실이다. 바르네켄은 18개월 밖에 되지 않은 어린 침팬지도 자발적으로 똑같이 반응하는 것을 눈여겨보았다.

침팬지들이 사람을 기쁘게 하고 싶었던 것일까? 그렇다고 생각할 근거는 아무것도 없다. 실험자들은 침팬지가 모르는 사람이었다. 그들에게 먹이를 주는 사람과 동일 인물도 아니었다. 바르네켄은 두 번째 실험 프로토콜을 사용해 침팬지들이 기꺼이 사심 없이 동료들을 도와주는지 확인해 봤다.

서로 나란히 붙어 있는 우리에 침팬지를 한 마리씩 넣었다. 우리 사이는 창살로 가로막혀 있다. 침팬지 한 마리가 여러 차례에 걸쳐 어떤 방으로 통하는 문을 열려고 한다. 둘 다 그 방에 먹을 것이 있다는 것을 알고 있다. 문이 갈고리 같은 것으로 고정되어 있는데 문을 열려고 애쓰는 침팬지 손에는 닿지 않고 이웃에 있는 침팬지만 손을 뻗어 문을 열고 음식이 보관된 공간으로 들어갈 수 있다. 보상이 없다는 것을 뻔히 알면서 이웃 침팬지가 과연 첫 번째 침팬지에게 도움의 손길을 제공할까? 예상과 달리 침팬지는 동료를 도와주었다. 상대방의 필요와 무력함을 자기 눈으로 확인하고 체인에 달린 고리를 풀어 동료가 방에 들어가 배불리 음식을 먹을 수 있도록 했다.

메러디스 크로포드가 촬영한 오래된 동영상[55]이 하나 있다. 침팬지의 협력 행동에 관한 학설을 확립한 연구를 진행하면서 찍은 것이다. 이 동영상을 보면 두 개의 침팬지 우리 밖에 음식이 담긴 쟁반이 놓여

---

54 Warneken, F., & Tomasello, M. (2007). Helping and cooperation at 14 months of age. *Infancy, 11*(3), 271~294.

55 Crawford, M. P. (1937). The cooperative solving of problems by young chimpanzees. *Comparative Psychology Monographs, 14*(2), 1~88. 동영상을 보려면 다음을 참조. http://www.emory.edu/LIVING_LINKS/av/nissencrawford_cut.mov.

있다. 쟁반 양쪽 손잡이에 줄을 연결한 뒤 줄 끝이 침팬지 우리에 각각 하나씩 닿도록 했다. 한 쪽 침팬지만 줄을 당기면 줄이 손잡이 밖으로 미끄러져 나가 쟁반을 움직일 수 없게 된다. 그런데 침팬지 두 마리 중 한 쪽은 이미 음식을 충분히 먹은 터라 줄을 잡아당기고 싶은 마음이 별로 없다. 다른 쪽은 반대로 배가 고파서 옆집에 있는 동료가 협력해 주기를 바란다. 배가 고픈 침팬지는 줄 한쪽 끝을 잡고 친구에게 어서 줄을 잡아당기라고 재촉하는 몸짓을 한다. 배가 부른 침팬지가 마지 못해 잠깐 줄을 끌어당기는 시늉을 하다가 곧 그만둔다. 그러자 배가 고픈 침팬지가 창살 밖으로 팔을 내밀어 친구 어깨를 툭툭 친다. 마치 "자, 어서 당겨, 넌 할 수 있어!"라고 격려하는 것처럼 보인다. 격려를 받은 침팬지는 먹을 것이 담긴 쟁반이 배고픈 침팬지 앞에 도달할 때 까지 줄을 잡아당긴다.

1937년에 일반에 공개된 이 실험은 제시된 과제를 해결하려면 협력이 필요함을 침팬지들이 완벽하게 이해하고 있다는 것을 보여 주기 위한 목적이었다.[56] 그런데 반론의 여지는 있겠지만 이타심을 보여 주는 자료로 볼 수도 있을 것 같다. 동료를 도운 침팬지 입장에서 호혜적 관계를 유지하는 것 외에 이렇다 할 보상도 없이 도움을 주었기 때문이다.

타이에서도 코끼리들을 데리고 비슷한 실험을 한 적이 있다. 조슈아 플로트닉과 동료 학자들은 코끼리 열두 마리에게 양쪽에서 줄을 잡아당기면 음식이 담겨있는 커다란 나무 쟁반을 10미터 밖에서 끌어 올 수 있다는 것을 가르쳤다.[57] 줄을 쟁반 주위에 감아 놓은 것이라서 어느 한 쪽만 줄을 당기면 밧줄이 흘러내려 쟁반이 움직이지 않았다.

---

56 이 실험 결과의 의미에 대해 자세히 설명해 준 말리니 수차크와 프란스 드 발에게 감사드린다.
57 Plotnik, J. M., Lair, R., Suphachoksahakun, W., & Waal, F. B. M. de (2011). Elephants know when they need a helping trunk in a cooperative task. *Proceedings of The National Academy of Sciences, 108*(12), 5116.

작업 수행 방법을 배운 코끼리들은 둘째 날부터 일사불란하게 움직여 쟁반을 끌어오기 시작했고 열 번 중 여덟 번은 성공했다. 다음으로는 일을 좀 복잡하게 만들었다. 코끼리 한 마리를 먼저 밧줄이 있는 곳에 데려다 놓고 잠시 후에 두 번째 코끼리를 데려오는 것이다. 코끼리들은 혼자 줄을 당겨 봤자 소용이 없다는 것을 알고 대부분 다른 코끼리가 도착할 때까지(최고 45초 동안) 기다렸다. 그 중 머리 좋은 코끼리 한 마리는 밧줄을 발로 밟아 움직이지 못하게 고정한 뒤 다른 코끼리가 혼자 열심히 줄을 당겨 쟁반을 끌어올 때까지 가만히 기다리기도 했다. 코끼리들의 사회에도 무임 편승자가 있나는 사실이 확인되는 순간이었다.

지금까지 제시한 예는 '도구적' 협력에 관한 것이다. 협조할 것인지 말 것인지를 동물 스스로 결정할 수 있다. 그런데 학자들은 친사회적 선택에 대해서도 관찰을 하고 싶었다. 자신이 치러야 할 대가는 없지만 타인에게 혜택이 돌아가도록 하는 행동과 남이 처한 상황이나 원하는 바를 고려하지 않고 행동하는 것 중 어느 것을 선택하는지 보고 싶었던 것이다.

이를 위해 빅토리아 호너, 말리니 수차크와 동료 학자들이 다음과 같은 실험을 했다. 침팬지 두 마리를 나란히 붙은 우리에 넣고 상대방 행동과 반응을 쉽게 관찰할 수 있도록 했다. 그 중 한 마리에게 플라스틱 칩 서른 개가 담긴 단지를 주었다. 파란색 칩이 열다섯 개, 빨간색 칩이 열다섯 개 있다. 우리 밖에는 음식이 담긴 그릇 두 개를 쟁반에 올려 침팬지 두 마리가 모두 잘 볼 수 있는 곳에 갖다 놓았다. 칩을 가진 침팬지는 원래 칩을 주고 음식을 받아 가도록 훈련을 받았다. 그런데 이번에는 파란색 칩을 내면 칩을 낸 침팬지에게만 음식을 주고 빨간색 칩을 내면 두 마리 모두에게 음식을 나눠 주었다.

처음에는 무작위로 칩을 냈지만 얼마 안 있어 둘 다 '이기주의' 칩을 내면 칩을 낸 침팬지만 음식을 먹게 된다는 사실을 깨달았다. 그럼 음식을 받지 못한 침팬지가 실망감을 표시하면서 울음소리와 신체 언어로 동료에게 간청을 했다. 이 실험에서는 칩을 가진 침팬지가 대부분 '이타심' 칩을 내는 것으로 나타났다.[58]

그런데 여기서 칩을 가진 침팬지가 이타심에서 그런 선택을 한 것이 아니라 동료가 음식을 받지 못했을 때 불만을 표시하면서 시끄럽게 구는 것이 싫어서 방해 받지 않고 밥을 먹으려고 그런 것뿐이라고 생각할 수도 있다. 칩을 가진 침팬지의 관심을 끌면 선택에 영향을 주는 것은 확실했다. 그렇지만 욕구가 충족되지 못한 침팬지가 난리법석을 피우면서(칩을 가진 침팬지에게 침을 뱉거나 난폭한 태도로 손가락을 창살 사이로 집어넣거나 우리를 흔들어 대는 행동) 막무가내로 요구를 하면 칩을 가진 침팬지는 오히려 불쾌하다는 듯 '이타심' 칩을 선택하는 빈도수가 줄어들었다. 친사회적 선택을 가장 많이 이끌어 낸 경우는 상대방을 끈질기게 괴롭히는 것이 아니라 절제된 반응으로 주의만 환기시킬 때였다.

의인주의anthropomorphism와 인간 중심주의anthropocentrism

그런데 여기서 동물의 이타심이라고 하는 것이 사람의 이타심과 과연 똑같은 것일까? 의견이 아직 분분하지만 지난 30년 동안의 연구 결과에 따르면 공감적 관심, 즉 이타심을 발휘할 수 있는 동물이 실제로 있는 것으로 밝혀지고 있다. 인간이 가진 이타심의 전조를 동물에서 찾아볼 수 있으리라 예상하고 있었으므로 따지고 보면 별로 놀라운 일도 아니다.

수많은 동물종들이 풍부한 감정을 갖고 있다고 주장하는 과학자

58 Horner, V., Carter, J. D., Suchak, M., & Waal, F. B. M. de (2011). Spontaneous prosocial choice by chimpanzees. *Proceedings of The National Academy of Sciences*, 108(33), 13847~13851.

들이 동물을 의인화한다고 비판받는 일이 그동안 심심치 않게 일어났다. 의인적 동물 이해는 동물 행동을 연구하는 학자들 사이에서 절대 용납할 수 없는 과오에 해당한다. 심지어 제인 구달도 연구 대상인 침팬지에게 이름을 붙였다는 이유로 비판을 받을 정도였다. 원칙대로 하자면 이름이 아니라 번호를 붙였어야 마땅하다는 것이다. 제인 구달은 침팬지 성격과 감정을 묘사하고 동기라는 단어를 사용하고 침팬지들이 사고를 통해 문제를 해결할 수 있다고 말했다는 이유 등으로 혹독한 비난을 들어야 했다. 마찬가지로 프란스 드 발도 침팬지나 보노보 행동을 설명할 때 인간 행동에만 사용할 수 있는 용어를 썼다는 이유로 욕을 먹었다.

실제로 요즘도 분노, 공포, 고통, 애정, 기쁨을 비롯해 사람 감정과 유사한 정신 상태를 지칭하는 용어를 동물에게 일체 사용하지 않는 학자들이 많이 있다. 콜로라도 주립 대학교의 철학 및 동물과학 교수인 버나드 롤린이 한 설명[59]에 따르면 그런 학자들은 인간의 감정을 지칭하는 용어를 동물에게 쓰지 않으려고 두려움 대신 "위축된 행동"이라고 표현한다. 뜨거운 철판 위에 있는 쥐의 "고통"을 묘사하는 대신에 "펄쩍 뛰거나 경련을 일으키는 횟수"를 세고 울음이나 고통스런 비명이라 하지 않고 그냥 "입으로 소리를 낸다."라고 말한다. 과학적 객관성이라기보다 현실 부정에 가까운 전문 용어가 상식적인 어휘 대신 사용되고 있는 것이다.

프란스 드 발은 이렇게 지적한다. "동물도 사람처럼 감정을 느끼고 반응을 하고 사람과 비슷하게 판단을 내린다는 것은 누구나 다 아는 사실이다. 대학교수 몇 명만 그것을 모르는 것 같다. 대학교 심리학과에 가면 이런 소리를 들을 수 있다. '글쎄요, 전 잘 모르겠군요. 개가 문을 긁으면서 짖는다고 해서 나가고 싶어 한다고 말하는데 개가 정

---

59 Rollin, B. E., *The Unheeded Cry: Animal Consciousness, Animal Pain and Science*, Oxford University Press, 1989.

말 밖에 나가고 싶어 하는지 어떻게 알죠? 개가 배워서 알고 있는 것은 짖는 소리를 내고 문을 긁으면 문이 열린다는 게 전부입니다."[60]

지렁이가 교만, 질투, 사랑의 열정 같이 복잡한 감정을 느낀다고 하면 터무니없는 말임이 분명하겠지만 동물이 행복해하거나 슬퍼하거나 장난을 치는 것이 확실한 상황인데 그에 상응하는 말로 표현하지 못할 이유가 도대체 무엇일까? 그런 식의 고집은 상식에도 어긋나지만 진화의 본질을 부정하는 일이다. 버나드 롤린은 이렇게 쓰고 있다. "진화론을 지지하면서 연속성 원리를 무시하고 동물종 사이에 갑작스런 양자 비약이 일어났다고 주장하는 사람이 있다면 그는 그것을 입증해야 한다."[61] 진화론에 따르면 심리학도 해부학과 똑같이 점진적, 단계적으로 발전했다고 보기 때문에 감정, 지성, 의식이 인간에 이르러 갑자기 나타났다는 것은 상상할 수 없는 일이다. 다윈은 이 문제에 대해 『인간의 유래와 성 선택』[62]에서 분명하게 입장을 표명하고 있다.

인간 외에 어떤 유기체도 그런 수준 높은 능력을 소유하지 않았다면, 인간의 능력이 하등 동물과 전혀 다른 성격의 것이라면 우리가 가진 고등한 능력이 단계적 발전의 결과라고 절대 확신할 수 없었을 것이다. 그런 근본적인 차이가 없다는 것은 쉽게 입증할 수 있다.

감정을 오로지 인간만 가질 수 있는 독점적인 것이라고 주장하는 아집을 일컬어 프란스 드 발은 인간 중심주의anthropocentrism 또는 의인주의 거부anthropodenial라고 부른다.[63]

---

60 프란스 드 발과 마사 누스바움이 나눈 대화 중에 http://www.youtube.com/watch?v=ZL5eONzGIR0.

61 Rollin, B. E. (1989). op. cit., p. 32.

62 Darwin, C. (1871). The Descent of Man, op. cit., p. 35.

어려서부터 알고 있던 진리를 짐짓 외면하려고 하는 사람들이 있는데 동물도 느낌이 있고 남들에게 마음을 쓴다. 사람들이 수염이 나고 가슴이 솟기만 하면 그런 진리에 대한 신념을 버리려고 하는 이유가 대체 무엇인지 난 앞으로도 결코 이해할 수 없을 것이다. 결국 인간은 그런 면에서 유아독존이라는 착각에 빠져서 산다. 우리는 인간이고 인간성도 갖고 있지만 인간성의 기원이 아주 오래된 것일지 모른다는 생각, 인간의 선함이 실은 훨씬 더 큰 그림의 일부분에 불과할지 모른다는 생각을 아직 인정하지 못하고 있다.[64]

서양에서는 여러 가지 문화적 요인이 인간 중심주의를 부추기고 있다. 이를테면 인간만 영혼을 갖고 있다고 믿는 유태-그리스도교 이데올로기, 동물을 "살과 피로 이루어진 꼭두각시"로 푸대접하던 데카르트와 말브랑슈와 같은 17세기 사상가들이 보인 경원적 태도의 잔재, 그리고 인간을 동물 진화사의 연속선상에서 파악하는 것이 인간 존엄성과 우월성을 모욕하는 것이라고 생각하는 우리 시대의 오만하고 맹목적인 인간 본위 정신도 그 중 하나이다.

많은 사람이 인간과 동물 사이에 무너질 수 없는 선이 있다고 생각하는 데는 또 다른 이유가 있다. 사람과 동물이 근본적으로 다르지 않다고 인정하면 더 이상 동물을 쾌락의 도구로 대할 수 없기 때문이다. 버나드 롤린의 말이 그것을 입증한다. "동물이 의식이라고는 털끝만치도 없는 존재인 것처럼 행동한다면 내가 하는 일이 지금보다 훨씬 더 쉬워질 것이다."[65]

가장 하등한 것부터 복잡한 것까지 지각 있는 존재는 모두 진화의

---

63 프란스 드 발스는 인간과 동물의 정신 상태와 감정 사이에 유사성이 있다는 사실을 거부하는 과학계와 대중 사회의 움직임을 지칭하기 위해 영어로 anthropodenial(의인주의 거부)라는 신조어를 만들었다.

64 Frans de Waal, *The Age of Empathy, op. cit.*, p. 131.

65 Rollin, B. E. (1989). *op. cit.*, p. 23.

연속선상에 있으며 진화 정도는 달라도 그들 사이에 근본적으로 단절이 없음을 깨닫게 되면 자연스럽게 다른 종을 존중할 것이고 그럼 그들을 인간의 행복을 도모하는 하찮은 도구로 취급하지 못할 것이다. 오히려 우리의 우수한 지능을 잘 활용해 우리 행복은 물론 그들 행복까지 도모하게 될 것이다.

이상하게도 공감에 대한 연구는 사람의 감정을 연구하는 학문의 틀 안에서도 여러 가지 좌충우돌을 겪었다. 여러 학자들이 그 점에 대해 좌절감을 표했다. 프란스 드 발은 최근까지도 과학이 공감을 진지하게 고려하지 않았던 데 대해 이렇게 한탄을 늘어놓는다. "인간종에 관한 공감조차 터무니없고 우스꽝스런 주제로 간주하며 점성술이나 텔레파시와 같은 초자연적 현상과 동급으로 취급했다." 리처드 데이비슨도 인간 감정에 대한 신경 과학 연구를 시작하면서 비슷한 경험을 한 적이 있다.[66] 지도 교수들이 그런 연구 방향은 시간 낭비에 불과하고 전망이 없는 분야라고 한결같이 말한 것이다. 다들 중요한 것은 오직 인지 프로세스뿐이며 뇌가 감정을 어떻게 처리하는지는 관심 가져 봤자 소용이 없다고 생각하는 통에 오랜 시간을 편견과 맞서 싸워야 했다. 데이비슨은 끈질긴 노력 끝에 이것을 신경 과학 분야에서 연구가 가장 활발한 주제로 격상시켰다.[67] 감정 중에서도 증오, 욕망, 질투, 경멸과 같이 부정적인 감정에 대한 연구는 그나마 좀 먹혀들었지만 이타적 사랑과 측은지심을 연구한다고 하면 농담이라고 생각할 정도였다!

신경 과학 쪽에서 공감과 자비심의 전문가로 통하는 타니아 싱어가 최근에 내게 토로한 바에 따르면 전통적인 학자들은 요즘도 싱어의 연구를 "다소 가벼운" 주제로 생각한다고 한다. 내가 12년 이상 함

66　Frans de Waal, *The Age of Empathy, op. cit.,* p. 90.
67　지금까지의 연구 내용을 반추하는 최신 저서 참조. Davidson, R. J., & Begley, S., *The Emotional Life of Your Brain,* Hudson Street Press, 2012.

께 일한 두 학자 프란스 드 발과 리처드 데이비슨도 명상이 뇌와 공감 능력에 미치는 효과를 연구하기 시작했을 때 동료 학자들이 재미있어 하면서도 어쩐지 못마땅하게 생각하는 듯한 기색을 보였다고 했다. 그 후 여러 가지 획기적인 결과들이 나오면서 공감, 이타심, 자비심, 긍정적인 감정과 마음 훈련이 뇌와 존재 방식에 미치는 영향을 탐구하는 일이 학계에서 존중을 받게 되었다.

18
아동의 이타심

서구 문명에서 가장 큰 논란거리 중 하나는 장 자크 루소의 주장대로 사람이 원래 선하게 태어나 서로 도우면서 얼마든지 잘 살 수 있는데 사회가 인간을 타락시키는 것인지 아니면 토마스 홉스가 말하는 것처럼 인간은 태어날 때부터 이기적이라 서로 도울 생각조차 하지 못하므로 사회가 나서서 인간다운 행동을 가르쳐야 하는 것인지 하는 문제이다.

지난 30년간 이루어진 연구, 특히 라이프치히 소재 막스 플랑크 연구소에서 마이클 토마셀로와 펠릭스 바르네켄이 진행한 연구에 따르면 첫 번째 가설이 유력한 것으로 입장이 기울고 있다.[1] 이 연구에서 아이들은 돌이 갓 지나 겨우 걸음마를 하고 말문이 트이려고 할 때부터 어른이 가르치지 않아도 자발적으로 서로 돕고 협력하는 행동을 보이는 것으로 나타났다.

좀 더 커서 다섯 살이 넘으면 사회적 관계를 배우고 호혜성을 따지게 되면서 협력하고 돕는 경향에 변화가 생긴다. 그보다 어릴 때는 이

---

1   Tomasello, M. (2009). *Why We Cooperate. op. cit.*, p. 3.

를 알지 못하기 때문에 누구에게나 무차별적으로 도움을 주다가 다섯 살이 넘으면 좀 더 신중하게 선택하는 법을 학습하고 자신이 몸담고 있는 사회에서 통용되는 문화적 규범에 차츰 동화되기 시작한다.

캐나다 심리학자이자 소아과 의사인 리처드 트랑블레와 동료 학자들은 수십 년 동안 아동 수천 명을 대상으로 발달 과정을 추적했다. 그 결과를 집대성한 저서에 보면 아이들이 나이가 어려 아직 위험할 정도는 아니지만 물리적으로 남을 가장 많이 공격하고 괴롭히는 것도 17개월부터 42개월(만 3세 반) 사이라는 흥미로운 사실을 알 수 있다.[2] 대부분의 아이들은 4세 정도부터 공격적인 행동을 조절하는 법을 배우고 감성 지능이 발달하면서 공격성을 표출하는 일이 차츰 줄어든다.

그토록 어린 나이에 물리적 공격성이 최고에 달한다는 것이 당황스럽거나 모순인 것처럼 보일 수 있다. 같은 시기에 이타적으로 협력하는 모습도 많이 볼 수 있고 가만 놔두어도 자연 발생적으로 표출된다는 것을 감안하면 더욱더 그렇다. 이렇게 표면적으로 양립이 불가능한 두 가지 행동이 자연 발생적으로 자주 나타나는 것은 감정 조절을 관장하는 대뇌 신경망이 아직 확고히 자리 잡지 못한 상태에서 모든 감정이 왕성하게 표현되기 시작해서 나타나는 현상이다. 아이들을 가만히 관찰해 보면 불과 몇 초 사이에 웃다가 울다가 다시 웃음을 터뜨리면서 감정 기복이 심하다는 것을 알 수 있다. 신경 과학 이론에 따르면 네 살 정도 되어야 비로소 대뇌 피질 구조가 가동되면서 공포, 분노, 욕구 등에 관여하는 일차적 뇌 신경망에 의해 유발되는 우발적인 감정들을 섬세하게 조절하는 능력이 생긴다. 이후 이타적 행동을 하는 성향으로 발전하느냐 폭력을 휘두르는 성향으로 발전하느냐 하는 것은 무수히 많은 내적, 외적 요인에 의해 결정된다.

2   Tremblay, R. E., *Prévenir la violence dès la petite enfance*, Odile Jacob, 2008. 영어판: McCord, J., & Tremblay, R. E. (Eds.), *Preventing Antisocial Behavior: Interventions from Birth through Adolescence*, Guilford Press, 1992.

출생부터 12개월까지

여기저기 자주 인용되는 아동 심리학자 사기와 호프만이 한 연구 중에 태어난 지 하루 밖에 되지 않은 아기가 다른 아기 울음소리를 들으면 따라 운다는 관찰 내용이 있다.[3] 특히 신생아에게 또래 아기 울음소리를 들려주면 따라 우는 반응이 최고에 달한다는 것이 훗날 마틴과 클라크에 의해 밝혀졌다. 그에 비해 자기보다 나이 많은 아기 울음소리를 들으면 좀 더 약한 반응을 보이고 침팬지 새끼 울음소리를 들으면 아예 울지도 않았다. 마지막으로 신생아 본인의 울음소리를 녹음해 다시 들려주었더니 반대로 울음을 뚝 그쳤다.[4] 이상의 실험 결과로 볼 때 아기는 출생 때부터 기본적으로 '자신'과 '타인'을 구별하는 것으로 보인다. 아기들의 이런 반응을 "정서 전이(감정 전염)"로 해석하는 학자들도 있다. 정서 전이는 앞에서 본 것처럼 공감의 전조 역할을 한다.[5]

대니얼 뱃슨은 신생아가 다른 아기 울음소리를 듣고 나타내는 반응이 공감의 표시가 아니라 먹을 것을 얻거나 부모의 관심을 끌기 위한 목적으로 타고난 경쟁 본능이 발현된 것이라고 생각한다.[6] 어미 새가 새끼들에게 먹이를 주려고 둥지 가까이 다가오면 이를 가장 먼저 알아챈 새끼가 쩍쩍거리기 시작하고 곧이어 다른 새끼들도 최대한 큰 소리로 지저귀기 시작한다는 것은 잘 알려진 사실이다. 이런 반응은 공감이 아니라 경쟁 반응으로 해석된다.

---

3   Sagi, A., & Hoffman, M. L. (1976). Empathic distress in the newborn. *Developmental Psychology*, 12(2), 175. 자아 인식과 다른 사람의 고뇌에 대한 반응부터 자애로운 행동까지 다양한 아동 발달 단계에 대한 설명을 보려면 다음을 참조. Hoffman, M. L., *Empathy and Moral Development: Implications for Caring and Justice*, Cambridge University Press, 2000.

4   Martin, G. B., & Clark, R. D. (1982). Distress crying in neonates: Species and peer specificity. *Developmental Psychology*, 18(1), 3.

아기는 친절한 사람을 좋아한다

어려서부터 사람 구경을 즐기는 아기들은 남에게 적대적인 사람보다 친절한 사람을 확실히 더 좋아한다. 예일 대학교 폴 블룸Paul Bloom 연구소 학자들이 생후 6개월 내지 10개월 된 유아들에게 목각 인형이 등장하는 동영상을 보여 주었다. 금방 눈에 띄는 커다란 눈을 가진 인형이 가파른 비탈길을 오르느라 낑낑거리고 있다. 그때 다른 인형이 나타나 눈이 큰 인형을 뒤에서 밀어 준다. 마지막으로 두 번째 인형과 전혀 다르게 생긴 세 번째 인형이 나타나 비탈길을 오르던 첫 번째 인형을 밀어 아래로 굴러 떨어지게 만든다. 동영상 시청 후 아기들에게 인형 두 개를 내밀었을 때 아이들은 대부분 친절한 인형에게 손을 뻗었다.[7]

---

5 사기와 호프만은 '고뇌에 대해 느끼는 기본적인 형태의 공감 반응'이 있어서 신생아가 자신의 감정과 다른 아기의 감정을 제대로 구분하지 못하는 상황에서 다른 아기의 정서 상태에 주파수를 맞추는 것이라고 추론했다. 시카고 대학교의 신경 과학자 장 데세티는 "이런 결과를 통해 신생아가 1) 자신이 아는 사람들과 감정을 공유하는 능력 2) 자신과 남을 구분하는 능력 등 공감에 꼭 필요하고 중요한 두 가지 측면을 모두 갖고 있음을 알 수 있다."라고 말한다. (Decety, J., "L'empathie est-elle une simulation mentale de la subjectivité d'autrui." In Berthoz, A., Jorland, G., *et al. L'Empathie*, Odile Jacob, 2004.) 그에 비해 신경 과학자 타니아 싱어처럼 해석에 신중한 학자들도 있다. 아기는 만 14개월이 지나야 자신과 남을 확실하게 구별할 수 있기 때문이다. 이 문제에 대해 묻자 타니아 싱어는 원래 아기가 태어날 때부터 사람의 음성과 일반적인 소리를 구분할 줄 알고 다양한 목소리에 여러 단계의 중요성을 부여할 줄 아는데 아마도 그래서 실험 대상이 된 신생아가 서로 다른 울음소리를 구분할 수 있었던 것 같다고 했다. 신생아, 유아, 어린이의 울음소리가 유사한 정도에 따라 정서 전이의 강도가 달라질 수 있다는 것이다. 싱어에 따르면 신생아가 녹음된 자신의 울음소리를 듣고 울지 않는 이유는 자신의 반응이 초래할 결과(예를 들어, 눈물)를 뇌가 먼저 예측하고 반응 전에 이를 자동 상쇄해서 그런 것일지 모른다고 말한다. 사람이 자기 몸을 만지면 간지럼을 타지 않는 것과 같은 이치다. 위로의 의미로 손을 잡을 때도 고통 당하는 당사자가 아니라 누군가 다른 사람이 손을 잡아야 위로를 받을 수 있는 법이다 (2012년 2월 타니아 싱어와 나눈 대화 중에서).

6 Soltis, J. (2004). The signal functions of early infant crying. *Behavioral and Brain Sciences*, 27, 443~490; Zeifman, D. M. (2001). An ethological analysis of human infant crying: Answering Tinbergen's four questions. *Developmental Psychobiology*, 39, 265~285. Batson, R. D. (2011). *Altruism in humans. op. cit.*에 인용.

1세부터 2세까지

생후 10개월에서 14개월 사이의 아기들은 남의 고뇌 앞에서 그 사람을 초조하게 바라보고 신음 소리를 내고 울음을 터뜨리고 그 사람으로부터 멀어지려고 하는 등 훨씬 더 적극적인 반응을 나타낸다. 그렇지만 고통당하는 사람을 위해 직접 뭔가를 하려고 시도하는 아기는 거의 없다. 개중에 도움을 요청하는 듯 자기 엄마를 쳐다보거나 엄마에게 다가가는 아기들은 간혹 있다.

14개월쯤부터는 어려움을 당하는 사람들에게 관심을 표하면서 그 사람 쪽으로 다가가 살살 어루만지거나 뽀뽀를 하기도 한다. 한 여아는 아기가 우는 모습을 빤히 쳐다보더니 자신의 우유병이나 아끼는 목걸이를 건네주기도 했다.[8]

18개월이 지나면 다른 사람을 적절하게 돕는 행동을 한다. 다른 어른을 부르고 고통당하는 사람을 안아 주고 그 사람에게 자신이 좋아하는 물건이 아니라 경험을 통해 위로에 적합하다고 여겨지는 물건을 가져다준다. 호프만의 사례 중에 우는 아이를 보고 자기 곰 인형을 건네준 아이 이야기가 있다. 그 아이는 자기 곰 인형이 효과가 없자 옆방으로 달려가 우는 아이가 좋아하는 곰 인형을 가져왔다. 아이의 예상이 적중해서 울던 아이는 자기가 원하던 곰 인형을 끌어안고 울음을 그쳤다.[9]

---

7   Hamlin, J. K., Wynn, K., & Bloom, P. (2007). Social evaluation by preverbal infants. *Nature, 450*(7169), 557~559. 같은 연구소에서 과거에 생후 12개월에서 16개월 정도 되는 영유아들을 대상으로 동일한 실험을 성공적으로 수행한 바 있다. Kuhlmeier, V., Wynn, K., & Bloom, P. (2003). Attribution of dispositional states by 12-month-olds. *Psychological Science, 14*(5), 402~408. (사람을 닮은 인형이 아니라) 무생물을 이용해 같은 실험을 하면 무생물을 선호하는 경향이 나타나지 않는다.

8   Hoffman, M. L. (2000). *Empathy and Moral Development. op. cit.*, p. 100에 인용. 아이들이 어른을 부르면서 도움을 청할 때가 있다. 그런데 14개월짜리 아이는 남에 대한 개념이 분명하지 않아서 우는 아이를 현장에 있는 아이 엄마에게 데려가는 것이 아니라 자기 엄마에게 데려갈 수 있다.

14개월부터 24개월 사이의 유아는 자신의 정체성을 좀 더 확실히 알고 거울에서 자신의 얼굴을 알아본다. 그럼 그때부터는 자신의 감정과 남의 감정을 확실히 구분하게 된다. 24개월 정도 되면 아이들이 자신의 감정과 다른 사람의 감정에 대해 이야기하는 것도 가능해진다.[10]

2세부터 5세까지

아이가 만 두 살이 되면 호프만이 말한 "진정한 공감true empathy" 단계에 들어가 다른 사람의 관점에서 생각을 하고 다른 사람의 필요에 맞춰 자신의 행동을 수정할 줄 안다. 아울러 언어를 습득하면서 다양한 감정을 알게 되고 각 감정에 대해 공감적 공명에 들어갈 수도 있다. 이제부터 물리적으로 같은 공간에 있지 않은 사람들에 대해 공감을 느끼면서 공감의 범위를 '가난한 사람들'이나 '억압받는 사람들'과 같이 집단 전체로 확장할 수도 있다.

2세부터 5세까지 유아 스물여섯 명이 노는 모습을 서른 시간 동안 촬영해 분석한 결과, 아이들이 서로 나누고 위로하고 협력하는 행동을 1,200건이나 볼 수 있었다.[11] 나이를 먹으면 남에 대한 관심과 배려

9   Hoffman, M. L. (2000). op. cit.; Lecomte, J. (2012). La Bonté humaine. op. cit., pp. 232~235. 아동의 공감에 대한 연구를 30년 이상 한 캐롤린 잔 왁슬러는 일상생활 중에 가까운 사람이 어려움에 처했을 때 아동이 나타내는 반응을 관찰했다. 엄마들에게 뭔가에 부딪쳐서 아픈 척 연기를 하라고 하거나 슬픈 척, 몸이 피곤한 척, 호흡이 곤란한 척 하라고 했다. 그랬더니 아이들은 거의 다 곤경에 처한 엄마에게 뽀뽀를 하거나 여러 가지 방식으로 애정을 표시하는 행동을 하면서 위로하거나 동생에게 젖병을 물린다가 추워서 떠는 사람에게 담요를 갖다 주는 등 착한 행동을 했다. Zahn-Waxler, C., & Radke-Yarrow, M. (1982). The development of altruism: Alternative research strategies. Development of Prosocial Behavior, 109~137.
10 거울 테스트를 통과한 아이들은 울거나 마음이 상한 것처럼 보이는 사람에게 공감을 표시하기 시작한다(여아는 18개월, 남아는 21개월부터). Bischof-Köhler, D. (1991), The development of empathy in infants. http://epub.ub.uni-muenchen.de/2915/1/2915.pdf; Bretherton, I., Fritz, J., Zahn-Waxler, C., & Ridgeway, D. (1986). Learning to talk about emotions: A functionalist perspective. Child Development, 529~548.
11 Kohn, A. (1998). The Brighter Side of Human Nature. op. cit에 인용.

에 신중함이 더해진다. 예를 들어 세 살짜리 여아는 다른 여아가 괴로워하는 모습을 보고 위로의 표시로 모자를 건네주었다. 친구가 사흘 전에 좋아하던 모자를 잃어버린 사실을 알고 있었기 때문이었다.[12]

유아들은 아주 어렸을 때부터(만 1세~3세) 일상에서 부모가 흔히 하는 일을 자발적으로 돕겠다고 나선다.[13] 두 살 반이나 세 살 정도에 "내가 도와줄까?" 또는 "내가 할래."와 같은 말을 자주 하는 것을 보면 이것이 단순한 모방 행위가 아님을 알 수 있다. 유아들은 가족이나 친척 외에 아는 사람들을 돕기도 한다. 그런데 나중에 5세쯤이 되면 사람들을 차별하면서 자신의 '집단'이 아닌 사람들에게 약간 다른 대접을 하기 시작한다.

시사점이 많은 여러 가지 실험들

라이프치히 소재 막스 플랑크 연구소의 마이클 토마셀로와 펠릭스 바르네켄 연구 팀이 진행한 최신 연구 내용을 보면 아주 어린 유아들은 보상이 없어도 다양한 일을 하는 실험자를 돕는 것으로 나타났다. 예를 들어 땅에 떨어진 물건을 주워서 갖다 준다든가 하는 행위이다. 펠릭스 바르네켄의 말마따나 "기저귀도 떼지 못할 정도로 어리고 말문이 겨우 트이려고 하는 아이들인데도 벌써 남을 돕는 행동을 보이는 것은 무척 놀라운 일이 아닐 수 없다."[14]

지금까지 유아 세계의 상호 부조 현상을 실험을 통해 연구한 학자는 거의 없었다.[15] 실제로 오랫동안 아동 발달 이론가들에게 막대한

---

12 Barber, N., *Why Parents Matter: Parental Investment and Child Outcomes*, Praeger Pub Text, 2000, p. 124 참조.

13 Rheingold, H. L. (1982). Little children's participation in the work of adults, a nascent prosocial behavior. *Child Development*, 114~125.

14 BBC 라디오 과학 담당 기자 헬렌 브릭스가 보도한 내용.

15 Rheingold, H. L. (1982). *op. cit.*의 연구들은 제외.

영향을 미친 장 피아제와 제자 로렌스 콜버그는 학령기 이전 아이들이 자기중심적일 뿐이며 학령기 전에는 남에게 공감을 표시하는 행동이 나타나지 않는다고 주장했다. 피아제는 아동 인지 발달과 연계해 도덕성 발달을 연구했는데 생각과 추론 능력만 강조하고 정서적 측면을 소홀히 한 나머지 7세 이전 아동은 공감 능력이 아예 없다고 결론지었다.[16] 그 후 수많은 실험을 통해 그것은 사실이 아니며 공감은 아주 어린 나이의 유아에게서도 찾아볼 수 있는 것으로 밝혀졌다.[17] 아이들은 제일 먼저 어른에게 필요한 물건을 갖다 준다든가 하는 등 '도구적'인 도움을 준다. 그 말은 다른 사람의 욕구를 이해한나는 뜻이다. 거기서 좀 더 발전하면 슬퍼하는 사람을 위로하는 식으로 '공감적' 도움을 제공한다.[18]

실험자가 빨래를 널다가 떨어뜨린 빨래집게를 줍지 못해 고생하고 있으면 18개월 밖에 되지 않은 유아들이 거의 다 달려와 빨래집게를 주워 실험자에게 건네준다. 빨래집게가 떨어진 순간부터 아이들이 반응을 보이기까지 걸린 시간은 평균 5초로 동일한 상황에서 성인이 반응하는 시간과 거의 비슷했다. 실험자가 팔에 책을 잔뜩 들고 어쩔 줄몰라 할 때도 아이들은 달려와서 문을 열어 주었다.[19]

더욱 놀라운 것은 어른이 처한 상황과 정말 도움이 필요한지 여부를 아이들이 정확하게 알아차린다는 사실이다. 어른이 어쩌다 실수로 빨래집게를 떨어뜨린 것이 아니라 의도적으로 땅에 내팽개치면 아이

16 Piaget, J., *Le Jugement moral chez l'enfant*, F. Alcan, 1932.
17 Eisenberg, N., & Fabes, R. A. (1998). "Prosocial development." In Eisenberg, N., & Damon, W., *Handbook of Child Psychology*, John Wiley & Sons, 3: 701~778, 1998.
18 Svetlova, M., Nichols, S. R., & Brownell, C. A. (2010). Toddlers' prosocial behavior: From instrumental to empathic to altruistic helping. *Child Development, 81*(6), 1814~1827.
19 Warneken, F., & Tomasello, M. (2006). Altruistic helping in human infants and young chimpanzees. *Science, 311*(5765), 1301; Warneken, F., & Tomasello, M. (2009). The roots of human altruism. *British Journal of Psychology, 100*(3), 455~471. 실험 동영상은 다음 사이트에서 볼 수 있다. http://email.eva.mpg.de/~warneken/video.

들은 꿈쩍도 하지 않는다. 어른이 단순한 일을 잘못하면 제대로 하는 방법을 가르치기까지 한다. 한 실험자가 실수로 숟가락을 놓치는 바람에 숟가락이 상자 속으로 미끄러져 들어갔다. 실험자가 숟가락이 통과하기 어려울 만큼 작은 구멍으로 숟가락을 꺼내려고 애쓰자 상자 옆면에 문이 있는 것을 본 아이들이 그 문을 열고 숟가락을 꺼내 실험자에게 건네주는 것이었다. 이 경우에도 실험자가 일부러 숟가락을 떨어뜨려 상자 속에 넣으면 아이들은 도와주지 않았다.[20]

격려와 보상은 필요하지 않아

이 실험을 하는 동안 실험자는 도와 달라고 하지 않았다. 대부분의 경우에 아이들을 쳐다보면서 곤경에 처했다는 사실을 알리지도 않았다. 학자들이 같은 방에 함께 있던 엄마들에게 아이들을 격려해서 돕도록 하라고 요청했을 때도 달라지는 것은 아무것도 없었다. 오히려 아이들이 너무 적극적으로 나서는 바람에 도우려는 의지의 차이를 관찰하기 위해 아이들 주의를 딴 데로 돌린 다음에 실험자가 도움이 필요한 것처럼 상황을 다시 연출해야 할 정도였다. 그럼 아이들은 거의 예외 없이 즉시 놀이를 멈추고 달려와 실험자를 도왔다.

특히 흥미로운 것은 실험자가 아이들에게 보상을 한다고 해서 남을 도우려는 성향이 증가하지 않았다는 사실이다. 오히려 그 반대였다. 보상을 받은 아이들은 보상 받지 못한 아이들보다 도움을 주는 빈도가 적었다.[21] 토마셀로와 바르네켄은 이렇게 설명한다. "사뭇 놀라운 결과이다. 아이들을 움직이게 만드는 것이 외부 자극이 아니라 내적 동기일 것이라는 가설을 확인할 수 있다."[22]

아이가 착한 일을 했다고 해서 보상을 줘 버릇하면 자신의 행동으

---

20 Warneken, F., & Tomasello, M. (2009). *op. cit.* Tomasello, M. (2009). *op. cit.*
21 *Ibid.*

로 도움을 받을 사람을 위해 착한 일을 한 것이 아니라 보상을 받기 위해 착한 일을 했다고 생각할 가능성이 매우 크다. '외인성extrinsic' 동기를 갖게 되는 것이다. 그럼 남을 돕기 위해서가 아니라 그것을 통해 이득을 챙기겠다는 생각으로 행동하게 된다. 아이에게 잠재되어 있는 착한 심성에 호소하지 않으면 아이의 이타적 행동 성향이 갈수록 줄어들 것이다.

칭찬과 비판

아이가 착한 행동을 하면 칭찬하고 그렇지 않은 행동을 하면 야단을 쳐야 하는 것일까? 연구 결과에 따르면 아이가 이타심을 발휘할 수 있는 '착한' 아이라는 점을 아이에게 이해시키면 착한 행동을 할 기회가 생겼을 때 착하게 행동하는 경향을 보인다.[23] 아이가 착하지 못한 행동을 할 때 가장 좋은 방법은 어떤 잘못을 저질렀는지 알려 주고 상대방 입장에서 상황을 바라보게 한 다음, 아이가 한 행동에 대해 야단을 치는 것이다. 단, 이때 '못된' 아이라는 말을 해서는 안 된다. 혹시라도 아이가 '나는 못된 아이'라고 생각하게 되면 정반대의 효과가 나타난다. 다음번에는 정말 못된 아이다운 행동을 한다는 말이다. 원래 '못된' 아이로 태어났기 때문에 그렇게 행동하는 것이 당연하고 자기도

---

22 *Ibid.* 그 밖에 Fabes, R. A., Fultz, J., Eisenberg, N., May-Plumlee, T., & Christopher, F. S. (1989). Effects of rewards on children's prosocial motivation: A socialization study. *Developmental Psychology, 25*(4), 509에 따르면 7세~11세 아이들도 결과는 마찬가지였다. 그들은 몸이 아파 병원에 입원한 아동을 위한 프로그램에 참여하고 있었는데 그 중 일부는 장난감으로 보상을 받고 다른 아이들은 보상을 받지 않았다. 그런데 몸이 아픈 아이들을 도울 기회가 생겼을 때 앞서 보상을 받은 아이들은 보상 받지 않은 아이들보다 아픈 아이들을 덜 도왔다. 평소에 집에서 착한 일을 했을 때 어머니로부터 보상을 받는 아이들은 이런 식의 부정적인 효과가 더 심하게 나타났다.

23 Joan E. Grusec의 여러 가지 연구 결과를 참조할 것. 특히 Grusec, J. E., & Redler, E. (1980). Attribution, reinforcement, and altruism: A developmental analysis. *Developmental Psychology, 16* (5), 525~534 참조.

어쩔 수 없다면서 염세주의적으로 생각할 가능성도 있다. 그럼 그때부터 자신이 생각하는 못된 이미지에 부합하는 행동을 한다.

남을 돕는 성향은 타고나는 것

마이클 토마셀로는 몇 가지 이유를 들어 협력하고 남을 돕는 아이들의 행동은 사심 없이 자연 발생적으로 나타나는 것이라고 주장한다. 첫째, 그런 행동이 매우 일찍부터 나타난다. 생후 14개월에서 16개월 사이이므로 부모가 사회성의 규범을 가르치기 훨씬 전이다. 둘째, 외부의 압력에 의해 결정되는 것이 결코 아니다. 문화가 달라도 비슷한 연령대에서 비슷한 행동이 관찰된다. 즉 아이들이 남을 돕는 것은 타고난 성향이지 문화나 부모의 개입에 따른 결과가 아니라는 뜻이다. 마지막으로 유인원들도 비슷한 행동을 하는 것으로 볼 때 이타적 협력 행동은 인간에게서 갑자기 새롭게 나타난 현상이 아니라 약 600만 년 전 인간의 조상과 침팬지에게서 이미 찾아볼 수 있었던 것이며 사람 본성 안에 같은 종에 속하는 동료에 대한 관심과 배려가 깊이 자리 잡고 있다는 것을 알 수 있다.[24]

이러한 주장을 확인시켜 주는 최신 연구 결과가 있다. 밴쿠버의 심리학자 라라 애크닌, 킬리 햄린, 엘리자베스 던이 두 살짜리 아이들이 사탕을 받을 때보다 남에게 사탕을 줄 때 더 행복해 한다는 것을 실험을 통해 보여 준 것이다.[25]

---

24 Tomasello, M. (2009). *op. cit.*

25 Aknin, L. B., Hamlin, J. K., & Dunn, E. W. (2012). Giving leads to happiness in young children. *PLoS One, 7*(6), e39211. 첫 번째 실험에서 실험자가 호주머니에서 사탕을 꺼내 아이에게 주면서 갖고 있다가 먹든지 다른 아이에게 주든지 마음대로 하라고 했다. 그러자 아이는 다른 아이에게 사탕을 주었을 때 더 많이 기뻐 했다. 두 번째 실험에서는 실험자가 먼저 아이에게 사탕을 여러 개 주면서 그릇에 담아 놓으라고 했다. 잠시 후 다른 아이한테 사탕을 하나 주지 않겠냐고 하자 아이가 큰 기쁨을 표시했다.

자연 발생적 이타심을 자제하라고 가르치는 사회 규범

바르네켄과 토마셀로는 세대가 바뀌어도 이타적 행동 양식이 계속 이어지려면 개인 사이에서 이용당하지 않도록 보호하는 방안이 마련되어야 한다고 주장한다.[26]

심리학자 데일 헤이는 마키아벨리를 인용해 이렇게 말한다. "왕자는 착해지지 않는 법을 배워야 한다."[27] 그 정도까지는 아니더라도 원래 만나는 사람 모두에게 이타적인 행동을 보이던 아이가 다섯 살이 되면서 친족 관계의 멀고 가까움, 행동의 호혜성, 교육을 통해 습득한 문화적 규범에 따라 차별하기 시작하는 것을 익히 볼 수 있다. 아이의 이타적인 행동이 선택적으로 바뀌는 것이다.

이러한 발견은 프로이트가 생각하던 것과 정반대이다. 프로이트는 이렇게 말했다. "아이들이란 존재는 처음부터 끝까지 이기적이기만 하다. 남은 생각하지 않고 오직 자신의 필요만 느끼고 그것을 만족시키려고 애쓴다. 특히 경쟁 관계인 아이들이 있을수록 그런 현상이 더 뚜렷하게 나타난다."[28] 그는 또한 다섯 살이나 여섯 살쯤 되어 아이가 규범과 제약을 배우고 타고난 이기심을 억누르도록 만드는 부모와 사회의 금기를 내면화하고 나서야 비로소 사회에서 용인되는 방식으로 행동한다고 했다. 그렇지만 앞서 언급한 과학적 연구는 프로이트의 말과 정반대되는 결과를 보인다. 첫째, 아이는 나이가 아주 어릴 때부터 타고난 이타심을 보이며 둘째, 아이가 사회적 규범을 내면화(체득)한 뒤에야 비로소 타고난 이타심을 자제하는 법을 알게 된다. 그러므로 현명한 교육은 스스로를 보호하면서 타고난 성향을 유지할 수

26 Warneken, F., & Tomasello, M. (2009). *op. cit.*

27 Hay, D. F. (1994). Prosocial development. *Journal of Child Psychology and Psychiatry*, 35(1), 29~71.

28 Freud, S., *The Interpretation of Dreams*, p. 283. James Strachey 번역 및 편집, Avon Discus, 1965.

있도록 하며 아이에게 이기적이고 개인주의적이고 자기도취적인 가치를 주입해서는 안 될 것이다.

도덕관념과 도덕적 판단

심리학자 낸시 아이젠버그와 엘리엇 투리엘 등의 주도로 진행된 연구에 따르면 도덕관념은 대부분이 선천적인 것으로 나타난다. 예를 들어 공정성 개념은 세 살 무렵부터 자연 발생적으로 나타나기 시작해 시간이 갈수록 증가한다.[29] 공정성은 집단 전체에 득이 되므로 이타적인 성향에 속한다. 프랑스 인류학자 니콜라 보마르는『우리는 어떻게 도덕적인 인간이 되는가Comment nous sommes devenus moraux』에서 이렇게 밝히고 있다. "실제로 아이들은 벌을 받든 말든 남을 때린다든가 머리카락을 잡아당기는 것이 나쁜 일이라고 분명하게 말한다. 심지어 어른이 하라고 시킨 행위도 나쁜 짓이 될 수 있다고 말할 것이다."[30] 심리학자 조너선 하이트에 따르면 도덕관념은 주로 타고난 직관에서 나오며('나쁜 일이라는 건 배우지 않아도 그냥 알 수 있다.') 훗날 여기에 의식과 추론 과정에서 나온 성찰이 경험적으로 추가된다.[31] 도덕적 판단의 내용은 전후 사정과 문화에 따라 상당한 차이가 있을 수 있지만 도덕관념이 존재한다는 것은 보편적인 사실이다.[32]

---

29 Eisenberg, N., Cumberland, A., Guthrie, I. K., Murphy, B. C., & Shepard, S. A. (2005). Age changes in prosocial responding and moral reasoning in adolescence and early adulthood. *Journal of Research on Adolescence*, 15(3), 235~260.

30 Turiel, E., *The Development of Social Knowledge: Morality and Convention*, Cambridge University Press, 1983; Helwig, C. C., & Turiel, E., *Children's Social and Moral Reasoning. The Wiley-Blackwell Handbook of Childhood Social Development*, 2002, 567~583. 이 문제를 다룬 서적과 논문은 매우 많다. 가장 잘 요약된 자료를 보려면 다음을 참조. Baumard, N., *Comment nous sommes devenus moraux: Une histoire naturelle du bien et du mal*, Odile Jacob, 2010.

31 Greene, J., & Haidt, J. (2002). How (and where) does moral judgment work? *Trends in Cognitive Sciences*, 6(12), 517~523.

2세부터 7세까지 아동의 발달 과정을 살펴본 결과, 타고난 도덕의 식이 꽃을 피우는 데 가장 유리한 환경은 협력 성향을 가진 아이가 하는 일에 부모가 신속하고 따뜻하게 반응하는 것임을 알 수 있다. 이런 아이들은 혹시 한눈을 팔 기회를 줘도 속이거나 하지 않으며 엄마가 잠시 자리를 비워도 맡은 일을 열심히 계속해 나간다.[33]

5세 이후

마틴 호프만에 따르면 아동 발달의 마지막 단계는 예를 들이 먼 나라에서 기아에 시달리거나 강제 노동을 하는 아이의 처지를 상상하면서 공감을 느끼고 그들을 염려할 수 있는 능력을 갖게 되는 것이다. 아이가 일곱 살쯤 되면 성별과 인종이 불변의 특징이라는 사실과 공감을 불러 일으킬 만한 역사를 가진 사람들이 있다는 것을 안다.[34] 적극적으로 다른 사람의 입장에 설 줄도 안다. 여덟 살인 애덤은 구체적인 방법을 이렇게 설명한다. "어떻게 하냐면, 머릿속에 있는 것을 전부 잊어 버려. 그런 다음에 네 마음을 그들 마음에 넣어 봐. 그럼 그들이 어떤 느낌인지 알 수 있고 어떻게 도와야 하는지도 알 수 있어."[35]

만 열 살에서 열두 살 사이에는 아이의 행동이 추상적인 방향으로 발전하면서 도덕적 의무를 거론하게 된다. '좋은 사람이 된다는 것'의

32 Miller, J. G., & Bersoff, D. M. (1994). Cultural influences on the moral status of reciprocity and the discounting of endogenous motivation. *Personality and Social Psychology Bulletin, 20*(5), 592~602.

33 Kochanska, G. (2002), Mutually responsive orientation between mothers and their young children: A context for the early development of conscience. *Current Directions in Psychological Science, 11*(6), 191. Kochanska, G., & Murray, K. T. (2000). Mother-child mutually responsive orientation and conscience development: From toddler to early school age. Child Development, 71(2), 417~431도 참조. Lecomte, J. (2012). *op. cit.*, p. 239에 인용.

34 Barber, N., *Why Parents Matter: Parental Investment and Child Outcomes*, Praeger Publications, 2000, p. 124.

35 Kohn, A. (1998). op. cit에 인용.

의미에 대해 깊이 생각하고 어떻게 하면 도덕관념이나 직관적으로 본래 알고 있던 것에 맞게 행동할 수 있는지 고민한다. 그 과정에서 예컨대 억압 받는 공동체의 일원이기 때문에 고통 받을 수 있다는 사실을 알고 피해자들에 대해 교감을 느낀다.

낸시 아이젠버그가 관찰한 바에 따르면 어려움에 처한 사람을 보고 남보다 큰 관심을 나타내는 아이들은 감성 지능이 높고 감정 조절에 누구보다 능통한 반면, 고통 받는 사람들을 보고 불안해 하고 괴로워하는 반응을 보이는 아이들은 대부분 자기중심적이고 사회적 관계를 원만하게 유지하기 어려운 경우이다.[36]

유년기 공격성 발현과 감소

만 한 살부터 세 살까지 유아들이 나타내는 협력 행동은 최근 들어서야 뒤늦게 실험 연구의 대상이 되기 시작했다. 마찬가지로 취학 전 아동의 공격적인 행동도 오랫동안 학문적으로 그리 흥미로운 주제가 아니었다. 아이들끼리 가볍게 싸우는 것을 하찮은 일이라 생각하면서 그런 아이들을 걱정하기보다 그냥 웃어넘기는 일이 더 많았다. 그러다가 몬트리올 대학교의 리처드 트랑블레와 학자들이 드디어 다섯 살도 채 안 된 아이들이 도대체 어떻게 된 일인지 의문을 갖게 되었다. 그들은 사람이 살면서 물리적 공격(때리고 물고 밀고 움켜쥐고 잡아당기고 물건을 집어던지는 등의 행동) 빈도가 가장 높은 때가 만 한 살 반부터 네 살까지라는 사실을 발견하고 깜짝 놀랐다.

아이들 대부분이 12개월에서 24개월 사이에 물리적 공격을 가하기 시작하고 공격 빈도가 가파르게 증가해서 24개월부터 28개월 사이에 최고점을 찍은 후 사춘기에 접어들어 여아 먼저, 남아 나중 순으로 공

---

36 Eisenberg, N., & Fabes, R. A. (1998). Prosocial development. *op. cit.*

격성이 대폭 줄어드는 것으로 나타났다.[37] 남아들의 경우, 사춘기 동안 공격성이 약간 증가했다가(폭력 행위의 책임이 대부분 남아들에게 있다.) 성인이 되면 지속적으로 감소하는 양상을 보였다. 이 연구를 통해 감정 조절이 아직 완벽하지 않은 발달기 아이들은 남을 공격하지 말아야 한다는 것을 배울 때까지 자연 발생적으로 물리적 공격에 의존한다는 사실을 알 수 있다.

또 한 가지 중요한 사항은 공격성이 감소하는 양상이 아이에 따라 천차만별이라는 점이다. 캐나다 인구의 대표성을 지닌 2만 2천 명이 넘는 아이들을 출생부터 청소년기까지 추적 관찰하니 물리적 공격의 빈도 증감이 세 가지 양상으로 나타나는 것을 볼 수 있었다. 절반 정도는 17개월부터 42개월 사이에 공격 빈도가 증가하다가 11세까지 큰 감소를 보였다. 삼분의 일 정도는 17개월부터 물리적 공격에 의존하는 경향이 크게 줄어들었고 11세까지 계속 낮은 공격 빈도를 보였다. 그에 비해 17퍼센트의 아이들은 17개월 때부터 남을 공격하는 빈도가 매우 높고 나이를 먹어도 공격적인 행동을 보인다는 점에서 나머지 두 집단과 분명한 차이를 나타냈다.

세 번째 집단에 속하는 아이들은 여러 가지 어려움을 겪게 되고 청소년기에 접어들면 심각한 결과가 초래된다. 12세에 벌써 또래 아이들과 인간관계에 문제가 생기고 우울 상태를 경험하는 경우도 있으며 교사들 사이에서 불안정하고 반사회적인 학생으로 인식될 가능성이 매우 높다. 학교를 졸업할 나이에 중등 교육 과정을 성공적으로 마치고 고등 교육 과정으로 넘어가는 비율이 물리적 공격에 거의 의존하지 않는 학생은 75.8퍼센트인 데 비해 세 번째 그룹의 아이들은 3.3퍼센트에 불과하다. 청소년기에 소송이나 형사 사건에 휘말리는 경우도

---

37 Keenan, K., Tremblay, R., Barr, R., & Peters, R. V., "The Development and Socialization of Aggression During the First Five Years of Life." Tremblay, R. E., Barr, R. G., Peters, R. de V. (eds). *Encyclopedia on Early Childhood Development*, 2002, 1~6.

흔히 볼 수 있다.

2세부터 5세까지의 유년기는 변화가 심하고 극과 극을 오가는 시기라 사심 없는 이타심과 끝없는 혈기가 공존한다고 볼 수 있다. 그런 만큼 어른들이 그들을 사랑으로 감싸주고 직접 행동을 통해 모범을 보여줌으로써 아이들이 가진 천성이 꽃을 피울 수 있도록 최대한 유리한 여건을 조성하는 것이 중요하다.

트랑블레와 동료 학자들은 여러 가지 변수를 분석한 결과, 유아의 폭력적 행동을 예측할 때 가장 믿을 만한 인자는 문제 부모라는 사실을 알아냈다. 저연령 임신으로 첫 아이를 낳은 어머니, 나이 어린 미혼모, 고등학교 졸업장이 없는 어머니, 우울증을 앓는 어머니, 임신 중 음주 또는 흡연을 한 어머니, (고등학교 졸업 전에) 반사회적 성향을 보이는 아버지 등이 그런 문제 부모이다. 따라서 예방적 개입을 위해서는 고위험 프로필의 가족, 특히 생활고를 겪는 어머니를 돕는 데 초점을 맞춰야 한다. 아울러 아이의 행동을 관리할 때 일관적이고 비폭력적인 전략으로 아이를 배려하도록 교육하는 부모 교육 프로그램도 아이의 공격성 감소에 긍정적인 효과가 있었다.

만물의 상호 의존성에 대한 자각

아이는 아주 어려서부터 집단에 대해 소속감을 갖는다. 자신은 다른 많은 사람들 중 하나이고 다른 사람들이 자신과 비슷하다고 느끼는 것이다. 이런 느낌은 협력 활동을 하는 과정에서 분명하게 표출된다. 협력 활동을 하면서 공통의 목표를 추구하는 가운데 '우리' 속에 '나'가 녹아 들어가 서로가 서로에게 의존하고 있음을 깨닫게 되는 것이다.[38]

---

38 Tomasello, M. (2009). *op. cit.*

나이가 들면서 '우리'라는 집단의식이 차츰 특정 범주의 개인이 모인 '소집단'으로 한정되기 시작한다. 처음에는 가족과 친구, 더 나아가 민족, 종교 등 구별하고 편 가르고 심하게는 차별할 요인들이 많이 생긴다.

그렇지만 어떤 사람은 청소년기를 거쳐 성인이 된 뒤에도 계속 이타심의 범위를 확장해 인류 전체와 '인간애를 공유'하는 심오한 감정을 느끼고 고통 받는 사람들에게 공감하면서 산다. 현명한 교육은 사람, 동물, 자연 환경을 지배하는 상호 의존성의 원리에 초점을 두고 아이가 세상에 대해 전인적holistic 시각을 가질 수 있도록 해야 한다. 그래야 경쟁보다 협력, 무관심보다 배려를 중시하면서 자신이 몸담고 있는 사회에 건설적으로 기여할 수 있는 아이가 될 것이다. 유년에 대해 어떤 개념을 갖느냐에 따라 현실 세계에 적용되는 교육 방법이 달라지는 법이다. 공감과 이타적 성향이 아이들의 천성이라고 인식하는 교육은 그런 성향을 개발할 수 있도록 도와주고 촉진하는 역할을 할 것이다.

권위주의적 권력 행사, 애정 철회, '유도'

부모들 중에 극단적인 방법으로 권위를 내세우거나 자녀가 못된 행동을 하면 애정 표시를 중단하는 사람들이 있다. 둘 다 좋은 결과가 나올 수 없는 태도이다. 마틴 호프만은 부모의 관여 유형을 권위주의적 권력 행사, 애정 철회, 설득(유도), 이렇게 세 가지 유형으로 구분한다.[39]

권위주의적 권력 행사에는 심한 질책, 위협, 강제적 명령, 아이가 좋아하는 물건을 빼앗거나 좋아하는 활동을 금지하는 행위, 체벌 등이 동반된다. 그런 방법은 아이 마음속에 분노, 공포, 만성적 원망을 불러

---

39 Hoffman, M. L., *Empathy and Moral Development: Implications for Caring and Justice*, Cambridge University Press, 2001.

일으키기 때문에 의도했던 것과 정반대되는 결과를 초래할 뿐이다. 벌을 주면 남들에 대한 공감 능력과 사회성까지 저하할 수 있다.[40] 벌과 체벌은 교육이라는 미명 하에 사소한 일로 아이들을 벌주고 때리는 폭력적인 부모가 가장 즐겨 사용하는 관여 방법이다.[41]

35년 이상 소외 계층 어린이들을 돌보아 온 내 여동생 에브는 툭 하면 아이들을 때리면서 그것을 교육이라 생각하는 부모들에 대해서 이렇게 말한다. "그들은 상습적으로 아이들 따귀를 때리고 목을 비틀었다. 사람들이 말리면 아버지 되는 사람이 이렇게 대답했다. '때리는 게 아니오. 몽둥이를 든 것도 아니잖소!'" 알고 보니 그 부모들 역시 친부모가 아닌 가정 위탁 양육 시스템에서 성장했고 그 과정에서 학대 받은 경험이 있었다.[42]

애정 철회란 부모가 화가 나 있고 못마땅하게 생각한다는 뜻을 표현하기 위해 아이와 거리를 두는 것으로 두 가지 방법이 있다. 감정적으로 아이를 사랑하지 않는다고 선언하고 아이를 버리겠다고 말하는 것과 물리적으로 아이를 혼자 있게 만들거나("네 방으로 꺼져!", "저기 가서 서 있어!") 아이 존재를 무시하면서 눈길도 주지 않고 말도 하지 않고 아이가 말을 하면 듣지 않는 것이다. 애정 철회는 아이로 하여금 부모의 사랑을 믿을 수 없다고 생각하게 만들어 불안감을 조성한다.

아이를 타이를 때 가장 건설적이고 효과적인 태도는 행동을 바꿔야 하는 이유가 무엇인지 아이에게 침착하게 설명하는 것이다. 모든 연구가 이 점에 대해 만장일치를 보이고 있다. 호프만은 이런 태도를

40 Janssens, J. M., & Gerris, J. R. M., "Child Rearing, Empathy and Pro-social Development." In J. M. Janssens & J. R. M. Gerris (eds.), *Child Rearing: Influence on Prosocial and Moral Development*, Swets & Zeitlinger, 1992, pp. 57~75. Krevans, J., & Gibbs, J. C. (1996). Parents' use of inductive discipline: Relations to children's empathy and pro-social behavior. *Child Development*, 67(6), 3263~3277.

41 Trickett, P. K., & Kuczynski, L. (1986). Children's misbehaviors and parental discipline strategies in abusive and nonabusive families. *Developmental Psychology*, 22(1), 115.

42 Ricard, E., *La Dame des mots*, Éditions NiL, 2012.

유도induction라고 부른다. 아이가 다른 사람의 관점에서 생각을 하면서 자신이 남에게 어떤 잘못과 피해를 끼쳤는지 깨달을 수 있게 유도하는 것이다. 또한 어떻게 하면 잘못한 것을 바로잡을 수 있는지도 알려 준다.[43] 만약 아이가 친구의 외모를 비하하면서 놀렸다면 외모나 피부색처럼 스스로 선택할 수 없는 타고난 특성에 대해 상처 되는 말을 하면 남에게 얼마나 큰 고통을 안겨 주고 아픈 상처를 남길 수 있는지 부모가 설명한다. 그러면서 남들에게 그런 대접을 받으면 기분이 어떨지 상상해 보라고 한 뒤 친구에게 가서 우정의 뜻을 표시하라고 충고하는 것이다.

유도를 할 때는 통찰력과 자애와 공정성이 수반되어야 한다. 그렇다고 해서 유도가 방임주의가 되어서는 안 되므로 단호함도 배제하지 말아야 한다. 부모가 아이의 행동에 동의할 수 없다는 것을 분명하게 이해시키되 죄책감을 불러일으켜 아이에게 해로운 영향이 미치지 않도록 조심한다. 유도에는 정서적 지원이 동반되어야 하며 권위적으로 힘을 행사하지 않아야 한다. 프랑스 심리학자 자크 르콩트는 단호함에 대해 이렇게 말한다. "부모가 무엇을 바라는지 확실하게 정보를 주면서 아이가 자율성을 유지하도록 이끌어 주는 것이다. 지원만으로는 효과적이지 않을 수 있다. 특히 아이가 거부의 뜻을 밝힌 뒤에는 더욱 더 그렇다."[44] 부모가 이치를 따지면서 아이의 선의에 호소하는 것으로 그치면 얼마 안 있어 아이가 결정권은 자신에게 있으므로 마음대로 행동해도 된다고 생각한다. 르콩트가 인용한 다른 연구들을 살펴보면 "보통 규율과 사랑을 적절히 조합한 부모의 교육 스타일이 효과 면에

43 Hoffman M. L. (2008). *Empathy and Moral Development. op. cit.*; Krevans, J. & Gibbs, J. C. (1996). *op. cit.*; Stewart, S. M., & McBride-Chang, C. (2000). Influences on children's sharing in a multicultural setting. *Journal of Cross-Cultural Psychology, 31*(3), 333~348.

44 Lecomte, J. (2012). *La Bonté humaine. op. cit.*, p. 245. Crockenberg, S., & Litman, C. (1990). Autonomy as competence in 2-year-olds: Maternal correlates of child defiance, compliance, and self-assertion. *Developmental Psychology, 26*(6), 961도 참조.

서 아이에게 긍정적이다. 그런 아이는 균형 있는 성품으로 주변 사람들과 원만한 관계를 유지하면서 학업 성적도 더 좋기 마련이다."[45] 그밖에도 아이들은 추상적인 도덕규범을 들먹이기보다 공감에 호소해야 더 민감하게 반응하는 것으로 나타났다.[46]

유도의 중요한 특징 중 하나는 아이가 이타적 성향을 갖고 있으며 효과만 확실하면 남을 이롭게 하는 행동에 협력할 의지가 아이에게 있다는 것을 전제로 한다는 점이다.

후회와 죄책감

후회는 가장 먼저 사실 확인으로 시작된다. 잘못을 인정하고 그것을 반복하지 않겠다고 다짐하게 한다. 잘못으로 인한 피해를 바로잡을 수 있으면 바로잡도록 한다. 후회는 건설적이다. 변화에 대한 욕구가 동반되는 감정이고 현재 처한 상황을 바탕으로 스스로를 발전시킬 수 있도록 돕는다.

반대로 죄책감은 우리의 실체에 대한 부정적 판단과 연계된 감정이다. 후회가 특정 행위에 대해 그저 올바르지 않게 처신했다고 생각하게 만드는 것이라면 죄책감은 그것을 존재 전체로 확대해서 결국 '나는 근본적으로 나쁜 사람'이라고 결론짓게 만든다. 죄책감을 가지면 스스로를 평가 절하하면서 끊임없이 고민하게 된다.

모든 연구 결과가 아이에게 창피를 주면서 끊임없이 비하하면 아이에게 해롭다고 입을 모은다. 아이가 자신은 장점이 하나도 없고 사람들이 바라는 이상적인 사람이 절대 될 수 없다고 느끼다 못해 결국 절

45 Lecomte, J., *Donner un sens à sa vie*, Odile Jacob, 2007, Chapter 3.
46 Eisenberg-Berg, N., & Geisheker, E. (1979). Content of preachings and power of the model/preacher: The effect on children's generosity. *Developmental Psychology*, 15(2), 168.

대 사랑을 받을 수 없을 것이라고 결론지을 것이다. 이렇게 자신을 평가 절하하면 훗날 자기혐오와 스스로에게 가하는 폭력, 남을 향한 억압된 분노로 이어질 수 있다.

여기서도 실험을 통해 얻은 결론과 프로이트의 가설이 상반되는 것을 볼 수 있다. 프로이트는 죄책감이 부모에게 벌을 받을까 두려워서 생기는 것이지 남에게 고통을 유발한 데 대해 후회만 해서는 생기지 않는다고 했다. 프로이트에 따르면 자기애에 홀딱 빠져 남을 조종하려고 드는 아이는 처벌과 부모의 보호를 받지 못할 것이 두려워 초조해 하면서 모든 수단을 다 동원해서 원하는 것을 얻으려고 한다. 프로이트가 그린 이런 음침한 아이의 초상은 최근 심리학 연구들이 밝혀낸 공감 능력과 이타심을 타고난 아이와는 거리가 너무 멀다.

네 가지 필수적인 태도

자크 르콩트는 이 분야에서 수행된 연구들을 종합 분석해 아동의 이타적인 행동을 촉진할 수 있는 부모의 태도 네 가지를 다음과 같이 정리했다.[47]
- 아이에게 애정을 표현한다
- 스스로 이타적인 행동을 해서 모범을 보인다
- 아이가 한 행동이 남에게 미치는 영향을 아이에게 알려 준다
- 남에게 유용한 사람이 될 수 있는 기회를 아이에게 제공한다

특히 일상에서 부모가 모범을 보이는 것이 다른 어떤 도덕적 교훈보다 효과적이다. 부모가 자원봉사 활동을 하면 자녀도 부모의 나이가 되었을 때 비슷한 일을 할 가능성이 훨씬 더 크다는 것이 수많은 연구를 통해 확인되었다. 너그러운 아량도 남을 돕는 습관처럼 한 세대

---

47   Lecomte, J. (2012). *La Bonté humaine. op. cit.*, p. 240.

에서 다음 세대로 전달되는 것 같다.[48] 반대로 이기적인 삶을 사는 부모는 아이들을 이기주의자로 만든다.[49]

남에게 유용한 사람이 될 수 있는 기회를 아이에게 제공하라

공자는 이렇게 말했다. "당신이 나한테 뭔가를 가르치면 난 그것을 잊어버릴 것이다. 내게 뭔가를 보여 주면 그것은 기억할지 모른다. 반면에 내가 어떤 일을 직접 하게 하면 나는 그것을 내 것으로 만들어 실행에 옮길 것이다." 이것은 인간의 품성 대부분에 적용되는 말이다. 아동의 이타심에는 특히 더 효과적이다. 아이가 공동체 정신을 함양하는 활동에 참여하면 평소에 이타적인 행동을 하는 데 도움이 많이 된다.[50] 히말라야 지역에서 나는 어린 아이들에게 자기보다 더 어린 아이들을 돌보라고 책임을 부여하는 광경을 여러 차례 본 적이 있다. 그럼 아이들은 아기들을 돌보는 과정에서 단시간 내에 배려 깊게 행동하는 법을 체득한다. 그런 아이들은 어른의 감독이 없어도 책임 맡은 아기들에게 친절을 베풀고 성숙하게 행동하면서 변덕을 부리거나 멋대로 행동하지 않는다.

48 Bekkers, R. (2007). Intergenerational transmission of volunteering. *Acta Sociologica, 50*(2), 99~114; Wilhelm, M. O., Brown, E., Rooney, P. M., & Steinberg, R. (2008). The intergenerational transmission of generosity. *Journal of Public Economics, 92*(10–11), 2146~2156; Rice, M. E., & Grusec, J. E. (1975). Saying and doing: Effects on observer performance. *Journal of Personality and Social Psychology, 32*(4), 584; Rushton, J. P., & Littlefield, C. (1979). The effects of age, amount of modelling, and a success experience on seven-to eleven-year-old children's generosity. *Journal of Moral Education, 9*(1), 55~56; Rushton, J. P., & Teachman, G. (1978). The effects of positive reinforcement, attributions, and punishment on model induced altruism in children. *Personality and Social Psychology Bulletin, 4*(2), 322~325.
49 Bryan, J. H., & Walbek, N. H. (1970). The impact of words and deeds concerning altruism upon children. *Child Development*, 747~757.
50 Rogoff, B. (2003). *The Cultural Nature of Human Development*. Oxford University Press, USA

애정 결핍이 부른 비극적 결과

영아와 유아가 최적의 환경에서 성장하려면 어마어마하게 많은 사랑
과 애정이 필요하다는 것을 다들 잘 알고 있을 것이다. 그런데 요즘도
어린 나이에 애정을 제대로 받지 못하고 감당하기 어려운 고통을 당
해 마음에 깊은 상처를 안고 살아가는 아이들이 정말 많다. 그런 아이
들은 훗날 마음속에 평화와 사랑이 자리 잡을 여유가 없어 남을 쉽사
리 믿지 못한다. 학자들은 이런 아이들이 겪은 물리적 폭력과 낮은 공
감 능력과 사회성 결여 사이에 모종의 관계가 있다는 사실을 밝혀냈
다.[51] 보리스 시륄니크가 보여 준 것처럼 가장 이상적인 경우는 그 아
이들이 믿고 따르는 사람의 도움을 받아 놀라운 회복 탄력성을 발휘
해 마음의 상처를 치유하고 행복한 인생을 사는 것이다.[52] 옛날에 어
린 아이들이 강한 사람으로 성장해 인생을 개척할 수 있도록 애정을
너무 많이 표시하지 말라고 권하던 때가 있었다. 행동주의의 창시자
인 존 왓슨 박사는 일체의 감정을 불신했다. 20세기 초반 30년이 넘는
기간 동안 행동에 관한 연구를 주도했던 행동주의는 모든 것이 행동
조건화behavioral conditioning의 문제이고 기분과 감정은 거의 중요하지 않
다고 주장하는 오류를 범했다. 왓슨은 특히 모성애에 대해 회의적이
었으며 위험한 것으로 간주하기까지 했다. 그는 어머니가 아기를 돌
볼 때 지나치게 사랑을 쏟으면 아기에게 오히려 해를 끼쳐 나약하고
겁 많고 의존적이고 열등감 가득한 인간이 된다고 생각했다. 요컨대

---

51 Howes, C., & Eldredge, R. (1985). Responses of abused, neglected, and non-
maltreated children to the behaviors of their peers. *Journal of Applied Developmental
Psychology, 6*(2-3), 261~270; Main, M., & George, C. (1985). Responses of abused
and disadvantaged toddlers to distress in agemates: A study in the day care setting.
Developmental Psychology, 21(3), 407; Miller, P. A., & Eisenberg, N. (1988). The relation
of empathy to aggressive and externalizing/antisocial behavior. *Psychological Bulletin,
103*(3), 324.

52 Cyrulnik, B. (2004). *Les Vilains Petits Canards*. Odile Jacob.

사회에 필요한 것은 인간의 온기가 아니라 체계라는 말이었다. 그는 부모를 배제하고 아이들만 수용해 과학적 원칙에 따라 양육을 실시하는 아기 농장baby farm을 꿈꿨다. 그곳에서 아이에게 손길을 주는 것은 정말 바람직한 행동을 했을 때뿐이고 그나마 칭찬이나 뽀뽀 없이 머리를 살짝 쓰다듬어 주는 게 전부였다.

이에 대해 프란스 드 발은 다음과 같이 지적했다. "불행하게도 이런 식의 '아기 농장'이 몇몇 고아원에서 실제로 실행되어 비극적인 결과를 낳았다. 그들은 아기들을 작은 침대 같은 데 눕혀 놓고 키웠으며 중간에 하얀색 분리용 커튼까지 쳐서 시각적 자극과 신체 접촉 기회를 박탈했다. 과학자들이 권장하는 대로 고아들을 안아 주지도 않고 눈을 맞추며 말을 걸지도 않았으며 둥개둥개 어르거나 간질이지도 않았다. 아이들은 좀비처럼 가만히 누워 얼굴을 움직이지 않았으며 감정이 전혀 실리지 않은 눈으로 허공만 응시하고 있었다. 왓슨의 말이 맞으면 아이들이 무럭무럭 자랐어야 하는데 실제로는 질병에 대한 저항력이 전혀 없었다. 미국 고아원 중에 사망률이 100퍼센트에 육박하는 곳도 있었다. 1920년대에 왓슨의 견해가 크게 존중받았는데 지금 생각하면 도무지 이해가 가지 않는 일이다."[53]

루마니아 독재자 차우셰스쿠 정권에서도 10만 명에서 30만 명으로 추산되는 수많은 고아와 장애 아동들이 비슷한 운명을 경험했다. 철제 침대 창살에 짐승처럼 붙어 있는 아이들의 넋 나간 눈을 전 세계가 기억하고 있을 것이다. 아이들은 웃는 법, 우는 법도 몰랐다. 침대에 앉아 기계적으로 몸을 흔들흔들하거나 하루 온종일 태아처럼 웅크린 자세로 누워 있었다. 중국의 일부 고아원에도 수백 명의 아이들이 돌봐 주는 사람의 손길을 받지 못한 채 그런 식으로 버려져 있었다. 그런 환경이 아이들의 신체적, 정신적 발달에 미친 결과는 가히 재앙에 가깝다.

---

53   Waal, F. B. M. de, The Age of Empathy, op. cit. p. 13.

영국 런던 대학교 킹스 칼리지의 마이클 루터 교수는 루마니아에서 태어나 영국 가정으로 입양된 고아 150명의 성장 과정을 20년 이상 추적한 결과, 생후 6개월이 되기 전에 고아원에서 나온 아이들은 이렇다 할 후유증이 없는 반면, 생후 10개월부터 돌 사이에 입양이 되어 고아원을 나온 아이들은 무려 40퍼센트가 건강, 지능, 정서적 균형에 영향을 미치는 심각하고 영구적인 장애와 대뇌 이상(머리와 뇌 크기가 평균 이하)을 갖고 있는 것으로 나타났다.[54]

나도 네팔에 있는 여러 고아원에서 어린 영유아들이 괄목할 만한 변화를 겪는 것을 직접 목격했다. 무기력하게 맥없고 멍했던 이런 생명이 부드러운 손길로 어루만지고 말을 걸면서 사랑을 아낌없이 퍼붓는 양부모를 만나 입양이 되면 몇 달 후 놀랍도록 활기찬 아이로 변해 있다.

사랑을 주고, 도와주고, 버팀목이 되라

영유아기에 받은 사랑과 따스한 손길이 이후 삶을 살아가는 데 큰 영향을 미친다는 것은 부정할 수 없는 사실이다. 예를 들어 유년기에 학대를 받은 아동은 청소년기나 성인이 되었을 때 우울증에 시달릴 확률이 두 배나 더 높다.[55] 그러므로 어른들이 자녀를 비롯해 공동체나 교육 체계 안에서 책임 맡고 있는 아이들에게 최대한의 보살핌과 자애와 사랑을 표할 수 있도록 의무적으로 자신이 갖고 있는 최선의 자질을 개발하고 밖으로 드러내야 할 것이다. 그런데 어린 시절에 학대 받

54 Beckett, C., Maughan, B., Rutter, M., Castle, J., Colvert, E., Groothues, C.,,... Sonuga-Barke, E. J. (2006). Do the effects of early severe deprivation on cognition persist into early adolescence? Findings from the English and Romanian adoptees study. *Child Development, 77*(3), 696~711.

55 Nanni, V., Uher, R., & Danese, A. (2012). Childhood maltreatment predicts unfavorable course of illness and treatment outcome in depression: A meta-analysis. *American Journal of Psychiatry, 169*(2), 141~151.

은 경험이 있어도 훗날 자녀를 진심으로 사랑하는 부모가 되는 사람도 많다는 것을 여기서 강조해야 할 것 같다. 자크 르콩트에 따르면 과거에 학대 받았던 사람이 나중에 학대 부모가 될 가능성이 있는 것은 사실이지만 실제로 그럴 가능성은 매우 낮다(5퍼센트에서 10퍼센트 사이).[56] 아동 학대를 당했던 사람들의 대다수는 르콩트가 말하는 이른바 "반대 모형화counter-modeling" 현상을 나타낸다. 즉 부모에게 당한 것과 정반대되는 일을 자녀에게 하겠다고(보통 사춘기 전이나 청소년기에) 다짐하는 것이다. 그런 사람들은 대부분 정말 다짐을 실천한다. 그 밖에 부모의 지원이 제대로 효과를 발휘하려면 유년기 내내 계속되어야 한다는 것은 말할 필요도 없을 것이다. 갈 길이 멀다. 모든 것은 자기 자신의 변화에서 시작된다.

---

56   자크 르콩트와 개인적 정보 교환. 르콩트에 따르면 세대가 바뀌어도 아동 학대가 반복된다는 믿음은 확률 역전에 대한 통계적 관점에서 비롯된 것이다(아동 학대의 가해자 부모는 대부분 학대를 당하면서 자란 사람들이라 피학대 아동은 나중에 커서 학대하는 부모가 될 것이라고 오해하는 것). 자크 르콩트의 논문 Briser le cycle de la violence ; quand d'anciens enfants maltraités deviennent des parents non maltraitants 참조. http://www.psychologiepositive.net/spip.php?article8에서 볼 수 있다. Lecomte, J., *Guérir de son enfance*, Odile Jacob, 2010 참조.

19
친사회적 행동

원래 학자들은 이타심과 마찬가지로 친사회적 행동에 대해서도 거의 관심이 없었다. 1960년대까지 공격성을 비롯한 반사회적 행동에 대한 연구가 도움, 협력, 연대 등에 관한 것보다 열 배나 더 많았다. 이 문제에 대해 개요서[1]를 낸 한스 베르너 비어호프는 이렇게 말한다. "과학계가 친사회적인 모든 것에 관심이 없었던 데는 여러 가지 이유가 있겠지만 특히 친사회적 행동을 실천하려면 경제적 풍요를 어느 정도 포기해야 한다는 확신 때문이었을 것이다. ······ '냉철한 사고를 하는' 많은 사람들이 친사회적 행동을 일컬어 도움 제공자들의 자기만족이라고 하는 것도 바로 이런 확신으로 설명될 수 있을 것이다. 그런데 최신 이론과 연구 결과들에 따르면 친사회적 행동이 도움 제공자에게 오히려 여러 가지 긍정적인 효과를 가져다주고 사회 전체가 원활하게 돌아가는 데 기여하는 것으로 나타나고 있다."[2]

---

1   Bierhoff, H. W., *Prosocial Behaviour*, Psychology Press, 2002.
2   *Ibid.* Kindle, 216~227.

사람이 사람을 돕는 것은 보편적 성향일까?

여러 연구 결과에 따르면 사람들은 일상에서 대부분 남을 돕는다고 한다. 길에서 누군가(여기서는 실험자)가 뒤에 오는 사람들 눈에 잘 띄도록 장갑을 떨어뜨려 놓으면 72퍼센트가 그 사람을 부르면서 장갑을 집어준다.[3]

이때 개입에 드는 비용과 개입한 사람이 취약한 위치에 놓일 가능성은 무시해도 좋을 정도이다. 만약 이 두 가지 요인의 비중이 커지면 남을 도울 가능성이 줄어든다. 뉴욕에서 남자가 휴대폰을 잃어버렸는데 잠시 빌릴 수 있느냐고 하면 15퍼센트의 사람들이 부탁을 들어줄 것이다. 반면에 시골에서 여자가 지나가는 사람에게 똑같은 요구를 하면 안면이 전혀 없어도 아마 거의 100퍼센트가 부탁을 들어줄 것이다.[4]

위급 상황에서는 어떨까? 필라델피아에서 실험에 자원해 참여한 학생이 지하철 안에서 기절해 쓰러진 척 했을 때 40초 안에 도움을 받은 경우가 95퍼센트에 달했다. 60퍼센트의 경우에는 여러 사람이 도와주러 달려왔다. 여기서도 지각된 비용이 낮을 때 개입율이 높다. 심리학자들이 말하는 "비용"이란 관여에 드는 시간, 심리적 부담, 개입의 복잡성, 예측 가능한 결과 등을 가리킨다. 피해자가 (가짜)피를 흘리고 있으면 개입 비율이 95퍼센트에서 65퍼센트로 떨어지고 개입하기까지 걸리는 시간도 늘어난다.(누군가가 개입할 때까지 평균 1분이 소요된

3   Bierhoff, H. (1983). Wie hilfreich ist der Mensch?(How helpful are humans?). *Bild der Weissenchaft 20*, 118~126.

4   Milgram, S. (1970). The experience of living in cities. *Set, 167*, 1461~1468. 약간 오래된 연구인데 나중에 사실로 확인되었음. 다음을 참조할 것. Amato, P. R. (1983). Helping behavior in urban and rural environments: Field studies based on a taxonomic organization of helping episodes. *Journal of Personality and Social Psychology, 45*(3), 571; Levine, R. V., Martinez, T. S., Brase, G., & Sorenson, K. (1994). Helping in 36 US cities. *Journal of Personality and Social Psychology, 67*(1), 69.

다.) 사람들이 피를 보고 겁을 먹어 도움에 필요한 심리적 비용이 증가하기 때문이다.[5]

방관자 효과

누군가가 실신을 해서 쓰러진다. 거리에서 두 남자가 싸움을 벌이려고 한다. 방금 교통사고가 일어났다. 나라면 과연 거기 개입해서 고통스러워하는 사람에게 달려가고 싸움을 뜯어말리고 사고를 당한 사람에게 도움의 손길을 내밀까? 많은 연구 결과에 따르면 현장에 있는 사람 수와 본인이 개입할 가능성은 반비례한다. 현장에서 사건을 목격한 유일한 사람이라면 도움을 줄 가능성이 크다. 컬럼비아 대학교의 빕 라테인과 뉴욕 대학교의 존 달리는 위급 상황을 실감나게 재현한 실험에서 현장에 혼자 있을 때 그런 상황에 처하면 개입률이 50퍼센트인 데 비해 현장을 목격한 사람이 두 명일 때는 개입률이 22퍼센트로 떨어진다는 것을 보여 주었다.[6]

여러 사람이 함께 있으면 남에게 책임을 전가하는 경향이 나타나고 이런 반응은 사람이 많을수록 증가한다. 이런 식으로 책임감이 희석되는 것을 '방관자 효과', '목격자 효과'라고 한다. 사람들이 저마다 왜 자신이 개입해야 하는지 의아하게 생각하면서 남들이 알아서 할 것이

5   Piliavin, I. M., Piliavin, J. A., & Rodin, J. (1975). Costs, diffusion, and the stigmatized victim. *Journal of Personality and Social Psychology, 32*(3), 429~438; Piliavin, J. A., & Piliavin, I. M. (1972). Effect of blood on reactions to a victim. *Journal of Personality and Social Psychology, 23*(3), 353~361.

6   Latané, B., & Darley, J. M., *The Unresponsive Bystander: Why Doesn't He Help?*, 1970 Appleton-Century Crofts; Latané, B., & Nida, S. (1981). Ten years of research on group size and helping. *Psychological Bulletin, 89*(2), 308. 최신 연구를 보려면 다음을 참조. Fischer, P., Krueger, J. I., Greitemeyer, T., Vogrincic, C., Kastenmüller, A., Frey, D.,... Kainbacher, M. (2011). The bystander-effect: A meta-analytic review on bystander intervention in dangerous and non-dangerous emergencies. *Psychological Bulletin, 137*(4), 517~537.

라고 생각하고 안도하는 것이다. 심지어 아무도 나서서 개입하지 않아도 서로 머뭇거리면서 주도적으로 행동하지 않는다.

'방관자 효과'가 비극적인 결과를 초래한 경우 중 하나가 바로 널리 알려져 있는 키티 제노비스 살해 사건이다. 1964년 3월 13일, 뉴욕에서 자기 차를 향해 걸어가던 키티가 칼에 찔렸다. 가해자는 현장을 떠났다가 몇 분 후에 다시 돌아와 다시 칼로 찔렀다. 키티는 소리를 질렀다 "맙소사! 이 사람이 날 찔렀어요! 도와주세요! 도와줘요!" 가해자는 세 번째로 현장에 돌아왔고 결국 키티의 목숨을 앗았다. 이 모든 게 30분에 걸쳐 일어난 일이다. 현장이 뻔히 보이는 아파트에 사는 주민들 중에 도움을 청하는 키티의 소리를 듣거나 사건을 목격한 사람이 서른여덟 명이나 됐지만 키티가 사망한 후 30분 뒤에 누군가가 경찰에 신고만 했을 뿐, 단 한 명도 개입하지 않았다. "사건에 휘말리고 싶지 않았다." 증인들은 대부분 이렇게 말했다. 최근에 일어난 일 중에 2011년 중국에서 트럭이 세 살짜리 여아를 치고 잠시 멈췄다가 그냥 도망친 사건이 있었다. 문제의 장면이 감시용 비디오카메라에 고스란히 찍혔는데 그러고 나서도 최소 열여덟 명의 행인이 현장을 지나갔지만 피 흘리는 아이를 보고 눈도 꿈쩍 하지 않고 갈 길만 재촉할 뿐이었다.[7]

다행히 사정이 어디서나 다 이런 것은 아니다. 캘리포니아주에 사는 바비 그린은 어느 날 TV를 통해 한 남자가 잔인하게 구타당하는 장면이 생중계되는 것을 보고 그 즉시 1킬로미터를 뛰어 현장에 달려가 피해자를 병원으로 데려갔다.[8]

목격자들은 서로 싸우는 사람들이 혈연관계나 부부라는 느낌이 들

---

7   http://www.dailymotion.com/video/xlq30q_18-enfant-de-2-ans-renverse-et-ignore-par-les-passants_news

8   Oliner, S. P., *Do Unto Others: Extraordinary Acts of Ordinary People* (illustrated edition), Basic Books, 2003, p. 93에 인용.

면 학대당하는 것이 뻔히 보여도 관여하지 않는 편이다. 1993년, 두 살배기 제임스 벌저가 열 살짜리 소년 두 명에게 살해당했다. 두 소년이 아이를 슈퍼마켓에서 공터로 데려가 살해할 때까지 예순 한 명이나 되는 사람이 아이가 울며 저항하는 것을 봤지만 대부분 형들이 동생을 집으로 데려가는 것이라고 생각했다.

시민적 용기에 결정적으로 작용하는 요인

우리라면 위험에 처한 사람을 보고 과연 개입할 수 있을까? 빕 라테인과 존 달리에 따르면 이런 결정을 내리기까지 총 다섯 단계를 거친다고 한다. 첫째, 무슨 일이 일어난 것인가? 사태를 파악해야 한다. 둘째, 한시라도 빨리 행동해야 하는 위급 상황인가? 저 사람이 벤치에서 잠든 것일까, 기절한 것일까? 정말 싸움을 하려는 것일까? 가족 간에 소소하게 언쟁을 벌이는 것 아닐까? 셋째, 내가 정말 개입해야 하는가? 도와야 할 책임이 정말 나에게 있는 것일까? 누군가 다른 사람이 위험에 처한 사람을 도와주지 않을까? 넷째, 내가 정말 개입할 능력이 있는가? 내게 그런 기술이 있을까? 직접 개입할까 아니면 남에게 도움을 요청할까? 다섯째, 비로소 결단을 내린다. 이 다섯 단계를 거쳐 결정을 내리기까지 30초에서 40초의 시간이 걸리는 것으로 나타났다. 그 시간이 넘으면 책임감이 희석되고 위험에 대한 어림짐작이 실행에 더 큰 부담으로 작용한다.[9]

도시와 시골

시골에 사는 사람들이 도시 거주자들보다 남을 도울 가능성이 더 크다는 것은 많은 연구를 통해 익히 알려진 사실이다. 예를 들어 우표가 붙은 편지 봉투가 길에 떨어져 있을 때 우체통에 넣는다든가 전화를 잘못 건 사람을 도와주는지 실험을 했더니[10] 소도시 거주자들이 대도시 거주자들보다 훨씬 많이 도와주었다. 길에서 아이가 지나가는 사람에게 "길을 잃었는데 집에 전화 좀 해 주세요."라고 부탁했을 때도 소도시 사람들은 4분의 3 정도가 아이의 부탁을 들어준 것에 비해 대도시에서는 아이의 말을 들어준 성인이 절반도 채 되지 않았다. 이 연구를 한 해롤드 타쿠시안은 도시인들이 "도시에 살면서 겪는 끊임없는 요구와 유혹에 적응하기 위해 다른 사람들의 삶에 개입하는 빈도를 줄인다."라고 분석했다.[11]

　도시 거주자들은 사회적 상호 작용이 늘 과부하 상태이기 때문에 정보를 걸러 내면서 자신에게 직접 관련된 것만 취할 수밖에 없다는 것이다. 그들은 남을 잘 믿지 않으며 시골 사람들보다 취약한 위치에 놓일 가능성이 크다고 느낀다. 범죄율이 높은 지역일수록 주민들이 서로 도울 의사가 없는 편이다. 미국의 경우에 대도시는 범죄율이 시골보다 2.7배나 높다.[12]

9　Schwartz, S. H., & Gottlieb, A. (1976). Bystander reactions to a violent theft: Crime in Jerusalem. *Journal of Personality and Social Psychology, 34*(6), 1188. 라테인보다 정교한 모델을 보려면 다음을 참조. Schwartz, S. H., & Howard, J. A. (1982). Helping and cooperation: A self-based motivational model. *Cooperation and Helping Behavior: theories and Research*, 327~353. 위급한 상황이 닥치면 간호사, 팀의 리더, 비상 구조 훈련을 받은 사람 등 구체적인 능력을 가진 사람이 남을 돕는 일에 더 적극적으로 발 벗고 나선다. Cramer, R. E., McMaster, M. R., Bartell, P. A., & Dragna, M. (1988). Subject competence and minimization of the bystander effect. *Journal of Applied Social Psychology, 18*(13), 1133~1148. 직접 개입할 능력이 없다고 생각하는 사람들은 주도적으로 남에게 도움을 요청하는 경우가 많다. Shotland, R. L., & Heinold, W. D. (1985). Bystander response to arterial bleeding: Helping skills, the decision-making process, and differentiating the helping response. *Journal of Personality and Social Psychology, 49*(2), 347.

10　Korte, C., & Kerr, N. (1975). Response to altruistic opportunities in urban and nonurban settings. *Journal of Social Psychology, 95*(2), 183~184.

11　Takooshian, H., Haber, S., & Lucido, D. (1977). Who wouldn't help a lost child? You, maybe. *Psychology Today, 10*, 67.

12　US Census Bureau, *Statistical Abstracts of The United States* (Washington, DC: Author, 2002), Barber, N. (2004). *op. cit.*, p. 148에 인용.

도시인들은 대부분 다양한 활동에 온통 정신이 팔려 있다. 마주치는 사람도 많고 의미 없는 만남이 너무 많아서 만나는 사람들과 개인적으로 관계를 구축하는 습관을 잃어버린 것이다. 또한 도시 거주자는 안전에 대한 걱정을 많이 한다. 시골에서는 길에서 사람을 만나면 말을 걸고 이웃이 무엇을 하는지 궁금하게 여기는 것이 당연한 일이지만 도시에서는 이런 관계가 매우 특별한 것에 속한다. 지하철에서조차 옆에 앉은 사람에게 말을 거는 경우가 거의 없다.

대도시에서는 걸인, 노숙자를 비롯해 건강 문제나 돈 문제로 도움이 필요한 사람을 보살피는 것을 업으로 삼지 않는 한, 하루에도 수차례씩 마주치는 어려운 사람들을 전부 돌본다는 것이 불가능하다. 그런데 측은지심을 자꾸 억누르다 보니 부작용이 생긴다. 도덕관념이 줄어드는 현실을 잘 보여 주는 연구 결과가 하나 있다. 노스캐롤라이나 대학교 대릴 캐머런과 키스 페인은 한 그룹의 피험자들에게 우는 아이, 노숙자, 전쟁이나 기아로 피해를 입은 사람들의 사진을 보여 주면서 자비심을 억누르라고 한 다음 그들을 대상으로 도덕관념을 평가하는 테스트를 실시했다. 감정을 억눌렀던 사람들은 똑같은 사진을 보고도 감정을 자유롭게 표현할 수 있었던 피험자들에 비해 상황에 맞춰 도덕적 규범과 가치를 굽히는 일을 훨씬 더 쉽게 받아들였다.[13]

다른 사람들의 처지를 걱정하는 사람들에게는 대도시나 고통 속에 살아가는 사람들이 많은 곳의 상황이 견디기 어려운 문제이다. 상대방의 입장에서 생각하면 외면하기가 정말 어려워진다. 그렇다고 해서 매번 나서서 개입을 한다면 다른 일은 하나도 하지 못할 것이다. 개입하기로 작정한다면 그런 고귀한 선택은 업으로 삼아야 할 일이지 어쩌다 한 번 마음이 내킬 때만 할 수 있는 일이 결코 아니다. 너무 많은 사람들이 고통당하는 모습을 보고만 있을 수 없어서 시민들에게 힘을

13 Cameron, C. D., & Payne, B. K. (2012). The cost of callousness regulating compassion influences the moral self-concept. *Psychological Science*.

모아 달라고 호소해 큰 반향을 불러일으킨 프랑스 피에르 신부[14]처럼 카리스마 있는 인물들이 나서 상부상조 시스템을 구축하는 데 주축이 될 수도 있다. 그러나 인구 밀도가 높지 않은 지역에서 수행된 연구를 살펴보면 사람들의 자연 발생적인 연대 정신을 구체적인 행동으로 바꿔놓는 일은 시민 공동체, 즉 국가와 지방 자치 정부, NGO의 몫이 되어야 할 것으로 보인다.

개인주의자와 집단주의자

집단 전체의 행복과 공동체적 삶을 중요시하는 집단주의 문화에서 자라난 아이들은 개인주의 문화에 익숙한 아이들보다 이타적인 행동을 잘 하는 편이다. 하버드 대학교 베아트리스와 존 휘팅은 케냐, 멕시코, 필리핀, 일본, 인도, 미국에서 3세부터 10세의 아동들을 대상으로 친사회적 행동을 관찰했다. 두 학자에 따르면 산업화가 본격화되지 않은 공동체 사회의 아이들이 다른 아이들보다 훨씬 더 이타적인 행동 성향을 나타낸다고 한다. 예를 들어 케냐 어린이들은 100퍼센트가 높은 이타심 점수를 받은 데 비해 미국 어린이들은 고득점을 한 어린이가 8퍼센트에 불과했다.[15] 높은 점수를 받은 8퍼센트의 미국 어린이들은 어렸을 때부터 공동체 활동에 참여하면서 남을 돕는 것이 제2의 천성처럼 굳어진 경우였다. 이스라엘의 집단 농장 키부츠에서 자란 어린이들도 비슷한 성향을 나타냈다.[16]

---

14 아베 피에르는 엠마우스 운동을 주도하면서 노숙자들의 주거 환경 개선과 자립을 위해 평생을 바친 인물. 1954년 어느 추운 겨울날, 라디오 방송에 출연한 아베 피에르는 거리에서 죽어 가는 노숙자들에게 담요를 제공하자고 호소했는데 몇 시간 사이에 담요 수천 개가 모일 정도로 커다란 반향을 불러일으켰다.

15 Whiting, B. B., & Whiting, J. W., *Children of Six Cultures: A Psycho-cultural Analysis*, Harvard University Press, 1975. 그 밖에 로센한이 한 연구를 보면 남을 돕겠다는 의지를 갖는 데 부모가 결정적인 역할을 하는 것으로 나타났다. 다음을 참조할 것. Rosenhan, D. (1970). The natural socialization of altruistic autonomy. *Altruism and Helping Behavior*, 251~268.

문화가 어른들의 행동에는 어떤 영향을 미칠까? 이 문제에 대해서는 로이 펠드만이 파리, 보스턴, 아테네에서 처음 실험을 진행했다.[17] 그 도시의 거주자처럼 보이는 사람이 역에서 행인을 붙잡고서 곧 해외로 떠날 예정인데 우표 붙인 편지를 대신 부쳐 달라고 부탁했더니 보스턴에서는 85퍼센트, 파리에서는 68퍼센트, 아테네에서는 12퍼센트가 부탁을 들어주었다. 그런데 언어를 제대로 구사하지 못하는 외국인이 부탁을 하자 돕겠다는 의지에 현저한 변화가 생겼다. 보스턴에서는 75퍼센트, 파리에서는 88퍼센트(이 결과로만 봐서는 평소에 불친절하다고 소문난 파리 사람들이 외국인들에게 비교적 친절한 것으로 보인다.), 아테네에서는 48퍼센트가 도움의 손길을 보낸 것이다. 아테네 사람들이 동향 사람들에게 왜 그렇게 비협조적이었을까? 그리스인들은 사회적 집단을 매우 협소하게 정의하기 때문에 같은 아테네 시민이라도 약간 소원하게 대하는 것으로 보인다.[18]

남성과 여성

여성이나 남성이나 친사회적 행동에 다양하게 참여하기는 마찬가지이지만 구체적으로 중점을 두는 행동이 서로 다르다. 여성은 공동체활동이나 인맥에 관련된 활동일 때 친사회적 행동에 많이 참여하지만 남성은 힘을 써야 하는 상황이나 행동 지향적인 상황에 많이 참여하는 편이다.[19] 1980년대와 1990년대에 북아메리카에서 수행된 연구에 따르면 남성은 위험한 상황에서 남을 많이 돕는 편이다.[20] 뉴욕 거리

16   Nadler, A., & Jeffrey, D. (1986). The role of threat to self-esteem and perceived control in recipient reaction to help: Theory development and empirical validation. *Advances in Experimental Social Psychology, 19*, 81~122.

17   Feldman, R. E. (1968). Response to compatriot and foreigner who seek assistance. *Journal of Personality and Social Psychology, 10*(3), 202.

18   Triandis, H. C., Vassiliou, V., & Nassiakou, M. (1968). Three cross-cultural studies of subjective culture. *Journal of Personality and Social Psychology, 8*(4p2), 1.

에서 진행된 실험에서 사고가 났을 때 도움을 제공하는 사람은 60퍼센트가 남성이었다.[21] 영웅적인 행동을 한 사람에게 수여되는 카네기 히어로 펀드 커미션Carnegie Hero Fund Commission 메달을 받은 미국인 중 여성은 9퍼센트에 불과하다. 이에 대해 학자들은 잠재적 위험이 있고 힘의 개입이 필요한 위기 상황이 닥쳤을 때 남자들은 주저하지 않고 개입하는 편이라고 분석한다.

반면에 여성은 남성보다 인도주의적 활동에 참여해서 상을 받는 일이 많은 편이다(56%). 장기 기증도 남성보다 여성이 더 많이 한다 (58%).[22] 여성은 일상적인 환경에서 남성보다 적극적으로 공감을 표시하고[23] 보살핌이나 심리적 지원도 더 많이 제공한다. 유럽에서는 자원봉사 기관에서 봉사하는 사람들의 성비가 거의 비슷하다.[24]

19 Eagly, A. H. (2009). The his and hers of prosocial behavior: An examination of the social psychology of gender. *American Psychologist, 64*(8), 644. Lecomte, J. (2012). *op. cit.*, pp. 157~158.

20 Eagly, A. H., & Crowley, M. (1986). Gender and helping behavior: A meta-analytic review of the social psychological literature. *Psychological Bulletin, 100*(3), 283.

21 Piliavin, I. M., Rodin, J., & Piliavin, J. A. (1969). Good samaritanism: An underground phenomenon? *Journal of Personality and Social Psychology, 13*(4), 289. 99개의 연구 결과를 요약한 내용에 의하면 비상시에 남자들이 더 많이 돕는 것으로 확인되었다. Eagly, A. H., & Crowley, M. (1986). *op. cit.*, 참조. 일상적 상황에 대해서는 Bierhoff, H. W., Klein, R., & Kramp, P. (1991). Evidence for the altruistic personality from data on accident research. *Journal of Personality, 59*(2), 263~280 참조.

22 Eagly, A. H. (2009). The his and hers of prosocial behavior: An examination of the social psychology of gender. *American Psychologist, 64*(8), 644. Lecomte, J. (2012). *op. cit.*, pp. 157~158.

23 Eisenberg, N., & Lennon, R. (1983). Sex differences in empathy and related capacities. *Psychological Bulletin, 94*(1), 100 확고한 결론이 나온 16종의 연구 결과를 메타 분석한 내용.

24 Gaskin, K., Smith, J. D., & Paulwitz, I., *Ein neues bürgerschaftliches Europa: Eine Untersuchung zur Verbreitung und Rolle von Volunteering in zehn europäischen Ländern.* Lambertus, 1996.

기분과 정황

기분이 좋은 사람은 다른 사람들보다 도움을 많이 준다. 어떤 일로 방금 성공을 거두었거나 기쁜 소식을 들었거나 하와이에서 보낼 휴가를 상상하거나 좋은 사람과 함께 식사하는 장면을 떠올리면서 느끼는 일시적인 상황[25]일 수도 있지만 기질적으로 남보다 자주 기분이 좋은 사람도 있다. 이런 사람들은 같은 사회에 속한 평균적인 사람들보다 친사회적 활동에 더 많이 참여하는 것으로 확인되었다.[26]

자신에 대한 이미지도 남을 돕는 성향에 영향을 미친다. 성격 검사를 마친 뒤 참가자 절반에게는 남에게 자상하다는 결과가 나왔다고 말하고 나머지 절반에게는 지능이 높게 나왔다고 말했다. 검사를 마친 후 학생들이 실험실에서 나오는데 어떤 사람이 연필 한 다스를 바닥에 떨어뜨린다. 이때 타인에게 친절하고 배려가 깊다는 설명을 들은 학생들은 지능이 높다고 칭찬 받은 학생들보다 평균 두 배나 더 많이 연필을 주워 주었다.[27]

개인의 가치관

프랑스의 심리학자 장 프랑수아 데샹이 설명하는 것처럼 계획에 따라 행동을 밀고 나갈 때 그것을 고무하는 개인의 가치관이 뒷받침이 되어야 몇 개월 또는 몇 년이고 계속 일관적으로 실행할 수 있다. 지난 30년 동안 이 문제를 연구한 이스라엘 심리학자 샬롬 슈워르츠가 내

25 Rosenhan, D. (1970). The natural socialization of altruistic autonomy. *Altruism and Helping Behavior*, 251~268; Isen, A. M., & Levin, P. F. (1972). Effect of feeling good on helping: Cookies and kindness. *Journal of Personality and Social Psychology, 21*(3), 384.

26 Watson, D., Clark, L. A., McIntyre, C. W., & Hamaker, S. (1992). Affect, personality, and social activity. *Journal of Personality and Social Psychology, 63*(6), 1011.

27 Strenta, A., & DeJong, W. (1981). The effect of a prosocial label on helping behavior. *Social Psychology Quarterly*, 142~147.

린 정의에 따르면 가치관이란 자신이나 남을 위해 바람직하다고 판단되는 목표나 행동에 관련되어 있고 일상생활 중 선택을 해야 하는 상황에서 길잡이가 되는 개념이나 신념을 가리킨다.[28] 가치관은 어린 시절에 형성되며 세상과 타인에 대해 경험을 쌓는 과정에서 수정될 수 있다. 장 프랑수아 데샹과 파리 사회 심리학 연구소의 레미 핀켈슈타인은 개인의 가치관으로서 이타심과 친사회적 행동 사이에 상관관계가 있다는 사실을 밝혀냈다. 특히 개인적으로 이타심을 중요한 가치로 여기는 사람은 자원봉사 활동에 더 많이 참여하는 것으로 나타났다.[29]

샬롬 슈워르츠는 이 모든 연구를 종합했을 때 가장 흔히 친사회적 행동을 유도하는 두 가지 가치는 남을 보살피는 자애로운 마음과 '보편주의'라고 주장한다. 여기서 슈워르츠가 말하는 남을 보살피는 자애로운 마음은 주로 우리와 가까운 사람들, 우리가 소속감을 느끼는 집단의 행복에 관여하고 보편주의는 만인의 행복에 관여한다. 남을 보살피는 자애로운 마음과 보편주의는 슈워르츠가 연구 대상으로 삼은 76개의 문화에서 가장 중요시하는 3대 가치 가운데 두 가지이며 나머지 하나는 사회 규범을 준수하고 사회 구성원들에게 인정받을 수 있도록 친사회적인 행동을 하도록 촉구하는 순응주의이다.

그 밖에 부모로부터 물려받은 도덕적 가치, 세상을 바꿀 수 있다는 자신감, 예기치 못했던 상황을 참고 견디는 능력, 새로운 경험에 대해 개방적인 태도 등도 친사회적 행동을 촉진하는 요인으로 꼽혔다.[30]

슈워르츠가 친사회적 행동을 가로막는 가치로 거론한 것 중에 불

28 Schwartz, S. H. (1994). Are there universal aspects in the structure and contents of human values? *Journal of Social Issues, 50*(4), 19~45.

29 Deschamps, J. F., & Finkelstein, R. (2012). Existe-t-il un véritable altruism basé sur les valeurs personnelles? *Les Cahiers internationaux de psychologie sociale* (1), 37~62.

30 Hellhammer, K., Holz, N., & Lessing, J. (2007). Die Determinanten zivilcouragierten Verhaltens. *Zeitschrift Psychologischer Forschung (Revue de recherche en psychologie)*, 13.

안감이 있다. 불안을 느끼면 타인의 필요에는 신경을 쓰지 않고 오로지 자신의 앞날만 걱정하면서 안정적이고 보호 받을 수 있고 안전한 환경을 유지하려고 애쓰게 된다. 불안감은 다른 사람에 대한 개방적 태도에 제약을 가하고 위험을 무릅쓰고자 하는 의지를 저하시킨다. 마지막으로 권력을 추구하면 개인의 이익을 중시하고 생색을 내면서 지배욕, 경쟁에 중점을 두게 되어 자기중심적인 행동으로 남에게 손해를 입혀도 그것을 정당화하려고 애쓴다.

캘리포니아 주립 대학교 노스리지 캠퍼스의 빈센트 제프리스는 절제, 강건한 마음, 공정성, 남에 대한 배려, 분별 등이 친사회적 행동을 촉진하는 미덕이며 이런 자질들은 감정을 조절하고 진취적인 정신과 정의감, 자비심, 장기적 안목을 키울 수 있게 한다고 말한다.[31]

공감의 효과

노예(『톰 아저씨의 오두막』), 정신병원 수용자(『뻐꾸기 둥지로 날아간 새』), 흉한 외모를 가진 사람(「엘리펀트 맨」), 식민지하에서 억압 받는 사람들(「간디」, 「라간Lagaan」), 소비재로 전락한 동물(「지구 생명체Earthlings」, 「푸드 주식회사Food Inc」), 현재와 미래의 기후 변화의 피해자(「불편한 진실An Inconvenient Truth」, 「홈Home」) 등 탄압 받는 사람이나 인종 차별의 피해자들을 주인공으로 한 소설과 영화, 기타 다양한 미디어들이 공감을 불러일으키는 데 매우 효과적인 역할을 한다.

멕시코에서는 배우자 학대의 희생양이 된 여성들 일상을 그린 TV 연속극이나 여성 할례, 아프리카 미성년 소녀들의 강제 결혼 문제를 다룬 프로그램이 오랫동안 정부와 시민 단체들이 실패를 거듭하던 영역에서 사람들의 사고방식을 바꾸는 데 일조했다.

---

31 Jeffries, V. (1998). Virtue and the altruistic personality. *Sociological Perspectives*, 151~166.

엘리자베스 팔룩은 르완다에서 인종 문제로 반목과 갈등을 거듭한 투치족과 후투족의 화해를 꾀하기 위해 제작된 TV 시리즈물의 영향을 평가 분석했다.[32] 이 프로그램에서 등장인물들이 안고 있는 딜레마는 매우 많은 르완다 사람들이 당면한 문제이며 그 밖에 두 종족 구성원들 간의 우정 문제라든가 대량 학살의 기억, 빈곤 문제를 해결하는 일의 어려움 등이 내용으로 다루어진다. 극 중에는 공동체의 반대에도 불구하고 투치족 남성과 후투족 여성이 서로 사랑해 부부가 되고 평화와 화해를 위한 청소년 운동을 시작하는 장면도 포함되어 있다. 팔룩의 분석에 따르면 시청자들이 등장인물에게 감정 이입하면서 극에 몰입했으며 효과가 매우 긍정적인 것으로 나타났다. 다른 프로그램을 시청한 시청자 샘플과 비교했을 때 이 프로그램을 시청한 사람들은 두 종족 간의 결혼을 좀 더 쉽게 받아들이고 다른 동족에 속한 사람들과 기꺼이 협력할 의지를 보이는 것으로 나타났다.

공감은 까다로운 협상도 푼다

공감은 서로 대립하는 두 집단이 협상을 벌일 때 갈등을 좀 더 순조롭게 풀어 준다. 애덤 갈린스키와 동료 학자들에 따르면 협상자들이 체스 시합을 하듯 상대방의 반응을 미리 예측해서 전술을 결정할 경우, 자기 진영에게 가장 유리한 위치를 확보하는 데 그친다. 반면에 협상자들에게 경쟁자 입장에 서서 그들이 처한 상황과 어려움과 그들이 원하는 바를 상상해 보라고 했더니 그것을 바탕으로 양보와 타협이 이루어져 긍정적인 분위기가 조성되면서 장기적으로 양측 모두에게 더 나은 결과가 도출되었다.[33] 이 결과를 본 갈린스키는 무슨 일이

---

32 Paluck, E. L. (2009). Reducing intergroup prejudice and conflict using the media: A field experiment in Rwanda. *Journal of Personality and Social Psychology, 96*(3), 574~587. Batson, C. D. (2011). *op. cit.*, p. 179에 인용.

있어도 이겨야겠다면 '상대방이 생각하는 것을 생각하면' 전술적으로 유리한 위치에 설 수 있지만 '상대방이 느끼는 것을 느끼면' 양쪽 모두 수용 가능하고 장기적으로 이익을 볼 수 있는 해결책을 도출할 수 있다고 결론지었다.

친사회적 행동이 행복한 삶에 미치는 영향

친사회적 행동은 그런 행동을 한 사람에게도 혜택을 준다. 자신이 도와주는 사람들과 만남을 갖고 자원봉사 활동에 참여하고 비영리 단체에 가입하고 능력껏 남에게 봉사하면 자연스럽게 높은 행복감을 맛볼 수 있기 때문이다. 이타적인 행동과 행복한 삶이 밀접한 관계가 있다는 것은 이미 많은 연구에 의해 입증된 바 있다.[34]

앨런 룩스는 정기적으로 자원봉사 활동을 하는 미국인 수천 명을 관찰했다. 그 결과, 자원봉사를 하는 사람들은 또래의 다른 사람들보다 건강하고 열정과 에너지가 넘치며 인구 평균보다 우울증에 덜 걸리는 것으로 나타났다.[35] 또 다른 연구에서는 시간을 쪼개 봉사 활동을 하는 청소년의 경우에 약물 중독에 빠지거나 청소년 임신, 학업 중단 상태에 이르는 빈도 수가 낮았다.[36] 마지막으로 배우자와의 사별

33 Galinsky, A. D., Maddux, W. W., Gilin, D., & White, J. B. (2008). Why It Pays to Get Inside the Head of Your Opponent the Differential Effects of Perspective Taking and Empathy in Negotiations. *Psychological Science, 19*(4), 378~384. 자세한 내용과 참고 문헌은 Batson, C. D. (2011). *op. cit.*, p. 171~172 참조.

34 Diener, E., & Seligman, M. E. P. (2002). Very happy people. *Psychological Science, 13*(1), 81~84.

35 Luks A., & Payne, P., *The Healing Power of Doing Good: The Health and Spiritual Benefits of Helping Others*, Ballantine, 1991. 이타적 자원봉사 활동이 주는 혜택과 장점에 대해 자세히 알려면 다음을 참조. Post, S. G., *The Hidden Gifts of Helping: How The Power of Giving, Compassion, and Hope Can Get Us through Hard Times*, John Wiley & Sons, 2011.

36 Nicholson, H. J., Collins, C., & Holmer, H. (2004). Youth as people: The protective aspects of youth development in after-school settings. *Annals of The American Academy of Political and Social Science, 591*(1), 55~71.

등 비극적인 사건을 겪고 우울증에 걸린 사람들도 시간을 할애해 남을 도우면 회복이 훨씬 빠른 것으로 나타났다.[37]

지금까지 수많은 연구들을 통해 긍정적인 심리 상태와 남을 돕는 행위 사이에 상관관계가 있는 것으로 판명되었지만 그렇다고 이타심이 그런 정신 상태를 유발하는 원인이라고 입증된 것은 아니다. 대니얼 뱃슨을 비롯해 몇몇 심리학자들은 이타심이 정말 건강에 긍정적인 효과를 미치는지 아니면 그저 다른 사람들과 시간을 많이 보내서 그런 효과가 나오는 것인지 궁금하게 여기고 있다. 실제로 들새 관찰 동호회나 브리지 게임 클럽에 가입하는 것만으로 동일한 효과를 얻는 것도 충분히 가능할 수 있다.[38]

더그 오만이 이런 방법론적 문제들을 숙지한 상태에서 결과에 영향을 미칠 수 있는 다른 요인들을 좀 더 엄격하게 고려하면서 여섯 가지 조사 결과를 재검토한 결과, 자원봉사 활동이 노년 삶의 질을 높일 뿐 아니라 수명까지 연장한다는 결론에 도달했다.[39]

긍정 심리학의 개척자 가운데 한 명인 마틴 셀리그만은 학생들 두 그룹에게 같은 금액의 돈을 주면서 한 그룹에게는 하고 싶은 것을 하면서 즐겁게 하루를 보내라고 하고 다른 그룹에게는 (노인을 돕고 무료 급식소에서 배식을 하는 등) 자원봉사 활동을 하라고 지시한 뒤 다음 강의 시간까지 보고서를 작성해 오라고 했다. 결과는 자명했다. 레스토랑에서 식사하고 영화 보고 아이스크림 사먹고 쇼핑을 하는 등 개인

37 Brown, S. L., Brown, R. M., House, J. S., & Smith, D. M. (2008). Coping with spousal loss: Potential buffering effects of self-reported helping behavior. *Personality and Social Psychology Bulletin*, 34(6), 849~861.

38 Batson, C. D. (2011). *op. cit.*, p. 186, 및 Dovidio, J. F., Piliavin, J. A., Schroeder, D. A., & Penner, L., *The Social Psychology of Prosocial Behavior*, Lawrence Erlbaum Associates Publishers, 2006.

39 Oman, D., "Does Volunteering Foster Physical Health and Longevity?" In S. G. Post (ed.), *Altruism and Health: Perspectives from Empirical Research*, Oxford University Press, 2007, pp. 15~32.

적 쾌락을 추구해서 얻은 만족감이 이타적 활동을 통해서 얻은 만족감보다 훨씬 낮았다. 자원봉사 활동에 참여했던 학생들은 자신이 평소보다 더 열정적이고 친절하고 싹싹했으며 심지어 다른 사람들에게 칭찬까지 받았다고 말했다.[40]

동물을 돌보면 스트레스가 줄고 혈압이 떨어지면서 심리적, 신체적 건강이 개선되어 장수할 확률이 높아진다는 연구 결과도 그동안 많이 나왔다. 병자나 양로원에서 혼자 사는 노인, 죄수들도 애완동물을 돌보면서 상당한 효과를 보는 것으로 나타났다.[41]

수많은 사람들의 체험담은 성취감과 만족감을 얻는 데 선의가 얼마나 결정적인 역할을 하는지도 알 수 있다. 독일 당국을 설득해 이미 열차에 오른 유대인 수십 명을 내리도록 하는 데 성공한 마르세이유의 터키 외교관 네지데트 켄트는 프랑스 작가 마렉 알테르에게 평생 그때만큼 마음속에 평화가 충만했던 적이 없다고 털어놓았다.[42]

40 그 후 이 현상은 엘리자베스 던, 라라 애크닌, 마이클 노튼 등 여러 심리학자들에 의해 처음에는 북아메리카에서, 나중에는 다른 여러 나라에서도 충분히 입증되었다. 다음을 참조할 것. Dunn, E. W., Aknin, L. B., & Norton, M. I. (2008). Spending money on others promotes happiness. *Science, 319*(5870), 1687. Aknin, L. B., Barrington-Leigh, C. P., Dunn, E. W., Helliwell, J. F., Burns, J., Biswas-Diener, R.,... Norton, M. I. (2013). Prosocial spending and well-being: Cross-cultural evidence for a psychological universal. *Journal of Personality and Social Psychology, 104*(4), 635~652.

41 Ilen, K. (2003). Are pets a healthy pleasure? The influence of pets on blood pressure. *Current Directions in Psychological Science, 12*(6), 236~239; Dizon, M., Butler, L. D., & Koopman, C., "Befriending Man's Best Friends: Does Altruism Towards Animals Promote Psychological and Physical Health?" In S. G. Post (ed.), *Altruism and Health: Perspectives from Empirical Research*, Oxford University Press, 2007, p. 277~291. Netting, F. E., Wilson, C. C., & New, J. C. (1987). The human-animal bond: Implications for practice. *Social Work, 32*(1), 60~64.

42 Halter, M., *La Force du bien*, Robert Laffont, 1995, p. 199.

IV
이타심의 함양

영혼의 고귀함을 헤아리는 척도는
재능도 명예도 사랑도 아닌 선善이다.

– 앙리 라코르데르

20

인간은 과연 변할 수 있을까?

어느 날 이타심에 대해 강연을 마쳤는데 청중 한 사람이 자리에서 일어나 짜증 섞인 어조로 이렇게 물었다. "이타심을 키우라고 하는데 도대체 무엇을 기대하시는 것인지 모르겠습니다. 인류의 역사를 한번 돌아보세요! 달라진 게 하나도 없잖습니까? 전쟁과 고통이 끝없이 이어지고 있습니다. 그게 인간의 천성입니다. 무슨 짓을 해도 바꿀 수 없어요!" 정말 그럴까? 문화의 진보가 분명하게 눈에 보이는데 개인이 정말 변할 수 없는 것일까? 만약 개인이 변할 수 있다면 그 변화가 사회와 다음 세대에 미치는 영향이 있을까?

물론 사람의 성격적 특성은 개선을 위해 노력하지 않으면 거의 변하지 않는다. 그렇다고 해서 고정되어 있는 것도 아니다. 사람의 기본적인 성격적 특성은 유전적 유산과 성장 환경이 결합되어 형성된 것으로 정체성의 토대가 될 뿐이다. 그동안 신경 가소성을 둘러싸고 이루어진 많은 과학적 연구에 따르면 어떤 형태로든 훈련을 하면 기능과 구조 측면에서 뇌가 재편성된다.

문화를 개인이 좋든 싫든 맞춰 살 수밖에 없는 틀이라고 생각한다면 이는 현실을 지나치게 단순하게 도식화하는 견해이다. 사회와 제

363

도가 인간을 조건 짓고 영향을 미치는 것은 사실이지만 거꾸로 개인이 사회를 발전시키고 제도를 바꿀 수도 있다. 이런 상호 작용이 몇 세대에 걸쳐 계속되면 두 개의 칼날이 만나 예리하게 벼려지는 것처럼 문화와 개인이 서로를 갈고 닦을 수 있다.

지금보다 이타적인 사회가 도래하기 바란다면 개인과 사회가 각각 얼마나 변할 수 있는지 가능성을 가늠해 보는 것이 중요하다. 인간 자체가 진화 능력이 전혀 없다면 개인의 변화를 장려하느라 시간 낭비하지 말고 사회와 제도를 바꾸는 데 노력을 집중하는 것이 나을 것이다. 프랑스의 철학자 앙드레 콩트 스퐁빌이 하는 말의 요지가 바로 그것이다. 그의 주장은 이 논쟁의 정곡을 찌른다.

먼저 사람을 바꾸지 않으면 사회를 바꿀 수 없다고 하셨습니다. 그런데 지난 2천 년 동안의 역사 발전 과정을 살펴보면 현실은 정반대라는 것을 알 수 있습니다. 그리스인들은 모두 인종 차별주의자에 노예를 거느리고 있었죠. 그게 그들의 문화였습니다. 저는 거느린 노예도 없고 인종 차별주의자도 아닙니다. 그렇다고 해서 제가 아리스토텔레스나 소크라테스보다 더 나은 인간이라고는 생각되지 않습니다. 문화와 사회가 발전하는 것이지 개별적인 인간이 발전하는 게 아니란 말입니다. 저는 고대에 살았던 그 누구보다 이기적이고 비겁합니다. 요즘 누가 "노예를 거느리지 않으니 참 착한 사람이야." 이렇게 말한다면 그 사람은 정말 멍청한 인간입니다. 왜냐하면 노예를 거느리고 말고는 그 사람과 아무 상관도 없는 문제거든요. 그런 책임은 그가 몸담고 있는 문화에 있다는 말입니다. 오늘날 노예도 없고 인종 차별도 하지 않는 사람은 그저 시대에 맞춰 살아가는 사람일 뿐입니다.

극빈자들이 의료 혜택을 받을 수 있도록 인간이 정의로워질 때까지 주구장창 기다렸더라면 세상의 모든 가난한 사람들은 병원 문턱도 넘어보지 못하고 죽었을 겁니다. 우리는 인간이 정의로워지기를 기다리는 대신에 사회 보장 제도를 만들고 세금과 법치 국가를 만들었습니다. 제 생각에 정치는 이기적인 개인을 똑똑하게 만드는 절묘한 기술입니다. 그게 바로 제가 말하는 '연대 의식'이고 자크 아탈리가 말하는 "이해타산적 이타심"입니다. 관건은 사람들에게 남의 이익을 중시하는 것이 곧 자신의 이익을 도모하는 것임을 납득시키는 것이지요. 예컨대 세금을 내는 것은 우리 스스로의 이익을 위한 일이라는 말이죠.

저는 인류의 진보를 믿지 않습니다만 사회는 발전한다고 생각합니다. 그러니까 개인의 이타심만 믿고 그것에 의존해 경제 위기나 실업이나 빈곤 같은 문제를 해결하겠다고 한다면 그 말을 절대 믿지 않을 것입니다.

정치는 이타심과 이기심의 타협을 위해 만들어진 것입니다. 다들 바보 같이 대립하느니 다 함께 똑똑하게 이기적으로 살자는 것이죠.

대중의 이기심과 우리가 모두 찬양해 마지않는 사랑과 관용의 관계를 가장 잘 표현한 분이 바로 달라이 라마입니다. 그분이 이렇게 말씀했습니다. "이기주의자가 되어 서로 사랑하라."[1] 제가 여기저기 자주 인용하는 말입니다. 심오하기 이를 데 없습니다. 행복주의와 이타주의를 결합시켜 "행복하고 싶으면 서로 사랑하라" 이렇게 말하고 있으니 말입니다."[2]

나는 이 말을 듣고 당혹스러운 나머지 그 자리에서 설득력 있는 답변을 하지 못했다. 그런데 잘 생각해 보니 인간은 변하지 않는다는 앙드레 콩트 스퐁빌의 주장을 생물학적으로 표현하면 인류가 2천 년 역

---

1   달라이 라마의 이 말이 이기주의를 옹호하는 말로 해석되는 경우가 있는데 이것은 이기적인 사람이 되라는 뜻이 아니다.(달라이 라마는 자신을 지나치게 소중히 여기는 것이 위험하다고 누누이 강조해 왔다.) 달라이 라마가 하려는 말은 이웃을 사랑하고 이타심을 발휘하는 것이 스스로의 이익을 도모하는 최선의 방법이라는 것이다. 타인의 이익을 도모할 수 있을 뿐더러 자신의 행복까지 보장할 수 있기 때문이다. 근본적으로 이기적인 행복을 추구하면 결국 실패할 수밖에 없다.
2   André Comte-Sponville, 크리스토프 앙드레와 폴린 앙드레가 주선한 토론 자리에서 한 말.

사를 지나오는 동안 유전적으로 변한 게 하나도 없다는 말이었다. 사람이 가진 대부분의 유전자를 생각하면 백번 지당한 말이다. 인류처럼 진보된 종에게 영향을 미칠 만큼 중대한 유전자 변화가 일어나려면 수만 년의 시간이 필요한 법이니 새삼 놀라울 것도 없다. 우리의 성격적 특성에 영향을 미치는 유전적 소인은 아리스토텔레스가 살던 시대나 지금이나 달라진 것이 거의 없다. 달라이 라마도 이 점에 의견을 같이 한다. 달라이 라마는 오늘날의 남녀와 부처님 시대의 남녀가 근본적으로 다르지 않고 동양인과 서양인 사이에도 차이가 없다고 하면서 가끔 이렇게 말한다. "우리는 모두 다 똑같은 인간 본성을 갖고 있다. 기쁨, 슬픔, 자비심, 분노와 같은 감정을 똑같이 느끼며 다들 고통을 피하려고 애쓴다. 그러므로 우리는 근본적으로 다 같은 인간이다."

그런데 그게 다가 아니다. 최근 수십 년 동안 밝혀진 과학적 사실들에 비추어 생각할 때 우리가 갖고 있는 유전적 유산은 영향력이 제아무리 강력하다고 해도 이러저러하게 표현되는 성향의 소인素因 즉 시작점에 불과하다. 이렇게 잠재된(잠재되어 있다는 것이 핵심이다.) 조건은 우리가 처한 환경이라든가 정신과 신체를 단련하는 학습 활동의 영향을 받아 다양한 형태로 표출될 수 있다. 그러므로 우리가 가진 유전적 유산과 생물학적 존재는 건축 과정에서 언제든지 수정할 수 있는 건축 도면이나 즉흥 연주의 바탕이 되는 음악적 테마에 비교하는 것이 맞을 것이다.

신경 가소성

개인의 변화는 특히 뇌의 가소성에 의해 가능해진다. 신경 과학 분야에서 오랫동안 정설로 굳어져 있던 이론에서는 성인의 뇌가 형성되어 구조가 완성되면 뉴런이 더 이상 생성되지 않으며 나중에 나이가 들어 퇴보할 때 말고는 변화가 없다고 생각했다. 뇌는 조직이 워낙 복잡하기 때문에 큰 변화가 일어나면 고장의 원인이 된다고 본 것이다. 신경 가소성 분야의 권위자인 솔크 생물학 연구소Salk Institute의 프레드 게이지는 이렇게 말한다. "변화가 없다고 생각하는 것이 훨씬 편했다. 그래야 사람이 늘 변하지 않고 같은 모습일 수 있었다."[3] 그래서 옛날에는 뇌는 고정되어 있는 것, 성격적 특성은 변하지 않는 것이라고 다들 생각했다.

오늘날 우리는 이 학설이 완전히 잘못된 것임을 알고 있다. 최근 30년 사이에 이룩된 가장 중요한 발견 중 하나인 '신경 가소성'은 용어만 봐도 사람이 새로운 상황에 노출될 때마나 뇌가 끊임없이 변한다는 사실을 미루어 짐작할 수 있다. 실제로 성인의 뇌는 매우 변화무쌍하다. 새 뉴런을 만들어 내고 기존의 뉴런이 하는 활동을 강화하거나 축소시킬 수 있으며 평상시에 다른 기능을 수행하는 뇌 영역에 전혀 새로운 기능을 부여할 수도 있다.

앞을 보지 못하는 사람들에 대한 연구에 보면 뇌의 청각 영역 외에 보통 시각 기능을 담당하는 뇌 영역(시각 영역)까지 청각이 점령해 사용하는 것을 볼 수 있다. 그 때문에 앞을 보지 못하는 사람들이 소리가 나는 방향을 훨씬 더 정확하게 지각하는 것이다. 마찬가지로 귀가 안 들리는 사람들은 시각이 청각 영역까지 동원해 시각을 예민하게 만들어 주변시가 일반인보다 우수한 동작 감지 능력을 갖게 되는 것이다.[4]

미국 매사추세츠 공과 대학교 조셉 알트만이 1962년에 획기적인

3 Begley, S., *Train Your Mind, Change Your Brain: How a New Science Reveals Our Extraordinary Potential to Transform Ourselves*, Ballantine Books, 2007, p. 7.
4 이런 현상은 태어날 때부터 귀가 먼 족제비가 청각 피질로 광선을 처리하고 눈이 먼 쥐가 시각 피질로 소리를 처리하는 데서 찾아볼 수 있다. 족제비가 빛을 듣고 쥐가 소리를 본다고 할 수 있을 것이다. Begley, S. (2007). *op. cit.*, pp. 51~53, 및 Sur, M., Leamey, C. A., *et al.* (2001). Development and plasticity of cortical areas and networks. *Nature Reviews Neuroscience, 2*(4), 251~262; Sur, M., & Rubenstein, J. L. R. (2005). Patterning and plasticity of the cerebral cortex. *Science's STKE, 310*(5749), 805.

발견을 했다. 쥐, 고양이, 기니피그가 성년이 된 후에도 새로운 뉴런이 계속 생성된다는 것을 보여 준 것이다.[5] 그런데 너무 혁명적이라 당시의 학계 권위자들에게 무시당하거나 조롱당하고 말았다. 1981년에는 페르난도 노테봄의 발견이 나왔다. 매년 봄에 새로운 노래를 부르는 카나리아들의 경우, 학습에 관련된 뇌수 두 곳의 크기, 즉 뉴런의 질량이 전년도 가을보다 각각 99퍼센트와 76퍼센트 증가한다는 사실이 입증되었다.[6]

1997년에 프레드 게이지는 쥐들을 대상으로 실험을 실시했다. 쥐들을 하루에 한 번 먹이를 먹는 것 외에 아무것도 할 일이 없는 빈 상자 속에 넣어 두었다가 한 달 후 터널, 바퀴, 물놀이장을 비롯해 기어오를 수 있는 다양한 장난감이 완비되어 있고 친구 삼을 다른 쥐까지 있는 이른바 쥐들의 디즈니랜드로 자리를 옮기는 것이다. 사는 장소가 바뀌면서 쥐 뇌에 놀라운 반향이 일어났다. 45일이 지나자 뇌에서 새로운 기술 학습에 관여하는 해마[7]의 크기가 15퍼센트 증가했으며 노쇠한 쥐조차 종전에 평균 27만 개였던 뉴런 수가 31만 7천 개로 늘어났다.[8]

남은 일은 사람도 같은 현상이 일어난다는 것을 입증하는 것. 스웨덴 학자 피터 에릭슨은 이미 사망한 환자 뇌에 뇌종양 전이 과정을 추적할 수 있는 화학 물질을 주입하는 방법으로 해마에서 새로운 뉴런이 생성된다는 것을 발견했다. 인간의 뇌가 사망할 때까지 특정 영역에서 새로운 뉴런을 계속 생성(하루 최대 천 개)한다는 사실이 확인된

5   Altman, J. (1962). Are new neurons formed in the brains of adult mammals? *Science*, 135(3509), 1127~1128.
6   Nottebohm, F. (1981). A brain for all seasons: Cyclical anatomical changes in song control nuclei of the canary brain. *Science*, 214(4527), 1368.
7   해마는 뇌에서 새로운 경험에서 얻은 지식을 관리하는 영역이다. 새로운 지식은 다른 뇌 영역으로 전달되어 기억되고 재사용된다.
8   Kempermann, G., Kuhn, H. G., & Gage, F. H. (1997). More hippocampal neurons in adult mice living in an enriched environment. *Nature*, 386(6624), 493~495.

셈이었다.[9] 프레드 게이지는 이렇게 강조한다. "이 현상은 평생 계속된 다. 이는 매우 중요한 발견이다. 지금까지 상상했던 것 이상으로 정밀 하게 뇌 기능을 제어하는 것이 가능할 수 있다는 뜻이기 때문이다."[10]

프레드 게이지의 쥐들은 저도 모르는 사이에 접하게 된 새로운 상 황에 반응한 것이다. 이런 경우를 일컬어 과학자들은 "외인적 계발outer enrichment"이라고 하고 반수동적인 것이 특징이다. 그런데 정신은 특정 능력을 개발할 목적으로 적극적, 자발적으로 훈련할 수도 있다. 이때 도 마찬가지로 곡예나 체스를 배우는 사람, 꾸준히 훈련을 쌓는 운동 선수의 뇌가 변형된 것을 여러 가지 연구를 통해 확인할 수 있었다. 바 이올린 연주자들은 바이올린을 배울수록 현란한 손가락의 움직임을 관장하는 뇌 영역이 개발된다. 어려서부터 바이올린을 배우기 시작해 수년 간 훈련을 쌓은 음악가들 뇌가 가장 크게 변화되어 있었다.[11] 그 밖에 1만 4천 개나 되는 거리 이름과 위치를 암기해야 하는 런던의 택 시 운전기사들도 뇌 구조 중 해마의 부피가 훨씬 컸으며 운전 생활을 한 햇수와 해마의 크기가 비례하는 양상을 보였다.[12]

따라서 여기서 정신 단련을 통한 '내인적 계발inner enrichment'의 가능 성을 고려해 볼 수 있다. 명상을 하는 동안 외부 환경은 특별히 변하

9   Eriksson, P. S., Perfilieva, E., Björk-Eriksson, T., Alborn, A. M., Nordborg, C., Peterson, D. A., & Gage, F. H. (1998). Neurogenesis in the adult human hippocampus. *Nature Medicine*, 4(11), 1313~1317.

10   Fred Gage, 달라이 라마가 참석한 가운데 2004년에 인도 다람살라에서 열린 마음과 생명 연구 소 제12 차 회의("신경 가소성: 학습과 변화의 신경 세포 기판Neuroplasticity: The Neuronal Substrates of Learning and Transformation")에서. Begley, S. (2007), *Train Your Mind, Change Your Brain (op. cit.)*, p. 65 참조.

11   Elbert, T., Pantev, C., Wienbruch, C., Rockstroh, B., & Taub, E. (1995). Increased cortical representation of the fingers of the left hand in string players. *Science*, 270(5234), 305~307.

12   Maguire, E. A., Spiers, H. J., Good, C. D., Hartley, T., Frackowiak, R. S. J., & Burgess, N. (2003). Navigation expertise and the human hippocampus: A structural brain imaging analysis. *Hippocampus*, 13(2), 250~259; Maguire, E. A., Woollett, K., & Spiers, H. J. (2006). London taxi drivers and bus drivers: A structural MRI and neuropsychological analysis. *Hippocampus*, 16(12), 1091~1101.

는 것이 없지만 명상을 하는 사람이 정신 단련을 통해 내면을 최대한 계발하는 것이다. 최근 십여 년간 내가 직접 참여했던 신경 과학 연구에 따르면 주의력, 정서적 균형, 자비심을 비롯해 여러 가지 인간성도 육성과 단련이 가능하며 그런 개발을 통해 뇌 구조와 기능에 깊은 변화가 생기는 것으로 확인되었다.

후성적 요인의 중요성

신경 가소성과 함께 개인의 변화를 가능하게 만드는 두 번째 메커니즘이 바로 후성 유전학이다. 유전자가 활성화되려면 '발현'이 되어야 한다. 특정한 단백질 형태로 '전사'되어야 그런 유전자를 보유한 유기체에 작용할 수 있다. 유전자가 발현되지 않고 '침묵'하고 있으면 없는 것이나 다름이 없다. 그런데 최근 유전학이 눈부시게 발전하면서 환경이 유전자의 발현에 큰 영향을 미치는 것으로 밝혀졌다. 그 과정을 일컬어 '후성 유전학'이라고 한다. 유전자의 발현은 외부 환경 뿐 아니라 정신 상태의 영향으로 활성화될 수도 있고 비활성화될 수도 있다.

예를 들어 동일한 유전자를 갖고 있는 일란성 쌍둥이가 따로 떨어져서 자라거나 서로 다른 생활 환경에 노출되면 생리적으로나 정신적으로 서로 다른 특성을 지니게 된다. 과학적 용어로 말하면 둘이 유전적으로는 동일하지만 표현형이 서로 다르다고 할 수 있다. 마찬가지로 애벌레와 나비도 정확히 똑같은 유전자를 갖고 있지만 곤충의 생명 단계에 따라 발현 방식이 달라지는 것이다.

유전자 발현에 변화가 생기면 그 변화가 길게 또는 짧게 지속되며 경우에 따라서는 유전자의 DNA 염기 배열 순서에 변화가 없는 상태에서 한 세대에서 다음 세대로 전달되기도 한다. 그동안 획득 형질이 유전된다고 하면 이단으로 취급되던 것을 생각하면 이것은 유전학 분야에서 가히 혁명적인 발견이라 할 수 있다.[13] 어쨌든 그렇게 해서 외부 조건이 상당히 큰 영향력을 갖고 있으며 그 영향이 유전자에까지 미친다는 것이 기정사실화되었다.

이와 관련해 몬트리올 맥길 대학교 마이클 미니와 동료 학자들이 실시한 유명한 일련의 실험이 있다. 불안, 초조 성향이 강한 유전자를 가진 쥐들이 태어나자마자 처음 열흘 동안 혈통적으로 새끼들을 극진히 돌보는 어미 쥐들에게 맡겨 돌보도록 했다. 어미 쥐들은 새끼들을 끊임없이 핥고 털을 골라 주고 틈만 나면 신체 접촉을 했다. 열흘 후에 확인하니 새끼 쥐들이 원래 갖고 있던 불안, 초조에 관련된 유전자가 발현되지 않은 것은 물론 쥐들이 생을 마칠 때까지 끝내 발현되지 않은 것으로 나타났다.[14]

반면에 같은 유전자를 가진 새끼 쥐들을 모성애가 특별히 강하지 않은 보통의 어미 쥐들에게 맡겨 길렀더니 새끼들이 평생 동안 겁이 많고 불안해 하는 경향을 보였다. 이 실험에서 유전적 유산은 모두 동일한 조건이었으므로 성년이 되었을 때 나타난 스트레스 수준은 유전이 아니라 출생 직후 열흘 동안 어떤 대우를 받았느냐에 따라 달라진

13 Carey, N., *The Epigenetics Revolution*, Icon Books, 2011.
14 후성적 변화는 여러 가지 메커니즘의 작용으로 일어날 수 있는데 그 중 하나가 유전자의 '메틸화'다. DNA를 구성하는 염기에 메틸기가 붙어 유전자에 대한 접근을 막으면 그 유전자는 단백질로 전사되지 못하고 비활성 상태를 유지하는데 이를 가리켜 유전자 발현이 '억제'되었다고 한다. 학자들은 '메틸화'의 작용으로 DNA의 3차원 구조가 바뀌어 유전자에 '주름' 같은 것이 생기고 그것이 RNA의 개입으로 유전자가 단백질에 전사되어 세포에 활성화되는 과정을 방해한다고 생각한다. 이 내용에 대해 설명해 준 마이클 미니에게 감사드린다. 안정적인 메틸화 외에 DNA와 결합한 염기성 단백질 히스톤의 아세틸화도 단기적으로 후생 유전학적 영향을 미칠 수 있으며 단백질을 암호화하지 않는 일부 RNA가 유전자와 상호 작용해 유전자 침묵을 유발할 수 있다. 다음을 참고할 것. Francis, D., Diorio, J., Liu, D., & Meaney, M. J. (1999). Nongenomic transmission across generations of maternal behavior and stress responses in the rat. *Science*, 286(5442), 1155~1158; Champagne, F. A., Weaver, I. C. G., Diorio, J., Dymov, S., Szyf, M., & Meaney, M. J. (2006). Maternal care associated with methylation of the estrogen receptor-alpha1b promoter and estrogen receptor-alpha expression in the medial preoptic area of female offspring. *Endocrinology*, 147(6), 2909~2915. 그 밖에 Carey, N. (2011), *The Epigenetics Revolution. op. cit.*도 참조.

것이다. 이를 통해 유전적으로 타고난 운명은 바꿀 수 없는 것이 아님을 알 수 있다.

마이클 미니 이후 모쉐 스지프 등 여러 학자들이 사람을 대상으로 연구에 착수했다. 심한 아동 학대를 당한 아이들은 어른이 되었을 때 우울증으로 고통 받을 가능성이 50퍼센트나 더 높은 것으로 알려져 있다.[15] 그런데 학대로 인해 촉발된 후성 유전학적 변형이 학대 기간 이후에도 오랫동안 지속된다는 사실이 밝혀졌다. 특히 스트레스에 관련된 코르티솔이라는 호르몬의 생성과 조절에 관여하는 유전자들의 발현이 영구적으로 변형된 것을 볼 수 있었다. 이런 사람들은 건강 상태가 좋고 폭행이나 정신적 공격을 당하지 않을 때도 코르티솔 수치가 만성적으로 높게 나타난다.[16] 간헐적으로 우발적 우울 증세가 나타나는 것도 학대를 당했을 때 신경 세포에 일어난 후성 유전학적 변형과 관련해 취약성이 지속되는 것이라고 설명할 수 있을 것이다.

그렇다면 긍정적인 감정을 함양하는 정신 훈련도 후성 유전학적 변화로 이어질 수 있을까? 미국 위스콘신 대학교 리처드 데이비슨 연구 팀과 스페인 유전학자 페를라 칼리만의 공동 연구 결과에 따르면 이타심과 자비심에 대한 명상이 후성 유전학적으로 커다란 변화를 가져오는 것으로 나타났다.[17] 환경의 영향 외에 기본적인 인간성을 함양하기 위해 자발적으로 훈련을 해도 개인적 차원에서 후성 유전학적 변화가 가능하다는 뜻이다.

---

15 Heim, C., Shugart, M., Craighead, W. E., & Nemeroff, C. B. (2010). Neurobiological and psychiatric consequences of child abuse and neglect. *Developmental Psychobiology*, *52*(7), 671~690.

16 자살한 사람들을 사후에 분석하면 어린 시절에 학대를 당한 사람은 대뇌 신경 세포 유전자들의 메틸화 수준이 높은 데 비해 학대를 경험하지 않은 사람들은 메틸화 수준이 비교적 낮은 것으로 나타난다. 아동 학대를 당하면 장기적으로 유전자 발현에 변화가 생긴다는 것을 알 수 있다. McGowan, P. O., Sasaki, A., D'Alessio, A. C., Dymov, S., Labonté, B., Szyf, M.,... Meaney, M. J. (2009). Epigenetic regulation of the glucocorticoid receptor in human brain associates with childhood abuse. *Nature Neuroscience*, *12*(3), 342~348. Carey, N. (2011). *op. cit.*에 인용.

약간 다른 존재들

지금까지 설명한 실험 내용에 비춰 앙드레 콩트 스퐁빌의 주장을 재검토해 보자. 문화와 개인이 동시에 변화하는 것은 충분히 가능할 것으로 보인다. 사회 전체가 이타적 가치를 중시하고 경쟁보다 협력을 장려한다면 그런 문화 속에서 성장한 아이들은 행동뿐 아니라 전반적인 태도와 기질도 달라질 것이다. 그들이 다른 것은 새로운 문화 규범과 새로운 제도적 규칙을 준수하는 것 외에 그들 뇌가 약간 달리 형성되고 유전자가 다르게 발현되기 때문이다. 이렇게 서로 영향을 수고받는 역동적인 과정은 세대가 바뀌어도 계속 이어진다. 문화 진화 전문가인 리처슨과 보이드는 다음과 같이 역설한다.

> 개인에게 일어나는 일(예를 들어 자연 선택)이 개체 집단 전체의 특성(예를 들어 유전자의 빈도)에 영향을 미친다. …… 문화적 변종이 개체 집단의 고유한 속성이 되고 변종의 빈도는 이러한 이형異形을 개인이 모방할 확률에 영향을 준다.
>
> 개인이 내린 결정이 제도에 별다른 영향을 미치지 못해 당장은 개인이 무력하게 제도의 지배를 받으며 사는 것처럼 보이지만 장기적으로 보면 수많은 개인의 결정이 쌓여 제도에 깊은 영향력을 행사하게 된다.[18]

결국 따지고 보면 전체주의 정권을 수립하는 것도 개인이고 전체

---

17 Kaliman, P., Álvarez-López, M. J., Cosín-Tomás, M., Rosenkranz, M. A., Lutz, A., & Davidson, R. J. (2013). Rapid changes in histone deacetylases and inflammatory gene expression in expert meditators. *Psychoneuroendocrinology*; doi:10.1016/j.psyneuen.2013.11.004. 명상가의 신경 세포를 떼어 내는 것은 불가능한 일이지만 혈액 세포에서 후성 유전학적 변화를 관찰할 수 있으며 사망자의 세포를 연구하는 과정에서 그런 변화가 뇌에서 일어난 신경 세포 변형과 일치하는 것으로 밝혀졌다. 바버라 프리드릭슨 연구소가 이타적 사랑에 대한 명상의 후성 유전학적 영향에 대해 연구하고 있다.

주의를 무너뜨리고 민주주의를 확립하는 것도 개인이다. 똑같은 사람임에도 불구하고 인간성을 말살하고 대량 학살을 자행한 것도 개인이었고 그들과 동시대를 살면서 세계 인권 선언을 공포한 것도 개인이었다.

개인적 변화의 가치를 명실공히 인정하라

우리는 그동안 민주주의, 여권 신장, 인권, 정의, 연대, 빈곤 및 전염병 퇴치 분야에서 커다란 발전을 이룩했지만 우리에게는 아직 할 일이 많이 남아 있다. 그런 변화를 도모함에 있어서 개인의 변화가 갖는 비중과 역할을 무시한다면 이는 매우 유감스러운 일일 것이다.

우리 시대의 비극 중 하나는 정신의 변화가 갖는 위력을 지나치게 과소평가하는 것이라고 생각한다. 물론 사람의 성격적 특성이 비교적 항구적이라고 반론을 제기할 수 있다. 불과 몇 년의 간격을 두고 관찰해 보면 성마르던 사람이 인내심 있는 사람으로 바뀌고 번뇌와 불안감이 많던 사람이 마음의 평화를 되찾고 오만방자하던 사람이 겸손한 사람으로 돌변하는 경우는 거의 찾아보기 힘들다. 그럼에도 불구하고 변하는 사람이 분명히 있다. 그들에게 일어나는 변화를 보면 불가능한 일이 아님을 알 수 있다. 사람의 성격적 특성은 개선을 위해 아무 노력도 기울이지 않으면 그대로 답보한다. 자신이 가진 성향과 무의식적인 행동 습관을 그대로 내버려 두면 그것이 지속될 뿐 아니라 시간이 갈수록 심해질 수 있다. 그렇다고 그것이 영구적인 것이라고 보는 것은 잘못된 생각이다.

우리는 외적인 삶의 조건을 개선하기 위해 끊임없이 노력한다. 그런데 잘 생각해 보면 세상을 경험하고 경험을 통해 지각한 것을 행복

---

18 Richerson, P. J., & Boyd, R. (2004). *Not by Genes Alone. op. cit.*, p. 247.

이나 고통으로 바꾸는 것은 인간의 마음이다. 결국 만사를 이해하는 방식을 바꾸면 삶의 질도 저절로 바뀐다. 그리고 이런 변화는 얼마든지 가능하다. 그것을 가능하게 하는 것이 정신 수련, 흔히 '명상'이라고 부르는 것이다.

21
인지 과학 관점에서 본 정신 수련

2000년에 인도 다람살라에서 아주 특별한 모임이 열렸다. 심리학자, 신경 과학자, 철학자 등 감정 연구 분야의 최고 권위자들이 히말라야 산맥의 구릉지에 있는 달라이 라마의 거처에 모여 일주일 동안 대화를 나눈 것이다. 나도 그때 저명한 신경 과학자 프란시스코 바렐라와 미국 변호사 애덤 앵글이 1987년에 설립한 마음과 생명 연구소Mind & Life Institute 주최로 열린 흥미진진한 회합에 처음 참석할 수 있었다. 대화의 주제는 파괴적인 감정을 다루는 법이었다.[1]

　어느 날 아침 회합 도중에 달라이 라마가 이렇게 말했다. "논의가 무척 흥미롭습니다. 그런데 우리가 진정 무엇으로 사회에 기여할 수 있을까요?" 열띤 토론에 이어 점심 식사를 하는 자리에서 정신 수련 즉 명상의 장기적, 단기적 효과를 연구하는 프로그램을 시작하자는 제안이 나왔고 그 프로젝트는 그날 오후에 달라이 라마가 함께한 자리에서 열광적인 반응을 얻어 채택되었다. 명상학 분야의 획기적인 연구들은 그렇게 해서 시작되었다.

1　이 만남이 결실을 맺어 나온 것이 이 책이다. Goleman, D., and the Dalai Lama, *Destructive Emotions: A Scientific Dialogue with The Dalai Lama*, Bantam Books, 2004.

실은 몇 년 전에 프란시스코 바렐라, 리처드 데이비슨, 클리프 사론이 다람살라를 찾아온 적이 있었다. 앨런 월러스에게 도움을 받아 휴대용 뇌파 전위 기록 장치EEG를 가져와 달라이 라마의 격려를 받으면서 명상가 몇 명을 대상으로 실험을 진행했지만 실험 환경이 썩 좋지 않았다. 결국 2000년에 접어들어서야 "명상에 관한 신경 과학"이 비약적으로 발전하기 시작했다.

이 연구가 시작된 후 나는 고인이 된 프란시스코 바렐라의 프랑스 연구 팀, 위스콘신 대학교 매디슨 캠퍼스의 리처드 데이비슨과 앙투안 루츠 연구 팀, 버클리 대학교의 폴 에크만과 로버트 레벤슨, 프린스턴 대학교의 조나단 코헨과 브렌트 필드, 라이프치히 대학교의 타니아 싱어 연구소가 진행하는 몇 가지 실험에 직접 참여하는 행운을 누렸다.

명상의 장기적 효과

먼저 여러 해 동안 명상 수련을 한 사람들을 대상으로 연구를 시작하는 것이 당연한 수순처럼 여겨졌다. 그들이야말로 뇌에서 가장 괄목할 만한 변화가 기대되는 사람들이었다. 그들에 대해 실험을 해서 뇌나 행동에 이렇다 할 변화가 보이지 않으면 명상 경력이 몇 개월이나 몇 주 정도로 짧은 피험자들을 관찰하는 것은 무의미한 일이었다. 반대로 오랜 경력을 가진 명상가들에서 중요한 변화가 관찰되면 그들이 어떤 과정을 거쳐 그런 상태에 도달했는지 알아보기 위해 초보 명상가들의 발전 추이를 시간의 흐름에 따라 연구하면 될 터였다.

그래서 초기에는 앙투안 루츠와 리처드 데이비슨이 승려와 신도, 남성과 여성, 동양인과 서양인을 구분하지 않고 1만 시간에서 최고 6만 시간까지 집중적으로 은거하면서(몇 년 동안 계속하는 경우도 있다.) 이타적 사랑, 측은지심, 주의력, 알아차림mindfulness의 개발에 관련한 명상을 하고 그것도 모자라 15년에서 40년 정도 매일 규칙적으로 명상한 피험자 20여 명을 선정해 연구를 시작했다. 비교 대상으로는 국립 고등 음악원 입학 시험을 치르기 위해 총 1만 시간 정도 연습을 한 바이올리니스트를 선정했다.

실험 후 데이터를 분석하니 명상을 계속 한 사람과 명상 훈련을 받지 않은 사람 사이에 극명한 차이가 나타났다. 오랫동안 명상을 한 사람들은 특정한 정신 상태를 정확하고 강력하게 오래 유지할 수 있었으며 예를 들어 자비심에 관련된 뇌 영역이 매우 왕성한 활동을 나타내고 있었다. 게다가 명상의 유형별로 차별화된 뇌의 '시그니처'가 관찰되었다. 다시 말해서 피험자가 자비심에 대해 명상을 하면 주의력 집중에 대해 명상을 할 때와 전혀 다른 대뇌 영역('신경망'이라고 한다.)이 활성화되었다.

리처드 데이비슨은 연구 결과에 대해 이렇게 말했다. "종전에 상상조차 하지 못했던 방식이지만 뇌를 훈련시켜 물리적 변형을 일으키는 것이 가능할 것으로 보인다."[2] 아울러 명상 수련 시간이 길면 길수록 뇌의 변화도 큰 것으로 나타났다. 이 연구 결과는 그 후 권위 있는 과학 저널에 수많은 논문이 게재되면서 널리 알려졌고 지금까지 학문 분야로 인정받지 못하던 명상 연구가 명실공히 입지를 확보하게 되었다.

실험대에 오른 명상가들

내가 처음 실험에 직접 참여한 것은 미국 위스콘신 대학교 매디슨 캠퍼스에서였다. 여기서는 명상가들이 중립 상태와 다양한 주의, 인지, 감정 상태에 관한 명상 상태를 번갈아 가면서 왔다 갔다 한다는 사실을 감안해 실험 프로토콜을 설계했다. 채택된 명상의 유형으로는 한 점만 바라보는 집중, 자비심과 결합된 이타심, '열린 집중open presence'

---

2 Kaufman, M., Meditation gives brain a charge, study finds, *Washington Post*, January 2005, p. A05.

(384페이지 참조), 여러 가지 심상의 시각화, 겁이 나도 동요하지 않는 침착성, 헌신 등 여섯 가지가 있었다. 불교 수행자가 수년간에 걸쳐 이런 정신 수양을 하면 갈수록 안정적이고 또렷한 상태에서 명상을 하게 된다.[3] 연구 목적으로는 위에 언급된 여섯 가지 유형 중 불교에 국한되지 않고 보편적 가치가 있으면서 누구든지 능력 개발이 가능하다고 생각되는 세 가지 명상에 대해서만 실험을 계속하기로 했다.

실험의 일환으로 과학자들은 명상가가 휴식을 취할 때 나타나는 '중립 상태'의 뇌 활동과 명상 중에 나타나는 뇌 활동을 비교해 관찰 가능한 차이를 측정했다. 명상가는 충분한 양의 데이터가 수집되도록 45초 동안 휴식했다가 1분 내지 길게는 5분까지 명상하기를 여러 차례 반복한다. 전체 실험은 최대 두 시간 동안 진행되는데 그 시간 동안 피험자는 한 치의 움직임도 없이 부동자세를 유지해야 한다. 기능적 자기 공명 영상Functional MRI을 찍을 때는 스캐너 안에 누워 있어야 하고 뇌파 전위 기록 장치를 사용하는 경우에는 앉은 자세를 유지한다. 뇌파 전위 기록 장치 EEG는 시간적으로 정확도가 높고 기능적 자기공명 영상은 공간적으로 훨씬 더 정확해서 두 가지 기술이 상호 보완적이라 할 수 있다. EEG는 두피에 부착된 센서를 이용해 기록을 하는데 뉴런에서 방출된 미미한 전류를 센서들이 포착해 신호 발생 위치를 대략적으로 추적하는 식으로 뇌의 활동을 1,000분의 1초 단위로 모니터한다. fMRI는 뇌 활동의 위치를 훨씬 더 정확하게 파악할 수 있는 강력한 스캐너를 사용하는 대신에 지속 기간이 1~2초 미만인 변화는 감지하지 못한다.

과학자들은 이 두 가지 기술 외에 다양한 행동 및 인지 테스트까지 추가로 실시해 주의력, 감정적 균형, 회복 탄력성, 통증에 대한 저항력, 공감, 친사회적 행동을 측정했다. 이 연구에서는 특히 리처드 데이비

---

3   Ricard, M., *Why Meditate?* Hay House, 2010; *The Art of Meditation*, Atlantic, 2011 참조.

슨이 설명한 여섯 가지 주요 '감정 유형'에 일어날 수 있는 변화를 분석했다. 리처드 데이비슨의 여섯 가지 감정 유형은 첫째, 역경을 이겨내는 회복 탄력성 둘째, 시간적 의미에서 본 성향 즉 긍정적인 감정을 유지할 수 있는 시간 셋째, 주위 사람들이 발산하는 사회적 신호(얼굴 표정, 몸짓, 목소리 톤 등)를 포착할 줄 아는 사회적 직관social intuition 넷째, 감정이 반영된 신체 감각을 알아차리는 반사적 자기 의식self-awareness 다섯째, 상황에 맞춰 감정 반응을 조절하는 상황 민감도sensitivity to context 여섯째, 집중의 강도와 명료성을 뜻하는 주의력attention이다.[4]

과학자들 입장에서 수년간 명상 수련을 한 피험자들과 일을 해서 얻을 수 있는 장점은 다음과 같다. 먼저, 노련한 명상가들은 사전에 명확하게 정의된 정신 상태를 생성하고 그것을 용인할 수 있는 신뢰도 범위 안에서 재현할 수 있다. 다음으로는 수련을 하지 않은 피험자에게서 보기 어려운 특별한 능력이 나타날 수 있어 참신한 과학적 데이터를 수집할 수도 있다. 마지막으로 이들은 주관적인 경험의 내용을 훨씬 더 정확하고 자세하게 묘사할 수 있다.[5]

십여 년간의 과학적 실험

2000년부터 2012년까지 유명 대학교 20여 곳에서 실험이 진행되었으며 100여 명의 남녀 승려와 불교 신자, 수많은 초보 명상가들이 자발적으로 실험에 참여했다.[6] 2012년 4월, 미국 덴버에서 사흘간 제1 회 국제 명상 연구 심포지엄International Symposium for Contemplative Studies이 개최되어 전 세계에서 모인 학자 700여 명이 보는 가운데 새로운 학문의

4   Davidson, R. J., & Begley, S., *The Emotional Life of Your Brain: How Its Unique Patterns Affect The Way You think, Feel, and Live and How You Can Change them*, Hudson Street Press, 2012, p. xii.

5   Lutz, A., Dunne, J. D., & Davidson, R. J. (2007). Meditation and the neuroscience of consciousness: An introduction. *The Cambridge Handbook of Consciousness*, 499~551.

시작을 알렸다. 그 후 매년 유월에 노장 학자들을 중심으로 소장파 학자 100여 명이 일주일 동안 모임을 갖는다.

이상의 연구를 통해 관록 있는 명상가들의 경우, 명상을 통해 뇌에 기능적, 구조적으로 중요한 변화가 일어난다는 사실, 하루 삼십분 씩 단 몇 주만 명상을 해도 대뇌 활동, 면역 체계, 주의력 등 여러 가지 매개변수에 상당히 큰 변화가 생긴다는 사실이 밝혀졌다.

주의력도 향상된다

집중을 할 때는 대상을 하나 정해 주의력을 모은 상태에서 다른 데 정신을 빼앗기지 않고 그 상태를 유지할 수 있도록 노력한다. 이 수련의 목표는 시시각각 변하는 불안정한 마음 상태를 서서히 또렷하고 안정적인 주의력과 감정 관리 능력과 평화로움이 가득한 상태로 바꾸는 것이다. 어떤 자질을 함양하든 주의력을 가다듬는 것이 필수적이다. 그렇지 않고서는 원하는 수련에 할애할 정신이 아마 없을 것이다. 수련 중에는 보통 우리 몸에 들고 나는 숨소리나 신체 감각 또는 예컨대 실험실 모니터 화면에서 떠 있는 점 모양의 빛과 같이 특정한 외부 물체에 정신을 집중하고 다른 데 신경 쓰지 않는다. '정해진 대상'에 마음을 조심스럽게 올려놓고 주의가 산만해져서 다른 데 정신이 팔리면 그것을 감지하자마자 즉시 원래 자리로 가져온다.

3년간 은거를 마치고 나온 명상가들이 고전적인 주의력 테스트에서 45분 동안 주의 집중 상태를 유지하는 데 비해 수련 경험이 없는 대

---

6 연구에 참여한 여러 학자들 중에 지난 몇 년 동안 내가 직접 만나 교류한 적이 있는 사람을 몇 명 언급하자면 줄리 브레프친스키 루이스, 린다 칼슨, 리쳐드 데이비슨, 가엘 데보르드, 소냐 디미지안, 브루크 도슨 라벨, 폴 에크만, 브렌트 필드, 바버라 프리드릭슨, 브리타 횔첼, 애미쉬 자, 존 카밧진, 올가 클리메키, 베다니 코크, 세라 라자르, 앙투안 루츠, 브렌단 오자와 디실바, 데이비드 펄만, 척 레이존, 클리프 사론, 타니아 싱어, 헬린 슬랙터, 존 티즈데일, 헬렌 웡, 마크 윌리엄스, 페이들 제이단 등이 있다.

부분의 피험자들은 10분만 지나도 주의력이 해이해지는 양상을 나타 냈다.[7]

명상 경험이 비교적 많은 피험자(평균 1만 9천 시간)는 수련을 전혀 하지 않은 피험자보다 주의력에 관련된 뇌 영역을 활성화시키는 능력 이 훨씬 탁월했다. 그런데 가장 노련한 피험자(평균 4만 4천 시간)의 경 우, 해당 뇌 영역을 최소한만 활성화시키고도 안정적으로 주의력을 유지하는 것으로 확인되었다.[8] 어떤 일에 능통해서 대가의 경지에 도 달하면 그 일을 할 때 사용되는 대뇌 구조가 학습 단계 때보다 덜 활 성화된다는 사실을 밝혀낸 몇몇 연구 결과와 일치하는 내용이다.

학자들은 명상 수련을 삼 개월 정도 열심히 하면 주의력이 크게 안 정된다는 사실도 밝혀냈다.[9] 피험자가 애를 많이 쓰지 않아도 주의를 집중할 수 있고 테스트를 몇 차례 하는 동안 편차가 줄어들었으며 방 해가 되는 소리가 나도 주의력이 덜 흐트러져서 인지적 조절 능력이 향상되었음을 알 수 있었다.[10]

또 다른 연구에서는 이미지 몇 개가 순식간에 지나갈 때 하나를 알 아보면 보통 뒤에 이어지는 두세 개 이미지를 놓치는 법인데 주의력 명 상을 한 명상가들은 이어지는 단어와 이미지를 분명하게 식별하는 것 으로 나타났다. 이런 현상을 '주의 과실attentional blink'이라고 한다.[11] 어 떤 물체에 주의력을 빼앗기면 보통 주의력이 그 물체에 한참 동안 머

7. 렌트 필드가 프린스턴 대학교 조나단 코헨 연구소에서 연구한 내용인데 결과는 공개되지 않았다.

8   Brefczynski-Lewis, J. A., Lutz, A., Schaefer, H. S., Levinson, D. B., & Davidson, R. J. (2007). Neural correlates of attentional expertise in long-term meditation practitioners. *Proceedings of The National Academy of Sciences, 104*(27), 11483~11488.

9   Lutz, A., Slagter, H. A., Rawlings, N. B., Francis, A. D., Greischar, L. L., & Davidson, R. J. (2009). Mental training enhances attentional stability: Neural and behavioral evidence. *Journal of Neuroscience, 29*(42), 13418~13427.

10 Gyatso, Tenzin (the XIVth Dalai Lama) & Jinpa, G. T., *The World of Tibetan Buddhism: An Overview of Its Philosophy and Practice, Wisdom Publications*, 1995. Wallace, B. A., *The Attention Revolution: Unlocking The Power of The Focused Mind*, Wisdom Publications, 2006; Ricard, M., The Art of Meditation.

물렀다가 떨어져 나간다. 이 과정에서 상당한 시간이 소요되기 때문에 훈련이 되지 않은 사람은 첫 번째 물건에 마음을 빼앗겨서 뒤이어 오는 두 번째, 세 번째 이미지를 미처 알아보지 못하고 놓친다. 숙련된 명상가는 '열린 집중' 상태에서 현재 순간을 완벽하게 의식하기 때문에 앞에 무엇이 나타나든 그것에 집착하지 않고 완벽하게 수용하고 기꺼이 맞아들인다. 따라서 주의 과실을 대폭 줄이거나 아예 없앨 수 있다.

이타적 사랑과 자비심의 효과

이타적 사랑과 자비심에 대해 명상을 하려면 먼저 조건 없는 사랑과 보살펴 주고 싶은 마음이 드는 소중한 사람을 떠올린다. 그런 다음에 그 사랑이 서서히 모든 존재로 확장되면서 마음 전체가 사랑으로 가득 찰 때까지 과정을 계속한다. 사랑이 줄어드는 것 같으면 되살리고 정신이 산만해지는 것 같으면 주의를 다시 사랑에 집중한다. 자비심의 경우에는 먼저 가까운 사람 중에 고통 받는 사람을 생각하면서 그 사람이 고통에서 벗어나기를 진심으로 기원한다. 그런 다음에 사랑에 대해서 했던 과정을 그대로 반복한다.

　리처드 데이비슨과 앙투안 루츠가 진행한 이타적 사랑과 자비심에 관한 연구에 참여한 피험자들은 명상을 하는 동안 다양한 뇌 영역의 연결성에 관여하는 대뇌 감마파 진동의 동기화가 현저하게 증가하는

11　뇌가 의식적으로 지각된 자극을 처리하는데 다음에 이어지는 자극을 처리할 만한 자원이 불충분할 때 이런 일이 생긴다. '주의 과실'이란 뒤에 오는 이미지를 처리하지 못할 때 쓰는 말이다. 가장 놀라운 사실은 아무리 나이가 많아도(나이가 들수록 주의력의 메커니즘이 느려지기 때문에 주의 과실 증가) 경험이 많은 명상가는 주의 과실이 매우 짧다. 나이가 예순다섯이던 한 수행자는 주의 과실이 전혀 없이 눈 깜짝할 새 일어나는 자극까지 전부 지각했다(프린스턴 대학교 앤 트라이스먼 연구소와 조나단 코헨 연구소에서 진행된 미발표 연구 결과). 헬린 슬랙터와 앙투안 루츠도 3개월 동안 집중적으로 알아차림(mindfulness) 명상 훈련을 받으면 주의 과실이 크게 줄어든다는 사실을 입증했다. Slagter, H. A., Lutz, A., Greischar, L. L., Francis, A. D., Nieuwenhuis, S., Davis, J. M., & Davidson, R. J. (2007). Mental training affects distribution of limited brain resources. *PLoS Biology, 5*(6), 138.

것이 관찰되었다.[12] 이를 본 앙투안 루츠는 명상이 다양한 대뇌 영역에서 이루어지는 활동을 하나로 통합하는 메커니즘이라고 생각하게 되었다. 경험이 많은 명상가들의 동기화 수준은 '보통의' 뇌가 휴식 상태에 있을 때보다 훨씬 더 높았으며 리처드 데이비슨의 말에 따르면 "지금까지 신경 과학 문헌에 보고된 적 없는 엄청난 규모"였다. 감마파로 측정되는 강도는 이타적 사랑에 대한 명상에 할애한 시간(피험자에 따라 다르지만 대개 15,000~60,000시간)에 비례해 증가했다[13].

정확을 기하기 위해 뇌 사진을 살펴보았더니 이타적 사랑에 대해 명상을 하는 동안 강력하게 활성화된 영역은 기존에 공감, 긍정적인 감정, 모성애, 소속감, 보상 및 유익성, 건전성에 대한 지각, 일반적인 의미의 임전 태세에 관여한다고 알려져 있는 부위(전운동 피질)였다. 명상을 하는 사람 입장에서 보면 자비심은 언제든지 행동에 돌입할 수 있도록 만반의 채비를 갖추는 것이므로 그리 놀라운 결과도 아니다.

같은 연구소에서 진행된 두 건의 후속 연구에서 앙투안 루츠와 리처드 데이비슨은 자비심 상태에 있는 연륜 깊은 명상가들에게 괴로워하는 여성의 비명 소리와 까르르 웃는 아기 웃음소리를 녹음해 번갈아 들려주었을 때 섬엽을 비롯해 공감에 관련된 대뇌 부위 여러 곳이 활성화된 것을 관찰할 수 있었다. 섬엽은 아기 웃음소리보다 비명을 들었을 때 더 분명하게 활성화되었다. 그 밖에 자비심에 대한 명상의 주관적 강도와 섬엽의 활성화 정도, 심장 박동 수가 서로 밀접하게 연계되어 있는 것도 볼 수 있었으며[14] 명상가의 수련 시간이 길수록 활

---

12   감마파 주파수는 25~42Hz의 빠른 진동을 갖고 있다.
13   최초의 논문은 다음과 같다. Lutz, A., Greischar, L. L., Rawlings, N. B., Ricard, M., & Davidson, R. J. (2004). Long-term meditators self-induce high-amplitude gamma synchrony during mental practice. *Proceedings of The National Academy of Sciences of The United States of America, 101*(46), 16369.
14   Lutz, A., Greischar, L. L., Perlman, D. M., & Davidson, R. J. (2009). BOLD signal in insula is differentially related to cardiac function during compassion meditation in experts vs. novices. *Neuroimage, 47*(3), 1038~1046.

성화가 강력하게 나타났다. 또한 편도체와 대상 피질까지 활성화되는 것으로 보아 다른 사람의 감정 상태에 대한 감수성이 증가했음을 알 수 있었다.[15]

이상으로 볼 때 이타적 사랑과 자비심과 같이 긍정적인 감정에 관한 명상을 꾸준히 하면 공감과 관련이 있다고 알려진 뇌 영역과 신경망의 활동에 변화가 일어나는 것으로 보인다.[16]

바버라 프레드릭슨과 동료 학자들의 실험에서도 하루에 30분씩 6주 내지 8주 동안 자비심에 대해 명상을 하면 기쁨, 희망, 감사, 열정과 같은 긍정적인 감정과 삶에 대한 만족도가 증가하는 것을 볼 수 있었다.[17] 피험자의 명상 수련 기간이 길수록 그들이 느끼는 기쁨, 자애, 감사, 희망, 열정이 컸으며 긍정적인 효과도 높게 나타났다.

미국 애틀란타 에모리 대학교의 척 레이존 연구 팀은 이타적 사랑에 대한 명상이 면역 체계를 강화하고 염증 반응을 줄여 준다는 사실을 입증했다. 특히 명상 경력이 길수록 혈액 중 염증 반응에 관여하는 호르몬(인터루킨-6)의 수치가 감소하는 것으로 증명되었다.[18]

그 밖에 보스턴 대학교 스테판 호프만이 발표한 논문[19]에 요약되어 있는 내용을 보면 이타적 사랑과 자비심에 대한 명상이 긍정적인 기

15 편도체가 공감의 인지적 측면에는 아무 영향 없이 감정적 측면을 어지럽게 만든다고 주장하는 다른 연구도 있다. Hurlemann, R., Walter, H., Rehme, A. K., et al. (2010). Human amygdala reactivity is diminished by the b-noradrenergic antagonist propanolol. Psychol. Med, 40, 1839~1848 참조.

16 Lutz, A., Brefczynski-Lewis, J., Johnstone, T., & Davidson, R. J. (2008). Regulation of the neural circuitry of emotion by compassion meditation: Effects of meditative expertise. PLoS One, 3(3), e1897; Klimecki, O. M., Leiberg, S., Ricard, M., & Singer, T. (2013). Differential pattern of functional brain plasticity after compassion and empathy training. Social Cognitive and Affective Neuroscience, doi:10.1093/scan/nst060.

17 Fredrickson, B. L., Cohn, M. A., Coffey, K. A., Pek, J., & Finkel, S. M. (2008). Open hearts build lives: Positive emotions, induced through loving-kindness meditation, build consequential personal resources. Journal of Personality and Social Psychology, 95(5), 1045. 실험 대상자들은 이타적 사랑을 뜻하는 팔리어 단어 '메타metta(자애慈愛)'에 대한 불교식 명상 방법에 따라 훈련을 했다.

분을 고양하는 것은 물론, 부정적인 기분도 줄여 주는 효과가 있음이 확인되었다. 그러므로 이타적 사랑과 자비심에 대해 명상을 하면 감정 관리와 공감에 관여하는 뇌 영역을 활성화시켜 스트레스, 우울, 불안, 번아웃을 개선하는 데 효과를 볼 수 있을 것으로 기대된다.

열린 집중에 대한 명상

열린 집중에 대한 명상은 맑고 또렷하고 넉넉하고 깨어 있는 상태로 정신을 쉬게 하면서 생각이 자유롭게 이어지도록 하는 것이다. 아무것에도 정신을 집중하지 않지만 온전하게 주의를 기울이는 상태이다. 여러 가지 잡념이 생겨도 명상가가 이를 의식적으로 차단하지 않고 저절로 사라지게 내버려 둔다.

이런 명상 상태에서는 자기중심적인 의식들이 서서히 사라지면서 이타적 사랑과 자비심이 저절로 꽃을 피운다. 열린 집중을 함양하는 명상을 한 사람들에 따르면 이기심과 자아에 대한 집착의 벽이 사라지고 사랑과 자비심이 저절로 솟아오르면서 이타적 사랑을 받을 '자격'이 있는 사람과 그렇지 않은 사람 간에 차별이 사라진다.

열린 집중에 대한 명상에서도 이타적 사랑에 대한 명상에서와 마찬가지로 대뇌 감마파 진동이 크게 늘어나면서 다양한 대뇌 영역 사이에서 연결성과 동기화가 증가하는 것으로 나타났다.

흥미롭게도 경험이 많은 명상가들은 공식적으로 명상을 하지 않는 '휴식' 상태일 때도 명상을 하지 않는 사람에게서 측정된 것보

18 Pace, T. W. W., Negi, L. T., Adame, D. D., Cole, S. P., Sivilli, T. I., Brown, T. D., Issa, M. J., et al. (2009). Effect of compassion meditation on neuroendocrine, innate immune and behavioral responses to psychosocial stress. Psychoneuroendocrinology, 34(1), 87~98.

19 Hofmann, S. G., Grossman, P., & Hinton, D. E. (2011). Loving-kindness and compassion meditation. Potential for psychological interventions. Clinical Psychology Review, 31(7), 1126~1132.

다 높은 수준의 감마파 활성이 나타났다. 그 밖에 위스콘신 대학교 매디슨 캠퍼스의 줄리오 토노니 연구 팀에 따르면 명상 경력이 총 2,000~10,000 시간에 달하는 사람들은 깊이 잠든 사이에도 감마파가 높게 유지되며 그 강도가 총 명상 시간에 비례한다고 한다.[20] 변화된 상태가 휴식할 때나 수면 중에도 지속된다는 것은 명상을 할 때처럼 특별히 노력을 기울이지 않아도 변화된 정신 상태가 평상시에 안정적으로 유지된다는 뜻이다.[21]

명상으로 인한 뇌의 구조적 변화

지금까지 살펴본 내용으로 보건대 명상이 뇌에 중요한 기능적 변화를 가져온다는 것을 알 수 있다. 구체적인 인지적, 감정적 프로세스가 진행되는 동안 특정한 뇌 영역의 활동에서 명상으로 인해 생긴 변화가 관찰된다는 것이다. 그런데 여기서 또 하나 중요한 것은 뇌 구조의 변화가 수반된다는 사실을 입증하는 것이었다. 관련된 뇌 영역에 존재하는 뉴런 양과 뉴런을 연결하는 회로 수가 증가해서 해당 뇌 영역의 크기와 체적이 달라졌음을 직접 보여 주는 것이다. 이것이 바로 신경망의 반복적인 활동이 신경망 구조에 영구적인 변화를 초래한다고 주장하는 신경 가소성 이론의 핵심에 해당된다.

하버드 대학교 세라 라자르와 동료 학자들이 진행한 초창기 연구에서 평균 십여 년 정도의 명상 경험이 있는 장기 명상가들의 경우, 대뇌 피질의 체적이 증가한 것으로 나타났다.[22] 최근에는 브리타 휠첼이 알아차림mindfulness, sati을 8주간만 수련해도 뇌에 구조적인 변화가 생

---

20 꿈에 해당하는 얕은 잠 또는 렘REM 수면 단계가 아니라 숙면 상태.
21 Lutz, A., Slagter, H. A., Rawlings, N. B., Francis, A. D., Greischar, L. L., & Davidson, R. J. (2009). Mental training enhances attentional stability: neural and behavioral evidence. *The Journal of Neuroscience, 29*(42), 13418~13427.

긴다는 것을 보여 주었다. 휠첼은 이 실험에서 왼쪽 해마(학습과 감정 통제에 관여)를 비롯해 여러 뇌 영역의 밀도와 회백질 두께가 증가한 것을 관찰할 수 있었다.[23]

뇌의 연결성

뇌의 연결성은 감정 조절 과정에서 다양한 뇌 영역들이 서로 어떤 관계를 맺는지 이해할 수 있도록 하는 개념이다. 공격성이나 공포의 경우, 피질과 편도체가 기능적으로 올바르게 연결되어야 상황을 정확하게 파악하고 본능적으로 나타나는 공격적인 반응과 두려움 중에서 조절을 할 수 있다. 상황이 원하는 대로 돌아가지 않는다고 해서 사소한 일에 당황하고 주변 사람들을 못살게 굴어 봤자 아무 소용이 없다. 그런 반응은 공감적 관심을 자아내지 못할 것이다. 간질이나 조현병 같은 중증 질환도 뇌의 연결성 불량과 모종의 관계가 있다. 뇌의 연결성이 좋을수록 뇌 기능이 원활하고 특히 이타주의와 자비심이 꽃을 피우는 데 이상적인 것으로 보인다. 그런데 오랫동안 명상 수련을 한

22 Lazar, S. W., Kerr, C. E., Wasserman, R. H., Gray, J. R., Greve, D. N., Treadway, M. T.,... Fischl, B. (2005). Meditation experience is associated with increased cortical thickness. *Neuroreport, 16*(17), 1893. 체적이 커지는 것은 회백질 영역이 커져서 생기는 현상이다. 회백질 영역은 신경 세포 간의 연결을 포함하며 학습 과정에 관여한다. 시냅스의 크기와 수, 수지상 갈래들도 증가한다. 이는 다른 종류의 훈련과 학습에서도 관찰되는 현상이다. 신경망 neuropil은 신경 세포체, 신경교 세포체, 혈관들 사이에 있는 회백질 영역을 가리키는 말이다. 신경망은 다양한 크기와 다양한 종류의 뉴런 세포질 연장체(축삭과 가지 돌기)와 신경교(글리아)가 복잡하게 얽히고 설켜서 형성된다.
23 특히 감각 지각, 정서 조절, 인지 조절, 기분을 좌우하는 신경 전달 물질의 생성에 관여하는 후측 대상 피질, 뇌도, 측두 정엽 접합, 소뇌, (노르아드레날린을 생성하는)뇌간. Hölzel, B. *et al.* (2011); Hölzel, B. K., Carmody, J., Evans, K. C., Hoge, E. A., Dusek, J. A., Morgan, L., Pitman, R. K., *et al.* (2010). Stress reduction correlates with structural changes in the amygdala. *Social Cognitive and Affective Neuroscience, 5*(1), 11~17; Hölzel, B. K., Carmody, J., Vangel, M., Congleton, C., Yerramsetti, S. M., Gard, T., & Lazar, S. W. (2011). Mindfulness practice leads to increases in regional brain gray matter density. *Psychiatry Research: Neuroimaging, 191*(1), 36~43 참조.

사람들은 다양한 뇌 영역의 구조적 연결성이 통제 집단보다 훨씬 우월한 것으로 나타났다.[24] 그 밖에 단 열한 시간의 명상 수련으로도 피질의 뇌 연결성이 증가한다는 것을 보여 준 연구도 있다.[25]

표정 인식이 공감 정도와 관련이 있다

명상가 여러 명이 폴 에크만의 연구소에서 진행된 실험에 참여했다. 다양한 감정이 표현된 얼굴 표정을 얼마나 올바르게 식별하는지 측정하는 실험이었다. 기쁨, 슬픔, 분노, 공포, 혐오, 놀라움 등을 나타내는 얼굴 표정이 연달아 화면에 나타난다. 이 여섯 가지는 생물학적으로 결정된 보편적인 감정으로 전 세계 어디서나 똑같이 표현된다. 가장 먼저 무표정한 얼굴이 나타났다가 같은 얼굴에 감정이 표현되기 시작한다. 각각의 표정은 30분의 1초 동안 화면에 머물렀다 사라진다. 감정이 담긴 표정이 끝나면 다시 무표정한 얼굴이 나타난다. 감정이 표현된 얼굴의 이미지가 워낙 순식간에 지나가기 때문에 눈을 깜박이는 사이에 놓칠 수 있다. 피험자는 30분의 1초 동안 얼핏 본 얼굴이 어떤 표정인지 알아맞혀야 한다.

폴 에크만이 말하는 "미세 표정micro-expression"은 일상생활 중에 언제든지 표출될 수 있는 무의식적인 움직임의 결과이며 속마음을 드러내는 가감 없는 지표이다. 이렇게 쏜살같이 지나가는 표정을 알아본다는 것은 우수한 공감 능력을 가졌다는 뜻이다.

피험자 수천 명을 검토한 에크만은 미세 표정을 알아보는 데 능한 사람은 매우 개방적이고 사물에 대해 호기심이 강하며 대단히 성실하

24　Luders, E., Clark, K., Narr, K. L., & Toga, A. W. (2011). Enhanced brain connectivity in long-term meditation practitioners. *NeuroImage, 57*(4), 1308~1316.

25　Xue, S., Tang, Y.-Y., & Posner, M. I. (2011). Short-term meditation increases network efficiency of the anterior cingulate cortex. *Neuroreport, 22*(12), 570~574.

고 양심적인 사람이라는 것을 알게 되었다. 그는 개방적인 정신 자세와 엄정성이 필요한 "명상 수련을 다년간 열심히 하면 표정 인식 능력이 훨씬 더 향상될 것"이라고 결론지었다.

이 실험에 참여한 사람들 중에서 숙련된 명상가 두 명이 빠르게 지나가는 감정 징후를 알아보는 테스트에서 최고의 점수를 기록했다. 기존에 테스트를 받았던 피험자 5,000명보다 월등히 높은 점수를 받은 것이다. 지금까지 표정 인식 정확도가 가장 높았던 경찰, 변호사, 정신과 의사, 세관원, 판사, 심지어 비밀 정보 조직원보다도 높은 점수가 나왔다. "명상 수련이 그들에게 가져다준 커다란 혜택 중 하나는 보일 듯 말 듯한 징후로 표현되는 남의 마음 상태에 대해 감수성이 예민해진 것이다."[26] 에크만은 이렇게 말했다.

이타심과 감정 조절

감정을 효과적으로 통제할 줄 아는 사람은 감정적인 사람보다 이타적으로 행동한다는 흥미로운 연구 결과가 있다.[27] 감정적인 사람들은 남이 고통당하는 것을 보고 자신의 반응(두려움, 불안 등)에 더 열중하면서 걱정을 한다. 자유롭고 평화로운 마음을 가진 사람은 내적 갈등으로 늘 마음이 어지러운 사람보다 고통스러운 상황을 이타적 관점에서 바라보는 데 더 적합하다. 약간 다른 이야기지만 불의나 폭력을 목격한 증인 중에 피해자를 돕기보다 가해자를 추격하고 욕하고 폭행하면서 응징하느라 바쁜 사람들을 볼 수 있는 것도 흥미로운 일이다.

26 Goleman, D., and the Dalai Lama, *Destructive Emotions: A Scientific Dialogue with The Dalai Lama*, pp. 14~15.
27 Nancy Eisenberg, Empathy-related emotional responses, altruism and their socialization, in Davidson, R. J., & Harrington, A. (2002). *Visions of Compassion: Western Scientists and Tibetan Buddhists Examine Human Nature*. Oxford University Press, p. 139.

단기 수련이 친사회적 행동에 주는 혜택

수련 기간이 길지 않아도 명상의 효과를 볼 수 있으며 하루에 20분씩 몇 주 동안만 명상을 해도 상당히 큰 변화가 생긴다는 것이 여러 과학적 실험을 통해 입증되었다.

리처드 데이비슨 연구소의 헬렌 웡은 피험자들 두 그룹을 비교했다. 한 쪽은 하루에 30분씩 2주 동안 이타적 사랑에 대해 명상을 한 피험자들이었고 다른 한 쪽은 '인지 재평가' 세미나 과정을 이수한 피험자들이었다. 그 결과, 첫 번째 그룹에서 친사회적 행동이 증가한 것을 볼 수 있었다. 뿐만 아니라 이타적 사랑에 대해 명상을 한 지 2주밖에 되지 않았는데 벌써 공격성, 분노, 두려움에 관여하는 뇌의 편도체가 적게 활성화되는 것으로 나타났다.[28]

수잔 라이베르크, 올가 클리메키, 타니아 싱어는 취리히 대학교에서 개발한 친사회적 게임을 사용해 실험을 했다. 이 게임에서 참가자는 자신의 점수가 약간 깎이더라도 다른 참가자가 장애물을 넘도록 도울 수 있는데 자비심에 대해 명상 수련을 쌓은 사람은 기억력 향상 훈련(이타주의와 아무 상관없는 교육과 명상의 효과를 비교하기 위한 목적)을 받은 사람들보다 남을 돕는 빈도가 높았다. 이 학자들은 생면부지의 사람들을 돕는 친사회적 행동의 증가 양상이 이틀 전 혹은 닷새 전에 실시된 측은지심에 관한 훈련 기간과 비례한다는 사실도 보여 주었다.[29] 비교적 짧은 기간의 훈련이 지속적으로 영향을 미치는 것으로 볼 때 학교나 병원 같은 기관에서 그런 훈련을 하면 효과가 있을 것으

28 Weng, H. Y., Fox, A. S., Shackman, A. J., Stodola, D. E., Caldwell, J. Z. K., Olson, M. C., Rogers, G., & Davidson R. J. (in press). Compassion training alters altruism and neural responses to suffering. *Psychological Science*. NIHMSID: 440274. 편도체에서 일어나는 뇌 활동의 차이만 관찰해도 친사회적 행동의 정도를 예측할 수 있다.
29 Leiberg, S., Klimecki, O., & Singer, T. (2011). Short-term compassion training increases prosocial behavior in a newly developed prosocial game. *PloS One, 6*(3), e17798.

로 예상된다.

폴 콘던과 가엘 데보르드가 세 그룹의 피험자를 대상으로 8주 동안 실시한 최근 실험을 통해 이 사실이 입증되었다. 첫 번째 그룹은 자애로운 사랑에 대해서, 두 번째 그룹은 알아차림에 대해서 명상 수련을 하고 통제 집단인 세 번째 그룹은 아무 교육도 받지 않았다. 8주 후, 대기실에서 목발을 짚고 벽에 기대선 채 힘들어하는 사람에게 자리를 양보하는지 관찰하면서 피험자들의 이타적 행동을 테스트했다. 목발 짚은 사람이 들어오기 전에 피험자들은 벤치에 앉아 있었으며 그 옆에 두 사람(실험자가 배치한 공모자)이 더 있었다. 공모자들은 서 있는 환자에게 아무 관심도 표시하지 않았다(앞에서 설명한 '방관자 효과'를 강화해 도움을 방해하는 것이 공모자들 역할이다). 결과는 놀랍게도 명상을 한 사람이 하지 않은 사람보다 자리를 양보하는 횟수가 평균 다섯 배 더 많았다.[30]

스탠포드 대학교 과학자들과 14대 달라이 라마의 영어 통역을 맡고 있는 툽텐 진파가 손잡고 설립한 자비심과 이타심 연구 교육 센터 Compassion and Altruism Research and Education에서는 전통적인 명상법과 현대 과학을 접목시켜 자신과 타인에 대한 자비, 공감, 자애를 함양할 수 있는 자비 함양 수련Compassion Cultivation Training 8주 코스를 개발했다. 후리아 자자이에리 연구 팀에 따르면 CCT가 자비심에 관련된 세 영역 즉 남에 대한 자비심을 유발하는 능력, 남의 자비심을 받아들이는 능력(불안, 우울증, 자기비판으로 괴로워하는 사람들에게는 이것이 어려운 일이다.), 자기 자비self-compassion(자신을 돌보고 자애를 베푸는 감정) 면에서 도움이 많이 된 것으로 나타났다.

---

30 Condon, P., Desbordes, G., Miller, W., DeSteno, D., Hospital, M. G., & DeSteno, D. (n.d.). Meditation increases compassionate responses to suffering. *Psychological Science*. http://daviddesteno.com/page5/files/Condon.etal.2013.pdf.

명상이 정신 건강에 미치는 영향

심리학자 데이비드 존슨과 바버라 프레드릭슨이 조현병에 관해 실시한 예비 연구를 살펴보면 얼마 동안 이타적 사랑에 대해 명상 수련을 한 환자가 훨씬 더 평화롭고 느긋했으며 단체 명상 시간에 보통 때보다 주의가 덜 산만한 것으로 나타났다. 물론 세상 모든 존재를 보살피고자 하는 자애의 마음을 갖는 데 대해 어려워하는 환자도 있었다. 그렇지만 참가자들은 대체로 부정적인 정서가 크게 감소하고 긍정적인 감정의 강도와 빈도가 증가하는 양상을 보였으며 이런 효과는 실험이 끝난 뒤에도 최대 3개월 동안 계속되었다.[31] 그 밖에 '알아차림'의 실천이 불안이나 우울 증상에 긍정적으로 작용하고 수면의 질을 높이고 주의력을 향상시킨다는 연구 결과도 많이 있다.[32] 캐나다 심리학자 존 티즈데일과 진델 시걸은 우울증 발작을 최소 세 차례 겪고 인지 치료와 연계해 6개월 동안 알아차림 수련을 쌓은 환자들 중 이듬해에 중증 우울증을 다시 앓은 환자의 비율이 40퍼센트 감소한 데 대해 처음으로 사실 관계를 입증하기도 했다.[33]

31 Johnson, D. P., Penn, D. L., Fredrickson, B. L., Kring, A. M., Meyer, P. S., Catalino, L. I., & Brantley, M. (2011). A pilot study of loving-kindness meditation for the negative symptoms of schizophrenia. *Schizophrenia Research.*

32 Baer, R. A. (2003). Mindfulness training as a clinical intervention: A conceptual and empirical review. *Clinical Psychology: Science and Practice*, 10(2), 125~143 ; Carlson, L. E., & Garland, S. N. (2005). Impact of mindfulness-based stress reduction (MBSR) on sleep, mood, stress and fatigue symptoms in cancer outpatients. *International Journal of Behavioral Medicine*, 12(4), 278~285 ; Jha, A. P., Krompinger, J., & Baime, M. J. (2007). Mindfulness training modifies subsystems of attention. Cognitive, Affective, & Behavioral Neuroscience, 7(2), 109~119.

33 Teasdale, J. D., Segal, Z. V., Williams, J. M., Ridgeway, V. A., Soulsby, J. M., & Lau, M. A. (2000). Prevention of relapse/recurrence in major depression by mindfulness-based cognitive therapy. *Journal of Consulting and Clinical Psychology*, 68(4), 615 ; Kuyken, W., Byford, S., Taylor, R. S., Watkins, E., Holden, E., White, K.,... Mullan, E. (2008). Mindfulness-based cognitive therapy to prevent relapse in recurrent depression. *Journal of Consulting and Clinical Psychology*, 76(6), 966~978.

이타적 사랑에 대한 명상이 사회적 관계에 미치는 효과

사회적 관계를 유지하는 것은 인간의 기본적인 욕구이며 사회적 관계가 정신적, 신체적 건강에 좋은 영향을 미친다는 것은 이미 많은 연구 결과를 통해 입증되었다. 그런데 요즘은 혼자 사는 사람들이 증가하고 사회가 개인주의적으로 변하면서 불신과 소외가 만연하게 되었다.

소속감을 높이거나 주변 사람들과 유대감을 강화하는 것이 과연 가능할까? 사회적으로 조화롭게 살려면 남을 믿는 것이 중요하다는 것은 다들 잘 알 것이다. 그런 신뢰가 약해지면 가까운 지인의 범주에 들지 않는 사람들에 대해 편견이 생기는데 그런 편견을 줄이기 위해 그동안 다양한 방법이 동원되었다. 차별을 하면 해로운 결과가 생긴다고 강조하기도 하고[34] 부정적인 편견으로 피해를 보는 집단의 구성원들과 개인적으로 긍정적인 관계를 형성하도록 돕기도 했다.[35] 현재 학자들은 부정적인 태도를 줄이는 동시에 긍정적인 태도를 증가시킬 수 있는 방법을 강구하는 데 관심을 집중하고 있다.

바로 그런 맥락에서 심리학자 센드리 허처슨은 불교에서 하는 이타적 사랑에 대한 명상에 관심을 갖게 되었다. 그는 7분짜리 명상 수련에 단 한 번 참석한 것만으로도 지역 사회에 대한 소속감과 사회적 유대감, 낯선 사람을 대하는 친절하고 자애로운 태도가 증가한다는 것을 보여주었다.[36]

마찬가지로 예일 대학교 강윤아도 이타적 사랑에 대한 명상을 6주

34 Rudman, L. A., Ashmore, R. D., & Gary, M. L. (2001). "Unlearning" automatic biases: The malleability of implicit prejudice and stereotypes. *Journal of Personality and Social Psychology, 81*(5), 856~868.

35 Dasgupta, N., & Greenwald, A. G. (2001). On the malleability of automatic attitudes: Combating automatic prejudice with images of admired and disliked individuals. *Journal of Personality and Social Psychology, 81*(5), 800~814.

36 Hutcherson, C. A., Seppala, E. M., & Gross, J. J. (2008). Loving-kindness meditation increases social connectedness. *Emotion, 8*(5), 720~724.

동안 한 결과 특정 집단(유색 인종, 노숙자 등) 사람에 대한 차별이 크게 줄었음을 보여 주었다.[37]

신체적 통증의 불쾌감을 줄이는 효과

조만간 경험할 통증의 심각성이나 유해성을 미리 예측하면 통증을 겪을 때 큰 도움이 된다는 것을 다들 잘 알고 있을 것이다. 통증이 얼마나 오래 가고 강도가 얼마나 되는지 미리 알면 마음속에서 그것을 받아들일 준비를 하기 때문에 그만큼 참기가 쉬워진다. 그에 비해 예기치 않았던 통증이나 앞으로 점점 더 강해질 가능성이 있거나 지속 기간을 알 수 없는 통증은 견디기가 매우 힘들다. 그러므로 통증에 대한 판단도 마음 상태에 따라 상당히 많이 달라진다고 할 수 있다. 예를 들어 회복되리라는 희망이 있으면 고통스러워도 치료를 받아들인다. 스포츠에서 발군의 실력을 갖추기 위해 고통스러운 훈련을 참는 것과 마찬가지이다. 많은 사람들이 소중한 사람의 생명을 구하기 위해 혈액이나 장기를 기증하겠다고 나선다. 고통이나 통증에 이타적인 의미를 부여하면 이겨 낼 힘이 생기고 그럼으로써 괴로움과 무력감에서 해방될 수 있다.

명상이 통증의 지각에 영향을 미칠 수 있을까? 여러 연구 팀이 이 문제에 관심을 갖고 연구를 진행했다. 위스콘신 대학교 매디슨 캠퍼스의 데이비드 펄만과 앙투안 루츠가 진행한 연구에 보면 경험이 많은 명상가들이 열린 집중 상태에 들어간 후 강력한 통증을 가하면 그들은 맑은 정신으로 뚜렷하게 지각한다. 이 점은 수련을 하지 않은 피험자들과 똑같다. 대신에 통증의 불쾌한 측면은 크게 줄어드는 것으

37 Kang, Y., Gray, J. R., & Dovidio, J. F. (2013). The nondiscriminating heart: Lovingkindness meditation training decreases implicit bias against stigmatized outgroups. *Journal of Experimental Psychology*; doi:10.1037/a0034150.

로 나타났다.[38] 아울러 노련한 명상가들은 수련을 하지 않은 사람들처럼 통증을 예상하고 불안을 느끼지도 않고 통증을 느낀 뒤에 훨씬 더 빨리 평상 시 감정 상태로 되돌아온다. 마지막으로 경험이 많은 명상가들은 초보자들보다 빨리 통증에 익숙해진다.[39]

명상가는 명상을 하는 동안 통증을 해석하거나 무시하거나 거부하거나 두려워하지 않고 맑고 고요한 의식 상태에서 있는 그대로 관찰한다. 명상가가 자각하는 감각의 강도에는 변함이 없지만 그것을 참기 힘들다고 느끼지 않는 것이다.

노스캐롤라이나 대학교 페이들 제이단과 조슈아 그랜트는 하루에 20분씩 불과 나흘 간 수련한 피험자들을 대상으로 실험을 실시했다. 피험자들이 알아차림mindfulness에 대한 명상에 들어간 후 통증을 가했을 때 그들이 느끼는 통증의 불쾌감은 아무 수련도 받지 않은 통제 집단 피험자들보다 평균 57퍼센트 낮았고 강도는 평균 40퍼센트 낮았다.[40]

라이프치히 소재 막스 플랑크 연구소 타니아 싱어 연구 팀이 진행한 예비 연구에서는 노련한 명상가들이 고통당하는 사람에 대한 자비심을 주제로 명상을 할 때 물리적 통증을 가했더니(손목에 전기 충격을 가했다.) 타인에 대한 자비심이 명상가에게 가해진 통증의 불쾌감을 크게 완화하는 것으로 나타났다.

---

38 초보자보다 명상 수련자들 사이에서 편도체와 전방 섬상 세포군 피질anterior insular cortex의 활동이 현저하게 약하게 나타난다.
39 Lutz, A., McFarlin, D. R., Perlman, D. M., Salomons, T. V., & Davidson, R. J. (2012). Altered anterior insula activation during anticipation and experience of painful stimuli in expert meditators. NeuroImage; Perlman, D. M., Salomons, T. V., Davidson, R. J., & Lutz, A. (2010). Differential effects on pain intensity and unpleasantness of two meditation practices. *Emotion, 10*(1), 65.

명상이 세포의 노화 속도를 늦춘다

말단 소체telomere는 염색체 끝에 붙어 있는 DNA 조각이다. 세포 분열 시 유전자의 안정성을 보장하지만 세포가 분열할 때마다 길이가 짧아 진다. 말단 소체의 길이가 임계 역치 이하로 줄어들면 세포가 분열을 멈추고 차츰 노쇠기로 들어간다.[41] 그런데 말단 소체는 텔로머라제 Telomerase라는 말단 소체 복원 효소의 보호를 받기 때문에[42] 텔로머라 아제의 활성률에 따라 우리 몸을 구성하는 세포의 노화와 건강, 수명 이 달라진다.[43]

스트레스와 심리적 고통을 받아 텔로머라제의 활동이 감소되면 노 화가 가속화되고 조기 사망을 유발할 수 있다는 관찰 결과가 있다.[44] 또한 스트레스를 덜 받는 방향으로 생활 양식을 바꾸면 텔로머라아 제의 활성률이 30퍼센트 가량 증가할 수 있는 것으로 나타났다.[45]

40 Zeidan, F., Martucci, K. T., Kraft, R. A., Gordon, N. S., McHaffie, J. G., & Coghill, R. C. (2011). Brain mechanisms supporting the modulation of pain by mindfulness meditation. *Journal of Neuroscience, 31*(14), 5540~5548. 통증의 주관적 강도가 감소할 때는 통증에 대한 감각을 인지적으로 조절하는 뇌 영역(전방 섬상 세포군 피질과 전전두엽 피질)의 활동이 증가한다. 그에 비해 고통의 불쾌한 측면이 줄어드는 것은 감각에 대해 거리를 두고 재평가하는 안와 전전두 피질orbital prefrontal cortex의 활성과 관련이 있다. 이에 관한 최신 연구로 다음을 참조. Zeidan, F., Grant, J. A., Brown, C. A., McHaffie, J. G., & Coghill, R. C. (2012). Mindfulness meditation-related pain relief: Evidence for unique brain mechanisms in the regulation of pain. *Neuroscience Letters.* 여러 연구 결과의 개요를 보려면 다음을 참조. Grant, J. A. (2013). Meditative analgesia: The current state of the field. *Annals of The New York Academy of Sciences*; doi:10.1111/nyas.12282.
41 Fossel, M. (2000). Role of cell senescence in human aging. *Journal of Anti-Aging Medicine, 3*(1), 91~98; Chan, S. R., & Blackburn, E. H. (2004). Telomeres and telomerase. Philosophical transactions of the Royal Society of London. *Series B: Biological Sciences, 359*(1441), 109~122.
42 Blackburn, E. H. (1991). Structure and function of telomeres. *Nature, 350*(6319), 569~573.
43 Cawthon, R. M., Smith, K. R., O'Brien, E., Sivatchenko, A., & Kerber, R. A. (2003). Association between telomere length in blood and mortality in people aged 60 years or older. Lancet, 361(9355), 393~395; Epel, E. S. (2009). Telomeres in a life-span perspective a new "psycho-biomarker"? *Current Directions in Psychological Science, 18*(1), 6~10.

캘리포니아 대학교 데이비스 캠퍼스의 클리프 사론은 정신 집중과 이타심, 자비심에 대해 수련한 명상가 서른 명을 대상으로 실험을 했다. 피험자들은 앨런 월러스가 주최한 사마타Shamatha 프로젝트에 참가해 삼 개월 동안 하루 평균 여섯 시간씩 수련을 쌓은 사람들이었다. 삼 개월의 명상 수련이 끝나자 텔로머라아제 활성이 통제 집단보다 훨씬 더 높게 나타났다. 이 연구는 명상이 유발하는 긍정적, 이타적 심리 변화와 텔로머라아제 활성화 사이에 연관성이 있다는 것을 처음으로 밝혀냈다는 데 의미가 있다.[46] 그 밖에 명상을 하는 사람들이 명상을 통해 훨씬 더 건전한 정신 건강을 누리고 있으며 더 큰 삶의 의미를 발견했다는 사실까지 보여 주었다.

연구 결과의 실제 적용

일반에 널리 알려져 있고 과학적으로도 검증된 이런 여러 가지 명상 기법을 아동 교육 프로그램에 통합시킨다면 신체를 단련하는 체육 과목처럼 마음을 단련하는 새로운 과목을 만들 수 있을 것 같다. 성인들에게는 감정 문제를 치유하고 관리하는 용도로 사용할 수 있을 것

44　특히 다음을 참조. Njajou, O. T., Hsueh, W.-C., Blackburn, E. H., Newman, A. B., Wu, S.-H., Li, R., ... Cawthon, R. M. (2009). Association between telomere length, specific causes of death, and years of healthy life in health, aging, and body composition, a population-based cohort study. *The Journals of Gerontology Series A: Biological Sciences and Medical Sciences, 64*(8), 860~864.

45　Ornish, D., Lin, J., Daubenmier, J., Weidner, G., Epel, E., Kemp, C., ... Carroll, P. R. (2008). Increased telomerase activity and comprehensive lifestyle changes: a pilot study. *The Lancet Oncology, 9*(11), 1048~1057.

46　Jacobs, T. L., Epel, E. S., Lin, J., Blackburn, E. H., Wolkowitz, O. M., Bridwell, D. A., Zanesco, A. P., *et al.* (2010). Intensive meditation training, immune cell telomerase activity, and psychological mediators. *Psychoneuroendocrinology.* 그 밖에 Hoge, E. A., Chen, M. M., Metcalf, C. A., Fischer, L. E., Pollack, M. H., & DeVivo, I. (2013). Loving-kindness meditation practice associated with longer telomeres in women. *Brain, Behavior, and Immunity*도 참조.

이다. 다니엘 골만이 달라이 라마에게 일련의 실험들을 통해 기대하는 바가 무엇이냐고 물었을 때 달라이 라마는 이렇게 대답했다. "정신 수련을 하면 마음이 차분해져서 남을 더 이롭게 할 수 있습니다. 부침이 많은 삶을 사는 사람일수록 더 그렇습니다. 이것이 정신 수련에 관한 모든 연구가 보여 주는 결론을 불교식으로 말한 것입니다. 또한 제가 목표로 삼는 바이기도 합니다. 저는 불교를 홍보하려는 것이 아니라 불교의 전통이 어떤 점을 통해 사회에 이로운 일을 할 수 있는지 알리고 싶습니다. 불교를 믿는 사람으로서 당연히 모든 중생을 이롭게 하기 위해 쉬지 않고 명상합니다. 우리는 한낱 사람에 불과합니다. 우리가 할 수 있는 최선의 일은 마음을 갈고 닦는 것입니다."[47] 결론적으로 말해서 여러 첨단 과학 연구소에서 활발히 진행하고 있는 연구 결과들로 판단해 볼 때 규칙적으로 명상 수련을 하면 이타심과 이타심에서 비롯되는 친사회적 행동을 자발적으로 고양하고 키워 나갈 수 있을 것이다.

존 카밧진에 의해 지난 30년 간 큰 성공을 거둔 '알아차림' 명상 수련, 특히 MBSRmindfulness-based stress reduction(알아차림을 바탕으로 한 스트레스 감소) 방법론에 기반을 둔 명상은 원래 임상 세계에서 처음 적용되었으나 그 후 교육계와 기업들 사이에서도 세계적으로 인정받으며 관심을 끌고 있다. '알아차림' 명상은 올바르게 수련만 하면 이타심과 자비심을 저절로 불러일으킨다. 다만 윤리성이 의심되는 목적을 위해 단순히 집중력을 높이는 도구로 전락하지 않도록 "남을 보살피는 알아차림"과 같이 이타심 요소를 애초부터 분명하게 포함시킨다면 선을 육성하고 이타적인 사회를 만드는 강력하고 순수하고 대중적인 방법이 될 것이다.

---

47 Goleman, D., and the Dalai Lama, *Destructive Emotions, op. cit.,* pp. 26~27.

22

이타심을 키우는 법 – 사무량심四無量心

누구든지 소중한 사람을 절절한 마음으로 아끼는 이타적 사랑(慈心)과 고통당하는 사람에 대한 강한 측은지심(悲心)을 느껴본 경험이 있다. 다만 사람마다 정도의 차이가 있을 뿐이다. 천성적으로 이타적인 성향이 강해서 영웅적인 행위를 하는 사람이 있는가 하면 자기 세계에 파묻혀 타인을 이롭게 하는 것을 중요한 목표로 삼는다든가 개인적인 이해관계보다 우선적으로 고려하는 것을 어려워하는 사람이 있다.

대개는 이타적인 생각이 언뜻 떠올라도 오락가락하기 일쑤이고 얼마 안 있어 두서없는 잡념이나 분노, 질투와 같은 갈등이 정신을 가득 채우게 된다. 이타심과 측은지심을 정말 마음속에 깊이 간직하고 싶다면 오랜 시간을 들여 그런 품성을 기르고 마음속 깊이 뿌리박게 하고 잘 다독여 관리하고 강화시켜 마음 풍경 속에 오래 살아가도록 만들어야 한다.

명상을 한다는 것은 새로운 존재 방식과 친숙해지고 그동안 개발하지 않아 오랫동안 잠재 상태로 머물러 있던 품성을 키우는 일이다. 명상은 그런 품성을 키우는 구체적인 실천 방법이다.[1] 훈련을 통해 글 읽는 법, 악기 연주법을 배우고 잠재적으로 소질이 있는 능력을 습득하는 것과 같은 원리이다. 명상은 남들과 우리 주위를 둘러싼 세상을 바라보는 법이기도 하다.[2] 예를 들어 세상을 적대적으로 바라보고 남들을 적이라고 생각하면서 그들이 호시탐탐 우리를 이용해 먹으려 한다고 상상한다면 타인과 관계가 늘 두려움과 불신으로 가득할 것이다. 반대로 세상을 호의적인 곳으로 보고 남들이 근본적으로 선한 사람들이라고 생각하면 훈훈하고 따스한 마음으로 일상을 살아갈 수 있을 것이다. 우리가 인류라는 거대한 가족에 소속되어 있다고 생각하면 남이나 우리나 행복해지고 싶고 고통을 겪고 싶지 않은 욕구가 똑같다고 생각하게 될 것이다. 그에 비해 자신을 주변 사람들과 근본적으로 다른 사람이라 생각하고 남들에 대해 자신의 행복을 도모하는 도구 정도로 치부한다면 타인과 관계가 매우 자기중심적인 것이 될 것이다.

명상을 시작하기 전에 준비할 것

일상의 여건이 명상을 하기에 늘 유리하지만은 않을 것이다. 우리의 시간과 마음이 온갖 잡다한 일과 고민들로 가득 차 있기 때문이다. 그래서 처음에는 조용한 곳에서 명상을 시작하도록 하고 아무리 짧아도 이 시간만큼은 다른 일 때문에 명상이 중단되지 않도록 해야 한다.

명상에 적합한 자세

명상을 할 때는 몸의 자세가 정신 상태에 영향을 미친다. 자세가 흐트러지면 정신이 멍해지면서 십중팔구 졸음이 온다. 반대로 자세가 너무

1 Davidson, R. J., & Lutz, A. (2008). Buddha's brain: Neuroplasticity and meditation [in the spotlight]. *Signal Processing Magazine, IEEE, 25*(1), 176~174.
2 '명상'이라고 번역되는 산스크리트어와 티베트어 단어는 어원적으로 각각 bhavana(가꾸다)와 gom pa(~에 정통해지다)에서 비롯되었다.

경직되고 긴장되면 마음에 동요가 일어날 수 있으므로 편안하고 균형 잡힌 자세를 취해야 한다. 흔히 '연꽃 자세'라고 하는 결가부좌로 앉을 수도 있지만 그 자세가 너무 어려우면 그냥 '책상다리(반 가부좌)'로 앉아도 좋다. 양손은 허리와 무릎 사이에 두는데 모양은 선정인이다. 이때 오른손을 왼손 위에 올려놓는다. 척추를 일직선으로 곧추 세우고 두 눈은 뜨거나 반쯤 감는다. 다리를 꼰 자세로 명상하기 어려운 사람은 의자에 앉거나 쿠션을 바닥보다 높게 쌓아 올려 그 위에 앉는다. 중요한 것은 등을 곧게 펴고 균형을 유지하는 것이다.

동기

무슨 일이든 다 마찬가지지만 명상을 처음 시작할 때는 반드시 동기를 점검해야 한다. 이타적이든 이기적이든, 원대하든 소박하든 우리가 갖고 있는 동기가 명상을 비롯한 모든 행동을 올바른 방향으로 이끌 수도 있고 나쁜 방향으로 몰아갈 수도 있다.

마음의 안정

이타적 사랑과 자비심을 키우려면 마음을 비우고 집중해야 한다. 그런데 우리 마음은 불안정하고 변덕이 죽 끓듯 하고 희망과 두려움 사이를 오가며 우왕좌왕하고 정신없이 나홀로 잡념에 빠지기 일쑤이다. 따라서 마음을 활짝 열어 자유롭고 명철하고 주의 깊게 만들어야 한다. 마음을 통제한다고 해서 제약을 많이 만들라는 뜻이 아니라 기계처럼 무의식적으로 움직이거나 질풍노도에 휘청거리는 데서 놓여나라는 것이다. 따라서 명상의 첫 단계에서는 회오리바람 같은 생각을 잠재우는 것이 목표이다. 이를 위해 언제 어디서나 사용할 수 있는 간편한 수단을 이용해 집중력을 높일 수 있다. 바로 들숨과 날숨이다.

침착하고 자연스럽게 호흡을 한다. 호흡이 들어오고 나가는 움직임에 모든 주의를 집중한다. 숨을 내쉬면서 콧구멍을 통해 공기가 빠져나갈 때 어떤 느낌인지 관찰한다. 숨이 모두 빠져나가고 이어서 들숨이 시작되기 직전, 숨이 잠시 멈춘 순간에 주목한다. 숨을 들이마시면서 다시 공기가 흘러 들어오는 곳에 정신을 집중한다. 이렇게 날숨과 들숨이 계속 반복되는 동안 정신을 놓지 말고 집중하되 너무 긴장하지도 말고 긴장을 너무 풀어 반수면 상태에 빠지지도 않도록 조심한다.

혹시 정신이 산만해졌다면 그 사실을 깨닫자마자 바로 다시 호흡에 집중한다. 이 생각, 저 생각이 고개를 쳐들면 막으려고 하지도 말고 자극하거나 부추기지도 말고 마치 새가 아무 흔적도 남기지 않고 창공을 날아가듯 여러 가지 생각이 의식의 장을 스쳐가도록 내버려 둔다.

모든 수련에는 힘과 노력이 드는 법이며 변화에는 저항이 따르기 마련이다. 마음이 부글부글 끓어오르는 흥분 상태, 정반대로 의식이 혼미해지는 무기력 상태, 확고하지 못한 태도와 같이 명상을 방해하는 장애물을 뛰어넘는 법을 알아야 한다. 너무 긴장하지도 말고 너무 느슨해지지도 않으면서 균형을 유지하는 노력을 계속해야 한다.

명상은 어쩌다 한 번씩 오래 하는 것보다 짧은 명상을 규칙적으로 하는 편이 낫다. 예를 들어 매일 20분씩 명상을 하기로 정해 놓고 틈틈이 쉬는 시간을 이용해 단 몇 분만이라도 명상을 한다면 정식으로 명상을 할 때 얻은 경험을 되살릴 수 있다. 순간적인 기분에 휩쓸리지 말고 늘 한결 같아야 하며 중요한 것은 끈기 있게 계속하는 것이다.

이타적 사랑에 대한 명상

이타적 사랑(慈心)에 대해 명상을 하려면 사람은 누구나 마음속에서 고통을 두려워하고 행복을 갈망한다는 사실부터 자각해야 한다. 특히 스스로에 대해 부정적인 이미지를 갖고 있는 사람, 숱한 고통을 겪은 사람, 자신은 행복할 가치가 없다고 생각하는 사람들에게 정말 중요한 단계이다(이 책 26장 나를 싫어할 것인가 좋아할 것인가 참조). 자신을 따스하고 너그럽고 자애로운 태도로 대하면서 앞으로 행복만 바라겠다고 마음먹도록 하자.

스스로의 열망을 확인했으면 다음 단계는 세상의 모든 존재가 열망하는 바는 똑같다는 사실을 인정해야 한다. 사람은 다 똑같다는 사실, 우리는 서로 기대어 살아간다는 사실을 인정하자. 우리가 입는 셔츠 한 장, 물 먹을 때 쓰는 유리컵 하나, 우리가 사는 집 등이 모두 수많은 사람들의 노고가 있었기에 가능해진 것이다. 일상에서 늘 사용하는 지극히 단순한 물건도 그 안에 다른 사람의 존재가 숨어 있다. 글을 쓸 때 필요한 종이가 어디서 왔는지 생각해 보라. 가공품의 '라이프 사이클'을 연구한 하버드 대학교의 그레그 노리스에 따르면 종이 한 장을 만드는 데[3] 관여하는 나라만 최소 서른다섯 개국이라고 한다. 나무를 베어 낸 벌목 업자, 제지 공장에서 일하는 노동자, 트럭으로 운반을 한 운전기사, 카운터에 앉아 있는 문방구 주인 등을 상상해 보라. 그들도 우리처럼 기쁨과 고통이 있고 부모나 친구들과 함께 누리는 삶이 있다. 모두 다 같은 인간이고 고통을 원하는 사람은 아무도 없다. 이런 깨달음이 있어야 모든 사람을 좀 더 가깝게 느끼고 그들과 공감하고 그들의 처지를 염려하고 그들이 행복해지기를 바랄 수 있다.

소중한 사람을 먼저 명상하라

사랑하는 사람, 소중한 사람을 생각하면 이타적 사랑에 대한 훈련을 좀 더 수월하게 시작할 수 있다. 어린 아이가 우리를 보고 기뻐하고 우

---

3 Greg Norris(하버드 대학교). 개인적 정보 교환. www.beneficience.org 사이트 참조.

리를 따르면서 천진난만한 모습으로 다가온다고 상상해 보자. 아이 머리를 쓰다듬고 다정하게 눈을 맞추고 두 팔로 안으면 조건 없는 사랑과 보살피고 싶은 마음이 절로 느껴질 것이다. 오직 아이가 행복해지기만 바라는 사심 없는 절대 사랑에 푹 빠져 보자. 잠시 동안 아무것도 생각하지 말고 이 사랑을 또렷하게 의식해 보자.

명상의 확장

이제 자애로운 생각을 모르는 사람들에게로 확장해 보자. 고통에서 벗어나려고 하지만 그러지 못하는 경우도 있다. 어쨌든 그들도 행복해지기를 원한다. 한 걸음 더 나가 보자. 사람들에게 자애와 사랑을 베풀되 그 안에 우리에게 잘못을 저지른 사람, 인류 전체에 해악을 끼친 사람들까지 포함시키는 것이다. 그들이 악행을 저지르는 데 성공하기를 기원하라는 뜻이 아니다. 그들이 증오와 탐욕, 잔인성, 무관심을 버리고 남을 사랑하고 배려하는 사람이 되기를 비는 것이다. 이를테면 중병에 걸린 환자를 바라보는 의사의 눈으로 그들을 바라보는 것이다. 마지막으로 세상의 지각 있는 모든 존재를 무한한 사랑으로 끌어안아 보자.

측은지심

이타적 사랑이 다른 사람의 고통과 대면하면 측은지심(悲心)으로 형태가 바뀐다. 측은지심을 위해서는 남의 처지에 관심을 갖고 그의 고통을 자각하고 그가 고통에서 치유되기를 기원하면서 그렇게 될 수 있도록 행동할 만반의 준비가 되어 있어야 한다.

측은지심을 불러일으키려면 소중한 사람이 밤에 교통사고를 당해 끔찍한 통증에 시달리면서 갓길에 누워 있다고 상상한다. 구급차는 오지 않고 어찌할 바를 알 수 없다. 소중한 사람이 겪는 고통이 마치 자신이 겪는 고통인 것처럼 강렬하게 느껴지면서 불안감과 무력감이 함께 몰려온다. 고통이 폐부를 찔러 견딜 수 없을 정도에 이른다.

바로 그 순간, 그 사람에 대한 무한한 사랑의 감정에 몸을 맡긴다. 그 사람을 살며시 팔에 안는다. 마음에서 솟구치는 사랑의 물결이 폭포가 되어 그 사람에게 쏟아져 내린다고 상상한다. 그 사람을 괴롭히던 고통의 분자가 알알이 사랑으로 바뀌는 장면을 떠올린다. 그 사람이 살아남아 고통에서 치유되고 더 이상 아프지 않기를 마음을 다해 소원한다.

다음으로는 그렇게 따스한 측은지심을 사랑하는 사람 모두에게로 확장하고 거기서 더 나아가 세상의 모든 존재로 넓혀가면서 진심으로 이렇게 기원한다. "세상의 모든 존재가 고통과 고통을 일으키는 원인에서 벗어나기를 바랍니다."

함께 기뻐하는 마음, 축하, 감사

세상에는 뛰어난 품성을 가진 사람도 있고 인류에게 이로움을 가득 안겨 주면서 하는 일마다 성공을 거두는 사람도 있으며 재능도 많고 행복하고 뭐든지 잘하는 사람들이 많다. 그들이 이룩한 바에 대해 진심으로 함께 기뻐하자(喜心). 그들의 자질이 퇴보하지 않고 오래 유지되면서 갈수록 커지기를 기원하자. 시기와 질투는 남의 행복을 함께 기뻐하지 못하는 무능함을 드러내는 일이다. 남의 훌륭한 면을 축하하는 능력은 시기와 질투를 해독하고 의기소침을 낫게 하고 세상과 존재를 암울하게 바라보는 버릇을 고치는 치료약이 된다.

불교에서 함께 기뻐하는 마음을 기본적인 미덕으로 간주하는 것처럼 서양에서는 데이비드 흄이 쓴 글에서 비슷한 개념을 찾을 수 있다.

먼 옛날이나 먼 나라에서 일어난 도덕적 행동을 칭송하는 일이 자주 있다. 그 안에 개인의 이해타산이라고는 눈을 씻고 봐도 없다. 아무리 생각해도 기억조차 나지 않는 먼 옛날의 여러 가지 사건과 현재 우리가 누리고 있는 행복 사이에 무슨 관계가 있는지 도무지 알 수 없다.[4]

이러한 평가와 칭찬에는 근본적으로 사심이 없다. 대가를 바랄 수도 없고 자랑할 것도 없으며 기뻐하지 않는다고 해서 비난 받을까 두려워할 일도 없다. 한마디로 우리의 개인적 이해타산은 고려의 대상조차 되지 않는다.

이렇게 함께 기뻐하는 마음(喜心)은 남을 지향하는 것이므로 이타심이 자랄 수 있는 비옥한 토양이 될 수 있다. 다른 사람이 행복해 하는 것을 보고 거리낌 없이 좋아하다 보면 그 행복이 앞으로도 계속 이어지면서 더욱 더 커지기를 원하게 된다. 라이프니츠는 이렇게 썼다. "사랑이란 다른 사람의 행복에서 기쁨을 찾는 것 …… 다른 사람의 기쁨을 나의 기쁨으로 삼는 것이다.[5] 따라서 누군가를 사랑하는 습관은 남의 행복에서 얻을 수 있는 이익 때문이 아니라 그 자체만으로 기분이 좋기 때문에 남이 잘 되기를 바라는 어진 마음일 뿐이다."[6] 반대로 남이 잘되는 것을 보고 원통해 하면 좋을 것이 하나도 없다. 질투해 봤자 나만 불행해질 뿐, 상대방이 가진 행복과 재산과 장점 중 내게 돌아오는 것은 눈곱만큼도 없다.

함께 기뻐하는 마음에는 감사가 동반된다. 우리에게 선의를 베푼 사람에게 기쁨을 전할 때가 그런 경우이다. 심리학자들은 감사하는 마음이 친사회적 행동과 정서적 유대를 강화하여 행복감을 높이고 질

4   Hume, D., *An Enquiry Concerning The Principles of Morals*, in *Works of David Hume*. MobileReference. Kindle Edition. (Kindle Locations 4210~4212).
5   Leibniz, G. (1693), *Codex juris gentium diplomaticus, Principes ou droit naturel*.
6   "A Dialogue" in *The Shorter Leibniz Texts*, edited by Lloyd Strickland, Bloomsbury, 2006, p. 170.

투와 악의적인 태도를 줄이는 유익한 효과가 있다고 말한다[7]. 불교에서는 이런 감사의 마음을 차츰 확장해 나가라고 가르친다. 먼저 우리에게 생명을 주고 혼자 제 앞가림도 못할 때 먹이고 거두어 주신 부모님을 시작으로 우리를 가르치고 애정과 관심으로 보살펴 준 모든 사람들 특히, 내면의 자유를 얻는 길을 열어 준 도반 등 세상의 모든 존재에게로 감사를 확대해 나간다.

사무량심捨無量心

사무량심은 앞에서 설명한 세 가지 명상에 반드시 필요한 보완 역할을 한다. 모든 존재가 고통과 고통의 원인에서 벗어나기를 바라는 마음은 누구에게나 보편적으로 적용되어야 한다. 개인의 선호도나 남이 우리를 어떻게 대하는지에 따라 달라져서는 안 된다. 남들이 건강하면 함께 기뻐하고 상대의 태도나 행동에 상관없이 모든 환자를 치유하기 위해 고심하는 의사처럼 세상을 바라보자. 좋은 사람, 나쁜 사람 가리지 않고 똑같이 빛을 비추는 태양처럼 사무량심은 앞서 설명한 명상으로 함양된 이타적 사랑, 측은지심, 함께 기뻐하는 마음을 널리 확장해 세상의 모든 존재들에게 차별 없이 도달할 수 있게 한다.

---

7   McCullough, M. E., Emmons, R. A., & Tsang, J.-A. (2002). The grateful disposition: A conceptual and empirical topography. *Journal of Personality and Social Psychology*, *82*(1), 112~127; Mikulincer, M., & Shaver, P. R. (2005). Attachment security, compassion, and altruism. *Current Directions in Psychological Science*, *14*(1), 34~38; Lambert, N. M., & Fincham, F. D. (2011). Expressing gratitude to a partner leads to more relationship maintenance behavior. *Emotion-APA*, *11*(1), 52; Grant, A. M., & Gino, F. (2010). A little thanks goes a long way: Explaining why gratitude expressions motivate prosocial behavior. *Journal of Personality and Social Psychology*, *98*(6), 946~955.

네 가지 명상을 결합시키는 법

이타적 사랑을 명상할 때 주의력이 해이해져서 개인적으로 아끼는 사람들에게만 열중하는 일이 일어날 수 있다. 그럴 때는 사무량심 명상으로 넘어가 가까운 사람, 먼 사람, 아는 사람, 모르는 사람 가리지 않고 모두를 향해 사랑을 확장해야 한다.

그러다가 모두를 평등하게 대하는 사무량심이 무관심으로 변질될 수 있다. 모두를 걱정하는 것이 아니라 모두와 거리를 두느라 타인의 처지에 무관심해지는 것이다. 그렇다면 고통당하는 모든 이들을 생각하면서 마음속 깊이 측은지심을 키워야 한다.

그런데 남들을 괴롭히는 고통에 대해 끊임없이 생각하다 보면 무기력해지고 의기소침해지거나 절망에 빠져 산더미 같이 많은 일을 하느니 차라리 지레 손들고 포기하는 방법을 선택할 수도 있다. 그럼 자신보다 더 훌륭한 품성을 지니고 훨씬 더 큰 성공을 거둔 모든 사람들과 함께 기뻐하면서 기분을 전환해야 한다.

혹시라도 함께 기뻐한다는 것이 세상 물정 모르는 순진한 행복감으로 바뀌면 다시 이타적 사랑을 명상해야 한다. 이런 식으로 명상을 계속하면 된다.

명상이 한 번 끝날 때마다 잠시 시간을 내서 세상에 대한 관점을 재점검한다. 삼라만상의 상호 의존성에 대해 다시 생각하면서 자기중심주의에서 벗어나 현실에 대해 좀 더 정확한 인식을 키우도록 노력한다. 영구적으로 존속하는 것은 아무것도 없으며 서로가 서로에게 의존해서 살아간다. 흔히 존재가 독립적이라고 생각하지만 독립성이란 존재하지 않는다는 것을 알아야 한다. 그럼 좀 더 자유로운 눈으로 세상을 바라볼 것이다. 여기서 불교 승려 찬드라키르티(월칭)가 지은 시 구절을 감상해 보자.

삼라만상을
별똥별, 신기루, 불꽃,
마술의 눈속임, 이슬방울, 물거품, 꿈, 번개라
아니면 구름이라 여겨라.

마음에서 잡다한 생각을 모두 몰아내고 단순하고 자연스러운 상태에서 몇 분 동안 지금 이 순간을 완벽하게 의식한다.

일상으로 돌아가기에 앞서 명상과 일상을 잇는 가교 역할을 하는 소원으로 마무리한다. 이렇게 기원하면서 명상의 혜택이 모든 중생에게 전해지기를 진심으로 바라는 것이다. "이 명상은 물론이고 내가 과거에 했거나 현재에 하거나 미래에 하게 될 모든 자애로운 행동과 말과 생각으로 만들어진 긍정적인 에너지가 모든 중생의 고통을 줄이는 데 기여하기를 바랍니다."

나의 행복과 남의 고통을 맞바꿔라

자비심을 키우기 위해서 불교에서는 특정한 심상을 떠올리는 방법을 사용한다. 호흡을 통해 마음속에서 남의 고통과 나의 행복을 맞바꾸면서 내가 고통을 떠안을 테니 남이 고통을 덜기 바라는 것이다. 어쩌면 내 문제만으로도 머리가 터지는데 남의 고통까지 떠맡으라면서 부담을 주면 정말 너무한 것 아니냐고 생각할 수 있다. 그런데 사실은 정반대이다. 지금까지 경험으로 볼 때 자비심에서 우러나 마음속으로 남의 고통을 떠안으면 자신의 고통이 늘어나는 것이 아니라 오히려 줄어든다. 이타적 사랑(慈心)과 측은지심(悲心)이야말로 마음의 고뇌를 몰아내는 가장 강력한 해독제이기 때문이다. 그러니 이거야말로 일거양득 아니겠는가! 반면에 자신의 고통만 계속 들여다보고 있으면 '나, 나, 나, 나' 하면서 자기만 생각하는 소리가 유행가 후렴구처럼 마음속에 울려 퍼져 고통이 더 심해지고 용기가 무너지고 취약성이 심화된다.

먼저 우리에게 커다란 선의와 자애를 베푼 사람에게 깊은 사랑을 느끼는 것에서 출발한다. 그런 다음, 그 사람이 엄청난 고통에 시달린다고 상상한다. 그 사람이 겪는 고통을 보고 마음이 아프면서 공감이 가득 차오르면 마음속에 강한 사랑과 측은지심을 일으켜 맞바꾸기를 시작한다. 불교에서는 이를 "받아들이고 내보내기taking and sending" – 통렌tong len이라고 한다.

숨을 내쉬면서 이렇게 생각한다. 날숨과 함께 나의 행복, 활력, 행운, 건강 등이 맑고 상쾌하고 진정 효과가 있는 감로수가 되어 사랑하는 그 사람에게 전달된다. 그 사람이 이 좋은 것들을 지체 없이 받는다면 감로수가 그에게 필요한 것을 충분히 채워 줄 것이다. 생명이 위험하다면 생명이 연장될 것이고 궁핍한 상태라면 필요한 모든 것을 얻게 될 것이며 몸이 아프다면 회복이 되고 불행하다면 행복을 되찾을 것이다.

숨을 들이쉴 때는 그 사람이 가진 육체적, 정신적 고통을 시꺼먼 덩어리로 빨아들여 그의 고뇌를 덜어 준다고 생각한다. 그의 고통이 바람에 실린 안개처럼 다가온다. 그 나쁜 것들을 모두 빨아들여 없애면 일체의 집착에서 벗어나 커다란 기쁨을 맛보게 될 것이다. 그 과정이 아주 쉽게 느껴질 때까지 반복한다. 그런 다음에 이런 맞바꾸기 과정을 아는 사람 모두와 세상의 모든 존재로 서서히 확장해 나간다.

이 방법을 약간 변형한 명상에서는 사람의 심장이 찬란한 빛을 발하는 반짝이는 공이고 숨을 내쉴 때 거기서 하얀 광선이 나오면서 세상의 모든 존재에게 행복을 전달한다고 생각한다. 숨을 들이쉴 때는 세상 모든 존재의 고통을 검은 먹구름 형태로 받아들인다. 그럼 그것이 심장으로 들어와 하얀 빛 속에 녹아들어 흔적도 없이 사라진다고 생각한다.

혹은 이렇게 상상할 수도 있다. 우리가 무한히 많은 형체로 바뀌어 우주 끝에 도달한다. 그러면서 중간에 마주친 세상 모든 존재들의 고통을 빨아들이고 우리가 가진 행복을 그들에게 나눠 준다. 추위에 몸을 떠는 자를 위해 옷으로 변하고 배고픈 자를 위해 음식으로 변하고 집이 없는 자를 위해 거처로 변하는 식이다. 마지막으로 샨티데바의 시 구절을 읽거나 암송하면서 명상을 마친다.

의지할 곳 없는 이에게는 의지처가 되고
길 떠나는 이에게는 안내자가 되고
물을 건너는 이에게는 나룻배가 되고
뗏목이 되고, 다리가 되고
표류하는 이에게는 섬이 되고
빛을 찾는 이에게는 등불이 되고
휴식이 필요한 이에게는 쉼터가 되고
도움이 필요한 이에게는 도움의 손길이 되게 하소서.

여의주가 되고
행운의 보병이 되고
진언이 되고
만병통치약이 되고
소원을 들어주는 나무가 되고
젖이 마르지 않는 젖소가 되게 하소서.

대지가 되고
물과 불과 바람이 되어
모든 중생에게
제가 삶의 바탕이 되게 하소서.

모든 중생이 고통에서 벗어나
자유로워질 때까지
제가 생명의 근원이 되게 하소서.[8]

이상이 호흡과 함께 자비심을 키우는 방법이다. 일상생활 중 언제든지 사용할 수 있으며 다른 사람이 겪는 고통과 마주하고 있거나 자신이 고통을 당할 때 특히 유용하다.

본인이 고통스러울 때는 고통 자체가 바람직한 것은 결코 아니지만 유익하게 사용할 방법이 아에 없는 것도 아님을 알도록 하자. 그 점에 대해 달라이 라마는 이렇게 설명한다. "깊은 고통이 우리의 정신과 마음을 열어젖히고 우리를 남에게 연다."[9] 그러므로 이렇게 생각하자. "나 아닌 다른 사람들도 내 고통에 버금가는 아픔에 시달린다. 때로는 나보다 더한 고통을 겪고 있다. 그들이 고통에서 벗어나면 정말 좋겠다!"

지금까지 설명한 다양한 명상법은 정기적인 명상 시간에 사용할수도 있고 일상에서 쉽게 사용할 수도 있다. 둘은 상호 보완적인 관계이다. 설거지나 빨래와 같이 단순한 일을 할 때, 길을 걸을 때, 흔히 일어나는 반복적인 일상의 모습을 보면서 우리가 하는 행동과 느껴지는 감각에 대해 알아차림을 유지할 수 있다. 특히 이타심이 흐릿해지지 않고 늘 한결같이 유지되도록 일상에서 만나는 모든 사람들에 대해 행복하게 고통 없이 살기를 마음속으로 기원할 수 있을 것이다. 그렇게 하다 보면 언젠가는 명상을 통해 함양된 이타적 사랑과 측은지심과 알아차림과 기타 여러 가지 품성들이 삶의 방식에 완벽하게 통합되는 날이 올 것이다.

---

8   Shantideva (2006), *The Way of The Bodhisattva (Bodhicaryavatara)*, Padmakara Translation Group, Shambhala, stanzas 18~22, pp. 49~50. (내용이 약간 변형된 번역.)
9   The Dalai Lama, 2001년 11월 포르투갈 포르토에서 한 강연 중.

V

이타심의 대항 세력

23

자기중심주의와 자아라는 허상

이타심을 가로막고 나서는 대항 세력은 무엇이 있을까? 그것들을 어떻게 하면 극복할 수 있을까? 우리 사회에서 이타심이 활짝 꽃피게 하려면 이 두 가지 중요한 문제의 답을 알아야 한다.

이타심과 대척점에 있는 것은 자기중심주의다. 따라서 자기중심주의 성격과 형태를 먼저 살펴본 뒤 원천으로 거슬러 올라가 자아 개념과 자아에 대한 집착이 어떻게 형성되는지 살펴보도록 하겠다. 자기중심주의 때문에 나(우리)와 남 사이에 골이 깊어지고 특정 집단(가족, 민족을 비롯해 종교, 마을, 도시, 국가, 하다못해 조기 축구 팀까지)에 대해 소속감이 너무 투철하면 연대 의식이 줄어들고 남을 소중히 여기는 마음이 사라진다. 그러면 의식적으로든 무의식적으로든 자신과 가까운 사람, 덜 가까운 사람을 나눠 패거리를 형성하게 된다.[1]

이런 식의 편가르기는 가볍게 봐 넘길 일이 아니다. 그것이 곧 차별로 이어지기 때문이다. 사람들은 공정을 기하려고 애쓰기보다 자기편 사람들을 무조건 편애하는 성향이 있다. 여러 심리학 연구를 통해 입

---

1   사회학자들은 내집단ingroup과 외집단outgroup으로 구분한다.

증된 사실이다. 오로지 자신만 중요시하면서 자기중심주의에 빠져 버리면 공감과 이타심은 당연히 줄어들 수밖에 없다. 그리고 그것이 심해지면 욕망을 채우거나 일부러 남에게 피해를 끼칠 목적으로 폭력을 사용하는 지경에 이르게 된다.

'나'의 개념과 자아 형성

우리는 외부 세계를 바라보면서 좋다, 나쁘다, 아름답다, 추하다, 탐난다, 혐오스럽다는 등 고유의 속성도 아닌 여러 가지 특징을 투영시킨 후 세상은 그런 것이라고 단정을 짓는다. 내면을 성찰할 때는 존재의 중심에 서 있는 상상의 '나'를 만들어 의식 흐름을 경직시킨다. 그러고도 모든 것을 있는 그대로 인지한다고 생각하며 추호도 의심하지 않는다. 일순간에 사라질 것을 영원하다 착각하고, 끊임없이 변하는 거대한 관계망 속에 얽혀 사는 것을 독립적인 실체라고 생각한다. 우리가 만들어 낸 개념은 사물을 인위적으로 가둔다. 그럼 흐르는 물이 얼음으로 변해 유동성을 상실하듯 우리 내면도 자유를 잃어버린다.

유아 심리학은 신생아가 학습을 통해 어떻게 세상을 알아 가고 타자와의 관계를 깨닫는지 연구하는 학문이다. 아이가 돌쯤 되면 남들이 나와 다르다는 것, 내가 세상의 전부가 아니라는 것, 행동을 통해 세상에 영향을 줄 수 있다는 것을 알게 된다. 앞에서 본 것처럼 아이는 생후 18개월 정도 되면 거울에서 자기 얼굴을 알아보고 자아의식을 갖기 시작한다.

우리의 몸은 시시각각 변하고 마음속에서도 수많은 이성적, 감정적 경험들이 파란만장한 드라마를 만든다. 그런데 우리는 '나'를 늘 변함이 없고 유일하고 독립적인 실체라고 생각한다. 단순히 '나'를 인지하는 것에서 한 걸음 더 나아가 정체성에 대한 훨씬 더 강력한 느낌으로 결정화結晶化된다. 그것이 바로 자아다. 우리는 자아가 상처받을까 두려워 보호하고 만족시키려 한다. 자아를 위협하는 모든 것을 혐오하고 자아에게 기쁨과 위안을 주는 모든 것에 이끌린다. 이 두 가지 정신 상태에서 원한, 증오, 충동적 욕망, 시기, 질투 등 양립하기 어려운 무수한 감정이 비롯된다.

정체성의 다양한 얼굴

사람의 정체성은 개념적으로 현재를 살아가는 주체로서 나, 인격성 person, 자아ego, 이렇게 세 가지가 있다.[2] '나'라는 존재는 현재를 살아간다. '나는 배고프다.', '나는 존재한다.' 할 때 배고픈 주체, 존재하는 주체가 여기에 해당한다. 의식, 생각, 판단, 의지가 일어나는 곳, 지금 여기에서 일어나는 모든 것을 경험하는 곳이다.

인격성은 범위가 더 넓은 개념이다. 신경 정신과 의사 데이비드 갈린의 설명[3]처럼 인격이란 시간의 흐름을 관통하는 역동적 연속체이며 육체적, 정신적, 사회적 존재의 다양한 측면을 모두 아우르는 개념이다. 인격은 경계가 확실치 않고 유동적이다. 풍채나 용모와 같이 몸을 가리킬 수도 있고 마음속에 갖고 있는 개인적인 생각과 느낌, 성격 (어질고 착한 사람nice person), 사회적 관계(공과 사의 구분separating one's personal from one's professional life)를 지칭할 수도 있으며 보편적인 사람을 뜻할 수도 있다. 시간상 연속적인 개념이라 과거의 나와 미래의 나에 대한 표상을 서로 연결한다. 그동안 살아온 개인사 즉 의식, 육체, 환경과 맺은 역동적인 관계를 통틀어 지칭할 수 있는 개념이 바로 이 인격성이다.[4]

---

2   자세한 설명을 보려면 다음을 참조. Galin, D., "The Concepts of 'Self', 'Person', and 'I' in Western Psychology and in Buddhism," in Wallace, B. A., *Buddhism and Science: Breaking New Ground*, Columbia University Press, 2003, pp. 107~142; Wallace, B. A., *Science et Bouddhisme: À chacun sa réalité*, 1998, Calmann-Lévy; Damasio, A. R., *Le Sentiment même de soi: Corps, émotions, conscience*, Odile Jacob, 2002.

3   Galin, D. (2003). *op. cit.*

마지막으로 자아는 우리가 흔히 존재에 꼭 필요한 핵심이라고 생각하는 것이다. 자아를 태어나서 죽을 때까지 우리를 특징 짓는 불가분의 영구적 전일체라고 생각한다. 자아는 '내' 팔다리, '내' 오장육부, '내' 피부, '내' 이름, '내' 의식을 모두 합한 것에 소유자를 더한 개념이다. 데카르트의 유명한 말이 있다. "나는 생각한다. 고로 존재한다." 여기서 '나'의 존재를 사고의 전제 조건으로 못 박음으로써 세상과 유리된 '나'에 대한 믿음을 서양 철학에 강력하게 심었다. 그런데 생각을 한다는 사실만으로는 개인적 실체가 존재한다는 증거가 되지 못한다. 의식의 흐름을 통해 세상과 자신을 경험하는 타고난 능력이 있다는 것을 보여 줄 뿐이다. 불교식으로 말해서 '빛나는' 의식이 그런 경험을 가능하게 하는 것은 사실이지만 그렇다고 해서 독립적인 실체의 존재가 반드시 뒷받침되어야 하는 것은 아니다. 경험 그 자체는 어떤 실체로도 물화物化될 수 없다.

특히 현재를 살아가는 주체인 '나'는 마음의 흐름 중 지금 이 순간 담겨진 내용물에 불과하다. 그것은 시시각각 변한다. 어떤 사물에 고유한 존재가 있으려면 그것을 인지하거나 생각하는 것만으로는 부족하다. 신기루나 착시 현상도 인지는 가능하지만 실체는 없다.

자아가 관념에 불과하다는 생각은 사실 많은 서양 사상가들의 직관에 위배된다. 그 점에 있어 데카르트 입장은 단호하다. "나의 정신을 고찰할 때, 다시 말해서 나를 사유하는 사물 정도로 생각할 때 그 중 일부를 따로 떼어 낸다는 것은 있을 수 없는 일이다. 나는 나를 유일한 것, 온전한 것이라고 상정한다."[5] 사람은 본능적으로 자아를 하나의 단위로 파악하고 확실히 개별적인 실체가 있다고 인식한다. 그런데 자아를 인식한다고 해서 데카르트가 상상하던 실체의 존재가 입증되

---

4   자세한 설명을 보려면 다음을 참조. Varela, F. J., *The Embodied Mind: Cognitive Science and Human Experience*, MIT Press, 1991.
5   Descartes, *Meditations on First Philosophy*, IV, Donald A. Cress 번역, Hackett, 1993.

는 것은 아니다. 그런 실체의 성격을 구체적으로 설명하려고 하면 딱히 이렇다고 말하기도 어렵고 자율성과 고유성도 부여할 수 없다.[6]

자아를 찾아서

자아가 정말 개별적 실체로 존재한다면 그것이 이론적 개념에 불과한 것이 아님을 확인할 수 있는 그럴듯한 설명이 가능해야 한다. '자아가 어디에 있을까?' 먼저 이런 의문이 들 것이다. 몸에만 있는 것은 아닌 것 같다. 내가 자랑스럽다고 할 때 자랑스러운 주체는 나의 의식이지 몸이 아니니까. 그렇다면 자아가 의식 안에만 있는 것일까? 그것도 확실치 않다. 누군가 나를 밀었다고 치자. 이때 밀린 것이 내 의식일까? 물론 아니다. 자아는 몸과 의식 외에 다른 데 있을 수 없다. 이런 식으로 논리적인 검토를 하다 보면 자아가 몸 전체에 퍼져 있는 것도 아니고 아무 데도 없는 것도 아니라는 것을 알 수 있다. 혹시 수많은 부분들과 구조와 연속성이 모두 합쳐진 것일까? 만약 그렇다면 실체를 언급한다는 것이 불가능할 것이다.

우리는 자아가 당연히 의식과 연관되어 있다고 생각한다. 그런데 의식이라는 흐름도 손에 잡힐 듯 잡히지 않는다. 과거는 죽었고 미래는 아직 오지 않았으며 현재는 지속성이 없다. 자아가 정말 뚜렷한 실체가 있는 것이라면 그것이 어떻게 더 이상 존재하지 않는 것과 아직 존재하지 않는 것 사이에 유보되어 있을 수 있을까?

무슨 수를 써도 유일무이한 실체는 발견되지 않는다. 잡으려고 달려들수록 자아는 요리조리 빠져나간다. 그나마 내릴 수 있는 결론은 자아가 머릿속에서 일어나는 역동적 과정을 지칭하는 명칭이라는 것,

---

6   프로이트의 이론에 대해서는 이 책 25장 이기주의를 전도하는 사람들에서 논의할 예정. 프로이트 이론은 불교적 관점에서든 과학의 관점에서든 타당하지 않기 때문에 포함시키지 않았다.(지지하지도 않는데 글을 쓰기란 어려운 일이므로 차라리 언급하지 않는 것이 낫다고 생각된다.)

변화무쌍한 관계를 하나로 뭉뚱그려 환경에 대한 인식과 감각과 마음속 심상과 감정과 생각을 통합시킬 수 있는 유용한 개념이라는 것뿐이다.

사람은 복잡한 것들을 한데 모아 단순화된 '실체'로 만든 다음 그것들이 영원히 지속된다고 우기는 성향이 있다. 우리가 처한 환경이 시시각각 변하지 않고 사물 대부분이 늘 똑같은 상태를 유지한다고 생각하면 살기가 훨씬 수월하다. 내 몸이 백만분의 일 초도 가만히 있지 않고 항상적인 상태를 유지하지 못하는 소란스런 분자들의 집합이라고 인식한다면 아마 '내 몸이란 이런 것'이라는 개념을 모두 놓아 버릴 것이다. 실제로 내 몸과 주변 현상에 대해 우리가 일상에서 하는 인식은 근사치에 불과하다. 모든 것이 시시각각 변하는데 우리는 이 사실을 까맣게 잊고 산다. 내 몸이 세상과 별개로 늘 일정한 상태를 유지하는 실체라는 인식은 사물을 그릇되게 단순화하는 것이지만 일상을 사는 데는 무척 유용하다. 중요한 것은 이것이 편의적 필요에 의해 강화된 인식일 뿐, 현실이 아니라는 점을 이해하는 것이다. 자아도 마찬가지다. 우리가 인식하는 자아는 습관에 의해 강화된 정신적 구조물에 불과하다.

그래서 불교에서는 자아가 아예 존재하지 않는 것이 아니라(우리가 자아를 끊임없이 경험하므로) 착각에 불과한 존재라고 결론짓는다. 그런 의미에서 불교에서 말하는 자아(실체로 인식되는 '나')는 '독립적이고 영구적인 존재가 아니다.'라고 할 수 있다. 자아는 신기루와 같은 것이다. 멀리서 오아시스처럼 보이는 것이 있어 가까이 가보지만 물은 절대 구할 수 없다.

정체성의 나약한 얼굴

사람들은 자신의 정체성과 이미지와 지위에 대해 뿌리 깊이 박힌 생각을 갖고 있다. 그것이 타인과 관계에도 끊임없이 영향을 준다. 토론을 하다가 이야기가 험악한 방향으로 흘러가면 토론 주제보다 토론자의 정체성에 대해 왈가왈부하는 것이 더 언짢고 중요하게 생각된다. 사소한 말이라도 남이 내 험담을 하면 화를 내면서 나는 거리낌 없이 남 험담을 한다. 스스로에 대해 강한 이미지를 갖고 있는 사람일수록 인정받기 위해 부단히 노력하는데 남들이 자신의 이미지를 문제 삼으면 대단히 견디기 힘들어 한다.

그렇다면 정체성의 가치는 무엇일까? 흥미롭게도 인격personality이라는 말은 '가면'을 뜻하는 라틴어 낱어 페르소나persona에 어원을 두고 있다. 배우는 맡은 역할을 가면을 통해per 울려 퍼지게sonat 만든다.[7] 배우는 자신이 가면을 쓰고 있다는 사실을 안다. 그에 비해 우리는 사회에서 하는 역할과 타고난 본성이 다르다는 것을 자주 망각한다.

우리는 흔히 어머니나 아버지의 역할, 회사에서 경영자가 하는 역할, 사회에서 예술가가 하는 역할 등 개인이 가정이나 사회에서 하는 역할에 대해 이야기한다. 그런데 피아니스트, 운동선수, 교사 등 어떤 사람이 하는 기능을 언급하는 과정에서 자기도 모르게 정체성과 기능을 동일시하다가 결국 사람을 기능으로 정의하게 된다. 그러면서 만인이 공유하고 있는 인간성에서 차츰 멀어져간다.

사람은 편협한 자아의 세계에 매몰되어 자신에게만 몰두하는 경향이 있다. 조금이라도 성미에 안 맞는 것이 있으면 불안해하고 낙담한다. 성공과 실패, 희망과 두려움에 매달려 안달복달하느라 행복이 손가락 사이로 빠져나가는 것도 모른다. 자아가 허상에 불과하다면 자아에서 벗어나는 것은 존재의 고갱이를 도려내는 것이 아니라 감았던 눈을 뜨는 것이다. 허상에 대한 집착을 버리면 마음속에 커다란 자유가 생긴다.

---

7   배우들이 가면의 입 부분을 확성기처럼 사용해 목소리를 전달했다.

우리는 세상과 남의 눈이 무서워서 혹은 고통을 겪는 것이 두려워서 자아라는 거품 안에 몸을 숨긴다. 그러면 보호 받을 수 있을 것이라고 기대한다. 그러고도 현실에 대한 불안을 떨쳐버리지 못한다. 다른 존재나 주변 환경과 상호 의존적 관계를 끊을 수 없기 때문이다.

'나'를 세상에서 가장 중요하다고 여기는 생각을 내려놓으면 남들에 대해 좀 더 쉽게 관심을 가질 수 있다. 남들이 겪는 고통을 직접 보면 그들을 이롭게 하겠다는 용기와 의지가 훨씬 더 자연스럽게 솟아오를 것이다.

'나'에서 '내 것'으로

'나'에 대한 개념이 점점 강해져서 '자아'라는 허상으로 굳어 버리면 '내 것'에 대한 생각도 덩달아 강해진다. 달라이 라마는 '내 것'에 대해 집착하는 감정을 이렇게 설명한다. 어떤 가게 쇼윈도에 멋진 도자기 화병이 진열된 것을 바라보고 있는데 점원이 실수로 화병을 떨어뜨렸다. 그럼 아마 '정말 예쁜 화병인데 아깝군!' 하면서 가던 길을 계속 갈 것이다. 그런데 화병을 선물 받아 벽난로 위에 자랑스럽게 올려놓았는데 떨어져서 산산조각이 났다면 '내가 아끼는 꽃병이 깨졌다!'고 소리치면서 크게 상심할 것이다. 차이점이라고는 화병에 '내 것'이라는 딱지가 붙어 있느냐 없느냐 하는 것뿐이다.

자아가 무슨 쓸모가 있나?

불교와 달리 심리학적 방법론에서는 자아에 부여하는 상대적 가치를 줄이는 데 관심이 거의 없다. 자아라는 환상에 종지부를 찍을 생각은 더더욱 없다. 서양에서 발전된 자아 개념에 문제 제기를 하고 원점으로 돌아가 재검토하게 된 것은 비교적 최근 일이다. 이것이 파괴적이라고 할 만큼 혁신적인 이유는 자아가 인격을 구성하는 기초라고 여기기 때문이다. 자아를 뿌리째 뽑아 버린다? 그럼 내가 더 이상 존재하지 않는 것인가? 자아 없는 사람을 어떻게 생각할 수 있을까? 자아가 환상에 불과하다는 것을 깨달으면 주위 사람들과 주변 세상과 관계가 달라져서 내 입지가 불안정해지는 것 아닌가?

자아가 아예 없거나 자아 개념이 너무 희박하거나 막연하다는 것은 의학적으로 심각한 병에 해당하는 것 아닌가? 자아를 포기하기 전에 먼저 강건한 인격을 구축해야 하는 것 아닐까? 자아 개념을 바탕으로 세상과 관계를 생각하는 서양인들이라면 아마 이런 질문을 잔뜩 퍼부을 것이다.

강건한 자아를 가져야 한다는 생각은 정신 질환을 앓는 사람들이 불완전하고 허약하고 결함 있는 자아의식을 가진 존재라고 보는 데서 비롯된다. 그런데 이것은 자아와 자신감을 혼동한 것이다. 자아는 억지 자신감 밖에 주지 못한다. 그런 가짜 자신감은 권력, 성공, 미모, 체력, 지능, 남의 칭찬 등을 바탕으로 쌓아올린 것이다. 그런 속성들은 자신이 보기에 또 남들이 보기에 '정체성'을 이루는 중요한 요소같이 보이지만 실은 실체가 거의 없다. 그런 화려한 겉모습이 무너져 버리면 자아는 부아를 내며 피해자를 자처하고 자신감을 상실한다.

무아無我에서 시작되는 자애로운 힘

불교에서는 자아라는 환상을 일소하는 것이 인간이 선천적 취약성을 벗고 진정한 자신감을 얻는 길이라고 가르친다. 진정한 자신감은 자아가 부재할 때 나타나는 자연스런 특징 중 하나다. 실제로 자아라는 환상에서 비롯되는 안정감은 깨지기가 무척 쉽다. 자아라는 환상이 사라지면 내면에 잠재된 놀라운 힘을 의식하게 되고 그런 의식이 깨어나면 강한 자신감을 낳아 외부 상황도 마음속 두려움도 모두 이겨낼 수 있다.

감정 연구 분야의 전문가인 폴 에크만은 자아를 크게 중요시하지 않는 사람들에 대해 이렇게 말한다. "그들은 착하다고 느껴지고 인간성이 좋다. 남들도 저절로 그 사실을 알아차려 좋아하게 된다. 그들은 카리스마 넘치는 사기꾼들과 달리 사생활과 공적인 삶이 완벽한 조화를 이룬다."[8] 그리고 무엇보다 "그런 사람들은 지위나 명성을 별 것 아니게 생각하고 '나'를 내세우지 않아 남들의 마음을 움직인다. 그들은 사람들이 자신의 지위나 중요성을 인정하는지에 대해 눈곱만큼도 신경을 쓰지 않는다." 에크만은 자기중심주의적인 성향을 찾아볼 수 없는 것에 대해 "심리학적 관점에서 그야말로 곤혹스러울 정도"라고 하면서 "사람들은 무의식중에 그런 사람들과 함께 있고 싶어 하고 그들과 함께 있으면 왠지 모르게 풍요로운 느낌이 든다."라고 강조한다.

클레르몽페랑 대학교 심리학자 미카엘 당브룅은 자기중심주의가 초래하는 심리적 결과를 다룬 수많은 과학적 연구를 종합 분석하는 연구를 하고 있다. 나도 잠깐 참여한 적이 있는데 이 연구에 따르면 극단적인 자기중심주의는 쾌락주의적인 행복을 추구하며 부침이 심한 쾌락과 즐거움에 따라 행복이 좌지우지되기 때문에 진정으로 잘 살고 있다는 느낌이 부족하다. 반면에 자기중심주의가 줄어들면 남의 행복에 이바지함으로써 얻어지는 행복을 추구하게 된다. 이런 행복은 삶의 방식, 성취감, 충만감에 기반을 두며 남을 개방적인 태도로 대하면서 스스로 잘 살고 있다고 강하게 확신함으로써 얻을 수 있다.[9]

집단 간 편견을 줄이는 문제

영국 맨체스터 대학교에서 유동 인구가 많은 길가 잔디밭에 어떤 남

---

8 Paul Ekman, 개인적 정보 교환. 그 밖에 Goleman, D., & the Dalai Lama, *Destructive Emotions*도 참조.

자가 누워 있다.(연기를 하는 중이다.) 남자는 실신한 것처럼 보인다. 사람들 가운데 걸음을 멈추고 도움이 필요한지 확인하는 사람은 소수에 불과하다(15퍼센트). 얼마 후 같은 남자가 같은 장소에 누워 있는데 이번에는 리버풀 축구 팀(맨체스터의 라이벌이지만 리버풀 출신 학생들 사이에서 다수의 팬을 확보하고 있다.)의 유니폼을 입고 있다. 지나가던 리버풀 팬 중 85퍼센트가 그에게 다가가 도움이 필요한지 묻는다. 연구 팀은 발걸음을 멈추고 도움이 필요한지 물어본 사람과 그렇지 않은 사람 모두를 상대로 설문 조사를 실시했다.[10] 이 연구와 다른 유사한 연구들에서 소속감이 협력을 하고 서로 도움을 주고받는 데 상당히 큰 영향을 주는 것으로 나타났다.

어떤 집단이나 공동체 일원으로 소속감이 생기면 서로를 가깝게 생각하고 책임감도 느끼는 이점이 있다. 연대 의식이 강해지고 남을 높이 평가하여 개인을 벗어나 공동의 목표를 추구하기가 쉽다. 그럼으로써 '나'보다 '우리'를 더 중요시하게 되는 것도 사실이다.

그런데 집단에 대한 소속감이 너무 강하면 조화로운 인간관계에 오히려 해가 될 수 있다. '우리' 집단 사람들을 높이 평가하다 보니 그렇지 않은 사람 즉 낯선 사람이나 경쟁 집단에 속한 사람들을 업신여기고 그런 편견이 인종 차별주의, 성 차별주의, 동성애 혐오증, 종교적 불관용 등 다양한 형태의 차별로 이어지는 것이다. 소속 집단이 보편적인 의미의 인간종인 경우에도 집단 소속감이 너무 강하면 인간을 제외한 나머지 종의 생명체들을 열등하다고 생각하는 종차별주의speciesism가 될 수 있다.

심리학자 레빈과 캠벨은 민족 집단의 편견과 행동에 대한 연구에서

---

9   Dambrun, M., & Ricard, M. (2011). Self-centeredness and selflessness: A theory of self based psychological functioning and its consequences for happiness. *Review of General Psychology, 15*(2), 138.

10 BBC World Service의 과학 방송 프로그램 「Science in Action」이 2001년에 보도한 내용.

다음과 같은 사실을 밝혔다. 한 집단에 속한 구성원들은 자신들의 가치가 무슨 일이 있어도 보편적이고 옳은 것이라고 생각한다. 그들은 같은 집단에 속한 다른 구성원들과 협력하면서 악행(절도, 살인 등)을 저지르는 사람이 있으면 벌을 준다. 또 집단에 계속 남아 있기를 바라면서 집단을 대표하는 권위자들에게 복종하고 집단의 이익을 위해 싸움에 가담하거나 목숨을 바칠 준비가 되어 있다.

반면에 다른 집단에 속한 구성원은 태생적으로 열등하고 비열하고 부도덕하다고 생각한다. 다른 집단 구성원과는 협력도 하지 않고 지도자들 권위도 존중하지 않으며 자기들 문제를 다른 집단 탓으로 돌리면서 싸우려고 한다. 다른 집단은 믿지도 않고 무조건 경계하면서 자녀들을 교육할 때는 다른 집단 구성원들 행동을 들먹이면서 본받지 말라고 강조한다.[11] 집단적 가치관이 고조되면 과격하고 광신적인 행동이 나타나고 폭력적인 충돌이 일어난다.[12] 심리학자 헨리 타지펠은 이를 잘 보여 주는 예가 후드 달린 백색 의상을 차려입는 쿠 클럭스 클랜이나 비밀 회합을 갖는 테러 집단 훈련생들이라고 말한다.

그 밖에도 타지펠은 동전을 던져서 편을 가른다든가 화가 중 클레를 좋아하는 사람, 칸딘스키를 좋아하는 사람을 따로 모아 그룹을 편성해도 사람들이 얼마 안 있어 '우리' 집단 구성원을 더 선호하고 자기들끼리 더 많은 자원을 나누면서 다른 집단 구성원을 불신하는 경향을 보였다고 했다.

11 LeVine, R. A., & Campbell, D. T., *Ethnocentrism: theories of Conflict, Ethnic Attitudes, and Group Behavior*, Wiley, 1972.
12 Tajfel, H., *Human Groups and Social Categories: Studies in Social Psychology*, Cambridge University Press, 1981.

로버스 동굴 실험

심리학자 무자퍼 셰리프와 학자들이 12세~14세 소년들을 대상으로 일련의 실험을 하려고 여름 캠프를 개최했다. 그들은 소년들을 열한 명씩 두 팀으로 나눠 미국 오클라호마에 있는 로버스 케이브 스테이트 파크 양쪽 끝에 배치하고 캠핑을 시작했다. 두 팀으로 나뉜 소년들은 일주일 동안 오두막에서 잠을 자고 먹을 감고 하이킹할 장소를 찾아다녔지만 공원에서 캠핑을 하는 것이 자기들뿐이라고 생각했다. 그 중 한 팀은 스스로를 "방울뱀"이라는 이름으로 불렀다.

2주차에 접어들면서 학자들이 아이들에게 그들과 똑같은 팀이 하나 더 있다는 사실을 알려 주었다. 그 소리를 듣자마자 아이들은 상대 팀에 대해 적대감을 나타냈다. 이름이 아직 없었던 팀은 즉석에서 팀명을 (뱀을 잡아먹는) "독수리"라고 정했다. 눈 깜짝할 새 '우리'와 '그들'로 구분되었다.

마침내 학자들이 경연 대회(야구 시합, 오두막 순시, 청결 상태 검사 등)를 열겠다고 선언하고 두 팀이 함께 식사하는 식당에 우승 팀에게 수여할 상금과 트로피를 전시했다. 처음에 스포츠 경쟁은 신사적으로 진행되었지만 얼마 안 있어 분위기가 험악해지면서 선수들끼리 욕을 하기 시작했다. 독수리 팀이 패배한 뒤 팀 주장이 방울뱀 팀 깃발을 불태우자 이에 격앙된 방울뱀 팀도 똑같이 독수리 팀 깃발을 태웠다. 상황이 갈수록 예상치 못했던 방향으로 악화되자 실험자들은 실험을 중단하기로 했다.[13]

---

13 실험자들이 화해의 밤을 주선했다. 그런데 여기에는 숨겨진 목적이 있었다. 불화를 더욱 심화시키는 것이었다. 실험자들은 과일과 음료수를 준비한다면서 아무도 입을 대지 않은 것과 반쯤 상한 과일, 상태가 안 좋은 음식을 섞어 테이블에 차려 놓았다. 두 그룹은 실험자들 유도에 의해 시차를 두고 현장에 도착했다. 먼저 도착한 그룹은 상태가 좋은 음식을 골라 먹고 멍든 과일을 남겼다. 나중에 도착한 그룹이 이를 보고 격렬하게 항의하면서 첫 번째 그룹에게 욕을 퍼부었다. 이튿날 부당한 대접을 받은 그룹은 식당 테이블을 더럽히고 다른 그룹 소년들에게 음식을 던지고 위협하는 글이 담긴 대자보를 붙이는 등의 행동으로 앙갚음을 했다.

몇 년 후 같은 연구진이 새로운 실험을 시도했다. 첫 번째 실험에서와 마찬가지로 두 팀 사이에 긴장이 고조되자 이번에는 평화를 회복하기 위해 다양한 전략을 동원했다. 먼저 팀에 구애 없이 다들 급수관 누수 지점을 찾아 복구하는 일에 참여하라고 했다. 이를 계기로 적대적인 분위기가 약간 가라앉았지만 곧 다시 긴장이 팽팽해졌다. 하는 수 없이 파티를 열고 학자들이 두 팀 소년들과 영화도 보러 갔지만 평화는 오래가지 않았다.

마지막으로 그들은 캠프에 먹을 것을 공급하는 식량 보급 트럭을 깊은 배수로에 빠뜨리기로 했다. 문제를 해결하려면 두 팀 모두 하루 종일 힘을 합쳐 노력하는 수밖에 없었다. 어느 한 팀만으로는 트럭을 배수로에서 꺼낼 수 없었다. 공동의 목표를 위해 진심으로 협력하는 과정에서 두 팀 구성원들 사이에 연대 의식이 형성되고 우정이 생겨났다. 마침내 두 집단은 서로 미워하는 것을 멈추고 같은 버스를 타고 집에 돌아갔다.

연구진들은 이 실험을 통해 진정한 평화 분위기를 조성하고 발전시키는 문제에 대해 깊은 통찰을 얻을 수 있었다. 적대 관계에 있는 집단이 싸움을 중단하거나 함께 어울리는 것만으로는 부족하며 공동선을 위해 다 함께 노력해야 한다는 것을 알 수 있었다.

갈등 해결

적대적인 집단 사이에 긴장과 갈등을 줄이려면 양측 구성원들이 개인적으로 접촉할 수 있는 상황을 만드는 것이 바람직하다. 함께 시간을 보내면서 친해지면 각자가 느끼는 필요와 희망과 두려움이 무엇인지 정확히 알게 되고 상대방에게 가치를 부여할 수 있어 서로를 보살피고 친절을 베풀게 된다. 그런데 로버스 동굴 실험에서 본 것처럼 서로 접촉할 수 있는 장을 마련하는 것만으로는 충분치 않다. 그럼 오히려 적대감이 심해질 수 있다.[14] 평화를 모색하는 효과적인 방법 가운데 하나는 두 집단이 힘을 합쳐야 달성할 수 있는 공동 목표를 제시하는 것이다.[15] 그럼 목표 달성을 위해 협력하는 과정에서 서로를 존중하는 법을 배운다.

행복해지고 싶은 것은 모든 사람의 소원이다. 궁극적으로 자아에 대한 집착을 버리면 행복에 대한 욕망이 줄어드는 것이 아니라 타인의 행복보다 자신의 행복을 지나칠 정도로 중요시하는 마음이 사라진다. 자아에 대한 집착에서 벗어나면 자신의 행복을 덜 중요하게 생각하는 것이 아니라 타인의 행복에 새로운 가치를 부여하게 된다는 말이다.

14 Pettigrew, T. F. (1998). Intergroup contact theory. *Annual Review of Psychology, 49*(1), 65~85.
15 Sherif, M., Harvey, O. J., White, B. J., Hood, W. E., & Sherif, C. W., *Intergroup Conflict and Cooperation: The Robbers Cave Experiment*, University of Oklahoma Book Exchange, 1961; Sherif, M., Reprinted as *The Robbers Cave Experiment: Intergroup Conflict and Cooperation*, Wesleyan, 1961.

24
확산되는 개인주의와 자기애

사람은 남들과 이로운 관계를 형성할 줄 알아야 생존할 수 있고 존재할 수 있다. 인간에게는 본래 남들과 관계를 형성하고 신뢰를 주고받으며 사랑하고 사랑 받고 싶은 마음이 있다. 심리학자 센드리 허처슨은 남들과 유대감이 강하면 심리적 행복과 신체 건강이 증진되고 우울증에 걸릴 위험도 줄어든다는 것을 다양한 실험을 통해 보여주었다.[1] 공동체에서 느끼는 유대감과 소속감은 공감을 증가시키고 신뢰와 협력에 바탕을 둔 행동을 촉진하며[2] 이 모든 것이 선순환을 일으킨다. 긍정 심리학 창시자인 바버라 프레드릭슨은 이를 가리켜 "선순환의 소용돌이"라고 하면서 높은 곳을 향해 솟아오르는 이미지에 비유한 바 있다. 신뢰감과 협력 의지는 그것을 공유하는 사람이 많을수록 강력해지기 때문이다.[3]

1   Hutcherson, C. A., Seppala, E. M., & Gross, J. J. (2008). Loving-kindness meditation increases social connectedness. *Emotion, 8*(5), 720~724.
2   Cialdini, R. B., Brown, S. L., Lewis, B. P., Luce, C., & Neuberg, S. L. (1997). Reinterpreting the empathy-altruism relationship: When one into one equals oneness. *Journal of Personality and Social Psychology, 73*, 481~494; Glaeser, E. L., Laibson, D. I., Scheinkman, J. A., & Soutter, C. L. (2000). Measuring trust. *The Quarterly Journal of Economics, 115*(3), 811~846.

이렇게 사회적 관계에서 얻을 수 있는 유익한 점이 많은데도 요즘
은 개인의 고립도와 서로에 대한 불신이 갈수록 심화되고 있다. 기술
적, 경제적, 사회적 격변으로 사회적 유대가 희박해지고 상호 신뢰가
무너졌기 때문이다.[4] 1950년에 실시된 설문 조사 결과에 따르면 북아
메리카와 유럽에 사는 사람들의 60퍼센트가 초면인 사람을 믿는 것
으로 나타났다. 그런데 1998년이 되자 이 비율이 30퍼센트로 떨어졌
다.[5] 서양인들이 점점 자기만의 세계에 안주한다는 뜻이다. 이런 추세
가 이타심의 확산을 가로막는 장애 요소로 떠오른다. 개인의 자유와
자율성을 추구해서 있는 좋은 점이 많지만 그런 여러 가지 장점도 남
에 대한 책임감과 연대 의식을 적절히 갖춰야만 만끽할 수 있다.

개인주의의 두 얼굴

미국 수필가 데이비드 브룩스에 따르면[6] 개인주의(개체주의)의 개념이
널리 확산되기 시작한 것은 17세기부터였다. 당시에 프랜시스 베이컨
을 비롯한 여러 철학자들은 물리학적으로 또는 생물학적으로 복잡한
현상을 쉽게 이해할 수 있도록 현상을 전체를 구성하는 부분 즉 분석
이 수월한 불연속적 단위(원자, 분자 등)의 상호 작용으로 단순하게 '환
원'시켰다. 그리고 보면 개인주의 또는 개체주의라는 용어는 과학, 수
학, 논리학에서 나온 것이다.

3   Fehr, E., & Rockenbach, B. (2003). Detrimental effects of sanctions on human
    altruism. *Nature*, *422*(6928), 137~140.
4   Putnam, R. D., Bowling Alone: *The Collapse and Revival of American Community* (1st
    edition), Touchstone Books / Simon & Schuster; McPherson, M., Smith-Lovin, L.,
    & Brashears, M. E. (2006). Social isolation in America: Changes in core discussion
    networks over two decades. *American Sociological Review*, *71*(3), 353~375.
5   Rahn, W. M., & Transue, J. E. (1998). Social trust and value change: The decline of
    social capital in American youth, 1976~1995. *Political Psychology*, *19*(3), 545~565.
6   David Brooks, 개인적 정보 교환, 2011년 7월.

현상을 이루는 기본적인 구성 요소와 현상을 유발한 원인을 식별하고 분석하는 과정에서 과학도 커다란 발전을 이룩할 수 있었다. 그런데 그 과정에서 개별 현상과 그것이 모여 만들어진 시스템을 둘러싼 관계를 소홀히 하는 일이 종종 발생했다. 현상을 너무 단순화하면 돌발적인 현상을 모두 간과하게 된다. 다시 말해서 전체는 부분을 합쳐 놓은 것과 질적으로 다르다는 사실을 무시하게 된다는 말이다. 이런 환원주의적 접근 방식이 인간에게 적용되어 사람을 상호 의존적인 커다란 관계망 가운데 일부로 보지 않고 자율적 개체로만 보면 인간관계에서 오는 복잡성을 무시하게 된다.

오늘날 '개인주의'라는 말은 보통 두 가지 의미로 사용된다. 첫째는 개인이 사회를 위해 봉사하는 도구라고 생각해서는 안 되고 개인을 존중해야 한다는 입장이다. 존중 받아 마땅한 생각이다. 여기서 나온 것이 기본적인 인권의 개념이다. 그렇다고 해서 시민으로서 지켜야 할 의무라든가 사회 구성원들 간의 상호 의존성, 연대 의식의 중요성을 무시하는 것이 결코 아니다. 이런 개인주의는 개인에게 도덕적 자율성을 부여하고 자유로운 선택을 허락한다는 점에서 이기심과 동의어가 될 수 없다.

그런가 하면 안타깝게도 요즘 한창 확장 일로에 있는 전혀 다른 개인주의가 있다. 모든 종류의 공동체 의식을 뛰어넘어 '나만 잘 살면 그만'이라는 생각을 최우선의 미덕으로 삼는 자기 중심주의적 열망이 개인주의의 두 번째 개념이다. 남들이나 사회에 대한 책임감은 전부 모른 체 하면서 오로지 개인의 욕망과 충동에 따라 행동하라고 부추기는 입장이다.

유명한 프랑스어 사전인 리트레 사전에 보면 개인주의가 "고립적 삶의 방법, 참여 정신과 반대되는 개념"이라고 정의되어 있다. 역사학자 알렉시 드 토크빌은 19세기 중반에 벌써 개인적 영역에 틀어박힌 채 공공 영역과 시민으로서 삶에 참여하지 않는 것을 개인주의라고 봤다. 19세기 후반 들어 사회학자 에밀 뒤르켐도 공동 가치와 규범의 의미가 퇴색하고 개인의 사적인 선택을 가로막는 모든 것에 혐오감을 나타내는 풍조에 대해 우려를 표시한 바 있다.

영국 경제학자이자 사회학자인 리처드 레이어드는 개인주의가 팽배한 데 대해 다음과 같이 생각을 피력했다. "개인은 서로 배려하고 이익을 본 만큼 타인의 이익을 도모하기 위해 애쓰는 사회 안에서만 만족스런 삶을 누릴 수 있다. 사회 안에서 누군가가 성공을 거두면 실패하는 사람이 반드시 있기 마련이다. 따라서 다른 사람을 희생시키면서 자신의 성공만 추구한다면 행복한 사회를 절내로 만들 수 없다. 오늘날 개인의 성공만 지나치게 추구하는 풍조가 만연하고 있다. 지나친 개인주의가 모든 사회 문제의 원흉이 될 것이다."[7]

진정한 자유

개인주의라고 하면 개인의 자유를 연상하는 사람이 많이 있다. "내가 생각하는 행복은 하고 싶은 일을 마음껏 하면서 그 어떤 잔소리도 듣지 않는 것이다." 영국에 사는 한 젊은 여성이 BBC 방송과 한 인터뷰에서 이렇게 대답했다. 그에 비해 멜리사라는 스무 살 난 미국 여성은 이렇게 말한다. "사회가 날 어떻게 바라보든지 전혀 개의치 않는다. 나는 내가 스스로 정한 도덕관과 세계관과 기준에 따라 내 인생을 산다."[8]

개인이 누려야 할 자유를 억압하는 융통성 없는 사회에서 사회가 강요하는 독단적인 원칙과 제약을 박차고 일어나는 것은 대단히 용기 있는 일이다. 그런데 기껏 그래 놓고 결과가 자신의 머릿속에서 날

---

7   Layard, R., & Dunn, J., *A Good Childhood: Searching for Values in a Competitive Age*, Penguin, 2009, p. 6.

8   Twenge, J. M., *Generation Me: Why Today's Young Americans Are More Confident, Assertive, Entitled- and More Miserable than Ever Before* (1st edition), The Free Press, 2006, p. 20.

조된 허상에 사로잡히는 것이라면 자유는 환상에 불과하다. 머릿속에 떠오르는 대로 뭐든 마음대로 하겠다는 것은 자유에 대해 크게 오해하는 것이다. 언덕 꼭대기에서 무성한 잡초들이 바람에 이리저리 휘둘리는 것처럼 그런 사람은 마음속에 피어나는 온갖 잡생각의 노예가 될 것이다. 그런 게 개인의 자유라면 자유로 인해 개인은 물론 사회 구조까지 파괴되고 말 것이다. 프랑스 수필가 파스칼 브뤼크네르는 "행위에 따른 결과를 요리조리 피해 다니면서 자유의 부정적인 면을 감내할 생각은 하지 않고 오직 혜택만 누리려고 드는 것이 개인주의의 폐단"[9]이라고 한탄하고 있다.

개인주의자는 무슨 일이든지 마음대로 하는 방종과 스스로를 통제할 줄 아는 진정한 자유를 혼동한다. 자연스럽고 솔직한 것은 소중한 가치이지만 이를 정신적 혼돈과 헷갈려서는 안 된다. 생각이 자유로우려면 무엇보다 먼저 마음속에서 독재자처럼 군림하는 자기중심주의와 탐욕, 증오, 질투와 같은 부정적인 감정을 떨쳐버려야 한다. 자유란 삶이 습관이나 교육이 정한 방향으로 흘러가도록 내버려 두는 것이 아니라 자기 삶을 스스로 통제하는 것이다. 선원을 예로 들어 보자. 선원에게 자유란 배가 바람 부는 대로 파도치는 대로 흘러가도록 내버려 두는 것이 아니다. 그건 배가 항해하는 것이 아니라 표류하는 것이다. 주인이 되어 배를 움직인다는 것은 키를 잡고 돛을 조정해서 자신이 원하는 방향으로 배를 몰아가는 것이다.

진정한 자유란 서로 모순된 여러 감정에서 벗어나는 것이다. 그런 자유를 손에 쥐는 유일한 방법은 자신에 대한 강박적 사랑을 줄이는 것이다. 감정에서 자유로워진다고 해서 사람들이 보통 생각하는 것처럼 무감각해지거나 무관심해지는 것이 아니다. 삶이 주는 다채로운 재미를 상실하는 것도 아니다.

---

9   Bruckner, P., *La Tentation de l' innocence*, Le Livre de Poche, 1996.

남에게 피해를 주지만 않는다면 뭐든 마음대로 할 수 있다고 생각하는 것은 인간관계를 너무 편협하게 보는 것이다. 칼 마르크스는 "그런 자유는 사람 사이의 관계가 아니라 결별에 기초를 두는 것"이라고 쓰고 있다. 해를 가하지 않는 것으로 만족한다면 남의 이익을 도모하는 것 자체를 포기함으로써 해를 끼칠 수 있다. 마틴 루터 킹은 "착한 사람이 아무 일도 하지 않는 것은 나쁜 사람이 악랄한 행동을 하는 것만큼 해롭다."라고 했다. 조화로운 사회란 자신의 이익을 도모하는 자유와 타인을 이롭게 하는 책임이 적절히 타협을 이루는 사회다.

빗나간 개인주의

개인주의가 극단으로 치달으면 소비 사회의 강력한 무기인 광고나 홍보에서 쉴 새 없이 떠들어 대는 외모, 감각, 성 같은 것들만 찬양하고 숭배하게 된다. 쾌락 추구와 '차별화'에 대한 욕망을 최우선으로 여기고 개인의 표현과 자유를 최고 미덕으로 떠받든다. 순간을 '즐김'으로써 '진정한' 존재를 만끽하고 싶어 한다. 인생에서 '맛볼 수 있는 쾌락을 하나도 놓치지 말고' 최대한 '즐겨야' 한다고 생각한다.[10]

정치적 개인주의는 국가에 대한 불신을 동반한다. 특히 미국에서 극명하게 나타나는 현상이다. 이 경우에 국가는 기껏해야 필요악 정도이며, 최악의 경우에는 개인 자유를 가로막는 불구대천의 적으로 전락한다. 개인주의가 만연한 미국 사회의 초석을 다진 건국의 아버지들은 최초 인간이 사회적 관계에 얽매이지 않고 독립적으로 자유롭게 살았다고 본 루소 사상에서 영향을 많이 받았다.[11] 그렇게 살던 인간이 훗날 공동체를 이루고 살기 위해 개인의 자유를 일부 포기하겠

---

10 다음 분석을 참조. Lipovetsky, G., *L'Ère du vide: Essais sur l'individualisme contemporain*, Gallimard, 1989.

11 루소는 선사 시대에 실제로 있었던 일을 묘사한 것이 아니라 상상에 의한 허구를 소설화한 것이다.

다고 합의하고 "사회 계약"을 맺었다는 것이다. 그런데 이것은 현실에 부합하지 않는 생각이다. 사람의 조상임이 거의 확실한 영장류는 집단을 이루고 살았으며 개체들끼리 상호 의존도도 매우 높았다. 포식자에게 공격을 받을 수 있고 불리한 환경에 취약한 종일수록 공동체를 형성해 살아가는 성향이 강한 법이다. 따라서 인간은 두말할 것 없이 사회적인 동물이다.[12]

개인주의는 "당신 일이나 잘 하고 나한테 신경 쓰지 마시오."라는 식의 섬나라 근성으로 표출될 수도 있다. 모리스 바레스는 프랑스 로렌 지방 주민들이 갖고 있는 개인주의에 대해 이렇게 설명한다. "그들은 이웃집에서 무슨 일이 일어나는지 잘 알고 있다. 늘 살피고 주시하며 살기 때문이다. 그러면서 완고하게 '난 당신들이 필요하지 않다.'는 뜻을 밝힌다."[13] 이렇게 개인 삶을 노출하지 않으려고 애쓰다 보면 사회 안에 살아도 고립과 고독이 불가피해진다. 뉴욕의 경우 나홀로 가구 비율이 2015년에 30퍼센트에 이를 것으로 예상된다. 2013년 최신 미국 인구 조사 결과에 따르면 맨해튼과 워싱턴 DC 경우, 전체 가구 절반 정도가 1인 가구이고 지역에 따라 1인 가구 비율이 3분의 2에 달하는 곳도 있다. 서유럽과 북아메리카에서는 고령층 40퍼센트가 독거노인이다. 그에 비해 아직도 대가족이 대세인 홍콩은 혼자 사는 노인이 3퍼센트에 불과하다.

개인주의적 사고방식에서는 사람이 서로 아무 관계도 없는 별개의 개체라고 본다. 스페인 철학자 오르테가 이 가세트는 이렇게 표현했다. "인생 본질은 개인의 삶이다. 내 인생 하나뿐이다. 본질적으로 고독하다. 뼛속까지 고독하다."[14] 이는 만물의 상호 의존성을 전혀 이해하지 못한 생각이다.

---

12 Waal, F. B. M. de (2009), *The Age of Empathy. op. cit.* 참조.
13 Barrès, M., *Mes Cahiers*, Volume 6, 1907, p. 46.
14 Gasset, J. O., *Man & People*, W. W. Norton, 1963, p. 46.

개인주의자는 자기 자신을 보호한다고 생각하지만 스스로를 고립적인 개체로 만들어 버려 갈수록 더 작아지고 취약해진다. 남들과 협력해서 혜택을 누리는 것이 아니라 남들을 위협으로 받아들이기 때문이다. 사회학자 루이 뒤몽은 사회 분열에 대해 이렇게 쓰고 있다. "전체가 작은 점들이 모인 무더기로 변했다."[15] 서로 의존하면서 상호 의존적으로 기능하는 것이 아니라 각자 알아서 홀로 살아가는 개인들이 모인 '무리'에 불과해졌다는 말이다.

자기애는 모두를 평균 이상으로 만드는 요술 거울

개인주의가 위험한 이유 중 하나는 자기애로 변질되어 자신이 남보다 우월하다 생각하면서 과대평가할 수 있기 때문이다. 미국에서 발표된 여러 조사 결과에 따르면 자신이 평균보다 더 사교적이라고 생각하는 학생이 85퍼센트, 재능이 뛰어난 상위 10퍼센트에 속한다고 생각하는 학생이 90퍼센트에 달하는 것으로 나타났다.[16] 대학 교수들도 스스로를 동료들보다 훨씬 더 훌륭한 교육자라고 생각하는 사람이 96퍼센트에 달한다. (최근에 교통사고를 일으킨 사람을 포함해)운전자들조차 90퍼센트가 남보다 운전 실력이 뛰어나다고 자신 있게 말했다.[17]

이 연구들을 종합하면 사람들 대다수는 스스로를 평균보다 인기가 더 많고 성격이 좋고 공정하고 머리도 좋고 논리적이고 재미있는 사람이라고 생각한다는 것을 알 수 있다. 문제는 모든 사람이 다 평균 이상이 될 수 없다는 것이다. 더 기가 막힌 것은 대다수가 자신의 객관

15   Dumont, L., *Essays on Individualism: Modern Ideology in Anthropological Perspective*, University of Chicago, 1992, p. 263.

16   Alicke, M. D., & Govorun, O., "The Better-Than-Average Effect," in Alicke, M. D., Dunning, D. A., & Krueger, J. I. (eds.), *The Self in Social Judgment*, Psychology Press, 2005, pp. 85~106.

17   Preston, C. E., & Harris, S. (1965). Psychology of drivers in traffic accidents. *Journal of Applied Psychology, 49*(4), 284.

적 사고 능력이 보통 이상이라고 생각한다는 사실![18]

이처럼 자신을 고평가하는 경향은 이승에만 국한된 일이 아니다. 미국에서 천 명을 대상으로 실시한 한 설문 조사에서 열다섯 사람의 이름을 제시하면서 누가 천국에 갈 가능성이 높은지 물었다. 그 결과 다이애나 스펜서 영국 왕세자비가 60퍼센트(이 조사는 1997년에 진행되었다.), 농구선수 마이클 조던이 65퍼센트, TV 진행자 오프라 윈프리에 이어 테레사 수녀가 79퍼센트를 기록했다. 그렇지만 그들은 최종 승자가 아니었다. 최고점을 얻은 것은 "당신이 천국에 갈 확률은 얼마나 된다고 생각하십니까?"라고 묻자 긍정적인 답을 한 87퍼센트의 응답자들이었다.[19]

이타심의 대척점에 자기애가 있다

심리학에서는 자기애(나르시시즘, 자아도취)에 대해 "만사를 과장해서 생각하는 경향, 남들이 우러러보기 바라는 욕구, 공감 능력 부족"[20]이라고 설명한다. 자기애에 빠진 사람은 자기 이미지에 도취되어 그것에만 관심을 두면서 성공, 권력, 미모, 지성 등 그럴듯한 이미지 요소에 대해 끊임없이 환상을 품는다. 다른 사람은 자기 이미지를 높이는 데 필요한 도구에 불과할 뿐, 남에 대한 배려는 거의 찾아볼 수 없다. 이웃을 사랑할 역량이 아예 없다고 할 수 있다.

자아 존중감이 지나친 사람들은 자신이 남보다 더 친절하고 매력적이고 인기가 높다고 말한다. 물론 착각에 불과하다. 그들을 잘 아는

18 Pronin, E., Gilovich, T., & Ross, L. (2004). Objectivity in the eye of the beholder: Divergent perceptions of bias in self versus others. *Psychological Review*, 111(3), 781.

19 1997년 3월에 발표된 US News의 설문 조사 내용. Christophe André (2009). *Imparfaits, libres et heureux : Pratiques de l'estime de soi*. Odile Jacob, p. 13에 인용.

20 미국 정신 의학회의 정신 장애 진단 및 통계 편람 *Diagnostic and Statistical Manual of Mental Disorders* (DSM-IV-TR, 2000) 중에서.

사람에게 물어보면 관계 형성 능력이 출중하지 않은 평범한 사람들이다.[21] 다시 말해서 자신을 단순히 좋게 생각하는 것이 아니라 심각할 정도로 과대평가하는 것이다. 시험이라든가 객관적인 평가를 통해 보통 사람과 다를 바 없다는 것이 밝혀지면 그때부터 실망이 시작된다.

자기애가 강한 사람은 스스로를 높이 평가하는 성향 때문에 시험을 치르거나 직장 생활을 할 때 성공 확률이 높다고 주장하는 학설도 있지만 사실은 전혀 그렇지 않다. 오히려 그런 사람이 평균적인 사람보다 실패할 가능성이 더 높다는 것이 모든 연구가 이구동성으로 주장하는 결론이다.

심리학에서는 자아도취자들이 원래 자신을 증오하지만 열패감을 불식시키기 위해 자기 이미지를 과대평가한다고 오랫동안 설명해 왔다. 그런데 심리학자 진 트웬지가 요약 분석한 일련의 연구들을 살펴보면 대다수 경우에 이 학설이 옳지 않다는 것을 알 수 있다.[22] 무의식적인 태도를 평가하는 내재적 연관성 검사Implicit Association Test를 설계한 미국 조지아 대학교의 키스 캠벨과 학자들은 피험자들에게 질문을 한 뒤 답을 컴퓨터 키보드로 입력하는 데 걸린 시간을 분석해 보았다. 이 실험에서 자아도취자들은 '나'와 찬사로 가득한 형용사(훌륭한, 멋진)를 연관시킬 때 남보다 훨씬 빠른 반응을 보인 데 비해 자신을 비하하는 형용사(형편없는)와 연관시킬 때는 상대적으로 느린 반응을 나타냈

21 Campbell, W. K., Rudich, E. A., & Sedikides, C. (2002). Narcissism, self-esteem, and the positivity of self-views: Two portraits of self-love. *Personality and Social Psychology Bulletin*, 28(3), 358~368; Gabriel, M. T., Critelli, J. W., & Ee, J. S. (1994). Narcissistic illusions in self-evaluations of intelligence and attractiveness. *Journal of Personality*, 62(1), 143~155.

22 Twenge, J. M., & Campbell, W. K., *The Narcissism Epidemic: Living in The Age of Entitlement*, The Free Press, 2010, p. 25; Bosson, J. K., Lakey, C. E., Campbell, W. K., Zeigler-Hill, V., Jordan, C. H., & Kernis, M. H. (2008). Untangling the links between narcissism and self-esteem: A theoretical and empirical review. *Social and Personality Psychology Compass*, 2(3), 1415~1439; Gabriel, M. T., Critelli, J. W., & Ee, J. S. (1994). Narcissistic illusions in self-evaluations of intelligence and attractiveness. *Journal of Personality*, 62(1), 143~155.

다. 우월감을 갖고 있다는 뜻이다.[23] 따라서 자아도취자들이 앓는 병은 우월 컴플렉스라는 것을 확실히 알 수 있다.[24] 자아도취자들을 돕겠다는 취지로 자존감을 높이라고 충고하는 것은 불에 기름을 붓는 격이다. 그들이 정말 배워야 할 것은 남들에 대한 존중이다.

자아도취자들과는 반대로 스스로를 비하하면서 폭력을 행사하고 사랑 받을 자격이 없다고 생각하는 사람들이 있다. 그런 사람들을 연구한 심리학자 폴 길버트와 크리스틴 네프는 자기 연민autocompassion이 갖고 있는 장점을 강조한다. 자기 존중감이 지나치면 자만이나 자기 심취에 빠지지만 자기 연민은 그렇지 않다. 자신을 연민하거나 공감하면 자신에게 정말 좋은 것이 무엇인지 고민하면서 스스로를 자애와 따뜻한 마음과 이해로 감싸고 한계를 받아들인다.[25] 타인에 대한 증오심을 해독하는 것이 공감이라면 자기혐오를 해독하는 것은 자기 연민이다. 자기 연민에는 스스로를 과대평가할 때 나타나는 바람직하지 않은 효과가 동반되지 않는다.

자아도취자의 추락

자아도취자가 마침내 적나라한 현실과 마주하게 되면 두 가지 태도를 나타낼 수 있다. 하나는 자신에 대한 분노이고 또 하나는 남에 대한 분노다. 전자의 경우에는 더 잘 하지 못한 데 대해 스스로를 책망하면서 자신에게 화풀이를 한다. 그때까지 자아의 격을 높이는 데 들인 에너지가 공격성, 불안, 억제된 분노 등으로 변하는 것이다. 자아도

---

23 실험 참가자들은 응답 시간의 차이나 그런 차이가 갖는 중요성에 대해 알지 못했다. 이를 과학 용어로 자부심에 대한 암묵적implicit 척도라고 한다.

24 Campbell, W. K., Bosson, J. K., Goheen, T. W., Lakey, C. E., & Kernis, M. H. (2007). Do narcissists dislike themselves "deep down inside"? *Psychological Science, 18*(3), 227~229.

25 Neff, K. *Self-Compassion: Stop Beating Yourself Up and Leave Insecurity Behind*. William morrow. 2011.

취자가 추락하면 우울증이 생기거나 심하면 자살로 이어질 수 있다.

경우에 따라서는 남에 대한 분노와 적개심으로 표현된다.[26] 한 연구에서 학생들에게 지능 검사 결과를 통보하면서 지능 지수가 평균 이하라고 말했다. 스스로를 높이 평가하던 학생들은 이 소식을 받아들이지 못하고 다른 사람을 비방했다. 반면에 평소에 겸손했던 학생들은 붙임성 있는 태도로 다른 사람들이 좋은 결과를 얻은 데 대해 축하를 했다. 자아도취자들은 실패를 남 탓으로 돌리는 데 급급하면서 자신이 저지른 실수로부터 교훈을 얻지도 못하고 약점을 보완하기 위해 애를 쓰지도 않는다.[27]

미국에서 급우들을 죽음으로 몰아넣은 학생들의 사례를 분석한 정신과 의사 오토 케른버그는 그들을 "악성 자기애malignant narcissism"라고 진단했다. 자아도취자들은 긍정적인 자질로 두각을 나타낼 수 없기 때문에 남을 해침으로써 억지로 존경을 이끌어 내려고 한다. 컬럼바인 고등학교에서 총기 난사 사건을 벌인 에릭 해리스와 딜런 클리볼드는 급우들에게 가벼운 모욕을 당한 뒤 이를 응징하기 위해 학생 열두 명과 교사 한 명을 죽이는 극단적인 방법을 선택했다. 자아의식이 너무 컸던 에릭과 딜런은 급우들을 패배자라고 부르면서 따끔하게 혼내야 한다고 생각했다. 두 사람이 계획을 실행에 옮기기 전에 녹화한 비디오 영상을 보면 유명 영화감독인 스필버그와 타란티노 중에서 누가 자기들 이야기를 영화로 만들지 궁금해 하는 장면이 나온다. 두 소년은 태연히 웃으면서 이렇게 말한다. "사람들이 우리를 얼마나 존경할지 생각만 해도 짜릿하지 않아?"[28] 자기애는 사이코패스들에게서 흔

26 Jordan, C. H., Spencer, S. J., Zanna, M. P., Hoshino-Browne, E., & Correll, J. (2003). Secure and defensive high self-esteem. *Journal of Personality and Social Psychology*, 85(5), 969~978.

27 Heatherton, T. F., & Vohs, K. D. (2000). Interpersonal evaluations following threats to self: Role of self-esteem. *Journal of Personality and Social Psychology*, 78(4), 725.

28 Twenge, J. M., & Campbell, W. K. (2010). *op. cit.*, p. 199.

히 볼 수 있는 성격적 특징이다. 그들은 사람을 마음대로 조종하고 고통을 가하면서 피해자들에 대해 공감을 전혀 느끼지 못하는 것은 물론이거니와 고통을 보면서 희열을 느끼기까지 한다.

과대망상증

독재자들은 대부분 자기애가 강한 사이코패스인 동시에 과대망상증 환자들이다. 자신의 일대기를 전설이나 신화 같은 이야기로 채워 넣고 거대한 동상을 세우고 대규모 군중 앞에 나서 화려한 퍼레이드를 여는 것을 보면 잘 알 수 있다.

  2011년에 사망한 북한의 "친애하는 지도자 동지" 김정일 국방위원장이 과대망상적 사이코패스의 전형적인 예다. 공식 전기에 따르면 그는 한반도에서 가장 높은 백두산 정상에서 태어났는데 출생 순간 신비한 소리가 나면서 빙하가 갈라지고 하늘에 쌍무지개가 떴다고 한다. 3주 만에 걷기 시작한 김정일은 8주가 되자 말문이 터졌다. 대학 재학 시절에 집필한 저서만 1,500권이 넘는다! 또한 골프를 배우기 위해 골프채를 손에 잡자마자 홀인원 다섯 개를 기록하는(세계 신기록) 등 천문학적인 점수를 올렸다고 한다. 북한 기관지 『민주 조선』에 따르면 길이 30센티미터짜리 햄버거를 처음 만든 것도 김정일이라고 한다.[29] 매년 되풀이되는 기근에 주민들이 고통 받고 있는 실상이나 무자비한 탄압에 시달리는 반체제 인사들과 강제 수용소에 갇힌 수많은 사람들에 대한 이야기는 물론 일언반구도 찾아볼 수가 없다.

---

29 http://fr.wikipedia.org/wiki/Kim_Jong-il 참조. 참고 문헌이 많이 나와 있다.

전염병처럼 번지는 자기애

미국 심리학자 진 트웬지가 한 연구 결과를 보면 유럽과 동양은 영향이 아직 덜한 편이지만 북아메리카 대륙에서는 20여 년 전부터 자기애라는 전염병이 창궐하고 있다.[30]

1951년에 "나는 중요한 사람"이라고 대답한 14세~16세의 청소년은 12퍼센트였다. 그런데 1989년이 되자 이 비율이 80퍼센트로 치솟았다.[31] 수만 건의 설문지를 분석한 결과, 2000년에 중학생들의 자기애 점수가 1980년에 비해 크게 높아진 것으로 나타났다.[32] 2006년에는 미국 고등학생 4명 중 1명이 자기애 환자라고 해도 지나치지 않을 정도가 되었으며 10명 중 1명이 자아도취성 인격 장애에 시달리고 있었다.[33]

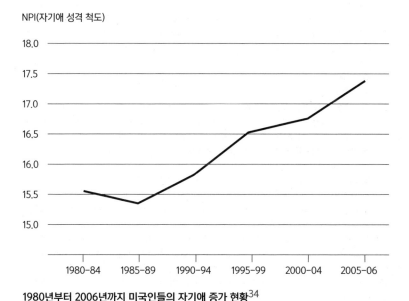

NPI(자기애 성격 척도)

1980년부터 2006년까지 미국인들의 자기애 증가 현황[34]

미국 젊은이들도 변화를 인정한다. 대학생 천 명을 대상으로 설문 조사를 실시한 결과, 3분의 2가 "요즘 젊은이들이 이전 세대에 비해 자기주장이 강하고 자신을 과신하고 주목 받으려고 애쓰는 경향이 있다."라는 데 동의했다. 이렇게 자기중심주의가 팽배하게 된 주된 원인으로 대다수가 마이스페이스, 페이스북, 트위터[35]와 같은 소셜미디어를 꼽았으며 이들이 자기 홍보 수단으로 전락하고 있다고 생각하고 있었다. 자기애로 인해 영향을 받는 층은 주로 젊은이들이다. 3만 5천 명을 대상으로 한 미국 국립 보건원NIH의 연구 결과를 보면 20세 ~30세의 젊은이 중 10퍼센트가 자아도취성 인격 장애를 겪는 데 비해 65세 이상은 그 비율이 3.5퍼센트에 불과했다.[36]

2007년에 트웬지가 한 연구 결과가 언론을 통해 발표되었을 때 자기애가 크게 증가하고 있다는 사실에 대해 많은 학생들이 반박은커녕 당연하다는 반응을 보였다. 한 학생은 신문에 기고한 글에 이렇게 썼

30 Twenge, Jean M., and W. Keith Campbell, *The Narcissism Epidemic: Living in The Age of Entitlement.* 여러 연구 결과에 따르면 세르비아, 칠레, 이스라엘, 미국이 자기애가 가장 강한 나라들이고 대한민국, 스위스, 일본, 타이완, 모로코는 자기애가 약한 나라들이다.

31 Newsom, C. R., Archer, R. P., Trumbetta, S., & Gottesman, I. I. (2003). Changes in adolescent response patterns on the MMPI/ MMPI-A across four decades. *Journal of Personality Assessment, 81*(1), 74~84. Twenge, J. M., & Campbell, W. K. (2010). *op. cit.*, p. 35에 인용.

32 Twenge, J. M., & Campbell, W. K. (2001). Age and birth cohort differences in self-esteem: A cross-temporal meta-analysis. *Personality and Social Psychology Review, 5*, 321, 344; Gentile, B., & Twenge, J. M. "Birth Cohort Changes in Self-Esteem," 1988~2007. 미발표 원고. 다음에 있는 논문을 바탕으로 했다. Gentile, B., Master's thesis, San Diego State University, 2008.

33 Grant, B. F., Chou, S. P., Goldstein, R. B., Huang, B., Stinson, F. S., Saha, T. D.,... Pickering, R. P. (2008). Prevalence, correlates, disability, and comorbidity of DSM-IV borderline personality disorder: Results from the Wave 2 National Epidemiologic Survey on Alcohol and Related Conditions. *Journal of Clinical Psychiatry, 69*(4), 533.

34 Twenge, J. M., Konrath, S., Foster, J. D., Keith Campbell, W., & Bushman, B. J. (2008). Egos Inflating Over Time: A Cross-Temporal Meta-Analysis of the Narcissistic Personality Inventory. *Journal of Personality, 76*(4), 875~902.

35 Twenge, J. M., & Campbell, W. K. (2010). *op. cit.*, p. 34.

36 *Ibid.*, p. 36.

다. "자기 존중감이 극도로 높은 것은 당연한 일이다. 우리는 역사상 최고로 기억될 세대다." 한술 더 뜬 젊은이도 있었다. "뭐가 문제인가? 우리는 정말 특별하다! 그래서 나쁠 게 뭐란 말인가? 우리는 허영이 아니라 자부심으로 가득한 세대다."[37]

자기애가 강하기로 둘째가라면 서러워할 사람이 있다. 미국 기업가이자 부동산 재벌인 도널드 트럼프(현 미국 대통령)이다. 자신이 소유한 부동산, 빌딩, 전용 제트기, 대학교 건물 등에 자기 이름을 커다랗게 박아 넣는 트럼프는 "자아가 없는 사람은 패배자"[38]라고 주장한다. 이건 틀린 말이다. 스스로를 매우(지나칠 정도로) 높이 평가하는 고등학생은 학년이 올라갈수록 성적이 떨어져서 학업을 포기하는 비율이 평균치보다 높은 것으로 확인되었다. 자신감이 지나쳐서 공부를 하지 않아도 다 안다고 생각하기 때문에 동기 부여도 없고 노력도 하지 않는 것이다.[39]

이런 사람들에게 함정이 있는 문제를 던져 유도심문을 하면 그들이 갖고 있는 자아도취적 성향을 쉽게 확인할 수 있다. 딜로이 L. 폴후스와 동료 학자들이 주로 학생들로 구성된 대단위 표본에게 이런 질문을 던졌다. "베르사유 조약이 체결된 해가 언제인지 아십니까?", "몬티첼로 조약이 언제 체결되었는지 아십니까?", "폴 클레가 그린 작품을 알고 있습니까?", "존 코매트가 그린 회화 작품을 알고 있습니까?" 부연 설명 없이 그냥 "아니오."와 "물론이죠." 중에서 답을 하나 고르라고 하자 자기애가 심한 학생들은 존 코매트나 몬티첼리 조약처럼 실제로 존재하지도 않는 사람이나 사건에 대해서도 "물론이죠." 라는 답을 골랐다.[40]

37 Ibid., p. 32.
38 Ibid., p. 41.
39 Robins, R. W., & Beer, J. S. (2001). Positive illusions about the self: Short-term benefits and long-term costs. Journal of Personality and Social Psychology, 80(2), 340~352.

자기애가 전염병처럼 번지고 있다는 것을 알려 주는 사례가 몇 가지 더 있다. 미국에서는 돈만 내면 파티장과 공공장소에 대동할 리무진과 홍보 담당자, 파파라치 여섯 명을 고용할 수 있다. 그들은 고용주가 무슨 유명인사라도 되는 양 이름을 부르면서 쫓아다녀 사람들 이목을 끈다. 행인들이 휴대폰을 꺼내 사진을 찍어 대고 레스토랑에 가면 웨이터가 가장 좋은 테이블을 제공하면서 정중하게 모신다. 다음 날, 에이전시는 표지에 고용주 사진이 실린 가짜 『피플People』잡지를 보낸다. 이 모든 것이 단돈 3,000달러면 가능하다. Celeb 4 A Day(하루 동안 유명 인사로 살기)라는 쇼를 연출하는 이 에이전시는 고객들로 문전성시를 이룬다고 한다. "보통 사람도 유명 인사처럼 주목받을 권리가 있어요." 이것이 그들이 내세우는 슬로건이다.[41]

2006년에 실시된 한 설문 조사에 따르면 미국 젊은이들(25세 청년들 51퍼센트)은 유명해지는 것이 야망이다. 한 청년이 나중에 무엇이 되고 싶으냐는 질문에 "유명해지고 싶어요."라고 답했다. "무엇으로 유명해지려고요?" 하자 청년은 "그건 중요하지 않아요. 그냥 유명해질래요."라고 했다. 나도 얼마 전에 스물세 살 된 남성이 티베트 라마에게 "어떤 역할이라도 상관없으니 영화 크레딧에 이름이 오를 수 있도록" 기도해 달라고 부탁했다는 이야기를 들은 적이 있다.

다른 뾰족한 방법이 정 없으면 유명세를 위해 범죄를 이용하는 사람도 있다. 2007년 12월, 네브라스카주 오마하의 한 슈퍼마켓에서 사람을 아홉 명이나 죽인 로버트 호킨스는 자살 직전에 이런 말을 남겼다. "내가 얼마나 유명해질지 상상이나 할 수 있어요?"

40 Paulhus, D. L., Harms, P. D., Bruce, M. N., & Lysy, D. C. (2003). The overclaiming technique: Measuring self-enhancement independent of ability. *Leadership Institute Faculty Publications*, 12. Twenge, J. M., & Campbell, W. K. (2010)). *op. cit.*, p. 43에 인용.
41 Twenge, J. M., & Campbell, W. K. (2010). *op. cit.*, p. 94.

자기 숭배

미국 NBC 방송사에서 내보내는 광고 중에 이런 말이 있다. "미처 깨닫지 못한 분도 있겠지만 사람은 누구나 진정한 사랑을 갖고 태어납니다. 바로 자기 자신입니다. 당신이 당신을 사랑하면 남들도 당신을 사랑하게 됩니다."[42] 2010년 6월에 구글 검색창에 영어로 How to love yourself(자신을 사랑하는 법)를 입력하면 480만 건에 이르는 검색 결과를 얻을 수 있었다.

미국에서 2003년 베스트셀러가 된 책 중에 『소녀들을 위한 자기 사랑법: 세상에서 최고로 중요한 사람, 자신과 사랑에 빠지는 법The Girl's Guide to Loving Yourself: A Book about Falling in Love with the One Person Who Matters Most. YOU!』[43]이 있었다. 자기애의 상징인 패리스 힐튼은 자택 거실 소파 위에 본인 사진을 커다랗게 뽑아 걸어 놓았다고 한다. 힐튼은 본인 얼굴이 인쇄된 셔츠를 입고 다니면서 "세상에 나 같은 사람 아무도 없어요."라고 말하기도 했다.

남보다 튀고 싶은 욕망을 충족시키려면 하다못해 커피 잔까지 개성이 있어야 한다. 미국에는 커피 종류가 무궁무진하다. 예를 들면 사탕수수 설탕이 가미된 다크 초콜릿과 계피를 곁들인 그란데 카페라테 같은 것이다. 재미 삼아 패스트푸드 체인점에서 파는 커피 종류가 얼마나 되는지 세어 봤더니 18,000종에 달하는 것으로 나타났다. 버거킹 포장지에 보면 "특별한 분을 위한 특별한 샌드위치"라고 인쇄되어 있다. 최근에 인도에서 생수 한 병(코카콜라에서 나오는 킨리 미네랄 워터)을 마신 적이 있는데 병에 이런 말이 적혀 있었다. "코카콜라는 목을 축이며 휴식과 기쁨을 누리는 방법을 3,300가지 이상 제공합니다."

---

42 Ibid., p. 14.
43 Mastromarino, D. (ed.)., The Girl's Guide to Loving Yourself: A Book About Falling in Love with The One Person Who Matters Most... YOU!, Blue Mountain Arts, 2003.

이런 것이 전형적인 자아도취적 상업 광고가 아닐까?[44] "염색약도 최고만 써요. 전 소중하니까!" 프랑스 로레알이 광고에서 이렇게 외치고 있다는 것은 아마 다들 잘 알고 있을 것이다.

프랑스와 유럽은 미국에 비해 자기애 폐해가 덜한 편이지만 스칸디나비아 국가들 경우 자기애 증가세가 뚜렷하게 나타나고 있다. 노르웨이에서 인쇄 매체에 실린 기사들을 분석해 공동체 비전이 담긴 단어(공통적, 공유, 책임, 평등)와 개인주의적 가치를 나타내는 단어(나, 나 자신, 권리, 개인, 특권, 선호도)가 몇 회나 나오는지 따져 본 연구가 있었다. 1984년부터 2005년까지 동일한 양의 텍스트를 비교한 결과, 공동체 비전에 해당하는 말은 6만 건에서 4만 건으로 줄어들었고 개인주의적인 가치가 담긴 말은 1만 건에서 2만 건으로 증가한 것으로 나타났다. 중국과 러시아에서도 십여 년 전부터 신흥 부유층에서 자기애라는 병이 돌기 시작해 급속도로 확산되고 있는 실정이다.

이런 병은 장기적으로 사회적 폐단을 초래할 것이므로 원인과 동기가 무엇인지 알아내야 한다. 트웬지는 이렇게 말한다. "자기 찬미self admiration에 빠지면 현실에서 벗어나 장대한 상상의 땅으로 달려가게 된다. 그래서 나타나는 것이 (빚더미에 앉은)사이비 부자, (미용 기술이나 성형 수술 덕에 만들어진)사이비 미인, (약물을 복용해 경기력을 향상시키는)사이비 운동선수, (리얼리티쇼나 유튜브를 통해 알려진)사이비 유명 인사, (학점 인플레 덕을 본)사이비 우등생들이다."[45]

좋은 자존감, 나쁜 자존감

요즘은 너도나도 자존감을 높여야 한다고 부르짖는다. 자존감을 높

44 Gilles Lipovetsky (1989). L'Ère du vide : Essais sur l'individualisme contemporain. Gallimard, p. 72에 사용된 표현.
45 Twenge, J. M., & Campbell, W. K. (2010). op. cit., p. 4.

여 자신감을 갖는 것은 좋은 일이다. 그렇지만 미국에서 흔히 볼 수 있는 것처럼 자기 자신에 대해 왜곡된 이미지를 갖게 만드는 자존감은 오히려 역효과를 낸다는 것이 모든 학자들의 한결같은 주장이다. 자존감에 대한 수많은 연구를 가장 완벽하게 집대성한 심리학자 로이 바우마이스터는 결론에서 이렇게 말하고 있다. "자존감을 높여서 얻을 수 있는 장점이 극히 미미함에도 불구하고 그 작은 효과를 위해 학교와 부모와 심리 치료사들이 자존감을 높이자고 막대한 노력과 비용을 들이고 있으니 이는 뭔가 아주 미심쩍은 일이다. …… 그동안 투자한 세월이 아깝지만 자존감 따위는 깨끗이 잊고 자제력과 자기 관리 능력을 키우는 데 전심전력하라고 말하고 싶다."[46] 실제로 자기 통제 능력을 키울 수 있는 환경을 조성하면 아이들이 아무리 힘들어도 끝까지 끈기 있게 노력하게 되고 학업 성적도 훨씬 좋아진다는 것이 모든 연구 결과가 내린 결론이다. 자존감을 높이는 교수법도 추구하는 목표는 같았지만 이렇다 할 성과를 내지 못했다. 자제력이 있는 학생은 성공적으로 학업을 마칠 가능성이 크고 술과 마약을 남용한다든가 여학생 경우 사춘기에 임신할 확률이 훨씬 낮다.[47]

그런데 여기서 잠깐 짚고 넘어가야 할 것이 있다. 자존감 중에도 바람직하고 건전한 것이 있다. '좋은' 자존감은 성숙하고 행복한 삶을 사는 데 꼭 필요하다. 자기 가치를 병적이다 싶을 정도로 낮추는 사람은 심리적으로 심각한 문제와 고통을 겪을 수 있다.

크리스토프 앙드레는 『자아 존중감L'Estime de soi』과 『불완전하지만 자유롭고 행복하게Imparfaits, libres et heureux』[48]에서 건전한 자존감이 지니고 있는 긍정적인 측면을 풍부하고 다양하게 보여 준다. 앙드레는 자

---

46 Baumeister, R. (2005), The lowdown on high self-esteem. Thinking you're hot stuff isn't the promised cure-all, *Los Angeles Times*, January 25, 2005에 인용됨. Twenge, J. M. (2006). *op. cit.*, p. 66.

47 Twenge, J. M. (2006). *op. cit.*, p. 67.

아 존중감에 대해 "지금 이 순간, 자신이 처한 환경에서 최선의 것을 뽑아내도록 하는 것"[49]이라고 말한다. 바람직한 자존감은 회복 탄력성을 촉진해 인생에서 혹시 안 좋은 일이 생겨도 마음을 강건하게 평화롭게 유지하도록 한다. 단점과 한계에 위축되는 것이 아니라 그것을 인정하고 받아들이도록 한다. 현대 심리학 창시자인 윌리엄 제임스는 1892년에 이렇게 썼다. "이상한 일이지만 어떤 분야에서 무능하다는 사실을 진심으로 인정하면 마음이 날아갈 듯 가벼워진다."[50]

과장되게 부풀려진 자아 위에 구축된 자존감은 억지스럽고 허약한 자신감 밖에 주지 못하며 현실과 격차가 너무 커지면 사소한 것에 자아가 염증을 일으키고 오그라들면서 동요하게 된다. 그렇게 자신감이 무너져 버리면 남는 것은 좌절감과 우울, 분노뿐이다. 자신감을 자신감이라 할 수 있으려면 자만이 없어야 하고 남에게 보이기 위해 억지로 꾸며 낸 거짓된 이미지에 의존하지 않아야 한다. 진정한 자신감은 본성과 합일된 느낌에서 비롯되며 외부 환경이나 마음속 깊은 곳에 묻어 둔 두려움조차 감히 거스르지 못하는 고요하고 평화로운 힘, 이미지에 얽매이지 않고 혹시 잃어버릴까 전전긍긍하지 않는 자유를 바탕으로 한다. 크리스토프 앙드레는 이렇게 결론짓는다. "좋은 자존감과 가장 거리가 먼 것이 교만이다. …… 그에 비해 겸손은 좋은 자존감을 이롭게 한다. 아니, 자존감의 핵심이라 할 수 있다."[51]

48 André, C., & Lelord, F. L'Estime de soi : S'aimer pour mieux vivre avec les autres. Odile Jacob, 2008. ; André, C. Imparfaits, libres et heureux : Pratiques de l'estime de soi. Odile Jacob, 2009.

49 André, C. (2009). op. cit., p. 40.

50 James, W., Précis de psychologie, Les Empêcheurs de penser en rond, 2003. André, C. (2009). op. cit., p. 88에 인용.

51 Ibid., p. 416. Quoting Tangney J. P., "Humility," in Snyder, C. R., & Lopez, S. J., Handbook of Positive Psychology, Oxford University Press, 2002, pp. 411~419.

자기애 전시장

인터넷 소셜 네트워크 서비스는 세계인들에게 지금껏 한 번도 보지 못했던 여러 가지 가능성을 제공한다. 소셜 네트워크를 이용해 다 같이 한자리에 모일 수도 있고 친구들과 연락을 이어 나갈 수도 있으며 독재 정권을 물리친다든가 하는 훌륭한 명분을 위해 힘을 모을 수도 있다. 그런가 하면 소셜 네트워크가 자기애 전시장이 되어 최대한 많은 사람들의 관심을 끌기 위한 도구로 전락할 수도 있다. 유튜브는 "Broadcast yourself(방송으로 세상과 만나세요.)"를 모토로 삼고 있다. 인기 높은 소셜 네트워크 서비스 중에 마이스페이스MySpace라는 이름을 가진 것도 있고 미국에서는 페이스북 페이지를 열면 "I love me(나는 나를 사랑해)"라는 로고가 보이는 경우도 있다. 열 세 살 된 미국인 청소년 한 명은 자신 있게 이렇게 말했다. "친구들과 이야기를 나누려고 마이스페이스에 접속한다고 하는 애들은 모두 거짓말쟁이들이다. 그건 자랑을 늘어놓는 공간에 불과하다."[52] 또 어떤 학생은 페이스북이 "자존심의 거울이 되어 거기서 헤어나지 못할 수 있다."[53]라고 경고한다. 소셜 네트워크는 남을 중상모략하고 명예를 훼손하는 수단이 되기도 한다.

심리학자 브리트니 젠틸과 조지아 대학교 연구진들은 마이스페이스와 같은 소셜 네트워크가 그저 자아도취자들을 끄는 힘이 있는 것인지 아니면 자아도취적 성향을 부추기는 부정적인 영향이 있는지 알아보기로 했다. 연구진들은 제비뽑기를 통해 학생들을 두 집단으로 나눈 다음 첫 번째 집단에게는 마이스페이스에 업데이트를 하라고 하

---

52 Any teenager that claims he is on MySpace to talk to his friends is a liar. It's only about showing off, Kelsey, C. M. (2007). *Generation MySpace: Helping Your Teen Survive Online Adolescence*. Da Capo Press, p. 47. Twenge, J. M., & Campbell, W. K. (2010), p. 109에 인용.

53 Twenge, J. M., & Campbell, W. K. (2010). *op. cit.*, p. 108~109.

고 두 번째 집단에게는 구글맵을 이용해 특정 장소로 가는 경로를 그리라고 했다. 그런 다음 학생들을 대상으로 자기애 수준을 측정하는 설문 조사를 실시했다. 그 결과, 35분 동안 마이스페이스에 업데이트를 한 학생 75퍼센트가 35분 동안 구글맵을 이용한 학생들보다 평균적인 자기애 수준이 훨씬 높게 나타났다. 연구진들이 예상했던 결과였다.[54] 심지어 "나는 관심의 대상이 되는 것을 좋아한다", "모두 내 이야기를 좋아한다", "나는 리더십을 타고났다."라고 말하는 학생도 있었다.

크리스토프 앙드레에 따르면 누가 누구인지 다 알고 있고 (만족하든 만족하지 않든) 각자 위치가 확실하게 정해진 전통 사회에서는 자신의 이미지를 만들어 보여 줄 필요가 전혀 없었다. 그래 봤자 웃음거리밖에 되지 않았다. 그런데 요즘은 자신의 정체성과 장단점을 전혀 모르는 낯선 사람들이 주위에 가득하다. 그래서 주변 사람들이 알아줬으면 하는 급조된 이미지로 허세를 부리며 과시하려는 마음이 생기는 것이다. 때로는 그것이 유용한 경우도 있다.[55]

왕처럼 군림하는 폭군 아이

요즘 부모들은 자녀들이 부리는 투정을 잘 받아 주고 오냐오냐하는 편이다. 더욱이 북아메리카 부모들은 숙제를 하지 않겠다는 아이들 말까지 용인하는 지경에 이르렀다. 어떤 어머니는 아들이 "불행해진다."라는 이유로 숙제를 면제해 주었다. 열 살짜리 아들에게 학교에

---

54 Gentile, B., Twenge, J. M., Freeman, E. C., & Campbell, W. K. (2012). The effect of social networking websites on positive self-views: An experimental investigation. *Computers in Human Behavior, 28*(5), 1929~1933. 소셜 네트워크 종류에 따라 결과가 달라질 수 있다. 페이스북 사용자들을 대상으로 동일한 연구를 했을 때는 사용한 지 35분이 경과한 후 자기애가 아니라 자부심이 증가하는 것으로 나타났다.

55 Christophe André, 2013년 2월 France 2채널에서 방송된 TV 프로그램 *Voix bouddhistes*(불교인들 목소리) 중에서.

가고 싶은지 가고 싶지 않은지 정하라고 결정권을 쥐어 준 어머니도 있었다.[56] 옛날 아이들은 가족이 먹는 것을 먹었고 취향이나 기호에 상관없이 부모가 골라 주는 옷을 입었다. 그런데 요즘은 미국 부모들 대부분은 자녀들에게 겸손이 지닌 미덕을 가르치기보다 딸을 "공주님"이라 부르고 아들을 "세계 최고"라고 추겨 세우느라 여념이 없다. 유치원에서도 "난 특별해요."라는 노래를 가르칠 정도다.

미국 부모와 교육자들은 아이들을 앞에 놓고 하루 종일 "넌 특별해!"라는 말을 반복한다. 아이들이 "난 특별해"하는 말이 적힌 티셔츠를 입고 "난 특별해!"라는 말이 적힌 스티커를 붙이고 다닌다. 심지어 자존감을 높여준다면서 "나를 배우는 시간. 주제는 나"[57]라는 교과목까지 등장했다. 그 정도로 내가 흥미로운 주제라면 뭐 하러 힘들게 생물학이나 물리학 같은 것을 공부한단 말인가? 여아 의류 중 10퍼센트 정도는 옷 어딘가에 "공주princess"라는 말이 붙어 있다. 나도 언젠가 미국에서 생일 축하 카드를 받은 적이 있는데 카드에서 이런 말이 흘러 나왔다. "당신은 특별한 사람이라는 말을 하고 싶었어요."

학교도 아이들 감수성을 배려하고 자존심을 지키기 위해 갖은 애를 쓴다. 낙제점인 F학점을 아예 없앤 학교도 있다. 2004년에 발표된 연구 결과에 따르면 고등학생 중 48퍼센트가 최고 점수인 평균 A학점을 받았다. 1968년에는 A학점을 받은 학생이 18퍼센트에 불과했다. 요즘은 A학점을 받지 못한 학생이 교사에게 항의하면서 점수를 다시 매겨 달라고 요구한다.[58] 심지어 "모든 사람의 의견을 존중해야 한다."라면서 교사 의견과 평가에 대해 반론을 제시하는 학생까지 볼 수 있다.[59] 미국 학생들은 거의 모든 과목에서 다른 나라 학생

56　심리학자 Bonne Zucker가 『피플』과 한 인터뷰에서. Field-Meyer, T. Kids out of control. *People*, December 20 2004. Twenge, J. M. (2006). *op. cit.*, p. 75에 인용.

57　Twenge, J. M. (2006). *op. cit.*, p. 55.

58　미국 국가 학업 성취도 평가National Assessment of Educational Progress가 발표한 정부 통계 자료. Twenge, J. M., & Campbell, W. K. (2010). *op. cit.*, p. 49에 인용.

들보다 실력이 떨어짐에도 불구하고 자기들이 세상에서 가장 똑똑하다고 생각한다. 결코 놀라운 일이 아니다.[60] 미국 학교들은 성적 인플레이션도 모자라 게임이나 스포츠 분야에서도 점수나 상을 남발하면서 꼴찌에게도 "참가상" 트로피를 준다.[61] 뉴욕에 있는 한 초등학교는 새 학년이 시작되는 9월을 일컬어 "나에 대한 모든 것의 달All About Me Month", 9월 첫째 주를 일컬어 "개인에 집중하는 주Focus on the Individual"라고 부른다.

과도한 연결성과 고독

미국 사회학자 셰리 터클은 '소셜' 미디어라는 것이 사실 알고 보면 홀로 있는 개인이 여러 사람들과 연결 상태를 유지하는 방법에 지나지 않는다고 말한다.[62] 문자 메시지를 통해 모든 것을 해결하는 열여섯 살짜리 소년이 있었다. 그 아이는 약간 아쉽다는 표정으로 이렇게 말했다. "지금 당장은 아니고 나중에 혹시 기회가 생기면 대화하는 법을 배우고 싶어요." 요즘 젊은이들은 대화conversation에서 연결connection로 넘어가 버린 지 오래되었다. 페이스북 '친구'가 3천 명인 상황에서는 절대로 대화를 할 수가 없다. 그냥 거기 들어가 "충성도 높은" 방문자들을 대상으로 제 이야기를 늘어놓을 뿐이다. 디지털 대화는 간결하고 빠르고 단도직입적이다. 얼굴을 맞대고 하는 대화와는 성격이 다르다. 아날로그 대화는 진행이 느리고 미묘한 뉘앙스가 있으며 인내심이 필요하다. 대화를 하려면 다른 사람 관점에서 사물을 바라보아

---

59 Twenge, J. M. (2006). *op. cit.*, p. 28.
60 Twenge, J. M., & Campbell, W. K. (2010). *op. cit.*, p. 147.
61 *Ibid.*, p. 81.
62 Turkle, S., Alone Together: *Why We Expect More from Technology and Less from Each Other*, Basic Books, 2011; Turkle, S., The flight from conversation, New York Times, April 24, 2012.

야 한다. 이것은 공감과 이타심을 함양하는 필요조건이기도 하다.

오늘날 사람을 배려하는 것처럼 보이는 기계와 이야기를 나눌 준비를 하는 사람이 많다. 다양한 연구기관에서 노인이나 자폐아들 친구가 되어줄 소셜 로봇을 개발하고 있다. 이미 널리 알려진 심리 치료용 반려 로봇 파로Paro는 일본 산업 기술 종합 연구소AIST가 노인, 특히 알츠하이머병을 앓는 환자들을 위해 개발한 물개 로봇이다. 이 작은 반려 로봇은 사회적 관계가 끊어진 채 (병원이나 요양원에서) 홀로 살아가는 노인들을 위해 사람이 만지면 몸을 움직이고 울음소리를 내고 미소를 지으면서 반려자나 애완동물 역할을 대신 한다. 나이 많은 노인이 물개 얼굴을 한 로봇에게 자식 잃은 슬픔에 대해 털어놓는 광경을 지켜본 적이 있는 셰리 터클이 한 말에 따르면 로봇이 노인을 응시하면서 대화 내용을 이해하는 것처럼 보였으며 노인은 로봇과 나눈 대화를 통해 큰 위로를 받았다고 한다.

2009년에 한 일본인 남성은 비디오 게임 주인공인 가상의 여인과 결혼식을 올리고 그 장면을 유튜브에 공개한 뒤 (휴대용 게임 콘솔과 함께) 괌으로 신혼여행을 떠났다.[63] 개인주의가 인간관계를 이토록 황폐하게 만드는 것 아닐까? 로봇과 공감하고 사랑에 빠질 만큼 사람을 외롭게 하는 것 아닐까? 이런 식이라면 자기 자신 외에 다른 사람과 전혀 공감하지 못한 채 자아라는 거품 안에서 느끼는 희로애락이 인생의 전부가 되어버릴지 모른다. 하기는 2010년 11월 9일에 타이완에서 실제로 어떤 여성이 웨딩드레스를 입고 자기 자신과 결혼식을 올리고 성대한 피로연을 열어 자신을 영원히 사랑하겠다고 맹세한 일도 있었다.[64]

63   Chris Meyers, Reuters News Agency, Tokyo, December 20 2009.
64   BBC News, Asia Pacific. http://www.bbc.co.uk/news/world-asia-pacific-11722248.

하느님은 남들과 똑같아지라고 당신을 창조한 것이 아니다

세계 주요 종교들은 모두 겸손하게 살라고 가르친다. 구약성서의 잠언에 "여호와는 교만한 자가 사는 집을 허시며……"라는 말이 있다. 예수는 산상수훈에서 온유한 사람이 "이 땅을 물려받을 것"이라고 했다. 아시시의 성 프란체스코도 겸손을 끊임없이 강조하며 직접 모범을 보였다. 기독교에서 강조하는 용서는 최소한의 겸손한 마음이 있어야 가능한 일이다. 자기애에 빠진 사람에게 겸손은 결코 가질 수 없는 미덕이며 "반대편 뺨까지 내미는" 모습은 절대 있을 수 없는 일이다. 기독교에서는 "자기 비움kenosis(자기 낮춤)"을 강조한다. 작가이자 종교학자인 C. S. 루이스는 이렇게 썼다. "종교적으로 심오한 체험은 '나'를 지워 버린다. 거기에는 자기 망각과 포기가 수반된다." 베네딕트 수도사들에게 영감을 준 성 베네딕트 규칙에는 겸손을 실천하는 12단계의 길이 제시되어 있다.

힌두교에서 가장 널리 읽히는 경전 중 하나인 『바가바드 기타Bhagavad Gita』에도 이런 말이 있다. "겸손, 겸양, 비폭력, 용서, 청빈 …… 자제력 …… 무아無我 …… 바로 이런 것이 지식이다. 그 반대를 무지라고 한다."[65]

불교에서는 겸손을 수행에서 가장 중요한 미덕으로 꼽는다. "좋은 물은 교만한 돌 위에 머물지 않는다."라든가 "겸손은 땅 위에 납작 엎드려 빗물을 받는 그릇"이라는 등 수많은 경전 문구들이 교만을 버리라고 가르친다. 동양 학자나 명상가가 "나는 특별하지도 않고 아는 것도 없다."라고 말하는 것을 서양인들이 듣고 깜짝 놀라 겸손한 척한다고 오해를 할 정도다.

그런데 요즘 종교들은 자아라는 가면을 벗을 수 있도록 돕는 것이

---

65 *바가바드 기타Bhagavad-Gita*, 13장, 8절~12절.

아니라 사탕발림으로 자아를 추켜세우고 아첨하는 것으로 성공을 거두고 있으며 '구미에 맞게 골라 믿는' 종교에 현혹되는 사람이 많이 있다. 일본에서는 지난 삼십 년 동안 다양한 제례와 종교 활동이 폭발적으로 증가했다. 일본 문화청에 따르면 등록된 18만 2천 개에 달하는 종교 단체와 협회 중 신흥 종교에 관련된 것만 적어도 500개에 이른다.[66] 미국 캘리포니아에 사는 쉐일라라는 여성은 추종자가 자기 자신밖에 없는 쉐일라이즘Sheilaism이라는 종교를 창시했다. 그 여성은 쉐일라이즘이 어떤 종교냐는 질문에 "나(쉐일라)를 사랑하고 나를 어질게 대하는 것"이라고 대답했다.[67]

미국에서는 신자들이 겸손하게 살라고 설교하는 교회를 기피하는 기색이 역력하자 일부 복음주의 교회들이 노골적으로 자기애를 부추기고 아첨하면서 "예수님은 나를 사랑한다."라는 문구가 박힌 티셔츠까지 판매하고 나섰다. "하느님은 당신이 부자가 되기를 원한다."라고 주장하는 교회도 생겨났다. 이런 추세는 영성의 발전보다 금전적 이득을 더 중요시하는 일부 성직자들에게 국한된 문제라기보다 미국에서 가장 많은 신자를 확보하고 있는 복음주의 교회가 갖추고 있는 이데올로기를 보여 주는 것이다.

종교계에서도 노력, 인내, 이타심, 정신 수련 대신 그때그때의 충동에 따른 즉흥적인 행동과 끊임없는 자아 옹호가 득세하고 있음을 알 수 있다. 티베트 불교의 스승 트룽파 린포체는 이를 일컬어 "영적 물질주의spiritual materialism"라고 부른다.[68]

---

66 일본 도쿄 소재 코쿠가쿠인 대학교 신도학 교수 Nobutaka Inoue가 한 말. Norrie, J., Explosion of cults in Japan fails to heed deadly past, *The Age* November 2, 2007 참조.

67 Bellah, R. N., *et al.*, *Habits of The Heart: Individualism and Commitment in American Life* (2nd edition), University of California Press, 1996. Twenge, J. M., *et al.* (2010), p. 246에 인용.

68 Trungpa, C., *Cutting through Spiritual Materialism*, Shambhala Publications, 2010.

겸손의 미덕

겸손을 약점이라고 생각하고 무시하는 사람들이 있다. 소설가 아인
랜드는 이렇게 주장했다. "겸손을 거부하라. 겸손은 넝마를 미덕이라
부르며 그것으로 몸을 감싸는 악덕 행위다."[69] 그런데 자기애에 빠져
오로지 '나'만 내세우면서 교만하게 굴면 개인적으로 발전이 있을 수
없다. 뭔가를 배우려면 모른다는 사실부터 깨달아야 한다. 요즘처럼
남에게 과시하기 위해 사는 세상에서 겸손은 잊힌 가치다. 잡지마다
"돋보이는 법", "강한 인상을 남기는 법", "아름답게 보이는 법" 등 존
재가 아니라 허울에 대한 조언을 끊임없이 쏟아 낸다. 자신에게 유리
한 모습을 보여 주겠다는 욕구가 강박에 가까울 정도로 크다 보니 겉
모습이 사실무근의 것이라는 생각은 하지 못한 채 어떻게 하면 최고
로 긍정적인 이미지를 만들어 낼까 하는 고민만 한다. 라 로슈푸코는
이렇게 썼다. "아닌 것을 그런 척하기보다 있는 그대로를 보여야 더
많은 것을 얻을 수 있다."[70]

대부분의 사람들은 겸손을 자존감 부족, 능력에 대한 자신감 부족,
심하면 열등감과 연관 짓는다. 겸손해서 얻을 수 있는 혜택이 무엇인
지 제대로 알지 못하기 때문이다. 자만이 바보들 전유물이라면 겸손
은 앞으로 배울 것이 얼마든지 많고 갈 길이 멀다는 것을 확실하게 이
해한 사람만 가질 수 있는 미덕이다. 겸손하다는 것은 잘 생기고 똑똑
한 사람이 억지로 스스로를 못생기고 어리석다고 생각하는 것이 아니
다. 겸손한 사람은 자아를 크게 중요시하지 않는 사람이다. 자신이 우
주 중심이라고 생각하는 것이 아니라 남들에게 쉽게 마음의 문을 열
고 특히 모든 존재가 서로 연결되어 있다는 사실을 아는 사람이다.

---

69 Rand, A., *Atlas Shrugged 아틀라스-지구를 떠받치기를 거부한 신*, Penguin, 1992, p. 970.
70 La Rochefoucauld, F. de, *Reflections; or Sentences and Moral Maxims* (Kindle Locations 990–991). Maxim 457. Kindle Edition.

겸손한 사람은 손해 볼 것도 없고 득 볼 것도 없다. 칭찬을 받으면 남이 자신을 칭찬하는 것이 아니라 자신이 한 일을 칭찬하는 것이라고 생각한다. 비판을 받으면 자신의 잘못이 만천하에 공개되어 오히려 큰 도움을 받았다고 생각한다. "숨겨진 결함을 들춰내는 것이 최고의 가르침"이라고 한 티베트 현자들에게 화답이라도 하는 듯 라 로슈푸코는 이렇게 썼다. "위험천만한 칭찬보다 스스로에게 도움이 되는 비난을 더 좋아할 정도로 현명한 사람은 그리 많지 않다."[71] 겸손한 사람은 바라는 것도 없고 두려워할 것도 없기 때문에 근심과 허식이 없다. 역설적으로 들리겠지만 겸손은 강한 정신력까지 키워 준다. 자신의 이미지나 남들이 뭐라고 할 지 괘념치 않고 공정하다고 생각하는 것, 자신이 중요하게 생각하는 것에 따라 결정을 내리기 때문이다.

겸손은 훌륭한 자질을 고루 갖춘 현자들에게서 흔히 볼 수 있는 품성이다. 열매를 잔뜩 매단 나무는 나뭇가지를 아래로 굽힌다. 교만한 사람은 열매를 하나도 달지 못하고 꼿꼿이 하늘을 향하고 서 있는 텅 빈 나뭇가지와 같다. 나는 달라이 라마 성하와 함께 여행하면서 많은 사람들의 존경을 받으면서도 친절과 겸손을 잃지 않는 성하의 모습을 자주 접한다. 달라이 라마는 늘 물질적으로 풍부하지 못한 사람들을 배려하면서 군림하려 들지 않는다. 언젠가 달라이 라마가 프랑수아 미테랑 프랑스 대통령과 회담을 가진 적이 있었다. 회담이 끝나고 엘리제 궁 앞까지 배웅 나온 미테랑 대통령과 인사를 나눈 달라이 라마는 옆에 서 있던 경비원에게 다가가 악수를 나눈 뒤 승용차에 올랐다. 이를 바라보던 미테랑 대통령의 놀란 표정은 아직도 잊을 수가 없다.

겸손은 이타심을 이루는 요소로서 남들에게 자연스럽게 관심을 갖고 그들이 행복하도록 배려한다. 스스로를 과대평가하는 사람들은 평균치보다 높은 공격성을 나타낸다는 사회 심리학적 연구 결과가 있

---

71 *Ibid*. (Kindle Locations 578-579). Maxim 147. Kindle Edition.

다.[72] 겸손은 용서 능력과도 밀접한 관계가 있는 것으로 밝혀졌다. 자신이 우월하다고 생각하는 사람은 남이 저지른 잘못에 대해 훨씬 더 가혹한 판단을 하면서 용서할 수 없다고 생각한다.[73]

72 Bushman, B. J., & Baumeister, R. F. (1998). Threatened egotism, narcissism, self-esteem, and direct and displaced aggression: Does self-love or self-hate lead to violence? *Journal of Personality and Social Psychology, 75,* 219~229.

73 Exline, J. J., & Baumeister, R. F. (2000). Case Western Reserve University. J. P. Tangney, "Humility," in *Handbook of Positive Psychology* (2002). *op. cit.,* pp. 411~419에 인용된 미공개 자료.

25

이기주의를 전도하는 사람들

앞에서 소상히 살펴본 것처럼 진정한 이타심에서 비롯된 행동은 일상에서도 얼마든지 찾아볼 수 있으며 사람이 이기적인 본성을 타고났다는 주장은 잘못이라는 것이 여러 심리학 연구 팀에 의해 입증되었다.

그런데 성격이 약간 독특한 학파 중에 이타심의 존재를 아예 부정하는 것이 아니라 이타심이 악의적이고 부도덕하고 건전하지 못하다고 주장하는 사람들이 있다. 그들은 이기심이 개인이 지니고 있는 도덕성의 근간을 이루는 미덕이라고 본다. 심리학자와 철학자들은 이런 생각을 일컬어 "윤리적 이기주의ethical egoism"라고 한다.

이기심이 여러 가지 측면에서 정당하다고 주장하는 사람으로 먼저 마키아벨리를 들 수 있다. 통치를 하려면 악이 필요하고 이타심은 약점에 해당한다는 것이 그의 지론이다. 그는 이렇게 썼다. "왕자는 아무 탈 없이 미덕을 전부 실천할 수 없다. 자리를 보전하려면 인간성이나 종교에 역행하는 일, 자비롭지 못한 일을 할 수밖에 없는 경우가 생긴다. 운명의 바람이 바뀌고 상황이 달라지는 데 따라 대처할 수 있어야 한다. 가능하면 선을 유지해야 하지만 필요하면 악의 영역에도 발을 들여놓을 수 있어야 한다."[1]

그런데 그보다 더 급진적인 입장을 취한 것이 독일 철학자 막스 슈티르너와 프리드리히 니체다. 두 사람은 이타심을 개탄스러운 나약함의 징후라고 비난했다. 막스 슈티르너는 칼 마르크스와 독일 아나키스트 운동에 영향력을 행사한 인물로 타인에 대한 의무라든가 책임감 같은 개념을 일체 거부하면서 이기주의야말로 진보된 문명을 상징하는 것이라고 봤다. 그는 다음과 같이 이기심을 찬양했다.

결정권을 갖고 있는 것은 사랑이나 사랑과 유사한 감정 즉 자비, 관용, 자애와 같은 것도 아니고 공정성이나 정의는 더더욱 아니다. 결정은 이기심 즉 개인적 이해관계에 따라 달라진다.[2]

니체 역시 이웃에 대한 사랑을 높이 평가하기는커녕 약자들이 약자들을 위해 내세우는 개념이라고 하면서 자기 개발과 창의력을 추구하는 데 방해가 된다고 여겼다. 그는 남을 도와야 한다고 느낄 필요가 전혀 없으며 남을 위해 뭔가를 하지 않았다고 해서 죄책감을 느끼는 일 따위는 더더욱 하지 말아야 한다고 말한다. 그는 "남을 희생시키는 한이 있어도 자신의 이익을 추구해야 한다."[3]라고 말하고 이렇게 덧붙였다. "이웃에게 달려가 친절을 베풀고 그것을 미화한다. 그렇지만 명심하라. 이웃을 사랑하는 것은 곧 자신을 사랑하는 일에 소홀한 것이다."[4] 그러면서 기독교를 비롯해 개인 이외 권위에 복종하라고 가르치는 모든 사람들을 모두 격렬하게 비난했다. 니체는 정신 착란으로 쓰러지기 직전에 쓴 『이 사람을 보라Ecce Homo』에서 이렇게 결론짓는다.

1 Machiavelli, N., "The Morals of the Prince." 온라인은 다음을 참조. http://www.umphrey. org/wp-content/uploads/2011/01/Machiavellei-The-Morals-of-the-Prince.pdf
2 Stirner, M., The Ego and His Own, S. T. Byington 번역 A. C. Fifield, 1912, p. 339.
3 Nietzsche, F., *The Gay Science: With a Prelude in Rhymes and an Appendix of Songs*, Random House, 2010, p. 94.
4 Nietzsche, F., *thus Spoke Zarathustra*, Penguin, 1974 Section XVI. 5. Nietzsche, F. (1888/1927), Ecce Homo, p. 862.

"도덕은 인간을 유혹해서 동물로 만들어 버리는 마녀 키르케Circe다. 도덕은 심리에 관련된 모든 것을 왜곡했으며 사랑이 '이타적'이라면서 망언을 늘어놓을 정도로 본질을 흐려 놓았다."[5]

슈티르너와 니체에 이어 20세기에도 이기심을 대표하는 인물이 두 명 있다. 한 사람은 미국 작가이자 철학자인 아인 랜드다. 유럽에서는 무명에 가깝지만 미국에서는 자유주의자들의 정신적 지주로 대접 받는다.[6] 다른 한 명은 지그문트 프로이트다. 지금도 프랑스, 아르헨티나, 브라질에서 상당한 영향력을 발휘하고 있지만 대학교 심리학 과정에서 정신 분석psychoanalysis을 가르치지 않는 나라에서는 잊히고 있는 인물이다.[7] 아인 랜드는 이기적으로 사는 것이 행복으로 가는 최선의 방법이라고 주장한다. 프로이트는 억지로 이타적인 사람이 되려고 하다가는 신경증적 불균형이 초래되므로 타고난 이기심을 그대로 받아들이는 것이 정신 건강에 바람직하다고 말한다.

아인 랜드의 거대한 치마폭

이타심이 "부도덕"하다는 말까지 서슴지 않았던 아인 랜드[8]는 미국 사회 그 중에서도 흥미롭게도 극우 보수주의자들에게 상당히 큰 영향력을 행사했다.[9] 아인 랜드의 영향력을 가늠해 보지 않고서는 미국 공

---

5   Nietzsche, F. (1888/1927), Ecce Homo, p. 862.

6   프랑스에서 다음과 같이 아인 랜드를 다룬 기사와 서적이 나온 것은 최근 일이다. 주간지 기사로는 Votez égoïste, by Juliette Cerf, *Télérama*, n° 3276, October 24 2012, Haines américaines by Guillaume Atgé *L'Express* October 4 2012 등이 있고 단행본은 캐나다 학자 Nicole Morgan의 저서 참조. Morgan, N. (2012) *Haine froide : À quoi pense la droite américaine?* Seuil.

7   예를 들어 미국에서 프로이트는 철학 사조 수업에서만 잠깐 언급될 뿐이다. 하버드 대학교 심리학과 학과장이었던 스티븐 코슬린에 따르면 요즘 북아메리카에서 나오는 학위논문 중에는 정신 분석학을 다룬 것이 하나도 없다고 한다(스티븐 코슬린과 대화 중에서).

8   아인 랜드(1905~1982)는 필명이다. 본명은 알리사 지노비에브나 로젠바움Alissa Zinovievna Rosenbaum. 러시아 혁명 후 미국으로 이주해 시민권을 받았다.

화당과 민주당의 차이라든가 국민들 삶에 적극 개입하는 국가와 사회적 연대에 대해 찬반이 갈리는 여론의 뿌리 깊은 갈등을 제대로 이해하기 어렵다. 20세기 초에 러시아에서 태어나 미국으로 귀화해 미국 시민으로 살다가 레이건 대통령 시절인 1982년에 세상을 떠난 랜드는 미국인들 사이에서 최고 작가로 손꼽힌다. 1991년 미국 의회 도서관 설문 조사[10]에서 아인 랜드 대표작인 『아틀라스-지구를 떠받치기를 거부한 신Atlas Shrugged』이 성서 다음으로 영향력 높은 책으로 뽑혔을 정도! 1,400페이지에 달하는 이 대하소설은 아인 랜드의 세계관이 응축된 결정판으로 1957년 출간 당시 인쇄 부수가 2,400만 부였으며 요즘도 일 년에 수십만 부가 팔려 나가고 있다. 1938년과 1943년에 발표된 소설 『성가Anthem』와 『파운틴헤드The Fountainhead』도 베스트셀러다.

미국인이면 누구나 한 번쯤 '아인 랜드 앓이'를 할 정도로 한때 정말 잘 나갔다. 로널드 레이건 미국 전 대통령이 열렬한 팬이었으며 미국 경제를 주무르는 연방 준비 제도 이사회 의장을 네 차례나 역임한 앨런 그린스펀도 "우리는 가치관이 같다."라면서 깊은 영향을 받았다고 고백한 바 있다.[11] 그런 인연으로 그린스펀이 포드 대통령 앞에서 선서를 할 때 아인 랜드가 동석하기도 했다. 아인 랜드는 미국 보수층에서 전개하는 티 파티Tea Party 운동[12]을 비롯해 정부가 국민 삶에 개입하는 일을 최소로 줄여야 한다는 랜드의 지론에서 파생된 다양한 정

---

9   2009년에 갤럽이 실시한 여론 조사에 따르면 미국인 중 25퍼센트 정도가 극단적 보수 성향을 갖고 있다. 이 운동은 특히 카토 연구소Cato Institute와 리즌Reason 매거진이 지원을 하고 있다. 리즌 매거진에 실린 최근 기사 몇 가지를 살펴보면 "그녀가 돌아왔다! 그 어느 때보다 강력해진 아인 랜드She Is Back! Ayn Rand Bigger Than Ever"(2009년 12월호), "정부가 휘두르는 칼날에 잘려 나가기 전에 정부를 잘라 내는 법How to Slash the Government Before It Slashes You"(2010년 11월호) 등이 있다.

10   미국 국립 박물관

11   Greenspan, A., *The Age of Turbulence*, Penguin, 2007, p. 51.

12   극단적 보수 성향을 가진 미국 정치 운동. 성격이 복잡하고 반체제적인 이 운동은 2008년 금융 위기를 계기로 탄생했으며 연방 국가 체제와 거의 모든 형태의 세금에 반대한다. 2008년 대선 공화당 부통령 후보였던 세라 페일린이 여기에 참여하고 있다.

치 운동 중심에 선 인물이기도 하다. 2012년 미국 대통령 선거 당시 미트 롬니의 러닝메이트이자 부통령 후보였던 폴 라이언은 랜드 때문에 정치를 시작하게 되었다고 하면서 보좌관들에게 아인 랜드가 쓴 글을 읽어 보라고 권했다. 그런 폴 라이언이 내놓은 경제 사회 정책은 부자 감세와 빈곤층에 대한 보조금 삭감을 골자로 하고 있었다.[13]

아인 랜드는 영향력이 막강하다는 것을 스스로 잘 알고 있었으며 철학사에 길이 남을 인물 중 A로 시작하는 인물 세 명이 아리스토텔레스, 성 아우구스티누스, 아인 랜드라면서 '겸손'을 떨었다.[14] 프랑스에서는 최근에야 『아틀라스』 번역판이 나왔다.[15] 그나마 미국인 팬이 직접 추진하고 돈을 댄 것이었다. 랜드 저서가 이렇게 출판이 늦어진 가장 큰 이유는 랜드가 주장하는 이른바 객관주의objectivism[16]가 유럽인들 사고방식과 (다행히도) 거리가 크기 때문이다. 아인 랜드의 객관주의는 프랑스어로 된 『이기심의 미덕La Vertu d'égoïsme』[17]이라는 소논문에 잘 요약되어 있다.

---

13 노벨 경제학상 수상자 폴 크루그먼이 2012년 8월 23일자 『뉴욕 타임스』에 기고한 논설 "Galt, Gold and God" 참조. http://www.nytimes.com/2012/08/24/opinion/ krugman-galt-gold-and-god.html.

14 랜드는 이기적인 슈퍼맨을 이상적인 영웅이라고 생각하는데 철학자들은 이런 랜드의 관점이 아리스토텔레스보다 니체에 더 가깝다고 말한다. 랜드는 다른 철학자들을 모두 경멸했으며 특히 칸트는 자신이 옹호하던 개인주의적인 각자도생과 정반대되는 성격의 공동체에 대한 의무와 책임에 기반을 둔 윤리학을 주장했다는 이유로 괴물 취급을 하면서 "최악 중의 최악"이라고 비난했다.

15 인용에 사용된 프랑스어판은 모니크 디 피에로가 번역한 디지털판 『아틀라스의 반격La Révolte d'Atlas』(Éditions du Travailleur 펴냄, 2009). 역자는 이 번역판에 대한 변에서 "미국 문학에 있어 고전이라 불리는 작품의 프랑스어 번역판이 나온다는 말이 1957년부터 계속 있었지만 한 번도 실현되지 않는 데 대해 독자로서 느끼는 분노와 피로감이 계기가 되어 사심 없이 매달린 일"이라고 말하고 있다. 최근 발표된 새 번역본 『아틀라스-지구를 떠받치기를 거부한 신La Grève』(Belles Lettres 펴냄)은 아인랜드 재단 정회원인 미국인 사업가 앤드류 레스만이 제작비를 지원해 출간되었다.

16 객관주의에서는 현실이 관찰과 상관없이 객관적으로 고유한 속성을 가진 정체성의 형태로 존재하며 의식도 실제로 존재가 있다고 말한다. 객관주의에서는 이성의 산물로서 개념을 유효하다고 본다. 따라서 랜드가 형이상학적 사실주의의 입장을 취한 것은 독창적인 것이 전혀 아니다. 형이상학적 사실주의는 현재 양자 역학에 의해 근거가 없는 것으로 밝혀졌다.

17 Rand, A., La Vertu d'égoïsme, Belles Lettres, 2008.

아인 랜드는 인간이 이기적으로 타고났다고 주장하는 것이 아니라 사람들이 충분히 이기적이지 않다고 한탄한다. 아인 랜드에게 이타심은 생존까지 위협하는 자학적 악행에 불과하며 남의 행복을 위해 자신의 행복을 소홀히 하면서 "자기를 희생하는 동물"처럼 행동하게 만든다. "이타심은 타인의 행복을 당신의 행복보다 더 소중하게 생각하면서 타인을 돕기 위해 살고 거기서 인생의 의미를 찾는다는 뜻이다. 나의 도덕성 기준에서 볼 때 이타심은 부도덕한 것이다."[18] 아인 랜드는 1979년에 TV에 출연해 이렇게 주장하고 다음과 같이 덧붙였다. "내 인생에 있어 등대이자 깃발이 되는 말, 설령 전쟁이 나서 모두가 몰살당해도 결코 사라지지 않을 신성한 단어는 자아^{ego}다."[19]

랜드에 따르면 이타심은 유해할 뿐 아니라 "서로를 잡아먹는 식인적 도덕성"에 해당하는 "끔찍한" 개념이자 타락상이다. "사랑 받을 자격이 없는 사람에게 사랑을 주는 희생 윤리다. 거기서 말하는 이상은 가축이나 다름없는 인간들을 수용하기 위해 사회를 개혁하고 그런 인간 쓰레기들에게 합당하도록 정신을 개조하자는 것이다."[20]

랜드는 자신이 갖고 있는 생각을 이렇게 단도직입적으로 표현한다. 1959년에 한 방송 인터뷰에 나와서는 이렇게 말했다. "난 이타심을 악이라고 생각합니다. 사람이 자존심이 있어야지…… 이타심은 부도덕합니다. 모든 사람을 무차별적으로 사랑하라고 하잖아요…… 사랑은 사랑 받을 자격이 있는 사람에게만 줘야 합니다." 그때 인터뷰를 하던 기자가 끼어들었다. "당신의 사랑을 받을 가치가 있는 사람은 세상에 많지 않을 것 같습니다." 그러자 아인 랜드는 이렇게 대꾸했다. "불행히도 맞는 말입니다…… 지금까지 어느 누구도 인간이 다른 인

18 도나휴가 한 인터뷰는 다음을 참조. http://www.youtube.com/watch?v=bx-lprsbbea&feature
    =related.
19 Rand, A., *Anthem*, Public Domain Books, 2009. Kindle Edition, pp. 89~90.
20 Rand, A., *Atlas Shrugged, op. cit.*, p. 1034.

간을 보호해야 한다는 데 대해 납득할 만한 이유를 제시하지 못했으니까요."[21] 『파운틴헤드』에서 아인 랜드는 이렇게 쓰고 있다. "이기심이 초래한 피해는 이타심의 이름으로 자행된 참극에 비하면 비교도 안 될 정도로 적다."[22]

아인 랜드는 인간관계가 상거래 원칙에 기반을 둔다고 생각한다. 방금 말한 인터뷰에서 기자가 랜드의 사생활에 대해 질문을 던졌다. "남편께 재정적으로 도움을 주고 계신데 모순 아닌가요?" "그렇지 않습니다. 난 이기적으로 그를 사랑합니다. 남편을 돕는 것은 순수하게 나의 이익을 위한 것입니다. 난 그걸 희생이라고 생각하지 않습니다. 남편과 함께 살면서 내가 이기적인 기쁨을 누리기 때문입니다." 랜드가 생각하기에 어떤 사람이 물에 빠졌을 때 위험을 무릅쓰고 뛰어들어 구하는 것은 아무 때나 할 수 있는 일이 아니다. 그 사람이 죽으면 자신의 삶에서 낙이 없어질 것 같을 때, 그럴 때만 해야 할 일이고 그럴 때만 도덕적으로 용인이 가능하다. 다시 말해서 자기 인생에 별로 중요한 사람도 아닌데 무턱대고 물에 빠진 사람을 구하겠다고 위험을 자초한다는 것은 자기 존중 정신이 결여된 부도덕한 행위라는 말이다.[23]

마음 같아서는 아인 랜드를 싹 무시하고 이례적으로 사악한 변종, 이기심을 주체하지 못하고 횡설수설 하면서 황무지에 신세계를 건립한 것처럼 허풍을 떠는(아인 랜드가 영감을 받았다고 인정한 유일한 철학자는 "여러 측면에서 입장과 생각이 다르기는 하지만 그래도"[24] 아리스토텔레스라고 한다.) 오만방자한 사이코패스로 치부하고 싶지만 미국 문화에 무시하지 못할 영향력을 행사했고 미국 문화가 세계적으로 중요한 위

21 유명한 저널리스트 마이크 월리스와 랜드가 한 인터뷰. 다음을 참조. http://youtu.be/1ooKsv_SX4Y.

22 Rand, A., *The Fountainhead*, Plume, 1994, p. 715.

23 Rand, A., *The Virtue of Selfishness*, Signet, 1964, pp. 49~52.

상을 갖고 있는 만큼 온 세상으로 번져 나갈 정체불명의 전염병을 외면하지 못하는 임상의 심정으로 아인 랜드라는 황당한 현상을 잠시 들여다보도록 하겠다.

정부의 역할을 최소로 축소하는 문제

아인 랜드는 미국 전역으로 번져 나간 극단적인 개인주의의 골격을 완성한 장본인이다. 정부가 개인의 자유를 보호하되 개인사에 개입해서는 안 되고 특히 경제 기능에 간섭하지 말아야 한다고 주장하는 모든 사람들에게 이론적 근거를 제공했다. 그에 따르면 국가든 뭐든 빈곤층, 노인, 병자들을 돌보라고 하거나 그들을 돕는 데 필요한 돈을 마련하기 위해 세금을 내라고 강요해서는 안 된다. 그건 개인이 피땀 흘려 모은 자산을 아무 대가 없이 잘 알지도 못하는 사람들과 나눠 쓰라고 강요하는 것이므로 절대 받아들일 수 없는 일이다. 자유주의 경제에서 가난한 사람은 성장을 죽이는 자, 기업가에게 백해무익한 존재로 간주된다.[25] 성장을 이룩할 수 있는 것은 오직 개인뿐이고 사회는 약탈자다. 유럽식 복지국가 개념은 "유사 이래 가장 해로운 국민 심리"이며 그것을 이용해 먹는 사람은 전부 도둑놈들이다.[26] 빈민이 부자를 착취한다고 주장하는 랜드의 생각이 바로 여기서 비롯된 것이다.

이기심을 신봉하는 랜드는 따라서 사회 보장 제도를 비롯해 모든 종류의 보조금과 최저 임금 보장에 반대한다. 시민이 납부하는 세금은 정부가 공권력(경찰력과 군대)을 독점하면서 개인의 이익과 안전을

---

24 그런데 더글러스 B. 라스무센을 비롯한 아리스토텔레스 전문가들은 아인 랜드가 아리스토텔레스 철학에 접근하는 방식을 가리켜 "매우 모호"하다고 비판하면서 윤리 체계에 대한 아인 랜드의 지식이 "매우 보잘것없는 수준"이라고 평가한다. Den-Uyl, D. J., & Rasmussen, D. B. (1984). *Philosophic Thought of Ayn Rand*. University of Illinois Press, p. 10. Wikipedia.fr의 "Ayn Rand" 항목에 인용.

25 니콜 모르강이 Haine froide. *op. cit.*에서 미국 우파에 대해 분석한 내용 참조.

26 1976년에 발행된 아인 랜드, *The Economist*, October 20, 2012, p. 54에 인용.

보호하는 데 사용되어야 하며 자발적 의지에 의해 사전 합의된 최소 금액이라야 한다는 것이 랜드의 지론이다. 정부는 경제 기능에 개입해서는 안 되고 모든 종류의 규제를 삼가야 한다. 이런 식의 "자유방임적" 자본주의를 찬양하는 사상은 규제가 극도로 배제된 경제 형태를 낳았고 그 불행한 결과가 오늘날까지 이어지고 있다.[27]

아인 랜드가 저지른 철학적, 도덕적 실수

혈혈단신에 무일푼인 고령자, 돈이 없어 학교에 가지 못하는 아이들, 아파도 제대로 치료 받지 못하는 병자들을 수수방관하는 사회는 정치경제 시스템이 기능을 다하지 못하는 것임은 물론이고 인본주의적 가치가 땅에 떨어진 사회라고 할 수 있다.

경제학자 조셉 스티글리츠에 따르면 부유층은 강력한 정부를 꺼린다. 정부가 막강한 힘을 이용해 "부유층이 소유하고 있는 재산 중 일부를 가져다가 공동의 이익을 도모하고 불우한 사람들을 돕는 공공투자에 투입해 사회에 만연한 불균형을 바로잡으려고 하기 때문"[28]이다. 문제는 "실제로 경제 성장으로 번영을 이룩한 나라치고 정부가 주도적인 역할을 하지 않은 경우가 없다는 점"[29]이다. 가장 대표적인 사례가 (아인 랜드가 봤으면 질색을 했겠지만) 세금이 매우 높은 대신 부유층과 빈곤층 간의 격차가 크지 않은 스칸디나비아 국가들이다. 아인 랜드 생각은 사회 안에서 개인주의와 불평등을 막무가내로 부추기는 것이나 다름이 없다. 그렇게 불평등이 심해지면 삶의 질이 떨어지

---

27 Ayn Rand, *The Nature of Government, in Virtue of Selfishness* 참조. 랜드가 주장하는 "자유방임" 정치에 영감을 준 것은 랜드가 가장 위대한 현대 경제학자로 손꼽는 오스트리아 출신 경제학자 루드비히 폰 미제스이다.

28 Stiglitz, Joseph E., *The Price of Inequality: How Today's Divided Society Endangers Our Future*, Norton, 2012, pp. 93~94. Kindle Edition.

29 *Ibid.*, p. 175.

고 경제적 풍요와 정의는 물론 건강까지 망친다는 것이 주지의 사실이다.[30] 경제학자 다니엘 코엔은 『악의 번영The Prosperity of Vice』에서 이렇게 강조한다. "세상이 '나만 잘살면 그만'이라는 논리에 따라 돌아간다는 착각을 하루 빨리 버려야 한다. ······ 국가의 역할이 서서히 옛날에 누렸던 영광을 되찾고 있다."[31]

아인 랜드의 논리는 이렇다. 사람이 가진 것 중 가장 소중한 것은 자신의 삶이다. 삶은 그 자체가 목표이며 타인의 이익을 도모하는 수단으로 사용될 수 없다. 객관주의 윤리에서는 사람이 스스로를 돌보고 가능한 수단을 총동원해 행복을 추구하는 것이 도덕적으로 가장 고귀한 존재 이유다.[32]

여기까지만 봐서는 독창적일 것이 하나도 없는 추론이다. 사람이라면 누구나 당연히 죽을 때까지 고통보다 기쁨을 누리면서 살기를 바란다.

그런데 추론의 다음 단계에서 랜드는 행복하게 사는 것이 인간의 기본적인 욕구이므로 이기적으로 살아야 한다고 주장한다. 공들여 쌓은 논리의 탑이 와르르 무너지는 것이 바로 이 부분이다.

여기서부터 논리가 마구 비약하기 시작한다. 추상적으로 막연히 논리를 펼쳐 나갈 뿐 실제 삶과 단절되어 있다. 실제 경험상으로 보면 랜드가 옹호하는 극단적인 이기주의는 행복을 꽃피우기보다 개인을 불행으로 몰아넣을 가능성이 훨씬 더 크다. 랜드 인생도 그랬던 것으로 보인다. 그녀와 오랜 친분을 쌓은 사람들 이야기를 들어 보면 랜드는 거만하고 자아도취적이고 퉁명스럽고 냉랭하고 사이코패스처럼 보일 만큼 공감을 모르고 살았다. 지인이나 협력자들과는 보복과

30 *Ibid.*, 및 Wilkinson, R., & Pickett, K., *The Spirit Level: Why Equality Is Better for Everyone*, Penguin, 2010.

31 Cohen, D., *The Prosperity of Vice: A Worried View of Economics*, Susan Emanuel 번역(내용이 약간 변형된 번역), MIT Press, 2012, p. 169.

32 Rand, A., *The Virtue of Selfishness*, 1964, p. 26.

갈등으로 점철된 관계를 이어갔으며 대다수의 사람들을 "보잘것없고 바보스럽고 몰지각하다."라면서 경멸했다고 한다.[33]

랜드는 추상적 논리에 골몰한 나머지 그리도 소중하다던 현실에서 이타심이 사람에게 행복을 가져다주고 무한한 기쁨의 원천이 됐으면 됐지 희생이나 좌절을 유발하지 않는다는 사실을 간과했다. 부자지간인 저명한 유전학자 루카 카발리 스포르차와 철학자 프란체스코 카발리 스포르차는 공저에서 이렇게 쓰고 있다. "윤리학은 원래 행복을 추구하는 학문이었다. 행복하고자 한다면 남을 보살피는 것과 자기만 생각하는 것 중 어느 것이 더 나은 선택일까?"[34] 사회 심리학 분야에서 이루어진 연구들을 살펴보면 자기중심적인 활동을 통해서 얻는 만족이 이타적 활동을 하면서 얻는 만족보다 못하다는 것을 알 수 있다.[35]

미국 철학자 제임스 레이첼스는 다음과 같은 말로 랜드의 논리가 모순임을 보여 준다. "내가 남보다 특별하다고 하는데 도대체 얼마나 대단한 차이가 있는가? 지능이 더 높은가? 인생에서 이룩한 것이 더 많은가? 남보다 더 즐겁게 사는가? 주변 사람들보다 더 많은 권리나 행복을 가졌나? 이 마지막 질문에 '예'라고 대답할 수 있는 사람은 아무도 없을 것이다. 따라서 이기주의를 도덕적 미덕으로 장려한다는 것은 인종 차별주의와 다를 것 없이 터무니없는 견해다. 사람은 자신에게 부여된 권리를 챙기고 욕구를 채우려 하고 기쁨과 슬픔에 관심을 갖는다. 그와 똑같은 이유에서 타인의 이익과 행복에도 관심을 가져야 한다."[36]

33　Michael Prescott (2005) http://michaelprescott.freeservers.com.

34　Cavalli-Sforza, F., La Science du bonheur, odile Jacob, 1998/2011.

35　이 책 19장 및 Diener, E., & Seligman, M. E. P. (2002). Very happy people, Psychological Science, 13, 81~84; and Seligman, M. E. P., Authentic Happiness: Using The New Positive Psychology to Realize Your Potential for Lasting Fulfillment, The Free Press, 2002. 그 외에 Dambrun, M., & Ricard, M. (2011). op.cit.도 참조.

36　Rachels, J., The Elements of Moral Philosophy, McGraw-Hill, 4th edition, 2003, p. 89.

프로이트와 후계자들

이타심에 대한 프로이트 입장은 아인 랜드보다 교조주의적인 성향이 덜하고 논리보다 직관에 기반을 둔다. 그렇지만 현실과 괴리가 큰 것은 아인 랜드와 그리 다를 바가 없다. 프로이트는 인간을 굴욕적으로 묘사한다. 유년기도 예외가 아니다. "아이들은 더할 나위 없이 이기적이다. 강한 필요를 느끼면 다른 사람은 조금도 생각지 않고 필요를 충족시키려고 한다. 특히 경쟁자 즉 다른 아이들이 있을수록 더 심해진다."[37] 그런데 앞에서 설명한 토마셀로와 바르네켄이 한 연구를 비롯해 많은 아이들을 대상으로 한 객관적, 문헌적 관찰 내용을 살펴보면 프로이트가 하는 주장은 잘못된 것이며 유년기 아이들이 나타내는 자연 발생적인 성향 중에 공감과 남을 보살피는 자애로운 행동이 큰 비중을 차지한다는 것을 분명히 알 수 있다.

그 뿐만이 아니다. "저는 보통 선악의 문제에 대해 골치를 썩이지 않는 편입니다만 평균적으로 말해서 사람들에게서 '선한' 측면을 거의 보지 못했습니다. 제가 알기로 인간은 비열한 악당입니다."[38] 스위스 사제 오스카 피스터에게 이런 내용을 담은 편지를 보낸 것을 보면 프로이트는 성인에 대해서도 생각이 달라진 게 거의 없다.

프로이트에 따르면 사회와 사회 구성원들이 개인에게 중요성을 갖는 것은 그들이 개인의 본능을 충족하는 데 도움이 되거나 방해가 될 때뿐이다. 이런 경향은 삶의 모든 측면에 적용된다. 하다못해 꿈도 "철저하고 완벽하게 이기적"이다. 프로이트는 한술 더 떠 이렇게 말한다. "남에게 관심이 생겨서 꿈을 꿨다고 생각한다면 이는 착각에 불과

---

37 Freud, S., *The Interpretation of Dreams*, James Strachey 번역/편집. Avon Discus, 1965, p. 283.

38 Freud, S., *Correspondance avec le pasteur Pfister, 1909~1939*, Gallimard, 1991, p. 103. 감사하게도 자크 반 릴라에가 출전을 알려 주었다.

하다."[39]

프로이트는 이타심[40]을 거의 언급하지 않았으며 하더라도 넌지시 암시하는 정도에 그쳤다. 그는 이렇게 말했다. "다시 말해서 개인의 발전은 두 가지 경향이 상호 작용하는 데서 비롯된 결과물이라고 생각된다. 하나는 보통 '이기심'이라고 하는 행복에 대한 열망이고 다른 하나는 '이타심'이라고 하는 공동체 구성원들과 합일을 이루고자 하는 열망이다."[41] 그는 이타적 경향과 사회적 경향이 외부의 강압에 의해 습득되는 것이라면서 "사회생활에 적합하다는 식으로 사람을 과대평가해서는 안 된다."[42]라고 주장했다. 그런데 이타심을 정의하면서 "공동체 구성원들과 합일을 이루고자 하는 열망"이라고 한 것부터 적절하지 못하다. 남들과 힘을 합치는 것이 좋은 일을 위한 것일 수도 있지만 해를 끼치고 인종 차별을 부추기고 범죄에 가담하고 대량 학살을 저지르기 위한 것일 수도 있기 때문이다.[43]

프로이트 이후 다윈을 비롯한 많은 사람들은 서로 협력하고 사회적 본능을 표시하고 동료들을 돕는 것이 사람과 동물의 타고난 성향이라고 누누이 강조해 왔다. 다윈은 사회적 본능에 대해 "옛날부터 늘 있던 것, 지속적인 것"이라고 하면서 이렇게 덧붙인다. "그들은 특별한 열정이나 욕망 때문이 아니더라도 항상 동료들에게 사랑과 동정을 느끼고 동료들과 함께 있을 때 행복해 한다. 그 점에 있어서는 인간도 마찬가지다."[44] 다윈이 내린 결론은 이렇다. "그런 본능이 이기심에서

---

39 Freud, S., *The Interpretation of Dreams*, Standard Edition, 4, Hogarth, 1978, p. 267. *Gesammelte Werke*, II/III, p. 274.

40 스무 권에 달하는 프로이트 저서 중 '이타심'이라는 말이 등장하는 것은 7회에 불과하다. Freud, S. *Gesammelte Werke*, Fischer Verlag; *Oeuvres complètes*. PUF.

41 Freud, S., *Civilization and Its Discontents*, 번역 J. Riviere, Hogarth Press, 1930, p. 134.

42 Freud, S., *Sur la guerre et la mort*, in *Œuvres complètes*, "Psychanalyse," Vol. 13, PUF, 1915, pp. 1914~1915.

43 훗날 정신 분석가들은 '이타심'이라는 말을 거의 사용하지 않았으며 Haplanche, J., & Pontalis, J.-B., *The Language of Psycho-Analysis*, Norton, 1974에는 이 말이 아예 없다.

비롯되었다는 것은 언어도단이다."45

프로이트는 Einfühlung(감정 이입)이라는 용어를 자주 사용했지만 거기서 한 차원 올라서면 이타심이 된다는 생각은 하지 못하고 있다. Einfühlung은 앞에서 보았듯이 '공감'의 기원이 된 말이다. 『공감의 역사History of Empathy』46에서 자크 오슈만이 설명한 것처럼 프로이트가 말하는 공감은 예를 들어 순진한 말, 바보스런 말이 의도치 않게 코믹 효과를 유발할 때 이를 이해하기 위해 본인 정신 상태와 타인 정신 상태를 비교하는 것에 더 가깝다. 그런 의미에서 프로이트는 "웃음은 우월감을 유쾌하게 표시하는 방법"47이라고 말하기도 했다.

프로이트는 『왜 전쟁인가?Why War?』에서 "죽음에 대한 동경death wish"을 공식적으로 언급하고 있다. 이 가설에 따르면 사람은 죽음을 동경하는 본능을 본인에게 먼저 적용하다가 남에게로 확대한다.

> 자신을 파괴하지 않으려고, 자기 파괴에서 스스로를 보호하려고 다른 사람과 사물을 파괴할 수밖에 없다는 식이 된다.48

프로이트가 한 인간 본성에 대한 묘사는 매우 충격적인 것으로 현대 사상에 깊은 영향을 끼친 것은 사실이지만 훗날 수많은 이론異論이 제기되면서 과학적으로 근거가 없는 것으로 밝혀졌다. 특히 사람과 동물 모두 공격성이 원초적, 자율적 충동이라는 프로이트와 동물학자 콘라트 로렌츠가 한 주장은 잘못되었음이 밝혀졌다.49

---

44 Darwin, C., *The Descent of Man*, CreateSpace Independent Publishing Platform, 1881, p. 72.

45 *Ibid.*, p. 69.

46 Hochmann, J., *Une histoire de l'empathie: Connaissance d'autrui, souci du prochain*, Odile Jacob, 2012, pp. 53~59.

47 Freud, S., *Standard Edition, Vol. 8, Jokes and their Relation to The Unconscious*, Hogarth, 1971. Hochmann, J. (2012). *op. cit.*, p. 54에 인용. 사람들이 충동을 억제하고 바른 행동을 하기 위해 에너지를 들이지 않아도 된다는 사실을 확인했을 때 나오는 웃음이라고 추정된다.

48 *Ibid.*, vol. XV, p. 112.

정신 분석(분석 심리학)의 또 다른 창시자인 칼 구스타프 융도 인간 본성을 비관적으로 바라보기는 마찬가지다.

교회가 원죄 운운하는 것이 완곡한 표현처럼 들릴 정도다. …… 인간의 결함과 악에 매력을 느끼는 성향은 보기보다 훨씬 더 심각하며 이를 과소평가하는 것은 확실히 잘못된 일이다. …… 악은 인간의 본성에 매우 깊이 자리 잡고 있다.[50]

이렇게 해서 프로이트와 융은 현대판 세속적 원죄를 창조했다.

이타심이란 해코지하려는 욕망을 병적으로 해소하는 것?

프로이트와 제자들이 한 주장에 따르면 인간은 선천적으로 착한 행동을 거의 하지 않으며 만에 하나 이타적인 생각을 하고 남을 보살피는 행동을 한다면 이는 진정한 이타심에서 우러난 것이 아니라 마음속에 있는 공격적 성향을 억누르기 위한 방법에 불과하다. 프로이트는 공격성이 "인간 본성에서 절대로 지울 수 없는 특징"[51]이라고 말한다. 그는 『충동과 충동의 운명Drives and Their Fates』에서 다음과 같이 쓰고 있다.

증오는 사랑보다 역사가 유구하다. 증오는 원초적 거부에서 비롯된다. 자기애에 빠진 자아는 이를 외부 세계와 대결시켜 흥분을 유발한다.[52]

---

49 이 책 28장 폭력의 근본 원인은 남을 폄하하는 것 가운데 '폭력적 본능'이 정말 존재할까? 항목 참조.
50 Jung, C., *Civilization in Transition*, R. F. C. Hull 번역, Pantheon, 1964.
51 Freud S., *Civilization and Its Discontents*, Joan Riviere 번역, Martino Fine Books, 2011, p. 89.

프로이트는 도덕성과 친사회적 행동이 오로지 죄의식과 자기 방어 메커니즘에서 나올 수 있는 것이라고 생각한다. 자기 방어 메커니즘이란 타고난 공격적 충동에 대해 사회가 가하는 제약과 초자아의 불합리한 요구를 관리하기 위해 자아가 사용하는 것이다.

동물학자 프란스 드 발에 따르면 악의와 공격성이 인간의 타고난 본성이라고 생각하는 사람들은 대개 다음과 같은 논리를 내세운다. "1) 자연 선택은 이기적이고 냉혹한 과정이다. 2) 그렇기 때문에 개인도 자연히 이기적이고 냉혹하다. 3) 세상을 아름답게만 보는 낭만주의자들만 그렇지 않다고 생각한다."[53] 그런데 다윈은 정반대로 도덕성은 타고나는 것이며 진화 과정을 통해 습득한 것이라고 단언했다. 심리학자 조너선 하이트의 저서 『도덕적 인간The Righteous Mind』에 소개된 여러 연구 결과를 살펴보면 나이 어린 유아들이 갖고 있는 도덕성은 자연 발생적인 것이지 부모나 사회 규범에 의한 것이 아니며 프로이트가 주장하는 것처럼 "사회의 강압적 요구"[54]에 의한 것도 아님을 알 수 있다. 그에 앞서 심리학자 엘리엇 투리엘은 아이들이 아주 어릴 때부터 어렴풋하게나마 공정성이 무엇인지 알고 있고 남을 해치는 것이 나쁜 일이라고 생각한다는 것을 관찰을 통해 입증한 바 있다.[55]

그에 비해 정신 분석학에서 말하는 이타심은 억제하기 힘든 공격적 충동으로부터 스스로를 보호하는 방어 메커니즘에 불과하다. 이타적

52 Freud, S., *Gesammelte Werke*, 10, 1915, p. 231. 영어판: Freud, S., *The Unconscious*, Graham Frankland 번역, Penguin Books, 2005, p. 30.
53 Waal, F. B. M. de, *The Bonobo and The Atheist: In Search of Humanism Among The Primates*, W. W. Norton, 2013, p. 39.
54 Haidt, J., *The Righteous Mind: Why Good People Are Divided by Politics and Religion*, Allen Lane, 2012. 그렇다고 해서 나중에 사회적 규범이 이런저런 방식으로 개인의 도덕성 형성에 중요한 역할을 한다는 사실을 배제하는 것은 아니다.
55 Turiel, E., Killen, M., & Helwig, C. C., "Morality: Its Structure, Functions, and Vagaries." *In The Emergence of Morality in Young Children*, University of Chicago Press, 1987, pp. 155-243; Hamlin, J. K., Wynn, K., & Bloom, P. (2007). Social evaluation by preverbal infants. *Nature*, 450(7169), 557~559.

인 사람이 되려고 해서는 절대 안 된다. 프로이트는 다음과 같은 의견을 제시한다.

> 타고난 것보다 더 고상한 정신을 가지려고 애쓰는 사람은 누구든지 신경증에 걸릴 수 있다. 그런 사람들이 약간 덜 착했더라면 아마 훨씬 더 건강했을 것이다.[56]

프로이트 딸 안나는 이타심이 마음속 갈등에 맞서는 방어 메커니즘의 일환이라고 생각한다.[57] 특히 『국제 정신 분석학 사전International Dictionary of Psychoanalysis』에 따르면 이타심은 "공격성의 배출구"이며 공격성을 억제하는 대신 "고귀한" 목표로 옮겨 가는 것이다. 이타심은 또한 "자신은 누리지 못하는 쾌락을 남들이 누릴 수 있도록 도와줌으로써 쾌락을 놓고 갈등을 벌이는 상황에서 대리 만족을 얻는 것"이다. 마지막으로 이타심은 이타적인 행동을 하는 사람이 희생을 추구한다는 뜻에서 "마조히즘의 징후"라고 할 수 있다.[58] 그런데 심리학 분야에서 이루어진 연구들을 살펴보면 선행이 부정적이거나 자학적 동기에서 비롯된다는 증거는 어디에서도 찾아볼 수가 없다.

프로이트는 매독과 같은 감염성 질환을 앓는 사람들 중에 홧김에 건강한 사람들에게 병을 옮기겠다고 생각하는 경우가 있다고 말한다. 그럼에도 불구하고 주변 사람들에게 병을 옮기지 않으려고 금욕

---

56 Freud, S., "'Civilized' Sexual Morality and Modern Nervous Illness." In J. Strachey (ed.), *The Complete Psychological Works of Sigmund Freud* (The Standard Edition), Hogarth, 1959, vol. 9, p. 191.

57 Freud, A. (1936). *Das ich und die Abwehrmechanismen.* 영어판: Freud, A., *The Ego and The Mechanisms of Defense*, International Universities Press, 1946.

58 Golse, Bernard, Altruism article in Mijolla, A. de, Golse, B., Mijolla-Mellor, S. de, & Perron, R., *International Dictionary of Psychoanalysis*, 3 Vols., Macmillan, 2005; Ionescu, S., Jacquet, M.-M., & Lhote, C., *Les Mécanismes de défense: théorie et clinique*, 2d edition, Armand Colin, 2012.

하는 것은 "무의식적인 욕망 즉 '남들은 건강한 몸으로 마음껏 즐기면서 사는데 왜 나만 병에 걸려 하고 싶은 일을 마음대로 하지 못하고 살아야 하는가, 남에게 병을 옮길까 보다.' 이렇게 자기도 모르게 드는 욕구를 억누르며 투쟁해야 하기"[59] 때문이라고 설명한다. 병든 사람이 남에게 병을 옮기지 않으려고 조심하는 것이 악의로 가득한 타고난 성향을 억제하는 것이 아니라 남을 진심으로 걱정하기 때문일 것이라고는 상상조차 하지 않았던 것으로 보인다. 한때 정신 분석학자로 활동했지만 『정신 분석학의 환상Les Illusions de la psychanalyse』이라는 저서를 집필한 루뱅라뇌브 대학교 자크 반 릴라에 명예 교수는 스승이었던 알퐁스 드 발렌스 교수가 한 말을 인용해 이렇게 말한다. "진짜 동기가 무엇인지 알고 싶다면 최악을 상상하라. 그게 들어맞는 경우가 꽤 많다."[60]

악화되는 이기주의

정신 분석은 치료법이라기보다 자신에 대해 좀 더 많은 것을 알 수 있는 방법이라고 많이들 이야기한다. 세간에서 방법론적 효과에 대해 이러쿵저러쿵하며 평가하는 것에 대해 정신 분석은 지나친 단순화라고 반박한다(프랑스 정신 분석 학자 자크 라캉은 "과학 발전으로 의사 역할이 전복되었다."[61]라고 이야기했을 정도). 그런데 INSERM(프랑스 국립 보건 의학 연구소)가 발표한 보고서에서 보는 것처럼[62] 충분히 많은 사례를

---

59 Freud, S. (1921) *Psychologie collective et analyse du moi*. S. Jankelevitch 번역, 저자 개정 필, p. 51. 개정판 *Essais de psychanalyse* (1968). Petite Bibliotheque Payot.

60 Jacques Van Rillaer, 개인적 정보 교환 및 Van Rillaer, J. (1980). *Les Illusions de la psychanalyse*. Mardaga.

61 Communication de Jacques Lacan, *Lettres de L'Ecole freudienne*, 1967 February–March, p. 34 이하.

62 Canceil, O., Cottraux, J., Falissard, B., Flament, M., Miermont, J., Swendsen, J.,...Thurin, J.-M., *Psychothérapie: Trois approches évaluées*, Inserm, 2004.

분석해 효과를 평가하면 정신 분석은 효과가 입증된 기존의 인지 요법이나 행동 요법에 비해 치료 효과가 거의 없는 것으로 나타났다.

오히려 정신 분석 치료를 받으면 자기중심주의 성향이 커지고 공감 능력이 줄어드는 것으로 보였다. 사회 심리학자 세르주 모스코비치는 다수의 표본 집단을 대상으로 정신 분석의 이미지와 영향을 조사한 결과, 대부분 "정신 분석을 받은 사람은 교만하고 폐쇄적이며 자기만 생각하느라 집단과 소통에 소홀하다."[63]라고 결론 내렸다. 프랑스 정신 분석의 앙리 바뤼크는 정신 분석을 한답시고 환자가 "주변 사람들이나 부모, 배우자 등을 신랄하게 비난하면서 자신의 병을 그들 탓으로 전가"하게 만들어 대인 관계에 악영향을 주고 갈등을 심화시키는 것은 커다란 잘못이라고 비난한다. 바뤼크는 정신 분석을 받은 환자 중에 공격성이 깜짝 놀랄 정도로 커져서 남에게 가혹하게 굴고 남을 끊임없이 비난하고 반사회적으로 행동하는 사람이 있다고 지적한다.[64] 따라서 이런 경우에는 정신 분석이 이타적 성향을 위축시킨다고 볼 수 있을 것이다.

정신 분석의 중에 환자들이 이기적으로 변한다는 사실을 인정하는 사람도 일부 있다. 프랑수아 루스탕은 "타자를 부재로 몰아넣는 것"[65]에 대해 이야기하고 자크 라캉은 "선의를 가진 사람이 악의를 가진 사람보다 훨씬 더 나쁘다."[66]라고 말한다. 프랑스 여성 주간지 『마리 클레르』 전 편집장 피에르 레는 사회 공포증social phobia을 치료하려고 매

63 Moscovici, S., La Psychanalyse, son image et son public. PUF, 1976, p. 143. Van Rillaer, J. (1980). op. cit., p. 374에 인용.

64 Baruk, H. (1967). De Freud au néo-paganisme moderne. La Nef, 3, p. 143; Baruk, H., in La Psychiatrie française de Pinel à nos jours, PUF, 1968, p. 29. 사회학자 도미니크 피셔가 정신 분석을 받아본 적이 있는 파리 시민 30여 명을 대상으로 설문 조사를 실시했을 때 그 중 한 명이 "원래 이기적이었는데 정신 분석이 그런 성향을 강화시켰고 결국 완벽한 자기중심주의자가 되었다."라고 인정했다. Frischer, D., Les Analysés parlent, Stock, 1976, p. 312. Van Rillaer, J. (1980). op. cit., p. 373에 인용.

65 Van rillaer, J. (1981). op. cit., p. 33에 인용.

66 Lacan, J., Encore: Le séminaire, Book 20, Seuil, 1999, p. 64.

일 라캉을 만나 정신 분석을 받았다. 그런데 무려 10년 동안 '치료'를 받았지만 사회 공포증이 줄어들지 않았다.[67] 정신 분석을 받으면서 배운 것이 있다면 "모든 인간관계가 타인에 대한 평가 절하를 중심으로 이루어지고 내가 존재하기 위해 남을 짓밟아야 한다는 것"[68]뿐이라고 단언한다.

피에르 레는 배운 것을 훌륭하게 실천했다. 친구 집에서 열린 파티에서 있었던 다음 일화를 보면 그것을 분명히 알 수 있다. 피에르 레는 청년 두 명이 라캉은 위험한 허풍쟁이라고 말하는 것을 우연히 들었다. 그는 당시 상황을 이렇게 설명한다. "처음 5분은 감정을 억누르며 잠자코 들을 수 있었다. 5분이 지나자 아드레날린이 치솟으면서 눈앞에 하얀 베일이 드리워지는 것 같았다. 갑자기 얼굴이 창백해지고 근육이 긴장되면서 목석처럼 굳어 버린 나는 두 젊은이에게 삿대질을 하며 억양 없는 목소리로 이렇게 외치고 있었다. '야, 이 등신들아…… 내 말 똑똑히 들어. 너희들 말 한마디만 더 하면 내 손에 죽을 줄 알아.' 두 사람은 몸이 마비되고 얼굴이 파랗게 질려 숨도 제대로 쉬지 못했다. 난 정말 내 손으로 사람을 죽이게 될까 두려워 자리를 떴고 두 사람도 걸음아 날 살려라 하고 도망쳤다."[69]

많은 정신 분석의들이 환자들을 자애롭게 보살피며 치료하고 있고 환자들도 정신 분석 치료를 받아 많이 좋아졌다고 증언하지만 정신 분석을 창시한 사람들이 한 말과 쓴 글을 보면 정신 분석은 이기심을 부추길 뿐 이타심을 고양할 여지가 거의 없다고 봐야 맞을 것 같다.

67 Van Rillaer, J., "Les bénéfices de la psychanalyse," in *Le Livre noir de la psychanalyse*, Les Arènes, 2005, p. 200에 인용.

68 Rey, P., *Une saison chez Lacan*, Laffont, 1999, p. 74. 55. *op. cit.*, p. 156.

69 *Ibid.*, p. 146. 피에르 레가 빌려 갔다가 잃어버린 책을 되찾으려고 한 여성이 전화를 했을 때 그가 한 말만 봐도 그 사실을 알 수 있다. 그는 여성에게 이렇게 대꾸했다. "돼지 같은 여자야, 내 말 잘 들어, 꼴같잖은 네 책, 내가 똥통에 처넣었어. 경고하는데 한 번만 더 전화질하면 머리통을 부숴 버릴 줄 알아! 네 목소리 다시는 듣고 싶지 않아!" (p. 170).

감정을 '방출'할 것인가, 감정에서 '해방'될 것인가?

피에르 레가 한 증언을 비롯해 여러 가지 이야기들을 종합하면 정신 분석을 감정의 과학이라고 하기에 무리가 있어 보인다. 그렇지 않고 서야 어떻게 파괴적인 감정 하나 추스르지 못해 그토록 쩔쩔맬 수 있을까? 피에르 레는 당시 상황을 이렇게 묘사한다. "친절과 호의로 무장한 껍질 뒤에 숨어 있던 함성이 부글부글 끓어올라 순식간에 폭발해 버렸다. 그 순간 내가 어떤 감정을 갖고 있는지 다들 알아차렸다. 나는 누가 좋으면 죽도록 좋아하고 싫어지면 세상 끝까지 미워한다는 것을 모두 알게 되었다."[70]

그런데 여기서 미쳐 날뛰는 개떼를 풀어놓듯이 감정을 방출하는 것과 갈등 원인이 되는 파괴적인 감정의 멍에에서 해방되어 더 이상 감정의 노예로 살지 않는 것을 혼동하면 돌이킬 수 없는 결과가 초래한다. 전자는 부정적인 감정에 대한 통제를 포기하고 기회만 있으면 폭발시켜 다른 사람들의 행복을 그르치고 자신의 정신 건강을 해롭게 하는 것이다. 후자는 감정을 억제하는 것도 아니고 감정에 휘둘려 마음의 평화가 깨지는 것도 아니다. 그저 감정의 지배에서 벗어나는 법을 깨닫는 것이다.

정신 분석적 방법론에는 마음에 독이 되는 증오, 충동적 욕구, 질투, 교만, 분별력 부족 등에서 서서히 벗어나 이타적인 사랑, 공감, 연민, 알아차림, 주의력과 같은 자질을 육성하는 과정이 없다.

정신 분석은 과학적 가치가 있는가?

프로이트는 정신 분석을 일컬어 "여타의 방법으로는 접근이 거의 불

---

70   *Ibid.*, p. 156.

가능한 심적 프로세스를 파헤쳐 조사하는 기법, 그런 조사를 바탕으로 한 신경 장애 치료법, 그 과정에서 축적된 일련의 심리학적 관점들을 바탕으로 정립된 새로운 과학 분야[71]"라고 정의했다. 훗날 정신 분석학자 로베르 드 팔코는 정신 분석이 "개인을 연구하는 학문"이라고 소개하고 "엄격한 과학적 지식과 종교를 배제한 유대인적 특성 Jewishness이 합쳐져서 세계적으로 성공을 거두고 국제적으로 통용되는 것"[72]이라고 털어놓았다.

과학 철학, 심리학, 인지 과학 전문가들은 서로 분야는 다르지만 정신 분석을 과학으로 볼 수 없다는 데 의견을 같이 하고 있다.

과학 철학자 칼 포퍼는 증명도 반증도 할 수 없는 이론은 오류를 잡아낼 수 없고 오류를 수정해 더 나은 이론으로 발전시킬 수 없기 때문에 사변思辨에 불과하므로 정신 분석은 과학이라 할 수 없다고 판단한다.[73]

아이의 정서 발달과 오이디푸스 콤플렉스를 예로 들어보자. 제대로 된 과학자라면 가장 먼저 가설을 세운다. 그런 다음, 엄격한 실험을 통해 가설들을 테스트해서 사실인지 아닌지 확인한다. 관찰을 하니 이론에서 예상했던 효과가 일어나지 않으면 그 이론은 반증된 것이므로 포기하거나 수정해야 한다. 이런 반증 가능성이 진정한 과학과 사이비 과학을 구분한다.

그런데 정신 분석은 실제로 어떤 사실이 관찰되고 어떤 반론이 제기되든 개의치 않고 이런저런 궤변을 늘어놓으면서 자신이 항상 옳다

---

71 Freud, S. (1923). *Psychanalyse et théorie de la libido. OEuvres complètes.* PUF, vol. XVi ; Ed., 1991, p. 183. Van Rillaer, J. (2012). La psychanalyse freudienne: science ou pseudo-science ? *Pratique Neurologique-FMC*, 3(4), 348~353에 인용.

72 De Falco, R. (July 2009). *Raison*, magazine de la Libre Pensée.

73 포퍼는 프로이트가 말하는 무의식에 대한 증명이나 반증이 불가능하다는 것을 보여 준다. 무의식을 증명하려면 무의식을 인식할 수 있어야 하는데 그렇게 되면 이미 무의식이 아니다. 정신 분석 논리는 대부분 이렇게 순환적이다. 현대 심리학과 신경 과학에서 언급하는 인지적 무의식은 프로이트가 말하는 무의식과 아무 상관이 없으며 행동과 뇌 구조를 연구하면 확인할 수 있다.

는 입장을 취해 반증 가능성을 모두 회피해 버렸다. 스스로를 끊임없이 정당화한 것이다. 약속 시간에 일찍 도착한 사람은 불안증 환자, 정확히 제 시간에 도착한 사람은 편집증 환자, 약속 시간에 늦은 사람은 비협조적이고 적대적인 환자가 된다. 좀 더 구체적인 예를 들어보자.

『정신 분석학의 블랙리스트Livre noir de la psychanalyse』를 쓴 저자들은 이런 의문을 제기한다. 프로이트 이론의 주춧돌에 해당하는 오이디푸스 콤플렉스를 어떻게 증명 또는 반증할 수 있을까? 불가능한 일처럼 보인다. 어린 소년이 엄마를 사랑하고 아빠를 싫어하면 정신 분석의 보편적 과정을 보여 주는 완벽한 사례라고 할 것이고 소년이 엄마를 싫어하고 아빠를 더 좋아하면 거세에 대한 공포로 인해 자신의 "오이디푸스"를 억누른다든가 "부정적인 오이디푸스"를 나타낸다고 할 것이다. 무슨 일이 일어나든 정신 분석은 늘 옳을 수밖에 없다. 심리학자 아돌프 볼게무트는 이를 일컬어 "동전 앞면이 나오면 내가 이기고 뒷면이 나오면 네가 지는" 입장이라고 요약한다.[74]

그래서 칼 포퍼는 정신 분석가들이 하는 설명이 점쟁이들이 하는 설명 못지않게 허구적이고 모호하며 정신 분석은 과학이라기보다 이데올로기에 가깝다고 생각한다.

과학 철학과 지식 이론의 대가 루트비히 비트겐슈타인은 겉으로 그럴 듯하고 세련되어 보이는 정신 분석에 한때 매료되기도 했지만 신중한 검토를 마친 후 다음과 같이 결론지었다.

프로이트는 기가 막히게 훌륭한 사이비 설명으로 (설명이 너무 기발해서) 본의 아니게 누를 끼쳤다. 이 이미지들을 손에 쥔 이상 아무리 멍청한 바보 천치라도 모든 병리학적인 현상을 설명할 수 있다.[75]

74 Meyer, C., Borch-Jacobsen, M., Cottraux, J., Pleux, D., & Van Rillaer, J. (2010). *Le Livre noir de la psychanalyse : Vivre, penser et aller mieux sans Freud*. Les Arènes, p. 279.

지적 사변이 아무리 정교해도 현실과 대질 즉 엄격한 실험적 검증으로부터 벗어날 수는 없다. 정신 분석 텍스트에는 "기가 막히게 훌륭한 사이비 설명"이 너무나 많다. 유명한 아동 정신 분석가 멜라니 클라인이 한 설명이 대표적인 예다. 클라인은 초자연적인 힘을 빌려 말문이 트이지도 않은 두 살도 채 안 된 유아들 머릿속을 훤히 꿰뚫고 있는 것처럼 말한다.

환자의 가장 큰 목표는 어머니 몸에 든 것을 자기 것으로 만들고 사디즘sadism이 사용할 수 있는 무기를 총동원해 어머니를 파괴하는 것이다. ⋯⋯ 아이는 어머니 몸속에서 아버지 성기, 배설물, 소화되고 있는 음식물의 성분을 모두 찾을 수 있으리라 예상한다. ⋯⋯ 환상 속에서 배설물은 위험한 무기로 변형된다. 소변을 보는 것이 절단하고 찌르고 태우고 침수시키는 것이라면 대변은 무기와 포탄과 동일시된다.[76]

지식의 역사를 연구하는 또 다른 인식론자 아돌프 그륀바움은 포퍼와 입장이 약간 다르다. 그는 프로이트가 한 몇 가지 진술에 대해 논박할 수 있다고 생각한다. 잘 살펴보면 거짓임이 자명하기 때문이다.[77] 예를 들어 프로이트가 쓴 문장 중에 다음과 같은 것이 있다.

여성이 지적으로 열등하다는 것은 명백한 현실이다. 이는 생각을 억제하는 데에서 비롯되는 일인데 성욕을 억제하려면 생각을 억제하는 것이 반드시 필요하다.[78]

75 Wittgenstein, L. (1978). *Culture and Value*. Blackwell Publishers, p. 55. Bouveresse, J. (1991). *Philosophie, mythologie et pseudo-science: Wittgenstein lecteur de Freud*. Éditions de l'éclat, p. 13에 인용.

76 Klein, M. (1948). *Essais de psychanalyse*. Trad., Payot, 1948, p. 263. Meyer, C., *et al.* (2010). *op. cit.*, p. 228에 인용.

77 Grünbaum, A. (2000). *La Psychanalyse à l'épreuve*. Éditions de l'éclat.

그륀바움과 마찬가지로 자크 반 릴라에도 다음과 같이 언급한다. "여기서 프로이트가 제시하는 경험적 법칙 두 가지는 검증이 가능하다. 하나는 여성이 지적으로 열등한 것이 명백한 '현실'이라는 것(과학적 심리학에 의해 그렇지 않다는 것이 입증되었다.), 다른 하나는 여성이 지적으로 열등한 이유가 성욕 억제 때문이라는 것이다(성욕을 통제하는 능력이 강한 여성이 성욕을 억제하지 않으면 자동적으로 지적 능력이 향상되는 경우를 다수의 표본에서 관찰할 수 있을지는 의문)."[79]

켄트 대학교의 저명한 인식론 교수 프랭크 치오피는 반박을 위해 전혀 다른 전략을 사용한다. 치오피는 프로이트를 사이비 과학자라고 부른다. 이유는 간단하다. 자신이 내세운 가설을 증명하기 위해 거짓말을 했다는 것이다. 프로이트는 환자 몇 명을 임상 관찰한 것으로 이론을 증명하기에 충분하다고 생각하고 자기 생각을 검증하기 위해 대규모 환자들을 대상으로 한 문헌 연구를 하지 않았다. 게다가 프로이트가 했다는 연구들조차 이론의 확증을 위해 세부적인 관찰 내용과 결론을 조작한 것으로 드러났다. 정신 분석학자 앙리 엘랑베르제는 프로이트 이론에 따라 정신 분석을 받은 최초 환자 안나에 관한 서류를 우연히 한 정신 의학 연구소에서 발견했다. 안나는 요제프 브로이어에게 치료를 받은 후 증상이 악화되어 문제의 병원에 몇 년 동안 수용되어 있었다. 그런데도 프로이트는 안나가 정신 분석을 받은 후 "모든 증상"이 치료되어 깨끗이 나았다고 기록했다.[80] 보르흐 야콥센도 『프로이트의 환자들Les Patients de Freud』에서 프로이트가 사용한 요법이

78 Freud, S. (1908). La morale sexuelle civilisée et la maladie nerveuse des temps modernes, *La Vie sexuelle*. PUF, p. 42.
79 Van Rillaer, J. (2010), Les mécanismes de défense freudiens in Meyer, C., Borch-Jacobsen, M., Cottraux, J., Pleux, D., & Van Rillaer, J. (2010). *op. cit.*, p. 364.
80 Ellenberger, H. F. (1972). The story of "Anna O": A critical review with new data. *Journal of the History of the Behavioral Sciences, 8*(3), 267~279. Van Rillaer, J.(2012). La psychanalyse freudienne: science ou pseudo-science? *Pratique neurologique-FMC, 3*(4), 348~353에 인용.

거의 다 실패로 돌아갔다고 쓴 바 있다.[81]

만약 정신 분석 이론이 사유와 이론에 머물렀다면 문제될 것이 전혀 없었을 것이다. 그런데 정신 분석은 치료법을 자처하면서 많은 환자들에게 유해한 결과를 잔뜩 초래했다. 전형적인 예가 자폐증이다. 1950년대에 브루노 베텔하임을 비롯한 여러 정신 분석가들은 자녀의 자폐증에 대해 책임을 어머니에게 돌렸다. 베텔하임은 이렇게 썼다. "아이를 유아 자폐증으로 몰아넣는 주된 요인은 아이가 세상에 존재하지 않기를 바라는 부모들이라고 나는 확신한다."[82] 그 후 사십 년 동안 수많은 정신 분석가들은 자폐증을 고친다면서 아이가 아니라 아이의 어머니를 "치료"하느라 허송세월했다.(그래서 가뜩이나 아이의 자폐증으로 고통스러워하는 어머니들에게 죄책감을 가중시켰다.)

템플 그랜딘[83]은 콜로라도 대학교에 재직 중인 동물학 교수이자 자폐증 환자다. 증세가 심했던 어린 시절에 그랜딘 어머니가 베텔하임을 찾아간 적이 있었다. 베텔하임은 어머니가 히스테리 환자이고 아이를 원하지 않기 때문에 딸이 자폐증이 된 것이라고 말했다. 절망에 빠져 다른 정신 분석의를 찾아갔더니 "프로이트가 사용한 용어로 말해서 어머니가 페니스를 원하는 것"이라고 했다. 건전한 정서 상태를 갖고 아이를 늘 사랑으로 양육하던 그랜딘 어머니는 유머러스하게 이렇게 대꾸했다. "저는 인생에 욕심도 많고 원하는 것도 참 많지만 페니스는 갖고 싶어 한 적이 한 번도 없어요."[84]

실제로 정신 분석에서는 아이의 정신병이 "어머니의 근친상간적 태도에 대한 방어 메커니즘으로 발병하는 것이며 페니스의 부재가 페니

81 Borch-Jacobsen, M. (2011). *Les Patients de Freud: Destins*. Éditions Sciences humaines.
82 Bettelheim, B., *The Empty Fortress: Infantile Autism and The Birth of The Self*, The Free Press, 1972, p. 66.
83 BBC, Horizon, 2006년 6월 8일, 엠마 서튼 제작 및 연출.
84 Temple Grandin, BBC Radio. *The Interview*, 2012년 4월 12일 및 모친의 회고록: Cutler, E. (2004). *Thorn in My Pocket: Temple Grandin's Mother Tells the Family Story* (1st edition). Future Horizons.

스의 대치물 즉 자손을 파괴하고 싶게 만드는 것"[85]이라고 설명한다. 지금 생각하면 이보다 더 터무니없는 말이 없다.

CNRS(프랑스 국립 과학 연구소) 소장인 프랑크 라뮈스는 프랑스 정신 분석가들이 아직도 자녀 질병에 대한 책임을 부모, 그 중에서도 특히 어머니에게 전가하고 있다고 지적한다. 어떤 어머니는 "아이를 정말 원하셨습니까?"라는 질문을 여러 차례 받은 적이 있다고 한다. 자폐증에 걸린 다섯 살짜리 아들을 둔 알렉상드르 볼링은 이렇게 말한다. "우리가 찾아갔던 정신 분석의 한 명은 제가 조현병이라서 아이가 병에 걸린 것이라고 하더군요." 30년 경력의 정신과 의사는 자폐증 상담 센터에서 개최한 아동 정신 의학 워크숍에 갔다가 기이한 장면을 목격했다고 회상한다. "부모가 죄책감을 느끼지 않을 수 없게 만든다. 문진을 할 때 부모에게만 관심을 두고 온갖 것을 다 물어본다. 분석 결과를 알리는 디브리핑에서도 모든 것이 정신병이고 아이가 갖고 있는 문제는 부모가 나쁜 짓을 해서 생긴 결과라고 설명했다." [86]

이런 식의 정신 분석 이론은 이미 수십 년 전부터 과학자들에게 외면당하고 있다. 과학자들은 자폐증이 유전적 요인에서 비롯되는 신경 발달 장애라고 생각한다.[87] 자폐증에는 여러 가지 형태가 있는데 하버드 대학교 마사 허버트가 요약한 연구 결과들에 따르면 지난 반세기 동안 자폐증이 유독 많이 증가한 것이 세계 어디서나 농약과 비료가 다량 사용되는 것과 어느 정도 연관이 있을 것으로 추측한다.[88] 어쨌든 어머니가 심리적으로 영향을 끼쳐 자폐증이 생기는 게 아니라는 것

85 Autisme: Un scandale français. *Sciences et Avenir*, 782, April 2012.
86 *Ibid.*
87 Franck Ramus, statements gathered by Hervé Ratel, *Sciences et Avenir*, March 29, 2012. 자폐증인 사람들 중에 뇌가 남보다 큰 사람이 있다. 『PNAS 저널』(미국 국립 과학원 회보)에 발표된 최신 연구에는 언어와 사고에 관여하는 전전두 피질에서 신경 세포가 67퍼센트나 과잉 생성된다는 사실이 특히 강조되어 있다.
88 Herbert, M. R., & Weintraub, K., *The Autism Revolution: Whole-Body Strategies for Making Life All It Can Be*, Ballantine, 2012.

하나는 확실하다.

영국을 비롯해 많은 나라에서는 자폐아 70퍼센트가 세심한 관리를 받으며 특수 학교가 아닌 일반 학교에 다니고 있다. 증세가 정말 심한 경우에만 전문 기관에 배치된다. 그에 비해 프랑스 현실은 정반대다. 일반 학교에 다니면서 정상인과 비슷한 생활을 하는 자폐아는 20퍼센트에 불과하다. 나머지는 정신 분석이 학계에 미친 악영향의 무게를 고스란히 떠안은 채 살아가고 있다.[89] 프랑스 최고 보건청Haute Autorité de Santé에서는 최근에 정신 분석이 자폐증 치료에 "적절치 않다."라는 결론을 내고 질병의 조기 진단과 교육적 효과가 있는 운동, 이미지, 게임, 행동 관리 훈련 등의 특수 커뮤니케이션 도구를 사용하는 인지 치료를 권장하고 있다.

도가 지나친 일반화

비정상적으로 이기적이고 공격적인 사람, 다양한 강박 관념을 가진 사람이 물론 있다. 그렇지만 심리학자 폴 에크만이 언젠가 내게 말한 것처럼 "프로이트는 정신 상태가 정상이 아닌 극소수 사람들을 바탕으로 인간 본성에 대한 이론을 정립했다. 어떤 질병을 앓는 환자가 몇 명 있다고 해서 인류 전체가 같은 병을 앓는다고 추론할 수는 없는 노릇이다."[90] 에크만은 또 이렇게 덧붙였다. "오이디푸스 콤플렉스만 해도 그런 콤플렉스에 시달리는 사람이 세상 어딘가에 분명히 있겠지만 그렇다고 다섯 살도 채 안 된 아이들이 부모와 성관계를 원하는 것이 인간의 본성이라고는 결코 말할 수 없다."

유별나게 공격적인 환자는 가속 페달이 바닥 매트에 걸려 꼼짝하

---

89 CNRS 주임 연구원 프랑크 라뮈스의 기고문 참조. Autisme : un scandale français, *Sciences et Avenir. op. cit.*

90 Paul Ekman, 개인적 정보 교환.

지 않는 고장 난 자동차에 비유할 수 있다. 정상 속도를 유지하려면 브레이크를 계속 밟는 수밖에 없다. 정비사가 문제를 파악해 수리를 하려면 시간이 많이 걸릴 것이다. 그렇다고 해서 "모든 차량은 브레이크를 써서 속도를 줄이지 않는 한, 무한정 가속도가 붙는다."라고 결론 내리는 것은 잘못된 일이다. 공격적인 충동을 계속 억제해야 한다고 말하는 정신 분석도 마찬가지다.[91]

병 때문에 생기는 기이한 행동을 무조건 정상적인 행동이 병적으로 강화된 것이라고 볼 수는 없다. 물론 그런 경우도 있겠지만 그것은 성격이 전혀 다른 일이며 정상적인 행동과 양립될 수 없다. 술에 취하지 않은 사람은 주정뱅이보다 '덜 취한' 것이 아니라 아예 취하지 않은 것이다. 신경성 틱이 있는 사람은 그런 무의식적인 행동을 고치려고 애쓰겠지만 건강에 아무 이상이 없는 사람은 경련을 억제할 필요가 없다. 그것은 문제조차 되지 않는다.

자기중심주의는 그대로이고 외형만 새로워진 프로이트 후계자들

프로이트 아류 중에 요즘도 프로이트 이론의 정통성을 주장하는 부류가 있다. 그런가 하면 폭력적 본능이라든가 사람의 욕망이 성욕에 의존한다는 가설 등 프로이트 이론의 핵심 내용을 재검토해서 반론을 제시한 부류도 있다. 솔직히 말해 숲에서 산책을 한다든가 나이 지긋한 친구 집을 방문하는 것이 성욕과 무슨 관계가 있단 말인가? 그런데 정신 분석은 치료에 아무리 인간미를 더하려고 애써도 기존보다

---

91 다음에서 이 사례를 볼 수 있다. Robert Holt, in Holt, R. R. (1965). A review of some of Freud's biological assumptions and their influence on his theories. In Greenfield, N. S., & Lewis, W. C. (1965). *Psychoanalysis and Current Biological Thought*. University of Wisconsin Press, 6, 93~124.

약간 더 매력적인 형태의 자기중심주의를 부추기는 결과밖에 되지 않았다. 심리학자 마이클 월라크와 리즈 월라크가 잘 보여 준 것처럼[92] 해리 설리반, 카렌 호나이와 에리히 프롬이 부분적으로 제시한 현대판 프로이트 이론들은 대부분 자기중심주의에서 벗어나지 못하고 있다. 이 치료법들은 개인주의적인 성향을 가진 요즘 사람들 비위를 건드리지 않으려고 자기중심주의적인 기조는 그대로 둔 채 자신을 마음껏 표현하는 데 중점을 둔다.

이 심리학자들은 특히 사회나 내면화된 규범이 강요하는 모든 형태의 제약과 의무를 그대로 유지함으로써 자아실현에 족쇄를 채우고 진정한 정체성에서 멀어지게 만든다.[93] 그들은 오직 충동을 마음껏 만족시키는 것이 최우선이라고 하는데 정말 그렇다면 단체 활동에 참여하고 사회 속에서 함께 살아가는 것이 불가능해진다. 악보에 따르지 않거나 규칙을 지키지 않으면서 어떻게 음악이나 스포츠를 할 수 있단 말인가? 교향악단 연주자들이 지휘와 악보를 무시한 채 각자 멋대로 연주를 한다고 상상해 보라. 그건 음악이 아니라 소음에 불과할 것이다.[94]

실제로 아무 제약 없이 자신을 표현하는 것은 사회에 이익이 되기보다 폐를 끼치기 쉽다.[95] 언젠가 어떤 미국 여성이 내게 이런 말을 한 적이 있다. "나 자신에게 충실하고 자유로워지려면 내 느낌에 충실해야 하고 내 본성과 내가 원하는 것을 거리낌 없이 표현해야 한다." 그런데 진정한 자유란 머릿속에 떠오르는 것을 전부 행하는 것이 아니라 본인이 자기 자신의 주인이 되는 것이다. 그런 맥락에서 간디가 매

92 Wallach, M. A., & Wallach, L., *Psychology's Sanction for Selfishness: The Error of Egoism in theory and therapy*, W. H. Freeman, 1983.

93 Horney, K., *Neurosis and Human Growth-The Struggle Toward Self-Realization*, Routledge and Kegan Paul, 1951.

94 Wallach, M. A., & Wallach, L. (1983). *op. cit.*, pp. 116~120.

95 *Ibid.*, p. 162.

우 적절한 말을 했다. "마음속에 쌓인 내면적 자유의 정도에 따라 외적인 자유가 달라진다. 그런 것이 진정한 자유라는 사실을 제대로 이해했으면 우리가 해야 할 가장 중요한 일은 스스로를 변화시키는 것이다." 우리를 바람직하지 않은 길로 인도하는 이기주의를 전도하는 사람들이 가진 관점에 저항하고 싶다면 자기중심주의를 줄이고 이타심과 자비심을 키우는 방향으로 스스로를 변화시켜야 한다.

26
나를 싫어할 것인가 좋아할 것인가

세상에서 가장 무서운 병은 자신을 업신여기는 것이다.
– 몽테뉴

남을 사랑하는 능력은 대개 자신을 사랑하는 능력과 밀접하게 연관
되어 있다. 주요 종교들은 거의 다 "남을 나처럼 사랑하라."를 황금률
로 삼고 있다. 그걸 보면 나를 이롭게 하는 것이 이타심에 꼭 필요한
전구체의 역할을 하는 것 같다. 자기 자신의 행복에 가치를 두지 않거
나 최악의 경우에 자신을 해치려 한다면 다른 어느 누구의 이익도 도
모할 수 없을 것이다. 반대로 자신을 이롭게 하기를 진심으로 원하고
그런 열망의 가치와 정당성을 인정한다면 남에게로 확장하기도 쉬운
일이다. 실제로 자신을 업신여기면서 해치려 하고 물리적 고통까지 가
하는 사람들은 남에게 사랑을 느끼거나 측은지심을 품는 데 커다란
어려움을 겪는다는 임상 연구 결과가 있다.[1] 여기서 못 박아 두어야 할

---

1   모든 연구에 대한 요약본은 다음을 참조. Gilbert, P., & Irons, C. (2005) Focused therapies
    and compassionate mind training for shame and self-attacking. *Compassion:
    Conceptualisations, Research and Use in Psychotherapy*, 263~325.

것은 스스로가 잘 되기 바란다고 해서 그것을 이기주의라고 매도할 수 없다는 것이다. 자신이 잘 되기를 바라는 동시에 얼마든지 타인의 이익도 도모할 수 있다. 이미 오래 전에 고인이 된 프랑스 유명 코미디언 콜뤼슈가 한 말처럼 "자기도 한번 잘 살아보겠다는데 나쁠 게 뭐 있는가?"

자기혐오가 정말 가능한 일인가?

어느 날 달라이 라마가 과학자들과 만난 자리에서 심리학자들이 "자기혐오"에 대해 이야기하는 것을 들었다. 달라이 라마는 자신이 잘못 알아들은 것 아닌지 통역을 통해 재차 확인한 후 심리학자에게 이렇게 물었다. "자기혐오라고 했나요? 그건 불가능한 일이지요. 사람은 자신에게 해코지를 할 수 없어요." 불교 심리학은 내용이 풍부하고 뉘앙스가 다채롭지만 사람이 자신에게 해를 가할 수 있다고는 생각하지 않는다. 질문을 받은 심리학자는 불행한 일이지만 서양에서는 자기혐오가 흔한 병이라고 말했다. 달라이 라마는 과학자들과 긴 대화를 이어가며 설명을 들은 뒤 이렇게 말했다. "이제 이해가 좀 됩니다. 존재에 대한 깊은 불안감이나 자아에 대한 병처럼 보이는군요. 마음 속 깊은 곳에서는 고통 받고 싶어 하지 않지만 원하는 만큼 재능이 없거나 행복하지 않아서 스스로를 비난하고 있군요." 심리학자는 그건 문제의 단면에 불과할 뿐이며 반복적으로 가혹 행위를 당하거나 폭력에 노출된 사람들도 나중에 자신이 정말 나쁜 사람이기 때문에 고통을 당한 것이라고 생각하게 된다고 했다. 심리학자들은 자기 몸에 자기 손으로 상처를 내는 사람도 있으며 유럽 청소년 중 10~15퍼센트가 자해를 한다는 말까지 했다. 그토록 가슴 아픈 이야기에 달라이 라마는 잠시 아무 말도 하지 않고 가만히 있었다.

서양 임상 심리학자들은 자기혐오를 고치기 위해 환자가 스스로를 자애롭게 보듬어 안을 수 있어야 한다고 강조하면서 자기 연민self-compassion에 기초를 둔 치료법을 고안해 냈다. 처음에 나는 이 개념에 거부감 같은 것이 있었다. 서양에 있을 때 워낙 자주 들었던 이야기였다. 치료라는 이유로 자신에게 지나치게 몰두하다 보면 자기중심주의와 자기애 성향이 강해져서 남에게 마음을 열지 못하는 결과가 되지 않을까 의심스러웠다. 자기 연민이 정신 건강에 유익하다는 것은 영국인 학자이자 임상 심리학자인 폴 길버트와 미국인 심리학자 크리스틴 네프와 대화를 나누면서 알게 되었다. 폴 길버트는 30년 째 자기 공격성self-aggression이 있는 사람들을 치료하고 있고 크리스틴 네프는 자기 연민을 통해 자기애에 빠지지 않고 유익한 효과를 얻을 수 있다는 것을 직접 보여 준 주인공이다. 그 후 나는 자기 연민 개념을 불교 가르침과 연계시키려고 하고 있다.

문제의 본질을 들여다보면 자신에 대해 자애와 연민을 갖는 것은 곧 "나한테 정말 좋은 것이 무엇일까?"라고 자문하는 것이다. 이 문제에 대해 진솔하게 생각해 본다면 아마 다들 이런 결론에 도달할 것이다. "그래, 난 가능하다면 고통을 겪지 않고 행복하게 살고 싶어."

자신에 대해 부정적인 이미지를 갖고 자신을 파괴하는 행동을 하는 많은 사람들은 오랜 기간 동안 행복해질 수 있다는 가능성조차 꿈꾸지 못했다. 그것이 가장 큰 장애물이다. 행복을 바라기만 해도 마음속에 상처를 남긴 사건이 떠오르기 때문에 자신 손에서 계속 멀어져 가는 행복을 바라보다 그냥 자신을 탓하면서 스스로에게 폭력을 가하는 것이다.

그런 사람들은 고통 없이 사는 게 더 좋다는 생각을 받아들이기만 해도 고통의 악순환에서 벗어나 다른 존재 방식과 행동 방법을 선택할 수 있다. 문제는 그런 생각을 받아들인다는 것이 그들에게는 무척 어렵다는 것이다.

또 한 가지 중요한 것은 변화의 잠재력을 자각하는 것이라고 생각된다. 스스로에게 폭력을 행사하는 사람들은 모든 것이 자기 잘못이고(내 탓이야.) 그런 식으로 살 수밖에 없다고(난 원래 그런 놈이야.) 생각하는 일이 많다. 그들이 겪는 불행이 정말 불가피한 것이라면 그들에게 병을 고칠 수 있다고 말하는 것이 오히려 고통을 배가하는 일일 것이다. 그렇지만 어렸을 때 받은 학대라든가 본인 의지와 무관한 수많은 요인이 쌓여서 생긴 결과는 어쩔 수 없다고 쳐도 현재와 미래는 우리 손으로 얼마든지 바꿀 수 있다.

심증은 아무 가치도 없다

사랑 받을 자격이 없다, 잘하는 것이 아무것도 없다, 행복에 적합하지 않은 사람이다. …… 이런 막연한 심증 때문에 고민하는 사람이 의외로 많다. 그런 느낌은 부모를 비롯해 가까운 사람들로부터 무시당하거나 비판받는 일이 쌓이고 쌓여서 생기는 것이다. 그 중에는 스스로 불완전하다고 생각하고 불완전성에 대해 책임을 져야 한다고 하면서 느끼는 죄책감도 있다.[2] 그런 사람들은 부정적인 생각에 사로잡혀 끊임없이 자신을 욕하고 남들과 단절되어 있다고 느낀다.

우울증에 걸린 청소년들에 대한 연구 결과에 따르면 자신을 가장 심하게 평가 절하하는 청소년은 일 년 뒤에 만성 우울증이 재발할 위험이 매우 큰 것으로 나타났다.[3]

폴 길버트에 따르면 마음속으로 자신을 집요하게 못살게 굴면서 병적으로 자기비판을 하는 경우 자신의 일부가 다른 일부를 끊임없이 비난하고 증오하고 경멸한다고 한다.[4] 그들은 자신을 학대하는 사

---

2   *Ibid.*
3   Park, R. J., Goodyer, I. M., & Teasdale, J. D. (2005). Self-devaluative dysphoric experience and the prediction of persistent first-episode major depressive disorder in adolescents. *Psychological Medicine*, 35(4), 539~548.
4   Gilbert, P., & Irons, C. (2005). *op. cit.*, p. 271.

람들의 화를 돋워 더 큰 폭력을 당하느니 그냥 스스로를 욕하는 편이 낫다고 판단한다. 심지어 남에게 모욕을 당하지 않으려고 먼저 선수를 쳐서 자신을 깎아내리기도 한다. 그런데 이렇게 자신을 낮춰 동정을 얻으려고 하는 사람들 중에는 마음속 깊은 곳에 자신을 학대한 사람들에 대한 깊은 분노와 자신에 대한 수치심을 감추고 있는 경우가 많다.

그런 느낌은 보통 어린 시절부터 나타나는데 주위 사람들에게 학대를 당하면서 시작되고 다양한 형태의 사회 공포증, 불안, 우울증, 자신과 남에 대한 공격성 등 심각한 심리 장애를 유발한다. 애정 결핍에 자신에 대한 평가 절하까지 겹치면 절망으로 이어지고 심하면 자살을 기도할 수도 있다. 크리스틴 네프가 인용한 어떤 사람의 말에서 그 사실을 확인할 수 있다. "가끔 너무 외로워서 차라리 죽는 게 나을 것 같다는 생각이 들어요. 난 너무 가치 없는 인간이고 아무도 날 사랑하지 않으니까 죽음을 생각하는 것이죠. 전 제가 싫어요. 이미 죽은 사람이라고 느끼면서 사느니 그냥 죽는 게 나아요."[5] 네프는 다음과 같이 설명한다.

강박적 자기비판에 대처하는 최선의 방법은 그것을 이해하고 측은지심으로 보살핀 다음, 자기비판을 자신에 대한 너그러운 마음으로 바꾸는 것이다. 자신을 경멸해서 느끼는 고통에 마음이 동하도록 만들면 치유에 대한 욕구가 커진다. 오랫동안 벽에 머리를 찧으면서 괴로워하고 나면 결국은 더 이상 그렇게 살 수 없으니 스스로에게 가하는 고통을 끝내야겠다는 생각이 든다.[6]

5   Neff, K. (2011). *Self-Compassion: Stop Beating Yourself Up and Leave Insecurity Behind.* William Morrow, p. 34.

6   *Ibid.*

이런 사람들이 절망을 떨치고 일어나 삶에 대해 의욕을 회복하려면 자기 자신과 좀 더 따뜻한 관계를 맺으면서 가혹한 판단을 자제하고 자신이 겪는 고통에 대해 자비심을 느끼도록 도와야 한다.

자신에게 가하는 폭력

앞서 말한 것처럼 서유럽 청소년 10~15퍼센트, 그 중에서도 특히 소녀들이 자해 행위를 많이 하는 것으로 나타나고 있다. 그 중 대다수는 어린 시절에 정신적 외상에 해당하는 충격적인 사건(학대, 강간, 근친상간, 부모가 습관적으로 무시하고 모욕을 주는 행위 등)[7]을 겪은 아이들이다. 심각한 인격 장애를 보이는 사람 중 70~80퍼센트가 자해 행위를 한다. 그런 사람들은 매일 또는 일주일에 몇 번씩 자기 몸에 상처를 낸다. 면도칼 같이 예리한 물건으로 신체 일부를 훼손하고 물건으로 자신을 때리고 어딘가에 부딪고 피가 나도록 물어뜯고 머리카락을 뽑는 경우도 있다. 물리적인 피해를 가함으로써 고통스러운 감정 상태를 잠재우려는 것이다. 그들은 대부분 자해를 하면 안도감이 느껴지고 자신의 몸과 마음을 옥죄던 강한 긴장감이 줄어든다고 주장한다. 3분의 2 정도는 자해를 하는 과정에서 통증조차 느끼지 못한다고 말한다.[8] 자해를 하는 아주 짧은 순간 동안 뇌에서 마음을 편안하게 하는 엔돌핀이라는 물질이 방출되기 때문이다.

---

7   Santa Mina, E. E., & Gallop, R. M. (1998). Childhood sexual and physical abuse and adult self-harm and suicidal behaviour: a literature review. *Canadian Journal of Psychiatry, 43*, 793-800 ; Glassman, L. H., Weierich, M. R., Hooley, J. M., Deliberto, T. L., & Nock, M. K. (2007). Child maltreatment, non-suicidal self-injury, and the mediating role of self-criticism. *Behaviour Research and Therapy, 45*(10), 2483~2490.

8   Bohus, M., Limberger, M., Ebner, U., Glocker, F. X., Schwarz, B., Wernz, M., & Lieb, K. (2000). Pain perception during self-reported distress and calmness in patients with borderline personality disorder and self-mutilating behavior. *Psychiatry Research, 95*(3), 251~260.

크리스토프 앙드레가 언급한 자기 연민 치료를 받는 한 환자는 꿈 속에서도 스스로를 아프게 하고 있었다. "꿈에서도 절망에 빠져 있었어요. 바닥에서 구르고 날 때리려고 했어요. 그런데 그것조차 제대로 할 수 없었어요. 그래서 절망이 더 깊어졌어요. 맞아야 한다는 생각이 들어서 나를 꼭 때려야 했거든요. 혼자 이렇게 말했어요. 난 맞아도 싸. 맞아야 하고말고! 그래서 점점 더 세게 때리면서 아프게 하려고 했어요. 날 아프게 만드는 건 정말 중요한 일이거든요."[9]

자기 몸을 절단하고 자해하는 행위는 (당사자가 스스로를 "혐오스러운 인간"이라고 생각해서) 스스로를 벌하는 방법이자 절망에서 비롯되는 비명 소리라고 해석할 수 있다. 이를테면 소리 없이 이렇게 외치는 것이다. "내가 고통당하는 것이 보이지 않아요? 그럼 직접 보여 드릴게요. 상처가 나서 피 흘리고 있는데 설마 그냥 지나치지는 않겠죠? 제 고통이 얼마나 큰지 아셨나요? 이제는 돕고 싶은 마음이 생기죠?" 이런 행위는 특정한 문화에서 비롯되는 것이 아니라 고통에서 헤어나기 어려울 때, 자신이 갖고 있는 고통에 대해 아무도 관심을 보이지 않을 때 누구나 하는 고뇌와 비탄을 표하는 방법이라고 봐야 할 것이다. 그런 만큼 자살 행위로 이어질 가능성도 다분하다.[10]

자신을 다정다감하게 대하라

폴 길버트는 30년 째 자기 공격성으로 괴로워하는 사람들을 치료하고 있다. 그는 자비심에 기반을 둔 마음 훈련 요법Compassionate Mind Training을 개발했다.[11] 환자들이 안전하다고 느끼고 따뜻한 인간애를

9　André, C., Les États d'âme. Odile Jacob, 2009, p. 356.
10　자살 성향에 대해서는 다음을 참조. Stanley, B., Gameroff, M. J., Michalsen, V., & Mann, J. J. (2001). Are suicide attempters who self-mutilate a unique population? American Journal of Psychiatry, 158(3), 427~432.
11　Gilbert, P., & Irons, C. (2005). op. cit.

느낄 수 있는 지점이 어딘지 찾아내 그것을 바탕으로 자기혐오를 자애로운 마음으로 바꿔 나가도록 돕는다. CMT는 다수의 환자들을 대상으로 한 임상 실험 결과, 우울 상태와 자해, 열등감과 죄책감 등을 상당히 많이 줄이는 것으로 나타났다.

길버트에 따르면 자신에 대해 지나치게 비판적인 사람들이 갖고 있는 문제점 중 하나는 마음이 괴로울 때 떠올리면서 위안 받을 수 있는 기억, 특히 따뜻한 보살핌과 사랑을 받은 기억이 없다는 것이다. 그들은 마음속에서 결정적인 역할을 하는 것, 그들을 통제하고 지배하는 것은 금방 떠올리지만 자애와 측은지심을 불러일으키는 이미지를 의식적으로 떠올린다든가 구체적으로 상상하는 일은 제대로 하지 못한다. 따라서 이들을 치료할 때 꼭 필요한 일 중 하나는 자기 자신과 좀 더 따뜻한 관계를 구축하도록 돕는 것이다.[12] 그러기 위해 사용할 수 있는 방법은 다양하다. 자애로운 마음을 가진 사람이 환자 상황에 대해 어떻게 생각할지 상상해 보라고 한 다음 환자에게 자애로운 사람 관점에서 보라고 하는 방법이 있다. 아니면 환자의 일부분이나 가상의 인물이 환자를 친절하게 대하고 자비심을 표하는 장면을 상상하라고 한 다음 자기비판이 튀어나오는 순간 그 장면을 연상하라고 할 수도 있다.[13] 환자가 자해를 했다면 몸에 난 상처에 대해 자비심을 느껴보라고 한다.

아울러 환자가 자기 감정에 어떤 식으로 대처하든 왈가왈부할 사람은 아무도 없다는 사실도 이해시켜야 한다. 자해가 '나쁜 짓'이 아니라는 것, 그들이 과거에 겪은 일을 생각하면 충분히 이해할 수 있는 일이라는 것, 그렇지만 좀 더 나은 방법으로 어려움을 극복할 수 있다는 사실을 설득해야 한다.[14]

12   Ibid., p. 291.
13   Ibid., p. 303 & 312.
14   Ibid., p. 287.

크리스틴 네프는 자신을 자비롭게 대하는 데 꼭 필요한 세 가지 요소를 다음과 같이 정의한다.

- 자신에 대한 배려: 자신을 가혹하게 판단하기보다 친절하게, 이해하는 마음으로 보듬어 안는 것.
- 만인 공통의 인간성을 인정하는 것: 고통으로 인해 고립되거나 소외되었다고 느끼지 않도록 개인이 겪은 일이 수많은 사람들이 하는 경험의 일부라고 생각하게끔 하는 것.
- 알아차림: 고통을 무시하거나 과장하지 말고 모든 경험을 분명하게 의식하는 것.[15]

크리스틴 네프에 따르면 극단적인 자기비판이 습관화된 사람들은 자신을 친절하게 대접할 수 있다는 사실조차 알지 못한다고 한다. 그들을 도우려면 실감하지 못해도 먼저 그런 가능성을 인지하게 한 뒤 회복을 유도해야 한다.[16]

인류의 일원임을 이해하라

세상에 존재하는 모든 것과 우리를 둘러싼 주변 세계가 상호 의존 관계에 있음을 깨닫는 것이 중요하다. 심리학자 하인즈 코허트는 인간이 중요하게 열망하는 것 중 하나가 소속감이라고 역설한다. 단 몇 미터 밖에 사람이 많이 있는데 그들과 단절감을 느낀다면 정신건강에 문제가 생길 수밖에 없다.[17] 남들과 단절된 느낌이 들면 자연히 아무

---

15 Neff, K. D. (2011). op. cit., p. 41. Neff, K. D. (2003). op. cit., p. 22.

16 Ibid., p. 43.

17 Kohut, H., The Analysis of The Self, New York University Press, 1971. Neff, K. D. (2011). op. cit., p. 64. 그 밖에 Baumeister, R. F., & Leary, M. R. (1995). The need to belong: Desire for Interpersonal Attachments as a fundamental human motivation. Psychological Bulletin, 117(3), 497도 참조.

짝에도 쓸모없는 사람이라 생각하게 되어 취약성을 나타내게 된다. 크리스틴 네프는 바로 그렇기 때문에 "만인 공통의 인간성을 인정하는 것이 자기 연민의 본질이며 강력한 치유력을 갖는다. 고뇌가 아무리 심해도 사람에게서 인간성을 제거하는 것은 불가능"[18]하다고 말한다.

폴 길버트는 세상의 모든 존재들과 연결되어 있다는 느낌을 실감하도록 환자들에게 다음과 같은 상상을 하라고 권한다.

> 눈앞에 푸른 바다가 펼쳐져 장관을 이루고 있다고 상상하라. 미지근한 바닷물이 조용히 모래사장으로 밀려든다. 그 위에 서 있으면 파도가 몰려와 발을 간지럽힌다. 이제 눈을 들어 수평선을 바라보라. 바다는 수백만 년 전부터 한 자리를 지키면서 생명을 잉태하고 있다. 바다는 그동안 묵묵히 정말 많은 것을 봐 왔다. 그런 만큼 아는 것도 많다. 그런 바다가 당신을 있는 그대로 맞이한다. 바다는 당신의 몸부림과 당신이 겪는 고통을 모두 알고 있다. 이제 당신을 온전히 받아들인 바다와 강력하고 지혜롭고 특별한 관계가 형성된다.[19]

알아차림을 위한 훈련

이 방법은 불교에 뿌리를 둔 기술이다. 정신을 어지럽히는 생각과 감정을 관리할 수 있다. 일반인이 종교와 무관하게 행할 수 있는 기법을 개발한 것은 존 카밧진이다. 이 방법으로 30년 째 병원에서 큰 성공을 거두고 있는 카밧진은 명상이라는 말 대신 알아차림에 기반을 둔 스트레스 해소Mindfulness-Based Stress Reduction라는 명칭을 사용한다. 존 카밧진이 개발한 이 기법은 전 세계 수백 곳에 달하는 병원에서 사용되고 있으며 주로 중증 질환, 수술 후 회복기 치료, 화학 요법을 비롯한 암 치료, 만

---

18 Neff, K. D. (2011). *op. cit.*, p. 69.
19 Gilbert, P., & Irons, C. (2005). *op. cit.*, p. 312.

성 통증에 관련된 신체적, 정신적 어려움과 고통을 해결하는 데 효과가 좋다.[20]

하루 30분씩 8주 동안 MBSR 요법[21]에 따라 훈련을 받은 환자들은 면역 체계가 강화되고 긍정적인 감정(기쁨, 낙천성, 개방성)을 훨씬 더 자주 표시한다는 것이 다수 연구를 통해 확인되었다.[22] 쇼나 샤피로 및 여러 학자가 한 연구에서도 자기혐오증 환자들이 6주 동안 MBSR 훈련을 받자 자기 연민 수준이 크게 향상된 것을 볼 수 있었다.[23]

알아차림 훈련이 갖고 있는 특징 중 하나는 환자가 자신에게 고민과 괴로움을 안겨 주는 것과 동화되는 것을 막는다는 것이다. 사람이 자신의 정신 상태에 동화되면 그런 정신 상태에 더 깊이 빠져 버린다. 열이 나서 온 몸이 뜨끈뜨끈해지는 것처럼 병적인 자기비판과 자기 공격성이 정신을 완전히 잠식할 수 있다. 그렇지만 아무 상관없는 일을 바라보듯 냉철한 눈으로 관찰할 수 있는 능력이 사람들에게는 있다. 알아차림을 유지하면 공격성이 더 이상 해코지를 하지 않을 때까지, 공격성이 일어나고 커 가는 생각의 흐름을 예의 주시할 수 있다. 이 기법이 이른바 '안전지대'를 만들어 공격성이 알아차림의 장에서 서서히 사라지게 한다.

20 Kabat-Zinn, J., *Full Catastrophe Living: Using The Wisdom of Your Body and Mind to Face Stress, Pain, and Illness*, Delta, 1990.
21 알아차림 명상이라고 흔히 알려져 있는 MBSR(알아차림에 기반을 둔 스트레스 해소)은 불교 명상을 기본으로 하지만 종교와 무관하게 일반인을 대상으로 한 명상 훈련이다. 존 카밧진이 20여 년 전에 미국 병원 시스템에 맞춰 개발한 이 프로그램은 현재 200개 넘는 병원에서 암을 비롯해 기타 중증 질환으로 인한 수술 후 통증을 줄이는 데 사용되고 있다. Kabat-Zinn, J., Lipworth, L., & Burney, R. (1985). The clinical use of mindfulness meditation for the self-regulation of chronic pain. *Journal of Behavioral Medicine, 8*(2), 163~190 참조.
22 Davidson, R. J., Kabat-Zinn, J., Schumacher, J., Rosenkranz, M., Muller, D., Santorelli, S. F.,...Sheridan, J. F. (2003). Alterations in brain and immune function produced by mindfulness meditation. *Psychosomatic Medicine, 65*(4), 564~570. 명상의 장기적 효과에 대해서는 이 책 21장 인지 과학 관점에서 본 정신 수련 참조.
23 Shapiro, S. L., Astin, J. A., Bishop, S. R., & Cordova, M. (2005). Mindfulness-based stress reduction for health care professionals: Results from a randomized trial. *International Journal of Stress Management, 12*(2), 164~176.

자존감과 자신을 소중히 여기는 자애로운 마음

크리스틴 네프가 한 연구를 살펴보면 자존감과 자신을 소중히 여기는 자애로운 마음이 다르다는 것을 확실히 알 수 있다.[24] 실제로 자기 비판을 하는 사람들을 보면 남들에게 높은 평가를 얻으려고 일부러 그러는 것 아닌가 하는 생각을 할 수 있다. 그런가 하면 정반대로 앞에서 본 것처럼 자아도취가 너무 심해지는 것 아닐지 염려스러울 수도 있다. 실제로 스스로를 지나치게 높이 평가하면 여러 가지 단점이 있는 것으로 밝혀졌다. 자신의 능력을 과대평가해서 능력에 부치는 일을 억지로 하려고 들다가 일이 제대로 되지 않으면 남의 탓으로 돌리는 것이 좋은 예다.[25]

크리스틴 네프는 자존감과 달리 스스로에 대해 자비심을 지니면 자기애가 커지지 않는다는 것을 보여 주었다.[26] 자신을 자애롭게 대하면 약점과 결함을 담담하게 받아들일 수 있고 왜 이것밖에 안 되느냐면서 자신을 비난하는 마음이 사라진다. 그렇다고 해서 체념하는 것이 아니다.[27] 네프는 이렇게 주장한다.

자신을 소중히 여기는 자애로운 마음이 자존감보다 훨씬 더 이로운 이유 중 하나는 자존감이 하지 못하는 영역에서 발군의 능력을 발휘하기 때문이다. 스스로를 부정적으로 생각하고 있어도 자애로운 마음과 균형

24 Neff, K. D. (2003a). Self-compassion: An alternative conceptualization of a healthy attitude toward oneself. *Self and Identity*, 2(2), 85-101 ; Neff, K. D. (2003b). The development and validation of a scale to measure self-compassion. *Self and Identity*, 2(3), 223~250.

25 Crocker, J., Moeller, S., & Burson, A. (2010). The costly pursuit of self-esteem. *Handbook of Personality and Self-Regulation*, 403~429.

26 Neff, K. D. (2003b). *op. cit.*

27 Gilbert, P., *Human Nature and Suffering*, Lawrence Erlbaum, 1989; Gilbert, P., & Irons, C. (2005). *op. cit.*

잡힌 태도로 결함과 단점을 감쌀 수 있다. 자애로운 마음이 자기혐오를 줄인다는 말이다. 스스로에 대해 비현실적으로 긍정적인 시각을 채택할 필요가 없다. 자존감을 고양하는 프로그램들이 실패로 돌아가는 가장 큰 이유는 자신을 비현실적으로 바라보기 때문이다.[28]

자존감 또는 자부심을 높여야 불안, 우울증, 수치심, 정신적 고통을 고칠 수 있다는 것이 오랜 통설이었지만 사실 그런 식의 치료 효과는 자신을 자애롭게 대하는 마음과 더 밀접한 관계가 있는 것으로 밝혀지고 있다.[29]

나에 대한 자비심, 남에 대한 자비심

폴 길버트 및 여러 학자들이 자기 공격성으로 고통 받는 환자들을 관찰한 내용을 살펴보면 그들은 남에 대한 사랑이나 고통당하는 사람에 대한 자비심이라는 말만 들어도 거부 반응을 보인다. 병으로 고생하는 사람들에게 자신을 사랑하라고 하는 것은 어쩌면 지나친 요구일지 모른다. 그런데 예외도 물론 있다. 어렸을 때 어른들 때문에 고초를 많이 겪고도 스스로를 다잡아 일으켜 세운 뒤 어려운 사람들을 도우면서 살아가는 사람들이 그런 경우다. 자기 자신과 발전적인 관계를 수립하면 남을 보살피는 자애로운 마음과 그들에게 측은지심을 갖기가 한결 수월해진다.

산적한 문제는 헤아릴 수 없이 많다. 아동 학대의 기원을 거슬러 올

28 Neff, K. D., Kirkpatrick, K. L., & Rude, S. S. (2007). Self-compassion and adaptive psychological functioning. *Journal of Research in Personality*, 41(1), 139~154. 그 밖에 Swann, W. B., *Self-Traps: The Elusive Quest for Higher Self-Esteem*, W. H. Freeman, 1996도 참조.
29 Leary, M. R., Tate, E. B., Adams, C. E., Allen, A. B., & Hancock, J. (2007). Self-compassion and reactions to unpleasant self-relevant events: The implications of treating oneself kindly. *Journal of Personality and Social Psychology*, 92(5), 887.

라가면 사회적 문제와 원인이 셀 수 없이 많이 발견된다. 아이를 학대한 부모는 어렸을 때 학대를 당한 경우가 많다: 빈곤, 고립, 다양한 심리적, 물질적 문제들이 공격적인 행동을 불러 일으킨다.[30]

이런 문제를 해결하기 위해 그동안 수없이 많은 방안이 제시되었다. 예를 들어, 심리학자 데이비드 올즈와 로체스터 대학교 연구 팀은 빈곤한 환경에서 교육을 제대로 받지 못한 나이 어린 임산부들을 돕는 프로그램을 25년 동안 시행하면서 임신 중은 물론 출산 후에도 2년 동안 간호사들이 수시로 가정 방문을 하면서 보살폈다. 그 결과, 학대가 줄어들고 아이들이 밝게 자라는 것으로 나타났다.[31] 이것은 실행 가능한 여러 가지 개입 방법 중 한 예에 불과하다. 어려운 환경에서 아이들을 키우는 부모, 특히 어머니들을 돕고 아이들이 보살핌과 자애와 애정을 제대로 받을 수 있도록 여건을 만들면 부모가 폭력을 행사하는 일이 줄어들 것이고 궁극적으로는 폭력이 난무하는 환경에서 자란 사람들의 자기 폭력성을 미연에 방지할 수 있을 것이다.

요컨대 어린 시절에 학대를 당해 자기 파괴적인 행동을 나타내는 사람들에게는 스스로에 대한 자비심을 함양하는 것이 필수적이다. 자신에 대한 자비심이 든든한 주춧돌과 촉매의 역할을 하면 그것을 모든 사람에게 확장할 수 있을 것이다. 크리스토프 앙드레가 쓴 것처럼 "인생이 주는 고통도 많은데 굳이 왜 스스로 고통을 만들어 낸단 말인가? 자비심이란 자신을 포함해 모든 사람을 이롭게 하려는 것이다."[32]

30 캐나다 몬트리올에서 30년에 걸쳐 진행된 종단적 연구 결과를 바탕으로 한 리처드 트랑블레의 결론 참조. Tremblay, R. E. *Prévenir la violence dès la petite enfance*. Odile Jacob. 2008.

31 Olds, D. L., Robinson, J., O'Brien, R., Luckey, D. W., Pettitt, L. M., Henderson, C. R., ... Hiatt, S. (2002). Home visiting by paraprofessionals and by nurses: a randomized, controlled trial. *Pediatrics, 110*(3), 486~496.

32 André, C., Les États d'âme. Odile Jacob, 2009, p. 353

27

공감 결핍

앞에서 살펴본 것처럼 타인과 정서적으로 공명하는 공감이 더 나아가 타인에게 가치를 부여하고 타인의 처지에 관심을 기울이는 것과 결합되면 이타적인 태도와 행동을 낳는다. 그런데 공감이 부족한 경우도 있을 수 있다. 그런 결핍이 생기는 원인과 그로 인해 나타나는 효과는 여러 가지가 있다. 갈수록 긴장감이 고조되는 외부 상황 때문에 감정적으로 지친 나머지 공감 능력이 줄어들고 직업적으로 염증을 느끼는 경우가 있다. 이를 번아웃이라고 하는데 가장 대표적인 예가 의사와 간호사들이다. 또 다른 경우는 사이코패스다. 사이코패스들은 어렸을 때부터 공감 부족과 감정 결핍이 밖으로 드러난다. 부모에게 물려받은 유전적 요인과 직접 관련이 있는 사이코패스의 공감 결핍은 뇌특정 영역의 기능 부전에서 비롯된다. 어쨌거나 공감 능력이 없는 사이코패스들은 등골을 서늘하게 만드는 무감각한 태도로 남에게 해를 끼치고 때로는 잔혹한 일까지 저지르기 때문에 그런 증상을 앓지 않는 사람과 그 주변 사람들에게 모두 부정적인 결과를 초래한다.

감정적 탈진을 유발하는 번아웃

의료업에 종사하는 사람들은 타인의 고통과 대면하는 것이 일상이다. 이들은 환자들이 겪는 고통에 공감하면서 고통을 받는다. 공감에서 유발된 고통은 실제로 존재한다. 신경 과학적 연구를 해 보면 통증이나 고통에 관련된 뇌 영역이 활성화되는 것을 볼 수 있다.[1] 그렇다면 장기적으로는 어떤 결과가 초래될까? 환자 개인이 겪는 고통은 끝없이 지속되지 않는다. 치료가 잘되면 회복되어 툭툭 털고 일어나고 최악의 경우에는 병으로 사망한다. 극심한 고통이 몇 년이고 지속되는 경우는 매우 드문 편이다. 환자들은 그렇게 들어왔다 나가지만 의료진이 겪는 공감에 의한 고통은 계속 반복되면서 날이 갈수록 부담스러워진다. 그럼 어떤 일이 일어날까? 의사나 간호사들 대다수가 번아웃을 앓게 된다. 타인의 고통 앞에서 저항력이 소진되어 더 이상 참을 수 없는 지경에 이른다. 이런 탈진을 겪는 사람은 대개 직업 활동을 중단할 수밖에 없다.

한 연구에 따르면 미국 개업의 60퍼센트가 감정적 탈진과 무력감을 경험하고 비효율적이거나 아무 짝에 쓸모없는 사람처럼 느끼는 번아웃 증상을 보인 것으로 나타났다. 번아웃에 시달리는 사람은 환자들을 인격체로 대접하지 않아 진료에 소홀해지고 의료 사고 빈도도 증가한다.[2]

어떤 의사들은 약간 다른 전략을 사용하기도 한다. "환자들을 제대로 보살피려면 의사가 환자의 고통에 감정적으로 반응하지 말아야

---

1   Singer, T., & Lamm, C. (2009). The social neuroscience of empathy. *Annals of The New York Academy of Sciences, 1156*(1), 81~96.

2   Krasner, M. S., Epstein, R. M., Beckman, H., Suchman, A. L., Chapman, B., Mooney, C. J., & Quill, T. E. (2009). Association of an educational program in mindful communication with burn-out, empathy, and attitudes among primary care physicians. *JAMA, 302*(12), 1284~1293.

한다.”라고 생각하는 것이다. 감수성이 너무 예민하거나 지나치게 감정적인 반응을 보이면 진료 품질이 저하될 수 있다. 완벽하고 정확하게 수술을 하고 항상 침착하게 힘든 결정을 내려야 하는 외과 의사에게는 방해가 될 수도 있다. 충분히 이해할 수 있는 일이다. 그렇다고 해서 의사와 환자 사이에 뛰어넘을 수 없는 감정의 벽을 높다랗게 쌓는 것은 고통에 접근하는 방법으로 그리 좋은 것이 못 된다. 그런 태도를 견지하다가는 얼마 못 가 냉랭한 무관심으로 변질될 수 있다.

내 친구 중에 서른다섯 살 때 건강 검진을 받다가 희귀한 선천성 기형이 있다는 사실을 알게 된 여성이 있다. 그때까지 전혀 몰랐던 사실이다. 선천성 기형으로 심장에 병이 생겨 매우 위험한 수술을 받게 되었는데 수술 당일 아침에 담당 외과 의사가 최종 검사 결과를 확인한 뒤 친구를 진찰하러 와서 이런 말을 내뱉었다. “엑스레이가 엉망진창이군요.” 목숨이 왔다 갔다 하는 중대한 수술을 앞둔 환자를 안심시키는 기술치고는 참으로 기이한 방법이었다. 또 다른 의사 친구는 동료들이 너무 몰인정해서 외과 전공을 포기했다는 말을 한 적도 있다.

그렇지만 따스한 인간미를 발휘하며 환자들에게 위안을 주는 간호사와 의사들도 무척 많다. 천성적으로 친절한 성격과 자비심을 타고난 사람들은 공감적 탈진의 영향을 덜 받는다고 한다. 남을 보살피는 자애로운 마음을 느끼고 표현하는 능력이 바로 이런 데서 빛을 발하는 것 아닐까? 번아웃을 유발하는 중요한 요인 중 하나는 공감이 이타적 사랑으로 재탄생하거나 변환되지 않으면서 누적되는 피로라고 할 수 있다.

간혹 자비심의 피로를 말하는 사람들이 있는데 앞서 4장에서 본 것처럼 이는 공감에서 오는 피로라고 해야 더 적절하다. 공감은 고통을 겪는 사람과 정서적으로 공명하는 데 그치고 만다. 그것이 축적되면 탈진과 고뇌에 이른다. 반면에 이타적인 사랑은 사랑을 느끼는 사람과 사랑을 받는 사람 모두에게 도움이 되는 건설적인 정신 상태다. 따라서 자애를 키우면 번아웃으로 인한 어려움을 해소할 수 있다.

의료 행위에서 자비심을 되살리는 문제

내 친구 데이비드 슐림은 네팔에 산 지 오래됐다. 몇 년 전부터 명상을 시작한 그는 2000년부터 미국에서 세미나를 개최해 의료 행위에서 자비심을 고양하고자 하는 의사들을 돕고 있다.[3] 세미나에 참석한 의사들은 의학이 추구하는 이상과 히포크라테스 선서, 의학 윤리 강령에서 남을 보살피는 자애로운 마음과 자비심이 매우 중요한 위상을 차지함에도 불구하고 의학 교육 과정에서 자비심을 함양하는 방법은 고사하고 그런 말조차 언급하지 않는다는 것을 깨달았다. 한 의사가 이렇게 말했다. "나는 의과 대학 재학 시절에 '의학'이라는 단어와 '자비심'을 결부시켜 말하는 것을 한 번도 들어본 적이 없는 것 같다." 의대생과 병원에 갓 들어간 젊은 수련의들은 하루 24시간 환자를 돌보는 고된 일정 때문에 힘들어한다. '수련'이 너무 힘들어서 자비심 같은 것은 안중에도 없다고 의사들은 입을 모은다.

데이비드는 수련의로 일하던 시절에 36시간 연속 근무를 한 적도 있다고 털어 놓았다. 어느 날 새벽 4시에 직원 사무실에서 졸고 있는데 인터폰이 울리고 일곱 번째 응급 환자가 도착했다고 알려왔다. 흠씬 두들겨 맞아 그로기 상태가 된 권투선수나 물에 젖은 솜처럼 푹 퍼져 있던 그는 자신이 응급실에 도착하기 전에 환자가 사망하면 앞으로 몇 시간 동안 환자를 돌보느라 동분서주하지 않고 잠을 잘 수 있을 것이라는 생각이 문득 머리를 스쳤다. 그는 자신이 그런 생각을 한다는 데 대해 소스라치게 놀랐다. 실제로 응급실에서 그를 기다리고 있던 사람은 엄살이 심한 여성 환자였으며 사정을 모르는 사람이 봤

3   David Shlim, preface to Rinpoche, C. N., *Medicine and Compassion*, Wisdom Publications, 2006.

다면 의사와 환자를 혼동했을 것이라고 데이비드는 회상했다.[4] 그는 순간적으로 자비심을 잃어버린 것이 아니라 실행할 수 없을 정도로 지쳐 있었던 것이다.

수련의들 경우 피로 때문에 자애, 측은지심, 공감 대신에 신경과민, 분노, 신랄함이 커지는 것이다. 의대생을 선발할 때도 남을 돕겠다는 의욕보다 성적이라는 능력의 잣대에 더 큰 비중을 둔다. 미래에 의사가 될 젊은 수련의들에게 남을 보살피는 마음을 키우는 훈련도 없이 어떻게 유연하고 개방적인 태도로 자비심을 실천하기를 바라겠는가? 그런 자질을 오래 갈고 닦은 사람도 의사들처럼 힘들고 바쁜 일상을 살다보면 힘들어 할 것이 분명하다. 미국 의학 한림원 회장을 지낸 하비 파인버그는 이렇게 쓰고 있다. "의사들은 기술적으로 유능해지려면 어떻게 해야 하는지 잘 알고 있다. 과학 발전상과 효과 좋은 신약이나 치료법에 대해 지식을 쌓으면 된다. 그런데 자비심을 갖고 환자를 대하는 법에 대해 알고 있는 의사는 과연 몇 명이나 될까?"[5]

데이비드 슐림은 『의학과 자비심Medicine and Compassion』의 서문에 다음과 같이 썼다. "자비심을 훈련하려면 노력이 필요한 것이 사실이다. …… 자비심을 배우는 것도 의학을 공부하는 것처럼 끊임없이 노력과 발전을 거듭하면서 평생 계속해야 하는 일이다."[6]

수많은 의사, 간호사, 간호조무사들이 전 세계에서 헌신적인 태도로 환자들 건강과 행복을 위해 애쓰고 있다. 의료계 종사자들 사이에서 흔히 나타나는 번아웃을 줄이는 동시에 이토록 인간적인 직업에 종사하는 사람들이 인간성을 상실하는 일이 없도록 남을 돕고 사람의 목숨을 살리는 데 필요한 마음 자세 개발법을 제공하면 좋을 것이다. 헬스케어 전문가들이 스스로 자비심을 키워 그것을 의료 행위에

---

5   Harvey Fineberg, Foreword to Rinpoche, C. N., *Medicine and Compassion*, p. ix.

6   Shlim, David., *Medicine and Compassion. op. cit.,*

도입한다면 환자들은 더 나은 보살핌을 받을 것이고 간호사와 의사들도 높은 만족감과 정서적 균형을 동시에 누릴 것이다. 그리고 더 나아가 의료 시스템을 설계하고 개혁하는 사람들이 자비심에 더 큰 비중을 둔다면 비용 절감과 진료 시간 단축보다 환자를 진료하는 방법에 중점을 두는 풍토가 조성될 수 있을 것이다.

번아웃을 가속화하는 요인

번아웃 현상은 고통에 시달리는 사람들을 보살피는 인력에만 국한된 것이 아니라 직종에 상관없이 직업 전선에서 분투하는 대다수의 사람들을 괴롭히는 광범위한 증후군이다. 캘리포니아 버클리 대학교 교수이자 심리학자인 크리스티나 매슬랙은 번아웃 원인과 증상을 연구하는 데 매진해 왔다. 매슬랙은 번아웃 정의를 일상 활동 중에 발생하는 인간관계 문제에서 스트레스가 축적되어 생기는 감정적 탈진 증후군이라 못박고[7] 그로 인해 나타나는 중요한 결과로 감정적 탈진, 냉소주의, 무능감을 꼽았다.

감정적 탈진은 '녹초가 된 듯한 느낌', '기력이 없어 아무것도 할 수 없는 상태', 다음 날 아침을 시작하는 데 필요한 에너지나 의욕을 느끼지 못하는 상태다. 여기에 해당하는 사람은 타인과 관계를 줄인다. 직장에 출근해서 일을 계속하더라도 직업 정신과 관료주의라는 방패막이 뒤에 숨어 개인적, 감정적 개입 없이 기계적, 형식적으로 사회적 관계를 유지한다. 자신과 타인 사이에 감정적 장벽을 높이 쌓아올리는 것이다. 뉴욕시에서 경찰관으로 일하는 남자는 크리스티나 매슬랙에게 이렇게 털어놓았다. "경찰이 되면 사람이 변합니다. 냉혹해지고 만사에 부정적인 태도가 됩니다. 이 일을 하면서 끝까지 살아남으려면

---

7   Maslach, C., *Burnout: The Cost of Caring*, Prentice Hall Trade, 1982, p. 3.

그런 식으로 스스로를 조정해야 합니다. 그러다 보니 일상생활에서도 무의식적으로 그렇게 됩니다. 아내와 아이들을 대할 때도 마찬가지죠. 그럴 수밖에 없습니다. 직업적으로 하는 일에 감정적으로 너무 깊이 개입하기 시작하면 머지않아 벨뷰 정신 병원에 들어가게 됩니다."[8]

번아웃 주요 증상 중 두 번째는 직업적으로 만나는 사람들을 대할 때 냉소와 무감각으로 일관하는 것이다. 사람들이 지니고 있는 인격과 개성을 모두 무시하고 냉랭하고 무심한 태도로 바라보면서 사적으로 너무 가까워지지 않으려고 조심한다. 마음에 품고 있던 이상을 포기하기도 한다. 한 사회 복지사는 매슬랙에게 이렇게 고백했다. "모두를 멸시하게 되면서 경멸감을 감출 수 없었어요." 또 이렇게 말하는 사람도 있었다. "남들에 대한 관심이 줄어들고 부정적인 태도가 극에 달해 그 무엇에도 신경 쓰지 않게 되었어요." 간혹 "다들 날 좀 가만히 내버려 두고 내 인생에서 꺼져 버렸으면 좋겠다."라고 말하는 사람도 있다.

이런 증상에는 죄책감까지 동반된다. 간병을 하는 사람들이 환자를 제대로 돌보지 않고 점점 냉정하고 무감각해진다는 생각에 스트레스를 받는 것이다.

번아웃의 세 번째 형태는 개인적 성취감과 자아실현을 통해 얻은 기쁨이 사라지면서 실패했다는 생각을 하게 되는 것이다. 자신감이 없어지고 자신이 성취한 것의 가치를 믿지 못해 깊은 좌절감과 우울을 경험하게 되고 심하면 불면증, 만성피로, 두통, 위장 장애, 고혈압 증상까지 생긴다. 유럽 연합 국가들에서 진행된 연구에 따르면 업무 시간 중 허비되는 시간의 50~60퍼센트가 스트레스와 직간접적으로 연관이 있는 것으로 나타났다.[9]

8 Ibid., p. 4.
9 Maslach, C., & Leiter, M. P., Burn-out: Le syndrome d'épuisement professionnel, Les Arènes, 2011, p. 16 중 파트릭 레즈롱이 쓴 서문.

비호의적 근무 환경에서 비롯되는 감정적 탈진

번아웃에 시달리는 사람들은 대부분 환경의 영향을 과소평가하고 개인의 책임을 과대평가하는 경향이 있다.[10] 그런데 일상생활 중에 스트레스가 축적되어 나타나는 직업적 탈진은 계속되는 감정적 긴장으로 인해 스트레스 관리 능력이 떨어질 수밖에 없는 근무 환경이나 노동 조건과 밀접한 관련이 있는 것으로 밝혀졌다. 직업적 탈진의 피해자들은 자신이 혹사당하고 업무에 대한 통제력이 부족하며 제대로 보상받지 못할 뿐 아니라 부당한 대접을 받는다고 느낀다. 직업상 해야 하는 일과 도덕적 가치 사이에서 고민하는 경우도 있다.[11]

탈진은 서서히 진행되기 때문에 상황적 이유가 왜 중요한지 제대로 이해하지 못한다. 상태가 악화되어 무너지기 일보 직전까지도 환경은 바뀐 것이 거의 없기 때문이다. 그래서 책임이 전적으로 자신에게 있다고 생각하게 된다.

자율성을 잃고 무력감까지 들면 직업적 탈진이 가속화된다. 명령에 무조건 복종해야 하는 사람보다 선택의 여지가 있고 업무를 스스로 통제할 수 있는 사람이 훨씬 더 만족스런 직장 생활을 한다는 것은 이미 잘 알려진 사실이다. 명령에 복종해야 하는 위치에 있는 이들은 상사의 요구와 업무상 제약, 지극히 좁은 운신의 폭 사이에서 이러지도 못하고 저러지도 못한다.

사회 복지사를 비롯해 직업상 뻔히 자신이 해야 할 일인데 현실적으로 역부족이라서 스트레스를 받는 사람들도 무력감과 좌절감에 빠질 수 있다. 심리학자 폴 에크만의 딸인 이브 에크만은 샌프란시스코에서 의료적, 심리적으로 응급조치가 필요한 노숙자들을 돌보는 일을 한다. 그녀는 직업에서 가장 힘든 부분이 환자들 상태를 봤을 때 느끼

---

10 Maslach, C. (1982). *op. cit.*, pp. 10 ff.
11 Maslach, C., & Leiter, M. P. (2011). *op. cit.*, p. 32~40.

는 감정적 부담 외에 문제를 근본적으로 해결하지 못하는 데서 비롯되는 무력감이라고 말했다. 시에서 받는 지원이 끊어지고 노숙자들을 수용할 시설이 폐쇄되면 불쌍한 환자들이 얼마 안 가 또 다른 어려움에 직면할 것을 뻔히 알면서도 뾰족한 대안이 없어 급한 불만 대충 끄고 거리로 내몰아야 한다. "그들을 우리 집으로 데려갈 수도 없는 노릇이고 제가 더 이상 할 수 있는 일이 없어요. 그럼 내가 아무짝에도 쓸모없고 의미 없는 일을 하는 것 같아요. 안타까운 일이지만 그렇게 의기소침할 때는 딱한 사람들 인격을 무시하고 내치게 돼요." 이브가 내린 결론은 이런 것이었다. "그러니까 스스로 마음으로 준비를 단단히 하고 자기 심리 상태에 대해 명료한 의식을 유지해야 번아웃에 빠지지 않을 수 있어요."

사회적 위상이 정반대인 독재자들도 번아웃에 취약하다. 모든 것을 통제해야 하는 데서 오는 긴장감이 어마어마하기 때문이다. 보편적으로 말해서 인내와 관용이 부족한 충동적인 기질에 끊임없이 제약이 가해지면 얼마 못 가 감정적 탈진에 이르게 된다.

약간 다른 이야기지만 직장에서 끊임없이 폭력의 위협에 노출되어 있는 교도소 간수들은 만성적인 공포에 시달리는데다가 간수라는 직업의 특성상 늘 "냉혹한" 모습으로 일관하면서 감정을 드러낼 수가 없다. 그것이 정신적, 신체적 스트레스를 유발하고 건강에 문제를 일으켜 결국 번아웃으로 나타난다. 한때 간수로 일한 적이 있는 사람이 크리스티나 매슬랙에게 이렇게 털어놓았다. "신입 간수는 감정을 조절하는 법을 배워야 합니다. 특히 두려움을 통제할 줄 알아야 하죠. 다들 나름대로 두려움에 대응하는 방법이 있었지만 긴장을 푸는 방법은 없었습니다."

번아웃과 남녀 차이

연구 결과에 따르면 남성과 여성 모두 번아웃에 취약하다.[12] 그런데 사소하게나마 몇 가지 차이가 있다. 여성은 감정적 탈진에 더 취약한 데 비해 남성은 함께 일하는 사람들 인격을 무시하면서 건방지고 냉랭한 태도를 보인다는 것이다. 남성보다 여성이 남에게 배려하는 직업(간호사, 사회 복지사, 심리 상담사 등)에 종사하는 일이 더 많고 남성은 주로 의사, 정신과 의사, 경찰관, 서비스 업종의 책임자로 근무하기 때문이라고 생각할 수 있다. 그런데 크리스티나 매슬랙은 이것이 남녀의 차이를 충분히 설명하지 못하는 분석이며 오히려 남성과 여성이 타고난 기질의 차이 때문에 그런 현상이 일어나는 것이라고 말한다.

그 밖에도 미국에 거주하는 아시아계 이민자들은 번아웃에 시달리는 사람이 백인들만큼 많은 데 비해 흑인과 히스패닉계 이민자들은 그런 사례가 월등히 적다.[13] 흑인 사회와 히스패닉계 공동체는 가족 간의 정이나 우정을 더 중요시하고 남들과 돈독한 유대를 강조하기 때문에 감정적 탈진이나 개인의 익명화에 덜 노출되는 것으로 보인다.

병적인 자비심이 과연 존재할까?

남을 돌보고 고통을 줄여주기 위해 헌신하는 것은 원칙적으로 이타심에서 비롯되는 행동이다. 그런데 남을 위해 봉사하는 사람이 모호하거나 이기적인 동기를 갖고 있는 경우가 있다. 어떤 사람은 칭찬받고 싶고 사랑받고 싶어서 자선 활동에 필사적으로 참여한다.[14] 또 어떤 사람은 땅에 떨어진 자존감을 높이거나 일상생활을 통해 채워지지 않

---

12 Ibid., p. 58.
13 Ibid., p. 59.
14 Ibid., p. 70.

는 사람과의 접촉, 친밀감에 대한 욕구를 채우려고 남을 돕는다.

　차원이 약간 다른 이야기지만 로체스터 대학교의 마이클 맥그래스 같은 심리학자는 아예 병적인 이타심을 거론하면서 이를 "자신의 필요보다 타인의 필요를 우선시하며 열중한 나머지 육체적, 정신적 폐해가 초래되는 현상"이라고 정의한다.[15] 그런데 주의할 것이 있다. 이 모호한 정의는 이기주의적인 동기와 진정으로 이타적인 동기를 구분하지 못하고 있다. 자기 몸을 던져 아이를 구한 어머니가 병적인 자비심을 지녔다고 할 수 있을까? 자비심이 불건전하거나 부적절하다고 말할 수 있는 경우는 자신이 감수해야 하는 고통이나 어려움이 남에게 안겨 주는 이익보다 훨씬 더 클 때뿐이다. 변덕이 죽 끓듯 하는 남의 비위를 맞추느라 자기 삶의 질을 떨어뜨린다는 것은 말도 안 되는 일이다. 신체적, 심리적으로 기진맥진 상태인 사람이 남들도 얼마든지 제공할 수 있는 별 것 아닌 도움을 제공하느라 건강을 망친다면 이는 결코 옳은 일이 아니다. 반면에 자신이 감수해야 하는 불편과 그로 인해 남에게 돌아가는 이익이 거의 비슷한 수준이라면 각자가 갖고 있는 이타심의 정도에 따라 선택이 달라질 것이며 이를 가리켜 불건전하다고 매도해서는 안 될 것이다. 아우슈비츠 포로수용소에서 탈옥수를 도왔다는 죄명으로 가족이 딸린 가장이 아사형에 처해질 위기에 처했을 때 그를 지키기 위해 자진해서 죽음을 선택한 프란체스코회 신부 막시밀리안 콜베를 기억하자.

공감 결핍에 따른 자기애와 인격 장애

번아웃이 감정적 균형 상태가 서서히 깨지면서 공감 부족으로 이어지

15　McGrath, M., & Oakley, B., "Codependency and Pathological Altruism," in Oakley, B., Knafo, A., Madhavan, G., & Wilson, D., *Pathological Altruism*, Oxford University Press, Chapter 4, 2011, p. 59.

는 것이라면 공감 결핍은 약간 다른 양상을 띤다. 유전적인 요인이나 외부 환경에 영향을 받아 성향으로 굳어진 것이라 할 수 있다. 이들은 신경 과학의 연구 대상인 뇌 기능 장애와 관련이 있다.

자기애, 인격 장애, 정신 질환, 특정한 자폐증의 경우, 사회생활에 필요한 일련의 정서 반응 중 일부가 정상적으로 작동하지 않아 공감 결핍과 남을 배려하지 못하는 현상이 일어난다.

자기애에 빠진 사람들은 다른 사람의 생각을 어렵지 않게 상상할 수 있음에도 불구하고 자신만 생각하면서 남의 처지에 진심으로 관심을 보이지 않는다. 그래도 사이코패스처럼 남을 멋대로 조종하려 들거나 해를 끼치지는 않는다.

'인격 장애'를 앓는 사람들 역시 지나치게 자기중심적이다. 너무 감정적이고 쉽게 흥분하는데다가 불안 증세까지 있어 다른 사람의 감정을 제대로 넘겨짚지 못한다. 그들도 사랑이 필요한 사람이지만 어린 시절에 보살핌을 제대로 받지 못했거나 학대당한 탓에(40~70퍼센트가 학대의 희생자) 들끓는 복수심과 분노에 시달리는 경우가 대부분이다.[16] 그렇기 때문에 도움이 필요한데도 도움 받기를 거부하면서 공허감에 시달리고 감정생활에 실패를 거듭하고 재발성 우울증을 앓는다. 그들 중 10퍼센트는 자살로 생을 마감하고 90퍼센트가 자살을 시도한다. 공감 결핍이 된 주된 원인은 어린 시절에 겪은 애정 결핍과 학대 때문이며 성적으로 학대를 당한 사람도 많이 있다.

자폐증은 인지적 결함에 해당한다. 그들은 남들이 하는 생각과 느낌을 제대로 떠올리지 못한다. 리처드 데이비슨에 따르면 자폐가 있는 사람들은 감정을 제대로 조절하지 못하기 때문에 격렬한 감정에 휩쓸릴 만한 상황에 노출되기를 꺼려한다. 그래서 남의 눈을 피하는 것인지도 모른다. 그들에게는 타인의 눈길이 감정적으로 매우 부담스럽고

---

16   Zanarini, M. C. (2000). Childhood experiences associated with the development of borderline personality disorder. *Psychiatric Clinics of North America, 23*(1), 89~101.

그것이 의미하는 바를 제대로 이해하지 못한다.[17] 자폐가 있는 사람들 중에 공감을 거의 하지 못하는 경우도 있지만 공감 능력이 있는 것은 물론이고 보통 사람들보다 더 예민한 경우도 있다. 공감 능력이 극도로 부족한 경우가 바로 사이코패스들이다. 그들은 남이 고통당하는 것을 봐도 아무 느낌이 없으며 높은 지능을 이용해 남을 마음대로 조종하면서 해코지한다.

머리는 복잡하고 가슴은 텅 빈 사이코패스

사이코패스[18]("소시오패스", "반사회적 인격 장애자"라고도 한다.)는 공감 능력이 영에 가까운 사람이다. 그들은 보통 어렸을 때부터 타인의 열망이나 권리에 대해 관심이 거의 없고 사회 규범을 끊임없이 역행하며 거스른다.[19] 사람을 괴롭히기에 앞서 동물을 데리고 고문을 하는 등 잔인성을 드러낸다.

남들이 고통스러워하든 겁에 질려 무서워하든 기쁨에 넘쳐 행복해하든 사이코패스 마음속에는 아무런 감정적 반응도 일어나지 않는다. 피해자들이 고통스러워하는 것을 봐도 불쾌감을 느끼지 않기 때문에 주저 없이 극악무도한 잔혹 행위를 저지르고 양심에 가책도 받지 않는다. 그들은 특히 자신의 감정이든 타인의 감정이든 슬픔이나 두려움을 느끼지도 상상하지도 못한다. 상상을 해 보라는 요청에 시도를 해도 뇌와 몸에서 모두 주관적 반응이 거의 나타나지 않는다.[20]

17　Richard Davidson, 개인적 정보 교환.
18　사이코패스라는 개념을 처음 도입한 사람은 클렉클리였다. Cleckley, H. (1941). The *Mask of Sanity ; An Attempt to Reinterpret the So-Called Psychopathic Personality*. revised edition, 1982. Mosby Medical Library.
19　American Psychiatric Association, *DSM-IV: Diagnostic and Statistical Manual of Mental Disorders*, 4th ed., American Psychiatric Association, 1994.
20　Blair, R. J. R., Jones, L., Clark, F., & Smith, M. (1997). The psychopathic individual: A lack of responsiveness to distress cues? *Psychophysiology, 34*(2), 192~198.

조금이라도 못마땅하거나 남보다 우위에 서서 군림하고 싶은 욕구가 생길 때마다 발작적으로 화를 내기도 하지만 대부분은 냉혹하고 잔인하고 권모술수에 능한 면모를 보인다. 목표가 정해지면 상황이나 이유 여하를 막론하고 그것을 달성하기 위해 저돌적으로 달려든다.

사이코패스는 다른 사람과 감정적으로 공명하지 않지만 남들이 머릿속에서 무슨 생각을 하는지 귀신 같이 알아내는 능력이 있다.[21] 그들은 그런 능력과 이해타산적인 지력과 겉으로만 사근사근한 매력을 교묘히 활용해 피해자를 속이고 조종한다. 사이코패스는 판별이 매우 어렵다. 겉으로 봐서는 지극히 정상이기 때문이다. 극악무도한 범죄를 저지를 수 있는 사람들이지만 징후가 뚜렷이 나타나지 않는다. 조현병 환자와 달리 환각도 없고 환청을 듣는 것도 아니다. 혼란스러워 하지도 않고 불안해하지도 않으며 대부분 평균 이상의 지능을 갖고 있다. 감정이 없을 뿐이다. 따라서 광기라기보다 악의 화신에 더 가깝다.

목표 달성을 위해서라면 남을 위협하고 폭력을 휘두르고도 양심에 가책을 느끼지 않는다. 뜻을 이루면 만족감을 표시하지만 실패하고 정체가 드러나도 수치심이나 후회를 표하지 않고 다음 기회를 노린다. 처벌을 두려워하지 않기 때문에 사이코패스들에게는 처벌이 교화나 재발 방지의 효과가 전혀 없다.[22] 믿을 수도 없고 정직하지도 않은 습관적인 거짓말쟁이들이라 우정이나 로맨틱한 관계를 유지하지 못한다.[23]

그렇기 때문에 정서 전이로부터 시작해서 공감으로 이어지고 그것이 최고조에 이르러 공감적 관심이나 자비심으로 바뀌는 일련의 연쇄 반응이 사이코패스들 마음속에서는 결코 일어날 수 없다. 그들은 남

21 Hare, R. D. (1999). *Without Conscience: The Disturbing World of the Psychopaths Among Us* (1st edition). Guilford Press.
22 Newman, J. P., Patterson, C. M., & Kosson, D. S. (1987). Response perseveration in psychopaths. *Journal of Abnormal Psychology*, 96(2), 145.
23 Miller, G. (2008). Investigating the psychopathic mind. *Science*, 321(5894), 1284~1286.

에 대해 아무 느낌도 감정도 없이 모든 것이 인지적 차원에서 진행되고 자기 이익을 극대화하는 것 외에 다른 목적이 전혀 없다. 사이코패스를 연구한 심리학자와 범죄학자들이 가장 충격적인 일로 받아들이는 것이 바로 이런 극단적인 자기중심주의다. 자아도취적인 사이코패스들은 자신이 남보다 우월하고 태어날 때부터 남들에게 없는 특권을 가졌다고 생각한다.[24] 사이코패스 연구에 있어 선구자 중 한 명인 캐나다 브리티시컬럼비아 대학교 명예 교수 로버트 헤어는 사이코패스를 일컬어 "모든 것의 초점을 자기 자신에게만 맞추고 있어 무자비하고 양심의 가책도 없고 공감 능력이 크게 부족한 사람"[25]이라고 정의한다. 사이코패스를 식별할 수 있는 일련의 특징을 일목요연하게 정리해 사이코패스 진단 도구를 개발한[26] 헤어는 "사이코패스에게 감정이 무엇인지 설명하는 것은 색맹에게 색을 설명하는 것과 같은 일"이라고 말한다.

헤어가 쓴 『진단명 사이코패스Without Conscience』에 보면 사이코패스가 자신이 강간한 여성에 대해 공감을 느끼지 못하는 이유에 대해 설명하는 대목이 있다. "그 여자들은 무서워해. 내 말이 맞지? 그런데 난 그게 이해가 가지 않아. 나도 겁이 난 적이 있는데 별로 불쾌하지 않았거든."[27]

24 Hare, R. D., McPherson, L. M., & Forth, A. E. (1988). Male psychopaths and their criminal careers. *Journal of Consulting and Clinical Psychology, 56*(5), 710.

25 Hare, R. D. (1993). *Without Conscience. op. cit.*

26 로버트 헤어가 정리한 스무 가지 특징으로는 매력적인 외관, 자신을 매우 중요한 사람으로 생각하는 버릇, 자극을 추구하면서 쉽게 싫증을 내는 성격, 거짓말을 일삼는 버릇, 교활하게 남을 속이고 조종하려 드는 성향, 후회나 죄책감을 느끼지 못하는 것, 냉담한 대인 관계, 공감 능력 부족, 남에게 기생하는 삶의 방식, 감정 조절 능력 부족, 난잡한 성생활, 유년기의 문제 행동(거짓말, 도벽, 속임수, 공공 기물 파괴, 동물 학대), 장기적으로 실현 가능성 있는 목표가 없는 것, 충동적인 성격, 무책임, 자기 행동에 대해 책임지지 않는 것, 결혼이나 연애 관계를 지속하는 기간이 짧고 많은 것, 청소년 시절 비행 전력, 반복적 범죄 행위, 다양한 범죄 행위에 능한 면모 등이 있다. 최신 버전을 보려면 다음을 참조. Hare, R. D., *Manual for The Revised Psychopathy Checklist,* 2nd ed., Multi-Health Systems, 2003.

27 Hare, R. D. (1993), *Without Conscience. op. cit.*

헤어가 한 연구에 보면 평범한 사람들이 '나무', '연필'과 같이 중립적인 단어보다 '강간', '피'와 같이 감정적으로 부담스런 단어를 보면 반응이 훨씬 더 빨라지는 데 비해 사이코패스들은 그런 단어를 읽거나 들어도 감정적으로 차이를 보이지 않는다. 사이코패스는 어떤 성격의 단어를 제시해도 뇌 활동에 변화가 거의 없다.

펜실베이니아 대학교 아드리안 레인은 사이코패스에게 본인이 저지른 범죄 내용을 증인들 앞에서 큰 소리로 읽으라고 시켰다. 정상인이라면 그런 과제를 수행하면서 수치심과 죄책감을 느꼈겠지만 사이코패스들은 그런 감정에 관련된 뇌 영역이 활성화되지 않는 것으로 나타났다.[28]

한 연쇄 살인범은 여성 다섯 명을 총으로 위협해 납치한 후 강간하고 칼로 찔러 죽이고도 피해자들을 "친절하고 온화하게" 대했다고 주장했다. 그는 이렇게 말했다. "나는 그들을 죽일 때까지 친절을 베풀려고 노력했다." 칼로 찌르는 순간에도 "그들이 자기들에게 닥칠 일을 미리 예상하지 못하도록 늘 순식간에 숨통을 끊었다."[29]

스페인 연쇄 살인범 로드리게스 베가는 별명이 '엘 마타비에하스(노파들의 킬러)'다. 정중하고 매력적이고 세련된 외모를 가진 그는 공원에서 나이 많은 노파들에게 접근해 신뢰를 얻은 뒤 소소한 집수리를 해 주겠다면서 집에 따라가 노파를 강간한 뒤 얼굴에 베개를 덮어 질식사시켰다. 베가에게 희생당한 사람들은 예순 다섯부터 여든 둘까지 연령대도 다양했다. 마침내 체포된 베가는 범죄 사실을 자백한 뒤 심리학자가 왜 그런 행동을 했는지 설명해 보라고 하자 영화 감상이 취미인 사람이 있듯이 자신은 여자 죽이기를 좋아한다고 말했다. "취

28 Raine, A., Lencz, T., Bihrle, S., LaCasse, L., & Colletti, P. (2000). Reduced prefrontal gray matter volume and reduced autonomic activity in antisocial personality disorder. *Archives of General Psychiatry*, 57(2), 119.

29 Pinker, S., *The Better Angels of Our Nature: Why Violence Has Declined*, Viking, 2011, p. 495에 인용.

미로 사람을 죽인다."라는 것이 그가 한 대답이었다. 베가는 단 한 번도 양심의 가책이나 후회하는 모습을 보이지 않았으며 교도소 수감 중 살해당했다.[30]

조 피셔도 같은 부류였다. 제2차 세계 대전 중에 사람을 죽이면 훈장을 받는다는 것을 알고 쾌재를 부를 정도였던 그는 "살인이 너무 좋아서 도저히 그만둘 수 없었다."[31]라고 했다. 전쟁이 끝난 후 민간인 신분으로 돌아와서도 수차례나 사람을 죽였다.

사이코패스들은 선악의 차이를 알지만 전혀 개의치 않는다. 잡히면 변명을 늘어놓고 자신이 한 행동 결과를 축소하려 애쓰고 피해자나 다른 사람들에게 책임을 전가하면서 허울 좋은 변명을 모색한다. 1994년 8월, 연쇄 살인범 프리드릭 트리쉬가 경찰과 총격전 끝에 체포되었다. 그는 체포되기 전 2주 동안 은행과 상점을 돌면서 약탈을 하고 흉기로 사람들을 공격했으면서 나쁜 짓을 별로 하지 않았다고 변명을 늘어놓았다. "사람 두 명 죽이고 두 명 다치게 만들고 총으로 여자들 좀 패고 사람들 입에 깨진 전구를 쑤셔 넣은 게 전부다. 그것 말고는 아무에게도 해를 입히지 않았다."[32]

로버트 헤어는 사이코패스들이 앞으로 닥칠 고통을 예상하고도 마음이 흔들리는 법이 없기 때문에 처벌을 두려워하지 않는 것이라고 말한다. 그는 여러 명의 피험자들을 대상으로 추시계를 쳐다보라고 한 뒤 10초가 지나면 손가락에 가벼운 전기 충격을 가하겠다고 말했다. 정상인 피험자는 고통을 예상하고 10초 카운트다운이 끝날 무렵이 되자 식은땀을 흘리기 시작했다. 사이코패스는 눈도 깜짝하지 않았다. 고통에 대해 언질을 했음에도 불구하고 두려워하는 기색조차 없

30 http://en.wikipedia.org/wiki/Jose_Antonio_Rodriguez_Vega.
31 Norris, J. (1992). Walking Time Bombs. Bantam, p. 63.
32 McCormick, J., Annin, P. (1994). Alienated, marginal and deadly. *Newsweeks*, September 1994. Pinker, S. (2011). *op. cit.*, p. 495에 인용.

었다. 하지만 실제로 전기 충격이 가해지자 정상적인 생리 반응을 나타냈다.

평균적으로 따졌을 때 정상인 중 남성의 3퍼센트, 여성의 1퍼센트가 사이코패스다. 그런데 교도소 재소자 중에는 남성의 50퍼센트, 여성의 25퍼센트가 인격 장애자이며 남성의 약 20퍼센트가 사이코패스다.[33] 형기 만료로 석방된 사이코패스는 이듬해에 새로운 범죄를 저지를 확률이 다른 범죄자들보다 세 배나 더 높다고 한다.[34] 재범 여부를 예측하는 최선의 방법은 사이코패스 진단이다.

미국 국립 정신 보건원에서 감정 인지 신경 과학 팀을 이끌고 있는 제임스 블레어는 한 종합 보고서에서 사이코패스가 보이는 감정 기능 장애가 유전적 요소에서 비롯되는 확률이 50퍼센트 정도라고 의견을 밝혔다.[35] 그는 성적 학대와 같이 심각한 인격 장애를 유발하는 외부 상황이 있을 경우 정서적 혼란과 위협이라고 인지되는 사건에 대해 반응성이 증가하는 것이 보통이지만 사이코패스들은 정반대로 그런 것에 미온적으로 반응한다고 언급한다. 사이코패스가 보이는 감정적 비반응성non reactivity은 뇌에서 감정 표현과 제어에 관여하는 두 영역(편도와 복외측 피질)의 기능 감퇴와 관련이 있다.

33 Fazle, S., & Danesh, J. (2002). Serious mental disorder in 23,000 prisoners: A systematic review of 62 surveys. *Lancet, 359*(9306), 545~550. Hart, S. D., & Hare, R. D. (1996). Psychopathy and antisocial personality disorder. *Current Opinion in Psychiatry, 9*(2), 129~132.

34 Hemphill, J. F., Hare, R. D., & Wong, S. (1998). Psychopathy and recidivism: A review. *Legal and Criminological Psychology, 3*(1), 139~170.

35 Blair, R. J. R., Peschardt, K. S., Budhani, S., Mitchell, D. G. V., & Pine, D. S. (2006). The development of psychopathy. *Journal of Child Psychology and Psychiatry, 47*(3-4), 262~276; Blonigen, D. M., Hicks, B. M., Krueger, R. F., Patrick, C. J., & Iacono, W. G. (2005). Psychopathic personality traits: Heritability and genetic overlap with internalizing and externalizing psychopathology. *Psychological Medicine, 35*(05), 637~648.

폭력이 낳은 사이코패스

사이코패스는 대부분 사이코패스의 형질을 타고난다. 물론 극단적인 상황에 노출되어 사이코패스가 되는 경우도 있다. 사람을 죽이라고 억지로 강요당하면 남이 겪는 고통에 무감각해지면서 사이코패스로 변할 수 있다. 존 무하마드는 이라크 파병 전까지만 해도 성격이 활달하고 사회생활에 적극적이라는 평가를 받던 평범한 미국인 병사였다. 결혼해서 세 자녀를 둔 존 무하마드 아내 밀드레드는 남편이 이라크에서 돌아온 후부터 사람이 달라졌다고 말한다.[36] 존은 모든 의욕을 상실한 채 말도 별로 하지 않았고 아내를 비롯해 사람들이 가까이 다가오는 것을 극히 꺼려했다. 아내가 이혼을 요구하자 존은 여러 차례에 걸쳐 죽이겠다고 위협했다. 존이 허튼 말을 할 사람이 아니라는 것을 알고 있었던 밀드레드는 이를 심각하게 받아들였다.

2002년에 미국 메릴랜드주에서 단 하루 만에 다섯 명이 살해당하는 사건이 발생했다. 멀리서 날아온 총탄을 맞고 사망한 것이 공통점이었다. 2주가 지나자 사망자가 열세 명으로 늘어나면서 지역 사회 전체가 공포에 휩싸였다. 살인이 일어난 장소는 대부분 밀드레드가 사는 집 근처였다. 결국 존이 살인자로 밝혀져 체포되었다. 조사 결과, 모든 범죄의 표적은 밀드레드였던 것으로 드러났다. 용의자로 의심받지 않으려고 공공장소에서 무작위로 일어난 것처럼 보이는 일련의 살인을 하고 희생자 중에 아내를 포함시키는 수법으로 아내를 제거하려 했던 것이다. 하마터면 "순환 도로 저격수"라는 가공의 엘리트 저격범이 모든 혐의를 뒤집어 쓴 채 영구 미제로 남을 뻔한 사건이었다.

존이 저지른 살인은 시스템의 강요에 의해 자신의 의지와 상관없이 누구인지, 어떤 사연을 가진 사람인지 전혀 알 수 없고 개인적으로 증

---

36 Muhammad, M, *Scared Silent*, 1st ed., Strebor Books, 2009.

오할 이유도 전혀 없는 사람들을 죽여야 했던 개인이 저지른 비극적인 사건이었다. '상대편'에 있는 사람을 무조건 제거할 대상으로 만들어 버리는 프로세스가 정상인을 인간성을 상실한 천하에 몹쓸 인간으로 바꿔 놓은 것이다.

화이트칼라 사이코패스

사이코패스라고 해서 전부 다 폭력적인 것은 아니다. 현대 사회, 특히 금융계 종사자나 기업가로 대성공을 거둔 사람들 중에도 사이코패스들이 꽤 있다. 노동 심리학자 폴 바비악과 로버트 헤어가 쓴 『직장으로 간 사이코패스Snakes in Suits:When Psychopaths Go to Work』[37]를 읽어 보면 그 사실을 확인할 수 있다. 이들은 충동적이고 폭력적이라 얼마 못 가 철창신세가 되는 '실패한 사이코패스'와 달리 '성공한 사이코패스'들이다. 바비악에 따르면 정장을 빼입은 사이코패스들은 "공감 능력이 부족하지만 비즈니스 세계에서 직원 해고나 공장 폐쇄 등 어려운 결정을 내려야 할 때는 그것이 단점으로 간주되지 않는다."

언변이 뛰어나고 매력과 카리스마도 있지만 거리낌이 없으며 면접에서 뛰어난 설득력을 발휘해 능수능란하게 이미지를 관리하고 남을 조종하는 능력이 타의 추종을 불허해 동료들을 이용 대상으로 보고 출세의 수단으로 밟고 올라간다. 오늘날 경쟁이 치열한 경제계에는 사이코패스들이 기업과 금융계 고위직에 대거 포진해 있다. 희대의 금융 사기로 징역 150년 형을 선고 받은 버나드 매도프 전 나스닥 증권거래소 위원장과 2006년에 기업 사기로 24년의 실형을 선고 받은 엔론 전 CEO 제프 스킬링이 모두 악명 높은 예다.

영국 써리 대학교 벨리나 보드와 카타리나 프리츤은 로버트 헤어

---

37 Babiak, P., & Hare, R. D., *Snakes in Suits: When Psychopaths Go to Work*, HarperBusiness, 2007.

의 사이코패스 진단법을 이용해 기업 고위직 임원 서른아홉 명의 인성을 분석한 뒤 브로드무어 정신 병원에 수용된 환자들과 비교해 보았다. "표본이 제한적이었지만 결과는 이론의 여지가 없었다. …… 기업가들의 인격 장애는 범죄자나 정신병 환자들과 별 차이가 없었다." 벨리나 보드는 『뉴욕 타임스』에 연구 결과를 발표하면서 문제의 임원들은 "사회적으로 성공한 사이코패스"이며 정신병적 인격 장애 환자와 다를 바 없이 공감 능력이 부족하고 남들을 착취하는 경향이 있으며 자아도취적이고 폭군처럼 과대망상적이라고 결론지었다.[38] 자기중심주의, 겉으로만 상냥한 매력, 성실성 부족, 권모술수 등 몇몇 항목에서는 정신 장애인이나 사이코패스보다 오히려 증상이 심각했다. 다만 그들은 물리적 공격성, 충동성, 양심의 가책이나 반성 부족의 경향은 덜한 것으로 나타났다.

사이코패스의 뇌

미국 앨버커키에 소재한 뉴멕시코 대학교 교수 켄트 키엘은 미국 국립 정신 보건원에서 재정적 후원을 받아 수백만 달러짜리 연구 프로그램을 시작했다. 목표는 천 명에 달하는 사이코패스들에 관한 기록 문서, 뇌 촬영 사진, 유전학적 정보, 인터뷰 내용을 한데 모은 데이터베이스를 구축해 모든 연구자들이 활용할 수 있도록 하는 것이다. 키엘은 사이코패스들이 직접 초래한 비극적 사건 외에 그들을 법적으로 기소하고 구치하는 데 드는 비용이 미국에서만 연간 2,500~4,000억 달러에 이르는 것으로 추산한다. 이렇게 엄청난 규모의 정신 장애를 무시하고 방치한 경우는 지금까지 유례를 찾아보기 힘들다.[39]

---

38 Board, B. J., & Fritzon, K. (2005). Disordered personalities at work. *Psychology, Crime and Law*; Board, B. "The Tipping Point." *New York Times*, May 11, 2005, Opinion section. http://www.nytimes.com/2005/05/11/opinion/11board.html.

켄트 키엘과 여러 학자들은 그렇게 많은 위험한 죄수들을 연구소로 부를 수도 없어 다양한 상황에 최적화된 fMRI 스캐너가 구비된 길이 15미터짜리 트럭을 끌고 이 형무소 저 형무소 옮겨 다니면서 프로젝트를 수행하고 있다.[40]

이 연구 팀에서 처음으로 나온 괄목할 만한 실적은 바로 칼라 하렌스키 연구 결과다. 정서적으로 불편한 자극을 가했을 때(여성 목에 칼을 댄 남성과 잔뜩 겁에 질린 얼굴 등 반인륜적 장면이 담긴 이미지를 보여준다.) 정상인인 경우 강력한 반응이 나타나는 뇌 영역이 사이코패스의 경우에 전혀 활성화되지 않았다. 특히 편도체, 안와 전두 피질 orbitofrontal cortex, 상측 측두면superior temporal plane에서 이런 현상이 두드러지게 나타났다.[41] 사이코패스 범죄자들은 편도체의 물리적인 크기도 줄어든 것을 볼 수 있었다.[42]

켄트 키엘은 부변연계paralimbic 신경망 전체가 개입한다고 보고 있다.[43] 부변연계는 감정 처리(특히 분노와 두려움을 처리), 목표 추구, 도덕규범 준수나 위반, 의사 결정, 동기 부여, 자기 억제 등에 관여하는 연결 회로가 매우 복잡한 구조다. 이러한 키엘의 가설은 부변연계 조직이 얇고 부실하게 나타난 부변연계 fMRI 자료에 의해 뒷받침되었다(부변연계 조직이 부실하다는 것은 이 뇌 영역의 발육이 부진하다는 뜻).[44]

39 Kiehl, K. & Buckholtz, J. Dans la tête d'un psychopathe (November–December 2011). *Cerveau et Psycho*, p.48.

40 Miller, G. (2008). Investigating the psychopathic mind. *Science, 321*(5894), 1284~1286.

41 Harenski, C. L., Harenski, K. A., Shane, M. S., & Kiehl, K. A. (2010). Aberrant neural processing of moral violations in criminal psychopaths. *Journal of Abnormal Psychology, 119*(4), 863; 개요를 보려면 다음을 참조. Blair, R. J. R. (2010). Neuroimaging of psychopathy and antisocial behavior: A targeted review. *Current Psychiatry Reports, 12*(1), 76~82.

42 Ermer, E., Cope, L. M., Nyalakanti, P. K., Calhoun, V. D., & Kiehl, K. A. (2012). Aberrant paralimbic gray matter in criminal psychopathy. *Journal of Abnormal Psychology, 121*(3), 649.

43 Anderson, N. E., & Kiehl, K. A. (2012). The psychopath magnetized: Insights from brain imaging. *Trends in Cognitive Sciences, 16*(1), 52~60.

아드리안 레인은 신경 장애가 있는 사이코패스들은 전전두 피질 prefrontal cortex의 회백질이 크게 퇴화된 것을 보여 주었다.[45] 그렇지만 레인이 언급한 것처럼 현재로서는 어느 것이 원인이고 어느 것이 결과인지 분명하게 구분하기가 어렵다. "사이코패스들이 폭력으로 점철된 삶을 살다보니 뇌 구조와 기능에 변화가 생긴 것일까 아니면 뇌의 변화로 인해 폭력적으로 변한 것일까?"[46]

사이코패스를 위한 치료

사이코패스는 불치병이고 치료하려고 들면 오히려 악화된다는 것이 오랜 통념이었다.[47] 이는 1940년대에 처음 나온 학설과 자주 인용되는 데 비해 설득력은 별로 없는 1970년대에 발표된 연구 결과를 그대로 답습한 결과이다. 그런데 최근 들어 낙관론이 다시 고개를 들기 시작했다. 위스콘신주 매디슨에 있는 멘도타 소년 범죄자 치료 센터Mendota Juvenile Treatment Center에서 진행 중인 심리학자 마이클 콜드웰 Michael Caldwell의 혁신적인 연구 성과가 계기가 되었다. 적절한 목표를 설정해 인지 치료를 한다든가 가족을 대상으로 심리 지원을 하면(사이코패스 성향을 나타내는 비행 청소년의 경우) 효과가 있는 것으로 나타난 것이다.[48]

마이클 콜드웰은 "감압decompression"이라고 불리는 요법을 사용했

---

44 안와 전두 피질과 편도체 외에 부변연계에는 감정을 조절하고 충동과 행동을 조절할 수 있도록 돕는 전대상 피질과 사회 법규를 위반했다는 사실을 인식한다든가 분노, 공포, 공감, 혐오감을 느끼는 데 반드시 필요한 뇌섬이 있다. 그런데 사이코패스들은 사회적 규범에 개의치 않으며 혐오감에 대한 역치도 매우 높아 구역질 나는 냄새와 장면들을 가만히 참는다고 알려져 있다.

45 Raine, A., Lencz, T., Bihrle, S., LaCasse, L., & Colletti, P. (2000). Reduced prefrontal gray matter volume and reduced autonomic activity in antisocial personality disorder. *Archives of General Psychiatry*, 57(2), 119.

46 Miller, G. (2008). *op. cit.*

47 Cleckley, H. (1941). *op. cit.*; Salekin, R. T. (2002). Psychopathy and therapeutic pessimism: Clinical lore or clinical reality? *Clinical Psychology Review*, 22(1), 79~112.

다. 범죄와 처벌이 반복되는 동안 벌을 받을수록 반발심이 생겨 점점 더 나쁜 행동을 하게 되는 악순환을 끊는 것이 목표였다. 매디슨에서 마이클 콜드웰을 직접 만났을 때 들은 바로는 그의 치료법이 성공할 수 있었던 가장 큰 요인은 간수와 재소자들 사이에 인간적인 관계를 구축한 것이었다.[49] 과거에는 간수들이 재소자들을 위험한 범죄인으로만 보고 어떻게 해서든 통제를 해야 한다고 생각했다. 콜드웰의 표현에 따르면 사이코패스들 역시 "사람을 화장지 정도로밖에 생각하지 않았다." 필요할 때 쓰고 버리는 도구 정도로 봤다는 이야기다. 콜드웰은 끈덕진 노력을 통해 사이코패스들이 간수들을 인간답게 대접하도록 만들었다. 간수들도 안전에 유의하되 일상생활 중에 사이코패스들과 상호 작용하면서 그들을 좀 더 인간적으로 대우하도록 설득했다.

결과는 놀라웠다. 콜드웰이 샘플로 치료한 150명이 넘는 젊은 사이코패스들은 전통적인 형태의 구금 및 재활 센터에 수용되어 있던 비슷한 그룹보다 범죄율이 절반이나 낮은 것으로 나타났다. 전통적인 방법으로 교화된 그룹의 비행 청소년들은 출소 후 4년 안에 16건의 살인을 저질렀다. 반면에 콜드웰이 실시한 프로그램에 따라 교화된 동일 수의 청소년 중에는 살인을 저지른 사람이 아무도 없었다.

치료가 성공적으로 이루어질 경우 수반되는 경제적 이익이 상당히 크다. 미국 사회가 사이코패스를 치료하기 위해 1만 달러를 쓸 때마다 사이코패스 범죄자들을 교도소에 가둬 두는 데 필요한 돈 7만 달러가 절약된다.[50] 보건 의료 시스템에서 사이코패스에 관심을 두지 않는 것

---

48 Caldwell, M., Skeem, J., Salekin, R., & Van Rybroek, G. (2006). Treatment response of adolescent offenders with psychopathy features a 2-year follow-up. *Criminal Justice and Behavior, 33*(5), 571~596; Caldwell, M. F., McCormick, D. J., Umstead, D., & Van Rybroek, G. J. (2007). Evidence of treatment progress and therapeutic outcomes among adolescents with psychopathic features. *Criminal Justice and Behavior, 34*(5), 573~587.

49 Michael Caldwell, 저자와 대화 중에, Madison, October 2012.

은 매우 안타까운 일이다. 사이코패스는 대부분의 국가에서 매뉴얼로 사용하는 『정신 질환의 진단 및 통계 편람Diagnostic and Statistical Manuel of Mental Disorders』에조차 나와 있지 않다. 사이코패스는 전문가가 아니고서는 진단 자체가 어렵다. 심리학자와 인터뷰를 하면서 워낙 그럴듯하게 거짓말을 늘어놓기 때문인 것으로 추측된다.

사이코패스를 괴물이라고 생각할 것이 아니라 공감 결핍, 감정 결핍으로 인해 괴물처럼 끔찍한 행동을 하는 인간이라고 이해하는 것이 중요하다. 늘 하는 말이지만 질병과 질병에 걸린 사람을 구별할 줄 알아야 한다.

공감을 되살리고 남을 보살피는 어진 마음을 키워라

쉴라 에르난데스는 어려서부터 늘 외톨이라고 생각했다. "세 살 적에 어머니가 날 낯선 남자와 여자에게 줘 버렸어요. 열네 살이 되자 그 남자가 나를 학대하기 시작했죠. 고통스러운 일이 정말 많았어요. 그냥 모든 걸 잊고 싶었어요. 아침에 눈을 뜨면 잠에서 깨어난 것에 화가 났어요. 날 도와줄 사람은 아무도 없다는 걸 알고 있었어요. 지구상에서 가장 쓸모없는 인간이 바로 나였으니까요. 그런데 마약을 하면 마음의 고통을 떨쳐 버릴 수 있었어요. 오직 약을 하기 위해서 살았어요. 날 살게 하는 건 약밖에 없었어요. 그런데 약을 하면 할수록 더 우울해졌어요. 결국 죽는 것이 유일한 소원이 되었어요."[51]

지칠 대로 지친 에르난데스는 존스홉킨스 병원으로 실려 갔다. 에이즈에 심내막염에 폐렴까지 겹친 상태였다. 약물을 끊임없이 사용한 탓에 혈액 순환이 나빠져서 다리를 쓰지도 못했다. 의사의 표현에 따

50 Caldwell, M. F., et al. (2006). op. cit., Kiehl, K., & Buckholtz, J. (2011). op. cit.
51 Andrew Solomon, The Noonday Demon: An Atlas of Depression, Scribner, 2002, p. 346. 에서 발췌한 내용.

르면 쉴라 에르난데스는 "송장이나 다름없는" 환자였다. 12년 동안 에이즈와 약물 중독에 시달리는 극빈자들을 대상으로 우울증을 치료해 온 글렌 트레이스먼이 에르난데스를 면회하러 왔을 때 그녀는 머지 않아 죽을 것이고 금방 퇴원할 몸이라 아무 말도 하고 싶지 않다고 했다. 그 말을 들은 트레이스먼은 이렇게 대답했다. "아뇨, 절대로 안 됩니다. 이렇게 바보 같이 거리에서 헛되게 죽을 수는 없습니다. 그런 말도 안 되는 생각을 하다니 제정신이 아니군요. 당신은 여기서 마약을 끊고 염증 치료를 받아야 합니다. 내가 마음만 먹으면 당신을 위험한 정신병자라고 신고해서 병원에서 못 나가게 만들 수도 있어요." 그래서 쉴라는 병원에 눌러 앉았다.

32일 동안 집중 치료를 받은 쉴라는 세상을 바라보는 눈이 완전히 달라져 있었다. "입원 전에 생각하던 것이 잘못이라는 사실을 깨닫게 되었어요. 여기 계신 의사 선생님들이 제 가치와 잘할 수 있는 일을 알려 주셨어요. 다시 태어난 느낌이었어요. …… 내 삶이 다시 시작되었어요. 퇴원하던 날, 새가 지저귀는 소리를 들었어요. 전에는 한 번도 들어본 적이 없는 소리였죠. 새가 노래를 한다는 사실조차 모르고 있었어요! 그날 처음 풀 향기, 꽃 냄새를 맡았어요. 심지어 하늘도 새로워 보였어요. 전에는 구름 같은 것에 신경도 쓰지 않았거든요."

쉴라 에르난데스는 그 후 다시는 마약에 손을 대지 않았다. 그녀는 몇 달 후 존스홉킨스 병원으로 돌아가 병원 관리직으로 일을 시작했다. 결핵 임상 연구에 필요한 법률 사무를 처리하면서 프로그램 참가자들이 거처할 곳을 찾아 주는 일이었다. "삶이 완전히 달라졌어요. 남을 돕는 일을 하면서 시간을 보낸다는 게 정말 즐거워요."

쉴라와 비슷한 처지에 있는 사람들은 대부분 나락에서 헤어나지 못한다. 곤경에서 벗어나는 사람이 흔하지 않은 것은 구제불능일 정도로 절망적이라서 그런 것이 아니라 손을 내밀어 도와주는 사람이 아무도 없기 때문이다. 쉴라를 비롯해 많은 사람들의 사례에서 보듯이 진심으로 남을 보살피는 어진 마음과 사랑을 표시하면 놀랍도록 새로운 삶을 선사할 수 있다. 정성을 다해 화초를 가꾸면 꽃이 피어나는 것과 같은 이치다. 새로운 삶이 의외로 가까운 곳에 있는데 너무 오랫동안 거부되거나 차단되어 있었을 뿐이다. 우리는 여기서 사랑의 힘이 정말 대단하다는 것, 사랑이 없으면 비극적인 결과가 초래된다는 것을 알 수 있다.

어린 시절에 학대를 받은 사람들은 자신을 파괴하는 행동을 하거나 남에게 폭력을 행사한다. 그런 사람들은 인간성을 박탈당한 것이 아니라 정상적인 인간으로 자라나기 위해 사람의 손길이 꼭 필요한 시기에 애정과 배려, 보살핌을 받지 못하고 사랑을 주는 부모나 인간미 넘치는 사람들과 접촉이 없어 인간성을 충분히 꽃피우지 못한 것이다. 진심으로 남을 보살피는 자애로운 마음을 가진 사람들을 만나거나 곁에 그런 사람이 있으면 결정적인 변화가 생길 수 있다.

또 다른 연구 결과들을 보면 공감이 아동 학대나 방치, 성적 학대를 방지하는 중요한 해독제가 된다고 시사되어 있다. J. S. 밀너를 비롯한 학자들 연구에 따르면 아이가 우는 동영상을 시청하면서 강한 공감을 표시한 어머니는 자식에게 위험한 존재가 아니지만 아이가 울거나 말거나 상관하지 않고 아이가 주위를 둘러봐도 뚜렷한 반응을 보이지 않는 어머니는 자녀를 학대할 위험이 매우 높다. 그렇게 무감각한 어머니들은 아이가 우는 모습을 보면서 개인적으로 스트레스를 받고 적대감이 증가하는 양상을 보인다.[52]

성적 학대의 경우, 성폭행을 저지를 가능성이 농후한 남성들에게

---

52 Milner, J. S., Halsey, L. B., & Fultz, J. (1995). Empathic responsiveness and affective reactivity to infant stimuli in high-and low-risk for physical child abuse mothers. *Child Abuse & Neglect, 19*(6), 767~780. 비슷한 생리학적 방법을 통해 얻어진 유사한 결과에 대해서 다음을 참조. Frodi, A. M., & Lamb, M. E. (1980). Child abusers' responses to infant smiles and cries. Child Development, 51(1), 238. Batson, C. D., *Altruism in Humans*, Oxford University Press, 2011에 인용.

공감을 키우는 임상적 치료를 하면 학대, 강간, 성희롱을 저지를 가능성이 준다는 것이 입증되었다.[53]

한편 공감 능력을 증폭시켜 이타심을 유도하면 공격성이 억제된다는 것이 많은 연구를 통해 확인된 바 있다. 특히 용서에 관한 연구들을 살펴보면 용서에 도달하는 과정에서 분노를 공감으로 바꾸는 단계가 매우 중요하다는 것을 알 수 있다.[54] 하몬 존스와 여러 신경 과학자들은 공격성에 관여하는 뇌 영역의 활동이 공감에 의해 억제된다는 사실을 밝혀냈다.[55]

이상에서 서술한 내용을 통해서 우리는 공감이 인간성에서 결코 빠질 수 없이 큰 요소라는 중요한 교훈을 얻었다. 공감이 없다면 존재

53 다음을 참조. Schewe, P. A., *Preventing Violence in Relationships: Interventions Across The Life Span*, Vol. 8, American Psychological Association, 2002.

54 다음을 참조. McCullough, M. E., Worthington Jr., E. L., & Rachal, K. C. (1997). Interpersonal forgiving in close relationships. *Journal of Personality and Social Psychology*, 73(2), 321; McCullough, M. E., Rachal, K. C., Sandage, S. J., Worthington Jr., E. L., Brown, S. W., & Hight, T. L. (1998). Interpersonal forgiving in close relationships, II. Theoretical elaboration and measurement. *Journal of Personality and Social Psychology*, 75(6), 1586; Witvliet, C. V. O., Ludwig, T. E., & Vander Laan, K. L. (2001). Granting forgiveness or harboring grudges: Implications for emotion, physiology, and health. *Psychological Science*, 12(2), 117~123. Batson, C. D. (2011). *op. cit.*에 인용.

55 하몬 존스와 동료 학자들은 공감이 분노에 미치는 영향을 평가하기 위해 분노의 강도에 관여하는 것으로 알려진 좌전두골 피질의 활동을 뇌파로 측정했다. 실험은 자원해서 참가한 참가자들에 대해 개별적으로 진행되었으며 실험자들이 초기에 참가자들을 두 그룹으로 나눈 뒤 각각이 느끼는 공감의 정도에 영향을 주었다. 한쪽 그룹에게는 다발성 경화증을 앓는 여학생이 느낄 감정을 상상하라고 해서 여학생(사실 다발성 경화증은 설정에 불과하다.)에 대한 공감의 정도를 높였고 또 다른 그룹에게는 환자가 처한 상황에 대해 무심하고 객관적인 태도를 취하라고 해서 공감의 강도를 희석시킨 것이다. 잠시 후 다발성 경화증을 앓는다는 여학생이 실험 참가자들이 쓴 보고서를 무례한 태도로 깎아내린(공격적인 반응을 야기하기 위한 목적) 평가서와 중립적인 평가서를 참가자들에게 나눠 준 뒤에 즉시 뇌파 활동을 측정했다. 그랬더니 실험자들로부터 무심한 태도를 요청받은 참가자들 사이에서는 욕거나 공격을 당했을 때 보통 나타나는 것처럼 전두골 피질의 활동이 현저하게 증가한 것으로 나타났고 공감하는 마음을 가져 보라고 요청받은 집단에서는 전두골 피질의 활동이 적은 것으로 나타났다. 이것이 공감이 공격에 대한 욕구를 직접적으로 억제한다는 사실을 가장 명확하게 보여 준 실험이다. Harmon-Jones, E., Vaughn-Scott, K., Mohr, S., Sigelman, J., & Harmon-Jones, C. (2004). The effect of manipulated sympathy and anger on left and right frontal cortical activity. *Emotion*, 4(1), 95. Batson, C. D. (2011). *op. cit.*, p. 167에 인용.

의 의미를 발견하고 남들과 관계를 형성하고 정서적으로 균형을 유지하는 데 어려움이 많을 것이다. 어쩌면 길을 잃고 헤매면서 무관심과 냉정, 잔인성에 빠져들지도 모른다. 따라서 공감이 지니고 있는 중요성을 인식하고 공감을 키우는 일이 반드시 필요하다. 아울러 정서적 공명이 지나쳐서 공감적 고뇌와 번아웃에 빠지지 않도록 앞장에서 언급한 것처럼 공감을 이타적 사랑과 자비심의 영역에 포함시켜 이들이 공감적 피로를 푸는 해독제 역할을 하도록 해야 한다. 그럼 스스로 행복한 삶을 영위하면서 남들을 이롭게 하는 데 필요한 자질을 모두 갖출 수 있다.

28
폭력의 근본 원인은 남을 폄하하는 것

폭력의 결정적인 단점은 파괴하려던 것을 오히려 부추긴다는 것이다. 악을 퇴치하는 것이 아니라 악을 부흥시킨다.
- 마틴 루터 킹 2세

형태를 막론하고 모든 폭력의 근본적인 원인은 이타심 부족과 남을 폄하하는 것이다. 남의 처지를 소중하게 여기지 못하는 까닭에 다 알면서 물리적, 도덕적으로 해를 끼치게 된다.

여기서 '폭력'이란 개인 간의 적대적, 공격적인 태도와 행동을 모두 통칭하는 말이다. 상대방 의사와 상관없이 뭔가를 얻어 낸다든가 상대방에게 물리적, 정신적으로 해를 끼칠 목적으로 제약을 가하거나 무력을 사용하는 행위가 모두 포함된다. 인간과 동물은 주로 식량을 획득하고 번식을 하고 스스로를 방어하고 영토를 정복하거나 지키고 어떤 권한이나 위계상 지위를 보존하기 위해 폭력을 사용한다. 물리적 폭력을 쓰지 않더라도 정신적 고문을 가하거나 도저히 살 수 없을 정도로 괴로운 상황을 만들어 남에게 해를 가할 수도 있다.

그렇다면 폭력을 왜 사용하는 것일까? 남을 해롭게 하는 태도는 사람의 성향과 성격적 특성에 달린 문제이기도 하지만 순간적인 감정과 개인이 처한 환경에 의해 크게 영향을 받는다. 폭력적인 행동은 순간적으로 이성을 잃어버려서 나올 수도 있고 계획적으로 실행될 수도 있다.

공감 부족

다른 사람과 정서적 공명에 들어갔을 때 그 사람이 고통을 당하고 있으면 마음이 불편해진다. 그런데 공감을 느끼지 않는다면 그런 고통에 무감각할 것이다. 극단적인 경우가 사이코패스들이다. 강간과 납치로 징역형을 선고 받은 사이코패스가 심문 과정에서 이렇게 대답했다. "남을 다치게 할 때 기분이 나빴냐고요? 간혹 그럴 때도 있었지만 대부분은 (웃음) 벌레 죽일 때와 같은 기분이었어요."[1]

마구간을 운영하는 말사육자가 신속, 효율과 비용 절감에 눈이 멀어 두 손에 벽돌을 들고 직접 말 고환을 짓이기는 방법으로 거세를 했다. 너무 고통스럽지 않겠느냐고 하자 그는 "엄지손가락이 끼지 않게 조심하면 괜찮소."[2]라고 대답했다.

증오와 적대감

증오는 남을 전혀 호의적이지 않은 눈으로 바라보게 만든다. 단점을 크게 부풀리고 장점을 보지 못하게 한다. 그런 식으로 인지적 왜곡이 쌓이고 쌓이면 현실을 그릇되게 인식할 수 있다. 심리학자 아론 벡에

---

1   Hare, R. D., *Without Conscience: The Disturbing World of The Psychopaths Among Us*, Pocket Books, 1993, p. 33. Baumeister, R. F., *Evil: Inside Human Cruelty and violence*, Barnes & Noble, 2001, p. 221에 인용.
2   Pinker, S. (2011). *op. cit.*, p. 509에 인용.

따르면 격한 분노에 사로잡혔을 때 남에 대한 인식의 4분의 3은 마음속에서 날조된 것이라고 한다.[3] 증오에서 비롯되는 공격성은 만사를 융통성 없이 범주화시켜 상대방은 뼛속까지 악랄한 인간으로 자신은 한없이 정의롭고 착한 사람으로 선을 그어 버린다.[4] 정신이 온통 착각으로 가득 차고 마음속 불만이 전부 외부적 원인에서 비롯된다고 믿어 버린다. 분노가 외부 대상에 의해 촉발된 것이라도 똬리를 틀고 있는 곳은 본인의 마음속이다.

적대감이 해로운 결과를 초래한다는 데 대해서는 더 이상 설명이 필요 없을 것이다. 달라이 라마는 적대감을 이렇게 설명한다. "적대감에 몸을 내맡기면 남에게는 항상 피해가 가는 것은 아니지만 본인에게는 영락없이 해로운 결과가 닥친다. 마음의 평화를 잃어 아무것도 제대로 하지 못하고 밥을 먹어도 소화가 안 되고 잠을 자도 숙면을 취하지 못하며 자신에게 다가오는 사람을 쫓아 버리고 감히 길을 가로막는 사람이 있으면 적의에 찬 눈길을 보낸다. 함께 사는 사람들을 힘들게 만들고 가장 친한 친구조차 멀어지게 만든다. 뜻을 같이 하는 사람이 점점 줄어들어 갈수록 외로워진다. …… 마음에 분노나 증오라는 내부의 적을 품고 있으면 오늘 외부의 적을 물리쳤다 한들 내일이면 새로운 적이 나타나므로 아무 소용이 없다."[5]

복수에 대한 열망

"눈에는 눈, 이에는 이." 이런 복수에 대한 염원이 폭력을 행사하는 주

3 2005년 스웨덴에서 아론 벡이 달라이 라마를 만나서 한 말. 분노로 인해 지각이 달라지는 정신적 중첩superimpositions이 얼마나 심한지 시사하기는 하지만 인지 왜곡을 정확하게 측정한 평가치는 아니다.

4 이 메카니즘에 대한 자세한 설명은 다음을 참조. Beck, A., *Prisoners of Hate: The Cognitive Basis of Anger, Hostility, and Violence*, Harper Perennial, 2000.

5 His Holiness the Dalai Lama, *365 Dalai Lama: Daily Advice from The Heart*, Hampton Roads Publishing, 2012.

요 원인이다. 세계에는 유혈 복수를 용인하는 문화가 많이 있다. 부족 간에 전쟁이 한창인 곳에서는 복수가 폭력의 가장 중요한 동기가 된다.[6] 뉴기니 주민 한 사람이 삼촌을 죽인 자가 독화살에 맞아 온 몸이 마비되었다는 이야기를 들었을 때 느낀 감정을 이렇게 표현한다. "몸에서 날개가 솟는 기분이었다. …… 정말 행복했다."[7]

복수의 감정은 자기중심주의와 밀접한 관련이 있다. 피해를 입었을 때도 그렇지만 많은 사람들 앞에서 굴욕을 당했을 때 특히 더 그렇다. 자존심에 상처를 입으면 복수를 위해 커다란 희생도 마다하지 않는다. 이는 개인뿐 아니라 자존심을 걸고 복수를 위해 전쟁을 선포하는 국가 경우에도 마찬가지다. 그런데 어떤 사람이 자신의 이미지를 해치는 비난을 듣고 화를 내면서 앙갚음을 했다고 치자. 그렇다고 해서 비난 내용이 사실무근으로 밝혀지는 것은 아니다. 거짓말쟁이라는 욕을 듣고 욕한 사람을 한 대 쳐 봤자 진실만 말하는 사람이 되지 않는 것과 다를 바 없다.[8]

'명예 규율honor codes'이 있으면 폭력적인 대결이 일어날 위험이 커진다. 한 연구에 따르면 명예 규율을 매우 중요시하고 모욕을 당하면 언제든지 복수할 준비가 되어 있는 젊은이가 일 년 안에 심각한 폭력 행위를 할 가능성이 가장 높은 것으로 나타났다.[9]

관용, 용서, 가해자의 동기를 이해하기 위해 노력하는 것은 관대한 일이지만 하고 싶으면 하고 그렇지 않으면 하지 않아도 된다고들 생각한다. 따지고 보면 복수에 대한 열망은 가해자가 해로운 짓을 하게 된 것과 비슷한 감정에서 비롯되는데 이를 이해하기가 쉽지 않다. 더

6   Pinker, S. (2011). *op. cit.*, p. 164; Baumeister, R. F. (2001). *op. cit.*, p. 157.
7   Pinker, S. (2011). *op. cit.*, p. 529에 인용.
8   Baumeister, R. F. (2001). *op. cit.*, p. 167.
9   Brezina, T., Agnew, R., Cullen, F. T., & Wright, J. P. (2004). The code of the street. A quantitative assessment of Elijah Anderson's subculture of violence thesis and its contribution to youth violence research. *Youth Violence and Juvenile Justice, 2*(4), 303~328.

군다나 피해자들이 범죄자도 마음 속 증오의 피해자라고 생각하는 일은 거의 찾아볼 수 없다. 그렇지만 한 사람이 지니고 있는 증오가 다른 사람의 증오를 잉태하는 한 분노와 보복의 악순환은 끝없이 계속될 것이다. 인류 역사는 가족, 씨족, 부족, 민족, 국가 간의 증오로 점철되어 있고 그것이 대대로 이어져 내려왔다. 복수는 대부분 복수를 잉태한 잘못보다 훨씬 더 심각하다. 별 것도 아닌 일로 명예가 더럽혀졌다면서 유혈이 낭자한 보복을 하는 사례를 많이 보지 않았는가. 미국 콜로라도주에 있는 한 카우보이 묘비명에 이런 말이 적혀 있다. "빅 스미스를 거짓말쟁이라고 하다 여기 묻히다."[10]

복수를 허용하는 것도 모자라 경전이나 법전에서 복수를 대놓고 찬양하는 문화나 종교가 있다. 신약 성서는 "우리가 우리에게 죄 지은 사람을 용서한 것처럼 우리가 지은 죄를 용서해 주시고……"라고 하면서 용서를 권하지만 구약 성서에는 하나님이 이렇게 말씀하셨다고 적혀 있다. "내 대적들에게 복수하며 나를 미워하는 자들에게 보응할 것이라. 내 화살이 피에 취하게 하고 내 칼이 그 고기를 삼키게 하리니 곧 피살자와 포로의 피요 대적들 우두머리의 머리로다. 너희 민족들아 주의 백성과 즐거워하라. 주께서 그 종들의 피를 갚으사 그 대적들에게 복수하시고 자기 땅과 자기 백성을 위하여 속죄하시리로다."[11]

임상의 관점

여기서 강조할 것이 하나 있다. 증오에 빠지지 않고도 불의, 잔혹 행위, 억압, 광신, 해코지를 깊이 혐오하면서 최선을 다해 막을 수 있다는 사실이다. 증오에 사로잡힌 사람은 무찔러야 할 적이 아니라 치료

---

10 Courtwright, D. T., *Violent Land: Single Men and Social Disorder from The Frontier to The Inner City*, new ed., Harvard University Press, 1998. Pinker, S. (2011). *op. cit.*, p. 103에 인용.
11 King James Bible. 신명기 32장 42~43절.

해야 할 병자로 봐야 한다. 병과 병자를 혼동하지 말아야 하고 혐오스러운 행위에 대해 느끼는 반감과 사람에 대한 단죄를 헷갈리지 않아야 한다. 물론 행위가 저절로 일어나는 것은 아니지만 아무리 사악한 고문관이라도 날 때부터 잔인한 것은 아니었을 것이며 앞으로 영영 변하지 않을 것이라고 단정할 수도 없다. 달라이 라마는 이렇게 말했다. "주위 사람들을 돌아가면서 물어뜯은 못된 개는 그러지 못하도록 제압해야 한다. 그렇지만 문제를 일으키는 개가 제 발로 오래 서 있지도 못할 정도로 늙은 똥개라면 녀석을 사슬에 묶거나 머리에 총을 쏴 죽인들 무슨 소용이 있겠는가?"[12]

간디는 이렇게 말했다. "눈에는 눈, 이에는 이로 복수를 하면 세상이 맹인과 이빨 빠진 사람들로 넘쳐날 것이다." 가해자에게 피해자가 당한 것과 똑같은 고통을 주는 형벌 제도를 따르느니 차라리 마음을 좀먹는 분노를 내려놓는 것이 더 낫지 않을까? 그리고도 기력이 남는다면 살인자가 완전히 딴 사람으로 변해 악행을 관두고 힘 닿는 데까지 저지른 잘못에 대해 배상하기를 바라는 편이 낫지 않을까? 1998년에 남아프리카 공화국에서 미국인 소녀 한 명이 길을 가다가 남자 다섯 명에게 강간당하고 나서 살해당하는 사건이 일어났다. 직업이 변호사였던 피해자 부모는 재판 중에 가해자들을 똑바로 쳐다보면서 이렇게 말했다. "너희들이 우리 딸에게 한 짓을 그대로 고스란히 되돌려 주는 일 따위는 하지 않겠다."

여성 작가 에티 힐레숨은 아우슈비츠에서 죽기 몇 달 전에 이렇게 썼다. "어디에도 탈출구가 보이지 않는다. 타인들 마음에서 제거되고 파괴되어야 한다고 생각하는 모든 것을 자신의 마음에서 잘라내고 파괴해야 한다. 아무리 작아도 증오의 씨앗이 뿌리를 내리면 세상이 지금보

---

12 달라이 라마, 1993년 프랑스 소르본 대학교에서 기억의 상Prix de la Mémoire(다니엘 미테랑 재단이 제정한 상이며 망각된 과거사나 지식, 창작물 등을 재조명하고 대중에게 알리는 데 기여한 인물이나 단체에 수여하는 상-옮긴이) 수상자들과 만난 자리에서.

다 훨씬 더 황폐해진다는 사실을 명심해야 할 것이다."[13]

이 말은 사형 제도에도 적용된다. 최근 몇 년 사이에 많이 감소했지만 아직도 많은 국가에서 사형이 집행되고 있다. 18세기 영국에서는 속치마를 훔친 열일곱 살짜리 소녀를 교수형에 처한 일도 있었다. 중국은 최근까지만 해도 자전거 도둑에게 사형을 선고할 수 있었으며 실제로 사형 집행 건수가 가장 많은 후진국이다. 국제 앰네스티는 중국 사법 제도의 불투명성을 이유로 사형 집행 건수에 대한 집계를 포기했지만 한 해에만 수천 건에 달할 것으로 추측하고 있다. 미국 인권 단체인 중미 대화 기금Dui Hua Foundation의 추산에 따르면 2009년에만 약 5천 명이 사형장에서 생을 마감했다.[14] BBC 기자 인터뷰에 응한 한 중국인 어머니는 열아홉 살 난 아들이 억울하게 유죄 판결을 받아 일주일 뒤에 사형이 집행되는데 사실은 아들이 고문에 못 이겨 거짓 자백을 했다고 말했다. 그런데 얼마 후 진범이 잡혔고 진범 역시 사형에 처해졌다.[15] 사우디아라비아에서는 마술을 부린다는 이웃의 고발에 의해 무고한 사람이 사형 선고를 받는 일이 자주 있다.

사형에 범죄 억제 효과나 예방적 가치가 없다는 것은 이미 널리 알려진 사실이다. 유럽 연합 소속 모든 나라는 사형 제도 폐지 후 범죄가 증가하지 않았으며 일시적으로 사형을 폐지했던 북아메리카 몇몇 주에서는 사형 제도를 부활시킨 후에도 범죄 건수가 줄어들지 않았다. 살인자들을 평생 감옥에 가두는 것만으로도 충분히 재범을 막을 수 있다. 따라서 사형은 법의 이름으로 자행되는 복수다. 베르트랑 베르줄리는 "범죄가 법을 위반한 것이라면 복수는 법 뒤에 숨어 범죄를 저지르는 것"이라고 했다.[16] 사형은 법복을 입고 '눈에는 눈, 이에는 이'

---

13 Hillesum, E., *Etty: A Diary 1941~43*, Arnold J. Pomerans, Jonathan Cape 번역, 1983.

14 Dui Hua Foundation (2010). Reducing death penalty crimes in China more symbol than substance. *Dialogue*, 40.

15 2006년 10월 6일 BBC World Service의 보도 내용.

16 Vergely, B., *Souffrance*, Flammarion, 1998.

라는 식의 복수를 실천하는 것과 다를 바 없는 제도다. 이탈리아에서 사형 폐지를 위한 연대의 회장직을 맡고 있는 아리아나 발로타가 한 말처럼 "한 사회가 살인이 악행이라는 것을 보여 주기 위해 살인을 저지른다는 것은 있을 수 없는 일이다."

사형을 면한 뒤 새사람이 된 윌버트 리듀

『뉴욕 타임스』는 윌버트 리듀를 일컬어 "미국에서 가장 교화된 사람"이라고 불렀다.

　루이지애나주의 가난한 집안에서 태어난 리듀는 인종 차별이 심한 환경에서 자랐다. 흉악한 성격을 가진 아버지와 가정부 일을 하던 어머니에게 차례로 버림받은 후 사회 복지 시설에서 산 윌버트는 열아홉 살이 되던 1961년에 캘리포니아주로 건너가 새 인생을 시작할 밑천을 마련하기 위해 은행을 털었다. 인질로 잡고 있던 은행 직원 세 명이 탈출을 시도하는 과정에서 당황한 윌버트가 방아쇠를 당기는 바람에 여성 인질이 죽고 나머지 두 명은 심한 부상을 입었다. 윌버트는 흑인이고 인질들은 모두 백인이었다. 윌버트가 체포되어 수감되는 과정에서 모여 있던 사람들 수백 명이 폭력을 가하려고 해 그 자리에서 죽을 뻔했다.

윌버트는 변호사가 증인 한 명 부르지 않은 공정하지 못한 재판을 거쳐 미국에서 가장 악명 높은 앙골라 교도소에 수감되었다. 사형수로 형 집행을 기다리며 장장 20년을 보낸 후 종신형으로 감형되었으며 사건이 발생한 지 44년이 지난 후 재심 끝에 1급 살인에서 과실에 의한 고살죄로 혐의가 축소되었다. 필요한 기간보다 20년이나 더 복역한 윌버트는 즉시 자유로운 몸이 되었다.

　그는 자신이 지은 죄를 한 번도 부인한 적이 없었다. 뇌리에서 지워지지도 않았다. 평화로운 시간을 좀 누리려고 하면 돌이킬 수 없는 고통스러운 기억이 머릿속에 어김없이 떠올랐다. "미안하다고 아무리 말해 봤자 희생자는 살아 돌아오지 못한다. 나는 그 사람 대신 좋은 일을 최대한 많이 하면서 살아야 한다."라고 말했다.

앙골라 감옥에서 읽고 쓰기를 배운 윌버트는 마침내 미국 최초로 교도소 수감자들을 위한 잡지 『앙골라이트The Angolite』를 만들어 편집장이 되었다. 이 잡지는 진보적인 생각을 가진 몇몇 교도소장들 도움을 받아 검열에 의한 수정이 거의 없이 발행되었다.

윌버트는 어떻게 그런 변신을 할 수 있었을까? 그는 이렇게 설명한다. "자신을 증오하면 자살로 생을 마치게 된다. 사람이 겪는 변화는 기적처럼 일어나지 않는다. 사람은 성장한다. 나는 내가 어머니에게 얼마나 몹쓸 짓을 했는지 깨달은 것이 계기가 되었다. 그것이 확대되어 피해자 가족을 비롯해 모든 사람들에게 미안하다는 생각을 하게 되었다. 비록 범죄를 저질렀지만 나는 내가 그렇게 나쁜 놈이 아니라는 것을 알고 있었다. 미국에서는 누군가를 교화하려고 드는 사람이 아무도 없다. 원하면 자기 힘으로 해야 한다. 사람을 변화시키는 데 교육보다 더 좋은 것이 없다."

윌버트는 폭력과 결별하는 법을 배웠다. "나는 폭력이 난무하는 살벌한 감옥에서 살았지만 그 오랜 시간 동안 주먹다짐 한 번 하지 않았다. 거기에는 몇 가지 간단한 규칙이 있었다. 마약 거래를 하지 않고 폭력적인 행동에 가담하지 않는 것이다."

BBC 기자와 인터뷰를 하는 자리에서 그는 이렇게 털어놓았다.

"당신 안에 폭력이 잠재해 있다는 것을 느낀 적이 있나요?"

"아뇨, 없어요."

"분노한 적이 있나요?"

"약간 짜증스러운 적은 있었지만 정말 화가 난 적은 없습니다."

이런 것은 '보통' 사람들도 충분히 본받을 만한 품성이라 할 수 있을 것이다.

폭력과 자기애

자신을 보잘 것 없다고 생각하는 사람은 열등감에 대한 보상 심리와 대단한 일을 할 수 있다는 것을 과시하고자 하는 욕구 때문에 폭력에 많이 의존한다는 것이 심리학자들의 오랜 지론이었다. 그게 사실이라면 그런 이들이 폭력에 의존하지 않도록 자신에 대해 더 나은 이미지를 구축할 수 있는 수단을 제공하면 될 것이다. 그런데 폭력 요인을 분석하는 데 평생을 바친 플로리다 대학교 심리학자 로이 바우마이스터를 비롯해 여러 진지한 연구들에 따르면 이것은 잘못된 이론이다. 폭력에 의존하는 사람들은 오히려 자신을 높게 평가하는 것으로 나타났다. 그들은 겸손이나 자신을 내세우지 않는 태도와는 거리가 있으며 대다수가 건방지고 자만심이 강하다.[17] 스탈린, 마오쩌둥, 히틀러, 이디 아민, 사담 후세인 등 20세기를 대표하는 독재자들은 열등 콤플렉스가 아니라 우월 콤플렉스 환자였다는 것이 측근들의 한결같은 증언이다. 자신에 대한 부정적인 의견이 폭력으로 표출되는 것이라면 스스로를 평가 절하 하는 우울증 환자들도 폭력적인 성향을 보여야 마땅하다. 정신 질환 중 폭력에 의존하는 성향이 커지는 병이 실제로 존재하기는 하지만 우울증은 거기에 해당하지 않는다. 조울증(양극성 장애)은 기분이 가라앉고 자신을 평가 절하 하는 우울증과 세상이 전부 내 것인 양 기분이 들뜨는 조증이 번갈아 나타나는 것이 특징인데 자부심이 급격히 증가하는 조증 단계에서 폭력적인 행동을 보인다.[18] 사이코패스 범죄자들과 재범률 높은 강간범들은 대부분 자신이 다양한 재능을 겸비한 특별한 인간이라고 생각한다.[19]

---

17 Baumeister, R. F. (2001). *op. cit.*, 1990, pp. 132~134.
18 Goodwin, F. K., & Jamison, K.R. *Manic-depressive illness: bipolar disorders and recurrent depression* (vol. 1). Oxford University Press, (2007).
19 Scully, D., *Understanding Sexual Violence: A Study of Convicted Rapists*, Routledge, 1990. Baumeister, R. F. (2001). *op. cit.*, p. 138에 인용.

위협 받는 자아

정말 겸손한 마음을 가진 사람은 겉에 드러나는 이미지에 신경을 쓰지 않는다. 확실한 장점과 자신감이 있어 누가 봐도 당당한 사람은 비판에 휘청거릴 일이 거의 없다. 반면에 자신을 과대평가하는 사람은 남의 의견 때문에 자아가 위협을 받는 느낌이 들어 작은 일에도 화를 내고 분노를 표하기 마련이다.[20] 심리학자 마이클 커니스 및 여러 학자들의 연구에 따르면 자신을 높이 평가하면서 불안해하는 사람이 적대적인 반응을 가장 적극적으로 나타낸다고 한다.[21] 자존심이 너무 강하고 쉽게 상처 받는 사람이 가장 위험하다는 말이다. 그들에게 존경의 뜻을 충분히 표하지 않거나 조금이라도 기분을 상하게 하면 순식간에 적대적으로 변할 게 분명하다.[22] 심리학자 레너드 버코위츠가 교도소에 수감되어 있는 영국인 폭행범들을 면담한 내용을 보면 그 점을 확인할 수 있다. 그들은 지나칠 정도로 비대하지만 상처받기 쉬운 자아를 갖고 있었으며 사소한 도발에도 반응을 보였다.[23]

독재자와 전체주의 정권도 마찬가지다. 겉으로는 아닌 것 같지만 국민들을 억압하는 것이 잘못임을 잘 알기 때문에 반대 세력을 너그러이 대하지 못하고 무조건 탄압하려고 든다. 정치 사학자 프랭클린 포드는 이렇게 지적했다. "고대사를 잘 들여다보면 겉으로는 말도 안 될 정도로 자신만만하지만 실제로는 극도로 불안해하는 정권이 공포 정치를 자행했다. 근대사에서도 사정은 달라지지 않았다."[24]

20 Baumeister, R. F. (2001). *op. cit.*, pp. 141~144.
21 Kernis, M. H., "The Roles of Stability and Level of Self-Esteem in Psychological Functioning," in *Self-Esteem: The Puzzle of Low Self-Regard*, Plenum Press, 1993, pp. 167~182.
22 Baumeister, R. F. (2001). *op. cit.*, p. 149.
23 Berkowitz, L. (1978). Is criminal violence normative behavior? Hostile and instrumental aggression in violent incidents. *Journal of Research in Crime and Delinquency*, 15(2), 148~161.

비판에 대해 사람이 나타낼 수 있는 반응은 두 가지다. 하나는 정당한 비판을 소중히 받아들이고 자기 자신에 대한 의견을 수정하는 것이다. 다른 하나는 남들이 하는 비판을 존중하기는커녕 통째로 거부하면서 남이 악의적이고 멍청한 의견으로 자신에게 불리한 편견을 조장한다고 생각하는 것이다. 가장 흔히 볼 수 있는 반응이 화를 내는 것이다.

과대망상증 환자의 무모성

자기 능력에 대해 착각을 하기 시작하면 상대방을 이길 수 있다고 확신하면서 점점 더 능력을 과대평가하고 때로는 대립으로 이어져 비극적인 결과를 낳는다. 전쟁 중인 국가의 수장이 저지르는 가장 심각한 실수는 아군 병력을 과대평가하는 데서 비롯된다. 호언장담을 통한 위협 작전이 적군을 오판하게 만들 수도 있지만 대부분은 쓰라린 패배로 끝나고 만다.

정치학자 도미니크 존슨은 비디오 게임을 연구하면서 자신감이 높은 게이머일수록 패배 확률이 크다는 것을 보여 주었다. 게이머들이 전쟁 중인 국가의 원수가 되어 대결하는 게임이 있다. 이런 게임에서 지나치게 자신감 넘치는 게이머는 분별없이 경솔한 공격을 퍼붓고 그 때문에 양 진영 모두 보복을 거듭하다가 파국에 이르고 만다. 여성은 오판을 하는 경향이 비교적 낮은 편이다. 병적으로 자신만만한 남성 게이머 두 명이 대결을 벌이는 상황이 최악의 조합이다.[25]

24 Ford, F. L., *Political Murder: From Tyrannicide to Terrorism*, Harvard University Press, 1987, p. 80. Baumeister, R. F. (2001). *op. cit.*, p. 152에 인용.

25 Johnson, D. D., McDermott, R., Barrett, E. S., Cowden, J., Wrangham, R., McIntyre, M. H., & Rosen, S. P. (2006). Overconfidence in wargames: Experimental evidence on expectations, aggression, gender and testosterone. *Proceedings of The Royal Society B: Biological Sciences, 273*(1600), 2513~2520.

경우에 따라서는 잠재적 공격자들에게 끌려 다니지 않겠다고 단호히 입장을 표시해서 단념하게 만드는 것이 효과적일 수 있다. 인간이나 동물이나 남성 또는 수컷이 허풍을 떨거나 위협적인 행동을 하는 것이 바로 그 때문이다. 의례화된 행동이 무력행사나 폭력적 대결을 방지할 수 있다.

폭력의 메커니즘

폭력에 휘말린 사람이 잘했든 잘못했든 폭력을 방지하려면 사람들이 머릿속에 무슨 생각을 하는지 알아야 한다. 그러기 위해서는 피해자뿐 아니라 가해자 말도 들어 보아야 한다. 폭력을 사용한 사람은 대부분 자신이 잘못을 저질렀다고 생각하지 않는다. 그들은 자기가 피해자라고 주장하면서 부당한 대우를 받았다고 하거나 자신에게 관용을 베풀어야 한다고 말한다. 아론 벡은 『증오하는 포로들Prisoners of Hate』에서 정의로운 명분을 내세우고 자신의 권리가 침해되었다고 주장하면서 이를 방패 삼아 몸을 숨기는 것이 가해자들 특징이라고 설명한다. 그들 눈에는 자신의 분노를 유발한 대상(중립적인 관찰자가 보기에는 피해자에 해당하는 사람)이 가해자로 보인다.[26] 예를 들어 무자비한 인종 청소의 가해인인 보스니아계 세르비아인들은 자기들이 세상에서 가장 부당한 대우를 받는 민족이라고 생각한다. 설사 그것이 현실을 크게 오도하는 주장이라도 폭력 사태의 재발을 미연에 방지하려면 가해자들의 동기를 분석하는 것이 중요하다. 심리 분석 결과를 살펴보면 피해자들은 사건을 주로 흑백 논리로 바라보면서 가해자들이 한 행동은 무조건 나쁘고 자신은 억울할 뿐 아무 책임도 없다고 생각한다. 피해자들은 보통 아무 이유 없이 잔혹한 일을 당했다고 생각하는 데

---

26 Beck, A. (2004). *op. cit.*, p. 34.

비해 가해자들은 대부분 잘못을 인정하되 악의가 있어서 그런 행동을 한 것이 아니라고 부인한다.

모든 연구 결과를 종합하면 폭력의 가해자와 피해자 모두 사실을 왜곡한다. 가해자들은 자신이 저지른 잘못을 축소하고 피해자들은 자신이 당한 악행을 과장한다.[27] 가혹 행위를 당한 피해자는 사실을 설명할 때 주로 옛날 일부터 시간 순으로 나열하는 데 비해 가해자들은 지금 당장의 상황에 비추어 사실을 설명하려고 하며 과거에 미련이 없다면서 깨끗이 잊고 싶다는 뜻을 표시한다. 학대를 당한 여성은 자신이 겪은 가혹 행위를 연도별로 설명할 것이고 학대를 가한 남성은 결정적으로 문제가 된 폭력 사건에만 매달리며 그런 행동을 유발한 원인이 무엇인지 설명할 것이다.

'사적인' 폭력은 가해자와 피해자 모두 잘못한 경우가 대부분이다. 사회학자 머레이 스트라우스는 가정 폭력의 경우 부부 간에 상호 폭력이 예외가 아니라 상례라는 것을 보여 주었다. 배우자 중 한 쪽만 폭력을 행사한 경우에도 상대방이 불의를 행했기 때문에 대응했을 뿐이라고 주장한다.[28]

범죄는 대부분 '정의의 이름으로' 자행된다. 이를테면 질투나 배신감에 대한 복수, 명예 범죄, 앙갚음, 욕설에 대한 대응, 가족 간 갈등 악화, 정당방위 같은 것이다. 법학자 겸 사회학자인 도널드 블랙에 따르면 살인 사건 중 '실리적인' 목표가 있는 것(체포 시 경찰을 살해하는 것, 강도질을 하다가 실수로 사람을 죽이는 것, 강간 피해자의 입을 막으려고 살해하는 것)은 10퍼센트에 불과하다. 살인의 가해자들은 대부분 자신이 '도덕적으로' 행동했다고 주장한다.[29]

27 Baumeister, R. F. (2001). op. cit., pp. 39~48.
28 Straus, M. (1980). Victims and aggressors in marital violence. American Behavioral Scientist, 23(5), 681. Baumeister, R. F. (2001). op. cit., p. 53에 인용.
29 Black, D. (1983). Crime as social control. American Sociological Review, 34~45. Pinker, S. (2011). op. cit., p. 83에 인용.

많은 범죄학자[30]들은 폭력 행위가 상호 적대감과 상호 도발에서 비롯되거나 말다툼을 하는 과정에서 적개심이 증가해서 일어난다고 말한다. 보통 살인은 가족의 일원이나 이웃, 지인들 사이에서 말다툼과 폭력이 계속 이어지다가 맨 마지막에 나타나는 현상이다. 한 사람이 다른 사람에게 욕을 하면 욕먹은 사람이 갈등을 해소하려고 애쓰는 것이 아니라 욕으로 되받아쳐 사태가 점점 악화되는 것이다.[31]

로이 바우마이스터는 기존에 발표된 수많은 연구를 종합 분석한 결과, 살인 사건 대부분이 다음과 같은 두 가지 상황에서 발생한다고 요약했다. 첫 번째 경우는 서로 잘 아는 사람끼리 말다툼을 벌이다가 갈등이 고조되어 욕설과 위협이 오가고 종국에는 그 가운데 한 사람이 칼이나 총을 꺼내 상대방을 죽이는 것이다. 대부분은 순간적으로 흥분해서 살인을 저지른 것을 후회한다. 두 번째 경우는 범죄자가 무장 강도 행위를 하다가 예기치 않은 저항에 부딪쳐 폭력을 사용한다든가 목적을 달성한 뒤 증인을 제거하거나 도주하기 위해 살인을 저지르는 것이다.[32]

이 연구들은 문헌 분석을 통해 살인 사건이 어떤 식으로 발생하는지 잘 보여 준다. 단, 빈도는 낮지만 사전 계획된 살인과 최근 들어 자주 발생하는 미국 컬럼바인 고등학교나 코네티컷주 샌디훅 초등학교 총기 난사 사건은 여기에 포함되어 있지 않다.

절대악은 소설에 불과하다

흉포한 독재자들을 포함해 잔학한 행위를 저지른 사람들은 악의 세

---

30 Luckenbill, Gottfredson, Hirschi 등이 있다.
31 Luckenbill, D. F. (1977). Criminal homicide as a situated transaction. *Social Problems*, 176–186; Gottfredson and Hirschi, *A General theory of Crime*, Stanford University Press, 1990. Baumeister, R. F. (2001) *op. cit.*, p. 53에 인용.
32 Baumeister, R. F., (2001), *op. cit.*, p. 117.

력으로부터 스스로를 지키기 위해 행동한 것이라고 주장한다. 실제로 그들은 정말 그렇다고 굳게 믿고 있다. 그들이 내리는 현실 해석을 보면 아무리 비논리적이고 눈뜨고 봐줄 수 없는 것이라도 처음부터 악행을 위한 악행을 저지르겠다고 마음먹은 사람은 없다는 것을 알 수 있다.[33]

미디어나 소설에 자주 등장하는 것이 절대악이다. 남에게 해를 끼치기 위해 해를 가하고 그럼으로써 기쁨을 얻는 악한 본성을 가진 괴물이나 돌연변이가 주인공으로 등장한다. 호러 영화들도 대부분 행복한 장면으로 시작되지만 얼마 안 있어 특별한 동기가 없는 악, 남에게 고통을 가하는 것만으로 가학적 기쁨을 만끽하는 악이 등장하면서 행복이 산산조각 나고 만다.[34] 악은 보통 '타인', 낯선 자, 우리가 아닌 이방인으로부터 온다. 그런 악한들은 원래 착한 사람인데 순간적으로 악행에 빠져드는 것이 아니라 과거, 현재, 미래 할 것 없이 항상 악하다. 절대로 변하지 않는다. 뼛속까지 이기적이고 자신감으로 그득한 그들이 분노에 휩싸이면 그때부터는 통제 불능이다. 그들이 바로 평화와 안정을 위협하는 적이다.

바우마이스터는 천성적으로 악하고 남에게 해코지를 하는 데만 골몰한 존재가 있을 수 있다는 생각이 근거 없는 믿음이라고 말한다. 아무 동기 없는 절대악의 발현처럼 보이는 범죄가 언론을 통해 널리 알려지는 것은 그것이 그만큼 흔하지 않고 특별하기 때문이다.[35]

---

33 *Ibid.*, p. 62.
34 Twitchell, J. B., *Dreadful Pleasures: An Anatomy of Modern Horror*, Oxford University Press, 1985; Baumeister, R. F. (2001). *op. cit.*, pp. 64, 66에 인용.
35 Baumeister, R. F. (2001). *op. cit.*, p. 77.

악을 행하는 기쁨

그런데 폭력을 반복적으로 행사하는 과정에서 남이 겪는 고통에 무감각해지는 일은 일어날 수 있다. 전쟁이나 대량 학살이 바로 그런 경우이며 심각성은 덜 하지만 폭력성이 농후한 게임을 즐기는 것도 여기에 포함된다. 연쇄 살인범 중에 살인을 하면서 기쁨을 느낀다고 인정한 사람들이 있다.[36] 미국인 연쇄 살인범 아서 쇼크로스는 베트남전에 참전했을 때가 인생에서 최고의 순간이었다고 했다. 남녀노소를 가리지 않고 마음대로 죽일 수 있었으며 사람을 죽이는 것으로도 모자라 고문하고 시신을 훼손하기까지 했다.[37] 그는 미국으로 돌아와 살인을 14건 저지른 뒤 체포되었다. 크메르 루즈는 캄보디아에서 사람들을 고문한 뒤 살해했다. 이것이 대부분의 전쟁에서 일어나는 참상이다.

프랑스 철학자 뤽 페리는 인류 역사에서 명분 없는 잔학 행위가 반복되는 데 대해 근본악根本惡의 사실화라는 개념을 들고 나왔다. 악행을 저지르는 데 그치는 것이 아니라 악 자체를 계획으로 삼는 것이다. 뤽 페리는 근본악에 대해 이렇게 말한다. "이는 인간 고유의 특성이다. 동물 세계에서 고문을 볼 수 없다는 것이 그 증거다. …… 인간은 다른 목표나 목적 없이 고문과 살생 그 자체를 위해 고문을 하고 생명을 죽인다. 세르비아 민병 대원들이 크로아티아인 할아버지에게 살아 있는 손자의 간을 씹어 먹으라고 강요한 이유가 무엇이겠는가?"[38]

갱단의 일원이 피해자를 가학적으로 고문한 뒤 살해하는 일이 있다. 그런데 캘리포니아에서 활동하는 갱들과 10년 동안 함께 생활한 사회학자 마틴 산체스 얀콥스키는 범죄자 중에 그런 사람은 극소수에 불과하다고 말한다.[39] 불행히도 극소수이지만 그런 기쁨에 중독된

36 Norris, J., *Walking Time Bombs*, Bantam, 1992, p. 53.
37 *Ibid.*, pp. 18~19.
38 Luc Ferry, La haine, propre de l'homme, *Le Point*, March 22 2012, n° 2062.

범죄자가 있는 것으로 보인다.[40] 사회 심리학자 한스 토흐는 폭력성이 농후한 남성 중 약 6퍼센트가 만성적으로 폭력을 휘두르고 그것을 통해 기쁨을 느낀다고 추산한다.[41] 전체 인구의 3퍼센트에 해당한다는 사이코패스의 비율과 별로 차이가 없는 것을 알 수 있다.

남에게 고통을 가하면서 기쁨을 느끼는 사람에 대해 과연 어떻게 생각해야 할까? 로이 바우마이스터는 가학증에서 비롯되는 기쁨이 행위 자체에서 오는 것이 아니라 행위가 끝난 뒤에 이어지는 짧은 순간에서 오는 것이며 익스트림 스포츠에서 얻는 즐거움과 비슷하다고 설명한다. 예를 들어 번지점프를 하면 탄력성 좋은 로프가 연결된 벨트를 매고 높은 다리나 절벽 위에서 허공으로 뛰어내리지만 땅에 떨어져 부딪히기 전에 고무줄의 탄성에 의해 다시 튕겨져 올라간다. 이렇게 무서운 경험을 한 뒤 일상으로 돌아오면 행복감이나 도취감 같은 것이 든다. 그것이 일정 횟수 반복되면 행위에 대한 두려움은 줄어들지만 행위가 불러일으키는 기쁨의 강도는 그대로이기 때문에 의존현상이 생긴다. 바우마이스터는 가학적 폭력도 마찬가지라고 생각한다. 남에게 폭력을 행사하고 나면 걱정이 사라지면서 짧은 시간 동안이나마 행복감과 도취감이 생긴다. 처음에는 폭력을 가하는 것이 불쾌하고 충격적이고 역겹지만 갈수록 익숙해진다. 차츰 폭력에 대한 혐오감이 줄어들면서 아무 느낌 없이 사람을 죽이게 되는 것이다.[42]

39 Jankowski, M. S., *Islands in The Street: Gangs and American Urban Society*, University of California Press, 1991, p. 177.
40 Finkelhor, D., & Yllö, K., *License to Rape: Sexual Abuse of Wives*, The Free Press, 1987.
41 Toch, H., *Violent Men: An Inquiry into The Psychology of Violence*, 2d rev. ed., American Psychological Association, 1993.
42. Baumeister, R. F. (2001). *op. cit.*, pp. 232~236.

폭력이 간편한 해결책인 경우

폭력을 행사하는 사람은 시간이 갈수록 범행에 대한 조심성이 줄어든다. 둔감해질수록 폭력의 강도가 높아지다가 결국 살인에 이르게 되고 그때부터 살인이 업이 되어 버린다. 미국 포츠머스에서 갱들과 함께 자란 『워싱턴 포스트』의 흑인 저널리스트 네이선 매콜은 난생 처음 집단 강간에 가담했을 때 끔찍한 기분이 들고 괴로웠으며 피해자에 대한 연민과 자신의 행동에 대한 혐오감을 동시에 느꼈다고 했다. 그렇지만 시간이 흘러 그것이 일상이 되어 버렸다. 맥콜은 결국 교도소 신세를 지게 되었고 거기서 독학으로 새로운 삶을 시작했으며 마침내 미국 내 인종 간 관계 개선을 위해 노력하는 작가가 되었다.

범죄학자 고트프레드슨과 허쉬는 사람들이 폭력을 이용해 목표를 달성하려고 하는 이유 중 하나가 기술이나 지식이 없어도, 힘든 공부를 하지 않아도, 인내나 노력을 하지 않아도 쉽게 범행을 할 수 있기 때문이라고 말한다. 슈퍼마켓에서 물건을 훔치고 상점에 들어가 강도질을 하고 거리에서 노파가 들고 있는 핸드백을 날치기하면 직업 교육을 받으면서 몇 년이고 기술을 배우고 익히는 것보다 훨씬 쉽게 생계를 해결할 수 있다. 권총 한 자루만 있으면 가게에 들어가 현금등록기를 강탈할 수 있다. 명사수가 될 필요도 없다. 무기를 들고 점원을 위협하기만 하면 된다.[43] 테러리스트들도 폭력이 자기들의 뜻을 관철시킬 수 있는 가장 훌륭하고 간단한 방법이라고 생각한다. 합법적인 방법으로는 성공할 가능성이 거의 없기 때문이다.[44] 마찬가지 이유에서 범죄자들은 서로 갈등이 생겼을 때 폭력을 동원해 이를 해결한다. 마약 딜러끼리 분쟁이 생기면 소송을 제기하거나 경찰에 고발할 수 없

---

43 Gottfredson, M., & Hirschi, T., *A General theory of Crime*, Stanford University Press, 1990, p. 105.
44 Baumeister, R. F. (2001). *op. cit.*, p. 106.

기 때문에 속전속결 식의 유사 정의를 만들어 내는 것이다.

폭력의 중요한 요인 중 하나는 본보기가 미치는 영향이다. 부모가 말다툼을 하고 물리적으로 서로 폭력을 행사하는 모습을 오랫동안 보면서 자란 아이들은 어른이 되어 결혼을 한 뒤 가정 폭력을 사용할 가능성이 매우 크다.[45] 폭력이 갈등을 해소하고 자신의 뜻을 관철시키는 좋은 방법이라고 생각하는 것이 몸에 배어 있기 때문이다. 어려서 폭행을 당한 아이들 중 다수가 부모가 된 뒤에 아이들을 학대한다.

그런데 사회학적 연구들에 따르면 장기적으로 봐서 범죄가 대다수의 범죄자들에게 손해가 되는 장사라고 한다. 은행 강도의 80퍼센트는 얼마 못 가 체포되고 조직범죄에 가담하는 사람들은 다른 사람들에 비해 수명이 훨씬 짧은 것으로 밝혀졌다.[46]

권위 존중

권위에 머리를 조아리면 권위가 좋은 것과 나쁜 것을 판단하는 기준이 된다. 장교가 병사에게 전쟁 포로를 처형하라고 명령했다고 치자. 병사는 그런 행위가 국제 협약에 위배된다는 것을 잘 알고 있지만 지휘관 명령에 이의를 제기할 입장이 아니기 때문에 포로가 전우들을 죽였을지 모른다고 생각하는 것으로 위안을 삼는다.

미국 심리학자 스탠리 밀그램[47]과 여러 학자들이 실험을 통해 권위 있는 사람이 자신이 갖고 있는 가치와 모순되는 명령을 내렸을 때 사람들이 얼마나 기꺼이 복종하는지를 연구했다. 1960년부터 1963년 사이에 진행된 일련의 실험에서 밀그램은 실험에 참여하겠다고 자원

45 Gelles, R. J., *Intimate Violence*, Simon & Schuster, 1988.
46 Katz, J., *Seductions of Crime: Moral and Sensual Attractions in Doing Evil*, Basic Books, 1990, as well as Baumeister, R. F. (2001). *op. cit.*, p. 111.
47 Milgram, S. (1963). Behavioral study of obedience. *Journal of Abnormal and Social Psychology*, 67(4), 371.

한(구인 광고를 통해 모집한) 피험자 600명에게 기억에 관한 실험을 하는데 벌을 주는 것이 학습에 어떤 효과가 있는지 평가하겠다고 말했다. 그는 피험자들에게 선생이 되어 여러 가지 단어 조합을 학생(사실은 실험자가 배치한 공모자)에게 가르치라고 했다. 학생이 오답을 말하면 피험자는 학생에게 전기 충격을 가할 수 있고 한 번 틀릴 때마다 전기 충격의 강도가 15볼트씩 올라가는 식이었다. 피험자가 누를 수 있는 전압의 버튼은 15볼트부터 450볼트까지 다양했으며 버튼 옆에는 "가벼운 충격", "매우 강한 충격"과 같은 설명이 적혀 있었다. 최고 전압인 450볼트 옆에는 "위험, 심한 충격"이라는 경고문이 붙어 있었다. 학생 역할을 하는 배우는 실제로 전기 충격을 받지 않지만 '선생'이 가하는 전압 강도에 맞춰 비명을 지르면서 아픈 시늉을 하기로 되어 있었다. '선생'은 '학생'이 내는 소리는 들을 수 있지만 직접 볼 수는 없었다.

실험을 총괄하는 연구원은 흰 가운을 갖춰 입고 존경스런 권위자처럼 행동하면서 단호하고 간결한 어투로 "실험을 계속하십시오." 같은 지시를 내렸다.

밀그램은 예일 대학교에서 실험을 시작하기 전에 정신과 의사, 동료 사회학자, 대학원생들을 대상으로 결과를 미리 예측하는 설문 조사를 실시했다. 그들은 하나같이 피험자들 대부분이 고통스러운 강도의 전기 충격 단계에 도달하면 충격을 가하지 않을 것이라고 답했다. 피험자 중 2~3퍼센트에 해당하는 몇몇 사이코패스만 자신이 가하는 고통에 무덤덤한 반응을 보일 것이라고 했다.

현실은 전혀 달랐다. 피험자들은 권위 있는 학자가 하는 명령을 충실히 이행했으며 65퍼센트가 치명적일 수 있다는 사실을 알면서 최대 전압의 전기 충격을 가했다. 이 실험에서 피험자들이 가한 최고 전기 충격의 평균치는 무려 360볼트였다! 같은 실험을 다른 연구소에서도 여러 차례에 걸쳐 진행했지만 매번 똑같은 결과가 나왔다.

밀그램과 실험 결과를 분석한 여러 학자들의 설명에 따르면 권위 체계에 편입된 사람은 자신을 반윤리적인 행위에 책임이 있는 당사자(주동자)라 생각하지 않고 남의 의지를 실행만 하는 대리인이라고 생각한다. 즉 권위를 가진 사람에게 책임을 전가한다는 말이다. 밀그램은 최초의 실험을 토대로 약간 변형된 실험을 30회 정도 실시하면서 행동에 영향을 미치는 요인을 가려낼 수 있었다. 첫째 피험자가 권위자의 정통성을 인정해야 한다. 둘째, 실험이 과학적 가치가 있는 것이라고 소개되어야 한다. 셋째, 권위를 가진 실험자가 피험자와 가까운 곳에 있어야 하고 전기 충격을 받는 학생은 피험자와 직접 접촉이 없어야 한다. 권위자가 현장에 함께 있으면서 폭력을 행사하는 데 대한 도덕적 담보를 제공해야 행위에 정당성이 부여된다. 그렇지 않았다면 행위가 가증스러운 일이 되었을 것이다.

실험 녹화 동영상을 살펴보면 피험자들이 실제로 자신이 해야 하는 일에 대해 마음속으로 갈등하고 있음을 알 수 있다. 일부는 당황한 표정을 지으면서 실험자를 걱정스러운 눈으로 바라보았다. 애원에 가까운 눈초리였다. 그래도 실험자가 계속하라고 명령하면 피험자들은 대부분 명령에 복종했다. 전기 충격을 받은 척 연기하는 배우는 끊임없이 비명을 질러댔다. "그만 해요! 여기서 나가게 해 줘요! 내가 심장병이 있다고 말했잖아요!" 그렇지만 그것으로는 충분하지 않았다. 어떤 사람은 상황이 좀 이상하게 돌아간다고 느꼈는지 신경질적으로 웃음을 터뜨리기도 했다. 피험자가 "난 이거 책임질 수 없어요."라고 소리치면 실험자는 자신만만한 목소리로 "책임은 제가 집니다."라고 대답했다. 전기 충격이 350볼트를 넘어간 뒤에는 학생이 더 이상 비명도 지르지 않고 전기 충격에 반응도 하지 않았다. 어서 계속하라고 명령하자 피험자가 분개한 목소리로 이렇게 외쳤다. "반응이 없잖아요 …… 혹시 죽은 것 아녜요?" 그래도 실험자가 전기 충격을 가하라고 명령하자 마지못해 복종했다.

밀그램은 침착하고 자신만만한 태도로 웃으면서 실험실에 들어온 한창 나이의 사업가에 대해 다음과 같이 쓰고 있다. "그는 이십 분 만에 영락한 낙오자 모습으로 변했다. 얼굴에 경련이 일고 말을 더듬는 것이 신경이 곤두서서 금방이라도 쓰러질 것 같았다. 그는 갑자기 자기 이마를 치면서 이렇게 중얼거렸다. '제발 부탁입니다! 이제 그만 좀 합시다!' 그는 그래도 끝까지 명령에 복종했다."

밀그램이 한 관찰 기록에 보면 실험자가 자리를 비우면 피험자들이 다양한 방법을 동원해 전기 충격을 가하지 않으려고 하지만 실험자가 있을 때는 감히 공개적으로 "당신이 받아들일 수 없는 요구를 하고 있다."라고 말하지 못했다고 한다. 극소수의 피험자만 말을 듣지 않았으며 실험자가 "당신에게는 선택권이 없다."라고 하면 가슴에 팔짱을 끼고 도전적인 태도로 이렇게 대답했다고 한다. "선택권이 왜 없어요? 얼마든지 있어요. 난 이제 실험을 그만두겠어요." 밀그램이 한 실험에 참가한 피험자들은 가학적이지도 않고 무관심하지도 않았다. 자신이 가해야 할 전기 충격의 강도가 올라갈수록 손과 목소리를 떨었으며 이마에 땀이 비 오듯 흘렀다. 그들은 모두 여느 사람들과 마찬가지로 부모와 교사의 권위를 존중하며 자란 사람들이었으며 도덕적으로 갈등하면서 몹시 불편해하는 모습이었다. 이렇게 개인적 윤리와 권위에 복종해야 할 의무 사이에서 이러지도 저러지도 못하고 있는데 그 자리를 모면할 방법조차 없을 경우에 대부분의 사람들은 그냥 명령에 복종하고 만다. 요즘은 개인의 자유를 구속하는 모든 것에 대한 비순응주의와 반항 정신이 전보다 훨씬 첨예한 편이지만 2010년에 밀그램의 실험을 TV쇼로 제작했을 때도 결과는 동일하게 나타났다.[48]

48 「Le Jeu de la mort죽음의 게임」, 2010년 3월 17일 프랑스 TV 채널 France 2에서 방영된 내용.

스탠포드 가상 감옥과 상황에 의해 부여 받은 권력

1971년에 심리학자 필립 짐바르도가 환경과 상황이 인간 행동에 미치는 영향, 그 중에서도 특히 악의적인 행동에 미치는 영향이 어느 정도인지 평가하기 위해 독특한 실험을 하나 고안했다. 그는 미국 캘리포니아주에 있는 스탠포드 대학교 건물 지하에 재소자들이 생활하는 감방과 교도관들이 머무는 구역이 구분되어 있는 교도소 축소 모형을 만들었다. 그리고는 실험에 참여할 지원자들을 선발해 재소자와 교도관으로 역할을 나눴다. 실험에 참여한 학생들 중에 재소자나 교도관이라는 역할에 친숙한 사람은 아무도 없었다. 그랬던 그들이 불과 일주일 만에 전혀 딴판으로 돌변했다.

실험에 동참하기로 사전 합의한 진짜 경찰관이 와서 제비뽑기로 죄수가 된 지원자들을 체포하는 등 극사실적인 연출이 이루어졌다. 눈가리개를 한 죄수들은 대학교 '감옥'으로 이송된 후 적법 절차에 따라 감방에 수감되었다. 역시 제비뽑기를 통해 선발된 교도관들도 맡은 직무를 수행하기 시작했다. 처음에는 다들 최선을 다해 연기를 했다. 죄수복을 입고 가슴에 죄수 번호를 단 재소자들은 농담을 하고 즐거워할 정도로 자신의 처지를 진지하게 받아들이지 못했다. 그런데 얼마 안 있어 상황이 달라지기 시작했다.

교도관 중 우두머리 역을 맡은 피험자가 큰 소리로 교도소 생활 규칙을 읽었다. 학자들은 이 장면을 몰래 카메라로 촬영했다. 며칠이 지나자 상황이 크게 악화되었다. 교도관들이 알력이나 불화, 규정 위반 행위를 허용하지 않으면서 사전에 생각지도 못했던 굴욕적인 벌칙을 잔뜩 만들어 냈다. 그들은 재소자들을 죄수 번호로 부르면서 팔굽혀 펴기를 시키고 욕을 했다. 그러자 곧 재소자들 중에 복종하면서 체념한 것 같은 태도를 보이는 사람과 반항하는 사람이 나타났다. 교도관들은 재소자들에게 가하는 압력의 수위를 높여 하룻밤에도 여러 번씩 잠든 재소자들을 깨웠다. 날카로운 호각 소리가 나고 교도관들이 고함을 쳤다. "야, 이것들아 일어나!" 보기에도 민망한 가혹 행위가 자주 일어났고 폭행이 자행되었으며 재소자들 중에 중압감을 견디지 못하고 무너지는 사람이 나오기 시작했다. 그 중 한 명은 단식 투쟁에 들어갔다. 상황이 너무 악화되는 바람에 원래 보름 동안 하려던 실험을 엿새 만에 중단했다.

교도관 중 한 명이 훗날 이렇게 증언했다. "재소자가 누구든 그들에 대해 느끼는 감정을 모두 차단해 버리고 그들에 대한 존중을 떨쳐 버려야 했다. 우선 최대한 냉정하고 가혹한 태도로 말을 했다. 분노든 절망감이든 재소자들이 내 얼굴에서 보고 싶어할 만한 감정을 내비치지 않았다." 그러면서 교도관으로서 소속감이 조금씩 강해지기 시작했다. "교도관들에 대해 신뢰나 보살핌을 받을 자격이 없는 사람들 즉 재소자들이 질서를 유지하며 살 수 있도록 인도하는 좋은 사람들이라고 생각하게 되었다."

필립 짐바르도는 "악이란 무고한 사람들에게 의도적으로 해를 가하고 학대하고 비하하고 비인간적으로 대하면서 그들을 파괴하는 행동을 하는 것 또는 권위나 시스템의 힘을 빌려 다른 사람이 그런 행동을 하도록 부추기고 자신의 이름으로 그런 행동을 하게끔 허용하는 것"[49]이라고 정의하고 이 연구를 통해 평소에 사람들의 성향과 그에 관련된 성격적 특성을 지나치게 과대평가했다면 상황이 사람의 행동에 미치는 영향은 과소평가하고 있었다는 사실을 알게 되었다고 말했다. 짐바르도를 만났을 때 이타적 사랑과 측은지심에 대해 오래 수행을 한 불교 신자들은 스탠포드 대학교 학생들처럼 행동하지 않을 것 같다고 내가 말하자 그는 연구 결과로 미루어 볼 때 그런 식의 예측은 매우 신중하게 해야 하며 내 주장에 확신이 서지 않는다고 대답

49 Zimbardo, P., *The Lucifer Effect: Understanding How Good People Turn Evil*, Random House, 2007.

했다.[50]

스탠포드 감옥 실험은 우리에게 많은 것을 시사한다. 원칙적으로 친절하게 남을 돌봐야 할 사람이 자신의 도덕적 가치를 무시하고 아무 이유 없이 남에게 고통을 가할 수 있다는 사실을 알게 되었다. 이런 반전은 환경이 모두에게 압력을 가해 개인의 가치관을 대신하는 규범으로 자리를 잡을 정도가 되었을 때 나타나는 현상이다.[51]

이 실험 결과는 이라크 정치범 수용소였던 아부그라이브 교도소에서 벌어진 일을 이해하는 데 큰 도움을 준다. 아부그라이브 교도소에서 남녀를 막론하고 미국인 교도관들이 포로들에게 차마 눈뜨고 볼 수 없는 굴욕을 강요했다. 세상에 공개된 동영상에서는 군복을 입은 여성이 네 발로 기는 알몸의 포로에게 목줄을 매달아 개처럼 끌고 가는 장면을 볼 수 있었다. 조지 부시 대통령은 건전한 군대의 물을 흐리는 몇몇 "미꾸라지들"이라고 해명했지만 짐바르도는 미꾸라지 몇 마리가 물을 흐린 것이 아니라 물 전체가 썩은 것이며 바로 그런 점에서 비난 받아 마땅하다고 주장했다. 군대와 시스템이 남보다 더 악할 것도 선할 것도 없는 평범한 군인을 괴물로 만들어 버렸다는 말이다.

부와 권력을 갈망하는 데서 비롯되는 폭력

동서고금을 막론하고 남의 재산을 가로채고 경쟁자를 제압해 약탈하는 행위가 중요한 폭력의 원천이 되었다. 이는 개인적 차원에서나 국가적 차원에서나 마찬가지였다. 이런 폭력은 보통 실리적, 약탈적, 타

---

50 불교 신자들만 모아 스탠포드 감옥 실험을 다시 할까 하는 생각도 했다. 간수 역할을 모두 불교 명상가들에게 맡기거나 죄수들을 모두 불교 명상가들로 하는 방법, 간수와 죄수 모두 불교 명상가들로 하는 방법, 학생과 명상가를 섞어 놓는 방법 등 여러 가지 변형된 형태를 검토했지만 실험 참가자들에게 발생할 수 있는 부작용 때문에 연구 제안을 검토하는 윤리 위원회에서 요즘은 허가를 내주지 않으리라는 것이 필립 짐바르도의 의견이었다.

51 Zimbardo, P. (2007). *op. cit.*

산적이며 인정사정없이 잔혹하다. 한 범죄자에게 은행을 왜 털었냐고 묻자 그는 냉랭한 목소리로 "거기 가야 돈이 있잖소."라고 대답했다.[52] 도둑이나 강도가 사전 계획 없이 목격자를 살해하는 것은 대부분 고발당할까 두려웠다든가 강도질을 하다가 계획대로 되지 않았다든가 하는 이유 때문이다.

이처럼 실리적인 목적의 폭력은 13세기 칭기즈 칸 대원정에서 대대적인 규모와 형태로 찾아볼 수 있다. 몽고 정복자 칭기즈 칸이 세계 최고의 살인자로 등극한 것은 정복한 나라에서 부를 빼앗고 세력을 넓히고자 하는 욕망 때문이었다. 칭기즈 칸 원정은 약 4천만 명의 사망자를 냈다. 전 세계 인구 대비 비율로 따져 오늘날이라면 7억 명에 해당하는 어마어마한 숫자다.[53] 칭기즈 칸의 군대는 특히 메르브라는 도시에서 주민 130만 명을 학살하고 바그다드에서 생존자를 남기지 않기 위해 몇 날 며칠 도시 전체를 휘젓고 다니면서 80만 명을 죽였다.[54]

그렇지만 그것은 대량 학살이 아니었다. 칭기즈 칸이 원한 것은 두 가지였다. 첫째는 자신이 가진 힘을 과시하고 둘째는 남이 가진 경제적 부를 가로채는 것이었다. 원칙은 간단했다. 직접 성문을 열고 자신을 통치권자로 인정하면 죽음을 면하게 하고 저항을 하면 파괴하고 학살했다.

개인적으로 보면 남을 제압해 군림하고자 하는 욕망이 폭력을 낳는 동기가 된다. 철학자 프란츠 파농에 따르면 고문을 하는 사람은 끈질기게 저항하는 사람이 자백을 하지 않아도 고통스런 비명을 지르

---

52 Pinker, S. (2011). op. cit., p. 509에 인용.

53 시대별로 세계의 인구를 알아보려면 New Scientist에 실린 표를 참조할 것. http://www.newscientist.com/embedded/20worst, 이 표는 원천 자료로 다음을 참고해 만들어진 것이다. White, M., The Great Big Book of Horrible things: The Definitive Chronicle of History's 100 Worst Atrocities, W. W. Norton, 2012, 및 McEvedy, C., Jones, R., & others, Atlas of World Population History, Penguin Books, 1978.

54 Pinker, S. (2011). op. cit., p. 196.

는 것만으로 승리감을 맛본다고 한다.[55] 가정 폭력을 휘두르는 남자들도 가정 내 질서를 확립하고 권위를 세우는 것이 목적이라고 바우마이스터는 말한다.[56]

선의 이름으로 악을 행하는 이념적 교조주의

종교적 이념이나 정치적 이념이 명분을 위해 살인을 해도 괜찮다고 하면 그런 이념을 신봉하는 사람들은 양심의 가책 따위는 무시하고 '대의명분'을 위해 지배층과 다른 의견을 가진 사람들을 마구잡이로 죽인다. 정치적 숙청이란 조금이라도 알력이 생겼을 때 이를 폭력적으로 제거하고 지도층이 도저히 해결하지 못하는 문제에 대해 그들을 속죄양으로 삼아 책임을 떠넘기는 것이다. 크메르 루즈가 한 일이 그런 것이었다. 그들은 자신의 실책은 하나도 인정하지 않고 정치적 이데올로기 실패에 책임이 있다고 생각되는 사람은 무조건 잡아다가 무자비하게 제거했다. 크메르 루즈에게 고문당하고 처형당한 무고한 사람은 백만 명이 넘는다.

이처럼 정치권력에 의해 자행된 폭력의 닮은꼴을 종교에서 찾는다면 십자군 원정을 예로 들 수 있다. 십자군들은 안티오크에서 적을 참수한 뒤 포위된 도시 성벽 위에서 투석기를 이용해 잘린 머리를 멀리 내던져 버렸으며 예루살렘에서는 적극적으로 저항조차 하지 않는 무슬림들을 마구잡이로 학살했다. 유대인들을 모이게 한 뒤 회당에 몰아넣고 불을 지르기도 했다. 하나님의 뜻을 받드는 일꾼을 자처하던 십자군들이 선의 이름으로 행한 악행들로 인해[57] 11세기부터 13세기까지 십자군 전쟁 통에 백만 명 이상이 죽어 나갔다. 당시 세계 인구가

55   Fanon, F., *The Wretched of The Earth*, Grove Press, 2007.
56   Baumeister, R. F., *Evil: Inside Human Cruelty and Violence*, Barnes & Noble, 2001, p. 120.
57   Maalouf, A., *The Crusades through Arab Eyes*, Schocken, 1989.

4억 명 정도였으니 20세기로 치면 6백만 명이 사망한 것이나 다름없다. 숫자상으로만 보면 중세의 홀로코스트였다.[58]

'폭력적 본능'이 정말 존재할까?

지그문트 프로이트와 콘라트 로렌츠를 비롯해 20세기에 막강한 영향력을 발휘한 몇몇 사상가와 학자들은 인간과 동물이 모두 폭력적 본능을 타고났으며 그것을 제대로 억제하지 못하고 있다고 주장했다. 프로이트는 십계명에 "살인하지 말라."가 들어 있는 것이야말로 "인간이 살인자의 피를 이어받았고 선조들도 우리처럼 살인을 즐겼을 것"[59]임을 보여 주는 명백한 증거라고 주장했다. 프로이트와 로렌츠는 공격적 본능과 성적 충동과 식욕이 채워져야 어느 정도 만족감을 얻을 수 있다고 말한다. 프로이트는 『문명과 불만Civilization and Its Discontents』에서 "공격적인 성향은 인간이 마음대로 휘두를 수 있는 타고난 기질"[60]이라고 썼다. 이런 공격성은 압력솥 안에 있는 증기처럼 사람 안에 축적되기 때문에 수시로 배출하든가 가끔씩 폭발해야 한다.

그런데 생리학자도 심리학자도 타고난 적대감의 충동이 존재한다는 것을 증명하지 못했다. 허기나 갈증, 사회적 접촉과 활동에 대한 필요는 외부 자극이 없어도 누구에게나 비슷한 행동을 불러일으키는 데

---

58 Rummel, R. J., *Death by Government*, Transaction Publishers, 1994.

59 Freud, S., *Reflections on War and Death* (Kindle Locations 341~343), Kindle Edition, 2012.

60 Freud, Sigmund, *Civilization and Its Discontents* (Kindle Locations 825~826), Kindle Edition, 2013.

61 한때 정신 분석가로 활동했으며 『정신 분석학의 오해Les Illusions de la psychanalyse』라는 저서에서 이 문제를 자세히 다룬 자크 반 릴라에의 말에 따르면 오늘날 심리학자들은 살아 있는 존재들이 근본적으로 긴장이 풀린 상태를 추구하고 긴장 상태가 닥쳤을 때 이를 줄이려고 한다는 이론을 인정하지 않는다. 반대로 긴장을 유발할 만한 자극이 전혀 없는 편안한 곳에서 동물이나 사람을 살게 하면 얼마 안 있어 그런 환경을 매우 불쾌하게 느끼게 된다고 한다. Van Rillaer, J., *Les Illusions de la psychanalyse*, 1995. *op. cit.*, p. 289, 및 95번 주석.

반해 공격성은 자연 발생적인 동기 형태로 표출되지 않는다.[61] 심리학자 자크 반 릴라에는 이렇게 주장한다. "공격성은 유기체가 생성하는 물질이 아니다. 공격성을 밖으로 표출하면 당사자가 파괴되는 대가를 치를 수 있다. 공격과 방어 기제를 이해하려면 납득하기 어려운 죽음에 대한 충동 운운할 것이 아니라 주체와 타인들 간의 관계, 주체와 주체 자신과 관계를 살펴보는 편이 훨씬 더 유용하다.[62] …… 프로이트 이론은 미신에 불과하다."

동물계에 편재하는 공격성이 동물의 본성에 해당한다는 가설은 콘라트 로렌츠에 의해 널리 대중화되었다. 현대 동물 행동학을 창시한 콘라트는 비전문가도 쉽게 읽을 수 있는 『공격성에 관하여On Aggression』[63]에서 동물종은 태생적으로 폭력적인 성격을 갖고 있다고 주장했다. 그는 공격성을 일컬어 "인간이 추구하는 지고한 목표를 달성하는 데 필수불가결한 방법"[64]이라고 단언한다. 로렌츠에 따르면 모든 인간이 겪는 불행은 "육식 동물과 포식자들이 같은 종의 구성원들을 죽이지 못하도록 미연에 방지하는 안전장치를 갖지 못한 데서"[65] 시작된다. 늑대 두 마리가 무리의 지배권을 놓고 싸울 때 어느 한 쪽이 싸움을 포기하기로 마음먹으면 땅바닥에 등을 대고 누워 상대에게 경동맥을 보여 준다. 이것은 자신을 커다란 위험 속에 몰아넣는 일이지만 상대방을 즉시 무장 해제하게 만드는 효과가 있다. 그런데 인간은 조상이 육식 동물이 아니라 채식을 했기 때문에 "선사 시대에 동료를 살해하지 못하도록 억제하는 장치를 만들 만한 자연 선택적 압력이 없었다."라고 로렌츠는 주장한다. 그는 인간이 무기를 만들기 시작했을 때 그런 안전장치가 준비되어 있지 않았다면서 이렇게 말한다. "인

62 Ibid., p. 296.
63 Lorenz, K., On Aggression, Routledge, 2005, p. 5.
64 Ibid., p. 265.
65 Ibid., pp. 232~233.

류 출현 전 영장류처럼 걸핏하면 화를 내는 성마른 존재가 날선 돌도끼를 휘두르게 된다고 하니 상상만으로도 몸이 떨릴 지경이다." 요컨대 인간은 타고난 킬러라 할 수 있을 정도로 "대대로 이어받은 공격성이 골수에 깊이 박혀 있으며 인간 스스로도 해로울 정도의 공격성 때문에"[66] 고통스러워 한다는 것이다. 그런데 나중에 살펴보겠지만 실제로 대다수의 사람은 인간을 죽이는 데 대해 깊은 혐오감을 갖고 있다.

프란스 드 발은 동물학적 연구를 시작하던 시절에 로렌츠를 비롯해 다른 학자들이 거의 다 영장류의 폭력적인 행동에 중점을 두는 데 주목하고 공격적인 성질로 유명한 긴꼬리 원숭이가 하는 행동을 연구하기로 마음먹었다. 그런데 아무리 오래 관찰을 해도 긴꼬리 원숭이들이 맞붙어 싸우는 것을 거의 볼 수 없었다.[67] 영장류 연구에 수십 년을 바친 프란스 드 발은 로렌츠가 주장하는 공격성은 누구나 동질적으로 공유하는 보편적인 폭력 본능이 아니라 개인이 외부 조건과 맺는 관계의 성격에 따라 달라진다고 결론 내렸다.

다른 동물학자들 중에도 로렌츠의 이론을 반박하는 사람들이 많이 있다. 특히 이레나우스 아이블 아이베스펠트는 『사랑과 미움Liebe und Hass』[68]이라는 책에서 여러 가지 반박 논거를 제시하면서 "적대적인 성향이 있다는 것은 무시할 수 없지만 그래도 인간의 본성은 원만하고 상냥하다."[69]라고 결론을 내리고 있다. 심리학자 알피 콘도 비슷한 이야기를 한다. "폭력이 인간 본성이라고 주장하는 프로이트와 로렌츠에게는 미안한 말이지만 동물의 행동과 인간의 심리를 아무리 들여다봐도 동물과 인간이 개체나 개인 차원에서 내재적인 자극에 의해

---

66 *Ibid.*, p. 48.
67 Waal, F. B. M. de, *Le Bon Singe: Les bases naturelles de la morale*, Bayard, 1997, pp. 205~208.
68 Eibl-Eibesfeldt I., *Contre l'agression*, Stock, 1972. Eibl-Eibesfeldt, I., *Love and Hate: On The Natural History of Basic Behaviour Patterns*, AldineTransaction, 1973, p. 5.
69 *Ibid.*, p. 91.

맞붙어 싸운다는 증거를 발견하지 못했다."[70]

　그 밖에도 심리학자들은 만성적, 충동적 폭력을 병적이라 생각하면서 다들 한결 같이 분노와 공격성이 건강에 해롭다고 말한다.[71] 윌리엄스와 베어풋은 의대생 255명을 대상으로 공격성에 대한 성격 테스트를 실시한 뒤 25년 뒤에 그들이 어떻게 되었는지 추적해 보았다. 그랬더니 공격성이 가장 강했던 사람들은 공격성이 낮았던 사람들보다 심장 발작을 다섯 배나 더 많이 겪은 것으로 나타났다.[72]

　앞에서 언급한 소위 "나쁜 세상 신드롬wicked world syndrome" 경우처럼 여기서도 폭력 장면이 갖고 있는 매력에 눈이 멀어 폭력이 동물의 전형적인 행동이 아니라는 사실을 망각한 것으로 보인다. 야생 동물이 하루 종일 잠만 자는 것보다 역동적으로 움직이면서 사냥하는 장면을 보여 주는 것이 재미는 훨씬 크겠지만 이는 사람이 한 가정의 가장이나 농부, 의사로서 하는 일은 쏙 빼놓고 사슴을 사냥하는 그림만 보여 주면서 그것이 인간의 삶이라고 하는 것과 다를 바가 없다. 취미 사냥이라는 서글픈 현실은 부정할 수 없지만 그것만이 사람이 사는 삶이라고 할 수는 없다.

　살인자들이 폭력적 충동을 전혀 제어하지 못한다는 생각도 몇몇 병적인 경우를 제외하고는 모두 사실이 아닌 것으로 드러났다. 수백 명의 살인범을 연구 분석한 미국 연방 수사국 전문가 존 더글러스는 이들이 일시적으로 행동에 대한 통제력을 잃은 것이 아니라고 말한다. 그는 살인자들 중에 정복을 입은 경찰이 있는 곳에서 범행을 한

70　Kohn, A., *The Brighter Side of Human Nature*, 1992. *op. cit.*, p. 51.

71　Davidson, R. J., Putnam, K. M., & Larson, C. L. (2000). Dysfunction in the neural circuitry of emotion regulation-a possible prelude to violence. *Science, 289*(5479), 591-594; Friedman, H. S., *Hostility, Coping, and Health*, Vol. 16, American Psychological Association, 1992.

72　Williams, R. B., Barefoot, J. C., & Shekelle, R. B. (1985). The health consequences of hostility. In Chesney, M. A., & Rosenman, R. H., *Anger and Hostility in Cardiovascular and Behavioral Disorders*, Hemisphere, 1985.

사람이 없다는 사실을 근거로 제시한다. 살인자가 정말 분노를 억제할 수 없었다면 그런 요인에 개의치 않고 범행을 저질렀어야 맞다는 말이다.[73]

집단 폭력도 마찬가지다. 프랑스 사학자 제라르 프뤼니에에 따르면 르완다에서 발생한 대량 학살이 극에 달하기 직전인 1993년 1월에 국제 인권 위원회가 현지에 도착했다. 그때는 후투족이 이미 투치족을 살해하고 집을 불태우기 시작한 시점이었다. 그런데 이 위원회가 도착한 직후 모든 범죄가 중단되었으며 그들이 떠나자마자 살인이 다시 시작되었다.[74] 다시 말해 뭐든 마음대로 할 수 있는 상황이 아니라는 것을 알면 남을 해치고자 하는 욕망을 억제할 수 있다는 것이다. 물론 약물 중독이나 알코올 중독자가 약이나 알코올을 원하는 것처럼 다른 것보다 억제하기가 훨씬 더 어려운 욕구가 분명히 있는 것은 사실이지만 참았던 숨을 다시 쉰다든가 하는 생리적 욕구를 빼고는 무슨 일이 있어도 제어할 수 없는 욕구란 세상에 존재하지 않는다.

신경 과학이 폭력을 바라보는 관점

한 연구에서 쥐나 고양이 뇌에서 특정 영역이 활성화되자 동물들이 순간적으로 미친 듯이 화를 내면서 닥치는 대로 공격을 가하는 것을 볼 수 있었다.[75] 같은 연구에서 뇌의 다른 영역을 자극했더니 그때까지 볼 수 없었던 사냥 행동을 나타내면서 환각에 빠진 듯 눈에 보이지 않는 먹이를 쫓기 시작했다. 사냥 행동이 자극된 고양이는 먹이처럼 보

73 Douglas, J. E., *Mindhunter: Inside The FBI's Elite Serial Crime Unit*, Scribner, 1995. Baumeister, R. F. (2001). *op. cit.*, p. 273에 인용.

74 Prunier, G., *Rwanda: Le génocide*, Dagorno, 1998.

75 Adams, D. B. (2006). Brain mechanisms of aggressive behavior: An updated review. *Neuroscience and Biobehavioral Reviews*, 30(3), 304~318. Pinker, S. (2011). *op. cit.*, pp. 495~496에 인용.

이지도 않는데 옆에 있다는 이유만으로 막무가내 공격하지는 않는다. 따라서 사냥과 폭력은 서로 다른 행동이고 폭력적인 공격과 포식은 관여하는 신경망도 다르다는 것을 알 수 있다. 공격성에 관련된 뇌 영역은 체계적인 구조로 되어 있다. 이 영역 중 몇 군데가 활성화되면 고양이가 웃 소리를 내고 등을 동그랗게 마는 행동을 할 뿐 실험자가 고양이를 만지는 데는 문제가 없다. 그런데 또 다른 영역이 추가로 활성화되면 고양이가 화를 잔뜩 내고 심하면 실험자 얼굴을 향해 달려들 수 있다.[76] 지능이 높은 동물과 인간의 편도체는 공포와 공격성에서 비롯되는 충동적 행동과 관련이 있는 뇌의 영역이다. 편도체는 특히 위험을 인지했을 때 활성화되며 그 경우에 도망치든가 공격하는 행동으로 이어진다.

찰스 휘트먼은 미국 오스틴 소재 텍사스 대학교 캠퍼스에 있는 탑 꼭대기층에서 여러 사람을 죽인 후 머리에 총을 쏴 자살했다. 그가 남긴 유서에는 분노가 몰아쳐서 참을 수 없었다면서 죽은 뒤에 뇌 검사를 해 달라고 되어 있었다. 부검 결과, 종양이 편도체를 누르고 있는 것을 볼 수 있었다.[77] 뇌 질환으로 사람의 감정이 달라질 수 있다는 것이 확인된 셈이다.

다양한 유형의 폭력을 비교해 차이를 밝혀낸 신경 과학 연구도 있다. 펜실베이니아 대학교 교수 아드리안 레인은 충동적으로 사람을 죽인 살인범들과 계획적으로 범죄를 저지른 살인범들의 뇌를 비교해 보았다. 그랬더니 전자의 경우에만 감정을 조절하고 폭력을 제어하는 데 필요한 뇌 영역(안와 피질)에 기능 장애가 있는 것을 볼 수 있었다.

76 Panksepp, J., *Affective Neuroscience: The Foundations of Human and Animal Emotions*, Vol. 4., Oxford University Press, 2004.

77 Davidson, R. J., Putnam, K. M., & Larson, C. L. (2000). Dysfunction in the neural circuitry of emotion regulation—a possible prelude to violence. *Science, 289*(5479), 591~594.

미디어가 미치는 영향

지난 십 년간 발표된 3,500건의 과학적 연구와 보고서에 따르면 폭력적인 장면이 폭력을 선동하는 효과가 있다고 한다. 이에 대해 미국 소아과 협회는 다음과 같이 입장을 발표했다. "증거도 분명하고 설득력도 높다. 미디어를 통해서 보는 폭력이 공격성과 폭력성을 부추기는 요인 중 하나임이 확실하다." 이런 식의 효과는 지속적이고 측정이 가능하다. 어린이들이 특히 취약한 것이 사실이지만 누구든지 영향을 받을 수 있다.[78]

이 연구들 덕분에 개인이 폭력 장면을 보면 마음속에 있는 공격적인 충동을 해소할 수 있다는 (프로이트 이론에서 일부 영감을 받은) 가설도 반박할 수 있게 되었다. 공격성을 해소하기는커녕 폭력 장면 때문에 폭력적인 태도와 행동이 더 악화된다는 것이 입증된 셈이다.[79] 이렇게 자명한 결론이 나왔음에도 불구하고 잊을 만하면 한 번씩 충동을 해소하는 카타르시스적 순기능 운운하는 소리가 아직도 들리고 있다.

프랑스 리옹에 있는 INSERM(국립 보건 의학 연구소) 인지 신경 과학 센터 책임자 미셸 데뮈르제는 폭력적인 이미지가 크게 세 가지 방법으로 작용한다고 말한다. 첫째, 폭력적인 행동이나 공격적인 행동 성향을 증가시키는 프라이밍priming 메커니즘이다. 둘째, 습관화 메커니즘에서는 폭력에 대한 포용 임계점을 높인다. 셋째, 나쁜 세상 신드롬으

---

78 유수한 미국 의학 협회들이 함께 펴낸 공동 보고서의 결론. American Academy of Pediatrics: Policy statement-Media violence., *in Pediatrics*, vol. 124, pp. 1495~1503, 2009.
79 폭력적인 이미지와 비디오 게임이 폭력적인 행동을 증가시킨다는 내용의 연구 결과는 수천 개에 달하지만 그런 것들이 해방 효과(카타르시스 효과)가 있어서 폭력을 줄여 준다는 연구 결과는 단 한 건도 없다. 미디어에서 볼 수 있는 폭력이 미치는 영향에 대한 개요를 보려면 다음을 참조. Christensen, P. N., & Wood, W. (2007). Effects of media violence on viewers' aggression in unconstrained social interaction, in Preiss, R. W., Gayle, B. M., Burrell, N., Allen, M., & Bryant, J., *Mass Media Effects Research: Advances through Meta-Analysis*, Lawrence Erlbaum, 2007, pp. 145~168. Lecomte, J. (2012). La Bonté humaine. *op. cit.*, p. 316에 인용.

로 두려움과 불안감을 자극한다. 시청각적 폭력이 미치는 영향은 이 세 가지가 합쳐진 것이라고 할 수 있다.[80] 폭력적인 이미지는 또한 폭력에 대한 감정 반응을 희석시킨다. 그래서 모르는 사람이 공격을 당할 때 달려가 도울 생각도 하지 않고 공감도 거의 하지 못한다.

펜실베니아 대학교에서 20년 동안 텔레비전이 미치는 영향에 대해 연구한 결과를 살펴보면 TV에 나오는 부정적인 행동을 끊임없이 시청한 사람은 TV에서 본 것을 똑같이 흉내 낸다. TV를 많이 본 사람일수록 다른 사람이 모두 이기적이고 기회만 있으면 남을 속이려 든다고 생각한다.[81] 키케로는 시청각 문명과 거리가 먼 로마 시대에 벌써 혜안이 돋보이는 말을 했다. "시시각각 벌어지는 무시무시하고 끔찍한 사건을 계속 보고 들어야 한다면 섬뜩한 느낌이 끝없이 이어지면서 아무리 인정이 많은 사람도 인간성 존중을 망각하게 될 것이다."[82]

반대로 미디어가 인간의 관대한 본성을 강조하면 시청자들도 그런 긍정적인 입장에 쉽사리 공명하게 된다. 미국에서 큰 성공을 거둔 TV 프로그램 「CNN 영웅」은 사회적으로 혁신적이고 유익한 프로젝트를 실행하거나 정의를 구현하기 위해 몸과 마음을 다한 무명인들의 초상과 증언으로 이루어진 프로그램이다.

그런데 가장 흥미진진한 것은 원래 TV가 없던 곳에 TV가 도입된 후 폭력이 얼마나 증가했는지 측정한 연구였다. 캐나다 외딴 농촌 지역에서 진행된 이 연구에서 TV가 도입된 지 2년 만에 초등학교에서

80 Desmurget, M. (2012). La télévision creuset de la violence. *Cerveau et Psycho, 8*, November–January 2012. Desmurget, M., *TV Lobotomie: La vérité scientifique sur les effets de la télévision*, Max Milo Éditions, 2012.
81 Gerbner, G., Gross, L., Morgan, M., & Signorielli, N. (1986). Living with television: The dynamics of the cultivation process. *Perspectives on media effects*, 17~40. Gerbner, G., Gross, L., Morgan, M., Signorielli, N., & Shanahan, J. (2002). Growing up with television: Cultivation processes. *Media effects: Advances in theory and Research, 2*, 43~67.
82 Kohn, A. (1992). *op. cit.*, p. 37에 인용.

언어폭력(욕설과 위협)이 두 배, 물리적 폭력이 세 배 증가한 것으로 나타났다. 또 다른 연구에서는 남아프리카 공화국에서 (폭력 장면이 매우 많은) 영어 TV 쇼가 방영되기 시작하면서 어린이들 사이에서 폭력이 크게 증가한 것을 볼 수 있었다. 시애틀 소재 워싱턴 대학교 교수 브랜든 센터월은 관찰된 효과의 중요도와 규모를 감안했을 때 만약 텔레비전이 없다면 미국에서만 일 년에 살인 1만 건, 강간 7만 건, 부상을 유발하는 신체 공격 70만 건이 감소할 것이라고 예측했다.

프랑스 시청각 최고 위원회가 발표한 프랑스 TV 시청자 한 명 당 시청 시간은 하루 평균 세 시간 삼십 분이다. 한 시간에 대략 두 건의 살인과 십여 건의 폭력 행위에 노출된다고 가정할 때 일 년 동안 시청자들에게 노출되는 폭력 건수는 살인이 2,600건, 폭행이 13,000건인 셈이다. 미국의 경우, TV를 시청하는 12세 어린이는 이미 12,000건의 살인 사건을 구경한 셈이다. 1만 시간의 프로그램을 무작위로 선정해 분석하니 미국에서 제작된 프로그램 중 60퍼센트가 시간당 평균 6회의 폭행 장면을 포함하고 있었다. 더욱 더 놀라운 사실은 젊은 층을 대상으로 한 프로그램일수록 그 비율이 높다는 것이다. 젊은 층을 대상으로 한 프로그램 중 70퍼센트가 시간당 14회의 폭력 장면을 포함하고 있었다. 폭력적인 장면을 줄이면 얼마나 큰 혜택이 있을지 대충 짐작이 갈 것이다. 실제로 한 연구에서 9세 어린이들을 대상으로 폭력 장면을 줄인 결과, 교내 폭력이 감소한 것으로 나타났다. 심리학자 메어스와 우다드가 한 연구에서 보는 것처럼[83] 친사회적 성향을 띤 TV 프로그램은 친사회적 행동을 증가시키고 공격성을 줄여 주며 시청자들에게 관용을 베풀도록 유도한다.

시청각 미디어에 나오는 폭력 장면이 갖는 해악 중 가장 우려되는 측면은 그 효과가 오래 지속된다는 것이다. 워싱턴 대학교 교수 디미

---

83 Mares, M. L., & Woodard, E. (2005). Positive effects of television on children's social interactions: A meta-analysis. *Media Psychology*, 7(3), 301~322.

트리 크리스타키스와 프레드릭 짐머만은 2세~5세 남아 약 2백 명을 오 년 동안 추적 조사해 폭력적인 프로그램을 하루에 한 시간 시청하면 오 년 뒤에 행동 장애를 보일 확률이 네 배 더 높다는 사실을 밝혀 냈다.[84]

동일한 효과는 성인에게서도 관찰되었다. 22세 때 하루 1~3시간 동안 TV를 시청한 피험자는 30세가 되었을 때 제삼자에게 언어폭력이나 물리적 폭력을 가할 확률이 하루에 TV를 한 시간 미만 본 사람보다 1.5배 더 높았으며 싸움에 가담할 확률은 2.5배나 더 높았다.[85]

미주리 대학교의 심리학자 브루스 바톨로우는 폭력적인 이미지에 정기적으로 노출된 사람은 뇌가 폭력적인 장면이나 이미지에 무감각한 반응을 나타낸다는 것을 보여 주었다. 그런 사람은 이미지를 본 직후 공격성을 측정하는 테스트에서 다른 사람들보다 더 공격적인 반응을 나타냈다.[86]

미셸 데뮈르제는 이렇게 말한다. "폭력적인 콘텐츠에 대한 노출을 줄이면 폭력성이 줄어들 수 있다는 것이 과학적 데이터에 의해 확인

84 Christakis, D. A., & Zimmerman, F. J. (2007). Violent television viewing during preschool is associated with antisocial behavior during school age. *Pediatrics, 120*(5), 993~999.

85 Desmurget, M. (2012). La télévision creuset de la violence. 이러한 효과는 개인에 따라 조금씩 다른 공격적 기질과는 무관하다.

86 Sestir, M. A., & Bartholow, B. D. (2010). Violent and nonviolent video games produce opposing effects on aggressive and prosocial outcomes. *Journal of Experimental Social Psychology, 46*(6), 934~942; Bartholow, B. D., Bushman, B. J., & Sestir, M. A. (2006). Chronic violent video game exposure and desensitization to violence: Behavioral and event-related brain potential data. *Journal of Experimental Social Psychology, 42*(4), 532~539; Engelhardt, C. R., Bartholow, B. D., Kerr, G. T., & Bushman, B. J. (2011). This is your brain on violent video games: Neural desensitization to violence predicts increased aggression following violent video game exposure. *Journal of Experimental Social Psychology, 47*(5), 1033~1036. 그런데 살인과 같이 심각한 폭력을 행하는 경우에는 폭력적 성향이 농후할수록 미디어가 더 큰 영향을 미친다. 공격적인 사람들은 폭력적인 영화를 남보다 많이 보러 다닌다. 또 영화가 화를 돋우고 폭력적인 행위를 하게 만드는 일이 다른 사람들보다 더 심하게 나타난다. Bushman, B. J. (1995). Moderating role of trait aggressiveness in the effects of violent media on aggression. *Journal of Personality and Social Psychology, 69*(5), 950 참조.

되고 있다. 물론 우리 사회에 존재하는 유해하고 사악한 것들이 모두 TV 탓이라는 말은 아니다. 폭력적인 영화를 많이 보면 TV 시청자들 모두 살인자가 된다는 뜻도 아니다. 그렇지만 TV가 우리 사회에 만연한 공포와 불안, 공격성, 폭력의 중요한 매개체가 될 수 있다. 이렇듯 확실한 인과관계가 있고 빈곤이나 교육, 아동 학대와 같은 사회적 요인보다 훨씬 쉽게 바로잡을 수 있는데도 손 놓고 구경만 한다는 것은 커다란 잘못이다. TV 방송에 나오는 폭력이 미치는 악영향을 고발하는 학계를 비판, 비방할 것이 아니라 폭력을 널리 이용하는 방송 미디어 회사들에게 책임을 묻는 것이 훨씬 더 정의로운 일이 될 것이다."[87]

가장 안타까운 것은 방송사들이 폭력적인 이미지로 시청률을 올리려고 애쓰는 것이다. 방송이 사회에 미칠 수 있는 영향을 감안할 때 이는 유감스러운 일일 뿐 아니라 시청자를 완전히 잘못 알고 있는 것이다. 대중의 취향을 만족시키기 위해 폭력을 내세운다고 하지만 관련 연구들을 살펴보면 실상은 전혀 다르다. 심리학자 에드 디너와 달린 디푸르가 한 실험에서 학생 백 명 중 오십 명에게는 폭력 장면이 자주 나오는 수사극을 보여 주고 다른 오십 명에게는 똑같은 영화인데 전개에 무리가 없는 한도 내에서 폭력 장면을 삭제한 버전을 보여 줬다. 그 결과, 비폭력 버전의 영화를 감상한 학생들이 영화를 더 즐겁게 감상한 것으로 나타났다. 이 결과를 본 연구진들은 TV 프로그램과 영화에서 폭력 장면을 크게 줄여도 시청률이 떨어지거나 관객 수가 줄어들지 않을 것이라고 결론지었다.[89] 「호랑이와 눈The Tiger and the Snow」, 「사랑의 블랙홀Groundhog Day」, 「아멜리에Amelie」, 「포레스트검프Forrest Gump」와 같이 삶을 냉소적으로 바라보지 않고 긍정적인 관점에서 인

---

87 Desmurget, M. (2012), L'empreinte de la violence, *Cerveau et Psycho, 8*, November–January 2012.

88 Diener, E., & DeFour, D. (1978). Does television violence enhance program popularity? *Journal of Personality and Social Psychology, 36*(3), 333. Lecomte, J. (2012). *op. cit.*, p. 314에 인용.

간의 본성에 대한 통찰을 제공하는 영화들이 인기를 얻고 흥행하는 것만 봐도 학자들의 관점이 과히 틀리지 않았음을 알 수 있다.

게임이 미치는 영향

게임은 오늘날 세계 어린이와 청소년들이 가장 즐겨 하는 오락이다. 미국에서는 남학생 99퍼센트, 여학생 94퍼센트가 비디오 게임을 한 적이 있으며 게임에 할애하는 시간도 계속 증가하는 추세다.

크레이그 앤더슨과 여러 학자들은 총 13만 명을 대상으로 폭력적인 비디오 게임의 효과를 측정한 136건의 연구를 종합 분석한 보고서에서 폭력적인 비디오 게임이 공격적인 생각과 행동을 부추기고 친사회적인 행동을 위축시키는 것이 확실하다고 밝혔다. 게임의 이런 악영향은 무시할 수 없을 정도였으며 남녀노소 구분 없이 모두 똑같이 나타났다.[90] 예를 들어 아이오와 대학교 더글러스 젠틸과 여러 학자들이 한 연구에서는 청소년이 폭력적인 비디오 게임에 많이 노출될수록 남에게 적대적이고 교사들과 의견 차이를 보이는 일이 많으며 싸움도 많이 하고 성적도 낮은 것으로 나타났다.[91] 폭력적인 게임을 즐긴 피험자는 오토바이 경주 게임과 같이 중립적인 게임을 한 사람보다 적대감과 무감각 정도가 훨씬 높았다.

89 Lenhart, A., Kahne, J., Middaugh, E., Macgill, A. R., Evans, C., & Vitak, J. (2008). Teens, video games, and civics: Teens. *Pew Internet & American Life Project*, 76; Escobar-Chaves, S. L., & Anderson, C. A. (2008). Media and risky behaviors. *The Future of Children*, 18(1), 147~180.

90 Anderson, C. A., Shibuya, A., Ihori, N., Swing, E. L., Bushman, B. J., Sakamoto, A.,... Saleem, M. (2010). Violent video game effects on aggression, empathy, and prosocial behavior in eastern and western countries: A meta-analytic review. *Psychological Bulletin*, 136(2), 151.

91 Gentile, D. A., Lynch, P. J., Linder, J. R., & Walsh, D. A. (2004). The effects of violent video game habits on adolescent hostility, aggressive behaviors, and school performance. *Journal of Adolescence*, 27(1), 5~22.

미시시피 대학교 롤랜드 어윈과 앨런 그로스는 어린이들에게 20분 동안 자극적이고 재미있는 비디오 게임을 하도록 허용했다. 어떤 아이는 오토바이 경주 게임을 했고 어떤 아이는 폭력적인 전투 게임을 했다. 20분 뒤 아이들을 모두 놀이방으로 데리고 가 다른 아이들과 상호 작용하는 모습을 15분간 관찰했다. 전투 게임을 한 아이들은 오토바이 경주 게임을 한 아이들보다 공격적인 행동을 두 배 정도 더 많이 나타냈다.[92]

더글러스 젠틸과 학자들은 비디오 게임이 미치는 장기적 효과를 측정하기 위해 9세~11세 아동 사백 명과 아동의 친구, 교사들을 일 년에 한 번씩 인터뷰했다. 최초 실험에서 폭력성 높은 비디오 게임을 하던 아이들은 일 년 뒤에 다시 만났을 때 사람들에게 적대감을 나타내고 언어 사용 측면에서나 물리적인 측면에서나 폭력성이 강한 면모를 나타냈으며 이타적 성향이 감소되어 있었다.[93]

비디오 게임을 분석한 연구에서는 게임 89퍼센트가 폭력적인 내용을 포함하고 있는 것으로 나타났으며 그 중 절반은 등장인물에게 폭력을 가하는 내용이었다.[94] 사실성을 강조한 게임일수록 유혈이 낭자한 그림에 게이머의 공격성을 자극하는 효과가 강조되어 있었다.[95] 프랑스 그르노블 대학교 사회 심리학 교수 로랑 베그[96]가 지적했듯이 2008년에 세계적으로 대히트한 게임 「그랜드 테프트 오토 IV」는 상

92 Irwin, A. R., & Gross, A. M. (1995). Cognitive tempo, violent video games, and aggressive behavior in young boys. *Journal of Family Violence*, 10(3), 337~350.
93 Anderson, C. A., Sakamoto, A., Gentile, D. A., Ihori, N., Shibuya, A., Yukawa, S.,... Kobayashi, K. (2008). Longitudinal effects of violent video games on aggression in Japan and the United States. *Pediatrics*, 122(5),1067~1072.
94 Glaubke, C. R., Miller, P., Parker, M. A., & Espejo, E., *Fair Play? Violence, Gender and Race in Video Games*, Children NOW, 2001.
95 Barlett, C. P., Harris, R. J., & Bruey, C. (2008). The effect of the amount of blood in a violent video game on aggression, hostility, and arousal. *Journal of Experimental Social Psychology*, 44(3), 539~546.
96 Bègue, L. (2012). Jeux video, l'école de la violence, *Cerveau et Psycho*, 8 November-January 2012.

상을 초월할 정도로 폭력적이다. 예를 들어 게이머가 훔친 차를 몰고 보도 위를 달리다가 보행자를 치어 죽이면 훔친 SUV 앞 유리와 범퍼가 보행자의 피로 시뻘겋게 얼룩진다. 비디오 게임에서는 게이머가 모든 행동을 제어하기 때문에 TV나 영화를 통해 수동적으로 이미지를 볼 때보다 훨씬 더 강하게 폭력적인 캐릭터에 감정 이입을 할 수 있다. 거기에 게임의 반복적인 측면까지 더해지면 게임에 중독되는 것은 시간 문제다. 그런데 다들 알고 있는 것처럼 학습을 하면서 한 가지 활동을 꾸준히 계속하면 뇌와 기질에 커다란 변화가 일어난다.

암스테르담 대학교 엘리 코넨과 여러 학자들이 어떤 학생에게 폭력적인 비디오를 좋아하느냐고 묻자 학생이 이렇게 대답했다. "그랜드 테프트 오토를 무척 좋아해요. 사람에게 총을 쏘고 차를 타고 전속력으로 달릴 수 있기 때문이죠. 좀 더 크면 진짜 그렇게 할 수 있을 거예요."[97] 심리학자 L. 커트너와 C. 올슨은 버추얼 게임이 어린이들에게 인기가 높은 이유로 첫째, 흥분과 기쁨(승리하기 위해, 특정 점수에 도달하기 위해, 주어진 과제를 해결하기 위해 게임을 한다.) 둘째, 사회화(친구들과 함께 게임하는 것을 좋아한다.) 셋째, 감정적 효과(분노를 가라앉히고 문제를 잊어버리고 외로움을 덜 느끼려고 게임을 한다.) 넷째, 권태감 해소(시간을 때우려고 게임을 한다.)를 꼽았다.[98]

폭력적인 비디오 게임을 할 때 갑자기 적이 계속 나타나면 발견 즉시 유혈이 낭자한 사실적인 방식으로 전멸시켜야 한다. 미국 군사 전문가이자 교관인 데이브 그로스먼은 이런 식으로 "길들이기"가 이루어지면 살인 행위에 무감각해진다고 하면서 군대에서도 이미 오래 전부터 이 방법을 사용해 효과를 보고 있다고 말한다. 그런데 군대와 일

97 Konijn, E. A., Nije Bijvank, M., & Bushman, B. J. (2007). I wish I were a warrior: the role of wishful identification in the effects of violent video games on aggression in adolescent boys. *Developmental Psychology*, 43(4), 1038.

98 Kutner, L., & Olson, C., *Grand theft Childhood: The Surprising Truth About Violent Video Games and What Parents Can Do*, Simon & Schuster, 2000.

반 비디오 게임 사이에는 중요한 차이가 있다. 어린이를 비롯해 비디오 게임을 즐기는 사람들은 자신이 하는 행위에 대해 규칙과 한계를 정해 주고 복종해야 할 명령을 내리는 권위자가 아무도 없다는 것이다. 적어도 병사들은 지휘관이 내리는 명령에 따라야 하고 정식으로 명령이 떨어졌을 때만 총을 쏠 수 있다.[99]

게다가 아이들에게 폭력적인 게임은 가슴 아픈 비극이 아니다. 그들은 게임을 재미있는 오락이라 생각하고 좋아하는 음료나 음식, 함께 게임을 즐기는 친구들과 연계해서 생각한다. 다시 말해서 잔인한 슈퍼 영웅을 역할 모델로 삼아 초자연적인 힘을 이용해 아무 이유 없이 수많은 사람을 죽이는 임무를 수행할 용의가 있는 사람이 상당히 많이 있다는 뜻이다.[100] 심리학자 로랑 베그는 이렇게 덧붙인다. "게임 업계가 취하는 위선적인 태도에 대해서는 더 이상 말할 가치도 없다. 그들은 어마어마한 이윤(2011년에 700억 유로)을 올리면서 모든 책임을 부모들에게 돌리고(자식들이 할 수 있는 게임과 그렇지 않은 게임을 올바르게 구분하고 통제하지 못한다고 부모들에게 잘못을 뒤집어씌운다.) 문제가 발생하면 자기들이 만든 소프트웨어에 문제가 있는 것이 아니라 정신적으로 문제가 있는 몇몇 아이들이 분위기를 흐린다는 식으로 여론몰이를 하지 않는가!"[101]

게임이 교육적으로 사용될 수 있다는 것은 부인할 수 없는 사실이다. 단, 애초부터 교육 목적으로 설계되어야 한다. 그렇지 않으면 게임은 학교 성적에 악영향을 미친다. 실제로 입증된 사실이다.[102] 그런데

---

99 Grossman, D., *On Killing: The Psychological Cost of Learning to Kill in War and Society*, rev. ed., Back Bay Books, 2009, p. 306, 329.

100 *Ibid.*, p. 325.

101 Bègue, L. (2012). Devient-on tueur grâce aux jeux vidéo? *Cerveau et Psycho, 8*, November–January 2012, 10~11.

102 Anderson, C. A., Gentile, D. A., & Buckley, K. E., *Violent Video Game Effects on Children and Adolescents: theory, Research, and Public Policy: theory, Research, and Public Policy*, Oxford University Press, 2007.

비디오 게임을 하면 시각적으로 주의력이 향상되는 장점도 있다.[103] 따라서 게임이라고 해서 무조건 나쁜 것, 해로운 것이라고 몰아붙일 수도 없는 일이다. 모든 것은 콘텐츠의 문제이며 유익한 효과나 유해한 효과를 내는 것도 콘텐츠다. 존 라이트는 이렇게 말했다. "매체는 메시지가 아니다. 오직 메시지만이 메시지이다." 미디어가 미치는 영향력에 대해 혜안을 제시하는 말이다.

유익한 게임

"난 비디오 게임을 좋아합니다. 그런데 너무 폭력적입니다. 그래서 다른 비디오 게임에서 부상당한 사람들을 모아 도와주는 게임을 하나 만들고 싶습니다. 이름은 진짜 바쁜 병원이라고 짓겠습니다."
– 미국 코미디언 디미트리 마틴

최근까지만 해도 캐릭터들끼리 서로 죽이는 것이 아니라 서로 협력하고 돕는 친사회적이고 비폭력적인 게임을 만드는 데 관심을 갖는 사람이 거의 없었다. 그런데 변화의 조짐이 보이고 있다.

미국 오바마 대통령의 과학 자문관이 낸 아이디어에 따라 이 년 전부터 심리학자, 교육자, 신경 과학자들이 워싱턴에 모여 젊은이들의 중독에 가까운 게임 사랑을 어떻게 하면 건설적인 목적에 활용할 수 있을지 논의하기 시작했다.

그 중 한 모임에서 위스콘신 대학교에 있는 정서 신경 과학 및 뇌 영상과 행동 연구소 소장인 리처드 데이비슨이 비디오 게임 제작 업체에게 한 가지 과제를 제시했다. 공격성과 폭력을 조장하는 것이 아니라 자비심과 친절한 말과 행동을 가르칠 수 있는 게임을 만들어 보라

103 Green, C. S., & Bavelier, D. (2003). Action video game modifies visual selective attention. *Nature*, *423*(6939), 534~537.

는 것이었다.

데이비슨은 위스콘신 대학교 매디슨 캠퍼스 교수이자 게임으로 학습하는 사회 계획Games Learning Society Initiative 책임자로 일하는 커트 스콰이어와 손잡고 빌 & 멜린다 게이츠 재단으로부터 140만 달러의 보조금을 받아 고등학생들의 사회적, 정서적 기술 함양에 도움이 되는 교육용 게임 2종을 설계하고 테스트하는 프로젝트를 진행하고 있다.[104]

그 중 하나가 주의력을 높이고 마음을 진정시키는 게임이다. 데이비슨은 "정신 집중법을 알면 무슨 학습을 하든 효과를 볼 수 있다."라고 말한다. 두 번째 게임은 공감, 이타심, 자비심, 친사회적 협력에 중점을 둔다. 데이비슨은 이렇게 설명한다. "공감은 정서 지능에 필수적인 요소이며 성공적인 삶을 사는 데 인지 지능보다 더 중요한 지표가 된다."

이 두 게임이 심심풀이로 게임을 찾는 젊은이들의 관심을 끌고 그런 관심을 건설적으로 이용할 수 있을 만큼 매력을 갖춘다면 게이머들에게 긍정적인 영향을 줄 수 있을 것이라고 생각된다. 살림, 앤더슨, 젠틸은 예비 연구에서 친사회적 비디오 게임[105]이 적대감과 악의적인 감정을 누그러뜨리는 동시에 폭력적인 게임이나 중립적인 성격의 게임에 비해 긍정적인 감정을 증가시키는 효과가 있으며 그 효과가 장기적, 단기적으로 지속된다는 사실[106]을 보여 주었다. 아울러 게이머들의 동기를 확인하는 과정에서 이타적인 의지가 강한 사람일수록 공

---

104 Bavelier, D., & Davidson, R. J. (2013). Brain training: Games to do you good. *Nature*, 494(7438), 425~426.

105 친사회적인 게임 중에 게임 플레이어가 집이나 다른 여러 곳에서 사람의 일을 돕는 로봇을 제어하면서 남을 많이 도울수록 높은 점수를 얻게 되는 「치비로보Chibi Robo」와 같은 게임이 있다. 「슈퍼마리오 선샤인Super Mario Sunshine」에서는 게임 플레이어들이 서로 도와 오염된 섬을 청소한다. 현재 친사회적인 신작 게임을 개발 중인 연구 팀은 플레이어들의 관심을 계속 유지할 수 있을 정도로 정말 매력적인 게임을 만드는 것을 목표로 한다.

106 폭력적인 비디오 게임이 공격성을 키울 뿐 아니라 긍정적인 정신 상태를 감소시킨다는 사실도 확인되었다.

격성이 줄어들고 긍정적 정서가 증가하는 효과가 높은 것을 확인할 수 있었다. 반면에 공감적 고뇌를 줄인다든가 하는 이기적인 이유에서 친사회적인 게임에 참여했다고 밝힌 게이머들은 게임을 할수록 적대감이 증가하는 양상을 보였다.[107]

폭력적인 이미지가 불안을 가중시킨다

텔레비전을 많이 볼수록 세상을 적대적인 곳, 폭력과 위험으로 가득한 곳으로 인식한다는 것이 모든 연구들이 내린 결론이다. 텔레비전에 넘쳐나는 살인, 전쟁, 대량 학살, 강간, 파괴 장면 속에서 허우적거리다 보니 세상에 대해 왜곡된 이미지를 갖게 되는 것이다. 텔레비전은 현실 속 일상과는 비교도 할 수 없을 정도로 폭력적이다. 텔레비전은 늘 좀 더 자극적이고 파괴적인 사건을 골라 헤드라인에 올리고 폭력으로 가득한 드라마와 다큐멘터리를 방영하면서 현실에 대해 잘못된 시각을 제시한다. 스무 살짜리 서양인 젊은이가 텔레비전에서 본 살인 사건이 2만 건에 달한다고 한다. 그런데 일상생활에서 살인 사건을 목격한 젊은이는 과연 몇 명이나 될까? 다행히 극소수에 불과하다.

기온, 소음, 무기

기온

학자들은 폭력적인 행동을 부추기는 많은 요인 중 주변 기온, 소음 수준, 무기의 존재가 특히 큰 영향을 미친다고 말한다. 특히 기온과 공격

---

107 Saleem, M., Anderson, C. A., & Gentile, D. A. (2012). Effects of prosocial, neutral, and violent video games on college students' affect. *Aggressive Behavior*, 38(4), 263~271; Greitemeyer, T., Osswald, S., & Brauer, M. (2010). Playing prosocial video games increases empathy and decreases schadenfreude. *Emotion*, 10(6), 796~802.

성의 관계를 보여 준 연구가 다양하고 많은데 이들에 따르면 온도가 올라갈수록 공격적인 행동이 증가한다. 심리학자 크레이그 앤더슨은 1971년부터 1980년까지 미국 전역에서 발생한 범죄 사건을 통계학적으로 분석하면서 범죄에 기여한다고 알려진 변인(재무 능력, 연령, 교육 수준 등)을 통제함으로써 폭력 범죄 발생률이 7월, 8월, 9월에 가장 높다는 것을 보여 주었다. 또 다른 연구에서도 45년 동안 발생한 폭력 범죄 수가 연간 기온과 관련이 있는 것으로 나타났다.

앤더슨은 여름철에 낮이 길어 사람들이 옥외나 공공장소에 오래 머무는 만큼 폭력을 휘두를 기회가 많아서 그런 것 아닌지 확인하기 위해 실험실 환경에서도 같은 내용의 실험을 실시했다. 피험자들에게 실내 온도가 섭씨 22도~35도로 맞춰져 있는 다양한 공간에서 다양한 활동을 하라고 한 결과, 온도에 따라 공격적인 생각이 선형적으로 증가하는 것을 확인할 수 있었다. 또 다른 실험에서는 온도가 높아지자 생각뿐 아니라 공격적인 행동도 증가했다.[108] 그런데 숨이 턱턱 막힐 정도로 더위가 심해지면 공격적인 행동이 오히려 감소하는 양상을 보인다. 공격성 대신 마비 상태가 나타나면서 피험자들이 회피 행동을 하는 것이다. 미니애폴리스와 댈러스에서 실험실 밖에서 수집된 데이터를 분석하면 폭력적인 행동이 아침 내내 증가하다가 기온이 너무 높아 회피 행동이 나타나기 시작하면 폭력도 감소하는 것을 확인할 수 있었다.

그렇다면 추위는 어떤 영향을 미칠까? 놀랍게도 이누이트족 역시 기온에 따라 폭력의 증감을 경험하고 있는 것으로 나타났다. 기온이

---

108 Nathan DeWall, C., & Bushman, B. J. (2009). Hot under the collar in a lukewarm environment: Words associated with hot temperature increase aggressive thoughts and hostile perceptions. *Journal of Experimental Social Psychology, 45*(4), 1045~1047; Wilkowski, B. M., Meier, B. P., Robinson, M. D., Carter, M. S., & Feltman, R. (2009). "Hot-headed" is more than an expression: The embodied representation of anger in terms of heat. *Emotion, 9*(4), 464.

평상시와 크게 달라지면 온도 차로 인한 스트레스를 유발해 공격성에 영향을 미치는 것으로 보인다.

소음

동물 중에서 특히 설치류는 소음이 커지면 공격성이 증가하는 것으로 알려져 있다. 인간도 비슷하다는 사실이 다양한 실험을 통해 입증되었다. 예를 들어, 미주리 대학교 러셀 진이 한 실험에서 불쾌한 소리에 노출된 피험자는 그런 소리에 노출되지 않은 다른 참가자들보다 공격적인 양상을 나타냈다.

무기

무기는 단순히 눈에 보이거나 앞에 놓여 있는 것만으로도 공격성을 자극하는 심리적 과정이 시작된다. 미국 사회 심리학자 레너드 버코위츠는 실험에 참여하겠다고 자원한 피험자들에게 누군가(실험자가 배치해 놓은 공모자)가 욕을 하면 욕한 사람에게 (가짜) 전기 충격을 가해 복수하라고 말했다. 그러고는 절반의 경우에 (다른 실험을 위한 소도구라고 하면서) 권총을 책상 위에 올려놓았다. 그랬더니 책상 위에 무기가 놓여 있을 때 피험자들이 가하는 전기 충격이 무기가 없을 때보다 더 높은 것으로 나타났다. 최근 아이오와 대학교 크리스토퍼 바레트가 진행한 실험에서는 피험자가 평범한 모양의 조이스틱으로 폭력적인 비디오 게임을 할 때보다 같은 게임을 하더라도 권총 모양으로 생긴 조이스틱을 사용할 때 더 공격적인 양상을 나타냈다.[109]

---

109 Bingenheimer, J. B., Brennan, R. T., & Earls, F. J. (2005). Firearm violence exposure and serious violent behavior. *Science, 308*(5726), 1323~1326.

가장 큰 피해자는 여성과 아동

국제 앰네스티 보고서 중에 『망가진 몸, 산산조각난 마음: 여성에 대한 고문과 학대의 실상Broken bodies, shattered minds:Torture and ill-treatment of women』이라는 것이 있다. 여기에 보면 전 세계 여성 중 5분의 1이 매일 심각한 학대를 당하고 있으며 고문이 "문화에 깊이 뿌리박혀 있어 여성에게 남성과 동등한 권리를 부여하지 않고 폭력을 가하면서 이를 정당화한다."[110]라고 되어 있다. 인도 경우에 가정 폭력으로 고통 받는 여성이 40퍼센트에 육박하고 이집트도 35퍼센트에 달한다. 국제 앰네스티는 구타와 강간을 당한 여성과 소녀들이 한 증언을 다수 인용한 뒤 이렇게 덧붙이고 있다. "그들에게 폭력을 휘두르는 사람은 대부분 가족이나 공동체의 일원 또는 고용주다."

이라크, 요르단, 파키스탄, 아프가니스탄, 터키 등에는 아직도 "명예 범죄"가 존속하고 있어 심하면 명예 살인에 이르게 된다. 이 나라 여성과 소녀들은 가족과 공동체의 명예를 더럽혔다는 이유로 비난을 받으며 가족의 명예에 누를 끼칠 수 있다는 심증만으로 고문을 당하거나 살해당할 수 있다.[111] 2012년 11월, 파키스탄인 부모가 열다섯 살짜리 딸, 아누샤에게 산을 뿌려 죽게 만들었다. 오토바이를 탄 소년이 집 앞에 잠시 멈춰 섰는데 남자를 처다보지 말라고 신신당부했음에도 불구하고 딸이 (눈을 내리깔지 않고) 소년을 바라봤다는 것이 이유였다. 그들은 땅바닥에 쓰러져 신음하는 딸을 몇 시간 동안 방치하고도 집안 망신을 시켰으니 "죽어 마땅하다."라고 (어머니가) 말했다.

---

110 국제 사면 위원회 보고서 ACT 40/001/2001. 이 보고서는 존스홉킨스 대학교 인구 정보 프로그램이 2000년에 발표한 보고서 "50종의 인구 조사를 근거로 한 여성에 대한 폭력의 종식 Ending Violence Against Women, Based on over 50 Population Surveys"을 바탕으로 작성되었다.

111 BBC World Service, November 5, 2012. http://www.bbc.com/news/ world-asia-20202686.

강제 노동, 강제 매춘, 강제 결혼 등을 위해 상품처럼 매매되는 여성들도 고문에 노출되어 있다. 국제 범죄 조직 입장에서 보면 인신매매는 마약과 무기 밀매 다음으로 큰돈을 벌 수 있는 수익원이다. 인신매매를 당한 여성들은 강간을 비롯한 신체적 폭력, 불법 감금, 신분증 몰수, 노예화의 위험에 노출된다.

무력 분쟁이 일어났을 때도 본보기로 교육을 담당하는 여성을 고문하는 경우가 많다. 1994년에 자행된 르완다 대량 학살과 유고슬라비아 내전 당시 투치족 여성, 무슬림 여성, 세르비아 여성, 크로아티아 여성, 코소보 여성들이 특정 인종이나 국가 또는 종교 집단에 속해 있다는 이유만으로 고문을 당했다.

고문당한 여성은 보상을 받으려고 해도 난관에 부딪히게 된다. 특히 경찰의 무관심이나 조롱, 형법상 적용할 수 있는 법조항이 없어 애를 먹는 경우, 사법 체계 안에 눈에 보이지 않는 성차별적 관행이 존재하는 경우, 공정성에 위배되는 형사법적 절차 등이 그런 예다.

여성이 법정에 아예 출두할 수 없는 나라도 있다. 그럴 때는 가족 구성원 중 남성이 해당 여성의 이익을 대변한다. 그런데 여성이 고소를 제기한 폭력 사건에 대해 경찰이 조사를 기피하면서 적법한 절차도 밟지 않고 그냥 되돌려 보내는 일이 허다하다. 파키스탄에서는 강간을 당한 여성이 자기가 좋아서 성관계에 응한 것이 아니라는 사실을 제대로 증명하지 못하면 혼외정사로 몰려 투석형이나 공개 태형을 당할 수 있다. 국제 앰네스티 보고서는 다음과 같이 강조하고 있다.

"각국 정부는 이제 가정과 공동체 안에서 여성에게 가해지는 폭력이 개인이 해결할 문제가 아니라 국가가 책임져야 할 문제라는 사실을 인정해야 한다. 국제 협정에 따르면 국가는 주체와 정황에 상관없이 고문을 당하거나 부당한 대우를 받는 사람이 발생하지 않도록 보호해야 할 의무가 있으며…… 그런 책임과 의무에 소홀할 경우, 고통을 미연에 방지하지 못한 데 대해 책임을 져야 한다."

정신적 폭력

경우에 따라서 정신적 고통이 물리적 폭력보다 더 가혹하고 견디기 어려울 수 있다. 고통을 일으키는 원인은 수없이 많고 그 가운데 우리가 어찌하지 못하는 것도 있지만 각자가 처한 외부적 상황을 행복이나 불행으로 바꾸는 것은 따지고 보면 각자의 마음이다. 그렇기 때문에 내면의 평화를 파괴하는 폭력은 그것이 어떤 형태든 세상과 남에 대한 인식에 지대한 영향을 미친다. 물리적 폭력이 정신을 파괴하는 일이 있다. 강간이 그런 경우다. 그 밖에 경멸, 무관심, 상처를 주는 말이나 태도, 악의적인 태도 등도 사람의 내면적 행복과 삶의 기쁨을 파괴할 수 있다.

가장 흔히 볼 수 있는 정신적 학대는 '괴롭힘'이다. 스웨덴 심리학자 하인츠 레이만은 이를 다양한 측면에 따라 구분했다. 자기 의사를 표현하지 못하도록 방해하고 끊임없이 말을 자르고 욕설을 하고 그 사람이 하는 업무와 사생활을 비판하고 조롱하고 외모에 대해 놀려 대고 몸짓을 흉내 내고 개인적으로 갖고 있는 정치적, 종교적 신념을 공격하고 심하면 위협까지 하는 것이 모두 괴롭힘에 해당한다. 아니면 존재를 무시하고 눈을 마주치지 않고 말도 걸지 않으면서 다들 그 사람을 거부한다는 인상을 심어 주고 동료들과 고립될 수밖에 없는 업무를 부여하고 사람들에게 그 사람과 말을 하지 말라고 하고 능력에 못 미치는 일, 능력보다 버거운 일, 불필요한 일, 불합리한 일, 굴욕적인 일, 건강에 해로운 일을 억지로 하게 만드는 것도 괴롭힘이다. 괴롭힘이 절정에 달하면 물리적 공격, 특히 성적인 공격으로 이어질 수 있다.[112]

학교에서 자주 일어나는 왕따도 피해자에게 오랫동안 악영향을 미칠 수 있는 잔인한 형태의 괴롭힘이다. 그에 대처하는 방법 중 하나는 학생들이 저학년 학생들의 공부나 숙제를 돕는 멘토링 시스템을 구축하는 것이다. 나이가 조금이라도 더 많은 학생들에게 이렇게 책임을 부여하면 면학 분위기도 좋아지고 왕따나 괴롭힘을 줄일 수 있다.

폭력을 어떻게 줄일 것인가

남에게 해코지하고 싶은 욕구를 막을 수 있는 세 가지 요소는 첫째, 남의 처지를 진심으로 염려하는 이타심이나 남을 보살피는 자애의 마음, 둘째, 순간적인 충동에 굴하지 않는 감정 제어 능력, 셋째, 남을 해하려는 생각 앞에서 주저하게 만든다든가 피해를 입힌 데 대해 후회하도록 만드는 도덕적 거리낌이나 양심의 가책이다. 남을 보살피는 자애와 배려에 대해서는 앞부분에서 이미 자세히 논의한 바 있다.

감정 제어 능력의 경우, 수많은 범죄자들이 갖고 있는 공통점이 바로 지극히 충동적이라는 것, 감정 조절 능력이 부족하다는 것이다. 그들은 평균적인 사람들보다 여러 가지 중독에 빠질 가능성도 크고 범죄 행위를 통해 확보한 전리품 같은 것도 순식간에 낭비한다. 특정 상황에서 갑자기 강한 감정에 휘말려 거리를 유지하지 못하는 사람은 실제로 폭력적인 행동을 할 가능성이 크다는 연구 결과가 많이 있다. 일반적으로 감정적 스트레스를 제대로 통제하지 못하면 본능에 따라 이성적이지 못한 선택을 하게 된다. 언뜻 보면 그것이 좋은 해결책인 것처럼 보이지만 실은 감정적으로 부담스런 상황을 모면하려는 핑계에 불과하다.[113]

---

112 괴롭힘과 그 원인에 대해 자세한 내용을 보려면 다음을 참조. Di Martino, V., Hoel, H., & Cooper, C. L., *Prévention du harcèlement et de la violence sur le lieu de travail*, Office des Publications Officielles des Communautés Européennes, 2003. 괴롭힘을 당하는 피해자들은 보통 수줍은 성격, 낮은 자존감, 무능감(난 이 일을 할 수 없어.), 정서 불안, 굼뜬 성격, 수동성 같은 특징을 지니고 있다. 또 경제적으로 취약한 상황, 사회적, 가정적 어려움, 집단 내 다른 구성원들보다 교육 수준이 너무 높거나 낮아서 생기는 취약성 등 희생자가 처한 상황적 특징으로 인해 그것이 더욱 가속화되기도 한다. 이런 특성들은 집단 내에서 희생양 취급을 받기에 좋다고 알려져 있다.

경험을 통해 봤을 때 적절한 훈련을 쌓고 지속적으로 주의를 기울이면 감정이 일어나고 마음속에서 어떤 일이 벌어질 때 그것이 무엇인지 얼른 알아차려 관리할 수 있다. 그런 훈련에는 공감, 측은지심, 이타적 사랑과 같이 건전한 감정을 개발하는 것도 있다.

훈련의 첫 단계는 감정이 어떤 식으로 밀려오는지 알아차리는 것이다. 이때 마음속에서 어떤 일이 일어나는지 세심하게 관찰할 수 있도록 주의력을 키우는 동시에 마음을 어지럽히는 감정과 행복하게 만드는 감정을 구분할 수 있는 분별력을 갖춰야 한다.

경험적으로 볼 때 마음을 어지럽히는 감정에 대책 없이 몸을 맡겨버리면 염증을 치료하지 않고 방치한 것처럼 탈이 나서 부풀어 오른다. 그렇게 되면 감정적 부담이 임계점에 도달해 감당하지 못할 정도가 되고 그로 인해 또 다시 어지러운 감정에 휩싸이게 된다. 그 과정이 반복될수록 임계점은 계속 낮아지고 결국 걸핏하면 화를 내는 성마른 사람으로 변한다.

화를 폭발시켜야 쌓이고 쌓인 것이 일시적으로나마 해소된다는 통설은 여러 심리학적 연구에 의해 사실이 아닌 것으로 밝혀지고 있다.[114] 생리학적 측면에서 보면 정반대다. 화가 났을 때 밖으로 표출하지 않으면 혈압이 내려가는 데 비해 (우호적인 태도를 취하면 혈압이 더 내려간다.) 분노를 그냥 터뜨리면 혈압이 치솟는다.[115]

감정을 억제하는 것도 쓸데없는 짓이다. 감정은 그대로인데 밖으로 표현되지 않을 뿐이므로 임시방편에 불과하고 해결책으로서 건전하지도 못하다. 심리학자들은 감정을 억제하면 신체적, 정신적으로

113 Keinan, G. (1987). Decision making under stress: Scanning of alternatives under controllable and uncontrollable threats. *Journal of Personality and Social Psychology*, *52*(3), 639.

114 Zillmann, D. "Mental Control of Angry Aggression," in Wegner, D., & Pennebaker, P., *Handbook of Mental Control*, Prentice Hall, 1993.

115 Hokanson, J. E., & Edelman, R. (1966). Effects of three social responses on vascular processes. *Journal of Personality and Social Psychology*, *3*(4), 442.

심각한 장애를 유발할 수 있으며 무슨 일이 있어도 감정이 우리를 배반하지 않도록 해야 한다고 조언한다. 그런데 감정 표현을 제대로 조절하지 못해도 바람직하지 못한 결과를 초래할 수 있다. 화를 내다가 뇌졸중으로 죽을 수도 있고 강박적으로 욕망을 추구하다가 몸이 쇠약해질 수도 있다. 무엇보다 중요한 것은 자신 안에서 일어나는 다양한 감정을 적정 수준에서 표현하면서 대화를 이어나가는 것이다.

이를 위해 가장 흔히 사용되는 것 중 하나가 해독 효과가 있는 방법으로 교란된 감정을 중화시키는 것이다. 실제로 서로 정반대되는 정신 작용이 동시에 일어날 수는 없다. 사랑이 순식간에 증오로 바뀌고 증오가 순식간에 사랑으로 바뀔 수는 있어도 누군가를 이롭게 하고 싶은 욕망과 해코지하고 싶은 욕망을 동시에 느낄 수는 없다. 철학자 알랭Alain 은 이렇게 말했다. "하나의 운동은 다른 운동을 배제한다. 우호적인 태도로 손을 잡았다면 주먹을 날리는 것은 불가능하다."[116] 그와 마찬가지로 이타적 사랑을 위해 마음을 단련하면 적대감이 서서히 제거된다. 이 두 가지 정신 상태가 서로 번갈아가면서 나타날 수는 있어도 공존은 불가능하기 때문이다. 항체가 몸을 살리듯 마음의 독을 빼는 해독제가 정신을 살린다.

이타적 사랑은 증오에 직접 해독제로 작용하기 때문에 이타적 사랑을 키우면 키울수록 남을 해롭게 하려는 욕구가 줄어들다가 마침내 사라질 것이다. 이는 마음속에서 증오를 억제하는 것이 아니라 마음을 정반대 방향으로 향하도록 하는 것 즉 사랑과 측은지심 쪽으로 방향을 트는 것이다. 그럼 이타심이 서서히 마음을 채워 결국 제2의 천성이 된다.

혼란스런 감정에 대응하는 두 번째 방법은 마음속에서 우리를 괴롭히는 감정과 결별하는 것이다. 우리는 보통 자기 자신과 자신이 느

116 Alain, *Propos sur le bonheur*, Gallimard, 1985, Folio.

끼는 감정을 완벽하게 동일시한다. 분노가 폭발하면 대개는 마음 구석구석이 분노로 가득 차서 인내심이라든가 불만을 다독일 이성이라든가 다른 정신 상태가 비집고 들어설 여지가 없어진다. 그런데 그런 순간에도 우리 정신은 마음속에 무슨 일이 일어나는지 살필 수 있다. 자신과 아무 상관없는 사건이 눈앞에서 벌어질 때 이를 관찰하듯 스스로의 감정을 관찰하면 된다. 마음속 분노를 의식하는 정신의 일부는 의식을 할 뿐, 그 부분은 화를 내는 상태가 아니다. 다시 말해서 알아차림은 관찰 대상인 감정에 의해 아무 영향도 받지 않는다. 이 점을 이해하면 분노로부터 거리를 두고 그것이 저절로 사라지도록 여지를 마련할 수 있다.

그렇게 하면 해로운 양극단을 모두 피할 수 있다. 즉, 억눌린 감정이 어두운 의식의 밑바닥에 시한폭탄처럼 남아 있지도 않을 것이고 감정을 폭발시켜 자신과 주변 사람들 마음의 평화를 깨뜨릴 일도 없다.

자신을 높이 평가하라고 부추기고 자기애가 강한 사람을 본받으라고 하는 사회에서는 수치심을 불건전하고 바람직하지 못한 것이라고 생각한다.[117] 그런데 도덕적 가치에 위배되는 행동을 하고 그것을 깨달았을 때 느끼는 불안감과 후회는 알아차림에서 비롯되는 사리분별이며 변화를 모색할 수 있는 원동력이 된다. 잘못을 인정하면 같은 잘못을 반복하지 않겠다고 다짐하게 되고 가능하다면 저지른 잘못을 바로잡게 된다. 후회는 죄책감과는 다르다. 죄책감은 구체적으로 어떤 행위에 초점을 맞추는 것이 아니라 존재 전체로 파고들어 "나는 끔찍하게 나쁜 인간"이라고 생각하게 만들고 그럼으로써 자신을 비하하고 변화 능력을 의심하게 된다.

여러 심리학 연구에 따르면 남에게 안겨 준 고통을 생각하거나 남에게 해를 끼칠 생각을 하면서 죄책감을 느끼면 그것이 공감적 자각

---

117 Baumeister, R. F. (2001). *op. cit.*, p. 313.

과 결합되어 폭력에 대해 해독제 역할을 할 수 있다고 한다. 양심의 가책을 통해 이성을 되찾게 되고 일부 범죄자들에게서 나타나는 일이기는 하지만 남에게 해코지를 하면서 느끼는 기쁨이 모두 사라지기 때문이다.[118]

비폭력의 용기

군중을 향해 총을 쏘는 것은 비교적 쉬운 일이다. 미얀마 승려들이 2008년 봉기 당시 독재 정권에 반대한다는 뜻을 표시하기 위해 했던 것처럼 맨발에 무기도 없이 무장 병력에 대항하려면 훨씬 더 큰 용기가 필요하다. 진정한 비폭력은 나약함이 아닌 용기와 결의를 표현하는 것이다. 비폭력은 억압당하고도 가만히 있는 것이 아니라 판단력을 흐리는 증오나 복수에 눈이 멀지 않고 적절하게 행동하는 것이다. 달라이 라마가 자주 말하는 것처럼 비폭력과 관용은 "자, 어서 날 때려봐!"라고 말하는 것이 아니다. 복종도 아니고 포기도 아니다. 비폭력과 관용에는 정신력과 지혜가 동반되어 불필요한 정신적 고통을 겪지 않도록 하고 악의에 빠지지 않도록 막아 준다. 폭력이 연쇄 반응을 일으켜 모두를 비참하게 한다는 사실은 누구나 다 잘 알고 있다. 따라서 무슨 수를 써서라도 폭력을 피하고 협상과 대화를 통해 갈등을 해결해야 한다.

부당한 일을 당하거나 불의의 희생자가 되었을 때 그것을 바로잡기 위해 적절한 수단을 사용하고 단호하게 보여야 하는 것은 맞지만 절대 증오에 빠지지 말고 정의롭고 건설적인 상황에 도달할 수 있다는 희망을 항상 잃지 않아야 한다. 인도에서 간디가 전개한 무저항 불복종의 사티야그라하(진리 파악 운동)가 바로 그것이다. 마틴 루터 킹 2

118 op. cit., pp. 304~342.

세가 보여 준 모든 행동에도 다음과 같은 정신이 깃들어 있다. "비폭력은 자르더라도 상처를 내지 않고 휘두르는 이의 품격을 높이는 강력하고 공정한 무기, 치유의 효능을 가진 칼이다."[119]

119 King, M. L., & Jackson, J., *Why We Can't Wait*, Signet Classics, 2000.

29

살인에 대한 타고난 거부감

미 육군 소장 S. L. A. 마샬이 조사한 바에 따르면 제2차 세계 대전 참전 군인들이 한 행동 중 참모들이 알면 기겁을 할 내용이 있다. 전투에 참가해 무기를 들었지만 실제로 적군에게 총격을 가한 군인은 10~15퍼센트에 불과했다는 것이다. 나머지 군인들도 물론 용기를 발휘해 노르망디 상륙 작전 당시 부상당한 전우들을 돕고 탄약을 공급하는 등 여러 가지 일을 했다. 그렇지만 무기는 사용하지 않았다. 몸을 숨기거나 도망치는 비겁한 행동을 한 것도 아니었다. 적군의 공격을 받아 생명이 위태로운 상황에서도 적을 향해 발포하지 않았을 뿐이다. 마샬 소장이 내린 결론은 이렇다. "전쟁터에서 정신적, 육체적 스트레스를 견딜 수 있을 정도로 신체 건강하고 정신이 건전한 사람은 통념과 달리 남을 죽이는 일에 주저할 수밖에 없다. 사람을 죽이는 것이 의무가 아니라면 자발적으로 남의 목숨을 빼앗는 일은 하지 않을 사람들이기 때문이다."[1]

이 연구는 결론이 워낙 예상치 못했던 내용이라 한때 논란이 많았

---

1   Marshall, S., *Men Against Fire: The Problem of Battle Command*, University of Oklahoma Press (orig. ed., 1947), 2000, p. 79.

지만 나폴레옹 전쟁, 미국 남북 전쟁, 포클랜드 전쟁을 비롯해 다른 전투들을 분석해도 결론은 마찬가지였다.[2] 남북 전쟁이 한창이던 1863년에 미국 빅스버그에 있던 벤자민 매킨타이어 하사는 대대적인 비폭력 대결의 목격자가 되었다. "부대 병사들이 기껏해야 15피트(4~5미터) 정도 밖에 되지 않는 거리에서 총을 연달아 쏘는데 피해자가 단 한 명도 발생하지 않았다면 그건 놀라운 일이다. 그런데 정말 그런 일이 일어났다."[3] 이 전투에서 발사된 총알은 도합 5만 발이었다. 그 정도 거리에서 명중 확률은 5퍼센트다. 1분에 수백 명이 죽어 나가야 정상인 상황이었다.

이것은 징집병과 직업 군인이 뒤섞여 싸운 전통적인 전투 상황에서 일어난 일이었다. 타인의 인간성 말살이나 탈감각화와 같은 메커니즘을 이용해 살인에 대한 거부감을 없애는 마구잡이식 학살이나 집단 학살의 경우에는 사정이 전혀 다르다.

남에게 총을 쏘지 못하는 마음

제2차 세계 대전에 나가 싸운 군인들은 지휘관이 나타나 총을 쏘라고 강요할 때만 발사를 하고 지휘관이 자리를 뜨면 바로 사격을 중지한 것으로 밝혀졌다. 앨버트 J. 브라운 대령은 이렇게 증언한다. "사선(射線)에서 분대장과 소대장들이 왔다 갔다 하면서 군인들에게 발길질을 하고 사격을 종용해야 했다. 두세 명이 총을 쏘면 소기의 목적을 달성했다면서 만족했다."[4]

---

2 주제별로 다음의 연구를 참조. 고대의 전쟁: Picq, C. A. du, *Études sur le combat*, Ivrea, 1978; 나폴레옹 전쟁과 미국 남북 전쟁: Griffith, P., *Battle Tactics of The Civil War*, Yale University Press, 1989; 포클랜드 전쟁 당시 아르헨티나 군인들의 행동: Holmes, R., *Acts of War: The Behavior of Men in Battle*, The Free Press, 1985. Grossman, D., *On Killing: The Psychological Cost of Learning to Kill in War and Society*, Back Bay Books, 2009에 인용.
3 McIntyre, B. F. (1862/1963). *Federals on the Frontier: The Diary of Benjamin F. McIntyre*. Nannie M. Tilley, University of Texas Press. Grossman, D. (2009). *op. cit.*, p. 11에 인용.

군인 대다수는 명령에 복종하지 않으려고 했다. 총을 어깨에 메고 쏘는 척만 하기도 하고 일부러 목표물 위나 옆으로 빗나가게 쏘기도 했다. 심지어 살인 명령을 어긴 경위를 자랑스럽게 떠벌이는 사람까지 있었다. 미 육군 중령 데이브 그로스먼은 『살인에 관하여On Killing』에서 이렇게 쓰고 있다. "결정적인 순간만 되면 병사들이 자기 앞에 서 있는 사람을 도저히 죽이지 못하겠다고 했다."[5]

전투원들 사이의 물리적인 거리가 가까울수록 살인에 대한 혐오도 커진다. 눈앞에 있는 것이 자신과 똑같은 인간이라는 것을 의식하기 때문이다. 역사학자 존 키건은 워털루 전투와 솜 전투(제1차 세계 대전 당시 프랑스 솜강 유역에서 벌어진 참호전-옮긴이) 중에 벌어진 대규모 백병전에서 칼이나 총검에 부상당한 병사가 거의 없다는 사실을 발견하고 깜짝 놀랐다. 적을 향해 돌격해 싸우던 군인들이 총검으로 적의 몸을 찌르는 데 대한 혐오감이 워낙 심해서 소총을 거꾸로 들고 적에게 개머리판을 겨누면서 싸울 정도였다.[6]

사람들의 이런 자연스런 혐오감에 대해서는 여러 가지 설명이 가능하다. 예를 들어 남을 나와 똑같은 사람으로 인식하면 자식과 가족이 딸린 창창한 미래를 가진 존재로 보이기 시작한다. 따라서 그와 가깝게 느낄수록 그의 처지를 염려하게 된다. 타인이 얼굴을 갖게 되고 내가 그에게 스스럼없이 존재 가치를 부여하는 순간, 그에게 고통을 가하기 어려워지고 그를 죽이는 것은 더더욱 불가능해진다. 장 지로두의 펜에서 탄생한 트로이 전쟁 영웅 엑토르는 이렇게 고백했다. "예전에는 내가 죽여야 할 사람이 나와 정반대라고 생각했다. 그런데 이번에는 마치 거울 위에 꿇어앉아 있는 느낌이었다."[7]

4   Grossman, D. (2009). *op. cit.*, p. 27에 인용.
5   *Ibid.*, p. 28.
6   Keegan, J. (1976). Grossman, D. (2009). *op. cit.*, p. 122에 인용.
7   Giraudoux, J., *The Trojan War Will Not Take Place*, Christopher Fry 번역., Methuen, 1983, p. 7.

죽음에 대한 공포보다 더 깊은 상처를 남기는 살인 의무

살인을 하도록 길들이는 조건화 훈련 중 특히 트라우마가 심한 것이 바로 백병전이다. 적을 직접 눈으로 보고 몸으로 접촉하면서 적이 사람이라는 사실을 아주 가까운 거리에서 강렬하게 느끼지만 공격을 가해 그가 죽어가는 과정을 처음부터 끝까지 볼 수밖에 없기 때문이다. 적을 직접 대면한 군인은 자신이 사람을 죽였다는 사실은 물론, 누구를 죽였으며 몇 명을 죽였는지까지 다 알고 있다.

따라서 살인에 대한 혐오감을 극복하고 양심에 위배되는 행동을 하든가 아니면 적에게 총을 쏘지 않든가 둘 중 하나를 선택해야 한다. 그런데 자신의 선택으로 인해 같은 부대원이 살아남지 못하면 전우들을 죽음으로 몰아넣었다는 죄책감에 시달려야 하는 것이 끔찍한 딜레마다. 제2차 세계 대전 참전 용사이자 미국 작가인 글렌 그레이는 이렇게 썼다. "양심에 따라 행동하지 못했다는 생각이 들면 자기 자신은 물론 인류 전체에 대해 크나큰 혐오감을 갖게 된다."[8] 남을 죽임으로써 자신의 일부가 죽는 셈이다.

거리를 유지하라

군인들은 적을 자신과 같은 사람이라고 생각하지 않도록 특수 교육을 받는다. 적은 비열하고 증오해 마땅하며 모든 점에서 자신과 다른 존재라고 생각하도록 훈련받는 것이다. 그렇게 해서 적은 혐오감을 자아내는 존재, "쥐새끼", "기생충", 살아남을 자격이 없는 존재, 사랑하는 사람들과 조국, 인류 전체를 위협하는 열등한 존재로 전락한다. '남'이 그렇게 비열한 존재가 되어 버리면 그 사람들을 자신과 동일시

---

8   Gray, J. G., *The Warriors: Reflections on Men in Battle*, Bison Books, 1998. Grossman, D. (2009). *op. cit.*, p. 39에 인용.

하는 것이 어려워지면서 그를 제거하는 것이 바람직한 일로 바뀐다. 데이브 그로스먼은 살인을 하는 사람과 피해자 사이에 문화적 거리, 도덕적 거리, 사회적 거리, 물리적 거리, 의미론적 거리가 있을 수 있다고 말한다.[9]

문화적 거리는 민족이나 인종, 종교의 차이를 바탕으로 다른 사람을 탈인간화하고 인격을 박탈해 그 사람이 자신과 근본적으로 다르다고 생각하는 것이다.

도덕적 거리는 군인이 가진 신념과 복수에 대한 욕구가 정당하다는 믿음을 강조한다. 사무엘 스토우퍼에 따르면 제2차 세계 대전에 참전한 미군 병사 중 44퍼센트가 일본군 병사를 죽이고 싶다고 했지만 독일군 병사를 죽이고 싶다고 한 미군 병사는 6퍼센트에 불과했다.[10] 그런 차이가 나타난 것은 진주만 공격에 대한 복수욕에서 비롯된 것으로 분석되었다.

군인이 주어진 임무를 수행하면서 자기는 지휘관의 명령을 이행할 뿐이라고 자위하면 할수록 도덕적 거리가 커진다. 그로스먼은 이렇게 설명한다. "살인을 하는 군인은 피해자들이 해충보다 못하고 가증스러운 기생충들이며 자신은 조국과 지휘관이 내린 임무를 이행할 뿐이라고 확신해야 한다. …… 사람을 죽인 군인은 그릇된 행동을 했다는 생각을 철저하게 억눌러야 하며 그런 신념을 위협하는 사람이나 사물을 맹렬히 공격해야 한다. 자신이 옳은 일, 정의로운 일을 했다고 믿어야 건전한 정신 상태를 유지할 수 있다."[11]

사회적 거리를 두려면 특정 사회 계층이 다른 계층에 비해 모든 면에서 열등하고 생명을 하찮게 여겨도 좋을 만큼 하등한 인간들만 모

9   Grossman, D. (2009). op. cit., p. 160.
10 Stouffer, S. A., Suchman, E. A., Devinney, L. C., Star, S. A., & Williams Jr., R. M., The American Soldier: Adjustment During Army Life, Princeton University Press, 1999.
11 Grossman, D. (2009). op. cit., p. 212.

여 있다고 확신해야 한다. 그래서 봉건 시대에 전쟁이 나면 학살을 저지르는 것은 농노나 농민들이 아니라 말을 타고 적과 싸우는 귀족 엘리트들이었다. 달리트는 인도에서 한때 '불가촉천민'이라 불리던 사람들이다. 스스로를 우월한 인간이라 생각하는 상위 카스트 사람들이 달리트를 대상으로 범죄를 저지르는 일이 많으며 인도 법원조차 현행범을 잡아도 불가촉천민에게 유리한 판결을 내는 일이 거의 없다. 1982년에 케스타라 마을에서 불가촉천민 열네 명이 피살당했을 때도 백주대낮에 사람을 죽인 피고인들은 모두 무죄를 선고받았다.

물리적 거리가 커지면 살인이라는 행위가 추상적인 개념이 되어 버린다. 심리학자이자 군사 교관인 리처드 스트로치 헤클러는 이렇게 쓰고 있다. "요즘은 전투 요원이 아침에 6천 미터 상공에서 폭탄을 투하해 민간인들에게 말할 수 없는 고통에 빠뜨린 후 그곳으로부터 수백 킬로미터 떨어진 곳으로 날아가 한가로이 저녁식사를 한다. …… 전투 요원은 자신이 한 행동으로 두개골이 짓이겨진 사람의 눈을 평생 기억할 일이 없다."[12] 앙드레 말로는 적과 눈이 마주치면 절대 죽일 수 없다고 말했다. 르완다 대학살에 참여했던 후투족 한 명은 이렇게 증언한다. "내가 처음으로 치명상을 입힌 사람이 날 쳐다보던 순간을 아직도 잊을 수 없다. 충격적이었다. 내가 죽인 사람이 숨이 끊어지던 찰나 날 바라본 눈이 뇌리에서 떠나지 않는다. 끔찍할 정도로 검은 눈이었다. 사방에서 사람들이 죽어갈 때 피가 철철 흐르고 숨이 가빠지는 것보다 훨씬 더 두렵고 충격적인 것이 바로 눈이다. 살인자에게 죽은 자의 눈은 재앙이다. 그것은 살인자에게 퍼붓는 힐난이다."[13]

무기를 조작하는 사람과 그에게 희생당하는 사람 사이의 기계적 거리를 가리키는 가상적 거리는 희생자들을 스크린에 떠 있는 가상 목표물로 전락시킨다. 걸프전을 흔히 "닌텐도 전쟁"이라 하는데 그럴

12 Strozzi-Heckler, R., *In Search of The Warrior Spirit*, Blue Snake Books, 2007.
13 Hatzfeld, J., *Machete Season: The Killers in Rwanda Speak*, Macmillan, 2006.

때 적은 레이더 화면에 나타나는 반사파 영상이나 사방이 깜깜한 한 밤중에 보는 열적외 영상 또는 GPS 좌표에 불과하다.

지구 반대편에 있는 사령부에서 드론을 원격 조종해 전투에 투입하는 것이 오늘날 볼 수 있는 가상적 거리의 예다. 그런데 요즘은 첨단 기술 덕분에 드론 조종사가 작전 결과를 이전보다 훨씬 생생하고 적나라하게 볼 수 있어 임무에 대한 반감과 더불어 심각한 심리 장애가 생길 수 있다.

브랜든 브라이언트는 6년 동안 드론 조종사로 일했다.[14] 미국 뉴멕시코주에서 버튼만 누르면 지구 반대편에서 사람들이 죽어 나갔다. 브랜든은 처음 미사일을 발사했을 때를 똑똑히 기억하고 있다. 두 남자가 즉사하고 세 번째 남자가 서서히 죽어 가는 모습을 화면을 통해 지켜볼 수 있었다. 다리를 잃은 남자는 잘려 나간 다리를 손으로 잡고 있었고 뜨거운 피가 흘러 아스팔트를 적셨다. 고향에 돌아온 브랜든은 울면서 어머니에게 전화를 했다. "거의 일주일 동안 인간 세상과 단절된 느낌이었어요." 그는 이렇게 말했다. 브랜든은 6년 동안 남녀노소 할 것 없이 사람들이 죽어가는 모습을 실시간으로 지켜봤다. 그렇게 많은 사람을 죽이게 될 줄은 꿈에도 몰랐다. 아니, 사람을 한 명이라도 죽일 수 있으리라고는 상상도 하지 못했다.

어느 날, 탈레반 요원이 숨어 있다는 집에 미사일을 발사했는데 집 모퉁이에서 갑자기 어린 아이가 뛰어나오는 것이었다. 그리고는 바로 폭발 장면이 화면을 가득 메웠다. 건물 벽이 무너져 내렸다. 아이는 어디론가 사라지고 없었다. 브랜든은 속이 메스꺼웠다. 화면에서 사람들이 죽어 나가는 것을 더 이상 보고 있을 수 없었다. "차라리 내 눈이

---

14 Abé, N. (December 14, 2012). Dreams in infrared: The woes of an American drone operator. *Spiegel Online International*.
http://www.alipac.us/f19/meet-brandon-bryant-drone-operator-who-quit-after-killing-child-war-crimes-268988/.

문드러지면 좋을 것 같았어요."라고 말했다. 그는 그 자리에 쓰러져 몸을 웅크린 채 피를 토했다. 의사가 내린 진단명은 외상 후 스트레스 장애였다. 브랜든은 현재 공군 복무를 그만두고 세상을 달리 바라보는 방법을 배우고 있다.

의미론적 거리도 있다. 적을 "죽인다."라고 하지 않고 "무력화한다.", "제거한다."라고 표현하는 것이다. 적의 인격을 부인하면서 "크라우트Kraut(독일 놈)", "잽Jap(일본 놈)", "자니 랩Johnny Reb(남군 병사)" 등으로 부르면서 이상한 동물 정도로 격하시킨다. 전쟁 무기에는 듣기 좋은 별명을 붙인다. 미국이 베트남과 아프가니스탄에서 사용한 데이지 커터Daisy Cutter라는 귀여운 이름을 가진 무기는 반경 수백 미터 안에 있는 것을 몽땅 초토화시키는 가공할 위력을 가진 6.8톤짜리 폭탄이었다. 베트남 전쟁 당시 8천만 리터를 들이부어 지금도 암을 유발하고, 기형아 출산의 원인이 되고 있는 끔찍한 고엽제는 이름이 에이전트 오렌지Agent Orange였다. 그 밖에도 특정 지역을 "청소" 또는 "처리"했다고 한다든가 "저항하던 고립 지대를 밀어 버렸다."라고 하는 등 온갖 완곡어법이 사용되고 있다. 다른 사람을 죽이려고 하다가 살해된 경우에도 그대로 표현하지 않고 "임무 중" 전사 또는 "명예로운" 전사를 했다고 하고 아군이 쏜 총에 살해되면 "오인 사격의 피해자"가 되었다고 말한다.

살인을 기피하는 의식

고대 문화에서 보던 것처럼 오늘날 도시의 갱들도 살인을 피하기 위해 모의 전투를 한 뒤 승리 또는 항복을 선언하는 의식과 관례를 만들어 실행한다. 실제로 폭력을 사용하지 말고 상징적인 행위를 통해 힘을 과시하고 분노와 억울한 마음을 표시하자는 것이다. 사회 심리학자 피터 마쉬가 하는 설명에 따르면 이런 의식에 참여하는 사람들은 양측 모두 겉으로는 적대감을 표시하고 힘을 과시하지만 실제로 나타나는 폭력은 매우 낮은 수준이다.[15] 귄 다이어는 다음과 같이 결론 내린다. "사람 배를 갈라 죽이고 싶어 하는 사이코패스가 가끔 있지만 참가자들 대부분은 장엄한 퍼레이드와 그것을 통해 돈을 버는 데 더 관심이 많으며 불상사를 최대한 줄이고 싶어 한다."

살인은 누가 하는가?

앞서 언급한 연구에서 밝혀진 내용 중에 또 한 가지 충격적인 사실이 있다. 무력 충돌 시 적에게 손실을 가하는 군인은 극소수에 불과하다는 것이다. 이는 육해공군이 다 마찬가지다. 제2차 세계 대전 중에 1퍼센트의 미군 전투기 조종사가 적군의 비행기 30~40퍼센트를 파괴했다. 그들이 다른 조종사들보다 실력이 뛰어나거나 용기가 출중해서 그런 게 아니었다. R. A. 가브리엘이 한 분석에 따르면 "전투기 조종사들 대부분은 사람을 향해 총을 쏘지 않았으며 그러려고 시도조차 하지 않았다." 조종사들 눈에 비친 조준선 너머 전투기 조종석에 앉은 사람은 자신과 똑같은 파일럿이었으며 동지애까지 느껴지는 "자신을 쏙 빼닮은 남자"였던 것이다.[16]

  그렇다면 기꺼이 살인을 한 군인들은 대체 어떤 사람이었을까? 캐나다 군사 역사학자 귄 다이어에 따르면 그들은 "전시와 같이 도덕적, 실리적으로 살인이 정당화될 때라든가 살인을 해야만 원하는 곳에 발을 들여놓을 수 있는 경우에 거리낌 없이 사람을 죽일 수 있는 타고난 군인"[17]이다. 이런 병사들은 "전시가 아닌 평상시에는 정규 군대 생

---

15 Marsh, P., & Campbell, A., *Aggression and Violence*, Blackwell, 1982.
16 Gabriel, R. A., *No More Heroes: Madness and Psychiatry in War*, Hill and Wang, 1988.
17 Dyer, G., *War: The Lethal Custom*, Basic Books, 2006. Grossman, D. (2009). *op. cit.*, p. 180에 인용.

활이 너무 지루하기 때문에 대부분 돈을 받고 고용되는 용병으로 전향한다. …… 그런 사람은 흔치 않으며 직업 군인을 포함해 전체 병력 중 극소수에 불과하다. 특공대라든가 특수 부대에 대부분 모이게 되어 있다."

스웽크와 머천트의 제2 차 세계 대전에 관한 연구[18]를 보면 휴식 없이 오랜 기간 전투를 계속할 수 있는 군인 중 2퍼센트 정도가 공격적인 사이코패스의 특성을 나타내며 이런 사람들은 자신이 한 행동에 대해 양심의 가책을 느끼지 않는다. 그들을 제외한 나머지 사람들은 전투가 60일 이상 지속되면 생존자 98퍼센트가 각종 정신 장애를 앓는다.

그런데 그보다 한 술 더 뜨는 사람들이 있다. 데이브 그로스먼은 베트남 참전 용사, R. B. 앤더슨의 경우를 예로 든다. 앤더슨은 『마지막 독설 - 베트남전은 즐거웠다Parting Shot : Vietnam Was Fun』에서 이렇게 쓰고 있다.

솔직히 말해 정말 재미있었다. …… 아주 즐거워서 한 번 더 하겠노라 자청했을 정도다. 인간 사냥에서 돌아와 '시내'에 나가 파티를 즐길 수 있는 곳이 세상에 또 어디 있을까? 공습에 연대 베이스캠프가 파괴되는 장면을 유유히 언덕에 앉아 감상할 수 있는 곳이 거기 말고 또 어디에 있을까? …… 나는 전쟁에 참여한 전사였다. …… 살인을 통해 느끼는 스릴과 가족보다 더 가까운 전우를 잃는 아픔은 참전 용사가 아니고는 결코 알 수 없다.[19]

참전 용사들 중에 목표물을 명중시키고 적을 죽인 순간 행복감이

18 Swank, R. L., & Marchand, W. E. (1946). Combat neuroses: Development of combat exhaustion. *Archives of Neurology & Psychiatry, 55*(3), 236.
19 Grossman, D. (2009). *op. cit.*, pp. 237~238에 인용.

들었다고 말하는 사람이 꽤 있다. 그렇지만 그 행복감은 순식간에 사라지고 깊은 죄책감이 몰려온다.

공감을 억누르는 조건화 훈련

사람을 죽이려면 남에 대한 공감, 친밀감, 자신과 유사하다는 느낌을 억누를 수 있어야 한다. 사이코패스는 날 때부터 공감 능력이 부족하다. 그래서 마음의 동요 없이 냉정하게 최고로 악한 고문을 가할 수 있는 것이다.

그렇게 보면 현대 군사 훈련 중에 살인에 대한 혐오감을 없애기 위한 특수 기법이 포함되어 있는 것이 결코 놀라운 일이 아니다. 원래 사이코패스인 사람은 인구의 1~2퍼센트 정도로 극히 드물기 때문에 군대에서는 남에 대한 공감 능력을 무력화시키기 위해 모의 훈련을 실시하면서 죽이는 행위를 수차례 반복하게끔 한다. 살인 행위를 일상적인 일로 보편화시키고 감수성을 둔하게 만드는 것이다.

제2차 세계 대전이 끝난 뒤 군대 교관들은 조건화가 정말 효과를 발휘하려면 주어진 환경에서 사람의 형태를 한 목표물이 갑자기 출몰해야 한다는 것을 깨달았다. 그래야 병사가 아무 생각 없이 반사적으로 사격을 가할 수 있고 목표물을 명중시켜 인형이 뒤로 자빠지면 만족감을 느낀다. 보상을 통해 조건화를 강화시키는 것이다. 아주 그럴듯하게 보이는 극사실적인 환경을 재현함으로써 병사는 주저감이나 감정적 반응 없이 살아 있는 사람을 표적으로 총을 쏠 수 있게 된다. 집중적인 조건화 훈련을 받은 군인은 적이 갑자기 나타나더라도 움직이는 목표물로 훈련할 때처럼 자동적으로 사격을 가하게 된다.

미군은 극한 훈련 기술을 다양하게 사용해 신병들을 살인 기계로 길들인다. 베트남 참전 용사인 미 해병대의 병장은 이렇게 증언한다. "아침에 PT체조를 할 때 왼발이 땅에 닿을 때마다 '죽이자, 죽이자, 죽

이자, 죽이자'하면서 리듬에 맞춰 구호를 외친다. 귀에 못이 박힐 정도가 되어 머릿속에 주입되면 정말 사람을 죽여야 하는 상황이 왔을 때 그것이 아무렇지 않게 느껴진다."[20] 실패하면 벌을 받는다고 위협하면서 수천 시간 동안 계속 이런 조건화 훈련을 반복해 실시한다. 귄 다이어를 비롯한 여러 저자들이 이를 훈련이라 하지 않고 살인 병기를 양성하는 파블로프 조건화라고 부르는 것이 놀라운 일이 아니다.[21] 결국 그런 노력이 결실을 맺어 한국 전쟁 때 적을 향해 총을 쏜 병사의 비율은 15퍼센트에서 50퍼센트로 크게 상승했고 베트남전에서는 그 숫자가 90~95퍼센트로 치솟았다. 전쟁 역사상 유례를 찾아보기 힘든 대기록이었다.

요즘은 상황이 약간 달라졌다. 미 해병대에서 새로운 법규가 채택되어 병사들에게 적을 자신과 똑같은 인간으로 생각하고 임무를 달성하기 위해 반드시 필요한 경우가 아니면 폭력을 사용하지 말라고 교육하고 있다.

살인에 대한 조건화가 가능한 나이는 20세 미만

미군은 이런 조건화 훈련이 성인들에게는 효과가 거의 없으며 열일곱 살에서 스물세 살 사이가 살인을 조건화하기에 가장 적합하다고 말한다. 이 연령대가 지나면 살인에 대한 혐오감을 극복하기 어려워서 아무리 노력을 해도 소용이 없다는 것이다. 그에 비해 어린 신병들은 선의를 갖고 지휘관이나 교관들을 신뢰하면서 조건화에 열심히 참여한다. 그로스먼은 이렇게 밝힌다. "인생에서 가장 마음이 여리고 민감한 시기인 젊은이들에게 전투의 온갖 끔찍한 면을 내면화시킨다."[22]

---

20 Dyer, G. (2006). *op. cit.*, quoting a sergeant in the American Marines, a Vietnam veteran. In Grossman, D. (2009). *op. cit.*, p. 253.
21 *Ibid.* Grossman, D. (2009). *op. cit.*, p. 19에 인용.

십대들의 전쟁이라 불리는 베트남전에 참전한 병사들 평균 연령이 20세 미만이었다.

신경 과학에서는 사람의 뇌 구조에 큰 변화가 생기는 시기가 두 번 있다고 말한다. 첫 번째는 출생 직후 외부 세계에서 유입되는 다양하고 풍부한 감각 자극으로 인해 뇌의 신경망 활동이 급격하게 상승하는 신생아 시절이다. 그랬다가 사춘기가 될 때까지 서서히 속도가 둔화된다.

최근에 발표된 여러 연구 결과에 따르면 청소년기에 뇌에서 두 번째로 중요한 구조 조정이 일어난다. 어렸을 때 만들어진 신경망 중 대다수가 열여섯 살부터 스무 살 사이에 해체되고 이 시기에 새로 형성된 신경망이 전문화되어 성인이 된 후에도 계속 유지된다.[23]

그런데 스무 살 전이라면 다른 뇌 영역에서 불러일으킨 감정을 조절하는 전전두 피질이 완전히 성숙하지 않은 때다. 청소년들이 감정적으로 불안정하고 과민한 반응을 나타내고 위험을 무릅쓰면서 새로운 것을 추구하는 것이 바로 그 때문이다. 이 시기는 인생에서 꼭 필요한 단계지만 상처받기 쉬운 시기이기도 하다.

그 점을 감안하면 베트남전 당시에 전쟁 효율을 높이겠다는 생각 하나로 자원병도 아니고 징집병 젊은이들을 상대로 영속적인 형태의 살인 능력을 마음속 깊이 주입한 것이라고 볼 수 있다. 그럼으로써 젊은이들 마음속에 숨겨진 성향을 조작하고 동료들에 대한 이미지를 근본적으로 바꿔 놓았다. 그런 식으로 길을 들이려면 시간이 많이 소요된다. 그만큼 조건화를 해제시켜 원상복귀 시키는 데도 같은 양의 시간, 아니 오히려 더 많은 시간이 필요할 수 있다. 문제는 조건화를 해

22 Grossman, D. (2009). *op. cit.*, p. 267.
23 Giedd, J. N., Blumenthal, J., Jeffries, N. O., Castellanos, F. X., Liu, H., Zijdenbos, A.,... Rapoport, J. L. (1999). Brain development during childhood and adolescence: A longitudinal MRI study. *Nature Neuroscience, 2*(10), 861~863.

제하기 위해 취해진 조치가 많지 않다는 것이다. 전쟁 통에 징집되어 군 복무를 마친 병사들은 인간성 박탈이라는 조건화 훈련을 받은 뒤 해독 절차도 밟지 못한 채 다시 사회로 돌아갔다. 오늘날 마이애미 대학교 애미쉬 자를 비롯해 수많은 심리학자와 신경 생물학자들이 참전 용사들을 돕는 일에 착수했다.

모두가 피해자

전쟁에서 가장 큰 피해자는 두말 할 것 없이 그런 폭력을 당한 사람들이다. 그런데 공격자 없이는 피해자가 나올 수 없는 법이다. 그래서 공격의 메커니즘을 이해할 필요가 있다. 다양한 이유로 인해 군인들이 살인에 대한 혐오를 극복하면 군인들 마음속에 깊은 심리적 후유증이 남는다. 제2차 세계 대전 중에 미 해병대에 입대한 윌리엄 맨체스터가 쓴 회고록에 보면 일본군 엘리트 사수에게 슬금슬금 다가가 권총 한 발을 쏴 죽이고 얼빠진 사람처럼 "미안합니다."라는 말을 중얼거린 후 미친 듯이 토하기 시작했다고 고백한 대목이 있다. "어려서부터 배운 모든 것에 대한 배신이었다." 그는 이렇게 쓰고 있다.[24]

살인에 대한 혐오감을 뛰어넘게 만든다는 것은 치러야 할 대가가 매우 큰 일이다. 여러 자료에 따르면 베트남전과 이라크전에 참전했던 미군 중 90퍼센트가 심각한 심리적 장애를 겪은 것으로 보인다. 참전 용사 중 15~45퍼센트는 외상 후 스트레스 증후군을 앓고 있다. 극도의 불안과 공포, 반복되는 악몽, 현실과 유리 현상, 강박적 행동, 우울증, 반사회적 행동을 보이다가 자살을 선택하는 것이 외상 후 스트레스 증후군의 특징이다. 실제로 전쟁터에서 전사한 사람보다 이라크와 아프가니스탄에서 돌아와 자살한 사람이 더 많을 정도다.[25]

---

24 Manchester, W., *Goodbye, Darkness: A Memoir of The Pacific War*, Michael Joseph, 1981. Grossman, D. (2009). *op. cit.*, p. 116에 인용.

컬럼비아 대학교에서 참전 용사 6,810명을 대상으로 수행한 연구를 보면 집중 공습에 참가한 적이 있는 사람들만 이런 증후군을 앓는다.[26] 그들은 다른 미국인들에 비해 진정제 사용, 이혼율, 실업률, 알코올 중독률, 자살률이 높고 고혈압, 심장 질환, 궤양에 걸릴 확률도 국가 평균을 훨씬 웃도는 실정이다. 반면에 같은 베트남 참전 용사라도 전투에 투입되지 않았던 사람들은 미국에서 복무한 징집병들과 거의 비슷한 특징을 보였다.

어떤 교훈을 얻을 수 있는가?

지금까지 살인에 대한 조건화 훈련이 젊은 군인들의 행동과 자기 존중감에 얼마나 깊은 영향을 미치는지 살펴보았다. 그런데 사람은 기질이 유연하고 뇌의 가소성이 있기 때문에 자애 쪽으로도 얼마든지 변화할 수 있을 것이라 기대할 수 있다.

신경 과학과 수천 년에 걸쳐 효과적인 방법을 갈고 닦은 명상법이 손을 잡은 결과, 이타적 사랑을 함양하는 것이 지속적인 효과가 있는 것으로 밝혀졌다. 짐작하겠지만 불교 명상가들이 제시하는 정신 수련은 젊은 신병들이 받은 조건화와 정반대되는 것이다. 이 수련을 하면 누구에게나 공감을 느끼고 남을 존중하는 타고난 성향을 되살리고 증폭시키고 견고하게 만들 수 있다. 이타심이 모든 인간에게 유용한 미덕인 이유에 대해 깊이 성찰한다는 점에서도 조건화와 전혀 다르다.

25 Williams, T. (2012). Suicides outpacing war deaths for troops. *New York Times*, June 8, 2012.

26 Snow, B. R., Stellman, J. M., Stellman, S. D., Sommer, J. F., & others. (1988). Post-traumatic stress disorder among American Legionnaires in relation to combat experience in Vietnam: Associated and contributing factors. *Environmental Research*, 47(2), 175~192.

종교의 관점

세상의 모든 종교는 사랑의 메시지를 전달한다고 자처하므로 이구동성으로 살인을 규탄하고 비난할 것이라 예상할 것이다. 그런데 의외로 모호한 입장을 보이는 경우가 있다. 특히 전쟁에 관해서는 더 심하다. 이라크에 주둔해 임무를 수행하던 젊은 병사가 어느 날 군대 예배당 입구에 "우리는 하나님의 일을 하고 있습니다."라고 쓰여 있는 것을 보았다. 말도 안 되는 글이라고 생각한 병사는 그 자리에서 신앙을 버렸다.[27] 달라이 라마도 언젠가 이렇게 말한 적이 있다. "서로 맞붙어 싸우고 죽이는 사람들이 모두 같은 신을 향해 기도하고 있으니 하늘에서 듣는 신도 무척 혼란스러울 것 같다."[28]

　미국 해병으로 제1차 걸프 전쟁에 참전했던 앤소니 스워포드는 영화 「자헤드」에서 이렇게 말한다.

　종교와 군대가 서로 양립할 수 없다는 사실을 깨달았다. 군인들 중에 신앙심이 독실한 사람이 많은 것을 보고 반대라고 생각하는 이들이 있는데 뭘 몰라도 한참 모르는 사람들이다. 그들은 남의 생명과 생계 수단을 초토화하는 것이 군대의 임무라는 것을 망각하고 있다. 그 많은 폭탄이 대체 어디에 사용된다고 생각하는 것일까?[29]

　데이브 그로스먼이 쓴 책[30]에 보면 살인 행위를 정당화할 수 있는 성서의 구절을 찾는 대목이 있다. 군인들 중에 "살인하지 말라."는 여섯 번째 십계명을 어기게 될까 두려워하는 기독교인이 있다. 그로스먼

27　2003년 BBC World Service 인터뷰.

28　2013년 1월 21일에 남부 인도에서 열린 제25차 마음과 생명 연구소 회의 당시에 제14대 달라이 라마가 한 말.

29　Swofford, A., *Jarhead: A Soldier's Story of Modern War*, Scribner, 2004.

30　Grossman, D. (2009). *op. cit.*

은 그들이 양심의 가책을 느끼지 않도록 성서에 등장하는 중요한 인물도 정당한 이유가 있으면 원수를 죽였다고 하면서 성서가 명분 없이 살인하지 말라는 것일 뿐 살인을 완전히 금하는 것은 아니라고 설명한다.

해석이 분분하기는 하지만[31] 실제로 구약 성서와 토라Torah에 보면 이른바 정전(정당한 전쟁)이라는 개념이 있다. 이 경우에는 살인을 무고한 일이라고 판단한다. 토라에서는 살인, 근친상간, 간음, 우상 숭배의 경우에 사형도 인정한다.[32] 마틴 루터 역시 『대교리문답Large Catechism』에서 범죄자를 처벌해야 하므로 하느님과 정부는 여섯 번째 계명에 저촉을 받지 않는다고 설명하고 있다. 코란도 입장이 비슷하다. "알라가 신성하게 만든 생명을 죽이지 말라. 단, 정당한 사유가 있을 때는 예외로 한다." 코란에서는 선제공격을 금지하고 있다.[33]

이런 식으로 전쟁과 사형을 제6 계명의 예외로 보고 정당한 사유의 범위를 넓히다 보면 '대의'라는 명분을 내세워 대량 학살, 집단 학살을 저지르는 일이 일어난다. 가톨릭과 개신교 당국자들은 제2 차 세계대전 중에 신부와 목사들에게 양심적 반전주의를 금지시켰다. 그래도 르 샹봉 쉬르 리뇽의 앙드레 트로크메 목사는 마을 사람들과 힘을 합쳐 유대인 수천 명을 구하면서 비폭력 운동 선봉에 섰다. 유대인들 목숨을 구하느라 끊임없이 위험에 노출되어 있던 트로크메 목사는 전쟁 중에 작성한 유언장에서 양심적 반전주의에 대해 이렇게 쓰고 있다. "나는 사람을 죽일 수도 없고 전쟁이라는 죽음의 노동에 동참할 수도 없다."[34]

---

31 '정의로운' 전쟁에 대해 성서의 사무엘서 23장 8절, 출애굽기 20장 13절, 34장 10~14절, 신명기 7장 7~26절 참조.

32 토라, 민수기 35장 16~23절, 레위기 20장 10절, 출애굽기 22장 20절과 32절.

33 코란 17장 33절과 186절.

34 Boismorand, P. (ed.), *Magda et André Trocmé, Figures de résistance*, selected passages, Éditions du Cerf, 2008, extracts from *Souvenirs*, p. 119.

트로크메 목사가 취하는 관점은 성 바오로가 한 말과 맥을 같이 하는 것으로 보인다. "가르침은 …… 요약하면 이렇다. 네 이웃을 네 몸과 같이 사랑하라. 사랑은 이웃에게 악을 행하지 않으니 사랑이 곧 율법의 완성이다."[35]

노벨 평화상을 수상한 데스몬드 투투 대주교 입장은 더할 나위 없이 분명하다. "내가 아는 한, 살인을 해도 좋다고 허용하는 종교는 세상에 없다."[36] 세계 경제 포럼 기간 중에 데스몬드 투투 대주교가 종교 대표자들이 참석한 회의에서 이 말을 했을 때 나는 투투 대주교가 한 말을 바탕으로 공동 선언문을 발표하자고 제안했지만 "다양한 관점이 공존하는 사안"이라는 이유로 성사되지 못했다.

불교에서는 생명을 죽이는 것에 대해 평상시와 전시를 구분해 서로 다른 입장을 취하지 않는다. 병사는 자기 손으로 저지른 살인에 책임이 있고 장군은 살인 명령을 내린 데 대해 책임이 있다. 신심이 두터운 불교 신자라면 참전을 거부하는 수밖에 없다. '아힘사(불살생)'라는 엄격한 비폭력주의를 기본 사상으로 하는 자이나교도 마찬가지다. 자이나교 신자들은 일상생활 중에 그들이 이상으로 삼는 불살생을 실천하면서 수행의 귀감이 되고 있다. 어떤 신도 믿지 않는 이 두 종교는 인과 법칙으로 세상을 이해한다. 이들에 따르면 무지, 증오, 적대감, 욕망이 폭력을 불러일으키는 가장 큰 원인이다. 악의는 증오를 일으켜 영속시키기 때문에 언제 어디서나 비생산적일 수밖에 없다.

증오를 느끼지 않아도 얼마든지 강력하고 단호한 행동을 통해 위험인물이 해코지를 하지 못하도록 방지하는 것이 가능하다. 언젠가 누가 달라이 라마에게 괴한이 침입해 권총을 들고 사람들을 위협하면 어떻게 해야 가장 잘 대처하는 것이냐고 물었다. 그러자 달라이 라마

---

35 사도 바오로가 로마인들에게 보낸 편지(로마서) 13장 8~10절.
36 이 말은 2012년 1월 26일 다보스에서 열린 세계 경제 포럼에서 학자들과 다양한 종교 대표자들을 만난 자리에서 데스몬드 투투 주교가 한 말이다.

는 반은 진지하게 반은 농담조로 이렇게 대답했다. "악당의 다리를 쏘아 제압한 뒤 그에게 다가가 머리를 한 번 쓰다듬어 주고 상처를 치료하겠습니다." 달라이 라마도 현실이 그렇게 녹록치 않다는 것을 잘 알고 있었다. 다만 약간의 힘을 쓰는 것으로 충분한데 쓸데없이 증오를 남발하는 것은 해로운 일이라는 것을 가르치고 싶었던 것이다.

이렇게 입장을 밝히면 말이 끝나기 무섭게 질문이 수없이 쏟아진다. "적이 쳐들어오면 방어하기를 포기하시겠어요?, 맞서 싸워 나라를 지키시겠어요?, 독재자가 국민을 탄압하고 학살해도 가만히 놔둬야 합니까?, 집단 학살을 막으려면 개입해야 하지 않을까요?" 느닷없이 이렇게 물으면 대답은 구태의연할 수밖에 없다. "예, 공격으로부터 자신을 방어해야 합니다. 예, 고통 받는 사람들을 구할 다른 길이 없다면 독재자를 제거해야 합니다. 예, 어떤 희생을 치르더라도 집단 학살은 막아야 합니다." 정말 알고 싶은 것이 있으면 똑똑한 질문을 해야 한다. 공격이나 대량 학살을 미연에 방지하기 위해 할 수 있었던 일이 많았을 텐데 결국 극단적인 선택을 할 수밖에 없는 처지가 된 것은 그것들을 너무 오랫동안 등한시했기 때문일 것이다. 그간의 경험을 통해 우리는 지금까지 일어난 집단 학살이 모두 적절한 시기에 손을 쓰지 못하고 사전 징후를 깡그리 무시해서 생긴 일임을 너무나 잘 알고 있다.

열대 국가에서 이질이 유행하는 것을 막으려면 가방 한 가득 항생제를 챙기는 것만으로는 부족하다. 식수의 품질을 조사하고 물을 정수기에 걸러 끓여 먹어야 한다. 마을에 오염되지 않은 우물을 파고 위생 관리를 철저히 한 뒤 사람들에게 위생 수칙을 가르쳐야 한다. 살인도 마찬가지다. 무슨 일이 있어도 살생을 막고자 한다면 "일이 잘못되면 총 들고 나가 문제를 해결해야지."라고 말하는 것만으로는 부족하다. 다른 사람이 느끼는 불만과 분노를 자초하는 원인이 무엇인지 지속적으로 세심히 살피면서 마음속에 적대감이 불붙기 전에 해결책을 모색해야 한다. 폭력이 갈등을 해결하는 가장 효과적이고 빠른 방법이라고 생각하는 사람이 너무 많다. 부처님은 이렇게 가르쳤다.

"증오에 증오로 답하면 증오가 끝이 없다."

30

인간성 말살의 극치를 보여 준
대량 학살, 집단 학살

앞 장에서 사람은 살인을 깊이 혐오한다는 것을 살펴보았다. 그런데 혐오감이 아무리 강해도 특수한 상황에 처하면 혐오감을 뛰어넘어 인류 역사상 최악의 잔혹한 행동을 하며 남을 박해하고 죽이고 대량 학살하는 것이 사람이다. 반복되는 잔학 행위를 보면서 평소에 살인을 막아 주는 장벽이 도대체 어떻게 해서 무너지는지 놀랍기만 할 뿐이다.

살인에 대한 혐오감을 무너뜨리는 요인에는 여러 가지가 있다. 가장 강력하게 작용하는 감정이 증오, 공포, 환멸 같은 것이다. 남을 평가 절하하고 인간성을 말살하고 악마처럼 묘사하는 것도 요인에 속한다. 그 밖에 가해자가 고통에 무감각해지는 탈감각화, 피해자들과의 정서적·도덕적 유리, 희박해지는 책임감, 폭력을 정당화하는 이념 체계 같은 것들이 들러리를 선다. 이런 모든 것 때문에 함정에 빠져들면 발걸음을 돌이키거나 헤어나기가 어려워진다.

심리학자 아론 벡이 『증오하는 포로Prisoners of Hate』에서 설명한 것처럼 공공의 적으로 지목된 집단의 구성원들은 제일 먼저 균질화 과정을 거치게 된다. 그러면 개인으로서 정체성을 잃고 피해자들 모두 서로 대체 가능한 존재로 변한다. 다음으로는 인간성 말살이 이루어져서 더 이상 공감을 불러일으키는 존재로 인식되지 않는다. "사격 연습장에 줄지어 서 있는 오리 인형이나 컴퓨터 게임에 등장하는 표적물처럼 무생물로 전락한 후 마지막으로 악마처럼 묘사된다. 이제 그들을 죽이는 것은 선택할 수 있는 여러 가지 가능성 중 하나가 아니다. 그들은 죽어 마땅한 존재다. 공격은 투영된 이미지를 향해 가해지지만 죽어 나가는 것은 실제 사람이다."[1]

개인이 모인 집단이 하나 있다고 치자. 다른 집단 구성원들 마음속에서 그 집단이 지니는 가치가 떨어진다. 그럼 그때부터 평가 절하된 집단에 소속된 개인은 무시해도 되는 한 무더기의 인간, 멋대로 해코지를 하거나 착취해도 좋은 추상적 단위로 인식되기 시작한다. 크메르 루즈는 자신들이 대량 학살한 사람들에게 이렇게 말했다. "너희는 살려 둬 봤자 이로울 것 없고 죽여 봤자 손해될 것 없다."[2] 박해 외에 이런 식의 평가 절하 과정도 개인이나 개체를 도구화할 수 있으며 그럴 경우에 사람은 노예로, 동물은 먹거리로 전락하게 된다.

19세기 말에 미국이 필리핀을 점령했을 때 미국 워싱턴 연대 소속 군인 한 명이 이렇게 말했다. "요즘 유행하는 놀이는 사람 사냥이다. 토끼 사냥은 명함도 내밀지 못한다. 사람들을 공격해서 이렇게 많이 죽인 적이 지금까지 한 번도 없었던 것 같다. …… 토끼를 죽이듯 수백 아니 수천은 족히 죽였을 것이다. …… 이 멍청한 원숭이들은 아무리 잔인하게 죽여도 과분하다 싶다."[3]

1   Beck, A. T., *Prisoners of Hate: The Cognitive Basis of Anger, Hostility, and Violence*, Perennial, 2000, p. 17.

2   Waal, F. B. M. de, *The Bonobo and The Atheist: In Search of Humanism Among The Primates*, W. W. Norton, 2013, p. 212에 인용.

3   Miller, S. C., *Benevolent Assimilation: American Conquest of The Philippines, 1899~1903*, Yale University Press, 1982, pp. 188~189, Charles Patterson. *Eternal Treblinka: Our Treatment of Animals and The Holocaust* (Kindle Locations 493~494). Kindle Edition에 인용.

르완다 대량 학살에 참여한 적이 있는 피오는 이렇게 증언한다. "사냥은 야만 그 자체였다. 사냥꾼도 사냥감도 야만적이었다. 사람들이 야만성에 제정신을 잃었다."[4] 20세기 초에 아르헨티나 고무 농장에서는 영국인 상인들이 부활절을 기념한답시고 인디언들에게 등유를 뿌리고 불을 붙여 '죽음의 고통을 즐기는' 동안 구경꾼들은 이를 "인디언 사냥"이라 부르며 웃고 떠들었다.[5]

1920년에 독일에서 『가치 없는 생명을 말살할 수 있는 허가Die Freigabe der Vernichtung Lebensunwerten Lebens』가 출판되었다. 은퇴한 형법학자 카를 빈딩과 정신과 의사 알프레트 호헤는 이 책에서 병자와 정신 장애인들 대부분은 삶을 누릴 자격이 없다고 주장하고 나섰다.[6] 그들을 "정신이 죽은 자", "파손된 인간", "껍데기만 남은 인간"이라고 부르면서 그런 사람은 살 가치가 없으므로 말살이 곧 치료라고 강조했다. 두 사람이 보기에 그들을 죽이는 것은 그들을 구원하는 일이었다.[7] 빈딩과 호헤는 이 책에서 안락사를 정당화할 수 있는 법적, 의학적 이론을 정립했으며 훗날 25만 명에 달하는 장애인을 가스실에서 학살한 독일 제3 제국의 T4 작전은 여기서 착안한 것이었다.[8] 기형아 1만 명도 독극물 주사에 의해 살해당했다.

역사학자 프랭크 초크와 쿠르트 요나손은 어느 시대에나 학살이 존재했지만 고대에 연대기를 기록하던 역사가들이 희생자들의 운명

4   Hatzfeld, J., *Machete Season*.
5   Suarez-Orozco, M., & Nordstrom, C. (1992). A Grammar of terror: Psychocultural responses to state terrorism in dirty war and post-dirty war Argentina. *The Paths to Domination, Resistance, and Terror*, 219~259. Baumeister, R. F. (2001). *op. cit.*, p. 226에 인용.
6   Binding, K., & Hoche, A., *Die Freigabe der Vernichtung lebensunwerten Lebens*. Bwv Berliner-Wissenschaft (original ed., 1920), 2006; Schank, K., & Schooyans, M., *Euthanasie, le dossier Binding and Hoche*, Le Sarment, 2002.
7   Staub, E., *The Roots of Evil: The Origins of Genocide and Other Group Violence*, reprint, Cambridge University Press, 1992, 주석 21에 인용.
8   T4 작전 프로그램의 대상은 조현병, 간질, 치매, 회복 불가능한 마비, 심약증, 뇌염, 말기 신경 질환을 앓는 환자들과 다섯 살 이후 병원에 입원한 적이 있는 환자들이었다.

에 관심이 거의 없었기 때문에 기록이 남아 있지 않은 것뿐이라고 말한다. 아테네인의 멜로스 정복, 로마인들의 카르타고 정복, 몽고인들의 수많은 도시 정복 당시에도 십자군 원정 때와 마찬가지로 수백만의 피해자가 발생했다.[9]

가해자와 피해자 모두 개체성 상실은 마찬가지

집단적으로 폭력 행위를 자행하는 집단에 속한 개인은 다른 많은 구성원들과 다를 게 전혀 없는 집단의 일원에 불과하다. 개인으로서 속성을 상실했기 때문에 자율적인 생각도 없고 행위의 도덕성도 점검하지 않으며 죄책감조차 느끼지 않는다.

그가 바라보는 피해자는 굴곡진 삶의 역사와 아내와 자식을 가진 앞날이 창창한 사람이 아니라 비열한 놈, 증오해 마땅한 '그들 중 하나'에 불과하다. 이름도 얼굴도 없이 번호로 호명되는 '남'이다.

개체성 상실은 잘 아는 사람에 대해서도 일어날 수 있다. 르완다 대학살 때 학살의 주동자들은 피해자들과 거의 다 안면과 친분이 있었다. 한때 이웃이자 친구였던 사람들이었다. 대학살에 참여한 사람 한명이 이렇게 말했다. "이웃을 발본색원해 처단한다는 것이 아무 의미도 없었다. 그들은 옛날의 그들이 아니고 우리도 옛날의 우리가 아니었다. 거리낄 것이 아무것도 없었으므로 그들에 대해서나 과거에 대해서나 전혀 신경 쓰지 않았다."[10]

9   Chalk, F., & Jonassohn, K., *The History and Sociology of Genocide: Analyses and Case Studies*, Yale University Press, 1990.
10 Hatzfeld, J. (2005). *op. cit.*, p. 53.

타인의 인간성 말살

대량 학살을 자행한 주동자들은 전 세계 어디서나 똑같은 비유를 사용한다. 그들은 증오하는 대상을 모두 쥐, 바퀴벌레, 원숭이, 개 등으로 둔갑시킨다. 피해자들은 몸에 "나쁜 피"가 흘러 불순하고 역겨울 뿐 아니라 다른 사람들을 오염시키기 때문에 가능한 한 빨리 제거되어야 한다. 자신의 말 한 마리를 죽였다고 유키Yuki 인디언 241명을 죽음으로 몰아넣은 캘리포니아의 한 식민지 개척자는 자기 행동을 정당화하기 위해 인디언들을 서캐라고 불렀다. "서캐 하나가 머릿니로 자란다."[11] 이 비유는 북아메리카 대륙 침략자들 사이에서 유행어가 되었다.

1937년 난징 대학살 당시에 일본인 장군들은 부하들에게 "중국인을 사람으로 보지 말고 개나 고양이보다 못한 존재라고 생각하라"[12]라고 명령했다. 좀 더 비근한 예를 들어 1991년 제1차 걸프전 당시 미 공군 조종사들은 퇴각 중인 이라크 군인들을 향해 기총 소사하면서 이를 "칠면조 사냥"이라 부르고 총탄을 피해 도망치는 민간인들을 "바퀴벌레들"이라고 비하했다.[13]

보스니아 전쟁 당시에 세르비아계 과격 무장 단체의 일원이던 밀란 루킥은 확성기를 통해 "더러운 개미떼 같은 무슬림들아, 너희들 살날이 얼마 남지 않았다!"[14]라고 외치면서 무슬림들에게 도시를 떠나라고 촉구했다. 2011년 2월, 리비아 독재자 무아마르 카다피는 국민들

---

11 Pinker, S. (2011). *op. cit.*, p. 326.

12 Chang, I., *The Rape of Nanking: The Forgotten Holocaust of World War II*, Basic Books, 1997, p. 56. Charles Patterson, *Eternal Treblinka: Our Treatment of Animals and The Holocaust*, Lantern, 2002, p. 75에 인용.

13 Menninger, K. A., "Totemic Aspects of Contemporary Attitudes Toward Animals," *Psychoanalysis and Culture: Essays in Honor of Géza Róheim*, International Universities Press, 1951, pp. 42~74. Patterson, C. (2008). *op. cit.*, p. 70에 인용.

14. émelin, J., *Purify and Destroy: The Political Uses of Massacre and Genocide*, Columbia University Press, 2007, p. 243.

이 무수히 죽어나가는 마당에 지지자들을 불러 모은 뒤 거리에 나가 "정권에 반대하는 바퀴벌레들을 모두 박멸"하라고 지시했다.

북아메리카 대륙 원주민들도 멸시 받고 인간성을 말살당하다가 결국 학살되고 말았다. 철학자 토마스 홉스는 북아메리카 인디언에 대해 이렇게 쓰고 있다. "이 야만인들은 짐승과 같은 생활 방식을 갖고 있다. …… 개, 원숭이, 당나귀, 사자, 미개인, 돼지 무리가 연상된다."[15] 19세기에 하버드 대학교에서 해부학과 생리학을 가르치던 올리버 웬델 홈즈 교수는 백인들이 인디언을 증오하며 "숲에서 야생 짐승을 추격하듯" 몰아내는 것이 당연하다면서 "붉은 크레용으로 그린 밑그림을 지우고 인간이 하느님의 이미지에 좀 더 가까워질 수 있도록 새로운 캔버스를 준비"[16]해야 한다고 주장했다. 심지어 미국 대통령 시어도어 루스벨트도 1886년에 이렇게 역설했다. "유일하게 좋은 인디언은 죽은 인디언이다. 이런 생각을 하고 싶지는 않지만 열에 아홉은 이 말이 맞다. 마지막 남은 인디언 하나는 너무 자세히 들여다보지 않으려고 한다."[17]

백인들은 수백 년 동안 흑인들을 동물에 비유하면서 끊임없이 평가 절하했다. 에드워드 롱은 『자메이카 역사History of Jamaica』에서 흑인은 백인보다 오랑우탄에 더 가깝다고 썼으며[18] 19세기 말 저명한 뇌 전문가 폴 브로카도 "흑인의 뇌 구조는 원숭이의 뇌 구조와 훨씬 더 가깝다."[19]라고 썼다.

15 Hodgen, M., *Early Anthropology in The Sixteenth and Seventeenth Centuries*, vol. 1014, University of Pennsylvania Press, 2011, p. 22.
16 Stannard, D. E., *American Holocaust: The Conquest of The New World*, Oxford University Press, 1992, p. 243. Patterson, C. (2008). *op. cit.* (Kindle Locations 448~452). Kindle Edition에 인용.
17 1886년 1월에 사우스다코타에서 한 연설 중에 한 말. Hagedorn, H., *Roosevelt in The Bad Lands*, Houghton Mifflin, 1921, pp. 354~356; 2010 edition, Bilbio Bazar.
18 Patterson, C. (2008). *op. cit.* (Kindle Locations 375~376). Kindle Edition.
19 Gould, S. J., *La Malmesure de l'homme*, Odile Jacob, 1996, p. 135. Patterson, C. (2008). *op. cit.*, p. 58에 인용.

철학자 찰스 패터슨은 이렇게 말했다. "시간과 장소를 막론하고 사람을 동물로 취급하는 것은 매우 나쁜 징조다. 사람을 모욕하고 착취하고 살해해도 된다고 말하는 것이나 다름이 없다. 예를 들어, 아르메니아 학살이 일어나기 직전에 오토만 터키인들은 수년 동안 아르메니아인들을 "가축"이라고 불렀다.[20] 유대인 강제 수용소에서 살아남은 프리모 레비는 폭력의 유일한 효용은 피해자들을 동물과 비슷한 상태로 몰아넣어 피해자를 처단하는 자들의 일을 수월하게 만드는 것이라고 생각한다.[21]

유대인들을 동물에 비교해 가면서 품위를 떨어뜨리는 것은 이미 기독교 초창기부터 있었던 일이다. 콘스탄티노폴리스의 대주교 성 존 크리소스톰은 유대교 회당을 일컬어 "야생 동물의 소굴"이라 불렀으며 "유대인들은 행동거지가 음탕하고 무례한 것이 돼지나 염소보다 나을 것이 없다."라고 말했다. 동방 교회 교부敎父였던 니사의 그레고리우스 역시 유대인들을 "독사 같은 종족"[22]으로 취급했다. 유럽에서는 16세기에 종교 개혁을 주도한 루터가 개신교로 개종하지 않은 유대인들을 비난하면서 "미친 개"처럼 내쫓아야 한다고 폭언을 퍼부었다. 심지어 유대인이 세례를 달라고 하면 독사처럼 익사시키겠다고 공언하기도 했다. 루터는 유대인 회당을 "사악한 돼지우리"에 비교했으며 그곳을 "청소"하려면 8개조에 걸친 정화 방법이 필요하다면서 최종 해결책이라는 일종의 극약 처방을 제시했다. 그는 「유대인과 그들의 거짓말On the Jews and Their Lies」이라는 논문에서 "그들에게 조금이라도 연민이나 친절을 보여서는 안 된다. 그들을 죽이지 않는 것은 죄를 짓는 것"이라고 썼다.[23]

20   Patterson, C. (2008). *op. cit.*, p. 54.
21   Levi, P., *If this Is a Man: Remembering Auschwitz*, Little, Brown, 1997.
22   Staub, E. (1992). *op. cit.*, p. 101.

집단 폭력 및 학살 문제의 전문가인 자크 세믈랭은 학살자들이 피해자들 얼굴을 훼손하는 행위는 어쩌면 적의 인간성을 말살해야 한다는 생각에서 비롯된 것일지도 모른다고 설명한다. 희생자들 코나 귀를 자름으로써 사람 얼굴처럼 보이지 않도록 만들어 인간에게 잔혹행위를 한 것이 아니라고 자위하며 심리적 거리를 둔다는 것이다.[24]

대량 학살과 집단 학살

집단 학살(Genocide 제노사이드)이라는 말은 법률가인 라파엘 렘킨이 1933년에 제노사이드 협약을 성사시키기 위해 캠페인을 시작하면서 처음 사용했다. 국가나 인종 집단을 파괴하는 행위에 대해 이 말을 사용하자고 정식으로 제안한 것은 1944년이다.[25] 렘킨의 노력이 결실을 맺어 유엔이 1946년 12월에 집단 학살의 정의에 대한 결의안을 통과시켰고 1948년에 열린 유엔 총회에서 집단 학살 범죄 방지 및 처벌에 관한 협약을 채택했다. 이 협약은 "인종적, 종교적, 정치적 집단을 전체 또는 부분적으로 살해하는"[26] 행위에 관한 것으로 여기에는 집단 내 출생을 의도적으로 방해하는 조치와 어린이들을 다른 집단으로 강제 이주하는 것도 포함된다.

집단 학살이라는 말이 부적절하게 사용되는 경우가 있는데 자크 세믈랭은 "집단 폭력"이나 "극단적 폭력" 혹은 "대량 학살"이 개념적으로 더 타당한 경우가 많다고 생각한다. 자크 세믈랭이 생각하는

---

23 Shirer, William L., *The Rise and Fall of The third Reich: A History of Nazi Germany*, Simon & Schuster, 2011, p. 236. 윌리엄 쉬러는 이렇게 말한다. "개신교를 뜻하는 프로테스탄트 창시자는 열정적인 반유대주의자이자 정치 권위에 절대 복종해야 한다고 생각하는 사람이었다. 그는 독일에서 유대인들을 제거하고 싶어 했다. …… 400년 후 히틀러, 괴링, 히믈러가 (루터의) 조언을 그대로 행동으로 옮겼다." 나치는 '루터의 날'을 지켰는데 루터의 날을 기획한 파렌호스트는 루터를 일컬어 '독일의 정신적 초대 총통'이라고 불렀다.

24 Sémelin, J. (2007). *Purify and Destroy. op. cit.*

25 Staub, E. (1992). *op. cit.*, 주석 2.

26 대량 학살 범죄 방지와 처벌에 관한 협약. 1948년 12월 9일 유엔 결의안 230호 제2 조.

"대량 학살"의 정의는 "병사나 전투원이 아닌 남자, 여자 및 아이들 또는 비무장 군인을 말살하는 집단적 행동 유형"이며 "동물 살해를 지칭할 수도 있다."[27]

캄보디아 대학살과 같은 경우에 사회학자이자 철학자인 어빈 스타브는 피해자와 가해자가 같은 민족이나 같은 종교 집단에 속해 있다는 뜻에서 오토제노사이드autogenocide라는 말을 사용하기도 했다.[28]

혐오감

혐오감이란 신체 분비물(가래, 구토, 배설물), 기생 동물(구더기, 이 등), 부패 중인 시신, 전염병 매개체(페스트 환자, 나병 환자) 등 사람을 오염시킬 수 있는 외부 물질이나 동인과 대면했을 때 사람이라면 누구나 느끼는 감정적 방어 반응이다. 혐오감을 느끼면 잠재적 오염원인 물질이나 사람을 거부하거나 파괴하는 반응을 보인다. 이는 사람이 진화하는 과정에서 생물학적 위협으로부터 자신을 지키기 위해 갖게 된 감정이다. 혐오감이 도덕적인 차원으로 형태가 바뀌면 '불순'하거나 유해하다고 생각되는 민족이라든가 종교 또는 이념 차원에서 사회적 오염원이라고 생각되는 사람들을 거부하게 되고 '순수성'을 대표한다고 자처하는 사람들이 '정화'의 필요성을 느낀다. 병균을 옮기는 매개체는 수량이 아무리 적어도 위험하기는 매한가지이기 때문에 이들을 박해하는 사람들 입장에서 보면 마지막 하나까지 전부 제거해야 한다.

히틀러와 나치의 흑색선전이 유대인들을 암, 발진 티푸스, 페스트를 옮기는 쥐에 빗대어 아리안족의 순수성을 오염시킬 수 있다고 했던 것을 독자들은 기억하고 있을 것이다. 바로 그런 질병이 갖도 있는 이

27 Sémelin, J. (2005). *op. cit.*, p. 391 et 384~385.
28 Staub, E. (1992). *op. cit.*

미지 때문에 독일인들이 편집증에 가까운 혐오감을 갖게 된 것이다.[29]

공포와 증오가 결합된 악마의 이미지

집단 범죄를 조장하는 자들은 사람들 마음속에 공포감을 심은 다음 공포를 증오로 바꿔 놓음으로써 사람들을 자기들의 목적에 이용해먹는다. 그들은 피해자를 자처하면서 위협적인 사람들을 제거하는 것이 자기 방어라고 주장한다. 옛날에 학살당한 기억을 이용해 자신이 취한 입장을 정당화하기도 한다. 세르비아에서는 이렇게 외쳤다. "제2차 세계 대전 당시 세르비아인 수천 명을 살해한 우스타샤(크로아티아 민족주의자들)를 기억하시오! 크로아티아인 수천 명을 학살한 체트니크(세르비아 민족주의자들)를 기억하시오!"[30] 후투족도 이렇게 선동했다. "1960년대에 우리를 공격해 여자들과 아이들을 죽인 인옌지(투치족 군인들)가 다시 나타나 똑같은 짓을 반복하려고 한다." 세믈랭은 과거의 뼈아픈 기억을 자꾸 들춰내는 것이 공포감과 증오심을 조장하려는 것이라고 설명한다.[31]

존 맥클린은 베트남 전쟁 당시에 베트남 사람들 사고력을 "여섯 살짜리 미국인 아이보다 약간 나을까 말까."[32]할 정도라고 공언했다. 여기서 볼 수 있는 것처럼 인간성이 말살된 집단의 구성원은 하등하다고 생각되지만 악마화된 집단 구성원은 온전한 능력을 갖고 있지만 위험한 이단 행위를 한다는 식의 누명을 쓰게 된다.

29 Glass, J. M. (1997). Against the indifference hypothesis: The Holocaust and the enthusiasts for murder. *Political Psychology, 18*(1), 129~145.

30 Sémelin, J., (2007). *op. cit.*, p. 269.

31 *Ibid.*, p. 64 및 Nahoum-Grappe, V. (2003). *Du rêve de vengeance à la haine politique*. Buchet-Chastel, p. 106.

32 Drinnon, R. (1997). *Facing West. The Metaphysics of Indian-Hating and Empire-Building* (reprinted). University of Oklahoma Press, p. 449. Patterson, C. (2008). *op. cit.*, p. 76에 인용.

박해를 가하는 자들은 이념에 의존한다. 십자군 전쟁이나 종교 재판은 종교 이념을 내세웠고 프랑스 혁명기 공포 정치 시대에는 혁명 이념을 내세웠으며 스탈린의 대숙청, 마오쩌둥 시대의 문화 혁명, 폴 포트 정권 등은 마르크스주의를 앞세웠다. 이념은 이상향이라고 생각하는 세상의 도래를 앞당기기 위해 물불을 가리지 않는다. 마오쩌둥은 인류의 절반이 희생되더라도 자본주의적 제국주의를 뿌리 뽑아야 하며 그렇게 되면 살아남은 나머지 절반이 사회주의의 황금기[33]를 열어갈 수 있을 것이라고 했다. 그렇게 보면 인류는 위대한 독재자의 체스판 위에 늘어선 졸*에 불과하다.

탈감각화

앞에서 살펴본 것처럼 사람은 폭력에 빠져들수록 상대방의 고통에 무감각해진다. 공감 능력이 무뎌지다가 결국 사라져 버린다. 그럴수록 심한 폭력을 행사하게 되고 살인이 별 것 아닌 일이 되어 버린다.

역사학자 나탈리아 바지크는 보스니아 내전에 참여했던 전투원들과 한 인터뷰를 토대로 단계별로 진행되는 탈감각화 과정을 밝혀냈다. "첫 단계는 가해자가 살인을 학습하는 누적적 급진화cumulative radicalization다. 두 번째 단계에서는 폭력이 '도덕적인' 행동으로 재해석된다. 다음은 살인이 습관화되었다가 마지막으로 살인 행위가 '노동'이 되고 명실공히 직업으로 자리잡는다."[34]

자크 세믈랭도 비슷하게 설명한다. 가해자들이 처음 살인을 저지른 뒤 얼마 후 충격이 가시면 살인 행위에 익숙해져서 요령과 기술을

---

33 "전쟁이 나면 얼마나 많은 사람들이 사망할까. 세계 인구는 27억이다. …… 극단적인 상황이 오면 반은 죽고 반은 살아남겠지만 제국주의가 무너지고 전 세계가 사회주의화될 것이다." Chang, J., & Halliday, J. (2006). Mao : L'histoire inconnue. Gallimard, p. 478~479에서 마오쩌둥이 한 말.
34 Sémelin, J. (2005). op. cit., p. 320..

습득하고 집단 살인의 전문가로 변신한다. 르완다 대학살에 참가했던 사람 한 명이 이렇게 증언한다. "처음 며칠은 닭이나 염소 같은 동물을 죽인 적이 있는 사람들이 훨씬 유리했다. 당연한 일이었다. 그 뒤로는 모두 새로운 일에 익숙해져서 경험자들을 따라잡았다."[35]

석 달 만에 80만 명의 투치족이 죽어 나간 집단 학살이 끝난 후 후투족 과격분자 레오폴드는 기자이자 작가인 장 하츠펠드와 인터뷰를 하는 자리에서 이렇게 증언했다. "사람 죽이는 일을 자주 하다 보니 어느 순간부터 아무 느낌도 들지 않았다. 살인을 하는 동안 투치족을 죽여 없애야 한다는 생각 외에 머릿속에 아무것도 떠오르지 않았다. 나는 처음부터 끝까지 사람을 죽인 뒤에 후회한 적이 없다."[36]

오스트리아 경찰관으로 일하다가 독일 특수 기동대에 발탁된 발터 마트너는 1941년 벨라루스에 주둔해 작전을 수행하는 동안 아내에게 이런 편지를 써보냈다. "그저께 또 대량 학살에 참여했소. 희생자들이 탄 트럭을 처음 봤을 때 사격을 하면서 손이 약간 떨렸지만 금방 익숙해졌소. 열 번째 트럭이 되자 침착하게 목표물을 조준하고 자신 있는 태도로 수많은 여자와 아이, 갓난아기들을 향해 총을 쏘았소. 내 머릿속에는 집에 있는 두 아이 생각뿐이었소. 저들이 내 입장이었다면 우리 아이들에게 똑같은 짓을 했겠지. 비밀경찰 감옥에서 지옥 같은 고문을 당하면서 천천히 죽어가는 수천, 수만의 사람들에 비하면 우리는 그들에게 신속하고 편안한 죽음을 선사한 것이오. 포물선을 그리며 공중으로 솟아오른 갓난아기들을 명중시켜 구덩이나 물 위에 떨어지게 만들었지. 유럽 전체를 전쟁으로 몰아넣은 그 쓰레기들을 하루

---

35 *Ibid.*, p. 41.

36 Jean Hatzfeld, *Machete Season: The Killers in Rwanda Speak*.

37 발터 마트너가 보낸 1941년 10월 5일 자 편지. In Ingrao, C. (2002). Violence de guerre, violence de génocide. Les pratiques d'agression des *Einsatzgruppen*, pp. 219~241. In Audoin-Rouzeau, S., & Asséo, H. (2002). *La Violence de guerre, 1914~1945: Approches comparées des deux conflits mondiaux*. Complexe. Sémelin, J. (2007). *op. cit.*, p. 250에 인용.

빨리 척결해야 하오."[37]

290만 명을 몰살하는 현장을 진두지휘한 아우슈비츠 수용소 사령 관 루돌프 회스는 피해자들에게 가한 고통에 심리적으로 크나큰 동 요가 일어났지만 나치 국가 사회주의라는 대의를 위해 "나약한 감정 을 억눌렀다."[38]라고 자서전에 쓰고 있다. 수용소에서 살아 돌아온 한 친구가 내게 한 말에 따르면 수용소에서 노동에 동원되면 처음 일주 일은 눈물이 마를 날이 없지만 곧 다른 사람들처럼 마음이 냉혹해졌 다고 한다.

도덕적 구획화

심리학자 앨버트 반두라에 따르면 사람에게는 도덕규범을 선택적으 로 활성화 또는 비활성화시키는 능력이 있어서 어떤 때는 잔인하게 굴다가 금방 관대한 행동을 할 수 있다고 한다.[39] 비활성화가 이루어 지는 방식은 여러 가지가 있지만 효과는 누적될 수 있다. 그런 사람은 비난받을 만한 행위에 칭찬 받을 만한 목표(조국을 지키고 고문을 통해 중요한 정보를 빼내고 사회를 위협하는 사람들을 제거하는 등)를 연계시킨 다. 자신이 한 행위의 책임을 집단이나 권위자에게 돌림으로써 자신이 개입한 사실을 은폐하려고 한다. 남에게 끼친 고통을 짐짓 모른 체하 면서 자신이 학대한 사람들을 사악하고 해로운 존재로 만들어 버린 다. 사랑받을 자격이 있는 자기 자식들에게는 더 없이 다정하게 굴다 가도 순식간에 돌변해서 "바퀴벌레" 같은 존재들에게 극도로 잔인한 짓을 한다.

38 Hoess, R., *Commandant at Auschwitz: Autobiography*, Weidenfeld & Nicholson, 1959.
39 Bandura, A., Barbaranelli, C., Caprara, G. V., & Pastorelli, C. (1996). Mechanisms of moral disengagement in the exercise of moral agency. *Journal of Personality and Social Psychology*, 71(2), 364.

철학자 츠베탕 토도로프는 『극한에 맞서Facing the Extreme』[40]라는 책에서 서점을 운영하다가 베르겐 벨젠 강제 수용소의 사령관이 된 요제프 크라머의 경우를 예로 든다. 크라머는 슈만의 음악을 듣고 눈물을 흘릴 정도로 감수성이 예민했지만 걸음이 느리다는 이유로 죄수 머리를 곤봉으로 때려 박살 낼 수 있는 위인이었다. "음악은 그를 눈물짓게 만드는데 다른 사람의 죽음은 왜 그러지 못할까?" 토도로프는 의아해 한다. 크라머는 전범 재판에서 이렇게 말했다. "나는 그런 행동을 하면서 아무 감정도 느끼지 못했다."[41] 그런 크라머도 자식들에게는 다정한 아버지였다. 그 사람 아내는 이렇게 증언했다. "아이들이 남편의 모든 것이었어요."[42]

나치 의사 다섯 명의 정신 감정을 한 정신과 의사 로버트 제이 리프턴은 그들이 심리적 이분화dichotomizing 또는 구획화 과정을 통해 상황에 따라 이런 저런 정체성을 나타낼 수 있는 사람들이라 의사와 동시에 박해자라는 이중적인 역할을 수행할 수 있었다고 말했다.[43] 리프턴은 구획화가 일어나면 자아의 다른 부분이 "나쁜 짓"을 해도 "정상적인" 부분이 죄책감을 느끼지 않는다고 설명한다. 나치 독일에서 지방장관을 지낸 사람이 1946년에 교수형을 당하기 직전에 "범죄는 나의 '공직상 영혼'이 저지른 것"이라고 말한 것도 이런 맥락이라고 할 수 있다. 그의 '사적인 영혼'은 범죄에 반대했다는 말이다.[44] 가해자가 스스로를 보호하는 이런 심리 과정이 아니었으면 자신이 매일 저지르는 끔찍한 만행을 참아 내지 못했을 것이다.

40 Todorov, T., *Facing The Extreme: Moral Life in The Concentration Camps*, Holt, 1997.
41 Tillon, G., *Ravensbrück*, Seuil, 2d ed., 1997, p. 109.
42 Langbein, H., *Hommes et femmes à Auschwitz*, Tallandier, 2011, p. 307. Todorov, T. (1991). *op. cit.*, p. 157에 인용.
43 Lifton, R. J., *The Nazi Doctors: Medical Killing and The Psychology of Genocide* (new ed.), Basic Books, 1988, pp. 418~422.
44 Arendt, H., *Eichmann in Jerusalem: A Report on The Banality of Evil*, Penguin, 2006, p. 125. Todorov, T. (1991). *op. cit.*, p. 163에 인용.

인지 부조화와 합리화

"인지 부조화"라는 표현은 심리학자 레온 페스팅거가 처음 사용한 것으로 가해자가 실제로 행하는 끔찍한 행위와 평소에 자신에 대해 갖고 있던 이미지 사이에서 내면적 갈등이 생겼을 때 이를 해소하기 위해 잠재의식 안에서 자신을 둘로 분리하는 것이다. 실제로 가해자들은 강력한 "인지적 부조화"[45] 상태에 빠진다. 그들은 남을 죽이는 행위와 자신에 대한 이미지 사이에서 치열하게 갈등한다. 자신을 비열한 인간이라 생각하지 않으면서 학살을 계속할 수 있으려면 희생자들에 대한 표상이라도 날조해서 자신의 행동을 정당화하고 훌륭할 것까지는 없어도 그럭저럭 받아들일 수 있는 이미지를 갖춰야 한다. 자신이 하는 일에 의미를 부여할 수 있으면 양심에 거리낌 없이 살인을 계속할 수 있기 때문이다.

가해자들은 자신이 저지른 끔찍한 범죄를 받아들이고 감당하기 어려운 심적 부담을 덜기 위해 의무감에 의지하든가 역겹지만 유익하기 때문에 그 일을 할 수밖에 없었다고 변명한다. "내가 정말 끔찍한 일을 저질렀구나!"가 아니라 "정말 끔찍한 일을 저지를 수밖에 없었구나!"[46]라고 생각한다.

트레블링카 강제 수용소 소장이었던 프란츠 슈탕글은 기자이자 역사학자인 지타 세레니와 한 인터뷰에서 이렇게 밝혔다. "생각을 나누는 것만이 살 길이었다."[47] 그는 끝까지 자기 손으로 화장용 가마에 불을 붙이지 않았다는 생각에 매달렸다고 한다. "딴 생각을 하는 방법

45 Festinger, L., *A theory of Cognitive Dissonance*, Stanford University Press, 1957. 그 밖에 Gustave-Nico, F., La psychologie sociale, Seuil, 1997, p. 160도 참조. Sémelin, J. (2007). *op. cit.*, p. 301에 인용.
46 Sémelin, J. (2007). *op. cit.*, p. 304.
47 Sereny, G., *Into that Darkness: An Examination of Conscience*, Vintage Books, 1983, p. 164.

은 수백 가지가 있었다. 그걸 전부 다 이용했다. …… 마음을 다잡고 오직 일에만 매달렸다. 일하고 또 일했다."[48] 그는 자신이 끔찍한 일을 했다고 인정했지만 자유 의지에서 나온 것이 아니고 양심에도 위배되는 일이었다고 했다. 양심과 자신이 한 행동을 완전히 별개로 생각하고 있었다. "아무도 내게 의견을 묻지 않았다. 그 일을 한 것은 내가 아니었다."[49]

잔혹 행위를 한 사람들은 부득이한 선택이었다면서 범죄를 합리화하려고 든다. 자녀를 여섯 명이나 둔 서른다섯 살의 후투족 여성 무칸콰야는 다른 여자들과 함께 이웃집 아이들을 몽둥이로 때려죽인 경위를 설명하면서 어린 아이들이 공포에 질린 눈으로 자신을 바라봤다고 말했다. 불과 며칠 전만 해도 친구이자 이웃이었으니 그럴 수밖에 없었을 것이다. 무칸콰야는 부모를 잃은 무일푼의 고아들에게 "호의"를 베푼 것이라면서 살인을 정당화하려고 했다.[50]

인지 부조화의 또 다른 형태는 학살에 대해 의도적으로 가벼운 어휘를 사용하거나 섬뜩한 유머를 동원해 별것 아닌 일처럼 보이게 하는 것이다. 세르비아 무장 단체들은 크로아티아 부코바르에 입성하면서 "슬로보단, 샐러드 좀 내와. 고기는 잔뜩 있어. 크로아티아 놈들을 잡았거든."[51]이라고 외쳤다. 1995년 7월 14일에 보스니아 세르비아계 대령 루비사 베아라는 상관에게 "스레브레니차에 배달할 소포가 아직 3,500개나 남았다."라고 보고하며 집단 학살을 암시했다.[52]

48 Ibid., p. 200.
49 Ibid., p. 412.
50 Mark F. No hard feelings. Villagers Defend Motives for Massacres, Associated Press, May 13, 1994.
51 Grmek, M. D., Mirko D., Gjidara, M., & Simac, N., Le Nettoyage ethnique, Fayard, 1993, p. 320. Sémelin, J. (2009). op. cit., p. 253에 인용.
52 루비사 베아라 대령(1992년부터 1996년까지 세르비아계 스르프스카 공화국의 군사 보안 책임자)과 크르스티치 장군이 나눈 통화 내용을 도청한 것. Srebrenica: quand les bourreaux parlent, Le Nouvel Observateur, March 18~24, 2004 참조. Sémelin, J. (2007). op. cit., p. 254에 인용.

나치가 사용한 어휘 중에 "재배치", "비우기", "특수 처리"가 필요한 "부품"을 "수용소로 보낸다."라는 것은 집단 독가스 살해를 뜻하는 암호명이었다.[53]

집단의 결속

세믈랭은 집단에 대한 순응과 충성을 집단범죄의 양대 축으로 꼽는다. 집단은 개인을 제압하는 힘을 갖고 있으며 개인은 남에게 거부당하거나 반역자로 취급 받을까 두려워 소속 집단에 악착같이 매달린다.[54] 프랑스 혁명 이후 공포 정치 시대만 해도 혁명에 반대하는 적보다 혁명 이념을 지키지 않아 단두대에서 이슬로 사라진 "배신자"들이 훨씬 더 많았다. 적은 투쟁을 계속할 수 있도록 집단의 결속을 강화하는 데 비해 배신자는 기존 이데올로기의 유효성을 뒤흔들 수 있기 때문에 그냥 방치할 수 없는 위협적인 존재로 간주된다. 여기에 추가되어야 할 또 하나의 요인은 최대한 많은 사람이 학살에 동참하는 것이다. 그래야 살인에 대한 책임을 여럿이 공유할 수 있다.[55]

진정한 연대 의식 형성을 위해 입회식이라는 방법을 사용하는 집단도 있다. 모두가 보는 앞에서 살인에 입문함으로써 집단에 대한 충성을 입증하는 것이다. 르완다 대학살 당시에 투치족을 한 명도 죽이지 않은 후투족은 공범으로 몰렸다. 충성심이 의심되는 사람이 있으면 인터아함웨 극우 후투군 조직책들이 투치족을 생포한 뒤 모두가 보는 앞에서 죽이도록 했다.[56]

53 Sémelin, J. (2007). *op. cit.*, p. 254.

54 Sémelin, J. (2007). *op. cit.*, p. 312.

55 *Ibid.*, p. 313.

56 Des Forges, ed., *Aucun témoin ne doit survivre: Le génocide au Rwanda*, Karthala, 1999, p. 376. Sémelin, J. (2007). op. cit., p. 313에 인용.

권위와 상황

"내가 책임자들에게 정말 알리고 싶은 것은 '선량한 사람들'이 자기도 모르는 사이에 순식간에 가혹한 살인자로 돌변할 수 있다는 비극적인 사실이다."[57] 이것은 라벤스브뤼크 강제 수용소에서 살아 돌아온 민족학자 제르멘 틸리옹이 쓴 글의 일부다. 심리학자 필립 짐바르도 역시 사람들이 외부 환경에서 받는 영향을 과소평가하면서 충분히 조심을 하지 않는다고 경고한다.[58] "인류 역사상 누군가가 했던 일이면 그것이 아무리 끔찍한 것이라도 정황만 맞으면 우리도 할 수 있다. 악을 두둔하자는 것이 아니다. 악이 일부 비정상적인 사람들과 독재자들의 전유물이 아니라 평범한 사람들도 얼마든지 악인이 될 수 있다는 말이다."[59] 그러므로 비인간적이고 끔찍한 행동의 원인을 이해하고자 한다면 개인의 성향(성격적 특성, 병적인 증상, 유전적 영향 등)을 들춰내기에 앞서 먼저 상황을 분석해야 한다.

그런데 미국 역사학자 크리스토퍼 브라우닝이 지적한 것처럼 나치 독일에서는 "45년 동안 수백 건의 재판이 열렸지만 비무장 민간인을 죽일 수 없다고 거부하다가 명령 불복종으로 극형에 처해진 사례를 단 한 건이라도 언급할 수 있는 변호사나 피고가 없었다."[60] 그런데 역사학자 어빈 스타브에 따르면 불가리아인들이 유대인을 밀고할 수 없다면서 거리에 나가 나치가 내린 일방적인 명령에 반대하는 시위를 벌이자 나치는 더 이상 강요하지 않았다고 한다.[61]

---

57 Tillion, G., *Ravensbruck*, Seuil, 1973, p. 214. Todorov, T. (1991). *op. cit.*, p. 140에 인용.

58 Zimbardo, P., *The Lucifer Effect*, Ebury Digital, 2011, pp. 5001~5002.

59 *Ibid.*, pp. 5013~5015.

60 Browning, C. R., *Ordinary Men*, Harper Perennial, 1993, p. 170.

61 Staub, E. (1992). op. cit.

권위에 대한 순응

앞에서 살펴본 스탠리 밀그램이 한 실험으로 되돌아가 보자. 심리학자 필립 짐바르도는 평범한 사람에게 권위를 행사해서 도덕적 신념과 달라도 폭력을 사용하게 하는 요인을 구분해 냈다.[62]

우선 권력의 대표자가 그럴 듯한 정당화 논리를 제시한다. 예를 들어 고문은 원래 용인되지 않는 일이지만 국가 안보가 우선이므로 고문을 행할 수 있다는 식이다. 그런 다음 지도자가 계약상 의무 같은 것을 만들어 낸 뒤 밑에 있는 사람들에게 긍정적인 가치가 있는 (조국에 봉사한다든가 과학적인 목적의 실험에 참여한다든가) 역할을 부여한다.

언뜻 보면 준수해야 할 지침과 규칙이 논리적이고 이치에 맞는 것처럼 보인다. 훗날 이들을 이용해 이치에 어긋나는 일을 할 때 맹목적인 순종을 요구하게 된다. 대부분의 사람들은 상황에 말려들어 비판적인 사고를 하지 못한다.

지도자는 기만적인 어휘를 사용한다. 이를테면 '조국에 대한 의무', '권리 사수', '민족의 순수성', '최종 해결책'[63] 같은 것이다. 책임을 나눠 가짐으로써 만에 하나 일이 잘못되었을 때 남에게 책임을 전가하려는 것이다.

---

62 Miller, A. G. (2005). *The Social Psychology of Good and Evil*. The Guilford Press.
63 저널리스트 론 로젠바움에 따르면 1931년부터 나치당의 문서에 "유대인 문제에 대한 최종 해결책"이라는 표현이 나타났다. 이 표현은 1941년 7월에 괴링이 하인리히 히믈러의 보좌관 라인하르트 하이드리히에게 보낸 편지에 사용되었으며 하이드리히가 소집해서 1942년 1월 20일에 주요 정부 부처 고위층들이 모여 개최한 반제 회의에서 공식적으로 다시 사용되었다. 아이히만이 작성한 회의록 내용에 따르면 여기서 유럽 전역에 살고 있던 1,100만 유대인들을 모두 체포해 동부 유럽으로 보내 살해한다는 계획이 수립되었다. 히틀러도 "최종 해결책"이라는 표현을 사용한 바 있다. Rosenbaum, R., & Bonnet, P. (1998). *Pourquoi Hitler?* Le Grand Livre du mois. Browning, C. R. (2004). *The Origins of the Final Solution: The Evolution of Nazi Jewish Policy September 1939–March 1942*. William Heinemann Ltd.; Furet, F. (1992). *Unanswered Questions: Nazi Germany and the Genocide of the Jews*. Schocken Books.

처음에는 별 것 아닌 일처럼 시작되지만 서서히 부당한 요구가 심해진다. 단, 각 단계별 강도 차를 줄여 충격이 너무 크지 않도록 한다. 권위자도 처음에는 존경할 만한 사람으로 보이다가 서서히 부당하고 기만적이고 무분별한 인물로 변해 간다.

결국 빠져나가는 것이 불가능하게 만들어야 한다. 밀그램의 실험에서 실험자는 간단명료하게 명령을 내리고 그에 대해 왈가왈부 토다는 것을 허용하지 않았다. 실험 참가자가 거기서 빠져나가려면 공개적으로 권위에 도전해야 한다. 독재 치하에서 피해자들을 박해하라고 명령받은 사람이 복종하지 않으면 그들도 피해자들과 같은 운명에 처할 것이라고 위협한다.

101 예비 경찰 대대의 예

미국 역사학자 크리스토퍼 브라우닝이 쓴 『아주 평범한 사람들Ordinary Men』[64]에 보면 함부르크 출신 101 예비 경찰 대대에 대한 이야기가 자세히 서술되어 있다. 함부르크 시민들로 구성된 이 경찰 대대는 3분의 1이 중산층, 3분의 2가 노동자 출신이었다. 다들 군복무를 하기에는 나이가 많은 편이라 경찰에 징집된 성인 남자들이었다. 그들은 살인에 가담한 적도 없고 무자비한 살인자가 될 성향도 전혀 없었다. 히틀러의 유대인 박해가 한창이던 폴란드에서 독일군과 합류한 101 예비 경찰 대대는 1942년 7월 23일 새벽, 요제포브 마을에 파견되었다. 주민 중 1,800명이 유대인인 마을이었다. 수행할 임무에 대해 아는 사람은 말단 병사로 군 생활을 시작해 대대장 자리에 오른 쉰세 살의 빌헬름 트라프뿐이었다. 그는 별명이 "파파 트라프Papa Trapp"일 정도로 부

---

64 Browning, C. (2007). *op. cit.*

하들 사이에서 인기가 높았다.

브라우닝이 수집한 기록과 증언에 따르면 "창백한 얼굴에 신경이 잔뜩 곤두서서 두 눈에 눈물이 가득한 채 목멘 소리를 하던" 트라프 대대장이 부하들에게 소름끼치도록 끔찍한 임무를 수행하게 되었다고 말했다. 트라프가 원한 것은 아니라 최고위층에서 하달되었다는 임무는 요제포브에 사는 유대인들을 한 자리에 모아 노동이 가능한 연령대 남성은 강제 수용소로 보내고 나머지 나이 많은 남자와 여자, 아이들은 모두 총살시키는 것이었다. 트라프는 말을 마치면서 임무를 수행할 자신이 없는 사람은 면제해 줄 테니 빠지라고 했다. 한 사람이 앞으로 나섰다. 뒤이어 열 명 정도가 빠지겠다고 했다. 간밤에도 부흐만 중위가 다른 사람들보다 먼저 임무를 통보 받고 작전에 참여할 수 없다고 거부 의사를 밝힌 바 있었다. 그는 "무고한 여성과 아이들을 죽음으로 몰아넣는 일에 동참할 수 없다."[65]라고 했다. 나머지 약 500명은 자리에서 꿈쩍하지 않았다.

트라프는 부하들이 임무를 수행하러 나간 뒤 학교 교실에 본부를 설치하고 작전을 지휘했다. 트라프는 고뇌를 감출 수 없었다. 한 목격자는 트라프가 "아이처럼 울면서 방 안을 뛰어다녔다."라고 했다. 그 사이에 대대적인 검거 작전이 시작되었다. 노동이 가능한 남자 300명만 광장에 따로 모이게 한 뒤 나머지는 모두 숲으로 데려가 죽이기 시작했다. 작전은 해가 떨어지고도 오래 계속되었다. 살인에 익숙하지 않았던 경찰관들이라 임무를 수행하는 데 시간이 더 많이 걸렸다. 희생자 상당수는 느리고 고통스러운 죽음을 맞았다. 경찰 중에는 한 명을 죽인 뒤 일그러진 얼굴로 집 안을 수색한다든가 다른 일을 한다는 핑계로 숲을 떠난 사람도 있었다. 그 중 한 명은 정신 나간 사람처럼 몇 시간 동안 숲속을 방황하기도 했다. 끔찍한 임무를 계속 수행하기

---

65 Ibid., p. 75.

힘들어 중사에게 포기하겠다는 뜻을 밝힌 사람들은 마을로 쫓겨났다. 고의적으로 목표물에서 빗나가도록 총을 쏘는 사람도 있었다. 그렇지만 대부분은 살인을 계속했고 그들에게는 술이 지급되었다. 101 예비 경찰 대대가 요제포브에 도착한 지 열일곱 시간 만에 머리를 다친 채 숲에서 뛰어나온 어린 소녀 한 명을 빼고 목숨을 건진 유대인은 아무도 없었다. 소녀는 트라프가 보호하기로 했다. 경찰들은 "뇌의 파편과 뼛조각과 핏자국에 더러워진 몸으로" 시내 병영으로 돌아왔다. 수치심에 다들 입을 꽉 다물고 있었다.

임무에 참여하지 않겠다고 거부할 수도 있었는데 그러지 않은 사람이 그토록 많았던 이유가 무엇일까? 브라우닝은 깜짝 효과를 가장 큰 이유로 꼽는다. 허를 찔려 곰곰이 생각할 시간이 없었다는 것이다. 또 한 가지 중요하게 작용한 것이 연대 의식 또는 단결심이었다. 군복을 입은 사람은 자신과 동료를 동일시하기 때문에 집단을 이탈하는 행동을 하기가 극도로 어렵다는 것이다. 그날 새벽에 열에서 이탈했다는 것은 곧 동지들을 버려두고 스스로 '약골'이거나 '비겁'하다고 인정한 셈이었다. 거부라는 진정한 용기를 발휘한 대대원 중 한 명은 훗날 "난 겁쟁이였다."라고만 진술했다.

학살이 시작되기 전에 스스로 물러선 예비 경찰은 열 명 남짓이었지만 학살이 시작된 후 남의 눈을 피해 상황을 모면하거나 총살 집행단에서 빼 달라고 한 사람은 훨씬 더 많았다. 전체의 10~20퍼센트가 총살 집행단에 참여하기를 거부한 것으로 추정된다. 바꿔 말하면 적어도 경찰 80퍼센트가 요제포브 거주 유대인 1,500명을 죽음으로 몰아넣는 일에 끝까지 참여했다는 뜻이다. 거부한 사람들도 사실은 도덕적, 정치적 원칙이 아니라 물리적인 충격과 혐오감을 호소한 것이었다.

101 예비 경찰 대대는 며칠 후 다른 마을에 가서 유대인 몇 명을 체포했다. 다들 학살이 다시 시작되는 것 아닌가 우려했지만 트라프는 유대인들을 모두 풀어 주고 집으로 돌려보냈다.

트라프 부하들은 곧 살인에 무감각해졌다. 한 달 후, 대대 중 일부가 로마지로 파견되었고 대대원 중 3분의 1이 거기서 SS훈련을 받은 소련군 전쟁 포로 트라우니키스와 함께 유대인 1,700명을 학살했다. 공동 묘혈 안에 시신이 산더미처럼 쌓일 정도였다. 다들 작전이 시작되기 전에 지급된 술을 마셔서 취한 상태였으며 학살에 소요된 시간도 요제포브의 절반 정도에 불과했다. 임무를 거부하는 사람도 많이 줄어들었다.

자크 세믈랭은 이렇게 설명한다. "전장에서 오래 경험을 쌓으면 전사가 되는 것처럼 집단 학살도 현장 경험이 가장 중요한 것으로 보인다. 살인을 하는 동안 대량 학살자가 만들어진다."[66]

101 예비 경찰대의 집단 살인은 그 후에도 계속되었다. 그들은 수천 명의 유대인들을 트레블링카 수용소로 이송하는 일과 1943년 11월 3일 루블린 지역에서 42,000명의 희생자를 낸 대규모 "추수 감사절" 작전에도 참여했다. 1944년 초에 제3 제국의 몰락이 시작되면서 대대원들은 대부분 독일로 돌아갔다. 500명 규모였던 101 예비 경찰대 대원들은 최소 유대인 83,000명과 폴란드인 수백 명의 죽음에 직간접적으로 관여했다.

시스템 구축

단시간 내에 많은 사람을 죽이려면 체계적인 시스템이 필요하다. 가스실과 화장장 같이 복잡한 장치가 될 수도 있고 르완다 대학살 때 주로 사용된 벌채용 마체테 칼이나 1972년 부룬디 대학살 때 투치족이 후투족에게 사용한 방법처럼 놀랍도록 단순한 것이 될 수도 있다. 대학살에 참여했던 사람이 이렇게 설명한다. "방법은 많다. 아주 많다.

---

66 Sémelin, J. (2005). *op. cit.*, p. 246.

예를 들어 사람 2,000명을 집이나 감옥에 몰아넣는다. 안에는 커다란 홀이 여러 개 있다. 그런 다음 출입구를 봉쇄한다. 먹을 것도 마실 것도 주지 않고 2주 동안 가둬 둔다. 2주 후에 문을 열면 다 죽어 있다. 구타 한 번 하지 않고 사람을 죽일 수 있다."[67]

대부분의 대량 학살과 집단 학살은 무자비한 소수에 의해 자행되며 강압적인 지배층이 권위를 이용해 사람들 사이에 공포 분위기를 조성하면서 진행된다. 어떤 방법으로도 벗어나기 어려운 효율적인 시스템을 구축하면 사람들이 대부분 그냥 체념한다. 개인적으로 저항했을 때 위험이 너무 크고 그래봤자 소용이 거의 없기 때문이다.

미국인 학자 스코트 스트로스가 발표한 연구 결과에 따르면 1994년 르완다 대학살 당시 성인 남자 14~17퍼센트가 후투족을 죽였으며[68] 그 중 25퍼센트가 전체 살인의 75퍼센트를 담당했다. 간단히 말해서 "르완다 대학살은 다수가 참여한 것이 특징이지만 열의가 대단한 소수 무장 세력이 대다수의 살인을 자행했다."라는 것이다. 미국 정치학자 존 뮬러는 민족 전쟁이라는 것이 사실은 몇 안 되는 깡패와 건달이 해당 지역에 공포 분위기를 조성하고 피해자들을 상대로 도둑질과 약탈을 일삼아 이익을 취하는 형태에 가깝다고 생각한다.[69] 아우슈비츠 수용소에서 살아 돌아온 베네딕트 카우츠키도 비슷한 이야기를 한다. "나치 친위대가 본능적인 욕구와 열정 때문에 혹은 쾌락을 추구하기 위해 수천, 수만 명의 사람들을 학대하고 고문한 가학적인 인간의 무리라고 생각한다면 이보다 더 큰 착각이 없다. 그런 식으로 행동하는 사람은 극소수였다."[70]

67 Malkki, L. H., *Purity and Exile: Violence, Memory, and National Cosmology Among Hutu Refugees in Tanzania*, University of Chicago Press, 1995.

68 Straus, S. (2004). How many perpetrators were there in the Rwandan genocide? An estimate. *Journal of Genocide Research*, 6(1), 85~98. Sémelin, J. (2005)에 인용.

69 Mueller, J. (2000). The banality of "ethnic war." *International Security*, 25(1), 42~70.

70 Langbein, H. (2011). *op. cit.*, p. 274. Todorov, T., *Facing The Extreme*, p. 122에 인용.

학살의 선동자와 연쇄 살인범은 극소수였지만 르완다의 몇몇 지역에서는 광란에 가까운 살인 광기와 연대 의식에 휩쓸려 남성들이 거의 다 살인에 동참했다. 집단 학살은 원래 다 그렇다. 다만 개입 정도가 사람마다 다르다. 작가 장 하츠펠드에 따르면 니아마타 코뮌 주변 언덕에서는 한 달 만에 투치족 50,000~59,000명이 집안이나 교회에 숨어 있다가 혹은 숲이나 늪지대로 들어가 숨을 곳을 찾다가 마체테 칼에 살해되었다.[71]

인간의 조건을 넘어

츠베탕 토도로프는 『극한에 맞서Facing the Extreme』에서 사람이 인간성을 상실할 정도로 비인간적인 상황에 놓였을 때 어떤 일이 일어나는지 살펴봤다. 우리는 필립 짐바르도가 진행한 스탠포드 감옥 실험[72]에서 평범한 학생들이 정상적인 인간관계를 변질시키는 외부 상황에 처하자 상상도 하지 못했던 가학 행위를 하는 것을 봤다. 사람으로서 도저히 참기 어려운 강제 수용소 환경은 인간 존재의 기본이라 할 수 있는 감정과 도덕적 가치를 모두 말살해 버렸다. 아우슈비츠에서 살아남은 타데우시 보로프스키는 이렇게 증언한다. "도덕성, 단결심, 애국심, 자유, 정의, 인간 존엄성이라는 이상이 모두 낡은 누더기처럼 벗겨져 나갔다."[73]

또 다른 아우슈비츠의 생존자 프리모 레비는 너무나 궁금해서 도덕적 행동이 불가능했다고 말한다. "여기서는 다들 필사적으로 살아남으려 한다. 다들 극단적으로 절망적으로 고독하기 때문이다." 살아

---

71 Hatzfeld, J. (2005). op. cit., p. 13.
72 이 책 28장 폭력의 근본 원인은 남을 폄하하는 것 참조.
73 Borowski, T., this Way for The Gas, Ladies and Gentlemen, Penguin, 1976, p. 168.
    Todorov, T. (1991). op. cit., p. 38에 인용.

남으려면 "품위를 벗어던지고 양심을 내던지고 짐승과 짐승이 맞붙어 싸우는 난투극에 뛰어들어 적대적인 세상에서 자신과 가족을 지키기 위해 전혀 예상치 못한 내밀한 힘이 이끄는 대로 몸을 맡겨야 한다."[74]

공산주의 정치범 수용소에 갇혀 있던 사람들도 비슷한 경험을 했다. 구소련의 강제 노동수용소에서 25년을 보낸 바를람 샬라모프는 이렇게 말한다. "수용소 환경에서는 사람이 사람으로 살 수 없다. 수용소는 그러라고 만든 것이 아니다."[75] 콜리마 강제 수용소에서 20년을 보낸 유제니아 긴즈버그도 비슷한 이야기를 한다. "인간에게 비인간적인 삶을 강요하면 …… 차츰 선악에 대한 개념을 상실한다. …… 난 어쩌면 정신적으로 죽었다 살아난 것인지도 모른다."[76]

오래 배를 곯거나 죽음에 대한 위협을 받으면 저항의 한계점에 도달한다. 소련의 반체제 작가 아나톨리 마르첸코는 이렇게 쓰고 있다. "배고픔은 극복하기 어려운 시련이다. 사람이 그렇게 밑바닥으로 굴러 떨어지면 무슨 일이든지 할 수 있다."[77] 여기서 토도로프가 의문을 제기한다. "이 말이 무슨 뜻일까? 이것이 인간의 본성이란 말인가? 선악에 대한 판단이 조금만 힘들면 헌신짝처럼 버릴 수 있는 피상적인 것에 불과하다는 말인가? 아니다. 그렇지 않다. 오히려 반대다. 선악에 대한 판단과 거기서 비롯되는 반작용은 자연 발생적 보편적인 것이며 상상하기 어려울 정도로 극악무도한 폭력을 동원해야 겨우 뿌리 뽑을 수 있다는 말이다."[78] 강제 수용소에서 살아남은 작가 구스타프

---

74 Levi, P., *Survival in Auschwitz*, CreateSpace Independent Publishing Platform, 2013, p. 101.

75 Shalamov, V., *Kolyma*, François Maspero, 1980, pp. 11, 31. In Todorov, T. (1991). *op. cit.*, p. 38.

76 Guinzbourg, E. S., *Le Ciel de la Kolyma*, Seuil, 1980, pp. 21, 179. In Todorov, T. (1991). *op. cit.*, p. 38~39.

77 Marchenko, A., *Mon témoignage. Les camps en URSS après Staline*, Seuil, 1970, pp. 108~109. In Todorov, T. (1991). *op. cit.*, p. 45.

78 *Ibid.*, pp. 45~66, 164.

헤를링도 비슷한 의견을 제시한다. "사람은 인간적인 조건에서 살 때만 인간이 될 수 있다. 인간성을 말살하는 환경에서 하는 행동을 보고 사람을 판단하는 것은 참 터무니없는 일이다."

그런데 토도로프는 생존자들의 증언을 읽어 보면 그런 극한의 상황에서 도덕성을 발휘하고 심지어 영웅적인 행동을 한 사람도 있다는 데 주의를 환기시킨다. 특히 프리모 레비는 수용소에 불신과 경쟁심이 만연했다고 하면서도 친구 알베르토에 대해 이야기할 때는 커다란 애정을 표시한다. 알베르토는 수용소를 비우는 과정에서 강제 행군을 하다가 안타깝게 사망했지만 치열한 생존 경쟁 중에도 늘 강하고 다정다감한 심성을 잃지 않았다. 프리모 레비의 또 다른 친구 장 사뮈엘은 별명이 피콜로였으며 소외된 동료들과 인간적인 관계를 유지하려고 열심히 노력했다.[79]

아우슈비츠 수용소에서 돌아온 생존자들의 증언을 들어 보면 누군가 베푼 도움 없이는 생존이 불가능했던 것으로 보인다. 사이먼 락스는 "인간의 얼굴과 인간의 마음을 가진 몇몇 동지"[80] 덕분에 살아남을 수 있었다고 하고 유제니아 긴즈버그도 연대 의식에서 비롯된 수많은 행동에 대해 이야기하고 있다. 모든 사람이 "도덕적으로 죽은"[81] 것은 아니었다는 뜻이다. 외부 환경에서 비롯되는 제약이 매우 강했지만 벗어날 수 있는 방법이 아예 없었던 것은 아니었다. 수용소에서 살아 돌아온 오스트리아 정신과 의사이자 철학자 빅토르 프랑클은 이렇게 말한다. "강제 수용소가 사람의 모든 것을 앗아 가도 빼앗을 수 없는 것이 하나 있다. 강압적인 환경에서 어떤 태도를 취할 것인지 최종적으로 선택할 권리가 바로 그것이다."[82]

79 Levi, P. *Survival in Auschwitz*, op. cit., p. 128.
80 Laks, S., and Coudy, R., *Musiques d'un autre monde*, Mercure de France, 1948. 재판은 다음과 같이 제목이 교체. *Mélodies d'Auschwitz*, Cerf, 2004. Todorov, T. (1991). op. cit., p. 41에 인용.
81 Todorov, T. (1991). op. cit., p. 41.

수용소에 갇힌 사람들의 규범은 일반 사회와 많이 달랐다. 토도로 프가 한 말에 따르면 수용소 관리자들의 물건을 훔치는 행위는 얼마 든지 할 수 있었고 존경의 대상이었다. 반면에 동료 수용자의 물건, 특히 빵을 훔치는 일을 하면 멸시를 당했으며 대부분 심한 응징이 가해졌다. 밀고자는 혐오와 처벌을 받았다. 살인자가 버젓이 잘 살아가지 못하도록 복수할 다른 방도가 없으면 살인도 도덕적인 행동이 될 수 있었으며 사람의 생명을 구할 수만 있다면 거짓 증언도 도덕적인 행동이 될 수 있었다. 그런 상황에서 이웃을 자기 몸처럼 사랑하라는 것은 지나친 요구지만 적어도 이웃이 피해를 보지 않게 조심하는 것은 의무였다.

아우슈비츠에서 끔찍한 삶을 경험한 타데우시 보로프스키는 이렇게 결론 내린다. "사람은 사랑을 통해 사람을 재발견할 수 있다고 생각한다. 사랑이야말로 가장 중요하고 가장 오래 지속되는 것이다."[83] 아우슈비츠에서 보로프스키는 자신이 쓴 소설에 등장하는 등장인물들과 전혀 다르게 행동했으며 그가 보여 준 헌신적인 태도는 가히 영웅적이라 하지 않을 수 없었다.

파멸을 부르는 눈덩이 효과

잔혹한 만행을 저지르는 사람은 용납 가능한 행동의 선을 넘었다는 것을 인지하지 못한다. 그 길을 계속 갔을 때 어떤 결과가 기다리고 있을지 예측도 하지 못하고 도덕성에 약간 어긋나는 일을 해도 큰일 날 것 없다고 생각한다. 보통 딱 한 번만 타협하고 발을 들여놓는데 거기서부터 눈덩이 효과가 시작되어 벗어나지 못하고 갈수록 심한 폭력을

82 Frankl, V. E., *Viktor Frankl. Un psychiatre déporté témoigne*, Éditions du Chalet, 1967, p. 114. Todorov, T. (1996). *op. cit.*, p. 61에 인용.

83 Borowski, T. (1964). *op. cit.*, p. 135. Todorov, T. (1991), *op. cit.*, p. 40에 인용.

끝없이 자행하게 된다.

두려워서 혹은 마음이 약해서 외부의 힘에 감히 저항하지 못하거나 어떻게 저항해야 할지 몰라 망설이는 동안 돌이킬 수 없는 일을 저지르고 만다. 상황이 약간 달랐다면 당연히 거절했을 것이다.

심리학자 로이 바우마이스터는 이 현상을 이렇게 설명한다. "집단 구성원들이 유혈극에 개입해 허리 깊이까지 젖었다면 그들이 행하는 일에 근본적으로 문제를 제기하기에 너무 늦은 것이다. 그렇게 되면 더 깊이 빠져들 가능성이 크다."[84]

철학자 미셸 테레첸코는 『이토록 나약한 인간의 겉모습』에서 사람이 어떻게 악행의 눈덩이에 말려드는지, 어떻게 하면 그것을 피할 수 있는지 소상히 설명하고 있다.[85] 그는 폴란드 소비보르 수용소와 트레블링카 수용소 소장을 역임한 프란츠 슈탕글을 예로 든다. 의지가 약했던 프란츠 슈탕글은 새로운 직위에 올라 비열한 범죄의 구렁텅이로 빠져들 때마다 머뭇거리면서 새로운 임무에서 벗어나려고 했지만 보복이 두려운 데다가 권위 앞에서 기를 펴지 못하는 용기가 부족한 성격 때문에 매번 주저앉고 말았다.

프란츠 슈탕글은 전쟁이 끝난 후 브라질로 도망쳤다가 1967년에 체포되어 1970년에 90만 명을 살해한 죄목으로 종신형을 선고 받았다. 그 후 1971년에 역사학자 지타 세레니와 70시간 동안 면담을 가졌는데[86] 두 번째 면담 중에 옛 상관 중 한 명이 체포되어 독일인들에게 고문당한 이야기를 할 때 이렇게 말하기도 했다. "독일인들을 증오한다. 그들이 나를 이렇게 만들었다. …… 1938년에 자살했어야 했다. 그때 모든 게 시작됐다. 내 죄를 인정할 수밖에 없다."[87] 슈탕글은 면담

---

84 Baumeister, R. F., *Evil: Inside Human Cruelty and Violence*, Barnes & Noble, 2001, p. 304.

85 Terestchenko, M., *Un si fragile vernis d'humanité: Banalité du mal, banalité du bien*, La Découverte, 2007.

86 Sereny, G., *Into that Darkness: An Examination of Conscience*, Vintage, 2011.

이 끝날 때쯤 다시 한 번 책임을 시인하면서 이렇게 말했다. "나는 의도적으로 남에게 해를 끼친 적이 단 한 번도 없다." 이 말을 한 뒤 오랫동안 침묵을 지키던 그는 마침내 입을 열어 이렇게 되뇌었다. "그렇지만 내가 그 자리에 있었으니…… 내게도 죄가 있다…… 내 죄는 그 자리에 있었다는 것이다. 그 전에 죽었어야 했다." 이 말을 끝으로 더 이상 할 말이 없다고 했다. 독방에 수감 중이던 슈탕글은 그로부터 19시간 후 심장 마비로 사망했다.

그에게 대체 무슨 일이 있었던 것일까? 보잘것없는 경찰관에 불과했던 슈탕글은 고속 승진 끝에 오스트리아 소도시에 있던 형사부에 안착했다. 1938년에 나치의 강요에 의해 가톨릭교를 포기한다는 내용이 담긴 문서에 서명을 했다. 그것이 훗날 도덕적으로 타락하는 계기가 되었다. 영혼을 팔아넘긴 것이다.[88] 그는 게슈타포 본부로 발령을 받은 후 베를린에 있는 T412 작전 계획 연구소 보안 책임자로 임명되었다. 앞에서 봤듯이 T4 작전[89]은 신체적, 정신적 장애가 있는 사람들을 안락사시키는 계획이다. 여기서 나치는 유대인 강제 수용소에서 사용할 집단 학살 기술을 시험하면서 완벽을 기했다. 슈탕글은 자신에게 부여된 임무가 무엇인지 알아차리고 도망치려고 했다. "정말이지…… 말문이 막혔다. 그래서 임무에 적합한 사람이 아닌 것 같다고 말했다."[90] 그러자 상급자가 그를 안심시켰다. 굳게 믿기 때문에 임명을 한 것이며 안락사에 직접 관여할 일은 없을 것이라고 했다. 슈탕글이 자리를 수락하면 당시에 진행 중이던 징계 위원회 조사도 중단될 것이라고 했다. 작전을 지휘하던 크리스티안 비르트, 일명 "야만인 크리스티안"은 훗날 벨제크 수용소 초대 소장이 된 인물이었다. 그는

---

87 Ibid., p. 39.
88 Ibid., p. 37.
89 작전이 수립된 사령부 주소는 베를린 티어가르텐슈트라쎄 4번지였다.
90 Ibid., p. 51.

경멸하는 어조로 "아무 짝에 쓸모도 없이 밥만 축내는 주둥이들을 처리"해야 한다고 말했다.

1942년에 폴란드로 파견된 슈탕글은 소비보르 수용소 건설 책임자로 일하게 되었다. 그러던 어느 날 상사들이 이미 가동 중인 벨제크 수용소를 보여 주겠다면서 그를 데려갔다. 현실은 끔찍했다. "참호에 썩어 가는 시신들이 그득했다."[91] 크리스티안 비르트는 소비보르 수용소도 별반 다르지 않을 것이라고 하면서 슈탕글이 소장으로 임명되었다는 소식을 그 자리에서 전했다. 슈탕글은 자신이 적격자가 아니라고 대답했지만 헛수고였다. 친구와 함께 탈영 생각도 했지만 실패할까 두려워 포기했다. 세상 누구보다 사랑하는 아내와 자녀들의 처지가 걱정되었던 것이다.

그의 아내가 소비보르를 방문해 수용소에서 무슨 일이 벌어지고 있는지 알아차린 뒤 남편에게 정면으로 따지고 들었다. 슈탕글은 잔혹 행위에 가담하지 않았다고 변명했다. "수용소 안에 있으면서 어떻게 가담하지 않을 수 있어요? 무슨 일이 일어나는지 눈에 안 보여요?" 슈탕글은 아내를 달래기 위해 이렇게 말했다. "나도 알아. 그렇지만 난 사람들한테 아무 짓도 하지 않아." 자신은 행정 업무만 처리한다고 말했다.[92] 마침내 그는 트레블링카 수용소를 관리하는 일을 맡게 되었다. "트레블링카는 제3 제국 시절에 내가 본 모든 참상 중에 가장 끔찍했다." 슈탕글은 손으로 얼굴을 가린 채 지타 세레니에게 이렇게 털어놓았다. "단테가 그린 지옥이 따로 없었다."[93]

그는 바르샤바에서 작전 중이던 글로보츠니크 장군을 찾아가 명령을 수행할 수 없다고 하면서 새 직책을 맡지 않으려 했지만 역시 실패했다. "세상의 종말이 온 것 같다고 하면서 시신 수천 구가 노천에

91   *Ibid.*, p. 111.
92   *Ibid.*, p. 136.
93   *Ibid.*, p. 157.

서 썩고 있다고 말했다." 그랬더니 장군이 이렇게 대답했다. "좋아, 바로 그거야. 저들에게 세상의 종말을 보여 주는 게 우리 목표야."[94] 슈탕글은 새로 온 경찰청장을 찾아가 전근을 애걸했지만 소용이 없었다. 끔찍한 일에 익숙해지는 수밖에 없었다. 결국 대다수 동지들처럼 너무 많은 생각을 하지 않고 맡은 임무를 수행하기 위해 술에 의존하기 시작했다.

이 비극적인 예에서 얻을 수 있는 교훈은 무엇일까? 미셸 테레첸코는 "애초부터 단호히 거부하는 것, 사소한 요구에 굴복하지 않는 것이 정말 중요"하다고 강조한다. 그것만이 "개인의 도덕성에 흠집을 내지 않고 자유를 누리는 길"[95]이다. 거부란 구체적인 명령 하나가 아니라 그런 명령을 내린 권력 전체를 문제 삼는 것이다.

물론 쉽지 않은 일이다. 테레첸코가 쓴 것처럼 "꿈속이라면 까짓 것 얼마든지 흑기사를 자처하고 나설 수 있다. 그렇지만 막상 눈을 뜨면 현실의 무게와 상황적 제약과 사리사욕 때문에 수동적으로 변하고 무기력한 모습으로 고분고분해진다. 용기를 내서 박차고 일어나는 사람은 매우 드물다."[96]

강제 수용소에서 17년을 보낸 바를람 샬라모프는 이렇게 경고한다. "산꼭대기에서 내려와 타협하고 조정하고 용서하면 모든 게 끝이다. 양심이 침묵하면 파멸에 이를 수밖에 없다."[97]

물론 어려운 일이지만 어느 시대에나 그럴 수 없다면서 거부한 사람들이 있었다.

94 *Ibid.*, p. 160.
95 Terestchenko, M. (2007). *op. cit.*, p. 94.
96 *Ibid.*, p. 96.
97 Shalamov, V., & Mandelstam, N., *Correspondance avec Alexandre Soljenitsyne et Nadejda Mandelstam*, Verdier, 1998.

탄압자들과 타협을 거부하는 강직함

유대인 수천 명을 나치의 박해로부터 구한 앙드레 트로크메 목사와 르 샹봉 쉬르 리뇽 주민들이야말로 타협을 모르는 강직함의 본보기였다. 그들은 처음부터 옳다고 생각하는 것에 대해 타협하지 않겠다고 마음을 단단히 먹었다. 목숨을 걸고 비시 정부(1940년 6월 프랑스가 독일에 점령당해 국토의 3분의 2에 해당하는 북 프랑스가 독일 점령지가 된 후 남부 프랑스에 앙리 페탱을 국가 원수로 하는 친독 비시 정부가 수립되어 나머지 3분의 1을 관할했다.-옮긴이)에 유대인 가족을 보호하고 있다고 통보한 뒤 무슨 대가를 치르더라도 그 일을 그만두지 않겠다고 공개적으로 선언했다.[98] 그들에게는 유대인을 보호하지 않는 것이 부도덕한 일이었으며 사람은 넘어서는 안 될 선이 있다면서 자신들의 원칙에 대해 의심을 품지 않았다.

유고슬라비아 초대 대통령 마샬 티토의 손녀 스베틀라나 브로즈는 『악의 시대를 살아간 선한 사람들Good People in an Evil Time』에서 보스니아 분쟁 당시 개인들이 서로 도우면서 집단 저항한 여러 가지 사례를 들려준다. 산골 마을인 바이비네에 사는 세르비아인들은 무슬림을 박해하는 무장 단체원들이 자기 마을을 통과하지 못하도록 막았다. 제2차 세계 대전 중에 무슬림들이 이 마을 출신 세르비아인들을 보호해 준 데 대한 보은이었다.[99]

세르비아 여성을 아내로 둔 크로아티아 남성 드라젠 에르데모비치는 스레브레니차 대학살이 시작된 날, 이에 동참하지 않기 위해 도망치기로 마음먹었다. 그는 동료들에게 이렇게 말했다. "지금 제정신이에요? 무슨 일을 하고 있는지 알기나 해요?" 그들은 자기들에게 협조

---

98 이 책 11장 조건 없는 이타심 참조.
99 Broz, S., *Good People in an Evil Time: Portraits of Complicity and Resistance in The Bosnian War*, Other Press, 2005.

하고 싶지 않으면 총을 내려놓고 무슬림들과 함께 줄을 서라고 대답했다. 그의 기억으로는 그날 강압에 못 이겨 포로 백 명 정도를 처형했다. 그렇지만 다른 곳에서 포로 오백 명을 죽이라고 하자 이를 거부했다. 부대원 중 일부는 그에게 동조의 뜻을 표시하기도 했다.[100]

르완다 수도 키갈리에서는 피난처를 제공한 사람들이 학살에 동참하기를 거부했다. 밀 콜린스 호텔 지배인 폴 루세사바기나는 자신이 보호하고 있던 투치족을 잡으러 온 군인과 민병대에게 맥주와 돈을 제공했다. 키붕고 교구 주교 조셉 시보마나도 교회에 숨어든 투치족이 학살당하지 않도록 민병대에게 가진 돈을 모두 주었다.[101]

자크 세믈랭에 따르면 사회 전체가 흥분의 도가니로 변해 사람들에게 학살을 지지하거나 참여하라고 강요하면서 대량 학살이 시작된다. "개인만 따로 떼어 놓고 보면 절대 괴물이 아니지만 개인이 끔찍스런 집단 살인의 역학에 휘말리면 괴물로 변하게 되어 있다."[102] 사람은 상황에 동조하든 반대하든 자신이 한 행동에 책임을 져야 한다. 운신의 폭이 극히 좁아도 그것을 잘 이용하면 얼마든지 큰일을 할 수 있다. '아니요.'라고 반대만 해도 최소한 끔찍스런 가해자가 되는 길에 발을 들여놓지 않을 수 있다.

집단 학살 진행 과정과 불개입

집단 학살은 보통 단계별로 진행된다. 먼저 대상 인구 중 표본을 여럿 선정해 짧은 기간 동안 수차례에 걸쳐 테스트를 실시한 뒤 다수를

---

100 그는 헤이그에 있는 국제 형사 재판소에 스스로 투항해 첫 번째로 재판을 받았다. 재판 기록을 보려면 http://www.un.org/icty 참조.

101 2002년에 아프리칸 라이츠African Rights라는 비정부 기구가 르완다 대학살 당시에 자신을 돌보지 않고 투치족의 생명을 구한 의인 19명의 신상 명세가 소개된 안내 책자를 펴냈다. *Tribute to Courage*, African Rights, August 2002. Sémelin, J. (2007). *op. cit.*, p. 266에 인용.

102 Sémelin, J. (2005). *op. cit.*, p. 286.

대상으로 확대해 나간다. 예를 들어 아르메니아 집단 학살은 원래 소규모 대학살로 시작되었으나 주변국들이 소극적인 태도를 보이자 규모가 확대되었다. 1905년에만 아르메니아인 20만 명이 살해당했지만 국제 사회가 별다른 반응을 보이지 않았다. 이런 무관심에 사기충천한 터키인들이 1915년에 아르메니아인 50만 명을 계획적으로 몰살하기 시작했다.[103] 이웃 열강들의 불개입이 어떤 결과를 낳는지 잘 보고 배운 히틀러는 훗날 폴란드를 침공하기 직전에 이렇게 주장했다. "이제 와서 아르메니아인 학살에 대해 이야기하는 사람이 누가 있습니까?"[104]

1938년 11월 9일에 일어난 크리스탈나흐트(나치 대원들이 독일 전역에 있는 유대인 가게를 약탈하고 유대교 회당에 불을 지른 날, '수정의 밤'이라는 뜻–옮긴이) 이후 괴벨스가 국영 라디오 방송을 통해 살인과 약탈을 촉구하자 포그롬pogrom(유대인 집단 학살을 뜻하는 러시아어–옮긴이)이 수없이 많이 자행되었다. 독일 국민들은 폭력이 급속히 확산되는 것에 충격을 받았다. 그런데 자크 세믈랭이 강조하는 것처럼 권력을 쥔 정부가 용납할 수 없는 일을 추진할 때 민심을 대변하는 사람이 용감하게 앞에 나서 반대의 뜻을 공개적으로 밝혀야 한다. 그래야 정부에 영향력을 행사할 수 있다. "실제로 독일에서는 종교적으로나 도덕적으로 권위 있는 기관 또는 개인이 국민들의 감정을 공개적으로 전달한 예가 한 건도 없었다. 믿을 수 없는 증오 범죄 뒤에 이어진 것은 침묵뿐이었다. 이것이 일종의 동의나 만족감의 표시로 해석된 것이다."[105] 국민의 집단적 반응 능력은 점점 흐지부지해졌고 독일 사회는 부지불

103 Alexander, E., *A Crime of Vengeance: An Armenian Struggle for Justice*, The Free Press, 1991.
104 Baumeister, R. F. (2001). *op. cit.*, p. 292.
105 Sémelin, J. (2007). *op. cit.*, p. 200. 크리스탈나흐트 이후 "항의의 목소리를 높인 종교계 인사는 개신교와 가톨릭을 통틀어 단 한 명도 없었다(p. 85)." 1938년에 있었던 이러한 침묵은 "종교가 무너졌음을 보여 주는 것이었다. 종교는 살인하면 안 된다는 것을 사람들에게 상기시킬 능력을 상실했다." 세르비아 정교회와 르완다 가톨릭교회도 마찬가지였을 것이다.

식간에 용인된 파괴 과정에 휘말렸다. 엎친 데 덮친 격으로 "수동적인 눈덩이가 능동적인 눈덩이로 바뀌면서 여러 사회 분야가 '최종 해결책'에 공조하는 모양새를 갖추게 되었다."[106]

집단 학살의 실상을 알아 가는 과정

자크 세믈랭은 집단 학살의 실상을 인식하는 과정이 세 단계에 걸쳐 이루어진다고 말한다. 첫 단계는 다른 나라들이 정보를 불신하면서 믿지 않으려고 하는 것이다. 유대인 학살의 경우, 제보자들이 보고한 학살의 규모가 워낙 커서 동맹국 지도자들과 국민들이 믿지 못했으며 다들 보고서가 과장된 것이라고 생각했다. 생존자들 가슴에 대못을 박은 집단적 부인 현상 때문에 생존자들은 본의 아니게 침묵할 수밖에 없었고 미심쩍은 증언을 한다고 의심받기까지 했다.

두 번째 단계는 수많은 정보와 루머가 일파만파 퍼져나가 소식이 신빙성을 갖기 시작하고 사실을 아는 사람이 점점 더 많아지는 것이다.

일종의 잠복기 또는 배양기가 끝난 후 나타나는 세 번째 단계는 명실상부한 자각이다. 심리적 방어선이 무너지고 끔찍한 현실을 똑바로 보게 되는 것이다.[107] 르완다 대학살에서 그랬던 것처럼 학살의 표적이 된 인구에게는 여론이 미적대는 잠복기가 치명적이다. 국제 사회가 반응하지 않으면 집단 학살을 주도하는 자들이 기세가 등등해져 말살 계획을 끝까지 밀고 나가게 된다.

그런데 안타까운 사실은 자각을 했다고 해서 바로 개입이 이루어지는 일이 거의 없다는 것이다. 행동하는 척만 하고 남에게 책임을 돌리면서 협상을 시도하지만 가해자들은 계획을 포기할 의사가 전혀 없으므로 협상은 실패로 돌아갈 수밖에 없다. 결국 우물쭈물 하는 사이

---

106 Sémelin, J. (2007). *op. cit.*, p. 204, (내용이 약간 변형된 번역).
107 Sémelin, J. (2007). *op. cit.*, pp. 149~150

에 비극은 돌이킬 수 없는 지경에 이른다.

집단 학살 및 정치적 대학살을 예측할 수 있는 전조

르완다 집단 학살이 끝난 후 미국을 비롯해 국제 사회가 무능해 적절히 개입하지 못한 데 자책하고 고민하던 미국 클린턴 대통령이 1998년에 정치학자 바버라 하프에게 집단 학살의 위험이 커질 때 나타나는 지표 분석을 의뢰했다. 하프와 여러 학자들은 1955년부터 2004년 사이에 발생한 129건의 내전과 체제 붕괴에 관련된 집단 학살 36건을 분석해 8대 요인을 구분했다. 예측 확률은 90퍼센트다.[108]
- 과거 집단 학살의 전력이 있는 경우(옛날에 집단 학살을 유발한 정황이 완전히 해소되지 않고 남아 있을 수 있다.)
- 정치적 격변의 정도(위협 받는 독재 엘리트 계층이 무슨 수를 써서라도 권력을 유지하거나 정권을 회복하려고 할 때)
- 집권층의 민족적 성격(지도층이 소수 민족이면 조금이라도 위협을 느끼면 폭력을 동원해 이를 억압하려고 한다.)
- 집권층의 이념적 성격(극단적인 이념 체계를 갖고 있으면 특정 범주에 속하는 사람들을 제지, 박해, 제거하려는 노력을 이념으로 정당화한다.)
- 정권의 유형(독재 정권은 반대 세력을 억압할 가능성이 훨씬 크다.)
- 제한적 통상 교류(통상 교류가 개방적이라는 것은 정부와 집권층이 법치를 중요시하고 경제 교류를 계속해 나갈 자세가 되어 있다는 뜻)
- 정치, 경제, 종교적으로 소수 민족에 가하는 심한 차별
- 배타적 이념을 가진 집단이 중앙 정부 붕괴 시 권력을 장악하려고 애쓰는 상황(보스니아의 세르비아인들과 같은 상황)

108 Harff, B., "Assessing Risks of Genocide and Politicide," in Marshall, M. G., & Gurr, T. R., *Peace and Conflict 2005*, Center for International Development and Conflict Management, 2005, 57~61.

최근 50년 동안 자행된 집단 학살을 모두 분석하면 절반 이상이 이념 때문에 일어난 것(캄보디아)이거나 정권이 소수 반군을 응징하기 위해 계획한 정치적 대학살(사담 후세인이 자행한 쿠르드족 말살 정책)이었다.[109]

독재 체제

"크나큰 잘못을 저지르면 원칙적으로 체제에 부담을 주고 전체주의 국가의 존립을 위협할 수 있어야 한다."[110] 프리모 레비는 이렇게 썼다. 전체주의 체제는 이성을 비웃고 인명을 경시한다. 체제의 이념과 활동이 어떤 결과를 가져오는지 헤아리는 데 아무 노력도 기울이지 않는다. 학문의 자유와 지식 발전을 경계하고 정의를 존중하지 않는다. 괴링은 1933년 3월에 이렇게 선언했다. "이제 정의에 신경을 쓸 필요가 없어졌다. 나에게 주어진 유일한 임무는 파괴와 말살이다." 권력층이 맹목적으로 이상만 추구하면서 개인을 무시해도 타자와 인간의 생명을 경시하게 된다. 마오쩌둥은 목표만 달성할 수 있으면 인민들 목숨 따위 중요하지 않다고 서슴없이 말했다. "지주, 부농, 반혁명가, 사회의 독소, 반동분자들을 모두 합하면 그 수가 3천만 정도 된다. 6억의 인구 중 3천만은 20분의 1에 불과하다. 사람이 넘쳐나는데 두려울 게 뭐 있는가? 그 중 일부를 잃어도 문제될 것 없다. 무슨 차이가 있겠는가?"[111] 그리고는 이렇게 덧붙였다. "죽은 사람이 주는 혜택도 있다. 땅을 비옥하게 만든다."[112] 마오쩌둥은 직간접적으로 50만 명을 죽음 속

109 Harff, B. (2003). No lessons learned from the Holocaust? Assessing risks of genocide and political mass murder since 1955. *American Political Science Review*, 97(1), 57~73.

110 Levi, P., *The Drowned and The Saved*, Vintage, 1989, p. 44.

111 Mao Zedong Li, Z., *The Private Life of Chairman Mao: The Memoirs of Mao's Personal Physician*, new ed., Arrow Books, 1996, p. 217.

112 Chang, J., & Halliday, J. (2007). *Mao: The Unknown Story* (new edition). Vintage, p. 457.

으로 몰아넣었다.

독재자에게 봉사하면서 독재자가 시키는 대로 하는 사람들은 대개 독재자처럼 무분별하고 인명을 경시한다. 토도로프 설명대로 과격분자들의 체제가 내세우는 원칙은 "나에게 찬성하지 않으면 나를 반대하는 것"이다. 그런데 여기에다가 "나에게 반대하는 자는 모두 죽어야 한다."라는 원칙을 덧붙이는 것은 독재 정권뿐이다. 독재의 가장 큰 특징은 국가 안에 적이 있으며 같은 국민을 대할 때 전쟁의 원리를 적용한다는 것이다. 독재주의는 보편성을 포기하고 사람들을 우월한 자(정권 지지층)와 열등한 자(반체제 인사, 처벌 또는 제거 대상)로 나눈다.

선악의 척도를 혼자 움켜쥐고 사회가 나아가야 할 방향을 정하는 것도 정권이다.[113] 개인적인 일과 거주지, 재산, 교육, 오락, 자녀, 가정생활과 사랑까지 모두 국가가 관장하려고 든다. 이렇게 국가가 개인의 삶을 통제하면 숨을 장소나 탈출할 곳이 없어져 개인이 국가에 종속된다.

국민을 보호해야 하는 책임

정치학자 가레스 에반스와 모하메드 사노운은 주권 방어에 신경을 곤두세우는 국가들을 자극할 수 있는 "내정 간섭의 의무"[114]보다 국가가 국민을 보호할 책임에 대해 이야기하는 것이 더 낫다고 생각한다. 그런데 대규모 학살이나 기근과 같은 재난 상황이 닥쳤을 때 정부가 국민을 보호할 능력이 없거나 그럴 의향이 없다면 '국제 사회'가 대신해서 그런 책임을 다해야 한다고 강조한다. 여기서 국제 사회란 유엔과 정부 간 기구, 지역 조직들을 가리킨다. 그런 책임에는 세 가지 의

---

113 Todorov, T. (1991). *op. cit.*, p. 138.
114 철학자이자 정치 평론가였으며 이제는 고인이 된 나의 아버지 장 프랑수아 르벨이 처음 제안한 개념이다.

무가 수반된다. 첫째, 내부에 잠재된 직접적 갈등의 원인을 제거하는 예방의 의무, 국민의 보호가 시급한 상황에서 필요하면 강제력을 동원해서라도 적절한 조치를 취하는 대응의 의무, 경제 활동을 다시 시작하고 재건 및 국민 화해에 도움이 될 만한 지원을 최대한 제공하는 복원의 의무가 그것이다.

31
전쟁은 정말 어느 시대에나 있었나?

전쟁은 정말 불가피한 것일까? 영국의 철학자 토마스 홉스는 이렇게 말한다. "자연 상태란 모두가 모두와 맞붙어 싸우는 전쟁의 상태이다. 태생적으로 별 차이가 없는데 세력 균형을 이루어야 하므로 전쟁이 끊일 날이 없다. 전쟁은 당연한 것이다. 인간은 태어날 때부터 인간의 적이다."[1]

홉스는 인간을 천성적으로 이기적인 존재라고 생각한다. 폭력을 휘두르고 경쟁을 하는 것이 습성이라 남보다 더 많은 이익을 손에 쥐기 위해서라면 마다할 일이 없다. 사람들끼리 그냥 내버려 두면 얼마 못 가 서로를 모두 죽이고 말 것이라는 것이 홉스의 지론이다.

윈스턴 처칠은 한술 더 뜬다. "인류의 역사는 전쟁의 역사다. 막간 프로그램 같은 짧막한 기간을 빼고는 세상에 평화가 존재했던 적은 단 한 번도 없었다. 역사가 시작되기 전에도 사방에서 살인을 부르는 충돌이 이어졌다."[2] 그래서인지 학창 시절에 교과서에서 배운 역사도 끝없는 전쟁으로 점철되어 있었다.

---

1   Hobbes, T. (1651). *Leviathan*. 온라인은 다음을 참조. https://scholarsbank.uoregon.edu/xmlui/bitstream/handle/1794/748/leviathan.pdf P. 218.

그런 지적 유산을 바탕으로 인류종의 역사를 연구한 초창기 고생물학자들은 선사 시대 인간의 유해에서 깨지거나 으스러진 자국만 보면 무조건 동료들이 휘두른 폭력의 제물이 되어 죽음을 맞은 흔적이라고 해석했다. 뒤에서 보게 되겠지만 그것은 대부분 학자들의 허무맹랑한 상상의 결과물로 밝혀졌다. 실제로 호모 사피엔스는 역사의 대부분이 지금으로부터 1만 년 전, 전쟁이라는 현상이 나타나기 전에 이루어졌다.

한 진화 심리학 교과서는 인류의 역사를 일컬어 "어느 문화에나 공통으로 존재하는 전쟁으로 점철된 남성 동맹의 역사"[3]라고 설명한다. 사회 생물학의 창시자 에드워드 O. 윌슨이 바로 그런 관점에서 인간과 인류의 진화를 바라보는 사람이다. "인간은 공격성을 타고났을까? 답은 '그렇다.'이다. 전쟁은 역사를 통틀어 가장 조직적인 형태의 공격 기술이다. 전쟁은 수렵 채집 집단부터 산업 국가에 이르기까지 모든 형태의 사회에 존재하는 고질병이었다."[4] 이런 식의 주장은 인류학, 고고학, 고생물학 분야에서 쉽게 찾아볼 수 있다.

그런데 20여 년 전부터 정반대 이론을 주장하는 학자들이 늘고 있다. 인류학자 더글러스 프라이가 쓴 『전쟁을 넘어: 평화에 대한 인류의 잠재력Beyond War: The Human Potential for Peace』은 방대한 양의 고고학과 민족지학 연구 결과들을 집대성한 책이다.[5] 인류의 기원이 폭력적이냐 평화적이냐 하는 데 대해 아직도 논란이 분분하지만 저명한 행동 생태학자 로버트 새폴스키는 프라이의 책 서문에서 이렇게 역설한다. "모든 사실을 철저히 검토한 결과, 이 책에서는 전쟁과 인간 본성에 관해

2 Churchill, W., "Shall We Commit Suicide?" *In thoughts and Adventures*, ed. James W. Muller, Intercollegiate Studies, 2009.

3 Buss, D., *Evolutionary Psychology: The New Science of The Mind*, Allyn & Bacon, 1999.

4 Wilson, E. O., "On Human Nature." In D. Barash, ed., *Understanding Violence*, Allyn and Bacon, 2001, pp. 13~20.

5 Fry, D. P., *Beyond War: The Human Potential for Peace*, Oxford University Press, 2007.

현재 정설로 받아들여지는 '전사로서 인간' 이론을 비판하고 인간의 공격성에 대해 새로운 해석을 하게 되었다. 전쟁은 불가피한 것이 아니며 인간은 갈등을 비폭력적으로 해결할 수 있는 놀라운 능력을 갖고 있다는 것이 이 책의 입장이다."

인류는 살인 유인원의 후손인가?

『악마 같은 남성 – 영장류와 인간 폭력성의 근원Demonic Males: Apes and the Origins of Human Violence』은 제목만 봐도 내용을 대충 짐작할 수 있다. 이 책을 쓴 리처드 랭엄과 데일 피터슨은 영향력 있는 인류학자다. 그들은 인간을 "5만년 동안 죽음을 부르는 공격을 계속하는 데 이골이 나서 감각이 무뎌진 생존자"[6]라고 부른다. 인간이 '살인 원숭이'의 자손이며 조상 대대로 물려받은 폭력적 성향을 타고났다고도 주장한다.

과학을 쉽게 풀어 설명하는 책을 많이 쓴 로버트 아드레이도 베스트셀러 『아프리카 창세기African Genesis』에서 이렇게 주장한다. "우리는 카인의 자식이다! 커다란 뇌와 육식 동물의 본성을 합쳐 놓은 것이 인간이다. 인간의 가장 오래된 조상은 살인자였다. 조상으로부터 이어받은 유산 중 절대 부인할 수 없는 것이 살인자의 습성이다. …… 인간은 본능적으로 무기를 이용해 살인을 하는 맹수다."[7]

이런 주장들은 두 가지 가설에 기반을 두고 있다. 하나는 일부 유인원의 두드러진 특성이 폭력이라는 것이고 다른 하나는 유인원과 인류의 공통 조상도 마찬가지로 폭력적이라는 것이다.

---

6 Wrangham, R., & Peterson, D., *Demonic Males: Apes and The Origins of Human Violence*, Houghton Mifflin, 1996.

7 Ardrey, R., *African Genesis; A Personal Investigation into The Animal Origins and Nature of Man*, Dell, 1967, p. 322.

비교적 평화로운 사회생활

첫 번째 가설은 침팬지들 사이에서 관찰되는 폭력적인 행동, 특히 제인 구달이 탄자니아 곰베 스트림 국립 공원에서 관찰한 바 있는 이른바 "침팬지 전쟁"에 근거를 두고 있다. 그런데 앞에서 본 것처럼 침팬지들이 경쟁 집단에 속한 침팬지들을 죽이는 일은 비교적 드문 현상이다. 그들은 일상생활을 하면서 다투는 일이 거의 없으며 설사 싸움이 일어나도 당사자들끼리 화해하고 서로에게 털 고르기를 해 주는 것으로 마무리된다. 제인 구달을 비롯해 여러 학자들이 현장에서 관찰한 내용에 따르면 침팬지들은 25퍼센트의 시간을 사회적 상호 작용에 할애한다. 공격적인 상호 작용은 개체별로 일주일에 평균 2회를 넘지 않는다.[8] 게다가 침팬지들 사이에서 분쟁이 일어나면 지배자 역할을 하는 수컷이 개입해 양쪽 모두 진정할 때까지 서로 떼어 놓는 것을 볼 수 있다.

그럼 다른 영장류는 어떨까? 영장류 동물학자 로버트 서스맨과 폴 가버는 60여 종이 넘는 영장류를 연구한 결과를 검토한 뒤 대부분의 상호 작용이 우호적, 협조적(털 고르기, 음식 나눠 먹기 등)이라고 결론 내렸다.[9] 적대적인 상호 작용(가벼운 말다툼, 강제 이동, 위협, 싸움)은 전체 상호 작용 가운데 1퍼센트에 불과했다. 두 저자가 내린 결론은 다음과 같다. "이상의 자료들로 볼 때 인간을 제외한 영장류가 전반적으로 비교적 안정되고 응집력 있는 집단생활을 하면서 일상에서 일어나는 여러 가지 문제를 협조적으로 해결하고 있다는 것을 알 수 있다."[10] 셜리

---

8 연구 결과에 따르면 시간 당 0.009~0.016회. 다음을 참조. Goodall, J., *Chimpanzees of Gombe*, Harvard University Press, 1986. 고릴라는 갈등 때문에 공격적인 사건이 일어나는 빈도가 시간당 0.20회다. 다음을 참조. Schaller, G. B., *The Mountain Gorilla*, University of Chicago Press, 1963.

9 Sussman, R. W., & Garber, P. A., *Cooperation and Competition in Primate Social Interactions*, 2005, p. 640.

스트럼도 15년 동안 개코원숭이를 관찰한 뒤 이렇게 결론지었다. "우리가 생각했던 것처럼 공격성이 진화의 전반에 걸쳐 중요한 영향력을 미치는 것이 아니다."[11]

우리는 누구의 후손인가?

사람은 유전적으로 침팬지, 보노보와 매우 가깝지만(DNA가 99.5퍼센트 일치) 침팬지 후손도 보노보 후손도 아니다. 현재까지 밝혀진 바에 따르면 '호미니드'(인간과 유인원의 공통 조상)의 진화 계통은 약 천만 년 전에 원숭이와 분리되었고 인간 계통은 침팬지와 보노보가 분리되기 훨씬 전인 약 6백만 년 전에 유인원으로부터 분리되었다.

따라서 호미니드가 보노보보다 침팬지에 더 가깝다고 생각할 이유가 전혀 없다. 보노보는 침팬지에 비해 좀 더 평화로운 성향을 갖고 있으며 프란스 드 발은 다음과 같은 의견을 제시하고 있다.

보노보가 먼저 알려졌더라면 인간 진화에 대한 가상 시나리오도 전쟁, 사냥, 도구 사용과 같은 남성의 특권보다 성관계, 남녀평등, 가족 기원 같은 데 초점이 맞춰졌을 것이다. 보노보 사회는 30년 전부터 역사 교과서에서 주류로 인정받고 있는 피에 굶주린 살인 원숭이의 전설보다 1960년대에 반전 구호로 외치던 "전쟁 말고 사랑을 합시다.Make Love, Not War"에 더 가까운 것 같다.[12]

---

10 *Ibid.*, p. 645.
11 Strum, S. C., *Almost Human: A Journey into The World of Baboons*, University of Chicago Press, 2001, p. 158.
12 Waal, F. B. M. de, & Lanting, F., *Bonobo: The Forgotten Ape*, University of California Press, 1998, p. 2.

선사 시대 인류와 폭력

1925년에 젊은 해부학 교수 레이먼드 다트가 남아프리카 공화국의 한 채석장에서 두세 살 쯤 되어 보이는 영장류 두개골 화석을 발견하고 그곳 이름을 따서 "타웅 아이Taung child"라고 이름 붙였다. 보존 상태가 매우 좋았던 이 두개골은 원숭이의 특징과 인간의 특징을 고루 갖추고 있었다. 다트는 그것을 오스트랄로피테쿠스 아프리카누스 Australopithecus africanus(남아프리카 원인)라고 명명한 뒤 인류의 조상이라고 주장했다. 과학계는 처음에 다트의 가설을 받아들이지 않았지만 이후 새로운 오스트랄로피테쿠스들이 세상의 빛을 보게 됨에 따라 중요성을 인정해서 오스트랄로피테쿠스 원인들을 인류의 조상인 호미니드로 분류했다.

문제는 다트의 풍부한 상상력이었다. 화석화 과정에 대해 전문 지식이 없었던 그는 오스트랄로피테쿠스 화석을 발견한 뒤 골절된 두개골과 부러진 뼈를 보고 그것이 인간의 조상이 사냥 중에 서로를 죽이고 식인 행위까지 했다는 증거라고 생각했다.[13] 또 부서지거나 구멍이 뚫린 오스트랄로피테쿠스 두개골 몇 개가 수많은 원숭이 두개골 사이에서 발견되었다는 점에 착안해 인류의 조상이 넓적다리뼈로 만든 곤봉 같은 막대기에 맞아 사망했으며 두개골에 난 자국은 막대기의 툭 튀어나온 부분 때문에 생긴 것이라고 생각했다. 두개골에 일정한 간격의 구멍이 난 것에 대해서는 종교 의식을 치르다가 사람을 죽였다고 판단했다. 동료 한 명이 그에게 오스트랄로피테쿠스가 살해되었을 확률에 대해 묻자 다트는 "왜 그런 질문을 하죠? 물론 100퍼센트입니다."라고 대답했다. 다트가 쓴 원색적인 글에 따르면 인간의 조상은 "습관적인 살인자, 먹이를 보면 난폭하게 달려들어 죽을 때까지 몽둥

---

13 자세한 내용 요약은 다음을 참조. Fry, D. (2007). *op. cit.*, pp. 34~39.

이질을 한 뒤 부서진 몸을 갈기갈기 찢어 사지를 절단하고 뜨거운 피로 갈증을 달래고 경련이 멈추기도 전에 살을 뜯어 게걸스럽게 먹어치우는 육식 동물"[14]이었다.

다트가 내린 이런 해석은 훗날『아프리카 창세기』를 비롯해 인류의 조상을 야만적으로 묘사한 여러 저서에 영감을 주었지만 후대 학자들은 면밀한 조사를 통해 다트가 한 주장을 하나씩 하나씩 반박하기 시작했다. 화석 잔존물을 검사한 자연 인류학(형질 인류학) 전문가들은 뼈와 두개골의 파손 부위가 수천 년에 걸쳐 화석화가 진행되는 동안 바위와 토양의 압력을 받아 생긴 것이라고 설명했다.[15]

또 다른 고생물학자 C. K. 브레인은 정수리에 난 구멍이 오스트랄로피테쿠스와 동일한 지질층에서 발견된 멸종된 표범종의 이빨 때문에 생긴 상처일 가능성이 매우 높다고 결론지었다. 여러 원숭이들과 오스트랄로피테쿠스의 두개골에 두 개씩 쌍을 이루는 구멍들이 나 있었는데 그 배열 상태가 표범의 돌출된 송곳니 크기나 배열과 정확하게 일치했던 것이다.[16] 따라서 더글러스 프라이가 내린 다음과 같은 결론이 일리가 있는 말이라고 봐야 할 것이다. "다트가 실감나게 묘사한 사람 잡아먹는 살인 원숭이의 희생자는 사실 표범의 밥에 불과했다. 다트가 상상한 끔찍한 장면은 일종의 공상 과학물이었다."[17] 이런 대반전에 대해 프란스 드 발은 이렇게 설명한다.

14 Dart, R. A. (1953). The predatory transition from ape to man. *International Anthropological and Linguistic Review*, 1(4), 201~218; Dart, R. A. (1949). The predatory implemental technique of Australopithecus. *American Journal of Physical Anthropology*, 7(1), 1~38.
15 쉐리 워시본과 칼튼 쿤의 연구. 이를 리뷰한 내용을 다음에서 참조. Roper, M. K. (1969). A survey of the evidence for intrahuman killing in the Pleistocene. *Current Anthropology*, 10(4), 427~459.
16 Brain, C. K. (1970). New Finds at the Swartkrans Australopithecine Site. *Nature*, 225(5238), 1112~1119.
17 Fry, D. (2007). *op. cit.*, p. 38.

운명의 장난처럼 보이지만 요즘은 오스트랄로피테쿠스가 포식 동물은
커녕 몸집이 큰 육식 동물들이 가장 즐겨 찾는 먹잇감이었을 것이라고
들 생각한다. …… 인간의 조상은 잔인한 맹수가 아니라 겁쟁이였을 가
능성이 매우 높다.[18]

타웅 아이 두개골에 난 흔적은 모든 면에서(상처 크기와 위치, 할퀸 상
처가 있는 점, 골절 형태 등) 요즘도 볼 수 있는 코트디부아르 왕관 독수
리가 어린 원숭이를 잡아먹었을 때 두개골에 남기는 상처나 흔적과
비슷하다.[19]

이처럼 선사 시대 인류의 조상이 서로 심한 폭력을 휘둘렀다고 하
는 학자들 주장은 자연 현상이거나 인간이 아닌 다른 육식 동물에 의
해 생긴 것으로 밝혀졌으며 이를 통해 전보다 훨씬 더 설득력 있는 설
명이 가능해졌다.

---

18 Waal, F. B. M. de, & Lanting, F. (2006). *Bonobos : Le bonheur d'être singe. op. cit.*

19 Berger, L. R., & Clarke, R. J. (1995). Eagle involvement in accumulation of the Taung
    child fauna. *Journal of Human Evolution, 29*(3), 275~299; Berger, L. R., & McGraw,
    W. S. (2007). Further evidence for eagle predation of, and feeding damage on, the
    Taung child. *South African Journal of Science, 103*(11-12), 496~498. 1939년에 로마 남쪽
    에 있는 치르체오산 동굴에서 원형으로 쌓인 돌무덤과 그 한가운데 놓인 네안데르탈인의 두개골
    이 발견되었다. 두개골은 오른쪽이 부서져 있었으며 대후두공(척수와 뇌가 연결되는 뒤통수 구
    멍)이 인위적으로 확대되어 있었다. 여기서도 비슷한 일이 벌어졌다. 당시에 발굴 책임자였던 카
    를로 알베르토 블랑이 폭력과 잔학 행위를 보여주는 극명한 예라고 해석을 한 것이다. 이런 해석
    은 그 후 발표된 선사 시대에 관한 여러 책에 가감 없이 실렸다. 그런데 최근 분석된 자료에서는
    돌이 원형으로 놓여 있는 것은 산사태 때문이지 사람이 인위적으로 쌓은 것인지는 알 수 없는 것
    으로 나타났다. 고생물학자들은 누가 갉아먹은 것처럼 보이는 수백 개의 하이에나 뼈와 화석화
    된 배설물이 있다는 데 주목했다. 네안데르탈인들이 살인 의식을 치렀다던 장소가 실은 하이에
    나 소굴이었던 것이다. 두개골에 난 상처는 육식 동물 어금니 때문에 생긴 상처와 비슷했으며 대
    후두공이 확장된 부분에는 도구 이용 시 발생하는 홈 같은 것이 보이지 않았다. 다시 말해서 살
    인이나 잔혹 행위를 당한 증거라고 할 만한 것이 아무것도 발견되지 않은 셈이다. Stiner, M. C.
    (1991). The faunal remains from Grotta Guattari: A taphonomic perspective. *Current
    Anthropology, 32*(2), 103~117; White, T. D., Toth, N., Chase, P. G., Clark, G. A., Conrad,
    N. J., Cook, J., ... Giacobini, G. (1991). The question of ritual cannibalism at Grotta
    guattari(commentaries and responses). *Current Anthropology, 32*(2), 118~138.

전쟁이 정말 옛날부터 있었을까?

전쟁은 한 공동체에 속한 구성원들이 다른 공동체에 속한 구성원들에게 집단적으로 공격을 가하는 것이라고 정의할 수 있다. 전쟁이 나면 으레 상대편 공동체 구성원 중 불특정 다수는 죽음을 맞이한다. 따라서 한 사람 이상의 특정인을 목표로 하는 살인이나 복수와 같은 개인적 폭력과 전쟁은 별개로 생각해야 한다.[20]

전쟁은 누구나 금방 알아볼 수 있는 독특한 흔적을 남긴다. 마을 주위를 둘러싼 요새, (사냥 무기와 전혀 다른) 전투용 무기, 전쟁 장면을 묘사한 미술 작품, 무기의 촉鏃과 같은 인공물의 흔적이 뼈나 신체 여러 곳에 남아 있는 유골이 묻힌 묘지, 마을 부근에 매장된 남성의 수적 감소(그들이 마을이 아닌 다른 데서 사망했다는 뜻) 등이 전형적인 예다. 이런 흔적들이 동시다발적으로 남아 있거나 같은 지역에서 반복적으로 나타나는 것이 곧 전쟁이 일어났다는 증거가 된다. 그런데 수많은 고고학 문헌을 검토한 인류학자 레슬리 스폰셀과 여러 학자들은 이렇게 밝혔다.

인류는 지구상에 나타난 후 99퍼센트의 시간을 수렵 채집인으로 살았는데 …… 전쟁에 대한 고고학적 증거가 없다는 것은 곧 선사 시대에 전쟁이 아주 드물었거나 아예 없었다는 뜻이다.[21]

미국 인구 조사국에 있는 자료에 따르면 지금으로부터 1만 년 전, 농업이 본격적으로 발전하기 직전에 지구상에 살던 사람은 1백만 명

---

20 예를 들어 다음을 참조. Prosterman, R. L., *Surviving to 3000: An Introduction to The Study of Lethal Conflict*, Duxbury Press, 1972, p. 140.
21 Sponsel, L. E. (1996). The natural history of peace: A positive view of human nature and its potential. *A Natural History of Peace*, 908~12.

에서 1천만 명 사이라고 한다.[22] 이때까지 몇몇 사람이 피살된 흔적은 있지만 집단 사이에서 전쟁이 일어난 흔적은 발견되지 않았다. 인류학자 조나단 하스는 이렇게 말한다. "1만 년 전에 지구상에 어떤 형태로든 전쟁이 일어났다는 고고학적 증거는 무시해도 좋을 만큼 적다."[23] 충분히 이해가 가는 일이다. 프란스 드 발의 설명을 들어보면 납득이 간다. "최초의 인류는 작은 규모의 집단을 이루고 서로 멀찍이 떨어져서 살았으며 전쟁을 할 이유가 전혀 없었다. 그들에게 더 중요한 일은 당시에 자연을 호령하던 무서운 포식자들을 피해 다니면서 목숨을 부지하는 것이었다."[24]

전쟁의 첫 징후

오늘날 수렵 채집인들은 지도자나 계층 구조 없이 소규모의 평등 사회를 이루고 살아간다. 이동성이 좋아야 하기 때문에 많은 재산을 소유하거나 식량을 대량으로 비축할 수도 없다.[25] 진화학자 브루스 노프트는 이렇게 설명한다. "자원에 대한 평등한 접근권과 협력을 강조하고 관계망이 분산적이기 때문에 집단 간 경쟁이나 폭력 양상이 나타나는 일이 극히 적다."[26] 해박한 지식으로 유명한 민족학자 크리스토퍼 보엠은 다양한 형태의 사회 수백 개를 연구한 후 이렇게 요약했다.

---

22 http://www.census.gov/population/international/data/worldpop/table_history.php.
23 Haas, J., "War." In Levinson, D., & Ember, M., *Encyclopedia of Cultural Anthropology*, vol. 4, Holt, 1996, p. 1360.
24 Waal, F. B. M. de, *The Age of Empathy*, p. 23. 인류는 멸종했을 수도 있다. 미토콘드리아 유전자 검사 결과, 인류 조상이 한때 2천 명 남짓으로 인구가 줄어든 적이 있었던 것으로 밝혀졌다. 현재 인류는 당시에 살아남은 2천 명의 후손들이다.
25 다음을 참조. Flannery, K. V., & Marcus, J., *The Creation of Inequality: How Our Prehistoric Ancestors Set The Stage for Monarchy, Slavery, and Empire*, Harvard University Press, 2012; Price, T. D., & Brown, J. A. (eds.), *Prehistoric Hunter Gatherers: The Emergence of Cultural Complexity*, Academic Press, 1985; Kelly, R. L., *The Foraging Spectrum: Diversity in Hunter-Gatherer Lifeways*, Smithsonian Institution Press, 1995.

지금으로부터 약 4만 년 전, 해부학적으로 현대 인류라고 할 수 있는 사람들이 나타났다. 그들은 소집단을 이루고 살면서 식물을 경작하거나 동물을 키우지 않는 상태였다. 당시만 해도 인간은 평등주의적으로 행동했으며 실제로도 평등한 사회를 이루고 살았다.[27]

영국 민족학자 피터 가드너가 연구한 인도 남부의 팔리안족은 요즘도 타인에 대한 존중과 자율성에 큰 가치를 두고 남녀평등은 물론 공동체 구성원 모두 평등한 관계를 유지하며 살아간다. 사냥에서 돌아오면 사냥에 참여했는지 여부와 역할에 상관없이 구성원 모두에게 똑같이 고기를 분배한다. 팔리안족은 모든 형태의 경쟁을 회피하고 사람들 간의 비교도 자제한다. 그들은 어떤 형태로든 권위를 추구하지 않으며 지도자도 없다. 갈등이 생기면 중재를 통해 해결하려고 하며 충돌보다 회피를 선호한다.[28] 칼라하리 사막에서 살아가는 쿵족도 마찬가지다. 그들은 노련한 사냥꾼이 풍성한 사냥 노획물을 갖고 돌아오면 다들 기뻐하면서 맞이하지만 사냥꾼이 환영을 받고 너무 거들먹거리지 않도록 농담조로 이렇게 말한다. "쓸모도 없는 가죽이랑 뼈는 왜 이리 많이 갖고 온 게야!" 그런데 누군가가 나서서 지도자가 되겠다고 하면 모두의 반감을 사게 된다.[29]

26 Knauft, B. M., Abler, T. S., Betzig, L., Boehm, C., Dentan, R. K., Kiefer, T. M.,... Rodseth, L. (1991). Violence and sociality in human evolution [comments and responses]. *Current Anthropology, 32*(4), 391–428. Fry, D. (2007). *op. cit.*에 인용.

27 Boehm, C., Barclay, H. B., Dentan, R. K., Dupre, M.-C., Hill, J. D., Kent, S., ... Rayner, S. (1993). Egalitarian behavior and reverse dominance hierarchy [comments and responses]. *Current Anthropology, 34*(3), 227~254. Sober, E., & Wilson, D. S., *Unto Others: The Evolution and Psychology of Unselfish Behavior*, Harvard University Press, 1999, p. 185에 인용.

28 Gardner, P., "The Paliyan." In Lee, R., & Daly, R. (eds.), *The Cambridge Encyclopedia of Hunters and Gatherers*, 1999, 261~264.

29 Flannery, K. V., & Marcus, J., *The Creation of Inequality: How Our Prehistoric Ancestors Set The Stage for Monarchy, Slavery, and Empire*, Harvard University Press, 2012.

관습상 집단 안에 계층이 나타나지 않도록 막는 문화도 많이 있다. 보엠은 이렇게 말한다. "아프리카 탄자니아에 있는 하즈다족은 지도자가 될 만한 사람이 누군가에게 자기 밑에 들어와 일하라고 설득하면 웃기지 말라고 확실히 말한다. 말레이시아의 이반족 역시 이른바 "대장"이 명령을 해도 말을 듣지 않는다."[30]

개인 간 불평등, 사회 계층 분화, 부의 세습이 나타난 것은 수렵 채집인 중 일부가 한곳에 정착하기 시작하면서부터였다.[31] 정착한 사람들은 땅을 일구고 동물을 길들여 가축으로 키우기 시작했으며 이를 통해 부를 축적했다. 부는 권력화되었으며 시기와 질투를 불러 일으켜 축적한 부를 지키고 보호할 필요가 생겼다. 이렇게 새로운 상황이 전개되면서 전에 없이 다른 집단을 공격해 재산과 땅과 가축을 빼앗아야 할 이유가 생겨났다. 노략질을 하는 대상은 개인이 아니라 공동체였다. 노략질이 거듭되면서 차츰 정복을 위한 전쟁으로 변했고 전쟁에서 승리한 소수가 다수를 지배하기 시작했다. 귀족, 성직자 등 여러 계층 구조가 생겨났고 이로써 사회의 평등은 막을 내렸다.

전쟁의 징후가 처음 나타난 것은 지금으로부터 약 1만 년 전 일이다. 이 시기에 근동에서는 수렵과 채집 대신 농업과 가축 사육에 기반을 둔 경제가 시작되었다. 고고학적 발굴 결과, 전쟁 유적과 유물이 간헐적으로 나타나기 시작하는 것이 약 9,500년 전 일이며 그 후 수세기에 걸쳐 지리적으로 확대되었다. 약 7,000년 전부터는 옛날에 한 번도 보지 못했던 요새가 무역로를 따라 등장했다.[32] 학살을 한 흔적과 한

30 Boehm, C., *et al.* (1993). *op. cit.*; Boehm, C., Antweiler, C., Eibl-Eibesfeldt, I., Kent, S., Knauft, B. M., Mithen, S., … Wilson, D. S. (1996). Emergency decisions, cultural-selection mechanics, and group selection(comments and responses). *Current Anthropology, 37*(5), 763~793. Sober, E., & Wilson, D. S. (1999). *op. cit.*, p. 180에 인용.

31 Reyna, S. P., & Downs, R. E., *Studying War: Anthropological Perspectives*, vol. 2, Routledge, 1994; Boehm, C., & Boehm, C., *Hierarchy in The Forest: The Evolution of Egalitarian Behavior*, Harvard University Press, 2009.

창 나이의 성인 남성들이 한꺼번에 매장된 사례도 발견되었다.[33]

9,000년도 더 된 유명한 제리코 벽Walls of Jericho은 최초의 군사 요새라고 오랫동안 알려져 있었지만 잘못된 사실로 밝혀졌다. 고고학자 마릴린 로퍼는 전후 상황을 면밀히 검토한 끝에 제리코 벽에서 전쟁의 흔적을 찾아볼 수 없는 것으로 결론 내렸다. 수많은 유해와 무기가 든 묘지도 없고 화재가 나거나 마을로 침입한 흔적도 없었다. 이 지역에 제리코 성벽과 시대가 같은 유적지가 다섯 개나 되는데 거기에는 성벽조차 없다.[34] 제리코 벽도 외호外濠가 삼면만 있고 한 쪽이 열린 형태라 방어용이라고 하기에는 이해가 안 되는 구조이다. 이 부분에 대해 설득력 있는 가설을 제시한 고고학자 바요셉은 신석기 시대 유적인 제리코 성벽이 홍수와 산사태에 대비한 시설로 조성되었으리라 생각한다.[35]

아메리카 대륙에서 전쟁의 징후가 제일 먼저 나타난 곳은 4,000년 전 페루와 3,000년 전 멕시코였다. 북아메리카 대륙 연안을 샅샅이 훑은 고고학자 허버트 마쉬너가 한 지적에 따르면 2,000년 전 인체 유골 중에 몽둥이로 가격당한 흔적이 남아 있는 경우는 극히 드물다. 그러다가 약 1,500~1,800년 전부터 전쟁 특유의 징후가 분명하게 나타나기 시작한다. 전략적으로 유리한 위치에 방어 시설과 대단위 마을이 조성되어 있었으며 전쟁으로 인한 인구 감소도 관찰되었다.[36]

32 Haas, J., *The Origins of War and Ethnic Violence. Ancient Warfare: Archaeological Perspectives*, Gloucestershire, UK: Sutton Publishing, 1999.

33 Roper, M. (1975). Evidence of warfare in the Near East from 10,000~4,300 B.C. In Nettleship, A., and Nettleship, M. A. (eds.), *War, Its Causes and Correlates*, Mouton, 1975, pp. 299~344.

34 *Ibid.*

35 Bar-Yosef, O. (1986). The walls of Jericho: An alternative interpretation. *Current Anthropology*, 27(2), 157~162.

36 Maschner, H. D., *The Evolution of Northwest Coast Warfare*, vol. 3. In Martin, D., & Frayer, D. (eds.), *Troubled Times: Violence and Warfare in The Past*, 1997, Gordon and Breach, 1997, pp. 267~302.

인류학자 랭엄과 피터슨은 "진정한 뜻에서 평화로운 사회는 옛날이나 지금이나 지구상에서 찾아보기 힘들다."라고 했지만 이런 주장은 증거가 불충분해 보인다.[37] 이 두 학자는 수백만 년 전부터 전쟁이 존재했다고 주장할 뿐, 고고학적 자료를 통해 입증을 하지는 않는다. 프라이는 이 두 저자가 개인적 차원의 변사(모호한 용어)나 살인을 전쟁 행위와 비슷하게 생각함으로써 방법론적 오류를 범했다고 생각한다.[38] 미국 고고학자 로렌스 킬리가 그랬던 것처럼 두 사람도 오늘날 우리가 '전쟁'이라 부르는 것과는 전혀 무관한 사실을 갖고 "선사시대 전쟁" 운운했다는 것이다.[39] 프라이 말대로 어떤 영국 여성이 남편을 독살한 일이나 남아메리카 산적들이 인적 없는 산길에서 여행자 주머니를 털고 목숨을 빼앗은 사건을 전쟁이라 부른 것과 다를 바가 없다.[40]

원시 사회에서 폭력이란

인류학자들은 인류가 지구상에 출현한 이후 99퍼센트의 시간을 수렵과 채집으로 먹고 살면서 무리지어 방랑했다고 말한다. 진화 심리학의 교과서라 불리는 『인간의 어두운 면: 남성 폭력의 기원을 찾아서The Dark Side of Man: Tracing the Origins of Male Violence』와 똑같은 편견을 여기서도 볼 수 있다. 이 책에서 마이클 길리에리는 이렇게 역설한다. "세계 부족 문화에 관한 수백 건의 민속지와 인류의 역사에 관한 문헌들을 살펴보면 어느 문화나 공통적으로 전쟁으로 점철된 남성 동맹의 역사를 볼 수 있다."[41] 그러면서 저자는 "환경은 달라도 사기꾼, 강도, 강간범,

37 Wrangham, R., & Peterson, D., *Demonic Males* 악마 같은 남성=영장류와 인간 폭력성의 근원.
38 Fry, D. P., et Söderberg, P. (2013). Lethal aggression in mobile forager bands and implications for the origins of war. *Science, 341*(6143), 270~273.
39 Keeley, L. H., *War Before Civilization*, Oxford University Press, 1997.
40 Fry, D. (2007). *op. cit.*, p. 16.

살인자, 전쟁광이 항상 세상에 숨어 있다."라고 결론 내린다.

이렇게 암울한 세계관에 크게 기여한 인류학자 중 한 명이 바로 나폴레옹 샤농이다. 그는 아마존 숲에서 살아가는 야노마미족(야노마모족이라고도 한다.)에 대한 논문으로 일약 유명해졌다.[42] 이 논문과 『사나운 민족 야노마미족Yanomamo: The Fierce People』[43]에서 샤농은 이웃 부족을 기습해 살인을 저지른 남성은 살인하지 않은 남성보다 아내도 더 많고 자식도 세 배나 더 많다고 주장하고 있다. 살인자가 폭력적이지 않은 동료들보다 생식 능력이 뛰어나 다음 세대에 유전자를 전달할 가능성이 더 높고 진화의 측면에서 유리한 위치에 있었다는 것이다. 샤농은 이를 통해 "문화가 진화하는 과정에서 가장 중요하게 작용하는 힘은 아마도 폭력"일 것이라고 추론한다. 그가 쓴 책은 세계적으로 수백만 부가 팔려 나가면서 폭력적인 원시인의 이미지를 사람들 머릿속에 심는 데 크게 기여했다.

그런데 샤농이 한 연구는 여러 가지 결함이 있는 것으로 밝혀졌다. 특히 샤농이 선정한 살인자 표본은 살인하지 않은 사람들보다 나이가 평균 열 살이나 많았다. 살인자냐 아니냐를 떠나서 나이가 서른다섯인 사람은 스물다섯인 사람보다 평균적으로 자식이 더 많을 수밖에 없다. 샤농이 한 연구는 그 밖에도 방법론적 오류가 많아 결론을 신뢰할 수 없다.

프랑스 심리학자 자크 르콩트는 샤농과 비슷한 주제를 다룬 다른 인류학적 연구를 찾으려고 했으나 두 건밖에 발견하지 못했다. 한 건은 북아메리카 원주민 샤이엔 인디언에 대한 연구이고 다른 건은 에콰도르 와오라니족에 대한 연구였다.[44] 샤농보다 훨씬 더 엄격한 방

41 Ghiglieri, M. P., *The Dark Side of Man: Tracing The Origins of Male Violence*, Da Capo Press, 2000, p. 246.
42 Chagnon, N. A. (1988). Life histories, blood revenge, and warfare in a tribal population. *Science*, 239(4843), 985~992.
43 Chagnon, N. A., *Yanomamo, The Fierce People*, Holt McDougal, 1968.

법론을 사용한 이 두 연구가 내린 결론은 샤뇽과 정반대였다. 즉 살인 행위에 가담한 사람이 살인하지 않은 남성보다 평균적으로 자식이 더 적었다.[45]

샤뇽의 제자인 인류학자 케네스 굿은 최악의 경우를 각오하고 현지를 직접 찾아 야노마미족과 여러 해 동안 함께 살면서 야노마미족 여성과 결혼까지 했다. 그가 발견한 현실은 전혀 다른 것이었다.[46] 그는 이렇게 썼다.

> 비록 거칠고 위험한 삶이지만 동지애와 자비심을 몸소 실천하고 조화로운 공동체 생활을 영위하는 것을 보고 배울 점이 정말 많은 데 놀랐다.[47] …… 시간이 갈수록 그들이 영위하는 생활 양식과 화합하고 단결하는 집단생활이 좋아졌다. …… 가족끼리 서로 도우면서 아이들을 늘 곁에 두고 애지중지 사랑하며 가르치고 보살피는 방식이 좋았으며 서로를 존중하는 그들 모습이 좋았다. …… 다른 집단을 불시에 습격하고 분노가 폭발해 서로 맞붙어 싸우는 일도 간혹 있었지만 결론적으로는 조화로운 사회 속에 살아가는 행복한 사람들이었다.[48]

케네스 굿은 야노마미족이 폭력적으로 변할 수 있다는 사실을 알고 있고 실제로 살인자에게 복수를 한다든가 이웃 부족 여성을 차지하기 위해 습격을 감행한다는 것이 사실이라고 인정한다. 그렇지만 샤

44 Moore, J. H. (1990). The reproductive success of Cheyenne war chiefs: A contrary case to Chagnon's Yanomamo. *Current Anthropology, 31*(3), 322~330; Beckerman, S., Erickson, P. I., Yost, J., Regalado, J., Jaramillo, L., Sparks, C., Ironmenga, M., & Long, K. (2009). Life histories, blood revenge, and reproductive success among the Waorani of Ecuador. *Proceedings of The National Academy of Sciences, 106*(20), 8134~8139.

45 Lecomte, J. (2012). *La Bonté humaine. op. cit.*, pp. 199~204.

46 Good, K., & Chanoff, D., *Into The Heart: One Man's Pursuit of Love and Knowledge Among The Yanomama*, Simon & Schuster, 1991. Lecomte, J. (2012)에 인용.

47 *Ibid.*, p. 13.

48 *Ibid.*, pp. 80~83.

농이 몇몇 개인이 한 행동을 부족 전체가 저지른 일인 것처럼 일반화한 것은 현실을 왜곡한 것이며 이는 사회학자가 뉴욕 시민들을 "도둑과 범죄자 집단"이라고 부르는 것이나 마찬가지라고 말한다. 야노마미족에서 볼 수 있는 폭력은 소수 개인이 저지른 문제이며 그마저 흔치 않다는 것이다.[49]

어떻게 보면 인간의 본성이 폭력적이라는 믿음에 대해 과학적 근거를 제시했기 때문에 샤뇽이 쓴 책이 그토록 인기몰이를 한 것인지도 모른다. 원시 문화에서 나타나는 폭력을 좀 더 신중하게 바라본다면 어떤 생각이 가능할까? 리처드 리와 리처드 달리는 케임브리지 대학이 출간한 『케임브리지 수렵 채집인 백과사전Cambridge Encyclopedia of Hunters and Gatherers』에서 지금까지 나온 수많은 연구 결론을 다음과 같이 요약하고 있다.

수렵 채집인들은 최근까지도 국가가 강제하는 법규의 통제를 받지 않고 살던 사람들이다. …… 권위적인 인물에게 의지하지도 않고 특별히 폭력적인 성향도 없이 자기들끼리 문제를 해결하면서 아주 잘 살아왔다. 17세기의 철학자 토마스 홉스가 쓴 "모두가 모두와 맞붙어 싸우는 전쟁the war of all against all"이라는 문구와는 전혀 거리가 멀었다."[50]

예를 들어 오늘날에도 말레이시아의 바텍족과 세마이족은 폭력을 회피하면서 적대적인 관계가 예상되면 무조건 거리를 두고 심하면 멀

---

49 2001년에 관록 있는 인류학자들이 이렇게 선언했다. "『사나운 민족 야노마미족』에서 샤뇽은 야노마미족이 교활하고 공격적이고 무시무시하다는 식의 선정적이고 인종 차별적인 이미지를 만들어 전쟁이 일상화되어 있는 것처럼 말했다. 그런데 모두 합쳐 80년 세월을 야노마미족과 함께 보내고 다들 야노마미족이 쓰는 방언을 하나 이상 구사할 줄 아는 지금에도 샤뇽이 책에서 설명한 사회를 본 사람은 한 명도 없다." Albert, B., Ramos, A., Taylor, K. I., & Watson, F., Yanomami: The Fierce People?, Survival International, 2001.
50 Lee, R. B., & Daly, R. H., "Introduction." In The Cambridge Encyclopedia of Hunters and Gatherers, Cambridge University Press, 1999.

리 도망쳐서라도 충돌이 일어나지 않도록 조심한다. 그렇지만 그들은 비겁함과는 거리가 먼 용감한 사람들이다. 한번은 인류학자 커크 엔디코트가 바텍족에게 이렇게 물었다. "옛날에 말레이족이 기습해서 바텍족을 잡아다가 노예로 삼았을 때 조상들이 왜 말레이족에게 독화살이 든 바람총을 쏘지 않았나요?" 그러자 바텍족 남자가 충격을 받은 듯 이렇게 대답했다. "그럼 그들이 죽을 텐데 어떻게 그래요!"[51] 바텍족은 자기들끼리 또는 다른 집단과 분쟁이 일어나면 중재를 통해 해결책을 모색한다. 세마이족 사람도 비슷한 이야기를 한다. "우리는 남이 다치지 않도록 조심합니다. …… 우리는 물리적 충돌에 연루되는 것을 정말 싫어합니다. 평화롭고 안전하게 살고 싶습니다."[52] 그들은 자녀가 어렸을 때부터 비폭력의 원칙을 가르친다.

인류학자 캐롤 엠버와 같이 약간 다른 주장을 하는 목소리가 아직 많이 있지만 캐롤 엠버도 개인적인 차원의 살인을 포함해 모든 종류의 적대적 행위를 '전쟁'이라는 용어로 뭉뚱그리는 실수를 범한 것이 사실이다.[53] 다른 여러 학자들이 좀 더 현실적인 잣대로 조사한 70여 개의 전통 문화들은 대부분 폭력으로부터 자유롭다는 특징을 갖고

51 Endicott, K., "Property, Power and Conflict Among the Batek of Malaysia." *In Hunters and Gatherers*, vol. 2, 1988, pp. 110~127. Fry, D. (2007). *op. cit.*에 인용.

52 Fry D., *The Human Potential for Peace: An Anthropological Challenge to Assumptions about War and Violence*, Oxford University Press, 2005, p. 73에 인용. 그 밖에 다음을 참조. Robarchek, C. A. (1977). Frustration, aggression, and the nonviolent Semai. *American Ethnologist*, 4(4), 762~777; Robarchek, C. A. (1980). The image of nonviolence: World view of the Semai Senoi. *Federated Museums Journal*, 25, 103~117; Robarchek, C. A., & Robarchek, C. J. (1998). Reciprocities and realities: World views. *Aggressive Behavior*, 24, 123~133.

53 캐롤 엠버는 특히 수렵 채집인들의 사회가 우리가 생각하는 것만큼 평화롭지 않았으며 그들의 90퍼센트가 전쟁을 자주 치렀다고 주장한다. 그런데 '전쟁'이라는 말에는 개인이 복수를 하려고 사람을 죽이는 일을 비롯해 온갖 종류의 적대적 행동이 모두 다 포함될 수 있다(문화권에 따라서는 두 가문이 대를 이어 반목하는 것도 은유적으로 '전쟁'이라고 표현한다). 더군다나 엠버가 분석한 사회 중 절반은 실제로 떠돌이 생활을 하는 수렵 채집인이 아니라 기마 수렵인과 같이 훨씬 더 복잡한 형태의 사회였다. 캐롤 엠버의 논문은 지금도 많이 인용되고 있으므로 이 사례를 언급하는 것은 매우 중요한 일이다. Ember, C. R. (1978). Myths about hunter-gatherers. *Ethnology*, 17(4), 439~448. Fry, D. (2007). *op. cit.*, pp. 195~196에 인용.

있다.[54] 그렇다고 해서 이런 문화들에 폭력과 살인이 아예 없다는 말이 아니다. 그것이 집단 간의 충돌이 아니라 개인적인 분쟁이라는 뜻이다.

창을 던져라. 그러나 사람은 다치지 않게 조심해라!

오스트레일리아 아넘랜드에서 동물, 인간, 전설 속 동물 등이 등장하는 1만 년 전 동굴벽화 유적지가 여럿 발견되었다. 동굴벽화는 대부분 일상을 묘사한 것이었으며 창과 부메랑을 던지는 사람이 등장하는 그림도 있었다.

고고학자 폴 테이큰과 크리스토퍼 치핀데일은 창과 부메랑이 나오는 그림을 전쟁 장면이라고 해석했다. 그들은 「오스트레일리아의 고대 전사Ancient Warriors of Australia」라는 논문에서 "그림 중 일부가 전쟁과 전쟁으로 인한 결과를 보여 주는데 전투 장면이 매우 정교하게 묘사되어 있다."라고 설명했다.[55]

그런데 충실한 자료를 바탕으로 한 여러 연구에 따르면 오스트레일리아 대륙 원주민들 사이에 전쟁이 일어난 적이 없었다고 하며[56] 민족학자들이 비교적 최근까지 지켜 온 전래 풍습을 기술한 것이 있는데 그 내용이 동굴 암벽에 그려진 벽화의 내용과 유사하다. 두 부족 구성원들 사이에서 여성을 유혹했다든가 약속을 지키지 않았다든가 해서 서로에 대해 불평과 불만이 쌓여 참을 수 없을 지경에 이르면 한쪽 부족이 상대편 부족 주거지 근처에 자리를 잡고 야영을 한다.

54. ural codes. *Cross-Cultural Research*, 26(1-4), 169-226. Fry, D. (2007). *op. cit.*, p. 13에 인용.
55. Tacon, P., & Chippindale, C. (1994). Australia's ancient warriors: Changing depictions of fighting in the rock art of Arnhem Land, NT. *Cambridge Archaeological Journal*, 4(2), 211-48. Fry, D. (2007). *op. cit.*, p. 133~135에 인용.
56. Wheeler, G. C. (1910), *The Tribe, and Intertribal Relations in Australia*, Biblio Life, 2009; Berndt, R. M., & Berndt, C. H., *The World of The First Australians: Aboriginal Traditional Life: Past and Present*, Aboriginal Studies Press, 1988.

첫 날은 서로 잘 알지만 오랫동안 만나지 못했던 사람들과 만나 함께 밤을 보낸다. 다음 날 아침이 되면 각 부족에서 열 명 정도씩 남자들이 나와 서로 마주보고 늘어선다. 한쪽 부족의 연장자가 상대편 부족 한 명에게 전쟁의 시작을 알리고 쌓인 불만과 비난하고 싶은 내용을 자세히 웅변적으로 쏟아 낸다. 그가 할 말을 다 해 숨이 찰 정도가 되면 비난을 받은 사람이 바통을 이어받아 열변을 토하며 반박을 한다. 그 다음에는 먼저 불만을 토로한 부족의 두 번째 연사가 나와 비난을 쏟아 내고 들어가면 비난을 받은 사람이 뒤를 이어 불만을 토로한다. 이때 사람들이 쏟아 내는 격렬한 비난은 항상 특정 개인을 겨냥한 것이지 집단 전체를 욕하는 것이 아니다. 앞에서 본 것처럼 집단 폭력과 대량 학살, 집단 학살이 항상 특정 집단을 악마로 묘사하면서 시작된다는 사실을 기억해야 할 것이다.

끝없이 이어지던 연설이 모두 끝나면 마지막으로 창던지기를 한다. 한 사람이 다른 사람을 향해 창을 던지는데 한창 나이의 젊은이들이 아니라 주로 나이 지긋한 연장자가 창을 던진다. 만에 하나 젊은 사람이 창을 던지게 되면 연장자들은 항상 "사람은 다치지 않도록 조심해라!"라고 타이른다. 목표물에 맞지 않게 신중히 창을 던지다가 부주의로 인해 부상자가 나오면 모든 것이 중단된다. 다시 한 번 항의가 빗발친다. 이때 부상당한 사람의 친척들이 모두 항의에 참여하는데 두 집단은 사돈 관계인 경우가 많아서 친척들이 양쪽 집단에 고르게 포진해있다. 설왕설래가 다 끝나면 모임이 종료된다.

이상에서 본 것처럼 평소에 원만한 관계를 유지하던 두 부족 구성원들 사이에 불평불만이 쌓였을 때 연극을 하듯 약간 과장된 방식으로 '가슴에 담아 두었던 것을 털어 내는' 기회를 가짐으로써 훨씬 더 심각한 충돌이 일어나는 것을 미연에 방지했다. 곪은 것을 터뜨려 병을 치료하고 원만한 관계를 회복한 것이다. 실제 전쟁과 달리 의식 절차를 따라 진행되는 마카라타makarrata 전투는 긴장을 완화하고 실제로 충돌이 일어나는 것을 피하는 것이 목적이다. W. 로이드 워너는 20년 동안 마카라타를 관찰했지만 사망자가 나온 적이 한 번도 없었다고 하면서 마카라타를 "평화를 위한 전투 의례"라고 정의하고 "6대 전쟁 범주" 중 하나로 분류했다.[57] 사망자 한 명 내지 않고 평화를 도모하는 의례를 일컬어 "전쟁"이라고 하는 것 자체가 어쩌면 역설일지도 모른다.[58]

사람은 천사도 악마도 아니다 – 폭력에 대한 새로운 시각

중요한 것은 더글러스 프라이가 한 총론 연구를 비롯해 여러 인류학자들이 한 연구들을 참고로 인간이 잔인하고 피에 굶주려 있고 천성적으로 툭하면 폭력에 의지한다는 오랜 믿음을 일소하는 것이었다. 그런데 원시 부족들이 착취와 공격성보다 협력과 평화적 공존을 더 중요시했다는 현실적인 시각을 각인시킨다고 해서 그들이 목가적인 삶을 누렸다고 생각하게 만드는 것도 잘못일 것이다. 루소가 생각한 "고귀한 야만인Noble Savage"의 이미지는 "전사로서 인간"만큼이나 신빙성이 없다. 옛날에도 개인적 차원에서 일어나는 폭력은 삶의 일부였고 그로 인해 살인이 일어나고 보복이 이어지기는 마찬가지였다. 통계적으로 보면 숫자 환산 방식에 논란이 있을 수 있겠지만 선사 시대와 현대의 수렵 채집인 사회 모두 폭력에 의한 사망률(비인간 포식자에 의한 사망까지 포함)이 1~2퍼센트 내지 최고 15퍼센트 정도인 것으로 보인다. 그 중 아마존에 사는 와오라니족 남성 경우처럼 폭력에 의한 사망이 60퍼센트에 달해 큰 관심을 모은 극단적인 경우도 있다.[59]

반면에 오늘날 유럽에서 나타나는 살인율은 주민 10만 명당 1년에

---

57 Warner, W. L., *A Black Civilization: A Social Study of an Australian Tribe*, Gloucester Publications, 1937, 1969.
58 Fry, D. (2007). *op. cit.*, p. 102.

1명 꼴(0.001퍼센트)에 불과하다. 언론과 미디어는 근심스런 뉴스들로 가득하지만 우리는 지금 옛날과 비교도 할 수 없을 만큼 안전한 세상에서 살고 있는 셈이다.

인류 역사 중 98퍼센트는 전쟁을 모르는 세상이었다. 그러다가 약 1만 년 전부터 전쟁이 급증하기 시작해 수천 년 만에 끔찍한 수준에 도달했다. 다음 장에서 보겠지만 그래도 지난 몇 세기, 특히 20세기 후반부터 물리적 충돌 횟수와 심각성이 계속 감소하고 있다.[60]

---

59 이 주제에 대해 여러 가지 데이터를 모아 놓은 일련의 표를 보려면 다음을 참조. Pinker, S., *The Better Angels of Our Nature: Why Violence Has Declined*, Viking, 2011, pp. 49~53.
60 *Ibid.*

32
폭력의 감소

지금 이 시각에도 세계 곳곳에서 끔찍한 폭력이 자행되고 있고 그 소식이 시시각각 실시간으로 우리 귀에 들어온다. 통계 전문가들도 세계 여기저기서 폭력이 증가하고 있다고 말한다. 그렇다면 지난 수세기 동안 폭력은 어떤 양상으로 변해 왔을까?

이 물음에 답하려면 첫째, 오랜 기간에 걸쳐 폭력이 변화된 양상을 살펴야 하고 둘째, 의식 속에 깊이 각인된 사건이나 물리적 충돌만 생각할 것이 아니라 최대한 많은 데이터를 분석해야 한다.

그럼 통념을 뒤엎는 뜻밖에 답이 나온다. 지난 천 년 동안 개인적 폭력과 집단 폭력이 모두 줄어들었으며 특히 최근 육십 년 동안 크게 감소했다. 이것은 지난 삼십 년 동안 여러 팀 학자들이 대대적인 정밀 조사를 통해서 얻은 결론이다.

이 말을 처음 들으면 어리둥절한 느낌이 들 것이다. 그 이유 중 하나는 지난 수백 년 동안 어느 정도 폭력이 자행되었는지 잘 모르거나 잊어버렸기 때문이다. 폭력이 쇠퇴하는 양상에 대해 800페이지 분량의 책을 펴낸 하버드 대학교 교수 스티븐 핑커가 설문 조사를 실시했다. 역사적으로 다양한 시대를 열거하고 시대별로 폭력 수준을 평가하라고 하자 사람들이 거의 다 오판을 하는 것으로 나타났다. 조사 결과에 따르면 질문을 받은 영국인들은 살인 사건이라는 척도에 대해 20세기가 14세기보다 더 폭력적이라고 생각했지만 실제로는 국가별로 20~50배 정도 감소했다. 폭력의 정도를 측정하는 데 사용된 다른 변수들에 대해서도 결과는 마찬가지였다.

개인적 폭력의 쇠퇴

14세기 유럽인들은 살인 사건의 피해자가 될 위험성이 지금보다 평균 50배나 더 높았다. 정치학자 로버트 거가 영국 법원과 지방 자치 단체에 보관된 고문서들을 분석한 결과 1350년 옥스포드의 연간 살인 사건 발생률이 10만 명당 110명이었다. 이 비율은 16세기에 10만 명당 10명으로 떨어졌고 오늘날은 10만 명당 1명꼴이다.[1] 아래 그래프에서 보는 것처럼 유럽 전체가 거의 비슷한 추이를 나타내고 있다.

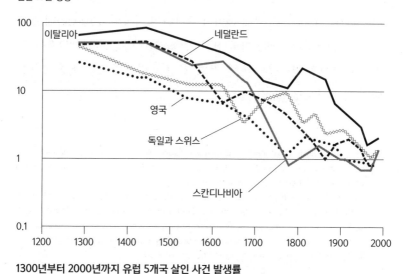

1300년부터 2000년까지 유럽 5개국 살인 사건 발생률

가족 간 살인보다 비친족 간 살인이 더 많이 줄어들었으며 살인 사건의 92퍼센트가 남성에 의해 자행되었다. 1820년대 말에는 유럽에서 발생한 살인 사건 중 유아 살인이 15퍼센트나 되었다. 오늘날 프랑스의 유아 살인율은 2퍼센트 미만이며 일반 살인 사건은 1820년에 비해 반으로 줄었다.[2]

이 분야에서 가장 완벽한 데이터를 보유하고 있는 세계 보건 기구에서 발표한 자료에 의하면 전 세계 연간 살인 사건 발생률은 2009년에 10만 명당 8.8명으로 떨어졌다.[3] 서유럽 국가에서는 이 비율이 2009년에 10만 명당 1명으로 떨어졌지만 공권력이 부패했거나 거대 마약 밀매 조직이 활개 치는 나라는 여전히 높은 수준을 유지하고 있다(자메이카는 10만 명당 34명, 콜롬비아 30명, 베네수엘라 55명). 러시아(10만 명당 30명), 남아프리카 공화국(10만 명당 69명)도 독재에서 민주주의 체제로 전환이 제대로 이루어지지 않은 나라들이다.[4]

특정 국가나 도시에서 특수한 상황적 이유로 분쟁이 일어난다든가 정치적으로 불안정해져서 폭력이 일시적으로 증가하는 경우가 종종 있지만 장기적으로는 폭력이 감소하고 있다고 볼 수 있다. 예를 들어 미국에서는 1960년대 말에 폭력이 증가하기 시작해서 1990년대 초에 두 배로 늘어났다가(반면에 캐나다는 안정적인 기조를 유지) 새로운 도시 안전 정책이 도입되면서 폭행, 절도, 강간을 비롯해 많은 범죄 발생률이 다시 절반으로 뚝 떨어졌다.

1   Gurr, T. R. (1981). Historical trends in violent crime: A critical review of the evidence. *Crime and Justice*, 295~353. 그 밖에 Eisner, M. (2003)도 참조. Long-term historical trends in violent crime. *Crime & Just., 30*, 83.

2   Tremblay, R. E., *Prévenir la violence dès la petite enfance*, Odile Jacob, 2008, p. 31. 그 밖에 Tremblay, R. E., *Developmental Origins of Aggression*, Guilford Press, 2005 및 Tremblay, R. E., Aken, M. A. G. van, & Koops, W., *Development and Prevention of Behaviour Problems: From Genes to Social Policy*, Psychology Press, 2009도 참조.

3   WHO, United Nations Office on Drug and Crime, 2009.

4   Pinker, S. (2011). *op. cit.*, p. 89.

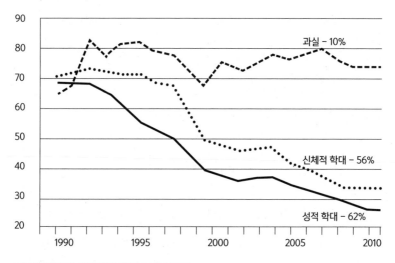

18세 미만 인구 만 명 중

과실 – 10%

신체적 학대 – 56%

성적 학대 – 62%

1990년부터 2010년까지 미국의 아동 학대

1950년대에 내가 프랑스 일드프랑스Ile-de-France 지방에 있는 공립 학교에 다니던 시절만 해도 학교에서 체벌이 흔히 있는 일이었다. 체벌은 최근까지도 효과적인 교육 방법으로 간주되었으며 학교와 가정에서 모두 장려되었다. 그런데 지난 수십 년 사이에 체벌이 급격히 감소하고 있다. 18세기에 통계가 취미였던 것으로 보이는 한 프로이센 사람은 51년 동안 교사로 일하면서 학생을 채찍으로 때린 것이 154,000회, 회초리로 때린 것이 911,527회였다고 회고록에 썼다.[5] 독일인 중 81퍼센트는 1992년에 자식의 따귀를 때렸지만 2002년에는 그 수치가 14퍼센트로 떨어졌으며 멍이 들도록 때리는 행위는 31퍼센트에서 4퍼센트로 급격히 감소했다. 국가가 나서서 체벌을 금지한 결과였다. 지금도 아시아와 아프리카 일부 국가에서는 체벌을 빈번히 사용하고 있다.[6]

5   Durant, W. & A., *The Story of Civilization*, vol. 9: *The Age of Voltaire*, Simon & Schuster, 1965. Tremblay, R. E. (2008), p. 33에 인용.

좀 더 넓은 범위에서 아동 학대는 대부분의 국가에서 크게 감소했다. 앞의 그래프에서 볼 수 있는 것처럼 미국의 경우 1990년부터 2010년 사이에 50퍼센트 이상 급감했다.[7]

가정 폭력도 서방 국가에서는 크게 줄어들어 미국은 1979년부터 2006년[8] 사이에 강간이 85퍼센트나 줄어들었다. 그래도 여전히 많은 나라에서는 아직도 심각한 문제로 남아 있다.

제도권 폭력의 쇠퇴

제도권 폭력이란 개인이 개인에게 가하는 모든 형태의 고통 중 사회 지도층이 '합법적'인 것으로 인정해 장려하고 지지하는 것을 가리킨다.

예를 들어 히브리 문명, 그리스 문명, 힌두교 문명, 켈트 문명에서는 수천 년 동안 인간을 제물로 바쳤다. 특히 인도의 콘드족(인도 오리사주와 마디아프라데시주에 사는 종족), 베냉족, 다호메이족은 그 때문에 동족 수천 명을 희생시키기도 했다. 가장 극단적인 사례가 아즈텍족이다. 역사학자 매튜 프라이스에 따르면 아즈텍족은 1440년부터 1524년까지 하루에 사십 명씩 총 140만 명을 제물로 바쳤다.[9] 인도 상류 카스트에서는 남편이 죽으면 부인도 산 채로 함께 화장하는 풍습이 있었다. 사티sati라 불리는 이 의식 때문에 14세기부터 19세기까지 목숨을 잃은 인도 미망인은 20만 명에 달하는 것으로 추정된다. 이 풍습

---

6   Harris, J. R., *The Nurture Assumption: Why Children Turn Out The Way they Do*, The Free Press, 1998. Pinker, S. (2011). *op. cit.*, p. 437에 인용.

7   Finkelhor, D., Jones, L., & Shattuck, A. (2008). Updated trends in child maltreatment, 2010. *Crimes Against Children Research Center* (http://unh.edu/ccrc/Trends/index.html).

8   법무부 자료를 언급한 2006년 6월 19일 자 *Washington Post* 및 Pinker, S. (2011). *op. cit.*, p. 408.

9   매튜 화이트가 탈고하던 당시 상황. Pinker, S. (2011). *op. cit.*, p. 135에 인용. 온라인에서는 http://necrometrics.com 참조. 매튜 화이트는 수세기에 걸쳐 갖가지 사망률 통계를 제시했다.

은 19세기에 영국에 의해 금지되었다.

중세 때는 사람들 보는 앞에서 고문을 행했다. 당시 사람들은 그런 광경을 보고도 충격을 받지 않았던 것으로 보인다. 교수형, 능지처참, 신체 관통형(길고 뾰족한 물건을 관통시키는 형벌), 거열형車裂形, 화형 집행이 일상이었다.[10] 어린이들을 포함해 구경꾼이 잔뜩 모인 자리에서 죄인이나 억울하게 죄를 뒤집어 쓴 사람을 대들보에 거꾸로 매달고 두 다리를 벌린 뒤 가랑이에서 시작해서 갈라 죽이는 광경을 흔히 볼 수 있었다. 전문적인 해부학 지식을 가진 형리들은 고문을 가하면서 어떻게 해서라도 수형자가 당하는 고통을 연장했다. 교황 이노센트 4세(1195~1254)는 종교적 박해를 위해 고문을 허용했으며 종교 재판 당시 성 도미니크회 수도사들도 고문을 널리 자행해 35만 명이나 되는 사람들을 죽음으로 내몰았다. 종교 재판소 책임자였던 교황 바오로 4세(1476~1559) 역시 열렬한 고문 옹호자였지만 1712년에 별 문제없이 성인으로 추대되었다.[11]

불과 250년 전만 해도 주머니칼로 루이 15세를 공격한 남자가 군중들 앞에서 능지처참당하는 장면을 프랑스 과학 아카데미 회장이 흐뭇한 얼굴로 지켜봤다.[12] 17세기 영국인들의 삶과 풍속을 잘 보여준 『일기』의 저자이자 국회의원이었던 사무엘 피프스는 공개 처형에 사용되는 처형대가 설치된 차링 크로스에서 산책을 하다가 해리슨 소장이 교수형에 처해지는 광경을 보게 되었다. 형리가 시신을 해체해 잘려 나간 머리와 심장을 들어 올리자 사람들이 기쁨의 함성을 질렀

10 노베르트 엘리아스가 수집한 판화들도 참조. 전원생활 외에도 일상을 묘사한 장면과 함께 교수대, 초가삼간을 불태우는 용병들, 갖가지 고문과 일상에서 자행되던 폭력 행위를 적나라하게 볼 수 있다. Elias, N., *The Civilizing Process: Sociogenetic and Psychogenetic Investigations*, Blackwell, 2000.

11 Held, R., *Inquisition*, Qua d'Arno, 1985. Pinker, S. (2011). *op. cit.*, p. 132에 인용.

12 Badinter, É., *Les Passions intellectuelles*, vol. 2: *Désirs de gloire* (1735~1751), Fayard, 1999.

다. 피프스는 해리슨에 대해 "그런 상황에 처한 사람치고 다른 어떤 사람보다 쾌활한" 모습이었다고 쓰고 있다. 피프스는 구경을 마친 후 친구들과 함께 굴 요리를 먹으러 갔다.[13]

16세기와 17세기에 고문에 못 이겨 해괴망측한 범죄(갓난아기를 잡아먹은 죄, 배를 난파하게 만든 죄, 악마와 성관계를 맺은 죄 등등)를 자백하고 화형대에서 사라진 사람이 6만 내지 10만 명에 달했다(그 중 85퍼센트가 여성). 대중 앞에서 화형 당한 마지막 "마녀"는 1782년에 스위스 글라루스주에서 형이 집행된 안나 골딘이었다.

종교 재판이 한창이던 시절에 스페인에서는 요즘 축구 경기를 보러 가듯 사람들이 화형 장면을 구경하러 올 수 있도록 시간 여유를 두고 미리 처형 일자를 발표했으며 처형이 열리기 하루 전날이면 시내 여인숙에 빈 방이 없을 정도였다. 사형수가 열을 지어 처형장으로 끌려 나오는 동안 구경꾼들은 찬송가를 불렀으며 커다란 목소리로 형이 선고된 후 집행이 시작되었다. 화형 당할 사람을 미리 교살하는 경우에는 산 채로 불태워지는 광경을 보고 싶어 하는 군중들이 죄인에게 너무 많은 자비를 베푸는 것 아니냐면서 항의를 하기도 했다.[14] 역사학자 바버라 터크먼에 따르면 프랑스 소도시에서는 주민들이 공개 처형을 즐길 수 있도록 이웃 마을에서 사형수를 사오는 일도 있었다고 한다.[15]

오락에도 폭력이 난무했다. 최초 사례가 고대 로마의 원형 경기장에서 벌어진 경기들이다. 바버라 터크먼은 14세기 유럽에서 최고 인기를 구가하던 스포츠 두 가지를 다음과 같이 설명한다.

13 The Diary of Samuel Pepys, October 13, 1660. http://www.pepysdi ary.com/ Archive/1660/10/13/.

14 Roth, C., Spanish Inquisition, reprint, W. W. Norton, 1964.

15 Tuchman, B. W., A Distant Mirror: The Calamitous 14th Century, Knopf, 1978.

등 뒤로 손이 묶인 선수들이 기둥에 못 박혀 있는 고양이들을 박치기로 죽이는 것이었다. 미친 듯이 날뛰는 동물의 발톱에 뺨이 찢어지기도 하고 눈알이 터지기도 했다. …… 아니면 울타리 안에 돼지를 가둬 놓고 몽둥이를 든 남자들이 돼지를 쫓아다녔다. 돼지들은 비명을 지르면서 사방으로 뛰어다니다가 몽둥이세례를 받고 쓰러져 죽었고 이를 본 관중들은 박장대소했다.[16]

16세기에 파리 사람들이 제일 좋아하던 구경거리는 불을 피우고 고양이들을 밧줄에 묶어 천천히 불구덩이로 내려뜨려 고양이들이 새까만 재로 변할 때까지 끔찍한 비명을 지르면서 발버둥치는 모습을 지켜보는 것이었다고 한다.

폭력에 대한 거부와 문화의 진화

옛날에 비하면 오늘날 우리가 얼마나 많이 달라졌는지 짐작할 수 있을 것이다. 사고방식이 바뀌기 시작한 것은 17세기부터였으며 18세기에 특히 많은 변화가 이루어졌다. 계몽주의 철학자들 영향으로 사람들이 인간에 대한 연민, 인권, 행복, 만인을 위해 정의를 구현하고자 하는 열망을 이야기하기 시작했다. 남들이 겪는 고통에 대해서도 공감하는 마음으로 관심을 갖기 시작했다.

1764년에 밀라노 출신인 26세의 체사레 베카리아가 고문과 사형의 폐지를 주장하는 논문 「범죄와 형벌On Crimes and Punishment」을 발표하고 정부와 법원이 먼저 해야 할 일은 범죄 예방이며 범죄자들을 처벌할 것이 아니라 교화하려고 애써야 한다고 말했다. 이 소책자는 유럽에서 큰 반향을 일으켰으며 특히 볼테르, 달랑베르, 토마스 제퍼슨

---

16 Tuchman, B. W., *A Distant Mirror: The Calamitous 14th Century*, new ed., Ballantine, 1991, p. 135. Pinker, S. (2011). *op. cit.*, p. 67에 인용.

에게 이념적으로 영향을 주었다.[17] 가톨릭교회는 그가 쓴 책을 금서 목록에 올렸으며 변호사이자 종교 문제 전문가인 뮈야르 드 부글랑은 저자가 너무 심약해서 세월의 시련을 견디고 효과를 인정 받은 수많은 관행들, 그 중에서도 특히 고문을 문제 삼는 것이라고 조롱했다.

그런데 1762년에 프랑스 툴루즈에서 장 칼라가 아들을 살해한 혐의로 억울하게 기소되는 일이 일어났다. 그는 유죄 선고를 받고 사람들 앞에서 바퀴에 갈아 죽이는 벌을 받았다. 팔과 다리를 바퀴에 묶은 다음 뼈를 하나하나 망치로 내리쳐서 부수는 동안에도 장 칼라는 계속 결백을 주장했다. 결국 두 시간이 지난 후 그는 교살되었다. 특별히 반향이 컸던 이 사건을 계기로 볼테르가 『관용론Traité sur la tolérance』을 집필했으며 그 결과 재심과 장 칼라의 명예 회복이라는 수확을 올렸다. 오늘날은 대부분의 국가가 생명과 인권과 정의를 존중하는 방향으로 나아가고 있다.

아프리카인과 중동인 수천만 명(1,700만~6,500만 명으로 추정)[18]의 생명을 앗아간 노예 제도는 18세기 말부터 단계적으로 폐지되었다(노예제도를 처음 폐지한 나라는 스웨덴이고, 모리타는 1981년에 가장 늦게 폐지). 현재 노예 제도는 모든 나라에서 공식 폐지되었지만 일부에서 매춘, 구걸 등을 위해 아동과 여성의 인신매매가 성행하고 있어 형태만 바뀐 채 만성적으로 존속하는 실정이다. 과거에는 국가 기관과 일반인들이 노예를 거느렸지만 요즘은 마피아와 같은 마약 밀매업자나 부패 공무원들이 현대판 노예를 만들어 내고 있다.

제2 차 세계 대전 직후, 만인에게 공통적으로 적용되는 인권에 대한 원칙이 역사상 처음으로 제정되었다. 1948년 12월 10일, 파리에서 채택된 세계 인권 선언[19]의 제1 조는 내용이 다음과 같다. "모든 인간은

---

17 Beccaria, C., *On Crimes and Punishments*, Hackett, 1986.
18 Rummel, R. J., *Death by Government*, Transaction Publishers, 1994. 여기에 동양에서 노비 제도의 희생양이 된 사람들을 더해야 하는데 그 숫자가 추산되지 않았다.

태어날 때부터 자유로우며 동등한 존엄성과 권리가 있다. 인간은 타고난 이성과 양심을 지니고 있으며 형제애의 정신에 입각해서 서로 행동해야 한다." 제3 조는 권리에 대한 내용이다. "모든 인간은 자기 생명을 지킬 권리, 자유를 누릴 권리, 안전을 지킬 권리가 있다."

1983년 유럽 인권 보호 조약European Convention on Human Rights에서 전시 상황을 빼고는 사형이 일체 금지되었으며 2002년에는 제13 의정서를 통해 전시를 포함한 모든 상황에서 사형이 금지되어 현재 47개국 중 45개국이 이 협약을 비준했다. 192개 유엔 회원국 중에서 사형이 폐지된 나라는 140개국이다.

국제 앰네스티에 따르면 2013년 현재, 세계 198개국 중 22개국만 사형 제도를 유지하고 있으며[20] 여기에는 중국(1년에 수천 건의 사형 집행), 이란(2011년에 360건), 사우디아라비아(82건), 이라크(68건), 미국(43건), 예멘(41건), 북한(30건)이 포함되어 있다.

오늘날 대부분의 국가들이 1984년에 유엔이 채택한 국제 고문 방지 협약International Convention against Torture에 서명했지만 그것으로 문제가 모두 해결된 것은 아니다. 예를 들어 사우디아라비아에서는 요즘도 마녀사냥이 이루어지고 있으며 혐의자들에게 고문을 행한다. 그럼에도 불구하고 사회 규범이 발전하고 있다는 것만은 사실이다.

미국에서 수행된 연구에 따르면 차이를 받아들이는 일에 있어서도 발전이 이루어지고 있다. 주로 유색 인종을 겨냥한 린치의 희생자가 1880년대에 연간 150명이었던 것이 1960년대에 0명으로 감소했다.[21] 매년 17,000건의 살인 사건이 발생하는 미국에서도 인종 증오가 직접적인 원인인 살인 사건은 1년에 1건으로 줄었다. 오늘날 모든 형태의

---

19   http://www.un.org/en/documents/udhr/.
20   유엔은 2007년에 105 대 54(미국 포함)의 투표 결과로 사형에 대해 모라토리엄(일시 정지)을 채택했다.
21   Payne, J. L., *A History of Force: Exploring The Worldwide Movement Against Habits of Coercion, BloodShed, and Mayhem*, Lytton, 2003, p. 182.

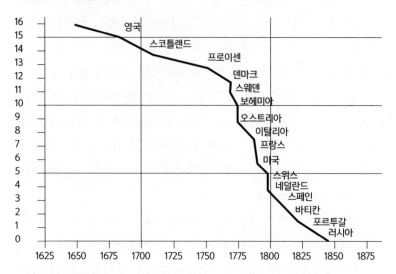

고문을 행하는 나라들의 표본

18세기 이후 고문 폐지 추이

폭력 사건 중 인종 간 폭력이 차지하는 비율은 0.5퍼센트에 불과하다. 갤럽의 조사에 따르면 1955년에는 미국인 95퍼센트가 타인종과 하는 결혼을 인정하지 않았지만 요즘은 그 비율이 20퍼센트로 감소했다. 한편, 백인 학생과 흑인 학생이 같은 학교에 다닐 수 없다고 생각하는 사람은 1942년에 70퍼센트였던 것이 오늘날 3퍼센트에 그치고 있다.

전쟁과 무력 충돌의 감소

15세기부터 17세기까지 유럽에서는 매년 두세 차례씩 전쟁이 일어났다.[22] 유럽의 기사, 백작, 공작, 왕자들은 싸움이 끊일 날이 없이 공격과 복수를 반복하며 상대의 멸망을 도모하고 농민들을 죽이거나 불구로 만들고 마을에 불을 놓고 수확을 망쳤다.

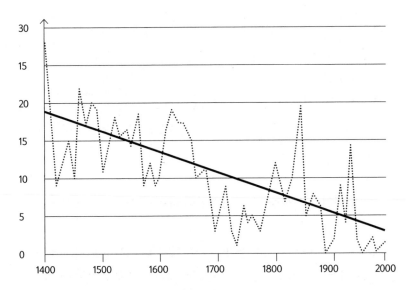

서유럽에서 100년 단위로 발생한 무력 충돌 건수

학자들 여러 팀이 수천 건의 무력 충돌을 분석해 대략적인 경향을 찾아냈다. 대다수가 지금은 거의 다 잊혀졌지만 각국의 고문서를 샅샅이 뒤진 끝에 찾아낸 사건들이었다. 1400년 이후에 발생한 4,560건의 무력 충돌을 분석한 정치학자 피터 브레크[23]는 국가 간 충돌이든 국내적으로 발생한 충돌이든(내전, 씨족이나 부족 사이의 복수전 등) 사망자가 50명 이상인 사건은 모두 고려 대상에 포함시켰다. 하버드 대학교 교수 스티븐 핑커는 이 연구 내용을 참고 문헌만 천 개가 넘는 저서에 요약했는데 개요는 다음과 같다. 첫째, 수세기 동안 국가 간 전쟁 빈도와 무력 충돌 결과 발생하는 피해자 수가 모두 감소하고 있다. 둘째, 상위 2퍼센트에 속하는 대전쟁(제1 차, 제2 차 세계 대전 등)에서 사망

22   Brecke, P. (2001). "The Long-Term Patterns of Violent Conflict in Different Regions of the World." 2005년 6월 8일과 9일에 걸쳐 스웨덴 웁살라에서 열린 컨퍼런스 발표 자료; Brecke, P. (1999). Violent conflicts 1400 AD to the present in different regions of the world. "1999, Meeting of the Peace Science Society," 미발표 원고.
23   Brecke, P. (1999 and 2001). op. cit. Conflict Catalogue 참조.

자의 80퍼센트가 발생했다. 셋째, 전쟁은 일정한 주기가 있는 것이 아니라 특정한 상황과 여건이 조성되면 언제든지 일어난다.[24] 위 그래프는 1400년부터 현재까지 유럽에서 무력 충돌의 수가 감소하는 추이를 나타낸 것이다(종교 전쟁, 나폴레옹 전쟁, 20세기에 일어난 두 차례의 세계 대전에서 무력 충돌이 절정). 그에 비해 아프리카는 무력 충돌의 수가 증가하고 있다.

20세기가 역사상 가장 피비린내 나는 전쟁의 시대였을까?

제2 차 세계 대전은 6,300만 명의 사망자를 내 역사상 인명 피해가 가장 큰 전쟁으로 기록되었다. 그에 비해 제1 차 세계 대전 중에 사망한 사람은 1,500만 명 정도였다. 절대치로만 보면 20세기가 역사상 가장 피비린내 나는 시대에 해당한다. 그런데 기근과 질병으로 죽은 민간인 수치와 당시 세계 총인구수 대비 사망자 비율로 계산한 상대치 등 사람들에게 직간접적으로 끼친 영향을 모두 감안하면 제2 차 세계 대전보다 피해 규모가 훨씬 더 큰 전쟁이 많았던 것을 알 수 있다.

　원래 사람은 시공간적으로 근접한 것에만 관심이 있고 역사적으로 먼 옛날 일은 잊어버리기 쉽다. 역사학자들 말고 서기 8세기에 중국에서 일어난 안녹산의 반란에 대해 소상히 기억하는 사람이 과연 얼마나 될까? 8년 이상 계속된 이 내전으로 천만 명이 사망했다. 요즘으로 따지면 3억 2천5백만 명이 사망한 셈이다.[25] 옛날에 일어난 전쟁의 영향을 세계 총인구수 대비 사망자 비율로 따져 계산하면 제2 차 세계 대전은 최악의 전쟁 순위에서 11위에 불과하다. 1939년부터 1945년

24　Pinker, S. (2011). *op. cit.* 특히 5장과 6장 참조.
25　White, M. (2010). Selected death tolls for wars, massacres, and atrocities before the twentieth century (http://necrometrics.com/pre1700a.htm). Pinker. S. (2011). *op. cit.*, p. 194에 인용.

까지 6,300만 명의 사망자가 난 것은 2011년 세계 총인구수에 대비해 계산하면 1억 7천3백만 명에 해당하지만 4천만 명의 사망자를 낸 13세기 칭기즈 칸의 몽골 정복은 요즘으로 따져서 7억 7천만 명이 목숨을 잃은 셈이라 인류 역사 상 최고로 많은 희생자를 낸 전쟁이라고 할 수 있다.[26]

20년 동안 손에 들어오는 자료를 모두 분석해 집대성한 학구파 사서 매튜 화이트는 전쟁 외에 역사상 자행된 수많은 잔학 행위로 인해 목숨을 잃은 사람의 수를 집계했다. 서기 1세기 중국 신나라에서 일어난 무력 충돌은 1천만 명, 오늘날로 따져 3억 6천8백만 명의 사망자를 냈다. 14세기와 15세기에 걸쳐 티무르 제국의 정복 전쟁으로 죽은 사람은 1천7백만 명(요즘 기준으로 3억 4천만 명)이었으며 17세기에 명나라가 멸망할 때 죽은 사람은 2천5백만 명(요즘 기준으로 3억 2천1백만 명), 3세기부터 5세기까지 로마 제국의 멸망으로 사망한 사람은 8백만 명(요즘 기준으로 2억 9천4백만 명), 11세기부터 17세기까지 무슬림들이 인도를 경략하면서 발생한 사망자는 1천3백만 명(오늘날로 따져 2억 6천만 명), 15세기부터 19세기까지 아메리카 대륙 정복으로(대량 학살과 식민지 개척자들이 퍼뜨린 전염병으로 인해) 희생된 원주민 사망자 수는 1천5백만 명(요즘 기준으로 1억 9천2백만 명)이었다.[27]

실제로 희생된 사람의 절대수가 중요하다고 생각하는 사람들에게

---

26 *New Scientist*에 실린 도표 참조 (http://www.newscientist.com/embedded/20worst). 사망률에 대한 출전은 White, M. (2012), 다양한 시대의 세계 인구에 대한 출전은 McEvedy, C., Jones, R., *et al.* (1978). 한 가지 예를 들어 몽골 침략자들은 양민을 메르브에서 130만 명, 바그다드에서 80만 명 학살했으며 그러고도 생존자를 남기지 않기 위해 폐허를 헤집고 다녔다고 한다. Pinker, S. (2011), p. 196 참조.

27 White, M., *The Great Big Book of Horrible things: The Definitive Chronicle of History's 100 Worst Atrocities*, W. W. Norton, 2012 및 http://www.atrocitology.com (수백 종의 참고 문헌이 실려 있다.) 과학 조사 전문 저널리스트 찰스 만은 원주민 인구가 일반적으로 생각하는 것보다 훨씬 더 많았다면서 전체 사망자 수가 1억 명에 달할 수도 있었다고 주장한다. 사망자 중 95퍼센트는 천연두를 비롯해 외부로부터 유입된 질병에 희생된 것으로 보인다. Mann, C. C., *1491: New Revelations of The Americas Before Columbus*, Vintage, 2006.

는 이런 집계 방식이 인위적이고 무의미하게 보이겠지만 오늘날 세계 총인구수 대비 사망자 비율은 폭력의 수준이 어느 정도였는지 가늠할 수 있는 대표 지수라 할 수 있다. 또 위험과 불안이라는 측면에서 당시 인구에 어느 정도 영향을 끼쳤는지 대충 가늠하게 한다. 우리가 일 년 안에 살해당해 죽을 가능성이 백분의 일 아니, 만분의 일이라도 있다면 삶에 대한 경험과 사회생활의 질이 지금과는 아마 크게 다를 것이다. 우리는 1만 년 전 전쟁이 시작된 이후 역사상 어느 때보다 안전한 삶을 살고 있다.

오늘날 세계 주요 열강들은 최근 60여 년 동안 전쟁을 벌인 적이 없다. 전 세계 민주주의 국가들은 대부분 병역 의무를 축소하거나 폐지했으며 군대 규모도 마찬가지다. 경제 대국들의 무기 판매가 폭력의 주된 요인으로 남아 있을 뿐이다. 각국의 국경은 유엔 보호 하에 신성불가침으로 인식되고 있으며 전쟁으로 인한 영토 재분배도 1950년 이후 발생 건수가 급격히 감소했다. 주변 10개국과 국경을 맞대고 있는 브라질은 150년 동안 전쟁을 치른 적이 없다. 스웨덴은 170년, 스위스는 200년 동안 전쟁을 모르고 살고 있으며 코스타리카는 1948년에 군대를 폐지했다. 1950년 이후 크게 감소하지 않은 것은 이슬람 국가나 이슬람 집단이 개입된 무력 충돌뿐이다.[28]

---

28 Gleditsch, N. P. (2008). The liberal moment fifteen years on. *International Studies Quarterly, 52*(4), 691~712 및 Pinker, S. (2011). *op. cit.*, p. 366에 실린 도해.

전쟁에 의한 희생자 수

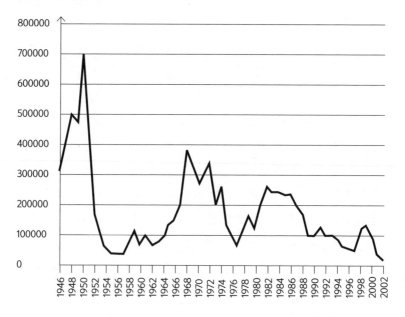

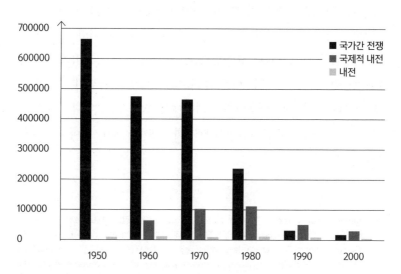

1950년부터 2005년까지 국가간 전쟁이나 내전으로 희생된 사람의 수

특히 무력 충돌에 의한 평균 피해자 수가 1950년에 3만 명이던 것이 2005년에는 8백 명으로 떨어졌다.[29] 이런 통계는 사회통념과 다르게 느껴질 것이다. 1990년대에 백만 명에 가까운 사망자를 낸 이란이라크 전쟁과 같은 피비린내 나는 무력 충돌을 다들 생생하게 기억하고 있기 때문이다. 그렇지만 이 통계치는 규모에 상관없이 무력 충돌 사례를 모두 분석해서 나온 숫자이며 여기에는 국가 간 전쟁은 물론 내전, 민병대, 용병, 기타 준군사 조직이 개입한 공동체들 사이에서 발생한 무력 충돌과 민병대나 정부가 자행한 비무장 민간인 학살과 같은 일방적인 폭력 사태까지 모두 포함되어 있다. 그런 전반적인 경향이 위에 있는 그래프에 나타나 있다. 이 그래프는 오슬로 평화 연구소 Peace Research Institute of Oslo 연구원 베타니 라시나와 닐스 페터 글레디쉬가 한 연구 결과이며 두 사람은 이 연구에서 집단 학살을 제외한 모든 무력 충돌을 다루고 있다(집단 학살에 대해서는 별도로 연구 진행).

집단 학살에 대해서는 스티븐 핑커가 스웨덴 웁살라 대학교 학자들이 무력 충돌에 대한 데이터베이스(웁살라 분쟁 데이터 프로그램, UCDP)를 분석한 결과와 정치학자 루돌프 럼멜과 바버라 하프가 한 분석을 취합해 그래프로 요약했다(옆 페이지). 여기서도 피해자 수가 1950년 이후 감소 추세인 것을 볼 수 있다. 다만 비극적인 사태가 있을 때마다 사망자가 급증해 보스니아에서 25만 명, 르완다에서 70만 명, 다르푸르에서 37만 3천 명(2008년까지 집계한 결과)이 희생된 것을 볼 수 있다.

29 Human Security Report Project, H. S. R. (2011). 오슬로 평화 연구소Peace Research Institute of Oslo가 수집한 상당량의 분쟁 관련 데이터베이스 http://www.prio.no/CSCW/ Datasets/Armed-Conflict/Battle-Deaths/ 참조. 그 밖에 다음의 자료도 참조. Lacina, B., & Gleditsch, N. P. (2005). Monitoring trends in global combat: A new dataset of battle deaths. European Journal of Population/Revue européenne de démographie, 21(2), 145~166; Lacina, B., Gleditsch, N. P., & Russett, B. (2006). The declining risk of death in battle. International Studies Quarterly, 50(3), 673~680.

연도별 10만 명 당 사망자 수

나치, 소련, 일본이 저지른 집단 학살

소련 대공포 시대

동유럽의 소비에트화

소련의 집단화

중국 토지 개혁
중국 강제 집산화

아르메니아인
집단 학살

파키스탄 집단 학살

캄보디아 집단 학살

르완다

1900년부터 2008년까지 집단 학살에 의한 사망자 수

정치학자 존 뮬러는 평화 유지군이 적절히 개입했더라면 최근 발생한 집단 학살을 충분히 막을 수 있었을 것이라고 말한다. 르완다에서 70만 명에 달하는 투치족을 살해한 사람들은 대부분 후투족 지도자들이 선발한 폭력성 높은 범죄 조직원, 용병, 알코올 의존자, 마약 중독자들이었다.[30] 유엔과 세계열강이 나섰더라면 그들을 쉽게 무력화할 수 있었을 것이다. 어쨌든 일정 수의 비극적 전쟁과 대학살이 국지적으로 이어지고 있는 것은 사실이지만 그래도 전반적으로는 지난 60년이 만 년 만에 찾아온 최고의 태평성대였다고 할 수 있다. 지역별로 불평등이 심하지만 오늘날 지구촌 시민들은 백 년 전이나 천 년 전보다 살인이나 폭력의 희생자가 될 위험이 훨씬 적은 세상에 살고 있다.

---

30 Mueller, J., *The Remnants of War*, Cornell University Press, 2007.

테러 행위

테러 행위는 언론에 어마어마한 반향을 불러일으킨다. 그러나 세계 최고의 자료량을 자랑하는 글로벌 테러리즘 데이터베이스상 숫자로 보면 테러로 인한 사망자는 여타 폭력에 의한 사망자보다 그 수가 극히 적다.[31] 9·11 테러 이후 이 데이터베이스를 업데이트하고 있는 기관에 따르면 그 사이에 테러로 목숨을 잃은 미국인은 서른 명 즉 일 년에 세 명꼴인데 비해 같은 기간에 일어난 살인 사건은 1만 8천 건이며 교통사고 사망자도 4만 명에 달한다. 존 뮬러가 강조하는 것처럼 평균적인 미국인은 테러 희생자가 되기보다 번개에 맞거나 땅콩 알레르기 또는 말벌에게 쏘여서 사망할 위험이 더 크다.[32] 전문가들은 미국에서 테러보다 테러에 대한 공포로 사망하는 사람이 더 많다고 말한다. 비행기가 공중 납치되거나 공격을 당하거나 추락할까 두려워 직접 승용차를 몰고 여행하다가 교통사고로 사망한 것으로 추정되는 미국인이 1,500명에 이른다. 그들은 4,000km를 비행하는 동안 사고가 나서 사망할 확률은 시속 20km 속도로 승용차를 몰다가 죽을 확률과 같다는 사실을 몰랐던 것이다.[33] 교통수단으로 항공기를 이용하는 사람들을 대상으로 설문 조사를 하면 테러에 대한 공포로 왜곡된 인식을 갖고 있음을 알 수 있다. 설문 조사에 응한 사람 중 "어떤 사유로든" 사고가 나면 보상하는 보험에 들겠다는 사람은 10퍼센트이고 "테러 행위"에 대해 보상하는 보험에 가입할 의사가 있는 사람은 14퍼센트였다. 물론 전자는 후자까지 모두 포함된 상품이었다.[34]

31 메릴랜드 대학교의 글로벌 테러리즘 데이터베이스Global Terrorism Database 참조. http://www.start.umd.edu/gtd/.

32 http://www.niemanwatchdog.org/index.cfm?fuseaction=ask_this.view&askthisid=00512 참조.

33 Gigerenzer, G. (2006). Out of the frying pan into the fire: Behavioral reactions to terrorist attacks. *Risk Analysis, 26*(2), 347~351. 이것은 9·11 공격 직후 몇 개월 동안 도로 교통량의 급격한 증가와 교통사고 사망자 수를 바탕으로 추산한 내용이다.

전 세계적으로(아프가니스탄 등 전쟁 중인 국가 포함) 테러 공격을 받아 사망한 사람은 일 년에 7천 명 정도이며 그 중 3분의 2는 수니파 이슬람 무장 세력의 손에 죽어 갔다.[35] 그런데 이슬람 국가에서 알카에다라든가 파키스탄의 라 시카르 에 토이바와 같은 주요 테러 집단들의 인기가 갈수록 떨어지고 있다. 갤럽 조사에 따르면 복수 국가에서 설문에 응한 무슬림 중 38퍼센트가 9·11 테러를 부분적으로 지지한 데 비해 얼마든지 용인할 수 있는 일이라고 답한 무슬림은 7퍼센트에 불과했다.[36]

폭력의 감소에 영향을 미치는 요인

철학자 노베르트 엘리아스는 앞서 언급한 전 세계를 대상으로 한 연구에서 폭력의 감소 추세가 나타나기 전인 1940년대에 이미 이런 경향을 알아채고 세계 시민들 간 상호 의존성이 증가하고 있기 때문이라고 의견을 제시한 바 있다.[37] 사람들의 상호 의존성이 커지면 서로에게 해를 끼쳐서 좋을 것이 하나도 없다. 사회 안에서 합의한 대로 살아가려면 감정을 조절하고 예절을 지켜야 한다. 많은 사람들에게 의존해서 살아가는 사람일수록 남에 대한 폭력성이 덜한 편이다. 간단히 말해서 도회적이고 종교와 무관하며 사회적으로 유대가 강한 상업 사회일수록 살인율이 낮다는 것이 모든 연구의 공통적인 결론이다.[38]

34 Johnson, E. J., Hershey, J., Meszaros, J., & Kunreuther, H. (1993). Framing, probability distortions, and insurance decisions. *Journal of Risk and Uncertainty*, 7(1), 35~51.
35 http://www.nctc.gov 국가 대테러 센터National Counterterrorism Center 자료를 바탕으로 한 것.
36 Esposito, J. L., & Mogahed, D., *Who Speaks for Islam? What a Billion Muslims Really think*, Gallup Press, 2008.
37 Elias, N., *The Civilizing Process: Sociogenetic and Psychogenetic Investigations*, Blackwell, 1993.
38 Pinker, S. (2011). *op. cit.*, p. 64.

시민들 책임 의식도 폭력의 수준과 밀접한 관계가 있다. 예를 들어, 미국 사회학자 로버트 퍼트남은 폭력 사건이 빈번한 남부 이탈리아보다 북부 이탈리아가 시민 의식이 훨씬 강하다고 말한다.(남부 이탈리아는 일 년에 발생하는 살인 사건이 시민 10만 명당 6~15건인 데 비해 북부 이탈리아는 1~2건에 그친다.) 퍼트남은 시민 의식이 사회 서비스, 특히 교육 서비스의 품질과 관련이 있다는 사실도 보여 주었다.[39]

든든한 국가의 존재

정부가 제 역할을 못하는 국가 국민은 견고한 체제를 가진 안정적인 국가 국민들 보다 폭력에 의해 죽음을 맞이할 확률이 평균 네 배나 높다.[40] 15세기 유럽에는 독립적인 정치 기구(남작령, 공작령, 공국 등)가 5천 개에 달했다. 이것이 나폴레옹 시대에 2백 개가 되고 1960년대에 서른네 개, 오늘날 쉰 개로 줄었다.[41] 앞에서 언급한 것처럼 15세기에 난무하던 수많은 작은 독립 국가들은 서로 충돌이 끊이지 않았다.

커다란 왕국을 형성했다가 국가가 되고 민주주의 국가로 자리 잡기까지 처음에는 국왕이, 그 다음으로는 정부가 독점적으로 폭력을 행사했다. 경쟁 관계에 있는 부족끼리 충돌한다든가 개인 소유의 민병대를 동원한다든가 시민이 제 손으로 앙갚음을 하는 등의 폭력 행사가 모두 불법화되고 정부가 모든 형태의 폭력 행사에 대해 처벌을 가했다. 평화를 유지하기 위해 정부가 강력하게 개입하면서 강제력을 발휘한 것이다. 법치 국가에서는 법을 지켰을 때 돌아오는 혜택을 인

39 Putnam, R. D., Leonardi, R., & Nanetti, R., *Making Democracy Work: Civic Traditions in Modern Italy*, Princeton Universtiy Press, 1994. Tremblay, R. E. (2008). *op. cit.*, p. 27 에 인용. 그 밖에 Gatti, U., Tremblay, R. E., & Schadee, H. (2007). Civic community and violent behavior in Italy. *Aggressive Behavior*, 33(1), 56~62도 참조.

40 Pinker, S. (2011). *op. cit.*, p. 52.

41 Wright, Q. (1942/1983) 및 위키피디아 프랑스에 실린 항목 "1789년 이후 유럽 국가 수 Nombre de pays en Europe depuis 1789."

식하고 공정성을 인정하면 국민들이 법과 권위를 존중하게 되어 폭력이 감소한다.

유럽 국가들은 지난 몇 세기에 걸쳐 시민들과 민병대, 무장 집단을 서서히 무장 해제시켰다. 미국, 특히 미국 남부에서 유럽보다 10~15배 많은 살인 사건이 발생하는 것에 대해 혹자는 국가가 시민들을 무장 해제하기 전에 민주주의가 확립되어 시민들이 무기 소지권을 그대로 갖고 있기 때문이라고 분석한다. 시민들이 무기를 소지할 수 있었던 것은 원래 공권력이 미치지 않는 곳에서 질서 유지를 위해 시민들이 민병대를 조직할 수 있도록 허용한 것이었다. 미 서부 개척 시대에는 중앙 정부의 역할이 미미했기 때문에 살인 사건 발생률이 사상 최고 수준에 달해 텍사스주 포트 그리피스에서는 일 년에 10만 명당 229건, 위치토에서는 1,500건, 와이오밍주 벤튼에서는 2만 4천 건(네 명 중 한 명꼴)이 발생했다. 카우보이들은 극히 사소한 일로도 총질을 해서 서로를 죽음으로 몰아넣었다.

그 후 국가가 전국 방방곡곡에서 국민들 안전을 책임질 수 있어 국민이 더 이상 무기를 소지할 이유가 없는데도 그냥 현상을 유지하면서 이것이 미국 문화 안에 깊이 뿌리를 내렸다. 나도 최근 미국 테네시주에 갔을 때 "Guns, Gold and Guitars(총, 금, 기타)"라는 간판을 내건 대규모 총기류 매장을 본 적이 있다. CNN 앵커 파리드 자카리아는 이렇게 썼다. "미국은 다른 나라와 다르다. 다른 나라보다 미치광이들이 더 많아서가 아니라(내 생각에 그런 사람들의 비율은 어느 사회나 비슷하다.) 총 든 미치광이들이 더 많기 때문이다." 실제로 미국은 국민이 소지한 총이 주민 백 명당 70자루가 넘는 유일한 국가다(2위는 예멘). 민간인들 사이에서 유통되는 총기류 수가 3억 1천만에 달하고 초당 50발의 총알을 쏠 수 있는 반자동 소총을 구입하는 것이 커피 분쇄기 사는 것만큼 쉬우며 재장전용 총탄 600개 가격이 20유로가 채 안 된다. 2012년 12월, 코네티컷주 뉴타운의 샌디훅 초등학교에서 아동과 성인 여덟 명이 자동 화기에 목숨을 잃는 학살 사건이 또 한 차례 일어나자 미국 총기 소유자 협회 상임 이사 래리 프래트는 CNN 방송에 출연해 "모두가 총을 소지했더라면 최소한 자기 방어는 할 수 있었을 것"[42]이라는 지극히 염려스러운 발언을 하기도 했다.

어쨌든 국가가 탄탄히 자리 잡은 후 미국의 살인 사건 발생 건수는 10분의 1 수준으로 감소했다(그래도 유럽에 비하면 훨씬 더 많은 건수). 책 제목에 "무해한" 사람들이라고 지칭될 정도로 평화로운 종족인 아프리카 쿵족도 마찬가지였다. 그들이 사는 지역이 보츠와나 정부령으로 편입된 후 원래 매우 낮은 수준이었던 살인 사건 발생률이 다시 3분의 1로 줄어들었다.[43]

민주주의의 비약적 발전

국민 투표를 통해 축출될 수 있는 민주주의 국가의 지도자들은 터무니없고 유해한 전쟁에 뛰어드는 것을 별로 내켜하지 않는다. 민주주의는 국가 안에서나 국가 사이에서나 모두 평화를 촉진하기에 가장 적합한 정부 형태로 인정받고 있다. 민주주의와 법치 국가 체제가 안정적이면 폭력을 줄일 수 있다. 민주주의 국가들은 독재 정권이라든가 민주적인 제도를 존중하지 않는 체제에 비해 전쟁에 참여하는 일이 적다.[44] 민주주의 국가는 내전이 발발하는 일도 적다. 설사 내전이 일어나도 독재 국가보다 희생자 수가 적다. 유엔 회원국들을 둘씩 짝지어 전쟁 가능성을 따져 보면 당연히 민주주의 국가끼리 쌍을 이루었을 때 전쟁 가능성이 가장 낮지만 둘 중 하나만 민주주의 국가일 때

---

42   CNN, *Piers Morgan Tonight*, December 18, 2012.

43   Thomas, E. M., *The Harmless People*, 2d rev. ed., Vintage. 그 밖에 Gat, A., *War in Human Civilization*, annotated ed., Oxford University Press, 2006도 참조. Pinker, S. (2011). *op. cit.*, p. 55에 인용.

44   Pinker, S. (2011). *op. cit.*, pp. 278~87 참조.

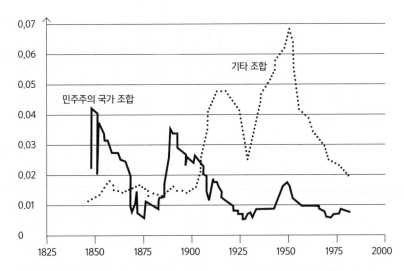

민주주의 국가들 간 조합과 기타 다른 국가들 간 조합에서 군사적 충돌이 일어날 가능성

도 전쟁 가능성이 현저히 줄어든다.[45] 유럽 연합처럼 민주주의 국가들이 모인 공동체야말로 회원국들 간에 평화를 촉진할 수 있는 이상적인 형태의 글로벌 거버넌스라고 할 수 있다. 이런 공동체나 연방 체제에 속한 민주주의 국가가 다른 나라와 쌍을 이루면 무작위로 짝지어진 쌍보다 전쟁에 휘말릴 위험이 83퍼센트나 낮았다.[46]

시간이 흘러 독재 국가보다 민주주의 국가가 월등히 많아지면 세계 평화가 더욱 공고해질 수밖에 없다.

상호 의존 관계와 무역

중세 경제는 토지 소유와 개발에 주로 기반을 두고 있었다. 가장 빨리

45 Pinker, S. (2011). op. cit., p. 287.
46 Russett, B., Eichengreen, B., Kurlantzick, J., Peterson, E. R., Posner, R. A., Severino, J. M., Ray, O., et al. (2010). Peace in the twenty-first century? Current History.

부자가 되는 방법 중 하나는 이웃의 땅을 정복하는 것이었다. 19세기와 20세기에 들어 과학 기술 혁명과 경제 발전으로 서비스와 재화 교류가 크게 증가함에 따라 사람들 간에 상호 의존성이 커졌다. 스티븐 핑커가 강조하는 것처럼 "누군가와 인심을 주고받고 잉여 물품을 거래하고 있다면 거래 파트너가 죽는 것보다 살아 있는 것이 가치가 훨씬 더 큰 법"[47]이다. 그래서 다른 나라와 광범위하게 무역을 하는 개방적인 나라들은 무력 충돌을 일으킬 가능성이 매우 낮다.

이것이 세계화를 지지하는 입장이다. 그런데 인류의 미래를 걱정하는 여러 사상가들이 세계화를 만장일치로 지지하는 것은 아니다. (교육, 의료 개혁, 관용, 학대 받지 않고 살 권리 등의 측면에서) 개방적인 세상에서 자유 의지에 따라 교류를 늘리려면 지구촌 사람들 모두 태어날 때부터 서로 의존하면서 살아가야 할 운명임을 깨닫고 이해하고 이를 적절히 활용해 남을 더욱 존중하고 세상에 대한 책임 의식을 확산시켜야 한다. 그런 쪽으로 발전이 이루어진다면 아마도 폭력과 폭력의 원인을 줄일 수 있을 것이다.

그런데 개방성과 자유를 통해 사회 정의를 이룩하고 불평등을 줄이고 싶다면 그것이 이타적인 동기와 연계되어야 한다. 이타심 없이 국경이 개방되고 자유가 보편화되면 약자들이 착취당할 위험이 커진다. 그럼 군사적 정치적 식민주의 대신에 경제적 식민주의가 극성을 부리면서 자유 무역과 관세 장벽 철폐를 악용해 빈곤층과 빈곤국의 노동력, 토지, 자원 등을 착취하는 사람들이 나타난다. 아프리카의 광산 자원이 가장 좋은 예다. 최고로 부유한 자와 극빈자 사이에 커다란 격차가 생기는 것은 부도덕할뿐 아니라 분노를 불러일으켜 결국 폭력으로 이어지게 된다. 세계화도 민주주의와 마찬가지로 학습이 필요하며 탐욕이 아닌 협력 정신과 남의 처지에 대한 염려에서 비롯된 시민

---

47 Pinker, S. (2011). *op. cit.*, p. 76.

과 정부의 성숙한 의식이 동반되어야 한다.

국가 간 상거래를 통해 충분한 혜택을 보려면 진정한 뜻에서 공정 무역을 발전시켜야 한다. 심사숙고를 통해 치밀한 규제 계획을 수립하면 자유를 억압하거나 국경 개방을 제한하지 않고도 부당 이득 취득자와 투기꾼들을 통제할 수 있으며 다국적 기업이 가난한 나라나 국민을 착취하는 교활한 시스템으로 바뀌는 것을 막을 수 있다.

루이스 이냐시오 룰라 다 실바는 1990년대에 두 차례나 브라질 대통령이 될 뻔했지만 번번이 월스트리트가 개입해 브라질에 투자한 자본을 철수하고 금리를 대폭 올리겠다고 협박해서 이를 좌절시켰다. 그들 말대로 금리가 인상되었다면 브라질은 위기에 빠질 수밖에 없었을 것이다. 그때 브라질 유권자들을 협박하는 데 적극 앞장섰던 것이 바로 골드만 삭스다. 경제학자 조셉 스티글리츠는 이렇게 말했다. "시장은 근시안적이라 시장이 제시하는 정치 경제적 프로그램은 국가의 안녕을 위한 것이 아니라 금융인들의 안위를 추구하는 것이다."[48] 그래도 브라질 국민들은 국제 금융 세력에 지배당하기를 거부하고 2002년에 결국 룰라를 대통령으로 선출했으며 룰라 대통령은 경제 성장과 교육을 촉진하고 폭력을 줄이고 불평등을 해소함으로써 국가 발전에 크게 기여했다.

평화 유지군과 국제기구 가입

정치학자 버지니아 포트나는 본인의 책 제목이기도 한 『평화 유지군이 정말 효과가 있나?Does Peacekeeping Work?』라는 질문에 대해 분명하고

---

48 Stiglitz, J. E., *The Price of Inequality: How Today's Divided Society Endangers Our Future*, W. W. Norton, 2012, p. 139.

49 Fortna, V. P., *Does Peacekeeping Work? Shaping Belligerents' Choices After Civil War*, Princeton University Press, 2008. Pinker, S. (2011). *op. cit.*, pp. 314~315에 인용.

우렁차게 "예"라고 답할 수 있다고 말한다.[49] 포트나는 1944년부터 1997년까지 내전의 휴전 관련 자료 115건을 조사한 결과, 유엔, 나토 NATO, 아프리카 연합African Union 등 권위 있는 국제기구에서 파견한 평화 유지군이 물리적 충돌의 재발 위험을 80퍼센트 가량 줄인다는 사실을 밝혀냈다. 르완다 집단 학살과 보스니아 인종 청소에서 본 것처럼 임무에 실패하는 경우도 물론 있지만 평화 유지군이 주둔하면 적대 행위가 재개될 위험이 상당히 많이 줄어든다. 평화 유지군의 긍정적인 효과 중 가장 중요한 것은 무력 충돌의 당사자들에게 적군이 언제라도 공격을 재개할 수 있다는 불안감을 해소하는 것이다. 아울러 평화 유지군의 주둔을 받아들이면 협상에도 유리한 위치를 설 수 있으며 사소한 사고가 순식간에 치명적인 대치 국면으로 악화되는 것을 방지할 수도 있다. 마지막으로 요즘은 전쟁국에 대한 인도적 지원(국경 없는 의사회, 세계 의사 협회, 유니세프, 국제 적십자 및 기타 NGO)이 크게 개선된 덕분에 지난 30년 동안 전쟁으로 인해 굶주리거나 질병으로 사망하는 사람이 크게 감소했다.[50]

1948년부터 2008년까지 평화 유지 작전의 증가 추이

유엔, 국제 사법 재판소를 비롯해 대인 지뢰 금지 협약, 고문 금지 조약과 같은 국제 조약이 강제력은 그리 크지 않지만 이런 국제기구에 가입하는 것이 폭력을 줄이는 데 도움이 된다는 것은 부인할 수 없는 사실이다. 유럽 연합 집행 위원회, 유럽 의회, 유럽 재판소는 개별국의 이해관계를 뛰어넘어 재판을 통해 분쟁을 해소하는 기관이다. "유럽 통합을 통해서 얻은 가장 큰 성과는 평화"[51]라는 말이 나올 정도였으며 그런 취지에서 2012년 유럽 연합에 노벨 평화상이 돌아갔다.

전쟁에 머리 조아리던 시대는 끝났다

전쟁에 대한 태도도 바뀌었다. 볼테르가 『캉디드Candide』에서 "수백만의 제복 입은 살인자들"이라면서 전쟁에 대해 불신의 목소리를 높였지만 옛날에는 볼테르 같은 사람이 흔치 않았다. 19세기에 헤겔은 이렇게 썼다. "전쟁은 참혹하지만 필요하다. 사회가 침체되고 정체되는 것을 막기 때문이다." 알렉시 드 토크빌은 "전쟁이 국민의 정신력을 강화하고 국민성을 높여 준다."[52]라고 주장했으며 20세기 초에 에밀 졸라도 신문에 이런 글을 투고했다. "아무도 전쟁을 원하지 않는다. 그렇게 끔찍한 것을 고대할 사람은 아무도 없다. …… 그렇지만 불가피한 것이다. …… 전쟁만이 살 길이다! 전쟁에 참여하는 국가만 번영할 수 있다. 무장 해제는 곧 국가의 사망을 뜻한다."[53]

제1차 세계 대전까지만 해도 애국적 영웅주의가 필수이고 평화주

50 Human Security Report Project (2009).
51 Bertens, Jan-Willem. The European movement: Dreams and realities, article presented at the conference "The EC After 1992: The United States of Europe?," Maastricht, January 2, 1994.
52 Mueller, J., *Retreat from Doomsday; The Obsolescence of Major War*, Basic Books, 1989. Pinker, S. (2011). *op. cit.*, p. 242에 인용.
53 Émile Zola, 애국자 연맹La Ligue des patriotes의 기관지인 라 파트리La Patrie('조국'이라는 뜻-옮긴이)에 실린 기사.

의는 용서받을 수 없는 비겁 행위라면서 깎아내리는 분위기였다. 전선으로 나가는 군인들을 대대적으로 배웅하면서 축포를 쏘고 기뻐했다. 제1차 세계 대전 참전 용사인 프랑스 농부 에프라임 그르나두는 이렇게 말한다. "학교에서, '조국을 위해 몸 바치리라Mourir pour la patrie!'를 합창했는데 정말 아름다운 노래였다."[54] 동시대 작가들 역시 전쟁을 찬양했다. 그 와중에 전쟁을 강력히 반대하고 나선 목소리가 있었으니 바로 사회주의 인터내셔널이다. 제1차 세계 대전 직전부터 숨을 거둘 때까지 평화를 위해 싸운 프랑스 정치가 장 조레스가 그들을 강력히 지지했다. "평화를 주장하는 것이 가장 위대한 전투"라고 말한 장 조레스는 우익 민족주의자들의 분노를 사고 미움을 받았으며 1914년 7월에 결국 한 민족주의자의 손에 암살당했다. 장 조레스를 죽인 살인자는 1919년에 무죄 선고를 받았다.

20세기를 거치면서 전쟁에 대한 사람들의 태도가 크게 달라졌다. 애국의 열정은 과거의 유산으로 전락했다. 정치학자 존 뮬러가 말한 것처럼 요즘은 전쟁이 영웅적이고 거룩하고 남성적이고 세상을 정화하는 일이 아니라 부도덕하고 혐오스럽고 야만적이고 무의미하고 멍청한 일이며 엄청난 시간 낭비가 되었다.[55] 정복자들은 더 이상 경외하는 대상이 아니며 전쟁의 피해자들은 굴욕을 당한 것이 아니라 단순한 희생자에 불과하다. 제2차 이라크 전쟁이 일어나기 직전에도 사담 후세인의 피로 얼룩진 독재 정치를 계속 보고 싶어 하는 사람은 아무도 없었지만 수백만의 시위대가 거리에 나와 "또 한 번의 전쟁만 아니라면 뭐든 할 수 있다."라고 외쳤다. 이런 의식 변화는 달라이 라마를 비롯해 간디, 넬슨 만델라, 데스몬드 투투, 마틴 루터 킹 등 수많은

---

54 Souvenirs d'Ephraïm Grenadou, 대담자: Alain Prévost, 1967년과 2011년~2012년에 프랑스 국영 라디오 「France Culture」를 통해 방송. 그 밖에 Grenadou, E., Vie d'un paysan français [Life of a French Farmer], Seuil, 1966 참조.

55 Mueller, J. (1989). Retreat from Doomsday. op. cit.

우리 시대의 도덕가들이 촉구한 "보편적 책임감"을 키우는 데 큰 기여를 하고 있다.

인권 존중, 여성 존중, 아동 존중, 동물 보호에 대한 의식 고취

영어로 출판된 수십만 권의 책 내용을 분석한 연구에서 1960년 이후 시민의 권리를 언급하는 내용이 두 배 증가했으며 여성의 권리에 대한 언급은 다섯 배, 아동의 권리에 대한 언급은 열 배나 증가했다는 결과가 나왔다.[56]

서양의 민주주의 국가에서 여성에 대한 폭력을 갈수록 엄하게 다스리는 추세이며 남녀평등의 가치관을 가진 사회 여론은 성희롱과 학대를 일삼는 많은 나라들에 대해 분노를 금치 못한다. 1976년에 미국의 140개 주요 범죄 중 가정 폭력은 91위였다. 설문 조사에 응한 미국인 대부분이 서로 모르는 사람들 사이에서 폭력이 오가는 것은 받아들일 수 없지만 배우자 간 폭력은 참을 수 있다고 생각하고 있었다. 아울러 당시 미국인들은 공원에서 여성을 강간하는 것보다 LSD를 판매하는 것이 죄질이 더 나쁜 범죄라고 생각하고 있었다! 그런데 그 후 사정이 많이 달라졌다. 1995년에 설문 조사에 응한 사람들은 80퍼센트가 가정 폭력을 "사회적, 법적으로 매우 중대한 문제"로 보고 있었다. 1979년부터 2006년 사이에 미국에서 강간 사건이 85퍼센트 감소했다는 사실을 기억해야 할 것이다.

그렇지만 세계 여러 나라에서는 여성에 대한 폭력이 아직 큰 문제로 남아 있다. 48개국을 대상으로 한 세계 보건 기구의 보고서에 따르면 심각한 가정 폭력의 희생자가 된 여성이 국가에 따라 10~50퍼센트

---

56 Analysis of books present on Google Books. Michel, J. B., Shen, Y. K., Aiden, A. P., Veres, A., Gray, M. K., Pickett, J. P., ... *et al*. (2011). Quantitative analysis of culture using millions of digitized books. *Science*, *331*(6014), 176 참조.

에 달해(일본, 브라질, 세르비아는 10퍼센트, 페루, 에티오피아는 50퍼센트)[57] 나라별로 격차가 크다는 것을 알 수 있다. 남편이 하는 말에 복종하지 않는 여성을 구타하는 것을 용인할 수 있는 일이라고 생각하는 사람이 뉴질랜드 경우 1퍼센트인 데 비해 이집트 농촌 지역은 78퍼센트, 인도 북부 지역은 50퍼센트에 달했다. 여성을 대상으로 자행된 극악무도한 범죄로는 할례, 강제 매춘을 비롯해 이른바 "명예 살인"까지 수도 없이 많다.[58]

아동 학대도 용인할 수 없는 일이라는 인식이 점점 더 높아지고 있다. 앞에서 본 것처럼 학대 빈도도 크게 줄어들었다. 설문 조사에 따르면 1976년에 미국에서 아동 학대를 심각한 문제로 생각해야 한다고 생각하는 사람은 조사 응답자의 10퍼센트에 불과했으나 1999년에는 90퍼센트로 대폭 상승했다.[59]

1970년대에 피터 싱어가 『동물 해방Animal Liberation』을 펴내고 동물 해방 운동을 전개하기 시작하면서 동물에 대한 입장도 크게 바뀌었다.[60] 전 세계에 있는 많은 도축장에서 지금도 동물들이 천인공노할 대우를 받고 있는데 다행히도 대중이 이런 도덕적인 문제에 대해 의식을 갖기 시작했다. 여론의 압력 덕분에 동물을 야만적으로 학대하지 못하도록 금지하는 법규가 제정되어 도살 전후 동물들이 좀 더 나은 대우를 받게 되었지만 아직도 개선할 것이 많이 남아 있다.

옛날에는 연구소나 실험실에서 일하는 학자, 연구원들이 온갖 희한하고 쓸데없는 실험(예를 들어 고양이가 고온에서 얼마나 견디는지 연구

---

57 Heise, L., & Garcia-Moreno, C. (2002). Violence by intimate partners. *World Report on Violence and Health*, 87~121.

58 Pinker, S. (2011). *op. cit.*, p. 413.

59 Straus, M. A., & Gelles, R. J. (1986). Societal change and change in family violence from 1975 to 1985 as revealed by two national surveys. *Journal of Marriage and The Family*, 465~479. 1999 설문 조사는 다음을 참조. PR Newswire, http://:www.nospank.net/n-e62/htm Pinker, S. (2011). *op. cit.*, p. 439에 인용.

60 Singer, P., *Animal Liberation*, Ecco Press, 2001.

하기 위해 고양이 수백 마리를 뜨거운 곳에 넣어 죽게 만드는 실험)을 마음대로 할 수 있었지만 이 부분에 대해 엄격한 규정이 적용되기 시작했다. 최근에 (특히 유럽에서) 실시된 설문 조사에 따르면 연구원 대부분이 동물들도 고통을 느낀다는 사실을 인정하는 것으로 나타났다. 요즘은 생체 해부와 같이 야만적인 방법이 아니라 가상 해부 소프트웨어 V-Frog를 이용해 훨씬 더 정확하고 교육적인 방법으로 해부학과 생리학을 가르치고 있으며[61] 동물의 처지에 대해 무관심한 연구원은 동료들에게 경멸당한다.

그 밖에 오래 전부터 채식을 하던 지역(인도는 4억~5억 명 즉 전체 인구의 약 40퍼센트가 채식주의자다.)이 아닌 나라에서도 동물의 처지를 염려해 채식을 시작하는 사람들이 계속 증가하고 있다. 아울러 사냥을 즐기는 사람의 수는 감소하고 평균 연령은 올라가는 추세다.

종교적 편협성의 감소

북아메리카 대륙에서 진행된 한 연구에 따르면 1924년에는 미국 중고등학생 중 91퍼센트가 "기독교만 참된 종교이고 모두 기독교로 개종해야 한다."라고 생각했지만 1980년에는 미국 복음주의 운동의 위력에도 불구하고 그 숫자가 38퍼센트로 떨어졌다. 1990년에 미국 개신교 신자 62퍼센트와 가톨릭 신자 74퍼센트가 "모든 종교는 존중받을 만하다."[62]라는 말에 동의했다. 이렇게 종교적 관용의 폭이 커지면 커질수록 폭력은 줄어드는 것으로 밝혀졌다.

---

61 Tractus Technology가 제작한 가상 해부 소프트웨어V-Frog 2.0. 이 기술을 소개한 과학 논문은 다음을 참조. Lalley, J. P., Piotrowski, P. S., Battaglia, B., Brophy, K., & Chugh, K. (2008). A comparison of V-Frog and copyright to physical frog dissection. *Honorary Editor, 3*(3), 189. 그 밖에 Virtual dissection. Science, February 22, 2008, 1019도 참조.

62 Caplow, T., Hicks, L., & Wattenberg, B. J., *The First Measured Century: An Illustrated Guide to Trends in America, 1900-2000*, American Enterprise Institute Press, 2001. Pinker, S. (2011). *op. cit.,* p. 392에 인용.

전 세계적으로 아직도 종교적 편협성이 폭력을 양산하는 주된 요인이 되고 있다. 많은 사회에서 종교가 정치적 목적에 이용당하고 종교를 핑계로 종파나 부족, 민족에 대한 충성과 증오심을 강요하는 일이 벌어지고 있다. 편협성은 신도들이 자기 종교만 진리라고 믿는 나머지 이를 남에게까지 강요할 때 나타나는 특징이다. 무신론자의 신념을 포함해 남들이 갖고 있는 종교적, 지적 유산과 전통을 존중하지 못하면 인간의 다양성과 그들이 갖고 있는 열망의 다양성을 무시하게 된다. 달라이 라마는 가끔 이렇게 말한다. "신념을 갖고 자신만의 길을 가려는 사람은 다른 사람의 신념도 존중할 줄 알아야 한다."

변방화 되는 폭력

변호사 도널드 블랙에 따르면 선진국에서는 주로 빈곤하고 낙후된 삶을 사는 사람들이 범죄를 저지른다고 한다. 그들은 국가가 국민에게 보장해야 하는 사회적 안전장치의 혜택을 제대로 누리지 못해 정부를 불신하고 무시하며 그로 인해 정부로부터 무시당하면서 산다. 범죄학자 마크 쿠니는 그런 사람들을 가리켜 국가 안에 존재하는 무국적자들이라고 부르면서 체제에서 벗어나 불법적인 활동을 통해 연명하는 경우가 많다고 말한다. 사법 체계에 의지할 수도 없고 경찰에 도움을 청할 수도 없어 그들만의 유사 사법 제도를 정한 뒤 폭력을 통해 갈등을 해결한다.[63] 이 경우에 살인은 개인의 손으로 극형에 처하는 것이라고 할 수 있다. 스티븐 핑커는 우리 사회가 "풍습의 교화 civilization of customs" 과정을 통해 폭력을 상당히 많이 줄일 수 있었지만 완전히 뿌리 뽑지 못한 채 그것을 사회 경제적 변방인들에게 넘겨주고 말았다고 말한다.[64]

---

63 Cooney, M. (1997). The decline of elite homicide. *Criminology*, *35*(3), 381~407.
64 Pinker, S. (2011). *op. cit.*, p. 85.

공감의 기폭제가 되는 교육과 독서

18세기 말에는 프랑스 국민 중 절반 이상이 읽고 쓸 줄 알았다. 영국에서 15세기에 십 년 동안 출판된 책은 몇 백 부 정도였다. 그러던 것이 19세기에 들어 8만 부로 늘어났다.[65] 관용을 베풀라고 교훈을 주고 폭력 때문에 어떤 고통을 당하는지 묘사된 단편이나 장편 소설을 읽기 시작하면서 사람들이 남과 입장을 바꿔 생각하고 남의 관점과 감정을 상상하는 버릇이 생겨 공감 능력 개발과 폭력의 감소에 도움이 되었던 것으로 보인다. 예를 들어, 소설가 해리엇 비처 스토가 노예의 삶을 감동적으로 그린 『톰 아저씨의 오두막』은 19세기 최고의 베스트셀러였으며 노예제 폐지론이 대두되고 실현되는 데 큰 영향을 미쳤다.[66]

갈수록 커지는 여성의 영향력

갈 길이 아직 멀기는 하지만 서양 사회는 여성이 사회에서 하는 역할을 존중하고 실제로 여성의 역할이 크다고 인정하는 방향으로 발전하고 있다. 몇몇 드문 경우를 제외하고는 전쟁을 계획하고 결정하고 자행하는 것은 남자들이고 전투에 참여하는 병사도 99.9퍼센트가 남성이다(여군이 많은 이스라엘 같은 나라에서도 여성이 전선에 배치되는 일은 드물다). 남성은 협상을 할 때 여성보다 비타협적이다. 착취당하는 여성들을 돕기 위해 왕성하게 활동하고 있는 전 미국 대사 스와니 헌트가 내게 들려준 이야기가 있다. 어느 날 평화 협상을 하기 위해 아프리카 공무원들이 모인 자리에 갔는데 양측 모두 완강하게 입장을 고집하는 바람에 협상이 난관에 봉착했다. 양측 대표단이 모두 남성들로

---

65 https://commons.wikimedia.org/wiki/File:1477~1799_ESTC_titles_per_decade,_statistics.png.

66 Stowe, H. B., *Uncle Tom's Cabin*, Dover, 2005.

만 구성된 것을 보고 헌트가 이렇게 물었다. "여성은 왜 한 명도 없나요?" 그랬더니 이런 답변이 돌아왔다. "여자들이 왔으면 양보를 했겠죠." 스와니 헌트는 그 말을 듣고 이렇게 생각했다고 한다. "옳거니! 이번 것이든 다른 것이든 협상이 도무지 먹히지 않는 게 바로 이런 이유 때문이었군!"[67] 다양한 사람들이 모두 받아들일 만한 해결책을 한 치의 양보도 하지 않고 어떻게 찾아내겠다는 것일까?

여러 민족지학적 연구들을 종합하면 여성이 좋은 대우를 받는 사회는 전쟁을 일으킬 가능성이 희박하다. 특히 중동에서 실시된 설문 조사 결과에 따르면 남녀평등에 찬성하는 사람들은 대부분 아랍과 이스라엘의 분쟁이 비폭력적인 방법으로 해결되기를 바란다.[68] 스티븐 핑커는 다음과 같이 결론을 내린다.

생물학과 역사를 공부해 보면 다른 조건이 모두 똑같을 경우 여성의 영향력이 클수록 전쟁이 줄어든다는 것을 알 수 있다.[69]

히로시마와 나가사키 원폭 피해자인(히로시마 원폭 투하 후 나가사키로 피난을 갔는데 하필이면 나가사키에 두 번째 원폭이 떨어지는 바람에 피해자가 되었다.) 츠토무 야마구치는 아흔셋의 나이로 세상을 떠나기 전에 이런 유언을 남겼다. "핵무기를 보유한 나라의 지도자가 될 수 있는 사람은 어머니, 그 중에서도 모유 수유 중인 어머니로 한정해야 마땅하다."[70] 전쟁이 났을 때 가장 큰 피해를 보는 사람은 여성과 어린이들

---

67 2009년에 「달라이 라마 평화 교육 센터」가 캐나다 밴쿠버에서 개최한 밴쿠버 평화 회담 중에 스와니 헌트와 대화한 내용.

68 Goldstein, J. S., *War and Gender: How Gender Shapes The War System and Vice Versa*, Cambridge University Press, 2003, pp. 329~330 및 396~399. Pinker, S. (2011). *op. cit.*, p. 527에 인용.

69 Pinker, S. (2011). *op. cit.*, p. 528.

70 Dwight Garner, After the bomb's shock, the real horror began unfolding. *New York Times*, January 20, 2010.

이다. 사회에서 여성의 발언권이 커질수록 충돌 확률이 낮아진다. 이는 단순히 여성에게 더 많은 권한을 부여하는 것으로 해결될 일이 아니라 남성적인 힘을 숭배하고 전쟁을 찬양하고 폭력을 사용해서라도 문제를 신속하고 효과적으로 해결하려고 하는 문화 모델에서 탈피해야 한다.[71] 『전쟁 유전자Sex and War』에서 생물학자 말콤 포츠와 공동 저자들은 생식을 완벽하게 통제할 수 있는 권한을 여성에게 부여하는 것(여성 마음대로 피임을 하고 배우자를 선택할 수 있도록 권한을 부여하는 것)이 폭력을 제압할 수 있는 가장 중요한 요소라고 말한다.[72] 여성을 단순한 생식 도구로 취급하지 않는 것이야말로 일자리도 없이 소외된 채 살아가는 젊은이들을 양산하는 사태를 막을 수 있는 최선의 방법이다. 여성들에게 독립성과 자율성을 후하게 부여할수록 사회적으로 부유하는 문제아 젊은이들이 적어진다는 것은 입증된 사실이다.[73]

데스몬드 투투, 인도의 여권 운동가 엘라 바트, 전 미국 대통령 지미 카터를 비롯한 "엘더스The Elders" 회원들이 어린이 인권 운동인 "걸스 낫 브라이즈Girls not Brides"[74] 운동을 시작했다. 특히 데스몬드 투투 대주교는 여아나 사춘기 소녀를 강제 결혼시키는 조혼 풍습에 반기를 들고 열심히 싸우고 있다. 조혼은 지금도 아프리카와 아시아에서 흔히 볼 수 있는 풍습 중 하나다.(매일 소녀 2만 5천 명이 자신의 뜻과 무관하게 어린 나이에 강제로 결혼을 하고 있다.) 그런데 15세 미만의 사춘기 소녀는 출산 중 사망할 확률이 20대 여성들보다 다섯 배나 더 높다. 조혼은 절대 빈곤 및 기아 퇴치, 보편적 초등 교육 달성, 남녀평등 및 여성 능력 고양, 아동 사망률 감소, 모성 보건 증진, HIV(인체 면역 결핍

71   Pinker, S. (2011). op. cit., p. 686 참조.
72   Potts, M., & Hayden, T., Sex and War: How Biology Explains Warfare and Terrorism and Offers a Path to a Safer World, BenBella Books, 2010.
73   Hudson, V. M., & Boer, A. D. (2002). A surplus of men, a deficit of peace: Security and sex ratios in Asia's largest states. International Security, 26(4), 5~38.
74   http://girlsnotbrides.org/ 참조.

바이러스) · AIDS, 말라리아 및 기타 질병 퇴치 등 유엔의 8대 밀레니엄 개발 목표UN MDG 중 여섯 가지 목표에 걸림돌이 될 수 있는 골치 아픈 문제다. 조혼과 직접 관련이 없는 유엔의 개발 목표는 지속 가능한 환경 보전과 개발을 위한 범지구적 파트너십 구축뿐이다. 여성에 대한 의무 교육이 이러한 나쁜 구습을 타파하는 데 도움이 될 것이다.

모욕에 앙갚음하기보다
평화를 되찾고 상처를 치료하는 것이 백배 낫다

지금까지 성공적으로 마무리된 평화 협상 과정은 대부분 협상 당사자 중 어느 한쪽이 아슬아슬하지만 혁신적인 선택을 흔쾌히 받아들였을 때 가능했다. 자주적인 행동으로 상대방을 안심시키고 적대 행위를 되풀이할 의사가 없다는 데 대해 신뢰감을 준 것이다. 민간인들 사이에서 충돌이 일어나면 무슨 대가를 치르더라도 '정의 구현'을 앞장세우기보다 분노를 가라앉히고 화해를 촉구하는 편이 훨씬 더 바람직하다. 최근에 나는 라이베리아에서 잔혹한 행위를 저지른 자들을 체포하기 위해 추적하는 과정에서 라이베리아 여성들이 증오를 다시 부채질하지 말고 하루 빨리 평화가 회복되기 바란다고 말하는 것을 들었다. 설사 정의 구현이 약간 불완전하더라도 그것으로 만족하고 (몇몇 군부 지도자들만 빼고) 모두 대사면을 실시해 파란만장했던 역사의 한 장을 하루 빨리 마무리하고 새 출발하고 싶다는 뜻이었다. 그들의 염원을 들은 국제 사법 재판소 대표들은 당혹감을 감추지 못했다. 반인류적 범죄를 저지르고도 처벌 받지 않는 사람이 나오지 않도록 철저히 응징해야 하는 임무와 징벌을 통한 정의보다 화해가 더 중요하다고 생각하는 해당국 국민의 입장 사이에서 어찌해야 할지 난처했던 것이다.

이런 태도를 가장 잘 보여 주는 또 하나의 예가 바로 1995년에 넬슨 만델라가 만들고 데스몬드 투투 대주교가 주재한 진실과 화해 위원회Commission for Truth and Reconciliation가 표방한 입장이다. 두 명의 노벨 평화상 수상자가 주도한 이 위원회는 피해자와 폭정의 가해자 사이에서 범국가적 화해를 이룩하기 위해 아파르트헤이트 정책이 실행된 과거 15년 동안 남아프리카 공화국 정부와 해방 운동이 저지른 인권 침해와 범죄 사례를 조사하는 일을 담당했다.

그 과정에서 매우 중요한 고비 중 하나는 피해자 앞에서 공개적으로 저지른 범죄를 고백하고 용서를 구하면 사면되는 것이었다. 흐지부지 넘어가서 분노가 쌓이는 일이 없도록 가식이나 위선 없이 범죄를 모두 인정하고 진실을 규명한 다음 국민적 합의에 따라 받은 만큼 그대로 갚아 주는 식의 법 적용을 포기하는 것이 모두에게 정말 중요한 일이었다. "용서하되 잊지는 말자." 이것이 남아프리카 공화국이 과거사 청산을 위해 내건 모토였다.[75]

앞으로 해결해야 할 문제들

아직 할 일이 많이 남아 있다. 지금도 전쟁을 하느라 어마어마한 재원이 낭비되고 있다. 전 세계적으로 군사 비용 충당에 투입되는 돈은 하루 20억 달러에 달한다. 이 엄청난 돈을 훨씬 더 시급한 일에 사용해 인류와 지구의 필요를 충족한다면 얼마나 좋을까. 비근한 예를 들어 이라크 전쟁은 3조 달러에 달하는 돈이 들었으며 2001년 초부터 2011년까지 아프가니스탄 전쟁에 든 비용은 5,570억 달러였다.[76]

---

75 남아프리카 공화국의 인종 분리 주의자였던 피터 보타 대통령을 비롯해 몇몇 고위직 정부 관계자는 후회하는 기색도 없고 이렇다 할 설명도 하지 않았다. 최종 보고서도 인종 차별 정책에 대항한 흑인 해방 운동 조직(ANC 아프리카 민족 회의) 지도자들이 한 행동을 비판하는 것이었다.

76 이라크 전쟁에 대해서는 Stiglitz, Joseph E., & Bilmes, Linda J., *Washington Post*, March 8, 2008에 실린 추정치 참조. 아프가니스탄 전쟁의 비용은 www.costofwar.org와 의회 조사국 Congressional Research Service, 브루킹스 연구소Brookings Institution, 미 국방부, 2011년 10월 10일 자 *Newsweek*에 실린 기사(글 Rob Verger, Meredith Bennett-Smith) 참조.

오늘날 전 세계의 전쟁에 사용되는 무기 95퍼센트는 유엔 안전 보장 이사회의 5개 상임 이사국에서 판매한 것이다. 유엔 안전 보장 이사회가 존재하는 이유가 무엇인지 생각해 보면 이는 더없는 모순이다. 무기 판매는 그들이 하는 상거래 활동 중 가장 부도덕한 것임에 틀림이 없다. 달라이 라마는 프랑스를 방문했을 때 "무기를 파는 나라는 영혼을 파는 것"이라고 선언한 바 있다.

그런데 무기를 줄인다고 해서 문제가 해결되는 것이 아니다. 무기는 전쟁의 도구에 불과하다. 역사적으로 볼 때 무기가 갖는 파괴력이 증가한다고 해서 무력 충돌에 의한 희생자 수가 반드시 증가하지는 않았다. 가공할 만한 원자 폭탄도 히로시마와 나가사키에 투하된 이후 다행히 단 한 번도 사용되지 않았다. 가장 시급하게 해결해야 할 문제는 전쟁으로 이어질 수 있는 요인들이다.

천연 자원이 부족하다고 해서 전쟁을 하지는 않는다. 그런데 실제로 보면 광물 자원이 풍부한 아프리카 국가들이 무력 충돌로 황폐화된 경우가 많다.[77] 이는 앞에서 봤듯이 안정적인 민주주의 정부가 부재한 데다 부정부패, 억압, 편협한 이데올로기 같은 것이 원인을 제공하기 때문이다.

국민이 가난한 나라, 특히 가난이 급속도로 악화되면 불안정과 폭력의 중요한 원인이 된다. 식료품이 부족해지고 의료 서비스, 교육, 치안이 열악해지면서 물리적 충돌이 일어나는 경우가 많다. 오늘날 전쟁의 절반은 세계에서 가장 가난한 나라에서 일어난다(옛날에는 부강한 나라들이 식민지 정복에 나서거나 자기들끼리 힘을 겨뤘다). 최근 5년을 살펴볼 때 2003년에 국민 일인당 GNP가 250달러인 나라는 평균 GNP가 1,500달러인 나라보다 전쟁이 다섯 배나 더 많이 일어났다(일

---

77 게다가 천연자원이 부패한 독재자나 부도덕한 외국 열강의 손에 들어가는 경우가 대부분이다. 실화를 바탕으로 한 영화 「블러드 다이아몬드Blood Diamond」는 광물 자원은 풍부한데 경제적으로 빈곤한 나라가 얼마나 복잡하고 비극적인 상황에 처해 있는지 잘 보여 준다.

인당 GNP가 250달러인 나라는 3퍼센트, 일인당 GNP가 1,500달러인 나라는 15퍼센트). 세계의 빈곤 문제를 가볍게 보다가는 불안과 폭력을 조장할 수 있다.[78]

빈곤이 전쟁을 유발할 수도 있지만 전쟁이 국가 기반 시설(도로, 공장 등)과 농업 자원을 파괴하고 능력 있는 사람들을 분산시키고 제도적 혼란을 야기해 빈곤을 초래할 수도 있다. 독재자들은 이성이나 사람들 목숨에 관심이 거의 없다. 빈곤과 전쟁에서 벗어나려면 안정적인 민주주의 정부가 필수적이다. 과거에 소련 연방에 속했던 동구권 국가들의 현재에서 보는 것처럼 민주주의로 전환은 멀고도 험한 길이다. 민주주의를 확립하려면 시간이 필요하고 문화가 변해야 한다.

종교도 평화를 위해 특별히 노력을 기울여야 한다. 말로는 평화를 지지한다고 하지만 역사적으로 보면 종교가 평화의 도구로 쓰인 일이 거의 없었다. 종교는 통합보다 분열의 요인이 되는 경우가 더 많다. 달라이 라마가 기회가 있을 때마다 누누이 권하는 것처럼 사회적으로 불안과 불화가 나타날 때 평화를 도모할 수 있도록 종교 지도자들이 만나 서로를 알아 가는 것이 정말 중요하다.

전쟁은 침략자가 느끼는 행복보다 피해자들이 겪는 고통이 훨씬 더 크다. 침략자들이 전쟁을 통해 조금이라도 이익을 취할 수 있는 한 전쟁을 막기는 어려울 것이다. 따라서 폭력에 의존하는 이들을 엄벌하고, 폭력을 통해 잇속을 차리지 못하도록 해야 한다.

이성의 시대

교육을 받고 지성을 키우고 지식을 쌓는 아이들이 늘어날수록 세계 시민들이 평화롭게 살아야 한다는 데 대한 인식이 명확해진다. 추론

78 Human Security Report (2005).

능력과 지능 수준이 높고 정서적으로 안정된 열 살짜리 아이일수록 훗날 민주주의, 평화주의, 인종 차별 반대, 남녀평등의 관점을 지닐 가능성이 높다는 관찰 결과가 있다.[79]

스티븐 핑커는 폭력이 감소하고 있음을 역설한 방대한 저서의 결론에서 폭력을 줄일 수 있는 희망은 이성이라고 말하고 있다. 친인척, 국가, 종교, 민족, 인종 등 우리가 속한 '집단'과 인간 공통의 연대감을 해치는 배타적 의식에서 벗어나 공감과 도덕성으로 모두를 보듬어 안게 하는 것은 오로지 이성뿐이다.[80]

79 Deary, I. J., Batty, G. D., & Gale, C. R. (2008). Bright children become enlightened adults. *Psychological Science, 19*(1), 1~6.
80 Pinker, S. (2011). *op. cit.*, p. 668 ff.

33

동물의 도구화와 도덕적 일탈

사람들이 동물을 대하는 태도를 보면 과연 이타심이 있기나 한 것인지 의문스러워진다. 지각 있는 존재인 동물을 자기들 멋대로 이용하는 것이 당연하고 도구로 전락한 동물들을 조금도 배려를 하지 않는다면 이는 이기주의가 만연한 사회라고 할 수밖에 없다.

사람을 평가 절하하고 무시할 때 동물에 비유하면서 동물에게 하는 것처럼 난폭하게 대한다는 것을 앞에서 봤다. 하물며 동물을 대량 착취할 때는 그보다 더 심한 평가 절하가 동반된다. 동물을 소비재나 고기를 생산하는 기계로 전락시키거나 살아 있는 장난감으로 만들어 동물도 지각 있는 존재라는 사실을 일부러 무시한 채 그들의 고통을 보고 즐기고 물건처럼 취급하는 것이다.

그런 관점을 적나라하게 보여 준 사람이 19세기 베르사이유 농업대학원 초대 축산과 학과장을 지낸 에밀 보드망이다.

동물은 살아 있는 기계다. 여기서 기계란 은유적인 표현이 아니라 기계역학이나 산업에서 말하는 엄밀한 의미의 기계를 가리킨다. …… 그들은 우유와 고기를 생산하고 노동력을 제공한다. 그러므로 일정량의 소비를

통해 수익을 내는 기계다.[1]

1970년대에 프랑스 목축업의 산업화 실태를 보도한 TV 프로그램에서도 비슷한 사고방식을 찾아볼 수 있다. "소는 생물학적 수명 주기 동안 무슨 일을 하건 인간이 정한 일정에 맞춰 인간의 필요를 충족하도록 되어 있습니다. …… 우리가 소원하던 대로 소가 공산품이 되는 것입니다."[2] TV 해설자는 감격에 겨운 목소리로 이렇게 말했다. 미국 육류 회사 월즈 미트의 경영진이 최근에 한 말은 그보다 더 냉소적이다.

> 번식용 암퇘지는 소시지를 생산하는 기계이므로 새끼 돼지를 생산하는 기계 장비의 주요 부품으로 간주되고 그에 합당한 취급을 받아야 한다.[3]

업계의 시각을 가장 잘 요약한 것은 산란용 닭 22만 5천 마리를 보유한 미국 가금류 생산 회사 프레드 C. 헤일리의 회장이었다. 그는 이렇게 말했다. "계란을 생산하는 목적은 돈을 버는 것이다. 이 점을 등한시하면 목표를 달성할 수 없다."[4]

인간이 소비하기 위해 일 년에 동물 수십억 마리에게 가하는 고통을 짐짓 못 본 체하면서 이타적인 사회가 오기를 기대한다는 것이 과연 있을 수 있는 일일까?

1 Jussiau, R., Montméas, L., & Parot, J.-C., *L'Élevage en France: 10 000 ans d'histoire*, Educagri Editions, 1993. Nicolino, F., Bidoche. *L'industrie de la viande menace le monde*, Les liens qui libèrent, 2009에 인용.

2 1970년 12월 2일 TV 프로그램 「유레카Eurêka」에서 방송된 "Sauver le boeuf(소 살리기)" 편. 기 셀리그망과 폴 쇠웽이 나레이션을 맡았다. INA Archives, http://www.ina.fr/video/CPF06020231/sauver-le-boeuf.fr.html 참조. Nicolino, F. (2009). *op. cit*.에 인용.

3 National Hog Farmer, March 1978, p. 27. Singer, P. (1993). *op. cit*., p. 199에 인용.

4 *Poultry Tribune*, November 1986, Singer, P., *Animal Liberation: The Definitive Classic of The Animal Movement*, Harper Perennial, 2009, p. 107에 인용.

산업적 가축 사육 시스템에서 자라는 동물은 자연 상태에서 자라는 동물에 비해 수명이 60분의 1 밖에 되지 않는다. 사람으로 치면 태어난 지 일 년 사 개월 만에 죽는 것이다.[5] 동물을 뒤도 돌아볼 수 없이 협소한 상자에 가두고 거세를 하고 태어나자마자 어미로부터 떼어 놓고 사람들이 즐겁자고 동물을 고통스럽게 만들고(투우, 투견, 투계 등) 덫을 놓아 쇠날로 동물 사지를 망가뜨리고 산 채로 가죽을 벗기고[6] 엄연히 목숨이 붙어 있는 동물을 분쇄기에 넣어 갈아 죽인다.(매년 수평아리 수억 마리가 이렇게 죽어 나간다.)

동물들이 어떤 느낌일지 눈곱만큼도 염려하거나 배려하지 않고 사람 멋대로 동물들 운명을 좌지우지하며 그들이 언제 어디서 어떻게 죽어야 하는지 결정해 버리는 것이다.

인간이 동물에게 가하는 오만 가지 고통

인간은 늘 동물을 착취해 왔다. 처음에는 사냥을 했고 나중에는 길들여 사육을 했다. 착취가 전례 없는 규모로 확대된 것은 20세기 초 무렵 일이었다. 그러면서 동물 착취가 일상에서 자취를 감추고 의도적으로 사람의 눈에 보이지 않는 곳으로 숨어들었다. 꽃이 만발한 들판에서 암소들이 유유히 풀을 뜯는 장면은 광고나 그림책에서나 볼 수 있는 장면이 되었다. 현실은 전혀 그렇지 않다. 북아메리카와 유럽의 부유한 국가와 중국을 비롯한 전 세계 여러 나라에서 식용으로 소비되는 동물은 99퍼센트가 산업적 가축 사육 시설에서 생산된 '제품'이고 동물들은 그 안에서 고통스럽게 살다 고통스럽게 짧은 생을 마감

---

5   송아지, 젖소, 돼지 수명은 20년이다. 송아지는 세 살, 돼지는 생후 육 개월에 도살되고 젖소는 여섯 살 정도에 '퇴출(도살)'된다. 정상적인 조건에서 칠 년을 살 수 있는 닭은 보통 육 주 만에 죽임을 당한다. 이런 운명에 놓여 있는 동물이 프랑스에서만 십억 마리나 된다.

6   중국 육종 산업 중 특히 모피 생산에 사용되는 동물과 도축장에서 죽었어야 할 시점까지 목숨이 끊어지지 않아 산 채로 가죽이 벗겨지는 동물에게 해당되는 이야기.

한다. 그렇게 된 근본적인 이유는 사람이 다른 생명체들을 소비의 대상, 고기 덩어리, '축산 제품', 사람 마음대로 처분할 수 있는 '동산'[7]으로 생각하기 때문이다.

제임스 바레티가 한 증언에 따르면 20세기 초 미국에 처음 세워진 주요 도축장들은 "상상을 초월하는 광경과 어마어마한 소음과 죽음의 냄새가 사람을 압도하는" 곳이었다. 도살에 쓰는 기계와 도살당하는 동물들이 내는 따가운 소리가 끊임없이 귀를 괴롭혔다.[8]

사회적으로 큰 파장을 불러일으킨 업턴 싱클레어의 1906년 소설 『정글The Jungle』[9]에 보면 시카고 도살장을 빈곤층, 특히 이민자들이 당시 대기업들에게 착취당하면서 동물을 무더기로 도살하는 곳으로 묘사하고 있다.

> 그곳으로 실려 오는 가축은 하루에 소 1만 마리, 돼지 1만 마리, 양 5천 마리 정도였다. 일 년으로 따지면 살아 있는 동물 8백만~1천만 마리가 식육으로 탈바꿈하는 셈이었다. …… 가만히 서서 바라보니 정육 공장을 향해 파도가 몰려오는 것처럼 느껴졌다. 먼저 우리 사이에 걸쳐져 있

7   로마 조약(1957)에서 그렇게 정의되었으며 2014년 4월에 프랑스 민법에 의해 "의식 있는 존재"로 변경되었다.

8   Barrett, J. R., *Work and Community in The Jungle: Chicago's Packing-House Workers, 1894~1922*, University of Illinois Press, 1990, p. 57. Patterson, C. (2008). *Eternal Treblinka*에 인용.

9   Sinclair, U., *The Jungle*, Signet, 1964, pp. 35~45. 1904년, 스물여섯 살의 젊은 기자 업턴 싱클레어는 고용주가 한 지시에 따라 시카고에 있는 여러 도축장에서 일하는 근로자들의 작업 환경에 대해 심층 취재를 시작했다. 도축장에서 일하는 사람들의 도움을 받아 도살장과 정육 공장에 잠입한 싱클레어는 가만히 있지 않고 양동이를 들고 동분서주하면 사람들 이목을 끌지 않고 공장 안을 마음대로 활보할 수 있다는 것을 알게 되었다. 그는 사방을 누비고 다니면서 현실을 목격했다. 그는 『정글』을 계기로 순식간에 명성을 얻었고 알버트 아인슈타인을 비롯해 저명한 지식인들이 모인 위원회로부터 노벨 문학상 후보로 추천까지 받았다. 『정글』은 엄청난 화제를 모았으며 베스트셀러가 되어 17개 언어로 번역되었다. 동료 언론인들이 쏟아 내는 질문 공세와 대기업들의 협박 또는 약속, 대중의 불만에 시달리던 업튼 싱클레어는 시어도어 루스벨트 대통령 초대로 백악관을 방문했다. 대통령 지시에 따라 조사가 실시된 결과, 싱클레어가 한 비판이 모두 사실로 밝혀졌다. (이것은 자크 카보가 『정글』 프랑스어 번역판 서문에서 밝힌 내용이다.)

는 폭 4.5미터 정도의 활송 장치로 가축들을 몰아넣는데 아무것도 모른 채 사지를 향해 발걸음을 재촉하는 동물들을 보고 있자니 묘한 기분이 들면서 마음 한 구석이 몹시 불편했다. 죽음의 강물이라고나 할까. 그렇지만 우리 친구들은 시적 감흥이라고는 조금도 없었다. …… 그들은 효율 높은 체계 밖에 눈에 들어오지 않았다. …… "여기서는 허투루 버려지는 게 하나도 없습니다." 안내원이 말했다. "돼지는 먹따는 소리 빼고 쓸모없는 부분이 하나도 없지요."[10]

정치학자 제레미 리프킨은 이렇게 말한다. "대량 도살 과정에서 속도를 높이기 위해 기계가 도입되었다. 그러면서 인간은 기계공정이 강요하는 속도와 요건에 자신을 맞춰야 하는 단순한 하수인으로 밀려났다."[11] 업턴 싱클레어가 들려준 이야기는 계속 이어진다.

가장자리에 고리 여러 개가 박힌 원둘레 6미터 정도의 쇠바퀴가 입구에 세워져 있었다. …… 남자들이 손에 잡히는 대로 근처에 있는 돼지를 잡아 다리에 체인을 감은 뒤 체인 끝을 바퀴에 박혀 있는 고리에 걸었다. 바퀴가 돌아가자 돼지 몸이 순식간에 공중으로 붕하고 떠올랐다. …… 돌아오지 못하는 여행이 시작된 것이다. 바퀴 꼭대기에 도달한 돼지는 허공에 대롱대롱 매달린 채 레일을 따라 실내를 가로질러 갔다. 그 사이에 다른 돼지들도 하나씩 하나씩 공중으로 떠올라 두 줄로 나란히 배열되었다. 한 쪽 다리로 허공에 매달린 돼지들은 비명을 지르며 미친 듯이 발버둥을 쳤다. 소름 끼치는 소음에 고막이 찢어질 것만 같았다. …… 잠깐 소강상태에 접어드는가 싶더니 곧이어 난리법석이 다시 시작되면서

10 Sinclair, Upton (1994-06-01), *The Jungle*, Public Domain Books, Kindle Edition, pp. 20~21.
11 Rifkin, J. (1992). *Beyond Beef: The Rise and Fall of the Cattle Culture*. Penguin, p. 120. Patterson, C. (2008). *op. cit.*, p. 115에 인용.

귀청이 떨어져 나갈 듯한 소란이 절정에 이르렀다. 방문객 중 일부는 더이상 참기 어려운 표정이었다. 남자들은 서로를 흘깃거리며 초조한 웃음을 지었고 여자들은 몸이 굳어 버린 듯 주먹을 불끈 쥔 채 눈가에 눈물을 머금은 상기된 얼굴로 잠자코 서 있었다.

아래쪽에서는 이에 아랑곳없이 노동자들이 일을 계속하고 있었다. 짐승이 쏟아 내는 울음소리도 인간이 흘리는 눈물도 그들을 멈추지 못했다. 돼지들을 한 마리씩 매달아 놓고 재빠른 칼 솜씨로 멱을 땄다. 동물들의 행진은 계속되었고 울음소리가 잦아들면서 짐승 몸에서 피와 생명이 한꺼번에 빠져나갔다. 돼지들은 마지막으로 몸을 한 번 부르르 떨더니 펄펄 끓는 물이 든 거대한 통 속으로 첨벙 소리를 내면서 사라졌다. …… 도살 기계는 누가 보든 말든 묵묵히 제 할 일을 계속할 뿐이다. 마치 세상과 단절된 지하 감옥에서 쥐도 새도 모르게 자행되는 끔찍한 범죄의 한 장면을 보는 것만 같았다.[12]

수익 제일주의

요즘은 싱클레어가 살던 시대에 미국에서 일 년 동안 도축하던 양을 단 하루 만에 도살하고 있다. 동물에 대해 책임 있는 정책 연구 집단을 만든 데이비드 칸토는 작금의 시스템에 대해 "동물을 생명체로 보지 않는 시스템, 동물이 겪는 고통과 죽음을 중요하게 여기지 않고 수익만 추구하면서 신속성을 위해 급박하게 돌아가는 잔인한 시스템"[13]이라고 말한다.

20세기 마지막 몇 십 년 동안 육류 산업 부문에서 커다란 변화가 있었다. 도축장 수는 줄었지만 규모가 훨씬 더 커져서 연간 수백만 마리

12　Sinclair, U. (1964). *op. cit.*, p. 62~63.

13　David Cantor, Responsible Policies for Animals http://www.rpaforall.org. Charles Patterson, *Eternal Treblinka*,(Kindle locations 777~778). Kindle Edition에 인용.

의 가축을 도살하고 있다. 그러면서 가축들이 좀 더 나은 대우를 받을 수 있을 것으로 기대되었다. 유럽 연합은 새로운 규정을 제정하면서 대규모 가축 사육 시 동물들이 당하는 고통을 줄일 수 있는 조치를 일부 포함시켰다. 미국에서는 작가 조나단 사프란 포어가 보여 준 것처럼[14] 적은 비용으로 더 많은 동물을 죽여 효율과 속도를 높인 것이 유일하게 달라진 점이었다.

대규모 가축 사육은 동물 학대를 막는 보호법의 법망을 요리조리 피해 다니고 있다. 포어는 이렇게 주장한다. "CFE(가축 사육에 관한 특례법)는 업계에서 흔히 사용되는 관행이면 무엇이나 합법적이라고 말한다. 무엇이 학대인지 정의할 수 있는 권한이 가축 사육 업자 즉 '수익을 추구하는 기업'에게 있다는 말이다. 예를 들어 업계 종사자들끼리 모여 동물 충수는 있어 봤자 좋을 것 없으니 진통제 없이 제거하자고 결의해 관행으로 채택하면 자동적으로 합법적인 일이 되어 버린다. 진통제 없이 충수를 제거하는 것이 과연 어떤 일일지는 여러분 상상에 맡기겠다."[15]

허약 체질이거나 건강 상태가 나빠 다른 가축들과 함께 "천국의 계단(가축이 도축당하기 위해 걸어 올라가는 경사면)"에 오르지 못하고 주저앉는 동물을 치료하거나 안락사 시키려면 돈이 들기 마련이다. 미국 대부분의 주에서는 이런 동물들을 아사시키거나 산 채로 쓰레기 운반 트럭에 내다 버려도 법적으로 문제가 되지 않기 때문에 그런 일이 비일비재하다.

도축장에서 일하는 사람들은 최대한 빨리 도축을 해야 한다는 생각에 쫓기듯이 일을 한다. 인도주의적 축산 협회Humane Farming Association 소속 조사관인 게일 아이스니츠는 이렇게 털어놓는다. "그들은 하늘이 무너져도 도축 라인을 멈추거나 속도를 늦추는 법이 없다."[16]

14   Foer, J. S., *Eating Animals*, Back Bay Books, 2010.
15   *Ibid.*, p. 50~51

도축 라인이 돌아가기만 하면 그 안에 돼지를 밀어 넣기 위해 무슨 짓을 하든 아무도 신경 쓰지 않는다. 현장 주임에게 엉덩이를 걷어차이지 않으려면 짐승을 무조건 한 마리씩 갈고리에 매달아야 한다. …… 수송 책임자들은 앞으로 걸어가지 않는 돼지들을 파이프로 때려죽인다. 돼지 한 마리가 고집을 피우며 걸어가지 않아서 생산 라인이 멈추면 흠씬 두들겨 패 옆에 놔두었다가 나중에 갈고리에 매단다.[17]

도축장마다 경쟁에서 살아남기 위해 남보다 가축을 한 마리라도 더 죽이려고 안간힘을 쓴다. 도축장 컨베이어 속도로 따져서 한 시간에 죽일 수 있는 동물 수는 1,100마리다. 노동자들이 몇 초에 한 마리씩 도축을 해야 한다는 뜻이다. 그러니 제대로 죽지 못한 동물이 나올 수밖에 없다.[18]

영국에서 연구원 자격으로 정기적으로 도축장을 방문하는 앨런 롱 박사는 노동자들이 어린 짐승은 도살을 조심스러워 하는 것을 눈치챘다. "아직 애기들이잖아요." 노동자들은 이렇게 말하면서 박사에게 새끼 양이나 송아지를 죽이는 것이 가장 힘든 작업이라고 털어놓았다. 롱 박사는 "사람들이 송아지를 강제로 어미에게서 떼어 놓는다. 그럼 겁에 질린 송아지가 혹시 젖이 나올까 해서 도살자의 손가락을 빨기 시작한다. 그런 송아지에게 돌아오는 것은 인간의 사악함뿐"이라면서 가슴이 미어지는 일이라고 설명한다. 그는 기업형 도축장의 상황에 대해 "냉혹하고 무자비하며 양심의 가책조차 없다."[19]라고 말한다.

16   Ibid., p. 82.
17   Patterson, C. (2008). op. cit., p. 166.
18   Eisnitz, G. A., Slaughterhouse: The Shocking Story of Greed. Neglect, and Inhumane Treatment Inside The US Meat Industry, Prometheus, 1997, p. 82.
19   Ibid., p. 174.

위선적인 '보살핌'

전문가들이 가축 사육 업자들에게 동물에게 잔인한 짓을 하지 말라고 조언하는 일이 가끔 있다. 그 이유는 가축의 비육에 부정적인 영향을 미치기 때문이다. 가축을 도살장으로 끌고 갈 때도 학대하지 말라고 하는 이유는 상처라도 나면 고기 질이 떨어지기 때문이지 동물 학대가 부도덕하기 때문이 아니다.[20]

축산업계에 고용되어 일하는 수의사들이 하는 역할은 동물 건강 상태를 보살피는 것이 아니라 수익을 극대화하는 것이다. 약은 아픈 동물을 치료하기 위한 것이 아니라 망가진 면역 체계를 대신하는 수단이다. 축산업자들은 가축을 건강하게 키울 생각조차 하지 않는다. 그들은 가축들이 수익을 창출하기도 전에 혹시 죽을까 노심초사하는 것이다.[21] 그러니 동물들이 항생제와 성장 호르몬 덩어리일 수밖에 없다. 미국에서 생산되는 항생제 80퍼센트는 축산업에 사용된다. 철학자 엘리자베트 드 퐁트네는 이렇게 말한다.

사실은 기업 경영과 수익 창출을 돕는 것인데 마치 동물을 존중해서 축산업계에서 저지르는 부당한 관행을 제재하는 것처럼 윤리 조항을 만들어 권장하고 시행하는 것이야말로 악랄한 위선 행위라고 하겠다.[22]

가축들은 더 이상 효용이 없어지면 성가신 물건처럼 파괴되어 쓰레기처럼 밖에 버려진다.

20 Singer, P. (1993). *op. cit.*, p. 163 중에서.
21 Foer, J. S. (2012). *op. cit.*, p. 240.
22 Fontenay, É. de., *Sans offenser le genre humain: Réflexions sur la cause animale*, Albin Michel, 2008, p. 206.

숨겨진 현실

화가인 수 코는 1990년대에 6년 동안 미국을 비롯한 여러 나라의 도살장을 잠입 취재했다. 도살장 안에 들어가려고 온갖 기발한 방법을 동원했다. "안 되니까 꺼지라."라는 욕부터 도살장 이름을 공개하면 죽을 줄 알라는 협박까지 가는 곳마다 반감이 대단했다. 카메라 사용을 허용한 곳은 한 군데도 없었으며 스케치 정도만 할 수 있었다. "규모가 큰 도살장은 군사 시설처럼 경비가 삼엄했다. 보통은 해당 식육 공장이나 도살장과 거래하는 사람과 안면을 내세워 겨우 들어갈 수 있었다." 수 코는 『데드미트Dead Meat』에서 펜실베이니아에 있는 도살장에 방문한 일에 대해 쓰고 있다.

> 바닥은 미끌미끌하고 벽을 비롯해 사방이 피투성이였다. 도축 라인에는 피딱지가 덕지덕지 엉겨 붙어 있었다. 피와 내장이 가득한 그곳에서 자칫 잘못해 미끄러져 넘어지고 싶은 생각은 추호도 없었다. 거기서 일하는 사람들은 미끄럼방지 장화에 노란색 앞치마를 두르고 모자를 착용하고 있었다. 일사불란한 기계들이 만들어 내는 혼돈의 장면이었다.[23]

도축장이 거의 다 그렇듯이 그곳도 "사방에서 파리가 윙윙거리는 더럽고 불결한 곳"이었다. 누군가가 한 말에 의하면 냉장 보관실에 밤마다 쥐가 득실거리면서 고기들 사이를 뛰어다니고 갉아먹는다고 했다.[24]

점심시간이 되자 노동자들은 어디론가 뿔뿔이 흩어지고 수 코만 머리가 잘린 채 피를 쏟아 내고 있는 동물 사체 여섯 구와 덩그마니 남겨졌다. 벽은 뭐가 잔뜩 튀어 얼룩덜룩했고 그녀의 스케치북에도 핏

---

23   Coe, S., *Dead Meat*, Four Walls Eight Windows, 1996, pp. 111~113.
24   Eisnitz, G. A. (1997). *Slaughterhouse. op. cit.*, p. 182.

방울이 잔뜩 튀어 있었다. 오른쪽에서 기척이 느껴져서 도축실 쪽으로 다가가 보니 안에 암소가 한 마리 있었다. 미처 기절하지 않은 암소가 흥건히 피가 고인 바닥에 쓰러져 있었다. 사람들이 암소를 방치한 채 점심을 먹으러 간 것이었다. 몇 분이 흘렀다. 암소는 이따금 몸을 버둥거리면서 발굽으로 벽을 찼다. 딱 한 번 밖을 내다볼 수 있을 만큼 머리를 드는가 싶더니 바로 다시 쓰러졌다. 어디선가 똑똑 떨어지는 핏방울 소리가 들리는 가운데 스피커에서 음악이 흘러나왔다.

수 코는 그 장면을 스케치북에 담기 시작했다.……

그때 한 남자가 식사를 마치고 돌아왔다. 대니였다. 그가 부상당한 암소에게 서너 차례 발길질을 하며 일으켜 세우려고 했지만 암소는 일어서지 못했다. 도축실 안으로 몸을 숙여 기절총으로 암소를 기절시키려고 하다가 잘 안 됐는지 결국 머리에 12센티짜리 총알을 박아 넣었다.

대니는 암소 뒷다리 하나를 체인에 묶은 다음 들어 올렸다. 그런데 소가 죽은 게 아니었다. 머리를 바닥으로 향한 채 몸이 공중으로 붕 뜬 소가 네 발을 계속 움직이면서 벗어나려 하고 있었다. 수 코는 완전히 기절한 암소도 있지만 그렇지 않은 소도 많았다고 말한다. "대니가 목을 절단하는 동안에도 암소들은 미친 듯이 몸부림을 쳤다." 대니는 의식을 잃지 않은 암소들에게 이렇게 소리쳤다. "아가씨야, 말 좀 들어라!" 수 코는 소 몸뚱이에서 피가 솟구쳐 나오는 것을 바라보면서 "모든 생물이 구멍을 내기 무섭게 안에 들어 있는 내용물이 흘러나오는 말랑말랑한 용기_{容器}"처럼 느껴졌다.

대니는 문으로 가서 전기봉을 휘두르며 대기하고 있던 소들을 앞으로 몰았다. 겁에 질린 암소들이 저항하면서 발길질을 했다. 대니는 "착하지, 얘들아, 가자!" 하면서 소들을 울타리 안으로 밀어 넣고 기절시켰다

수 코는 이어서 텍사스에 있는 말 도축장을 방문했다. 도살을 위해

대기 중인 말들의 몰골이 말이 아니었다. 그 중 한 마리는 턱이 부서져 있었다. 말들한테 끊임없이 채찍질을 해 댔다. 딱딱 소리를 내면서 말 잔등에 채찍이 내려앉자 타는 냄새가 피어올랐다. 도축실에서 도망치려고 하는 말이 있으면 방향을 틀 때까지 사람들이 머리를 후려쳤다. 흰 암말 한 마리가 울타리 앞에서 망아지를 낳는 장면이 수 코와 함께 간 사람 눈에 들어왔다. 직원 두 명이 암말에게 채찍질을 해서 도축실로 들여보낸 뒤 갓 태어난 망아지는 허드레 고기를 담아 두는 대야로 집어던졌다. 경사로 위에서 카우보이모자를 쓴 도축장 사장이 그 광경을 무심하게 내려다보고 있었다.

수 코는 단테가 서술한 지옥을 연상시키는 또 다른 도축장 문을 나서다가 한쪽 다리가 부러진 암소 한 마리가 작열하는 태양 아래 꼼짝 않고 누워 있는 장면을 보았다. 그녀가 암소 쪽으로 걸어가자 경비원이 나와 앞을 가로막으면서 어서 나가라고 안내했다. "홀로코스트가 계속 떠오르면서 마음속에 분노가 가득 차올랐다."[25] 수 코는 이렇게 썼다.

세계 공통의 관행

다른 가축이라고 해서 처지가 나을 것이 없다. 현재 미국에서 매년 도축되는 닭은 80년 전에 비해 무려 150배나 더 많다. 대규모 육계사육 덕분에 가능해진 일이다. 세계 최대 규모의 양계 회사 타이슨 푸드에서는 일주일에 1천만 마리 이상을 도살한다. 전 세계에서 도살되는 가금류는 연간 5백억 마리에 달한다.

닭은 편지지 한 장만 한 공간에서 암모니아와 먼지와 세균으로 가득한 공기를 마시면서 짧은 생을 살다 죽는다.[26] 닭이 제 깃털을 잡아뽑는다든가 공격적으로 쪼아 댄다든가 서로 잡아먹는 등 비정상적인

---

25 Coe, S. *Dead Meat, op. cit.*, p. 120.

행동을 하는 것이 다 과밀하게 수용을 한 탓이다. 텍사스의 동물 연구가 로이 베디체크는 "육계 농장이 가금류의 정신 병원"이라고 말하기도 했다. 닭의 성장 속도를 인위적으로 촉진시키는 것을 사람에 비교하면 열 살짜리 아이 몸무게가 150킬로그램에 달하는 것과 같다고 할 수 있다.

양계업자들은 닭들이 이상 행동을 해서 비용이 발생하지 않도록 빛이 거의 들지 않게 어두운 상태를 유지한다. 또 닭들끼리 싸우다가 다치고 죽는 일이 발생하지 않도록 닭 부리를 미리 절단한다. 1940년대에는 용접기로 부리를 지졌는데 요즘은 날을 뜨겁게 달군 절단기를 사용한다. 신속한 절단 후 남은 부분에 신경종이 생겨 닭이 고통스러워하는 일도 있다.[28]

한 창고당 9만 마리씩 총 2백만 마리의 산란계를 키우는 미국 한 양계 농장 관리자는 『내셔널 지오그래픽』 기자들에게 이렇게 설명했다. "(계란) 생산량이 수익 분기점 아래로 떨어지면 9만 마리를 모두 고기 스프레드나 치킨 수프 제조업체에 넘긴다."[29] 그런 다음 처음부터 다시 시작하는 것이다.

닭에게는 운송도 고난의 여정이다. 미국의 경우 10~15퍼센트가 운송 과정에서 죽는 것으로 추정되며 설사 도축장에 도착했더라도 3분의 1은 대량 운송 방식으로 인해 여기저기 골절상을 입기 일쑤다.

닭 도축장에서는 원래 닭을 전기 충격기 안에 넣어 기절시켜야 하

26 Carpenter. G. *et al.* (1986). Effect of internal air filtration on the performance of broilers and the aerial concentrations of dust and bacteria. *British Poultry Journal, 27*, 471–480. Singer, P. (1993). *op. cit.*, p. 172에 인용.

27 Bedichek, R., *Adventures with a Texas Naturalist*, University of Texas Press, 1961. Harrison, R., *Animal Machines: The New Factory Farming Industry*, CABI Publishing, 2013. Original edition (1964), p. 154에 인용.

28 Breward, J. & Gentle, M. (1985). Neuroma formation and abnormal afferent nerve discharges after partial beak amputation (beak trimming) in poultry. *Experienta, 41*(9), 1132~1134

29 *National Geographic Magazine*, February 1970. Singer, P. (1993). *op. cit.*, p. 177에 인용.

는데 비용을 아끼기 위해 너무 약한 전압(기절시키는 데 필요한 전압 10분의 1 정도)을 사용하는 바람에 최소 4백만 마리(미국 정부 추산) 닭이 의식이 있는 상태로 펄펄 끓는 물이 든 탕침 탱크 안으로 들어간다.[30]

산란계의 병아리 중 수컷은 살처분된다. 미국에서는 매년 2억5천만 마리, 프랑스에서는 5천 마리의 수평아리가 살처분된다. 조나단 사프란 포어는 수평아리 처지를 다음과 같이 설명한다. "살처분이라는 말을 좀 더 자세히 들여다 볼 필요가 있다. 수평아리 대부분은 전기가 통하는 판으로 이어진 파이프 속에 빨려 들어가 살처분된다. 나머지는 산 채로 분쇄기 안으로 들어간다(톱밥 제조기 안에 병아리들이 잔뜩 들어 있는 광경을 상상하면 된다). 잔인하다고 생각되는가? 그것은 잔인성의 정의에 따라 달라지는 문제다."[31]

돼지들 경우, 서로의 꼬리를 물어뜯지 못하도록 미리 꼬리를 절단하는데 이때 출혈을 줄이기 위해 절단과 동시에 남은 부분을 납작하게 눌러 주는 도구를 사용한다. 어미 돼지는 몸이 겨우 들어갈 정도의 쇠로 만든 칸막이 안에 가두고 두서너 달 동안 목줄을 매어 몸을 돌리지도, 앞이나 뒤로 발을 떼지도 못하게 한다. 어미 돼지가 새끼를 낳을 때가 되면 "스틸 버진 steel virgin"이라는 기구 안에 넣어 자유로운 동작을 일체 하지 못하도록 만든다. 수컷은 마취 없이 거세된다. 칼로 음낭을 절개해 고환을 꺼낸 뒤 연결된 줄이 끊어질 때까지 당겨서 적출한다.[32]

포어에 의하면 "몸이 너무 약해서 빨리 성장하지 않는 새끼 돼지는 자원을 낭비하고 비용을 발생시키는 존재이므로 키울 이유가 없다. 그런 돼지는 뒷다리를 잡아 콘크리트 바닥에 거꾸로 내동댕이쳐서 머

30 Foer, J. S. (2012). op. cit., p. 176.
31 Ibid., p. 65.
32 Mississippi State University Extension Services in collaboration with the USDA. Publication No. 384. Dehorming, castrating, branding, vaccinating cattle; Beef cattle: dehoming, castrating, branding and marking, USDA, Farmers' Bulletin, 2141, September 1972도 참조. In Singer, P. (1993). op. cit., p. 225.

리를 박살나게 만든다. 업계에서 흔히 하는 관행이다. 미주리주에 있는 양돈 농장에서 일하는 한 노동자는 "하루에 120마리를 그렇게 죽인 적도 있다."라고 말했다.[33]

송아지들은 어미로부터 분리시켜 칸막이로 된 외양간에 가두어 머리를 옆구리 아래 박고 자는 수면 자세를 취하지 못하도록 만든다. 공간이 너무 좁아서 송아지가 주위를 돌아보거나 자기 몸을 핥을 수도 없다. 송아지에게는 일부러 철분 함량을 낮춘 먹이를 준다. 소비자들이 '핏기 없는' 고기를 좋아하기 때문이다. 이런 색은 알고 보면 동물에게 고의적으로 빈혈을 유발해서 만든 것이다.[34] 그러다보니 외양간에 철 조각이 있으면 송아지들이 닥치는 대로 핥아먹는다. 외양간을 나무로 만드는 이유는 철 조각이 송아지 눈에 띄지 않도록 하기 위한 것이다.[35]

일 년 365일 반복되는 일

조나단 사프란 포어가 설명하는 도살 과정을 처음부터 끝까지 잘 읽어 보면 참혹하기 이를 데 없다. 이것이 오늘날 문명국가에 있는 거의 모든 도축장에서 일 년 365일 일어나는 일이라는 것을 잊지 말아야 한다.

전통적인 도축장에서는 가축들이 기절 기구가 있는 곳까지 미끄럼틀을 타고 내려간다. …… 동물을 기절시키는 사람이 소 두 눈 사이에 커다란 기절총을 들이댄다. 강철 볼트가 동물 두개골에 들어갔다가 총신으로 다시 들어오면 동물이 무의식 상태에 빠지거나 죽는다. 강철 볼트가 짐승을 기절시키기만 하는 경우도 있다. 그럼 나중에 의식이 있는 상태로

33 Foer, J. S. (2012). *op. cit.*, p. 187.
34 *Stall Street Journal*, November 1973.
35 *Ibid.*, April 1973.

'처리'되거나 도중에 깨어난다.[36]

짐승이 "단박에 죽어서" 심장 박동이 완전히 멈추면 피가 빠지는 속도가 너무 느리거나 피가 덜 빠지기 때문에 일부러 효과가 약한 기절을 선택하는 도축장 관리자들도 있다. 그래서 가축 중 일부가 도축 과정에서 의식이 있거나 깨어나기도 한다.

말은 똑바로 하자. 동물은 피 흘리고 가죽이 벗겨지고 사지가 절단되는 동안 의식이 말짱하게 살아 있다. 이것은 하루 이틀 된 문제가 아니다. 업계와 당국이 모두 잘 아는 사실이다. 멀쩡히 살아 있는 동물을 피 흘리게 하고 가죽을 벗기고 사지를 절단했다고 비난 받은 도축장들이 남들도 다 하는 일이라고 변명했던 말이다.

콜로라도 대학교 동물학 교수 템플 그랜딘이 1996년에 업계 전체에 대해 감사를 실시한 후 내린 결론에 따르면 소 도축장 중 4분의 1은 믿을 수 있는 방법으로 단번에 동물의 의식을 잃게 만들 능력이 없다고 한다. 도축 라인의 속도는 백 년 만에 여덟 배나 빨라졌는데 거기서 일하는 직원들은 도축에 필요한 훈련을 대충 받고 악몽 같은 환경에서 일하고 있다. 그러니 실수가 나올 수밖에 없다.

동물이 아예 기절조차 하지 않은 경우도 비일비재하다. 이에 분노한 도축장 직원들이 비밀리에 동영상을 촬영해『워싱턴포스트』에 보낸 일도 있었다. 스무 명이 넘는 직원이 서명한 맹세문에는 동영상에서 볼 수 있는 비난 받아 마땅한 행위가 흔히 있는 일이며 관리자들도 다들 알고 있다는 내용이 들어 있었다. 그 중 한 명은 이렇게 증언했다. "나는 산 채로 도축당하는 소를 수천 마리나 보았다. 도살이 시작

36 Foer, J. S. (2010). *op. cit.*, pp. 231~233.

되고 7분이 지났는데 소들이 살아 있었다. 나는 가죽을 벗기는 일을 했는데 그때까지 목숨이 붙어 있는 소도 봤다." 그 상태로 목부터 시작해서 머리 가죽을 벗겨야 했다는 것이다. 회사 측이 직원의 불평을 들어줄 때는 그들을 해고할 때뿐이다.

머리 가죽을 벗겼으면 다음은 다리 절단이다. 도축 라인에서 일하는 직원 한 명이 이렇게 말한다. "간혹 깨어나는 동물이 있다. 그럼 벽으로 기어오를 것만 같다." 다리 절단 단계쯤 되면 동료가 달려와 소를 다시 기절시킬 때까지 기다릴 시간이 없다. 그래서 집게를 들고 그냥 다리 아랫부분을 잘라낸다. "그럼 동물이 미친 듯이 날뛰면서 사방으로 발길질을 한다."

모피를 얻기 위해 도축되는 동물도 일 년에 1억 마리나 된다. 스위스 조사관들이 몰래 카메라로 촬영한 다큐멘터리[37]에 보면 중국인 담비 사육자들이 담비 뒷다리를 잡고 빙글빙글 돌린 다음 바닥에 머리를 찧어 기절시킨다. 그렇게 산 채로 가죽을 벗긴 후 살만 남은 담비를 산더미처럼 쌓여 있는 다른 담비들 위로 내던진다. 소리 한 번 지르지 못하고 죽어 가는 담비들. 조금이라도 연민의 마음이 있는 사람이라면 그 눈을 똑바로 보지 못할 것이다. 연신 담배를 피우고 잡담을 하면서 채소 껍질 까듯 동물 가죽을 벗기는 사육자들과 극명한 대비를 이루는 동물의 눈을 말이다.

앞에서 한 설명과 서글픈 현실을 보여 주는 다큐멘터리 내용을 읽고 도저히 참을 수 없다고 느끼는 독자가 아마 많을 것이다. 그렇다면 왜 그토록 마음이 불편한 것인지 자문해 보면 좋을 것 같다. 혹시 독자 자신이 이렇게 무한정 계속되는 폭력에 직간접적으로 기여하고 있다는 것을 알았기 때문에 그런 것 아닐까?

---

37 마크 리시가 Swiss Animals Protection/EAST International을 위해 만든 다큐멘터리 「A Shocking Look Inside Chinese Fur Farms」참조. PETA 웹사이트 http://www.peta.org/issues/animals-usedfor-clothing/chinese-fur-industry.aspx에서 볼 수 있다.

불행히도 이것은 끔찍한 장면 몇 개를 과장되게 부각시킨 것이 아니다. 수적으로도 상상을 초월한다. 일 년에 사람의 손에 의해 도축되는 육상 동물은 프랑스에서 10억 마리, 미국에서 150억 마리이며 전 세계를 합치면 700억 마리에 달한다.[38] 최근 들어 중국, 인도를 비롯해 신흥 국가들도 대규모 가축 사육 관련 법안을 강화했다. 유럽 연합을 비롯해 많은 나라가 새로운 법률 제정을 통해 이런 식의 동물 학대를 종식시킬 것으로 보이지만 그 외에 다른 나라에서는 산업적 가축 사육 시스템 안에서 관행적 학대가 계속 이어지고 있다.

생선, 갑각류, 해산물도 여러 국제기구에서 발표한 자료를 바탕으로 연간 어획량과 어종별 평균 어획고를 추산한 연구 결과에 따르면 연간 약 1조 1천억 마리라는 천문학적인 숫자가 사람 손에 죽어 나가고 있다.[39]

그런데 이 추정치에는 공식적으로 기록되지 않은 어획량(최소 두 배)과 어업으로 인해 피해를 보는 엄청난 양의 해양 생물은 포함되어 있지 않다. 프랑스 경우 매년 죽어 가는 어류와 갑각류가 20억 마리나 된다.

포어는 이렇게 말한다. "세상에 고통스럽지 않게 죽은 물고기는 단 한 마리도 없다. 밥상에 오른 물고기가 고통스럽게 죽었을지 궁금해할 필요 없다. 예외 없이 항상 고통스럽게 죽은 것이다. 물고기든 돼지든, 우리가 먹는 모든 동물에게 그 고통이 중요한 것일까? 아마 아닐 것이다. 문제는 그게 아니다. 문제는 그런 고통이 초밥, 베이컨, 치킨 너겟보다 더 중요한 것이냐 하는 것이다."[40]

---

38 Agreste(프랑스 농수산부 산하 통계국)에서 발표한 수치에 따르면 프랑스에서 물고기와 해양 동물까지 포함해 매년 30억 마리 동물을 사람들이 소비 목적으로 직간접으로 죽이고 있다고 추정된다. 그 밖에 사냥용으로 약 3천만 마리(숲에서 부상을 당해 죽는 동물은 제외), 연구용으로 3백만 마리(무척추동물 미포함)의 동물이 죽임을 당하고 있다.

39 Mood, A., & Brooke, P. (July 2010). *Estimating The Number of Fish Caught in Global Fishing Each Year* (amood@fishcount.org.uk). 저자들은 FAO가 발표한 종별 연간 어획량 통계치와 연구 대상이 되는 물고기 종의 추정되는 평균 무게를 이용해 물고기 수를 계산했다.

40 Foer, J. S. (2010). *op. cit.*, p. 193.

인도주의적 도살이 가능할까?

여기저기서 부분적으로 많은 개선이 이루어졌다. 동물 보호에 관한 법률을 오랫동안 대규모 가축 사육에 적용하지 않았던 미국에서도 죽음에 임박한 동물이 공포에 사로잡히지 않도록 도축장 설계를 수정한 템플 그랜딘 덕분에 상황이 약간 나아졌다. 요즘은 가축들이 도축을 위해 일렬종대로 걸어 올라가는 길을 "천국의 계단"이라고 부른다. 동물들이 글을 읽지 못하는 것이 안타까울 뿐이다. 동물이 당하는 고통을 조금이라도 줄이는 것이 바람직하다는 데는 의심할 여지가 없지만 앞으로 연간 1천억 마리의 동물이 "인도주의적으로 도살"될 것이라고 자위만 하고 만다는 것이 어쩐지 섬뜩하다.

프랑스 변호사 겸 작가인 다비드 쇼베는 이렇게 말한다. "동물이 고통 없이 죽을 수만 있다면 사람들 대부분은 동물을 죽이는 데 대해 아무런 문제의식도 갖지 않는다. 그래서 "인도주의적 도살"이라는 말이 나오는 것이다. 극심한 고통에 시달리는 사람의 고통을 줄여 주기 위해 죽음을 선택하는 등 당사자에게 이익이 돌아가는 경우를 빼고 사람을 '인도주의적으로 살해'한다고 하면 아무도 용납하지 않을 것이다. 그렇다면 죽어서 마트 진열대에 늘어놓기 좋도록 난도질당하는 것이 동물의 입장에서 이익이 되는 일일까? 그건 아닐 것이다."[41]

2006년 12월, 조지 부시 전 미국 대통령의 동생이자 플로리다주 주지사인 젭 부시가 사형수의 형 집행을 일시적으로 중단한 일이 있었다. 원래 4분 안에 사람을 죽이는 독극물 주사를 맞은 사형수가 20분 뒤에 사망했기 때문이었다. 그는 이에 대해 "인도주의적 배려 차원"이라고 설명했다. 나는 개인적으로 20분이 아니라 4분 만에 사람을 죽이는 것이 '인도주의'와 무슨 상관이 있는지 이해가 되지 않는다. 사형

---

41 Chauvet, D. (2008). La volonté des animaux? *Cahiers antispécistes*, 30–31, December 2008.

집행 직전에 원하는 음식을 주는 것이 몇 시간 동안 고문을 하고 죽이는 것보다야 낫겠지만 합법적 복수 행위라는 차원에서는 달라질 것이 하나도 없다. "범죄가 법을 위반하는 것이라면 복수는 법 뒤에 숨어 범죄를 저지르는 것이다." 프랑스 철학자 베르트랑 베르즐리는 이렇게 말했다.[42] 수십억 마리 동물을 착취하는 것은 무관심 뒤에 숨어 끝없이 대학살을 저지르는 것과 같다고 할 수 있다.

동물 권리 옹호자들 중에도 비슷한 생각을 하는 사람들이 있다. 삶과 죽음이 엇갈리는 순간에 "인도주의적으로 약간 더 나은" 여건을 조성한다는 것은 편한 마음으로 동물 학살을 계속하기 위한 핑계와 변명에 지나지 않는다. 중요한 것은 학살을 그만두는 것이다. 노예 제도를 '인도주의적'으로 바꿔 봤자 노예 제도를 지속하는 결과밖에 되지 않는다. 필요한 것은 노예 제도를 폐지하는 것이다.

우리가 남에게 가하는 고통은 대부분 피하려고 하면 얼마든지 피할 수 있는 것들이다. 남에게 고통을 가하는 것도 남을 바라보는 방식 때문에 가능한 일이다. 예를 들어, 어떤 민족을 해충 같은 존재라고 생각하기 시작하면 양심의 가책 없이 그들을 제거하고 싶다는 생각이 든다. 특정인을 불구대천의 원수라고 생각하면 그들이 고통당하는 것을 보면서 환호를 보낼 것이다. 다른 지각 있는 존재들이 사람보다 하등하니까 그들의 운명 따위 무시해도 좋다고 생각하는 순간, 우리가 누려야 할 행복을 위해 서슴지 않고 그들을 도구로 이용할 것이다.

개중에 이런 의견을 내는 사람이 있다. "그런 게 바로 인생이다. 옛날부터 늘 그렇게 살아 왔는데 새삼 감상주의자처럼 구는 이유가 무엇인가? 동물은 원래 서로 먹고 먹히는 관계다. 그것이 자연의 법칙이다. 그걸 바꾸려 해 봤자 무슨 소용인가?" 이 말에 대답을 하자면 먼저, 사람들이 흔히 야만적이라고 하는 시대부터 지금까지 인간은 진

---

42 Vergely, B., *La Souffrance: Recherche du sens perdu*, Gallimard, Folio, 1997, p. 75.

화를 거듭해 훨씬 더 평화롭고 훨씬 더 인간적인 존재가 되었다고 말하겠다. 그렇지 않다면 문명의 발전에 대해 감탄할 것이 뭐가 있겠는가? 요즘도 기회만 있으면 가혹 행위와 폭력을 사용하는 사람들을 일컬어 '야만적'이라고 하지 않는가? 클로드 레비 스트로스는 "야만인이란 야만성을 믿는 사람"[43]이라고 했다.

좀 더 정확한 정보를 바탕으로 대규모 가축 사육 시설과 도축장에서 매일 어떤 일이 일어나고 있는지 제대로 알기만 해도 아마 자연스럽게 약간 다른 의견을 갖게 되고 생활 방식을 바꿀 수 있을 것이다. 안일하고 순응적인 생각을 전파하는 데만 열을 올리는 언론 매체들은 대중에게 올바른 정보를 제공하지 않는다. 그들은 도축장 실태를 제대로 취재조차 하지 못할 것이다. 인터넷을 찾아보면 우리가 먹는 고기가 어떤 곳에서 나오는지 생생한 현실을 보여 주는 자료가 많이 있다. 예를 들어「지구 생명체Earthlings」[44]라는 다큐멘터리를 보면 인간이 동물을 어떻게 취급하고 있는지 분명히 알 수 있다.

그래도 감은 눈을 뜨고 현실을 바로 보지 않겠는가? H. G. 웰스가 한 미래 예언이 언젠가 현실이 될 날이 올 것이다.

유토피아라는 둥근 행성에는 더 이상 고기가 없다. 예전에 있었지만 도축이라면 생각만 해도 끔찍하다.…… 어렸을 때 마지막 하나 남은 도축장이 폐쇄된다는 말을 듣고 얼마나 좋아했는지 지금도 기억이 생생하다.[45]

결국 선택은 우리 손에 달려 있다.

43 Lévi-Strauss, C., & Pouillon, J. (1987). *Race et histoire*. Gallimard, p. 22.
44 감독: 숀 몬슨, 인터넷 사이트 www.earthlings.com에서 감상 가능.
45 Wells, H. G., *A Modern Utopia*, Penguin, 2008.

34

식육 산업이 빈곤, 환경, 보건에 미치는
부메랑 효과

앞 장에서 가축을 다루는 방식에 윤리적으로 심각한 문제가 있다는 이야기를 주로 했다. 문제는 그뿐만이 아니다. 빈곤과 갈수록 커지는 빈부 격차, 환경과 건강을 염려하는 사람이라면 유엔 산하 정부 간 기후 변화 협의체IPCC, 식량 농업 기구FAO, 월드워치 연구소Worldwatch Institute 등 여러 기관에서 발행한 무수한 보고서에 담긴 과학적 연구 결과를 보면서 식육용 가축 사육이 정말 그렇게 중요한 일인지, 고기 소비가 인간과 환경에 어떤 부정적인 영향을 미치는지 의문을 품지 않을 수 없다. 몇 가지 통계 자료를 살펴보면서 독자들이 직접 판단하기 바란다.

- 인간의 활동을 통해 배출되는 온실가스 중 식육용 가축 사육이 차지하는 비율은 14.5퍼센트다. 1위는 건물 부문, 2위는 식육용 가축 사육, 3위는 운송 수단이다.[1]
- 식육 1킬로그램을 생산하려면 사료 10킬로그램이 필요하다. 그 정도 양이면 극빈국에 식량을 공급할 수 있다.[2]

---

1   건설(건축에 사용되는 천연자원과 에너지 비용과 소비), 공공건물, 산업용 건물, 개인 주택(전기, 난방 등)에 관련된 것.

- 전 세계 토지 중 60퍼센트가 식육용 가축 사육에 사용된다.
- 식품 제조 용수 45퍼센트를 식육용 가축 사육이 독식하고 있다.
- 육류 소비를 줄이면 조기 사망자 14퍼센트를 줄일 수 있다.

부유한 나라가 고기를 먹기 위해
가난한 나라가 치러야 하는 값비싼 대가

이론적으로는 아주 간단하다. 1헥타르의 토지는 채식가 50명이나 육식가 2명을 먹일 수 있다. 고기 1킬로그램을 생산하는 땅의 면적이라면 토마토 200킬로그램, 감자 160킬로그램, 사과 80킬로그램을 생산할 수 있다.[3]

『작은 지구를 위한 다이어트Diet for a Small Planet』의 저자 프란시스 무어 라페는 1에이커(0.4헥타르)에서 나는 곡물이 1에이커에서 나는 고기보다 다섯 배 더 많은 단백질을 주고 1에이커에서 나는 콩과 식물이 열 배 더 많은 단백질을 준다고 누누이 강조한다.[4]

식육용 가축 사육을 하려면 연간 7억 5천만 톤의 밀과 옥수수가 필요하다. 이는 빈민 14억 명을 충분히 먹여 살릴 수 있는 양이다. 전 세계에서 수확되는 2억 2천5백만 톤의 콩도 90퍼센트 이상이 식육용 가축을 먹이는 데 사용된다.[5] 미국은 곡물 70퍼센트를 식육용 가축 사육에 사용하는 데 비해 인도는 2퍼센트만 사용한다.[6]

또한 사용 가능한 토지 3분의 2 정도가 가축 사육에 활용되고 있다.(30퍼센트는 목초지, 30퍼센트는 식육용 가축 먹이 생산용.)[7]

2   M. E. Ensminger, *Animal Science*, Interstate, 1991.
3   Rifkin, J., *La Troisième Révolution industrielle*, Les liens qui libèrent, 2012.
4   Doyle, J., *Altered Harvest: Agriculture, Genetics and The Fate of The World's Food Supply*, 2d ed., Viking, 1985.
5   월드워치 연구소는 미국에 본사를 둔 환경 분야 전문 연구 기관. 현재는 생태학적으로 지속 가능하고 빈곤과 기아를 줄일 수 있는 농업 분야의 혁신을 비교 분석하는 프로젝트를 진행 중이다.
6   미국 농무성 해외 농업국(USDA-FAS), 1991년 자료.

집약적 가축 사육으로 쇠고기 1칼로리를 얻으려면 식물성 먹이 8~26칼로리가 필요한데 이것은 사람이 얼마든지 소비할 수 있는 식품이다.[8] 무게로 따져 쇠고기 1킬로그램을 생산하는 데 드는 곡물은 7킬로그램이다. 효율이 형편없다고 할 수 있다. 프란시스 무어 라페는 이런 영농을 가리켜 "주객이 전도된 단백질 공장"이라 했는데 결코 지나친 말이 아니다.[9]

같은 면적에서 귀리를 재배하면 돼지고기를 생산할 때보다 1헥타르 당 여섯 배 더 많은 열량을 얻을 수 있으며 쇠고기를 생산할 때보다 스물다섯 배 더 많은 열량을 얻을 수 있다. 1헥타르 땅에서 브로콜리를 재배하면 쇠고기를 생산할 때보다 스물네 배나 더 많은 철분을 얻을 수 있다.

고기를 먹는다는 것은 부유한 나라의 특권이지만 그로 인해 피해를 보는 것은 가난한 나라들이다. 다음 페이지에 있는 그래프에서 보는 것처럼 국민의 삶이 윤택해질수록 소비하는 육류의 양이 늘어난다. 미국인들이 일 년에 일인당 120킬로그램의 육류를 섭취하는 데 비해 인도인은 2.5킬로그램에 불과하다. 부유한 나라가 가난한 나라보다 육류 소비량이 평균 열 배 더 많다.[10] 전 세계 육류 소비량은 1950년부터 2006년 사이에 다섯 배 증가해 세계 인구 증가 추이보다 두 배 높은 성장세를 나타내고 있다. 지금과 같은 추세가 계속되면 앞으로 2050년까지 소비량이 다시 두 배로 뛸 것이다.[11]

---

7   월드워치 연구소 자료.

8   Foer, J. S. (2010). *op. cit.*, p. 211 및 주석, p. 322. 미국 정부와 학계 논문 자료를 바탕으로 브루스 프리드리히Bruce Friedrich가 계산.

9   Moore-Lappé, F., *Diet for a Small Planet*, Ballantine, 1971, pp. 4~11.

10 McMichael, A. J., Powles, J. W., Butler, C. D., & Uauy, R. (2007). Food, livestock production, energy, climate change, and health. *Lancet, 370*(9594), 1253~1263.

11 FAO (2006). *L'Ombre portée de l'élevage. Impacts environnementaux et options pour atténuation*, Rome; FAO (2009). *Comment nourrir le monde en 2050 [Livestock's long shadow: environmental issues and options]*.

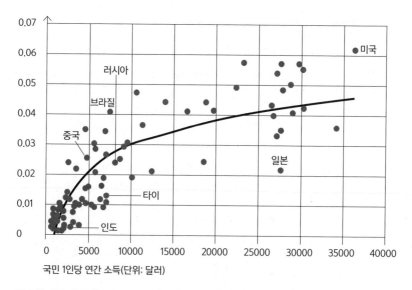

국민 1인당 연간 소득(단위: 달러)

부유한 나라와 가난한 나라의 육류 소비량 비교(2002년)

바꿔 말해서 세계에서 생산되는 곡물 3분의 1 이상과 양식 어류 4분의 1이 식육용 가축을 먹이는 데 사용되고 있다는 말이다.[12] 환경 문제 전문가 에릭 랑뱅은 이렇게 지적한다. "곡물 소비를 위해 사람과 가축이 경쟁하다 보니 곡물 가격이 상승해 극빈층에게 비극적인 결과가 초래되고 있다."[13]

하루에 2달러도 채 안 되는 돈으로 생계를 이어가는 28억 인구 중에서 4분의 1이 식육용 가축 사육에 의존해 살아가고 있으며 가축 사육이 경제 발전에 크게 기여하고 있다는 사실을 감안하더라도 방금 설명한 내용은 여전히 유효하다. 실제로 그런 소규모 축산인들은 식육의 대량 생산에 크게 기여하지도 못하고 가난한 사람들이 직접 소비할 수 있는 곡물을 식육 생산에 유용하지도 못한다.(앞에서 언급한 것

---

12 FAO (2006). *op. cit.*, and (2003), "World Agriculture Towards 2015/2030."
13 Lambin, E., *An Ecology of Happiness*, University of Chicago Press, 2012, p. 70 of the French edition.

처럼 미국인은 인도인에 비해 약 60배가 넘는 육류를 소비한다.)[14] 그런 식의 불균형을 초래하고 부당한 일을 하는 것은 집약적 가축 사육을 하는 기업 단위의 대규모 식육 생산업체들과 그들을 위해 단일 재배를 하는 사람 또는 기업들이다. 어쨌든 빈곤층에 속하는 소규모 축산인들도 자신들이 살고 있는 땅을 파괴하고 오염시키는 데 한몫을 하고 있는 것은 사실이다. 장기적으로 토양의 품질과 재배하는 식물의 품질을 관리해주는 생태학적 축산 방법이 개발되어야 그들의 생계를 보장할 수 있을 것이다.[15]

월드워치 연구소의 추산에 따르면 중앙아메리카에서 햄버거용 쇠고기를 생산하려면 원시림 17제곱미터를 목초지로 변환하고 75킬로그램의 식물과 동물을 파괴해야 한다.[16] 그런데 미국은 매년 10만 톤의 쇠고기를 중앙아메리카로부터 수입하고 있다.[17] 미국의 가축들을 먹이기 위해 생산되는 곡물을 사람이 직접 소비한다면 8억 명을 먹일 수 있다.[18] 에티오피아는 1985년에 기근이 들어 국민들이 기아로 죽어갈 때 곡물을 영국에 가축용 사료로 수출한 나라다.[19]

면적이 약 7억 2천만 헥타르에 달하는 열대 우림은 생물 다양성의 보고로 지구 생물종의 약 50퍼센트가 열대 우림에 서식하고 있다. 그런데 1950년 이후 2억 헥타르 이상의 열대 우림이 목초지나 육우 농장 조성을 위해 파괴되었다.[20] 2009년 1월 말에 발표된 그린피스 보고서에 따르면 아마존의 삼림 벌채 중 80퍼센트가 육우 수 증가 때문인 것

14 Moore-Lappé, F. (1976). *op. cit.*, pp. 11~12 and 21.

15 FAO (2006). *op. cit.*

16 http://www.delaplanete.org/article.php3 ?id_article=148&var_recherche=viande.

17 Boyan, S. (February 7, 2005). How our food choices can help save the environment; www.earthsave.org/environment/foodchoices.htm.

18 Pimentel, D., Williamson, S., Alexander, C. E., Gonzalez-Pagan, O., Kontak, C., & Mulkey, S. E. (2008). Reducing energy inputs in the US food system. *Human Ecology*, *36*(4), 459~471.

19 "Compassion in world farming." Marjolaine Jolicoeur, AHIMSA, 2004에 의해 인용.

으로 추정된다.[21]

한편, 1억 톤에 달하는 밀과 옥수수가 자동차용 에탄올 연료 생산에 쓰이는 데 대해 유엔 식량 농업 기구 특사는 식량을 유용하는 "반인류적 범죄"라고 비난했다. 사람 10억 명이 배를 곯고 있는 마당에 자동차를 먹이려하다니…….

담수 구역에 미치는 영향

담수는 귀하고 소중한 자원이다. 지구상의 물 중 2.5퍼센트가 담수인데 그 중 4분의 3 정도가 빙하와 만년설에 포함되어 있다.[22] 빈곤국 중 대다수가 물 부족 국가다. 사람들, 특히 여성과 아이들이 먼 길을 걸어 식수원이 있는 곳에 가서 물을 길어 온다.

24개국에 살고 있는 인구의 40퍼센트가 양적 또는 질적으로 물 부족에 시달릴 만큼 식수 부족은 전 세계를 위협하는 중요한 문제다.[23]

오염된 물과 음식에 의해 전파되는 병원성 세균 때문에 설사로 사망하는 5세 미만 아동이 매년 3백만 명이 넘는다. 현재 담수 자원 중 70퍼센트가 품질이 저급하거나 오염된 상태다.[24]

그런데 식육 1킬로그램을 생산하려면 밀 1킬로그램을 생산할 때보

20 Kaimowitz, D., *Livestock and Deforestation in Central America in The 1980s and 1990s: A Policy Perspective*, Cifor, 1996; Kaimowitz, D., Mertens, B., Wunder, S., & Pacheco, P. (2004). Hamburger connection fuels Amazon destruction. *Center for International Forest Research*, Bogor, Indonesia.

21 *Amazon Cattle Footprint*, Greenpeace, 2009.

22 Dompka, M. V., Krchnak, K. M., & Thorne, N. (2002). Summary of experts' meeting on human population and freshwater resources. In Karen Krchnak (ed.), *Human Population and Freshwater Resources: U.S. Cases and International Perspective*, Yale University, 2002.

23 According to the World Bank and the McKinsey Global Institute (2011). *Natural Resources*. http://www.mckinsey.com/insights/mgi/research/natural_resources.

24 국제 식량 정책 연구소International Food Policy Research Institute와 유엔 환경 계획United Nations Environment Program.

다 물이 50배나 더 많이 소요된다.[25] 『뉴스위크』는 "500킬로그램의 쇠고기를 생산하는 데 드는 물이면 구축함 한 대를 띄울 수 있다."[26]라고 하면서 물이 얼마나 많이 드는지 극명하게 설명했다. 전 세계에서·소비되는 식수의 절반은 육류와 유제품을 생산하는 데 사용되는 것으로 추정된다. 유럽 경우, 수질 오염의 50퍼센트가 양식장을 포함한 집약적 가축 사육에서 비롯된다. 미국은 식육용으로 사육되는 가축에게 식수 80퍼센트를 사용하고 있다. 식육 생산에 필요한 물의 양이 워낙 많다 보니 지구상의 수많은 건조 지역에서 활용해야 할 지하수층이 메말라 가고 있다. 지금과 같은 속도라면 2050년까지 대규모 가축 사육에 사용되는 물의 양이 50퍼센트 증가할 전망이다.[27]

대규모 가축 사육과 기후 변화

식육 생산이 환경에 미치는 영향은 집약적 가축 사육의 경우에 특히 더 심각하다. 앞에서 본 것처럼 밀식(집약적) 사육과 식육 생산은 두 번째로 많은 온실가스를 배출한다(인간 활동에 관련된 요인 중 18퍼센트 차지).

쇠고기 1킬로그램을 생산하려면 밀 1킬로그램을 생산할 때보다 배출되는 온실가스가 50배나 더 많다.[28] 기후 변화의 주된 원인인 온실가스 배출량 중 식육 생산이 차지하는 비율은 전 세계를 통틀어 18퍼센트에 달한다.[29]

여기에는 목초지 조성을 위한 삼림 벌채, 사료 생산과 수송, 농업용

25 Borgstrom, G., *Harvesting The Earth*, Abelard-Schuman, 1973, pp. 64~65.
26 The browning of America, *Newsweek*, February 22, 1981, p. 26. Robbins, J., *Se nourrir sans faire souffrir*, Alain Stanke, 1991, p. 420에 인용.
27 Rosegrant, M. W., & Meijer, S. (2002). Appropriate food policies and investments could reduce child malnutrition by 43% in 2020. *Journal of Nutrition*, 132(11), 3437S~3440S.
28 Jancovici, J.-M., *L'Avenir climatique: Quel temps ferons-nous?* Seuil, 2005.

기계의 연료, 성장 호르몬과 식용 첨가제 생산, 가축 소화 기관에서 방출되는 가스, 가축을 도살장으로 수송하는 일, 도축 과정의 기계화, 육류 처리, 포장 및 판매처로 운송 등 식육 생산의 수많은 단계에서 방출되는 가스가 모두 포함되어 있다. 이것을 모두 합치면 식육 생산을 위한 가축 사육은 운송 부문 전체(온실가스 배출량의 13퍼센트 차지)보다 지구 온난화에 더 큰 영향을 미치는 것으로 나타난다. 가축 사육을 능가하는 인간의 활동은 건설 부문과 거주용 주택에서 소비되는 에너지 소비뿐이다.

온실 효과를 유발하는 가스는 대표적으로 메탄, 이산화 탄소, 아산화 질소이다. 특히 메탄이 결정적인 역할을 한다. 메탄가스 한 분자는 이산화 탄소 한 분자보다 온실 효과에 미치는 영향이 스무 배나 더 크다. 그런데 전 세계에서 배출되는 메탄의 15~20퍼센트는 가축 사육과 관련이 있다. 대기 중 메탄 농도는 지난 200년 동안 두 배 이상 증가했다.

메탄을 배출하는 가장 큰 요인 중 하나가 수소, 암소, 물소, 양, 염소, 낙타와 같은 반추 동물이다(인간이 배출하는 가스 중 37퍼센트 차지). 반추 동물 소화 기관에서 미생물이 발효되면서 메탄이 발생하고 그것이 트림이나 위장에 찬 가스의 형태로 배출된다. 동물들이 만들어 내는 고형 폐기물, 퇴비의 부패, 저장 구덩이에서 동물의 분변이 발효되는 과정에서 방출되기도 한다.[30] 젖소 한 마리가 일 년에 방출하는 메

---

29 FAO가 2006년에 제시한 18퍼센트라는 수치에 대해 의문이 제기되었다. 가축에 관한 수치는 삼림 벌채를 비롯해 프로세스의 라이프 사이클 전체를 감안한 분석을 바탕으로 계산되었는데 교통에 관해서는 같은 방법론이 사용되지 않았던 것이다. 결국 사과와 오렌지를 비교하는 모양새가 되었다. 그 후 캠브리지 대학교, 호주 국립 대학교 등 세계 유수한 대학교의 학자들이 새 연구 결과를 학술지 『랜싯』에 발표했다. 이 연구에서는 온실가스 배출량 중 식육 생산이 차지하는 비율이 17퍼센트 내외로 확인되었다(McMichael, A. J., et al. 2007). op. cit.. 이 숫자를 반박하는 사람들은 IPCC에서 나온 4퍼센트를 주장하지만 이것은 직접적인 배출량이지 프로세스의 라이프 사이클 전체를 고려한 것이 아니다. 라이프 사이클 전체를 고려하는 것이 중요한 이유는 전체 온실가스 중 가축에서 비롯되는 간접 배출량이 상당한 비중을 차지하기 때문이다.

30 http://www.conservation-nature.fr/article2.php?id=105.

탄이 130킬로가 넘는다고 하는데 이는 하루에 500리터에 해당하는 엄청난 양이다![31]

이산화 탄소 경우, 2년 전부터 대기 중 이산화 탄소 농도가 30퍼센트나 증가했는데 식육 산업이 여기에 중요한 영향을 미치고 있다. 실제로 산업 차원에서 식육 생산을 하려면 농업의 기계화(가축 사육에 필요한 엄청난 양의 먹이를 생산하는 데 필요), 석유를 기반으로 한 화학 비료의 제조와 사용, 삼림 벌채 등 이산화 탄소 배출량이 매우 많은 요소들에 의존할 수밖에 없다.

메릴랜드 대학교 스티브 보얀에 따르면 자동차에서 배출되는 이산화 탄소의 양이 하루에 3킬로인데 비해 햄버거 한 개를 생산하기 위해 열대 우림을 파괴할 때 방출되는 이산화 탄소는 75킬로나 된다.

아산화 질소는 온실가스 중 가장 유해한 가스로 이산화 탄소보다 320배나 더 고활성이다. 대기 중에 잔류하는 수명이 120년이나 되는 안정적인 산화물이기도 하다. 아산화 질소의 주요 배출원은 질소 비료를 살포하는 과정과 이 질소 비료가 토양에서 분해되는 과정 그리고 축산 폐기물 등이다. 인간에 의해 배출되는 아산화 질소는 온실가스 전체에서 약 6퍼센트를 차지한다.[32]

가축 배설물

소는 연평균 배설물 23톤을 만들어 낸다.[33] 식육용 가축 배설물은 미국에서만 인간 배설물의 130배에 달하며 양으로 따져 초당 4만 킬로그램에 해당한다. 가축 배설물은 아무 처리도 하지 않은 동일한 무게

31 Desjardins, R., Worth, D., Vergé, X., Maxime, D., Dyer, J., & Cerkowniak, D. (2012). Carbon footprint of beef cattle. *Sustainability*, 4(12), 3279~3301.
32 FAO (2006). *op. cit.*, p. 125.
33 월드워치 연구소 자료.

의 도시 하수보다 오염 능력이 160배나 높으며 여타 산업 폐기물을 모두 합친 것보다 훨씬 더 빠른 속도로 상수원을 오염시킨다.[34] 세계 최대 양돈 업체인 미국 스미스필드는 연간 돼지 3,100만 마리를 도축하는데 돼지가 만들어 낸 배설물은 북아메리카 대륙에 거주하는 시민 일인당 130킬로에 해당하는 양이다. 노스캐롤라이나에 있는 하천은 이 회사 때문에 오염이 극심한 실정이다.

가축 배설물은 엄청난 양의 암모니아를 내뿜어 수로와 해안을 오염시키고 해조류의 대량 번식을 유발해 수생 생물을 질식사시킨다. 오늘날 서유럽, 미국 북동부, 동남아시아 연안에 이르는 지역과 중국의 광대한 평야에 질소가 과다 유입되고 있으며 그 양은 헥타르당 1년에 200~1,000킬로그램에 달한다.[35]

과다한 질소와 인은 침출 또는 유출을 통해 토양으로 스며들어 지하수를 품고 있는 대수층과 수중 생태계와 습윤대를 오염시킨다.[36]

어업이 미치는 영향

집약적 어업(밀식 어장)이 수많은 어류의 멸종을 초래하고 생물 다양성에 막대한 악영향을 미치고 있다. 어부들이 고기를 잡으려고 점점 더 깊은 바다로 진출하고 있으며 가공 설비를 갖춘 어선들이 얕은 바다에 사는 어종을 모두 잡은 후 심해 바닥을 박박 긁어 대는 실정이다. 그뿐만이 아니다. 전 세계 실제 어획량은 신고량을 훨씬 상회하는 것

34 US Environmental Protection Agency and General Accounting Office (GAO). Foer, J. S. (2010)에 인용.

35 Steinfeld, H., De Haan, C., & Blackburn, H. (1997). Livestock-environment interactions. *Issues and options. Report of The Commission Directorate General for Development.* Fressingfield, UK, WREN Media.

36 Narrod, C. A., Reynnells, R. D., & Wells, H. (1993). "Potential options for poultry waste utilization: A focus on the Delmarva Peninsula." United States Environmental Protection Agency.

으로 추정된다. 예를 들어 캐나다 밴쿠버에 소재한 브리티시컬럼비아 대학교 해양 생물학자 다니엘 폴리와 동료 학자들의 추산에 따르면 중국이 유엔 식량 농업 기구FAO에 신고한 어획량은 36만 8천 톤이지만 실제 어획량은 450만 톤이며 그 중 상당 부분을 아프리카 연안에서 잡아 올리는 것으로 보고 있다.[37]

산업 차원의 어로 활동은 상업적 측면만 고려하는데다 규정 또한 현실과 동떨어진 것이 많아 엄청난 양의 생명이 허무하게 사라지는 결과를 낳고 있다. 예를 들어, 새우 트롤 어업 경우 심해에서 트롤망을 끌어올릴 때마다 새우와 함께 수많은 바다 생물이 함께 딸려 올라온다. 그 중 80~90퍼센트는 이미 죽었거나 죽어가는 상태로 다시 바다로 던져진다. 무엇보다 큰 문제는 그렇게 의도하지 않은 '부수 어획물' 중 상당수가 멸종 위기에 처한 종이라는 사실이다. 새우는 중량으로 따졌을 때 세계에서 소비되는 해양 식품의 2퍼센트에 불과하지만 전 세계 부수 어획물의 33퍼센트를 차지한다. 조너선 사프란 포어는 『동물을 먹는다는 것에 대하여Eating Animals』에서 이렇게 말한다. "생각을 거의 하지 않는 것은 잘 모르기 때문이다. 먹고 싶은 고기가 식탁에 오르기까지 얼마나 많은 동물이 생명을 잃었는지 명시한 제품 라벨이 있다면 과연 어떤 일이 일어날까? 예를 들어 인도네시아산 새우에는 '500그램당 13킬로그램의 해양 생물이 죽은 채 바다에 폐기되었음'이라는 라벨이 붙어 있을 것이다. 참치 어선에서는 참치를 잡는 과정에서 145종의 해양 생물이 죽어 나가고 있다."[38]

37 Pauly, D., Belhabib, D., Blomeyer, R., Cheung, W. W. W. L., Cisneros-Montemayor, A. M., Copeland, D., & Zeller, D. (2013). China's distant-water fisheries in the 21st century. *Fish and Fisheries*.

38 Foer, J. S. (2010). *op. cit.*, pp. 48-49. Environmental Justice Foundation Charitable Trust, *Squandering The Seas: How Shrimp Trawling Is threatening Ecological Integrity and Food Security Around The World*, Environmental Justice Foundation, 2003, p. 12.

육류 소비와 인간의 건강

수많은 역학 연구 결과에 따르면 육류 섭취, 그 중에서도 특히 붉은 고기와 가공육 섭취가 대장암과 위암, 심혈관 질환의 위험을 높인다고 한다.

2005년 유럽에서 엘리오 리볼리 박사 책임 하에 참가자 52만 1천 명을 대상으로 진행된 EPICEuropean Prospective Investigation into Cancer and Nutrition(유럽의 암과 영양에 관한 전향적 역학 연구)에 따르면 붉은 고기를 가장 많이 섭취한 사람은 가장 적게 섭취한 사람보다 대장암 위험이 35퍼센트 더 높은 것으로 나타났다.

미국 의학 전문지 『내과학 기록Archives of Internal Medicine』에 발표된 50만 명을 대상으로 한 연구에서는 남성 사망자 중 11퍼센트와 여성 사망자 중 16퍼센트가 붉은 육류 소비를 줄였더라면 조기 사망을 피할 수 있었을 것이라고 결론짓고 있다.[39]

유엔 인간 개발 보고서UN Human Development report(2007~2008)에는 붉은 육류 섭취를 1일 100g씩 줄이면 대장암 위험이 30퍼센트 감소한다고 되어 있다. 아르헨티나와 우루과이와 같이 육류 소비가 많은 나라는 대장암 환자 비율도 세계에서 가장 높다.[40] 가공육(소시지, 햄 등) 소비는 위암과 연관이 있는 것으로 보인다.

2012년에 하버드 대학교에서 발표된 또 다른 연구에서는 안 판, 프랭크 후를 비롯해 여러 학자들이 수년간에 걸쳐 10만 명 이상을 추적 조사했다. 그 결과, 육류를 매일 섭취하면 심혈관 질환으로 사망할 가능성이 남성의 경우 18퍼센트, 여성의 경우 21퍼센트 증가하며 암으

---

39 Sinha, R., Cross, A. J., Graubard, B. I., Leitzmann, M. F., & Schatzkin, A. (2009). Meat intake and mortality: A prospective study of over half a million people. *Archives of Internal Medicine, 169*(6), 562. Nicolino, F., *Bidoche. L' industrie de la viande menace le monde*, Les liens qui libèrent, 2009, p. 318에 인용.

40 Lambin, E. (2009). *op. cit.*, p. 78.

로 사망할 가능성은 남성이 10퍼센트, 여성이 16퍼센트 증가하는 것으로 나타났다.[41]

붉은 육류를 다량 소비하는 사람이 육류 대신 미정제 곡물이나 식물성 단백질 공급원이 되는 다른 식품을 섭취하기만 해도 조기 사망 위험이 14퍼센트 감소한다. 이 연구가 진행되는 기간 동안 모든 참가자가 하루 40g 미만의 붉은 육류를 섭취했더라면 조기 사망률이 남성은 9.3퍼센트, 여성은 7.6퍼센트 줄어들었을 것이다.

육류는 생물 농축 현상 때문에 잔류 농약의 양이 채소보다 약 14배 더 많다.(유제품은 채소보다 잔류 농약이 5.5배 더 많다.)[42] 잔류성 유기 오염 물질은 동물의 지방 조직에 쌓여 있다가 인간의 먹이 사슬로 들어간다. 이런 잔류성 유기 오염 물질은 동물 단백질을 주원료로 한 농축 사료를 먹고 자란 양식 어류의 살에서도 발견된다. 이 분자들은 암을 유발하며 태아와 유아의 신경망 발달에도 유해한 영향을 미친다.[43]

앞 장에서 설명한 것처럼 미국에서는 항생제의 80퍼센트가 식육용 가축 사육에 사용되는데 도축될 때까지 목숨을 부지하도록 만드는 것이 유일한 목적이다. 규모가 큰 가축 사육 농장에서는 병든 동물을 일일이 돌보고 치료할 수 없기 때문에 사료에 엄청난 양의 항생제를 섞어 먹인다. 이 항생제의 25~75퍼센트가 하천과 토양과 음용수에서 검출되고 있으며 그로 인해 항생제 내성을 비롯해 여러 가지 폐단이 나타나고 있다.

41 Pan, A., Sun, Q., Bernstein, A. M., Schulze, M. B., Manson, J. E., Stampfer, M. J.,... Hu, F. B. (2012). Red meat consumption and mortality: Results from 2 prospective cohort studies. *Archives of Internal Medicine*, 172(7), 555. 이 분석은 연령, 체질량 지수, 신체 활동, 심장 질환과 주요 암에 대한 가족력 등 만성 질환에 대한 위험 인자를 모두 고려했다.

42 Haque, R., Kearney, P. C., & Freed, V. H., "Dynamics of Pesticides in Aquatic Environments." In *Pesticides in aquatic environments*, Springer, 1977, pp. 39~52; Ellgehausen, H., Guth, J. A., & Esser, H. O. (1980). Factors determining the bioaccumulation potential of pesticides in the individual compartments of aquatic food chains. *Ecotoxicology and Environmental Safety*, 4(2), 134~157.

43 Lambin, E. (2009). *op. cit.*, p. 80.

불행 중 다행인 일

앞에서 살펴본 메탄가스는 이산화 탄소에 비해 스무 배나 강력한 온실 효과를 유발하지만 대기 중 잔류 수명은 이산화 탄소가 백 년 정도인 데 반해 메탄은 십 년에 불과하다. 따라서 식육 생산을 줄이면 단시간 내에 기후 온난화의 주요 요인을 줄일 수 있다는 것이 불행 중 다행인 일이다.

또 한 가지 좋은 소식은 앞에서 언급한 것처럼 도축용 가축에게 사료로 주는 수십억 톤의 곡물을 빈곤한 사람들에게 제공하면 15억 명을 먹일 수 있다는 것이다. 예를 들어 북아메리카 대륙에 사는 사람들이 하루만 고기를 먹지 않으면 2천5백만 명의 가난한 사람들에게 간접적으로나마 일 년치 식량을 공급할 수 있다! 그럼 기후 변화에 대해서도 효과적으로 대처할 수 있다. 유엔 정부 간 기후 변화 협의체 의장을 지냈고 2007년에 노벨 평화상을 수상한 라젠드라 파차우리는 세계적으로 전개되는 채식 운동이 기아와 에너지 부족 문제, 기후 변화로 인한 악영향과 맞서 싸우는 데 반드시 필요하다고 강조한다. "당장 실천이 가능하다는 측면에서나 단시간 내에 큰 효과를 볼 수 있다는 측면에서나 채식 운동이 가장 매력적인 선택"이라고 파차우리는 결론 짓는다.[44]

뭐니 뭐니 해도 가장 다행인 일은 지구 온난화 속도를 늦추고 빈곤을 퇴치하는 일에 쉽고 빠르고 효과적인 방법으로 모두 참여할 수 있다는 것이다. 여행을 줄이거나 난방을 중단할 필요도 없다(물론 그런 요소들도 줄여 나가야 할 것이다). 딱 한 가지만 실천하면 된다. 지금 당장 육식을 그만두겠다고 결심하는 것, 그게 정 어렵다면 육식을 줄이기로 결심하는 것이다.

---

44 2008년 9월 7일 자 텔레그래프Telegraph에 실린 인터뷰.

35

권력형 이기주의

이타적인 사회가 올 것이라고 굳게 믿는 사람이라면 이기주의적인 현상 앞에서 낙심해서는 안 된다. 진정한 이타심이 존재한다고 해서 이기주의가 사회에서 사라지는 것이 아니다. 이기심은 극단적인 형태를 띠기도 하며 극소수라도 사회 전체를 위기로 몰아넣을 수 있다.

개인에게 가치를 두지 않는 전체주의 정권에서는 이기주의가 팽배한 것이 어느 정도 이해가 가는 일이다. 그런데 이기주의는 자유 민주주의 국가에서도 나타난다. 냉소적인 이익 집단이 다른 사회 구성원들에게 피해가 돌아가는데도 이를 무시하고 오로지 이윤만 추구하려 드는 것이 바로 그런 경우다. 자신들의 이익을 지키기 위해 올바른 일이 아니라는 것을 잘 알면서 온갖 조작을 감행한다면 이를 일컬어 권력형 이기주의라 해도 결코 지나친 말이 아닐 것이다.

엄청난 재력을 휘두르며 정부에 영향력을 행사해 자기들에게 이익이 되는 방향으로 법률과 규정을 바꾸게 만드는 재계, 대기업, 금융 기관이 여기에 해당한다. 그런 조직들은 인류와 지구가 미래에 어떤 대가를 치를지 안중에도 없이 광고 홍보에 돈을 펑펑 써 가면서 유해한 제품을 사라고 하거나 자신들이 하는 활동의 해악을 은폐한다. 막강한 재력을 믿고 비싼 변호사들을 고용해 소송을 질질 끌거나 재정 능력이 여의치 않은 피해자들이 중도 포기하게 만들기도 한다.

이런 이익 집단들이 사회에 눈곱만큼도 기여하는 바 없이 막대한 부를 축적하고 환경 비용을 사회에 전가하고 노동자들을 착취하고 소비자들을 우롱한다면(모든 것의 명분은 "경제 성장"이지만 정작 경제 성장은 허울 좋은 말에 불과하다.) 이는 우리 사회의 정치 경제적 시스템에 커다란 문제가 있는 것이다. 조셉 스티글리츠는 2008년 금융 위기에 대해 이렇게 역설했다. "지금 우리에게 일어난 일은 '도덕성 상실'이라는 말로밖에 설명이 되지 않는다. 금융을 비롯해 여러 분야에서 일하는 수많은 전문가들의 도덕적 나침반이 고장났다."[1]

권력형 이기주의의 사례는 대단히 많다. 그렇지만 이 책은 그런 사례들을 열거하고 고발하자는 의도가 아니므로 상징적인 사례 몇 가지를 살펴보면서 그런 일이 대체 어떻게 일어날 수 있었으며 어떻게 아무 처벌도 받지 않고 지금까지 잘 살고 있는지 알아보도록 하겠다.

의혹을 파는 사람들

『의혹을 팝니다: 담배 산업에서 지구 온난화까지 기업의 용병이 된 과학자들Merchants of Doubt』은 과학 역사학자 나오미 오레스키스와 에릭 콘웨이가 공동 저술한 책이다. 이 책에는 지구 온난화의 현실과 인간의 활동이 기후에 미치는 영향을 모두 부인한 이익 집단의 독직 행위와 담배 업계가 미국에서 보여 준 기만적인 행동들이 증거와 함께 낱낱이 고발되어 있다.[2] 그 중에서 특히 당혹스러운 내용 중 하나는 극우 성향의 미국 과학자들이 결정적인 역할을 담당하면서 효과 높은 정보 왜곡 캠페인을 통해 수십 년씩 여론을 속이고 확고부동한 과학

---

1   Stiglitz, J., *The Price of Inequality*, Kindle location, 205.

적 사실에 대해 생트집을 잡으면서 비방을 계속한 점이다.

대표적인 인물이 물리학자 프레드릭 사이츠와 프레드 싱어다. 사이츠는 제2차 세계 대전 중 원자 폭탄 개발에 참여한 사람이며 싱어는 우주 로켓과 다양한 관측 위성을 개발했다. 사이츠는 미국 국립 과학 학술원장을 지내기도 했다.[3] 전공 분야로 보면 두 사람은 담배가 암을 유발한다는 증거가 확실치 않다든가 석탄 산업이 내뿜는 연기 때문에 산성비가 유발되는 것이 아니라든가(그들은 석탄 산업이 아니라 화산에 의한 것이라고 했지만 이는 거짓이다.) 프레온 CFC(염화 불화 탄소) 가스가 오존층을 파괴한 것이 아니라든가 하는 주장을 할 만한 자격이 없다. 그들은 연구 활동을 전면 중단한 채 물리학자 윌리엄 니런버그, 로버트 재스트로 등과 손잡고 삼십 년 동안 지구 온난화를 부정하기 위해 갖은 노력을 기울였다. 처음에는 그것이 자연 현상일 뿐 온난화 같은 것은 없다고 했다가 나중에는 지구가 더워져도 사람이 적응하면 그만이라고 하면서 지구 온난화에 관한 훌륭한 여러 연구에 의문을 제기하고 이 문제에 대해 과학자들 간에 견해 차가 크다고 주장했다.

그들의 전략은 다분히 악의적이었다. 그들은 자기들이 "선의의 과학"을 옹호한다면서 다른 과학자들을 매도했다. 반자본주의, 반자유주의, 심지어 공산주의 정치 세력을 이롭게 하기 위해 연구 데이터와 결론을 조작, 왜곡한다고 헛소문을 냈다. 이런저런 규제로 인해 기업 활동에 지장이 생길까 걱정하는 산업계와 재계의 전폭적인 지원을 받

---

2 Oreskes, N., & Conway, E. M. M., *Merchants of Doubt: How a Handful of Scientists Obscured The Truth on Issues from Tobacco Smoke to Global Warming*, Bloomsbury Press, 2011. 그 밖에 Hoggan, J., *Climate Cover-up: The Crusade to Deny Global Warming*, Greystone Books, 2009 및 Pooley, E., *The Climate War: True Believers, Power Brokers, and The Fight to Save The Earth*, Hyperion, 2010도 참조.

3 특히 프레드릭 사이츠는 1979년부터 1985년까지 R. J. 레이놀즈 담배 회사를 위해 프로젝트를 맡아 진행하면서 법정에서 담배의 무해성을 주장하는 데 필요한 연구를 하겠다고 나서는 학자들에게 4천5백만 달러(오늘날 9천8백만 달러 상당)를 뿌렸다. Oreskes, N., & Conway, E. M. M. (2011). *op. cit.*, p. 6.

으며 유명세를 이용해 로널드 레이건, 조지 부시 1세, 조지 부시 2세 미국 대통령들에게까지 영향력을 행사했다.(조지 부시 1세는 그들을 "내 학자들"이라고 부를 정도였다.[4]) 뉴욕타임스, 워싱턴포스트, 뉴스위크와 같이 권위 있는 언론 매체들도 그들에게 감쪽같이 속아 넘어가 "다양한 의견에 동등한 지면을 할애"한다는 명분으로 양심적인 연구 결과와 편향된 의견을 같은 비중으로 다룸으로써 거짓 정보를 유포하는 사이비 학자들의 대변인 노릇을 했다. 이들처럼 돈 로비에 매수된 전문가들은 냉전 시대로부터 물려받은 반소비에트주의에 강박적으로 집착하면서 신보수주의적 자본주의를 공공연히 찬양하는 것이 공통점이었다.[5]

20세기에만 1억 명을 죽인 담배의 역사

독일 과학자들은 1930년대부터 담배가 폐암을 촉진한다는 연구 결과를 내놓았지만 나치 정권과 관련이 있다는 이유로 무시당하고 말았다. 1953년에 미국 뉴욕에 있는 슬론 케터링 연구소Sloan-Kettering Institute 소속 어니스트 와인더와 연구진들이 실험을 통해 쥐의 피부에 발라 놓은 담배 타르 성분이 치명적인 암을 유발한다는 사실을 알아냈다.[6] 이 연구 결과가 언론에 공개되자 청천벽력 같은 소식을 들은 담배 업계는 공황 상태에 빠졌다.

4   Lahsen, M. (2008). Experiences of modernity in the greenhouse: A cultural analysis of a physicist "trio" supporting the backlash against global warming. *Global Environmental Change, 18*(1), 204~219. Oreskes, N., & Conway, E. M. M. (2011). *op. cit.*, p. 6에 인용.

5   Singer, S. F. (1989). My adventures in the ozone layer. *National Review, 30*. Oreskes, N., & Conway, E. M. M. (2011). *op. cit.*, p. 249에 인용.

6   Wynder, E. L., Graham, E. A., & Croninger, A. B. (1953). Experimental production of carcinoma with cigarette tar. *Cancer Research, 13*(12), 855~864. Oreskes, N., & Conway, E. M. M. (2011). *op. cit.*, p. 15에 인용.

1953년 12월, 미국의 4대 담배 브랜드[7] 회장들이 당시에 최고로 인정받던 광고 홍보 대행사 사장 존 힐과 머리를 맞대고 앉았다. 그들은 "과학자들이 내린 결론은 근거가 없는 것"이며 과학자들이 지적한 담배의 해악은 사실 학자들이 이름을 날리고 연구비를 타 내기 위해 날조한 "선정적인 뉴스"에 지나지 않는다고 국민을 설득하기 위한 전략을 짰다.[8] 훗날 법원은 이날 회동 결과 진행된 캠페인에 대해 담배의 독성을 은폐한 최초의 조직적 음모라고 판결했다.

힐과 그의 공범들은 먼저 담배 산업 연구회Tobacco Industry Research Committee를 발족시켰다. 힐은 대중에게 "회의를 불러일으키고 긴가민가 의심하게 만들어야" 한다면서 "연구"라는 말이 꼭 들어가야 한다고 주장했다. 이 연구회는 담배의 유해성에 대해 걱정할 필요가 없다는 내용을 담은 소논문집을 수십만 권 찍어 의사, 정치인, 기자들에게 돌렸고[9] 여론을 술렁이게 만들었다.

"의혹이 우리가 팔아야 할 '상품'이다. 그것이 대중에게 알려진 모든 사실과 맞서 싸울 수 있는 최선의 방법이다." 1957년 대기업 담배 회사 경영자가 사내 회람에서 이렇게 입장을 밝혔다.[10] 『의혹은 그들의 상품Doubt Is Their Product』은 클린턴 행정부에서 에너지부 환경 안전 보건 분야 차관보를 역임한 과학자 데이비드 마이클스가 쓴 책 제목이기도 하다. 이 책에서 데이비드 마이클스는 담배가 수백만 명의 조

---

7   아메리칸 토바코American Tobacco, 벤슨 앤 헤지스Benson and Hedges, 필립 모리스Philip Morris, US 토바코U.S. Tobacco.

8   United States of America vs. Philips Morris, R. J. Reynolds, *et. al.* (1999). p. 3. Oreskes, N., & Conway, E. M. M. (2011). *op. cit.*, p. 15 및 주석 24, p. 282에 인용.

9   예를 들어 1957년에 의사 35만 명에게 「흡연과 건강Smoking and Health」이라는 소논문이 배포되었다. Tobacco Industry Research Committee: BN2012002363. Legacy Tobacco Document Library. 1993년에 담배 업계 사내용 자료로 제작된 또 하나의 소논문은 제목이 「배드 사이언스 정보 책자Bad Science: A Resource Book」였다. 여기에는 담배 유해성을 입증하는 과학적 연구와 맞서 싸우고 평판을 흐리는 방법에 대한 많은 정보가 들어 있으며 담배 업계에 호의적, 협조적인 학자와 언론인의 주소록도 포함되어 있었다. Oreskes, N., & Conway, E. M. M. (2011). *op. cit.*, pp. 6 and 20에 인용.

10 Oreskes, N., & Conway, E. M. M. (2011). *op. cit.*, p. 34.

기 사망자를 낸 것이 확실함에도 불구하고 담배 업계가 "전문가"들을 신속히 섭외해 "논쟁을 연장시킬 수 있는" 자료를 홍보 팀에 제공해 달라고 의뢰한 경위를 자세히 보여 주고 있다.[11]

미국 공중 보건국은 1957년에 담배가 "폐암 빈도를 높이는 주요 원인"이라고 규정했다. 유럽에서도 공중 보건을 책임지는 다른 여러 조직들이 그와 비슷한 판정을 내렸다.

1964년에는 미국 연방 정부의 의무감Surgeon General(공중 보건에 있어 보건 복지부와 의료 기관 대변인의 중간 정도 역할을 수행)이 담배의 유해성을 입증한 7천 건의 연구를 바탕으로 "담배와 건강"이라는 보고서를 내고 흡연자가 "비흡연자보다 폐암으로 사망할 확률이 20배나 높으며" 담배가 그 외에 여러 폐 질환, 심장 질환을 일으키기 때문에 담배를 많이 피우면 건강에 해롭다고 못박았다.[12]

담배 업계는 정말 심각한 위기에 봉착했다고 생각했지만 순순히 패배를 인정하지 않고 다시 세력을 규합했다. 담배 제조 회사 브라운 앤드 윌리엄슨Brown and Williamson은 아무 일도 없었던 것처럼 행동하기로 하고 1967년에 "흡연이 폐암을 비롯해 여러 질병을 유발한다는 데는 과학적인 증거가 없다."라고 발표했다. 담배 업계는 소송을 당해 법정에 서게 되면 늘 과학자 몇 명을 구슬려 데이터가 과학적으로 의심스럽다고 증언하게 만들었다.

그런데 나중에 알려진 사실이지만 담배 업계의 손을 들어준 과학자들도 실제로는 다른 학자들과 생각이 같았으며 한술 더 떠서 니코틴이 흡연자들에게 습관성을 초래할 수 있음을 이미 알고 있었던 것으로 드러났다. 담배 업계는 이 두 가지 결론을 숨기고 부정하다가 결

11 Michaels, D., *Doubt Is their Product: How Industry's Assault on Science threatens Your Health*, Oxford University Press, 2008.
12 Schuman, L. M. (1981). The origins of the Report of the Advisory Committee on Smoking and Health to the Surgeon General. *Journal of Public Health Policy*, 2(1), 19~27. Oreskes, N., & Conway, E. M. M. (2011). *op. cit.*, pp. 21~22에 인용.

국 1990년대에 와서 사기죄로 기소 당하고 말았다. 이들은 1960년대에 예방 전략 차원에서 이른바 "건강에 유익한" 담배 브랜드를 다수 선보였다. 세계적으로 5백만 명이 흡연으로 사망했고 지금도 사람들이 계속 죽어 가고 있다는 것을 생각하면 이게 얼마나 냉소적인 상표인지 짐작할 수 있을 것이다.

1980년대에 담배 업계를 또 한 번 공황 상태에 몰아넣은 일이 있었다. 미국 연방 정부 의무감에서 간접흡연도 건강에 유해하다고 결론짓고 실내 흡연을 제한하는 조치를 권장하고 나선 것이다. 담배 업계는 프레드 싱어와 다시 손잡고 과학적 연구 자료를 종합 분석한 EPA(미 환경 보호국)와 직접 연구를 한 학자들 모두 "엉터리 과학bad science"을 한다면서 싸잡아 욕했다.

그런데 업계에서는 1970년대부터 이미 이 사실을 인지하고 있었다. 흡연자가 빨아들이는 연기보다 공중에 떠 있는 연기의 독성이 훨씬 더 높다.[13] 담배가 탈 때 나오는 부류 연기는 주류 연기에 비해 저온에서 불완전 연소된 것이기 때문이다.[14]

1981년에 일본에서 결정적인 연구 결과가 나왔다. 암 연구 학회 Cancer Research Institute의 타케시 히라야마가 비흡연자의 아내보다 흡연자의 아내가 폐암으로 사망할 확률이 두 배 더 높다는 것을 입증한 것이다. 여성 540명을 14년 동안 추적 관찰한 이 연구 내용을 보면 남편이 담배를 많이 피울수록 아내의 사망률도 높았다.[15]

담배 업계는 유명한 통계학자 네이선 맨틀에게 도움을 요청했다. 맨틀이 먼저 히라야마가 밝힌 연구 결과는 잘못된 해석이라고 의견을 내놓은 뒤 담배 회사 광고 홍보 팀이 바통을 이어받아 작업에 들어

13 담배 연기에는 4천 종의 화학 물질이 들어 있으며 그 중 육십 종이 발암 물질이다. 담배 주위에 피어오르는 연기에는 흡연자가 들이마시거나 내뱉는 연기보다 일곱 배나 많은 벤젠, 칠십 배 많은 니트로사민, 백 배 많은 암모니아가 포함되어 있다.

14 위키피디아에 정리된 자료와 문헌 참조. http:// en.wikipedia.org/wiki/Passive_smoking.

갔다. 모든 일간지에 간접흡연이 위험하다는 주장을 반박하는 새로운 연구가 나왔다는 기사가 1면에 실렸고 이 기쁜 소식을 알리는 PR용 전면 광고가 게재되었다. 광고비는 물론 담배 회사들이 지불했다. 훗날 발견된 또 하나의 표리부동한 사내 회람을 보면 그들도 무엇이 진실인지 잘 알고 있었던 것으로 보인다. 그 중 하나에는 이런 말이 적혀 있었다. "히라야마가 옳았다. TI(담배 산업)도 알고 있었고 그의 연구 결과가 정확하다는 것을 알면서 히라야마를 공격한 것이다."[16]

흡연은 개인만의 문제가 아니었다. 친구, 동료, 심지어 자녀들까지 위험에 몰아넣는다는 것은 여론이 쉽게 받아들이기 어려운 일이고 차원이 전혀 다른 문제였다.

그럼에도 불구하고 담배 회사들이 쏟아 내는 거짓말 마케팅은 계속되었다. 미국 영화배우 실베스터 스탤론에게 영화 다섯 편에서 담배를 피우는 조건으로 50만 달러를 지불해 가면서까지 강한 남성미나 건강과 흡연을 연계시키려고 했다. 필립 모리스사는 유럽 과학자들을 끌어들여 '(간접흡연을 유발하는) 담배 연기가 건강에 해롭다는 잘못된 과학 이론과 통념을 바꿀 목적'으로 화이트코트white coat 프로젝트에 자금을 댔다.[17] 대중의 의혹을 불식하기 위해 1,600만 달러의 돈을 쓴 것이다. 프레드 싱어는 맡은 바 임무에 충실하게 연일 언론에 기고

---

15 Hirayama, T. (1981). Passive smoking and lung cancer. *British Medical Journal* (Clinical research ed.), 282(6273), 1393~1394. 본격적인 연구가 처음 이루어진 것은 1980년 일이다. 2,100명이 참여해 영국에서 발표된 이 연구는 흡연자 동료와 같은 사무실에서 일하는 비흡연자 폐에 일어나는 변화는 경미한 흡연자들 폐에 일어나는 변화와 같다는 것을 보여 주었다. 이 연구는 수많은 과학자들로부터 비난을 받았는데 비판에 참여한 과학자들 모두 담배 업계와 모종의 관계를 맺고 있었다. 최신 연구로는 Öberg, M., Jaakkola, M. S., Woodward, A., Peruga, A., & Prüss-Ustün, A. (2011). Worldwide burden of disease from exposure to second-hand smoke: A retrospective analysis of data from 192 countries. *Lancet, 377*(9760), 139~146 참조.

16 Glanz, S. A., *The Cigarette Papers Online Wall of History*, UCSF, 2004.

17 Non-Smokers' Rights Association. The Fraser Institute: Economic Thinktank or Front for the Tobacco Industry? April 1999. Oreskes, N., & Conway, E. M. M. (2011). *op. cit.*, p. 140에 인용.

를 하면서 새로 나오는 과학 보고서들을 "쓰레기 과학junk science"이라고 비난했다. 캘리포니아 대학교 게일 케네디와 리사 베로는 1999년에 언론에 실린 간접흡연 관련 기사들을 모두 분석했다. 그 결과, 진지한 과학적 연구들이 간접흡연이 몸에 나쁘다고 이구동성으로 외치는데도 1992년부터 1994년까지 신문과 비전문 잡지에 실린 기사 중 62퍼센트는 간접흡연이 해롭다는 결론에 대해 "논란의 여지가 남아 있다."라는 단서를 달고 있는 것을 확인할 수 있었다.[18]

담배 회사들이 생각해 낸 또 하나의 계략은 과학 저널을 창간하는 것이었다. 제대로 된 과학 저널이라면 편집위원회에서 문턱도 넘지 못했을 논문들을 마음대로 발표하고 담배 업계의 입장을 두둔하는 과학자들을 섭외해 컨퍼런스를 개최한 뒤 발표 내용을 '학회 보고'의 형태로 실을 수 있는 매체가 필요했던 것이다. 과학적으로 가치는 없지만 진지한 연구에 반론을 제기할 때 요긴하게 쓸 수 있는 참고 자료와 문헌 수를 늘리자는 것이 그들 속셈이었다.[19]

미국 법원은 2006년에 "담배 회사들의 내부 문건으로 보건대 1950년대부터 흡연의 위험에 대해 잘 알고 있었으면서 여러 가지 전략을 개발, 사용해 담배의 위험에 대해 소비자들을 기만했다."라고 판결했다.

2012년 11월에는 미국 연방 법원 판사가 담배 회사들에게 흡연의 위험성에 대해 거짓말을 했다는 내용이 명시된 진술서를 일간지에 게재하라고 명령했다. 담배가 흡연자 건강에 미치는 악영향을 숨김없이 설명하고 하루 평균 미국인 1,200명 이상이 흡연으로 사망하고

---

18 Oreskes, N., & Conway, E. M. M. (2011). *op. cit.*, p. 242; 주석 6, p. 335에 인용.
19 그런 속셈에서 창간된 학술지가 담배 경우에 『담배와 건강Tobacco and Health』과 『격주간 사이언스Science Fortnightly』이다. 이 두 저널 외에도 여러 가지가 많다. 기후 연구에서도 같은 방법이 사용되었다. 논문들은 과학 학술지에 발표되거나 제출된 것이 아님에도 불구하고 PNAS(미국 국립 과학원 저널)의 형식을 갖추고 있었으며 언론에도 모두 배포되었다. Oreskes, N., & Conway, E. M. M. (2011). *op. cit.*, p. 244.

있으며 이는 살인, 에이즈, 자살, 마약, 알코올 중독, 교통사고로 인한 사망자 수를 모두 합친 것보다 많은 수라는 내용을 포함시키라고 지시했다.[20]

세계 보건 기구에 따르면[21] 요즘도 매년 6백만 명에 달하는 사람이 흡연으로 인해 죽어 가고 있다. 그 중 5백만 명은 과거 또는 현재의 흡연자이고 무심코 담배에 노출된 비흡연자도 6십만 명(유럽은 8만 명)이 넘는다.[22] 그만큼 간접흡연은 극소량이라도 매우 위험하다.[23]

담배는 20세기에만 1억 명의 사망자를 냈다. 지금과 같은 추세가 계속되면 21세기에는 10억 명이 희생될 것으로 보이며 사망자 중 80퍼센트는 소득 수준 하위 또는 중위국에서 발생할 전망이다.

가장 큰 문제는 담배 업계가 아직도 포기하지 않았다는 것이다. 그들은 이제 개발 도상국을 집중 공략하면서 아프리카와 아시아에서 호황을 누리고 있다.(수십억 명에 달하는 흡연자 중 60퍼센트가 아시아인이며 그 중 3억 5천만 명이 중국인이다.) 인도네시아에서는 승용차를 담배 광고판이 달린 형태로 개조하는 데 동의하는 젊은이들에게 보상을 제공한다. 아침에 TV를 켜면 담배 소비를 촉진하는 광고가 1시간에 15개씩 이어진다. 인도네시아에서 담배 산업은 1,100만 명에게 일자리를 제공하는 국내 서열 2위 기업이며 남성 인구 63퍼센트가 흡연자다.[24] 인도 경우에도 어린이 5만 명이 담배 농장과 공장에서 일하고 있다. 중국에서는 말보로가 학생들에게 (담배 로고가 새겨진) 교복을 후원하

---

20 Associated Press, November 27, 2012.

21 WHO. Fact sheet no. 339, May 2012: http://www.who.int/mediacentre/ factsheets/ fs339/en/.

22 유아들의 기관지염, 폐렴과 수백만의 아동 사이에서 천식이 늘어난 것은 제외. Britton, J., & Godfrey, F. (2006). Lifting the smokescreen. *European Respiratory Journal*, *27*(5), 871~873. 유럽 의회에 제출된 보고서는 www.ersnet.org 사이트에서 참조.

23 Glantz, S. A., & Parmley, W. W. (2001). Even a little secondhand smoke is dangerous. *JAMA*, *286*(4), 462~463.

24 L'Asie fume à pleins poumouns. *GEO*, October 2011, 292, p. 102.

는 일[25]까지 한다.

세계 보건 기구에 따르면 전 세계를 통틀어 담배 판매에 따른 세수가 금연 운동에 사용되는 돈의 평균 154배라고 한다.[26] 지금도 미국인 중 25퍼센트는 흡연이 사망을 유발한다는 것이 근거 없는 낭설이라고 생각한다. 이런 것을 보면 허위 정보 유포가 갖는 효과가 얼마나 끈질기게 오래가는지 알 수 있다.[27]

음주 운전자가 사망 사고를 내면 "살인 의도 없이 우발적으로 죽음을 유발한 데 대해" 유죄 판결을 받게 된다. 그렇다면 '의도'는 없지만 사람이 죽을 것을 뻔히 알면서 죽음을 유발한 사람은 과연 어떻게 해야 할까?

해결책은 무엇인가?

세계 보건 기구는 섬뜩한 메시지를 담은 금연 광고를 실시하고 담뱃갑에 경고 사진을 실으면 흡연을 시작하려는 젊은이들의 수를 줄일 수 있고 흡연자들의 금연 결심을 이끌어 낼 수 있다고 말한다. 다들 알다시피 담배 광고를 금지하는 것도 담배 소비를 줄이는 데 효과적이다. 따라서 가장 먼저 해야 할 일은 광고를 일체 금지하는 것이다.

담배의 위험성을 아는 흡연자들은 대부분 금연을 원한다는 연구 결과가 있다. 그런데 현실적으로는 소비자들이 담배 소비의 위험에 대해 잘 알지 못하는 나라가 아직도 많다.(만원 버스나 기차 안에서 자유롭게 담배를 피울 수 있는 중국에서는 흡연이 위험하다는 것을 아는 사람이 37퍼센트에 불과하다.) 그러므로 정부가 나서서 국민들에게 적극적으로 올바른 정보를 알리는 것이 급선무다.

25 WHO. Fact sheet No. 339, May 2012.
26 *Ibid.*
27 Oreskes, N., & Conway, E. M. M. (2011). *op. cit.*, p. 241.

최적의 치료를 제공하는 맞춤 요법과 상담을 실시하고 특정 약물을 복용하면 금연에 성공할 가능성이 두 배 이상 높아진다고 한다. 담배 소비자들은 금단 현상에 대한 지원이 절실한데 국민 보건 서비스 차원에서 이런 도움을 주는 나라는 세계 인구의 14퍼센트에 해당하는 19개국에 불과하다.

니코틴의 중독성과 치명적인 영향을 감안한다면 전면 금지가 가장 확실하고 인도적인 해법이라고 생각된다. 담배의 대량 살상 효과를 하찮게 여긴다는 것 자체가 벌써 무분별한 일이다. 자크 아탈리는 프랑스 주간지 『렉스프레스L'Express』 사설에서 이렇게 말했다.

복잡한 이해관계가 얽히고설킨 메디아토르Mediator 스캔들(프랑스 제약사 세르비에가 1976년부터 2009년까지 당뇨 치료제 겸 식욕 억제제로 판매한 메디아토르를 복용하고 프랑스에서만 최소 500명이 심장 이상으로 사망한 사건-옮긴이)이야말로 보건 의료 체계의 심상치 않은 일탈을 엿볼 수 있는 좋은 예다. …… 그런데 더 기가 막힌 일이 있다. 아무짝에 쓸모도 없고 유해성까지 확실하게 입증된 제품, 전 세계에서 13억 명이 매일 소비하고 있고 매년 5백만 명이 사망해 에이즈와 말라리아를 합쳐 놓은 것보다 더 많은 희생자를 내는 제품은 왜 메디아토르보다 엄격하게 다루지 않는다는 말인가? 왜 아무도 의문을 품지 않는 것일까? …… 왜 담배를 금지하지 않는 것일까? 왜? 이유는 국가가 담배로 돈을 많이 벌기 때문이다. 프랑스에서는 담배로 2009년 한 해에 100억 유로의 세금과 30억 유로의 부가가치세를 벌었다. …… 더 이상 우물쭈물해서는 안 된다. 이제 모든 것이 분명해졌다. 담배 생산, 유통, 소비를 전면 금지해야 한다. 일자리 문제가 좀 있을 수 있다. 세수에도 구멍이 뚫릴 것이다. 얼마 동안은 암시장이 활개를 칠 것이다. 중독자 해독 치료에 비용을 들어갈 것이다. 그렇지만 얻는 것도 많을 것이다. 삶의 질과 기대 수명이 높아지고 결국은 경제를 포함한 모든 면에서 흑자를 낼 것이다.[28]

의사이자 기자인 마르틴 페레즈도 같은 생각을 갖고 있다. 페레즈는 이 문제를 다룬 저서에서 메디아토르가 삼십 년 동안 최소 오백 명, 많게는 이천 명의 사망자를 냈다면 같은 기간에 프랑스에서 담배로 인해 사망한 사람은 180만 명에 달한다고 설명했다.[29]

세계 보건 기구는 세계화 추세 때문에 전면 금지는 불가능한 일이라고 판단하고 있다. 그래도 유럽 연합과 같은 공동체가 나서서 모범 사례를 만들 수 있지 않을까? 핀란드, 오스트레일리아, 뉴질랜드와 같은 나라들은 이미 두 가지 정책을 통해 담배 퇴치를 시작했다. 하나는 담뱃갑 디자인을 획일화해 담배에 대한 긍정적인 이미지를 불식하는 것이고 다른 하나는 모방 행동을 없애기 위해 길거리 흡연을 전면 금지한 것이다.

영국 의료 전문가들도 세계 전체에서 담배를 금지하는 것은 실현 가능성이 없다고 생각한다. 대신에 온갖 질병과 사망을 야기한 책임이 있는 만큼 담배 회사들이 공중 보건에 관련된 비용을 부담하도록 정부 차원에서 강제권을 행사하라고 권한다.[30] 캐나다에서는 4만 5천 명의 퀘벡 시민들이 담배 회사들을 상대로 270억 달러의 손해 배상을 요구하며 집단 소송을 벌이고 있다. 미국 경우, 대형 담배 브랜드들이 1998년에 2,460만 달러라는 기록적인 금액을 25년에 걸쳐 지불하겠다는 보상 협약Master Settlement Agreement를 체결했다. 그럼에도 불구하고 애연가들보다 담배 업계가 더 건강한 모습으로 승승장구하고 있는 것을 보면 미국 사법 체계가 아직 결정타를 날리지 못한 것으로 보인다.

28 Jacques Attali, Bien pire que le Médiator : le Tabac. *Social*, February 6 2011.

29 Pérez, M. (2012). *Interdire le tabac, l'urgence*. Odile Jacob.

30 West, R. (2006). Tobacco control: Present and future. *British Medical Bulletin*, 77~78(1), 123~136.

기후 변화를 부정한 사람들

1965년, 존슨 미국 대통령의 과학 고문이던 로저 르벨에게 대기 중 이산화 탄소량 증가에 관해 보고서를 올리라는 명령이 떨어졌다. 그는 의회에 제출한 보고서 결론에 다음과 같이 썼다. "현 세대가 화석 연료가 연소할 때 나오는 이산화 탄소를 정기적으로 방출함에 따라 전 세계적으로 대기 구성에 변화가 초래되었다."[31] 그런데 당시는 베트남 전쟁이 한창이던 시절이라 정부가 꺼야 할 급한 불이 그것 말고도 산적해 있었다. 그래도 기후학자들은 이산화 탄소가 증가해 지구 표면 온도가 상승하면 생물 다양성, 인구 이동, 질병 등 모든 면에서 걷잡을 수 없는 영향을 미칠 것이라는 예측 모델을 이미 마련해 둔 상태였다.

미국 정부는 두 전문가 집단에게 좀 더 심층적인 연구를 의뢰했다.[32] 그들이 내린 결론도 마찬가지였다. 보고서를 접한 정치인들은 심기가 몹시 불편했다. 문제에 효과적으로 대처하려면 에너지 분야의 대대적인 지각 변동이 불가피할 것으로 보였다. 그래서 문제를 일단 덮어 두기로 했다. 전하는 말에 따르면 과학자 한 명이 오십 년 후 대기 중 이산화 탄소의 농도가 두 배로 뛸 것이라고 말하자 워싱턴 정치가들이 "사십구 년 뒤에 다시 와서 이야기해라."[33]라고 대답했다고 한다. 미국 정부는 일단 관망하기로 했고 어쨌건 인류가 적응할 수 있을 것이라고 기대했다. 정말 그럴 수 있다면 대기 중 이산화 탄소 농도를 줄이기 위한 법규 제정이 도대체 왜 필요하다고 했겠는가?[34]

과학자들이 연구에 연구를 거듭하며 당국과 여론에 지속적으로 경고를 보내는 동안 재계 큰손들은 지구 온난화를 부정하는 언론 캠페인에 돈을 댔다. 몇몇 연구소가 지구 온난화는 없다는 입장을 대변하

---

31 Oreskes, N., & Conway, E. M. M. (2011). *op. cit.*, p. 171 및 주석 9, p. 320.
32 '제이슨즈Jasons'라는 물리학자 집단과 MIT 교수 줄 차니가 이끄는 위원회.
33 *Ibid.*, p. 174, 주석 20과 p. 321.

며 그들을 도왔다. 그린피스가 발표한 조사 보고서에 따르면 극단적 보수주의 성향을 가진 미국 석유 산업의 거물이자 세계 5위와 6위 부호로 손꼽히는 데이비드 코크와 찰스 코크 형제가 1997년부터 이 캠페인에 댄 돈은 6천만 달러가 넘는다.[35] 저널리스트 크리스 무니가 밝혀낸 사실에 따르면 엑슨 모빌Exxon Mobil은 지구 온난화 사실을 입증한 과학적 연구에 대해 생트집을 잡고 비방을 일삼은 40여 개 단체에 몇 년 동안 8백만 달러를 쏟아 부었다.[36] 2009년 현재 미 의회에는 기후 변화 문제를 전문적으로 다루는 로비스트가 2,300명이 넘는데 이들은 대기업과 업계의 이해관계 보호를 목표로 하고 있었다.[37]

"책임 있는 정책"을 위해 싸우는 미국의 오픈 시크리트Open Secrets가 2012년 11월 미국 상원 의원 선거에 기부된 금액을 공개한 자료를 보면 프랑스 기업인 GDF수에즈, 라파즈, 사노피 등이 여러 후보들 선거 캠페인에 자금을 댄 것을 볼 수 있다. 그 중에는 존 심커스 일리노이주 하원 의원과 같이 지구 온난화를 적극 부정하는 인사들이 다수 포함되어 있다. 존 심커스는 2009년에 하느님이 노아에게 인간을 다시는 물로 심판하지 않겠다고 약속했으므로 해수면 상승은 절대 일어나지 않을 것이라고 말한 인물이다.[38]

---

34 현상 유지를 지향하는 새 위원회는 적절한 시기에 대증 요법을 강구하는 정도로 충분하다고 결론을 내렸다. 이 위원회를 이끄는 사람들은 대기업 편에 서서 규제 철폐를 위해 압력을 행사해 온 토머스 셸링, 윌리엄 니런버그 등이었다. 과학자들은 이 보고서에 대해 반박하지 않는 커다란 우를 범했다. "아무 가치 없는 보고서라는 사실을 알고 있었기에 무시해 버렸다." 전체 물리학자이자 지구 물리학자인 에드워드 프리먼은 나오미 오레스키스에게 이렇게 털어놓았다. 결국 백악관은 먼 미래에 상황을 봐 가면서 대책을 강구하기로 결정했다. Oreskes, N., & Conway, E. M. M. (2011). *op. cit.*, p.182.

35 그린피스 사이트 http://www.greenpeace.org/usa/en/campaigns/global-warming-and-energy/polluterwatch/koch-industries/에 가면 자세한 숫자와 내용이 포함된 pdf 보고서를 내려 받을 수 있다.

36 Mooney, C., *The Republican War on Science*, Basic Books, 2006. In the investigative journal Mother Jones, May-June 2005. http://www.motherjones.com/environment/2005/05/some-it-hot.

37 Wijkman, A., & Rockström, J., *Bankrupting Nature: Denying Our Planetary Boundaries*, Routledge, 2013, p. 96.

캐나다 온타리오 소재 CIGI(국제 거버넌스 혁신 연구소)의 토마스 호머 딕슨은 이렇게 강조한다. "기후 변화에 관한 협상 과정은 하나부터 열까지 교묘한 거짓말의 연속이다. 서로에게 거짓을 말하고 우리 자신과 특히 우리 아이들에게 궤변을 늘어놓는다. 이 거짓말이 인류 문명의 총체적 부패를 야기하고 있다."[39]

뭇매 맞고 시달리는 과학

흠 잡을 데 없는 실력과 자격을 겸비한 벤자민 샌터 연구원은 캘리포니아 대학교 부속 로렌스 리버모어 국립 연구소Lawrence Livermore National Laboratory에서 일하고 있다. 1996년에 『네이처』에 실린 논문에서 지구 온난화가 태양 활동의 변화와 관계가 없으며 인간의 활동에서 비롯된다는 결정적인 증거를 제공한 주인공이다. 그는 대류권(우리와 가장 가까운 대기권 맨 아래층)은 점점 뜨거워지는데 성층권(대류권 밖 공기층)은 식고 있다는 사실을 실제로 보여 주었다. 지구 온난화의 원인이 태양에 있다면 반대라야 한다. 태양 광선을 가장 먼저 받아들이는 성층권부터 뜨거워지기 시작해야 맞는 것이다.[40]

당시에 샌터는 유엔이 발행하는 IPCC(정부 간 기후 변화 협의체) 보고서 중 기후 변화에 관한 내용이 들어갈 8장을 집필하기로 되어 있었다. IPCC는 앨 고어 전 미국 부통령과 함께 2007년에 노벨 평화상을 수상한 기관이다.

---

38 프랑스는 미국 대통령 선거 운동에 자금을 댄 외국 기업 중 4위에 올라 있다. 기업별로 각 후보에게 낸 기부금 내역은 다음 사이트에서 볼 수 있다. http://www.opensecrets.org/pacs/foreign.php.

39 Wijkman, A., & Rockström, J. (2013). op. cit.에 인용.

40 Santer, B. D., Taylor, K. E., Wigley, T. M. L., Johns, T. C., Jones, P. D., Karoly, D. J., ... Ramaswamy, V. (1996). A search for human influences on the thermal structure of the atmosphere. Nature, 382(6586), 39~46.

샌터가 제시한 결론을 접한 사이츠와 싱어와 빌 니런버그와 그들의 하수인들은 과학적으로 반박하기가 힘들자 샌터가 연구 결과를 위조했다고 떠들어 댔으며 샌터가 몸담고 있던 대학에서 해고당하도록 수를 쓰기까지 했다. 사이츠는 『월스트리트저널』에 「지구 온난화라는 속임수」라는 논설을 게재한 것을 비롯해 그와 비슷한 성격의 기고문을 통해 샌터가 IPCC 보고서 8장에서 지구 온난화와 그 원인에 의문을 제기하는 내용 몇 구절을 삭제했다고 비난했다.

사실 벤자민 샌터는 동료 학자들의 권유를 받아들여 몇 가지 사항을 수정한 것뿐이었다. 학자가 과학 저널에 논문을 제출하거나 리뷰를 작성하면 그가 제시한 데이터와 분석 내용과 결론을 별도의 전문가 집단이 면밀히 검토하게끔 되어 있다. 이 전문가 집단이 항상 하던 대로 좀 더 자세한 설명과 추가 정보를 요청했던 것이다.

프레드 사이츠도 그런 과정에 대해 모르는 바가 아니었다. 그럼에도 불구하고 이렇다 할 근거도 없이 샌터가 내용을 수정해 "지구 온난화가 인간의 활동에서 비롯되었음을 입증하는 과학적 증거가 정말 존재하는 것처럼 정책 입안자들을 속이고 대중을 현혹"[41]했다고 주장했다. 어떤 기고문에서는 "전문가 리뷰 과정의 부정부패상을 보여 주는 최악의 사례"라고 주장하기도 했다. 그러면서도 기후 문제에 대해 전문 지식이 없는 프레드 사이츠는 논문에서 구체적으로 어떤 내용이 수정되었는지 전혀 알지 못했다. 그의 의견은 허풍에 불과했지만 미국 언론을 한바탕 뒤집어 놓는 데는 멋지게 성공했다.[42]

미국 언론은 이렇게 오랜 세월 동안 그릇된 정보를 마구잡이로 쏟아 냄으로써 보수 성향 정치인들에게 필요한 논거를 제공한 꼴이 되었다.

41 Seitz, F. A major deception on global warming. *Wall Street Journal*, June 26, 1996. Oreskes, N., & Conway, E. M. M. (2011). *op. cit.*, p. 3에 인용.

42 월스트리트 저널은 처음에 샌터에게 반론권을 주지 않다가 세 번이나 요구하자 그의 반론을 실었다. 그런데 샌터를 지지한다면서 일종의 보증을 선 유명 과학자 마흔 명의 서명은 신문에 실린 반론에서 누락되었다.

미국 국립 과학원 회보인 PNAS는 미국 기후학자들 가운데 97퍼센트가 인간의 활동이 지구 온난화를 유발했다고 생각한다는 연구 결과를 발표했다. 과학계가 이렇게 만장일치로 뜻을 같이 하는 것을 보고도 제임스 인호프 상원 의원(오클라호마주)은 눈도 깜짝하지 않으면서 "97퍼센트라는 숫자는 아무 의미가 없다."[43]라고 말했다. 제임스 인호프는 지구 온난화를 일컬어 "역사상 유례없는 대국민 사기극"[44]이라고 하면서 "대기 중의 이산화 탄소는 환경과 경제에 이익이 되었으면 되었지 결코 해가 되지 않는다."[45]라고 목청을 높인 사람이다. 2012년에 대선 후보로 지명받기 위해 공화당 경선에 참여한 후보들은 모두 기후 변화에 대해 회의를 표시했으며 각종 산업에서 배출하는 이산화 탄소가 지구 온난화의 주된 원인이 아니라고 주장했다.[46] 지금도 미국인 64퍼센트는 이 문제에 대해 과학자들의 의견이 엇갈리고 있다고 생각할 정도다.[47]

프랑스에서는 지구 화학자이자 1997년부터 2000년까지 교육 연구 기술부 장관을 지낸 클로드 알레그르가 미국 로비스트들이 퍼뜨린 오류와 사실무근의 이론들을 『기후 사기L'Imposture climatique』[48]에 총망라했다. 특히 그는 지구 온난화 규모와 온난화가 온실가스 배출에서 비롯된다는 사실을 부정하면서 다음과 같이 썼다. "현 단계에서 나는 이산화 탄소가 기후에 커다란 영향을 미친다는 것이 입증되지 않

43 2002년 3월 14일에 한 말. http://www.msnbc.msn.com/id/26315908/.
44 2005년 1월 4일에 한 말. http://inhofe.senate.gov/pressreleases/climateupdate.htm.
45 2003년 7월 28일에 한 말. http://inhofe.senate.gov/pressreleases/climate.htm.
46 미셸 바크먼은 이산화 탄소 배출이 인간에게 무해하다고 안심시켰고 허먼 케인은 지구 온난화를 '허구'라고 주장한 마지막 대통령 후보 중 하나였다. 릭 페리 텍사스주 주지사도 보조금을 노리는 과학자들의 '사기 행위'라고 비난했다. 이들은 모두 학교에서 진화론 대신에 창조론을 가르쳐야 한다고 주장한 사람들이다. 미트 롬니는 공화당 극우세력의 압력에 못 이겨 그들의 주장을 반영할 수밖에 없었다.
47 ABC News의 조사 결과.
48 Allègre, C. (2012). L'Imposture climatique ou la fausse écologie. Pocket.

은 사실이며 어딘가 미심쩍은 데가 있다고 생각한다."[49] 그러면서 태양 때문에 지구 온도가 일시적으로 올라갔을 뿐이라는 주장 즉 이미 오래 전에 벤자민 샌터에 의해 잘못된 것임이 밝혀진 가설을 다시 끄집어내고 남극 빙하가 녹고 있다는 사실을 부정했으며[50] 기후 변화와 불안정한 날씨 변화를 혼동한 채 횡설수설했다.[51] 실제로 자연적 요인 중에는 최근 관찰되는 기후 온난화 현상을 속 시원히 설명할 수 있는 것이 아무것도 없다. 온난화 현상이 인간의 활동에서 비롯되었다는 IPCC 전문가들의 결론은 오백 건이 넘는 연구의 결론을 바탕으로 한 것이다.[52]

클로드 알레그르의 이런 입장에 대해 600명이 넘는 프랑스의 기후 학자들은 2010년 4월에 이의를 제기했으며[53] 특히 『르몽드』 기자 스테판 푸카르는 "클로드 알레그르가 저지른 명백한 오류"라는 기사에서 알레그르가 존재하지도 않는 저자나 논문을 인용하고 미국 텔레비전에 나와 날씨 예보를 하는 기상 통보관들이 내는 의견을 기후학

49 *Ibid.*, p. 8.
50 알레그르는 책에 이렇게 쓰고 있다. "남극 얼음은 녹지 않을까? 녹지 않는다. 어쨌든 현재로서는 그렇다." *op. cit.*, p. 68. 이에 대한 프랑스 국립 과학 연구소(CNRS) 소속 과학자들이 한 답변은 다음과 같다. "남극 빙하가 사라지는 것은 주로 가속류accelerated flow에 의해 일어나는 현상이다. 몇 년 전부터 남극 빙하가 눈에 띄게 줄어들고 있다. …… 남극 빙하가 해수면 상승에 기여하는 것은 연간 0.55mm 정도인데 최근 몇 년 사이에 급격한 증가를 보이고 있다. 지상과 위성을 통해 수집된 데이터를 종합하면 손실량이 그린란드 빙하와 거의 맞먹을 정도다." Velicogna, I., & Wahr, J. (2006). Measurements of time-variable gravity show mass loss in Antarctica. Science, 311(5768), 1754~1756; Rignot, E., Koppes, M., & Velicogna, I. (2010). Rapid submarine melting of the calving faces of West Greenland glaciers. *Nature Geoscience, 3*(3), 187~191 참조.
51 알레그르는 책에 이렇게 쓰고 있다. "3년 연속 겨울만 되면 매서운 한파가 몰아치고 있다. …… 코펜하겐에서는 지구 온난화로 인한 기온 상승을 2℃로 제한해야 한다고 하는데 눈폭풍이 유럽과 미국을 강타하고 북극 한파가 몰아치는 곳이 한두 곳이 아니다." op. cit., p. 8 & 16. 이에 대한 CNRS의 답변은 다음과 같다. "지난 50년 동안 인간 활동이 기후에 영향을 미쳤고 이런 현상은 앞으로 수세기 동안 계속될 것이다. 몇 년 동안 혹은 계절이 몇 번 바뀌는 동안 나타나는 날씨 변동은 장기적으로 거대 추세에 미치는 영향이 미미하다."
52 GIEC/IPCC 보고서 (2007). 9장. 인터넷에서 열람 가능
53 Sylvestre Huet. Claude Allègre : L'appel des 604 et leurs arguments. *Libération*, April 8 2010.

자들이 내는 의견과 동일시하고 있으며 과학자들이 실제로 옹호하지도 않은 의견이나 입장에 아무 이름이나 갖다 붙이는 등 그가 쓴 책이 오류투성이임을 조목조목 밝혔다.

"의혹을 확산시키고 논쟁을 질질 끌게" 만들겠다는 이익 집단들의 목표는 지금까지 대성공을 거두었다. 이것은 공동선보다 몇몇 사람들의 이익을 앞세운 것이다. 이렇게 현실 거부를 무기로 삼는 것이 권력형 이기주의의 특징이다.

공중 보건을 위태롭게 하는 제약 산업

전 세계 제약 회사들은 백 년 전부터 여러 가지 약물, 특히 항생제를 생산하고 있다. 이런 약품 덕분에 수많은 생명을 구할 수 있었고 프랑스의 경우 1900년에 48세이던 기대 수명이 오늘날 80세로 늘어났다. 그런데 커다란 공헌을 했다고 해서 환자들에게 이익이 되지 않는 일을 일삼아도 된다는 법은 없다.

영국 의사 벤 골드에이커가 『불량 제약 회사Bad Pharma』[54]에서 고발한 것처럼 제약 회사들이 공중 보건보다 회사의 이익을 앞세우는 일이 자주 있었다는 것은 매우 우려할 만한 일이다. 이들은 신약에 대한 연구 개발 투자를 보호한다는 명목으로 신약의 효과를 입증하는 연구 데이터를 은폐한다. 특히 제품에 유리한 결과만 의료계와 과학계에 공개한다.

그 밖에 제품의 장점을 크게 부풀리는 광고 홍보 캠페인 고유의 과장과 왜곡까지 감안하면 의사들이 환자에게 맞는 최적의 치료 방법을 선택하는 데 필요한 정보를 제대로 제공받지 못하는 셈이다. 한 마디로 프랑스 개업의 연합Formindep[55] 부회장이자 개업의인 필립 마스클리

---

54 Goldacre, B. (2012). *Bad Pharma: How Drug Companies mislead Doctors and harm Patients* 불량 제약 회사: 제약 회사는 어떻게 의사를 속이고 환자에게 해를 입히는가. Fourth Estate.

에가 말한 것처럼 "제약 산업의 투명성은 금전적 이익이 시작되는 곳에서 끝난다."라고 할 수 있다.

과학적 연구에 대한 왜곡

이론상으로는 시판 약물의 효과를 완벽하게 알 수 있어야 하지만 현실은 그렇지 못하다. 제약 회사들은 투명성이 부족하고 규제 기관은 의지가 결여되어 있다. 이유가 과연 무엇일까?

의약품은 독립적인 과학 연구소가 아니라 제품을 만든 회사에서 테스트를 한다. 엄격한 과학적 연구에 사용된 프로토콜과 약제 실험실에서 실제로 사용되는 프로토콜을 비교하면 약제 실험실에서 사용한 프로토콜 설계가 잘못되어 있거나 불충분한 수의 환자들을 대상으로 테스트를 실시했거나 테스트 기간이 너무 짧은 것으로 나타난다. 무엇보다 큰 문제는 테스트 결과를 해석할 때 제품이 지닌 장점을 과장하는 것이다. 회사 입장에서 만족스럽지 않은 결과가 나오면 무시한다. 독립적인 조사 기관에서 해당 약물을 공정하게 평가하는 데 필요한 정보를 제공하지 않는 것이다.

2007년에 샌프란시스코 대학교 교수 리사 베로와 여러 학자들이 심장 발작의 위험을 줄이기 위해 널리 처방되는 콜레스테롤 합성 저해제 스타틴statin의 장점에 관해 공개된 테스트 내용을 모두 모아 검토했다. 특정 스타틴과 다른 스타틴을 비교하거나 스타틴을 다른 약물과 비교한 테스트 192종을 분석한 결과, 독립 연구소에서 테스트를 했을 때보다 업계에서 자기 돈을 들여 테스트했을 때 자사 제품에 유리한 결과가 나온 경우가 스무 배나 더 많았던 것으로 밝혀졌다. 이는 업계에서 관행으로 통하는 일이다.[56]

---

55 2004년에 설립된 단체. 설립 목표는 교육과 사람의 건강 외에 다른 어떤 이해관계에도 휘둘리지 않고 의료 정보를 제공하는 것이다.

원래 엄격한 연구를 하려면 특정 질환을 가진 사람을 충분히 모아 추첨을 통해 두 집단으로 나눈 다음 첫 번째 집단에게는 테스트할 치료약을 투입하고 두 번째 집단에게는 활성 물질이나 기타 약물이 전혀 포함되지 않은 위약placebo을 준다.[57] 플라시보 효과(위약을 복용한 환자와 약물을 아무것도 복용하지 않은 환자가 보이는 진전 상태의 차이)는 보통 30퍼센트 정도이며 두통이나 우울증의 경우 60~70퍼센트까지 올라갈 수도 있다.[58] 따라서 약물은 위약보다 높은 효과를 나타내야 한다.

그런데 이런 실험을 하는 과정에서 속임수를 쓸 수 있는 방법이 여러 가지 있다. 애초에 치료에 좋은 반응을 보일 만한 환자들을 선발할 수도 있고 테스트가 반쯤 진행된 상태에서 결과를 보고 조기 중단하여 테스트를 끝까지 했을 때 나쁜 결과가 나오는 사태를 미연에 방지할 수도 있다. 연구원들에게 테스트를 의뢰하는 제약 회사들은 연구가 올바른 방향으로 진행되지 않는다고 생각되면 언제든지 중단시킬 수 있는 권리를 갖는다고 계약서에 명시되어 있기 때문에 약물에 대한 객관적인 평가에 영향을 미칠 수밖에 없다. 연구가 끝난 뒤에 결과를 발표할 것인지 덮어둘 것인지 정할 수 있는 권리도 제약 회사에게 있다.

---

56 또 다른 사례를 들자면 2006년에 미국 뉴욕에 있는 베스이스라엘병원Beth Israel Deaconess Medical Center의 로버트 켈리와 정신과 의사들이 네 개의 학술지에 발표된 정신의학과 약물 관련 연구 542건을 리뷰했더니 업계에서 후원을 받은 연구는 78퍼센트가 해당 의약품에 유익한 효과가 있다고 결론지었고 독립 연구소에서 한 경우에는 그 비율이 48퍼센트로 낮은 편이었다. Kelly, R. E., Cohen, L. J., Semple, R. J., Bialer, P., Lau, A., Bodenheimer, A., ... Galynker, I. I. (2006). Relationship between drug company funding and outcomes of clinical psychiatric research. *Psychological medicine*, 36(11), 1647.

57 환자도 처방자도 위약(플라시보)인지 시험 대상 물질인지 모른 채 실험에 참여하고 결과를 분석하는 사람만 정보에 접근할 수 있다. 플라시보 효과는 으레 있기 마련인데 여기에 추가되는 화학 물질의 효과와 플라시보 효과를 구분할 수 있는 유일한 방법이 '이중 맹검'이다.

58 Messica, L. (2011). *Effet placebo: mécanismes neurobiologiques et intérêts thérapeutiques, données actuelles à partir d'une revue de la littérature.* Éditions universitaires européennes.

투명성 빵점인 제약 회사들

최고로 권위 있는 학술지인 JAMA(미국 의학 협회지)에 실린 한 논문 내용에 따르면 제약 회사에서 수행한 연구 표본 44종 중 40개가 연구자들과 기밀 유지 협약서를 체결한 것으로 나타났다.[59] 여기서 기밀이란 제약 회사들이 연구 개발한 제품에 대해 권리를 보호하는 것과는 아무 관계도 없다. 이 계약은 자사 제품의 효과에 대해 긍정적인 테스트 결과만 공개하고 부정적인 테스트 결과는 덮기 위해 체결하는 것이다. 유럽 연합에서 의약품에 대해 수행된 테스트들은 절반만 공개되고 나머지는 모두 사장된다. 그런데 의사가 약을 제대로 처방하려면 신약에 대한 연구와 기존 약물과 비교 연구한 내용을 전부 다 알아야 한다. 그런데 오늘날 의사들은 제약 회사에서 사전에 걸러 놓은 결과밖에 활용할 수가 없다. 실제로 시간과 비용을 많이 들인 문헌 분석 연구에 따르면 시판되는 신약 대다수가 기존 약물보다 효과가 뛰어나지 못하다. 심지어 효과가 더 떨어지는 경우도 있다.

가장 대표적인 예가 타미플루이다. 세계 각국 정부가 2005년에 조류 독감이 유행할 것에 대비해 사람에게 치명적인 독감 합병증을 줄인다는 타미플루를 수십 억 달러를 들여 사들였다. 영국만 해도 국민 80퍼센트를 치료할 수 있는 분량을 쟁여 놓았다. 그런데 타미플루 제조사인 로슈는 타미플루가 폐렴과 사망률을 효과적으로 줄인다는 명백한 증거 데이터를 아직도 발표하지 않고 있다. 로슈 인터넷 사이트에는 타미플루가 합병증을 약 67퍼센트 감소시킨다고만 되어 있다.

---

59 Gøtzsche, P. C., Hróbjartsson, A., Johansen, H. K., Haahr, M. T., Altman, D. G., & Chan, A. W. (2006). Constraints on publication rights in industry-initiated clinical trials. *JAMA, 295*(14), 1645~1646. Goldacre, B. (2012). *op. cit.*, p. 38에 인용. 본인 의사에 따라 의학 실험에 참여하는 사람들 중 90퍼센트가 사회에 유익한 일을 한다고 생각하는데 정작 제약 회사들은 자료 공개를 거부하는 현실을 보여 주는 조사: Wendler, D., Krohmal, B., Emanuel, E. J., & Grady, C. (2008). Why patients continue to participate in clinical research. *Archives of Internal Medicine, 168*(12), 1294. Goldacre, B. (2012). *op. cit.*, p. 43에 인용.

세계 과학자들 간 협력을 촉진하기 위해 설립된 비영리 단체 코크란 연합Cochrane Collaboration은 의학적 연구에 관한 심층적 문헌 분석 자료를 매년 수백 건씩 발표하고 있다. 이들이 2009년 12월에 타미플루에 대한 실태 파악에 나섰다. 먼저 로슈와 연락을 취했다. 로슈 측은 데이터에 대해 비밀을 보장하겠다고 하면 자료를 제공할 용의가 있다고 했다. 과학계에 정보를 제공해야 하는 코크란 입장에서 비밀 유지란 말이 안 되는 일이었다. 게다가 로슈 측은 자기들이 제시한 조건, 조사 결과, 그런 조사가 이루어졌다는 사실에 대해서까지 모두 함구하라고 했다! 이미 수십만 명에게 투약되었고 각국 정부가 국민 돈을 수십억 달러 들여 구입한 약에 대해 그런 조건을 내건 것이다. 코크란 연합은 해명을 요구했지만 로슈는 아무 답변도 하지 않았다.[60] 로슈는 2011년 1월에 모든 자료를 코크란 연합에 넘겼다고 발표했지만 이 또한 거짓이었다. 2012년 10월에 영국의 권위 있는 의학 전문지『영국의학 저널British Medical Journal』 편집장 피오나 가들리가 로슈에 공개서한을 보내 비공개 상태인 열 건 정도의 테스트 결과를 공개하라고 요구했지만 로슈는 타미플루에 유리한 결과가 나온 테스트 두 건만 공개했을 뿐[61] 요지부동이었다.

코크란 연합은 결국 얼마 안 되는 양이지만 입수된 데이터만 갖고 분석을 수행했다. 타미플루 효능을 입증했다고 알려진 논문에 기술된 방법은 최적의 조건과는 거리가 먼 것이었다. 특히 실험 대상이 무작위가 아니라 회사 측에서 원하는 결과가 나오도록 의도적으로 선발된 것이었으며 중요한 데이터도 상당량 누락되어 있었다. 타미플루가 심각한 형태의 독감에 효과가 있음을 입증하는 '이중 맹검' 위약 비교 연구는 현재까지 단 한 건도 없다. 기껏해야 일반 독감에서 증상이 지

---

60 Doshi, P. (2009). Neuraminidase inhibitors-the story behind the Cochrane review. *BMJ*, 339. Goldacre, B. (2012). *op. cit.*, p. 365에 인용.
61 Godlee, F. (2012). Open letter to Roche about oseltamivir trial data. *BMJ*, 345.

속되는 기간을 조금 줄여주는 효과가 확인되었을 뿐이다.

2008년에 공개된 조사 결과에서 글락소 스미스 클라인이 파록세틴Paroxetine 기반 항우울제의 심각한 부작용에 대한 연구 데이터 아홉 개를 공개하지 않은 것으로 드러났다. 이들 연구에 따르면 파록세틴 기반 항우울제는 아동에게 효과가 없을 뿐 아니라 아동의 자살 위험을 높인다.[62] 글락소 스미스 클라인은 이 사실을 알리기 위해 아무 노력도 하지 않았으며 다음과 같은 내용의 내부 문건이 발견되었다. "사용 설명서에 효과가 입증되지 않았다는 내용을 포함시킨다는 것은 상업적으로 있을 수 없는 일이다. 그렇게 되면 파록세틴의 프로필에 피해가 예상된다." 파록세틴은 이 기밀 문건이 작성된 이듬해에 3만 2천 명의 아동에게 처방되었다.

바이옥스(로페콕시브rofecoxib)는 글로벌 제약 회사 머크가 주로 관절염 통증 완화를 위해 시판한 약품이다. 머크는 이 제품이 심혈관계에 심각한 위험을 초래한다는 사실을 2000년부터 알고 있었지만 바이옥스 판매를 촉진하기 위해 공격적인 마케팅 캠페인을 계속 전개했다. 머크는 심혈관계 사고가 수만 건에 이르고 사망자까지 나오자 2004년에 판매를 중단하기로 결정했다.[63]

---

62 영국 의약품 및 건강관리 제품 규제청(영국 식품 의약품 안전처)Medicines and Healthcare Products Regulatory Agency(MHRA). www.mhra.gov.uk. 영국 글락소 스미스 클라인 조사 결과는 http://www.mhra.gov.uk/Howweregulate/Medicines/Medicinesregulatorynews/index.htm.
  GSK는 1994년부터 2002년 사이에 아동을 대상으로 아홉 차례에 걸쳐 파록세틴의 효과에 대해 테스트를 실시한 결과, 파록세틴이 아동 우울증 치료에 효과적이지만 해로운 부작용이 있는 것으로 드러나자 고의적으로 법의 허점을 교묘하게 이용했다. 제약 회사는 특정 용도(예를 들어 "성인용")가 아니면 판매 허가를 받은 약물에 심각한 부작용이 있어도 신고할 필요가 없다. GSK는 이 약물이 아동에게 처방된다는 사실과 아이들 건강을 위협할 수 있는 위험성에 대해 알고 있었지만 그런 정보를 공개하지 않기로 했다. Goldacre, B. (2012). op. cit., p. 58.
63 Juni, P., Nartey, L., Reichenbach, S., Sterchi, R., Dieppe, P., & Egger, M. (2004). Risk of cardiovascular events and rofecoxib: Cumulative meta-analysis. Lancet, 364(9450), 2021~2029. Rédaction (2005). Comment éviter les prochaines affaires Vioxx. Prescrire (2005), 25(259), 222~225도 참조.

머크가 로페콕시브의 높은 사망률을 은폐했다는 사실은 소송을 계기로 한 독립 전문가 집단에 의해 공개되었다. 머크는 로페콕시브가 알츠하이머병에 어떻게 작용하는지 연구하기 위해 임상 실험을 하는 도중에 이 사실을 확인했음에도 불구하고 기밀 유지 계약을 교묘히 이용해 정보를 일부만 제공하거나 정확하지 않은 분석을 제공했다. 그런데 미발표 임상 실험 내용에 따르면 로페콕시브가 위약에 비해 사망률이 세 배나 더 높은 것으로 나타났다.[64] 머크의 의뢰를 받아 일한 여러 연구원들과 그 밖의 논문 저자들이 외부에 공개된 논문 두 편에는 로페콕시브가 "내성이 좋다."라고 평가했다.[65] 아마도 로페콕시브를 투약하고도 살아남은 사람들에 대한 이야기였을 것이다.

지난 십 년 동안 국내외 여러 단체들과 의학 저널 편집자들이 약물에 관해 다양한 조치를 취하고 결의를 채택했지만 지켜진 것은 아무것도 없다.[66] 2007년에는 긍정적이든 부정적이든 연구 결과 일체를 전용 인터넷 사이트에 게시해야 한다는 결정이 나오기도 했다. 그렇지만 영국 의학 저널에 발표된 감사 자료에 의하면 연구 결과의 5분의 1 정도만 의학계에서 사용할 수 있도록 공개되었을 뿐, 의미 없는 요식 행위만 하나 더 늘어난 셈이었다.

---

64 Psaty, B. M., & Kronmal, R. A. (2008). Reporting mortality findings in trials of rofecoxib for Alzheimer disease or cognitive impairment. *JAMA, 299*(15), 1813~1817; Le célécoxib encore le marché: au profit de qui? *Rescrire* (2005), 25(263), 512~513.

65 *Prescrire* (2009), *29*(303), 57.

66 예를 들어 2004년에 국제 의학 학술지 편집위원회International Committee of Medical Journal Editors는 이듬해인 2005년부터 실험 전에 (결과를 알아볼 수 있도록) 등록을 하지 않은 임상 실험은 내용을 싣지 않겠다고 발표했다. 이로써 문제가 해결된 것처럼 보였지만 사정은 달라지지 않았다. 편집위원회가 이를 실천하지 않은 것이다. 제약업계에서 나오는 간행물 수만 건의 발췌본을 게재하면서 얻는 수백만 달러의 수입을 포기하기가 힘들었을 것이다. De Angelis, C., Drazen, J. M., Frizelle, P. F. A., Haug, C., Hoey, J., Horton, R.,... Overbeke, A. J. P. M. (2004). Clinical trial registration: A statement from the International Committee of Medical Journal Editors. *New England Journal of Medicine, 351*(12), 1250~1251. Goldacre, B. (2012). *op. cit.*, p. 51

맡은 바 임무에 소홀한 규제 기관

제약 회사가 진행하는 연구 개발의 품질을 확인하고 시판 허가를 내주는 정부 규제 기관들도 별반 다를 바 없다. 그들도 제약 회사들이 갖고 있는 데이터에 접근할 수 있는 권한이 없기는 마찬가지다. 『불량 제약 회사』 저자인 골드에이커의 표현을 빌자면 제약 회사에서 데이터를 얻는 것은 "바위에서 피를 짜내는 것"만큼 어려운 일이다.

벤 골드에이커는 2007년 당시 체중 감량 치료에 널리 사용되던 올리스타트Orlistat와 리모나반트Rimonabant에 대해 문헌 분석 연구를 하던 코크란 연합 연구원들이 경험한 일을 예로 든다. 문헌 연구를 하려면 기존 데이터에 모두 접근할 수 있어야 하며 부정적인 연구 결과를 포함해 자료가 조금이라도 누락되면 왜곡된 결과가 나올 수 있다.

코크란 연합은 이 연구를 위해 2007년 6월, EMA(유럽 의약청)에 관련된 실험 프로토콜과 보고서를 모두 제공하라고 요구했다. EMA는 유럽 내에서 유통되는 모든 약물을 승인하고 감독하는 일을 하는 기관이다. 두 달 후 EMA는 제약 회사의 상업적 이해관계와 지적 재산권을 보호해야 하기에 보고서를 제공하지 않기로 했다고 코크란 연합에 통보했다. 이에 대해 코크란 연합 소속 연구진은 약물의 무해성과 효과에 대해 객관적인 보고서가 나오면 상업적 이해관계에 손해될 것이 전혀 없다고 답했다. 설사 손해가 되더라도 EMA 같은 기관이 제약 회사의 상업적 이익을 환자들 건강보다 더 중요시하는 까닭이 대체 무엇일까?[67]

코크란 연합의 연구진은 궁여지책으로 유럽 옴부즈맨European Ombudsman(유럽 연합 기구의 행정권 남용을 견제하는 기관)에 도움을 요청했다. 골드에이커는 "EMA의 얼굴에 먹칠을 할 자료 확보 전쟁은 그

---

67   Goldacre, B. (2012). *op. cit.*, p. 71.

렇게 시작되어 3년 넘게 계속되었다."라고 쓰고 있다.[68] 그런데 2009년에 뜻밖의 대반전이 일어났다. 리모나반트가 심각한 정신적 문제와 자살을 유발할 위험이 높다는 이유에서 시판이 중단된 것이다. 결국 EMA는 갖고 있던 자료를 모두 유럽 옴부즈맨에 넘겨야 했다. 2010년에 나온 옴부즈맨의 결론은 분명했다. EMA가 맡은 바 임무를 다하지 못하고 환자들의 이익에 위배되는 정보를 은폐한다는 심각한 비난을 받으면서도 적절한 대응을 하지 못했다는 것이었다. 제약 회사와 정부 규제 기관의 투명성 부족으로 고통을 떠안는 것은 환자들이었다.

EMA는 요란을 떨면서 EudraCT라는 의학 실험 등록 서비스를 만들었다. 유럽 법률에 따라 의학 연구는 모두 여기에 등재되어야 한다. 그런데 권위자들의 의견을 들어 보면 투명성 문제가 여전히 해결되지 않은 상태라고 한다. 특히 세계 보건 기구는 EudraCT 목록에 가공되지 않은 다량의 데이터가 뒤죽박죽 올라와 있어 검색조차 불가능해 사실상 활용이 어렵다는 입장을 표했다.[69]

연구비가 광고비보다 한참 낮은 현실

제약 회사들은 의사들이 내리는 치료 방침 결정에 영향력을 행사하기 위해 미국에서만 매년 600억 달러의 광고비를 지출한다. 이 천문학적인 숫자는 볼리비아나 케냐의 국민 총생산과 맞먹으며 라오스의 국민 총생산보다 세 배나 많은 액수다.[70]

개발 도상국이 에이즈 치료 신약을 저렴한 가격에 사용하지 못하

---

68 Ibid., p. 72.
69 Ibid., p. 51~52.
70 Gagnon, M. A., & Lexchin, J. (2008). The cost of pushing pills: a new estimate of pharmaceutical promotion expenditures in the United States. PLoS Medicine, 5(1), e1. 각국 GDP는 다음을 참조. http:// www.indexmundi.com/.

도록 가로막고 나설 때 제약 회사들이 흔히 내세우는 논리는 연구 개발비가 많이 들어 투자된 돈을 회수하려면 수입이 보장되어야 한다는 것이다. 그런 주장을 하던 회사가 다른 제약 회사들과 마찬가지로 연구 개발보다 마케팅에 두 배나 많은 돈을 쓴다는 사실을 알게 되는 순간 회사에 대한 신뢰도가 뚝 떨어진다.

의약품을 일반 소비재나 화장품처럼 생각하는 것, 의약품을 빨래비누와 똑같이 취급하는 것은 용납할 수 없는 일이다. 의약품은 공중 보건 위생을 증진하는 공익성 외에 다른 존재 이유가 있어서는 안 된다. 따라서 의약품에는 오직 과학적인 기준만 엄격하게 적용하고 무엇보다 먼저 모든 형태의 의약품 광고를 금지해야 한다.

광고비를 지불하는 것은 환자다. 환자가 사회 보장 프로그램을 통해 치료비를 환급받는다면 공공 자금이 광고비를 지불하는 셈이 된다. 혹은 환자에게 의료비를 지급하는 보험 회사가 그 부담을 떠안게 된다. 의약품 판매 가격 중 약 25퍼센트가 광고비에 해당한다.

의약품 광고는 의사들에게 특정 약품에 대한 관심을 환기시키는 역할을 하는데 광고 내용 자체가 거짓인 경우가 많다. 거짓인지 아닌지 확인하려면 의약품 광고에서 주장하는 내용을 모두 취합한 뒤 해당 약품에 대해 공개되어 있는 자료와 비교해 보면 된다.

2010년에 네덜란드 학자들이 실제로 그런 연구를 수행한 적이 있다. 그들은 2003년부터 2005년까지 전 세계에서 발행된 주요 의학 전문지들을 샅샅이 뒤졌다.[71] 그 결과 광고에 설명된 치료 효과 중 과학적 연구에 의해 뒷받침된 것은 절반 정도였으며 치료 효과를 입증한 과학적 연구들 중 제대로 된 연구도 절반에 불과했다.

일례로 세계 최대의 의학 전문지인 JAMA와 NEJM(뉴잉글랜드 의학

---

71 Heimans, L., Van Hylckama Vlieg, A., & Dekker, F. W. (2010). Are claims of advertisements in medical journals supported by RCTs? *Neth. J. Med, 68*, 46~9.

저널)도 제약 회사 광고를 통해 1천만~2천만 달러의 수입을 벌어들이고 있다.[72]

제약 회사의 판촉 대상은 보건 의료 전문 언론 기관, 의료 관계자, 다양한 의료 교육 기관, 보건 분야의 여론 주도층 등 광범위하다.[73]

제약 영업에 휘둘리는 의사들

의사들이 제약 회사 영업 담당자Medical Representative를 직접 만나지 못하게 막아야 한다는 데는 충분히 그럴 만한 이유가 있다.[74] 흔히 MR이라고 부르는 영업 담당자들은 의사들을 만나 소속 제약사에서 개발한 신제품의 장점을 소개하는 것이 일이다. 프랑스에서 활동하고 있는 MR은 2006년 기준 2만 2천 명이며 이는 제약업계에서 일하는 인력의 22퍼센트 정도에 해당한다.[75] 2012년 기준 프랑스 개업의 수는 약 22만 명[76]이므로 MR 한 명이 의사 열 명을 담당하는 셈이다(미국의 경우 의사 여섯 명 당 한 명꼴). 프랑스 의사 중 3분의 1은 일주일에 일곱 명이 넘는 MR의 방문을 받는다.

72 Fugh-Berman, A., Alladin, K., & Chow, J. (2006). Advertising in medical journals: Should current practices change? *PLoS Medicine*, *3*(6), e130. Goldacre, B. (2012). *op. cit.*, p. 305. 최근에 미국에서 나온 조사 결과에 따르면 병원 관리자들 중 60퍼센트가 컨설턴트, 강사, 자문 위원 등의 직함을 갖고 업계를 위해 일하고 돈을 받은 것으로 나타났다. Campbell, E. G., Weissman, J. S., Ehringhaus, S., Rao, S. R., Moy, B., Feibelmann, S., & Goold, S. D. (2007). Institutional academic-industry relationships. *JAMA*, *298*(15), 1779~1786. 17,700명의 의사들이 아스트라제네카, 화이자, GSK, 머크 등으로부터 7억 5천만 달러의 돈을 받았다. 그 중 10만 달러 이상 받은 의사도 384명이나 된다. Goldacre, B. (2012). *op. cit.*, p. 331 참조. 이 정보는 언론사 프로퍼블리카ProPublica 사이트에서 볼 수 있다. http://www.propublica.org/series/dollars-for-docs.

73 *Prescrire* (2008), 28(299), 705.

74 Fugh-Berman, A., & Ahari, S. (2007). Following the script: How drug reps make friends and influence doctors. *PLoS Medicine*, *4*(4), e150.

75 제레미 포티에가 레플렉시앙스Réflexiences에 기고한 글 참조. www.reflexiences.com/dossier/143/les-medecins-sont-ils-manipules-par-les-laboratoires-pharmaceutiques.

76 의료계 종사자 인명록Répertoire partagé des professions de santé(RPPS) 자료.

MR들은 정직하고 성실하게 맡은 일을 하는 사람들이므로 그들을 사적으로 비판하는 것은 적절하지 못한 일이 될 것이다. 더군다나 요즘처럼 의사들이 바빠서 전문 분야에서 새로 나오는 문헌을 읽을 시간조차 없는 상황에서는 MR들이 의사의 일을 덜어 준다고도 할 수 있다.

결함이 있고 도덕적으로 받아들이기 어려운 것은 시스템이다. 제약 회사와 제약 회사를 대표하는 사람들이 자사 제품에 대해 왜곡된 이미지를 제공한다는 것은 잘 알려진 사실이다. 제약 회사들이 자랑스럽게 내세우는 신약들이 기존 약보다 효과가 월등하다면 공공의 이익에 기여한다고 하겠지만 현실은 그렇지가 않다.

프랑스에서는 제약사 영업 사원이 정보를 제공하면서 어떤 형태로든 처방을 부추기지 못하도록 법으로 금지되어 있다. 그렇지만 어떻게 처방에 영향을 미치지 않을 수 있을까? 제약회사 영업 사원은 업무 성격상 소속 회사에 유리한 편향적인 의견을 제공할 수밖에 없다. 그들은 자사 제품을 칭찬한 학술 논문을 발췌 인쇄한 책자를 배포하면서 해당 물질이 효과가 없다든가 기존 약물보다 효과가 떨어진다든가 아니면 최악의 경우에 부작용이 나타난다고 언급된 연구 결과에 대해서는 입을 다물 수밖에 없다. 그런 의미에서 MR은 소속 제약 회사의 정보 은폐 전략에 공모할 수밖에 없다.

의사들은 대개 비판 정신을 잃지 않고 냉철하게 판단한다고 말한다. 그런데 막상 조사를 하니 결과는 정반대였다. 미국에서 진행된 한 연구에서 제약 회사에서 제공한 비용으로 멋진 휴양지로 여행을 다녀온 의사들이 어떤 행동을 하는지 추적 조사를 했다.[77] 여행을 떠나기 전에 의사들은 행사에 참여한다고 해서 처방 습관에 변화가 생기

---

77   Orlowski, J. P., & Wateska, L. (1992). The effects of pharmaceutical firm enticements on physician prescribing patterns. There's no such thing as a free lunch. *Chest, 102*(1), 270~273.

지 않을 것이라고 장담했다. 그렇지만 여행을 다녀온 후 해당 제약 회사 제품을 세 배나 더 많이 처방한 것으로 나타났다. 독자들은 그것을 어떻게 알아냈는지 몹시 궁금할 것이다. 미국에서는 얼마든지 가능한 일이다. 약국들이 처방전 기록을 판매할 수 있기 때문에 영리 목적의 데이터 분석 회사들이 이를 사들여 분석해서 제약 회사들에게 제공한다.[78] 환자 이름은 없지만 의사의 이름은 남아 있기 때문에 제약 회사들이 특정 의사가 어떤 의약품을 처방했는지 알아내 MR의 영업용 설득 논리에 반영할 수 있다. 프랑스나 유럽과 달리 미국에서는 자사 제품을 처방한 의사들에게 호의를 베푸는 것도 얼마든지 가능하다.

벤 골드에이커를 비롯한 여러 전문가들은 의사들이 MR의 방문을 무조건 거절해야 하며 MR들이 병의원, 치료소, 의과 대학에 들락날락하지 못하도록 금지해야 한다고 생각한다.[79] 약사들 역시 어떤 이유에서든 처방전 정보를 공개하지 못하도록 금해야 한다.

프랑스 공익 단체인 시민 서비스 기구Agence du Service Civique의 총재를 지낸 마르탱 이르슈도 2011년 1월에 TV 방송에 나와 비슷한 이야기를 한 바 있다. "의과 대학에서 교육 받을 때부터 사회에 나가 평생 교육 과정에 참여할 때까지 제약 회사들이 의사들에게 접근하지 못하도록 막아야 합니다. MR들이 진료실에 드나들지 못하도록 해야 합니다."[80] 그러자 어떤 대담자가 이렇게 받아쳤다. "위험한 생각입니다. 그래서 2만 2천 명의 MR들이 실업자가 되면 어떻게 구제하시겠어요?" 이것은 그렇게 근시안적으로 축소될 문제가 아니다. 공중 보건에 관한 사안이기 때문이다. 국가도 사회 보장 기금에서 큰돈이 절약되는 일인 만큼 MR들의 전직을 도우면 결과적으로 이익을 볼 수 있다.

---

78 처방약 조사 기관, 건강 정보 회사인 베리스판Verispan, 볼터스클루베Wolters-Kluwer, IMS헬스IMS Health. 특히 IMS헬스는 약국에 등록된 처방전 3분의 2에 대해 데이터를 확보하고 있다.
79 Stell, L. K. (2009). Drug reps off campus! Promoting professional purity by suppressing commercial speech. *Journal of Law, Medicine & Ethics*, 37(3), 431~443. 네이처 인터넷 사이트에 실린 2012년 9월 28일자 골드에이커 인터뷰도 참조.

베끼기에만 열을 올리는 연구 개발

제약 회사들이 수십만의 인명을 구할 수 있는 신약을 발명하고 제조하는 일도 물론 있다. 그런데 요즘은 치료법 개발은 뒷전이고 가격만 비싼 신약이 대부분이다. 뭔가가 개선된 약이라면 효과가 월등히 뛰어나고 투약 횟수가 줄어든다든가 위험도가 낮다든가 투여 방법이 간편하고 안전하다든가 하는 장점이 있어야 한다.

그런데 요즘 '신약'이라고 불리는 것들은 대다수가 딱히 시판될 이유가 없는 미투me-too 제품 아니면 미어게인me-again 제품이다.

'미투' 신약이란 기존 약물을 이름만 바꿔 판매하는 베끼기 상품 즉 복제약이다. '미어게인' 신약은 법적 보호 기간이 20년인 특허가 만료된 후 제네릭약으로 전환될 의약품을 오리지널 제조사가 약효의 개선 없이 화학식만 살짝 바꿔 새 버전으로 내놓는 오리지널 개량 신약이다. 이런 제품들은 대대적인 광고 공세와 함께 새로운 이름을 달고 나와 특허가 만료된 기존 제품보다 두세 배가량 비싸게 판매된다. 그게 어떻게 가능할까? 어려울 것 하나도 없다. 앞에서 보았듯이 어떤 약의 상용화 허가를 얻으려면 위약보다 효과가 약간 더 좋다는 것만 입증하면 된다. 신약에 대해 보건 당국에서 승인을 얻으려면 효과가 30퍼센트만 더 높으면 된다. 그런데 정작 환자에게 필요한 것은 가격만 비

---

80 마르탱 이르슈가 제안한 내용은 다음과 같다. 1) 제약업체와 협력 관계가 없는 공공 의학 연구소를 다시 만들어 업계와 무관한 연구자들을 양성해 이해관계의 충돌 없이 전문 위원회를 이끌어 갈 수 있도록 해야 한다. 2) 학회들이 독립적 학술 단체로서 어엿하게 제 역할을 할 수 있도록 제약업계가 학회에 돈을 대는 것을 금지해야 한다. 3) 의료진을 위한 평생 교육과 의학 컨퍼런스에 필요한 돈을 업계로부터 갹출할 것이 아니라 공공 자금으로 충당함으로써 의사와 학자들이 제약업계에 대해 부채 의식을 갖지 않도록 해야 한다. 4) 약물 부작용 감시를 다시 국가에서 관리하고 위험성 연구를 제약 회사에 맡길 것이 아니라 보건 당국이 직접 발주해야 한다. 5) 이해관계의 충돌 방지에 대한 기준을 훨씬 더 엄격하게 바꿔야 한다. 6) 의사들이 약물에 대해 정보를 얻을 수 있도록 제약 회사 영업 사원의 약물 홍보가 아닌 다른 방법을 강구해야 한다. http://martinhirsch.blogs.nouvelobs.com/archive/2011/01/23/post-mediator-a-propos-des-visiteurs-medicaux.html.

싼 개량 신약이 아니라 효과가 개선된 약이다.

세계 보건 기구가 발표한 아드리안 홀리스의 분석에 따르면 복제 약과 오리지널 개량 신약이 지닌 가장 큰 문제는 혁신을 저해한다는 것이다. 따라서 신약 판매 승인을 하기 전에 기존 약물 대비 효능의 우수성을 입증할 수 있는 증거를 요구해야 할 것이다.[81]

수백 가지 사례가 있지만 하나만 예를 들어보자. 십 년 전쯤 아스트라 제네카라는 회사가 위 역류와 속쓰림을 치료하는 오메프라졸 omeprazole을 판매해 매년 50억 달러를 벌어들였다. 매출 3분의 1을 이약으로 벌어들였다. 그런데 특허가 만료될 시기가 되었다. 특허가 풀려 제네릭 약품이 시장에 진입하면 가격이 떨어지고 매출이 크게 감소할 게 뻔했다(환자들에게는 이익이 되는 상황). 그래서 아스트라제네카는 2001년에 에소메프라졸esomeprazole[82]이라는 오리지널 개량 신약을 만들어 시장에 내놓았다. 치료 효과 측면에서 두 약은 차이가 전혀 없다.[83] 그런데도 가격은 새 약이 열 배나 더 비싸다. 그럼 의사들은 왜 비싼 약을 처방하는 것일까? 거짓 광고가 위력을 발휘한 것이다.

미국의 메디케어Medicare와 메디케이드Medicaid 서비스 센터(메디케어는 미국의 65세 이상 노인 의료 보험 제도, 메디케이드는 연방 정부와 주 정부가 공동으로 극빈층에게 의료비를 전액 지원하는 제도-옮긴이) 소장을 지낸 토마스 스컬리는 에소메프라졸(브랜드명은 넥시움) 때문에 낭비되는 돈이 일 년에 8억 달러에 달한다는 사실을 밝혀내고 "넥시움을 처방하는 의사는 부끄러운 줄 알라."라면서 독설을 퍼부었다. 이를 본 아

---

81 Hollis, A. (2004). Me-too drugs: Is there a problem? *WHO report*. In http://cdrwww. who.int/entity/intellectualproperty/topics/ip/Me-tooDrugs_Hollis1.pdf.

82 판매 허가를 다시 얻으려면 아무리 작아도 차이가 있어야 한다. 에소메프라졸은 오메프라졸의 거울상 이성질체였다. 거울상 이성질체란 거울에 비친 모습처럼 반전된 형태의 분자를 가리키는데 이 경우에 치료적 특성에는 변함이 없다.

83 정부 기관인 국립 임상 연구원National Institute for Clinical Excellence의 지침 "CG17 Dyspepsia: full guideline", Guidance/Clinical Guidelines 참조. http://guidance. nice. org.uk/CG17/Guidance/pdf/.

스트라 제네카는 백악관에 진정을 했고 미 의회가 나서 스컬리에게 입 다물고 가만히 있는 편이 신상에 좋을 것이라고 경고를 했다.[84]

ALLHAT 연구[85]는 성인 인구 4분의 1의 지병인 고혈압의 치료를 위해 1994년부터 1억 2천5백만 달러의 비용을 들여 진행한 "심근 경색 예방을 위한 항고혈압제 및 콜레스테롤 저하제 복용 시험"이다. 이 연구에서 옛날부터 사용되어 오던 저렴한 가격의 클로르탈리돈 chlorthalidone과 널리 처방되지만 가격이 매우 비싼 암로디핀amlodipine(화 이자 제약의 노바스크)을 비교해 보았다. 혈압 조절에 효과가 좋은 것으로 알려져 있는 두 약으로 치료를 받은 환자가 심장 발작을 일으킨 일이 몇 번이나 되는지 알아보기로 한 것이다. 2002년에 결과가 나왔는데 놀랍게도 옛날에 나온 기존 약물이 효과가 훨씬 좋은 것으로 나타났다. 더군다나 기존 약을 처방할 경우에 환자와 사회 보장 시스템이 절감할 수 있는 돈은 연구 개발비를 충당하고도 남는 액수였다. 이런 결과에도 불구하고 암로디핀이 의사와 약사들을 상대로 대대적으로 광고 공세를 퍼부으며 고가에 팔리는 것을 막을 방법이 없었다.[86]

제임스 문 외 여러 학자들은 영국에서 가장 많이 처방되는 약물 열 종을 조사했다. 이 연구에서도 효과가 동일한 저가 약물 대신 다양한 복제약과 개량 신약을 사용할 경우 환자 건강에 도움은 되지 못하면서 공공 재정에 일 년에 몇 십억 파운드씩 부담을 주는 것으로 나타났다.[87] 이런 상황은 세계 어디에서나 다 마찬가지다.

84 Goldacre, B. (2012). *op. cit.*, p. 148.
85 심근 경색 예방을 위한 항고혈압제 및 콜레스테롤 저하제 복용 시험Antihypertensive and Lipid-Lowering Treatment to Prevent Heart Attack Trial(ALLHAT)은 미국 보건 복지부의 주도로 8년 동안 진행되었다.
86 Goldacre, B. (2012). *op. cit.*, p. 149.
87 Moon, J., Flett, A. S., Godman, B. B., Grosso, A. M., & Wierzbicki, A. S. (2011). Getting better value from the NHS drugs budget. *BMJ*, 342(7787), 30~32.

인간 '모르모트'에 관한 심각한 윤리적 과오

미국에서는 과거 수십 년 동안 죄수들을 대상으로 신약 실험을 했는데 요즘은 선진국의 빈곤층과 개발 도상국 국민들을 대상으로 한다. 물론 대신에 돈을 지불한다. 무일푼인 인도인이 들었을 때 솔깃한 금액일 경우도 있다. 그렇지만 하청 업체에 대한 감독도 소홀하고 양심 없는 업체들이 많아 사고가 잦고 피해자에 대한 보상도 거의 이루어지지 않는다. 인간 모르모트를 직업으로 삼는 사람도 있는데 새로운 약물을 너무 많이 복용해 고통을 받기도 하고 약을 삼키는 척만 하는 경우까지 있다. 이런 일을 '전문적'으로 하는 사람들은 자신의 생계 수단을 가리켜 "돈 받고 가볍게 고문당하는 일"이라고 표현하기도 한다.[88]

투약 가능성이 있는 다양한 인종 집단을 대상으로 실험이 수행되어 오류를 낳기도 한다. 중국, 러시아, 인도 산간벽지에 사는 가난한 주민들에게 투약을 했을 때와 뉴욕 시민들에게 투약을 했을 때 나타나는 반응이 같지 않을 것이다. 예를 들어, 혈압 약에 노출된 적이 없는 사람에게 새로운 혈압 약을 주면 혈압 때문에 이런저런 치료를 받은 적이 있는 사람보다 훨씬 더 긍정적인 결과를 나타낼 가능성이 크다. 바로 그런 식으로 실험 결과가 왜곡되는 것이다. 또한 이런 연구에 자진해서 피험자로 참여하는 사람들은 선진국 국민들 위주로 개발되는 신약의 혜택을 받을 가능성이 거의 없다.

---

88 Helms, R., *Guinea Pig Zero: An Anthology of The Journal for Human Research Subjects*, Garrett County Press, 2006. http://www.guineapigzero.com 사이트도 참조. Goldacre, B. (2012). *op. cit.*, p. 107에 인용.

가능한 해결책

다른 사람의 이익을 도모하는 일에 그토록 무관심하고 심각한 법규 위반도 아무렇지 않게 생각한다면 이를 바로잡을 방책을 모색해야 한다. 제약업계는 부분적이고 편향된 정보만 제공한다. 최근까지만 해도 책임감 있는 과학자들이 경계경보를 울리는 일이 있었지만 언론과 대중은 상황을 제대로 파악하지 못했다.

따라서 업계와 별도로 독립적인 보건 규제 기구가 나서 개업의가 갖춰야 할 자질과 기존 약물의 위험성을 명확히 알리고 의사들에게 평생 교육을 제공해야 마땅하다. 별도의 과학 위원회들이 제약 회사가 수행한 연구와 실험의 타당성을 심사해야 한다. 그러기 위해서 가장 먼저 의약품 효능에 관한 연구에서 나온 모든 실험 데이터에 접근할 수 있어야 한다. 그런 기구를 운영하려면 돈이 많이 들겠지만 결과적으로 따지고 보면 정부 입장에서 엄청난 비용을 절감할 수 있을 것이다.

아울러 오늘날 제약 회사들은 자사 제품에 불리한 연구 결과를 무조건 은폐하는데 이런 관행에 대해 처벌을 강화해야 한다. 『불량 제약 회사』에서 벤 골드에이커는 새로운 연구 개발보다 제약 시스템을 쇄신하고 정화하는 데 자원을 투자하는 것이 사회를 위해 훨씬 더 중요하고 유용한 일이라고 주장한다.

1981년에 약사와 의사들이 모여 창간한 프랑스 의약 저널 『프레스크리르Prescrire』도 일찌감치 골드에이커와 동일한 노선을 채택하고 제약사가 로비 활동으로 부적절한 영향을 미치는 일이라든가 효과가 전무한 치료법, 환자를 위험에 몰아넣는 요법 등을 고발하고 나섰다.(2005년에 메디아토르를 시장에서 몰아내야 한다고 처음 주장한 것도 프레스크리르였다.) 보건 산업 종사자들의 평생 교육을 표방하는 이 저널은 제약 회사의 광고를 받지 않는 것이 특징이며 매년 기업 투명성, 연구 개발 자료에 대한 공개 의지, 제품 효과와 부작용에 관한 객관성 척도를 이용해 제약 회사 순위를 매겨 발표한다.

프레스크리르는 2012년에 열다섯 종의 신약을 위험하다고 분류했으며 시장에 출시된 신약 제품에 추가된 물질들이 대부분 기존 약물에 비해 월등한 치료 효과가 없다고 지적했다. 더욱 더 염려스러운 것은 신약 5분의 1이 장점보다 위험성이 큰 편이라 가급적 피하는 게 상책이라는 점이다.

프레스크리르의 전문가들은 제약 회사들과 별도로 독립 임상 연구 기금을 늘리는 방안이 가장 바람직하다고 말한다. 독립적인 전문가 기구를 설립하고 기존 치료약과 신약의 비교를 의무화하며 임상 시험 데이터에 대한 정보 접근 투명성을 보장하고 보건 산업 종사자에 대해 평생 교육을 실시하는 등의 일이 재정적으로 제약 회사들에게 의존하지 않고 이루어져야 한다는 것이다.

결론적으로 문제의 핵심은 누락된 데이터라고 할 수 있다. 벤 골드에이커는 이렇게 설명한다. "이것이 문제 해결의 열쇠다. …… 적절한 테스트가 이루어지지 않고 부정적인 결과가 나온 데이터가 은폐된다면 우리가 사용하는 치료법이 실제로 어떤 효과가 있는지 도저히 알 수 없다." 정보를 누락하거나 편향된 데이터, 그릇된 데이터를 제공하면 그로 인해 의사들이 잘못된 결정을 내려 병을 고치려고 하다가 본의 아니게 환자들에게 불필요한 고통을 안겨주거나 환자를 죽음으로 몰아넣는 일까지 있을 수 있다.[89]

권력형 이기주의의 최고봉, 몬산토

몬산토는 백 년 가까이 권력형 이기주의의 전형을 적나라하게 보여

---

89 Goldacre, B. (2012). *op. cit.*, p. 342.

준 만큼 일개 기업이지만 따로 뽑아 소개할 가치가 충분하다. 세계 46개국에 진출한 몬산토는 식물의 유전자를 조작하는 GMO^{Genetically Modified Organism}의 선두 기업, 단일 경작을 세계적으로 확산시킨 회사로 일반인들 머릿속에 각인되어 있다. 몬산토는 농민들에게 종자를 판매한 뒤 같은 종자라도 이듬해에 다시 사용하려면 새로 구입하도록 엄격히 통제를 한다.

그런데 사람들이 잘 모르는 것이 있다. 독학으로 화학자가 된 존 프랜시스 퀴니에 의해 1901년에 설립된 몬산토는 폴리염화 바이페닐 PCB(프랑스에서는 피랄렌이라는 이름으로 판매된다.)[90]이나 베트남 전쟁을 계기로 유명해진 에이전트 오렌지와 같은 맹독성 화학 물질을 가장 많이 생산한 회사 중 하나다. 다이옥신을 비롯해 여러 가지 독성 물질이 포함된 이 제품들 때문에 목숨을 잃은 사람만 수천 명에 달한다. 몬산토는 건강을 위협하는 해로운 영향을 은폐하고 부인했지만 그들이 저지른 범죄 행위는 수많은 소송과 재판을 통해 만천하에 공개되었다. 몬산토는 그 후 갑자기 지속 가능한 개발을 가치로 내세우며 하루 아침에 "생명 과학 기업"으로 변신해 오늘날에 이르고 있다.

알베르롱드르^{Albert-Londres Prize} 상을 수상한 저널리스트 겸 다큐멘터리 감독인 마리 모니크 로뱅은 세계 곳곳을 누비며 몬산토의 악행을 심층 취재했으며 그렇게 해서 나온 책이 『몬산토 죽음을 생산하는 기업^{The World According to Monsanto}』이다.

독극물에 오염된 도시

미국 남부 앨라배마주 애니스턴은 인구 2만 3천 명이 거주하는 소도

---

90 미국에서 아로클로르^{Aroclor}라는 이름으로 시판된 몬산토 제품 PCB는 독성이 매우 높은 염소 오일로 열을 받으면 다이옥신이 나온다. 전기 전자 업계에서 단열재로 사용되었다. 프랑스에서는 1987년부터 피랄렌 사용이 금지되었다.

시로 주민 25퍼센트가 아프리카계 미국인이며 빈곤 한계선 이하의 생활을 영위하고 있다. 애니스턴은 한때 미국에서 오염이 가장 심각한 도시였다. 몬산토가 1929년부터 1971년까지 PCB를 생산하면서 장장 사십 년 동안 애니스턴을 가로질러 흐르는 스노우 크리크Snow Creek 운하로 독성 강한 폐기물을 주구장창 흘려보냈기 때문이다. "독이 든 물이 흘렀다. 몬산토도 알고 있었지만 입을 다물고 있었다." 독극물에 오염된 도시에서 살아남은 데이비드 베이커가 이렇게 말한다.[91] 오염이 극심한 곳은 사람들이 모두 떠나버려 유령도시처럼 을씨년스런 몰골을 하고 있다.

PCB는 기계에서 윤활유와 절연체 역할을 해 한때 페인트, 금속 가공 제품, 땜납, 접착제 등 안 들어가는 곳이 없을 정도로 광범위하게 사용되었지만 지금은 '잔류성 유기 오염 물질persistent organic pollutants'로 분류되어 매우 위험한 물질로 취급받고 있다. 자연 분해가 되지 않고 먹이 사슬을 통해 생물의 조직에 축적되기 때문이다.

PCB가 위험하다는 정보가 공공연하게 떠돌기 시작한 것은 1960년대 말부터였다. 몬산토는 사업이 혹시 망할까봐 전전긍긍이었다. 1970년에 작성된 몬산토 사내 문건에 보면 영업 사원들에게 이렇게 지시하고 있다. "구두 답변은 해도 되지만 서면으로 답해서는 절대 안 된다. …… 지금은 단돈 1달러가 아쉬운 때다."

1990년대에 접어들어 애니스턴 주민들 사망률이 치솟고 여성들이 유산을 하고 아동 상당수가 정신지체 징후를 보이기 시작했다. 몬산토는 가난한 지역 주민들에게 고소하지 않겠다고 약속하면 좋은 값에 주택을 구입하겠다고 제안했다. 그러고는 침묵의 대가로 백만 달

---

91 2005년 3월에 미국 환경 보호국(EPA)에 의해 작성된 후 기밀 목록에서 제외된 보고서에 따르면 사십 년 동안 810톤의 PCB가 스노우 크리크와 같은 운하에 배출되었으며 아프리카계 미국인들의 거주지가 인근에 있음에도 불구하고 3만 2천 톤의 오염된 폐기물이 야외에 버려지거나 현장에 방치되었다.

러를 주고 문제를 영원히 덮으려고 했다. 이런 몬산토의 전략이 구체화되기 전에 애니스턴 출신인 변호사 도널드 스튜어트가 먼저 애니스턴 주민들을 대표해 법원으로부터 몬산토가 공개를 거부하던 내부 문건에 접근할 수 있는 권리를 얻었다.

몬산토 내부 문건을 조사한 결과, 그들은 1937년부터 PCB가 건강에 심각한 위험을 초래할 수 있다는 사실을 알고 있었던 것으로 드러났다. 근로자들이 다이옥신이 포함된 PCB 증기에 노출되어 사망했다는 사실, 피부병에 걸려 얼굴이 엉망으로 망가진 근로자가 있다는 사실도 모두 알고 있었다. "염소 여드름chloracne"이라고 불리는 이 병에 걸리면 온 몸에 오톨도톨한 농포가 생기고 피부가 갈색으로 변하는데 증상이 몇 년 동안 지속될 수도 있고 완전히 사라지지 않는 경우도 있다.

1955년에 런던에 주재하던 몬산토 연구원이 몬산토 제품인 아로클로르Aroclor에 대해 엄격한 연구를 통해 독성을 평가해야 한다고 건의하자 몬산토 의학 연구소 책임자 켈리가 무뚝뚝하게 이렇게 대꾸했다. "새 프로젝트를 하느라 업무량이 늘면 좋겠소?"[92]

그래도 사방에서 압력이 높아졌다. 1966년 11월에 미시시피 대학교 생물학자 덴젤 퍼거슨이 이끄는 연구 팀이 물고기 스물다섯 마리를 통발에 담아 애니스톤의 운하에 넣자 "물고기들이 모두 균형 감각을 잃고 3분 30초 만에 피를 토하고 죽었다." 어떤 곳은 300배 희석한 물에서도 물고기들이 전부 폐사할 정도로 오염이 심각했다. 퍼거슨 교수가 내린 결론은 다음과 같았다. "스노우 크리크는 앞으로 법적 문제가 마르지 않는 샘이 될 수 있다. …… 향후 소송에서 회사를 지키고자 한다면 몬산토는 폐기물의 생물학적 효과를 모니터링 해야 한다."[93]

92   Robin, M.-M., *The World According to Monsanto*, The New Press, 2012, p. 1693
93   *Ibid.*

전 세계로 퍼져 나간 PCB

PCB는 남극부터 북극까지 어느 한곳 빼놓지 않고 지구 전체를 오염시켰다.[94] 1966년에 스웨덴 학자 쇠렌 옌센이 인간의 혈액 샘플에서 평소에 보지 못했던 독특한 독성 물질을 발견했는데 그것이 바로 PCB였다. PCB가 제조되지 않는 스웨덴까지 야금야금 파고들어 환경을 오염시킨 것이다. PCB는 근해에서 잡힌 연어에서 다량 검출되었으며 심지어 옌센 자녀들 머리카락에서도 나왔다.[95] 옌센은 PCB가 먹이 사슬을 통해 동물의 장기와 지방 조직에 축적되며 최소한 DDT와 같은 수준의 독성이 있다고 결론 내렸다.

마리 모니크 로뱅은 이렇게 말한다. "그래도 몬산토 경영진들은 태도를 바꾸지 않았다. 일 년 뒤 그들은 애니스턴과 프랑스 소제Sauget에서 아로클로르 계열 제품을 개발하는 데 290만 달러의 예산을 추가 편성하기로 했다."

2007년에 프랑스 론Rhône강이 피랄렌에 의해 심각하게 오염되었다(지금도 론강에서 잡은 어종에 대한 매매와 식용이 금지될 정도). 피랄렌은 1987년부터 프랑스에서 판매 금지되었지만 피랄렌이 사용된 장비가 여전히 많이 남아 있다 보니 어종의 체내에서 보건 위생 기준의 다섯 배, 많게는 열두 배의 PCB가 검출되었다. 같은 이유로 파리 센강, 가론강, 루아르강에서 낚시가 전면 금지되어 있다.[96] 2013년 4월 프랑스에서 나온 로빈후드 협회의 연례 보고서에 따르면 프랑스 국토 중 550

---

94 이 제품들에 정기적으로 노출되면 암, 심장 질환, 당뇨병, 면역 체계 저하, 갑상선 기능 부전, 성 호르몬 부족, 생식 장애, 심각한 신경 장애에 걸릴 수 있다. Robin, M.-M. (2010). *op. cit.*, Kindle location, p. 726 of the French edition.

95 Jensen, S. (1966). Report of a new chemical hazard. *New Scientist*, 32(612), 247~250.

96 PCB에 오염된 프랑스의 강과 지역을 확인하려면 2013년 4월에 나온 로빈후드 협회의 연례 보고서 "Atlas des sites pollués au PCB(PCB 오염 지도)" 참조. http://www.robindesbois.org/ pCB/ pCB_hors_serie/atlas_pCB.html.

곳이 PCB에 오염된 것으로 되어 있어 2011년보다 100곳이 늘었다.

피랄렌이 금지되었음에도 불구하고 이처럼 오염이 증가하는 이유는 기계류에 아직 많이 남아 있기 때문이다. 특히 그런 기계나 가전제품(석유 라디에이터 등)이 함부로 버려지면 환경이 크게 오염된다.

회사 기밀에 대해 함구하고 장사를 계속하라

몬산토는 1977년에 미국에서 PCB가 전면 금지될 때까지 무려 40년 동안 아무 일도 없는 것처럼 행동했다.[97] 워싱턴을 중심으로 활동하고 있는 비영리 환경 단체Environmental Working Group 책임자 켄 쿡은 이렇게 말한다. "이 회사의 무책임함은 상상을 초월한다. 모든 데이터를 손에 쥐고 있었으면서 아무 조치도 취하지 않았다. 이 회사가 범죄를 저지르고 있다고 하는 이유가 바로 그것이다." EWG의 인터넷 사이트에 가면 몬산토의 내부 문건이 '산더미'처럼 쌓여있다.[98]

몬산토는 민간 연구소에 조사를 의뢰했고 PCB가 "예상했던 것보다 독성이 훨씬 더 큰 것으로 나타났다."[99]라는 결과가 나왔다. 그런데도 몬산토 본사인 세인트루이스 사무소는 1976년에 유럽 사무소에 서신을 보내 PCB의 발암 효과에 대해 누가 묻거든 "PCB를 제조하는 근로자들을 대상으로 기초적 건강 상태 조사를 벌이고 동물 대상 연구를 장기적으로 진행했지만 PCB가 암을 유발한다고 생각할 만한 근거가 없다."[100]라고 대답하라고 지시했다. 마리 모니크 로뱅이 쓴 것처럼 "몬산토 본사의 유일한 관심사는 하늘이 두 쪽 나도 회사 문을 열어 놓고 장사를 계속하는 것이었다."[101]

97 Robin, M.-M. (2012). *op. cit.*, p. 19.
98 www.chemicalindustryArchives.org/dirtysecrets/annistonindepth/toxicity.asp. Robin, M.-M. (2012). *op. cit.*, p. 19에 인용.
99 Robin, M.-M. (2010). *op. cit.*, p. 706.
100 *Ibid.*, p. 720.

무거운 유죄 판결과 초광속 과거 청산

2002년, 뉴욕에 있는 대형 법률 회사가 사건을 맡게 되면서 드디어 고대하던 재판이 열렸고 몬산토와 자회사 솔루시아가 PCB로 애니스턴과 애니스턴 주민들의 피를 더럽힌 데 대해 유죄 판결을 받았다. 유죄 판결의 사유는 "과실, 도주, 사기, 인명과 재산에 대한 피해, 공해" 등이었다. 법원은 몬산토가 "사람으로서 지켜야 할 최소한의 도리를 저버리고 문명사회에서 도저히 용납할 수 없는 끔찍한 행동"[102]을 저질렀다고 엄하게 꾸짖은 후 몬산토와 자회사에게 7억 달러를 손해 배상하라고 판결했다.

재판 과정을 처음부터 끝까지 지켜본 켄 쿡은 "재판 내내 그들은 피해자들에게 일말의 동정심도 보이지 않았다. 한마디 사과나 변명도 하지 않고 유감의 표시도 없었으며 시종일관 자신들이 한 일을 부인했다."[103]라고 전했다.

2005년에 몬산토는 "청렴, 투명성, 대화, 공유, 상호 존중"이라는 기업 헌장을 제정했다. 오늘날 이 회사가 프랑스어로 서비스하는 웹사이트에 들어가 보면 한술 더 떠 이렇게 선언하고 있다.

우리는 매사에 청렴을 제일 덕목으로 삼습니다. 청렴은 정직, 예의, 일관성, 용기가 모두 포함된 개념입니다. …… 정보를 언제 어디서나 이용할 수 있도록 개방하고 접근성과 이해도를 높이기 위해 노력하고 있습니다. …… 협력업체와 지역 사회, 고객, 소비자, 환경 안전을 최우선으로 여깁니다.[104]

101 *Ibid.*, p. 685~686.
102 *Ibid.*, p. 823.
103 Robin, M.-M. (2010). *op. cit.*, p. 806~807에 털어놓은 이야기.
104 몬산토가 한 서약을 보려면 웹사이트 참조. http://www.mon santo.com/whoweare/pages/monsanto-pledge.aspx.

몬산토가 안전을 최우선으로 하는 기업이라고? 옛날에 절대 그렇지 않았던 회사인데 앞으로 그러리라는 보장이 있을까? 언젠가 연방 법원 판사가 몬산토에게 그동안 저지른 악행의 목록을 적어 신문에 게재하라는 판결을 내리게 되지나 않을까?

에이전트 오렌지

몬산토는 1959년부터 라소Lasso라는 제초제를 생산하기 시작했다. "에이전트 오렌지"라는 이름으로 더 잘 알려진 이 제초제가 바로 1962년부터 1971년까지 미군이 사다가 베트남의 정글을 초토화시키는 데 사용한 제품이다.[105] 에이전트 오렌지는 베트남에서 수많은 사람들에게 암을 유발하고 아동 15만 명에게 심각한 선천적 결손증과 중병을 안겼으며[106] 미군 병사들도 이 제품 때문에 고통을 당했다.

기밀 해제 문서들에 의하면 제조업체 중에서 특히 몬산토와 다우

---

105 다우 케미칼도 에이전트 오렌지를 제조한 회사 중 하나인데 이 회사의 자회사인 유니언카바이드Union Carbide는 1984년 인도에서 일어난 보팔 대참사와 관련이 있다. 보팔 대참사는 공식적 사망자가 3천5백 명, 피해자 단체들이 집계한 희생자가 2만~2만 5천 명에 달하는 20세기 최대의 산업 재해다. 330만 헥타르가 넘는 숲과 토지에 8천만 리터의 고엽제가 배출된 것으로 추정되며 고엽제가 뿌려진 나무와 관목은 90퍼센트가 이 년 안에 죽고 말았다. 3천 곳 이상의 마을이 오염되었고 사용된 고엽제의 60퍼센트는 400킬로그램에 상당하는 다이옥신이 포함된 에이전트 오렌지였다. WHO는 다이옥신에 대해 이렇게 말한다. "독성이 매우 강해 생식과 성장에 문제를 일으키고 면역 체계에 해를 입히고 호르몬 시스템을 방해하고 암을 유발한다." Stellman, J. M., Stellman, S. D., Christian, R., Weber, T., & Tomasallo, C. (2003). The extent and patterns of usage of agent orange and other herbicides in Vietnam. *Nature*, 422(6933), 681~687. Robin, M.-M. (2010). *op. cit.*, Kindle location 8038~8040; Stellman, Jane Mager, The extent and patterns of usage of agent orange and other herbicides in Vietnam, *Nature*, April 17, 2003에 인용.

106 Monsanto's agent orange: The persistent ghost from the Vietnam war. Organic Consumers Association, 2002. http://www.organicconsumers.org/monsanto/agentorange032102.cfm; Dai, Le Cao, *et al*. A comparison of infant mortality rates between two Vietnamese villages sprayed by defoliants in wartime and one unsprayed village. *Chemosphere*, vol. 20, August 1990, pp. 1005~1012. Robin, M.-M. (2010). *op. cit.*, Kindle location 8186.

케미칼이 자사에서 한 연구 데이터를 고의적으로 은폐한 것으로 나타났다. 당시에 미 육군과 사상 최대 규모의 계약을 체결한 터라 큰돈을 벌 기회를 놓치고 싶지 않았던 것이다.[107] 신시내티 대학교 레이몬드 서스킨드 교수는 몬산토 후원을 받아 연구를 진행한 후 1983년에 결과를 발표했다. 그가 내린 결론은 에이전트 오렌지의 주요 성분인 2,4,5-트리클로로페놀에서 나오는 다이옥신이 건강에 유해하지 않다는 것이었다.[108] 미 육군은 베트남에서 고엽제를 사용하는 데 대해 우려를 표하는 여론을 무마하기 위해 서스킨드의 연구 결과를 자주 인용했다. 그런데 서스킨드가 발암성 높은 제품을 인체에 해롭지 않은 것처럼 보이도록 데이터를 조작했다는 사실이 훗날 소송 과정에서 밝혀졌다.[109]

그린피스가 자료를 수집하고 케이트 젠킨스와 미국 환경 보호국이 몬산토의 사기 행각에 대해 보고서를 작성한데다가(몬산토는 온갖 방법으로 이를 막으려 했지만 실패로 돌아갔다.[110]) 결정적으로 베트남전 당시 미 해군 함대 사령관이었으며 고엽제 때문에 아들을 잃은 엘모 줌왈트 제독의 개입이 결실을 맺어 미 의회가 다이옥신에 노출되었을 때 발병 가능한 질환 목록을 작성해 달라고 국립 과학 아카데미에 요청하기에 이르렀다.[111] 그로부터 16년 후 미 의회에 전달된 목록에는

---

107 에이전트 오렌지를 제조한 7개 회사는 다우 케미칼Dow Chemical, 몬산토Monsanto, 다이아몬드 샴록Diamond Shamrock, 허큘리스Hercules, T-H 농업 영양T-H Agricultural & Nutrition, 톰슨케미칼Thompson Chemicals, 유니 로얄Uni royal이다. Robin, M.-M. (2010). op. cit., pp. 1280~1281.

108 Suskind, R. R. (1983). Long-term health effects of exposure to 2, 4, 5-T and/or its contaminants. Chemosphere, 12(4), 769.

109 Robin, M.-M. (2012). op. cit., p. 1319.

110 구체적인 방법은 알 수 없지만 경고를 받은 몬산토의 부사장이 EPA 과학 위원회 회장에게 서신을 보내 몬산토 웨스트버지니아 공장의 역학 조사와 관련한 자극적이고 잘못된 정보에 항의하고 몬산토와 서스킨드 박사에게 거짓 누명을 씌우는 데 대해 깊은 유감의 뜻을 전했다. 뜻을 이루지 못한 케이트 젠킨스는 보고서를 언론에 공개해 분노를 자극했으며 몬산토는 EPA가 조사를 제대로 하지 못하도록 방해하면서 젠킨스가 처벌 받거나 해고당하도록 계속 입김을 불어넣었다. 젠킨스는 결국 다른 근무처로 발령을 받았고 그 후에도 몇 년 동안 괴롭힘을 당했다.

13종의 중증 질환이 포함되어 있었으며 미국 국가 보훈부가 이를 토대로 수천 명의 베트남전 참전 용사들에게 보상을 하고 의료비를 댔다.[112] 결국 몬산토가 아니라 국가가 배상을 한 것이다. 반면에 베트남 어린이들에게는 아무 보상도 아직 하지 않았다.

라운드업Roundup

라운드업은 몬산토가 내놓은 기적의 제초제다. 장점을 고루 갖추었는데 인간에게 유해한 점이 전혀 없고 생물 분해 인증까지 받은 이른바 친환경 제품이다. 몬산토는 라운드업을 홍보하면서 "저절로 분해되어 자연으로 돌아가므로 어린이와 애완동물이 뛰노는 곳에서도 사용할 수 있다."라고 주장했는데 훗날 여러 나라에서 허위 광고 판결을 받았다. 프랑스에서는 2007년에 15,000유로의 벌금형에 처해졌다. 세상을 감쪽같이 속인 현행범인데 처벌이 이렇게 가벼운 것을 보면 거짓말과 사기가 알고 보면 크게 남는 장사인 것 같다.

라운드업을 대단위 콩 재배 농장에 농약 살포 항공기로 마구 뿌려댄 아르헨티나는 중독 사례가 상당히 많았으며 생명을 잃은 사람까지 나왔다. 미국 기밀 해제 문서에 따르면 몬산토 후원을 받는 연구소들이 라운드업의 주요 화학 성분인 글리포세이glyphosate가 동물에 대해 독성이 있다는 내용의 보고서를 은폐했던 것으로 나타났다.[113] 그 밖에도 미국, 캐나다, 스웨덴에서 특정 암이 증가한 것이 라운드업과 관련이 있는 것으로 밝혀졌다.[114]

---

111 여기에는 연부 조직 육종, 비호지킨 림프종과 같은 희귀암을 포함해 여러 가지 암(호흡, 전립선)과 백혈병, 제2형 당뇨병, 말초 신경 병증(내가 만난 참전 용사 앨런 깁슨이 이 병을 앓고 있었다.), 염소 여드름 등이 포함되어 있었다.

112 Robin, M.-M. (2012). op. cit., Kindle location 1585 of the French.

113 Problems plague the EPA pesticide registration activities, US Congress, House of Representatives, House Report, 98~1147, 1984. Robin, M.-M. (2012). op. cit., p. 337에 인용. New York Times, March 2, 1991 기사도 참조.

유전자 재조합 식품

1972년에 스탠포드 대학교의 유전학자 폴 버그가 서로 다른 종에서 추출한 DNA 가닥을 결합시켜 혼성 DNA 분자를 만들어냈다. 스탠포드 대학교 유전학자 스탠리 코헨도 두꺼비 염색체에서 추출한 유전자를 박테리아 DNA에 삽입하는 데 성공했다.[115]

같은 해에 몬산토는 유전학자 어니스트 자워스키를 비롯해 학자 서른 명으로 구성된 연구 팀에게 제초제를 뿌려도 살아남을 수 있도록 식물의 유전 형질을 조작해 달라고 요구했다. 몬산토 연구 팀과 다른 두 연구소 학자들은 우여곡절 끝에 박테리아를 매개체로 담배와 페튜니아에 항생제 내성 유전자를 삽입하는 데 성공했다고 발표했다.

미 대법원의 규정대로 "사람의 손을 거친 것이면 무엇이나" 특허 등록이 가능했으므로 몬산토와 두 연구소는 특허 등록을 했다. 그것이 "생물 특허" 제1 호였다. 뮌헨의 유럽 특허청European Patent Office도 이를 모방해 미생물에 특허를 내주었으며 뒤이어 식물(1985년), 동물 (1988년), 인간 배아(2000년)에까지 특허를 부여했다.[116] 오늘날 워싱

114 캐나다: McDuffie, H. H., Pahwa, P., McLaughlin, J. R., Spinelli, J. J., Fincham, S., Dosman, J. A.,... Choi, N. W. (2001). Non-Hodgkin's lymphoma and specific pesticide exposures in men cross-Canada study of pesticides and health. *Cancer Epiology Biomarkers & Prevention, 10*(11), 1155~1163. 스웨덴: Hardell, L., Eriksson, M., & Nordström, M. (2002). Exposure to pesticides as risk factor for non-Hodgkin's lymphoma and hairy cell leukemia: Pooled analysis of two Swedish case-control studies. *Leukemia & Lymphoma, 43*(5), 1043~1049. 미국: De Roos, A. J., Blair, A., Rusiecki, J. A., Hoppin, J. A., Svec, M., Dosemeci, M.,... Alavanja, M. C. (2005). Cancer incidence among glyphosate-exposed pesticide applicators in the Agricultural Health Study. *Environmental Health Perspectives, 113*(1), 49.

115 폴 버그가 원숭이에서 추출한 발암성 바이러스를 사람 위와 장에 대량 서식하는 박테리아 대장균 세포에 삽입하겠다고 하자 과학계가 경악했다. 유전학자 로버트 폴락은 이렇게 말했다. "이러다가 일이 잘못되어 실험실에서 조작된 유기체가 외부로 유출되면 대체 무슨 일이 일어나겠는가?" 그 후 유전자 조작에 대해 한시적으로 모라토리엄(연구 중단)이 선포되었지만 오래 가지 못하고 유전공학 실험은 계속 더 늘어났다.

116 Robin, M.-M. (2012). *op. cit.*, p. 203.

턴에 있는 미국 특허청이 부여하는 생물 관련 특허는 1년에 15,000개에 달한다.

몬산토 연구원들은 그때부터 자사의 히트 상품인 라운드업 제초제를 이겨 낼 수 있는 식물을 개발하는 데 혈안이 되었다. 농민들이 라운드업에 내성이 있는 콩을 심은 다음 제초제를 뿌려 잡초를 비롯해 불필요한 식물들을 모두 죽이고 결국 내성이 강한 콩만 살아남아 생물학적 사막에서 독야청청하게 만드는 것,[117] 그것이 몬산토가 세운 계획이었다.

몬산토 연구원들은 글리포세이트 공장의 제염 처리 탱크 안에서 살아가던 미생물에서 채취한 라운드업 내성 유전자를 콩 세포에 삽입하는 데 성공했고 결국 1993년에 라운드업레디 콩(라운드업 제초제에 견딜 수 있는 콩)을 세상에 선보였다. 일본 나고야 대학교의 생물학자 마사하루 가와타는 콩에 외래 유전자가 삽입된 조합에 대해 이렇게 말했다. "라운드업 내성 대두라는 '유전자 카세트gene cassette'는 지금까지 자연에 존재하지 않았던 것이며 자연적 진화를 통해서 결코 나올 수 없는 것이다."[118]

몬산토는 1994년에 산업적으로 제조된 최초의 GMO(유전자 재조합 식품) 라운드업레디 콩을 시판하겠다고 판매 신청을 했다. 미국 식품 의약국FDA은 "유전자 변형이라는 신기술에 의해 개발된 식물 변종에서 나온 식품은 전통적 식물 육종 방법에서 파생된 식품과 동일한 방법으로 기존 체계 안에서 규제"하기로 결정했다.[119]

---

117 글리포세이트(라운드업의 성분 중 하나) 내성 담배를 개발한 캘리포니아 벤처 기업 칼Calgene을 비롯해 론풀랑Rhône-Poulenc, 훽스트Hoechst, 듀폰Dupont, 시바가이기Ciba-Geigy 등 화학 관련 거대 기업들이 주요 작물에 대해 줄줄이 특허를 신청했다.

118 CropChoice News, November 16, 2003. Robin, M.-M. (2012). op. cit., p. 140.

119 Food and Drug Administration, "Statement of policy: Foods derived from new plant varieties," Federal Register, vol. 57, no. 104, May 29, 1992, p. 22983. Robin, M.-M. (2012). op. cit., p. 145에 인용.

유전자 재조합 식품이 자연에서 만들어진 식품과 "거의 비슷"하다고 주장하는 것(이를 "실질적 등가 원칙"이라고 하는데 이는 과학적으로 근거가 없는 개념)은 GMO를 정상적인 보통 식품과 동일한 것으로 간주하자는 것이다. 그렇게 되면 생명 공학 기업들이 식품 첨가물이나 기타 합성물에 관한 법에 따라 독물학 검사를 받지 않아도 되고 미국 내에서 통용되는 식품 내용 표시도 하지 않고 대충 넘어갈 수 있다.[120]

몬산토의 변신

몬산토는 수익을 극대화하려면 종자를 소유해야 한다는 것을 깨닫고 수많은 종자 회사를 인수했다. 기업의 주가도 덩달아 치솟았다.

몬산토는 웹사이트에 "농업을 발전시켜 삶의 질을 높인다."라는 모토를 내걸고 세계 농민들에게 도움이 되고자 하는 "비교적 신생 기업"이라고 소개되어 있다. 이 말만 들으면 1901년에 시작된 사고뭉치 화학 기업으로서 전력은 아예 없었던 일처럼 보일 정도다.

1990년대 후반에 노선을 바꾼 몬산토는 "몬산토의 정신적 지도자"라 불리는 신임 CEO 로버트 B. 샤피로 지휘 하에 농업 부문에 사업을 집중하기로 하고 "식품, 건강, 희망"이라는 기치를 내걸었다. 그리고는 생분해성 플라스틱의 원료가 되는 식물, 암을 예방하는 항체를 생성하는 옥수수, 심혈관 질환을 예방하는 카놀라유와 같이 상상을 초월하는 일을 하겠다고 약속했다.

미국에 나는 옥수수, 콩, 목화는 90퍼센트 이상이 유전자 재조합 종자를 키워 수확한 것인데 종자에 대한 특허를 대부분 몬산토가 갖고 있으며 대량 생산된 식품의 70퍼센트가 GMO 유래 제품을 포함하

---

120 "실질적 동등성 원칙은 GMO가 식품 첨가물로 취급되는 것을 막기 위해 과학적 근거 없이 날림으로 만들어진 변명에 불과하다. 그로 인해 생명 공학 회사들이 식품 의약품 화장품법에 규정된 독성 시험과 제품 라벨링을 피할 수 있게 되었다." Robin, M.-M. (2012). *op. cit.*, p. 147.

고 있다.

몬산토의 종자 관리는 철권통치를 방불케 한다. 농민과 중소기업을 상대로 소송을 수없이 많이 제기하는 기업이 몬산토다. 대개는 몬산토에서 온 조사관이 농민을 찾아가 기술 협약을 위반했다고 통보한다(몬산토는 종자를 매년 새로 구입하라고 요구한다).[121] 워싱턴에서 활동하는 NGO, 식품 안전 센터Center for Food Safety의 빌 프리즈에 따르면 몬산토의 조사관들이 대략 이렇게 말한다고 한다. "당신들이 라운드업레디 종자를 보관했다가 다시 사용하는 것을 알고 있다. 이 서류에 서명하지 않으면 소송을 걸어 농장을 잃고 알거지가 되게 만들겠다." 그럼 대부분은 협박에 못 이겨 손해 배상금을 지불한다. 저항하는 사람은 몬산토에게 소송을 당한다. 지금까지 농민에게 내려진 가장 혹독한 판결은 300만 달러를 배상하라는 것이었으며 평균 배상금도 38만 달러에 달한다. 농민을 빈털터리로 만들기에 충분한 액수다. 그런데 이는 빙산의 일각에 불과하다. 재판까지 안 가고 합의하는 경우가 소송의 20~40배나 된다.

더욱 더 기가 막힌 것은 몬산토 종자를 사용하는 농장 옆에서 농사를 짓는 농민들 경우다. 이웃 농장에 쓰는 몬산토 종자 중 일부가 바람에 날리거나 새에 의해 옮겨져 와 뿌리를 내려도 몬산토는 소송을 제기해 손해 배상을 청구하고 심하면 파산하게 만든다.

"인권을 소중히 하는 농업 기술 회사로서 인간의 권리 보호와 발전을 위해 최선을 다하고 있습니다." 몬산토 CEO 휴 그랜트는 이렇게 말하고 조심스럽게 다음과 같이 덧붙인다. "아울러 몬산토 임직원과 협력업체의 권리를 보호하기 위해 애쓰고 있습니다." 프랑스 명문 공

---

121 2007 식품 안전 센터Center for Food Safety 보고서에 따르면 몬산토는 자사 제품을 사용하는 농민들을 감시하고 농민들을 상대로 소송을 진행하기 위해 상근직 직원 75명을 두고 천만 달러의 예산을 쓰고 있다. 몬산토는 2006년 6월 기준, 19개국에서 "종자 도용seed piracy" 혐의로 2,391~4,531 건의 소송을 제기해 8천5백만~1억 6천만 달러의 돈을 받아 냈다.

과 대학인 에콜 폴리테크니크 출신이며 에세이 작가인 오귀스트 드퇴프는 이렇게 썼다. "노동자는 몸을 팔고 기술자는 머리를 팔고 상인은 영혼을 판다."[122]

지구 전체로 퍼져 나간 GMO

1998년에 아프리카 과학자들이 몬산토 GMO 홍보 캠페인에 반기를 들고 나선 적이 있다. 문제의 광고에는 기아에 허덕이는 아프리카 어린이들 사진과 함께 "추수를 시작하자!"라는 문구가 적혀 있었다. 기아와 빈곤에 시달리는 아프리카 국가를 대표해 앞에 나선 과학자들은 유전자 조작 기술이 생물 다양성과 지역 고유의 지속 가능한 농법을 파괴해 식량 자급자족 능력을 뿌리째 흔들어 놓을 것이라고 주장했다.[123]

남아메리카를 보면 어떤 상황인지 눈으로 확인할 수 있다. 부에노스아이레스 대학교 농업기술자 월터 펭그는 마리 모니크 로뱅에게 이렇게 말했다. "라운드업레디 콩이 아르헨티나 전체를 쑥대밭으로 만들었다. 농업 역사상 한 번도 보지 못한 엄청난 속도였다. 매년 100만 헥타르씩 늘어난다. 세계 주요 곡창 지대 중 하나가 녹색 사막으로 변하고 있다."[124] GMO 상륙 전만 해도 아르헨티나는 다양한 곡물(옥수수, 밀, 사탕수수)을 비롯해 유질성 식물(해바라기, 땅콩, 대두)과 채소, 과일을 재배하고 있었으며 '우유 저장소'라 불릴 만큼 우유 생산이 많았다. 산티아고 델 에스테로와 아르헨티나 몇몇 지방은 삼림 벌채 비율이 세계에서 가장 높은 곳 중 하나다. 풍부한 생물 다양성을 자랑하던 숲이 사라진 자리에 콩이 단일 경작되고 있으며 사람들이 일자리와

122 Detoeuf, A., *Propos de O. L. Barenton, confiseur*, Éditions du Tambourinaire, 1962, p. 111.
123 www.centerforfoodsafety.org 자료
124 Robin, M.–M. (2012). *op. cit.*, p. 259.

소득원을 잃어 가고 있다. 대기업들이 농민들을 생활 터전에서 몰아내고 있다.

아르헨티나는 곡물과 유지류에 대한 원천 징수가 정부 예산 30퍼센트를 차지하는 터라 단기적으로는 GMO 콩의 집약 재배 덕분에 아르헨티나 정부가 파산을 모면했다고 할 수 있다. 그렇지만 장기적인 피해는 상상할 수 없을 정도다. 라운드업을 집중적으로 사용하면 GMO 콩을 제외한 모든 식물이 죽어 버려 토지가 생산력을 상실한다. 땅에 생명력을 주는 미생물 수천 종이 전부 사라지기 때문이다. 공중 보건 측면에서도 현지 의사들 증언에 따르면 살충제를 대규모로 자주 살포하는 마을은 유산이나 사산을 비롯해 여러 가지 문제가 증가하고 있다고 한다.[125]

인도는 몬산토가 개발한 고가의 유전자 변형 목화 종자(Bt 종자)와 고가의 비료 때문에 농민들이 부채에 신음하고 있다. 목화 수확기에 판매가가 떨어지면 가장들이 살충제나 비료를 마시고 자살하는 일이 비일비재하다. "그들의 말은 모두 새빨간 거짓말이었다." 한 마을 대표가 마리 모니크 로뱅에게 이렇게 털어놨다. 또 다른 농민은 이렇게 절규했다. "기적의 씨앗만 심으면 모두 떼돈을 벌 수 있다고 했는데 수확은 없이 빚만 잔뜩 늘어났다! 이를 어쩌면 좋단 말인가? Bt 목화는 참담한 실패라고 세상에 알려달라!"[126] 힌두 타임스 보도에 따르면 1995년 이후 인도에서 스스로 목숨을 끊은 농민은 270,940명에 달한다. 몬산토는 농민들 자살과 Bt 목화 종자의 연관성을 부인하고 있지만 농민들과 시민 단체들 생각은 다르다.

2003년에 인권 노벨상이라 불리는 바른 생활상Right Livelihood Award을 수상하고 『가디언The Guardian』이 선정한 세계에서 가장 뛰어난 여성 100명 중 한 사람인 반다나 시바는 이런 절망적인 행동을 유발한 근

125 *Ibid.*, location 6135 of the French.
126 *Ibid.*, p. 291.

본 원인에 대해 직접 반기를 들고 일어섰다. 그녀는 인도에서 농민 자살률이 가장 높은(하루에 열 명 꼴) 마하라슈트주 비다르바가 바로 몬산토의 GMO Bt 목화 재배 면적이 가장 넓은 곳이라고 말한다.

몬산토 GMO 종자는 인도 종자 시장에 일대 혼란을 가져왔다. 가만히 두면 무한 재생산되는 목화는 종자 가격이 킬로당 7루피지만 Bt 목화 종자는 가격이 킬로당 17,000루피에 달한다.[127] 마하라슈트라주는 2012년 8월에 몬산토 인도 지사인 마히코 몬산토 바이오테크가 유통하던 몬산토 유전자 변형 목화 종자를 판매 금지시켰다. 저급한 종자를 터무니없는 가격에 판매한다는 것이 이유였다.[128]

반다나 시바가 설립한 나브단야 재단에서는 1987년부터 "희망의 씨앗Seeds of Hope"이라는 캠페인을 전개하고 있다. 시바가 쓴 『자살의 씨앗Seeds of Suicide』[129] 제목을 거꾸로 뒤집은 이 캠페인 중에는 재생 가능한 유기 종자, 농민들이 보관하고 공유할 수 있는 방임 수분 품종으로 돌아가자는 운동도 포함되어 있었다. 그때부터 화학 농법에서 유기 농법으로, 인위적인 가격 책정에 의한 부당 상거래에서 현실성 있는 가격을 바탕으로 한 공정 거래로 전환이 시작되었다. 반다나 시바는 현장 경험으로 볼 때 변화를 선택한 농민들이 Bt 목화를 재배하는 농민들보다 수입이 열 배 더 높다고 말한다.

반다나 시바는 자신을 세상 물정 모르는 이상주의자라 욕하고 유기 농법으로는 지구상에 필요한 식량을 충분히 공급할 수 없다고 주장하는 사람들에게 영농 산업이 권력화 되어 유전적으로 균질한 종자만 재배하면 생물 다양성이 무너지는 재앙이 일어나 어마어마한 양의

---

127 Shiva, Vendana, From seeds of suicide to seeds of hope, *Huffington Post*, April 28, 2009.
128 종래의 목화 품종은 150~160일이면 수확할 수 있지만 Bt 품종은 수확까지 180~200일이 걸린다. 전통적인 종자를 사용하면 비료나 살충제도 덜 든다.
129 Shiva, V. J., & Jalees, Kunwar, *Seeds of Suicide: The Ecological and Human Costs of Seed Monopolies and Globalisation of Agriculture*, Navdanya, 2006.

화학 비료와 농약과 물이 있어야만 농사를 지을 수 있을 것이라고 경고한다. 그렇게 되면 개발 도상국 농민들은 수확을 하고도 몇몇 다국적 기업에게 수확물을 모두 빼앗겨 경제적으로 혜택을 누릴 수 없을 뿐더러 식품 안전의 미래도 그들 손에 들어가게 된다.

작은 승전보

마트나 슈퍼마켓에 가서 장을 보는 소비자가 식품에 GMO가 포함되어 있는지, GMO를 원료로 한 식품이 아닌지 알 수 있는 유일한 방법은 식품 정보가 표시된 라벨을 읽는 것이다. 그런데 유럽과 미국은 법규가 많이 다르다. 몬산토와 같은 기업이 저지른 폐해에서 스스로를 보호하는 데에는 유럽이 미국보다 상황이 나은 편이다. 유럽 연합법은 원료에 유전자 변형 성분이 0.9퍼센트 이상 포함된 식품은 이 사실을 무조건 라벨에 명시하도록 규정하고 있다. 반면에 미국은 50개 주 모두 아직 이런 규정을 찾아볼 수 없다. 2012년 11월 현재, 캘리포니아 주가 GMO가 포함된 식품에 유전자 변형 성분이라는 언급이 들어간 라벨을 의무적으로 부착하도록 하는 내용의 주민 발의안 37을 통과시키려고 애쓰고 있다. 만약 이 법안이 통과되면 옥수수 88퍼센트, 대두 94퍼센트가 유전자 변형 종자로 생산되는 미국에서 전례 없는 일이 시작되는 셈이다.[130] (미국 캘리포니아주의 GMO 표시 의무화를 위한 주민 발의안 37은 2012년 11월 6일 주민 투표 결과, 찬성 46.9퍼센트로 부결되었다. 미국 최초로 GMO 표시제를 시행하고 있는 주는 버몬트주다. 버몬트주는 2014년 5월에 GMO 표시법을 통과시켰다. 2016년 7월 1일부터 식품 제조사나 수입자는 버몬트에서 판매되는 GMO 또는 GMO 포함(0.9% 이상) 식품에 의무적으로 표기를 해야 한다. 코네티컷주(2013년 12월)와 메인주(2014년 1월)

---

130 Chapelle, Sophie, *Journal des Alternatives*, November 5, 2012.

도 조건부 GMO 표시제 법안을 통과시켰다. 다만 이들은 미국 북동부에 있는 다른 주들이 비슷한 법안을 통과시킬 경우, GMO 표시제를 도입한 주가 인구 합계 2천만 명을 넘을 경우에만 표시제를 도입한다든가 뉴잉글랜드지역 주들이 GMO 표시제를 도입했을 때 발효한다든가 하는 식의 조건이 붙어 있어 법 적용은 아직 이루어지지 않고 있다. – 옮긴이)

프랑스 정부는 2012년 10월에 "범유럽 차원에서 GMO 및 살충제 평가, 인증, 감독 대책을 검토해야" 한다고 주장하면서 살충제 사용과 관련해 GMO 식품 소비가 미치는 장기적 효과에 대해 독립적 연구를 강화하고 지원을 아끼지 않겠다고 선언했다. 환경 단체인 지구의 벗 Les amis de la terre이 발표한 최신 보고서에 따르면 유럽에서는 GMO 작물 재배가 줄어들고 있으며 재배 면적도 꾸준히 감소하는 것으로 나타났다.[131]

독일을 비롯해 유럽 5개국도 유럽 연합 집행 위원회의 조언을 받아들이지 않고 2012년에 유전자 변형 옥수수 재배를 중단했다.

유전자 변형 종자와 영농 산업이라는 이름으로 이루어지는 여러 가지 조작을 기반으로 한 농업이 위험할 수 있다는 그린피스의 경고도 계속 이어지고 있다.

전 세계의 기아 문제를 해결하고 2050년까지 90억 인구에게 식량을 공급할 수 있으려면 비용이 많이 들고 생물 다양성을 위협하는 유전자 조작에 돈을 투입하면서 농민들이 탐욕스런 다국적 기업의 농간에 넘어가도록 방치할 것이 아니라 녹색 농업 기술에 투자하는 것이 훨씬 더 현명한 일이다. 생물에 대한 특허도 중단해야 한다. 각국 정부가 그동안 미심쩍은 조작을 통해 세계화를 착취와 수익 창출의 도구로 이용하려 드는 다국적 기업들에게 지나친 관용을 베푼 것이 사실이다. 올바른 세계화라면 지각 있는 존재들과 생태계의 상호 의존성

131 CIG(시민 이익 집단)의 하나인 이 단체에는 그린피스, ATTAC, 지구의 벗이 포함된다.

을 이해하고 연대 정신을 발휘해 모두에게 이익이 돌아가는 협력의 원천이 되어야 할 것이다.

지금까지 살펴본 몇 가지 사례를 통해 권력형 이기주의의 현주소를 짚어 봤다. 이타심이 인간 본성의 기본 요소가 아니라는 생각이 들면서 이타심을 키우고 연대 의식을 높이기 위해 노력하는 것이 덧없는 일처럼 느껴질지 모른다. 그렇지만 여기에 열거된 사실들만 보고 좌절해서 우리 삶에 이타심이 정말 존재하는지, 그것이 얼마나 중요한지 의심해서는 안 된다. 이 장에서 보여 주려는 것은 원활한 사회 기능을 방해하고 갖은 방법을 다 동원해 제 이익만 도모하려고 하는 파렴치한 소수 이기주의자들이 손에 쥐고 있는 힘이다. 사람을 무는 개 한 마리가 공격하지 못하는 개 백 마리보다 더 큰 피해를 초래하는 법이다. 그러므로 시민들은 권력형 이기주의자들이 범하는 못된 행동을 고발하고 정부와 사법 기관은 이들을 통제하고 엄벌해야 할 것이다.

VI

이타적인 사회 건설

이상향은 실현 불가능한 것이 아니라 아직 실현되지 않은 것이다.
어제 꿈꾼 이상향이 오늘의 현실이 될 수 있다.

- 테오도르 모노

36

협력의 장점

인류가 더 나은 미래로 나아가는 유일한 길은 협력과 동반자 관계를 구축하는 것이다.

– 코피 아난[1]

프랑스 니스 대학교 인류학 및 사회학 연구소Department of Anthropology and Sociology의 조엘 캉도는 이렇게 말한다. "혈연관계가 없는 개체들끼리 어쩌다 한 번이 아니라 정기적으로 위험을 무릅쓰면서 광범위하고 다양하고 굳건한 방식으로 힘을 합쳐 협력하는 종은 인간이 유일하다."[2] 인간 사회에서 흔히 볼 수 있는 협력으로는 상호 부조, 보답을 위한 기증, 공유, 교환, 협력, 제휴, 연대, 참여 같은 것이 있다. 협력은 진화의 원동력이 되는 창조적인 힘이자(앞에서 본 것처럼 진화 과정에서 복잡한 조직을 만들려면 협력이 반드시 필요하다.) 인간종이 전례 없는 업적을 이룩하는 데 기여한 일등 공신이라고 할 수 있다. 협력은 개인의 힘만으로 도저히 불가능한 일을 성사되도록 하는 힘이 있다. 위대

1. 2001년 9월 24일 유엔 총회에서 한 연설 중 일부.
2   Candau, J. (2012). Pourquoi coopérer [Why Cooperate?]. *Terrain*, 1, 4~25.

한 발명가 토마스 에디슨은 조수가 왜 스물한 명씩 필요하냐는 물음에 이렇게 대답했다. "모든 문제를 혼자서 다 해결할 수 있다면 저도 그렇게 하고 싶습니다."

협력이 모순적인 말처럼 들릴 수 있다. 이기주의자 관점에서 보면 남이 애써 이룩해 놓은 것을 중간에서 가로채든가 해서 최소의 노력으로 목표를 달성하는 '무임 편승'이 가장 똑똑한 전략이다. 그런데 많은 연구들을 살펴보면 나 홀로 독주보다 서로를 신뢰하면서 협력하는 것이 자신에게나 타인에게나 더 바람직하다고 한다. 인간은 주로 혈연 중심의 '폐쇄적' 협력을 추구하지만 친족이나 지인들을 뛰어넘어 협력의 범위를 넓히는 '개방적' 협력 능력도 갖고 있다.[3]

칸도는 이렇게 말한다. "인간의 협력은 도발이다. 개체들이 제 자손을 늘리려고 치열하게 경쟁하는 정통 진화론에서 봐도 그렇고 개인의 이익을 극대화하는 데 전념하는 '이기주의자'의 존재를 기본 전제로 삼는 고전적 경제 이론에서 봐도 그렇다. 우리는 이러한 인류학적 사실을 밝혀내고 설명해야 한다."[4]

협력을 통해 얻을 수 있는 장점

어느 가을날 아침, 감정 연구의 대가이자 이 시대 명망 있는 심리학자 중 한 사람인 폴 에크만과 처음 만났던 것을 기억한다. 마음과 생명 연구소Mind & Life Institute가 2000년에 인도에서 달라이 라마를 모시고 파괴적인 감정에 대해 컨퍼런스를 개최했을 때 만났다. 그 후 우리는 긴밀한 관계를 유지하고 있다.[5]

---

3 Axelrod, R., The Evolution of Cooperation, Basic Books, 1984; Kappeler, P. M., & Van Schaik, C., *Cooperation in Primates and Humans: Mechanisms and Evolution*, Springer Verlag, 2006; Henrich, J., & Henrich, N., *Why Humans Cooperate: A Cultural and Evolutionary Explanation*, Oxford University Press, 2007도 참조.

4 Candau, J. (2012). *op. cit.*

그날은 이타심에 대해 이야기를 나누려고 만났다. 폴 에크만은 달라이 라마와 수차례 만나 대화를 나눈 후 이타적, 연대적, 협력적인 사회를 만들기 위해 최선을 다해야겠다는 신념을 갖게 되었다.

에크만은 먼저 소규모 지역 공동체나 마을 주민들끼리 긴밀하게 협력할수록 경제적으로 윤택하고 영유아 생존률이 높다는 이야기를 들려주었다. 1960년대에 폴 에크만이 연구한 뉴기니 부족들은 식사를 준비하는 일부터 아기를 낳고 맹수를 물리치는 일까지 매사에 힘을 합친다. 사사건건 시비를 걸려고 하는 사람과 함께 일하고 싶어 하는 사람은 아무도 없다. 남을 착취하려고 들면 명성에 오점이 생겨 공동체 안에서 살아남기 어려워진다. 인간의 유전자가 오랜 세월에 걸쳐 협력을 추구하는 방향으로 진화한 것도 바로 그런 이유 때문이다. 게다가 공동의 목표를 달성하기 위해 힘을 모으면 특유의 만족감이 생긴다. 사람의 천성은 다양해서 이기적인 사람이 늘 있기 마련이지만 그런 사람은 극소수에 불과하다. 물론 권력형 이기주의에 대해 이야기한 장에서 본 것처럼 그런 사람들이 권력을 쥐고 흔드는 불행한 일이 일어날 수도 있다.

공동체 규모가 작으면 고통당하는 사람이 생겼을 때 다른 사람들이 염려를 하면서 즉각 돕겠다고 나선다. 20세기 초반을 살았던 프랑스 농부 에프라임 그르나두는 이렇게 회상한다. "불이 나거나 뭔가 큰일이 일어나서 종루에서 경종을 울리면 사람들이 순식간에 모였다. 집안일을 하거나 밭을 갈다 말고 다들 헐레벌떡 뛰어왔다. 단 몇 분 만에 마을 광장이 사람들로 가득 찼다."[6] 요즘은 하루치 기사 안에 평생을 다 바쳐도 해결할 수 없을 정도의 고통이 봇물을 이루는 시대가 되었

5   컨퍼런스 내용이 책으로 출판되었다. Goleman, D. & Dalai Lama, *Destructive Emotions and How We Can Overcome them: A Dialogue with The Dalai Lama*, Bantam, 2004. Ekman, P., Davidson, R. J., Ricard, M., & Wallace, B. A. (2005). Buddhist and psychological perspectives on emotions and well-being. *Current Directions in Psychological Science*, 14, 59~63도 참조.

다. 인류 역사상 미증유의 상황이 벌어지고 있는 것이다. 그렇기 때문에 폴 에크만이 한 말에 더더욱 귀를 기울여야 한다. "변화를 통해 이타심을 키우고자 한다면 선별적이어야 한다. 구체적인 목표에 초점을 맞추고 영향력이 큰 활동과 연계해 사회 운동의 일부가 되어야 한다."[7]

협력과 남을 보살피는 어진 마음이 가까운 사람들을 벗어나 과연 얼마나 넓게 확장될 수 있을까? 정해진 규칙 같은 것은 없지만 교육과 문화 환경도 유전적 요소만큼 중요하다는 것 하나는 확실히 장담할 수 있다. 특히 생후 오 년 동안 자라난 환경이 사람의 동기와 감정 형성에 큰 영향을 미치는데 이것이 훗날 남의 감정을 인지할 때 거름망 역할을 한다. 폴 에크만은 진화라는 것이 적재적소에 감정을 담아 건설적인 방법으로 표현해 협력을 촉진하는 것이라고 말한다. 협력 없이는 살아남을 수 없다는 말이기도 하다.

사람 안에는 언어 능력과 공감 능력과 무궁무진한 감정에서 비롯되는 사회성이 깊이 뿌리내리고 있다. 그런데 공공 정책은 이 점을 제대로 인식하지 못하고 있고 경제학자들 대부분은 이 점을 무시한다. 사회 병리학자 리처드 윌킨슨과 케이트 피케트는 이렇게 말한다. "사람이 개인적인 이해관계와 자기중심적인 소유욕에 따라 움직이는 존재라고 생각하면 당근과 채찍의 원리, 보상과 처벌의 원리에 따라 사회 체계를 구축하게 되고 결국 불행하고 비틀린 인간상을 만들어 내게 된다."[8] 개인적 차원에서 경쟁은 정서적, 사회적 유대감에 치명적인 독이 된다.

경쟁이 치열한 사회에 사는 사람들은 늘 세상을 경계하고 신변의

6   Memories of Ephraïm Grenadou, 대담자: Alain Prévost, 1967년과 2011~2012년에 프랑스 국영 라디오 프로그램 「France Culture」를 통해 방송. Grenadou, E., Vie d'un paysan français [Life of a French Farmer], Seuil, 1966도 참조.

7   Paul Ekman, 저자와 나눈 대화 중에. 2009.

8   Wilkinson, R., & Pickett, K. (2009). The Spirit Level: Why Equality is Better for Everyone. Bloomsbury publishing plc, p. 209.

안전을 걱정하면서 남을 배려하지 못하고 끝없이 자신의 이해관계와 사회적 지위만 내세우게 된다. 그에 비해 협조적인 사회 풍토에서는 사람들끼리 서로 신뢰하면서 시간과 자원을 바쳐 남을 보살필 마음의 준비가 되어 있고 그로부터 조화로운 관계가 촉진되어 연대와 호혜의 선순환이 시작된다.

그렇다면 이렇게 만인에게 이로운 협력을 어떻게 하면 촉진할 수 있을까? 조엘 캉도는 자신이 속한 사회적 집단을 초월해 '개방적인' 협력을 하는 것은 도덕적 선택에 해당하기 때문에 회의를 품지 말아야 한다고 말한다. 어느 사회나 구성원들은 어려운 선택을 하기에 앞서 먼저 고민을 하게 된다. 같은 집단에 속한 사람과만 협력할 것인지, 다른 집단에게도 개방할 것인지, 협력과 경쟁을 어떻게 적절히 조화시킬 수 있을지, 협업 체계를 멋대로 이용해 개인의 이익을 도모하는 사람들을 어떻게 처리할 것인지 등등에 대해 심사숙고를 한다.[9]

기업 내 경쟁과 기업 간 경쟁

영국 런던 정경대LSE의 리처드 레이어드 교수는 회사가 번창하려면 협력이 반드시 필요하다고 말한다. 항간에 같은 회사 직원들끼리 무한 경쟁 체제를 도입하는 것이(교육 현장이라면 같은 학년 학생들끼리 경쟁을 붙이는 것이) 바람직하다는 생각이 유행한 적이 있었다. 그래야 실적이나 실력이 향상된다는 것이었다. 하지만 그런 식의 경쟁은 인간관계를 망치고 근로 환경을 열악하게 만들어 오히려 손해가 된다. 경제학자 제프리 카펜터가 보여 준 것처럼 그런 경쟁은 비생산적이고 기업의 성장을 저해한다.[10]

개인 인센티브와 보너스 제도를 실시하면 팀워크에 문제가 생기지

---

9   Candau, J. (2012). *op. cit.*, p. 40.

만 팀 전체의 성과에 대해 보상을 하면 협력이 촉진되고 더 나은 성과를 얻을 수 있다.[11] 그래서 기업의 사장과 부서장들은 상호 신뢰와 연대 의식과 협력을 적극 권장해야 한다.

레이어드는 기업 간의 경쟁만 건전하고 유용하다고 말한다. 기업들끼리 치열하게 경쟁하다 보면 혁신이 이루어지고 서비스와 제품이 개선된다. 게다가 가격 인하 효과까지 있어 모두에게 이익이 된다. 반면에 관료주의적이고 중앙집중적인 국영 경제는 결국에 가서 침체와 비효율을 초래한다.[12]

협동조합 운동

역사학자 조엘 모키어는 재능이 뛰어난 직원 덕분에 기업이 성공하는 것이 아니라 서로 믿고 의지하는 직원들이 협력할 때 성공을 했다고 밝히고 있다.[13] 세계 각국의 협동조합 모임인 국제 협동조합 연맹은 협동조합을 "기업의 주인이 되어 민주적으로 권력을 행사하면서 경제적, 사회적, 문화적으로 공통적인 필요와 욕구를 충족시키기 위해 자발적으로 모인 사람들의 연합"이라고 정의한다. 봉급을 받고 일하면서 기업의 주인이 되어 소득 분배에 대해 직접 결정을 내리는 직원들은 근무 환경에 대한 만족도가 높고 신체적, 정신적으로 훨씬 더 건강하며 사망률도 훨씬 더 낮다.[14]

10 Carpenter, J., Matthews, P., & Schirm, J., *Tournaments and Office Politics: Evidence from a Real Effort Experiment* (SSRN Scholarly Paper No., ID 1011134), Social Science Research Network, 2007.

11 DeMatteo, J. S., Eby, L. T., & Sundstrom, E. (1998). *Team-Based Rewards: Current Empirical Evidence and Research in Organizational Behavior, 20*, 141~183. Tamu.edu.

12 Richard Layard, 저자와 나눈 대화 중에, 2010.

13 Mokyr, J., *The Enlightened Economy: An Economic History of Britain 1700~1850*, Yale University Press, 2009, pp. 384~385.

14 Wilkinson, R., Pickett, K. (2009). *op. cit.*

협동조합 운동은 수익을 독점하는 고용주가 직원들을 지배하는 구조에서 벗어나 직원들이 땀흘려 창출한 부의 혜택을 직원들 모두 똑같이 누리도록 하겠다는 취지에서 시작되었다. 국제 노동 기구에 따르면 "협동조합은 사회 빈곤층이 경제 발전에 참여할 수 있는 일종의 해방 운동이다. 협동조합은 기술이나 능력은 있지만 자본이 많지 않거나 아예 없는 사람들에게 일할 수 있는 기회를 제공하고 공동체 안에서 연대와 상호 부조를 촉진하는 역할을 한다. 사용자 조합이나 소비자 조합, 급여를 받는 직원들로 구성된 생산 조합, 영농, 수공업, 어업, 상업 종사자들 모임인 사업 조합, 은행 고객들이 모여 만든 협동조합 은행(저축 은행, 신용 협동조합)[15] 등이 모두 여기에 포함된다. 그런 의미에서 협동조합, 상호 공제 조합, 비정부 기구 등은 모두 사회적 경제, 연대적 경제social and solidarity economy에 해당한다.[16] 유럽에서 협동조합의 규모가 가장 큰 프랑스는 조합 수가 21,000개, 조합원이 2,300만 명에 달한다.[17] (유럽 협동조합의 37개 회원국 중 2위는 조합원 수가 2,000만 명인 독일, 3위는 조합원 수가 1,300만 명인 이탈리아가 차지하고 있다.)

공유지의 문제를 해결하는 비결은 상호 신뢰

1968년에 과학 저널인 『사이언스Science』에 가레트 하딘이 작성한 「공유지의 비극」이 실렸다.[18] 하딘은 목축인들이 모여 사는 영국 마을을 예로 들었다. 거기 사는 사람들은 딱히 소유자가 없는 목초지에 양을

---

15 Draperi, J.-F. *La République coopérative*. Larcier. 2012.
16 Virginie Poujol, De la coopération pour la survie à la coopération comme facteur d'émancipation?, In Loncle, P., Corond, M., & collectif (2012). *Coopération et Éducation populaire*. L'Harmattan, p. 135.
17 프랑스에서 협동조합 활동이 가장 활발한 것은 산업 서비스(41%), 농업(33%) 분야다. 그 밖에 주거(17%), 은행(5%), 소비(3%), 약국(1%)도 있다. http://www.coopdefrance.coop/fr/96/entreprises-cooperatives-en-europe/ 참조.
18 Hardin, G. (1968). The tragedy of the commons. *Science, 162*(3859), 1243~1248.

방목하면서 살아간다. 이 상황에서 이익을 창출할 수 있는 방법은 누구나 마음대로 사용할 수 있는 개방된 땅에서 최대한 많은 가축에게 풀을 먹이는 것이다. 그런데 자원이 한정되어 있기 때문에 목초지가 과잉 이용되어 황폐해지고 결국에 가서는 다들 피해를 보게 된다.

하딘은 이런 결론에 대해 불가피한 결과라고만 했을 뿐 실제로 근거가 되는 역사적 사실이나 믿을 만한 데이터를 제시하지 않았다. 논문이 발표된 후 「공유지의 비극」은 경제학자들 사이에서 끊임없이 회자되면서 뜨거운 논란을 불러 일으켰다. 하딘은 해양 자원 개발에 대해서도 언급하면서 바다에 사는 다양한 어류와 포유류 동물들이 조만간 멸종 직전에 이를 것이라고 했다. 오늘날 어류 자원의 90퍼센트가 멸종되었으니 1968년에 발표된 그의 논문이 미래를 정확하게 예측한 셈이다.

그런데 하딘이 설명한 공유지의 문제에 대해 역사적 사실들을 찾아보면 그의 생각이 틀렸다는 것을 알 수 있다. 공유지는 유럽의 많은 나라와 세계 여러 지역에서 오랜 관행이자 전통이었다. 우선 공유지에 소유자가 없다는 것은 틀린 말이다. 공유지는 공동체의 암묵적 재산이었고 구성원들이 공유지의 가치를 잘 알고 있었다. 그들은 공동의 재산을 올바르게 사용하기 위해 적절한 체계를 마련해 모두가 만족할 수 있는 방향으로 운영했다. 역사학자 수잔 벅 콕스는 이렇게 말한다. "실제로는 '공유지의 비극'이 아니라 '공유지의 승리'라 할 만한 일이 벌어졌다. 수백 년, 아니 수천 년 동안 …… 이 목초지들은 공동체에 의해 성공적으로 관리되었다."[19]

생태학자 이안 앵거스[20]도 이 의견에 전적으로 동의하면서 프리드리히 엥겔스가 자본주의 이전의 독일에서 볼 수 있었던 관행에 대해

19 Cox S. J. (1985). No tragedy on the commons. Environmental *Ethics*, 7, 49~61 (p. 60).
20 Angus, I. (2008). The myth of the tragedy of the commons. *Monthly Review Magazine*, 25(08), 08.

기술한 내용을 언급했다. 독일에서는 이런 식으로 토지를 공유하던 공동체들을 "마르크"라고 불렀다.

> 경작지와 목초지의 사용에 대해 지역 공동체가 감독과 지휘를 도맡았다. …… 이런 토지들은 공동체 구성원들에 의해 용도가 정해졌다. …… 그들은 정기적으로 모여 마르크에 관한 여러 가지 사안을 논의했으며 규정을 어기거나 분쟁이 일어나면 판정을 내렸다.[21]

산업 혁명과 토지 개혁으로 사유 재산이 중요해지고 대지주와 단일 경작, 대규모 영농이 패권을 휘두르게 되면서 공유지 체제는 역사 속으로 사라졌다. 그런데 토지 사유화가 오히려 악영향을 미친 경우도 많았다. 숲이 사유 재산으로 귀속되자 당장의 수익에 눈이 먼 지주가 숲을 멋대로 파괴하는 일이 가능해졌다. 토지도 마찬가지였다. 소규모 공동체가 아닌 대지주들은 땅을 과잉 개발해 토양 침식과 자원 고갈을 야기하고 비료와 농약을 남용하며 단일 경작을 일삼았다.

하딘도 다른 학자들처럼 사람이 태어날 때부터 이기적으로 타고났으며 사회란 자신의 행동이 어떤 결과를 초래할지 전혀 개의치 않는 개인들이 모인 집단이라고 가정했다. 실제로 그의 논문은 토지 사유화를 추진하는 명분으로 이용당하기 좋았다. 캐나다에서도 2007년에 보수당 정부가 원주민들이 소유한 토지를 사유화하기 위한 법안을 발의했을 때 "개발"이라는 명분을 내세웠다.

공유지 문제에 대해 좀 더 현실적인 시각을 제시한 사람은 이 문제에 대해 평생을 바쳐 연구한 학자이자 여성으로서는 처음으로 노벨 경제학상을 수상한 엘리너 오스트롬이었다. 오스트롬의 저서 『공유의 비극을 넘어Governing The Commons』[22]에 보면 협업을 기본 전략으로 하

---

21 Engels, F., The Mark, New York Labor News Co., 1902. (Originally published in German in 1892.)

는 협약에 의해 맺어진 사람들의 사례를 다양하게 볼 수 있다. 실제로 세계 곳곳의 소농과 영세 어민을 비롯해 여러 지역 공동체들은 자체적으로 집단을 형성해 공동의 자원을 보존하는 규약을 만들어 작황이나 성과에 상관없이 살아갈 방도를 마련하고 있다.

스페인에서는 오백 년, 아니 어쩌면 천 년 전부터 만성적으로 물이 부족했던 지역 농민들에 의해 관개 공동체인 우에르타스가 운영되고 있다.[23] 이 관개 시스템을 사용하는 사람들은 공동체 운영 규칙을 수정한다든가 관리인을 임명한다든가 혹시라도 충돌이 생겼을 경우에 해결 방안을 모색하기 위해 정기적으로 모임을 갖는다. 우에르타스의 협력 체계는 완벽한 효과를 발휘해 발렌시아 지방의 경우에 불법 취수율이 0.008퍼센트에 불과하다. 심리학자 자크 르콩트가 지적한 대로 스페인 무르시아의 수자원 재판소는 장로 평의회Council of Wise Men라고 불릴 정도다.[24]

데비시 루스타기를 비롯해 여러 학자들이 에티오피아 오로미아주 베일 지방에서 49개 집단의 공동 산림 보호 구역 이용 실태를 조사한 결과, 조합원 수가 가장 많은 집단이 산림 자원도 가장 우수하게 관리하는 것으로 나타났다. 이런 협업 시스템의 성공에 가장 주효했던 전략은 절도 방지를 위해 제재 조치를 마련하고 순찰을 강화한 것이었다.[25]

오스트롬은 그런 공동체들이 제대로 기능하려면 몇 가지 기준이 필요하다고 말한다. 우선 집단별로 영역 범위가 확실해야 한다. 집단 규모가 너무 크면 구성원들끼리 서로 잘 몰라서 협업이 어려워진다.

22 Ostrom E., *Governing The Commons: The Evolution of Institutions for Collective Action*, Cambridge University Press, 2010.
23 *Ibid.*, pp. 90~104. Lecomte, J., *La Bonté humaine(Human Goodness)*, Odile Jacob, 2012.
24 Elinor Ostrom, Lecomte, J. (2012). *op. cit.*에 인용.
25 Rustagi, D., Engel, S., & Kosfeld, M. (2010). Conditional cooperation and costly monitoring explain success in forest commons management. *Science, 330*(6006), 961~965.

공동 자산을 사용할 때 규칙이 필요한 것은 사실이지만 지역별로 필요를 충족시킬 수 있도록 상황에 맞춰 변경할 수 있어야 한다. 협업을 하는 사람들은 규칙을 지켜야 하고 분쟁이 일어나면 사안의 중요성에 따라 차등 적용할 제재 조치가 있어야 하며 분쟁을 해결하기 위해 비용이 많이 들 수 있다는 사실을 받아들여야 한다.

에르베 르 크로니에는 오스트롬에게 찬사를 보내면서 이렇게 결론지었다. "오스트롬의 연구를 통해 생계를 위해 공유 자원의 지속 가능성을 유지해 나가야 하는 사람들이 지니고 있는 상상력과 창의력이 경제학자나 이론가들이 생각하는 것보다 훨씬 더 뛰어나다는 것을 확인할 수 있었다."[26] 인터넷 분야는 자발적으로 참여해 공유 자원에 가치를 더하는 사례를 무궁무진하게 볼 수 있는 곳이다. 리눅스 운영체제만 봐도 소스 코드가 누구에게나 개방되어 있어 전 세계 프로그래머들이 마음대로 개선할 수 있다.

협력과 "이타적 처벌"

사회 안에서 협력하는 풍토를 조성하려면 사람들의 선의를 교묘히 이용해 사리사욕을 챙기면서 협력이 지향하는 궁극적인 목표를 왜곡하는 사람들을 찾아내 무력화시킬 수 있어야 한다. 서로가 서로를 잘 아는 소규모 공동체에서는 무임 편승자들을 금방 알아보고 내쫓을 수 있다. 그런데 그런 사람들을 알아보지 못하고 넘어가기 십상인 대도시에서는 교육을 실시하고 사회 규범을 약간 바꿔서라도 협력을 장려하는 일이 반드시 필요하다.

2010년 4월에 마음과 생명 연구소와 취리히 대학교 경제학과 주최로 스위스 취리히에서 "이타심은 오늘날의 경제 시스템과 양립 가능

---

26 Hervé Le Crosnier, *Le Monde diplomatique*, July 15, 2012.

한가?"라는 컨퍼런스가 열렸다.[27] 달라이 라마를 포함해 저명한 경제 학자, 심리학자, 인지 과학 전문가, 사회적 기업가들이 모인 이 자리에 서 나는 스위스 경제학자 에른스트 페르와 이야기를 나눌 기회가 있 었다. 페르는 인간이 자기 밖에 모르고 자신의 이익만 챙기는 존재라 는 사고방식에 이의를 제기하면서 대부분의 사람들은 오히려 남을 믿 고 협력하고 이타적으로 행동한다는 것을 연구 결과를 통해 보여 주 었다. 그는 보편적 이기주의 원칙을 바탕으로 경제 이론을 구축하는 것은 현실에도 어긋나고 비생산적인 일이라고 결론지었다.[28]

에른스트 페르와 여러 학자들은 여러 차례에 걸쳐 여러 집단을 다 양한 상황에 처하게 만들었다. 모두 상호 신뢰가 결정적으로 중요한 상황들이었는데 그 중에는 금전적으로 손해를 보거나 돈을 벌 수 있 는 경제 게임도 포함되어 있었다.

이를테면 이런 것이었다. 참가자 10명에게 20유로씩 나눠 준다. 그 들은 그 돈을 그냥 가질 수도 있고 공동 프로젝트에 투자할 수도 있 다. 20유로를 프로젝트에 투자하는 사람에게는 연구진들이 원금을 두 배로 올려 40유로로 만들어 준다. 참가자 10명이 모두 투자 여부에 대한 전략을 결정하면 프로젝트에 투자된 원금을 구성원들에게 공평 하게 나눠 준다.

눈치 챘겠지만 다 같이 협력하면 다함께 이익을 볼 수 있는 시스템 이다. 참가자들이 200유로를 투자하면 연구진이 여기에 200유로를

27 타니아 싱어, 디에고 행가트너와 내가 이 컨퍼런스를 주최했는데 달라이 라마를 중심으로 심리학 자 대니얼 뱃슨, 경제학자 에른스트 페르, 영장류학자 조앤 실크, 신경 과학자 윌리엄 하보, 리더 십 강사 빌 조지, 사회적 기업가 벙커 로이가 한 자리에 모였다. 다음은 컨퍼런스의 내용을 책으로 펴낸 것이다. Singer, T., & Ricard, M. (eds.), *Caring Economics: Conversations on Altruism and Compassion, Between Scientists, Economists, and the Dalai Lama*, Picador, 2015.

28 Fehr, E., & Gächter, S. (2000). Cooperation and punishment in public goods experiments. *American Economic Review, 90*(4), 980~994; Fehr, E., Fischbacher, U., & Gächter, S. (2002). Strong reciprocity, human cooperation, and the enforcement of social norms. *Human Nature, 13*(1), 1~25.

더해 일인당 40유로를 받을 수 있으므로 투자금의 두 배를 챙길 수 있다. 그런데 이렇게 이상적인 결과를 내려면 참가자 모두가 다른 참가자들을 믿고 보살피는 마음이 있어야 한다. 실제로 참가자 중 절반 이상만 협력해도 모두에게 이익이 된다.

반면에 참가자들끼리 불신이 팽배해서 아홉 명은 지급 받은 20유로를 자신이 그냥 갖기로 하고 한 사람만 투자를 하면 40유로라는 적은 돈을 10명이 나눠 갖게 된다. 그럼 투자를 거부했던 사람들은 일인당 24유로를 갖게 되고(원래 받은 20유로 + 믿고 투자한 사람이 투자한 20유로와 연구진이 준 20유로를 10으로 나눠 받은 4유로 = 24유로), 참가자 중 유일하게 프로젝트에 협력한 사람은 4유로(자신이 투자한 20유로 + 연구진이 준 20유로를 10명에게 분배해서 받은 돈)밖에 손에 쥐지 못해 16유로의 손해를 보게 된다. 전통적인 경제 이론에서는 이기주의자들이 모인 사회에서는 다들 남을 불신하기 때문에 협력에 관심을 보이는 사람이 아무도 없다고 말한다.

그런데 에른스트 페르 연구 팀은 같은 실험을 여러 차례 반복하는 동안 통념과 달리 참가자 60~70퍼센트가 처음부터 신뢰를 표시하면서 자발적으로 협력하는 것을 볼 수 있었다.

물론 어느 집단이나 협력하기 싫어하는 사람은 늘 있기 마련이다(30퍼센트 정도). 이 실험에서는 어떤 현상이 나타났을까? 게임이 두 번째 판에 접어들면서 협력했던 사람들이 정정당당하지 않은 참가자가 있다는 것을 알아차렸다. 그래도 최선을 다해 협력했지만 게임이 반복되는 과정에서 아무 노력 없이 남들을 이용해 이익을 취하는 사람이 있다는 사실에 결국 환멸을 느끼면서 협력이 유명무실해지기 시작했고 게임이 열 번째 판에 접어들자 아무도 협력하지 않았다.

소수가 시스템의 약점을 이용해 이익을 챙기면 다수의 신뢰와 선의가 무너져 내리면서 공동체 전체에게 해악을 끼치게 된다. 이것이 바로 부도덕한 투기꾼들이 날뛰는데 수수방관하는 경제 시스템에서 나타나는 불행한 현상이며 금융 규제가 완전히 풀어졌을 때 볼 수 있는 결과다. 여기서 문제는 사람들이 협력을 꺼려하고 경제 시스템 안에 이타심이 설 자리가 조금도 없다는 것이 아니다. 정말 심각한 문제는 부당 이득을 취하는 무임 편승자들 때문에 대다수의 사람들이 이타심을 발휘하지 않으려고 하는 것, 이기주의가 시스템의 탈선을 부추기는 것이다.

협력 체제가 무너지지 않도록 미연에 방지할 방법이 있을까? 에른스트 페르는 실험에 새로운 변수를 도입하기로 하고 나쁜 협력자들을 벌하는 방법을 강구했다. 누구든지 익명으로 1유로만 내면 연구진이 부당 이득자들에게 3유로의 벌금을 부과할 수 있게끔 한 것이다. 에른스트 페르는 이를 "이타적 처벌"이라고 불렀다.[29] 처벌을 가하려면 비용이 드는데 당장 돌아오는 수익은 하나도 없기 때문이다. 그렇다면 누군가가 왜 이런 행동을 해야 하는 것일까? 개인의 이익이라는 관점에서 보면 이것은 불합리한 일임에 틀림없다. 그렇지만 막상 실험을 해 보니 공정성에 대한 사람들의 의식이 매우 높고 정의를 지키기 위해 어느 정도의 비용을 감수할 준비가 되어 있는 것으로 나타났다.

새로운 규약이 시행되자 상황이 완전히 달라졌다. 공동 프로젝트에 협력하는 사람이 급증해 100퍼센트에 육박했다. 그런데 이들이 새로운 참가자가 아니라 기존에 실험에 참가했던 사람들이라는 데 주목해야 한다. 그동안 집단의 이익에 한 번도 기여하지 않았던 고집불통 무임 편승족들이 가진 돈을 모두 투자하면서 협력하기 시작한 것이다.

처음에는 이기주의자들이 집단 역학을 무너뜨렸지만 다음 단계에서는 이타주의자들이 이기주의자들을 이타적인 사람으로 개조했을 뿐 아니라(불행히도 이것은 이상주의적인 관점이다.) 이기주의자들이 이타주의자인 것처럼 행동해야 이익을 챙길 수 있는 새로운 시스템까지 만

---

29 Fehr, E., & Gächter, S. (2002). Altruistic punishment in humans. *Nature*, *415*(6868), 137~140.

들어 낸 것이다. 여기서 얻을 수 있는 또 하나의 교훈은 깨어 있는 의식을 가진 이타주의자들이 규약을 정하고 제도를 만들어 다들 그것을 지키게끔 만들어야 한다는 것이다.

결국 모두가 이익을 보자 게임을 몇 판 더 진행한 후 원하면 이타적 처벌을 폐지해도 좋다고 해도 참가자들 모두 처벌을 유지하겠다고 밝혔다. 그렇게 의사 표시를 한 사람 중에는 30퍼센트에 해당하는 무임 편승자도 포함되어 있었다. 그들도 공동체가 훨씬 더 원활하게 운영된다는 사실을 인정하고 그게 자기들에게도 이익이라는 것을 깨달은 것이다. 이타적 처벌은 역사가 유구한 방법이다. 원시 사회에서 수만 년 동안 상호 부조 체제를 효율적으로 유지할 수 있었던 것이 바로 이 방법 덕분이었다.[30]

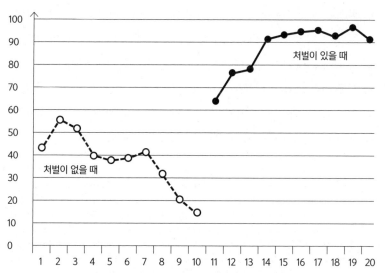

부당 이득자로 인한 협력 감소와 이타적 처벌 도입 후 협력이 대폭 증가한 양상

어떤 문화에서나 규약이 없으면 협력이 대폭 감소하는 양상이 나타났다. 그에 비해 이타적 처벌은 문화에 따른 효과의 차이가 심한 편이다. 어떤 문화권에서는 많은 사람들이 정의의 수호자들을 싫어해서 그들에게 징벌을 가하고 복수를 한다. 누가 협력자인지 일일이 식별할 수 없는 탓에 무작위로 아무나 골라 벌을 주고 남의 일에 간섭하지 말라는 뜻을 전하기도 한다. 이것은 반사회적 처벌이 이타적 처벌을 대신하는 경우다.

이런 현상은 시민 정신이 희박한 문화권, 정부가 무능하고 사법부가 존경 받지 못하고 경찰이 부패해서 신뢰 받지 못하는 문화권에서 특히 두드러지게 나타난다. 그런 나라에서는 사기 행각이 용인되다 못해 생존 수단으로 간주된다. 시민 정신이 얼마나 투철한지 측정하고 싶으면 요금을 내지 않고 대중교통 수단을 이용해도 된다고 생각하는 사람이 인구의 몇 퍼센트나 되는지 알아보면 된다.

베네딕트 헤르만과 여러 학자들이 세계 16개 도시에 사는 시민들의 행동을 관찰한 연구가 있다[31]. 스칸디나비아 국가, 스위스, 영국 등 협력과 공동체 의식을 중요시하는 곳에서는 시민 정신을 고양하기는커녕 오히려 해악이 되는 반사회적 처벌을 거의 찾아볼 수 없었지만 시민 의식이 희박하고 혈연으로 맺어진 친족이나 지인 외에 다른 사람들과 협조가 제대로 이루어지지 않는 곳에서는 반사회적 처벌이 강세를 보였다. 특히 국제 투명성 기구Transparency International가 매년 발표하는 국가별 부패 인식 지수CPI에서 매우 낮은 점수를 받은 그리스, 파키

30 Boyd, R., Gintis, H., Bowles, S., & Richerson, P. J. (2003). The evolution of altruistic punishment. *Proceedings of The National Academy of Sciences, 100*(6), 3531~3535; Flack, J. C., Girvan, M., Waal, F. B. M. de, & Krakauer, D. C. (2006). Policing stabilizes construction of social niches in primates. Nature, 439(7075), 426~429; Mathew, S., & Boyd, R. (2011). Punishment sustains large-scale cooperation in prestate warfare. *Proceedings of The National Academy of Sciences, 108*(28), 11375~11380.

31 Herrmann, B., Thöni, C., & Gächter, S. (2008). Antisocial punishment across societies. *Science, 319*(5868), 1362~1367.

스탄, 소말리아에서 그런 경향이 두드러지게 나타났다.[32]

그 밖에 이타적, 협업적 규범이 탄탄하게 확립되어 있는 사회일수록 비교적 윤택하게 잘살고 공유지 문제도 원만하게 해결하고 있는 것으로 보인다. 덴마크에서는 점심 식사를 하러 식당에 가서 유모차에 탄 자녀를 식당 밖에 혼자 두어도 납치 걱정 없이 식사를 하고 나올 수 있지만 멕시코나 뉴욕에서 그런 행동을 한다는 것은 완전히 정신 나간 짓이다. 덴마크는 모종의 가치 체계가 사람들에게 내면화되어 있기 때문에 그런 일이 가능한 것이다.[33] 타이베이 시민들과 취리히에 사는 사람들은 감시하는 눈이 없어도 버스나 전차 요금을 지불한다. 그들은 벌을 받을까 두려워 억지로 규칙을 준수하는 것이 아니라 자발적으로 돈을 내는 것이다. 혹시 법을 어기는 사람이 있으면 충격적인 일로 받아들인다. 문화적으로 불법 행위가 용인되는 나라에서는 역무원이나 감시하는 눈이 아무리 많아도 무임 편승자들이 기를 쓰고 목표를 달성할 방법을 찾아낸다.

결론적으로 말해서 이타주의자들이 방해 받지 않고 협력할 수 있으려면 규범을 세우고 공정하고 바른 규약을 만들어 이기주의자들이 친사회적으로 행동하도록 유도하고 몸에 밴 습성을 교육을 통해 바람직한 방향으로 교정해 나가는 다중 전략을 구사해야 한다.

처벌보다 좋은 방법은 보상과 격려

진화학자인 하버드 대학교 교수 마틴 노왁과 드류 푸덴버그는 일상 생활에서 사람들끼리 하는 상호 작용은 익명성을 띠지도 않고 세상과

---

32 비정부 기구인 국제 투명성 기구는 1995년부터 시민들이 느끼는 부패도에 따라 국가들을 분류해 부패 인식 지수를 발표하고 있다. 이 지수는 기업가, 사회학자들을 대상으로 설문 조사를 해서 산출된다.

33 뉴욕에서 한 덴마크 여성이 자국에서 습관적으로 하는 것처럼 아기가 탄 유모차를 레스토랑 밖에 세워두었다가 "유아 유기" 혐의로 경찰에 체포된 일이 있었다.

단절된 상태에서 일어나지도 않는다고 말한다. 누가 협력을 했고 누가 부정행위를 했고 누가 그들을 벌했는지 알면 상호 작용의 역학이 완전히 달라진다. 상호 작용이 반복되면 상대방에 따라 행동을 조절하는 것도 가능하며 각자 자신의 평판을 염려해서 반사회적 행동으로 따돌림 당하지 않으려고 조심하게 된다.[34]

영유아들에 대한 여러 연구를 보면 아무리 나이가 어려도 어떤 사람이 남과 협력하는 모습을 지켜보고 그 사람이 자신과도 협력을 할 사람인지 아닌지 추론할 수 있다고 한다. 실제로 아이들은 돌이 지나면 자기에게 협조적으로 행동하는 사람을 더 좋아한다.[35]

그런 맥락에서 노왁과 학자들은 좋은 협력자들에게 보상을 하는 것이 나쁜 협력자들에게 벌을 주는 것보다 더 효과적이지 않을까 하는 생각을 하게 되었다. 솔직히 경제학자들이 말하는 "이타적 처벌"은 동기에 대해 알려 주는 바가 하나도 없다. 자녀가 나쁜 습관에 물들지 않도록 훈육 차원에서 내리는 벌이야말로 진정한 이타적 처벌이다. 사회적으로 공정성을 유지하자는 취지에서 처벌을 가할 수도 있고 처벌이 복수의 형태로 변형될 수도 있다. 신경 과학자 타니아 싱어는 사회적 협력 관계를 실험적으로 살펴보는 이른바 신뢰 게임에서 배신당한 남자들이 오로지 복수하는 기쁨을 맛보기 위해 일정 금액의 돈을 쓸 수 있다는 것을 보여 주었다.[36] 이 경우에 누가 누구인지 알 수 있는 상황이라면 복수를 한다는 것이 보복의 악순환을 불러 일으켜 모

34 Nowak, M. A., Sasaki, A., Taylor, C., & Fudenberg, D. 2004. Emergence of cooperation and evolutionary stability in finite populations. *Nature, 428*, 646~50; Imhof, L. A., Fudenberg, D., & Nowak, M. A. (2005). Evolutionary cycles of cooperation and defection. *Proceedings of The National Academy of Sciences of The United States of America, 102*(31), 10797~10800; Dreber, A., Rand, D. G., Fudenberg, D., & Nowak, M. A. (2008). Winners don't punish. *Nature, 452*(7185), 348~351.
35 Hamlin, J. K., & Wynn, K. (2011). Young infants prefer prosocial to antisocial others. *Cognitive Development, 26*(1), 30~39; Hamlin, J. K., Wynn, K., Bloom, P., & Mahajan, N. (2011). How infants and toddlers react to antisocial others. *Proceedings of The National Academy of Sciences, 108*(50), 19931~19936.

든 사람에게 피해가 돌아갈 가능성이 매우 크다.

데이비드 랜드를 비롯해 여러 학자들이 노왁과 푸덴버그에게 지도를 받아 실시한 일련의 실험에서 신뢰 게임 중 상호 작용을 반복하다가 협력자가 누구이고 무임 편승자가 누구인지 알게 되었을 때(에른스트 페르가 한 실험과 다른 점이 바로 이것이다. 페르의 실험에서는 참가자들이 익명으로 게임을 진행했다.) 장기적으로 가장 바람직한 결과가 나오는 경우는 흔들리지 않고 협력을 계속하는 전략인 것으로 나타났다.[37] 게임에 참가한 학생 이백 명 중 게임에서 가장 많은 돈을 따서 상위권에 오른 사람은 모두 협력자들이었다. 복수가 목적인 사람들은 보복만 거듭하다가 하위권에 머물고 말았다.

따라서 비용이 많이 드는 처벌은 방임보다는 낫겠지만 사실 알고 보면 효과적인 미봉책에 지나지 않는다. 협력도를 높이는 최선의 방법은 공정한 교류, 협조, 상호 간 신뢰 강화 등 긍정적인 상호 작용을 장려하고 고무하는 것이다. 따라서 보상과 격려에 중점을 두면서 규율과 처벌을 통해 무임 편승자들에게 이용당하지 않도록 보호하는 시스템이야말로 정의로운 사회, 서로를 보듬으며 살아가는 사회 풍토를 조성하는 데 가장 적절한 방법이라고 하겠다. 특히 기업에서 맡은 일을 제대로 하지 못하고 불평만 한다고 벌을 내릴 것이 아니라 즐겁게 일할 수 있는 분위기를 조성하고 업적을 세웠을 때 여러 가지 방법으로 격려하고 수익의 일부를 직원들에게 돌리는 것이 훨씬 더 유익하다. 여기서도 협력이 처벌보다 훨씬 더 효과적이라는 말이다.

36 Singer, T., Seymour, B., O'Doherty, J. P., Stephan, K. E., Dolan, R. J., & Frith, C. D. (2006). Empathic neural responses are modulated by the perceived fairness of others. *Nature, 439*(7075), 466~469.
37 Rand, D. G., Dreber, A., Ellingsen, T., Fudenberg, D., & Nowak, M. A. (2009). Positive interactions promote public cooperation. *Science, 325*(5945), 1272~1275.

형제애에 바치는 찬사

사람은 누구나 형제라는 것을 다들 기억하기 바란다.
- 볼테르

프랑스 인권 협회Société des droits de l'homme 소속 변호사 장 샤를르 뒤퐁은 1843년에 공화파 잡지『르뷔 레퓌블리캥Revue républicaine』에 기고한 글에서 이렇게 쓰고 있다. "사람은 누구나 자유와 평등을 갈구하지만 타인의 도움이나 형제애가 없이는 손에 넣을 수 없다."[38] 그로부터 백 년 후인 1948년에 채택된 세계 인권 선언에는 제1 조에 다음과 같은 내용이 담겨 있다. "모든 사람은 태어날 때부터 자유로우며 존엄과 권리에 있어 평등하다. 모든 사람은 이성과 양심을 갖고 있으므로 서로를 형제애 정신으로 대해야 한다."

형제애는 이타심과 비슷하지만 남을 더욱 더 존중하고 서로를 이롭게 하려는 욕구가 반영된 개념이며 연대와 협력을 고취하고 사회적 결속을 공고히 하는 역할을 한다. 프랑스 경제학자이자 최고의 석학으로 불리는 자크 아탈리는 형제애 또는 박애를 일컬어 "오늘날 세상을 이끌어 가는 추진력"[39], 고독을 거부하고 다른 사람들과 맺는 관계를 소중히 여기고 남들과 스스럼없이 어울리면서 서로를 알아 가고 베풀고 반갑게 맞아들이는 것이라고 설명한다. 형제애는 상호 의존적인 세상에서 남의 성공이 나의 성공으로 이어진다는 가르침을 준다. 모든 사람이 자기 밖에 모르면 다함께 실패할 수밖에 없다. 아탈리는 이렇게 말한다. "형제애는 개인적으로 얻는 것이 없어도 남에게 베풀면서 기쁨을 얻는다. 고독한 사람 곁을 지켜 주고, 고통 받는 사람에게 측은지심을 표시하고, 보답 받을 기약이 없어도 베풀고, 아이들이 누리는 행복을 나의 기쁨으로 여겨 버려진 아이들

38 Ozouf, M., "Liberté, Égalité, Fraternité, Peuplements de Pays Paix et la Guerre." In *Lieux de mémoire* (dir. Pierre Nora), Quarto Gallimard, book 3, 1997, pp. 4353–4389.
39 Attali, J., *Fraternités*, Fayard, 1999, p. 172.

을 입양하고, 칭찬이나 보상을 받지 못해도 장애인이나 약자를 돌보면서 인간다운 일을 할 수 있다는 데 기쁨을 느끼는 것이다."[40]

자연재해가 발생했을 때 현장에 나가 사람들을 구호하고 치료하고 재건하는 자선 단체와 비정부 기구 활동이 바로 형제애의 발현이다. 몸을 사리지 않고 필요한 것 이상으로 일을 열심히 하는 것, 다국적 기업이 세계화를 빌미로 가난한 나라를 경제적으로 착취하는 게 아니라 지식과 기술, 문화적, 예술적 자산을 나누는 것도 형제애에 해당한다.[41]

아탈리의 말에 좀 더 귀를 기울여보자. "19세기와 20세기의 혁명가들은 대부분 형제애를 단순하고 모호하고 순진한 개념, 기독교인이나 프리메이슨 아니면 얼간이들에게나 어울릴 만한 생각이라고 했지만 형제애는 죽지 않고 살아남아 러시아 강제 노동 수용소, 독일의 나치 수용소(및 여러 유사 시설들)에서 꽃을 피웠으며 생존의 방법으로 자리 잡았다. 인도에서는 마하트마 간디가 형제애를 인간 존엄을 지키는 무기로 사용했다. …… 남이 행복해야 나도 행복할 수 있다고 용기 있게 외치는 진정한 혁명가들도 모두 형제애의 발로에서 행동하는 것으로 봐야 한다. 표현은 다르지만 이타심, 책임감, 측은지심, 아량, 사랑, 관용이 모두 형제애와 맥을 같이 하는 말이다."[42]

마틴 루터 킹은 형제애를 이렇게 요약했다. "우리는 형제자매처럼 함께 사는 법을 배워야 한다. 그렇지 않으면 바보 같이 공멸하고 말 것이다."[43]

40 Ibid., p. 173.
41 Ibid., p. 174.
42 Ibid., pp. 170~171.
43 Martin Luther King Jr., speech on March 31, 1968.

협력을 촉진하는 요소

심리학자 마이클 토마셀로가 쓴 『이기적 원숭이와 이타적 인간Why We Cooperate』에 보면 인간의 협력 활동은 공통의 목표가 바탕에 깔려 있으며 참가자들이 공통의 목표를 달성하기 위해 각자 맡은 역할을 다하는 것이라고 설명되어 있다.[44] 함께 협력해 일하는 사람들은 다른 사람의 뜻을 받아들이고 그에 대해 적절한 방법으로 반응할 줄 알아야 한다. 협력해서 일을 하려면 공통의 목표 외에도 일이 어느 정도 분업화되어야 하고 원활한 커뮤니케이션을 통해 자신이 맡은 역할이 무엇인지 제대로 알아야 한다. 협력에는 관용과 신뢰, 공정성이 필요하다.

협력은 사회 규범에 의해 강화되는데 그런 규범은 시대에 따라 크게 달라진다. 전 세계에 존재하는 수많은 사회 형태를 비교 분석한 철학자 엘리엇 소버와 진화학자 데이비드 슬론 윌슨은 대다수 사회가 사회 규범을 통해 용인 가능한 행동과 그렇지 않은 행동을 구분한다고 말했다. 사회 규범을 지키는 것은 크게 어려운 일이 아니지만 그것을 어겨 처벌을 받게 되면 공동체에서 축출되는 등 매우 큰 대가를 치를 수 있기 때문에 매우 중요하다.[45] 그래도 요즘은 사회 규범이 생명을 존중하고 남녀평등, 연대, 비폭력, 사법적 공정성 등을 추구하는 편이라 매우 다행한 일이라 하겠다.

마틴 노왁은 협력을 촉진하는 요소를 다섯 가지로 꼽는다. 첫째, 정

---

44 Tomasello, M., *Why We Cooperate*, MIT Press, 2009.
45 Sober, E., & Wilson, D. S., *Unto Others: The Evolution and Psychology of Unselfish Behavior*, Harvard University Press, p. 166, 1999; Boyd, R., & Richerson, P. J. (1992). Punishment allows the evolution of cooperation (or anything else) in sizable groups. *Ethology and Sociobiology*, 13(3), 171~195. 콜린 턴불에 따르면 아프리카의 음부티Mbuti족은 "일상적으로 하는 지극히 사소하고 평범한 행동에 대해 부족 전체가 나서 심각하게 고민하는 일이 있다. …… 부족 사람들 사이에서 보편적으로 인정 받을 수 있고 모든 행위에 보편적으로 적용될 수 있는 행동 패턴이 필요하다." Turnbull, C. M., *The Mbuti Pygmies: An Ethnographic Survey*, American Museum of Natural History, 1965, vol. 50, p. 118.

기적, 반복적으로 서로 돕는 것이 협력을 촉진한다. 이를테면 수확기에 농부들이 품앗이를 한다든가 누가 집을 지을 때 마을 사람들이 전부 나서서 돕는 것이다. 둘째, 공동체 안에서 평판이 갖는 중요성이 협력을 촉진한다. 자진해서 협력하는 사람은 모두에게 칭찬을 듣지만 협력하지 않는 사람은 밉보이게 된다. 셋째, 인구와 사회관계망 구조가 공동체 안에서 상부상조하는 분위기를 촉진할 수도 있고 가로막을 수도 있다. 넷째, 친족 관계는 혈연으로 맺어진 사람들 사이에서 협력을 촉진한다. 다섯째, 자연 선택의 작용이다. 자연 선택은 개인의 차원에서 이루어질 수도 있지만 개인이 모인 집단에 영향을 미치기도 한다. 후자의 경우에 좋은 협력자들이 많은 집단은 나쁜 협력자들끼리 경쟁만 일삼는 집단보다 성공 가능성이 훨씬 더 크다.[46]

인간은 수세대에 걸쳐 삶을 영위하는 동안 마을이나 도시, 국가 안에서 호혜와 협력의 관계망을 구축했으며 요즘은 그 범위가 전 세계로 확대되었다. 세계를 하나로 연결하는 글로벌 네트워크에서는 정보와 지식이 단 몇 초 만에 세계 전체로 확산될 수 있다. 고무적인 아이디어와 생산적인 혁신, 중대 사안에 대한 해결책을 글로벌 네트워크를 통해 확산시키면 전 세계에 기여할 수 있다. 협력을 확대할 수 있는 방법은 무수히 많다. 이제는 세계적인 차원에서 협력해야 할 때다.

46   Nowak, M., & Highfield, R., *SuperCooperators*, The Free Press, 2011, pp. 270~271.

37

깨어 있는 교육

교육은 빈 병을 채우는 것이 아니라 불꽃을 당기는 일이다.
- 아리스토파네스

긍정 심리학(긍정 심리학에서는 인생을 행복하게 살려면 괴롭고 부정적인 감정을 불식시키는 것만으로는 부족하고 긍정적인 감정이 꽃필 수 있도록 해야 한다고 주장한다.)을 창시한 마틴 셀리그먼이 수천 명의 부모들에게 자녀들을 위해 바라는 것이 무엇이냐고 물었다. 그러자 부모들 대부분이 행복, 자신감, 기쁨, 풍요, 마음의 평정, 착한 성품, 건강, 만족, 사랑, 정서 안정, 의미 있는 삶이라고 대답했다. 부모들이 바라는 것은 한마디로 자녀들이 행복하게 잘 사는 것이었다.[1]

셀리그먼은 잠시 후에 또 이렇게 물었다. "학교에서 무엇을 가르치나요?" 그러자 사고력, 정해진 틀에 적응하는 능력, 언어, 수학, 직업 윤리, 시험에 합격하는 기술, 규율, 성공 등 다양한 대답이 나왔다. 두 질문에 대한 답 중에 겹치는 것이 거의 없었다. 학교에서 가르치는 것이

---

1   Seligman, M. E. P., *Flourish: A Visionary New Understanding of Happiness and Well-Being*, Atria Books, 2012.

살아가는 데 꼭 필요하고 유용한 것임에는 틀림없지만 그 외에 셸리 그먼이 "긍정적인 교육"이라고 부르는 것, 행복하게 사는 법, 자아실현 방법, 좀 더 나은 인간이 되는 법 같은 것도 가르칠 수 있지 않을까?

달라이 라마는 대중들에게 설법을 할 때 지능이 아무리 중요해도 그것은 선한 일에 사용될 수도 있고 악한 일에 사용될 수도 있는 도구에 불과하다고 말한다. 실제로 지능을 사용하는 방법은 살면서 가치를 어디에 두는가에 따라 크게 달라진다. 달라이 라마는 지능을 이타적인 가치에 사용해야 한다고 늘 강조한다. 옛날에는 종교가 긍정적인 가치들을 가르쳤지만 그것들을 너무 교조적으로 주입하는 바람에 어린이들이 개성과 잠재력을 개발할 만한 기회가 거의 없었다. (과거 프랑스에서 가톨릭교가 민중 교육을 담당하던 시절이 있었다. 그러다가 19세기 말에 공립 소학교가 설치되고 종교 교육 금지 조항이 제정되면서 종교 교육과 공립 학교가 분리되고 공교육 제도가 발달하기 시작했다.-옮긴이) 요즘은 교육이 종교와 완전히 분리되고 세속화되어 개인의 자유는 존중되고 있지만 성공과 개인주의, 경쟁이 너무 중요시되는 바람에 학생들이 인간적 가치를 되새기고 존중할 여유가 없는 형편이다. 달라이 라마는 이렇게 말한다.

교육은 정해진 목표를 달성하는 데 필요한 지식과 기술을 전달하는 것으로 끝나는 일이 아니다. 교육을 통해 다른 사람의 권리와 필요에 눈을 뜨게 해야 한다. 각자가 하는 행동이 세상 사람 모두에게 영향을 미칠 수 있는 보편적인 차원이 있다는 사실을 아이들에게 이해시켜야 하며 아이들이 타고난 공감 능력을 개발시켜 남들에 대한 책임감을 고취시켜야 훗날 책임감 있는 행동이 나올 수 있다. 미덕과 지식 중 하나만 선택해야 한다면 당연히 미덕의 가치가 훨씬 더 크다. 미덕의 열매인 착한 마음은 인류를 크게 이롭게 할 수 있지만 지식은 그렇지 않다.[2]

달라이 라마는 지금까지 심리학 분야에서 이루어진 과학적 발견과 아동 발달, 뇌 가소성, 주의력을 높이고 정서 균형을 잡는 수련 방법, 남을 보살피는 어진 마음, 연대, 협력의 미덕, 세상의 모든 존재가 연결되어 있고 서로 의지해 살아간다는 사실에 대한 이해를 바탕으로 교육 현장에서 근본적 가치를 다시 가르치기 시작해야 한다고 강조한다.

다음에서는 이타적 가치를 함양하는 데 효과적인 교육 방법이나 프로젝트를 몇 가지 골라 살펴보도록 하겠다.

중립성은 정답이 아니다

교육자들 중에 학생들에게 가치관과 이념을 강요하는 결과가 될까 두려워 중립을 유지하면서 학생들이 선택해야 할 도덕적 가치에 대해 학교가 이래라 저래라 해서는 안 된다고 생각하는 사람들이 많이 있다. 교육자가 권위를 내세워 자신의 세계관을 강요하는 규범적인 도덕 교육은 경계해야 마땅하지만 아이들에게 서로 도우면서 정직하고 너그러운 마음으로 살아가는 것이 좋은 것이라고 가르치는 것까지 비난할 사람이 과연 누가 있을까? 도덕적 중립성은 속임수에 불과하다. 아무리 중립을 지켜도 아이들은 각자 가치 체계를 만들어나간다. 그 과정에서 믿고 따를 만한 교사의 지도가 없다면 폭력이 난무하는 미디어나 광고에 만연한 소비 지상주의와 개인주의에 젖어 들거나 도덕적으로 방황하는 또래 친구들에게 휩쓸리고 말 것이다. 사회와 사회의 근간이 되는 교육 시스템이 폭력과 차별은 나쁜 것이고 남을 보살피는 어진 마음과 공평무사와 관용이 옳은 것이라고 확실하게 말하지 못한다면 조화롭고 공정한 세상을 절대로 만들 수 없다. 실제로 많은 교사들이 젊은이들을 올바른 길로 이끌면서 누가 봐도 건설적이라

2   Dalai Lama, G. T., *Ancient Wisdom, Modern World*, Abacus, 2000.

인정할 만한 영감을 주고 있다.[3]

그런 예는 찾아보면 많이 있다. 예를 들어 캐나다 브리티시컬럼비아주에서는 클라이드 허츠만과 여러 학자들의 권고에 따라 거의 모든 학교에서 감성 지능Emotional Intelligence 교육을 실시하고 있다. 퀘벡주에서는 세속 윤리 교육을 위해 새로운 과목을 편성했으며 달라이 라마가 2010년에 연수를 받는 교사 수백 명을 대상으로 강연을 한 적도 있다. 인도 델리 대학교는 달라이 라마의 주창으로 2013년 1월부터 모든 교육 과정에 "세속인의 가치"라는 과목을 개설했다. 미국 수백 개 학교에서는 교육자이자 심리학자인 마크 그린버그 주도하에 자기 자신과 타인의 감정을 올바르게 파악하고 관리하는 법을 가르쳐 학교 폭력을 줄이는 효과를 보고 있다.[4] 프랑스 신경 과학자이자 몽펠리에 사범 대학교 교수인 다니엘 파브르와 여러 교육자들은 연구와 현장 경험을 통해 학생들에게 동기를 부여하는 새로운 교육 방법으로 학교 폭력을 줄일 수 있다는 것을 보여주었다.[5]

조용한 혁명

키들링턴 초등학교는 영국 옥스포드 교외 빈민가에 자리 잡고 있으며 전교생이 500명 정도 된다. 이 학교 교장인 닐 혹스는 1993년에 인간의 기본적 가치를 가르치는 과목을 교과 과정에 포함하기로 결정했

---

3 교육 현장에서 나타나는 중립주의와 보편적으로 바람직하고 사회적으로 용인되는 가치를 가르치는 것에 대해 비판하는 입장을 보려면 다음을 참조. White, J., *Education and The Good Life: Autonomy, Altruism, and The National Curriculum*, Advances in Contemporary Educational Thought, vol. 7, ERIC, 1991.
4 Greenberg, M. T. (2010). School-based prevention: Current status and future challenges. *Effective Education*, 2(1), 27~52.
5 Favre, D., *Transformer la Violence des Élèves: Cerveau, Motivations et Apprentissage* (Tranforming violence in students: The brain, motivations, and learning). Dunod, 2006; Favre, D., *Cessons de Démotiver les Élèves: 18 Clés pour Favoriser l'Apprentissage* [Let's stop demotivating students: 18 key ways to enhance learning]. Dunod, 2010.

다.[6] 먼저 존경, 자애, 책임감, 협력, 신뢰, 관용, 개방성, 인내, 평화, 용기, 정직, 겸손, 감사, 희망, 사랑, 아량 등 교사와 학생들이 중요하다고 생각하는 가치에 대한 말을 목록으로 만든 다음, 매달 "이달의 말"을 정해 모두가 볼 수 있도록 벽에 내걸었다. 그 말에 대해 집단 토론을 하고 다른 과목도 그 말을 주제로 한 내용을 가르쳤다. 충돌이나 싸움이 일어나면 그 말을 토대로 해결 방법을 모색했다.

이런 식의 가치 교육이 다른 과목의 들러리 역할을 한 것이 아니라 모든 교과 과정과 학교의 행정적, 교육적 결정을 할 때 중심이 되었다.

학생들이 자신의 감정과 행동을 뜻대로 조절할 수 있다는 사실을 깨닫자 수업 분위기가 달라지고 참여도가 꾸준히 향상되고 공부하는 즐거움이 커졌다. 몇 년에 걸쳐 이 교수법을 평가한 결과, 인간적 가치에 기반을 둔 교육 방식과 그로 인해 조성된 분위기가 학생 개인의 발전과 사회적 관계에 도움이 되는 것은 물론이고 학업 성적에도 긍정적인 영향을 미치는 것으로 나타났다. 키들링턴 초등학교는 이 교수법을 도입한 이후 학생들의 성적이 늘 전국 평균을 웃돌았으며 키들링턴처럼 소외되고 낙후된 지역에 있는 다른 어떤 학교보다 월등히 높았다.[7]

평가를 맡았던 프랜시스 파러는 전반적으로 학생들 정서가 안정되고 행동거지가 좋은 방향으로 개선되었으며 공동체에 대한 소속감이 높아졌다고 보고했다. 요즘도 키들링턴 초등학교를 본받으려는 교육자들의 발길이 끊이지 않는다. 파러는 오전 수업과 오후 수업을 시작하기 전에 잠깐 시간을 내서 명상을 하는 것이 학생들에게 지속적으로 영향을 미쳐 교내 충돌이나 싸움을 진정시키는 효과가 있다고도

6   Hawkes, N., *From My Heart: Transforming Lives through Values*, Independent Thinking Press, 2013, p. 66~67. Hawkes, N., *Does Teaching Values Improve The Quality of Education in Primary Schools? A Study About The Impact of Values Education in a Primary School*, VDM Verlag, 2010도 참조. 웹사이트 www.values-education.com도 참조.
7   Farrer, F., *A Quiet Revolution: Encouraging Positive Values in Our Children*, Rider, 2005.

지적했다.

호주에서는 2003년부터 교육부 후원으로 316개 학교에 재학 중인 십만 명이 넘는 학생들을 대상으로 키들링턴과 유사한 프로그램을 실시하기 시작했다. 이 프로그램의 성과를 평가한 테렌스 로바트 교수와 뉴캐슬 대학교 학자들은 인간적 가치를 바탕으로 교과 활동을 설계하면 학습 효과가 향상되고 교사와 학생들의 만족도도 높아지며 학내에서 일어나는 사건 사고도 줄어든다는 것을 확인할 수 있었다. 로바트는 보고서에서 학교가 "가르치고 배우기 더 좋은 곳"으로 바뀌었다고 밝혔다.[8]

괄목할 만한 성공 사례

미국 위스콘신주 매디슨에 있는 한 어린이집에서는 아침마다 4~5세 어린이들이 바닥에 등을 대고 누워 수업을 받는 진기한 광경이 벌어진다. 불우한 환경에서 자라나는 이 아이들은 누운 상태에서 호흡이 들고나는 것이나 각자 가슴 위에 올려놓은 작은 곰 인형의 움직임에 정신을 집중한다. 몇 분 후 트라이앵글 소리가 울리면 다들 일어나 교실 창가로 가서 화분에 심어 놓은 "평화의 씨앗"이 얼마나 자랐는지 확인한다. 교사는 아이들에게 식물이 자라는 데 얼마나 많은 보살핌이 필요한지 생각해 보라고 한다. 그러고 나서 연상 작용을 통해 우정을 키우려면 얼마나 큰 보살핌이 필요한지 생각해 보도록 한다. 그 과정에서 자신의 마음에 평화를 주는 것이면 다른 아이들에게도 평화를 준다는 사실을 아이들이 깨달을 수 있도록 도와준다. "내가 하는 생각과 말과 행동이 남에게 피해를 주지 않고 도움이 되도록 하겠습니

8　Lovat, T., Toomey, R., & Clement, N., *International Research Handbook on Values Education and Student Wellbeing*, Springer, 2010; Lovat, T., & Toomey, R., *Values Education and Quality TEaching: The Double Helix Effect*, Springer-Verlag, 2009.

다." 아이들은 수업이 시작되기 전에 이렇게 구호를 외치고 하루 종일 마음에 새겨 둔다.

이 내용은 심리학자이자 신경과의사인 리처드 데이비슨이 설립한 건전한 마음 연구 센터Center for Investigating Healthy Minds에서 설계한 10주 짜리 프로그램의 일부분이다. 데이비슨의 동료인 로라 핑어와 여러 교사들은 이 프로그램을 일주일에 세 번, 한 번에 30분씩 가르치는데 아이들이 선생님들이 왜 매일 오지 않느냐고 조바심을 내면서 아쉬워할 정도로 큰 효과를 보고 있다.[9]

프로그램이 진행되는 동안 아이들은 자연스럽게 착한 행동을 하고 자신이 싫어하는 것은 타인들도 싫어한다는 것을 깨닫고 자신의 감정과 급우들의 감정을 좀 더 정확하게 알고 감사를 표시할 줄 알고 자신을 비롯해 모든 사람에게 자애가 깃들기를 원한다. 걱정거리가 있는 아이들에게 외부 환경을 바꿔 문제를 해결할 수도 있지만 자신의 감정을 바꾸는 것도 해법이 될 수 있다는 것을 가르친다.

5주가 지나면 아이들은 자신이 기른 식물을 다른 아이에게 선물한다. 그러면서 자신이 세상의 모든 아이들, 세상의 모든 학교, 세상사람 모두와 연결되어 있다는 것을 깨닫고 그들 모두 평화를 원하고 있으며 서로가 서로에게 의지해 살아간다는 사실을 알게 된다. 그렇게 자연과 동물, 나무, 호수, 바다, 우리가 숨 쉬는 공기에 대해 감사한 마음을 갖고 우리가 사는 세상을 보살피는 일이 중요하다는 것을 인식하게 된다.

흥미롭긴 하지만 별 것 아닌 것처럼 보이는 이런 프로그램이 어린

---

9 북아메리카와 유럽 여러 나라 교육 기관에서 사리 판단, 주의력 개발, 알아차림, 남을 보살피는 어진 마음을 통합시킨 형태의 명상을 가르치고 있다. Greenland, S. K., *The Mindful Child: How to Help Your Kid Manage Stress and Become Happier, Kinder, and More Compassionate*, The Free Press, 2010. 그 밖에 부모를 대상으로 알아차림(마음챙김)을 교육하는 데 대해서는 Kabat-Zinn, J., *Everyday Blessings: The Inner Work of Mindful Parenting*, Hyperion, 1998 참조.

아이들에게 정말 영향을 미칠 수 있는지 반신반의하는 사람이 있을 것이다. 그래서 연구진들은 주관적인 관찰만 하지 않고 이 프로그램으로 교육 받기 전과 교육 받은 후 아이들 행동과 태도에 대해 심층 설문 조사를 실시해 프로그램의 효과를 평가했다. 그 결과 실험에 참가한 아동은 친사회적 행동이 전반적으로 향상되고 정서적 문제라든가 싸움을 하는 일이 줄어든 것으로 나타났다.

학자들은 마지막으로 "스티커 테스트"라는 실험을 실시했다. 프로그램을 시작할 때와 종료할 때 두 차례에 걸쳐 아이들에게 좋아하는 캐릭터가 그려진 스티커와 봉투 네 개를 나눠 주었다. 봉투에는 각각 가장 친한 친구, 가장 좋아하지 않는 친구, 생전 처음 보는 모르는 아이, 머리를 다쳤는지 붕대를 감고 있는 아이의 사진이 붙어 있다. 프로그램 시작 전에 사진 속 아이에게 주고 싶은 만큼 스티커를 봉투에 넣으라고 하자 아이들은 친한 친구에게 스티커를 전부 몰아주고 다른 아이들에게는 하나도 주지 않았다.

학자들은 남을 보살피는 어진 마음에 대해 10주 동안 교육을 하면 뭔가 변화가 생길 것이라고 기대했다. 실제로 극적인 차이가 나타났다. 프로그램이 끝난 뒤 두 번째로 실험을 하자 아이들은 네 아이들에게 공평하게 스티커를 나눠 주었다. 가장 친한 친구와 가장 좋아하지 않는 친구를 차별하지도 않았다. 집단에 대한 소속감에서 비롯되는 분열상이 얼마나 뿌리 깊고 오래 가는지, 그런 차별이 사회에 얼마나 큰 해악을 끼치는지 아는 사람이라면 이 실험 결과가 얼마나 대단한 의미가 있는지 금방 알아차릴 것이다.

이처럼 간단한 방법으로 놀라운 변화를 이끌어 낼 수 있다는 사실과 훗날 아이들의 성장에 미치는 영향(이 부분에 대해서는 현재 연구가 진행 중이다.) 등을 감안할 때 이 교육 방법이 전 세계에 전파되지 않는다면 그것은 매우 아쉬운 일이다. 실제로 매디슨 시의회는 리처드 데이비슨 연구 팀에게 이 프로그램을 관내 학교 전체로 확대해서 진행해 달라고 요청했다. 소식을 전해 들은 달라이 라마는 이렇게 말했다. "한 개 학교가 열 개, 백 개로 늘어나고 유엔의 도움을 받아 전 세계 학교로 퍼져 나갔으면 좋겠다."

상호 의존성의 발견

미국 애틀랜타주 파이데이아 학교에는 위탁 보호 가정의 양부모 밑에서 자라는 6~7세 학생이 스무 명 정도 모여 있는 학급이 있다. 에모리 대학교에서 나온 선생님이 아이들에게 이렇게 말한다. "이 스웨터를 보세요. 난 이 스웨터를 좋아해요. 편안하고 포근하게 몸을 감싸 주니까요. 아버지가 주신 스웨터라서 이걸 입을 때마다 아버지 생각이 나죠. 그런데 이건 하늘에서 툭 떨어진 옷이 아녜요. 어디서 왔을까요? 이 스웨터를 입기까지 누가 있었을까요?"

여기저기서 아이들이 대답을 한다. "선생님요!" 이런 대답을 듣고 당황한 선생님이 이렇게 말한다. "네, 맞아요. 또 누가 필요할까요?" "선생님의 아버지요!" 다른 학생이 대답한다. "그래요. 그렇지만 우리 아버지가 스웨터를 만들지는 않았어요."

"가게에서 샀어요!" 누가 이렇게 넘겨짚는다. "맞아요. 그런데 가게 점원이 스웨터를 뜨지는 않았겠죠." 그제야 자신감을 얻은 아이들이 서서히 뜨개질, 양모, 양, 농장, 운송 수단, 도로 등 스웨터 생산에 관여하는 사람들을 언급하기 시작하더니 마침내 그들의 부모, 조부모, 집, 그들이 먹는 음식에 대해서까지 이야기를 꺼냈다.

"그래서 마지막에는 뭐가 있을까요?" 선생님이 이렇게 묻자 한 아이가 망설임 없이 천진한 표정으로 이렇게 외친다. "끝이 없어요! 세상 사람이 전부 다 필요해요!"

아이들은 그런 결론 앞에서 깊은 생각에 잠긴다. 잠시 후 한 아이가 놀랍다는 듯이 이렇게 묻는다. "어린 아이들도 필요할까요?" 선생님이 고개를 끄덕이면서 이렇게 대답한다. "그럼요. 아이들도 필요해요."

마음 교육, 정신 교육

미국 애틀랜타주 에모리 대학교에서 개발한 프로그램 중에 모든 존재의 상호 의존성을 인식할 수 있도록 하는 것이 있다. 인지 기반 자비심 치료Cognitive Based Compassion Therapy라는 이 프로그램은 방치된 아동들과 친부모와 이별 후 정신적 충격을 받고 위탁 보호 가정에서 자라는 아이들에게 이타심과 자비심에 관한 분석적 명상을 가르친다. 그런 아이들 중에는 정규 교육 과정의 학업을 중단한 경우도 꽤 많다.[10] 프로그램은 정규 수업일 중 일주일에 두 번, 한 번에 25~30분씩 진행된다.

이 프로그램은 감성 지능, 자신과 타인에 대한 자비심, 상호 의존성에 대한 인식, 공감, 차별 금지 같은 자질을 키운다. 자비심을 중심으로 학교 공동체와 교사, 학교 관리자, 학부모를 연결하고 범위를 좀 더 넓혀 아이에게 양부모 가정을 찾아 주는 시스템과 연계하는 것이 CBCT 프로그램의 목적이다.

8주 동안 진행되는 프로그램에는 1) 주의력과 마음의 평정 개발, 2) 생각, 기분, 감정의 내면적 특징 관찰 3) 행복에 대한 욕구, 개인적으로 성취감을 주는 정신 상태, 행복을 좀먹는 감정 상태에서 벗어나고자 하는 의지 등 자신에 대한 측은지심 탐구 4) 모든 존재들에 대해 공평무사한 마음 키우기, 친구든 적이든 이방인이든 모두를 불편부당하게 대하는 법, 존재를 그런 식으로 분류하는 것이 어떤 가치가 있는지 의문 제기(그것이 늘 변함없는 것인지, 피상적인지, 변화무쌍한지 등등), 고통에서 벗어나 행복하고자 하는 만인 공통의 욕구 인정하기 5) 많은 사람들의 도움 없이는 살 수 없으므로 남에 대한 감사의 마음 키우기 6) 남을 보살피는 자애로운 마음과 공감 능력 키우기 7) 고통 받는

---

10 Ozawa-de Silva, B., & Dodson-Lavelle, B. (2011). An education of heart and mind: Practical and theoretical issues in teaching cognitive based compassion training to children. *Practical Matters*, 1(4), 1~28.

사람들에 대한 자비심과 그들이 고통에서 헤어나기를 바라는 마음 키우기 8) 일상에서 이타심과 자비심 실천하기 등이 있다.

아이들은 그런 교육에 대해 뛰어난 수용 능력을 보여 준다. 강사 중 한 명이 분노를 숲에 불이 난 것에 비유하면서 초기에 불씨를 잡으면 금방 불을 끌 수 있지만 시기를 놓치면 손을 쓸 수 없을 만큼 파괴적인 생지옥으로 변한다고 설명하자 다섯 살짜리 소녀가 이렇게 말했다. "내 인생에는 산불이 많이 일어나요."

협동 학습

혼자 여러 사람을 상대하는 것이 아니라 남과 함께, 남에 의해, 남을 위해 학습하는 것이 협동 학습이다. 협동 학습은 학생들을 소그룹으로 묶어 서로 돕고 격려하고 서로의 성공과 노력을 칭찬하면서 배우고 공부하는 것이다. 어려운 일을 완수해야 할 때 프로젝트가 성공하려면 구성원들의 노력이 필요하다. 그러기 위해서는 함께 노력하는 것은 물론이고 구성원들이 가진 능력을 최대한 활용해야 한다.

학교에서 이루어지는 협동 교육은 실력이 다른 아이들을 함께 모아 놓고 뛰어난 학생이 뒤처지는 아이들을 돕도록 하는 것이다. 그럴 때 학습 능력이 뛰어난 학생은 우월감에 젖기보다(필기 시험을 보고 점수를 매겨 평가하는 제도에서는 학생들이 우쭐하기 일쑤다.) 배운 내용을 이해하지 못하고 어려워하는 사람들을 도와야 한다고 책임감을 느낀다. 집단 구성원들이 연대감으로 똘똘 뭉쳐 남들에 대해 위압적으로 평가하거나 비판하지 않는 분위기라 아이들이 자신 있게 최상의 컨디션으로 최선을 다할 수 있다.

학습에 어려움을 겪는 비슷한 수준의 아이들이 모인 협동 학습 집단에서는 서로 간에 연대감을 이용해 옛날에 능력이 모자라 소외되었던 문제를 해결하는 모습이 관찰되었다. 수학 교사이자 프랑스 리옹 대학교에서 연구하고 있는 로베르 플레티는 『협동 학습L'Apprentissage coopérant』에서 수학 시간에 협동 학습을 활용하는 방법에 대해 구체적으로 설명하고 있다. 교사가 먼저 수업을 한 다음에 문제를 풀게 해서 수업 내용을 이해한 학생과 그렇지 못한 학생을 가려내 학생들을 두세 개 또는 서너 개의 그룹으로 나눈다. 이때 이해를 전혀 하지 못한 학생들끼리 묶을 수도 있고 완전히 이해한 학생들끼리 묶을 수도 있고 둘을 섞어놓을 수도 있다. 그러고 나서 똑같은 문제를 다시 풀어보라고 하든가(아직 이해하지 못한 학생에게 이것이 매우 중요하다.) 새로운 연습 문제를 낸 다음 관찰을 한다(실력이 좋은 학생들끼리 협력하면 더 좋은 결과가 나오는지 두고 보려는 목적). 로베르 플레티는 이 연구를 무려 7년 동안 계속해 엄청난 양의 데이터를 축적했다.

결과는 매우 놀라웠다. 혼합 그룹은 성공률이 75퍼센트나 올랐으며 이해도가 높은 학생들끼리 묶어 놓은 집단도 높은 성공률을 유지했다. 그런데 정작 놀라운 일은 수학 문제를 하나도 풀지 못한 학생들끼리 묶어 놓은 집단에서 일어났다. 그룹 안에서 다른 아이들과 함께 공부를 하더니 24퍼센트의 학생이 문제를 푸는 데 성공한 것이다. 그것은 학습의 역학이 달라졌다는 뜻이었다. 실력이 떨어지는 학생들이 함께 모여 시행착오를 통해 발전을 거듭하더니 마침내 성공한 것이다. 그 밖에도 플레티는 "수학이 싫어서 늘 오만상을 누비고 있던 몇몇 학생들의 얼굴에 관심과 만족감이 나타나는 것을 볼 수 있었다."라고 말했다.[11]

협동 학습은 새로운 것이 아니다. 체코슬로바키아 교육 사상가이자 루소의 선구자로 당대에 큰 영향력을 발휘한 근대 교육학의 시조, 얀 아모스 코메니우스는 17세기에 벌써 학생들끼리 서로 가르치는 교수법이 유용하다는 것을 알고 있었다.

---

11   Pléty, R., *L'Apprentissage coopérant* [Cooperative Learning], Presses Universitaires de Lyon (PUL), 1998, p. 7.

19세기 미국 매사추세츠주 퀸시에서는 프랜시스 파커라는 열정적인 교육자가 지역 내 모든 학교에서 협동 학습을 유행시켰다. 매년 수천 명의 사람들이 찾아와 파커의 교수법을 배워 간 덕에 협동 학습법은 북아메리카 교육 시스템 전체로 퍼져 나갔다. 아쉽게도 1930년대 공립 학교들은 경쟁에 의한 학습을 선호했지만 1940년대에 접어들어 사회학자 모튼 도이치에 의해 협동 학습이 되살아났으며 1980년대부터는 데이비드 존슨과 로저 존슨을 비롯해 여러 교육자들에게 지지를 받았다. 비록 대중적인 교육 방식은 아니지만 지금도 세계 곳곳에서 성공 사례를 낳고 있다.

데이비드 존슨과 로저 존슨은 독특한 교수법을 만들어 여러 학교에서 시행한 뒤 그 결과를 평가했다. 두 사람이 애리조나 대학교 메리 베스 스탠과 함께 협동 학습법에 관한 164건의 연구 자료를 종합한 결과에 따르면 2~5명의 학생을 한 그룹으로 묶어 교사가 수업을 한 다음 구성원들이 수업 내용을 모두 이해하고 문제를 풀도록 할 때 가장 좋은 효과가 나타난다. 성공한 그룹에게는 칭찬을 한다. 그 밖에 학생들의 실력과 성별, 문화적 배경, 동기 수준이 동질적이지 않고 다양하게 혼재된 그룹에서 좋은 결과가 나왔다.[12]

협동 학습은 학습 내용 암기, 학습에 대한 욕구, 과제를 수행하는 데 소요되는 시간, 학생들 간 지식 전달이라는 측면에서 경쟁에 의한 교육보다 여러모로 유리하다. 그 밖에 감성 지능과 교우관계에 대한 도덕적 의미, 이타적 행동, 교사와 관계가 개선되는 것도 관찰되었다. 아이들은 심리적으로 훨씬 더 건전하고 자신감이 높았으며 배우는 즐거움도 훨씬 컸다. 협동 학습을 하는 학생들은 행동 측면에서 차별(인

---

12 Johnson, D. W., Johnson, R. T., & Stanne, M. B., *Cooperative Learning Methods: A Meta-Analysis*, Minneapolis, University of Minnesota, 2000. 그 밖에 다음 연구도 참조. 최고 권위자 두 명이 발표한 매우 중요한 연구이다. Johnson, D. H., & Johnson, R. T., *Learning Together and Alone: Cooperative, Competitive, and Individualistic Learning*, 5th ed., Pearson, 1998.

종 차별, 성 차별), 비행, 괴롭힘, 약물 중독에 빠지는 일이 많지 않았으며 협동 학습을 하는 학급의 61퍼센트가 전통적으로 수업하는 학급보다 성적이 높았다.[13]

데이비드 존슨과 로저 존슨은 경쟁에 대해 소수만 달성할 수 있는 목표를 정해 놓고 학생들끼리 대결을 벌이는 "부정적 상호 의존"이라고 설명한다.[14]

멘토링의 장점

적성과 능력이 다른 아이들끼리 서로 지도와 조언을 하는 것이 멘토링이다. 아이가 동생뻘인 다른 아이를 맡아 일주일에 몇 시간씩 일대일 과외 수업을 하고 교사는 멘토 역할을 하는 아이가 수업 준비를 할 수 있도록 감독하고 도와주는 것이다. 미국 미시간 대학교 부설 학습 및 교수법 연구 센터Center for Research on Learning and Teaching 연구원인 피터 코헨, 제임스 쿨리크, 첸 린 쿨리크가 65건의 연구 결과를 분석한 내용을 보면 이런 멘토링은 장점이 매우 많다.[15]

그 중에는 약간 의외의 결과도 있다. 일대일 과외를 받는 아이뿐 아니라 멘토가 되어 과외를 가르치는 아이도 발전을 보인다는 사실이다. 실력이 별로 안 좋은 아이가 멘토가 되면 다른 사람 공부를 봐주

13 Slavin, R. E., Hurley, E. A., & Chamberlain, A., *Cooperative Learning and Achievement: theory and Research*, Wiley Online Library, 2003. 좀 더 최근에 이루어진 연구에 의해 협동 교육이 성적을 향상시킨다는 사실이 확인되었다.: Tsay, M., & Brady, M. (2010). A case study of cooperative learning and communication pedagogy: Does working in teams make a difference? *Journal of The Scholarship of Teaching and Learning, 10*(2), 78~89.

14 Johnson, D. W., Johnson, R. T., & Holubec, E. J., *Cooperation in The Classroom*, Interaction Book Company, 1991.

15 Cohen, P. A., Kulik, J. A., & Kulik, C. L. C. (1982). Educational outcomes of tutoring: A meta-analysis of findings. *American Educational Research Journal, 19*(2), 237~248. 그 밖에 자크 르콩트가 만든 사이트 http://www.psychologie-positive.net 중에서 "Enseignement(교육)" 항목 참조.

느라 본인의 학업을 망치는 결과가 나오지 않을까 걱정이 될 것이다. 그런데 놀랍게도 결과는 정반대였다. 멘토가 된 학생은 자신이 맡아 가르쳐야 하는 학생에게 책임감을 느껴 1~2년 전에 배운 내용을 열심히 복습했고 그 과정에서 자신도 공부에 대한 취미와 관심이 높아졌다. 그렇기 때문에 공부에 어려움을 겪는 아이가 도움을 받을 수도 있고 도움을 줄 수도 있는 것이 멘토링이며 멘토링을 하면 교육 능력을 개발하는 과정에서 학습 능력까지 향상된다. 평균적으로 멘토와 멘티로 짝이 되어 공부한 학생들은 멘토링 프로그램에 참여하지 않은 아이들보다 학년 말에 좋은 성적을 받았다.[16] 일대일 멘토링 시스템으로 공부하는 방법은 미국, 영국, 오스트레일리아, 뉴질랜드, 이스라엘, 프랑스어권 벨기에(수백 개 학교)를 비롯해 전 세계 곳곳에서 사용되고 있다.

멘토링의 또 다른 형태는 성인이 어려움을 겪는 아동을 도와주는 것이다. 자선가이자 인도 주의자인 레이 챔버스[17]는 1991년에 미국에서 촛불 재단Points of Light Foundation을 설립하고 불우한 환경에서 살아가는 어린이들을 위해 멘토로 활동하겠다는 사람들을 영입했다. 이 프로그램은 현재 500만 명이 넘는 멘토들이 놀라운 결과를 일궈 내고 있다.

권리 존중 학교 프로그램

유니세프 캐나다 위원회의 주도로 시작된 이 프로그램은 권리존중을 근간으로 한 교수법으로 학습 환경에 변화를 도모해서 학교 공동체

---

16 Barley, Z., Lauer, P. A., Arens, S. A., Apthorp, H. S., Englert, K. S., Snow, D., & Akiba, M., *Helping At-Risk Students Meet Standards*, Mid-Continent Research for Education and Learning, 2002; Finkelsztein, D., *Le Monitorat: S'entraider pour réussir, Hachette*, 1997.

17 레이 챔버스는 금융인으로 승승장구했지만 월가의 삶에 싫증을 느끼고, 학업을 포기하기 아까운 뉴저지에 사는 가난한 학생들이 계속 공부할 수 있도록 도와주기로 마음먹었다. 현재는 유엔 말라리아 특사로 활동하고 있다. Perry, A., *Lifeblood: How to Change The World One Dead Mosquito at a Time*, PublicAffairs, 2011 참조.

안에서 남들과 자신을 존중하는 것이 보편적으로 가치 있는 일이라는 것을 이해시키는 것이다. 현재 캐나다와 영국을 중심으로 여러 나라에서 실행되고 있다.[18]

영국에 있는 1,600여 개의 권리 존중 학교를 대상으로 조사를 한 결과, 성적이 향상되고 결석률과 편견, 따돌림 등의 발생 빈도가 낮아졌을 뿐 아니라 학생들이 친사회적인 행동과 다양성에 대해 좀 더 긍정적인 태도를 보이는 것으로 나타났다. 뿐만 아니라 권리 존중 학교에 다니는 학생들은 매사에 의욕이 강해 자기 의견을 표현하고 의사결정 과정에 적극 참여하며 분쟁이 생겼을 때 평화로운 방법으로 해결하는 법을 알고 있었다. 사회 정의라는 측면에서 세계가 안고 있는 문제에 대해서도 이해도가 높았다.

8세 아동 대상 철학 교육

프랑스 도르도뉴 지방에 있는 튀르삭이라는 작은 마을에서 교사로 일하는 클로드 디올로장은 담임을 맡고 있는 초등학생들을 데리고 특별 활동으로 철학 수업을 하기로 마음먹었다. 너무 어렵지 않을까 내심 걱정했지만 그렇지 않았다. 아이들이 철학 시간을 정말 좋아했다. 주제는 교사가 정하기도 하고 학생들이 관심 있는 문제를 선택하기도 한다. 예를 들어 행복, 정직, 공정성, 친절 같은 주제가 정해지면 교사의 도움을 받아 토론을 진행한다. 아이들은 원형으로 둘러앉아 서로에게 발언봉을 넘긴다. 발언봉을 받은 학생이 이야기를 시작하면 중간에 끼어들지 않고 끝까지 경청한다. 발언봉이 모두에게 돌아가 입장 표명이 끝나면 교사의 유도에 따라 아이들이 대화를 시작한다. 매주 금요일 오후에는 어린이 의회를 개최한다. 한 달 동안 회의를 이끌 '의장'을 정

---

18 http://erdcanada.com/ 참조.

하고 일주일 동안 있었던 문제들을 토의한다. 만약 어떤 학생이 동급생에게 욕을 했다면 어린이 의회 의장이 해당 학생에게 왜 그런 행동을 했는지 묻고 남의 감정을 상하게 했다고 깨우쳐 준다. 그런 일을 한 학생은 자신이 한 일을 인정하고 입장을 설명한 뒤 용서를 구한다. 그럼 모욕을 당한 아이가 그 아이를 용서한다.

세계 곳곳에서 어린이들을 대상으로 한 철학 특별 활동이 이루어지고 있는데 영국 던디 대학교의 키이스 토핑과 교육 심리학자 스티브 트리키가 열 가지 연구를 종합 분석한 내용을 보면 창의적 사고와 인지 능력, 감성 지능, 논리적 추론 능력, 독서와 수학 능력, 자신감 등이 향상된 것을 볼 수 있다. 토핑과 트리키는 어린이 철학 과목이 모든 교육 시스템에 통합되면 좋을 것이라고 의견을 제시하고 있다.[19]

퍼즐 학급

퍼즐 학급Jigsaw Classroom이란 미국 심리학자 엘리어트 애런슨이 1971년에 개발한 교수법이다.[20] 협동 학습 원리를 기본으로 한 이 방법은 아이들에게 각자 해야 할 역할을 부여해 남의 말을 경청하고 상호 작용하고 자신이 가진 지식을 공유하도록 유도하는 것이며 학생들이 모두 힘을 합하지 않으면 학습이 불가능하다. 직소 퍼즐을 구성하는 조각이 하나라도 없으면 전체 그림이 완성되지 않는 것과 비슷한 원리다.

학생들을 여섯 그룹으로 나눈 뒤 수업 내용을 여섯 부분으로 나눈다. 학생들은 각자가 맡은 수업 내용을 받아 10분 정도 혼자 공부를

19 Topping, K. J., & Trickey, S. (2007). Collaborative philosophical enquiry for school children: Cognitive effects at 10~12 years. *British Journal of Educational Psychology*, 77(2), 271–288; Trickey, S., & Topping, K. J. (2004). Philosophy for children: A systematic review. *Research Papers in Education*, 19(3), 365~380.

20 Aronson, E., & Patnoe, S., *Cooperation in The Classroom: The Jigsaw Method*, 3d rev. ed., Pinter & Martin, 2011.

한다. 그러고 나서 같은 수업 내용을 할당 받은 아이들끼리 모여 내용을 제대로 이해했는지 서로 확인한다. 확인이 끝났으면 같은 그룹에 속하는 여섯 명의 학생이 다시 모여서 30분 정도에 걸쳐 각자 공부한 내용을 다른 아이들에게 전달하고 공유한다. 마지막으로 시험을 통해 다들 수업 내용을 전부 이해했는지 확인한다. 이 과정에서 학생들은 자신이 갖고 있는 지식을 타인과 나누는 법을 배우고 다른 사람의 도움이 없이는 아무도 시험에 통과할 수 없다는 사실을 깨닫는다.

퍼즐 학급은 학생들 간의 적대감과 따돌림을 줄일 수 있는 방법이기도 하다. 특히 인종에 대한 편견을 비롯해 차별을 없애고 소수 민족 출신 아동의 성적을 향상시키는 데 효과가 있는 것으로 밝혀졌다.[21] 초등 교육 과정부터 이 방법을 사용했을 때 결과가 가장 좋았으며 수업 시간 중 20퍼센트만 할애해도 성적 향상 효과가 있는 것으로 볼 때 다른 교수법과 연계해서 사용할 수도 있을 것으로 보인다.

맨발의 학교, 양치기 학교, 어린이 의회

2월 어느 날 저녁 7시. 인도 라자스탄주 작은 마을 틸로니아 부근 습지변에 있는 집에 불이 들어왔다. 낮에 태양 전지판으로 충전한 허리케인 램프 두 개가 4미터×6미터짜리 공간을 환히 비추고 있었다. 여섯 살부터 열네 살까지 나이 차이가 있는 여자아이들이 남자아이들 네다섯을 데리고 와서 흙바닥에 자리를 잡고 앉았다.

여교사는 나이가 가장 많은 학생의 언니뻘 정도 되어 보였다. 다들 화기애애하게 잡담을 하는 사이에 수업이 시작되었다. 여교사가 힌디

21 Lucker, G. W., Rosenfield, D., Sikes, J., & Aronson, E. (1976). Performance in the interdependent classroom: A field study. *American Educational Research Journal*, 13(2), 115~123; Fini, A. A. S., Zainalipour, H., & Jamri, M. (2011). An investigation into the effect of cooperative learning with focus on jigsaw technique on the academic achievement of second-grade middle school students. *J. Life Sci. Biomed. 2*(2), 21~24.

어의 다양한 음절이 적힌 흰색 카드를 바닥에 둥글게 늘어 놓았다. 단어를 만들 수 있는 음절 두 개를 본 아이가 카드를 향해 달려가 나머지 아이들에게 그것을 보여 주고 단어가 무슨 뜻인지 설명했다. 그런식으로 카드를 늘어 놓으면서 긴 문장이 하나 완성되면 아이들이 한 명씩 원을 따라 걸으면서 문장을 소리 내서 읽었다. 다음으로는 여자아이들이 두 명씩 짝을 지어 율동을 하면서 비에 대한 노래(라자스탄주는 가뭄이 심해서 다들 습관처럼 비를 기다리는 노래를 부른다.), 수확에 대한 노래, 농장 동물에 대한 노래를 불렀다. 놀이를 겸한 수업은 밤 열시까지 계속되었다. 여교사가 질문을 하면 열심히 답하는 아이들의 얼굴에 지루함이나 산만한 기색이 조금도 없었다.

아이들은 하루 종일 소나 염소 치는 일을 한다. 사십 년 전에 벙커로이[22]가 설립한 맨발의 학교Barefoot College에서는 틸로니아 근처에 열 곳 정도 학교를 세워 지역 아이들을 위해 야학을 운영하고 있다. 마을에서 내준 공간을 이용해 학급별로 여교사 한 명이 다섯 학년의 어린이들을 데리고 수업을 한다.

시타는 열네 살이다. 여교사가 시타에게 하루에 몇 리터의 우유를 짜느냐고 묻자 시타는 4리터라고 대답한다. 소를 몇 마리 키우냐고 묻자 세 마리라는 답이 돌아온다. "그럼 두 주 동안 몇 리터의 우유가 나오는 거지?" 질문을 받은 시타는 칠판으로 나가 분필을 들고 곱셈을 한다. 칠판은 그 지역 여성들이 맨발의 학교를 위해 특별히 제작한 것이고 분필은 맨발의 학교에 다니는 장애인 아동이 직접 만든 것이다. 어린 소녀 세 명이 시타에게 다가가 숫자를 일렬로 늘어놓으면서 소곤소곤 의견을 나눈다. 이 학교에서는 교사가 질문을 했을 때 다른 친구들이 질문 받은 아이를 도와도 혼나거나 벌 받지 않는다. 오히려 그게 정상이라고 생각한다. 모든 교육은 그렇게 일상에 관련된 이미

---

22 벙커 로이의 삶에 대한 자세한 내용은 이 책 1장 이타심의 본질을 참조.

지를 풍부하게 사용하면서 협조적인 방식으로 이루어진다.

맨발의 학교가 후원하는 150개의 야학에서 공부하는 아이들은 어린이 의회까지 만들었다. 의원은 마흔 명이고 대부분 여학생들이다. 그들은 수상을 선출하고 한 달에 한 번씩 모여 어린이들의 생활에 대해 논의한다. 아이들은 자기들의 권리를 잘 알고 있으며 부당한 대접을 받거나 옳지 못한 일이 일어나면 아무리 민감한 사안이라도 주저 없이 문제를 제기한다. 그럼 부모와 마을의 지도자들이 이를 진지하게 받아들여 대표단을 파견하고 대표단은 어린이 의회에 참석해 결의 내용을 조용히 경청한다. 아이들은 2년에 한 번씩 선거가 열릴 때마다 마을에서 유세를 할 수 있으며 이를 통해 민주주의의 원칙을 배운다. 라자스탄 어린이 의회는 아이들의 계급, 성별, 경제적 사정에 상관없이 의원들을 평등하게 대접하고 사회적으로 동등한 책임을 부여하며 의원들은 관할 구역 내 야학에 대해 정기 감찰을 실시한다.

아이들이 마을의 생활 환경을 개선해 달라고 당국에 압력을 넣기도 한다. 태양 에너지 저장 장치나 펌프를 설치하는 일 같은 것이 그런 예다. 힘든 일상 중에 잠시 휴식할 수 있도록 어린이들을 위한 문화 활동이나 축제를 개최하기도 한다. 보건 당국이 실시한 조사 결과, 놀랍게도 어린이 의회가 활동하는 지역은 마을 사람들 건강 상태가 전반적으로 개선된 것으로 나타났다.

벙커 로이는 이런 일화를 들려주었다. 어린이 의회가 스웨덴에서 상을 받게 되어 당시에 수상직을 수행하던 열세 살짜리 소녀가 시상식에 참가했다. 시골 소녀가 스웨덴 여왕을 알현하면서 고관대작들 사이에서 태연하고 침착하게 행동하는 것을 보고 깊이 감명을 받은 여왕이 어쩜 그렇게 당당할 수 있느냐고 묻자 소녀는 이렇게 대답했다. "여왕 폐하, 저는 수상입니다."

교사의 공감

미국 교육자 마크 그린버그는 학생들 입장에서 볼 때 지식을 잘 전달할 뿐 아니라 다양한 인간적 자질(경청하는 자세, 자애, 개방성, 유연성 등)을 보여 주는 사람이 정말 훌륭한 선생님이라고 말한다. 실제로 교사가 공감을 나타내면 학생들 학업 성적이 올라가고 폭력과 파괴 행위가 줄어드는 것을 볼 수 있었다.[23]

프랑스 심리학자 자크 르콩트는 인간성 교육에 관한 논문에서 교사는 냉랭하고 초연한 태도로 지식만 전달할 것이 아니라 학생들과 일대일로 부딪쳐 가면서 관계를 구축해야 한다고 말한다.[24] 아리스토파네스가 한 말처럼 불꽃을 당겨 불을 지피려면 교사는 학생의 처지에 대해 진심으로 관심을 가져야 한다. 교사가 학생들에게 보여야 하는 세 가지 중요한 자질은 진정성, 배려, 공감이다.

미국 워싱턴의 전인 교육을 위한 전미 컨소시엄National Consortium for Humanizing Education에서 활동하는 데이비드 애스피와 플로라 로벅은 『사람이 싫으면 배움도 없다Kids Don't Learn from People They Don't Like』에서 이 세 가지 자질을 가장 많이 갖추고 있는 교사 아래서 공부하는 학생들이 같은 학교에 재학 중인 평균적인 학생들보다 학기 중 교과 성취율이 훨씬 더 높다는 사실을 밝혀냈다.[25] 애스피와 로벅은 사회 경제적으로 매우 열악한 지역에 있는 학교에 재직 중인 교사들을 대상으로 이 세 가지 자질을 높이기 위해 개발한 프로그램을 적용해 보았다. 결과는 자명했다. 그 학교는 독서 능력 평가에서 등위가 아홉 등이나 올랐

23 Jennings, P. A., & Greenberg, M. T. (2009). The prosocial classroom: Teacher social and emotional competence in relation to student and classroom outcomes. *Review of Educational Research*, 79(1), 491~525; Aspy, D. N., & Roebuck, F. N., *Kids Don't Learn from People they Don't Like*, Human Resource Development Press, 1977.

24 Lecomte, J. (April 2009). Les résultats de l'éducation humaniste [The results of humanist education]. *Sciences humaines*, 203.

25 Aspy, D. N., & Roebuck, F. N. (1977). *op. cit.*

고, 7~10세 학생들은 수학 과목에서 같은 학군에 있는 다른 학생들보다 훨씬 더 큰 발전을 보였고, 학교 전체로 봐서도 개교 후 45년 만에 가장 낮은 결석률을 기록했다. 학생들의 기물 파손이나 패싸움도 눈에 띄게 줄어들었고 교사 이직율도 80퍼센트에서 0퍼센트로 뚝 떨어져 학생들은 물론 교사들도 혜택을 누렸다. 이 소식이 전해지자 다른 교육 기관에 재직 중이던 많은 교사들이 이 학교로 전근을 희망했다.

네팔에서 사마타 시크샤 니케탄Samata Shiksha Niketan 학교(건물 전체가 대나무로 지어진 이 학교들은 재학생 수가 많게는 2천 명에 달한다.)[26]를 설립한 우탐 산옐은 매우 독특한 방법으로 교사를 채용했다. 그는 포카라에 학교를 새로 설립하고 교사 백 명을 채용하기 위해 신문에 광고를 냈다. 지원자가 천 명에 달하자 직원들과 함께 1차로 삼백 명(대다수가 여성)을 추린 뒤 학급당 교사 세 명을 배치해 일주일 동안 학생들을 가르쳐 보라고 했다. 일주일 뒤 학생들에게 가장 마음에 들고 알아듣기 쉽고 함께 공부하고 싶은 선생님을 고르라고 했다. 서양에서는 이런 식의 교사 채용은 상상도 할 수 없는 일이다. 교사 노조에서 가만히 있지 않을 것이다. 어쨌거나 결과는 성공적인 것으로 보인다. 수업이 매우 역동적으로 진행되면서 학생과 교사, 학생과 학생 사이 대화가 활성화되었다고 한다. 사마타 학교 재학생들은 매년 실시되는 국가시험에서 평균 이상의 합격률을 보이고 있다.

아기와 함께 하는 수업

폭력적인 행동을 하는 다루기 어려운 아이들만 참여하는 수업 시간에 한 어머니가 갓난아기를 데리고 들어온다. 어머니가 담요에 싸인 아기를 바닥에 내려놓자 학생들이 아기를 둘러싸고 뚫어져라 쳐다본다.

---

26 그 학교들 중에서 아홉 곳은 내가 친구들과 함께 설립한 카루나 세첸에서 자금을 지원 받는다.
www.karuna-shechen.org 참조.

아기를 안아 보라고 하자 다들 주저하지만 몇 명이 용기를 내서 아기를 조심스럽게 들어 올린다. 아기를 팔에 안은 상태에서 아기의 경험을 상상해 묘사하고 학생 자신의 느낌을 설명해 보라고 한다.

이것이 메리 고든이 설계한 공감의 뿌리Roots of Empathy라는 프로젝트다. 메리 고든은 함께 연구하는 학자들과 함께 캐나다와 오스트레일리아에서 학생들에게 배려와 상호 존중을 가르치기 위해 1,100개가 넘는 프로그램을 운영하면서 7만 명의 학생들을 교육하고 있다. 이 독창적인 교수법에 대해 메리 고든은 각각의 아이에게 배려 깊고 평화롭고 성숙한 사회를 구축해 주는 것이라고 설명한다.[27]

한 달에 한 번씩 아기 어머니가 아기를 데리고 오면 학생들은 아기가 자라는 모습이나 주변 사람들과 새롭게 상호 작용하는 모습을 관찰한 뒤 다른 학생들이나 교사와 함께 이야기를 나눈다.

공감의 뿌리 프로젝트 효과를 평가한 브리티시컬럼비아 대학교의 킴벌리 스코너트 레이철은 이 프로그램이 학생들 정서 발달에 긍정적인 효과가 있다는 것을 발견했다. 공격적인 행동이 줄어들고 서로를 챙기고 보살피는 수업 분위기가 조성되었으며 감성 지능이 발달하고 이타적 행동이 증가하고(학생 중 78퍼센트), 다른 사람들 눈높이에서 세상을 볼 줄 알고(71퍼센트) 가진 것을 나누기 시작했다(69퍼센트). 공격적인 행동을 하는 회수가 줄어들었으며(39퍼센트)[28] 프로그램이 끝난 뒤에도 3년 동안 개선 결과가 지속되거나 강화되었다.[29] 메리 고든은 따돌림을 비롯해 반사회적인 행동을 바로잡을 수 있는 방법은 마

27 Gordon, M., *Roots of Empathy: Changing The World Child by Child*, Thomas Allen & Son, 2005.

28 Schonert-Reichl, K. A. (2005). Effectiveness of the roots of empathy program in promoting children's emotional and social competence: A summary of research outcome findings. Appendix B in Gordon, M. (2005). *op. cit.*

29 Santos, R.G., Chartier M. J., Whalen, J. C., Chateau, D., & Boyd, L. "Effectiveness of the Roots of Empathy (ROE) Program in Preventing Aggression and Promoting Prosocial Behavior: Results from a Cluster Randomized Controlled Trial in Manitoba." Poster presented at the Banff Conference on Behavioral Sciences, Banff, March 2008.

음에서 자연스럽게 우러나는 자애와 자비심이라고 주장한다.

공감의 뿌리 프로젝트로 관리를 받는 어린이들은 부모와 자식의 관계와 아기가 커 가는 모습을 관찰하면서 부모의 사랑이 무엇인지, 자신과 친구들이 어떤 기질을 갖고 있는지 이해하게 된다.

열다섯 살 나이에 감화원에 두 번이나 다녀온 대런이라는 학생이 있었다. 네 살 때 눈앞에서 어머니가 살해당하는 장면을 목격한 이후 위탁 가정에서 성장한 소년은 늘 위협적인 태도로 자신의 권리만 주장했다. 정수리 부분 빼고는 머리카락을 모두 밀어 버리고 목덜미에 문신까지 하고 다녔다. 그날은 젊은 엄마가 생후 6개월짜리 에반을 데리고 교실을 찾았다. 수업이 끝날 무렵 아기를 안아 보고 싶은 사람이 있는지 물었다. 대런이 안아 보고 싶다고 나섰다. 다들 깜짝 놀랐다. 아기 엄마는 약간 걱정스러웠지만 대런에게 아기를 넘겨줬다. 대런은 아기를 아기 띠에 넣어 가슴에 폭 감싸 안았고 아기는 평화롭게 대런에게 안겨 있었다. 대런은 아기를 교실 한 구석으로 데려가더니 앞뒤로 둥개둥개 얼렀다. 잠시 후 아기 엄마와 교사가 있는 곳으로 돌아온 대런은 이렇게 물었다. "세상에 태어나 사랑을 한 번도 받지 못한 사람도 좋은 아빠가 될 수 있을까요?" 씨앗이 뿌려진 것이었다. 비극적인 사건과 어른들의 방임에 상처 받은 한 십대 소년이 몇 분 동안 무조건적인 애정으로 아기를 안아 본 것을 계기로 마침내 자신에 대해, 다른 사람과 관계에 대해 다른 생각을 조금씩 하기 시작한 것이다.

자연과 교감

최근에 나는 프랑스 프랑슈콩테 지방에 있는 친구 집에 머무른 적이 있다. 친구 부모님은 그 지역에서 마지막 남은 자작농이었다. 시골길을 걸으면서 친구가 이렇게 말했다. "옛날에는 체리가 익는 계절만 되면 그걸 따먹느라 애들이 매미처럼 나뭇가지에 다닥다닥 붙어 있었는데 이제는 체리가 전부 그대로 있네 그려. 요즘 애들은 나무 탈 줄도 몰라."

여러 조사 결과에 따르면 유럽이나 북아메리카에 있는 도시에 사는 어린이들은 공공장소나 길에서 노는 일이 삼십 년 전에 비해 10분의 1로 줄어들었다고 한다.[30] 자연은 컴퓨터 바탕 화면에서나 감상할 수 있고 놀이도 온통 혼자 하는 것뿐이라 노는 것의 아름다움이나 경이로움, 우정의 개념이나 천진무구함 같은 것이 거의 다 사라져 버렸다. 1997년부터 2003년 사이에 밖에 나가 친구들과 놀거나 하이킹을 하거나 정원을 가꾸면서 시간을 보낸 9~12세 아동의 비율이 절반으로 줄어들었다.[31] 그런 현상이 나타난 데는 여러 가지 요인이 있다. 아이를 가진 가정은 주로 도시에 거주하고 있고, 부모들 마음속에 '거리'는 자동차가 다녀 위험한 곳이고 나쁜 친구들을 사귈 수 있는 우범 지역인 것도 요인들 가운데 하나다.

미국의 작가이자 저널리스트인 리처드 루브는 『숲속의 마지막 아이Last Child in the Woods』에서 요즘 아이들 세대는 자연환경을 거의 접하지 못하고 자연과 상호 작용을 하지 못한 탓에 "자연 결핍 장애nature deficit disorder"를 앓고 있다고 했다. 루브가 인용한 한 어린 학생의 말이다. "전자 제품이 다 집에 있기 때문에 집에서 노는 게 더 좋아요."[32] 그렇지만 자연과 직접 접촉할 기회가 많아야 아이의 인지적, 정서적 발달에 좋다는 것이 많은 연구들이 내린 결론이다.[33]

얼마 전부터 핀란드는 유럽에서 교육 수준이 높은 것으로 명성을

30　Rivkin, M. S. (1995). *The Great Outdoors : Restoring Children's Right To Play Outside.* ERIC ; Karsten, L. (2005). It all used to be better? Different generations on continuity and change in urban children's daily use of space. *Children's Geographies,* 3(3), 275~290.

31　George, D. S. Getting lost in the great indoors. *Washington Post,* June 19, 2007. Rifkin, J. (2012). *The third Industrial Revolution. op. cit.,* p. 352에 인용.

32　Louv, R., *Last Child in The Woods: Saving Our Children from Nature-Deficit Disorder,* Algonquin Books, 2008, p. 10. Rifkin, J. (2012). *op. cit.,* p. 353에 인용.

날리고 있다. 여기에는 여러 가지 요인이 있지만 교직이 존경 받는 직업이라는 점과 교사가 적합하다고 생각하는 교수법을 선택할 수 있고 선택의 폭이 매우 넓다는 점이 크게 한몫을 했다. 핀란드 사람들은 교실에서 이루어지는 수업도 중요시하지만 아이의 공감 능력과 감성 지능을 높이는 단체 야외 활동에도 신경을 많이 쓴다. 핀란드 보건 사회부 장관은 핀란드 교육 철학을 이렇게 요약한다. "지식을 습득할 때 정말 중요한 것은 아이에게 떠먹여 주는 정보가 아니라 아이와 환경의 상호 작용이다."[34]

긍정 심리학에 입각한 교육

요즘은 대개 시험에 합격하고 보수가 높은 직장에 취직하는 것이 성공의 척도가 된다. 그래서 아이들이 성공에 대해 심한 스트레스를 받으면서 살아간다. 마틴 셀리그먼을 비롯해 여러 심리학자들은 성공에 대한 스트레스와 실패했을 때 생기는 취약성 때문에 선진국 청소년들의 우울증과 자살이 1960년보다 열 배나 늘었다고 지적한다. 오십 년 전에 미국과 서유럽에서 우울증을 처음 경험하는 평균 연령대가 27세였다면 요즘은 15세 이전으로 훨씬 빨라졌다.[35]

셀리그먼과 펜실베니아 대학교의 카렌 라이비치, 제인 길햄은 젊은 이들에게 행복하게 사는 법을 가르치기 위해 긍정 심리학을 바탕으로 한 이른바 "긍정 교육"의 일환으로 펜실베이니아 회복 탄력성 프로그램Penn Resiliency Program과 스트래스 헤이븐 긍정 심리학 커리큘럼Strath

33 Kellert S. R., "The Biological Basis for Human Values of Nature." In Kellert, S. R., & Wilson, E. O., *The Biophilia Hypothesis*, Island Press, 1995.

34 Rifkin, J. (2012). *op. cit.*, p. 360에 인용.

35 Lewinsohn, P. M., Rohde, P., Seeley, J. R., & Fischer, S. A. (1993). Age-cohort changes in the lifetime occurrence of depression and other mental disorders. *Journal of Abnormal Psychology, 102*(1), 110.

Haven Positive Psychology Curriculum을 개발해 학교에서 사용하도록 했다. 펜실베니아 회복 탄력성 프로그램은 십대들이 일상에서 보편적으로 겪는 문제에 대해 해결 능력을 키울 수 있도록 낙관적인 마음가짐과 문제에 대해 유연한 사고 방법을 가르친다. 스트레스 관리 방법도 배울 수 있다.[36] 지난 이십 년 동안 8~21세 청소년 3천 명을 대상으로 실시한 21개의 연구 결과에 따르면 이 프로그램이 우울증의 위험을 낮추는 데 특히 효과적인 것으로 밝혀졌다.

오스트레일리아에 있는 질롱 그래머 스쿨Geelong Grammar School이 2008년에 마틴 셀리그먼과 그의 가족을 비롯해 15명 정도의 연구진을 몇 달 동안 현지로 초청해 학생들과 교사들은 물론 교장, 급식 조리사까지 학교에서 일하는 모든 인력에게 적용할 긍정 심리학에 입각한 교육법을 개발해 달라고 했다. 질롱 그래머 스쿨의 교사들은 이론 과목은 물론, 체육, 학급 회의, 음악에까지 이 교수법을 적용했다.

공감과 자애가 중요한 비중을 차지하는 이 교육법에서는 일상생활을 하면서 공감과 자애를 실천하라고 권한다. "비디오 게임을 하면서 놀 때도 남을 위해서 뭔가를 하면 기분이 좋아져요." 한 학생이 이렇게 말했다.

그로부터 일 년 후 학교 분위기가 예전과 완전히 달라졌다고 다들 입을 모았다. 2백 명에 달하는 교사 중 질롱을 떠난 사람이 한 사람도 없었으며 입학을 원하는 학생 수는 크게 늘었다.

긍정 교육, 협동 교육을 바탕으로 한 대부분의 교육 프로그램은 아이들에게 유익한 효과가 입증된 여러 가지 평가를 근간으로 하고 있다. 이타심, 협력, 멘토링과 같은 인간적 가치가 교육 현장에서도 긍정적인 역할을 하는 것을 알 수 있다.

---

36   이 내용과 질롱 그래머 스쿨이 한 실험은 다음을 참조. Seligman, M. E. P. (2012). Flourish, *op.cit.*

38

불평등과 싸움

> 부자와 빈자 사이의 불평등이야말로 모든 공화국을 좀먹는 고질적이고
> 치명적인 병이다.
> - 플루타르크

불평등은 어디나 존재한다. 종이 다른 동물은 물론이고 같은 종 안에서도 불평등을 찾아볼 수 있다. 그런데 타고난 체력이나 지력, 재산은 달라도 고통 없이 행복하게 살고 싶다는 것은 모든 존재의 공통된 욕구라고 할 수 있다. 사회가 모두에게 맞춤옷처럼 꼭 맞는 행복을 제공하지는 못할망정 고통 받는 사람들을 그냥 내버려둬서는 안 된다. 불평등을 원천봉쇄하지는 못해도 그런 상태가 계속되지 않도록 노력해야 한다. 이기적인 사회는 그런 노력조차 하지 않겠지만 이타적 가치를 소중히 하고 다른 사람의 처지를 염려하는 사회라면 고통과 차별을 낳고 행복한 삶에 돌을 던지고 교육의 기회를 박탈하고 건강한 삶을 누리지 못하게 가로막는 불평등을 바로잡기 위해 애쓸 것이다.

프랑스 사회학자이자 철학자인 에드가 모랭은 불평등을 성격에 따

라 지역적 불평등(가난한 지역과 부유한 지역), 경제적 불평등(극도의 부와 극도의 빈곤이 한 지역에 공존하는 상태), 사회학적 불평등(생활 방식의 차이), 보건 위생상의 불평등(의학과 기술의 발전으로 혜택을 누리는 사람과 그렇지 못한 사람)으로 나눴다. 그 외에 교육적 불평등, 직업적 불평등(직업을 통해 기쁨을 얻는 사람과 즐겁지 않은 일을 억지로 참아가며 하는 사람), 사법적 불평등(사법 당국이 부패한 나라의 경우), 조세 불평등(조세 도피지로 자본을 빼돌리는 행위), 고통스런 삶을 참아내는 사람과 삶을 즐기며 사는 사람 사이의 불평등도 있을 수 있다. 모랭은 이렇게 말한다.

이런 불평등은 단순히 가진 돈의 양으로 측정되는 것이 아니다. 부유하다고 해서 꼭 행복하란 법은 없다. 그런데 가난은 필연적으로 불행을 낳는다. …… 정치가 해야 할 일은 모든 것을 똑같이 평준화해서 다양성을 파괴하는 것이 아니라 최악의 불평등이 차츰 해소되도록 개혁의 길을 모색하는 것이다.[1]

전 세계적으로 커지는 경제적 불평등

앞에서 언급한 대로 미국에서는 최상위 1퍼센트가 25년 전에 13퍼센트의 부를 소유하고 있었지만 이제는 그것이 40퍼센트에 육박하고 있다.[2] 월스트리트 점령 운동Occupy Wall Street[3]은 "우리는 99퍼센트"라는 숫자와 슬로건으로 불평등한 현실을 상징적으로 표현했다. 이처럼 도덕적으로 정당화하기 어려운 극심한 불평등은 사회를 공멸로 몰아

---

1 Morin, E., *La Voie: Pour l'avenir de l' humanité*, Fayard, 2011.
2 자세한 계산 내용과 출전에 대해서는 다음을 참조. Stiglitz, J. (2011), Stiglitz, J., (2012), *The Price of Inequality*, Kindle Edition, Location 103.
3 탐욕스런 금융 자본주의 시스템을 고발하기 위한 평화적인 시위 운동이다. 2011년 9월, 천 명의 시위대가 뉴욕 월가 증권 거래소에서 시위를 하면서 시작되어 미국 전역과 82개국 500개 도시로 빠르게 확산되었다. 프랑스와 스페인에서는 스테판 에셀의 에세이 『분노하라Indignez-vous!』에서 이름을 딴 '분노한 사람들Indignés / Indignados' 운동이 월가 점령과 맥을 같이한다.

넣는다. 가장 큰 문제는 신자유주의자들의 주장과 달리 최상위층에 집중된 부가 아래로 '흘러내려' 다 함께 잘 사는 역동적인 사회를 만드는 것이 아니라 상위층에 계속 머무르는 것이다.

조셉 스티글리츠는 불평등이 정치 시스템의 실패를 불러오는 원인이자 결과이며 그것이 금융 시스템의 불안정을 유발해 불평등을 심화한다고 설명한다. 그런 악순환 때문에 우리 모두 끝없는 나락으로 추락하고 있는데 심연에서 빠져나오려면 시스템을 개혁하는 수밖에 없다.[4]

사회가 평등할수록 사회 정의를 유지하기 위해 노력하고 불평등할수록 소수 권력자들에게 유리한 금융 및 정치 제도를 통해 불평등을 유지하려고 용을 쓰게 되어 있다.[5]

불평등은 그로 인해 고통 받는 사람들의 사기를 떨어뜨리고 부당한 대우를 받는다는 생각이 들게 만든다. 그렇게 신뢰를 잃고 환멸을 느끼면 생산성이 떨어지고 직장 내 삶의 질이 저하된다.

은행가 존 피어폰트 모건은 1880년대부터 1890년대 사이에 임원들이 근로자들보다 평균 6배 이상 돈을 받는 회사에는 투자하지 않겠다고 공언했다.[6] 그런데 2011년 현재 미국 기업체 사장들은 일반 직원보다 평균 253배가 넘는 연봉을 받는다(일본 경우 50년 전에는 30배, 요즘은 16배).[7]

프랑스 프록신베스트Proxinvest 연구소에 따르면 프랑스 '회장님'들

4   Stiglitz, J. (2012). op. cit., location 103. Stiglitz, J. (2011). Of the 1%, by the 1%, for the 1%. Vanity Fair, May 2011도 참조.
5   Kuroda, H., & Bank, A. D., Asian Development Outlook 2012: Confronting Rising Inequality in Asia, Asian Development Bank, 2012.
6   Bourguinat, H., & Briys, E., L'Arrogance de la finance: Comment la théorie financière a produit le kracft, La Découverte, 2009에 인용.
7   Piketty, T., & Saez, E., Income Inequality in The United States, 1913-1998, National Bureau of Economic Research, 2001.

연봉은 디지털 보안 기업 젬알토가 550만 유로, 광고 회사 퓌블리시스가 1,960만 유로이며 이를 프랑스 법정 최저 임금 스믹SMIC으로 환산하면 각각 400년치와 1,500년치에 해당한다. 기업 임원들과 일부 스포츠 선수들의 연봉을 최저임금으로 환산하면 정상급 스포츠 선수들은 한 해에 35년치, 금융 업계 중역은 23년치, 기업의 CEO(월급 사장)는 18년치를 받으면서 일하는 셈이다.[8] 에드가 모랭은 현재 프랑스에서 경제적 취약층, 의존층, 무방비층, "제4 세계"(프랑스 사회 구호 단체인 ATD 카르 몽드ATD Quart Monde를 설립한 조셉 레진스키가 1960년에 만든 신조어)라 불리는 신흥 빈곤층의 상황이 가장 심하게 악화되고 있다고 한다.[9]

이쯤 되면 다들 중국 은행 감독 관리 위원회China Banking Regulatory Commission의 최고 고문인 앤드류 셩이 제기했던 의문을 품을 것이다. "재무 설계를 한다는 금융 엔지니어가 진짜 기계를 만지는 엔지니어보다 적게는 네 배, 많게는 백 배나 많은 돈을 받아야 하는 이유가 무엇일까? 진짜 엔지니어는 교량을 건설하고 금융 엔지니어는 꿈을 건설한다. 그런데 꿈이 악몽으로 바뀌면 대가를 치르는 것은 아무 상관도 없는 제삼자들이다."[10]

경제학자인 친구가 내게 이런 이야기를 들려준 적이 있다. 직원들보다 어마어마하게 많은 연봉(1,000만 유로, 약 134억 원)을 받는 유럽 최대 은행 회장에게 납득할 만한 설명을 해 달라고 했더니 "난 그럴

---

8 프랑스 프록신베스트 연구소(유럽 기업 거버넌스 서비스의 파트너)가 2012년 12월 11일자 14차 보고서 「프랑스 증시를 대표하는 120개 기업(SBF 120사)의 임원 연봉」에 발표한 2011년 자료. 광고 회사 퓌블리시스 회장 보수가 기록적으로 높은 것은 1,600만 유로에 달하는 이연 성과급을 미리 지불했기 때문이다.

9 Morin, E. La Voie : Pour l'avenir de l'Humanité. Fayard, 2011.

10 규제 완화의 결과와 금융 위기를 촉발한 사람들의 심리를 잘 그려 낸 찰스 퍼거슨 감독의 다큐멘터리 영화 「인사이드잡Inside Job」에서 앤드류 셩이 한 말. 찰스 퍼거슨은 이 영화로 2011년 아카데미 최우수 장편 다큐멘터리상을 수상했다. Ferguson, C., Inside Job, Sony Pictures Entertainment, 2011.

만한 가치가 있는 사람"이라고 대답했다는 것이었다. 그 사람이 정말 직원보다 삼백 배나 많은 돈을 받을 만한 가치가 있는 사람일까? 스위스 국민들은 이 질문에 아니라고 답했다. 스위스에서는 2013년 3월에 실시된 국민 투표에서 최고 경영자들이 받을 수 있는 최고 급여를 적정 범위로 제한하는 헌법 개정안이 통과되었다.

미국은 임금 격차가 급속도로 벌어지고 있다. 미국인 90퍼센트는 소득이 30년 전보다 15퍼센트 증가했다. 그에 비해 슈퍼 리치에 속하는 최상위 1퍼센트의 소득 증가율은 150퍼센트에 달한다. 이들이 2002년부터 2007년까지 국민 소득 증가분의 65퍼센트 이상을 독식하면서[11] 부를 축적하는 동안 대다수 미국인들은 갈수록 쪼들리는 삶을 살고 있다.

전반적으로 소득 불균형이 미국보다 낮은 유럽도 격차가 계속 벌어지기는 마찬가지다. 가장 평등한 축에 속하는 나라가 스칸디나비아 국가들인데 최상위 부유층 10퍼센트와 극빈층 10퍼센트의 임금 격차가 6배 정도에 그치고 있다.[12]

프랑스 경제 통계 조사 기관인 INSEE(국립 경제 통계 연구소)의 자료에 따르면 프랑스는 상위 10퍼센트가 국부의 50퍼센트를 소유하고 있으며[13] 미국과 마찬가지로 고소득층은 경제 위기의 영향을 받지 않았다. 그에 비해 극빈층 10퍼센트가 소유한 부는 프랑스 국민순자산의 0.1퍼센트도 채 되지 않으며 격차는 계속 벌어지고 있다. 1998년부터 2005년 사이에 프랑스인들 평균 소득이 6퍼센트 증가할 때 최상위 3천5백 가구 소득은 42퍼센트 증가했다.

국제 통화 기금IMF의 경제학자들이 수행한 연구에 따르면[14] 소득

11 Feller, A., Stone, C., & Saez, E. (2009). Top 1 percent of Americans reaped two-thirds of income gains in last economic expansion. *Center on Budget and Policy Priorities.*
12 http://www.statistiques-mondiales.com/part_du_revenu.htm.
13 프랑스 경제 통계 조사 기관인 INSEE가 한 조사 「가계 자산 구성Patrimoines des ménages」.

불균형이 성장을 둔화시키고 금융 위기를 유발하는 것이 세계 공통의 현상이다. 아시아 개발은행ADB이 최근에 펴낸 보고서에 따르면 지난 20년 동안 아시아 개발 도상국들에서 소득이 불평등하게 분배되지 않았더라면 급속한 경제 성장에 힘입어 빈곤으로부터 탈출한 인구가 지금보다 2억4천만 명 더 많았을 것으로 추산된다.[15]

중국은 예외에 속한다. 정치적으로는 억압적인 독재 체제를 고수하면서 1990년대부터 경제적으로 기이한 형태의 국가 자본주의를 실시하고 있는 중국은 최근 수십 년 동안 역사적으로 전무후무한 수의 사람들이 빈곤에서 벗어나는 데 성공했다. OECD 보고서에 따르면 2000년부터 2010년 사이에 최저 빈곤선(하루 1유로, 약 1,100~1,300원 정도)에 못 미치는 생활을 하는 사람이 1억 5천만 명 감소했으며 현재는 농촌 인구의 6퍼센트 정도에 불과하다. 동 기간에 중국 전체를 살펴보면 최극빈층 임금이 부유층 임금보다 더 큰 폭으로 상승했다. 그럼에도 불구하고 최고 부유층은 집권층의 족벌주의를 등에 업고 사회에 만연한 부패를 이용해 엄청난 재산을 모았으며 이런 불평등이 사회 불안을 야기하고 사회적 불만을 양산하고 있다.[16] 게다가 투명하지 않은 시스템으로 인해 사회적으로 물의를 야기하는 수많은 스캔들이 아무 처벌 없이 은폐되고 있다.

인도는 1980년대에 신자유주의 개혁 조치가 도입된 이후 경제가 크게 발전해 GDP가 연평균 6퍼센트 증가했지만 국가가 번영할수록 불평등도 심해지고 있다. 인구 20퍼센트에 해당하는 최고 부유층이

14 Special Report, For richer, for poorer, *The Economist*, October 13, 2013, p. 6에 인용.

15 Kuroda, H., & Bank, A. D., *Asian Development Outlook 2012: Confronting Rising Inequality in Asia*, Asian Development Bank, 2012.

16 Christopher, C., Daly, M., & Hale, G. (2009). Beyond Kutznets: Persistent Regional Inequality in China. FRBSF Working Paper 09-07; Wan, G., Lu, M., & Chen, Z. (2007). Globalization and regional income inequality: Empirical evidence from within China. *Review of Income and Wealth, 53*(1), 35~59. 2009년 당시 시진핑 중국 주석의 강력한 반부패 운동으로 많은 고위 공무원과 하급 공무원들이 체포되었다.

홍청망청 재력을 과시하는 동안 빈곤층의 삶은 더욱 더 취약해지고 불안정해졌다.

인도 뉴델리에 있는 자와할랄 네루 대학교의 통계학자 아비지트 센이 한 연구 결과를 보면 인도 최고 부유층은 1989년부터 2004년 사이에 구매력이 40퍼센트 증가한 데 비해 인구 80퍼센트에 해당하는 극빈층(6억 명, 주로 농촌 인구)은 구매력이 오히려 감소했다.

유엔 후원으로 국제 노동 기구ILO가 세계 70개국을 조사해 발표한 자료에 따르면 1900년대 이후 세계 대부분의 지역에서 소득 불평등이 심화되고 있으며 세계 경제가 아무리 성장을 거듭해도 노동자들에게 돌아가는 몫은 쥐꼬리 수준이다.

게다가 연구 대상국 모두 앞으로 만약 경제 위기가 닥치면 엘리트층은 영향을 받지 않겠지만 저소득층은 타격이 클 것으로 예상되었다. 경제 회복기에도 부유층은 남들보다 훨씬 더 큰 혜택을 누릴 수 있다.[17] 요약하면 73개 연구 대상국 중에서 51개국에서 빈부 격차가 크게 증가했다.[18]

자크 아탈리는 『동지애Fraternités』에서 지난 200년 동안의 발전에 대해 다음과 같이 요약하고 있다.

1820년에 프랑스에서 가장 부유한 계층의 평균 소득은 극빈층의 3배였다. 이것이 1913년에 들어 11배가 되었고 1950년에 35배, 1973년에 44배, 1993년에 72배로 뛰었다. 세계 최상위 5분의 1이 세계 총소득의 86퍼센트를 독식하고 있는 데 비해 세계 최하위 5분의 1이 가져가는 소득

---

17 경제학자 이매뉴얼 사에즈와 토마 피케티에 따르면 미국에서 2009년 경기 부양 중에 상위 1퍼센트 부유층이 94퍼센트의 돈을 벌어들였다. Shaw, H., Stone, C., Piketty, T., & Saez, E. (2010). Tax data show richest 1 percent took a hit in 2008, but income remained highly concentrated at the top. *Center on Budget and Policy Priorities.*

18 "World of Work Report 2008-Income inequalities in the age of financial globalization." ILO report, October 2008.

은 1퍼센트에 불과하다. 오늘날 수십억 명의 최하위 극빈층이 보유한 자산 총액은 최상위 100명이 보유한 자산 총액과 비슷한 정도다![19]

여성은 인류가 하는 노동의 3분의 2를 떠맡고 있지만 수입은 세계 총소득의 10퍼센트 밖에 되지 않는다.

2011년에 발간된 OECD 보고서에서 이런 추세를 확인할 수 있다. 이 보고서가 파리에서 발표되었을 때 앙헬 구리아 OECD 사무총장은 이렇게 밝혔다.

> 많은 나라에서 사회 계약이 무너지기 시작했다. 이번 보고서는 경제 성장의 혜택이 불우한 계층에 자동적으로 반영되고 불평등이 커질수록 사회 계층의 이동성이 촉진된다는 가설을 무색하게 만드는 것이다. 포용적 성장inclusive growth에 대한 포괄적 전략이 나오지 않는 한 불평등으로 인한 격차는 갈수록 커질 것이다.

옛날에 자유주의 시장 경제로 야기된 불평등을 해소하는 데 중요한 역할을 하던 조세와 사회 보장 제도가 무용지물이 된 나라가 15년 전부터 계속 늘고 있다. 자유주의 시장 경제 자체가 정부의 역할을 최소화하고 사회 복지를 최대한 축소하려 들기 때문이다. 또 하나의 요인은 최상위 소득층의 소득세 최고 세율이 내려가는 것이다. OECD는 각국 정부가 세법을 바꿔 최상위 소득층이 동등한 조세 부담을 짊어지도록 해야 한다고 강조한다. 워렌 버핏은 이렇게 말했다. "지난 이십 년 동안 실제로 계급 투쟁이 있었고 내가 속한 계급이 승리했다."

다보스 포럼이 전문가 천여 명에게 실시한 설문 조사에서도 향후 10년간 가장 시급히 해결해야 할 문제로 꼽힌 것은 불평등이었다.[20]

---

19 Attali, J. (1999). *Fraternités*. Fayard, p. 57.

라틴 아메리카의 예외 사례

라틴 아메리카는 지난 10년 동안 빈곤층의 수가 30퍼센트나 줄어들었다. 미국 루이지애나주에 있는 툴레인 대학교의 경제학자 노라 러스티그는 이런 변화가 교육과 임금 평등 그리고 취학 아동이 있는 극빈 가정에 주어진 사회적 혜택의 결과라고 분석한다.[21] 남아메리카 대륙은 2003년 이후 전체적으로 최저 임금이 급등했으며 특히 브라질은 50퍼센트 이상 올랐다. 임금에 연동된 연금도 덩달아 뛰었다.

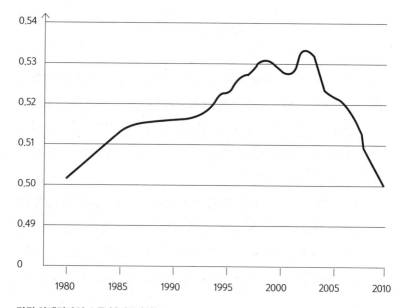

소득분배(GINI) 계수

라틴 아메리카의 소득 불평등 현황

20 http://www.weforum.org/issues/global-risks.
21 Lustig, N., Lopez-Calva, L., & Ortiz-Juarez, E. (2012). The decline in inequality in Latin America: How much, since when and why. *Since When and Why* (April 24, 2011).

세계은행World Bank 소속 경제학자 칼라 브리시다, 자멜레 리골리니, 제이미 사베드라에 따르면 라틴 아메리카 국가들은 인구의 20퍼센트에 해당하는 극빈층 아동을 위해 지출하는 GDP 대비 교육비가 미국보다 현저하게 높다.[22] 몇몇 국가에서는 중등 교육 과정을 마친 아동의 수가 20퍼센트나 증가했다. 현재 라틴 아메리카 국가에서는 유아교육의 열풍이 불고 있다. 리우데자네이루 시 당국은 2009년부터 유아원을 계속 늘리고 있으며 소득 수준이 빈곤 한계선 이하인 가정의 자녀들은 생후 6개월부터 무료로 유아원에 다닐 수 있다. 세계은행에서 나온 한 보고서에 따르면 라틴 아메리카의 현재 어린이들은 부모 세대보다 교육 수준이 훨씬 높다.

불평등의 대가

영국 노팅엄 대학교 사회 역학 교수인 리처드 윌킨슨과 요크 대학교 케이트 피케트는 벌써 오십 년째 불평등이 사회에 미치는 영향을 연구하고 있다. 두 사람은 오랜 연구 결과를 집대성한 역작『평등이 답이다The Spirit Level[23]』에서 평등할수록 조화롭고 윤택하고 건전한 사회를 만들 수 있다고 역설한다.[24]

수많은 과학적 연구 내용과 유엔을 비롯한 주요 국제기구에서 나온 자료를 바탕으로 신체적 건강, 정신적 건강, 학업 성공률, 여성의 지위, 타인에 대한 믿음, 비만, 약물 중독, 폭력과 살인, 교도소 수감률, 빈곤 탈출의 기회, 청소년 임신이나 원치 않는 임신율, 유아사망률, 전

---

22 Breceda, K., Rigolini, J., & Saavedra, J. (2009). Latin America and the social contract: Patterns of social spending and taxation. *Population and Development Review, 35*(4), 721~748.
23 기포 수준기The Spirit Level는 어떤 면이 수평인지 기울어졌는지 확인할 수 있는 측량 기구. 여기서는 불평등을 측정하는 도구라는 상징적인 의미로 사용되었다.
24 Wilkinson, R., & Pickett, K.(2009). *op. cit*

반적인 아동 행복도와 같은 보건 위생적 지표와 사회적 지표를 하나하나 따져 보니 불평등이 심한 나라일수록 결과가 좋지 않았다.

일본의 야마나시 대학교와 하버드 대학교 공중 보건 대학원의 역학자들이 실시한 종합적 분석에서도 세계에서 가장 부유한 30개국이 소득 불평등을 줄이면 15~60세 사망률이 10퍼센트 정도 줄어들 수 있는 것으로 나타났다. 미국만 해도 불평등을 7퍼센트 줄이면 90만 명이 조기 사망을 피할 수 있다.[25]

선진국들끼리만 비교해도 일본, 스칸디나비아 국가, 네덜란드, 벨기에 등 비교적 평등한 나라들과 싱가포르, 미국, 남아프리카 공화국, 멕시코, 러시아, 포르투갈, 영국 등 불평등이 극심한 나라들 간에 차이가 큰 것을 볼 수 있다. 미국 안에서 가장 평등한 뉴햄프셔주는 앞에서 언급한 요인들이 모두 다른 주보다 훨씬 더 양호한 편이다.

선진국의 출생 시 기대 수명도 사회적으로 화합이 잘 되는 평등한 나라들(일본, 스웨덴, 스칸디나비아 국가)이 높은 편이고 미국은 최하위권을 맴돌고 있다.

GDP 대비 국제 구호 활동 기여도를 봐도 마찬가지다. 스칸디나비아 국가들은 국제 구호 활동 기여도가 월등히 높은 데 비해(GDP의 0.8~1퍼센트 사이) 가장 불평등한 미국, 호주, 포르투갈은 4분의 1 수준이다(0.2퍼센트 수준). 프랑스는 국제 구호 활동 기여도와 국제 원조 모두 중위권(GDP의 0.5퍼센트)에 머물고 있다.

사회가 올바르게 기능하려면 타인에 대한 신뢰가 매우 중요하다. 서로 믿지 못하면 심리적으로 불안하고 안전하지 않은 것 같은 느낌이 들고 폭력, 소외, 정신 질환이 늘어난다. 신뢰는 이타심과 협력을 촉

---

25 이것은 지니 계수가 0.36에서 0.29 사이일 때 이야기다. 모든 사람이 같은 양의 자원을 갖고 있으면 지니 계수가 0이고 한 사람이 부를 독점하면 지니 계수가 1이다. Kondo, N., Sembajwe, G., Kawachi, I., Van Dam, R. M., Subramanian, S. V., & Yamagata, Z. (2009) 참조. Income inequality, mortality, and self rated health: Meta-analysis of multilevel studies. *BMJ*, 339.

진하는 법이다. 그런데 신뢰도는 평등 수준과 밀접한 관계가 있다. 예를 들어 스칸디나비아 국민들에게 다른 사람을 믿을 수 있느냐고 물으면 70퍼센트에 가까운 응답자가 그렇다고 대답하지만 미국으로 가면 긍정적인 응답률이 40퍼센트 정도로 떨어지고 영국은 35퍼센트, 싱가포르는 20퍼센트, 포르투갈은 17퍼센트에 그친다. 시대에 따른 추이를 살펴보자면 미국인들이 타인에 대해 갖는 믿음이 1960년대에 60퍼센트였다가 가장 최근인 2004년에 40퍼센트로 떨어졌다. 이는 불평등이 증가한 것과 정확히 일치하는 현상이다.[26]

많은 나라에서 가난한 사람들이 부자들보다 건강하지 못하고 수명이 짧은 것은 절대적인 임금 액수의 문제가 아니라 부자와 빈곤층 임금 차의 문제인 것으로 나타났다. 삶의 질을 감안해서 구매력이 비슷한 사람들을 비교했을 때 1996년에 미국에 살던 흑인은 기대 수명이 66.1세인 데 비해 코스타리카 남성은 75세였다. 이렇게 큰 차이가 나타나는 것은 코스타리카 경우에 흑인에 대한 인종 차별이 거의 없지만 미국의 흑인들은 인종 차별의 피해자로 백인들보다 교육 수준이 낮고 사회적으로 소외되고 가난한 지역에서 살기 때문이라고 설명할 수 있다.[27]

불평등은 경멸과 거부감을 불러일으킨다. 특정 집단(북아메리카의 흑인, 유럽의 이민자, 세계 곳곳에 살고 있는 외국인이나 이방인)에게 공공연하게 낙인을 찍는 현실을 보면서 그 점을 실감할 수 있다. 이런 식의 낙인 찍기로 나타나는 부작용 중 하나는 빈곤에 대한 책임이 사회가 아니라 개인에게 있는 것처럼 여론 몰이를 하면서 심하면 가난한 사람들을 비난하고 오명을 씌우는 것이다. "사람들끼리 평등하던 시절에는 인간미 넘치던 사람도 평등이 깨지는 순간 남들이 겪는 고통에 무감각

---

26 National Opinion Research Center. *General Social Survey*. Chicago NORC, pp. 1999~2004.

27 Wilkinson, R. (2009). *op. cit.*, p. 64.

해지는 법"[28]이라고 한 토크빌의 말이 허튼소리가 결코 아니다.

빈부 격차가 심한 사회는 폭력과 싸움이 난무한다. 부는 재산의 양뿐 아니라 관계의 질로도 측정될 수 있다. 가난한 사람들은 공적인 삶을 포기한 채 투표도 하지 않는다.

반대로 협력이 경쟁보다 우세하면 연대 의식이 가난한 사람들을 돕고 모든 형태의 격차가 줄어들면서 그 혜택이 중산층과 부유층에게도 돌아간다. 장기적으로 가장 큰 번영을 누리는 것은 모두가 평등한 민주 사회다. 예를 들어 미국보다 훨씬 더 평등한 스웨덴은 2000년 이후 일 년에 0.5퍼센트씩 성장을 계속하고 있다.

국제 통화 기금 소속 경제학자 앤드류 베르그와 조나단 오스트리는 2011년에 발표한 보고서에서 평등한 나라일수록 성장이 오래 지속되며 성장기에 있는 국가일수록 소득 분배가 자유 무역보다 훨씬 더 중요하다고 역설했다.[29]

핀란드와 벨기에는 미국을 비롯해 불평등이 심각한 나라들보다 사회적으로 취약한 계층의 학업 성공률이 월등히 높다. 부유층 역시 취약 계층보다는 못해도 학업 성공률이 높은 편이다. 사회적 평등의 장점과 혜택은 사회 전체로 퍼져 나간다. 이지키엘 몰리나, 제이미 사베드라, 앰버 나라얀은 세계은행이 발간한 보고서에서 교육 불평등이 심한 나라일수록 발전이 느리다고 밝히고 있다.[30]

이상에서 나열한 사실들을 볼 때 미국 보수주의자들의 단골 메뉴인 평등이 지나치면 성장의 숨통을 쥔다는 주장은 타당하지 않다는

28 Tocqueville, A. de, *Democracy in America*, Henry, Reeve 번역, Part 3, Chapter 1, 1839. Project Gutenberg.

29 Berg, A., Ostry, J. D., & Zettelmeyer, J. (2012). What makes growth sustained? *Journal of Development Economics*, 98(2), 149~166.

30 Molina, E., Narayan, A., & Saveedra, J. (2013). "Outcomes, Opportunity and Development: Why Unequal Opportunities and Not Outcomes Hinder Economic Development," by Molina, Ezequiel, Narayan, Ambar, & Saveedra, Jaime. World Bank report. *The Economist*, Special report, October 13, 2012에 인용.

것을 알 수 있다. 시장 경제와 자유 경쟁을 굳건하게 지지하는 사람들은 부자들을 더 부자로 만들어야 경제가 발전하고 다들 잘 살 수 있다고 하지만 지금까지 본 것처럼 이것은 잘못된 주장이다. 윌킨슨과 피케트가 보여 주는 것처럼 사실은 정반대다. 가난한 사람들이 부를 축적해야 부자들에게도 이익이 돌아간다.

평등한 사회의 특징 중 하나는 '사회적 유동성' 즉 가난한 사람이 부자가 될 가능성, 시간이 흘러 세대가 바뀌면 부자가 부를 유지하지 못할 가능성이다. 예를 들어 스웨덴은 부(또는 빈곤)가 다음 세대로 승계될 확률이 20퍼센트인 데 비해 중국처럼 불평등한 나라는 부(또는 가난)의 대물림 비율이 60퍼센트에 달한다.[31]

불평등을 어떻게 해소할 것인가

에드가 모랭은 『길La Voie』에서 불평등을 해소할 수 있는 방안을 몇 가지 제시하고 있다. 이를테면 빈곤국 부채를 줄이고(또는 전액 감면하고) 재생가능한 에너지원과 약품을 저렴한 가격에 제공하고 전염병 퇴치에 필요한 치료법과 기근이 들었을 때 필요한 식량을 무상 공급하는 것이다. 식량 자급률이 낮은 나라는 식량 자급자족도 달성해야 하지만 그와 동시에 주요 농산물 가격을 인위적으로 조작해 소농들을 파산하게 만드는 자본 투기를 원천 봉쇄할 경제적 조절 메커니즘을 강구해야 한다. 아울러 국제 공조를 강화해 빈곤국을 위한 구호물자를 뒤로 빼돌려 불평등을 악화시키는 부정부패를 일소해야 한다.[32]

에드가 모랭과 스테판 에셀은 『지금 일어나 어디로 향할 것인가Le Chemin de l'espérance』에서 전 세계적인 불평등 해소를 목표로 불평등의 원인과 증상을 감시하면서 위로는 월권행위를 통제하고 아래로는 빈곤

---

31   Ibid.
32   Morin, E. (2011). op. cit., pp. 114~115.

의 근본 원인인 결핍과 불안, 종속성에 대해 해결책을 모색할 상설 이사회를 만들자고 제안했다.[33]

그 밖에도 에드가 모랭은 세계적인 불평등 상황을 모니터링하고 차츰 줄여 나갈 방안을 구체적으로 제시할 상설 감시기구도 필요하다고 역설한다.

스칸디나비아 국가들이 평등 사회를 이룩하는 데 가장 중요한 밑거름이 된 것은 국가에 의한 자원 재분배였다. 과세 수준이 높은 대신 사회 복지가 탄탄하다. 그 중에서도 특히 스웨덴 정부는 빈곤층을 보호하기 위해서 만든 공공 서비스의 효율을 높이는 데 더 적극적이다. 세계에서 가장 평등한 스칸디나비아 국가들은 이렇게 빈곤층을 살뜰하게 챙기고 보살폈음에도 불구하고 계속해서 강력하고 안정적인 성장을 이룩하고 있다.

2011년 IMF 보고서에 이런 대목이 있다. "소득 재분배를 통해 사회적 평등을 추구하는 것과 장기적 성장 사이에 강력한 상관관계가 있는 것으로 확인되고 있다."[34]

『이코노미스트The Economist』가 여러 전문가들의 제안을 종합 정리한 기사에 보면 전 세계적인 불평등 현상을 줄일 수 있는 개혁안이 구체적으로 제시되어 있었다. 무엇보다 먼저 할 일은 권력자들이나 다국적 기업들이 정부에 부당하게 압력을 행사하고 독점적 지위를 이용해 시장을 쥐락펴락 하지 못하도록 부패와 족벌주의와 부당한 영향력 행사를 척결하는 것이다. 중국을 비롯한 신흥국에서 족벌주의가 만연하다면 선진국에서는 산업적 독점으로 인해 불평등이 영속화되고 부가 선택 받은 소수의 손에 집중되고 있다. 위기가 닥치면 은행과 대기업

---

33 Morin, E., & Hessel, S., *Le Chemin de l'espérance*, Fayard, 2011, p. 44.
34 Berg, A., & Ostry, J. D. (2011). *Inequality and Unsustainable Growth: Two Sides of the Same Coin?* IMF ; Berg, A., Ostry, J. D., & Zettelmeyer, J. (2012). What makes growth sustained? *Journal of Development Economics*, 98(2), 149~166.

은 "기업의 규모가 워낙 커서 파산하면 국가 전체가 망할 것"이라고 정부를 협박해서 무능하고 부도덕한 경영을 한 데 대해 처벌을 모면한다. 그 밖에 시급히 해결할 문제로는 착취와 낭비를 줄이는 일, 효과적인 사회 복지 시스템을 구축해 부유층과 기성세대의 원조로 가난한 사람들과 젊은 세대의 필요를 충족시키는 것이 있다. 국민들이 직업 훈련과 자녀 교육에 적극 관여하도록 동기를 부여하고 이를 사회적 지원과 제대로 연계하면 얼마든지 실현 가능하다는 것을 라틴 아메리카 사례에서 볼 수 있다.

소득세와 재산세는 부자들을 벌하는 조치가 아니라 국가 재정에 필요한 돈을 확보하고 불평등을 줄이는 수단으로 간주되어야 한다. 부유층에 대한 세금을 대폭 올리는 것보다 누진 과세가 제대로 이루어지는 것이 바람직하며(미국의 진보적인 억만장자 워렌 버핏은 2012년에 자신이 비서보다 낮은 소득세율을 적용받는다면서 세금을 더 낼 용의가 있다고 공언해 장안의 화젯거리가 된 바 있다.) 특히 조세 피난처를 폐지하는 등 조세 제도의 효율을 높여야 한다는 것이 많은 전문가들의 주장이다. 실제로 부유층은 중산층이나 빈곤층이 사용할 수 없는 방법을 동원해 납세를 회피하고 소득 신고 시 상당한 액수의 공제를 받을 수 있어 부당성과 불평등이 가중되고 있다.

기업도 마찬가지다. 예를 들어 영국의 석유 화학 전문 회사 BP는 2010년 4월에 발생한 멕시코만 기름 유출 사고를 수습하는 데 들어간 322억 달러의 비용에 대해 세금 공제 혜택을 받아 법인세 약 99억 달러를 절감할 수 있다고 밝혔다. 미국 법무부가 이 사고에 대해 BP사에게 "중대한 태만"과 "고의적 과실" 혐의를 적용했지만 세금 공제액에 대한 부담은 국가와 궁극적으로 납세자들이 고스란히 떠안을 것이다.[35]

---

35 The next PB Blow up : A 9.9 Billion Tax Credit. *The Wall Street Journal*, February 3 2003.

제약 회사들 역시 미국 정부로부터 사회 보장 제도를 통해 환급 받는 의약품의 가격에 대해 협상하지 않겠다는 약속을 받아 일 년에 최소 500억 달러가 넘는 돈을 거저 챙기고 있다.[36]

불평등 사회는 골절상을 입은 사회다. 정치적 지도자들이 사회의 부러진 뼈를 치료해야 한다. 1970년대부터 라틴 아메리카와 스칸디나비아 국가를 제외한 세계 곳곳에서 갈수록 심화되는 불평등을 해결하려면 자유 시장 경제의 방임주의 원칙을 그대로 고수할 것이 아니라 연대 의식, 상호주의, 사회 정의에 기반을 둔 공동선common good의 경제를 추구해야 한다. 지속 가능한 개발 컨설팅 업체인 비씨티즌BeCitizen은 사회적으로 행복한 삶과 환경 자산을 복원하는 이타주의적 경제라는 뜻에서 이를 "긍정 경제positive economy"라고 부른다.

---

36   Stiglitz, J. (2012), *op. cit.*, p. 92.

39
이타적인 경제를 향하여

> 세상은 모든 사람의 필요를 충족시키기에는 충분한 곳이지만 개인의 탐
> 욕을 모두 충족시키기에는 부족한 곳이다.
> - 간디

경제가 사회에 도움이 되어야 하지 사회가 경제를 위해 봉사하는
모양새가 되어서는 안 된다. 아울러 경제는 사회 전체를 이롭게 해야
한다.

금융 시스템을 교묘하게 이용해 공동체에 기여하는 것보다 훨씬
더 많은 자원을 유용해 사리사욕을 채우는 사람이 있다면 규제를 통
해 원천 봉쇄되어야 마땅하지만 그 과정에서 진취적인 기업가 정신과
혁신, 번영에 피해가 가지 않아야 한다. 프랑스 작가 다니엘 페낙은 이
렇게 말했다 "개인이 행복하면 그 영향이 공동체에도 미쳐 함께 행복
해야 한다. 그렇지 않은 사회는 포식자의 꿈에 불과하다."[1] 국가는 약
자를 보호하고 노동에 대해 정당한 보수를 보장하고 특권층과 부유

---

1   Pennac, D., *La Fée carabine*, Gallimard, 1997.

층이 자기들에게 유리하도록 정치적 결정에 입김을 행사하지 못하게 막아야 한다.

사회에 부정적인 기여를 하는 사람들이 가장 큰 보상을 받는다면 그것은 순기능을 하지 못하는 경제다. 국가의 천연자원을 가로채 부정 축재를 하는 독재자나 경영 활동을 통해 기업을 곤경에 빠뜨리고도 천문학적인 보너스를 챙기는 은행가가 바로 그런 경우에 해당한다.

건전한 경제는 불평등을 야기해서는 안 된다. 여기서 불평등이란 인간 사회에서 보편적으로 볼 수 있는 태생적 차이가 아니라 편향된 성격의 경제 정책이 불공정을 부추겨서 생기는 뿌리 깊은 불평등을 말한다. 각자 타고난 능력에서 비롯되는 것이 절대 아니다.

이 모든 것은 정해진 운명과는 아무 상관도 없다. 국민들과 정치인들에게 의지만 있으면 상황은 얼마든지 바꿀 수 있다. 경제 분야에서도 이타심이라는 말로 뭉뚱그린 여러 가지 인간적 가치들을 존중하는 것이 뜬구름 잡는 이야기나 이상이 아니라 공정한 경제와 지속 가능한 조화에 도달하는 최선의 방법을 현실적으로 표현한 것이다. 조화로운 사회를 만들려면 경제적으로 풍요를 추구하면서 행복한 삶에 대한 모든 사람의 열망을 존중하고 환경을 보호해야 한다.

합리적, 계산적, 이기적인 호모 에코노미쿠스

'경제적 인간'이라는 뜻인 호모 에코노미쿠스Homo Economicus는 19세기 말, 존 스튜어트 밀이 쓴 정치 경제학에 관한 저술의 비판적인 펜 끝에서 등장한 이후[2] 프랜시스 에지워스, 빌프레도 파레토를 비롯해 '신고전주의' 경제학을 창시한 사람들에 의해 널리 채택된 개념이다. 여기서는 인간을 이기적인 행위자로 본다. 자신의 기호를 충족시키고 이익을

---

2   Persky, J. (1995). Retrospectives: The ethology of *Homo economicus. Journal of Economic Perspectives*, 9(2), 221~231.

극대화하기 위해 그에 적합한 합리적인 선택을 한다는 것이다.[3] 협력에 대한 의지가 동기가 되어 행동하고 공동체에 이익이 되는 것이 무엇인지 생각하는 상호적 인간Homo Reciprocans과 정반대되는 개념이다.

호모 에코노미쿠스라는 말 속에는 모든 사람이 그런 식으로 행동하기 때문에 공급과 수요에 의해 움직이는 시장에 제약을 가하지 않고 내버려 두면 시장이 알아서 개인의 이익을 극대화하는 방향으로 움직인다는 생각이 숨어 있다. 20세기 초부터 학교들은 이런 신고전주의 경제 이론을 수백만의 학생들에게 가르쳤다. 세계에서 가장 영향력 있는 경제학 교과서로 손꼽히는『경제학Economics』에서 폴 새뮤얼슨과 윌리엄 노드하우스는 호모 에코노미쿠스가 이성적인 인간을 이상적으로 표현한 개념이며 사회를 구성하는 두 가지 유형의 인간은 "자신이 원하는 바를 최대한 만족시키려고 애쓰는 소비자와 이익을 극대화하려고 애쓰는 기업"[4]라고 설명하고 있다. 그런데 프랑스 파리에 있는 콜레주 드 프랑스의 교수 필립 쿠릴스키는 "호모 에코노미쿠스가 인간을 희화화한 개념일 뿐 인간성이 부재하고 있어 경제학을 비인간적으로 만드는 데 크게 기여"[5]한다고 말한다.

호모 에코노미쿠스는 다들 짐작하는 대로 이타적인 존재가 아니다. "경제의 제1 원리는 행위자가 오로지 개인의 이익을 추구하기 위해 움직인다는 것이다."[6] 현대 경제학의 창시자로 손꼽히는 프랜시스 에지워스[7]가 쓴 이 문장은 많은 사람들에게 공감을 얻었다. 특히 경

---

3 인간은 보유한 자원을 이용하고 비용과 이익을 계산하면서 각자 기호에 따라 만족도를 극대화하려고 한다. Gary Becker's 1976 book *The Economic Approach to Human Behavior*, University of Chicago Press, 2009 참조. 이런 사고방식을 잘 보여 주는 대표적인 저서 중 하나.

4 Samuelson, P. A., & Nordhaus, W. D., *Economics*, 19th ed., edited and revised, McGraw Hill Higher Education, 2009. 인용문은 12판(1983), p. 903에서 가져온 것.

5 Kourilsky, P., *Le Temps de l'altruisme*, Odile Jacob, 2009, p. 142.

6 Edgeworth F. Y., *Mathematical Psychics: An Essay on The Application of Mathematics to The Moral Sciences*, A. M. Kelley, 1964, p. 16.

제학자인 윌리엄 랜디스와 변호사인 리처드 포스너는 이타심에 대해 "경쟁이 치열한 시장에서 생존 가치가 그리 높지 않은 자질"[8]이라고 주장할 정도였다.

인간을 지나치게 단순화한 이 견해에 따르면 사람이 서로 돕고 사는 것도 따지고 보면 각자 이익을 추구하는 것이고 인간관계를 유지하는 유일한 목적도 이익을 얻는 것이다.[9] 여기서 앞서 논의한 보편적 이기심의 개념이 다시 등장한다. 심지어 경제학자들이 자주 거론하는 공정성의 개념까지 이기심으로 포장된다. 미국 심리학자 엘레인 월스터와 공동 저자들은 이렇게 말한다. "공정성 이론도 인간이 이기적인 존재라는 단순하고 확실한 가정을 바탕으로 한다."[10] 이런 말과 생각은 과학적인 증거가 아니라 지나친 속단에서 비롯된 것이다.

경제를 이런 식으로 보는 것은 사물을 지나치게 단순화시키는 잘못된 견해다. 노벨상 수상자이자 하버드 대학교 교수인 아마르티아 센은 이렇게 쓰고 있다.

> 개인의 이익을 극대화하는 것 말고는 모든 게 비합리적이라고 주장한다는 것 자체가 정말 놀라운 일이라고 생각된다. (그런 입장은) 의사 결정을 할 때 도덕이 하는 역할을 부정하는 것이다. …… 보편적 이기심을 현실로 받아들이는 것이 미망이라면 그것을 합리성의 기준으로 삼는 것은 도무지 말이 안 되는 일이다.[11]

7   프랜시스 에지워스(1845~1926)는 옥스퍼드 대학교 경제학과 학과장을 역임했으며 이른바 신고전파 전파 경제학을 대표하는 인물에 속한다.

8   Landes, W. M., & Posner, R., *Altruism in Law and Economics*, National Bureau of Economic Research, 1977.

9   Blau, P., *Exchange and Power in Social Life*, John Wiley and Sons, 1964, p. 17.

10   Walster, E. H., Hatfield, E., Walster, G. W., & Berscheid, E., *Equity: theory and Research*, Allyn and Bacon, 1978.

11   Sen, A., *Éthique et économie*, PUF, 1993, p. 18. Lecomte, J. (2012), *La Bonté humaine. op. cit.*에 인용.

쿠릴스키는 호모 에코노미쿠스의 가장 중대한 결함이 기본적인 도덕성 부족이라고 말한다. "고전 경제학에서는 이렇게 도덕관념이 없어도 '보이지 않는 손'이라는 애매모호한 개념에 의해 어느 정도 보완이 된다고 생각한다. 정확한 방법은 알 수 없지만 보이지 않는 손이 균형을 맞춰준다는 것이다."[12] 애덤 스미스는 합리적으로 사고하면서 개인의 이익만 추구하는 사람들이 자유롭게 경쟁하고 있으면 시장이 어디로 가야할지 이끄는 현상을 가리켜 "보이지 않는 손"이라고 표현했다. 개인이 행복과 복지를 극대화하기 위해 노력하다 보면 사회 전체의 이익을 위해 기여하게 되고 경제 조절에 보이지 않는 손만한 것이 없으므로 국가가 개입해서는 안 된다는 것이 스미스의 지론이다. 극단적인 시장 경제 지지자들은 보이지 않는 손이 모든 것을 자동 조절해주니까 자기들은 사회에 대해 아무 의무도 없다고 주장한다.[13] 그런데 맹목적 이기주의라는 보이지 않는 손은 더 나은 세상을 건설할 수가 없다. 의무가 없는 자유는 개인주의를 악화시킬 뿐이며 애덤 스미스도 다음과 같이 언급하면서 그 점을 충분히 인정했다. "놀기 위해서든 기분전환을 위해서든 동종 직업에 종사하는 사람들이 한 자리에 모이면 대화가 으레 대중을 음해하거나 가격인상을 모의하는 것으로 귀결된다."[14]

요즘 회사를 설립하는 많은 사람들은 호모 에코노미쿠스가 인간 본성을 희화화한 시각에 불과하다는 것을 잘 알고 있으며 이타적인 가치가 어엿한 구실을 하는 훨씬 더 복잡한 가치관을 갖고 있다.

---

12 Kourilsky, P. (2009). *op. cit.*, p. 145.
13 자신의 이익만 추구하는 사람이 "보이지 않는 손에 이끌려 본래의 의도와 전혀 다른 목적을 달성하게 된다. 개인의 이익을 추구하는 과정에서 의도했던 것보다 훨씬 더 효과적으로 사회의 이익을 촉진하게 되는 일이 자주 발생한다." Adam Smith, *An Inquiry into The Nature and Causes of The Wealth of Nations*, Book 4, Chapter 2, 1776.
14 Smith, A. *An Inquiry into The Nature and Causes of The Wealth of Nations* (The Project Gutenberg eBook, 2009), p. 12.

자유방임주의와 규제 완화를 바탕으로 한 자유로운 경제 활동을 옹호한 경제학자의 대표격인 밀턴 프리드먼은 이렇게 말했다. "기업의 임원들이 주주들을 위해 최대한 많은 돈을 버는 것 외에 다른 사회적 책임을 받아들이는 것은 자유주의 사회의 근간을 위태롭게 만드는 일이다."[15] 프란스 드 발은 『공감의 시대The Age of Empathy』에서 이렇게 말한다. "선진국 중에 거대한 기업 비리 사건이 일어나지 않은 나라가 없다. 그런 사건들을 살펴보면 사회 기반을 뒤흔들어 놓은 기업 임원들은 항상 프리드먼이 하는 조언에 따르고 있었고 대부분이 착취, 불의, 부정부패로 이어졌다. …… 이런 상황에서 엔론이 저지른 엄청난 규모의 사기 행각은 예순여섯 페이지에 달하는 엔론의 '기업 윤리 강령'을 타이타닉호의 안전 수칙만큼 허무맹랑한 소설로 전락시켰다."[16]

프랑스 경제학자 세르주 크리스토프 콜름은 이렇게 강조한다. "경제 시스템은 재화와 용역만 생산하는 것이 아니라 인간관계도 만들어 낸다. 한 사회의 생산과 소비 방식이 구성원들의 인성과 개성, 지식, 욕망, 행복, 대인 관계에 큰 영향을 미친다."[17] 행복에 꼭 필요한 것 중에 경제나 상거래와 상관없는 것도 많이 있다.

시장 경제의 대부인 애덤 스미스가 펼친 주장은 후계자들만큼 극단적이지 않다. 경제학자들이 흔히 무시하고 넘어가는 『도덕 감정론 Theory of Moral Sentiments』에서 스미스는 이렇게 말했다. "이기적인 감정을 억제하고 남을 보살피는 자애로운 감정에 자연스럽게 몸을 맡기는 것이 인간 본성이다. 그렇게 해야 사람들 사이에서 감정과 열정이 조화를 이루고 그것이 품위와 예의로 이어진다."[18]

이타심을 배제한 경제 이론은 근본적으로 불완전하고 단순화된 것

15 Friedman, M., *Capitalism and Freedom*, University of Chicago Press, 1962, pp. 133~134.
16 Waal, F. B. M. de (2009). *The Age of Empathy. op. cit.*, p. 38.
17 Kolm, S.-C. (1984). *op. cit.*, p. 34.
18 Smith, A. (2011). *The theory of Moral Sentiments* 도덕감정론. Available through Project Gutenberg.

이다. 무엇보다 현실과 괴리가 커서 실패할 수밖에 없다. 실제로 신고전파 경제학자들이 인간의 행동을 설명하기 위해 만든 복잡한 수학적 모델은 대부분 거짓된 가정을 바탕으로 하고 있다. 사람들 대다수는 완벽하게 이기적이지도 않고 완벽한 정보를 갖고 있지도 않으며(시장을 조작하는 사람들이 즐겨 사용하는 전략이 바로 정보 은닉이다.) 항상 이성적, 합리적 선택만 하는 것도 아니다.

사람이 하는 결정은 경제적인 것이든 아니든 비합리적인 경우가 많고 감정에 의해 크게 좌우된다. 이는 많은 행동 심리학자들에 의해 입증된 사실이다. 특히 아모스 트버스키와 대니얼 카너먼이 한 연구는 경제학자가 아닌 심리학자 대니얼 카너먼에게 처음으로 노벨 경제학상을 안겨 주었다.[19] 스탠포드 대학교의 신경 과학자 브라이언 넛슨 연구 팀도 경제에 관한 의사 결정, 특히 위험을 무릅써야 하는 결정일수록 감정과 충동, 개인적인 호불호의 영향을 많이 받는다는 사실을 보여 주었다. 대뇌변연계는 원래 먹을 것을 찾고 포식자를 피하는 원초적인 행동을 불러일으키는 감정에 관여한다. 그런데 금전적 보상과 제재에 대한 반응에 중요한 역할을 하는 것이 바로 대뇌변연계인 것으로 밝혀졌다.[20] 그 밖에 투자자들이 돈에 관한 결정을 할 때 뇌에서 흥분이 고조되어 위험을 감수하도록 부추겨서 객관적인 의사 결정을 하는 데도 영향을 주는 것으로 관찰되었다.

상황의 맥락과 전후 사정도 합리적이어야 할 의사 결정에 알게 모르게 영향을 준다. 심리학자 댄 애리얼리는 실험에 참가한 사람들에게 사회 보장 번호 마지막 두 자리 숫자를 종이에 적은 다음 경매에 참여

19 Kahneman, D., Slovic, P., & Tversky, A., *Judgment under Uncertainty: Heuristics and Biases*, Cambridge University Press, 1982; Kahneman, D., & Tversky, A. (1979). Prospect theory: An analysis of decision under risk. *Econometrica*, 47(2), 263~291. Kahneman, D., thinking, *Fast and Slow*, Farrar, Straus & Giroux, 2011.
20 Kuhnen, C. M., & Knutson, B. (2005). The neural basis of financial risk taking. *Neuron*, 47(5), 763-770; Knutson, B., & Bossaerts, P. (2007). Neural antecedents of financial decisions. *Journal of Neuroscience*, 27(31), 8174~8177.

하라고 했다. 사회 보장 번호 끝자리 수가 80부터 99인 사람들은 컴퓨터 키보드에 대한 입찰액이 평균 56달러였고 끝자리 수가 1부터 20으로 낮은 숫자인 사람들은 같은 물건에 대해 평균 16달러의 가격을 불렀다.[21] 특별할 것 없는 경제적 의사 결정이 지극히 비합리적인 방식으로 이루어진 것이다. 대니얼 카너먼의 책 『생각에 관한 생각Thinking, fast and slow』에 보면 우리가 흔히 하는 불합리하고 비이성적인 의사 결정에 대한 사례들이 많이 나와 있다.[22]

감정, 동기, 가치 체계가 경제적 의사 결정에 영향을 미치는 것은 부정할 수 없는 사실이다. 사정이 그렇다면 긍정적인 감정과 이타적인 동기가 영향을 미치도록 해야 바람직할 것이다. 경제학자들은 합리적 판단이라는 필요불충분 요소를 지나치게 중요시하는 경향이 있다. 경제 문제에도 이성의 목소리에 만족할 것이 아니라 배려의 목소리를 도입할 수 있지 않을까?

자유 시장의 일탈

억만장자 투자자이자 자선 사업가인 조지 소로스는 자유 시장이 경제를 굴러가게 만드는 유일한 시스템이고 시민의 자유를 올바르게 지킬 수 있는 유일한 방법이라고 생각하는 것을 일컬어 "자유 시장 근본주의free market fundamentalism"라고 부른다. 그는 이렇게 설명한다. "자유방임적 자본주의에서는 아무 제약 없이 각자 이익을 추구하는 것이 공공선을 실현하는 최선의 방법이라고 생각한다."[23] 자유 시장에서

21 Ariely, D., *The Irrational Bundle: Predictably Irrational, The Upside of Irrationality, and The Honest Truth About Dishonesty*, Harper, 2013.
22 Kahneman, D. (2012). *Système 1 / Système 2 : Les deux vitesses de la pensée*. Flammarion.
23 Soros, G. (1997). The capitalist threat. *Atlantic Monthly, 279*(2), 45~58. Oreskes, N., & Conway, E. M. M. (2011). *op. cit.*, 주석 36, p. 338에 인용.

규제가 완전히 철폐된 자유방임이 자연의 법칙이고 과학적으로 정말 가치가 있고 급진적 자유주의를 부르짖는 사람들의 믿음이 아닌 다른 무엇이라면 오래 건재할 수 있을지도 모른다. 그러나 현실은 그렇지가 않다. 자유방임의 예측 불가능성과 남용이 금융 위기를 불러와 다들 고생깨나 했던 것을 보면 금방 알 수 있다. 경제적 자유방임주의 이론에 과학적 기준을 엄정하게 들이댔다면 이미 오래 전에 이론으로서 가치를 잃었을 것이라는 것이 소로스 생각이다.[24]

자유 시장이 신기술, 헬스케어, 인터넷, 신재생 에너지 등 다양한 분야에 걸쳐 창업과 혁신을 촉진하고 사회에 유용한 활동을 시작하려는 젊은 기업가들에게 기회를 제공하는 것은 부정할 수 없는 사실이다. 폭력이 감소하는 양상에 대해 설명할 때 본 것처럼 민주주의 국가들끼리 자유롭게 무역 거래를 하면 무력 충돌의 위험이 줄어드는 것도 맞는 이야기다. 그렇지만 자유 시장에서 탈선을 방지하는 가드레일이 전혀 없다면 금융 시스템을 악용하는 일이 생겨 금권 정치와 불평등이 증가하고 영세한 생산자들이 착취당하고 금전이 아닌 다른 가치가 있는 삶의 여러 가지 측면이 돈으로 환산되는 사태가 발생할 것이다.

가격은 알아도 가치는 모르는 헛똑똑이들

미국에서 가장 유명한 철학자 마이클 샌델은 『돈으로 살 수 없는 것들What Money Can't Buy: The Moral Limits of Markets』[25]에서 신자유주의 경제학자들을 가리켜 만물의 값은 두루 꿰고 있으면서 가치에 대해서는 아무것도 모르는 문외한이라고 비난한다.

---

24 *Ibid.*
25 Sandel, M., *What Money Can't Buy: The Moral Limits of Markets*, Open Market edition, Allen Lane, 2012.

샌델은 1997년에 채택된 교토 의정서의 도덕성을 문제 삼아 많은 이들의 심기를 불편하게 했다. "오염권"을 돈 주고 사들일 수 있게 해서 환경 파괴 활동에 도덕적으로 부정적인 낙인을 아예 찍지 못하게 만들어 버렸다는 것이다. 그는 자유 시장 근본주의에 반대하는 의견이 가장 먹히지 않는 나라가 중국과 미국이라고 주장한다. "인도를 비롯한 다른 아시아 국가와 유럽, 브라질에서는 시장에 도덕적 한계가 있다는 사실을 의심하는 사람이 아무도 없다."[26] 그러면서 돈벌이 수단으로 전락해서는 안 되나 상업적으로 이용당하는 가치들을 다음과 같이 열거한다.

- 서양인 부부가 8천 달러만 주면 인도인 대리모 서비스를 받을 수 있다.
- 남아프리카 공화국에서 25만 달러만 내면 멸종 위기 동물로 보호되는 검은 코뿔소를 사냥할 권리가 생긴다.
- 의사 수가 날로 증가하는 미국에서 연간 1천5백~2만 5천 달러를 받고 환자를 일대일 특별 관리하는 '컨시어지concierge' 서비스가 등장했다. 이 서비스를 이용하면 의사에게 언제든지 휴대폰으로 연락해 당일 진료를 받을 수 있다.
- 미국의 한 온라인 카지노가 아들의 학비를 마련하지 못해 고민하던 한 싱글 맘에게 카지노 사이트 도메인명을 이마에 영구 문신하는 조건으로 1만 달러를 쾌척했다.

정말 무엇이든지 돈벌이에 이용해도 괜찮은 것일까? 자격 없는 사람이 돈을 주고 노벨상을 사들이는 것이 과연 의미가 있는 일일까? 노예 제도 형태만 달라졌을 뿐 여전히 존속한다. 매춘을 목적으로 한 여성과 아동의 인신매매가 전 세계에서 성행하고 있다. 중동에서 일하는 방글라데시, 네팔, 파키스탄 출신 노동자들은 참혹한 환경에서 착취당하고 있고 인도에서는 대물림된 빚 때문에 온 가족이 고용주에게 자유를 박탈당한 채 강제 노동에 시달린다.(이들 가정에서 노동을 하는 아동은 10만 명이 넘는다.)

26 Interview with Michael Sandel by Edward Luce in the *Financial Times*, April 5, 2013.

입양을 원하는 유럽인 부모들은 복잡한 과정 때문에 오랜 세월을 하염없이 기다려야 한다. 그래도 유럽에서는 아이들을 사고파는 행위가 법으로 금지되어 있다. 아이들은 소비재가 아니라 사랑으로 보살피고 존중해야 할 존재이기 때문이다. 그럼에도 불구하고 세계 곳곳에서 아동 매매 행위가 끊이지 않는다.

사람들이 신경을 많이 쓰지 않는 동물들도 돈만 있으면 거래가 가능한 장난감으로 전락했다. 대부분의 사회가 동물을 상품으로 보기 때문이다.

경제학자들은 '얼마'에만 관심이 있고 시장은 가치 있는 선택과 그렇지 않은 선택을 구분하지 못한다. 재화나 서비스에 가치를 부여할 수 있는 것은 그것을 사고파는 당사자뿐이다. 이는 만물에 공통으로 적용되는 규칙이다. 하다못해 암살자를 고용할 때도 마찬가지다.

우리는 시장 경제와 시장 사회 중 무엇을 원하는 것일까? 샌델은 시장 경제가 생산 활동을 체계화하는 데 효과적이라고 해서 삶의 모든 영역을 점령하도록 내버려 두는 것은 도덕적으로 용납할 수 없는 일이라고 생각한다.

그러니까 문제가 되는 것은 자유 거래 그 자체가 아니라 자유롭게 거래를 하면서 남들에게 책임감 있는 태도를 보이느냐 마느냐 하는 것이다. 그런 책임감을 불러오는 것이 도덕적 가치와 다 함께 행복하게 사는 것을 소중히 여기는 윤리 의식이다. 그 중에서도 가장 기본적인 것은 자신의 이익을 추구하되 타인들에게 피해를 끼치지 않는 것이다. 세상만사 아무것도 무서울 것이 없는 모리배들은 기회만 생기면 닥치는 대로 이익을 추구하느라 남들이 손해를 보든 말든 멋대로 하려고 든다. 따라서 엄격한 규칙을 세우는 것이 사회를 보호하는 최소한의 방책이다. 그런데 그것이 제대로 이루어지지 않았다. 그 점에 대해 아마르티아 센은 이렇게 말한다.

레이건 행정부에 의해 매년 조금씩 규제가 헐거워지던 것이 조지 W. 부시가 집권한 뒤에도 계속 이어졌다. 자유주의 경제의 성공 여부는 시장의 역동성과 위험을 무릅쓰고 투기를 하고 이익을 추구하지 않도록 브레이크를 거는 규제 및 통제 메커니즘에 달려 있다. …… 자유와 행복을 원한다면 그런 것들이 가능하도록 경제를 운영해야 한다.[27]

스티글리츠는 이렇게 말한다. "규제가 갖는 효과가 있다. 지난 수십 년 동안 적재적소에서 규제가 이루어졌기 때문에 금융 시스템이 안정적으로 유지된 것이다. 금융 규제가 엄격하던 시절에 경제가 발전했고 성장의 결과물도 요즘보다 훨씬 광범위하게 분배되었다. 그런데 규제가 '완화'되자 평범한 시민들의 소득 증가율이 규제가 심했던 시절보다 오히려 떨어졌다. 규제 완화가 실패한 이유는 간단하다. 투자성과에 대한 개인적 보상과 사회에 돌아가는 편익 사이의 간극이 커질수록 혁신을 포함한 모든 경제 활동이 기형적으로 변하게 되어 있다. 미국에서 시행된 금융 개혁은 미국인들의 행복 증진이 아니라 은행가들의 행복 증진이 목표였다."[28]

실제로 자유 시장 경제는 추종자들이 주장하는 것만큼 순기능을 발휘하지 못하고 있다. 그들은 자유 시장 경제가 안정을 가져다줄 것이라고 하지만 경제 위기가 계속되는 것으로 봤을 때 매우 불안정하고 파국적인 결과가 나올 수 있음을 짐작할 수 있다. 세상에 충족되지 않는 필요가 너무 많은데다가 빈곤 척결과 지구 온난화 문제 해결에는 투자가 거의 이루어지지 않고 있다. 자유 시장 경제가 효과적이기는커녕 고전 경제학자들이 입에 달고 살던 수요 공급의 법칙이 담보하는 공정성도 허구에 불과한 것이 확실하다. 스티글리츠는 수많은 노동자들이 경제에 기여하지 못하도록 족쇄를 채우는 실업이야말로

---

27 *Le Monde*, June 9, 2009.
28 Stiglitz, Joseph E., *The Price of Inequality*, pp. 178~179.

규제가 완화된 시장이 낳은 가장 끔찍한 실패이며 비효율을 초래하고 불평등을 심화시키는 최악의 요인이라고 본다. 아마르티아 센은 빈곤을 자유의 박탈이라고 설명한다. 그냥 자유가 아니라 각자가 갖고 있는 잠재력을 표현할 자유를 몰수당한 것이다.[29]

자유 시장 경제의 추종자들 중에는 무책임한 사람들도 많다. 스티글리츠는 다음과 같이 지적한다. "정부의 도움이 없었다면 은행가들은 자신들이 시도한 무모한 모험 때문에 자멸하면서 경제 전체를 무너뜨렸을 것이다. 그런데 잘 들여다보면 그게 우연한 일이 아님을 알 수 있다. 그들은 그런 식으로 행동하도록 조종당한 것이다."[30] 은행가들을 부추긴 장본인은 타협하는 정치인들과 모든 것을 못 본 체 눈감아 준 규제 기관들이었다.

레이건 행정부 이후 미국 정계의 상층부를 장악한 정치인과 경제학자들은 시장에 관한 규제를 모두 철폐하고 극단적인 보수주의자 아인 랜드의 지론처럼 "자유방임" 상태를 유지해야 한다고 생각했다. 그것이 모두에게 동등한 기회를 부여하는 최선의 방법이고 그래야 가장 진취적인 기업가와 가장 성실한 노동자가 최후의 승리자가 될 수 있다고 생각했다. '아메리칸 드림'이란 구두를 닦던 사람이 재능과 인내와 노력을 통해 백만장자가 되는 것이다. 그런데 여러 가지 연구를 종합해 보면 미국에서 장기적으로 부를 유지할 가능성이 가장 높은 사람은 아주 특수한 경우를 제외하고는 인구의 1퍼센트에 해당하는 최상위 부유층과 그들의 후손들이다. 스티글리츠는 이런 상황을 다음과 같이 요약한다. "미국은 놀라운 경제 시스템을 만들어 냈지만 그 시스템은 최상위층에게만 효과가 있는 것이 확실하다."[31]

규제 철폐를 부르짖는 사람들은 부자들이 재산을 축적해야 일자리

---

29 Sen, A., *L'Idée de justice*, Flammarion, 2012; Sen, A., *Repenser l'inégalité*, Seuil, 2012.
30 Stiglitz, Joseph E., *The Price of Inequality*.
31 *Ibid.*, p.11.

가 창출되고 경기 부양이 이루어져 가난한 사람들에게도 혜택이 돌아가고 부가 부유층에서 서민층으로 흘러내려 가는 낙수 효과가 가능해진다고 주장한다. 그래서 황금알 낳는 거위를 죽여서는 안 된다고 말한다. 문제는 거위가 알을 전부 틀어쥐고 내놓지 않는 것이다. 프랑스 월간지『알테르나티브 에코노미크Alternatives économiques』편집장 티에리 페슈는『부자들의 시대Le Temps des riches』에서 구체적인 수치를 제시하며 요즘은 부유층에서 서민층으로 흘러내려 가는 부가 워낙 쥐꼬리만큼이라 낙숫물이 가난한 사람들의 갈증을 해소해주지 못하는 신기루에 가깝다고 설명한다. 부자들은 어마어마한 비용을 주고 세무 변호사를 고용한다. 그럼 세무 변호사들이 교묘한 방법을 동원해 대다수의 국민들이 국가에 바치는 세금조차 피할 수 있게 만들어 준다. 페슈에 따르면 몇 년 전 프랑스의 소득세 감면 대상자 중 연평균 소득이 20만 유로(약 2억 5천만 원)가 넘는 사람이 7천 명에 달했다고 한다.[32] 극빈층은 가난해서 세금을 안 내고 부자는 세금 낼 돈을 변호사에게 전부 쥐어 주고 결국 모든 세금 부담은 중산층에게 전가된다.

미국에서 몇 년 전에 수백만 명의 극빈자들이 제 집에서 쫓겨나는 일이 벌어졌다. 허울은 그럴 듯하지만 막상 내용을 들여다보면 말도 안 되는 조건으로 대출을 해 준 은행의 투명성 부족 때문에 생긴 일이었다. 현재 대부분의 선진국에서는 빈 집의 수와 노숙자의 수가 동시에 증가하고 있다. 일부에게 불요불급한 것이 다른 사람에게 절실히 필요한 것을 빼앗는 결과를 낳고 있다.

프랑스 경제학자 토마 피케티는 세계 여러 나라 경제학자들과 공동으로 유럽, 미국, 일본을 포함한 30개국의 수백 년치 납세 실적을 분석했다. 전례 없이 방대한 데이터를 15년에 걸쳐 분석해서 얻은 결론은 부자는 갈수록 부유해지고 부자의 곳간은 시간이 가도 줄어들

---

32 Pech, T. (2011). *Le Temps des riches : Anatomie d'une sécession*. Seuil.

지 않는다는 것이었다. 재산이 오히려 조금씩 늘어나는 것을 볼 수 있었다. 『21세기 자본Capital in the Twenty-first Century』에 실려 있는 이 분석 결과는 피라미드 최상단에 있는 부자들이 부를 축적해야 중산층과 빈곤층으로 흘러내려 간다는 자유주의 경제학자들이 입에 침이 마르도록 떠들어 대는 낙수 효과를 정면으로 반박하고 있다. 그들의 주장은 사실이 아니다.

피케티의 연구 결과에서 가장 눈에 띄는 내용 중 하나는 재산을 상속 받아 투자를 해서 부를 획득하는 사람들은 갈수록 부유해지지만 생산에 참여해서 노동의 대가로 임금이나 급여를 받는 사람들은 갈수록 빈곤해진다는 것이다. 최소의 정부와 경제적 규제 철폐가 미국을 기회의 땅으로 만들었다는 생각과는 정반대되는 현실이다. 현 시스템은 주사위가 하나인 사람과 주사위가 셋인 사람이 마주 앉아 모노폴리 게임을 하는 것이다. 당연히 주사위가 셋인 사람이 부유할 수밖에 없다. 그가 거두는 성공은 개인의 노력이나 능력과는 아무 상관도 없다. 주사위 세 개는 상속 받은 재산, 금융 투자로 얻는 수익과 기타 자산(부동산, 미술품 등 비과세 대상인 소극적 소득을 생성하는 것), 상대적으로 낮은 부유세 비율이다. 하나뿐인 주사위는 자신이 가진 기술이나 능력을 이용해 생산적인 일에 참여하는 것이다.

피케티는 미국에서 불평등이 감소한 유일한 시기가 1930년대에 뉴딜 정책을 시행하던 때와 제2차 세계 대전 종전 후 1947년부터 1951년까지 미국이 서유럽 16개국을 원조한 '마셜 플랜Marshall Plan' 당시 정부가 적극적으로 개입해 성장을 촉진하던 시기라는 사실도 밝혀냈다. 그때만 해도 근로자들이 자신이 가진 장점을 살려 열심히 노력하면 금융인들과 동등한 지위를 얻을 수 있었다. 일부 이타심에 기초를 둔 케인즈식 경제학은 소수층을 위해 단기적, 이기적 이해관계를 보장하는 것이 아니라 현 세대와 미래 세대가 다 함께 잘 사는 것을 목표로 삼았으며 합리적인 규제를 통해 부유할수록 높은 세율을 적용해 사회의 균형을 유지했다. 사람들은 동료에게 관심을 기울였고 사회 계약은 맹목적 경쟁보다 협력을 강조했다. 그러다가 1980년 이후 로널드 레이건, 밀턴 프리드먼, 아인 랜드와 같은 사람들이 등장하면서 아메리칸 드림이 산산조각 났다. 사회 연대가 약해지고 부자 감세를 계기로 불평등이 심화되기 시작했다.

전 세계적으로 현 경제 시스템에 대해 분노를 느끼는 사람이 늘어나는 현상에 대해 스티글리츠는 이렇게 설명한다. "(2008년 금융 위기 때) 금융계 종사자들이 야기한 위기 속에서 일자리를 잃고 피해를 본 사람들이 고통을 감내하는 동안 정작 금융인(또는 은행가)들은 지나치게 많은 보너스를 챙겨 위기에서 빠져 달아났다. 이에 대해 부당하다는 생각이 일기 시작했다. 당연한 일이었다. …… 위기를 겪으면서 사회 기여도에 따라 연봉이 정해지는 것이 아님이 확실해졌다. 은행가들은 사회와 기업에 부정적인 기여를 했음에도 불구하고 풍성한 보수를 챙겼다. 권력층과 은행가들이 부자가 될 수 있었던 이유는 오직 하나였다. 남들을 이용해 이익을 챙기겠다는 강력한 의지와 힘을 갖고 있었던 것이다."[33]

그런 의지와 힘이 얼마나 강력했는지 여실히 보여 주는 예가 있다. 골드만삭스는 금융 위기 초기에 고객들에게 인포스페이스Infospace[34]에 투자하라고 적극 권유했다. 다양한 온라인 서비스를 제공하던 인포스페이스는 급속한 성장세를 보이면서 최고 투자 등급을 받았지만 애널리스트들 사이에서는 "깡통 회사"로 통했다. 유사한 비즈니스 모델로 높이 평가되던 익사이트Excite도 골드만삭스 내부에서는 "쓰레기" 취급을 받았다.[35] 2008년에 9백만 명의 가난한 미국인들이 전 재산인 집을 잃고 거리에 나앉았을 때도 골드만삭스 고위층 인사들은 보너

---

33 Stiglitz, J. (2012). op. cit., p. 12~13.
34 인포스페이스는 2000년에 4천6백만 달러의 손실을 냈음에도 불구하고 수상쩍은 회계 기법을 사용해 4천6백만 달러의 수익을 올렸다고 발표했다.

스로 160억 달러를 챙겼다. 위험한 주택 담보 대출을 가장 많이 판매했던 리먼 브라더스의 고위 경영진 다섯 명은 2000년부터 2007년까지 10억 달러가 넘는 보너스를 받았다.[36] 그들은 회사가 망하고 고객이 파산해도 그 돈을 토해 내지 않았다. 스티글리츠는 이렇게 말한다. "돈만 벌 수 있으면 수단과 방법을 가리지 않는 시대가 되었다. 미국의 서브프라임 위기 중에 이용당하고 착취당한 것은 우리 중 가장 가난하고 가장 못 배운 사람들이었다."[37]

만인을 위한 보호 장치

'자유방임' 경제를 적극 지지하던 시카고 학파 경제학자들 이론을 정책에 끌어들인 로널드 레이건이 1982년에 은행 예금에 대한 규제를 없앴다. 이후 30년 동안 이어질 금융 규제 완화의 물꼬가 터진 것이다. 이를 계기로 은행들은 고객이 맡긴 예금으로 위험한 투자를 하게 되었다. 10년 후 수백 개의 저축 은행과 신용 기관이 파산해 이들 기관에 돈을 맡긴 사람들은 하루아침에 재산을 날렸고 그 여파로 미국의 납세자들이 1,240억 달러의 부담을 떠안았다.[38] 2004년에는 골드만삭스 CEO 헨리 폴슨이 정치인들을 구슬려 은행권의 부채 한도에 대한 규제를 풀게 만들었고 덕분에 은행들은 갚을 능력도 없이 차입을 늘리게 되었다.

---

35 상원 청문회에서 상원 의원 칼 레빈이 골드만삭스 회장 로이드 블랭크페인에게 이렇게 물었다. "당신이 누군가에게 투자 상품을 팔았는데 그런 투자에 대한 입장이 반대로 돌아섰습니다. 그럴 때 구매자에게 상황을 있는 그대로 공개하지 않는다면 문제가 있는 것 아닙니까?" 그러자 블랭크페인은 이렇게 대답했다. "시장 조성market making이라는 관점에서 보면 문제가 없습니다." 2008년에 블랭크페인은 일주일에 82만5천9백 달러를 벌어들였다. 그는 다른 인터뷰에서 금융인으로서 "신이 하는 일"을 하고 있다고 밝혔다(2010년 11월 8일 『선데이 타임즈』).

36 당시에 최고 경영자였던 리처드 펄드는 4억 8천 8백만 달러를 챙겼다.

37 Stiglitz, J. (2012). op. cit., location 209.

38 Ferguson, C. (2011). op. cit.

뉴욕 대학교 경영 대학원 교수인 누리엘 루비니에 따르면[39] 금융계가 1998년부터 2008년까지 정치인들을 상대로 50억 달러의 로비 자금을 풀어 정계를 단계적으로 장악했다. 워싱턴에는 하원 의원이나 상원 의원 한 명 당 평균 여섯 명의 로비스트가 활동하고 있으며 이들은 2008년 금융 위기 이후에 오히려 더 많은 돈을 쏟아 부었다. 유럽 연합 행정 사무 담당 집행 위원 심 칼라스가 공개한 자료를 보면 유럽에서는 2천6백 개의 이익 단체를 대표하는 로비스트 1만 5천 명이 브뤼셀에서 활동하고 있다.[40]

경제학자 제임스 K. 갤브레이스(저명한 경제학자 존 K. 갤브레이스 아들)의 결론은 다음과 같다. "이들 신흥 자본가 계급은 국가를 탈취해 직접 경영하기로 마음먹었다. 그들의 목적은 정치 이념을 실현하는 것이 아니라 직접 국가를 운영하면서 최대한 많은 돈을 버는 것이었다. 손에 쥔 권력을 공고히 해서 혹시라도 잘못되었을 때 구제 받을 수 있는 기회를 극대화하자는 심산이었다."[41]

규제를 완화하고 철폐하는 취지가 원래는 자유를 되찾아 잘 활용해서 창의성을 고취하고 건전하고 공정하게 경쟁할 수 있는 여건을 마련하자는 것이었지만 실제로는 투자자들이 신기술을 이용해 몇 안 되는 남은 규제를 교묘히 피해 간다든가 악덕 사기 대출을 한다든가 점점 더 불투명한 방법으로 사용자들을 기만하는 데 악용했다. 영국 재정청장 로드 터너는 2009년에 "영국의 금융 중심지인 런던 시티에서 이루어지는 활동 중 상당 부분이 사회적으로 전혀 도움이 되지 않는 것"[42]이라고 인정했다. 그들은 부자가 더 부유해지도록 만들 뿐,

39 N. Roubini가 인사이드 잡. *op. cit.*에서 한 말.
40 Kallas, S. (March 3, 2005). "The Need for an European Transparency." 노팅엄에서 한 연설. Kempf, H. *L'oligarchie ça suffit, vive la démocratie*, Seuil, 2013, p. 78에 인용.
41 Galbraith, J. K., *L'État prédateur: Comment la droite a renoncé au marché libre et pourquoi la gauche devrait en faire autant*, Seuil, 2009, p. 185. Kempf, H. (2013). *op. cit.*, p. 69에 인용.

사회 절대 다수를 차지하는 중산층과 가난한 사람들을 잘 살게 하는 일에는 하등 도움이 되지 않는다.

미국에서 현재 시행되고 있는 규제들은 주요 금융 그룹들이 잠재적 경쟁자들을 짓밟고 올라가 독과점 지위를 되찾으려는 의도로 입김을 불어넣어 만들어진 것이다. 이를 가장 적나라하게 보여 주는 예가 생물, 식물, 종자에 관한 특허, 몬산토와 같은 기업과 대형 제약 회사들이 펼치는 활동이다.[43] 금융 권력은 소비자와 환경을 보호하기 위해 제정되는 모든 형태의 규제에 특히 쌍수를 들고 반대한다.

조지 소로스는 시장이란 원래 불안정한 것이기 때문에 대형 여객선에 수밀 구획이 필요한 것처럼 규제가 반드시 필요하다는 입장이다. 그래야 금융 분야 중 어느 하나가 물에 잠겨도 다른 분야로 피해가 확산되지 않아 배가 침몰하는 사태를 막을 수 있다.[44] 그런데 규제 완화 및 철폐로 인해 금융권에서 안전 보장을 위한 구획화가 무너져 버렸다. 시장 변동성을 줄이는 방법 중에 토빈세를 적용하는 것이 있다. 토빈세는 노벨 경제학상 수상자인 제임스 토빈이 1972년에 제안한 것으로 단기성 외환 거래에 부과하는 세금을 가리킨다. 세율은 0.05~0.2퍼센트로 낮은 편이지만 외환 불안정성을 완화하는 데 도움이 될 수 있다. 외환 시장에서 주요 통화(달러, 유로, 파운드, 엔)에 대해 0.005퍼센트의 통화 거래세를 적용하면 매년 300억 달러 이상의 세수가 발생하고 거래량이 14퍼센트 줄어들어 시장이 안정된다. 금융 거래에 0.1퍼센트의 세율을 적용하면 매년 1,500억~3,000억 달러의 세수가 발생한다. 이를 신재생 에너지 개발 보조금으로 사용할 수도 있고 투기를 막는 방법으로도 효과적일 것이다. 현재 세계 각국의 정부와

42 Irène Inchauspé, L'État redéfinit son rôle. *Challenges, 179*, September 10, 2009, p. 53 에 인용.
43 이 책 35장 권력형 이기주의 참조.
44 George Soros, 2014년 1월에 세계 경제 포럼에서 한 발표 내용.

유럽 의회가 이런 세금의 도입을 진지하게 검토 중이다.[45]

규제안은 사회에 이익이 되는 것이 무엇인지 총체적으로 고려할 수 있는 유능한 전문가들에 의해 만들어져야 하며 공정성을 유지하고 불평등을 줄이고 무임 편승자들을 엄히 단속함과 동시에 서로 돕고 사는 협조적인 사회를 열망하는 대다수의 사람들이(36장에서 살펴본 에른스트 페르와 마틴 노왁의 실험 참고) 소수의 파렴치한 투기 세력에게 볼모로 잡히지 않도록 미연에 방지해야 한다.

하버드 대학교 교수 마이클 포터와 경제 컨설턴트 마크 크레이머에 따르면 바람직한 규제란 사회적 목표와 투자를 권장하고 수익 창출과 공유를 촉진하고 혁신을 자극하는 것이다. 규제가 느슨해졌을 때 흔히 그런 것처럼 소수에게만 혜택이 돌아가는 근시안적인 이익을 추구해서는 안 된다. 바람직한 규제는 에너지 자원의 용도라든가 보건, 안보 문제에 관해 사회적 목표를 뚜렷이 제시해야 하며 생산자들이 자사 제품과 활동이 환경에 미치는 영향(예를 들어 폐기물 관리, 환경 파괴, 자연 자원 고갈 등)을 회계와 원가 계산에 포함시키도록 강제해야 한다. 단, 기업이 혁신 능력을 유지할 수 있도록 규제 당국이 정한 사회적, 환경적 목표를 달성하되 방법은 각자 자유롭게 선택할 수 있도록 해야 한다. 규제란 발전을 촉진하자는 것이지 걸림돌이 되어서는 안 된다.

규제는 어떤 상황에서나 투명성을 촉진하고 불법 행위를 근절하고 시장이 다국적 기업의 독점 행위에 휘둘려 왜곡되지 않도록 독소를 빼는 역할을 해야 한다.

포터와 크레이머가 권장하는 자본주의는 모든 사람이 가치를 공유하고 호혜적 이익을 창출하고 사회적 목표를 통해 발전을 거듭하는 자본주의다. 그들은 본보기로 노르웨이에 있는 광물질 비료 제조 전

---

45 Attali, J., *Demain, qui gouvernera le monde?*, Fayard/Pluriel, 2012.

문화사 야라Yara를 꼽는다. 야라는 아프리카에서 항구와 도로 기반 시설 부족으로 농부들이 비료를 비롯해 농사 물품을 손에 넣지 못하는 것을 알고 노르웨이 정부의 지원을 받아 모잠비크와 탄자니아에 항만과 도로 시설을 개선해 "성장 통로corridors of growth"를 조성하는 6천만 달러짜리 프로젝트에 뛰어 들었다. 이 프로젝트는 농민 20만 명에게 더 나은 삶을 선사하고 일자리 35만 개를 새로 창출했다.[46]

터무니없는 보너스의 전말과 갈 길을 제시한 스위스

오늘날 볼 수 있는 숱한 일탈 행위는 '프로테스탄트 자유주의'의 근간이 되는 윤리 의식이나 상식을 저버리면 어떤 결과가 초래되는지 적나라하게 보여 준다. 영국의 한 은행가가 내 친구에게 설명한 바에 따르면 옛날에는 런던 시티에서 취직을 할 때 서명한 고용 계약서에 "은행 전체가 이익을 내지 못하면 보너스가 지급되지 않는다."라는 항목이 있었다고 한다. 1970년대만 해도 그것이 당연한 일이었다. 그런 계약이 관행으로 계속 이어졌다면 수많은 금융 스캔들을 미연에 방지할 수 있었을 것이다. "다들 미친 것 같았다. 정신이 나간 것처럼 남보다 많은 돈을 벌고 갈수록 많은 돈을 벌어야 했다. 왜 그래야 하는지 아무도 이유를 알지 못했다." HSBC 프랑스 사장을 지낸 앙리 필리피는 『주인 없는 돈L'Argent sans maître』[47]에서 이렇게 증언한다. 금융계 종사자들은 경기가 좋을 때 더 열심히 하라는 격려의 뜻으로 성과급을 받는다. 결과가 나빠도 고정 급여를 받는다. 이때는 차마 성과급이라 하지 못하고 회사에 붙잡아 둔다는 뜻에서 잔류 보너스retention payment라고 한다.[48] 퇴임 임원에게 경쟁사로 옮기지 않겠다는 약속을 받고 상여금

---

46 Porter, M., & Kramer, M. (January–February 2011). How to fix capitalism. *Harvard Business Review*, p. 74.

47 Filippi, C.-H., *L'Argent sans maître*, Descartes, 2009.

을 지불하는 회사도 있다.

2013년 3월 3일에 실시된 스위스 국민 투표에서 기업 사장들에게 "과도한 급여 패키지"를 적용하지 못하도록 규제하는 법안이 67.9퍼센트의 찬성으로 통과되었다. 이 법안은 특히 고위 임원이 입사하거나 퇴사할 때 보너스(악명 높은 "황금 악수golden handshakes")를 지급하지 못하도록 금지하고 있다. 많은 대기업이 CEO를 영입하면서 500만~1,000만 유로(65억~130억 원)에 달하는 보너스를 제공하는 것이 현실이다. 스위스는 그 밖에도 이사회와 경영진에게 지급하는 급여에 대해 주주 총회에서 매년 승인을 받도록 했으며 이 규정을 위반하면 6년치 급여에 해당하는 벌금형부터 최고 3년의 징역형에 처할 수 있다.

이처럼 역사적인 국민 투표가 열리기 직전인 2013년 2월 말에 글로벌 제약 회사 노바티스가 최장수 CEO였던 다니엘 바셀라에게 7,200만 스위스 프랑(6,000만 유로, 약 817억 원)의 보너스를 지급하겠다고 발표해 대중에게 공분을 샀다. 노바티스 재직 시절에 이미 1억 유로(1,300억 원)를 챙긴 다니엘 바셀라는 결국 본의와 무관하게 황금 악수를 포기해야 했다.

2013년 3월 10일에는 스위스 은행 율리우스 베어 주주 총회에서 주주들이 임원들 보수에 관한 보고를 63.9 대 36.1로 부결시키는 사상 초유의 일이 벌어졌다. 보고에 따르면 최고 경영자인 보리스 콜라르디에게 660만 스위스 프랑(540만 유로, 약 73억 5천만원)의 연봉을 지급하는 것으로 되어 있었다.[49]

유럽 연합은 스위스에 이어 은행권에서 임원들에게 거액의 보너스를 남발하지 못하도록 제한하는 조치를 마련했다. 영국이 압력을 가해 표결이 연기되는 우여곡절이 있었지만(영국 경제 경영 연구 센터Centre for Economics and Business Research에 따르면 호황기였던 2008년에 한때 런던 시티에

48. Stiglitz, J. (2012). op.cit, p. 154.
49 2013년 4월 10일 AFP 보도 내용.

서 보너스가 115억 파운드(약 20조 원)까지 치솟은 적이 있었지만 2012년 들어 44억 파운드(약 7조 3,800억 원) 수준으로 떨어졌다고 한다.) 2014년 2월에 결국 입법 기관인 유럽 의회와 유럽 이사회의 동의를 얻었으며 현재 시행을 준비하고 있다. 한편 금융계 종사자들은 유럽 연합에서 제정할 보너스 상한제를 피할 수 있는 새로운 유형의 수당을 속속 만들어 내고 있다.

배려와 이성의 조화

"자유 시장 경제와 개인주의적 이기주의가 절대 해결할 수 없는 문제가 두 가지 있습니다. 공공재 문제와 풍요 속의 빈곤이 바로 그것입니다. 이를 해결하려면 배려와 이타심이 필요합니다." 2012년 10월에 리우데자네이루에서 열린 세계 경제 심포지엄GES에서 이 심포지엄 발기인이자 독일 킬Kiel 세계 경제 연구소 소장인 경제학자 데니스 스노워가 이렇게 말했다. 나도 신경 과학자 타니아 싱어와 함께 그 자리에 있었다.

금융인, 정치인, 사회적 기업가, 언론인 등 600여 명이 모인 자리에서 개회사를 하면서 그런 말을 한다는 것은 용기가 필요한 일이었다. 전통적인 경제학자 관점에서 보면 (개인의 이해관계가 아닌 다른) 동기와 (사람이 하는 모든 의사 결정에 영향을 미치는 것은 사실이지만) 감정에 대해 이야기하는 것은 몰상식한 짓이다. 하물며 이타심과 연대 의식은 말할 것도 없다. 앞에서 본 것처럼 경제는 이성 외에 다른 어떤 언어도 사용할 수 없다. 그 때문에 스노워는 연설 전에 다소 걱정스런 표정이었다. 공감에 대해 논하는 신경 과학자와 이타심이 행복과 불가분의 관계이고 우리 시대의 문제를 해결할 가장 효과적인 방법이라고 주장하는 승려에게 심포지엄의 세 세션을 할애할 때도 불안해 하기는 마찬가지였다.

천만다행으로 모든 것이 순조롭게 진행되어 사흘 뒤 심포지엄 참가자들이 제안한 두 가지 프로젝트가 선정되었다. 하나는 기업에 "자비심 양성소compassion gymnasia"를 만들어 이타심을 함양하자는 것이었고 다른 하나는 심리학자이자 신경 과학자인 리처드 데이비슨이 매디슨에서 성공적으로 진행 중이고 현장에서 내가 프리젠테이션을 한 유아동을 대상으로 하는 자비심 훈련이었다. 특히 유아를 대상으로 하는 자비심 훈련은 특별히 우선적으로 지원해야 할 프로젝트로 선정되었다. 스노워가 예상했던 대로 참석자들이 그의 선견지명에 마음을 보탠 것이다.

데니스 스노워는 세계적으로 중대하고 시급한 사안들을 해결할 때 꼭 필요한 협력을 증진하는 문제, 그 중에서도 특히 '공공재'과 '풍요 속의 빈곤'이라는 문제를 제기했다.

공공재는 집단 구성원 모두를 위해 존재한다. 구성원들의 기여도와 상관없이 해당 집단의 구성원이면 누구나 사용할 수 있다. 누구든지 향유할 수 있는 사회 복지 서비스, 기초 과학과 의학 연구, 공원, 정원 등이 거기에 해당된다. 민주주의 국가에서는 자유도 중요한 공공재 중 하나다. 제대로 인정 받지 못할 뿐이다. 많은 국가에서 자유를 누리기 위해 국민들이 투쟁을 하고 비싼 대가를 치렀다. 그렇게 해서 자유를 쟁취하면 투쟁에 참여하지 않은 사람을 포함해 모든 사람이 자유를 누리게 된다.

공공재의 문제는 기여를 전혀 하지 않은 사람도 혜택을 볼 수 있다는 것이다. 그렇기 때문에 무임 편승의 유혹이 강해진다. 공공재에 기여하는 사람들은 남에게 이익이 돌아가도록 자신을 희생하는 것이므로 진정한 뜻에서 이타적인 행동을 하는 것이다. 위키피디아에 글을 쓴다든가 사회 보장세를 낸다든가 지구 온난화와 해양 자원의 남획을 막고 환경에 유해한 활동을 줄이기 위해 애쓰는 것이 다 그런 범주에 속한다.

특히 환경 품질은 누구든지 마음껏 누려도 남에게 손실이나 피해를 주지 않는 매우 중요한 공공재다. 예를 들어 온실가스 배출량이 줄면 모두에게 이익이 된다. 온실가스를 줄이기 위해 다함께 노력하고 십시일반 비용을 부담하면 모두에게 이득이 된다. 그런데 소수의 사람만 노력을 기울인다면 그 사람들만 비싼 대가를 치를 뿐, 온실가스를 줄이는 데는 턱없이 부족해서 결국 아무도 혜택을 누리지 못할 것이다. 약간 다른 문제지만 기능을 다 하지 못하는 금융 시스템을 정화하기 위해 세계적으로 규제를 강화하는 데 힘을 보태면 공공재에 기여할 수 있지만 이기주의자, 무임 편승자들이 멋대로 날뛰도록 내버려둔다면 환경과 사회는 갈수록 황폐해지고 퇴보할 수밖에 없다.

숲, 목초지, 물, 생물 다양성 등 자연 자원도 물론 공공재에 속한다. 개인이나 소집단의 이익을 위해 숲을 파괴하면 지구상에 사는 사람들이 활용할 수 있는 숲의 면적이 줄어든다. 다들 이렇게 이기적으로만 행동하면 결국 공멸하고 말 것이다.

데니스 스노워는 이렇게 말한다. "개인주의적으로 사리사욕을 도모하면서 이성적, 합리적으로 사고한다는 호모 에코노미쿠스는 경제학과 경제 정책의 주인공이 될지언정 공공재에는 절대 기여하지 않을 것이다. 세상에 도움이 되는 일을 해도 자유 시장 경제가 보상해 주지 않기 때문이다." 바꿔 말해서 개인적인 차원에서 선의를 갖고 나무를 베지 않으려고 애써 봤자 시장 경제는 코웃음만 친다는 말이다.

이런 상황을 바로잡을 해결책이 과연 무엇일까? 그것이 스노워가 알고 싶은 것이다. 답은 간단하다. "개인이 공공재에 기여하고자 하는 의지, 기여하는 것보다 돌아오는 이익이 훨씬 적어도 꿋꿋하게 기여하려고 하는 의지"이다.

두 번째 문제인 풍요 속의 빈곤은 호모 에코노미쿠스가 결코 해결할 수 없다. 호모 에코노미쿠스가 상관할 바 아닌 문제이기 때문이다. 호모 에코노미쿠스는 교육을 받지 못해 가난하게 사는 싱글맘을 보고 일을 많이 하는 수밖에 도리가 없다고 생각한다. 세계화와 부의 축적 과정에서 소외된 나라가 수도 없이 많다. 그들은 지금도 빈곤, 질병, 식량 불안, 부패, 사회적 갈등, 낮은 교육 수준이라는 현실에서 허우적거리고 있다.

이런 악순환의 고리를 끊으려면 특권층이 불평등을 바로잡는 데 동의해야 하고 원해야 한다. 남들에게 더 나은 삶을 제공하겠다는 것 외에 다른 목적이 없어야 한다. 스노워는 자유 시장 경제에서 이런 일이 저절로 일어날 수 없으며 특권을 누리는 사람들이 가난한 사람들의 더 나은 삶을 위해 노력하겠다는 의지를 가져야 해결될 문제라고 생각한다.

전통적인 경제학자들은 이 문제를 해결하려면 사람들이 빈곤의 문제를 직시하고 어렵지만 부의 공유를 받아들일 수 있는 방법을 찾아야 한다고 말한다. 예를 들어 정부가 세금을 걷어 극빈층의 생활을 보조하는 것이다. 재산법을 고쳐 소득과 부를 재분배하거나 사람들에게 직접 공공재를 제공할 수도 있을 것이다.

정치인들의 유일한 목표가 선거에서 이겨 재선에 성공하는 것이고 금융계 이익 집단들이 정책 입안에 과도하게 영향력을 행사하는 세상, 미래 세대가 협상 테이블에 없다고 해서 그들의 행복과 복지를 무시하는 세상, 정부가 전 세계에 폐를 끼치는 한이 있어도 자국의 이익만 추구하려고 드는 세상에서는 의사 결정자들이 공공재에 대한 시민들의 기여도를 높일 수 있는 제도를 만들어 빈곤을 퇴치한다는 것이 거의 불가능하다.

상황이 이러한데 집단과 문화가 과연 어떻게 사람들에게 공공재에 기여하라고 설득할 수 있을까? 답은 두 가지다. 하나는 이성의 목소리를 듣는 것, 다른 하나는 배려의 목소리를 듣는 것이다.

이성은 상황을 객관적으로 판단하게 한다. 다양한 관점에 대해 생각하게 하고 자신이 먼저 솔선수범해야 남들도 책임감 있게 행동할 것이라는 깨달음을 주어 협력하기 좋은 여건을 마련한다. 이것은 여성이나 소수 민족의 유린당한 권리를 증진하는 데 중요한 요인이 될 수 있다. 우리가 한 행동이 장기적으로 미칠 영향에 대해 생각하는 것도 이성적인 단계에 속한다.

그런데 생각이 아무리 깊어도 사람이 친사회적인 동기 없이 이성의 힘만으로 자신의 행동에 영향 받는 모든 사람에게 책임감을 느낄 수 있을까? 데니스 스노워는 그 점을 확실하게 입증한 사람은 지금까지 아무도 없었다고 단언한다. 힘의 균형 면에서 유리한 입장에 서 있는 사람이 파렴치하게 남을 희생시켜 이익을 챙긴다 한들 그것을 막을 수 있는 방법도 없다. 배려가 전혀 없이 이기심만 가득하면 이성도 얼마든지 한심한 짓을 하고 남들을 멋대로 조종하고 착취하고 기회주의적으로 행동할 수 있다.

그래서 배려의 목소리가 필요하다. 배려는 인간의 본성에 대한 다양한 해석을 바탕으로 우러나는 것이다. 남의 입장이 되어 보는 공감과 고통 받는 사람들의 입장에 서는 측은지심과 이 모든 자질을 아우르는 이타심이 삶에서와 마찬가지로 경제학에도 자연스럽게 녹아들게 하는 것이 배려다. 이성의 목소리에 배려의 목소리가 결합되면 공공재에 기여하고자 하는 의지가 180도 달라질 수 있다.

이기적이라야 살아남을 수 있고 이기적이라야 남보다 더 잘 살 수 있다면서 남보다 자기 자신을 위하는 것이 훨씬 더 합리적인 일이라고 말하는 사람들이 있다. 그들은 이타주의자들이 유토피아를 꿈꾸는 이상주의자들이고 늘 착취만 당하는 비이성적인 사람들이라고 주장한다. 그런 사람들은 코넬 대학교 교수 로버트 프랭크가 한 말을 되새겨볼 필요가 있다. "이타주의자들은 이기주의자들보다 덜 이성적이지도 않고 더 이성적이지도 않다. 둘은 추구하는 목표가 서로 다를 뿐이다."[50] 경우에 따라서는 이타주의자가 이기주의자보다 훨씬 더 현실적으로 행동할 수도 있다. 이기주의자는 이해관계에 연연하느라 편향적인 판단을 할 수 있지만 이타주의자는 열린 눈으로 세상을 바라본다. 상황을 약간 다른 각도에서 바라보면서 가장 적절한 결정을 내릴 수 있다. 다른 사람의 이해관계를 전혀 고려하지 않는 것은 이성적인 것이 아니라 비인간적인 것이다.

이성의 목소리는 이기주의자들에게 풍요 속의 빈곤을 해결해야 하는 이유가 무엇인지 납득할 만한 설명을 제공하지 못하지만 배려의 목소리는 얼마든지 많은 이유를 열거할 수 있다. 그래서 배려의 목소리에 관심을 기울여야 한다는 것이다. 세상의 문제를 해결하고자 한다면 배려의 목소리가 이끄는 방향으로 나아가야 한다.

호혜의 범위를 넓히자

이타심은 전염이 잘 된다. 인간 사회에서 모방이나 영감이 하는 역할은 의외로 크다. 여러 가지 연구 내용을 살펴보면 남들이 모르는 사람을 돕는 것을 보기만 해도 동일한 행동을 할 가능성이 높아지는 것을 알 수 있다. 또 그런 경향은 누적적이다. 남에게 관대하게 대하는 행동, 남을 보살피는 장면을 자주 볼수록 그런 행동을 할 확률이 커진다. 반대로 이기적인 사람들과 어울리다 보면 자기도 모르게 이기적인 사람으로 변해 간다.

스탠포드 대학교 교수를 지냈으며 프랑스 파리 사회 과학 고등 연구원EHESS 연구소 소장인 경제학자 세르주 크리스토프 콜름은 1984년에 발간된 『착한 경제학: 보편적 호혜성La Bonne économie: La réciprocité générale』에서 이타적이고 연대적인 경제와 사회를 만들 수 있는 방법에 대해 의문을 던진 뒤 앞에서 인용한 프랜시스 에지워스와 전혀 다른 논리를 전개하고 있다. 경제학자 치고는 견해가 상당히 독특하다.

50 Frank, R. H., *Passions Within Reason: The Strategic Role of The Emotions*, W. W. Norton, 1988, p. 236.

착한 사회에는 착한 사람들이 산다. …… 착하다는 것은 이타심과 자발적 연대 의식, 서로 대가 없이 주고받는 행위, 관용, 공평한 분배, 자유로운 공동체, 이웃에 대한 사랑, 남을 보살피는 어진 마음과 우정, 교감과 측은지심을 앞세우는 것이다.[51]

콜름은 20세기의 주류 경제 체제가 자본주의적 시장 경제와 전체주의적 계획 경제라고 못박고 둘 다 이기주의와 타인들을 물건 취급하는 경향, 적대감, 갈등, 경쟁, 지배, 착취, 소외를 바탕으로 한다고 설명한다. 그런데 두 가지 말고 다른 대안이 있다. "또 하나의 시스템이 가능하다. 인간의 가장 좋은 점과 사회관계의 가장 좋은 점을 바탕으로 그것들을 강화하는 시스템이다." 그것은 "만족도도 훨씬 높고 인간적인" 대인 관계를 창출해 "누가 봐도 더할 나위 없이 착한 사람을 만드는" 호혜 경제학이다. 콜름은 보편적 호혜성을 가리켜 (시간, 자원, 능력 등) 사람들이 각자 줄 수 있는 것을 사회에 제공하고 정확하게 누가 준 것인지 모르지만 남이 제공한 것 또는 기여한 것들을 누리는 과정이라고 하면서 "집단이 개인을 위하고 개인이 집단을 위하는"[52] 시스템이라고 설명한다. 그에 비해 남보다 혜택을 많이 누리겠다는 생각으로 재화와 용역의 교환에 참여하는 것은 부정적 호혜성negative reciprocity이라고 할 수 있다.

콜름은 그런 경제 체제가 제대로 돌아갈 리 없으며 결국 경기 침체를 야기할 것이라고 믿는 사람들을 위해 그렇지 않다는 것을 방정식까지 동원해 증명해 보이면서 호혜성이 "훨씬 더 효율적이고 생산성도 높다."[53]라고 말한다.

게다가 호혜성의 효율과 호혜를 통해 이룩되는 번영은 모든 사람이 가진 자산을 전부 더해 다양한 인구층이 처한 상황에 대해 기만적

51   Kolm, S.-C. (1984). *op. cit.*, PUF, 1984, p. 109.
52   *Ibid.*

인 이미지를 만들어 보여 주는 뜬구름 잡는 식의 "전체적 번영"이 아니다. 중요한 것은 중산층과 빈곤층을 포함해 모든 계층에게 혜택이 돌아가는 실질적인 번영이다. 최상위 1퍼센트가 국부의 40퍼센트를 쥐고 있는 미국이나 지배층이 석유와 광물 자원을 독식하는 아프리카 국가에서는 국부가 아무리 늘어 봤자 가난한 사람들에게 쓸모가 없다. 미국 중산층은 20년째 경제 발전의 혜택을 누리지 못하고 소득이 제자리걸음을 하고 있다. 프랑스인 엔지니어이자 코믹 배우인 오귀스트 드퇴프는 이렇게 비꼬았다. "자본은 노동의 산물이다. 그런데 한 사람이 이것저것 다 할 수 없어서 일하는 사람 따로 돈 버는 사람 따로 업무 분장을 했다."[54]

콜름에 따르면 호혜는 유익한 점이 매우 많다. 앞에서 본 것처럼 대다수 대기업들은 정보를 독점하거나 은폐하는 데 비해 정보가 자연스럽게 공유되기 때문에 효율과 생산성, 투명성이 높아진다. 이타적인 동기는 협력을 촉진하고 협력은 효율을 높인다. 호혜 경제에서는 자원과 이익이 훨씬 더 공정하게 분배되고 공정성이 다시 호혜를 촉진하면서 선순환이 이루어진다. 호혜는 협력을 불러일으킨다. 협력은 종의 진화와 창의성과 진보에서 중심적인 역할을 해 왔다. 사람들이 자신의 능력과 장점을 잘 알수록 협력은 강화된다. 보통 때 같았으면 경쟁에 낭비되었을 에너지를 아낄 수 있어 직장 내 관계가 크게 개선되고 창의력이 풍부해진다.[55] 어떻게 하면 이런 역학의 변화를 일으킬 수 있을까?

53 Kolm, S.-C., *Reciprocity: An Economics of Social Relations*, Cambridge University Press, 2009; Kolm, S.-C., & Ythier, J. M., *Handbook of The Economics of Giving*, Altruism and Reciprocity: Foundations, North Holland, 2006 참조.
54 Detœuf, A., *Propos de O. L. Barenton, confiseur*, Éditions du Tambourinaire, 1962.
55 Kolm, S.-C. (1984). *op. cit.*, p. 227.

대안 경제의 성공 사례, 몬드라곤

요즘은 기업들이 자본주의 생산 체제를 선택한다. 자본주의에서는 회사를 설립하고 직원을 뽑고 무엇을 어디서 생산할 것이며 수익이 나면 어떻게 할지를 전부 개인이 정한다. 소수의 사람들이 생산을 담당하는 직원들을 대표해 결정을 내리면 대다수의 직원들은 경영진과 주주들이 내린 결정에 따라야 한다. 자본주의에서는 이렇게 비민주적인 생산 조직이 가장 효율적이라고 강요하다시피 한다. 그런데 스페인 바스크 지방에 있는 몬드라곤을 비롯해 여러 협동조합이 세계 곳곳에서 이룩한 성공 사례를 보면 이런 주장이 사실이 아니라는 것을 알 수 있다.

바스크 지방에 사는 젊은 성직자 돈 호세 마리아 아리스멘디아리에타 마다리아가Don Jose Maria Arizmendiarrieta Madariaga가 설립한 몬드라곤 그룹Mondragon Corporation(MC)은 현재 세계 최대 규모의 협동조합 그룹으로 성장했다. 돈 호세 마리아는1941년에 스페인 내전으로 쑥대밭이 된 작은 마을 몬드라곤에 교구 신부로 부임했다. 그는 대량 실업 문제를 해결하기 위해 상호 공제 조합을 발판 삼아 마을의 경제 발전을 도모하기로 했다.[56] 그는 1943년에 민주적으로 운영되는 직업 학교를 설립했다. 1956년에 이 학교를 나온 졸업생 다섯 명이 파라핀 화덕과 스토브를 만드는 공장을 설립했고 직원 겸 경영자들이 열심히 노력한 결과 볼품없던 공장이 바스크 지방 최고의 회사로 성장했으며 스페인에서 일곱 번째로 큰 기업이 되었다.

젊은 기업가들은 돈 호세 마리아에게서 지도를 받아 노동 인민 금고Caja Laboral Popular Cooperativa de Credito를 설립했다. 노동자들이 협동조합 기업을 시작할 때 재정적으로 지원하는 이 신용 조합은 예금액이 2010년에 200억 유로를 넘었다.

---

56 더 자세한 정보를 보려면 "Mondragon" on http://en.wikipedia.org/ wiki/Mondragon 및 Prades, J. (2005). L'énigme de Mondragon. Comprendre le sens de l'expérience. *Revue internationale de l'économie sociale, 296,* 1~12 참조.

몬드라곤 그룹은 현재 산업, 금융, 소매업, 지식(몬드라곤 대학교), 연구, 교육 등 여섯 개 분야에 걸쳐 250개가 넘는 회사를 거느리고 있다.(그 중 절반이 협동조합 형태이다.) 2010년 현재 MC 조합원은 8만 5천 명이고 그 중 43퍼센트가 여성이다. 자본주의 체제의 대기업이 대부분 남성들에 의해 좌지우지되는 것과 달리 MC에서는 남성과 여성이 평등한 권리를 갖고 있어 직장 내 인간관계에 매우 긍정적인 영향을 미치고 있다. 몬드라곤은 연간 매출이 300억 유로(약 39조 원)에 달하지만 증권 거래소에 상장된 적이 없어 독자적으로 자유롭게 의사 결정을 할 수 있다. 가장 차별화된 점은 몬드라곤의 조직이다.

몬드라곤은 조합원들(회사 직원의 평균 80~85퍼센트)이 회사를 공동 소유하고 공동 경영한다. 연례 주주 총회가 열리면 회사의 파트너인 직원들이 민주적으로 임원을 선발하고 고용하고 해고한다. 사장도 물론 지명하지만 무엇을 어디서 어떻게 하고 수익을 어떻게 사용할 것인지 하는 등의 중요한 결정을 내리는 권한은 파트너인 직원들이 갖는다.

봉급이 가장 많은 직원은 봉급이 가장 적은 직원보다 최대 6배 더 많이 받는다. 수많은 미국 기업들의 임금 격차가 400배에 달하는 것과는 비교도 되지 않는다. 그래서 MC 임원들 임금은 민간 부문에 비해 낮지만 직원들 급여는 바스크 지방 평균보다 15퍼센트나 높다.

몬드라곤은 인력이 많이 필요하지 않은 MC 계열사 직원을 인력 수요가 많은 다른 계열사로 이전 배치해서 고용을 보장한다. 인력 이동에 관련된 비용을 보조금으로 충당하면서 모든 것을 민주적인 규정에 따라 투명하게 진행한다.

MC 그룹의 회사들은 수익의 일부를 연구 기금으로 조성해 놀라운 신제품 개발 성과를 올리고 있으며 몬드라곤 대학교를 설립해 4천 명이 넘는 학생을 가르치고 있다.

MC의 한 직원은 영국 『가디언』과 한 인터뷰에서 이렇게 밝혔다. "우리 회사는 낙원이 아니다. 남들과 다른 식으로 일을 하면서 남들과 다른 삶을 살아가기 위해 노력하는 협동조합 기업이다."[57]

저널리스트 리처드 울프는 이렇게 말했다. "오늘날 실업률이 25퍼센트에 달하고 은행 시스템이 제 기능을 발휘하지 못해 정부가 긴축을 강요하고 있는(그 외에 뾰족한 수가 보이지 않는) 스페인 자본주의 현실을 생각할 때 MC는 자본주의라는 사막 한 가운데 서 있는 오아시스처럼 보인다."

'포지티브' 경제, 연대적 경제를 위하여

에드가 모랭은 요즘 프랑스를 비롯해 많은 나라에서 사회적 경제, 연대에 기반을 둔 경제가 부흥하고 있다고 말한다. 이런 변화를 주도하고 있는 것이 협동 조합, 상호 공제 보험과 은행, 소액 금융 지원(금융 이익을 추구하는 방향으로 변질되지 않고 본래 취지를 유지하는 마이크로 파이낸스), 공정 무역이다. 공정 무역은 개발 도상국의 영세한 생산자들에게 매입 가격을 일정하게 유지하여 갑작스런 시장 변동으로 피해를 보는 일이 없도록 하고, 지역 조합을 지원해 탐욕스러운 중개인들이 끼어들지 못하도록 막는 것이다. 지역 농산물 생산과 공급, 유기농업, 농업 생태학을 장려해 변화를 촉진한다. 예를 들어 프랑스 전국 소농 협회Associations pour le maintien d'une agriculture paysanne는 영세한 소규모 농업을 유지하고 발전시키기 위해 생산자가 키운 농산물을 도시에 사는 소비자들과 직거래할 수 있도록 도와준다.

이 모든 것이 시장 논리에서 벗어나 사회관계망을 이용해 서로 도우며 살아가려는 의지를 반영하고 있다. 그런 목적을 달성하기 위해 구성원들 사이의 신뢰를 바탕으로 한 약간 다른 형태의 금융 도구와 보증 방식을 이용한다.[58]

---

57 Wolff, R. Yes, there is an alternative to capitalism: Mondragon shows the way. *Guardian*, June 24, 2012.

공공재의 경제는 사회 정의와 기회 균등을 촉진해 누구나 잠재력을 발휘할 수 있도록 해야 한다. 극빈자들에게 빈곤에서 탈출할 수 있는 기회를 제공해 노벨 평화상을 수상한 마이크로 파이낸스의 선구자 무함마드 유누스는 2010년 1월에 열린 세계 경제 포럼에 참가해 "탈위기 후 가치에 대한 재고" 세션에서 이렇게 말했다.

장사하는 방식을 굳이 바꿀 필요가 없습니다. 추구하는 목표를 바꾸면 됩니다. 소수의 사람을 위해 이윤을 추구하는 경제는 이기적인 경제입니다. 그런 경제는 인간의 가치를 돈의 차원으로 격하시켜 인간성을 무시합니다. 그런가 하면 이타적인 경제도 있습니다. 이타적인 경제는 사회에 기여하는 것이 가장 큰 목표입니다. 우리가 흔히 '사회적 기업'이라고 부르는 것입니다. 자선은 일회성으로 도움을 줄 뿐 지속 효과가 없습니다. 사회적 기업은 지속 가능한 방식으로 사회에 기여할 수 있습니다.[59]

사회적 경제는 독자 생존이 가능하고 이기적인 경제만큼 수익도 내지만 직접적인 수혜자가 사회다. 예를 들어 유누스가 설립한 그라민 은행처럼 일자리 수백 개를 창출한다든가 지역 사회에 깨끗한 물을 저렴하게 공급하겠다는 목적으로 사업을 시작하는 것이다. 단순히 돈을 벌어 수익을 내는 것이 아니라 목표부터 차원이 다르다. 그렇게 해서 일자리를 창출하거나 물을 공급하는 데 성공하면 그것이 연말 대차 대조표상에서 성공 지표가 된다. 유누스는 이렇게 말한다. "오늘날 기술 대부분이 이기적인 기업의 이익을 위해 이용되고 있지만 같은 기술을 이타적인 사업에도 사용할 수 있다. 여느 증권 거래소와 기능은 똑같지만 사심 없는 경제에 투자하는 사회적 증권 거래소를 만들 수도 있다. 기존의 경제를 대신하거나 경쟁하자는 것이 아니라 사심 없

58 Morin, E., *La Voie: Pour l'avenir de l'humanité*, Fayard, 2011.
59 저자가 행사에 참석해 메모한 내용을 전재.

는 경제가 세상에 유익한 일을 더 많이 할 수 있도록 대안을 제공하자는 것이다."[60]

인류의 무한한 가능성을 믿는 무함마드 유누스

"오늘날 우리를 덮친 위기는 쓰나미 같은 자연재해가 아니라 인간이 만든 재해다. 그것이 어떻게 일어난 것인가? 우리가 금융 시장을 도박장으로 바꿔 놓았기에 일어난 일이다. 요즘은 실제 생산이 아니라 탐욕과 투기, 베팅에 따라 모든 시스템이 움직인다. 실물 경제를 버리고 투기 경제를 지향하면 이런 사달이 나는 것이다.[61]

모든 것을 처음부터 다시 생각해야 한다. 돈만 바라고 이익을 극대화할 생각만 하다가 거기에 정신이 팔려 돈 버는 기계로 전락하고 만다. 인간은 돈을 버는 기업보다 훨씬 더 위대한 존재라는 사실을 잊지 말아야 한다. 우리는 목표를 잃어버렸다. 돈을 버는 것만으로 모든 문제가 해결되지 않는다. 이러다가는 인간이 수익 내는 기계로 변할 것이다.

나는 문제가 눈에 들어오면 그것을 해결할 회사를 만들고 싶어진다. 사회적 기업은 수익이 투자자가 아닌 사회로 귀속된다. 사회적 기업은 끝없이 영속할 수 있고 완벽하게 지속 가능하다. 홀로 자립이 가능하다. 사회적 기업은 주주 배당 없이 사회적 문제를 해결하기 위해 설립된 회사다. 사회적 기업이 효율을 추구하는 것은 돈을 벌기 위해서가 아니라 임무를 완수하기 위해서다. 전통적인 기업은 수익을 내는 것이 목표지만 사회적 기업의 목표는 공동체에 이익이 되는 프로젝트를 완수하는 것이다. 회사는 남을 돕는 데 필요한 수단에 불과하다.

---

60 저자와 무하마드 유누스 간 개인적 정보 교환.
61 2013년 4월 27일 프랑스 파리에서 열린 유네스코 지구 대학교université de la Terre에서 무하마드 유누스가 한 연설 중에서 발췌.

예를 들어 방글라데시는 인구가 1억 6천만인데 그 중 70퍼센트가 전기가 들어가지 않는 곳에서 살아간다. 나는 그걸 보고 '유용한 일을 할 수 있는 좋은 기회'라고 생각했다. 그래서 그라민 에너지 Grameen Energy를 설립해 마을에 신재생 태양 에너지를 공급했다. 처음에는 태양 전지판이 하루에 열 개 남짓 팔렸다. 가격은 사업을 계속할 수 있도록 원가보다 약간 더 높게 책정했다. 16년이 지난 요즘은 태양 전지판이 하루에 천 개씩 팔려 나간다. 태양 전지판을 설치한 가구 수가 백만을 채우면 성공이라고 생각했는데 2012년 11월에 백만을 넘었다.

덕분에 태양 전지판의 제조 비용이 떨어졌다. 당시는 등유 가격이 급등하던 때라 신재생 에너지가 가난한 사람들에게 더욱 더 매력적으로 느껴졌다. 백만 가구 달성에 16년이 걸렸지만 이백만 가구에 도달하는 데는 3년이 채 안 걸릴 것이다. 이런 일을 하는 것은 돈을 벌기 위해서가 아니라 사회적 목표를 달성하기 위해서다. 가정에서 등유를 사용해 요리를 하고 불을 밝히는 것은 건강에도 안 좋고 화재의 위험도 있다. 그에 비해 신재생 에너지는 생계에도 도움이 되고 건강과 환경에도 이바지할 수 있다.

방글라데시 인구 중 3분의 2는 빈민층이다. 은행과 담을 쌓고 산다. 빈털터리라서 뭔가 하고 싶어도 시작조차 할 수 없다. 은행 상품의 틈새를 파고든 것이 소액 대출이다. 소액 대출에 뛰어든다고 했을 때 금융 당국은 불가능하다고 했지만 우리는 얼마든지 잘 할 수 있다는 것을 보여 주었다.

그라민 은행은 외부에서 돈을 들여오지 않는다. 고객이 맡긴 예금만 받는다. 고객은 대부분 여성이다. 그들은 우리에게 소액의 돈을 대출받고 돈이 생기면 우리에게 돈을 맡긴다. 우리는 그들이 이해하기 쉽게 대출 상품을 제시한다. 간단하고 매력적이어야 한다. 현재 8만 개 마을에 850만 건의 대출이 나가 있다. 사람들이 은행을 찾아올 필요도 없다. 그라민 은행이 매주 그들의 집으로 찾아간다.

나는 주식을 한 주도 구입하거나 소유한 적이 없으며 돈에 관심이 별로 없다. 수익 창출에 반대하지는 않지만 그게 '누구를 위한 것인지' 생각해야 한다. 37년의 역사를 지닌 그라민 은행은 현재 일 년에 15억 달러를 빌려 주고 있으며 상환율이 99퍼센트가 넘는다.

대기업 중에 자선 재단을 운영하는 곳이 많다. 이들이 사회적 기업으로 바뀌면 훨씬 더 강력한 도구가 될 것이다. 돈만 쥐어 주고 마는 것이 아니다. 사회적 기업은 직접 참여하고 보살피고 창의력을 발휘해야 하기 때문에 만족도도 훨씬 높다.

공상 과학 소설은 늘 과학을 앞서갔다. 요즘은 어제의 공상 과학 소설이 과학으로 변하는 시대다. 우리도 '사회적 소설'을 써서 사람들에게 아이디어를 불어넣으면 언젠가는 사람들이 '해 보자.'라고 생각할 것이다. 그렇지만 예언만으로는 진정한 변화를 이룩할 수 없다. 예언은 원래 미래를 알아맞히지 못하는 것으로 유명하다. 소비에트 연방이나 베를린 장벽이 무너지리라고 아무도 예상하지 못했지만 순식간에 그 일이 일어나 버렸다. 늘 미래를 상상하고 그것을 현실로 만들기 위해 노력해야 한다.”

공정 무역의 비약적 발전

프랑스 사회적 기업가 트리스탕 르콩트가 쓴 『공정 무역Le Commerce équitable』에 보면 영세 생산자들의 딱한 처지를 엿볼 수 있는 이야기가 있다. 그들은 만성적 빈곤, 의지할 데 없이 고립된 환경, 절대 생산량 부족 등의 이유로 중간 상인이나 다국적 기업과 거래할 여력이 되지 않는다. 다국적 기업들은 전 세계에 있는 영세 생산자들에게 원하는 가격을 제시하고 무조건 맞추라고 요구한다. 영세 생산자들이 시장에 진입하려면 그들을 존중하고 적정 수준의 수입을 보장하는 집단에 가입하거나 참여해야 한다.[62]

그런데 더 기가 막히는 일은 중간상이 이익의 대부분을 가로채간다는 것이다. 타이에서는 소농으로부터 현미를 사들일 때 매입 가격이 킬로 당 10유로센트(약 100~130원)에 불과하다. 마피아에 버금가는 조직을 형성해 움직이는 타이의 중간 상인들은 매수가를 최대한 낮추고 매도가를 최대한 높이려고 한다.[63] 세계 곡물 시세도 변동이 극심하다. 커피는 1998년부터 1999년까지 일 년 사이에 가격이 45퍼센트나 떨어진 적도 있다.

마다가스카르에 있는 봉제 공장에서 재봉 일을 하는 노동자는 티셔츠 한 장당 2.5유로센트(25~30원)을 받는다. 프랑스에서 재봉 일을 하는 노동자보다 임금이 오십분의 일인 셈이다.[64]

유엔 무역 개발 협의회United Nations Conference on Trade and Development는 선진국과 개발 도상국 간에 공정한 무역을 하라고 권고하지만 법적 강제력이 없다. 가난한 나라의 노동자들을 보호하기 위해 설립된 국제 노동 기구ILO도 마찬가지다. 그에 비해 의무를 불이행하는 나라에 대해 제재 능력이 있는 세계 무역 기구WTO는 유감스럽게도 가난한 나라의 생산자들이 선진국 시장에 접근하는 것을 가로막고 있다. 국제 통화 기금IMF도 어려움을 겪는 나라에게 대출을 해 줄 때 경제가 무너지지 않도록 구조 조정을 하라는 조건을 내세울 뿐(아르헨티나의 예), 빈곤층이나 영세 생산자들에게 이익이 돌아가는 조치를 취하지 않는다. 따지고 보면 IMF도 시장을 장악하고 있는 다국적 기업을 두둔하는 조직에 불과하다.

따라서 지속 가능한 개발과 공정 무역을 촉진하려면 빈곤국의 생산 중심지를 지원하면서 생산에 관련된 사회적, 환경적 조건을 개선해 나가야 한다. 그런 지원이 없이는 환경 보호가 영세 생산자들에게 큰 부담으로 작용해 그들이 생산한 제품을 말도 안 되는 헐값에 사들

---

62 Lecomte, T., *Le Commerce equitable*, Éditions d'Organisation, 2004, pp.12, 17.
63 *Ibid.*, p. 20.
64 *Ibid.*, p. 25.

이면서 발목에 무거운 족쇄를 채우는 꼴이 될 것이다.

트리스탕 르콩트가 설명하는 것처럼 돈을 그냥 주는 지원과 달리 공정 무역은 영세 생산자들이 번영을 도모해 자력 출자가 가능한 시스템을 만드는 것이다.[65] 자선을 베푸는 것이 아니라 연대적 경제를 자리매김하도록 만드는 것이다.

1988년에 국제 대안 무역 연맹International Federation for Alternative Trade이 발족한 후 네덜란드 대형 유통점에 막스 하벨라르Max Havelaar라는 브랜드의 공정 무역 제품이 첫 선을 보였다. 1997년이 되자 3대 공정 무역 브랜드인 막스 하벨라르, 트랜스페어Transfair, 페어트레이드Fairtrade가 모여 세계 공정 무역 상표 기구Fairtrade Labelling Organization를 발족했다. 영국 공정 무역에 있어 선두 주자인 옥스팜Oxfam은 주로 영국에서 영세한 생산자들의 상품을 구매해 자체 매장으로 이루어진 대규모 유통망을 통해 판매하면서 이를 다시 개발 지원 프로그램과 연계시켰다.

오늘날 공정 무역의 대명사로 통하는 막스 하벨라르는 세계 46개국에서 80만이 넘는 생산자들을 확보하고 있으며 500만 명에게 더 나은 삶을 제공하고 있다.

프랑스 공정 무역 강령에 따르면 공정 무역의 우선적 해결 과제는 불리한 입장에 있는 생산자들을 참여시켜 연대 의식을 바탕으로 지속 가능한 협력을 달성하는 것이다. 생산자들이 생산한 상품을 되도록 이면 직접 구매하고 생산자가 제대로 먹고 살 수 있을 정도의 가격을 지불해야 한다. 또한 제품과 유통망에 관한 정보를 구매자들에게 모두 공개해 투명성을 유지해야 한다. 환경을 소중히 하고 생산자와 구매자 간에 자유롭고 민주적인 협상을 장려하며 미성년 노동과 착취를 근절하고 생산자들의 자립을 지원해야 한다.

실뱅 다르니와 마티유 르 루가 쓴 『세상을 바꾸는 대안 기업가 80

---

65 *Ibid.*, pp. 48~49.

인『80 Hommes pour changer le monde』에 보면 공정 무역 기업의 성공 사례가 다수 소개되어 있다.[66] 예를 들어 라오스의 시살리아오 스벵수카는 비록 독재적인 공산주의 정부의 통제를 받기는 하지만 라오스에서 처음으로 라오스 파머스 프로덕트Laos Farmers Products라는 비집산주의 계열 협동조합을 설립했다. 이 회사는 1만 농가에서 재배한 농산물을 유럽과 미국의 공정 무역 소매 매장을 통해 유통하고 있다.

일본에서는 유스케 사라야가 99.9퍼센트 자연 분해되는 세제를 생산, 판매하는 사라야 유한 책임 회사를 설립해 2003년에 1억 5천만 유로(약 1,900억 원)의 매출을 올렸다. 사라야는 성장세를 유지하면서 에너지, 물, 포장재 사용을 연간 5~10퍼센트 줄이는 데도 성공했다.

인도인 엘라벤 바트는 인도 서부에 위치한 구자라트 주에서 살고 있는 장돌림 여성들을 위해 처음으로 자영업 여성 연합Self-Employed Women's Association이라는 노동조합을 설립해 공식적인 노동 현장에서 소외되고 당국으로부터 홀대 받던 여성들이 떳떳하게 대접 받고 인정받으면서 일할 수 있도록 했다. 엘라벤 바트는 여성 상인들이 면허를 받을 수 있도록 투쟁을 전개했으며 무함마드 유누스의 그라민 은행을 본뜬 마이크로크레디트 은행을 세워 70만 명 가까운 회원들이 적정 수준의 이율로 대출을 받을 수 있도록 했다. 그라민 은행과 마찬가지로 대출 상환율도 98퍼센트에 달한다.[67]

윤리 펀드

금융 시장에서 비중이 높지는 않지만 윤리 펀드가 급속한 성장세를 나타내고 있다.

66 Darnil, S., & Roux, M. L., *80 Hommes pour Changer le monde: Entreprendre pour la planète*, Le Livre de Poche, 2006.
67 *Ibid.*

윤리 펀드는 미성년 노동 금지, 교육 및 보건 의료 지원, 제삼 세계 국민을 위한 개발 원조, 환경 보호, 직원들에게 유리한 고용 및 인력 정책 등 여러 가지 사항이 투자의 자격 기준으로 고려된다. 그 외에 이타적인 소명 의식이 개입되기 때문에 이기주의적인 경제에서 골칫거리인 착복, 독직과 같은 부도덕한 행위나 관행에 노출될 일이 적어 장기적 투자처로도 적합하다.

사회 책임 투자socially responsible investing는 금융 투자에 지속 가능한 발전의 원칙을 적용한 것이다. SRI 매니저는 환경이나 사회적 이슈, 지배 구조 측면에서 모범적인 기업을 선정하고 국제 표준을 준수하지 않는다든가 도덕적으로 결함이 있는 기업을 투자 대상에서 제외한다. 담배나 무기 판매와 같은 업종은 아예 산업 전체를 배제시킨다. 프랑스에서는 1980년대부터 사회 책임 투자가 본격화되었으며 2011년부터 매년 정부 부처인 환경-지속 가능한 개발-에너지부의 후원으로 'SRI 주간'이 개최되어 50여 종의 행사가 진행된다. 덕분에 프랑스 금융업계도 사회 책임 투자를 진지하게 받아들여 2012년에 1조 8,840억 유로의 금융 자산으로 유럽 SRI 시장에서 1위에 랭크되었다. 2위는 영국(금융 자산 1조 2,350억 유로), 3위는 네덜란드(금융 자산 6,360억 유로)가 차지했다.[68] 2012년에 유럽 14개국을 대상으로 실시된 심층 조사에서 사회 책임 투자의 규모가 6조 7,600억 달러에 달해 전체 금융 자산 중 14퍼센트를 차지하는 것으로 나타났다. 그런데 앞서 말한 담배와 무기 산업만 제외되었을 뿐 윤리 의식이 해이한 석유, 제약 산업에 대한 투자가 여전히 가능한 펀드도 SRI라고 불리는 것이 많다는 사실을 지적해야 할 것 같다. 반면에 소수에 불과하기는 해도 사회적으로나 환경 측면에서 정말 긍정적인 영향을 미치는 회사만 열심히 찾아다니는 SRI 펀드도 있다. 투자처에 대해 완벽하게 투명성을 유지하

---

68 유럽 지속 가능 투자 포럼European Sustainable Investment Forum(Eurosif)에서 인용된 수치: European SRI Study, 2012. www.eurosif.org.

는 네덜란드 트리오도스 은행Triodos Bank[69]이나 미국 칼버트 투자Calvert Investments가 여기에 속한다.

앨 고어 전 미국 부통령도 금융인 데이비드 블러드와 함께 영국에서 제너럴 투자 운용General Investment Management이라는 투자 펀드를 운영하기 시작했다. 장기적인 변화와 환경 보호에 도움이 되는 프로젝트와 서비스에 투자하는 이 펀드는 이미 수억 파운드의 투자금을 유치했다.

가치를 추구하는 글로벌 은행 연합Global Alliance for Banking on Values은 세계 오대륙에서 활동 중인 20개의 대안 은행(마이크로 파이낸스, 지방 은행, 지속 가능한 개발 은행 등)과 윤리적 은행들이 모인 컨소시엄이다. 지역 사회에 봉사하면서 세계의 문제를 해결할 실행 가능한 해법을 찾고 경제학자들이 "트리플 바텀라인triple bottomline"이라고 부르는 사람, 지구, 수익의 3대 축을 고루 개선해 나가는 것을 사명으로 한다. 빠르게 성장하고 있는 이 컨소시엄의 목표는 2020년까지 10억 인구에게 가까이 다가가는 것이다.

협동조합 은행cooperative banks

프랑스에는 협동조합 방식으로 운영되면서 사회적 기업 활동과 지속 가능한 발전에 투자하는 상품을 판매하는 금융 기관이 꽤 있다. 예를 들어 크레디 코오페라티프Crédit Coopératif는 생산 및 소비 협동조합에 자금을 대고 마이크로 파이낸스와 지역 사회에 도움이 되는 연대적 투자 방법을 제공한다. 크레디 코오페라티프에는 주주가 없다. 시장에 의존하지 않고 자립성을 유지하면서 장기적으로 일하기 위해 증권 거래소에 상장하지 않은 것이다. 대신에 '사주'가 있다. 홍보 책임자인

---

69 http://www.triodos.com/en/about-triodos-bank/ 및 http:// www.calvert.com/ 참조.

클로드 스베스트르에 따르면 사주 한 명이 한 표의 투표권을 행사하며 이들은 자본보다 인간을 중요하게 여긴다.[70]

1979년에 설립된 NEF^Nouvelle Économie fraternelle도 협동조합 은행의 일종이다. 이들은 환경, 사회, 문화 프로젝트를 지원할 금융 수단을 제공한다. 세계에서 큰 환경 보호 단체 중 하나인 지구의 벗 Friends of the Earth이 2008년에 펴낸 『환경: 은행은 어떻게 선택할 것인가 Environnement: comment choisir ma banque?』라는 안내서에 보면 NEF는 자금을 댄 프로젝트와 융자 금액, 자금이 사용된 활동 내역을 매년 낱낱이 공개하는 프랑스 유일의 금융 기관[71]이라고 나와 있다.

임팩트 투자^impact investing는 사회적, 환경적 필요에 부응하는 것이 최우선 목표지만 '적정 수준의' 수익을 기대할 수 있는 새로운 투자 기법이다. 금융 전문가들 중에 앞으로 이 방면에 금융 자산이 몰릴 것으로 예상하는 이들도 있다. J. P. 모건과 록펠러 재단이 2010년에 발표한 연구 보고서[72]에 보면 향후 10년 동안 이런 유형의 투자가 5,000억 달러에 달할 것으로 예상하고 있다.

포지티브 경제 증권 거래소를 설립하자

공공재와 이타적 목표를 지향하는 경제 활동에 투자할 수 있도록 프랑스를 비롯해 전 세계 관련 기업들을 한데 모아 포지티브 경제 증권 거래소를 세우면 좋을 것이다. 주류 금융 시스템과 경쟁하자는 것이

---

70 Mao, B. (February 23 2009). Banques durable : une alternative d'avenir ? *GEO*, www.geo.fr.

71 http://www.amisdelaterre.org/environnement-mieux-choisir-ma.html 사이트에서 다운로드 가능.

72 "Impact Investments: An Emerging Asset Class," co-authored by Rockefeller Foundation and J. P Morgan Investment Bank, 투자 규모와 프로젝트를 구체적으로 엄격하게 분석하고 가능한 임팩트 투자 기회를 소개한 최초 보고서. http://www.rockefellerfoundation.org/blog/impact-investments-emerging-asset.

아니라 다음과 같은 분야에서 포지티브 경제에 참여해 선순환을 불러일으키고자 하는 투자자들에게 믿을 수 있고 효율적인 대안을 제공하자는 것이다

- 사회 연대 경제: 협동조합, 상호 공제 보험 및 은행, 상호 저축 은행, 마이크로 파이낸스 기업, 크라우드 펀딩 프로젝트, 임팩트 투자, 기타 사회 연대 관련 직종.
- 윤리 펀드: 사회적, 환경적으로 책임 있는 투자, 윤리적 기준에 부합하는 영역에 대한 투자만으로 구성.
- 공정 무역: 영세 생산자들의 이익을 보호하고 그들이 자체적으로 조직을 형성해 가시성과 인지도를 높일 수 있도록 지원.
- 녹색 경제와 신재생 에너지 생산(신재생 에너지가 탄화수소 에너지를 대치할 수 있을 때까지 국가에서 보조): 도시와 자연(강, 바다 등)의 오염 제거와 정화, 식물성 단백질 생산, 대규모 가축 사육과 동물 착취를 줄이는 데 들어가는 투자가 모두 포함.

이 중에는 이미 시작된 사업이나 프로젝트도 있다. 중간에 차질이 몇 번 있었지만 2007년에 런던에서 준비되기 시작한 사회적 기업 증권 거래소Social Stock Exchange가 2013년에 마침내 출범했다. SSE의 목적은 자본을 마련하고자 하는 사회적 기업과 윤리적 가치를 실천하는 기업에 투자하고자 하는 투자자들에게 만남의 장을 제공하는 것이다.

브라질에서는 사회적 기업가 켈소 그레코가 브라질 최대의 상파울루 증시에 사회적 증권 거래소Bolsa de Valores Sociais를 개설해 효율과 투명성을 두루 갖춘 사회적 기업에 투자할 수 있는 기회를 제공하고 있다. 그레이터굿GreaterGood 트러스트를 세운 탬진 래트클리프도 2006년에 요하네스버그 증권 거래소와 손잡고 남아프리카 공화국에 BVS 모델을 옮겨 놓음으로써 사회적으로 책임 있는 투자의 길을 열었다.

공적 개발 원조

선진국 정부가 개발 도상국에 공여하는 공적 개발 원조Official Development Assistance에 관한 OECD 통계 자료에 따르면 2011년에 공여액이 가장 많았던 나라는 미국(307억 달러)이고 그 다음이 독일(145억 달러), 영국(137억 달러), 프랑스(139억 달러), 일본(106억 달러) 순이었다. 그런데 공여국의 국민 총소득GNI 대비 ODA 비율을 따져 보면 유엔이 정한 목표 0.7퍼센트를 달성한 나라는 5개국뿐이다. 그 중에서도 스웨덴, 노르웨이, 룩셈부르크는 1퍼센트를 넘었고 덴마크(0.86%)와 네덜란드(0.75%)가 그 뒤를 따르고 있다. 이들은 미국(0.2%), 한국(0.12%), 그리스(0.11%)에 비하면 공적 개발 원조가 월등히 많은 편이다. 프랑스는 평균 0.46퍼센트 선에 머물고 있다.[73]

사회 환원은 전 세계를 대상으로 한 자선 활동

19세기와 20세기를 대표하는 위대한 자선 사업가 중에 미국의 기업가 앤드류 카네기가 있다. 그는 20세기 초에 미국 전역에 무료 공공 도서관 2천5백 개를 지어 헌납한 것도 모자라 수많은 재단에 70억 달러를 기부했다. 마이크로소프트 창업주 빌 게이츠도 개발 도상국의 질병과 문맹 퇴치를 위해 재산의 95퍼센트를 헌납했다. 그가 2000년에 세운 빌 앤드 멜린다 게이츠 재단은 특히 5천5백만 명에 달하는 어린이들의 예방 접종을 위해 100억 달러를 지원했으며 세계 보건 기구에 맞먹는 예산을 집행하고 있다.[74]

위렌 버핏은 빌 앤드 멜린다 게이츠 재단과 자신의 가족이 운영하는 자선 단체에 280억 유로에 상당하는 금액(약 36조 원)을 기부하겠

---

73 OECD, *Development: aid to developing countries falls because of global recession*, 언론 발표문, April 4, 2012.

다고 약속했다. 이는 버핏의 재산 중 80퍼센트에 해당하며 개인 기부액으로는 사상 최고의 금액이다.

아일랜드계 미국인 척 피니는 역사상 가장 위대한 익명의 독지가였다. 그는 1997년에 정체가 공개될 때까지 남모르게 세계를 누비면서 다양한 명분으로 60억 달러를 기부했다(아래 박스 내용 참조).[75] 이베이를 설립한 피에르 오미디야르와 그의 아내 팸도 오미디야르 네트워크 Omidyar Network 재단을 통해 방글라데시의 마이크로 파이낸스 프로젝트, 인도 여성들에게 더 나은 기회를 제공하는 사업, 여러 국가의 정부 투명성 제고 프로젝트 등에 힘을 보탰다.

얼굴 없는 자선가

30년 동안 면세 사업으로 75억 달러의 재산을 모은 척 피니는 자신이 설립한 애틀랜틱 필랜트로피즈Atlantic Philanthropies 재단이 비밀리에 진행하는 자선 사업을 성공으로 이끌기 위해 세계 곳곳을 누볐다. 애틀랜틱 필랜트로피즈 재단은 미국, 오스트레일리아를 비롯해 베트남, 아일랜드 등지에서 교육, 과학, 건강, 인권 관련 사업에 62억 달러를 썼다. 이 정도의 부호 중에 살아생전에 이렇게 많은 재산을 흔쾌히 쾌척한 사람은 아무도 없었다. 그는 2016년까지 자선 사업에 13억 달러를 더 쓸 예정이다. 재계의 거물들이 대부분 촌각을 다투며 축재하고 부를 늘리는 데 여념이 없다면 피니는 검소하게 살면서 자

---

74 게이츠 재단이 이룩한 성과는 부정할 수 없는 것이지만 공중 보건 전문가들 중에 말라리아, AIDS 와 같은 질병을 퇴치하는 데만 대규모 투자가 이루어져서 재단과 재단의 프로그램을 실행하는 지역 보건 당국이 다른 영역을 등한시한다고 지적하는 이들도 있다. 결핵, 모자 건강 관리, 빈곤으로 인한 여러 가지 문제들은 찬밥 신세라는 것이다. 특히 다음을 참조. What has the Gates Foundation done for global health? *Lancet, 373* (9675), 1577.

75 O'Clery, C., *The Billionaire Who Wasn't: How Chuck Feeney Secretly Made and Gave Away a Fortune*, PublicAffairs, 2013.

신이 할 수 있는 일에 최선을 다하고 있다.

1984년에 자선 사업을 시작한 피니는 처음 15년 동안 강박관념에 가깝다 싶을 정도로 자신이 하는 일을 세상에 숨겼다. 기부를 받은 단체들은 대부분 애틀랜틱 필랜트로피즈를 통해 들어오는 상당한 금액의 돈이 어디서 오는지 몰랐으며 설사 알더라도 비밀을 지키겠다는 서약을 해야 했다.

피니는 회사를 매각하는 과정에서 거액의 자금을 불법 은닉했다는 의심을 받았고 결국 어쩔 수 없이 자선 활동을 공개할 수밖에 없었다. 남에게 그냥 주기에는 액수가 너무 커서 사실을 입증해야 했던 것이다. 인터뷰에 응하는 일이 거의 없는 그는 이렇게 밝혔다. "내가 하는 일이 남에게 도움이 된다고 생각하면 행복하고 남들에게 쓸모가 없으면 불행하게 느껴진다."[76]

피니는 1997년에 본의 아니게 익명의 자선 활동을 청산했지만 그것이 오히려 전화위복이 되었다. 세계 최고의 부자인 빌 게이츠와 워렌 버핏이 척 피니를 본받아 자선 사업을 하겠다고 밝혔기 때문이다. 빌 게이츠는 아내 멜린다와 함께 재단을 설립해 이미 300억 달러를 기부한 상태였다.

척 피니는 여행 중이나 평소에 검소하게 생활하고 수수한 집에서 지낸다. 비즈니스 석을 탄다고 해서 목적지에 빨리 도착하는 게 아니라면서 수백만 킬로미터를 이코노미 클래스로 여행했다. 그는 고무 소재의 카시오 시계를 차고 다니면서 롤렉스만큼 시간이 정확하다고 자랑을 늘어놓는다. 피니가 세상의 모든 자선 사업가들에게 전하는 메시지는 아주 단순하다. "더 늙은 뒤나 죽은 다음에 돈을 주겠다고 하지 마십시오. 기력이 있고 사람들과 유대할 수 있고 영향력이 있어 세상에 파장을 일으킬 수 있을 때 기부하십시오."[77]

76 Bertoni, Steven, & Feeney, Chuck. The billionaire who is trying to go broke. *Forbes*, October 8, 2012.

77 *Ibid.*

워렌 버핏과 빌 게이츠는 2010년에 억만장자들의 사회 환원 약속인 더 기빙 플레지The Giving Pledge라는 캠페인을 시작했다. 세계의 부호들에게 자선 사업에 재산을 기부하라고 독려하는 이 캠페인은 2013년 4월 현재, 억만장자 105명에게서 참여 약속을 받았다.[78] 여기에 서명한 부호들은 상속자들에게 걱정 없이 살 만큼 돈을 남겨 주는 것은 나쁘지 않지만 아무 일도 하고 싶지 않을 정도로 많은 돈을 남기는 것은 바람직하지 않다고 입장을 밝혔다.

이런 입장이 북아메리카 대륙에서 커다란 공감을 불러일으키고 있는 데 비해 유럽 부호들은 아직도 전통에 따라 재산을 상속하겠다는 입장을 고수하고 있다. 라가르데르 그룹의 회장 아르노 라가르데르와 로레알 가문의 상속녀 릴리안 베탕쿠르 등 프랑스 최고의 부호들은 자선 사업에 참여를 요청하는 워렌 버핏의 제안을 거절했다.[79]

프랑스의 자선 연구 센터Centre d'étude et de recherche sur la philanthropie에 따르면 1980년부터 2008년까지 프랑스인들이 자선 목적으로 기부한 금액은 10억 유로에서 40억 유로로 네 배 증가했다. 사회 연대를 위한 전문가 집단을 자처하는 연구 및 연대Recherches et Solidarités[80]의 자료를 살펴보면 2009년에 프랑스에서 보고된 기부금은 가구당 평균 280유로(약 36만~37만 원)였다. 미국인들의 개인 자선 활동은 GDP의 1퍼센트로 유럽보다 평균 두 배 이상 많다.

2012년 2월에 영국에서 개최된 "21세기의 자선 사업" 컨퍼런스[81]에서 참가자들은 각국 정부가 자선 활동의 가치를 제대로 인정하지 않

---

78 Forbes, February 19, 2013.
79 France Inter, 2011년 8월 16일 오후 1시 뉴스. www.Traderfinance.fr Les Américains donnent leur fortune, pourquoi ?, May 7 2013도 참조.
80 http://www.recherches-solidarites.org/ 참조.
81 Under the auspices of the Ditchley Foundation; http://www.ditchley.co.uk/page/394/philanthropy.htm. Vaccaro, A. (2012). Encourager le Renouveau de la Philanthropie, conference held on March 15, 2012 at the École de Paris du Management에 인용.

는다고 주장했다. 전 세계적으로 개인이 마음대로 처분할 수 있는 부의 비율이 증가하고 있다. 그 중 일부를 사회적으로 유용한 곳에 사용해 공공선을 추구할 수 있는 가장 좋은 방법이 바로 자선이다. 요즘은 사회적 책임을 다해 기업의 이미지를 높이고 직원들에게 동기를 부여하고 만족도를 높일 수 있다는 인식을 가진 기업도 계속 늘어나고 있다.

자선 연구 센터 소장인 앙투완 바카로[82]는 국가가 공공 이익을 보장할 것이라고 마냥 믿을 수만은 없는 시대가 왔다면서 자선의 세계와 사회적, 연대적 경제의 세계를 넘나들면서 다리를 놓는 여러 기관과 새로운 형태의 재단들도 정부에 못지않게 공공이익을 증진하는 데기여하고 있다고 밝혔다.

세계적인 연대가 가능한 시대가 왔다

1970년대에 프랑스에서는 협회를 결성하는 붐이 일어 1975년 한 해에만 3만 개의 협회가 만들어졌다. 현재 프랑스에는 120만 개 정도의 협회가 있는 것으로 추산된다.

최근 몇 년 사이에 온라인 크라우드 펀딩이 장족의 발전을 했다. 2012년에 약 27억 달러(북아메리카의 경우 16억 달러)의 투자가 이루어졌는데 이것은 2011년에 비해 80퍼센트 증가한 결과였다. 2013년에는 크라우드 펀딩을 통해 조달되는 자금이 50억 달러가 넘을 것으로 보인다.[83]

소셜 펀딩 자선 단체인 글로벌기빙GlobalGiving의 경우에 2002년부

82 Vaccaro, A. (2012). Le renouveau de la philanthropie. Journal de l'École de Paris du management, 96(4), 31~37. L'Herminier, Sandrine, L'Espoir philanthropique, Lignes de Repères, 2012도 참조.
83 Broderick, Daniel, Crowdfunding's untapped potential in emerging markets, Forbes, August 5, 2014 중에서.

터 2013년 5월까지 이들의 인터넷 사이트에서 321,644명의 기부자가 7,830건의 프로젝트에 약 8,500만 달러를 투자했다. 2013년 5월에 크란티Kranti(혁명) 프로젝트의 펀딩이 진행되었는데 인신매매로 매춘을 강요당한 인도 소녀들에게 교육 기회를 제공하는 이 프로젝트에 1,142명이 165,342달러를 기부했다.

2005년에 설립된 키바Kiva는 "사람들은 천성이 후해서 투명하고 책임 있는 방법으로 도울 방법이 있으면 언제든지 남을 돕는다."라는 생각을 갖고 있다.[84] 키바는 자선보다 자체 마이크로 파이낸스 사이트를 통해 동업자 관계를 맺으라고 권한다. 2013년 5월 현재, 매주 21,600명이 키바 사이트를 통해 3,200명이 넘는 사람들에게 150만 달러 이상의 자금을 대출해 주고 있다. 12초에 한 건씩 온라인 대출이 이루어지는 셈이다. 키바는 발족 이후 대출 상환율이 98.99퍼센트에 이른다.

소셜 펀딩 분야에서 가장 유명한 플랫폼 중 하나인 킥스타터Kickstarter는 2012년에 투자가 이루어진 프로젝트 중 약 30퍼센트가 사회사업이나 자선 사업이었으며 17퍼센트는 중소기업, 12퍼센트는 영화나 공연, 7.5퍼센트는 음악 프로젝트였다. 기부자 중에 혼자서 750개 이상의 프로젝트에 자금을 댄 사람도 있었다.

크라우드 펀딩 사이트 라주Razoo는 2006년 설립 이후 1억 5천만 달러의 자금을 모아 1만5천 개 이상의 비정부 기구들에게 사회적 사업을 할 수 있도록 지원했다. 오스트레일리아의 스타트섬굿Startsomegood은 어 플레이스 인더 선 재단A Place in the Sun Foundation의 프로젝트에 대해 펀딩을 진행했다. 문맹률이 세계에서 가장 높은 아프리카의 말리는 성인 인구 중 읽고 쓸 줄 아는 사람이 33퍼센트에 불과하다. 어플레이스인더선 재단은 현지 교사 다섯 명과 함께 말리의 시골 지역에

---

84 About us, Kiva.org.

서 7주 동안 여름 캠프를 열고 초등학교 과정 교육을 진행할 계획이었다. 이 프로젝트는 필요한 자금이 9,600달러였는데 9일 만에 43명이 7,800달러를 기부했으며 마감 결과 10,700달러의 자금을 모으는 데 성공했다.

에드가 모랭과 스테판 에셀도 연대 정신을 실천하는 박애의 집 Maisons de la Fraternité을 제안한 적이 있다. "마약을 비롯해 과도한 불행과 슬픔으로 인해" 정신적, 물질적으로 고통 받는 사람들을 돌보고 도와주고 정보를 제공하며 공공 기관과 민간 기관의 역할을 동시에 수행하자는 취지의 박애의 집은 신개념 응급 서비스와 봉사 활동을 겸하는 것이 내용의 골자였다.[85]

지식을 무상 제공하는 움직임

오래 전부터 백과사전 분야에서 가치를 인정받은 브리태니커 백과사전(유료) 초판은 1만 2천 시간이 소요된 작업의 결과물이다. 그에 비해 온라인 백과사전 위키피디아는 1,860만 명의 기고자들이 자발적으로 41,019,000시간을 바쳐 글을 올린 공동 프로젝트다. 프랑스에서만 분기당 100만 항목 이상이 편집되고 있는 위키피디아는 2001년에 서비스를 시작한 이래 2013년 4월까지 다양한 언어로 12억 9천만 건의 편집이 이루어졌다.[86]

이제는 인터넷만 있으면 언제 어디서나 명문 대학교에서 하는 수업을 무료로 청강할 수 있다. 프랑스 모든 대학은 온라인 강의 전용 웹사이트를 갖고 있다(www.universites-numeriques.fr). 프랑스 교육부가 이 분야에 필요한 교사 2천 명을 양성하기 위해 자금 지원을 했으며 관계자 말에 따르면 다운로드할 수 있는 동영상이나 오디오 파일 형태의

85 Morin, E., & Hessel, S., *Le Chemin de l'espérance*, Fayard, p. 29.
86 Giles, J. (April 13, 2013). Wiki-opoly. *New Scientist*, 2912, 38~41.

강의 콘텐츠가 2009년부터 2010년 사이에 1만2천 시간에서 3만 시간으로 세 배 가까이 늘었다. 이 서비스는 20년 전 미국 매사추세츠 공과 대학MIT에서 시작된 신개념 인터넷 강의에서 영감을 얻은 것이며 이제는 세계 주요 대학들이 모두 비슷한 콘텐츠를 서비스하고 있다. 코세라(www.coursera.org)는 전 세계 33개 대학교에서 진행되는 370종 교육 과정을 350만 명 가입자들에게 무료로 제공하며 EDX(www.edx.org)에서는 하버드 대학교, MIT, 로잔 공과 대학, 오스트레일리아 국립 대학교 등 세계 유수의 교육 기관 28곳에서 하는 강의를 들을 수 있다.

이 사이트들에는 강의가 훌륭하다고 생각되면 사용자가 칭찬할 수 있는 시스템이 있다. 청강을 하는 사용자도 매우 많기 때문에 강사들이 이를 이용해 인지도를 높일 수 있다. 그러기 위해서는 조리 있고 재미난 강의를 정기적으로 업데이트해야 한다.

세계에서 가장 많은 제자를 거느린 강사

보스턴에서 헤지펀드 매니저로 일하던 살만 칸은 수학 문제를 풀지 못해 고생하는 조카 나디아를 위해 2004년 8월에 전화로 과외 수업을 했다. 나디아의 수학 실력이 일취월장하자 다른 조카들도 과외를 부탁하기 시작했다. 2006년부터 칸은 10분짜리 강의 동영상을 유튜브에 올려 조카들이 아무 때나 편할 때 동영상을 찾아볼 수 있도록 했다. 살만 칸은 2010년에 펀드 매니저 일을 그만두고 협력자 몇 명과 함께(협력자 수는 10~30명 사이, 때에 따라 달랐다.) 전 세계인을 대상으로 "언제 어디서나 누구든지 찾아볼 수 있는 무료 교육 동영상"을 제공하는 일에 뛰어들었다. 칸Khan 아카데미에서는 현재 수학, 물리, 화학, 생물, 역사, 금융 분야의 강의 동영상을 4천3백 편 이상 제공하고 있다. 지금까지 동영상을 시청한 사람은 총 2억 6천만 명에 달하며 신규 접속자도 매달 6백만 명씩 늘어나고 있다.

이처럼 이타적인 시스템이 성공하면서 전통 경제학의 선입견이 여지없이 무너져 내린다. 결과적으로 협력과 개방과 신뢰를 바탕으로 한 시스템이 훨씬 더 효과적이라는 사실이 입증된 셈이다. 디지털 경제 전문가 질 바비네는 이렇게 말한다.

남을 불신하는 사일로silo식 문화를 협력과 공유의 문화로 바꾸지 않는 한 디지털 전환은 요원하다. 디지털 전환의 성공은 개방성, 정보에 대한 자유로운 접근, 공동의 가치관 창조에 기반을 둔다. 실제로 디지털 전환이 성공하려면 다수의 참가자들이 자유롭게 창작한 콘텐츠들의 교차수정이 이루어져야 한다. 그래서 구획화된 사일로식 사고, 비밀주의, 위계질서, 수직적 커뮤니케이션 채널을 선호하는 공공분야나 대기업은 여러 가지 면에서 적응하기가 힘들다.[87]

혁신 기술과 공공재

여러 개발 도상국에서 소농과 영세 생산자 수백만 명을 위해 저가 휴대폰에서도 이용할 수 있는 뱅킹 서비스를 제공하고 있다. 그런 서비스를 이용하면 중간에서 과도하게 이윤을 챙기는 중개인을 거치지 않아도 직접 생산한 상품을 유리한 가격에 소비자와 직거래할 수 있다. 케냐에서는 보다폰 엠페사Vodafone M-pesa가 천만 명의 영세 생산자들에게 그런 서비스를 제공하고 있으며 휴대 전화를 통한 상거래가 케냐 GDP의 11퍼센트를 차지한다. 인도 톰슨 로이터Thomson Reuters는 석 달에 4유로(약 5천 원) 정도만 가입비로 내면 농민들에게 농산물 시세와 일기 예보를 비롯해 유용한 정보와 조언을 제공하는 휴대 전화 문자 서비스를 시작했다. 이 서비스에 대한 1차 평가 내용에 따르면 가입

---

87   Babinet, G. (February 2013), *Pour un new deal numérique*, Institut Montaigne, p. 26.

농민 200만 명 중 60퍼센트가 수입이 증가한 것으로 나타났다.[88]

1886년에 설립된 이후 사회적 가치를 강조해 온 존슨 앤 존슨은 직원들이 담배를 끊을 수 있도록 지원해 흡연자 수가 3분의 2나 줄어들었다. 덕분에 존슨 앤 존슨은 2002년부터 2008년까지 건강 관리 비용을 2억 5천만 달러 절감할 수 있었다. 금연 프로그램에 투자한 돈 1달러당 약 3달러의 비용 절약 효과를 본 것이다.[89] 주간지『뉴스위크』는 2012년 최고 '친환경' 기업 중 존슨 앤 존슨을 3위로 선정했다.[90] 존슨 앤 존슨의 사례는 고용주와 직원, 생산자와 소비자가 이익을 공유한다는 것이 어떤 것인지 잘 보여 준다.

방글라데시의 국토 경관을 바꾼 남자

내가 파즐 아베드를 처음 만난 것은 밴쿠버 평화 회의에서 그가 달라이 라마와 차를 마시고 있을 때였다. 당시에 나는 그에 대해 아무것도 모르고 있었다. 내게 무슨 일을 하느냐고 물어서 인도주의 단체를 운영하면서 학교 서른 곳과 병원 열다섯 곳을 세웠다고 했더니 그가 꾸밈없는 태도로 이렇게 대답했다. "저는 학교 3만 5천 개를 세웠습니다." 그 말을 들으니 나 자신이 무척 보잘것없게 느껴졌다. 델리에서 만났을 때는 나한테 이런 말도 했다. "방법은 간단합니다. 하시는 일을 백 배로 늘려 보세요."

그는 그 일을 정말 해 낸 사람이다. 동파키스탄(현재 방글라데시) 태생인 파즐 아베드는 원래 글래스고 대학교에서 조선 공학을 전공했지만 동파키스탄에는 조선소가 없었기 때문에 런던에 가서 다시 회계 공부를 했다. 고향으로 돌아가 석유회사 쉘에 입사한 파즐 아베

88 Porter, M., & Kramer, M. (January–February 2011). How to fix capitalism. *Harvard Business Review*, p. 68.
89 *Ibid.*, p. 71.
90 Greenest companies in America. *Newsweek*, October 22, 2012.

드는 능력을 인정 받아 고속 승진을 했다. 그가 런던에 있는 쉘 본사에서 근무하던 1970년에 대홍수를 동반한 사이클론이 동파키스탄을 강타해 30만 명이 목숨을 잃는 일이 일어났다. 부귀영화를 다 버리고 고국으로 돌아간 파즐 아베드는 친구들과 함께 헬프HELP라는 조직을 결성했다. 헬프 결성 목적은 인구 4분의 3이 사망해 피해가 심각했던 만푸라 섬의 이재민을 돕는 것이었다. 그 후 동, 서 파키스탄의 내전이 발발해 동파키스탄을 떠날 수밖에 없었던 그는 NGO를 만들어 서유럽 국가들에게 조국의 독립을 지지해 달라고 호소했다.

1971년 말에 독립 전쟁이 끝나자 파즐 아베드는 런던 아파트를 팔아 전 재산을 들고 방글라데시로 돌아가 조국을 위해 할 수 있는 일을 모색했다. 신생국 방글라데시는 전후 복구 중이었고 인도로 피난 갔던 난민 1천만 명이 속속 돌아오고 있었다. 파즐 아베드는 방글라데시 북동부의 산간벽촌에서 활동을 시작하기로 하고 방글라데시 농촌 진흥 위원회Bangladesh Rural Advancement Committee를 설립했다. BRAC는 파즐 아베드의 타고난 통솔력과 선견지명 덕분에 오늘날 세계 최대의 NGO로 성장했다. BRAC는 지금까지 7천만 명 이상의 여성을 도왔으며 모두 합쳐 6만 9천 곳 마을에서 1억 1천만 명 이상에게 혜택을 주었다. BRAC에서는 자원봉사자 8만 명과 직원 12만 명이 일하고 있으며 특히 아프리카에서 활동하는 인력이 계속 증가하고 있다. 아프리카는 원래 NGO 프로그램의 성공률이 매우 낮은 편인데 놀랍게도 마이크로 파이낸스(8천만 명이 BRAC를 통해 소액 대출의 혜택을 누리고 있다.), 교육, 식수 관리, 보건 위생 개선 등 BRAC의 사업 모델은 적합한 것으로 나타났으며 실제로 효과가 매우 컸다고 한다. 방글라데시는 BRAC 덕분에 국토 경관이 바뀌었다고 해도 과언이 아니다. 시골 지역에 가면 학교, 여성 교육 센터, 가족계획 클리닉 등 BRAC의 로고가 붙지 않은 곳이 거의 없을 정도다.

파즐 아베드의 모험은 성공적이었다. 그는 일을 백 배가 아니라 만 배, 십만 배로 늘리고도 품질과 효율을 유지했다. 스위스에 있는 유명한 휴양 도시 다보스에서 세계 경제 포럼이 열리면 참가자들이 대부분 전용기로 밀라노 공항에 와서 헬리콥터나 리무진으로 갈아타고 다보스로 이동한다. 나는 2010년 세계 경제 포럼이 끝난 다음 날 새벽 5시에 파즐 아베드를 다시 만날 수 있었다. 그는 취리히 공항으로 가는 어두운 버스 안에 혼자 앉아 있었다. 그것만 봐도 대단한 과업을 이룩한 불굴의 의지 뒤에 감춰진 그의 검소하고 겸손한 성품을 미루어 짐작할 수 있었다.

40

행복을 주는 자발적 가난

참된 문명은 욕구를 키우는 것이 아니라 의도적, 자발적으로 욕구를 줄인다. 그래야만 진정한 행복감과 자족감이 높아지고 남을 위해 봉사할수 있는 능력이 커진다.
– 간디[1]

'내핍, 금욕'은 듣기 좋은 말이 아니다. 사람들은 이 말을 들으면 으레 일상에서 누려야 하는 기쁨을 박탈당한 우울한 삶, 제약이 있어 쾌락을 맘껏 누리지 못하는 인생을 머릿속에 떠올린다. 일부 경제학자들도 긴축 프로그램은 역사적으로 불완전 고용, 실업, 경기 침체로 이어져 비효율적인 결과를 낳았다고 말한다.[2]

그에 비해 "자발적 가난"은 개념이 전혀 다르다. 그것은 우리에게 행복을 안겨 주는 것을 박탈하는 것이 아니라 진정한 만족을 얻는 법에 대해 제대로 알고 저마다 행복을 앞세우기보다 고통의 원인이 되는 것을 갈망하지 않는 것이다. 소박한 삶을 의미하는 자발적 가난에

---

1   Gandhi, Varinda Tarzie Vittachi, *Newsweek*, January 26, 1976에 인용.
2   Stiglitz, J. (2012). *op. cit.*, p. 318.

는 항상 만족이 따른다.

미국 사회 운동가 드웨인 엘진이 한 말에 따르면 "자발적 가난은 외형적으로 소박하지만 내면적으로 풍부한 삶의 방식"[3]이다. 엘진은 소박한 삶을 산다고 해서 자연을 떠난 사람이 "자연으로 돌아가야" 하는 것이 아니며 어떤 상황에서나 소박하게 살 수 있다고 강조한다. 삶을 단순화한다는 것은 꼭 필요한 즐거움이라고 생각했던 것에 대해 다시 생각해 보고 그것들이 정말 행복한 삶을 누리는 데 도움이 되는지 확인하는 것이다. 자발적 가난은 우리를 자유롭게 만든다. 그것은 궁핍한 삶이 아니라 절제하는 삶이다. 그것이 만병통치약은 아니지만 도움이 되는 것은 확실하다. 자발적 가난은 다른 선택지가 없는 원시 부족의 전유물도 아니다. 노르웨이에서 실시된 설문 조사 결과를 보면 응답자 74퍼센트가 스트레스에 시달리면서 물질적 풍요를 누리느니 꼭 필요하고 중요한 것에만 초점을 맞추고 소박하게 사는 것이 더 좋다고 입장을 밝혔다.[4] 자발적 가난은 선진국에서 시작된 유행이 아니라 시대와 문화를 막론하고 지혜나 달관적인 태도와 연계되어 칭송받아 온 삶의 방식이다.

농업 생태학의 선구자이자 작가, 철학자인 피에르 라비는 스스로 받아들여 자발적으로 실천하는 "행복한 절제"를 근간으로 정치와 문화를 창시할 때가 되었다고 말한다. 행복한 절제를 하면 욕망을 줄이고 소비 사회의 무시무시한 스트레스와 연을 끊고 오직 인간에게만 관심을 기울임으로써 크나큰 자유를 얻을 수 있다.[5]

재산을 계속 늘리고 세련되게 장식된 멋진 집에서 고급 음식을 먹으면서 사는 것은 개인의 자유다. 그런데 그러기 위해 어떤 대가를 치

3   Elgin, D., *Voluntary Simplicity: Toward a Way of Life that Is Outwardly Simple, Inwardly Rich*, William Morrow, 2010.
4   Elgin, D., & Mitchell, A. (1977). Voluntary simplicity. *The Co-Evolution Quarterly, 3*, 4~19.
5   Rabhi, P., *Vers la sobriété heureuse*, Actes Sud, 2010.

러야 하는가? 시간과 정력과 관심, 결국에 가서는 행복한 삶까지 몽땅 바쳐야 한다. 장자莊子는 이렇게 말했다. "삶의 의미를 터득한 자는 인생에 도움이 되지 않는 것을 위해 애쓰지 않는다."

현재 우리가 겪는 위기는 두 얼굴을 갖고 있다. 하나는 인간적 비극, 극빈층의 비극이다. 금융 위기 이후 갈수록 커지는 불평등 때문에 가난한 사람들은 삶이 갈수록 고달파지는데 부자들은 영향을 거의 받지 않거나 이때가 기회라면서 재산을 늘리고 있다. 또 하나의 얼굴은 불필요한 것에 대한 채워지지 않는 갈망이다. 최근에 싱가포르에 갔을 때 호텔 로비 중앙에 지름이 2미터나 되는 거대한 대리석 기둥이 여러 개 천장까지 솟아 있는 것을 봤다. 모르기는 해도 과시용으로 쓸모없는 장식을 하느라 엄청난 돈이 들었을 것이다.

자발적 가난은 본인에게 행복을 주는 동시에 남을 이롭게 한다. '더 많은 것'을 갈구하느라 괴롭지 않아서 행복하고 소수의 자원 독점을 부추기지 않아서 이타적이다. 그 자원이 공평하게 분배되면 기본적인 의식주조차 해결하지 못하는 많은 사람들이 훨씬 더 나은 삶을 살 수 있을 것이다.

자발적 가난에는 지혜가 수반된다. 부당한 것을 바라지 않으므로 오늘을 살아가는 가난한 사람들의 처지와 앞으로 이 세상에서 살아갈 미래 세대의 행복을 늘 염두에 둔다.

소비 지상주의Consumerism[6]에서 무엇을 기대할 수 있을까?

다음은 미국의 소매업 전문 애널리스트 빅터 레보가 1955년에 자본주의가 성장을 계속하는 데 필요한 것을 설명한 말이다.

---

6 여기서 컨슈머리즘은 소비자의 권리를 되찾고 강화하려는 움직임이 아니라 사회학에서 흔히 말하는 모든 생활이 소비를 중심으로 이루어지는 라이프 스타일을 가리킨다.

경제적으로 생산성을 극대화하려면 소비가 삶의 방식이 되어 물건 구매가 습관화되고 소비를 통해 정신적인 만족이나 자아의 만족을 추구하는 경지에 도달해야 한다. 경제가 살아남으려면 수많은 상품이 점점 빨리 소비되고 닳아 없어지고 대체되고 버려져야 한다.[7]

2008년 금융 위기가 닥쳤을 때 조지 W. 부시 대통령이 국민들에게 제일 먼저 당부한 것은 하루 빨리 소비를 다시 시작하라는 것이었다. 소비가 늘어야 경제가 되살아나고 다들 다시 행복해질 것이라는 논리였다.

그런데 이것은 과학적 연구 결과에 위배되는 논리라고 할 수 있다. 여러 사회 심리학자들이 소비 지상주의의 효과에 대해 오랫동안 연구를 거듭해 왔다. 그 중에서 특히 『소비 사회의 높은 비용The High Price of Materialism』을 쓴 팀 캐서와 학자들은 전체 인구에 대해 대표성을 갖는 수천 명의 참가자들을 대상으로 20년 동안 연구를 진행했다. 그 결과 종류를 막론하고 상품과 서비스를 소비하기 좋아하는 사람, 재산, 이미지, 사회적 지위를 비롯해 소비 사회가 중요시하는 물질적 가치를 중요시하는 사람은 우정, 행복, 삶의 경험, 다른 사람에 대한 배려, 사회와 환경에 대한 책임감과 같이 본질적인 삶의 가치에 초점을 두는 사람들보다 삶에 대한 만족도가 훨씬 낮은 것으로 나타났다.

상품을 소비하는 데서 만족을 얻고 물질적 가치에 집착하는 사람들은 남들보다 긍정적인 감정을 잘 느끼지 못한다. 그런 사람들은 일상에서 느낀 감정을 일기장에 기록하라고 하면 기쁨, 열정, 감사, 마음의 평화에 대해 이야기하는 빈도가 소비 지상주의에 물들지 않은 사람들에 비해 낮다.

팀 캐서의 연구에 따르면 소비가 많은 사람은 불안과 우울에 사로

---

7 스코트 러셀 샌더스에 의해 인용. "To fix the economy, we first have to change our definition of wealth". Orion, July/August 2011.

잡히거나 두통과 복통에 시달리는 일이 더 많다. 그들은 생기가 없고 일상생활에 잘 적응하지 못하며 건강도 평균적인 사람들보다 나쁜 편이고 술과 담배도 많이 하고 TV 앞에서 보내는 시간이 더 많다. 우울하다고 느껴지면 버릇처럼 쇼핑을 하러 간다. 소유물에 집착하는 경향이 있어 갖고 있던 물건을 잃으면 보통 사람보다 크게 힘들어 한다. 죽음까지 생각하며 괴로워하는 경우도 있다. 이런 사람들은 부자를 우러러보면서 부자들이 "지적이고 교양 있고 모든 일에 성공했다."라고 생각한다. 달라이 라마는 이렇게 말한다. "바로 그래서 물질적 발전에 너무 큰 기대를 거는 것이 잘못이다. 물질주의 자체는 크게 문제가 되지 않는다. 정작 문제는 오감이 충족되어야 진정한 행복이라고 생각하는 물질주의의 전제다."[8]

소비와 이타심

철저한 물질주의자들은 고통 받는 사람들에 대해 공감과 측은지심을 덜 표시한다. 그들은 사람을 교묘하게 조종하는 데 능하고 남을 이용해 이익을 챙기는 경향이 있다. 캐서의 연구 결과에서 보듯이 "남의 입장에 서는 것"을 별로 좋아하지 않는다.[9] 사물을 통섭적으로 보면서 해결책을 모색하는 데 관심이 없고 협력보다 경쟁을 선호한다.[10] 공익에 기여할 생각이 없고 환경 문제에도 관심이 전혀 없다. 사회적 유대도 약해서 직장 동료는 있어도 진정한 친구가 없다. 우정과 인간관계가 피상적이고 오래가지 못한다. 남보다 심하게 고독을 느끼고 주변

8 Dalai Lama, *Sagesse ancienne, monde moderne*, Fayard, 1999.
9 Sheldon, K. M., & Kasser, T. (1995). Coherence and congruence: Two aspects of personality integration. *Journal of Personality and Social Psychology, 68*(3), 531.
10 Kasser, T., *The High Price of Materialism*, MIT Press, 2003; Kasser, T. (2008). Can buddhism and consumerism harmonize? A review of the psychological evidence. Presented at the *International Conference on Buddhism in the Age of Consumerism, Mahidol University*, Bangkok, pp. 1~3.

환경에서 소외된 느낌을 받는다.

캐서는 물질주의자들의 특징을 이렇게 요약한다. "물질적 가치를 중요시하다 보니 다른 사람들과 가까이 지내고 그들을 배려해 봤자 보답을 받지 못한다고 생각하는 것 같다. …… 다른 사람을 도구로 생각하고 남을 이용해 자신이 추구하는 물질적 가치를 달성하려고 한다."[11]

심리학자 배리 슈워츠는 "실리 추구형 우정"에 대해 이렇게 설명한다. "자본주의 사회나 소비 지상주의 사회에서는 각자가 '친구'에게 뭔가 '유용한 것'을 제공할 수 있어야 한다. 실리 추구형 우정은 시장경제에서 계약에 의해 성립되는 관계와 매우 비슷하다."[12]

소비 지상주의 성향과 행복한 삶의 부정적인 상관관계는 북아메리카와 남아메리카, 유럽, 아시아에서 다양한 상황을 통해 광범위하게 나타났다. 부와 사회적 지위를 중요시할수록 환경에 대한 관심이 낮은 것은 어디서나 마찬가지였다.[13]

요약하자면 캐서와 여러 학자들의 연구를 통해 소비 지상주의 성향을 갖고 있고 물질적 가치를 중요시하는 사람일수록 개인적으로 고통이 크고 사람들과 서로 배려하면서 조화롭게 상호 작용 하는 것이 어렵다는 것을 알 수 있었다. 셀던과 캐서는 인간적 가치에 관련된

---

11 Kasser, T. (2003). *op. cit.* p. 831.
12 Schwartz, S. H. (1994). Are there universal aspects in the structure and contents of human values? *Journal of Social Issues, 50*(4), 19~45.
13 Schultz, P. W., Gouveia, V. V., Cameron, L. D., Tankha, G., Schmuck, P., & Franvek, M. (2005). Values and their relationship to environmental concern and conservation behavior. *Journal of Cross-Cultural Psychology, 36*(4), 457~475. 다문화 연구를 해 보면 사람들이 부와 지위를 중요시할수록 환경을 보호하거나 '아름다운 세상'을 만드는 데 신경을 덜 쓴다는 것을 알 수 있다. 타인에 대한 배려와 연대감을 행동으로 덜 옮긴다. Schwartz, S. H. (1992). Universals in the content and structure of values: Theoretical advances and empirical tests in 20 countries. *Advances in Experimental Social Psychology, 25*(1), 1~65; Saunders, S., & Munro, D. (2000) 참조. The construction and validation of a consumer orientation questionnaire designed to measure Fromms (1955) marketing character in Australia. *Social Behavior and Personality: An International Journal, 28*(3), 219~240.

목표를 달성하면 물질주의적인 목표를 달성하는 것보다 만족도가 높다는 사실도 입증했다.[14]

소비 사회는 욕망에 대한 숭배가 저변에 깔려 있다. 지그문트 프로이트 조카인 에드워드 버네이스(우드로 윌슨 대통령의 선거 캠페인을 담당한 광고업계 선구자)에게 영향을 받은 월스트리트 은행가 폴 마주르는 1930년대에 자신이 지향하는 바를 이렇게 설명했다.

미국은 필요의 문화에서 욕망의 문화로 바뀌어야 한다. 이전에 구매한 것을 전부 소비하기도 전에 새 것에 대해 욕구를 느끼고, 갖고 싶어 하는 데에 익숙해져야 한다. 이런 새로운 사고방식을 훈련시켜야 한다. 인간의 욕망이 필요를 제압해야 한다.[15]

이렇게 겉만 번지르르한 말을 들으니 뉴욕 타임스 스퀘어를 대낮같이 밝힌 수백 개의 네온 광고를 보고 "저들이 내 영혼을 훔치려고 해요."라고 말한 티베트 승려가 생각난다.

캐서는 소비 지상주의 성향을 바로잡으려면 스웨덴과 노르웨이처럼 아동을 대상으로 하는 광고를 금지하는 것이 급선무라고 하면서[16] 세계 최대 식품회사 제너럴 밀스 CEO 웨인 칠리키가 한 말을 인용한다. "목표 대상이 아동일 경우 프록터 앤드 갬블사의 '요람에서 무덤까지' 모델을 답습한다. 아이들이 되도록 어릴 때 소비자로 끌어들여 평생 놓치지 말아야 한다고 생각한다."[17]

---

14 Sheldon, K. M., & Kasser, T. (1998). Pursuing personal goals: Skills enable progress, but not all progress is beneficial. *Personality and Social Psychology Bulletin*, 24(12), 1319~1331.

15 Paul Mazur in a 1927 article in the *Harvard Business Review*, Häring, N., & Douglas, N., *Economists and The Powerful: Convenient theories, Distorted Facts, Ample Rewards*, Anthem Press, 2012, p. 17에 인용.

16 Ruskin, G. (1999). Why they whine: How corporations prey on our children. *Mothering*, November–December 1999. Kasser, T. (2003). *op. cit.*, 1127에 인용.

캐서는 사람들이 내면의 가치보다 외형적 가치를 중요시하면서 행복이 없는 곳에서 행복을 찾느라 불만이 더 커진다고 결론짓는다. 그는 현재와 같은 경제 상황에서 사람들에게 이기주의와 물질주의는 도덕적 차원의 문제가 아니라 삶의 중요한 목표가 되어 버렸다고 지적한다. 피에르 라비는 이런 상황을 일컬어 "소비자들이 점점 더 많은 것을 소비하기 위해 점점 더 많은 것을 생산하는 기계의 톱니로 전락하고 있다."[18]라고 말한다.

새로 사지 말고 빌리거나 고쳐서 다시 쓰자

50년 전만 해도 시계나 카메라를 하나 사면 평생 동안 썼다. 오래 써도 고장 나지 않는 물건이 좋은 상품이었고 사람들은 물건들을 애지중지 아꼈다. 요즘은 소비자 제품의 수명이 갈수록 짧아져서 산업공해를 일으키고 있다. 스웨덴 정치인 앤더스 비크만과 생태 운동가 요한 록스트롬이 제시한 해결책 중 하나는 새로운 제품을 구입하지 말고 유지 보수와 품질 업그레이드를 해 주는 물건을 임대해 사용하라는 것이다. 그럼 소비자는 품질 좋은 제품을 골라 사용할 수 있을 것이고 제조업체는 유지 보수를 통해 서비스하는 제품의 수명을 최대한 늘리고 효율적으로 재활용하려고 애쓸 것이다.

유지 보수 서비스도 일자리를 많이 창출할 수 있는데 제품을 그냥 폐기하면 그런 효과를 기대할 수 없다. 이렇게 해야 오늘날 일상다반사가 되어 버린 낭비를 막고 순환적 소비와 재활용을 강화할 수 있다. 2010년에 지구상에서 채굴되어 세계 경제에 투입된 원자재는 650억 톤이었다. 2020년에는 820억 톤에 달할 것이다.[19]

17 Ruskin, G. (1999). *op. cit.*에 실린 내용.
18 Rabhi, P. (2010). *op. cit.*, p. 18.
19 Ellen McArthur Foundation (2012). *Towards The Circular Economy*.

이런 취지에서 진행되고 있는 서비스와 프로젝트가 실제로 있다. 제록스는 사무기기 판매보다 대여에 중점을 두고 있으며 미쉐린은 중량물을 운반하는 차량을 대상으로 타이어를 대여하고 유지 보수하고 수명이 끝나면 재활용한다. 롤스로이스도 항공사들에게 제트 엔진을 판매하던 것을 중단하고 대여와 유지 보수로 방향을 돌렸다.[20]

프랑스 녹색당 소속 상원 의원 장 뱅상 플라세는 기업들의 계획적 구식화planned obsolescence 관행을 강력하게 비난했다. 대다수 기업들이 제품 수명을 미리 정해 놓고 보증 기간이 끝난 제품들을 구식화시키기 때문에 제품이 오작동하기 시작하면 고쳐서 사용하는 것이 불가능해지고 그럼 소비자는 새 제품을 살 수밖에 없다.

장 뱅상 플라세는 이런 행태가 "생태적, 사회적 몰상식"이라고 비난하고 2013년 4월에 제조업체들이 제품의 법적 보장 기간을 연장하도록 강제하는 법안을 상정했다. 이 법안에 따르면 업체들은 새로운 보장 기간에 따라 결함이 있는 제품에 대해 기존보다 오래(2~5년) 책임을 져야 하고 제품 구입 후 10년 동안 수리에 필요한 예비 부품을 구할 수 있도록 해야 한다. 제품의 수명을 고의로 단축한 제조업체는 징역 2년과 최고 37,500유로의 벌금형에 처해질 수 있다.[21]

영국에서는 자원봉사 정비공과 DIY 애호가들이 "버리지 말고 고쳐 쓰자."라는 슬로건을 외치며 의욕적으로 동호회와 모임 활동을 하고 있다. 프랑스 인터넷 사이트 commentreparer.com에 가면 수리법에 대한 자세한 설명이 총망라되어 있어 소비자들이 기계를 직접 수리해 사용할 수 있다.

---

20 Stahel, W. R., *The Performance Economy*, Palgrave Macmillan, 2010.
21 AFP, April 23, 2013.

돈으로 행복을 살 수는 없지만
남에게 돈을 주면 행복해질 수 있다

머리는 받아들여야 풍요로워지고 마음은 나누어야 풍요로워진다.
- 빅토르 위고

겨우 입에 풀칠이나 하고 자식들 굶기지 않으려고 애쓰는 사람에게 재산을 두세 배 늘릴 방도가 생긴다면 세상이 달라 보이고 살맛이 날 것이다. 그런데 물질적으로 풍족한 상태에 도달한 뒤에는 재산이 아무리 늘어도 삶에 대한 만족도가 그에 비례해서 커지지 않는다.[22] 이렇게 일정 수준 이상이 되면 소득이 아무리 증가해도 행복이 커지지 않는 현상을 일컬어 이를 설명한 경제학자 이름을 따서 '이스털린의 역설Easterlin paradox'이라고 한다(아래 그래프 참조).

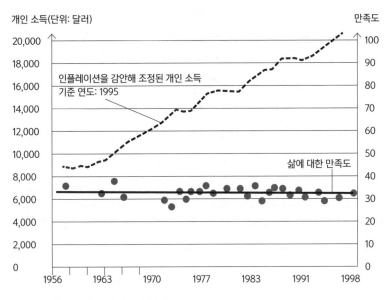

미국의 경제 성장 추이와 삶에 대한 만족도

이 그래프를 보면 미국이 경제적으로 고도의 성장을 이룩했지만 삶에 대한 만족도는 크게 높아지지 않았다는 것을 알 수 있다.[23]

나이지리아 사람들은 GDP가 일본의 25분의 1밖에 되지 않지만 일본인들 못지않게 행복하다고 생각한다.[24] 이에 대해 런던 정치 경제 대학 교수인 리처드 레이어드는 다음과 같이 설명한다. "이것은 미국뿐 아니라 영국, 일본에도 적용되는 역설적인 현상이다. 먹을 것, 입을 것, 탈 것이 넘쳐 나고 집도 훨씬 더 크고 난방 시설 성능도 뛰어나고 휴가 때만 되면 해외로 여행을 한다. 휴일도 많고 하루 노동 시간도 짧고 심지어 건강 상태까지 훨씬 더 좋다. 그럼에도 불구하고 행복하지 않다. 정말 행복하고 싶은 사람은 행복이 어떤 조건에서 생기는지, 어떻게 해야 행복을 가꿔 나갈 수 있는지 알아야 한다."[25]

부보다 더 중요하지는 않아도 부에 버금가게 중요한 요인이 많이 있다. 신뢰도 그 중 하나다. 여러 가지 연구 결과에 따르면 생활 환경에 대해 만족도가 가장 높은 나라는 덴마크다. 세계에서 가장 부유하지는 않지만 빈곤층과 사회적 불평등이 가장 적기 때문이다. 이런 만족도는 남에 대한 신뢰, 특히 낯선 사람과 사회 제도를 믿는다는 사실로도 설명이 된다. 덴마크 사람들은 안면이 전혀 없는 사람이라도 처음 만났을 때 일단 좋은 사람이라고 생각한다. 이런 식의 신뢰는 사회적으로 부패가 적다는 사실과 밀접한 관계가 있다.

많은 요소 중에서 특히 부는 파괴적일 수도 있고 건설적일 수도 있

22 관련 서적과 리뷰 기사에 대해 좀 더 자세한 정보를 얻으려면 다음을 참조. Layard, R., *Happiness: Lessons from a New Science*, Penguin, 2006; Kahneman, D., Diener, E., & Schwarz, N., *Well-being: The Foundations of Hedonic Psychology*, Russell Sage Foundation, 2003.

23 Myers, D. G. (2000). The funds, friends, and faith of happy people. *American Psychologist, 55*(1), 56.

24 Graham, C., *Happiness Around The World: The Paradox of Happy Peasants and Miserable Millionaires*, Oxford University Press, 2012.

25 Layard, R. (2007). *op. cit.*

다. 부유해서 주변에 좋은 일을 할 수도 있지만 돈 때문에 남에게 몹쓸 짓을 할 가능성도 있다.

20억으로는 할 수 없는데 40억이 있으면 할 수 있는 일이 무엇일까? 자신을 위한 일은 많지 않겠지만 남을 위해서는 얼마든지 많은 일을 할 수 있다. 스스로 더 이상 바랄 것 없을 정도로 만족한 상태라도 도움이 절실히 필요한 사람은 세상에 얼마든지 많다.

세상을 비관적으로 바라보던 프랑스 작가 쥘 르나르는 돈이 많아도 행복하지 않다면 돈을 다른 사람에게 줘 버리라고 목청을 높였다. 그런데 그 뒤에 "그럼 비로소 만족할 것이다."라고 덧붙였더라면 정말 지당한 말이 되었을 것이다. 실제로 받는 것보다 주는 것이 본인에게 감정적으로 훨씬 더 이롭다고 한다. 이것은 캐나다 심리학자 엘리자베스 던이 연구를 통해 입증한 사실이다. 던은 자신을 위해 돈을 쓴 사람과 남을 위해 지출을 한 사람이 느끼는 행복도를 비교한 뒤 "남을 위해 많은 돈을 썼다고 말한 사람이 가장 행복한 것으로 나타났다."[26]라고 결론지었다. 136개국에서 나라별로 1,300명 정도를 뽑아 설문 조사를 실시했는데 자선에 많은 돈을 쓸 때나 5달러 정도의 소액을 기부할 때나 결과는 마찬가지였다.[27]

돈과 행복은 상관관계가 별로 없다. 심리학자 엘리자베스 던, 대니얼 길버트, 티모시 윌슨은 사람들이 돈 쓰는 방식을 보면 그 점을 확실히 알 수 있다고 입을 모은다. 정량적 연구 결과를 바탕으로 한 세 학자의 충고는 이렇다. 소비가 습관화된 만성적인 소비자가 행복을 되찾으려면 물질적인 상품보다 만족감을 주는 경험을 추구하는 것이 바람직하다. 자신을 위해 돈을 쓰기보다 남을 돕는 데 지출을 하면서

---

26 Dunn, E. W., Aknin, L. B., & Norton, M. I. (2008). Spending money on others promotes happiness. *Science, 319*(5870), 1687.

27 Aknin, L. B., Barrington-Leigh, C. P., Dunn, E. W., Helliwell, J. F., Biswas-Diener, R., Kemeza, I., ... Norton, M. I., *Prosocial Spending and Well-Being: Cross-Cultural Evidence for a Psychological Universal*, National Bureau of Economic Research, 2010.

물질적으로 남과 비교하지 말고(비교를 하면 질투나 허영이 커진다.) 다른 사람의 행복을 배려해야 한다.[28]

더 단순하게, 더 단순하게, 더 단순하게

"우리는 하찮은 것에 인생을 낭비하고 있다. 줄이고 또 줄여 단순하게 살아야 한다!" 미국의 도덕 철학자 헨리 데이비드 소로는 이렇게 말했다. 행동과 말과 생각을 단순화하라는 것은 시간은 많이 드는데 만족 감은 높지 않은 일이나 야망에 정신을 빼앗기지 말라는 것, 물질적으로 풍요로운 삶을 추구하기보다 궁핍하지 않은 삶을 누리는 데 만족하라는 것이다.

커크 브라운과 팀 캐서가 2005년에 자발적 가난에 호의적인 사람 200명과 평범한 미국인 200명을 비교한 조사 결과에서 몇 가지 흥미로운 차이를 엿볼 수 있다. 자발적 가난을 실천하는 사람들은 삶에 대해 만족도가 훨씬 더 높고 환경에 긍정적인 영향을 미쳤으며 탄소 발자국을 줄이는 행동을 하는 경향이 뚜렷했다.[29]

세상에서 가장 가난했던 대통령

페페Pepe라는 별명으로 더 잘 알려진 우루과이의 호세 무히카는 세계에서 가장 가난하지만 가장 높은 인기를 구가한 대통령이었다. 프랑스 주간지 『쿠리에 앵테르나시오날』이 2012년에 무히카 대통령에

---

28 Dunn, E. W., Gilbert, D. T., & Wilson, T. D. (2011). If money doesn't make you happy, then you probably aren't spending it right. *Journal of Consumer Psychology, 21*(2), 115.
29 Brown, K. W., & Kasser, T. (2005). Are psychological and ecological well-being compatible? The role of values, mindfulness, and lifestyle. *Social Indicators Research, 74*(2), 349~368.

관한 기사를 "최고의 기사"로 선정할 정도였다.[30] 무히카는 자신이 사는 모습을 보고 놀라는 사람들에게 이렇게 해명했다. "내가 사는 방식은 혁명적인 것이 절대 아니다. 난 가난한 것이 아니라 단순하게 사는 것이다. 괴짜 노인처럼 보일지 모르지만 자유 의지에 따라 신중하게 선택한 것이다."[31]

무히카는 대통령이 되기 전에 독재에 항거하던 좌파 게릴라 집단 투파마로스Tupamaros에 가담했다는 이유로 15년 동안 감옥살이를 했으며 그 중 9년을 독방에서 지냈다. 투옥 중에 고문을 당해 정신이 이상해질 정도였지만 독서와 저술 덕분에 희망의 끈을 놓지 않을 수 있었다고 한다. 무히카는 1985년에 민주주의가 복원된 후 정치에 뛰어들어 2010년부터 2015년 2월까지 대통령을 역임했다.

페페 무히카에게 화려한 대통령 궁 같은 것은 없었다. 그는 대통령 재임 기간에도 몬테비데오 교외 농장에 있는 45m²(약 13.6평)짜리 허름한 함석지붕 집에 살았다. 그는 마당에 물을 길어 먹을 수 있는 우물이 있는 그곳에서 부인 루시아와 다리가 셋인 잡종개 마뉴엘라와 함께 20년을 살았다. 무히카 부부는 상원 의원인 부인 명의로 된 그 집에서 손수 땅을 일구고, 꽃을 길러 내다 팔았다.

호세 무히카는 대통령 월급(9,400유로, 1,200만원~1,300만원 정도)의 90퍼센트를 극빈자들에게 살 곳을 제공하는 프로그램과 여러 NGO에 기부했으며 자신은 우루과이 노동자의 평균 임금에 해당하는 돈만 갖고 살았다. 무히카는 "필요한 게 많은 사람이 가난한 사람"이라는 명언을 인용하면서 소비 지상주의 사회를 거부한다. 재산이라고는 1987년에 1,400유로(약 190만원)를 주고 산 폭스바겐 비틀 밖에 없으며 그가 즐긴 마지막 휴가는 보디가드 없이 부인 루시아와 함께 마을에 있는 카페 테라스를 누빈 것이었다.

---

30 http://www.courrierinternational.com/article/2012/11/28/uruguay-le-vrai-president-normal. Courrier International, "Uruguay, le vrai président normal," No 1152, November 28, 2013.

31 http://www.bbc.com/news/magazine-20243493, November 15 2012.

"나는 좋아하는 일을 할 수 있는 시간을 원한다. 절제하고 소비를 줄여 작은 집에서 정말 좋아하는 일을 즐기면서 사는 것, 그게 바로 진정한 자유다. …… 가진 게 많으면 도둑이 들어 훔쳐 가지 않을까 늘 신경을 써야 한다. 우리 집은 할멈과 내가 빗자루로 한번 쓸면 청소 끝이다. 시간이 많이 절약된다. 그런 게 내가 정말 원하는 것이다."

2012년 9월에 라틴 아메리카 메르코수르MERCOSUR(남미 공동 시장)[32] 회의가 열렸을 때 일흔일곱 살인 무히카가 코가 부러진 모습으로 회의장에 나타났다. 폭풍우에 부서진 이웃집 수리를 도와주다가 다쳤다고 했다. 직설적인 화법을 구사하는 무히카는 아르헨티나의 키르츠네르 대통령 부부를 가리켜 "좀도둑 페론주의자"라 부르고 카를로스 메넴 전 아르헨티나 대통령을 "마피아" 또는 "도둑"이라고 불렀다. 우루과이는 남아메리카에서 부정부패가 가장 적은 나라이며 행복한 나라 중 하나다.

페페 무히카는 세계의 지도자들이 대부분 "소비를 통한 성장을 부추기는 데 눈이 멀어 그렇게 하지 않으면 세상에 종말이라도 올 것처럼 행동한다."라고 비난한다.[33]

소박한 삶을 촉구하며

호세 무히카 전 우루과이 대통령은 2012년 6월에 개최된 유엔 지속 가능한 발전 회의, 리우+20에서 소박한 삶을 주제로 길이 기억될 만한 연설을 했다.[34]

---

32 스페인어 Mercado Comūn del Sur의 줄임말로 라틴 아메리카 국가들이 모인 경제 공동체를 가리킨다.

33 BBC World Service report, November 15, 2012, Vladimir Hernández, Montevideo.

34 "Human Happiness and the Environment," 우루과이 대통령 호세 무히카가 2012년 6월 20일 리우+20 지구 정상 회담에서 한 연설. 영어 번역본은 다음을 참조. http://therightsofnature.org/category/rio20.

언제까지 시장의 지배만 받으면서 살 수는 없습니다. 이제 우리가 시장을 지배해야 합니다. …… 고대 철학자 에피쿠로스, 세네카, 심지어 남아메리카 토착 부족인 아이마라 족까지 "가난한 사람은 가진 것이 적은 사람이 아니라 필요한 것이 많은 사람, 아무리 많이 가져도 만족하지 못하는 사람"이라고 했습니다. ……

우루과이 국민들은 여덟 시간 노동제를 위해 열심히 싸웠으며 이제는 여섯 시간 근무를 하게 되었습니다. 그런데 여섯 시간 일하는 사람이 직업을 두 개 갖는 바람에 전보다 일을 더 많이 하게 되었습니다. 왜 그러는 것일까요? 오토바이나 자동차 할부금을 갚아야 하기 때문입니다. 하나가 끝나면 다른 할부금이 또 생깁니다. 빚을 다 갚는 날이면 저처럼 인생의 종착역에 다다라 류머티즘에 끙끙거리는 노인이 되어 있을 것입니다. 여러분에게 묻고 싶습니다. 그런 게 인생일까요?

내가 말하려는 것은 아주 간단합니다. 발전이 행복을 가로막아서는 안 됩니다. 발전은 행복을 촉진해야 합니다. 사랑과 인간관계에 도움이 되어야 합니다. 아이들을 돌보고 친구를 사귀고 필요한 것을 손에 넣을 수 있도록 해야 합니다. 그런 것이 세상에서 가장 소중한 것이기 때문입니다.

미래 세대를 위한 이타심

전례 없는 번영을 누린 홀로세

지질 시대를 구분할 때 지난 1만 2천 년을 "홀로세Holocene"라고 부른다. 홀로세의 특징은 안정적인 기후다. 온화한 기후가 일정하게 유지되는 이상적인 환경에서 농업이 발달하고 사회가 복잡해졌으니 문명의 발달을 가능하게 한 일등 공신은 기후라고 해도 과언이 아니다(그래프 참조). 1만 년 전까지만 해도 수렵과 채집으로 살아가던 반유목인들이 정착하는 데 걸린 시간은 천 년밖에 되지 않았다.[1]

홀로세 전의 인간은 생존에만 급급했으며 한때 멸종 직전에 이르기도 했다. 세계 인구의 DNA를 분석하면 현 인류의 조상이 십만 년 전 사하라 사막 이남 지역의 혹독한 환경에서 살아남은 2천 명의 인간일 것이라는 추측이 가능해진다.[2] 멸종 위기 종이었다가 수만 년 동안 이어진 안정된 기후 덕분에 겨우 살아남은 것이다. 그 전에는 빙하기와 불안정한 기후로 인구가 증가할 수 없었다. 1만2천 년 전만 해도 지구

---

1   Rockström, J., & Klum, M., *The Human Quest: Prospering Within Planetary Boundaries*, Bokförlaget Langenskiöld, 2012, p. 112.

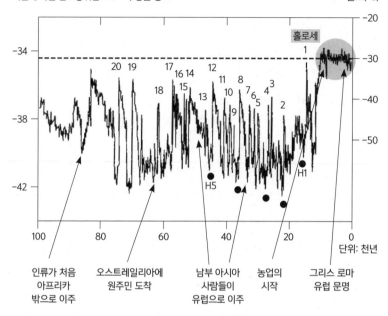

기온에 따른 산소동위원소 O¹⁸의 평균 농도 온도(°C)

최대치 온도 위에 적힌 숫자(20, 19, 18 등)는 해당 기간 중 평균 기온이 급격하고 크게 변한 횟수(하 인리히 이벤트)를 나타낸다.

상에 존재하는 인간은 1백만 명 내지 1천만 명 정도였고 5천 년 전에 비로소 약 1천5백만으로 불어났다. 인구가 1억 명이 넘은 것이 불과 2천5백 년 전의 일이다.[3]

홀로세 이전 빙하기에는 북반구 대부분이 얼음에 뒤덮여 있었으며 그 두께가 수 킬로미터에 달해 사회를 이루고 살거나 농사를 짓는 일이 아예 불가능했다. 그런데 당시 평균 기온은 지금보다 4~5°C 정도

2   Hawks, J. et. al. (1999) Population bottlenecks and pleistocene human evolution. *Molecular Biology and Evolution*, 17(1). 1만 년 전쯤 거대한 화산 폭발이 일어나 기후가 바뀌는 바람에 인구가 1만 명 정도로 줄었을 것이라고 주장하는 이론도 있다. Dawkins, Richard, *The Ancestor's Tale: A Pilgrimage to The Dawn of Life*, Houghton Mifflin, 2004, p. 416 참조.

3   McEvedy, C., & Jones, R., *Atlas of World Population History*, Penguin, 1978; Thomlinson, R., *Demographic Problems: Controversy over Population Control*, Dickenson, 1975.

낮았을 뿐이다. 얼마 안 되는 기온 차가 초래하는 생활 환경의 변화가 어마어마하다는 것을 알 수 있는 대목이다.

홀로세 동안에도 크고 작은 기후 변화가 있었던 것은 사실이지만 (서기 1000년에 일어난 갑작스런 온난화, 17세기 초에 닥친 소빙기 등) 지구는 매번 금방 균형을 되찾았다.

지난 수만 년 동안 기후가 특별히 안정적이었던 이유에 대해 가장 믿을 만한 설명은 태양 주위를 도는 지구 궤도가 지난 1만 2천 년 동안 거의 항상 원형을 유지했다는 것이다. 실제로 옛날에 일어난 기후 변화도 이 궤도가 변해서 발생한 일이라고 추정된다.[4] 이렇게 안정된 기후는 요즘처럼 인간이 위협을 가하는 일만 없었으면 2만 년은 족히 계속될 수 있었을 것이다. 지구상에서 가장 급속한 기후 변화를 유발한 것은 다름 아닌 인간이다. 오스트레일리아 국립 대학교 기후 변화 연구소 소장 윌 스테픈은 이렇게 말한다. "인간이 많은 일을 시도하면 할수록 홀로세가 현 상태를 유지하는 회복력이 훼손될 수 있다. 훼손되지 않는다면 홀로세는 앞으로도 수천 년 동안 안정세를 유지할 것이다."[5]

유리한 상황을 유지하는 것이 득이 되면 되었지 실이 되지는 않는다

산업 혁명 전에는 인간이 환경에 미치는 영향이 크지 않았다. 설사 영향을 미쳤다 해도 인간이 만든 부산물을 자연이 흡수해서 재활용할

---

4   Richardson, K., Steffen, W., & Liverman, D., *Climate Change: Global Risks, Challenges and Decisions*, Cambridge University Press, 2011, Chapter 1, p. 4.

5   http://www.ccema-portal.org/article/read/planetary-boundaries-a-safe-operating-space-for-humanity. Steffen, W., Persson, Deutsch, L., Zalasiewicz, J., Williams, M., Richardson, K.,,... Gordon, L. (2011). The Anthropocene: From global change to planetary stewardship. *Ambio*, 40(7), 739~761도 참조.

수 있었다. 지구 상황이 크게 달라진 결정적인 계기는 농업의 발달이다. 자연 진화를 통해 탄생한 생물종이 지구 전체를 뒤흔들 정도로 격변한다는 것은 그때까지만 해도 상상할 수 없는 일이었다.

그런데 정말 그런 일이 벌어졌다. 18세기 중반 들어 인류가 화석 연료를 저렴하고 효율 높은 에너지원으로 변환시키는 능력을 갖게 된 것이다. 혁신 기술은 경제적, 사회적으로 전례 없는 발전을 가져왔다. 대기에서 질소를 포집해서 비료를 비롯해 화학 제품으로 변환하게 된 것도 화석 연료에서 얻은 에너지 덕분이었다. 결국 보건 의료, 의학, 도시 지역 주거 환경이 비약적으로 발전하고 인구가 증가해 1800년에 10억이던 지구 인구가 오늘날 70억이 되었다.

새로운 에너지원이 등장하면서 광활한 원시림을 개발하고 활용하는 일이 가능해지자 상상을 초월하는 규모의 삼림이 파괴되기 시작했다. 2011년 현재 지구상의 숲은 절반 이상 벌채되었다. 대부분이 최근 50년 사이에 일어난 일이었다. 열대 우림은 1990년 이후에 절반이 파괴되었으며 앞으로 40년 후면 완전히 사라질 것으로 예상된다.[6]

지구 역사상 처음으로 지질 시대의 특징이 인간 활동과 밀접한 관계가 생기자 1950년 이후를 인류세anthropocene라는 새로운 지질 시대로 부르게 되었다. 인간의 행동이 자연의 섭리와 동등한 위치에서 처음으로 지구의 환경을 바꿔 놓은 시대다.

---

6 Ellis, E. C., Klein Goldewijk, K., Siebert, S., Lightman, D., & Ramankutty, N. (2010). Anthropogenic transformation of the biomes, 1700 to 2000. *Global Ecology and Biogeography, 19*(5), 589–606; Taylor, L., *The Healing Power of Rainforest Herbs: A Guide to Understanding and Using Herbal Medicinals*, Square One Publishers, 2004. 서아프리카 연안 다우림 중 최대 90퍼센트가 1900년 이후에 사라졌다. 남아시아에서는 열대 우림의 88퍼센트가 파괴되었다. 전 세계에서 열대 우림이 명맥을 유지하고 있는 곳은 약 400만 제곱미터의 열대 우림이 펼쳐져 있는 아마존강 유역뿐이다. 중앙아메리카에서는 1950년 이후에 저지대 열대 우림 3분의 2가 방목장으로 바뀌었으며 전체 숲 가운데 40퍼센트가 최근 40년 사이에 손실되었다. 마다가스카르 동부에 있는 숲도 90퍼센트가 사라졌다. 관련된 과학 참고 문헌을 보려면 위키피디아에서 "산림 파괴" 항목 참조.

인간이 지구계에 커다란 영향을 미치는 지질 시대 인류세의 갖가지 실상

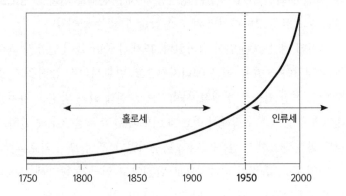

자동차 대수(단위: 백만 대)

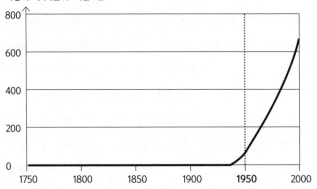

화학 비료의 양(단위: 백만 톤)

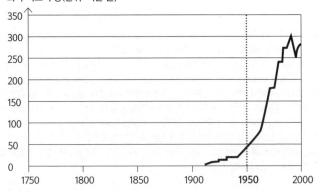

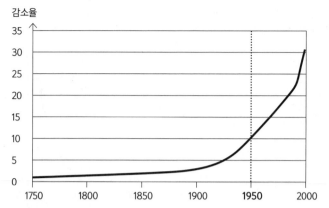

감소율

열대 아프리카, 라틴 아메리카, 남아시아 및 동남아시아의 열대 우림과 삼림 감소 현황

이산화 탄소 농도 ppm(중량 백만 분율로 표시되는 미량 성분의 함유량)

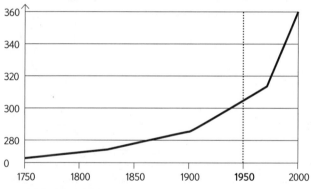

2013년 5월, 인류 역사상 최초로 이산화 탄소 농도 400ppm 도달
온실가스에 의한 지구 온난화

메탄(CH⁴) ppbv(부피 십억 분율로 표시되는 미소 농도의 단위)

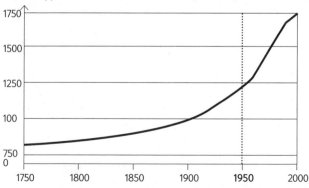

가축과 분뇨 배출에 의해 초래되는 지구 온난화

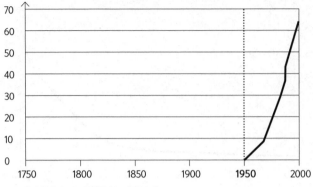

남극 대륙의 오존층 감소율(%)

오존층 파괴와 암 발병률 간 상관관계

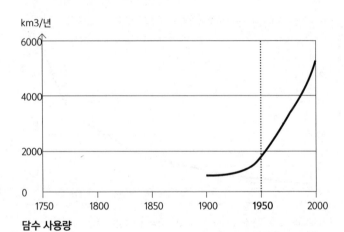

km3/년

담수 사용량

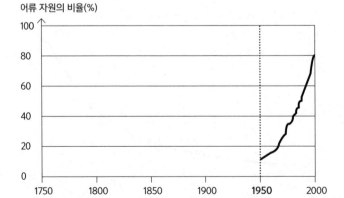

어류 자원의 비율(%)

해양 자원의 사용 실태(어업)

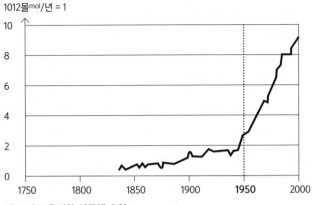

질소 비료에 의한 연근해 오염

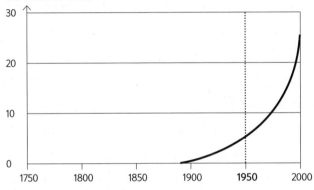

생물 다양성 손실과 종의 멸종

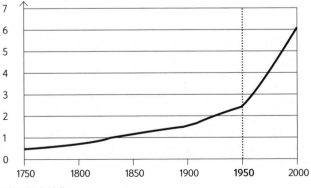

인구 증가 실태

그렇다면 왜 1950년을 기준으로 삼았을까? 환경에 영향을 미친 여러 요인이 증가하는 양상을 그래프로 보면 과학자들이 "거대한 가속 Great Acceleration"이라 부르는 현상이 이때부터 나타나고 있기 때문이다.[7] 앞에 나온 그래프들을 보면 금방 이해가 될 것이다. 물 소비량, 자동차 대수, 삼림 벌채량, 해양 자원 개발, 화학 비료 사용량, 대기 중 이산화 탄소와 메탄 농도 등이 기하급수적으로 증가하기 시작한다. 수학 천재가 아니더라도 지금과 같은 속도로 성장이 계속되면 조만간 커다란 혼란이 불가피하다는 것을 금방 눈치 챌 수 있을 것이다.

해수면이 현재 매년 3밀리미터 이상씩 상승하고 있다. 20세기보다 두 배나 빨라졌다. 평균 기온은 21세기 말까지 섭씨 2도(가장 낙관적인 예상치)에서 최고 섭씨 8도(가장 비관적인 예상치)까지 상승할 가능성이 있다. 빙하는 전 세계의 빙하 표면 중 95퍼센트가 매년 감소를 보이고 있다.[8] 삼림 파괴도 줄어들 기미가 보이지 않는다.[9] 해수 온도가 상승하고 해양이 산성화되어 간다. 대기 중 이산화 탄소 농도가 높아지면서 인간이 배출한 이산화 탄소를 바다가 흡수하고 그로 인해 해양 생물들에게 심각한 결과가 초래되고 있다. 해양 생물들이 이토록 심한 변화를 겪은 것은 지난 2천5백만 년 동안 단 한 번도 없었다. 스톡홀름 대학교 레질리언스 센터Stockholm Resilience Centre의 책임자 요한 록스트롬은 이렇게 말한다. "인간이 지구계에 가하는 압력이 극도로 심해 지구 환경이 급변할 수밖에 없는 단계에 도달했다."[10]

---

7 인류세의 시작을 18세기로 보는 과학자도 있지만 생태학적 변화가 광범위하게 시작된 것이 1950년이기 때문에 환경 운동가들은 대부분 1950년의 '거대 가속'을 기점으로 보고 있다.

8 Thompson, L. G., Mosley-Thompson, E., & Henderson, K. A. (2000). Ice-core palaeoclimate records in tropical South America since the Last Glacial Maximum. *Journal of Quaternary Science, 15*(4), 377~394.

9 인간이 배출한 CO_2 중 삼림 파괴와 그로 인해 발생하는 산불이 최소 20퍼센트를 차지한다.

10 Wijkman, A., & Rockström, J. (2013). *op. cit.*; Lenton, T. M., Held, H., Kriegler, E., Hall, J. W., Lucht, W., Rahmstorf, S., & Schellnhuber, H. J. (2008). Tipping elements in the Earth's climate system. *Proceedings of The National Academy of Sciences, 105*(6), 1786~1793.

2007년 들어 여름철 북극 해빙이 불과 몇 개월 만에 30퍼센트나 줄어들었다. 미국 국립 빙설 자료 센터National Snow and Ice Data Center의 책임자 마크 세레즈가 "죽음의 소용돌이death spiral"[11]라고 부르던 일이 시작된 것이다. 북극은 다른 지역보다 두 배 이상 빠른 속도로 온난화가 진행되고 있다. 얼음은 빛을 받으면 (빛과 그로 인해 발생하는 열의) 85퍼센트를 대기 중으로 반사하는 데 비해 바다는 (빛과 그로 인해 발생하는 열의) 85퍼센트를 흡수한다. 결과적으로 얼음이 많이 녹을수록 남은 얼음도 빨리 녹을 수밖에 없다. 히말라야 빙하도 사정이 다르지 않다. "제3의 극지대"라 불리는 히말라야 빙하는 인도에서 날아온 분진 공해와 산업 가스에 의해 오염되고 말았다.

수천 명의 과학자들이(과학자들 중 97퍼센트가) 인류가 하루 빨리 생활 양식을 바꾸지 않고 대책 없이 미적거리면 지구가 "귀환 불능 지점"에 도달해 통제력을 잃고 기후 불안정을 초래할 것이며 그럼 번영은커녕 생존마저 위태로운 상황에 빠질 것이라고 경고하고 있다. 기후 변화 회의론자(과학자들 중 3퍼센트)들이 물론 있지만 앞에서 본 것처럼 그들은 알맹이 없는 주장을 하는 사람들이다.

계속 번영하려면 지구 한계선을 넘지 말아야

"지구 한계선planetary oundaries"은 2009년에 『네이처』에 실린 논문에서 처음 제시된 개념이다. 요한 록스트롬을 비롯해 세계적으로 유명한 학자 스물일곱 명이 논문 작성에 참여했으며 노벨상 수상자이자 현지질 시대를 "인류세"로 부르자고 제안한 파울 크뤼첸도 동참했다.[12]

11 Wijkman, A., & Rockström, J. (2013). *op. cit.*, p. 117.
12 Rockström, J., Steffen, W., Noone, K., Persson, Chapin, F. S., Lambin, E. F., … Schellnhuber, H. J. (2009). A safe operating space for humanity. *Nature, 461*(7263), 472~475.

록스트롬은 이렇게 말한다. "지구 한계선을 넘으면 인류 전체에게 파괴적인 결과를 초래하겠지만 넘지 않으면 앞으로 수세기 동안 밝은 미래가 보장될 수 있다."[13] 지구 한계선을 지키면 인류가 생존과 번영을 계속할 수 있는 안전지대를 유지할 수 있다는 말이다.

이 임계값은 지구의 회복력과 지구를 움직이는 복잡한 역학, 생명체의 자기 조절 메커니즘을 모두 조사해서 밝혀낸 것이며 이 한계를 넘으면 돌이킬 수 없이 위험한 변화가 일어날 수 있다.

환경이 대대적으로 변하는 것을 막기 위해 다음과 같은 영역에서 넘어서는 안 될 한계의 측정 대상과 한계치가 정해졌다.

- 기후 변화
- 오존층 파괴
- 토지 사용(농업, 가축 사육, 삼림 벌채)
- 담수 사용
- 생물 다양성 감소
- 해양 산성화
- 인과 질소의 순환 및 대기와 바다로 침투(2대 주요 요인)
- 대기 중 미세 입자[14]
- 화학 물질 오염

이 아홉 가지 요인이 안전지대에 머물도록 해야 하며 한계를 넘으면 회귀 불능 지점에 도달할 수 있다. 뒤에 나오는 그림에서 보는 것처럼 1900년에는 모든 영역에서 측정된 수치가 거의 무의미할 정도

---

13 *Ibid.*
14 대기 중 에어로졸 입자가 매년 세계적으로 약 80만 명의 조기 사망을 유발하고 있다. 에어로졸은 지구 한계선에 포함해야 할 정도로 비중이 큰데 양적으로 안전한 임계치가 어느 정도인지 아직 정확한 판정이 이루어지지 않았다.

로 미미했으며 1950년에도 한계선을 넘은 수치가 하나도 없었다. 그러다가 최근 들어 세 가지 요인, 즉 기후 변화, 생물 다양성 감소, 질산염 오염이 한계를 넘은 상태다. 생물 다양성 감소의 경우 안전한 수준보다 10~100배 높은 수치를 보이며[15] 질산염 오염은 안전 수준을 3배 초과했다. 나머지 여섯 가지 요인들도 빠른 속도로 안전 수준을 위협하고 있다.

물론 이런 한계를 측정하고 평가하는 것에 일말의 불확실성이 있기는 하다. 하지만 생물권이 위험 지역에 진입했으며 시계가 제로인 안개 속에서 절벽을 향해 돌진하는 운전자처럼 브레이크를 언제 밟아야 목숨을 건질 수 있을지 정확히 모른다는 것 하나는 확실하다.

설상가상으로 이 한계선들은 서로 밀접한 의존 관계로 묶여 있어 하나가 선을 넘으면 다른 것들까지 전부 탈선하는 도미노 효과가 우려된다. 예를 들어 해양 산성화는 기후 변화와 밀접한 연관이 있다. 인간이 만들어 낸 이산화 탄소가 지구 온난화의 주범인데 그 중 4분의 1이 바다에 녹아들어 탄산이 되고 그 때문에 바다가 산성화되어 산호, 연체동물, 갑각류, 플랑크톤이 몸을 감싸야 할 껍데기와 골격을 생성하지 못하게 되었다. 바다의 산성화는 산업 혁명 이후 30퍼센트나 증가했다. 오늘날 바다는 이천만 년 전보다 백 배나 빠른 속도로 산성화되고 있으며 그로 인해 산호초가 심각하게 손상되고 있다.[16]

생물 다양성 감소는 더욱 심각한 수준이다. 지금과 같은 속도라면 21세기가 끝나기 전에 포유류, 조류, 양서류의 30퍼센트가 멸종할 가능성이 있다.[17] 20세기 들어 인간의 활동으로 인한 생물의 멸종 속도

15 Mace, G. et al., "Biodiversity" in Ecosystems and Human Well-being, pp. 79~115.
16 Guinotte, F. (2008), Ocean acidification and its potential effects. Annals of New York Academy of Sciences, 1134, 320~342.

는 공룡의 멸종을 초래한 대참사와 같은 일이 없었을 때의 평균 멸종 속도보다 100~1,000배 빨라졌다. 21세기에는 여기서 다시 10배 정도 가속도가 붙을 것으로 예상된다. 정말 그렇게 되면 더 이상 손 쓸 도 리가 없을 것이다.

지구 안전을 보장하는 한계치가 정해져 있는 10대 요소 변화상

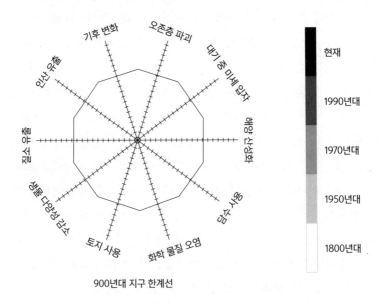

900년대 지구 한계선

17 Díaz, S. *et al.*, "Biodiversity Regulation of Ecosystem Services" in *Ecosystems and Human Well-being: Current State and Trends* (Hassan, H., Scholes, R. & Ash, N. [eds.]), Island Press, 2005, pp. 297~329.

지구 안전을 보장하는 한계치가 정해져 있는 10대 요소 변화상

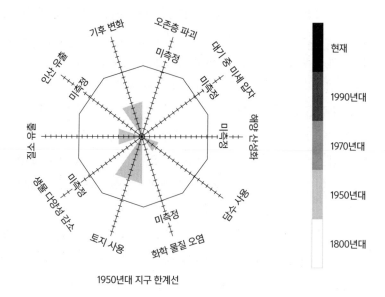

1950년대 지구 한계선

지구 안전을 보장하는 한계치가 정해져 있는 10대 요소 변화상

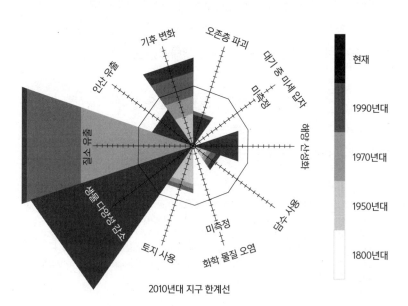

2010년대 지구 한계선

화학 제품의 경우 잔류성 유기 오염 물질, 중금속, 방사능 물질 등이 모두 생물체에 누적적으로 유해한 효과를 미쳐 생식력을 떨어뜨리고 유전자를 영구 손상시킨다. 이 오염 물질들은 이미 수많은 동물 종의 개체 수를 감소시켰으며 특히 바다새와 포유류가 입은 피해가 컸다. 인간도 예외가 아니다. 2004년에 유럽 연합 13개국 장관들이 자진해서 혈액 검사에 응했는데 혈액에서 검출된 화학 물질은 55종이나 되었으며 그 중에는 프라이팬에 음식이 들러붙지 않게 하는 코팅제부터 플라스틱, 향수, 심지어 유럽에서 사용이 금지된 농약까지 종류가 매우 다양했다. 특히 모든 장관의 혈액에서 1970년대에 유럽에서 금지된 몬산토의 독극물 PCB의 흔적을 볼 수 있었다.[18]

지구계는 회복력을 갖고 있다. 외부 기온이 변해도 체온을 유지할 수 있는 포유동물처럼 교란이 일어나도 저항할 수 있다. 그렇지만 그런 능력에는 한계가 있다. 예를 들어 질소와 인은 순환이 극심하게 교란되었다. 현대 농업 기술의 발전과 도시 폐기물의 부적절한 처리로 인해 지구가 처리할 수 있는 것보다 훨씬 더 많은 양의 질소가 생물권에 방출되고 있다. 농업용으로 사용되는 비료 중 식물 대사에 사용되는 양은 극히 일부에 불과하다. 식물이 사용하지 못한 다량의 질소와 인은 강, 호수, 바다로 흘러들어 수중 생태계를 교란하고 있다.[19]

지구의 미래, 그래도 희망은 있다

내가 아는 티베트 사람들 대부분은 지구 온난화에 대해 들어본 적이

18 WWF (October 2004). Bad blood? A survey of chemicals in the blood of European ministers. www.worldwildlife.org/toxics/pubs/badblood.pdf. Rockström, J., & Klum, M. (2012). op. cit., p. 209에 인용.
19 Rockström, J., Steffen, W., Noone, K., Persson, Chapin, F. S., Lambin, E. F., ... Schellnhuber, H. J. (2009). A safe operating space for humanity. Nature, 461(7263), 472~475.

없지만 겨울에 강을 뒤덮은 얼음장 두께가 옛날보다 못하고 날씨도 점점 더워진다는 것을 체험을 통해 알고 있다. 다른 나라에 사는 사람들도 정보에 자유롭게 접근할 수만 있으면 지구 온난화가 위험하다는 사실을 숱하게 들어서 잘 알고 있다. 그렇지만 정작 온난화를 막기 위한 조치와 실천하는 문제에 대해서는 아직 미온적이다.

사람은 진화 과정에서 급박한 위험이 닥쳤을 때 효과적으로 대응하는 능력을 습득했지만 10년, 20년 뒤를 생각해 대비한다는 것은 결코 쉬운 일이 아니다. 막연히 '닥치면 방법이 있겠지.' 할 뿐이다.

하물며 지금 우리가 사는 방식이 앞으로 세상에 태어날 미래 세대의 삶에 미칠 영향에 대해서는 아예 생각조차 하지 않는다. 먼 훗날 최악의 결과가 일어날 것이 뻔해도 지금 당장의 즐거움을 포기하라고 하면 다들 질색을 한다. 존경 받는 환경 과학자 다이애나 리버만은 이산화 탄소가 분홍색이었으면 좋았을 것이라고 한탄한다. 정말 그랬더라면 이산화 탄소가 배출될 때마다 하늘이 분홍색으로 물드는 것을 눈으로 직접 확인하면서 경각심을 가질 수 있었을 것이다.[20]

아메리카 인디언들은 중대한 결정을 내리기 전에 일곱 세대 이후 후손들에게 어떤 영향을 미칠지 생각해 봐야 한다고 입버릇처럼 말한다. 그런데 요즘은 자식 세대를 위협하는 문제조차에도 제대로 관심을 기울이지 않는다. 극단적인 자유주의 경제 옹호자들은 생산자와 소비자의 관계만 따질 뿐, 에너지와 천연자원이 낭비해도 될 만큼 무한하지 않다는 것에는 모르쇠로 일관한다. 오늘날 세계 주요 생태계 중 3분의 2가 과잉 개발되고 있다.[21] 인도의 은행가이자 유럽 연합에서 지원을 받는 연구 단체인 생태계와 생물 다양성의 경제학The Economics of Ecosystems and Biodiversity의 책임 연구원인 파반 수크데프는 이

---

20 Diana Liverman, 회의는 2011년 10월 다람살라에서 열렸다. 마음과 생명 연구소가 주최한 "환경, 윤리, 상호 의존" 회의에서 개인적으로 나눈 대화.

21 유엔 밀레니엄 생태계 평가(MEA)의 보고 내용.

렇게 말한다. "우리는 지구의 과거와 현재와 미래를 무모하리만치 조급하게 소비하면서 이를 진보 또는 GDP라 부르고 있다."[22]

산적한 문제들

1970년부터 1995년까지 매년 1.7퍼센트씩 증가하던 온실가스 배출량이 2010년에 평균 5.9퍼센트나 증가했다. 2013년에는 이산화 탄소 농도가 최근 30년 이래 가장 빠른 속도로 증가했다. 세계 기상 기구 World Meteorological Organization가 언론에 공개한 자료에 따르면 "복사 강제력radiative forcing" 즉 이산화 탄소, 메탄, 아산화 질소 등 수명이 긴 온실가스가 대기 온도를 높이는 정도가 1990년부터 2013년까지 34퍼센트나 증가했다. 회의론자들은 줄기차게 부인하고 있지만 다음에서 보는 것처럼 평균 기온도 상승을 거듭하고 있으며[23] 그 속도가 마지막 빙하기보다 열 배나 빨라졌다.

전문가들 대부분은 지구의 기온이 이렇게 급격히 상승하는 것이 인간 활동에서 기인하는 현상이라고 한다. 태양 활동이 왕성해져서 온난화가 일어난다는 설명을 비롯해 다른 대안적 가설들은 이미 논박이 끝난 상태다.[24] 이런 식이면 1900년에 아프리카에서 기온 측정이 시작된 이후, 여름철마다 최고 기록을 경신할 가능성이 2050년에는 50~80퍼센트, 21세기 말이 되면 100퍼센트에 육박할 것이다.[25]

22 Pavan Sukhdev, in the preface of Wijkman, A., & Rockström, J. (2013). op. cit. 수크데브는 환경친화적 사업을 장려하는 조직, Corporation 2020을 설립했다.
23 Rockström, 2009, p. 102 중에서.
24 지구 온난화는 지난 1세기 동안 진행된 기후 변화의 결과물이다. 이를 특정 장소에서 언제든지 일어날 수 있고 때로는 극단적인 형태를 띠는 기상 변동과 혼동해서는 안 된다. 예를 들어 스칸디나비아, 러시아, 미국 동부 지역은 2010년 겨울에 혹독한 한파가 몰아쳤지만 다른 지역은 평년보다 날씨가 따뜻해서 북극과 캐나다 경우 기온이 평소보다 4°C나 높았다.
25 Battisti, D. S., & Naylor, R. L. (2009). Historical warnings of future food insecurity with unprecedented seasonal heat. Science, 323(5911), 240~244.

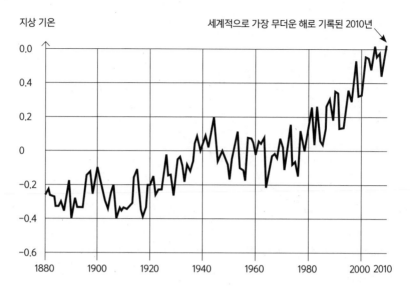

지상 기온

세계적으로 가장 무더운 해로 기록된 2010년

1880년부터 2010년까지 관찰된 지구 온난화 추이

　지구 온난화의 규모와 범위를 확실하게 예측할 수 없는 것은 여러 요인들의 상호 작용으로 모든 것이 순식간에 가속화될 수 있기 때문이다. 국제 북극 연구 센터International Arctic Research Center의 나탈리아 샤코바와 여러 학자들이 2010년에 공개한 조사 결과를 보면 예를 들어 시베리아 툰드라의 영구 동토대가 녹을 때 배출되는 메탄의 양이 당초 예상했던 것보다 훨씬 더 크다는 것을 알 수 있다.[26]

　그런데 온난화로 인해 기온이 섭씨 1.5도만 올라가도 인간 사회에 미치는 영향은 어마어마하다. 식량 자원이 감소하고 기온에 민감한 전염성 질환이 증가하고 인구 이동을 유발해 갖가지 충돌과 문제를 일으킬 수 있다. 2억 명이 난민 신세가 될 가능성도 있다.

26　Shakhova, N., Semiletov, I., Salyuk, A., Yusupov, V., Kosmach, D., & Gustafsson, Ö. (2010). Extensive methane venting to the atmosphere from sediments of the East Siberian Arctic Shelf. *Science, 327*(5970), 1246~1250.

해수면 상승 추이

1993년부터 위성을 이용해 측정하기 시작한 해수면 높이가 매년 3.3밀리미터씩 올라가고 있으며 이런 추세가 갈수록 가속화되고 있다. 2100년에 해수면이 80센티미터 상승하면 수많은 사람들이 불가피하게 이주를 해야 할 것이다.[27] 위험에 처할 것으로 보이는 인구는 2억 명 이상이며 뉴욕, 상하이, 뭄바이 등 세계 유수의 거대 도시들이 해수면과 높이가 같아진다.

중대한 인권 침해 행위

수천 명 안팎의 소수가 70억 인구가 원하는 것이 무엇인지 신경도 안

27 Cazenave, A., & Llovel, W. (2010). Contemporary sea level rise. *Annual Review of Marine Science*, 2, 145~173; Nicholls, R., and Leatherman, S. (1995), Global sea-level rise. In Strzepek, K., & Smith, J. (eds.), *As Climate Changes: International Impacts and Implications*, Cambridge University Press, 1996, pp. 92~123; Pfeffer, W. T., Harper, J. T., & O'Neel, S. (2008). Kinematic constraints on glacier contributions to 21st-century sea-level rise. *Science, 321*(5894), 1340~1343.

쓰고 의견도 묻지 않은 채 인류의 운명을 결정짓는다고 가정해 보자. 실제로 그런 일이 벌어지면 사람들의 원성이 얼마나 자자할지 상상이 갈 것이다. 아마 중대한 인권 침해 행위라고 비난할 것이다. 우리가 미래 세대의 운명을 결정할 때 하는 일도 이와 다를 바 없다.

이런 태도는 일부 사람들이 갖고 있는 이타심에 대한 지극히 편협한 개념이 반영되어 나타나는 것이다. 그런 사람들은 자녀와 손자들의 운명은 걱정하지만 그 후 이어질 수많은 세대의 후손들에 대해서는 아무 생각이 없다. 미국의 위대한 희극 영화배우 그루초 막스가 한 유명한 농담이 있다. "내가 왜 미래 세대를 걱정해야 하지? 그들이 나한테 해준 게 뭐가 있어?" 자기중심적인 태도가 적나라하게 드러난 말이 아닐 수 없다.

그루초 막스가 한 재담에서 드러난 관점은 많은 철학자들이 갖고 있는 견해와도 일치한다. 그런 철학자들은 미래 세대와 관계가 일방통행적이며 후손들이 우리가 하는 행동에 대해 상이나 벌을 내릴 수 없다고 말한다. 예를 들어 미국 오하이오주 오벌린 대학교의 교수였던 노먼 케어는 후손이라는 막연한 존재들을 사랑하거나 배려하는 것은 불가능하며 "그들의 이익에 대해 관심조차 가질 수 없다."[28]라고 말한다. 장차 세상에 올 사람들과는 공동체 의식을 갖거나 같은 인류에 속해 있다는 소속감을 나눌 수 없다는 것이 그의 지론이다. 반면에 영국 철학자 데렉 파피트를 비롯해 여러 사상가들은 그런 개인주의적인 의견에 동의하지 않으며 미래 세대보다 현 세대를 더 중요시해야 한다는 것은 도덕적으로 근거 없는 생각이라고 말한다.[29]

28 Care, N. S. (2008). Future generations, public policy, and the motivation problem. *Environmental Ethics*, 4(3), 195~213.
29 Parfit, D., *Reasons and Persons*, Clarendon Press, 1984.

후대 사람들이 지금 권리를 주장할 수 있을까?

장차 세상에 올 후손들을 머릿속에 아무리 떠올리려고 해도 잘 안 될
것이다. 엄청나게 많은 사람들이라는 것 말고는 그저 막연하기만 할
것이다. 아직 존재도 없는 존재들이 도덕적 지위를 가질 수 있을까?
철학자들은 이 문제에 대해 고민하면서 그들에게 과연 권리가 있는지
생각해 보았다. 딱히 뭐라고 하기 어려운 기이한 문제가 아닐 수 없다.
지금 당장은 존재가 가상적이고 익명적이며 숫자가 얼마나 된다고 못
박을 수도 없지만 장차 세상에 올 것만은 확실하기 때문이다.

내가 이 문제에 대해 문의했을 때 환경 철학자 클레어 팔머[30]는 개
인의 권리에 대한 이론이 현재 생존해 있는 사람들 사이에서 발생하는
윤리적인 문제를 해결하는 데 주안점을 두고 있어 철학자들이 실수를
많이 한다고 말했다.[31] 캔자스 대학교 교수 리처드 디조지는 미래의
존재는 세상에 나타난 순간에야 비로소 권리를 가질 수 있다고 생각
하는 사람이었다.[32]

환경 윤리 전문가인 미국 철학자 어니스트 패트리지는 "능동적 권
리active rights" 즉 어떤 일을 행할 권리에 대해서는 그런 논리가 유효하
지만 예를 들어 건강한 삶을 누릴 가능성을 박탈당하지 않을 "수동적
권리" 같은 것은 미래의 사람들에게도 얼마든지 적용 가능하다고 입
장을 밝힌다.[33]

---

30 텍사스 대학교 교수. 여러 권의 책을 쓴 저자이며 베어드 캘리코트와 함께 철학과 환경에 관한
     다섯 권짜리 전집 Palmer, C., & Baird, Callicott J., *Environmental Philosophy, Routledge*,
     2005을 공동 편집했다.
31 이 부분에 대해 설명을 해 주고 참고 문헌을 알려 준 텍사스 대학교 교수 클레어 팔머에게 감사
     드린다.
32 Degeorge, R. T. (1981). The environment, rights, and future generations.
     Responsibilities to Future Generations, 157~165.
33 Partridge, E. (1990). On the rights of future generations. In Scherer, D., ed., *Issues in
     Environmental Ethics*, Temple University Press, 1990.

그럼에도 불구하고 많은 철학자들은 권리와 의무란 구체적인 사람, 특정인에 관련된 것이며 포괄적 개념인 인간으로서 느낄 고통이나 행복에 대해서는 책임을 질 필요가 없다고 생각한다. 그런데 "권리" 대신에 이타심과 자비심이라는 말을 사용하면 이런 난맥상을 해결할 수 있다. 이타심을 주변 사람 모두에게 확대하는 것이 인간 고유의 능력이라면 그것을 미래 세대로 확장하는 것은 필연이다.

미래 세대가 누군지 정확히 알 수 없지만 그들도 우리처럼 고통을 꺼려하고 행복을 원한다는 점에는 차이가 없을 것이다. 그렇다면 우리가 하는 행동과 우리가 사는 방식이 그들에게 미칠 영향에 대해 반드시 생각해 봐야 한다. 손자들에게 물려주려는 집을 제대로 관리하지 않아 폐가로 만든다는 것은 천부당만부당한 일이다. 앞으로 지구상에서 살아갈 미래 인류도 마찬가지다. 미국 조지타운 대학교 국제법 및 환경법 교수인 에디스 브라운 와이스도 같은 의견을 갖고 있다. 그는 "세대 간 형평의 원칙"을 이야기하면서 한 세대가 지구상에서 살다가 다음 세대에게 자리를 내줄 때는 지구를 원래의 상태로 물려주어야 마땅하다고 주장한다.[34]

동시대인들의 반응

펜실베이니아 주립 대학교 심리학자 로버트 쿠르즈반과 경제학자 대니얼 하우저가 한 연구 결과에 의하면 미래 세대의 운명을 염려하고 환경이 파괴되는 것을 막기 위해 자진해서 소비 습관을 바꿀 준비가 되어 있는 깨어 있는 이타주의자가 인구의 20퍼센트 정도 된다. 그들이 그런 생각과 행동을 하는 것은 자연을 존중해서 그러는 것일 수도

---

34 Weiss, E., *In Fairness to Future Generations: International Law, Common Patrimony, and Intergenerational Equity*, Transnational Publication and the United Nations University, 1989.

있고 인간의 복지와 행복을 염려해서 그러는 것일 수도 있으며 두 가지가 불가분의 관계로 연결되어 있다고 생각하는 사람도 있다.[35]

60퍼센트 정도의 사람들은 대세와 여론 주도층이 하는 대로 그냥 따라간다. 인간의 집단 심리가 얼마나 강력한지 알 수 있는 대목이다. 이렇게 남들이 하는 대로 따라가는 '추종자'들은 '조건부 협력자'들이라서 남들이 다 그렇게 하면 공익에 기여할 의사가 충분히 있는 사람들이다.

나머지 20퍼센트는 협력할 의사는 없이 기회만 생기면 남을 이용해 먹으려고 드는 사람들이다. 남들의 행복에 원칙적으로 반대하지는 않지만 실제로는 남이 행복하든 말든 전혀 신경 쓰지 않는다. 행복할 권리를 주장하지만 그 대신에 남을 위해 의무나 책임을 지려고 하지 않는다. 협력보다 경쟁을 선호하면서 개인의 영달을 위해 온 힘을 다 쏟는다.

뼛속까지 개인주의적인 성향을 갖고 있으면서 독단적인 행동을 일삼는 사람들을 일컬어 '무임 편승자'라고 부른다. 다른 사람들과 지구 전체를 개인의 행복을 추구하는 데 유용한 도구로 생각하면서 그들을 이용하려고 들기 때문이다. 이들은 동료에 대해 책임감이 거의 없다. 하물며 미래 세대에 대해서는 아무 생각도 하지 않는다. 자기 자신과 눈앞에 놓인 상황에만 집착하던 아인 랜드의 추종자들이나 해수면 상승에 대해 "백 년 뒤에 일어날 일 때문에 지금 우리가 행동을 바꿔야 한다는 것은 언어도단"[36]이라고 말한 억만장자 스티븐 포브스가 바로 그런 사람들이다. 그들에게 내일은 내일에 불과할 뿐 자신이 죽은 뒤에 일어날 일은 상관할 바 아니다.

35 Kurzban, R., & Houser, D. (2005). Experiments investigating cooperative types in humans: A complement to evolutionary theory and simulations. *Proceedings of The National Academy of Sciences of The United States of America, 102*(5), 1803~1807.

36 Steven Forbes, 2009년 10월 18일 폭스 뉴스 토론에서 한 말.

생태 발자국

수적으로는 열세지만 최상위 부유층에 속하는 이 개인주의자들은 다른 계층에 비해 생태 발자국이 지나치게 큰 생활을 영위하고 있다. 개인의 생태 발자국은 그 사람이 먹을 것을 얻고 주거지를 확보하는 데 필요한 토지 면적, 그 사람이 실제로 이동하고 소비하고 쓰레기를 관리하는 데 드는 에너지, 그 사람으로 인해 발생한 (온실가스 및 오염 물질) 배출량으로 정의된다. 지구상에서 생물학적으로 생산 가능한 토지의 면적을 세계 인구로 나누면 일인당 토지 면적이 나오는데 이것이 1.8헥타르 정도 된다. 그런데 현재 평균 생태 발자국은 일인당 2.7헥타르다. 다들 분에 넘치는 생활을 하고 있다는 뜻이다. 생태 발자국은 생활 수준에 따라 다르다. 평균적인 미국인의 생태 발자국은 8헥타르, 스웨덴인은 6헥타르, 아프리카인은 대부분 1.8헥타르, 인도인은 0.4헥타르다.[37] 프린스턴 대학교 교수 스테판 파칼라가 한 계산에 따르면 전 세계 탄소 배출량 절반이 세계 인구 가운데 7퍼센트에 해당하는 최상위 부유층 때문에 나오는 것이다. 그에 비해 가장 가난한 50퍼센트에 해당하는 인구가 배출하는 이산화 탄소는 7퍼센트에 불과하다. 35억 인구가 배출하는 이산화 탄소 치고는 무시해도 좋을 만한 양이다. 따라서 오염에 대해 최상의 자기 보호 수단을 보유한 7퍼센트의 부유층이 나머지 인구를 이용해 득을 보는 셈이다.[38]

부유층 중에 아량이 넓고 더 나은 세상을 만들고 싶어 하는 심지 굳은 사람이 물론 있겠지만 그들은 소수에 불과하다. 오늘날 최상위 부유층이 살아가는 방식은 인류의 번영과 건강한 지구 환경을 위태롭게

37 Pacala, S. Lambin, É., *Une écologie du bonheur*, Le Pommier, 2009, p. 13에 인용.
38 Wijkman, A., & Rockström, J. (2013). *op. cit.*, p. 145; Wackernagel, M., & Rees, W. E., *Our Ecological Footprint: Reducing Human Impact on Earth*, vol. 9, New Society Publications, 1996.

하고 있다.

대책을 세워 행동해야 한다. 그런데 집의 단열 효과를 높이고 태양광이나 지열 에너지를 사용하고 전기 소비가 적은 가전제품을 사용해 비용을 줄이는 것만으로는 충분하지 않다. 실상을 들여다보면 이렇게 악착같이 절약하는 사람들이 알고 보면 여행을 하고 물건을 사들이는 데 돈을 펑펑 쓰면서 직간접적으로 온실가스를 배출하고 환경 오염을 유발한다. 에너지를 절약하는 것이 대수가 아니라 생활 전체를 간소하게 바꿔야 한다. 단순하게 사는 것은 만족스럽지 못한 삶이라는 생각 자체를 버려야 한다.[39]

이런 난제를 극복한 나라들이 있다. 예를 들어 일본은 일인당 에너지 소비량이 유럽 연합 국가들보다 두 배 적고 미국보다 세 배 적다. 일본은 에너지 대부분을 수입에 의존하고 있어 가격이 매우 비싸다는 데서 비롯된 현상이다. 높은 에너지 가격이 국가 번영이나 세계 시장에서 경쟁력을 약화시키지 않으면서 소비에 유익한 영향을 미친 경우라 하겠다. 한계와 악조건이 혁신을 자극한 덕에 신기술 분야에서 에너지 소비를 줄이면서 기업을 발전시킬 수 있는 방법을 다각도로 모색하게 된 것이다.[40]

과학과 정부의 긴밀한 협력이 필수

최근에 발표된 연구 결과들을 보면 지구 온난화를 2℃ 이내로 줄이려면 2050년까지 이산화 탄소 배출량을 80퍼센트 줄여야 한다. 그런데 경기 침체의 여파로 각국의 지도자들이 소비를 부양하는 데만 온통 정신이 팔려 있어 목표 달성에 대한 정치적 의지가 매우 약한 것이 현실이다.[41] 신뢰할 만한 데이터를 제시하는 과학자들에게 분위기를 흐

---

39 Ibid., pp.154~155.
40 Ibid., p. 156.

린다고 면박을 주면서 지식을 통해 미래를 예측하고 올바른 결정을 내리도록 도와주는 사람이 아니라 매사에 초를 치는 사람쯤으로 몰아가기 일쑤다.[42] 권력자들은 절충안으로 협상하려고 애를 쓴다. 문제는 그런 절충안이 바람직한 해법보다 효과가 떨어지기 때문에 궁극적으로 해롭다는 것이다. 이는 중병에 걸린 환자가 주치의와 줄다리기를 하면서 생존과 회복에 필요한 약물을 절반만 복용하겠다고 우기는 것과 다름이 없다.

세계 각국의 정부는 지난 30년 동안 환경을 보호한답시고 5백 개가 넘는 국제 협정에 서명을 했다. 그렇지만 오존층 파괴 속도를 늦추는 데 효과적인 대책을 도출해 낸 1987년 오존층 파괴 물질에 관한 몬트리올 의정서 외에는 대부분 서로 호흡이 맞지 않고 정치적 의지가 부족하고 무엇보다 협약 불이행국에게 가해지는 제재 조치가 없어 뚜렷한 효과를 보지 못했다.

재레드 다이아몬드는 『문명의 붕괴: 과거의 위대했던 문명은 왜 몰락했는가Collapse: How Societies Choose to Fail or Succeed』에서 부유한 선진국에 사는 10억 인구가 향유하는 자원이 나머지 60억 인구가 누리는 것보다 일인당 서른두 배나 더 많다는 계산 결과를 제시했다.[43] 나머지 60억 인구가 선진국의 10억 국민들과 똑같이 소비를 한다면 지구만한 행성 세 개가 더 필요하다. 일인당 소득이 평범한 미국인의 10분의 1에 불과한 중국만 봐도 중국인 한 명이 평균적인 미국인만큼 소비를 한다면 전 세계적으로 천연자원에 대한 수요가 두 배나 증가할 것이다. 예를 들어 중국인 일인당 자동차 보유 대수가 미국과 같아지면 전 세계에서 생산되는 석유를 중국 혼자 몽땅 빨아들이게 될 것이다.[44] 중

41   Ibid., p. 22.
42   Ibid., p. 19.
43   Diamond, J., Collapse: How Societies Choose to Fail or Succeed, Viking, 2005.
44   Wijkman, A., & Rockström, J. (2013). op. cit., p. 4.

국은 현재 그런 방향으로 가고 있다. 지금과 같은 상황이 계속될 수 없다는 것은 불을 보듯 뻔한 일이다.

이제는 정말 과학자와 의사 결정권자, 경제학자, 기업, 언론이 서로를 신뢰하며 과학자가 하는 말에 귀를 기울이고 협력과 연대를 바탕으로 공동의 목표를 향해 노력을 경주할 때다. H. G. 웰스가 말한 것처럼 "인류의 역사가 교육과 공멸 중 어느 것이 더 빠른가를 대결하는 각축장"으로 변하고 있기 때문이다.

마야 문명이나 크메르 문명처럼 번영을 구가하던 고대 문명도 다들 알다시피 토지와 자연 자원을 과잉 개발하는 바람에 하루아침에 사라져 버렸다. 그런 역사적 사실을 두고도 우리는 타산지석의 교훈조차 얻지 못한 셈이다.[45] 이제는 특정 지역에 사는 민족의 운명이 아니라 인류 전체와 지구 전체의 생물 다양성이 위협받고 있는 만큼 모든 나라가 발 벗고 나서서 해법을 찾아야 한다.

요즘 사회는 무한 성장의 신화가 저변에 깔려 있다. 경제학자나 정치인 중에 그에 대해 의문을 제기하는 사람조차 없다. 지금까지 지구상에서 어떤 세대도 이토록 심하게 미래를 저당 잡혀 살지 않았다. 지구가 안전 한계선을 넘는 순간 생태학적 재앙이라는 빚쟁이들이 떼거지로 몰려들 것이다. 그럼 그동안 자원 낭비를 거의 하지 못했던 나라들부터 고생을 시작해서 결국 아무도 고통을 피하지 못할 것이다. 마틴 루터 킹은 이렇게 말했다. "우리는 각자 다른 쪽배를 타고 왔지만 지금은 모두 같은 배에 몸을 싣고 있다."

---

45 마야 문명에 관해 Diamond, J. (2009). *op. cit.*. 오늘날 고고학자들은 크메르 문명이 쇠퇴한 것이 인구 과잉 때문이었다고 생각한다. 집약 농업이 불가피해 토양이 돌이킬 수 없이 피폐해지고 농사 계획 수립과 수자원 관리가 불가능해졌던 것이다.

90억 인구를 먹여 살리는 일

2050년까지 인구가 증가하다가 90억 명 수준에서 정체될 것으로 예상된다. 주로 빈곤국에서 인구가 증가할 것[46]이므로 앞으로 2050년까지 식량 생산을 70퍼센트 정도 늘려야 할 것이다. 10억에 가까운 인구를 가난에서 구제하고 20억 내지 30억 명을 추가로 먹여 살린다는 것은 난제 중의 난제다. 게다가 식량을 더 많이 생산하느라 생태계가 파괴될 것까지 감안하면 생각할수록 어려운 문제가 아닐 수 없다. 실제로 인류의 안전을 보장하는 데 필요한 9대 지구 한계선 중 다섯 항목[47]이 농업과 축산업의 발달로 인해 초과해 버렸다. 이제부터는 생태계의 건강을 더 이상 축내지 않으면서 인간을 위해 식량 생산을 늘릴 방법을 강구해야 한다.

농업 분야 하나가 온실가스 배출량의 17퍼센트를 차지한다. 유엔 식량 농업 기구FAO의 보고서에 따르면 향후 50년 동안 전 세계 열대 지역에서 식량 생산이 매년 25~50퍼센트 정도씩 줄어들 위험이 있다.[48] 온대 기후대에서는 온난화로 인해 일시적으로 생산이 늘겠지만 얼마 못 가 질병이 창궐하고 해충이 늘어 결국 수확량 감소로 이어질 것이다.

그런데 유엔의 식량권Right to Food 특별 보고관이었던 벨기에 법학자 올리비에 드 슈터는 2011년에 발표한 보고서 「농업 생태학과 식량권 Agroecology and the Right to Food」에서 농업 생태학을 적용하면 십 년 안에 세계 어디서나 식량 생산을 두 배 늘려 농촌 지역의 빈곤을 줄이고 기후 변화에 대해 해결책을 모색할 수 있다고 주장했다. 그가 한 말대로 된

---

46 유엔과 세계 은행이 설립한 농업 과학 기술 평가International Assessment of Agricultural Knowledge, Science and Technology for Development의 연구 결과.
47 토지 사용의 변화, 생물권으로 방출되는 질소와 인의 양, 생물 다양성 소실, 화학적 오염, 기후 변화이다.
48 Diamond, J., *Collapse: How Societies Choose to Fail or Succeed*. Viking, 2005.

다면 제2 차 세계 대전 이후 세계 무역 기구WTO에 의해 구축된 국제 무역의 질서와 판도가 완전히 달라질 것이다.[49]

올리비에 드 슈터는 살충제를 쓰지 않으면 농산물 수확량이 40퍼센트 가량 줄어들어 세계 인구를 다 먹여 살리지 못한다고 주장하는 사람들에게 이렇게 반박한다. "농업 생태학에서 권장하는 생물학적 방제법을 비롯해 농업 기술에 대한 개선 없이 무조건 살충제를 끊는다면 그 말이 맞다. …… 농업 생태학을 적용하면 농약과 화학 비료 사용량이 줄어들어 생산 비용도 감소한다. 농약과 화학 비료 가격은 지난 4~5년 동안 식량 가격보다 훨씬 더 빠른 속도로 올랐다. 농업 생태학은 저비용으로 농산물을 생산하고자 하는 개발 도상국의 영세 생산자들에게 특히 유리하다."[50]

농업 생태학은 생태학, 생물학에 예로부터 전해 내려오는 전통 농법을 결합시킨 첨단 과학이지만 특허 대상이 아니라 대기업의 관심을 끌지 못하고 있으며 그로 인해 연구가 충분히 이루어지지 못했다. 농업 현대화라고 하면 기계화와 고도의 산업화만 떠올리는 편견도 발전의 걸림돌이 되고 있다.

기후 변화의 불평등성

내가 조나단 패츠와 처음 만난 것은 미국 위스콘신주 매디슨에 있는 작은 네팔 레스토랑에서였다. 친구이자 신경 과학자인 리처드 데이비슨과 동석한 자리에 자전거를 타고 나타났는데 걸출한 학자라고는 믿어지지 않을 정도로 소탈한 모습이었다. 그는 현재 위스콘신 대학교 부설 세계 보건 연구소Global Health Institute 소장이며 유엔 정부 간

49 Robin, M.-M., *Les Moissons du Futur: Comment l'Agroécologie Peut Nourrir le Monde*, La Découverte, 2012.
50 Caillat, Sophie, "Le grand entretien," Rue 89, *Le Nouvel Observateur*, October 15, 2012.

기후 변화 협의체IPCC가 발행하는 보고서에 저자로 참여하고 있다. 2007년에 앨 고어 미국 전 부통령과 노벨 평화상을 공동 수상한 그는 기후 변화가 보건 및 건강에 미치는 영향을 연구하는 전문가다.

조나단 패츠는 지구의 환경 변화가 미치는 영향이 불평등하게 전가되어 심각한 도덕적 위기가 초래될 수 있다고 했다. 국가 간 불평등(빈곤국이 부유한 선진국보다 더 심한 고통을 당하는 것), 세대 간 불평등(미래 세대가 현 세대보다 더 심한 영향을 받는 것), 종 간 불평등(멸종 위기에 처하는 종이 나오는 것), 사회 계층 간 불평등(가난한 계층이 부자들보다, 어린이와 노인들이 중년층보다, 거리에 사는 사람들이 주택을 가진 사람들보다 더 큰 고통을 당하는 것)이 심화될 것이라는 말이다.[51]

지구 온난화를 비롯해 여러 가지 생태계 변화로 현재 고생하고 있거나 앞으로 고통을 당할 지역은 실제로 기후 변화에 대해 책임이 경미한 곳이다. 조나단 패츠는 우리에게 두 개의 세계 지도를 보여 주었다. 첫 번째 것은 각국이 대기 중에 배출하는 이산화 탄소 양에 비례해 각국의 면적을 키우거나 줄인 지도이다. 미국, 유럽, 러시아 등 북반구에 있는 선진국들이 풍선처럼 부풀어 오른 데 비해 아프리카는 눈에 띄지도 않을 정도로 축소되어 있는 것을 볼 수 있다. 두 번째 지도는 온난화로 기온이 급상승해서 발생한 사망자 수에 따라 각국의 크기를 키우거나 줄인 것이었다. 이번에는 선진국들이 전부 지도에서 사라지고 아프리카와 인도 밖에 보이지 않았다.[52]

기후 관련 질병도 2030년까지 두 배 이상 증가할 전망인데[53] 그로 인해 고통을 당하는 것도 재앙을 유발한 사람들이 아니라 앞에서 언

---

51 Schneider, S. H., & Lane, J. (2006). Dangers and thresholds in climate change and the implications for justice. Fairness in adaptation to climate Change, 23~51. In Adger, W. N., Paavola, J., Hug, S., & Mace, M. J., eds., *Fairness in Adaptation to Climate Change*, MIT Press, 2006; Thomas, D. S., & Twyman, C. (2005). Equity and justice in climate change adaptation amongst natural-resource-dependent societies. *Global Environmental Change, 15*(2), 115~124.

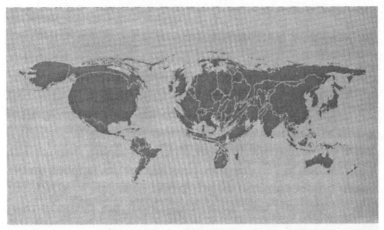

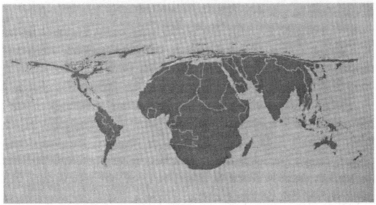

위 지도에서 각국의 크기는 대기 중에 배출하는 이산화 탄소의 양에 비례한다(Smith *et al.*, 2004). 아래 지도에서 각국의 크기는 최근 기온이 급격히 상승하면서 발생한 사망자 수에 비례한다(Mc Michael et al., 2004).
조나단 패츠의 허가를 받아 사용.

52 Patz, J. A., Gibbs, H. K., Foley, J. A., Rogers, J. V., & Smith, K. R. (2007). Climate change and global health: Quantifying a growing ethical crisis. *EcoHealth, 4*(4), 397~405; Myers, S. S., & Patz, J. A. (2009). Emerging threats to human health from global environmental change. *Annual Review of Environment and Resources, 34,* 223~252; as well as the IPCC report, 2009, and *Climate Change*, Oxford University Press, 2015, Chapter 10.

급한 나라의 국민들이다. 세계 보건 기구는 기후 변화로 인해 질병을 앓는 환자 88퍼센트가 5세 미만 아동일 것으로 예상한다. 질병으로는 말라리아, 뎅기열, 황열, 콜레라, 설사, 회선 사상충증, 리슈만편모충증, 라임병, 호흡기 질환, 천식 등이 있으며 도시 지역에서는 대기 오염이 원인이 되어 매년 80만 명이 사망할 전망이다.[54]

뿐만 아니라 영양실조, 강제 이주, 분쟁 등 기후 변화의 여파가 모두 사람들 건강에 악영향을 미칠 것이다. 조나단 패츠에 따르면 현재 가용한 자료들을 모두 종합해 볼 때 전체 사망률의 23퍼센트, 어린이의 경우에 36퍼센트가 인간의 활동으로 인한 환경적 요인과 관련이 있다. 패츠가 들려준 이야기 중에서 특히 인상 깊은 사례가 하나 있었다. 1996년 미국 애틀랜타 올림픽 기간 중에 승용차 운행 제한 조치가 실시되었을 때 아침 출근 시간대 교통량이 23퍼센트 감소하자 대기 중 최대 오존 농도가 28퍼센트 줄어들고 천식으로 응급 진료를 받은 아동의 수도 42퍼센트나 떨어졌다고 한다.

반면에 페루 리마에서는 1997년부터 1998년까지 엘니뇨의 영향으로 한겨울 기온이 평소보다 섭씨 5도 상승하자 급성 설사로 병원에 입원한 환자가 직전 5년에 비해 200퍼센트나 폭증했다.[55]

말라리아는 전 세계적으로 매년 100만~300만 명의 목숨을 앗아가는데 희생자 대부분이 개발 도상국에 사는 어린이들이다. 공교롭게도 말라리아 전염률은 기후의 영향을 크게 받는다. 모기 침샘에 들어 있는 말라리아 원충이 성장하는 데 소요되는 시간이 온도와 밀접한 관

53 McMichael, A. J., Levy, B., & Patz, J., *Climate Change and Human Health: Risks and Responses*, WHO, 2003.
54 Patz, J. A., Olson, S. H., Uejio, C. K., & Gibbs, H. K. (2008). Disease emergence from global climate and land use change. *Medical Clinics of North America, 92*(6), 1473~1491.
55 Checkley, W., Epstein, L. D., Gilman, R. H., Figueroa, D., Cama, R. I., Patz, J. A., & Black, R. E. (2000). Effects of El Niño and ambient temperature on hospital admissions for diarrhoeal diseases in Peruvian children. *Lancet, 355*(9202), 442~450.

계가 있다. 대기 온도가 섭씨 18도 정도일 때는 한 달이 걸리지만 섭씨 30도인 경우에는 열흘 밖에 걸리지 않는다. 더군다나 선형 관계도 아니다. 기후가 더운 지방에서 기온이 섭씨 0.5도씩 상승할 때마다 모기 개체 수는 30~100퍼센트 증가할 수 있다.

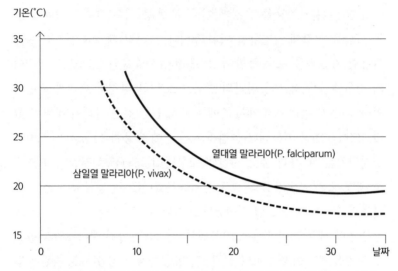

모기 몸에 들어 있는 말라리아 원충이 성장하는 데 소요되는 시간과 기온의 상관관계. 기온이 올라갈수록 원충의 성장 시간이 짧아지면서 말라리아 전염성이 높아진다.

삼림 벌채와 말라리아 발생률도 마찬가지다. 아마존 강 유역의 삼림이 파괴되면서 이 지역에서 말라리아를 옮기는 달링 학질모기가 번식하기 좋은 서식지가 증가했다. 페루의 아마존 정글 지역에서 삼림 파괴가 일어난 곳은 삼림이 보존된 지역보다 모기에게 물릴 가능성이 300배나 더 높다(서로 다른 생물학적 환경에서 인구밀도 차이를 고려한 수치[56]). 사하라 사막 이남 아프리카에서도 삼림 벌채와 말라리아 증가율의 상관관계가 여러 연구를 통해 입증되었다.[57]

말라리아는 경제학자 제프리 삭스가 강조한 것처럼 빈곤과도 상관이 있는 것으로 나타났다. 가난할수록 말라리아에 대한 방어 능력이 낮고 말라리아에 걸린 사람이 많을수록 경제 형편이 열악하다.[58] 고질적으로 말라리아에 시달리는 아프리카 국가들은 GDP 성장률이 연간 0.4퍼센트인 데 비해 말라리아의 영향을 비교적 덜 받는 국가들은 2.3퍼센트에 달한다.

투자자이자 자선 사업가이며 현재 유엔 말라리아 특별 대사로 활동하고 있는 레이 챔버스는 말라리아가 창궐하는 아프리카 7개국에서 야심찬 프로젝트를 시작해 60억 달러를 모금하는 데 성공했다. 그가 이끄는 팀은 살충제 처리된 모기장 3억 개를 주민들에게 배포해 8억 인구의 안전을 보장하고 있다. 이 프로젝트로 목숨을 건진 사람은 100만 명에 달한다. 2013년 말 집계에 따르면 아프리카에서 말라리아로 사망한 아동은 약 43만 7천 명이었다. 말라리아 퇴치 운동이 시작된 지 7년 만에 사망률이 60퍼센트 정도 감소한 것이다. 2015년까지 말라리아로 희생되는 아동을 10만 명 미만으로 줄이겠다는 목표를 달성할 길이 마침내 열리기 시작한 것이다.[59] 그런데 지구 온난화로 인한 기온 상승이 섭씨 2도 미만으로 유지되지 않으면 순차적인 모든 노력이 수포로 돌아갈 수 있다.

56   Vittor, A. Y., Gilman, R. H., Tielsch, J., Glass, G., Shields, T. I. M., Lozano, W. S., ... Patz, J. A. (2006). The effect of deforestation on the human-biting rate of Anopheles darlingi, the primary vector of falciparum malaria in the Peruvian Amazon. American *Journal of Tropical Medicine and Hygiene, 74*(1), 3~1.

57   Guerra, C. A., Snow, R. W., & Hay, S. I. (2006). A global assessment of closed forests, deforestation and malaria risk. *Annals of Tropical Medicine and Parasitology, 100*(3), 189; Cohuet, A., Simard, F., Wondji, C. S., Antonio-Nkondjio, C., Awono-Ambene, P., & Fontenille, D. (2004). High malaria transmission intensity due to Anopheles funestus (Diptera: Culicidae) in a village of savannah-forest transition area in Cameroon. *Journal of Medical Entomology, 41*(5), 901~905; Coluzzi, M. (1994). Malaria and the Afrotropical ecosystems: Impact of man-made environmental changes. Parassitologia, 36(1-2), 223.

58   Sachs, J., & Malaney, P. (2002). The economic and social burden of malaria. *Nature, 415*(6872), 680~685.

59   Ray Chambers, 개인적 정보 교환.

상호 의존성을 보여 주는 사례

조나단 패츠는 마지막으로 환경의 모든 측면이 서로 긴밀하게 연결되어 있다는 것을 실감하게 하는 이야기를 하나 들려주었다. 세계 보건 기구가 1950년대에 보르네오에서 말라리아 퇴치 운동을 하면서 살충제 딜드린dieldrin을 다량 사용해 모기의 씨를 말려 말라리아 퇴치 운동이 효과를 보는 듯 했다. 그로부터 1~2년 후 발진 티푸스가 돌기 시작하더니 마을의 초가집 지붕들이 전부 무너져 내렸다. 이유가 무엇이었을까?

딜드린이 모기를 죽인 것은 사실이었다. 더불어 파리와 바퀴벌레까지 모두 박멸했다. 그게 다가 아니었다. 곤충을 먹고 사는 도마뱀붙이들 체지방에 고농도의 딜드린이 축적되는 바람에 도마뱀붙이를 잡아먹은 고양이들이 모두 죽었고 고양이가 사라지자 쥐 개체수가 폭발적으로 증가했다. 덩달아 쥐에 기생하면서 발진 티푸스를 옮기는 벼룩의 개체 수도 어마어마하게 늘어났고 결국 벼룩이 인간에게 병을 옮겼다. 발진 티푸스라는 재앙을 일으킨 연쇄 반응은 그렇다고 쳐도 지붕은 대체 왜 무너진 것일까? 딜드린은 모기, 파리, 바퀴벌레만 죽인 것이 아니라 말벌까지 전멸시켰다. 말벌은 보통 특정 애벌레를 죽인 다음 그 안에 알을 낳아 유충들이 죽은 애벌레를 먹고 살도록 한다. 그런데 말벌의 개체 수가 줄어들자 초가지붕 속에 사는 애벌레 수가 급증했고 그 무게를 견디지 못해 지붕이 갈라지고 무너져 내린 것이다. 이 이야기는 자연을 움직이는 여러 가지 요인들이 상호 의존하고 있다는 사실을 놀랍도록 구체적으로 또 상세하게 보여 주는 좋은 사례이며 수천 년에 걸쳐 확립된 자연계의 균형을 무너뜨리지 말라는 일종의 경고라 할 수 있다.

비관론은 시간 낭비일 뿐 해결책은 있다

사진작가이자 환경 운동가인 얀 아르튀스 베르트랑은 지구의 생물권이 앞으로도 계속 발전하기 원한다면 "비관론자가 되기에는 이미 때가 늦었다."[60]라고 말했다. 요한 록스트롬은 미래를 낙관적으로 봐야할 이유를 두 가지로 요약한다. 첫째, 2050년까지 화석 연료 에너지가전부 신재생 에너지로 바뀔 가능성이 있다. 둘째, 농업 분야에서 "삼중녹색 triply green" 혁명이 도래할 가능성이 있다.

독일의 글로벌 변화 자문 위원회Wissenschaftlicher Beirat Globale Umweltveränderungen는 2050년까지 석유, 석탄, 천연가스 등 모든 종류의화석 연료 에너지 사용에 종지부를 찍겠다고 했다. 그럼 신재생 에너지에 의지해 전 세계의 에너지 수요에 부응하게 되며 특히 수소, 메탄,가스, 전기 등으로 움직이는 차량을 널리 보급하는 것이 이 계획의 핵심 프로젝트다.[61]

계획을 실행하려면 세계 각국의 지도자들이 뜻을 모아야 한다. 전세계적으로 연간 10억 달러의 투자가 필요한데 수익은 먼 훗날에나기대할 수 있기 때문이다. 어마어마한 금액이지만 불가능한 것은 아니다. 현재 세계 각국 정부는 석유 가격을 원가 이하로 유지하기 위해연간 4천~5천억 달러의 보조금을 지원하고 있다. 석유와 가스가 계속 소비되는 것도 이 보조금 때문이고 재생 에너지 기술의 발전을 가로막고 있는 것도 이 보조금이다. 재생 에너지 기술은 연간 보조금이660억 달러에 불과하다.[62]

주요 20개국 G20은 이미 화석 연료에 대한 보조금을 끊겠다고 약속한 바 있다. 에너지 가격 상승으로 빈곤국들이 어려운 입장에 놓이

---

60 얀 아르튀스 베르트랑이 직접 제작한 다큐멘터리 영화 「홈home」에서 언급한 내용. http://www.homethemovie.org/
61 WBGU (2011), A vision for a renewable energy future by 2050.

지 않도록 신재생 에너지원을 사용할 수 있도록 하면 화석 연료를 사용하는 일이 차츰 줄어들 것이다.

미래에 대해 낙관해야 할 또 하나의 이유는 여타의 환경 파괴(특히 동식물 멸종)와 달리 지구 온난화는 어느 정도 복구가 가능하다는 것이다. 충분한 양의 이산화 탄소를 포집하면 공기를 냉각시킬 수 있다. 맥킨지 앤드 컴퍼니의 2010년 보고서에 따르면 첨단 기술을 이용해 앞으로 2030년까지 온실가스 배출량을 40퍼센트 줄일 수 있을뿐더러 에너지까지 절약할 수 있다고 한다.[63]

유럽 기후 변화 재단European Climate Foundation이 발표한 보고서 중에 『로드맵 2050Roadmap 2050』이라는 것이 있다. 이 문건에 따르면 2050년까지 이산화 탄소 배출량을 80~95퍼센트 줄이는 것이 충분히 가능하다. 단, 전기의 80퍼센트가 신재생 에너지로부터 발전되어야 한다. 특히 이 보고서는 장기적으로 향후의 에너지 비용이 화석 연료 에너지 비용보다 훨씬 낮아질 가능성이 있다는 데 무게를 싣고 있다.

록스트롬과 동료 학자들은 방출되는 이산화 탄소 1톤당 50~180달러의 세금을 부과하는 것이 신재생 에너지로 전환을 가속화하는 최적의 방법이라고 생각한다. 현재 유럽 연합은 톤당 20달러의 세금을 부과하고 있는데 과학자들이 보기에 그 정도로는 턱없이 부족하다. 스웨덴의 사례는 시사하는 바가 크다. 스웨덴은 톤당 100달러의 세금을 부과한 이후 화석 연료를 사용한 난방이 사라졌으며 산업용 이산화 탄소 배출량이 대폭 줄었음에도 불구하고 경제 성장에 차질이 생기지 않았다. 독일은 새로운 전기 요금 시스템을 도입한 이후 신재생

---

62 국제 에너지 기구International Energy Agency가 발표한 2010년 보고서에 따르면 37개국 정부가 화석 연료의 가격을 원가 이하로 유지하기 위해 지출한 보조금이 2010년에 4,090억 달러였다. IEA(International Energy Agency), *Energy Technology Perspectives*, annual report. Wijkman, A., & Rockström, J. (2013). *op. cit.*, p. 78에 인용.

63 특히 다음의 맥킨지 보고서를 참조할 것. *CO2 Abatement: Exploring Options for Oil and Natural Gas Companies; Carbon & Energy Economics; Roads Toward a Low-Carbon Future*; www.mckinsey.com.

에너지가 비약적으로 발전했으며 특히 풍력과 태양 에너지가 생산의 10퍼센트를 담당할 정도가 되었다. 중국도 태양 에너지 부문이 2015년까지 10배로 커질 전망이다. 오스트레일리아 기후 위원회Climate Commission의 보고서에 따르면 중국은 2012년에 전력 수요 증가분을 절반으로 줄였으며 스페인과 스칸디나비아 국가에서도 괄목할 만한 발전이 있었다. 경제 동향 연구 재단Foundation on Economic Trends 회장, 제레미 리프킨이 말한 것처럼 유럽 연합은 2009년에 풍력 발전을 대폭 늘린 결과 이제는 신규 에너지 공급의 38퍼센트를 담당할 정도가 되었다. 풍력 에너지 부문은 현재 유럽 연합 전체를 통틀어 20만의 고용을 창출하고 전력의 4.8퍼센트를 생산하고 있으며 2020년에 전력 공급의 17퍼센트, 2030년에 35퍼센트를 담당할 것으로 예상된다. 그때쯤 되면 고용 인력도 50만에 이를 것이다.[64] 이제 이런 식의 변화를 전 세계로 확대해야 할 때다.

온실가스 배출을 억제하고 열대 우림을 보호하고 기후 변동을 억제하는 데 필요할 것으로 추산되는 비용은 연간 1,500~2,000억 달러다. 어마어마한 금액임에 틀림이 없지만 매년 광고에 뿌려지는 돈이 4,000억 달러, 미군이 F15 전투기 500대를 생산하는 데 투입하는 돈이 5,000억 달러, 미국이 이라크 전쟁에 쏟아 부은 돈이 3조 달러라는 것을 생각하면[65] 아무 쓸모없는 일이나 파괴 목적에 거금을 동원하는 정부와 대기업이 매년 1,500~2,000억 달러 정도는 얼마든지 끌어 모을 방법이 있을 것이다. 문제는 정치적 의지다. 예를 들어 석유 1배럴당 1달러의 세금을 부과하면 1년에 300억 달러는 쉽게 거둬들일 수 있다. 석유 사용이 기후 변화의 직간접적 원인이라는 것을 생각하면 그

64 European Wind Energy Association, or EWEA: Factsheets, 2010. Rifkin, J. (2012), op. cit., p. 63에 인용.
65 조셉 스티글리츠와 린다 빌머스가 추정한 내용. The true cost of the Iraq war. Washington Post, September 5, 2010.

리 과한 금액이 아니다.

생태계를 복원하고 보존하는 일은 단기적으로는 돈이 많이 들지만 장기적으로 보면 매우 훌륭한 투자에 해당한다. 예를 들어 열대 우림을 복원하려면 1헥타르당 3,450달러의 비용이 들 것으로 추산되지만 복원을 통해 얻어지는 수익은 1,620달러로 내부 수익률이 50퍼센트다. 다른 유형의 숲은 이익 배당률이 20퍼센트, 호수와 강은 27퍼센트, 산호초는 7퍼센트, 습지는 12퍼센트, 목초지는 79퍼센트 정도 된다.[66]

록스트롬은 금융 회사, 대기업, 은행들도 환경에 미치는 영향이 포함된 대차 대조표를 만들고 직원들에게도 기업의 활동이 환경에 미치는 영향에 대해 교육해야 한다고 주장한다.

탄화수소 연료를 대신하는 대체 연료

앞에서 본 것처럼 이산화 탄소 배출량의 78퍼센트는 화석 연료 사용에서 비롯된다. 1950년 이후 탄화수소 연료의 생산이 열 배나 늘었다. 농업도 화석 연료 에너지에 대한 의존도가 갈수록 커지고 있다. 미국에서 계산한 바에 따르면 사람이 음식을 섭취해 1칼로리의 열량을 생산하는 데 7~8칼로리의 화석 연료 에너지가 필요하다. 오늘날 평균적인 미국인 한 명이 먹고 사는 데는 1.6톤의 탄화수소 연료가 필요하다.

지금까지 부유한 나라의 경제 성장에는 늘 탄화수소 연료의 소비 증가가 동반되었다.[67] 그런데 값싼 석유의 시대가 저물고 있다. 인류가 일 년에 소비하는 석유는 새로 발견되는 석유의 2배에 달한다. 그 때문에 셰일 가스 개발이라는 개탄스러운 아이디어까지 등장했다. 여러 민간 독립 연구소들이 조사한 내용에 따르면 탄화수소 연료는 아무리 늦어도 2018년에 생산이 정점을 찍을 것이고 그 후 가격이 계속

---

66 TEEB, Sukhdev, 2008. Wijkman, A., & Rockström, J. (2013). *op. cit.*, p. 290에 인용.
67 Wijkman, A., & Rockström, J. (2013). *op. cit.*, p. 60.

인상될 것으로 보인다.[68] 그동안 우리는 기존 자원을 활용하고 새로운 유전을 찾는 데 총력을 기울이면서 필연적으로 도래할 수밖에 없는 파국을 유예해 왔다. 그 때문에 각국 정부가 대안이 될 만한 해법을 강구하는 데 크게 뒤처져 있다.

인류가 필요한 에너지의 대부분을 재생 에너지원으로부터 얻는다면 가장 커다란 기후 문제 하나는 해결되는 셈이다. 록스트룀은 석탄을 이용해 발전한 전기와 풍력을 이용해 만들어낸 전기가 정확히 동일한 것처럼 완벽하게 호환되는 것이 에너지 관리의 보람이자 묘미라고 말한다.[69]

재생 에너지로 완벽한 전환

전 세계 에너지 소비량은 약 500EJ(엑서줄, 에너지 단위)이다. 풍력 에너지의 생산 잠재력이 1,000EJ가 넘고 지열, 태양열, 수력까지 모두 합치면 발전 가능한 에너지는 11,000EJ에 달한다. 그렇게 보면 재생 에너지만으로도 전 세계의 에너지 수요를 얼마든지 충족시킬 수 있다.[70]

독일에서 처음 시작된 데저텍DESERTEC 프로젝트의 목표는 새로운 방식의 태양열 집열 시스템을 사하라 사막에 설치하는 것이었다. 낮에 태양광에 의해 기름 탱크가 최고 1,300℃의 온도로 덥혀지면 기름 탱크의 열이 증기를 만들어 내고 그 증기가 발전 터빈을 구동한다. 기름

68 쉘 알레크레트가 이끄는 팀(스웨덴 웁살라의 Global Energy System)의 일원으로 전 세계의 석유 매장량을 조사한 프레드릭 로벨리우스, 알레크레트가 회장으로 있는 APSO(피크 오일과 가스에 관한 연구 협회), 독일 중앙 은행과 메릴린치사, 보험 회사 로이드가 발표한 「지속 가능한 에너지와 안보Sustainable Energy and Security」 보고서, 리처드 브랜슨을 중심으로 여러 기업가들이 작성한 「석유 위기Oil Crunch」 보고서, 영국 피크 오일 및 에너지 안보 태스크 포스가 포함되어 있다. Wigkman, A., & Rockström, J., *Bankrupting Nature: Denying Our Planetary Boundaries*, Routledge, 2013, p. 69에 모두 인용.
69 Rockström, J., & Klum, M. (2012). *The Human Quest. op. cit.*, p. 281.
70 WBGU (2012), "World in Transition-A Social Contract for Sustainability, Flagship Report 2011. German Advisory Council on Climate Change.

은 온도 하강 속도가 느린 편이라 낮에 저장된 열만으로도 이튿날 동이 틀 때까지 밤새도록 전기를 생산할 수 있다. 사하라 사막에 10제곱킬로미터의 집열 시설만 설치해도 북아프리카와 유럽 대륙 전역에 (해저 케이블을 사용해 에너지 손실 없이 효율적으로) 전기를 충분히 공급할 수 있다. 데저텍은 모로코, 튀니지, 이집트에서 이미 파일럿 프로젝트를 시작했으며 스페인 중부, 오스트레일리아를 거쳐 고비 사막에 이르기까지 전 세계의 모든 사막에 이 기술을 적용할 수 있다. 일본에서 나온 연구에 따르면 지구상에 존재하는 사막 중 4퍼센트에 태양광 발전용 집열판을 설치하면 세계 전체가 소비할 수 있는 에너지를 생산할 수 있다고 한다.[71]

유럽에서는 풍력과 태양열 발전에 대한 투자가 2009년에 처음으로 기존 발전 방식을 추월했다. 전체를 놓고 보면 세계에서 생산된 에너지 중 재생 에너지가 차지하는 비중이 아직 미미하지만 그래도 일 년에 20퍼센트씩 증가하고 있다. 현재 중요한 것은 2~3퍼센트에 불과한 신재생 에너지의 비율을 2050년 전에 80~100퍼센트로 늘리는 것이다.[72]

현재 생산되는 에너지의 40퍼센트는 주거 및 상업용 건물이 소비하고 있으며 온실가스 배출량도 가장 많다. 요즘은 "패시브(초단열) 공법"으로 에너지 사용을 줄이거나 직접 전기를 생산해 전력망에 전기를 공급할 수 있는 시설을 갖춘 건물도 늘어나고 있다.

빈곤국에 에너지를 공급하는 문제

가난한 나라들은 만성적인 에너지 부족에 시달리고 있다. 아프리카

---

71 Kurokawa, K., Komoto, K., Van Der Vleuten, P., & Faiman, D., *Energy from The Desert: Practical Proposals for Very Large Scale Photovoltaic Systems*, Earthscan London.
72 Wijkman, A., & Rockström, J. (2013). *op. cit.*, p. 74.

에서는 인구의 85퍼센트가 전기를 사용하지 못한다. 남아시아의 인구 60퍼센트도 마찬가지다. 제3 세계의 빈곤 문제를 해결하고 사회적으로 혜택 받지 못한 사람들이 건강하게 살 수 있도록 하려면 청정에너지, 신재생 에너지의 공급이 필수적이다. 신재생 에너지에 대한 접근성이 개선되면 학교, 진료소, 주민 참여를 위해 설치된 건물들을 좀더 효율적으로 운영할 수 있다. 예를 들어 방글라데시에서는 2010년에 무함마드 유누스가 운영하는 회사 그라민 샤크티Grameen Shakti의 프로젝트 덕분에 백만 인구가 태양 전지 패널로 발전된 전기를 공급받았으며 태양 에너지가 대량으로 생산되자 전기 가격도 크게 떨어졌다. 가난한 나라의 에너지원에 대한 접근성을 높이는 것이 이제는 유엔의 우선 과제 중 하나이며 유엔은 2030년까지 세계 어디서나 에너지를 공급받을 수 있도록 하는 것을 목표로 삼고 있다.[73]

집안에서 나무, 석탄, 동물의 배설물 연료를 태우거나 조명을 위해 석유, 등유를 사용하다가 실내 오염으로 사망하는 사람이 매년 150만 명이 넘는다. 전기를 이용하거나 저렴한 파라볼라 접시로 물을 끓이고 음식을 익히는 태양열 조리 도구를 사용하면 사고 위험을 줄일 수 있다.

합리적인 수자원 관리

담수는 좀 더 합리적인 관리가 필요한 자원이다. 오늘날 우리가 사용하는 담수의 70퍼센트는 호수, 강, 자유 수면천에서 오는 것인데 이들이 차츰 줄어들고 있다. 세계의 수로 중 4분의 1은 농업 목적으로 과잉 사용되어 바다에 도달하지도 못하고 있으며 이런 상황은 갈수록 악화되고 있다.

73   Ibid., p. 65.

세계적으로 담수의 70퍼센트가 농업에 사용된다는 것을 앞에서 보았다. 식량 생산만큼 물이 많이 필요한 일도 없다. 육류 생산은 특히 더 심하다.(앞에서 살펴본 것처럼 1킬로그램의 육류를 생산하려면 곡물 1킬로그램을 생산할 때보다 오십 배나 많은 물이 필요하다.) 사람 한 명이 먹을 식량을 생산하려면 모든 단계를 통틀어 하루에 3,000~4,000리터라는 엄청난 양의 물이 있어야 한다. 그에 비해 식수와 목욕, 청소, 세탁을 하는 데 필요한 물은 50~150리터 정도다.

개선할 점은 두 가지다. 첫째, 빗물 수집을 늘려야 한다. 둘째, '그린 워터'를 좀 더 효율적으로 사용해야 한다. 강이나 호수, 자유 수면천의 물이 '블루 워터'라면 '그린 워터'는 토양의 습기를 유지하는 물, 식물 안에 들어 있다가 증산 작용을 통해 대기 중으로 돌아가는 눈에 보이지 않는 물이다. 물 순환은 60퍼센트 이상이 '그린 워터'로 이루어진다.[74] 그린 워터는 식물의 생장을 담당하고 세계 농업의 80퍼센트를 차지하는 담수 의존형 농업을 촉진한다. 농업 기술의 발전 여지가 바로 여기에 있다.

개발 도상국, 특히 남아시아의 경우에 빗물을 수집하는 지상 방벽 구조물을 만들어 물이 바로바로 증발하지 않고 토양에 스며들도록 한다면 자유 수면천의 수위를 유지하고 마을마다 말라 버린 우물에 물을 채울 수 있다. 아울러 주택의 지붕에서 떨어지는 빗물을 모아 전통적인 소재로 된 커다란 지하 물탱크에 저장하면 담수 부족에 시달리는 마을 사람들에게 물을 공급해 그들의 필요를 충족시킬 수 있다. 벙커 로이가 인도 라자스탄주에 설립한 맨발의 학교(베어 풋 칼리지)에서 개발한 기술이 바로 이것이다.

74 Rockström, J., & Klum, M. (2012). *op. cit.*, pp. 286~287.

환경 파괴 없이 전 인류에게 식량을 공급하는 진정한 녹색 혁명

지표면의 40퍼센트 정도가 농사를 짓는 데 사용된다. 농업과 축산업은 온실가스의 30퍼센트와 환경 오염 물질인 질소와 인을 배출하는 주범이다. 과학자들은 환경을 파괴하지 않으면서 충분한 양의 식량을 생산하는 방법을 제안하는 보고서들을 속속 선보이고 있다.[75]

유엔 식량 농업 기구FAO가 2011년에 내놓은 종합 보고서에 따르면 농경지 면적을 늘리지 않고도 전 세계의 식량 생산을 70퍼센트 정도 높일 수 있는 방법이 있다.[76] 그런데 식량 생산을 늘린다고 해서 화학 비료와 농약을 사용하는 집약적 농법에 의존해서는 안 된다고 이 보고서는 강조한다.

요한 록스트롬은 이제 삼중 녹색 혁명이 필요한 때가 왔다고 주장한다. 1960년대에 시작된 1차 녹색 혁명에서는 쌀, 옥수수, 밀 등 주요 곡물의 생산이 두 배 이상 늘었다. 특히 인도가 최대 수혜국이 되어 식량 자원이 대폭 증가했다. 다만 문제는 1차 녹색 혁명이 화학 비료, 농약, 새로운 하이브리드 종자, 디젤 펌프로 땅속 깊은 곳에서 물을 끌어올리는 관개법에 의존했다는 것이었다.

일시적으로 생산이 늘었지만 장기적으로는 자유 수면천 고갈, 토양의 침식과 척박화, 화학 오염을 유발했으며 생활 양식의 변화가 농

---

75 예를 들어 IAASD, the UN Water Development Report, "Water in a Changing World" (2010),; Wijkman, A., & Rockström, J. (2013). op. cit., p. 55; WWAP, United Nations (2009)에 인용된 GGIAR Comprehensive Assessment (CA 2007); "Water in a Changing World" (vol. 3). United Nations Educational; Jackson, R. B., Carpenter, S. R., Dahm, C. N., McKnight, D. M., Naiman, R. J., Postel, S. L., & Running, S. W. (2001). Water in a changing world. Ecological applications, 11(4), 1027~1045 등과 같은 보고서가 있다.

76 Rockström, J., & Falkenmark, M. (2000). "Semiarid Crop Production from a Hydrological Perspective" (FAO) 2011. Save and Grow: A Policymaker's Guide to The Sustainable Intensification of Smallholder Crop Production, FAO (Rome), 2011, 7369, 337~342.

촌 공동체에 부정적인 영향을 미치는 등 여러 가지 폐단이 나타났다. 레이첼 카슨은 예언적인 저서 『침묵의 봄Silent Spring』에서 이렇게 묻는다. "지표면에 유독 물질이 이렇게 많이 뿌려지는데 땅이 어떻게 생명을 키우는 데 부적절하지 않을 수 있을까?"[77] 일반적으로 '살충제'라 부르는 약품은 사실 알고 보면 생명체를 죽이는 물질이다.

요즘 전 세계의 농업 생태학자들은 유기농업으로도 '화학' 농업과 거의 비슷한 양의 식량을 생산할 수 있다는 증거를 속속 공개하고 있다. 그러기 위해서는 농업과 퇴비를 생산하는 축산업의 균형을 맞추고 윤작(돌려짓기)을 장려해 토양의 유기 질소 함량을 회복하고 집약적 경운을 자제해 토질이 저하되는 것을 막아야 한다. 겨울에 호밀이나 밀 같은 지피 작물을 키우면 토양의 질소 손실을 30퍼센트 가량 줄일 수 있다. 지피 작물을 키우면 토양의 탄소 격리carbon sequestration도 증가한다.

록스트룀이 이끄는 스톡홀름 환경 연구소Stockholm Environment Institute 와 스톡홀름 레질리언스 센터Stockholm Resilience Center에 따르면 차세대 농업 혁명은 1차 녹색 혁명에 두 가지가 추가되어야 한다. 하나는 화학 비료와 농약 사용을 차츰 줄이는 것이고 다른 하나는 재생 가능한 수원水源에서 나오는 '그린 워터'를 사용해 호수, 강, 자유 수면천의 물이 고갈되지 않도록 하는 것이다.

『네이처』에 실린 조나단 폴리의 논문 「농경 지구를 위한 해결책 Solutions for a cultivated planet」[78]에 보면 모든 가능성이 요약 정리되어 있다. 이 논문은 현재 지구상에서 농경지로 사용되는 토지, 특히 열대 지방의 땅을 망치지 않고도 90억 인류를 충분히 먹여 살릴 수 있다는 것을 보여 준다. 논문의 저자들은 식량 생산의 여러 단계에서 자원 낭비

77 Carson, R., *Silent Spring*, Houghton Mifflin, 1962.
78 Foley, J. A., Ramankutty, N., Brauman, K. A., Cassidy, E. S., Gerber, J. S., Johnston, M.,... West, P. C. (2011). Solutions for a cultivated planet. *Nature*, 478(7369), 337~342.

를 줄이는 것도 매우 중요하다고 강조한다. 요즘 선진국에서는 구입한 음식물의 30퍼센트가 쓰레기통에 버려진다(약품도 마찬가지). 기반 시설과 저장 시설의 부족, 지나치게 엄격한 유통기한 규제, '원 플러스 원' 형식의 프로모션과 세일, 외관이 예쁘고 완벽한 식재료만 구입하려고 드는 소비자들의 잘못된 습관 등 여러 가지 문제로 인해 전 세계에서 생산된 식량 중 사람의 뱃속에 들어가지도 못하고 버려지는 것이 무려 50퍼센트나 된다.

땅을 살리는 법

가장 강력하게 권장되는 방안 중 하나는 토양을 갈아엎어 토양을 구성하는 풍부한 요소들을 끄집어내 공기 중에 노출시키는 심경深耕을 중지하라는 것이다. 깊이갈이를 하면 유기물들이 태양열에 덥혀지고 마르고 증발하면서 이산화 탄소를 방출해 유기 탄소의 농도가 대폭 감소하고 박테리아, 응애, 지렁이 같은 미소동물微少動物과 토양에 생명을 주는 여러 생물들이 죽어 버리고 토양 침식이 갈수록 심각해진다. 깊이갈이에 의해 멸균 상태로 변한 땅은 전보다 더 딱딱해지고 조직이 치밀해져 식물의 뿌리가 땅속 깊은 곳에 있는 물을 찾아 뻗어 나가는 데 오히려 방해가 된다. 그래서 토양의 비옥도가 떨어지고 수확량이 줄어드는 것이다. 따라서 땅을 갈 때는 표면만 살짝 천경하거나 아예 땅을 갈지 않는 것이 바람직하다. 우루과이, 파라과이, 볼리비아에서는 지난 10~15년 사이에 농민의 70퍼센트가 경운을 그만둔 덕분에 수확률이 최고 수준을 회복했다.

프랑스에서도 이 기술을 도입한 농민들이 많다.[79] 그들은 땅을 갈

79 J. Peigné가 Isara-Lyon(론알프 농업 및 농산물 가공 고등 연구소-리옹) 및 INRA(국가 농업 연구소) 등 기관에 재직 중인 동료와 작성한 보고서 *Techniques sans labour en agriculture biologique et fertilité du sol* 참조.

아엎지 않고 작물의 종자를 땅에 살짝 묻어 놓기만 한다. 이 방법이 지닌 장점은 토양 침식과 노동 시간(과 노동력)이 줄어들고 토양의 구조와 지지력과 공극률이 개선되고(그래서 수분이 훨씬 더 잘 스며들고) 토양이 생물학적으로 풍부해지는 것이다.

1980년대에 농업 생태학자 피에르 라비는 아프리카 부르키나파소에서 누구든지 쉽게 실천할 수 있는 방법으로 사막화를 막고 땅을 비옥하게 만들 수 있다는 것을 몸소 보여 줬다. 그가 사용한 방법이란 미생물이 풍부하고 자신보다 무게가 다섯 배쯤 되는 수분을 품을 수 있는 천연 거름(부식토)을 사용해 척박한 토양에 활력을 불어넣고 나무를 심고 돌담을 쌓아 물의 흐름을 늦추고 지속 가능성이 뛰어난 토종 종자를 재도입하는 것이었다.[80] 일개 농부에 불과했던 야쿠바 사와도고는 30년 동안 이 농법을 꼼꼼히 실천해 사헬 지방의 땅 600만 헥타르를 푸르게 가꿔 부르키나파소 농민들과 주요 국제기구들에게 존경을 받게 되었다. 야쿠바 사와도고가 땅을 일군 지역은 자유 수면 천의 수위가 다시 올라가고 나무가 우거져 푸른 경관을 만들어 냈으며 곡물 수확량도 풍부해졌다.[81]

인도에서는 권력형 이기주의를 다룬 장에서 본 것처럼 NGO인 나브단야Navdanya가 16개 주에서 조직을 만들어 유기농을 통해 식량 자급자족을 이루려는 농민들에게 600여 품종의 쌀과 150가지 품종의 밀 종자를 나눠 주고 있다.[82] 나브단야는 현재 농민 50만 명을 회원으로 확보하고 있다.

80 Rabhi, P., *Du Sahara aux Cévennes: Itinéraire d'un homme au service de la Terre-Mère*, Albin Michel, 2002.
81 Dubesset-Chatelain, L. (February 2003). L'homme qui a réussi à faire reculer le desert. *GEO, 408*, p. 20 참조.
82 쌀은 크게 20여 종으로 나뉘며 숙성 속도와 생장 주기(90~120일)에 따라 수천 개의 하위 품종이 있다.

벼와 오리의 행복한 동거

일본 후쿠오카의 시골 마을에서 태어난 농부 후루노 다카오는 어린 시절에 토종 동물과 야생 조류들이 집약 농업으로 인해 사라져가는 것을 슬픈 눈으로 바라보면서 자랐다. 1978년에 레이첼 카슨이 쓴 『침묵의 봄』[83]을 읽고 영감을 얻은 그는 유기 농법으로 농사를 짓겠다고 마음먹었다. 그렇지만 쉽지 않았다. 논에 나가 일일이 손으로 잡초를 뽑고 관리를 하다 보면 하루해가 다 갔다. 그렇게 10년을 보낸 후 어느 날 오래된 책을 들여다보다가 옛날에 농사꾼들이 논에 오리를 풀어 놓았다는 대목을 읽고 이유가 궁금해졌다. 호기심이 많았던 그는 즉시 오리 몇 마리를 논에 풀어 놓았고 오래지 않아 원리를 깨달았다. 오리들이 벼는 건드리지 않고 잡초와 해충만 먹어 치웠고 그러면서 물에 잠긴 논바닥을 휘젓고 다녀 물에 산소를 공급했으며 오리의 배설물은 훌륭한 거름이 되었다.

오리와 벼는 그야말로 찰떡궁합이었다. 『세상을 바꾸는 대안 기업가 80인』[84]에서 실뱅 다르니와 마티유 르 루가 전하는 것처럼 후루노 다카오는 아내와 함께 10년 동안 녹초가 되도록 고생을 한 끝에 화학 물질을 쓰지 않고 농사짓는 법을 알아냈다. 화학 제품 대신에 오리들을 논에 풀어 놓았더니 수확량도 크게 늘었다. 이웃 논에서는 1헥타르당 수확량이 평균 3,800킬로그램인 데 비해 후루노 다카오 논에서는 1헥타르당 6,500킬로그램을 수확했다.[85] 화학 제품을 사용하지 않아 절감되는 비용도 매우 컸다. 쌀 1킬로그램을 생산하려면 보통 1리터의 석유(비료, 살충제, 연료 등)가 필요한데 후루노 다카오가 실행한 농법을 사용하면 기름이 전혀 들지 않았다. 일본은 유기 농산물에 대한 수요가 커서 "오리 농법" 쌀은 기존 쌀보다 20~30퍼센트 이상 비싼 가격에 판매되었다.

83 Carson, R. (1963). *Op. cit.*
84 Darnil, S., & Le Roux, M., *80 Hommes pour Changer le monde. op. cit.*
85 Boys, A. (2000). "Food and Energy in Japan." Interview with Takao Furuno.

베트남, 캄보디아, 라오스에서도 오리 농법을 채택한 농부들은 전통적인 방법으로 농사짓는 사람들보다 수확량이 평균 30퍼센트 증가했다.

후루노 다카오가 지은 책(『오리의 힘The Power of Duck』[86])은 아시아에서 베스트셀러가 되었으며 일본의 1만 여 농가(일본에서 소비되는 쌀의 5퍼센트를 생산)를 비롯해 아시아의 7만 5천 농가가 그의 농사 기법을 채택했다. 오리를 사육하는 농민들은 귀한 시간을 들여 해충을 없애려고 하기보다 곤충을 식량 자원으로 활용하는 기회로 삼고 있다. 후루노 다카오는 논에 물고기를 넣어 키우기도 했다.

희귀 금속 재활용을 통한 순환 경제 구축

원자재는 유의미한 여러 가지 노력에도 불구하고 재활용률이 극히 저조한 수준에 머물고 있다. 유엔 환경 계획United Nations Environment Programme이 발표한 2011년 보고서를 보면 금속의 재활용이 대폭 개선되지 않으면 녹색 경제로 전환은 불가능하다. 보고서에 언급된 금속 60종 중 50퍼센트 이상 재활용되는 금속은 20종에 불과했으며 하이브리드 자동차의 배터리나 풍력 발전용 터빈에 들어가는 자석처럼 청정 기술에서 중요한 역할을 하는 기타 금속류 40종 중 34종은 재활용률이 1퍼센트도 채 되지 않았다.[87] 금속은 이론적으로 무한정 재활용이 가능하다. 게다가 금속 재활용이 활성화되면 새로운 일자리도 창출할 수 있다.

알루미늄 원광인 보크사이트에서 알루미늄을 정제하지 말고 기존

---

86 Furuno, T., *The Power of Duck: Integrated Rice and Duck Farming*, Tagari publications, 2001. Darnil, S., & Le Roux, M. (2006). *op. cit.*에 인용.
87 UNEP (2011). Report on "Recycling Rates of Metals."

알루미늄을 재활용하면 생산 과정에서 발생하는 이산화 탄소 배출을 90퍼센트 줄일 수 있다. 그런데 현재 사용되는 알루미늄 중 재활용이 되는 것은 3분의 1에 불과하다. 납도 마찬가지다. 광석에서 추출하지 말고 재활용하면 납에 관련된 탄소 배출량이 99퍼센트 줄어들 것이다. 철, 구리, 니켈, 주석 등도 사정은 같다. 일 년에 발생하는 전자 제품 폐기물이 5천만 톤에 달하는데 그 중 재활용되는 것은 15~20퍼센트에 불과하다.[88]

게다가 희귀 금속은 매장량도 급속히 줄어들고 있다. 주요 산업 분야에서 사용되는 희귀 금속 18종을 지금과 같은 속도로 소비한다면 그 중 6종은 앞으로 50년 안에 고갈될 것이다. 전 세계가 미국이 소비하는 양의 반만 사용해도 50년 안에 바닥날 금속이 13종이다.[89] 인듐은 컴퓨터나 TV의 평면 스크린을 제조할 때 필요해서 수요가 매우 높다. 18종의 희귀 금속 중 현재와 같은 속도로 소비할 경우 고갈 위험이 가장 큰 인듐은 앞으로 13년 안에 모두 동이 날 것으로 예상된다. 그 때문에 2006년부터 2009년 사이에 가격이 열 배나 올랐다. 휴대폰 제조에 사용되는 탄탈룸도 가격이 대폭 상승했으며 콩고는 탄탈룸 개발권을 두고 피비린내 나는 내전까지 치렀다.

앞으로 수요가 줄어들 가능성이 거의 없는데 현재 소비 수준을 유지해도 아연은 46년 후, 주석은 40년 후, 은은 29년 후, 구리는 61년 후면 모두 고갈될 것이다. 매장량이 아직 풍부한 금속은 알루미늄(1027년), 백금(360년), 크롬(143년) 뿐이다.

88 Evaluation report by the US Environmental Protection Agency (EPA). Wijkman, A., & Rockström, J. (2013). op. cit., p. 164.
89 How long will it last? (2007). New Scientist. Rockström, J., & Klum, M. (2012). The Human Quest. op. cit., p. 221.

재생 에너지를 분배하는 스마트 그리드

경제학자 제레미 리프킨은 『3차 산업 혁명: 수평적 권력은 에너지, 경제 그리고 세계를 어떻게 바꾸는가The Third Industrial Revolution』[90]에서 모든 건물을 소규모 지역 발전소로 만들어 지열, 풍력, 태양력을 이용해 발전을 하고 쓰레기를 자체 처리해서 폐열을 활용할 수 있게끔 하자고 제안하고 있다. 수백만 동의 건물에서 사용하고 남은 재생 에너지를 모아 (언제든지 전기로 변환될 수 있는) 수소로 저장하거나 수백만 명의 사용자들에게 판매한다면 국가가 핵이나 석탄, 가스 등을 이용해 만드는 전기 양을 훌쩍 뛰어넘을 수 있다. 태양력으로부터 얻어진 전기를 갖고 물을 전기 분해해서 간단하게 수소를 생산하면 다른 시스템이 이 수소를 연료 전지에서 산소와 결합시켜 필요할 때마다 전기를 만드는 식이다. 이런 발전 프로세스는 100퍼센트 청정에너지라는 장점이 있으며 배터리와 달리 카드뮴, 리튬과 같이 환경을 오염시키는 원소를 사용하지도 않는다.

발전에 일시적으로 차질이 생겨 전기를 공급받지 못하는 지역에 남는 전기를 보내고 수소차 충전소에 전기를 공급하는 것이 모두 전산 시스템을 통해 이루어질 수 있다. 유럽에서는 이미 시험 운행용 수소 버스와 수소차가 운행된다. 유럽 연합의 27개 회원국을 대표하는 입법 기관인 유럽 의회가 2007년 5월에 3차 산업 혁명을 지원하기로 결의한 이후[91] 여러 가지 시범 사업이 진행되고 있다. 특히 코르시카 섬의 주도主都인 아작시오 부근에 거대한 태양 전지 패널 기지가 조성되었으며 태양력 발전 시 전기 생산이 불가피하게 중단되는 시간을 메우기 위해 준산업 단지 규모의 수소 생산 및 저장 시스템이 설치되었다.

---

90 Rifkin, J. (2012). *The third Industrial Revolution. op. cit.*
91 *Ibid.*, p. 79, 105.

희망적인 징후들

환경 보호 노력에 대해 칭찬받아 마땅한 나라들이 많이 있다. 예를 들어 베트남은 근대화 과정이 급속하게 이루어졌는데도 숲 가꾸기 운동을 체계적으로 전개해 1990년부터 2005년까지 숲이 국토 면적의 28퍼센트에서 38퍼센트로 늘어났다. 삼림을 마구잡이로 벌채한 인도네시아와는 사뭇 달랐다. 1970년부터 1980년 사이에는 나무를 심는 것이 삼림 벌채보다 두 배나 빠른 속도로 진행되었다.[92] 코스타리카는 전 국민이 사용하는 에너지가 95퍼센트 이상 재생 에너지원에서 나온다. 스위스와 면적이 비슷한 히말라야 산맥의 부탄 왕국은 향후 5년 안에 비료와 농약 사용을 아예 그만두고 10년 안에 이산화 탄소 배출량을 0퍼센트로 줄일 계획이다. 이산화 탄소를 국토가 보유한 자연 방어막(주로 숲)의 65퍼센트가 포집할 수 있는 양 이상으로 배출하지 않겠다는 뜻이다.

2010년에 일본 나고야에서 열린 유엔의 생물 다양성 협약 당사국 총회에서 세계 각국 정부가 생물학적 보호구역을 넓히는 데 합의해 육지 면적의 17퍼센트, 바다의 10퍼센트를 자연 보전 지역으로 지정하기로 했다. 2012년 10월에 인도 하이데라바드에서 열린 총회에서는 전 세계의 '생물' 구조 계획과 나고야에서 2010년부터 2020년까지 추진하기로 한 20대 중점 전략을 실행할 수 있도록 선진국이 개발 도상국에 지원하는 자금을 두 배 늘리기로 했다(100억 달러). 심해 보호 계획도 지체 없이 승인되었고 남서태평양, 카리브해, 중서대서양, 지중해가 "생물학적 또는 생태학적 관심 해양 지역"으로 지정되었다.

그 밖에 '윤리적 시장ethical markets' 이니셔티브에서는 "녹색 전환 채점표green transition scorecards"를 사용해 민간 부문의 '그린 시장' 투자 추

---

92 Meyfroidt, P., & Lambin, É. (2008). The causes of the reforestation in Vietnam. Land Use Policy, 25(2), 182~197.

이를 추적하기로 했다. 2012년에 발표된 보고서에 따르면 2007년 이후 그린 시장에서 발생한 매출은 총 3조 3천억 달러에 이른다.[93]

모범적인 녹색 도시들

미국 오리건주 포틀랜드는 전국에서 가장 살기 좋은 도시를 선정할 때마다 항상 상위권에서 빠지지 않는다. 친환경적 마인드를 갖고 있던 주지사 톰 맥콜이 1970년대에 도시를 가로지르는 고속도로를 폐쇄해 4,000헥타르에 달하는 공공녹지 공간으로 바꿔 놓았으며 그의 뒤를 이은 주지사들도 그의 의지와 업적을 이어 나갔다. 그 결과, 포틀랜드시는 1990년부터 2008년까지 탄소 배출량을 19퍼센트 줄였으며 녹지 면적이 시 전체 면적의 26퍼센트를 넘어 계속 증가하고 있다(2030년까지 30퍼센트로 확대할 예정). 인구가 140만인 포틀랜드는 자전거 전용 도로가 700킬로미터에 달해 대다수 봉급생활자들이 도보나 자전거로 출근을 하고 그에 대한 수당으로 정해진 월급 외에 매월 50달러를 더 받는다. 재활용을 장려하기 위해 유리병에 든 제품은 병 값을 따로 받는데 나중에 공병을 가져다주면 환불해 준다. 맥도날드, 스타벅스와 같은 패스트푸드 체인점들은 지역 농산물로 음식을 만들어 파는 레스토랑에 밀려나 문을 닫았다. 포틀랜드는 세계 최고 대형 마트 체인인 월마트가 주민들에게 거부당해 입성하지 못한 유일한 미국 도시다.[94]

스웨덴 수도인 인구 1백만의 스톡홀름도 모범적인 녹색 도시다. 에드가 모랭이 『길』에서 말한 것처럼 이 도시는 난방의 70퍼센트를 재생 에너지를 이용해 해결한다. 스톡홀름은 2050년까지 화석 연료 에너지를 완전히 몰아낼 예정이다.[95] 스톡홀름 시민들은 95퍼센트가 집

93 Ethical Markets 2012. *The Green Transition Scorecard*. Ethical Markets Media.
94 Portland, America's eco-capital. *GEO, 392*, October 2011.

에서 300미터만 가면 녹지 공간이 있는 곳에 살고 있으며 도시 곳곳에 조성된 수많은 녹지대가 수질 정화, 소음 감소, 생물 다양성, 시민들의 복지에 기여하고 있다.

스톡홀름에 사는 사람들은 대부분 무공해 대중교통을 이용한다. 2007년 국민 투표를 계기로 도심 혼잡 통행료가 시행된 후 교통량이 크게 감소한 덕에 대기 오염도 크게 줄어들었다. 1990년 이후 스톡홀름에서 배출되는 온실가스 양은 25퍼센트나 줄었고 혁신적인 폐기물 관리 시스템 덕분에 자원 재활용률도 매우 높다.

독일 함부르크에 조성 예정인 생태 지구에서는 태양열과 태양광을 이용한 열병합 발전을 통해 난방을 하고 빗물도 수집할 예정이다.

시장 서약Covenant of Mayors은 에너지 효율을 높이고 재생 에너지원의 사용을 늘리겠다고 약속한 유럽 도시들을 하나로 묶은 협력 사업이다. 이 서약에 서명한 도시와 마을들은 2020년까지 유럽 연합이 정한 목표에 따라 탄소 배출량을 20퍼센트 줄이고 여력이 되면 그 이상을 달성하기 위해 애쓰고 있다. 프랑스 파리, 마르세유, 릴, 툴루즈, 렌을 비롯해 4천 개가 넘는 유럽 도시들이 이 서약에 서명했다.[96] 프랑스 파리에서 15킬로미터 떨어진 곳에 있는 부지발은 인구가 8,500명인 소도시다. 이곳에서는 밤에 몇 시간 동안 가로등 조도를 낮춰 조명 비용을 70퍼센트나 절감했다. 또 학군을 새롭게 조정하고 건물마다 숲의 전정 작업에서 나온 나뭇가지를 때서 난방을 할 수 있는 시설을 도입해 탄소 배출량을 98퍼센트나 줄였다. 부지발 시민들은 공동 텃밭을 조성하고 양봉장을 만들었으며 시에 고용된 정원사들은 농약을 더 이상 사용하지 않는다.[97]

2008년부터 아랍에미리트 아부다비에 건설되고 있는 마스다르 시

95 Morin, E. (2011). *op. cit.*, p. 256.
96 http://www.energy-cities.eu/Convention-des-maires.
97 이 부분에 대해 설명해 준 뢱 바텔에게 감사드린다.

티는 사막에서 언제든지 얻을 수 있는 태양광과 태양열을 발전에 이용해 재생 에너지만 사용하도록 설계된 친환경 도시다. 건설이 완료되면 주민 5만 명이 살게 될 마스다르 시티는 이산화 탄소 배출과 쓰레기 제로를 목표로 하고 있으며 일반 자동차는 단 한 대도 운행되지 않는다. 석유와 가스 부국에서 하는 일치고 고무적인 계획이라 하겠다.

중국도 상하이 북쪽에 재생 에너지만 사용하는 중국 최초의 친환경 계획도시 동탄을 건설하고 있다. 동탄은 초기에 5만~8만 명으로 시작해 2050년까지 50만의 인구를 수용할 계획이다.

또 다른 예로는 영국 런던의 해크브릿지 부근에 있는 친환경 주거단지 베드제드BedZED(Beddington Zero Emission Development)를 들 수 있다.[98] 이 주거 단지는 실제로 에너지 소비량보다 에너지 생산량이 더 많다.

복지부동하며 핑계만 대지 말고 솔선수범하자

환경 문제를 해결하기 위해 노력하는 과정에는 숱한 걸림돌과 난관이 뒤따른다. 복지부동, 타협적인 태도나 소극적 관망주의, 현실 부정이 바로 그런 것이다.

첫째, 기후 변화 자체를 부정하거나 이 모든 것이 인간 때문에 일어나는 현상이라는 사실을 믿지 않는 현실 부정론자들이 있다. 그들은 과학적 데이터가 쌓이고 생물권의 변화가 눈앞에 뻔히 보여도 불합리하고 비이성적인 태도를 견지한다. 나의 아버지 장 프랑수아 르벨이 "쓸모없는 지식"이라고 부르던 것에 빠져 정신을 차리지 못하는 사람이 아니라면 지금까지 나온 과학적 데이터만으로도 단호한 행동을 하기에 충분할 것이다.

둘째, 무감각한 회의론자들은 수십 년 전부터 재앙이 임박했다고

---

98 http://www.bbc.co.uk/learningzone/clips/the-beddington-zero-energy-development-a-sustainable-design-solution/6338.html 참조.

호들갑을 떨지만 여태 아무 일도 없었다고 심드렁하게 말한다. 1880년경에 프랑스에서 어떤 과학자가 파리 시내를 누비는 말이 계속 늘고 있어 거리가 조만간 말똥 천지가 될 것이라고 경고한 일이 있었다. 19세기에 런던에서는 산업공해로 인해 숨쉬기조차 어려울 만큼 공기가 탁해지고 템스강이 썩은 내 진동하는 시궁창으로 변했다. 그런데 오늘날의 환경 문제는 이렇게 국지적인 문제를 갖고 불필요하게 걱정하고 과장하는 것이 아니라 돌이킬 수 없는 변화라는 사실을 회의론자들도 곧 알게 될 것이다.

기후가 바뀌고 생물 다양성이 사라지고 환경 문제가 심각하다면서 불안감을 조성하는 이야기를 귀에 못이 박히도록 들었다는 사람도 있고 무력감을 느끼는 사람도 있다. 엄청난 변화가 일어나고 있고 문제를 해결하기 위해 할 일이 산더미라는 것을 생각하니 기가 질려서 지레 겁을 먹고 포기하는 것이다. 지구상에서 꿀벌이 사라지고 있고 해양 어류가 90퍼센트나 줄어들었고 일만 년 전부터 존재하던 숲이 이제 10퍼센트 밖에 남지 않았다는 말을 들으면 누구든지 정말 안타까운 일이라고 생각한다. 그러고는 "뭔가 방법이 있겠지……"라고 하면서 두려움을 떨쳐 버리려고 한다. 인도 뉴델리 과학 환경 센터의 수니타 나래인은 이런 태도가 요즘 무슨 일만 생기면 다들 이구동성으로 외쳐 대는 "걱정 말고 소비하세요!"와 다를 게 하나도 없다고 말한다.[99]

옛날에는 어려움이 닥치고 문제가 생기면 지역 공동체가 중심이 되어 극복을 해 나갔다. 그런데 오늘날 우리가 직면한 문제는 성격이 전혀 다르다. 이토록 빠르게 대대적으로 진행되는 변화에 인류가 관여하게 된 것은 지금까지 한 번도 보지 못했던 사상 초유의 일이다.

그런가 하면 덴마크의 통계학자 비요른 롬보르와 같은 상대주의자들도 있다. 기후 변화와 같이 확실하지도 않은 현상을 막으려고 엄

---

99 Sunita Narain. Wijkman, A., & Rockström, J. (2013). *op. cit.*에 인용.

청난 자원을 투입하느니 빈곤, 식량 품귀, 에이즈, 전염병 같은 문제를 해결하는 것이 더 시급하다고 생각하는 사람들이다.[100] 그런데 이들의 생각에는 두 가지 오류가 있다. 기후 변화는 이제 부정할 수 없는 사실이 되었다. 다시 한 번 말하지만 기온이 상승하고 식량이 줄어들면 전염병의 감염 속도가 달라진다. 기후 변화로 인한 악조건에 고통받는 것은 가장 가난한 사람들이다. 따라서 인류의 행복은 기후 변화와 불가분의 관계에 있다고 할 수 있다.

현 세대의 행복한 삶이 미래 세대의 생존보다 훨씬 더 중요하다고 말하는 것은 불이 나서 마을 전체가 잿더미가 되게 생겼는데 불을 끄는 것보다 주택을 쾌적하고 안락하게 바꾸는 것이 더 유익하다고 말하는 것이나 다름없는 일이다.

마지막으로 성장 없는 번영을 걱정하는 기회주의자들이 있다. 이들은 현 세대에서 이익을 극대화하기 위해 성장이 극대화되기를 원한다. 미래 세대가 재능과 능력이 뛰어날 것이라고 추켜세우면서 환경 문제의 해결책을 그들이 찾을 것이라고 주장한다. 이것은 지금 당장 아무것도 하지 않으려는 꼼수에 불과하다. 인류의 창의성과 혁신 능력을 폄하하는 것이 아니라 판단은 제대로 해야 한다는 말이다. 무슨 일이든지 한계가 있어 그것을 넘으면 대세를 돌이키기가 어려워지는 법이다. 오늘날 세계 곳곳에서 늑대, 태즈메이니아데빌, 곰, 스라소니, 독수리 등 사라진 종을 다시 살려 내려고 갖은 애를 쓰지만 대다수가 실패로 끝나고 만다. 지금과 같은 속도라면 2050년에는 현존하는 생물종의 30퍼센트가 지구상에서 사라지게 된다. 그럼 이런 식의 눈 가리고 아웅 하는 노력은 위안조차 되지 못할 것이다.

---

100 Lomborg, B., *The Skeptical Environmentalist: Measuring The Real State of The World*, Cambridge University Press, 2001, pp. 165~172.

상식의 문제

지구는 지금까지 변화를 멈춘 적이 단 한 번도 없었다. 앞으로도 그런 일은 절대 없을 것이다. 호모 사피엔스가 지구상에 등장하기 전에도 이미 많은 종이 지구상에 왔다 사라져갔다. 우리 같은 존재가 끊임없이 진화하는 지구에 대해 "이상적인 상태"를 꿈꾼다는 것은 가당치도 않은 일이다. 그런데 커다란 변화가 생겨 우리가 "인간계"라 불리는 시대에 살게 되었다. 인류가 지질학적 위력을 가진 존재가 되어 자연의 균형 상태를 바꿔놓고 인간의 삶과 수많은 종의 생존을 위협할 정도가 되었다는 말이다.

결론적으로 말해서 인간과 자연과 경제와 지구에 영향을 미치는 커다란 변화 사이에 어떤 상관관계가 있는지 깨닫고 생물권 안에서 우리의 있어야 할 자리가 어딘지 아는 것이 급선무가 되었다. 지구가 우리에게 줄 수 있는 것, 지구가 우리에게 허락하는 것의 한계가 점점 가까워지고 있다. 인류가 앞으로 행복하게 살 수 있느냐 없느냐는 지구 한계선을 넘느냐 마느냐에 달린 문제가 되었다. 이 점을 똑바로 인식해야 한다. 유엔 사무총장은 2010년에 발표된 「자연과의 조화 Harmony with Nature」라는 보고서에서 이와 같은 상호 의존성을 공식적으로 인정하고 있다.

마지막으로 환경을 파괴하는 것은 인간이 자연의 일부라는 사실을 망각할 때, 자연을 해치는 것이 곧 인간에게 심각한 해코지를 하는 것임을 망각할 때 나타나는 행동이다.[101]

---

101 2010년 8월 19일에 반기문 사무총장이 발표한 이 보고서는 Éric Chivian (dir.), *Biodiversity:Itsi mportancetoHumanHealth-InterimExecutiveSummary*(Center for Health and the Global Environment, Harvard Medical School, 2002)을 바탕으로 한 것이다.

특단의 조치를 위해 가장 먼저 글로벌 거버넌스global governance와 국제 공조를 강화해야 하며 특히 지역 공동체와 개인의 차원에서 이타심과 연대 의식을 고취해야 한다.

42

지속 가능한 조화

문제를 유발한 사고방식으로는 문제를 해결할 수 없다.
- 알버트 아인슈타인

국가는 부강한데 국민이 불행하다면 그런 나라가 무슨 소용이 있을까? 깨어 있는 사회라면 앞에서 본 것처럼 빈곤 문제를 해결해 현 세대가 인간답게 살 수 있도록 하고 지구가 황폐화되는 것을 막아 미래 세대의 삶을 준비해야 한다. 그렇게 생각하면 성장은 부수적인 것이 된다. 정말 중요한 것은 모든 사람의 열망과 앞으로 올 세대의 운명을 종합적으로 고려해 '지속 가능한 조화'와 균형을 맞추는 것이다. 성장은 이타심과 협력 안에서만 꿈꿀 수 있다. 이타심과 협력이라는 두 가지 목표를 실현해야만 이 책을 시작할 때 언급한 문제들을 극복하고 단기적, 중기적, 장기적 관점에서 번영을 누리고 삶의 질을 높이고 환경을 보호할 수 있다. 이제는 소비를 통한 양적 성장이 아니라 삶의 조건을 개선하는 질적 성장을 추구해야 할 때다.

성장도 퇴보도 아닌 조화로운 번영

요즘의 경제학자들은 대부분 부의 축적을 절대적인 목표로 정해 놓고 부의 증가와 자연 자원의 활용을 성장이라고 부른다. 그런데 이제 그런 식의 성장은 적합하지 않은 것이 현실이다. 자연 자원도 그동안은 인간의 욕구를 충족시키기에 충분한 양이었지만 언젠가는 바닥을 드러낼 수밖에 없다. 그런데도 대다수의 경제학자들은 성장에 한계가 있다는 사실을 직시하지 못하고 회의적인 입장을 취한다. 영국 경제학자 파르타 다스굽타는 이렇게 목청을 높인다. "자연도 자본처럼 굴려서 이자를 받아야 한다고 생각하고 그 외에는 전부 쓸모없는 것 취급을 한다."[1] 환경 운동가 요한 록스트롬은 경제를 존속시켜 주는 자연 자원을 희생해 가면서 성장하는 경제보다 더 비뚤어진 것이 없다고 말한다. "인구가 늘고 소비가 증가해도 지구는 커지지 않기 때문"[2]이다. 록스트롬은 무한대에 가까운 자연 자원은 바람과 태양 밖에 없다고 강조한다. 현재 활용도가 가장 낮은 자원도 이 두 가지다.

영국 태생의 미국 경제학자 케네스 볼딩은 현재 상황을 이렇게 요약한다. "경제 성장이 영원히 계속될 수 있다고 생각하는 사람은 정신이 나간 사람이거나 경제학자, 둘 중 하나다."[3] 문제는 여기서 그치지 않는다. 아무 일 없는 것처럼 평소와 다름없이 성장을 계속해야 한다고 주장하는 경제학자들은 미래 세대에게 잘못을 저지르는 그릇된 선택을 하는 것이다. 유명한 경제학자 니콜라스 스턴 경은 이른바 스턴 보고서Stern Review on the Economics of Climate Change에서 실제로 기후 온난화를 막기 위해 아무 일도 하지 않고 방치했을 때 드는 경제적 비용이 기후 온난화를 통제하거나 예방하는 데 드는 투자보다 훨씬 높다는 것

1 　Partha Dasgupta, Wijkman, A., & Rockström, J. (2013), *op. cit.*, p. 125에 인용.
2 　Wijkman, A., & Rockström, J. (2013), *op. cit.*, p. 37.
3 　*Ibid.*

을 설득력 있게 보여 주었다.[4] 스턴은 기후 변화로 삶의 터전을 옮겨야 할 인구가 2050년까지 2억 명이 넘을 것으로 내다보고 있다.

미국 메릴랜드 대학교 교수인 허먼 데일리는 경제 성장에 관련된 환경 비용이 경제 성장을 통해 얻을 수 있는 이익보다 높아진지 이미 오래 되었다고 말한다. 일정한 선을 넘은 뒤에는 성장으로 유발되는 환경 훼손을 비용으로 생각하지 않고 무조건 성장만 추구하다가 부유해지기는커녕 갈수록 가난해진다는 뜻이다.[5]

이것이 우리가 처한 가장 큰 딜레마다. 성장도 쇠퇴도 지금 우리가 직면한 문제의 답이 아니다. 지구상에 남아 있는 자연 자원을 생각할 때 지금과 같은 형태와 속도로 성장을 계속한다는 것은 도저히 불가능하다. 그렇다고 해서 경제가 쇠퇴하면 가뜩이나 어려운 빈곤층이 가장 큰 피해를 입을 것이다. 서리 대학교University of Surrey에서 지속 가능한 발전을 가르치는 영국 경제학자 팀 잭슨이 『성장 없는 번영: 협동조합과 사회적 경제를 위한 생태 거시 경제학의 탄생Prosperity Without Growth: Economics for a Finite Planet』[6]에서 강조한 내용도 바로 그런 것이다. 잭슨은 현재와 같은 경제 성장이 계속될 수 없다는 데 대해 세 가지 근거를 들고 있다. 첫째, 현 경제 모델에서 부를 번영의 지표라고 생각하는데 이것은 삶의 질이라는 측면에서 뭘 모르는 순진하고 편협한 관점이다. 과도한 성장은 대대수 사람들의 행복과 복지에 배치背馳되어 결국은 잭슨이 "사회적 경기 침체"라고 부르는 상태로 이어진다.

둘째, 경제 성장의 열매가 불공평하게 분배되어 부자들이 이익을 독식하고 있다. 상위 5퍼센트의 부유층이 전 세계 소득의 75퍼센트를 가져가는 데 비해 하위 5퍼센트의 극빈층이 가져가는 소득은 2퍼센트

---

4 Stern, N., *The Economics of Climate Change: The Stern Review*, Cambridge University Press, 2007.

5 Daly, H. E., *Beyond Growth: The Economics of Sustainable Development*, Beacon Press, 1997.

6 Jackson, T., *Prosperity Without Growth: Economics for a Finite Planet*, Routledge, 2010.

에 불과하다는 사실을 잊지 말아야 한다. 잭슨은 불평등을 줄이지 못하고 오히려 악화시키는 경제 체제에서는 "성장을 백만 년 계속해 봤자 빈곤을 척결하지 못할 것"[7]이라고 힘주어 말한다.

셋째, 무한 성장은 한마디로 불가능하다. 생태학적으로 지구는 한계가 있다. 21세기 후반이 되면 오늘날 지구상에서 살아가는 우리의 이기심과 우리가 저지른 낭비의 대가를 톡톡히 치르게 될 것이다.

그렇다고 해서 잭슨이 경제 쇠퇴를 옹호하는 것이 아니다. 경제가 쇠퇴하면 실업이 늘어나고 선진 사회에서 기본적으로 제공하는 복지 서비스의 혜택을 보기가 어려워 빈곤층에게 결정타를 입히고 사회 불안을 초래할 것이다. 팀 잭슨은 기적적인 해법을 제공하지는 않지만 맹목적으로 소비만 추구하다가는 인류의 미래가 위태로워질 것이라고 경고하고 있다.

성장과 쇠퇴의 중간에 있는 것이 지속 가능한 조화다. 모두에게 일정 수준의 삶을 보장하고 불공평을 줄여 나가면서 지구의 자원이 급속도로 고갈되는 것을 막는 것이다. 이런 조화 상태를 이룩하고 유지하려면 수십억 인구를 하루빨리 빈곤에서 탈출시키고 선진국에서 걷잡을 수 없이 늘어나는 소비를 줄여야 한다. 더불어 물질적으로 성장을 계속 한다고 해서 행복한 삶을 살게 되는 것이 결코 아니라는 것을 깨달아야 한다. 다들 알다시피 앞으로 10년 후면 유럽을 비롯한 여러 나라들이 대부분 성장 정체기에 들어갈 것이다. 따라서 삶의 만족도를 높이는 질적 성장과 환경을 보호하는 일에 관심을 가져야 한다.

현 경제 모델의 약점

미국 예일 대학교 산림 환경 연구 학부 학장과 유엔 개발 계획UNDP 행

---

7   *Ibid.*

정처장을 역임한 제임스 구스타브 스페스는 지구의 환경이 급속도로 악화되는 것이 국가 정책에 결함이 있거나 부주의해서 일어난 일이 아니라 자본주의의 구조적 실패에서 비롯된 것이라고 말한다. 현대 자본주의는 끊임없는 경제 성장이라는 목표를 정해 놓고 우리 모두를 풍요와 파멸이라는 두 얼굴을 가진 낭떠러지로 끌고 갔다. 제임스 구스타브 스페스는 『미래를 위한 경제학In The Bridge at the Edge of the World』[8]에서 지난 수백 년 동안 미래 세대의 운명은 안중에도 없이 끝없이 몸집을 키우고 수익을 극대화하는 데만 골몰한 6만여 다국적 기업들을 환경 파괴의 주범으로 지목하고 있다. 그는 현대 자본주의 시스템이 갈수록 심각한 결과를 초래하다가 결국 통제 불능의 상태에 이를 것이라고 예측하면서 지금 당장 방향을 선회해 경제적 풍요가 아닌 행복한 삶에 기반을 둔 "포스트 성장" 사회를 건설해야 한다고 주장한다.

가장 먼저 뜯어고쳐야 할 것은 국내 총생산GDP에 너무 큰 중요성을 두는 것이다. 노벨 경제학상을 수상한 아마르티아 센은 위기를 기회로 만들 수 있다고 생각한다. 그는 발전과 행복의 의미에 대해 전반적으로 다시 생각하고 GDP가 아닌 다른 잣대를 만들어 내야 한다면서 이렇게 말한다. "GDP만으로는 한계가 있다. GDP만 사용하는 것은 공멸로 가는 지름길이다. 생산과 소비 관련 지표는 자유나 복지에 대해 아무것도 말해 주지 못한다. 자유나 복지는 사회의 체질과 부의 분배에 달린 문제다."[9] 그렇기 때문에 평균 수명, 교육, 의료 접근성, 불평등, 주관적 행복, 환경 보호 등 여러 가지 다른 지표가 필요하다.

GDP 개념을 주창한 경제학자로 노벨상을 수상한 사이먼 쿠즈네츠는 1929년 경제 위기를 관리하기 위해 만든 GNP(국민 총생산)와 GDP(국내 총생산)는 경제의 일부분밖에 측정하지 못하므로 한 나라

---

8 Speth, J. G., *The Bridge at The Edge of The World: Capitalism, The Environment, and Crossing from Crisis to Sustainability*, Yale University Press, 2009.
9 *Le Monde*, June 9, 2009.

의 행복과 복지, 발전 정도를 평가하는 용도로 사용해서는 안 된다고 했다. 1934년에 쿠즈네츠는 "한 나라의 행복과 복지를 …… 국민 소득이라는 잣대로 국한할 수 없다."[10]라고 밝혔다. 그는 양적으로 무엇이 얼마나 증가했는지 살펴보는 것으로 만족할 것이 아니라 증가한 것의 성격이 무엇인지 관심을 가져야 한다고 강조하면서 이렇게 말했다. "성장의 양과 질을 구분해야 한다. …… '더 많이' 성장하는 것이 목표라면 무엇을 위해서 무엇이 더 많이 성장해야 하는지 분명하게 밝혀야 한다."[11]

GDP는 한 해의 총생산 가치와 해당 국가에 거주하는 경제 주체들(가계, 기업, 공공 기관)이 창출한 부를 정량화한 것이다. 그런데 진정한 의미의 번영에는 GDP가 미처 고려하지 못하는 다른 인자들이 많이 개입한다. 결정적으로 GDP는 재화와 서비스가 양적으로 증가하는 과정에서 행복과 복지가 높아진 경우와 재화와 서비스가 양적으로 증가하는 과정에서 행복과 복지가 감소한 경우를 구분하지 못한다.

1990년대부터 경제학자들이 GNP보다 GDP를 거론하는 일이 늘어남에 따라 한 나라가 보유한 이론적인 부와 국민이 행복한 삶을 누리는 복지 사이의 상관관계가 더욱 더 희박해졌다. GDP는 한 나라가 일 년 동안 만들어 낸 부다. 그 부를 국내에서 만들었는지 해외에서 만들었는지는 따지지 않는다. 예를 들어 광물이나 석유 같은 자원이 해외로 대량 수출되면 수출국의 GDP가 올라간다. 그런데 그런 자원을 외국 기업이 이용하거나 비양심적인 지도층 엘리트가 중간에서 가로채 국민들이 자원으로부터 창출된 수입의 혜택을 누리지 못하면 GNP가 내려갈 수 있다. GDP가 크게 증가해도 환경이 훼손된다든가 분쟁이 일어난다든가 해서 삶의 질이 떨어질 수 있다. 광물 자원을 장

---

10 Kuznets, S., "National Income, 1929~1932," 73rd Congress, 2nd session, Senate document no. 124, 1934, p. 7.

11 Kuznets, S. How to judge quality. *New Republic*, October 20, 1962, pp. 29~32.

악하려고 일어난 콩고 내전이 바로 그런 예다. 심리학자 마틴 셀리그먼은 이렇게 지적한다.

산업 혁명 당시에는 경제 지표들을 보면 국가가 제 할 일을 잘 하고 있는지 어떤지 충분히 짐작할 수 있었다. 의식주에 대한 기본적 욕구 충족이 불확실했던 시절이라 그런 욕구의 충족 정도가 곧 부의 증가와 일치했다. 그런데 사회가 풍요로워질수록 사회가 가진 부는 성공을 측정하는 지표로서 효과가 떨어진다. 옛날에는 기본적인 상품과 서비스를 구하는 것조차 힘들었지만 21세기에는 그런 것들이 흔하다 못해 주체 못할 정도로 넘쳐나는 나라도 있다. 기본적인 필요가 쉽게 충족되는 요즘 같은 때는 부가 아닌 다른 요인들이 사회의 성공 여부를 판가름한다. ······ 오늘날 특히 두드러지게 눈에 띄는 것은 부와 삶의 질 사이에 있는 격차다.[12]

삶의 질은 단순히 경제 성장의 부산물이 아니다. 둘은 근본적으로 기준이 다르다. 그런 뜻에서 몇 년 전에 히말라야 산맥에 있는 소왕국 부탄에서 시작된 "국민 총행복gross national happiness"의 개념을 도입하는 것이 적절할 것 같다. 다양한 삶의 만족도와 그것이 갖는 여러 가지 외적 요소(금전적 부, 사회적 지위, 교육, 자유의 정도, 사회에 만연한 폭력의 수준, 정치 상황)와 내적 요소(주관적 행복, 낙관주의 또는 비관주의, 자기중심주의 또는 이타주의)의 상관관계를 측정하는 이 과학적 도구가 나온 것은 벌써 30년 전의 일이다.

미국 로버트 케네디 전 상원 의원은 약 40년 전에 대통령 선거에 출마했을 때 선견지명이 빛나는 연설을 했다.

---

12 Seligman, M., *Flourish*, Belfond, 2013. Kindle locations 4829~4854; Diener, E., & Seligman, M. E. (2004). Beyond money toward an economy of well-being. *Psychological Science in The Public Interest, 5*(1), 1~31.

우리는 물질적 풍요를 축적하느라 개인의 존엄성과 공동체적 가치를 너무 오래 포기하고 살았습니다. 오늘날 미국의 국민 총생산은 연간 8천억 달러가 넘습니다. 그런데 미국을 국민 총생산으로 판단하면 여기에는 대기 오염과 담배 광고 비용, 대학살이 벌어진 고속도로 현장을 수습하기 위해 출동한 구급차 비용까지 전부 포함됩니다. 현관문을 굳게 잠그기 위해 설치한 잠금 장치와 그것을 부순 사람들을 가둘 교도소 유지 비용도 포함됩니다. 삼나무 숲을 파괴했을 때 나오는 부가 가치와 경이롭고 아름다운 자연이 무시무시한 돌풍의 습격을 받아 사라져 버렸을 때 발생하는 비용도 모두 계산됩니다. 네이팜탄과 핵탄두, 도시에서 폭동이 일어났을 때 이를 진압하기 위해 출동한 무장 경찰차의 비용도 그 안에 들어갑니다. 범죄자들이 휘두른 총과 칼, 우리 아이들에게 장난감을 팔아먹으려고 폭력을 미화하는 TV 프로그램까지 모두 계산에 포함됩니다.

그런데 막상 우리 아이들의 건강이나 교육의 질, 아이들이 놀면서 느끼는 기쁨은 이 국민 총생산에 들어 있지 않습니다. 시의 아름다움이나 결혼의 지속력, 공개 토론의 지적인 성격, 공무원들의 청렴성 같은 것은 찾아볼 수 없습니다. 국민 총생산은 우리의 유머 감각이나 용기, 지혜나 지식, 자비심이나 국가에 대한 충성심을 측정하지 못합니다. 한마디로 가치 있는 삶을 구성하는 것들은 모두 빠져 있습니다.[13]

번영을 측정하는 새로운 기준

성장 동력이 약해져서 쇠퇴기에 접어들었다는 것이 감지될 때 이를 반기고 좋아할 나라는 세상에 하나도 없다. GDP가 떨어지면 누구나 걱정이 되고 실패했다는 생각이 들기 마련이다. 그렇지만 국가의 번영을

13　Kennedy, R. Speech on March 18, 1968, at the University of Kansas. *In The Gospel According to RFK*, Westview Press, p. 41.

측정할 때 경제적 성장과 국민들의 행복과 환경 보호까지 동시에 고려한다면 GDP가 오르지 않아도 나머지 두 척도가 상승한 것에 대해 지도자와 국민들이 함께 기뻐할 수 있을 것이다. 이 세 가지 요소를 하나의 틀 안에 통합시키기 위한 시도가 여러 가지 있었는데 그 중 영향력 있는 경제학자들[14]과 정치인들이 지지하는 몇 가지를 소개하겠다.

참진보 지수Genuine Progress Indicator는 미국 캘리포니아주에서 활동하는 진보 재정립Redefining Progress이라는 연구소에서 사용하는 지표다. GPI는 계산을 할 때 경제 활동에 가사 노동, 자원봉사 활동 같은 것을 더하고 환경 오염, 사회적 불평등을 뺀다. 1950년부터 2002년 사이에 미국에서 측정된 삶에 대한 만족도를 그래프로 그려보니 GDP와는 상관관계가 없지만 GPI 동향과는 일치하는 것으로 나타났다.

유엔 개발 계획UNDP이 1990년부터 발표한 인간 개발 지수Human Development Index는 교육 수준, 평균 수명, GDP를 고려해 산출되는데 환경에 대한 평가가 빠진 것이 단점이다.

미국 포드햄 연구소Fordham Institute의 사회학자 마크 미린고프와 마르케 루이사 미린고프는 1987년부터 사회적 건강 지수Index of Social Health를 측정하기 시작했다. 여기에는 유아 사망률과 아동 빈곤, 아동 학대, 십대 자살, 약물 남용, 고등학교 중퇴율, 실업, 소득 불평등, 적정한 가격의 주택에 대한 접근성, 범죄율, 65세 이상 노년 빈곤, 기대 수명 등 16가지 기준이 포함된다.[15] 국민들의 삶에 대한 만족도가 나타나는 행복에 대한 주관적 평가는 빠져 있는 것이 특징이다.

비슷한 시기에 경제학자 허먼 데일리와 존 콥은『공공의 이익을 위하여For the Common Good』에서 GDP의 한계를 극복하기 위해 지속 가능

---

14   허먼 데일리, 로버트 코스탄자, 만프레드 막스 니프, 찰스 홀, 조셉 스티글리츠, 니콜라스 스턴, 데니스 스노워, 파르타 다스굽타, 아마르티아 센과 같은 진보 성향의 경제학자들이 포함되어 있다.
15   그들의 연구는 다음에 요약되어 있다. Miringoff, M. L., & Miringoff, M.-L., *The Social Health of The Nation: How America is Really Doing*, Oxford University Press, 1999.

한 경제 후생 지표Index of Sustainable Economic Welfare를 제안했다.[16] 이것은 GDP에서 오염이나 환경 파괴와 같이 지속 가능한 활동을 해치는 요인을 빼고 환경에 기여하는 활동을 더해서 산출된다. 데일리와 콥에 따르면 가난한 나라의 경우, 일정 수준까지는 GDP가 상승하면 덩달아 행복도 높아지지만 어느 지점을 넘어서면 GDP가 상승해도 행복이 줄어들고 과소비로 인해 환경이 훼손되는 피해를 보게 된다.

부탄에서 국민 총행복GNH 논의에 참여했던 칠레 경제학자 만프레드 막스 니프는 인간의 9대 기본 욕구가 포함된 모델을 제시했는데 여기에는 일반적인 물질적 욕구 외에 보호, 자유, (사회)참여, 애정에 대한 필요까지 포함된다. 만프레드 막스 니프의 모델은 다음과 같은 여섯 가지 원칙을 바탕으로 한다.

- 경제가 사람을 위해 존재하는 것이지 사람이 경제를 위해 존재하는 것이 아니다.
- 발전은 사물이 아니라 사람에 관련된 것이다.
- 성장은 발전과 같지 않다. 발전한다고 해서 반드시 성장하는 것이 아니다.
- 생태계의 도움 없이는 어떤 경제도 존립할 수 없다.
- 경제는 생물권의 하위 시스템이다. 생물권은 경제보다 규모가 훨씬 더 크지만 유한한 시스템이라 무한 성장이 불가능하다.
- 어떤 경우에도 경제나 금전적 이익이 생명 존중보다 우선시될 수 없다.

2012년에 영국에서 국민 행복 지수에 대한 보고서가 발표되었을 때 국가에 중대한 영향을 미치는 것도 아닌 문제에 데이비드 카메론 수상이 지나치게 신경을 쓰는 것 아니냐는 비난 여론이 쏟아졌다. 카

---

16   Daly, H. E., Cobb, Jr., J. B., & Cobb, C. W., *For The Common Good: Redirecting The Economy toward Community, The Environment, and a Sustainable Future*, Beacon Press, 1994.

메론 수상은 논란에 대해 이렇게 입장을 밝혔다. "정부의 대소사는 진지한 업무고 이것은 소일거리에 불과하다고 생각하는 사람들에게 이렇게 답하고 싶습니다. 국민에게 진정 더 나은 삶을 제공하는 것이 무엇인지 찾아내 필요한 조치를 취하는 것이야말로 정부가 해야 할 가장 중요한 일입니다."

3대 필수 지표 – 부의 균형적 분배, 삶의 만족도, 환경의 질

부탄이 제안한 국민 총행복은 장기적인 관점을 갖고 있어 앞날이 더욱 기대되는 측정법이다. 그 때문에 관심을 보이는 경제학자, 사회학자, 정치인이 계속 늘고 있다. GNH는 앞에서 언급한 지표들과 달리 주관적인 행복에 밀착한 평가 방법으로 경제적으로 축적된 부만 고려하는 것이 아니라 사회적 부(자원봉사, 협력 등)와 자연 자원(사람의 손이 닿지 않은 천연자원의 가치)에 대한 지표까지 포함되어 있다.

최근에 입헌 군주국이 된 부탄 왕국은 히말라야 산맥에 위치하고 있으며 면적은 스위스보다 약간 더 크고 인구는 70만 정도 된다. 중세식 생활 방식에서 바로 지속 가능한 발전 단계로 넘어갔기 때문에 다른 나라들처럼 천연자원을 과잉 개발하고 훼손하는 시기를 거치지 않았다. 결과는 시사하는 바가 매우 크다. 부탄은 숲, 습지, 대초원, 빙하 등 자연 서식지와 인간이 적극적으로 활용하지 않는 땅의 면적이 지난 20년 동안 감소한 것이 아니라(베트남을 제외한 모든 아시아 국가들은 자연 서식지가 줄어들었다.) 증가해서 전체 국토 면적에서 차지하는 비율이 60퍼센트에서 65퍼센트로 상승했다.

앞에서 언급한 것처럼 부탄은 앞으로 10년 안에 자국에서 포집할 수 있는 양 이상의 이산화 탄소를 방출하지 않겠다는 "탄소 제로" 계획을 추진하고 있으며 (부탄은 국가 전체에서 방출된 이산화 탄소의 네 배나 되는 양을 포집하고 있다. – 옮긴이) 일부 지역에서 소량만 사용 중인 화학 비료도 5년 안에 사용을 중단할 예정이다. 부탄에서는 전국적으로 사냥과 낚시를 금지하며 담배 판매도 불법이다.[17] 세계에서 유일하게 광고를 금지하는 나라이기도 하다. 교육과 의료 서비스가 무상으로 제공되며 내면의 평화를 강조하는 불교문화의 영향을 받아 행복의 추구와 실현을 국가 주요 사업으로 삼고 있다. 부탄 사람들은 범국가적으로 삶의 질을 향상시키려면 갈 길이 아직 멀고 각자 할 일이 많이 남아 있으며 GNH가 만병통치약이 아니라는 것을 알고 있다. 그래서 지속 가능한 발전, 환경 보호, 문화 보존, 올바른 통치good governance라는 네 가지 기본 축을 중심으로 번영을 달성하기 위해서 필요한 우선 과제를 선정했다.

부탄의 전 국무총리 론첸 직메 틴레는 미래를 장기적으로 바라보는 것이 중요하다고 강조한다. 그는 외국 국무총리들에게 50년 후 국가 비전을 물었을 때 대부분 "깜깜한 어둠 속을 더듬는" 모습을 보이는 것을 보고 깜짝 놀랐다고 한다.[18]

부탄 제4대 국왕인 직메 신계 왕축[19]은 1972년에 왕위에 즉위하면서 한 연설에서 "국민 총행복이 국민 총생산보다 더 중요하다."라고 선언했다. 부탄이 이런 모험을 시작하게 된 계기가 바로 그 연설이었다. 그 후 국제회의에서 부탄 대표들이 국민 총행복이라는 개념을 소개하면 다들 쓴웃음을 지었지만 이 새로운 번영의 패러다임은 차츰 입지를 굳히기 시작했고 오늘날 위대한 경제학자들의 관심을 끌기에 이르렀다. 조셉 스티글리츠는 이렇게 말한다.

---

17 부탄 사람들은 동물을 도살해 고기를 얻으며 극소수만 채식을 한다. 과거 부탄 국왕들은 사냥이 특권이었으나 지금은 그것을 포기했다.
18 H. E. Lyonchen Jigme Thinley, 개인적 정보 교환.
19 부탄은 19세기 말까지 중앙 정부 없이 작은 지방들이 모여서 이루어진 연합체의 형태를 하고 있었으며 1907년부터 1952년까지 초대 국왕인 우겐 왕축이 부탄을 다스렸다. 1971년에 유엔에 가입했으며 2006년에 네 번째 왕인 직메 센게 왕축이 민주주의 도입을 원한다면서 아들에게 왕위를 물려주었다. 그의 아들 직메 케살 남갈 왕축은 2010년에 영국의 군주제와 유사한 입헌 군주 체제 하에서 5대 국왕이 되었다.

부탄이 국민 총행복을 채택했을 때 그렇게 해서라도 낙후된 현실로부터 도피하려는 것이라고 말하는 사람들이 있었다. 나는 정반대라고 생각한다. 우리는 위기를 겪으면서 우리의 척도가 잘못되어 있다는 것을 깨달았다. 경제 분야도 예외가 아니다. 미국의 GDP가 양호한 것처럼 보였지만 사실은 환상에 불과했다.[20]

2011년 7월, 부탄이 상정하고 68개국이 지지한 「발전에 대한 총체적 접근으로서 행복Happiness: towards a holistic approach to development」이라는 결의안이 유엔 총회에서 193개 회원국들에 의해 만장일치로 채택되었고 이어서 2012년 4월에 이 결의안의 실행을 위한 회의가 미국 뉴욕에 있는 유엔 본부에서 열렸다. 나도 그 자리에 있었는데 여기서 반기문 사무총장은 이렇게 선언했다.

물질적 풍요가 아무리 중요해도 그것이 행복을 결정짓는 유일한 요소가 될 수 없습니다. …… 부탄은 1970년대부터 국민의 행복이 국민의 소득보다 훨씬 더 중요하다는 사실을 인정하고 국민 총생산 대신 '국민 총행복'을 채택했습니다. 이런 시각이 다른 나라로도 퍼져 나가고 있습니다. 코스타리카는 세계에서 가장 '친환경적인' 나라로 잘 알려져 있습니다. 환경을 생각하는 개발의 모범 사례입니다. 코스타리카는 소득 수준이 비슷한 다른 나라들과 비교해 봐도 인간 개발 측면에서 단연 높은 순위를 차지하고 있으며 평화와 민주주의라는 측면에서 타의 모범이 되고 있습니다.[21]

20   Jyoti Thottam. The pursuit of happiness. *Time*, October 22, 2012, p. 49에 인용.
21   토론 실황을 보려면 인터넷 사이트 http://www.gnhc.gov.bt/ 2012/04/un-webcast-on-happiness-and-wellbeing-high-level-panel-discussion/ 참조. 1부 1:58:30부터가 저자의 발언 내용.

그날 컬럼비아 대학교 교수 제프리 삭스가 소장으로 있는 지구 연구소Earth Institute가 준비 회의를 주최해 노벨 경제학상을 받은 학자 세명, 과학자[22], 철학자, 코스타리카 대통령, 브라질 대표단을 포함한 여러 국가 대표들이 모여 실행안을 만들었다. 이 움직임은 규모가 계속 커져서 부탄과 코스타리카 외에 브라질과 일본 정부가 국민 총행복을 정치 의제에 포함시키기 위해 필요한 절차를 밟고 있으며 캐나다 앨버타주도 캐나다 행복 지수Canadian Index of Well Being를 만들어 행복을 측정하는 데 두 팔을 걷어붙였다.

유럽 연합 집행 위원회는 '비욘드 GDPBeyond GDP' 프로젝트를 추진하고 있으며 마르틴 뒤랑 통계국장이 유엔 대표로 있는 경제 협력 개발 기구OECD도 자체적으로 행복도를 측정하는 지침을 마련했다.

자연 자원과 인적 자원의 가치를 인정하는 국가 회계

GDP는 시장에서 이루어진 금전적 거래만 계산에 넣는다. 숲속 나무가 전부 잘려 나가고 바다에서 고기 씨가 말라도 GDP 대차 대조표 상에는 플러스 성장으로 기록된다. 이는 두 가지 측면에서 현실을 왜곡하는 결과가 된다. 하나는 자연 자원의 가치가 계산에서 누락되는 것이고 다른 하나는 엄연히 훼손된 자연이 경제적 이익으로 나타나는 것이다.[23] 부탄의 전 국무총리 룐첸 직메 틴레는 이렇게 설명한다.

부탄 숲에서 자라는 나무들을 몽땅 베어 버리면 GDP가 급상승한다. GDP에서는 나무를 잘라 목재를 시장에 내다 팔았을 때만 숲의 가치를

---

22 노벨상 수상자인 대니얼 카너먼, 조셉 스티글리츠, 조지 애커로프, 경제학자 제프리 삭스, 리처드 레이어드와 저명한 과학자 리처드 데이비슨, 대니얼 길버트, 마틴 셀리그먼, 로버트 퍼트남, 존 헬리웰 등이 포함되어 있었다.

23 Wijkman, A., & Rockström, J. (2013). op. cit., p. 3.

계산에 넣는다. 나무를 베지 않은 살아 있는 숲은 GDP에서 가치가 전혀 없다. 온 세계가 국가 회계에 노출되지 않는 생태 부채ecological debt를 어마어마하게 쌓은 것이 결코 놀라운 일이 아니다.[24]

사회학자 도미니크 메다도 같은 의견이다. "이런 식으로 계속 가다가는 내다 팔 것이 하나도 남지 않을 때까지 스스로를 파괴하고 소비하고 탕진하는 사회를 부유한 사회라고 치부하게 될 것이다."[25]

범죄가 늘고 환경 오염이 심해지고 전쟁이 일어나고 질병이 만연하면 교도소, 경찰, 무기, 질병 치료, 건강 관리 등을 위해 지출이 증가하고 따라서 금융 거래가 늘어 GDP가 늘어난다. 그런 식의 증가는 행복한 삶이나 복지라는 측면에서 퇴보임이 확실한데도 회계상으로는 경제 성장에 긍정적인 지표로 기록된다. 직메 틴레는 이렇게 덧붙인다.

GDP는 우리가 행복한 삶을 누리는 데 도움이 되는 경제적 활동은 전부무시한다. 금전적 교환이 발생하지 않기 때문이다. 그래서 자원봉사 활동, 공동체에 이익이 되는 활동, 누구에게나 꼭 필요한 무급 가사 노동 같은 것은 GDP에서 아무 의미가 없다. 명상을 하고 정원을 가꾸고 가족이나 친구와 함께 하는 소중한 시간도 GDP에서는 가치가 없다.

미국 심리학자 팀 캐서는 2008년에 방콕에서 개최된 불교와 소비사회의 관계에 관한 컨퍼런스에서 이 점을 다음과 같이 설명했다. "저는 오늘 아침에 아들과 함께 공원에서 가서 멋진 시간을 가졌습니다. 함께 즐거운 한때를 보내면서 온갖 열대 식물의 꽃과 각양각색의 새

---

24 룐첸 직메 틴레 전 국무총리는 이렇게 밝혔다. "부탄은 세계 최초로 확장된 국가 회계를 사용하는 나라가 될 것이다." 2012년 2월 10일, 자연 자본, 사회 자본, 인적 자본을 고려한 국가 회계를 처음 도입하면서 기자 회견을 개최해 한 말.
25 Meda, D., *Au-delà du PIB: Pour une autre mesure de la richesse*, Flammarion, 2008, p. 98.

를 구경하고 그곳의 아름다움과 고요함을 만끽했습니다. 그런데 공원에 가지 않고 아들을 데리고 슈퍼마켓에 갔다면 어땠을까요? 쇼핑을 마치고 툭툭을 탔는데 승용차와 접촉 사고가 났을지 모릅니다. 부상당한 툭툭 기사를 병원에 데려가야 했을 것이고 사고를 낸 승용차 운전자에게는 벌금이 부과되었을 것입니다. GDP의 측면에서 보면 후자의 사건 사고가 훨씬 더 바람직한 일입니다."

최초의 현대 경제학자라 불리는 장 바티스트 세는 1803년에 공기, 물, 햇살은 우리가 보통 '부'라고 이름 붙이는 자산이 아니라고 했다.[26] 그러나 공기와 물의 품질은 삶의 질에 커다란 영향을 미친다. 이들은 무한한 재생 에너지의 원천인 태양광과 함께 자연 자본으로 간주되어야 한다. 정치가인 비크만과 환경 과학자 록스트룀은 자연 자산을 인공 자산으로 대치하는 일이 무한정 가능하지 않다는 사실에 주목하라고 말한다. 언제까지나 나무 대신 플라스틱을 쓰고 사람의 노동력 대신 기계를 사용할 수 없다는 말이다.[27] 맑은 공기, 인간의 손에 손상되지 않은 초목, 깨끗하고 비옥한 토지는 그 무엇으로도 대신할 수 없다. 따라서 산업 자본, 금융 자본, 인적 자본, 자연 자본 등 다양한 유형의 자본을 구분하고 각각의 가치를 공정하게 인정하고 그에 합당한 중요성을 부여하는 것이 중요하다.

최상위 1퍼센트가 부를 독식해도 나라 전체의 부가 늘어나기만 하면 GDP는 무한정 증가하지만 GNH는 사회적 불의나 커다란 빈부 격차와 공존이 불가능하다.

최근 들어 이탈리아를 비롯해 몇몇 유럽 국가에서 건전한 사회 구조를 좀먹는 마약 밀매와 인신매매를 GDP에 포함시키기로 하는 결

---

26 Say, J. B., *Traité d'économie politique, ou simple exposition de la manière dont se forment, se distribuent, et se consomment les richesses*, Adamant Media, 2001 (original edition, 1803).

27 Wijkman, A., & Rockström, J. (2013). *op. cit.*, pp. 132~133.

정이 나왔다. 이런 식으로 터무니없는 GDP 산출 사례는 얼마든지 많다. 기존 경제학 이론에서는 화석 연료를 많이 연소시켜 온실가스를 많이 생산할수록 GDP가 올라가 '부자'가 될 수 있다. 기후 변화에 뒤따르는 부정적인 효과는 안중에 없다. 지금 당장 눈에 보이지 않기 때문이다. 멕시코만에서 엄청난 양의 기름이 유출되었을 때를 돌이켜 보면 주유소에 걸려 있는 휘발유 가격이 진짜 석유 값이 아니라는 것을 여실히 알 수 있다. 현행 국가 회계 시스템에서는 생태학적 손실을 무시해 버린다. 더욱 더 어처구니없는 것은 유출된 기름을 청소하는 데 드는 비용과 시설 수리 비용이 GDP 상승에 기여한다는 사실이다.

자연 자본은 그동안 엄청난 피해를 입었고 개중에 돌이킬 수 없을 정도로 훼손되다시피한 생태계도 있다. 그런데 그런 사실은 회계 장부의 어디에도 표시되지 않는다. 유일하게 고려되는 마이너스 수치는 기계나 건물의 마모와 파손에 관한 것이지 환경 파괴와는 아무 관계가 없다.[28]

경제학자들은 "외부 효과externalities"에 대한 고려를 영 내켜 하지 않는다. 외부 효과란 경제적 활동의 간접적인 결과를 가리키는 말이다. 1,000헥타르의 숲을 밀어 버린 삼림 벌채 회사는 나무들이 사라져서 산소가 생성되지 않고 이산화 탄소가 흡수되지 않고 토양 침식이 일어나고 생물 다양성이 사라지는 외부 효과를 회계 장부에 절대 포함시키지 않는다.

그런 것을 외부 효과라고 지칭한다는 것만 봐도 경제 활동이 환경에 미치는 부정적인 효과를 기업 활동에 따르는 대수롭지 않은 단점이나 불편 사항 정도로 본다는 것을 알 수 있다. 그런데 정작 현실에서는 경제학자들이 중요시하는 것은 존재감이 거의 없다. 생활 환경에 정말 심각한 영향을 미치는 것은 외부 효과다. 따라서 기존의 외부 효

28 *Ibid.*, p. 3.

과라는 개념을 버리고 그것이 뭉뚱그려 가리키던 여러 가지 변수들을 경제적 평가에 포함시켜야 한다.

간단하게 말해서 사람의 손에 손상되지 않은 숲, 담수의 양, 습지, 생물 다양성과 같은 자연 자본의 가치를 공정하게 측정해 한 나라의 대차 대조표에 포함시켜 재정 수입이라든가 금 보유고와 동등하게 취급해야 한다. 자연 자본은 값을 따질 수 없이 소중하며 이런 자연 자본의 가치를 제대로 인정하지 않는 경제는 근본적으로 왜곡된 경제라 할 수 있다.

그런 맥락에서 생태계와 생물 다양성 경제학Economics of Ecosystems and Biodiversity 연구 그룹은 유엔에서 후원을 받은 일련의 연구를 통해 생태계를 고려한 국가 회계 시스템의 토대를 마련했다.

다쇼 카르마 우라가 이끄는 부탄의 GNH 위원회Gross National Happiness Commission에는 부탄이 시작한 독특한 시도에 감명을 받아 새로운 경제 지표가 성공할 수 있도록 도움을 아끼지 않은 해외 전문가들이 많이 있었다. 특히 로버트 코스탄자와 이다 쿠비셰브스키는 부탄이 가진 자연 자본의 경제적 가치를 평가해 7,600억 눌트럼 ngultrum(부탄의 화폐 단위)이라는 수치를 사상 처음 제시하기도 했다. 이는 부탄이 생태계로부터 매년 GDP의 4.4배에 해당하는 110억 유로 (약 14조 8,600만 원) 상당의 지원을 받고 있다는 말이다. 삼림 자원으로 대표되는 부탄의 생태계는 기후 조절에 기여하고 탄소를 저장하고 강 유역을 보호하는 데 기여하고 있으며 부탄뿐 아니라 다른 나라들도 함께 혜택을 누리고 있다.

부탄은 국가 회계에 사회적 자본도 포함시킨다. 예를 들면 쓰레기를 치우고 공공건물이나 종교 사적을 복원하고 화재를 진압하고 병든 사람이나 노인, 장애인을 돕기 위해 사람들이 자발적으로 투입하는 시간 같은 것이다. 알코올 중독이라든가 기타 여러 가지 건강에 유해한 상품을 소비해서 발생하는 부정적인 의료비도 회계에 포함시킨다.(알코올 판매를 긍정적인 요인으로 보지 않는다.)

이처럼 새로운 경제적 패러다임에서는 범죄 감소로 절감된 비용이라든가 담배 판매 금지 이후 의료 보험에 생긴 이익(폐암, 심장 질환, 호흡기 질환이 줄어들고 사망률이 감소하는 것) 등을 평가해 국가 회계에 반영할 수 있다.

부탄인들은 주관적 행복을 평가하기 위해 다쇼 카르마 우라의 주도로 다른 나라에서 사용하는 것보다 훨씬 더 상세하고 정교한 설문지를 개발했다. 표본 인구 8천 명을 대상으로 조사를 실시하는 설문지에는 "지난 2주 동안 질투를 느낀 적이 몇 번 있습니까?", "잠을 잘 주무십니까?", "병이 났을 때 의지할 수 있는 사람이 몇 명이나 됩니까?", "이웃과 친목을 다지는 데 하루에 몇 시간을 할애하십니까?", "자식들과 종교적인 문제에 대해 이야기를 자주 나누십니까?", "명상을 하십니까?" 등등의 질문 항목이 들어 있다.

론첸 직메 틴레 전 국무총리는 이렇게 밝힌다. "(GDP가 아니라) GNH를 바탕으로 한 국가 회계 시스템의 실행 가능성을 입증하고 건전하고 균형적인 방향으로 계속해 나갈 수 있다면 그것이 부탄이라는 작은 나라가 세계에 가장 크게 기여하는 길이 될 것이다."

2013년에 부탄의 새 총리가 된 론첸 체링 톱게는 항간에 행복보다 성장을 더 중요시한다는 소문이 떠돌았지만 부탄 헌법에 명시되어 있는 국민 총행복의 증진을 무시하거나 저버리지 않았다. 그는 2013년 9월에 의회 개원 연설을 하면서 이렇게 선언했다. "제가 GNH를 믿지 않는다고 우려하는 분들이 계십니다. 걱정하지 마시라고 말씀드리고 싶습니다. 저는 GNH에 대해 확고한 신념을 갖고 있을 뿐 아니라 그것을 몸소 실천하는 사람입니다." 2014년 4월에 『가디언』과 인터뷰를 하는 자리에서도 그는 이렇게 밝혔다. "새 정부 들어 바뀐 것이 있다면 최우선 순위를 국내에 두어야 한다고 생각하는 점입니다. GNH에 걸림돌이 되는 것을 제거하고 국내에서 진정한 GNH를 구현해야 합니다. 기업가들은 GNH를 진지하게 생각하면서 기업을 경영해야 합니다. 사회의 이익을 존중하고 가치를 더하고 우리 사회의 가치와 문화를 소중히 여기고 환경이 풍요로워지도록 기여하고 지속 가능한 경쟁력을 키워 녹색 경제를 이룩할 수 있도록 도와야 합니다. GNH는 성취와 발전에 필요한 발판입니다. 남들과 약간 다른 꿈을 꾸면서 부탄을 위해, 세계를 위해 지속 가능한 비전을 제시하는 플랫폼입니다."

행복과 생태학

지금까지는 환경이 자연 자산으로서 갖는 중요성과 생물권이 번영을 계속해 나가려면 환경을 보존해야 한다는 것을 강조했다. 그런데 건강한 자연환경 속에서 살아가는 것이 개인의 주관적 행복을 증진하는 데도 효과적이라는 사실을 잊어서는 안 될 것이다. 벨기에 루뱅 대학교와 스탠포드 대학교 교수인 에릭 랑뱅은 『행복의 생태학An Ecology of Happiness』에서 현대인과 자연의 밀접한 관계를 보여 주는 여러 가지 연구 결과를 정리해 소개하고 있다.[29]

슬로베니아 물리학자 알렉산더 지단세크는 국민들의 삶에 대한 (주관적) 만족도가 그 나라의 환경 성과 지표와 상관관계가 있으며[30] 탄소 배출량이 국민의 행복도와 반비례한다는 사실을 발견했다.

사회 생물학의 아버지인 에드워드 O. 윌슨은 "바이오필리아biophilia" (자연을 좋아하는 타고난 소양이라는 뜻으로 '녹색 갈증', '생명애'라고 번역되기도 한다.-옮긴이)를 이야기하면서 인간이 다른 생명체나 식물, 자연경관에 대해 타고난 정서적 친밀감을 갖고 있다고 주장한다. 아득한

---

29 Lambin, É., *Une écologie du bonheur*, Le Pommier, 2009. 에릭 랑뱅은 조르주 르메트르 지구 기후 연구 센터, 루뱅 카톨릭 대학교과 캘리포니아에 있는 스탠포드 대학교 지구 과학 대학원을 오가면서 활동하고 있다.

30 Zidansek, A. (2007). Sustainable development and happiness in nations. *Energy*, *32*(6), 891~897. Lambin, É. (2009). *op. cit.*, p. 38에 인용.

옛날부터 이어져 내려온 인간과 자연의 관계가 사람의 체질에 생물학적으로 각인되어 있어 과학적으로 연구를 해 보면 매우 흥미로운 사실을 발견하게 된다는 것이다. 예를 들어 사람들에게 다양한 풍경 사진을 보여 주면서 어느 사진이 가장 마음에 드는지 물어 보면 넓고 푸른 들판에 여기저기 나무가 서 있고 연못이 보이는 장면이 가장 좋다고 말한다.[31]

놀라운 것은 출신 지역과 상관없이 모든 사람이 비슷한 반응을 나타낸다는 것이다. 생전 그런 풍경을 본 적이 없는 이누이트인들도 마찬가지다. 이런 반응은 인류의 조상이 사하라 사막 이남 아프리카, 그중에서도 특히 나무들이 서 있고 시야가 탁 트여 있어 포식자들을 경계하고 사냥감이 나타나지 않는지 감시하기 안성맞춤인 구릉지에 살았던 데서 비롯된 것임이 분명하다. 초록색은 풍요로움, 수원水源, 생존에 유리한 조건을 연상시켜 그런 풍경을 바라보고 있으면 대부분의 사람들이 마음에 평화와 안도감, 만족감을 느끼게 된다.

『사이언스』에 발표된 미국 지리학자 로저 울리히 연구에서도 수술 후 회복 단계에서 창문을 통해 공원이나 호수 등 자연 경관이 내다보이는 병실에 입원한 환자는 벽돌로 쌓은 벽이나 다른 건물이 내다보이는 병실에 입원한 환자보다 회복이 빠른 것으로 나타났다. 전자의 환자들은 후자보다 평균 하루 정도 먼저 퇴원을 했고 투여된 진통제의 양도 상대적으로 적었으며 간호사들도 보살피기 편한 환자라고 평가했다.[32]

미국 미시건주에 있는 감옥에서도 교도소 안뜰이 내다보이는 감방에 수감된 수용자는 창밖으로 전원 풍경이 내다보이는 수용자보다 의료 진료나 처치를 받는 일이 24퍼센트나 더 많은 것으로 관찰되었다.[33]

31 Kellert, S. R., & Wilson, E. O., *The Biophilia Hypothesis*, Island Press, 1995.
32 Lambin, É. (2009). *op. cit.*, p. 51.

경제적 자본, 사회적 자본, 자연 자본을
기업으로 통합한 상호 공제 조직

자본주의 기업이 지속 가능한 조화의 원칙에 따라 앞에서 설명한 물질적 풍요와 삶에 대한 만족도와 환경 보호의 세 가지 지표를 기업 활동에 반영시키는 것이 과연 가능한 일일까? 어쨌거나 마즈는 그러기 위해 최선을 다하는 기업이다. 마즈, 스니커즈, 바운티 등 초콜릿 제품을 비롯해 엉클 벤스 쌀, 수지 완 소스, 차와 커피, 애완동물용 식품(페디그리, 펫케어, 위스카스), 유기 농산물과 종자(변화의 씨앗Seeds of Change)를 판매하는 마즈는 자본금 350억 달러에 직원 8만 명과 공장 160개를 보유한 대기업이다(다국적 식음료 기업 다논 그룹의 20배 규모). 다만 가족 소유의 비상장기업이라 경영 방침을 비교적 자유롭게 정할 수 있다.

10년 전에 마즈는 프랑스 경제학자 브뤼노 로슈가 이끄는 팀에게 한 가지 요청을 했다. 회사가 경제적으로 발전을 계속하는 동시에 영세한 지역 생산자들과 기업 활동에 참여하는 모든 사람이 영위하는 삶의 질을 높이고 환경을 보호할 수 있는 시스템을 개발해 달라는 요청이었다. 그런 목적을 달성할 수 있다면 경제적 이윤이 약간 감소하더라도 지속 가능한 조화의 전제가 되는 다른 두 요소를 수용할 각오가 되어 있었다.

그래서 로슈가 선보인 개념이 "상호 공제mutuality"였다. 로슈는 상호 공제야말로 오늘날 자연 자원이 감소하고 환경이 파괴되고 사회적 불평등이 심화되면서 등장하는 수많은 문제를 해결할 수 있는 좋은 방법이라고 말한다.

"상호 공제의 경제"란 수익이 났을 때 이를 투자자, 노동자, 환경이 서로 나눠 갖는 것이다. 상호 공제의 경제에는 중추적 역할을 하는 요

---

33 Ulrich, R. (1984). View through a window may influence recovery. *Science, 224,* 224~225. Lambin, É. (2009). *op. cit.,* p. 52에 인용.

소가 세 가지 있는데 자원을 공급하는 자연, 그런 자원을 이용하고 변환한 대가로 보상을 받는 노동, 수많은 프로젝트가 끊임없이 이어지도록 계속성을 보장하는 자본이 바로 그것이다. 이들은 똑같이 존중받아야 하고 영속성이 유지되어야 한다. 자연, 노동, 자본이라는 번영의 3대 중추가 흔들리거나 불안정해지지 않도록 하려면 각각에 대해 적절한 방법으로 보상이 이루어져야 한다.

나는 벌써 몇 년째 브뤼노 로슈와 서로 의견을 나누면서 토론을 계속하고 있다. 로슈는 여러 학파들이 3대 중추에 대해 불균형한 접근을 계속하고 있다고 설명한다. 마르크스주의 경제학에서는 자본과 자연을 희생시켜 노동에 대해 보상해야 한다고 주장하고 규제 철폐를 부르짖는 자유 시장 경제에서는 오로지 자본에 대한 보상만 내세우는데 비해 순혈주의 환경 운동가들은 자연을 보호하는 데만 온통 정신이 팔려 있다. 브뤼노 로슈는 인간이 하는 활동에 늘 빠지지 않는 이 3대 요소를 건설적으로 통합시켜야 한다고 말한다.

결론적으로 상호 공제의 경제학에서는 경제 활동에 참여하는 모든 사람들의 행복에 대해 진지하게 생각하면서 경제적 이익을 약간 포기하는 한이 있어도 자연 자원을 보호할 마음의 준비가 되어 있어야 한다. 마즈는 현재 사업 분야 중 하나(커피)에서 상호 공제 시범 프로젝트를 시작한 상태이며 모든 것이 계획대로 되면 이를 회사 전체로 확대할 계획이다. 프로젝트를 공개하는 데 대해 아직 신중을 기하고 있지만 지속 가능한 발전의 모범적인 모델이 되어 다른 기업에서도 채택할 수 있게 되기를 바라고 있다.

기부나 기증을 중심으로 한 자선 활동과 수익을 사회적 명분에 재투자하고 주주들에게 배당하지 않는 사회적 기업의 중간쯤 되는 상호 공제의 경제는 대기업들에게 국민 총행복과 생물권을 존중하면서 기업 활동을 할 수 있는 새로운 길을 제시할 수 있을 것으로 보인다.

정치 평론가 제레미 리프킨은 그의 저서 『3차 산업 혁명』에서 다음과 같이 결론짓고 있다.

우리가 지금 당장 해야 할 가장 중요한 일은 공공 자본과 사유 자본, 특히 인류가 가진 사회적 자본을 활용해 한 가지 임무를 달성하는 것이다. 임무란 세계를 3차 산업 혁명의 경제로 이끄는 것, 탈탄소 시대로 전환하는 것이다. …… 인간종을 비롯해 끊임없이 진화하는 환경 안에 사는 모든 것을 대가족이라고 생각해야 생물권 공동체를 구하고 앞으로 올 후손들을 위해 지구를 되살릴 수 있다.[34]

34 Rifkin, J. (2012). *The third Industrial Revolution. op. cit.*, p. 380.

43

지역에 헌신하면서 세계를 책임진다

정치꾼은 다음 선거를 생각하고 정치인은 다음 세대를 생각한다.
- 제임스 프리먼 클라크[1]

개인에게 개인주의가 있다면 국가에는 국수주의가 있다. 사회 문제를 해결하려면 개인이 해결책에 동참해야 하듯이 세계의 문제는 각국이 권위 있는 국제기구와 힘을 합쳐 협력해야 해결할 수 있다.

우리 모두에게 영향을 미치는 수많은 문제, 그 중에서도 특히 환경 파괴에 관한 문제를 해결하려면 지방 자치 단체장들이 하는 역할을 각국의 국가 원수들이 하면서[2] 각자의 국정 운영과는 별도로 전 세계의 운명이 걸린 중요한 사안에 대해서는 여러 국제기구들이 내리는 결정에 적극 따라야 한다.

지구 온난화, 생물 다양성 감소, 대기와 수질 오염, 빙하 용융, 해양 환경 파괴 등은 국지적인 지역 공동체의 힘만으로는 통제하기 어려운

1   James Freeman Clarke(1810~1888)는 미국의 신학자, 인권 운동가, 사회 운동가.
2   이 문제에 대해 나와 토론한 자선가이자 롬바르 오디에Lombard Odier & Co의 파트너인 내 친구 티에리 롱바르에게 감사의 뜻을 전한다.

문제라 세계적으로 해결책을 모색해야 하고 그것을 실천하는 과정에서 긴밀한 협조가 이루어져야 한다.

그런 모든 현상은 서로 긴밀하게 연계되어 있으며 보건 의료의 문제, 빈곤의 문제, 사회 정의의 문제, 인권의 문제, 타락한 금융 시스템의 문제와도 강력한 연결 고리를 갖고 있기 때문에 인간사의 흐름을 전반적으로 제어할 수 있는 총체적 해결책이 마련되어야 한다.

프랑스 철학자 앙드레 콩트 스퐁빌에 따르면 세계 국가World State는 가능하지도 않고 바람직하지도 않지만 최소한 "하나뿐인 지구에서 인류 전체가 한마음으로 뭉쳐 삶에 꼭 필요한 것들을 지켜 나가기 위해 노력하는" 글로벌 정책은 꼭 있어야 한다. 다시 말해서 "글로벌 거버넌스global governance(세계 통치)는 국가에 반기를 드는 것도 아니고 국가를 무너뜨리는 것도 아니다."[3]

2005년부터 2013년까지 8년 동안 세계 무역 기구의 사무총장을 지낸 파스칼 라미는 "글로벌 거버넌스란 인간 사회가 지속 가능한 방식 즉 공평하고 정의로운 방식으로 공통의 목표를 달성하기 위해 실제로 행동하는 시스템"[4]이라고 말했다. 라미에 따르면 공평과 정의를 실현하는 가장 좋은 방법은 글로벌 거버넌스를 확대하는 것이다. 글로벌 거버넌스의 기본은 세계 공통 공공재 또는 집합재, 그 중에서 특히 환경 자산을 관리하는 것이다. 이 문제는 국가 차원의 대응으로는 충분하지 않다. 지속 가능 발전 연구소Institute for Sustainable Development를 설립한 로랑스 투비아나와 프랑스개발청French Development Agenc의 청장을 지낸 장 미셸 세브리노도 같은 의견이다. 그들은 이렇게 말한다. "국제 협력 정책의 초점을 공공재 개념에 맞추면 국제 개발 협상이 교착 상태에서 벗어날 수 있고 공통의 이해관계라는 자각이 생겨 소원해지는

3   Comte-Sponville, A. (September 10, 2009). *Challenges*, 179, p. 51.
4   Lamy, P. (2005). "Global Governance: Lessons from Europe." Gunnar Myrdal lecture, UN, Geneva.

국제 연대에 활력을 불어넣을 수 있다."[5]

칼리지엄 인터내셔널Collegium International[6] 회원들은 2012년 3월에 발표한 호소문에서 세상에 새로운 질서가 필요하다고 주장했다. 새 질서를 수립하려면 전 세계의 대륙과 국가와 개인이 무수히 많은 상호의존적 관계로 이어져 있다는 사실을 인정하고 우리는 운명 공동체임을 자각해야 한다. 인류 공동체의 이해관계는 근시안적인 국가 이익과 지역 이기주의와 다국적 기업이 쥐고 있는 주도권과 입법 과정에 관여하려고 하는 로비스트들의 음모와 궤를 달리해 국제적으로 치사한 입씨름이 벌어지는 일이 종종 있을지라도 남녀노소 모두에게 동등하게 적용되는 공통의 척도에 의해서만 보호받을 수 있다.

세계 정부는 과연 어떤 형태라야 할까?

"국가 경영 또는 공공 경영의 행위나 방식"을 뜻하는 거버넌스라는 용어는 고대 프랑스어에서 14세기까지 정부government와 같은 뜻이었지만 한동안 사용되지 않다가 1990년대에 들어 다시 모습을 드러냈다. 캐나다 학자 알랭 드노 같은 사람은 민간 기업들이 정부의 목을 조르면서 지배권을 휘두르려고 하는 행위를 그럴 듯하게 위장한 말[7]이라면서 민감하게 반응하지만 일반적으로 "글로벌 거버넌스"라고 하면 인류 사회를 전 세계적 차원에서 조직, 관리하는 규정과 규칙을 뜻하는 말로 통한다.[8]

5   Tubiana, L., Severino, J.-M. (2002). "Biens publics globaux, gouvernance mondiale et aide publique au développement," CAE (Conseil d'Analyse Économique) report on global governance.
6   칼리지엄 인터내셔널의 현재 회원이거나 과거에 회원이었던 명사로는 에드가 모랭, 미셸 로카르, 미레유 델마 마르티, 리하르트 폰 바이츠제커, 스테판 에셀, 페르난두 엔히크 카르도주, 페터 슬로터다이크, 파트릭 비브레, 루트 드레퓌스 등이 있다.
7   Deneault, A., Gouvernance: Le Management totalitaire, Lux, 2013.
8   Forum on New World Governance; http://www.world-governance.org/spip.php?article144.

프랑스 국제 관계 연구소Institut français de relations internationals의 피에르 자케 소장과 경제학자 장 피자니 페리, 로랑스 투비아나는 이렇게 설명한다. "경제 통합이 지속 가능하려면 그것이 국민에게 이익이 되어야 하고 그것이 지향하는 목표에 국가가 동의해야 하며 그것을 관리하는 기관들이 적법성을 인정 받아야 한다."[9] 그런데 현재로서는 이세 가지 조건이 충족되려면 아직 갈 길이 멀다.

집행권을 가진 여러 국제기관들이 세계인들의 건강과 보건, 인간과 동물의 권리, 국제 정의, 빈곤, 군비 통제, 환경 문제 일체를 통제할 수 있어야 한다.

사회의 정치 조직을 세계화에 적합하게 만들 수 있는 책임 있는 글로벌 거버넌스를 구축한다는 것은 지방, 국가, 지역, 세계의 차원에서 모두 정치적, 민주적 합법성을 확보한다는 뜻이다. 그러기 위해서는 중요한 개입이 가능한 자원과 능력을 갖춘 공정하고 투명하고 민주적인 조직 체계가 필요하다.

20세기에 세계 인권 선언을 채택하고 유엔, 세계 보건 기구, 세계 무역 기구, 식량 농업 기구, 국제 노동 기구, 국제 사법 재판소, 유럽 공동체 등 수많은 국제기구를 창설하는 등 놀라운 발전을 이룩했다는 것은 이미 앞에서 언급한 바 있다. 국제 사회의 이익보다 국가의 이익을 앞세우는 나라가 있고 이해관계가 충돌해 문제가 발생하는 경우가 종종 있지만 그래도 이들은 지금까지 상당히 큰 업적을 이룩했다.

세계은행, 국제 통화 기금, 국제 결제 은행Bank for International Settlements 에 대해서는 논란이 많다. 이들은 주로 미국의 통제를 받고 있으며 미국에 의해 정책이 결정된다. 세계 GDP 4분의 1을 차지하는 중국과 인도도 이 국제기구들에서는 투표권의 5퍼센트 밖에 힘이 없다.[10] 조셉

---

9 Jacquet, P., Pisani-Ferry, J., & Tubiana, L. (2003). À la recheche de la gouvernance mondiale. *Revue d'économie financière*, 70, January 2003.

10 Attali, J., *Demain, qui gouvernera le monde?*, Fayard/Pluriel, 2012.

스티글리츠는 지금이야말로 국제 통화 기금, 세계은행, 세계 무역 기구와 같은 국제기구가 절실히 필요한 때인데 그들의 신뢰도는 역사상 최저 수준이라고 개탄한다.[11] 예컨대 국제 통화 기금과 세계은행은 개발 도상국을 원조하는 대신 시장을 개방해서 서양의 농산물을 비롯해 보조금이 지급되는 생필품을 수입하게 만들고 억지로 구조 조정을 강요해 다국적 기업들과 경쟁하기 어려운 영세 생산자들과 지역 경제를 파탄에 이르게 한다.

피에르 자케, 장 피자니 페리, 투비아나는 국제기구들이 완벽하지 못한 모습을 보이는 것에 대해 "처리해야 할 문제의 본질과 현안의 규모에 걸맞지 않은 구조에서 오는 현실과의 괴리 때문"이라고 설명한다. 예를 들어, 협상 현안 중 환경이 매우 큰 비중을 차지하는데 그것을 담당할 국제기구는 그에 적합한 구조를 갖고 있지 못하다는 것이다.[12]

그럼 어떻게 하면 지역에 헌신하면서 세계를 책임질 수 있을까? 그러기 위해서는 개인과 지역 사회와 세계의 차원에서 변화가 이루어져야 한다.

세상을 바꾸려면 자신부터 달라져야 한다

세상에 참여적으로 뛰어들어 책임을 다하겠다고 생각하는 사람이라면 이 말을 마음에 새겨둬야 한다. 나는 12년 동안 인도주의 활동을 하면서 경험한 숱한 일들을 통해 부정부패, 자존심을 앞세우는 태도, 인성적 결함 같은 것이 톱니바퀴에 낀 모래처럼 앞으로 나아가는 데 방해가 된다는 사실을 알게 되었다. 처음에는 남을 돕겠다고 시작한

---

11 Stiglitz, J. E. (2006). "Global public goods and global finance: does global governance ensure that the global public interest is served?" In Touffut, J.-P., *Advancing Public Goods*, Edward Elgar, 2006.

12 *Ibid.*

일이 나중에 가서 목표를 상실하는 경우도 있다.

스스로 아무 준비도 갖추지 않고 경솔하게 남을 돕겠다고 나서는 것은 의학 공부를 마쳤다고 해서 병원 개업도 하지 않은 채 길바닥에서 수술을 하겠다고 나서는 것과 다름이 없다. 공부를 하고 병원을 짓는 몇 년 동안은 환자들을 고쳐줄 수 없지만 그 일을 모두 마치고 나면 훨씬 더 효율적으로 환자들을 돌볼 수 있다.

따라서 남을 도우려는 사람이 가장 먼저 해야 할 일은 본래 마음먹은 목표를 거스르거나 포기하지 않고 남을 위해 봉사할 수 있을 만큼 충분히 측은지심과 이타적 사랑과 용기를 키우는 것이다. 이기심을 고치는 것이야말로 남을 돕는 가장 강력한 방법인 만큼 개인적 변화의 중요성을 과소평가해서는 안 될 것이다.

지역 사회 참여와 NGO 혁명

자신을 바꾼 다음에 할 일은 지역 사회에 참여하는 것이다. 자크 아탈리는『미래의 물결Une brève histoire de l'avenir』에서 앞으로 비정부 기구와 이타심이 위력을 발휘할 것이고 언젠가는 그들이 세계를 지배하게 될 것이라고 주장하고 있다.[13]

그러기 위해서는 지역 차원에서 사회적 운동을 벌이는 NGO들끼리 협력하는 법을 터득해 세계적으로 상승효과를 내고 행동의 반경을 넓혀야 한다.

심리학자 폴 에크만은 더 나은 삶을 제공해야 할 대상이나 함께 일하는 사람들과 감정적 유대 관계를 갖고 있느냐 없느냐가 의욕 넘치는 NGO 회원과 현장을 멀리하는 대형 국제기구 직원의 차이점이라고 말한다. 철학자 로먼 크르즈나릭이 쓴『공감하는 능력 Empathy: A

---

13 Jacques Attali, 2006년 11월 19일, *Une Breve Histoire De L'avenir*(미래의 물결), Fayard 출간 당시 20minutes.fr와 가진 인터뷰 내용.

Handbook for Revolution』을 읽어 보면 가난한 사람, 노숙자, 인종 차별에 우
는 아프리카계 미국인이나 터키 이주 노동자들의 삶에 과감히 뛰어들
어 그들과 공감하면서 그들이 살아가는 환경을 이해하려고 하는 사
람들의 예를 많이 찾아볼 수 있다.

지역 사회나 공동체에 참여해 헌신하는 사람들은 대부분 자신이
품고 있는 이념이나 창의적 상상력을 몸소 실천하거나 다른 사람들에
게 감명을 받아 행동하는 사람들이다. 이를테면 넬슨 만델라, 달라이
라마와 같이 도덕적으로 귀감이 되는 인물에게서 영감을 얻기도 하고
무함마드 유누스, 파즐 아베드, 반다나 시바, 벙커 로이와 같이 남을
이롭게 하는 장기적 비전과 효과적인 행동을 절묘하게 조화시킨 사회
적 기업가들을 본받으려고 애쓰기도 한다. 어쨌거나 각계각층에 영향
을 줄 수 있는 실용성 있는 해법을 실천하면서 희망을 주고 열정을 불
러일으켜야 한다.

환경 관련 NGO들은 온실가스 배출을 줄이기 위한 교토 의정서
채택에 결정적으로 영향력을 발휘했다. 핸디캡 인터내셔널Handicap
International과 국제 지뢰 금지 운동International Campaign to Ban Landmines은 대
인 지뢰 사용 금지 및 폐기, 지뢰 희생자 보호를 규정한 오타와 협약
을 이끌어 냈다. 이 운동을 주도한 조디 윌리엄스는 노벨 평화상까지
수상했다. 국제 앰네스티와 국제 인권 연맹International Federation for Human
Rights은 국제 형사 재판소가 발족하는 데 큰 역할을 했으며 그린피스
가 전개한 캠페인들도 부족한 감은 있지만 여러 가지 중요한 환경 보
호 조치로 이어졌다.

옥스팜, 케어CARE, 국제 앰네스티, 휴먼 라이츠 워치Human Rights Watch,
국경 없는 의사회, 세계의 의사들, 세이브 더 칠드런Save the Children, 기
아 대책 행동, 그린피스, 막스 하벨라르와 같이 큰 규모의 국제 NGO
들이 세계 곳곳에서 공공재를 구축하고 있지만 독재 국가에서는 '비
정부 조직'이라는 명칭 자체를 국가에 대한 위협으로 받아들이는 풍

토에 밀려 영향력이 아직 미미한 편이다. 그래도 민주주의 국가에서는 객관적으로 손색없는 독립적인 지위를 확보해 여론을 동원하고 해결책을 제시하고 성공 여부에 상관없이 정부에 압력을 행사하고 있다.

반면에 수백만 개에 달하는 소규모 NGO들은 독재 정권의 비위를 건드리지 않는 범위에서 지역이나 공동체에 도움이 되는 활동을 전개하고 있으며 보건 의료, 교육, 사회적 서비스 분야에서 국가가 할 일을 대신하면서 시민들에게 연대와 결속, 신념의 본보기를 보이고 있다.

시민 사회의 중요성

캐나다 맥길 대학교 교수이자 경영 전략 이론가인 헨리 민츠버그는 시민 사회를 뿌리부터 다시 일으켜 세우자고 제안한다. 민츠버그가 "다원적 영역plural sector"이라고 부르는 시민 사회에는 자선 단체, 재단, 지역 사회 조직과 비정부 조직, 전문직 협회, 협동조합, 상호 공제 조직, 보건 의료 기관, 비영리 목적의 학교 등 본질적으로 가치 있는 집단 역학을 창출하고 자연 자원과 공공재 또는 집합재에 대해 책임 있는 행동을 하는 다양한 조직이 모두 포함된다.[14]

민츠버그는 좌익, 우익, 중도 등 노선에 의한 정치에서 벗어나 강건한 기둥 세 개가 떠받치고 있어야 사회가 균형을 유지할 수 있다고 말한다. 첫 번째 기둥은 정치적 세력으로 이루어진 공공 영역이다. 국민으로부터 존중 받는 정부가 여기에 속한다. 두 번째 기둥은 민간 영역에 속하는 경제적 세력이다. 책임감 있는 기업이 여기에 속한다. 세 번째 기둥은 다원적 영역의 사회적 세력이다. 강력한 영향력을 가진 시민 공동체가 여기에 속한다. 이 세 영역이 균형을 이루어야 조화롭고 결속력 있는 사회가 구현된다. "모두 각자 맡은 바 역할을 다해야 한다.

---

14   http://www.mintzberg.org.에서 그의 매니페스토 *Rebalancing Society* 참조.

공공 영역이 머리라면 민간 영역은 창자이고 다원적 영역은 심장에 해당한다." 현재 세 영역 중 가장 약한 것이 다원적 영역인데 균형 잡힌 사회를 원한다면 이 영역이 다른 두 영역과 어깨를 나란히 할 수 있을 정도로 강해져야 한다. "미국이나 영국과 같은 나라에서는 다원적 영역이 압도적인 힘을 가진 민간 영역과 맞먹을 수 있을 정도가 되어야 하고 중국과 같은 나라에서는 공공 영역에 버금가도록 커져야 한다. 현재로서는 브라질과 인도 정도가 그나마 세 영역이 균형을 이룬 나라들이다. 그런 뜻에서 미래의 경제 모델로 바람직하다고 할 수 있다."[15]

민츠버그는 자본주의의 신조를 원색적으로 이렇게 표현한다. "탐욕은 좋은 것이고 시장은 신성불가침이며 사유 재산은 성역, 정부는 어딘가 의심스러운 데가 있다." 그렇다고 해서 자본주의와 정반대로 시민의 손에서 권력을 모두 빼앗아 정부에게 몰아주는 독재를 옹호하는 것도 아니다. 두 경우 모두 사회의 불균형을 초래하기는 마찬가지다.

오늘날 산적한 문제를 해결하려면 세계적인 차원에서 힘을 모으는 노력이 필요한데 거버넌스 구조는 모두 18세기식 개인주의적 민주주의에 머물러있다. 그래서 민츠버그는 다원적 영역의 시민 사회 단체가 우리에게 필요한 사회적 개혁을 시도하기에 가장 적합하다고 생각한다. 현재 소셜 미디어를 이용해 그런 시도들이 많이 이루어지고 있지만 대기업과 정부의 건전하지 못한 결탁에 대항하려면 수적으로 훨씬 더 많아져야 한다.

제레미 리프킨은 『3차 산업 혁명』에서 시민 사회를 사람이 사회적 자본을 창출하는 곳이라고 설명한다. 리프킨도 시민 사회가 실제로 문명의 발전이 이룩되는 주요한 장이 되어야 함에도 불구하고 뒷전으로 밀려나고 경제나 국가에 비해 중요하지 않은 것으로 간주되는 현

---

15 Reverchon, A. Henry Mintzberg contre l'entreprise arrogante, *Le Monde/économie*. LeMonde.fr., May 21, 2012.

실에 유감을 표시하고 있다.

내가 아는 한 시장과 지배 구조부터 먼저 만들고 나서 문화를 창달한 국민은 역사상 눈을 씻고 찾아봐도 없다. 시장과 지배 구조는 문화의 연장이다. …… 시민 사회는 우리가 사회적 자본을 만들어 내는 곳이다. 사회적 자본이란 실체를 들여다보면 신뢰가 축적된 것이며 그런 자본이 시장과 지배 구조에 투입되는 것이다. 그런데 시장과 지배 구조가 사회적 신뢰를 파괴한다면 사람들은 그런 시장과 지배 구조에 대한 지지를 거둬들이고 두 부문에 대해 구조 조정을 단행할 것이다.[16]

리프킨은 시민 사회가 새롭게 떠오르는 경제 세력임을 상기시킨다. 존스 홉킨스 대학교 부설 시민 사회 연구 센터Johns Hopkins Center for Civil Society Studies가 2010년에 40개국 이상을 대상으로 조사한 내용에 따르면 8개국에서 비영리 목적의 '제3' 영역이 GDP의 평균 5퍼센트를 차지해[17] 전기, 수도, 가스 등 공공 기업보다 비중이 높고 건축업(5.1%)에 버금갈 정도인 것으로 나타났다.[18]

'제3' 영역은 많은 나라에서 고용률도 상당히 높은 편이다. 수백만 명의 사람들이 자발적으로 봉사도 하지만 이들 조직에 고용되어 급여를 받는 사람도 수백만 명에 이른다. 조사 대상국 중 42개국은 비영리 부문이 경제 활동 인구의 5.6퍼센트 정도를 고용하는 것으로 나타났다. 현재 비영리 부문이 가장 비약적으로 발전하고 있는 곳은 유럽이다.[19]

---

16   Rifkin, J. (2012). *The third Industrial Revolution. op. cit.*, p. 374.
17   Salamon, L. M. (2010). Putting the civil society sector on the economic map of the world. *Annals of Public and Cooperative Economics, 81*(2), 167~210. Rifkin, J. (2012). *op. cit.*, p. 374에 인용. 가장 본격적으로 연구된 8개국은 미국, 캐나다, 프랑스, 일본, 오스트레일리아, 체코, 벨기에, 뉴질랜드드다.
18   Kurzweil, R., *The Singularity Is Near*, M21 éditions, 2005, p. 30.
19   *Ibid.*

10여 년 전과 달리 요즘은 민간 영역과 공공 영역에 뛰어들어 전통적인 의미의 경력 쌓기를 하지 않고 비영리 목적의 제3 영역에서 일하겠다고 나서는 젊은이들이 늘어나고 있다.[20]

상호 의존성에 대한 이해를 높이자

지역 사회에 대한 참여를 세계에 대한 책임으로 확대시키려면 만물이 서로 의존하고 있다는 사실을 자각하고 그런 세계관을 자신의 것으로 만들어 행동 양식을 바꿀 수 있어야 한다. 이타심과 자비심은 그런 상호 의존성과 밀접하게 연결되어 있다. 상호 의존성을 이해해야 '나'와 '남', '나'와 '우리' 사이에 높이 쌓아 올린 착각의 벽을 무너뜨릴 수 있다. 상호 의존성을 이해한 사람은 지구상에 사는 모든 사람들에게 책임감 있는 행동을 할 것이다. 달라이 라마는 이렇게 말한다.

만물에 대해 책임감을 갖는 것, 우리가 하는 행동 하나하나가 갖는 보편적인 차원과 누구나 행복할 권리, 고통 받지 않을 권리를 갖고 있다는 사실을 인식하는 것은 곧 하나의 마음가짐을 습득하는 것이다. 그런 마음가짐을 갖고 있으면 사리사욕에 눈먼 행동을 하지 않고 기회가 있을 때마다 주저 없이 남을 도울 수 있다.[21]

세계화의 양면성

지역 사회를 위한 활동과 세계적으로 영향을 미치는 활동을 연계해 사람들을 이롭게 하려면 구체적으로 어떻게 해야 할까? 스테판 에셀과 에드가 모랭은 『지금 일어나 어디로 향할 것인가Chemin de l'espérance』

20   Rifkin, J. (2012). op. cit., p. 377.
21   Dalai Lama, Sagesse ancienne, monde moderne, Fayard, 1999.

에서 세계화의 양면성에 대해 이렇게 말한다.

> 세계화는 인류에게 닥칠 수 있는 최고의 일이자 최악의 일이다. 모래알처럼 뿔뿔이 흩어져 살던 인류가 역사상 처음으로 상호 의존적 관계로 연결되어 운명 공동체가 되었다는 뜻에서는 더없이 좋은 일이다. …… 최악의 일이라 함은 연쇄 반응을 일으켜 공멸을 향해 걷잡을 수 없는 속도로 치달을 수 있는 단초가 마련되었기 때문이다.[22]

조셉 스티글리츠도 비슷한 견해를 갖고 있다. 세계화 자체가 나쁜 것이 아니라 그 와중에 국가가 다국적 기업이나 독재자와 같은 특정 대상에게만 혜택이 돌아가도록 만들어 부작용이 생길 수 있다는 것이다. 전 세계의 사람과 국가와 경제를 하나로 묶어 서로 의존하게 만들면 번영이라는 이름으로 탐욕을 부추기고 빈곤을 악화시키기 딱 좋을 수 있다.[23]

예를 들어 나이지리아는 인구의 70퍼센트가 빈곤선 이하의 생활을 이어 가는데 나이지리아의 억만장자들은 국가의 석유 자원을 해외에 팔아 막대한 부를 축적한다. 세계화라는 핑계로 소수 권력층의 재산 축적을 돕는 사악한 정치 제도와 지역 사회가 찢어질 듯한 가난에 신음을 하든 말든 이윤 추구에만 눈이 먼 다국적 기업이 결탁해 나쁜 길로 빠져든 전형적인 경우다. 역사학자 프랜시스 후쿠야마가 지적한 것처럼 사악한 제도가 명맥을 이어갈 수 있는 것은 나라 전체에 해가 되는 현상現狀 유지가 권력을 휘두르는 정치 세력에게는 유리하기 때문이다.[24]

---

22 Morin, E., & Hessel, S., *Le Chemin de l'espérance*, Fayard, 2011, p. 11.
23 Stiglitz, J. E., *The Price of Inequality*, Norton, 2012.
24 Francis Fukuyama, Acemoglu and Robinson on Why Nations Fail, *The American Interest*, March 26, 2012.

스티글리츠는 "현재와 같은 형태의 세계화는 전 세계적으로 효율도 형평성도 높일 수 없거니와 민주주의에 크나큰 위험을 불러올 수 있다."[25]라고 말한다. 폐해에 괴로워하는 사람들을 배려하지도 않고 그 어떤 통제도 받지 않는 세계화는 대다수에게 아무 도움도 되지 못한 채 힘 있는 소수에게만 혜택을 퍼 줄 뿐이다.

하버드 대학교 교수 대니 로드릭은 『세계화의 역설Globalization Paradox』[26]에서 경제가 세계화되면서 선진국은 더 부유해졌고 중국을 비롯한 여러 아시아 국가들은 수백만의 가난한 노동자들에게 (착취나 다름없는) 일자리를 제공할 수 있었지만 세계화라는 개념을 떠받치고 있는 기둥이 매우 불안정하기 때문에 장기적으로 오래 계속될 수 있을지는 의문이라고 말한다. 로드릭이 주장하는 핵심은 민주주의와 민족 자결과 경제적 세계화를 동시에 추구하는 것이 불가능하다는 말이다. 정부에게 너무 많은 권한을 주면 보호주의로 흐를 것이고 시장에 너무 많은 자유를 주면 세계 경제가 불안정해지면서 원래 세계화를 통해 사람들에게 돌아갔어야 할 사회적, 정치적 혜택이 크게 줄어들 것이다. 로드릭은 맹목적이고 극단적인 세계화가 아니라 현명한 세계화를 해야 한다고 주장한다.

우리에게 필요한 것은 제3 세계 국가들을 경제적으로 착취하는 세계화가 아니라 건강하게 지식(과학적 지식뿐 아니라 대대로 이어받은 전통 지식까지 포함)을 누리고 평화롭고 자유로운 분위기에서 각자 잠재력을 발휘하며 살 수 있는 세계화다. 스테판 에셀과 에드가 모랭은 세계화와 탈세계화deglobalization가 동시에 필요하다고 말한다. "사람들 사이에서 연대감을 높이고 문화적으로 풍요로워지는 세계화"[27]는 계속

25 Stiglitz, J. (2012). *op. cit.*, p. 145.
26 Rodrik, D., *The Globalization Paradox: Democracy and The Future of The World Economy*, W. W. Norton, 2011.
27 Morin, E., & Hessel, S. (2011). *op. cit.*, p. 12.

견지하고 발전시켜야 마땅하지만 다른 한편으로는 탈세계화도 반드시 필요하다. 그래야 지역에 꼭 필요한 자율성을 회복시켜 문화적 다양성을 높이고 지역 경제를 활성화하고 농업 생태학을 통해 지역 안에서 식량을 자급자족하고 영세한 가내 수공업과 동네 소매점들의 활로를 마련하고 그들에게 유리한 환경을 조성해 수백 년의 세월을 이겨낸 전통 노하우와 전문 지식을 보존하고 명맥을 이어갈 수 있다.

파스칼 라미는 이렇게 말한다. "세계적으로 해결해야 할 문제와 그에 대한 대응 방법 사이에 갈수록 격차가 커지고 있다. 그 점에 대해 토다는 사람이 이제 아무도 없을 정도다. 그렇게 격차가 커져서 나타나는 심각한 부작용 중 하나가 세계인들 사이에서 확산되고 있는 박탈감인 것 같다. 개인적으로 운명을 빼앗긴 느낌, 개인적, 국가적으로 (세계적 차원은 말할 것도 없고) 행동할 방법을 잃어버린 듯한 느낌말이다."[28] 라미는 이런 박탈감을 만들어 내는 주범이 세계화가 아니라 세계화에 대한 대응 방법 부재라고 생각한다. 다시 말해서 꼭 필요한 세계적 차원의 민주적 거버넌스가 존재하지 않는다는 말이다.

권리의 보편성과 개인의 책임

스테판 에셀은 달라이 라마와 대화를 나누면서 이렇게 말했다.

세계 인권 선언을 작성한 사람들은 서양에 초점을 둔 것이 아니라 인류 전체를 대상으로 하고 있었습니다. 작성자 중에는 중국, 레바논, 라틴 아메리카, 인도에서 온 사람도 있었습니다. 르네 카생은 세상 사람 모두에게 적용된다는 뜻으로 'Universal'이라는 형용사를 붙이기 위해 노력했

---

28 Pascal Lamy, "Towards Global Goverance?" Conference at the Institut d'Études Politiques de Paris, October 21, 2005. Lamy, P., *La Démocratie-monde: Pour une autre gouvernance globale*, Seuil, 2004.

고 그 노력이 헛수고로 돌아가지 않았습니다. 그런 뜻에서 이 선언은 수많은 국제 문건 중에서도 매우 특별한 것입니다. 그런 만큼 독재자들이 서양 중심주의라고 비난을 하고 그것을 핑계 삼아 선언의 내용을 지키지 않으려고 하는 것을 수수방관해서는 안 될 것입니다.[29]

그러자 달라이 라마도 분명하게 입장을 표명했다.

아시아의 몇몇 정부가 세계 인권 선언에 명시된 인권의 기준이 서양에서 통용되는 것이라 문화와 사회 경제적 발전 수준이 다른 아시아와 제3세계에 적용될 수 없다고 주장한 바 있습니다만 저는 그렇게 생각하지 않습니다. …… 자유, 평등, 존엄성을 열망하는 것은 인간 공통의 본성이고 동양인들도 서양인들과 똑같이 권리가 있습니다. …… 문화와 전통이 다르다고 해서 인권이 침해되어도 된다는 것은 말이 안 됩니다. 전통적으로 여성이나 이방인, 사회 취약 계층을 차별하는 곳이 있을 수 있습니다. 그러나 그런 행동이 보편적으로 인정받는 인간의 권리에 어긋난 일이라면 반드시 뜯어고쳐야 합니다.[30]

정보에 입각한 민주주의와 책임질 줄 아는 지도층

어떻게 하면 최고의 정부를 가질 수 있을까? 달라이 라마는 티베트 망명 정부 안에서 400년 동안 종교와 세속이 야합하던 세월에 "기꺼이 자유롭고 자랑스럽게" 종지부를 찍은 뒤 이렇게 말했다. "독재자들과 종교 지도자들이 정부를 쥐락펴락하던 시대는 끝났다. 세계는 70억 인류의 것이다. 그들만이 인류의 운명을 민주적으로 결정할 수 있다."

29 Dalai Lama, & Hessel, S., *Déclarons la paix! Pour un progrès de l'esprit*, Indigène Éditions, 2012.
30 *Ibid.*

달라이 라마는 인도 망명 직후에 시작한 티베트의 정치 민주화 과정을 모두 마친 후 2011년에 대권을 내려놓고 티베트 망명 정부 수반에서 물러난 뒤에도 여러 차례에 걸쳐 이런 말을 했다.

윈스턴 처칠은 "인류가 지금까지 시도한 여러 가지 정치 체제들을 모두 제외하면 민주주의가 가장 나쁜 정치 형태"[31]라고 농을 했다. 그런데 정보에 쉽게 접근할 수 없어 현실과 상황을 완벽하게 이해하지 못하는 사람들이 많이 있다. 그들이 모두에게 이로운 최선의 의사 결정을 할 수 있도록 하려면 과연 어떻게 해야 할까? 이 문제를 해결하기 위해 독재자들은 만인을 대신해 홀로 결정을 내렸고 종교 지도자들은 자신이 믿는 종교의 교리에 따라 결정을 내렸다. 두 경우 모두 몇몇 특별한 경우를 빼고는 헤아릴 수 없는 고통을 낳았고 그 고통은 지금도 계속되고 있다.

원시 부족들은 앞에서 본 것처럼 대부분이 평등 사회였다. 그러다가 정착해 살아가는 과정에서 가장 현명하다고 생각되는 사람, 경험이 가장 많고 능력이 입증된 사람이 지도자의 자리에 올랐다. 모두 합의 하에 능력을 바탕으로 지도자를 선발한 셈이다. 공동체 규모가 커지고 부가 축적되고 계층 구조가 생기면서 무력으로 권력을 빼앗는 일이 생기고 백성들이 폭군의 권위에 복종하는 약간 다른 시스템이 등장했다. 결국 대다수의 시민들이 원하는 바를 존중할 수 있는 유일한 정부 형태가 민주주의라는 것을 역사가 입증한 것이다.

그렇다면 인기에 영합하는 포퓰리즘을 막고 당장 눈앞에 보이는 손익만으로 정책을 판단하는 사람들의 비위를 맞추기 위해 성급한 결정을 내려 일을 망치지 않으려면 어떻게 해야 할까? 정치인들은 유권자들의 요구에 부응해야 재선이 보장되기 때문에 당장 뚜렷한 결과가 나오지 않거나 민심 이반이 우려되는 근본적인 개혁에 감히 손을 대지

31　Winston Churchill, 1947년 11월 11일에 런던 하원 의사당에서 한 연설. *The Official Report, House of Commons* (5th series), November 11, 1947, vol. 444, pp. 206~207.

못한다.

오늘날 선동가들이 얼마나 위협적인 존재인지 극명하게 보여 주는 것이 기후 변화의 문제다. 특히 미국에서는 기후 변화를 부정하는 것이 무슨 유행처럼 되어 버렸다. 그런데 일반 국민과 언론, 정치인들이 과학 분야에서 새로 나오는 지식에 정통하고 올바른 정보와 지식을 가진 사람들이 인류의 번영에 도움이 되도록 의사 결정을 할 수 있는 지위에 있다면 선동가들의 주장은 북극 얼음보다 빨리 녹아 없어질 것이다. 과학이 금융 시장의 압력에 굴복하지 않는 것도 매우 중요한 일이다. 경제적 이익만 추구하는 시장은 정말 중요한 지식을 생산하는 데 걸림돌이 될 수 있다. 과학과 의학이 상업화되면 환자보다 제약 회사의 이익을 먼저 챙기고 농민과 소비자들의 이익보다 농산물 가공 업체의 이익을 앞세우게 된다.[32]

독일 태생의 자선가 니콜라스 베르그루엔이 전 세계 거버넌스 시스템을 개선하는 데 재산을 헌납하기로 마음먹고 설립한 베르그루엔 거버넌스 연구소Berggruen Institute on Governance에 따르면 "현명한 통치intelligent governance"[33]란 (지방 관청부터 중앙 공무원까지) 사회 각계각층에서 이루어지는 일련의 선택을 통해 구축되는 실력 본위 사회와 권력의 부패, 족벌주의, 권력 남용, 전체주의로 흐르는 타락을 막아주는 민주적인 절차가 서로 균형을 이루는 것이다.[34]

베르그루엔과 정치 칼럼니스트 네이선 가델스에 따르면 정보에 입각한 민주주의에서는 의사 결정권을 최대한 분산시켜 전문 분야에서 활동하는 시민 공동체에게 권한을 줘야 한다.[35] 이렇게 분산된 권한

32 세계 사회 포럼에서 프랑스의 비정부 기구인 시민을 위한 과학 재단Fondation Sciences Citoyennes이 개최한 워크숍에서 발표한 내용 http://sciencescitoyennes.org/.
33 Berggruen, N., & Gardels, N., *Intelligent Governance for The 21st Century: A Middle Way Between West and East*, Polity, 2012.
34 베르그루엔 연구소가 진행하는 프로젝트인 '21세기 위원회' 회원으로는 고든 브라운, 게르하르트 슈뢰더, 아마르티아 센, 조셉 스티글리츠, 프랜시스 후쿠야마, 파스칼 라미 등이 있다.

들은 상호 의존적인 관계에 있다. 그리고 수많은 권한을 통합, 관리하려면 시스템 전체를 한눈에 파악하고 있으면서 시민들의 공동선을 위해 결정을 내릴 수 있는 경험 많은 정치 지도부가 있어야 한다. 바로 그런 정치 지도부가 능력 있는 엘리트 관료 집단이다. 이들은 몇몇 압력 단체가 제안하는 근시안적인 이익 추구에 흔들리지 않는다. 그런데 이런 정치 지도부가 정당성을 획득하려면 매사에 투명하고 책임감 있게 행동해야 함은 물론이고 올바른 기능 수행 여부에 대해 민주적으로 선출된 시민 대표들의 감시를 받아야 한다.

베르그루엔과 가델스는 단계별로 서로 잘 알고 있고 동료를 평가할 수 있는 능력과 경험을 갖춘 의원들이 자신들을 대표할 의원을 선출해 상위 단계로 진출시키는 피라미드 구조를 제안했다.[36] 인구가 8,000만 명인 나라가 있다고 가정해 보자. 이 나라는 백 개 지역으로 나뉘어 있고 각 지역 인구는 80만이다. 인구 2천 명이 모인 최하위 지역 사회를 '동'이라고 하는데 동마다 열 명의 대표를 선출한다. 동대표들이 함께 만나 토론을 해서 자신들을 대표할 사람 한 명을 선출한다. 동대표들을 대표하는 '구' 대표 스무 명이 모인 것이 '구' 의회이며 이들은 총 4만 명의 주민에 대해 대표성을 갖는다. '구'의회는 다시 '지역' 대표를 한 명 선출한다. '구' 의회를 대표하는 '지역' 대표 스무 명이 모여 인구 80만을 대표하는 국회의원을 한 명 뽑아 국회에 진출시킨다. 국회는 이런 식으로 선출된 국민 대표 백 명으로 구성된다.

각 단계의 대표자와 의원들은 각자의 단계에서 유권자들 의사를 반영한다. 이것은 현재 오스트레일리아와 아일랜드에서 사용되고 있는 시스템이다. 직접 선거를 통해 인구 80만 명을 대표할 국회의원 한 명을 뽑는 것과 다른 점이 있다면 바로 윗 단계에서 자신들을 대표할 대표자를 선출하는 사람들이 서로 잘 아는 사람들이고 자신이 뽑은

---

35 Berggruen, N., & Gardels, N. (2012). *op. cit.*, pp. 172~173.
36 *Ibid.*, p. 181.

대표자의 경험과 양식과 능력을 속속들이 알고 있다는 것이다. 단계별로 대표자가 되려는 사람들은 능력(지식과 경험)이 충분하다는 사실을 입증해야 한다. 그러니까 이것은 정치 시스템을 사람이 직접 관리할 수 있을 정도의 크기와 규모로 분할한 뒤에 단위별로 상위 단계로 진출할 대표자를 선출하는 것이다.[37]

세계를 연맹으로 묶자는 말인가?

자크 아탈리는 『미래에 누가 세상을 지배할까?Demain qui gouvernera le monde?』에서 세계를 행정적으로 관리할 때 가장 효과적인 형태가 연방제라고 주장한다. 글로벌 거버넌스는 어느 한 곳에 집중되지 않고 초국가적이어야 하기 때문에 연방제가 제격이라는 말이다. 아탈리는 이렇게 설명한다. "연방제의 3대 원칙은 분할, 자치, 소속감이다. 첫째, 연방 정부와 연방제에 참여하는 여러 정부들 간에 입법 권한이 분할되어 있어야 한다. 둘째, 단계별로 통치를 담당하는 정부가 각자의 권한 분야에 대해 전적으로 책임을 져야 한다. 셋째, 연방제 안에서 각자의 대표를 갖고 있고 연방법을 채택하기로 한 연방국은 연방이라는 공동체에 대해 소속감을 갖고 규칙을 준수하는 동시에 다양성을 유지하면서 중재의 중심적 역할을 할 수 있어야 한다."[38] 아탈리는 다음과 같이 결론짓는다.

인류가 살아남으려면 '세계 공동체international community'에 대한 어렴풋한 의식을 발전시켜야 한다. 공동체의 존재와 공동의 운명을 자각해야 한다. 분할되어 있을 때보다 하나로 뭉쳤을 때 훨씬 더 많은 일이 가능해진다는 것을 알아야 한다.

37 Ibid., p. 183.
38 Attali, J., Demain, qui gouvernera le monde? Fayard/Pluriel, 2012, pp. 305~306.

결론
과감히 이타심을 실천하자

어려워서 감히 하지 못하는 것이 아니라 감히 시도하지 않아서 어려운
것이다.
- 세네카

우리의 길고 긴 여정을 마칠 때가 되었다. 내 입장에서 보면 지난 오
년 동안 열심히 독서하고 생각하고 자료를 찾고 사람들을 만나면서
무척 알차게 보냈다.
이 책을 쓰기 시작했을 때 원래는 진정한 이타심이 무엇이냐 하는
문제와 이타심을 키우는 방법, 이렇게 두 가지 주제에 대해서만 다룰
생각이었다. 그런데 이타심의 대척점에서 위협을 가하는 이기심, 남에
대한 평가 절하, 폭력 같은 것을 언급하지 않고 지나칠 수 없었다. 자
료 조사의 폭을 넓히는 과정에서 이타심이 삶의 거의 모든 영역에 결
정적인 역할을 한다는 사실, 특히 현재 벌어지고 있는 사회적, 경제적,
환경적 위기를 해결하는 데 중요한 열쇠가 된다는 사실을 깨닫게 되
었고 그에 대해 에세이를 쓰자고 시작한 일이 이렇듯 방대한 분량의
책이 되고 말았다. 무수한 현상이 얽히고설킨 복잡다단한 현실을 도

식적으로 단순화하기가 무척 어려웠다.

나는 지난 십 년 동안 이 책에 소개한 철학자, 과학자, 경제학자들을 직접 만나 대화를 나누는 행운을 누렸다. 그럼에도 불구하고 이 책에서 정리한 내용이 완벽하지 않다는 것을 잘 알고 있다. 공부를 몇 년 더 했더라면 독자들에게 좀 더 완벽한 개관을 제공할 수 있었을 텐데…… 모쪼록 내가 모아 놓은 철학적 사상과 과학적 연구 결과들이 책의 앞부분에서 제시한 가설을 든든히 뒷받침할 수 있기를 바랄 뿐이다. 이타심은 단기적으로 여러 가지 경제적 문제부터 시작해서 중기적으로 삶의 질을 높이는 문제, 장기적으로 미래의 환경 문제를 하나로 연결해주는 길잡이와 같은 역할을 한다. 이 책이 더 나은 세상을 만드는 데 작으나마 기여하기를 진심으로 바란다.

진정한 의미에서 세상을 바꾸려면 용기를 내 이타심을 실천해야 한다. 이타심은 정말 존재하고 누구든지 이타심을 키울 수 있으며 문화가 발달할수록 이타심이 널리 전파되는 법이라고 용감하게 말해야 한다. 학교도 용기 있게 아이들에게 이타심을 가르쳐야 한다. 그래야 아이들이 이타심을 도구로 삼아 타고난 어진 마음과 협력의 정신을 실천할 수 있다. 경제도 합리적인 생각과 개인의 이익 추구만으로 만족할 것이 아니라 배려의 목소리에 귀를 기울이고 그런 목소리를 내야 한다고 용기 있게 주장해야 한다. 용기를 내서 앞으로 세상에 올 미래세대의 운명에 대해 진지하게 생각하고 그들에게 삶의 터전이 될 지구를 지금까지와 다른 식으로 사용해야 한다. 마지막으로 이타심은 사치가 아니라 필수라고 용감하게 외쳐야 한다.

비록 지구 환경이 돌이킬 수 없는 파국을 향해 돌진하고 있지만 우리가 가진 협력 능력을 충분히 활용하면 어려움을 극복할 수 있을 것이다. 진화학자 마틴 노왁은 이렇게 말했다. "협력은 사십억 년에 걸쳐 진행된 진화의 큰 그림을 그린 설계사였으며 인류의 미래를 맡길 수 있는 최고의 희망이자 우리 앞에 놓인 중대 현안을 해결할 해결사다."[1]

그러기 위해 우리는 개인적으로 이타심을 키워야 한다. 그것이 모든 것의 시작이다. 이타심은 무엇을 해야 좋은지, 어떤 것이 바람직한 인성인지, 어떤 자질과 덕목을 키워야 하는지 가르쳐 준다. 남을 보살피는 자애로운 동기부터 일상에서 하는 모든 경험에 이타심이 녹아 있어야 하며 각각의 존재와 상황의 고유한 성격을 이타심에 반영해야 한다. 사회적으로도 교육과 제도와 정치적, 경제적 시스템을 통해 이타심을 장려해야 한다. 제도는 모든 사람의 권리를 존중하고 정치 경제 시스템은 현재를 살아가는 모든 사람이 행복한 삶을 누릴 수 있도록 하되 미래 세대의 행복을 희생시키지 말아야 한다. 마지막으로 이타심과 협력을 장려하는 여러 가지 움직임들이 하나로 통합될 수 있도록 해야 한다. 철학자이자 수학자였던 버트런드 러셀은 "인간이 과오와 실수를 만회할 유일한 방법은 협력"[2]이라고 말했다.

나는 이타심에 대해 조사하고 공부했다. 그것이 모든 것을 포괄하는 개념이기 때문이다. 그런데 좀 더 깊이 파고들어가 보면 궁극적으로 가장 중요한 것은 사랑이다. 자신을 포함해 다른 사람들에게 범위를 넓혀 가는 사랑이야말로 가장 중요한 것이다. 이 사실을 잊지 말아야 한다. 버트런드 러셀은 "내가 현 세대에게 줄 수 있는 가장 현실적이고 훌륭한 조언은 사랑의 미덕을 실천하라는 것"이라고 말했다. 달라이 라마도 기회만 있으면 사랑과 자비심이 사회의 근간이라고 강조하면서 "나의 종교는 친절"이라고 말씀한다. 달라이 라마는 『고대의 지혜 현대 세계: 새로운 밀레니엄을 위한 윤리학Ancient Wisdom, Modern World: Ethics for the New Millennium』에서 이렇게 밝히고 있다.

내가 권하는 영적 혁명은 종교 혁명이 아니다. 딴 세상에서 온 것처럼 삶의 방식을 바꾸는 것이 절대 아니다. 마법이나 불가사의한 현상과는 더

---

1   Nowak, M., & Highfield, R. (2011), *SuperCooperators. op. cit.*, pp. 271~272 and 280.
2   버트런드 러셀이 한 말이라고 알려져 있으나 정확한 출전은 확인되지 않았다..

더욱 거리가 멀다. 영적 혁명이란 일상적이고 이기적인 걱정 근심을 훌훌 벗어던지고 우리가 속한 공동체에 이롭도록 근본적으로 방향을 선회하는 것, 자신은 물론 다른 사람의 이익까지 고려해 행동하는 것이다.

이타적인 사랑이야말로 의미로 가득한 삶, 남들의 행복을 위해 힘쓰고 그들의 고통을 치유하기 위해 노력하는 삶, 죽음이 가까워졌을 때 평온한 마음으로 만족을 느낄 수 있는 삶을 보장하는 최고의 방법이다. 알버트 슈바이처는 이렇게 말했다. "내가 아는 사람들 중에서 정말 행복하게 사는 사람은 남을 위해 봉사할 줄 안다."[3] 진정한 행복은 이타심과 불가분의 관계에 있다. 남들이 모두 행복하게 살기 바라는 소원에는 본질적으로 선한 마음이 동반되고 그 중에 이타심도 포함되어 있다. 이타심은 누구에게나 늘 열려 있으며 단순함과 평온함과 무슨 일이 있어도 흔들리지 않는 강한 힘을 가진 선한 심성에서 비롯되는 사랑이다.

2013년 6월 2일 네팔 카트만두에서

이 세상이 존재하는 한
중생이 존재하는 한
나 또한 여기에 머물러
이 세상 모든 고통을 없애리라!
– 샨티데바

---

3   Albert Schweitzer, 1935년 12월 영국 실코츠 스쿨Silcoates School에서 한 연설 중.

감사의 말

제일 먼저 여러 스승께 무한한 감사의 인사를 드립니다. 달라이 라마, 칸귤 린포체, 딜고 켄체 린포체, 뒤좀 린포체, 툴식 린포체, 페마 왕걀 린포체, 직메 켄체 린포체, 셰첸 랍잠 린포체, 이분들은 제 인생에 방향과 의미를 제시해 주시고 순간순간을 기쁨으로 채워 주셨습니다.

여러 스승을 만난 것은 제 인생에서 최고로 값진 일이었습니다. 제가 영적으로 아직 높은 경지에 이르지 못한 것은 전적으로 제가 미련하고 게으르기 때문입니다.

아울러 저를 낳아 주신 부모님과 인류애가 무엇인지 가르쳐 준 동생 에브의 은덕에 감사드립니다.

친구이자 멘토인 과학자 대니얼 뱃슨, 리처드 데이비슨, 폴 에크만, 타니아 싱어와 볼프 싱어, 앙투안 루츠, 리처드 레이어드, 데니스 스노위 그리고 과학적으로 생각하는 법을 처음 가르쳐 주신 프랑수아 자콥께 감사의 뜻을 전합니다.

퇴고를 거듭할 때마다 인내심을 갖고 전문가의 눈으로 원고를 검토한 크리스티앙 브뤼야, 마리 엘링, 카리스 뷔스케, 프랑수아즈 들리베에게 진심으로 감사드립니다. 원고의 논리적 허점을 지적해 제가 생각을 다시 정리하고 문체와 논리 전개 방식을 개선할 수 있도록 도와준 분들입니다. 이분들의 도움이 없었다면 책이 나오지 못했을 것입니다. 혹시라도 미비한 점이나 바로잡지 못한 오류가 있다면 이는 모두 제 불찰입니다.

흔쾌히 시간을 내서 각자의 전공 분야에 관한 내용을 프랑스어나 영어 번역본으로 읽고 감수한 전문가와 학자 여러분들께 감사의 뜻을 전합니다. 대니얼 뱃슨은 1부를, 타니아 싱어, 앙투안 루츠, 올가 클리메키는 신경 과학에 관한 장을, 아나이스 레세기에와 파트릭 카레는 철학에 관한 장을, 프란스 드 발은 진화와 동물에 관한 장을, 자크 반 릴라에는 정신 분석에 관한 장을, 제라르 타르디, 타렉 투발, 코르넬리 위스 피츠네와 사촌인 다비드 바브레즈는 경제학에 관한 장을 읽었습니다. 방대한 내용을 읽고 구체적으로 조언을 해 준 크리스토프 앙드레, 미카엘 당브룅, 라파엘 드망드르, 장 프랑수아 데샹, 자크 르콩트, 카롤린 르시르, 이요스 코추, 얀 르 투블랭, 미셸 테레첸코 그리고 과학자들과 나눈 대화 내용을 녹음해 옮겨 적은 바버라 마이바흐에게도 감사드립니다.

원고를 처음부터 끝까지 읽고 소중한 의견을 제시하신 데니스 스노워께도 특별한 감사의 뜻을 전합니다.

제가 2000년부터 참여하고 있는 마음과 생명 연구소와 고인이 되신 설립자 프란시스코 바렐라께 늘 감사드립니다. 덕분에 달라이 라마를 모시고 과학자, 철학자, 경제학자, 명상가들을 만나 파괴적인 감정, 물질과 생명, 양자물리학, 신경 가소성, 인간 정신의 본질, 교육, 경제 시스템 안에서 이타심, 생태학, 윤리학 등 다양한 주제에 대해 이야기를 나눌 수 있었습니다. 이 만남은 훗날 브뤼셀에서 열린 이머전스 Emergences 컨퍼런스, 오스트레일리아에서 열린 행복과 원인Happiness & Its Causes포럼, 세계 경제 포럼, 세계 경제 심포지엄 등으로 이어졌으며 저는 지금도 이 행사들에 열심히 참여하고 있습니다.

덕분에 크리스토프 앙드레, 자크 아탈리, 아론 벡, 대니얼 뱃슨, 미셸 비트볼, 마이클 콜드웰, 레이 챔버스, 리처드 데이비슨, 존 던, 낸시 아이젠버그, 폴 에크만, 아벨 파즐, 에른스트 페르, 바버라 프레드릭슨, 프레드 게이지, 제인 구달, 폴 길버트, 다니엘 골만, 마크 그린버그, 알렉상드르 졸리앙, 존 카밧진, 세르주 크리스토프 콜름, 대니얼 카너먼, 스티븐 코슬린, 에릭 랑뱅, 리처드 레이어드, 자크 르콩트, 다이애나 리버만, 앙투안 루츠, 마이클 미니, 크리스틴 네프, 그레그 노리스, 클레어 팔머, 조나단 패츠, 피에르 라비, 찰스 레이즌, 벙커 로이, 자크 반 릴라에, 브뤼노 로슈, 요한 록스트롬, 클리프 사론, 필 셰이버, 타니아 싱어 연구 팀, 볼프 싱어, 마틴 셀리그먼, 데니스 스노워, 데스몬드 투투 대주교, 리처드 트랑블레, 프란스 드 발, 앨런 월리스, 스튜어트 월리스, 필립 짐바르도 등 이 책에 등장하는 학자, 철학자, 사회적 기업가들과 친분을 이어가고 있습니다.

이타심에 관해 제가 필요할 때마다 도와주고 후원한 분들이 계십니다. 직접 만나고 싶은 철학자들을 자택으로 초청해 식사를 함께 하며 담소할 수 있도록 여건을 마련해 준 크리스토프 앙드레와 폴린 앙드레 그리고 저녁식사를 함께 하면서 지식과 견해를 아낌없이 나눠 준 앙드레 콩트 스퐁빌, 알렉상드르 졸리앙, 다비드 세르방 슈레베르, 츠베탕 토도로프, 미셸 테레첸코께 감사드립니다.

부탄의 총리를 지낸 직메 틴레, 부탄에서 국민 행복 지수 위원회 회장을 맡고 계신 다쇼 카르마 우라께도 감사의 말씀을 올립니다. 두 분 덕분에 제가 부탄의 싱크탱크 일원이 되어 부탄과 유엔에서 열린 토론에 참석할 수 있었으며 제프리 삭스, 조셉 스티글리츠를 비롯해 이 책에 언급되어 있는 다른 여러 학자들과 대화를 나눌 수 있었습니다.

이 책을 내기 위해 4년을 보내고 막바지 탈고 작업을 하고 있을 때 아직 세상에 나오지 않은 『착한 인간La Bonté humaine』의 원고를 흔쾌히 보여 준 자크 르콩트에게 진심으로 감사의 뜻을 전합니다. 원고를 읽고 우리가 비슷한 생각을 하고 있고 비슷한 책과 자료에서 영감을 얻었다는 사실을 알고 한편으로는 놀라고 한편으로는 용기백배했습니다. 인간의 본성에 대해 긍정적인 생각을 심어 주는 이야기를 하는 사람은 많으면 많을수록 좋다고 생각합니다. 그런 의미에서 매우 기뻤습니다.

제가 2000년에 설립한 인도주의 단체에서 일하면서 티베트, 네팔, 인도 등지에서 150개에 달하는 교육, 의료, 사회봉사 프로젝트를 진행하고 있는 모든 분, 자비심을 몸소 실천하고 있는 친구들, 협력자, 후원자 여러분께 감사의 인사를 올립니다. 아울러 제가 관여하는 수많은 활동에 큰 도움을 주는 친구이자 협력자인 파트리시아 크리스탱, 라파엘 드망드르, 비비안 쿠르츠에게도 고맙다는 말을 전하고 싶습니다.

마지막으로 지금까지 제가 쓴 모든 책을 출판했으며 이 책을 쓰는 동안 시종일관 격려와 지원을 아끼지 않았던 발행인 겸 친구 니콜 라테스와 닐 출판사, 로베르 라퐁 출판사에서 일하는 모든 분, 특히 프랑수아즈 들리베, 카트린느 부르제, 크리스틴 모랭, 베니타 에드자르에게 무한한 감사의 뜻을 전합니다.

이타심을 실천하는 카루나 세첸

이 책 저작권료는 카루나 세첸이 티베트, 네팔, 인도에서 전개하는 인도주의 활동에 전액 사용됩니다. 카루나 세첸은 돈이 없어 교육과 의료 혜택을 받지 못하는 사람이 있어서는 안 된다는 신념으로 인도, 네팔, 티베트을 중심으로 인도주의 활동을 펼치고 있는 비영리 국제 인도주의 단체입니다.

2000년에 설립된 카루나 세첸은 히말라야 지역의 문화유산을 존중하며 현지 주민들에게 필요한 것을 제공하고 주민이 원하는 바를 충족시킬 수 있는 프로그램을 개발하고 있습니다. 특히 적절한 교육 서비스를 제공하고 여성이 더 나은 삶을 살 수 있도록 여건을 마련하는 데 각별한 노력을 기울이고 있습니다.

카루나 세첸은 현재 진료소 스물두 군데를 개설해 매년 10만 명이 넘는 환자를 돌보고 있으며 21개 학교에서 2만 명의 어린이들을 교육하고 있습니다. 그 밖에도 노인들을 위해 집을 짓고 다리를 놓고 수많은 마을에 태양광 발전 시스템과 빗물 집수 장치를 건설하고 있습니다.

카루나 세첸은 십여 종의 티베트 전통 공예를 원형 그대로 복원했으며 수행자들을 위한 수행처를 다시 세우고 400권이 넘는 고대 문헌을 복원하고 히말라야 미술에 관련된 사진을 1만 5천 장 이상 아카이브화했습니다.

카루나 세첸의 활동에 도움을 주실 분은 Karuna-Shechen, 20 bis, rue Louis-Philippe, 92200 Neuilly sur Seine France. www.karuna-shechen.org / europe@karuna-Shechen.org으로 연락 주시기 바랍니다.

그래픽 자료의 출전

12장 p. 201.

2009년 4월, 마음과 생명 연구소가 취리히에서 개최한 "경제 시스템에서의 이타심과 자비심: 경제학, 신경 과학, 명상 과학의 접점에서 나누는 대화Altruism and Compassion in Economic Systems: A Dialogue at the Interface of Economics, Neuroscience and Contemplative Sciences" 컨퍼런스에서 대니얼 뱃슨이 발표한 내용. 참고 문헌: Batson, C. D., Duncan, B. D., Ackerman, P., Buckley, T., & Birch, K. (1981). Is empathic emotion a source of altruistic motivation? *Journal of Personality and Social Psychology, 40* (2), 290~302 및 Batson, C. D., O'Quint, K., Fultz, J., Vanderplas, M., & Isen, A. M. (1983). Influence of self-reported distress and empathy on egoistic versus altruistic motivation to help. *Journal of Personality and Social Psychology, 45* (3), p. 706.

24장 p. 445.

Twenge, J. M., & Campbell, W. K., *The Narcissism Epidemic: Living in The Age of Entitlement*, The Free Press, 2010, p. 32.

32장 p. 677.

Pinker, S., *The Better Angels of Our Nature: Why Violence Has Declined*, Viking, 2011, p. 63. 근거가 되는 데이터의 출전: Eisner, M. (2003). Long-term historical trends in violent crime. *Crime & Just., 30*, 83. Table 1, p. 99.

32장 p. 679.

Finkelhor, D., Jones, L., & Shattuck, A. (2008). Updated trends in child maltreatment, 2006. *Crimes Against Children Research Center.*

32장 p. 686.

Pinker, S. (2011). *op. cit.*, p. 149. 근거가 되는 자료 출전: Hunt, L., *Inventing Human Rights: A History*, W. W. Norton, 2008, pp. 76, 179 및 Mannix, D. P., *The History of Torture*, Dell paperback, 1964, pp. 137~38.

32장 p. 687.

Brecke, P. (1999). Violent conflicts 1400 AD to the present in different regions of the world. In *1999 Meeting of the Peace Science Society.* (미발표 원고).

32장 p. 691.

Lacina, B., & Gleditsch, N. P. (2005). Monitoring trends in global combat: A new dataset of battle deaths. *European Journal of Population, 21*(2), 145~166.

32장 p. 691

UCDP/PRIO Armed Conflict Dataset, Lacina, B., & Gleditsch, N. P. (2005). Monitoring trends in global combat : A new dataset of battle deaths. *European Journal of Population/Revue Européenne de Démographie, 21*(2), 145~166. 수정/변경: *Human Security Report Project* ; Human Security Centre, 2006. Pinker, S. (2011). *op. cit.*, p. 304에 인용.

32장 p. 693.

Pinker, S. (2011). *op. cit.*, p. 338(수정/변경). 1987년까지 데이터는 출전이 Rummel (1997)이고 1987년 이후 데이터 출전은 다양하다.

32장 p. 699.

Pinker, S. (2011). *op. cit.*, p. 294, 근거가 되는 자료의 출전: Cederman, L.-E., & Rao, M. P. (2001). Exploring the dynamics of the democratic peace. *Journal of Conflict Resolution, 45*(6), 818~833.

32장 p. 702.

Gleditsch, N. P. (2008). The liberal moment fifteen years on. *International Studies Quarterly, 52*(4), 691~712. 근거가 되는 연구: Siri Rustad. Pinker, S. (2011). *op. cit.*, p. 314에 인용.

34장 p.741.

FAO (2006), "Livestock's Long Shadow: Environmental Issues and Options,"

Rome; FAO (2009), How to Feed the World in 2050.

36장 p. 825.
Fehr, Gächter, S. (2000). Cooperation and punishment in public good experiments, *American Economic Review, 90*(4), p. 989.

38장 p. 869.
Gasparini, L. & Lustig, N. (2011). "The Rise and Fall of Income Inequality in Latin America." CEDLAS, Working Paper 0118, Universidad Nacional de La Plata.

40장 p. 943.
Myers, D. G. (2000). The funds, friends, and faith of happy people. *American Psychologist, 55*(1), 56.

41장 p. 951.
Stockholm Resilience Center, 근거가 되는 데이터의 출전: GRIP (European Greenland Ice Core Project), and on Oppenheimer, S., *Out of Eden: The Peopling of The World*, Constable & Robinson, 2004.

41장 p. 954.
12개의 그래프 출전
Steffen, W., Sanderson, A., Tyson, P. D., Jäger, J., Matson, P. A., Moore III, B., Oldfield, F., Richardson, K., Schellnhuber, H.-J., Turner, II, BL, & Wasson, R. J. (2004) Global Change and the Earth System: A Planet Under Pressure. *The IGBP Book Series, Springer-Verlag, Berlin, Heidelberg, New York*. This article also contains the scientific references on which each of these diagrams is founded. Adapted and kindly supplied by Diana Liverman. 이 논문에는 각 그래프의 근거가 된 과학 서적 및 논문 등 참고 문헌이 포함되어 있다. 다이애나 리버만이 제공한 것을 수정/변경.

41장 p. 962~963.
Stockholm Resilience Center, from Rockström, J., Steffen, W., Noone, K., Persson, \AA, Chapin, F. S., Lambin, E. F., Schellnhuber, H. J. (2009). A safe operating space for humanity. *Nature, 461*(7263), 472~475.

41장 p. 967.
NASA Goddard Institute for Space Studies. NASA Earth Observatory/Robert Simmon.

41장 p. 968.

Guinehut, S., and G. Larnicol (2008); CLS/Cnes/Legos. NASA Global Change
Master Directory
http://gcmd.nasa.gov/records/GCMD_CLS-LEGOS-CNES_
MeanSeaLevel1992-2008.html.

41장 p. 980.

Patz, J. A., Gibbs, H. K., Foley, J. A., Rogers, J. V., & Smith, K. R. (2007). Climate
change and global health: Quantifying a growing ethical crisis. *EcoHealth, 4*(4),
397~405.

41장 p. 982.

조나단 패츠 제공.

참고 문헌

André, C. (2012). *Feelings and Moods.* Polity.

Arendt, H. (2006). *Eichmann in Jerusalem: A Report on The Banality of Evil.* Penguin.

Aronson, E., & Patnoe, S. (2011). *Cooperation in The Classroom: The Jigsaw Method.* Pinter & Martin.

Axelrod, R., & Dawkins, R. (2006). *The Evolution of Cooperation* (rev. ed.). Basic Books.

Babiak, P., & Hare, R. D. (2007). *Snakes in Suits: When Psychopaths Go to Work*(직장으로 간 사이코패스). HarperBusiness.

Barber, N. (2000). *Why Parents Matter: Parental Investment and Child Outcomes.* Praeger.

Batson, C. D. (1991). *The Altruism Question: Toward a Social Psychological Answer.* Lawrence Erlbaum.

Batson, C. D. (2011). *Altruism in Humans.* Oxford University Press. Baumeister, R. F. (2001). *Evil: Inside Human Cruelty and Violence.* Barnes & Noble.

Baumeister, R. F. (2005). *The Cultural Animal: Human Nature, Meaning, and Social Life.* Oxford University Press.

Beck, A. T. (1979). *Cognitive therapy and The Emotional Disorders.* Plume.

Beck, A. T. (2000). *Prisoners of Hate: The Cognitive Basis of Anger, Hostility, and Violence.* Perennial.

Beck, J. S., & Beck, A. T. (2011). *Cognitive Behavior therapy: Basics and Beyond* (2d ed.). Guilford Press.

Begley, S. (2007). *Train Your Mind, Change Your Brain: How a New Science Reveals Our Extraordinary Potential to Transform Ourselves*(달라이 라마, 마음이 뇌에게 묻

다). Ballantine Books.

Bekoff, M., & Goodall, J. (2008). *The Emotional Lives of Animals: A Leading Scientist Explores Animal Joy, Sorrow, and Empathy– and Why they Matter*. New World Library.

Berggruen, N., & Gardels, N. (2012). *Intelligent Governance for The 21st Century: A Middle Way Between West and East*. Polity Press.

Bierhoff, H. W. (2002). *Prosocial Behaviour*. Psychology Press.

Borch-Jacobsen, M., & Shamdasani, S. (2012). *The Freud Files: An Inquiry into The History of Psychoanalysis*. Cambridge University Press.

Borgstrom, G. (1973). *Harvesting The Earth*. Abelard-Schuman.

Bourke, A. F. G. (2011). *Principles of Social Evolution*. Oxford University Press.

Bowles, S., & Gintis, H. (2011). *A Cooperative Species: Human Reciprocity and Its Evolution*. Princeton University Press.

Carey, N. (2011). *The Epigenetics Revolution(유전자는 네가 한 일을 알고 있다: 현대 생물학을 뒤흔든 후성 유전학 혁명)*. Icon Books. Carson, R. (1963). *Printemps silencieux*. Plon.

Chang, J., & Halliday, J. (2007). *Mao: The Unknown Story*. Vintage.

Coe, S. (1996). *Dead Meat*. Four Walls Eight Windows.

Comte, A. (1988). Introduction to Positive Philosophy. (F. Ferré, 번역). Hackett.

Comte-Spoonville, A. (2002). *A Small Treatise on The Great Virtues: The Uses of Philosophy in Everyday Life* (reprint ed.). Picador.

Costanza, R., Cumberland, J. H., Daly, H., Goodland, R., Norgaard, R. B., Kubiszewski, I., & Franco, C. (2014). *An Introduction to Ecological Economics* (2d ed.). CRC Press.

Crocker, J., Moeller, S., & Burson, A. (2013). "The Costly Pursuit of Self-Esteem." In *Handbook of Personality and Self-Regulation*, Wiley-Blackwell, pp. 403–429.

Cyrulnik, B. (2011). *Resilience: How Your Inner Strength Can Set You Free from The Past* (orig. ed.). Tarcher.

Dalai Lama, (2000). *Ancient Wisdom: Ethics for The New Millennium*. Abacus.

Dalai Lama (2012). *365 Daily Advice from The Heart*. Hampton Roads.

Dalai Lama & Vreeland, N. (2002). *An Open Heart: Practicing Compassion in Everyday Life(달라이 라마의 마음공부)*(reprint ed.). Back Bay Books.

Dalai Lama, & Cutler, H. C. (1999). *The Art of Happiness: A Handbook for Living*. Hodder.

Daly, H. E. (1997). *Beyond Growth: The Economics of Sustainable Development*. Beacon Press.

Daly, H. E., Cobb, Jr., J. B., & Cobb, C. W. (1994). *For The Common Good: Redirecting The Economy toward Community, The Environment, and a Sustainable Future*.

Beacon Press.

Darwin, C. (2013). *The Descent of Man and Selection in Relation to Sex*(인간의 유래와 성 선택)– *Primary Source Edition*. Nabu Press.

Darwin, C., Ekman, P., & Prodger, P. (2002). *The Expression of The Emotions in Man and Animals* (인간과 동물의 감정 표현). Oxford University Press.

Davidson, R. J., & Begley, S. (2012). *The Emotional Life of Your Brain: How Its Unique Patterns Affect The Way You think, Feel, and Live and How You Can Change them*(너무 다른 사람들 인간의 차이를 만드는 정서 유형의 6가지 차원). Hudson Street Press.

Davidson, R. J., & Harrington, A. (2002). *Visions of Compassion: Western Scientists and Tibetan Buddhists Examine Human Nature*. Oxford University Press.

Dawkins, R. (1989). *The Selfish Gene* (이기적 유전자). Oxford Universtiy Press.

Decety, J. (2009). *The Social Neuroscience of Empathy*. MIT Press.

Desmurget, M. (2012). *TV Lobotomie: La vérité scientifique sur les effets de la télévision*. Max Milo Éditions.

Diamond, J. (2011). *Collapse: How Societies Choose to Fail or Succeed*(문명의 붕괴: 과거의 위대했던 문명은 왜 몰락했는가) (rev. ed.). Penguin Books.

Dovidio, J. F., Piliavin, J. A., Schroeder, D. A., & Penner, L. A. (2006). *The Social Psychology of Prosocial Behavior*. Psychology Press.

Doyle, J. (1985). *Altered Harvest: Agriculture, Genetics and The Fate of The World's Food Supply*. Viking.

Dugatkin, L.A. (1997). *Cooperation Among Animals*. Oxford University Press.

Eibl-Eibesfeldt, I. (1973). *Love and Hate: On The Natural History of Basic Behaviour Patterns*. AldineTransaction.

Eibl-Eibesfeldt, I. (1979). *The Biology of Peace and War: Men, Animals and Aggression*. Viking.

Eisenberg, N. (1992). *The Caring Child*. Harvard University Press.

Eisenberg, N., & Damon, W. (1998). *Handbook of Child Psychology*. John Wiley & Sons.

Eisnitz, G. A. (1997). *Slaughterhouse: The Shocking Story of Greed, Neglect, and Inhumane Treatment Inside The U.S. Meat Industry*. Prometheus.

Ekman, P. (2007). *Emotions Revealed: Recognizing Faces and Feelings to Improve Communication and Emotional Life*(얼굴의 심리학: 우리는 어떻게 감정을 드러내는가?). Holt.

Ekman, P. (2014). *Moving Toward Global Compassion*. Paul Ekman Group.

Ekman, P. E., & Davidson, R. J. (1994). *The Nature of Emotion: Fundamental Questions*. Oxford University Press.

Elgin, D. (2010). *Voluntary Simplicity: Toward a Way of Life that Is Outwardly Simple,*

Inwardly Rich(소박한 삶의 철학). William Morrow.

Farrer, F. (2005). *A Quiet Revolution: Encouraging Positive Values in Our Children.* Rider.

Fehr, B. A., Sprecher, S., Underwood, L. G., & Gordon, L. U. (2008). *The Science of Compassionate Love: theory, Research, and Applications.* Blackwell.

Festinger, L. (1957). *A theory of Cognitive Dissonance.* Stanford University Press.

Filippi, C.-H. (2009). *L'Argent sans maître.* Descartes.

Foer, J. S. (2010). *Eating Animals*(동물을 먹는다는 것에 대하여). Back Bay Books.

Fontenay, E. de. (2012). *Without Offending Humans: A Critique of Animal Rights.* (W. Bishop, 번역) University of Minnesota Press.

Fredrickson, B. (2001). *Positivity: Groundbreaking Research Reveals How to Embrace The Hidden Strength of Positive Emotions, Overcome Negativity, and thrive*(긍정의 발견: 긍정과 부정의 3:1 황금비율). Crown Archetype.

Fredrickson, B. (2013). *Love 2.0: How Our Supreme Emotion Affects Everything We Feel, think, Do, and Become.* Hudson Street Press.

Fromm, E. (1947). *Man for Himself: An Inquiry into The Psychology of Ethics*(자기를 찾는 인간: 윤리학의 정신 분석학적 탐구).

Fry, D. P. (2007). *Beyond War: The Human Potential for Peace.* Oxford University Press.

Galbraith, J. K. (2008). *The Predator State: How Conservatives Abandoned The Free Market and Why Liberals Should Too.* The Free Press.

Gandhi, M. K. (1980). *All Men Are Brothers.* Continuum.

Gerhardt, S. (2004). *Why Love Matters: How Affection Shapes a Baby's Brain.* Brunner-Routledge.

Germer, C. K. (2009). *The Mindful Path to Self-Compassion: Freeing Yourself from Destructive thoughts and Emotions.* Guilford Press.

Gilbert, P. (1989). *Human Nature and Suffering.* Lawrence Erlbaum.

Gilbert, P. (2005). *Compassion: Conceptualisations, Research and Use in Psychotherapy.* Psychology Press.

Gilbert, P. (2009). *Violence et compassion: Essai sur l'authenticité d'être.* Cerf.

Gilbert, P. (2010). *The Compassionate Mind: A New Approach to Life's Challenges.* New Harbinger.

Gilbert, P. (2014). *Mindful Compassion: How The Science of Compassion Can Help You Understand Your Emotions, Live in The Present, and Connect Deeply with Others.* New Harbinger.

Goldacre, B. (2012). *Bad Pharma: How Drug Companies Mislead Doctors and Harm Patients*(불량 제약 회사: 제약 회사는 어떻게 의사를 속이고 환자에게 해를 입히는가). Fourth Estate.

Goleman, D. (2000). *Working with Emotional Intelligence*. Bantam.

Goleman, D. (2005). *Emotional Intelligence: Why It Can Matter More than IQ EQ(감성 지능)* (10th anniversary ed.). Bantam Books.

Goleman, D. (2007). *Social Intelligence: The New Science of Human Relationships SQ(사회 지능 성공 마인드의 혁명적 전환)*. Bantam.

Goleman, D. (2009). *Ecological Intelligence: How Knowing The Hidden Impacts of What We Buy Can Change Everything(에코지능 미래 경제를 지배할 녹색 마인드)*. Crown Business.

Goodall, J. (1986). *The Chimpanzees of Gombe: Patterns of Behavior*. Harvard University Press.

Goodall, J. (2011). *through a Window: thirty Years with The Chimpanzees of Gombe*. Phoenix.

Goodall, J., & Bekoff, M. (2013). *The Ten Trusts: What We Must Do to Care for The Animals We Love(제인 구달의 생명사랑 십계명)*. HarperOne.

Goodall, J., & Berman, P. L. (1999). *Reason for Hope: A Spiritual Journey(희망의 이유)*. Grand Central.

Gordon, M. (2005). *Roots of Empathy: Changing The World Child by Child(공감의 뿌리 아이들 한 명 한 명이 세상을 바꾼다)*. Thomas Allen.

Graham, C. (2012). *Happiness Around The World: The Paradox of Happy Peasants and Miserable Millionaires*. Oxford University Press.

Greenland, S. K. (2010). *The Mindful Child: How to Help Your Kid Manage Stress and Become Happier, Kinder, and More Compassionate*. The Free Press.

Grossman, D. (2009). *On Killing: The Psychological Cost of Learning to Kill in War and Society*. Back Bay Books.

Gunaratana, B. H. (2001). *Eight Mindful Steps to Happiness: Walking The Path of The Buddha(부처의 길 팔정도)*. Wisdom Publications.

Gunaratana, B. H. (2011). *Mindfulness in Plain English(위빠사나 명상: 가장 손쉬운 깨달음의 길)* (20th anniversary ed.). Wisdom Publications.

Haidt, J. (2012). *The Righteous Mind: Why Good People Are Divided by Politics and Religion*. Allen Lane.

Hallie, P. P. (1994). *Lest Innocent Blood Be Shed(무고한 피를 흘리지 않기 위하여)* (reprint ed.). Harper Perennial.

Hare, R. D. (1999). *Without Conscience: The Disturbing World of The Psychopaths Among Us(진단명 사이코패스)*. Guilford Press.

Harman, O. S. (2010). *The Price of Altruism*. Norton.

Hatzfeld, J. (2006). *Machete Season: The Killers in Rwanda Speak*. Macmillan.

Hatzfeld, J. (2007). *Life Laid Bare: The Survivors in Rwanda Speak*. Other Press.

Hawkes, N. (2013). *From My Heart: Transforming lives through values*. Independent

Thinking Press.

Hawkes, N., Redsell, C., & Barnes, R. (2003). *How to Inspire and Develop Positive Values in Your Classroom*. Wisbech: LDA.

Henrich, J., & Henrich, N. (2007). *Why Humans Cooperate: A Cultural and Evolutionary Explanation*. Oxford University Press.

Herbert, M., & Weintraub, K. (2013). *The Autism Revolution: Whole-Body Strategies for Making Life All It Can Be*. Ballantine Books.

Hessel, S., & Morin, E. (2012). *The Path to Hope(지금 일어나 어디로 향할 것인가: 문제는 정책이다)*. Other Press.

Hillesum, E., & Hoffman, E. (1996). *Etty Hillesum: An Interrupted Life: The Diaries, 1941–1943*, and Letters from Westerbork. Picador.

Hobbes, T. (2002). *Leviathan(리바이어던)*. Public Domain Books.

Hoffman, M. L. (2001). *Empathy and Moral Development: Implications for Caring and Justice*. Cambridge University Press.

Hoggan, J. (2009). *Climate Cover-Up: The Crusade to Deny Global Warming*. Greystone.

Hrdy, S. B. (2009). *Mothers and Others: The Evolutionary Origins of Mutual Understanding*. Belknap Press.

Hume, D., & Beauchamp, T. L. (1998). *An Enquiry Concerning The Principles of Morals: A Critical Edition* (vol. 4). Oxford University Press.

Hutcheson, F., & Garrett, A. (2003). *An Essay on The Nature and Conduct of The Passions and Affections, with Illustrations on The Moral Sense*. (K. Haakonssen, ed.). Liberty Fund.

Jablonka, E., & Lamb, M. J. (2005). *Evolution in Four Dimensions: Genetic, Epigenetic, Behavioral, and Symbolic Variation in The History of Life*. MIT Press.

Jackson, T. (2012). *Prosperity Without Growth: Economics for a Finite Planet(성장 없는 번영: 협동조합과 사회적 경제를 위한 생태거시경제학의 탄생)*. Routledge.

James, W. (1981). *The Principles of Psychology(심리학의 원리), vols. 1–2* (annotated ed.). Harvard University Press.

Johnson, D. H., & Johnson, R. T. (1998). *Learning Together and Alone: Cooperative, Competitive, and Individualistic Learning*. Pearson.

Johnson, D. W., Johnson, R. T., & Holubec, E. J. (1991). *Cooperation in The Classroom*. Interaction Book Company.

Kabat-Zinn, J. (1998). *Everyday Blessings: The Inner Work of Mindful Parenting* (reprint ed.). Hyperion.

Kabat-Zinn, J. (2013). *Full Catastrophe Living: Using The Wisdom of Your Body and Mind to Face Stress(마음챙김 명상과 자기치유)*, Pain, and Illness. Bantan.

Kahneman, D. (2013). *thinking, Fast and Slow(생각에 관한 생각)* (reprint ed.). Farrar,

Straus & Giroux.

Kahneman, D., Slovic, P., & Tversky, A. (1982). *Judgment Under Uncertainty: Heuristics and Biases.* Cambridge University Press.

Kappeler, P. M., & Van Schaik, C. (2006). *Cooperation in Primates and Humans: Mechanisms and Evolution.* Springer Verlag.

Kasser, T. (2003). *The High Price of Materialism.* MIT Press.

Kasser, T. (2008). "Can Buddhism and Consumerism Harmonize? A Review of the Psychological Evidence." In *International Conference on Buddhism in the Age of Consumerism*, Mahidol University, Bangkok (pp. 1~3).

Kellert, S. R., & Wilson, E. O. (1995). *The Biophilia Hypothesis.* Island Press.

Keltner, D. (2009). *Born to Be Good: The Science of a Meaningful Life.* W. W. Norton.

Kempf, H. (2013). *L'oligarchie ça suffit, vive la démocratie.* Seuil.

Khyentse, D. (2006). *Enlightened Courage: An Explanation of The Seven-Point Mind Training.* (P. T. Group, 번역). Snow Lion.

Khyentse, D. (2013). *The Heart of Compassion: The thirty-Seven Verses on The Practice of a Bodhisattva.*

Kohn, A. (1992). *The Brighter Side of Human Nature: Altruism and Empathy in Everyday Life.* Basic Books.

Kolm, S.-C. (2009). *Reciprocity: An Economics of Social Relations.* Cambridge University Press.

Kolm, S.-C., & Ythier, J. M. (2006). *Handbook of The Economics of Giving, Altruism and Reciprocity: Foundations.* North Holland.

Kropotkin, P., & Kropotkin, P. A. (1989). *Mutual Aid: A Factor of Evolution (만물은 서로 돕는다: 크로포트킨이 밝힌 자연의 법칙과 진화의 요인).* Black Rose Books.

Krznaric, R. (2014). *Empathy, A Handbook for Revolution (공감하는 능력: 관계의 혁명을 이끄는 당신 안의 힘).* Riders Books.

Lambin, E. (2012). *An Ecology of Happiness.* University of Chicago Press.

Lappe, F. M. (1985). *Diet for a Small Planet* (20th Anniversary ed.). Ballantine Books.

Layard, R. (2011). *Happiness: Lessons from a New Science* (2d rev. ed.). Penguin.

Layard, R., & Dunn, J. (2009). *A Good Childhood: Searching for Values in a Competitive Age.* Penguin.

Leary, M. R. (2007). *The Curse of The Self: Self-Awareness, Egotism, and The Quality of Human Life.* Oxford University Press.

Levi, P. (1995). *Survival in Auschwitz(이것이 인간인가)* (reprint ed.). Touchstone.

Levi, P., & Bailey, P. (1991). *If this Is a Man(이것이 인간인가) & The Truce(휴전).* (S. Woolf, 번역). Little, Brown.

Lilly, J. C. (1962). *Man and Dolphin.* Gollancz.

Lorenz, K. (2005). *On Aggression.* Routledge.

Louv, R. (2008). *Last Child in The Woods: Saving Our Children from Nature-Deficit Disorder*. Algonquin Books.

Mandela, N. (1995). *Long Walk to Freedom: The Autobiography of Nelson Mandela(자유를 향한 머나먼 여정)*. Back Bay Books.

Margulies, A. (1989). *The Empathic Imagination*. W. W. Norton.

Maslach, C. (1982). *Burnout: The Cost of Caring*. Prentice Hall.

Masson, J. M., & McCarthy, S. (1996). *When Elephants Weep: The Emotional Lives of Animals(코끼리가 울고 있을때)*. Random House Digital.

Mauss, M. (2000). *The Gift: The Form and Reason for ExChange in Archaic Societies.* (W. D. Halls, 번역). W. W. Norton.

McCord, J., & Tremblay, R. E. (eds.). (1992). *Preventing Antisocial Behavior: Interventions from Birth through Adolescence*. Guilford Press.

McDougall, W. (1908). *An Introduction to Social Psychology*. Methuen.

Miller, A. G. (2005). *The Social Psychology of Good and Evil*. Guilford Press.

Milo, R. D. (1973). *Egoism and Altruism*. Wadsworth.

Monroe, K. R. (1996). *The Heart of Altruism: Perceptions of a Common Humanity*. Princeton University Press.

Monroe, K. R. (2006). *The Hand of Compassion: Portraits of Moral Choice During The Holocaust*. Princeton University Press.

Mooney, C. (2006). *The Republican War on Science*. Basic Books.

Moore-Lappé, F. (1971). *Diet for a Small Planet*. Ballantine.

Morin, E., & Hessel, S. (2011). *The Path to Hope(지금 일어나 어디로 향할 것인가: 문제는 정책이다)*. Other Press (A. Shugaar, 번역).

Moss, C. (1988). *Elephant Memories: thirteen Years in The Life of an Elephant Family*. William Morrow.

Nagel, T. (1970/1979). *Possibility of Altruism*. Princeton University Press.

Neff, K. (2011). *Self-Compassion: Stop Beating Yourself Up and Leave Insecurity Behind*. William Morrow.

Nowak, M. A., & Highfield, R. (2011). *SuperCooperators: Altruism, Evolution, and Why We Need Each Other to Succeed(초협력자: 세상을 지배하는 다섯 가지 협력의 법칙)*. Simon & Schuster.

O'Clery, C. (2013). *The Billionaire Who Wasn't: How Chuck Feeney Secretly Made and Gave Away a Fortune*. PublicAffairs.

Oliner, S. P. (2003). *Do unto Others: Extraordinary Acts of Ordinary People*. Basic Books.

Oliner, S. P., & Oliner, P. M. (1988). *The Altruistic Personality: Rescuers of Jews in Nazi Europe*. Macmillan.

Opdyke, I. G. (1999). *In My Hands: Memories of a Holocaust Rescuer*. Anchor.

Oreskes, N., & Conway, E. M. M. (2011). *Merchants of Doubt: How a Handful of Scientists Obscured The Truth on Issues from Tobacco Smoke to Global Warming(의 흑을 팝니다: 담배 산업에서 지구 온난화까지 기업의 용병이 된 과학자들)*. Bloomsbury.

Ostrom E. (2010). *Gouvernance des biens communs: Pour une nouvelle approche des ressources naturelles*. De Boeck.

Patterson, C. (2002). *Eternal Treblinka: Our Treatment of Animals and The Holocaust(동물 홀로코스트: 동물과 약자를 다루는 '나치'식 방식에 대하여)*. Lantern Books.

Perry, A. (2011). *Lifeblood: How to Change The World One Dead Mosquito at a Time.* PublicAffairs.

Piliavin, J. A., Dovidio, J. F., Gaertner, S. L., & Clark III, R. D. (1981). *Emergency Intervention*. Academic Press.

Pinker, S. (2011). *The Better Angels of Our Nature: Why Violence Has Declined (우리 본 성의 선한 천사: 인간은 폭력성과 어떻게 싸워 왔는가)*. Penguin Books.

Pooley, E. (2010). *The Climate War: True Believers, Power Brokers, and The Fight to Save The Earth*. Hyperion.

Post, S. G. (2003). *Unlimited Love: Altruism, Compassion, and Service.* Templeton Foundation Press.

Post, S. G. (2011). *The Hidden Gifts of Helping: How The Power of Giving, Compassion, and Hope Can Get Us through Hard Times.* John Wiley.

Post, S., & Neimark, J. (2007). *Why Good things Happen to Good People: The Exciting New Research that Proves The Link Between Doing Good and Living a Longer, Healthier, Happier Life(왜 사랑하면 좋은 일이 생길까: 생명 윤리학자 스티븐 포스트 박사가 25년간 연구 분석한 사랑의 놀라운 힘)*. Broadway Books.

Rabhi, P., & Menuhin, Y. (2006). *As in The Heart, So in The Earth: Reversing The Desertification of The Soul and The Soil.* Park Street Press.

Rand, A. (1964). *The Virtue of Selfishness*. Signet.

Rand, A. (1997). *Atlas Shrugged (아틀라스)*. Signet.

Remarque, E. M. (1982). *All Quiet on The Western Front(서부 전선 이상 없다)*. Ballantine.

Ricard, M. (2007). *Happiness: A Guide to Developing Life's Most Important Skill(행복을 위한 변명)*(reprint). Little, Brown.

Ricard, M. (2010). *Why Meditate?* Hay House.

Richardson, K., Steffen, W., & Liverman, D. (2011). *Climate Change: Global Risks, Challenges and Decisions.* Cambridge University Press.

Richerson, P. J., & Boyd, R. (2004). *Not by Genes Alone: How Culture Transformed Human Evolution (유전자만이 아니다: 문화는 어떻게 인간 진화의 경로를 바꾸었는가)*. University of Chicago Press.

Rifkin, J. (1992). *Beyond Beef: The Rise and Fall of The Cattle Culture(육식의 종말)*. Penguin.

Rifkin, J. (2009). *The Empathic Civilization: The Race to Global Consciousness in a World in Crisis(공감의 시대)*. Tarcher.

Rifkin, J. (2013). *The third Industrial Revolution: How Lateral Power Is Transforming Energy, The Economy, and The World(3차 산업 혁명: 수평적 권력은 에너지, 경제, 그리고 세계를 어떻게 바꾸는가)*. Palgrave Macmillan.

Rifkin, J. (2014). *The Zero Marginal Cost Society: The Internet of things, The Collaborative Commons, and The Eclipse of Capitalism(한계비용 제로 사회: 사물인터넷과 공유경제의 부상*. Palgrave Macmillan.

Robin, M.-M. (2010). *The World According to Monsanto: Pollution, Corruption, and The Control of The World's Food Supply(몬산토: 죽음을 생산하는 기업)*. New Press.

Rochefoucauld, F. de L., & Brotier, A. C. (2012). *Réflexions ou sentences et maximes morales*. Nabu Press.

Rockström, J., & Klum, M. (2012). *The Human Quest: Prospering Within Planetary Boundaries*. Bokförlaget Langenskiöld.

Rodrik, D. (2011). *The Globalization Paradox: Democracy and The Future of The World Economy*. W. W. Norton.

Rollin, B. E. (1989). *The Unheeded Cry: Animal Consciousness, Animal Pain and Science*. Oxford University Press.

Russett, B. M., & Oneal, J. R. (2001). *Triangulating Peace: Democracy, Interdependence, and International Organizations* (vol. 9). Norton.

Salzberg, S. (2002). *Lovingkindness: The Revolutionary Art of Happiness* (revised ed.). Shambhala.

Sandel, M. (2012). *What Money Can't Buy: The Moral Limits of Markets (돈으로 살 수 없는 것들: 무엇이 가치를 결정하는가)*. Allen Lane.

Scheler, M. (1954/2008). *The Nature of Sympathy*. Transaction.

Schumacher, E. F. (1979). *Small Is Beautiful(작은 것이 아름답다: 인간 중심의 경제를 위하여)*. Seuil.

Seligman, M. E. P. (2002). *Authentic Happiness: Using The New Positive Psychology to Realize Your Potential for Lasting Fulfillment(긍정 심리학)*. The Free Press.

Seligman, M. E. P. (2012). *Flourish: A Visionary New Understanding of Happiness and Well-Being* (reprint ed.). Atria Books.

Sémelin, J. (2007). *Purify and Destroy: The Political Uses of Massacre and Genocide*. Columbia University Press.

Sen, A. (1991). *On Ethics and Economics(윤리학과 경제학)*(reprint ed.). Wiley-Blackwell. Sen, A. (1995). *Inequality Reexamined(불평등의 재검토)*(reprint ed.). Harvard University Press.

Sen, A. (2010). *The Idea of Justice*. Penguin.

Sereny, G. (1983). *Into that Darkness: An Examination of Conscience*. Vintage Books.

Shantideva. (2006). *The Way of The Bodhisattva* (P. T. Group, 번역) (rev. ed.). Shambhala.

Sherif, M. (1961). *The Robbers Cave Experiment: Intergroup Conflict and Cooperation*. Wesleyan.

Shirer, W. L. (1990). *Le IIIe Reich*. Stock.

Shiva, V., Kunwar, J., Navdanya (2006). *Seeds of Suicide: The Ecological and Human Costs of Seed Monopolies and Globalisation of Agriculture*. Navdanya.

Sinclair, U. (1964). *The Jungle(정글)*. Signet.

Singer, P. (2009). *Animal Liberation: The Definitive Classic of The Animal Movement (동물 해방)*. Harper Perennial.

Singer, T., & Bolz, M. (eds.) (2013). *Compassion: Bridging Practice and Science*. A multimedia book [e-book].

Singer, T., Ricard, M., (eds.) (2015). *Caring Economics: Conversations on Altruism and Compassion, Between Scientists, Economists, and The Dalai Lama*. Picador.

Slavin, R. E., Hurley, E. A., & Chamberlain, A. (2003). *Cooperative Learning and Achievement: theory and Research*. Wiley Online Library.

Smith, A. (2002). *Adam Smith: The theory of Moral Sentiments(도덕감정론)*. Cambridge University Press.

Smith, A., & Krueger, A. B. (2003). *The Wealth of Nations(국부론)*. Bantam.

Snel, E., Kabat-Zinn, M., & Kabat-Zinn, J. (2013). *Sitting Still Like a Frog: Mindfulness Exercises for Kids*. Shambhala.

Snyder, C. R., & Lopez, S. J. (2002). *Handbook of Positive Psychology*. Oxford University Press.

Sober, E., & Wilson, D. S. (1999). *Unto Others: The Evolution and Psychology of Unselfish Behavior*. Harvard University Press.

Speth, J. G. (2009). *The Bridge at The Edge of The World: Capitalism, The Environment, and Crossing from Crisis to Sustainability*. Yale University Press.

Staub, E. (1992). *The Roots of Evil: The Origins of Genocide and Other Group Violence*. Cambridge University Press.

Stein, E. (1917/1989). *On The Problem of Empathy*. ICS Publications.

Stern, N. (2007). *The Economics of Climate Change: The Stern Review*. Cambridge University Press.

Stiglitz, J. E. (2003). *Globalization and Its Discontents(세계화와 그 불만)*. W. W. Norton.

Stiglitz, J. E. (2012). *The Price of Inequality: How Today's Divided Society Endangers Our Future(불평등의 대가: 분열된 사회는 왜 위험한가)*. W. W. Norton.

Strum, S. C. (2001). *Almost Human: A Journey into The World of Baboons*. University of Chicago Press.

Swofford, A. (2004). *Jarhead: A Soldier's Story of Modern War*. Scribner.

Tajfel, H. (1981). *Human Groups and Social Categories: Studies in Social Psychology*. Cambridge University Press.

Taylor, C. (1989). *Sources of The Self: The Making of The Modern Identity(*자아의 원천들: 현대적 정체성의 형성*)*. Harvard University Press.

Terestchenko, M. (2007). *Un si fragile vernis d'humanité: Banalité du mal, banalité du bien*. Découverte.

Thomas, E. M. (1990). *The Harmless People*. Vintage.

Tillion, G. (1997). *Ravensbrück*. Seuil.

Todorov, T. (1996). *Facing The Extreme: Moral Life in The Concentration camps*. Metropolitan Books.

Tomasello, M. (2009). *Why We Cooperate(*이기적 원숭이와 이타적 인간: 인간은 왜 협력하는가*)*. MIT Press.

Tremblay, R. E., Aken, M. A. G. van, & Koops, W. (2009). *Development and Prevention of Behaviour Problems: From Genes to Social Policy*. Psychology Press.

Trivers, R. L. (1985). *Social Evolution*. Benjamin-Cummings.

Turkle, S. (2011). *Alone Together: Why We Expect More from Technology and Less from Each Other*. Basic Books.

Turnbull, C. M. (1972). *The Mountain People*. Simon & Schuster.

Twenge, J. M. (2006). *Generation Me: Why Today's Young Americans Are more Confident, Assertive, Entitled– and More Miserable than Ever Before*. The Free Press.

Twenge, J. M., & Campbell, W. K. (2010). *The Narcissism Epidemic: Living in The Age of Entitlement(*나는 왜 나를 사랑하는가*)*. The Free Press.

Varela, F. J. (1991). *The Embodied Mind: Cognitive Science and Human Experience(*인지 과학의 철학적 이해*)*. MIT Press.

Varela, F. J. (1999). *Ethical Know-How: Action, Wisdom, and Cognition*. Stanford University Press.

Waal, F. B. M. de (2009). *The Age of Empathy: Nature's Lessons for a Kinder Society*. Harmony Books.

Waal, F. B. M. de (2013). *The Bonobo and The Atheist: In Search of Humanism Among The Primates(*착한 인류: 도덕은 진화의 산물인가*)*. W. W. Norton.

Waal, F. B. M. de (1997). *Le Bon Singe: Les bases naturelles de la morale*. Bayard.

Waal, Frans B. M. de (1997). *Good Natured: The Origins of Right and Wrong in Humans and Other Animals*. Harvard University Press.

Waal, F. B. M., & Lanting, F. (1997). *Bonobo: The Forgotten Ape(*보노보*)*. University of California Press.

Wallach, M. A., & Wallach, L. (1983). *Psychology's Sanction for Selfishness: The Error of Egoism in theory and therapy*. W. H. Freeman.

White, J. (1991). *Education and The Good Life: Autonomy, Altruism, and The National Curriculum. Advances in Contemporary Educational thought* (vol. 7). ERIC.

White, M. (2010). Selected death tolls for wars, massacres and atrocities before the 20th century. http://necrometrics.com/pre1700a.htm.

White, M. (2012). *The Great Big Book of Horrible things: The Definitive Chronicle of History's 100 Worst Atrocities*. W. W. Norton.

Wijkman, A., & Rockström, J. (2013). *Bankrupting Nature: Denying Our Planetary Boundaries*. Routledge.

Wilkinson, R., & Pickett, K. (2009). *The Spirit Level: Why Equality Is Better for Everyone*. Bloomsbury.

Wilson, E. O. (2012). *The Social Conquest of Earth*(지구의 정복자). Liveright.

Zhi-Sui, L., & Zhisui, L. (1996). *The Private Life of Chairman Mao*(모택동의 사생활). Random House.

Zimbardo, P. (2011). *The Lucifer Effect*(루시퍼 이펙트 무엇이 선량한 사람을 악하게 만드는가). Ebury Digital.

Zolli, A., & Healy, A. M. (2013). *Resilience: Why things Bounce Back. Simon & Schuster*.

인명 대조표

C. K. 브레인 C. K. Brain
C. S. 루이스 C. S. Lewis
C. 올슨 C. Olson
H. G. 웰스 H. G. Wells
J. B. S. 홀데인 J. B. S. Haldane
J. S. 밀러 J. S. Milner
J. 베어드 캘리코트 J. Baird Callicott
L. Kutner L. 커트너
R. A. 가브리엘 R. A. Gabriel
S. L. A. 마샬 S. L. A. Marshall
W. 로이드 워너 W. Lloyd Warner
가레스 에반스 Gareth Evans
가레트 하딘 Garrett Hardin
가엘 데보르드 Gaelle Desbordes
가이 우드러프 Guy Woodruff
강윤아 Yoona Kang
게일 아이스니츠 Gail Eisnitz
게일 케네디 Gail Kennedy
고든 갤럽 Gordon Gallup
고트프레드슨 Gottfredson
골드만 삭스 Goldman Sachs
괴링 Goering
괴벨스 Goebbels

교황 바오로 4세 Pope Paul IV
교황 이노센트 4세 Pope Innocent IV
구스타프 헤를링 Gustav Herling
귄 다이어 Gwynne Dyer
기 셸리그망 Guy Seligman
그레고어 멘델 Greger Mendel
그레그 노리스 Greg Norris
그루초 막스 Groucho Marx
글렌 그레이 Glenn Gray
글렌 트레이스먼 Glenn Treisman
글로보츠니크 Globocnik
나디아 코츠 Nadia Kohts
나오미 오레스키스 Naomi Oreskes
나탈리아 바지크 Natalija Basic
나탈리아 샤코바 Natalia Shakhova
나폴레옹 샤농 Napoleon Chagnon
낸시 아이젠버그 Nancy Eisenberg
네이던 매콜 Nathan McCall
네이션 가델스 Nathan Gardels
네이션 맨틀 Nathan Mantel
네지데트 켄트 Necdet Kent
넬슨 만델라 Nelson Mandela
노라 러스티그 Nora Lustig

노먼 브라운 Norman Brown
노먼 케어 Norman Care
노베르트 엘리아스 Norbert Elias
누리엘 루비니 Nouriel Roubini
니사의 그레고리우스 Gregory of Nyssa
니콜 라테스 Nicole Lattès
니콜 모르강 Nicole Morgan
니콜라 보마르 Nicolas Baumard
니콜라스 베르그루엔 Nicolas Berggruen
니콜라스 스턴 Nicholas Stern
닐 혹스 Neil Hawkes
닐스 페터 글레디쉬 Nils Petter Gleditsch
다니엘 골만 Daniel Goleman
다니엘 바셀라 Daniel Vasella
다니엘 코엔 Daniel Cohen
다니엘 파브르 Daniel Favre
다니엘 페낙 Daniel Pennac
다니엘 폴리 Daniel Pauly
다니엘레 폴미 Danielle Follmi
다비드 바브레즈 David Baverez
다비드 세르방 슈레베르 David Servan-
  Schreiber
다비드 쇼베 David Chauvet
다쇼 카르마 우라 Dasho Karma Ura
다윈 Darwin
다이애나 리버만 Diana Liverman
달랑베르 d'Alembert
달린 디푸르 Darlene DeFour
대니 로드릭 Dani Rodrik
대니얼 길버트 Daniel Gilbert
대니얼 뱃슨 Daniel Batson
대니얼 카너먼 Daniel Kahneman
대니얼 하우저 Daniel Houser
대릴 캐머런 Daryl Cameron
댄 애리얼리 Dan Ariely
더그 오만 Doug Oman
더글라스 B. 라스무센 Douglas B.
  Rasmussen

더글러스 젠틸 Douglas Gentile
더글러스 프라이 Douglas Fry
데니스 스노워 Dennis Snower
데렉 파피트 Derek Parfit
데비시 루스타기 Devesh Rustagi
데스몬드 투투 Desmond Tutu
데이브 그로스먼 Dave Grossman
데이비드 갈린 David Galin
데이비드 랜드 David Rand
데이비드 마이클스 David Michaels
데이비드 베이커 David Baker
데이비드 브룩스 David Brooks
데이비드 블러드 David Blood
데이비드 슐림 David Shlim
데이비드 슬론 윌슨 David Sloan Wilson
데이비드 애스피 David Aspy
데이비드 올즈 David Olds
데이비드 존슨과 로저 존슨 David and
  Roger Johnson
데이비드 카메론 David Cameron
데이비드 칸토 David Cantor
데이비드 코크 David Koch
데이비드 콜드웰 David Caldwell
데이비드 펄만 David Perlman
데이비드 프리맥 David Premack
데이비드 흄 David Hume
데일 피터슨 Dale Peterson
데일 헤이 Dale Hay
데카르트 Descartes
덴젤 퍼거슨 Denzel Ferguson
도나휴 Donahue
도널드 블랙 Donald Black
도널드 스튜어트 Donald Stewart
도널드 캠벨 Donald Campbell
도라 직메 켈상 Dola Jigme Kelsang
도미니크 레스텔 Dominique Lestel
도미니크 메다 Dominique Méda
도미니크 존슨 Dominic Johnson

뒤좀 린포체 Dudjom Rinpoche
듀가트킨 Dugatkin
드라젠 에르데모비치 Drazen Erdemovic
드류 푸덴버그 Drew Fudenberg
드웨인 엘진 Duane Elgin
디미트리 마틴 Demetri Martin
디미트리 크리스타키스 Dimitri Christakis
디에고 행가트너 Diego Hanggartner
딜고 켄체 린포체 Dilgo Khyentse Rinpoche
딜런 클리볼드 Dylan Klebold
딜로이 L. 폴후스 Delroy L. Paulhus
라 로슈푸코 La Rochefoucauld
라 시카르 에 토이바 Lashkar-e-Toiba
라가벤드라 가닥카 Raghavendra Gadagkar
라라 애크닌 Lara Aknin
라이프니츠 Leibniz
라인하르트 하이드리히 Reinhard Heydrich
라젠드라 파차우리 R.K. Pachauri
라파엘 드망드르 Raphaële Demandre
라파엘 렘킨 Raphael Lemkin
래리 프래트 Larry Pratt
랠프 헬퍼 Ralph Helfer
러셀 진 Russell Geen
레너드 버코위츠 Leonard Berkowitz
레미 드 구르몽 Remy de Gourmont
레미 핀켈슈타인 Remi Finkelstein
레슬리 스폰셀 Leslie Sponsel
레오폴드 Leopold
레온 페스팅거 Leon Festinger
레이 내긴 Ray Nagin
레이 챔버스 Ray Chambers
레이먼드 다트 Raymond Dart
레이몬드 서스킨드 Raymond Suskind
레이첼 카슨 Rachel Carson
로널드 레이건 Ronald Reagan
로널드 마일로 Ronald Milo
로드 터너 Lord Turner
로드리게스 베가 Rodriguez Vega

로라 벳직 Laura Betzig
로라 핑어 Laura Pinger
로랑 베그 Laurent Bègue
로랑스 투비아나 Laurence Tubiana
로렌 Lorraine
로렌스 콜버그 Lawrence Kohlberg
로렌스 킬리 Lawrence Keeley
로먼 크르즈나릭 Roman Krznaric
로버트 B. 샤피로 Robert B. Shapiro
로버트 S. 마커스 Robert S. Marcus
로버트 거 Robert Gurr
로버트 레벤슨 Robert Levenson
로버트 보이드 Robert Boyd
로버트 새폴스키 Robert Sapolsky
로버트 서스맨 Robert Sussman
로버트 아드레이 Robert Ardrey
로버트 재스트로 Robert Jastrow
로버트 제이 리프턴 Robert Jay Lifton
로버트 케네디 Robert Kennedy
로버트 코스탄자 Robert Costanza
로버트 쿠르즈반 Robert Kurzban
로버트 켈리 Robert Kelly
로버트 트리버즈 Robert Trivers
로버트 퍼트남 Robert Putnam
로버트 프랭크 Robert Frank
로버트 헤어 Robert Hare
로버트 호킨스 Robert Hawkins
로베르 드 팔코 Robert De Falco
로베르 플레티 Robert Pléty
로버트 폴락 obert Pollack
로버트 피셔 Robert Vischer
로이 바우마이스터 Roy Baumeister
로이 베디체크 Roy Bedichek
로이 펠트만 Roy Feldman
로이드 블랭크페인 Lloyd Blankfein
로저 르벨 Roger Revelle
로저 울리히 Roger Ulrich
롤랜드 어윈 Roland Irwin

론첸 직메 틴레 Lyonchen Jigme Thinley
론첸 체링 톱게 Lyonchen Tshering Topgay
루돌프 럼멜 Rudolph Rummel
루돌프 회스 Rudolf Höss
루드비히 폰 미제스 Ludwig von Mises
루비사 베아라 Ljubisa Beara
루실 밥콕 Lucille Babcock
루이 뒤몽 Louis Dumont
루이스 이냐시오 룰라 다 실바 Luiz Inacio
    Lula da Silva
루카 카발리 스포르차 Luca Cavalli-Sforza
루트 드레퓌스 Ruth Dreifuss
루트비히 비트겐슈타인 Ludwig
    Wittgenstein
뤽 바텔 Luc Watelle
뤽 페리 Luc Ferry
르네 카생 René Cassin
리 클라크 Lee Clarke
리모나반트 Rimonabant
리사 베로 Lisa Bero
릭 페리 Rick Perry
론첸 직메 틴리 Lyonchen Jigme Thinley
론첸 체링 톱게 Lyonchen Tshering Topgay
리즈 월라크 Lise Wallach
리처드 달리 Richard Daly
리처드 데이비슨 Richard Davidson
리처드 도킨스 Richard Dawkins
리처드 디조지 Richard Degeorge
리처드 래저러스 Richard Lazarus
리처드 랭엄 Richard Wrangham
리처드 레이어드 Richard Layard
리처드 루브 Richard Louv
리처드 리 Richard Lee
리처드 브랜슨 Richard Branson
리처드 스트로치 헤클러 Richard Strozzi-
    Heckler
리처드 울프 Richard Wolff
리처드 윌킨슨 Richard Wilkinson

리처드 트랑블레 Richard Tremblay
리처드 펄드 Richard Fuld
리처드 포스너 Richard Posner
리하르트 폰 바이츠제커 Richard von
    Weizsacker
린다 빌머스 Linda Bilmes
릴리안 베탕쿠르 Liliane Bettencourt
마가렛 애트우드 Margaret Atwood
마렉 알테르 Marek Halter
마르케 루이사 미린고프 Marque-Luisa
    Miringoff
마르쿠스 아우렐리우스 Marcus Aurelius
마르쿠스 하인리히 Markus Heinrichs
마르탱 이르슈 Martin Hirsch
마르틴 뒤랑 Martine Durand
마르틴 페레즈 Martine Perez
마리 엘링 Marie Haeling
마리 모니크 로뱅 Marie-Monique Robin
마릴린 로퍼 Marilyn Roper
마사 누스바움 Martha Nussbaum
마사 허버트 Martha Herbert
마사하루 가와타 Masaharu Kawata
마샬 티토 Marshal Tito
마이크 월리스 Mike Wallace
마이클 기셀린 Michael Ghiselin
마이클 길리에리 Michael Ghiglieri
마이클 루터 Michael Rutter
마이클 맥그래스 Michael McGrath
마이클 미니 Michael Meaney
마이클 샌델 Michael Sandel
마이클 월라크 Michael Wallach
마이클 커니스 Michael Kernis
마이클 콜드웰 Michael Caldwell
마이클 토마셀로 Michael Tomasello
마이클 포터 Michael Porter
마커스 펠드만 Marcus Feldman
마크 그린버그 Mark Greenberg
마크 리시 Mark Rissi

마크 미린고프 Mark Miringoff

마크 세레즈 Mark Serreze

마크 쿠니 Mark Cooney

마크 크레이머 Mark Kramer

마키아벨리 Machiavelli

마티유 르 루 Mathieu Le Roux

마틴 Martin

마틴 노왁 Martin Nowak

마틴 루터 Martin Luther

마틴 산체스 얀콥스키 Martin Sanchez
    Jankowski

마틴 셀리그먼 Martin Seligman

막스 셸러 Marx Scheler

막스 슈티르너 Max Stirner

막스 하벨라르 Max Havelaar

막시밀리안 콜베 Maximilien Kolbe

만프레드 막스 니프Manfred Max-Neef

말리니 수차크 Malini Suchak

말브랑슈 Malebranche

말콤 포츠 Malcolm Potts

매튜 프라이스 Matthew Price

매튜 화이트 Matthew White

머레이 스트라우스 Murray Straus

머크 Merck

메러디스 크로포드 Meredith Crawford

메리 고든 Mary Gordon

메리 베스 스탠 Mary Beth Stanne

메어스 Mares

멜라니 클라인 Melanie Klein

멜바 콜드웰 Melba Caldwell

모니크 디 피에로 Monique di Pieirro

모르데차이 팔디엘 Mordecai Paldiel

모리스 바레스 Maurice Barrès

모쉐 스지프 Moshe Szyf

모튼 도이치 Morton Deutsch

모하메드 사노운Mohamed Sahnoun

몽테뉴 Montaigne

무아마르 카다피 Muammar Kaddafi

무자퍼 셰리프 Muzafer Sherif

무함마드 유누스 Muhammad Yunus

뮈야르 드 부글랑 Muyard de Vouglans

미레유 델마 마르티 Mireille Delmas-Marty

미리암 르보 달론 Myriam Revault
    d'Allonnes

미셸 데뮈르제 Michel Desmurget

미셸 로카르 Michel Rocard

미셸 비트볼 Michel Bitbol

미셸 바크먼 Michele Bachmann

미셸 테레첸코 Michel Terestchenko

미카엘 당브룅 Michael Dambrun

미카엘 코스펠트 Michael Kosfeld

미트 롬니 Mitt Romney

밀드레드 무하마드 Mildred Muhammad

밀란 루킥 Milan Lukic

밀턴 프리드먼 Milton Friedman

바를람 샬라모프 Varlam Shalamov

바버라 마이바흐 Barbara Maibach

바버라 터크먼 Barbara Tuchman

바버라 프레드릭슨 Barbara Fredrickson

바버라 하프 Barbara Harff

바요셉 Bar-Yosef

바이올렛 라지 Violet Large

바츨라프 하벨 Vaclav Havel

반다나 시바 Vandana Shiva

발터 마트너 Walter Mattner

배리 슈워츠 Barry Schwartz

버나드 롤린 Bernard Rollin

버나드 매도프 Bernard Madoff,

버지니아 포트나 Virginia Fortna

버트런드 러셀 Bertrand Russell

벌허스 스키너 Burrhus Skinner

벙커 로이 Bunker Roy

베네딕트 카우츠키 Benedikt Kautsky

베네딕트 헤르만 Benedikt Herrmann

베르트랑 베르즐리 Bertrand Vergely

베아트리스와 존 휘팅Beatrice and John

Whiting

베타니 라시나 Bethany Lacina

벤 골드에이커 Ben Goldacre

벤자민 샌터 Benjamin Santer

벨리나 보드 Belina Board

보르흐 야콥센 Borch-Jacobsen

보리스 시륄니크 Boris Cyrulnik

보리스 콜라르디 Boris Collardi

볼테르 Voltaire

볼프 싱어 Wolf Singer

볼프강 쾰러 Wolfgang Köhler

브라이언 넛슨 Brian Knutson

브라이언 헤어 Brian Hare

브랜든 브라이언트 Brandon Bryant

브랜든 센터월 Brandon Centerwall

브렌트 필드 Brent Field

브루노 베텔하임 Bruno Bettelheim

브루스 노프트 Bruce Knauft

브루스 바톨로우 Bruce Bartholow

브뤼노 로슈 Bruno Roche

브리타 휠첼 Britta Hölzel

브리트니 젠틸 Brittany Gentile

비요른 롬보르 Bjorn Lomborg

빅터 레보 Victor Lebow

빅토르 프랑클 Viktor Frankl

빅토리아 호너 Victoria Horner

빈센트 제프리스 Vincent Jeffries

빌 조지 Bill George

빌 프리즈 Bill Freese

빌프레도 파레토 Vilfredo Pareto

빕 라테인 Bibb Latane

사기 Sagi

사담 후세인 Saddam Hussein

사무엘 스토우퍼 Samuel Stouffer

사무엘 올리너 Samuel Oliner

사무엘 피프스 Samuel Pepys

사이러스 시걸 Syrus Segal

사이먼 락스 Simon Laks

사이먼 쿠즈네츠 Simon Kuznets

산짓 벙커 로이 Sanjit Bunker Roy

살림 Saleem

살만 칸 Salman Khan

샤이엔 인디언 Cheyenne

샨티데바 Shantideva

샬롬 슈워츠 Shalom Schwartz

성 베네딕트 St. Benedict

성 존 크리소스톰 Saint John Chrysostom

성 아우구스티누스 St. Augustine

세네카 Seneca

세드릭 스미스 Cedric Smith

세라 라자르 Sara Lazar

세라 블래퍼 허디 Sarah Blaffer Hrdy

세락 Ceyrac

숀 몬슨 Shaun Monson

세르주 모스코비치 Serge Moscovici

세르주 크리스토프 콜름 Serge-Christophe
    Kolm

세첸 테니 달겔링 Shechen Tennyi
    Dargyeling

센드리 허처슨 Cendri Hutcherson

셜리 스트럼 Shirley Strum

셰리 터클 Sherry Turkle

셰첸 랍잠 린포체 Shechen Rabjam
    Rinpoche

셸던 Sheldon

쇠렌 옌센 Søren Jensen

쇼나 샤피로 Shauna Shapiro

수 카터 Sue Carter

수 코 Sue Coe

수니타 나래인 Sunita Narain

수잔 라이베르크 Susanne Leiberg

수잔 벅 콕스 Susan Buck Cox

쉐리 워시본 Sherry Washburn

쉐일라 Sheila

쉘 알레크레트 Kjell Aleklett

쉴라 에르난데스 Sheila Hernandez

슈만 Schumann
슈테판 츠바이크 Stefan Zweig
스미스필드사 Smithfield Company
스베틀라나 브로즈 Svetlana Broz
스와니 헌트 Swanee Hunt
스와미 프라지난파드 Swami Prajnanpad
스코트 러셀 샌더스 Scott Russell Sanders
스코트 스트로스 Scott Straus
스탠 브록 Stan Brock
스탠리 밀그램 Stanley Milgram
스탠리 코헨 Stanley Cohen
스탠스베리 Stansbury
스테판 에셀 Stephane Hessel
스테판 파칼라 Stephen Pacala
스테판 푸카르 Stéphane Foucart
스테판 호프만 Stefan Hofmann
스튜어트 월리스 Stewart Wallis
스티브 보얀 Steve Boyan
스티브 트리키 Steve Trickey
스티븐 코슬린 Stephen Kosslyn
스티븐 포브스 Stephen Forbes
스티븐 포스트 Stephen Post
스티븐 핑커 Steven Pinker
스피노자 Spinoza
스필버그 Spielberg
슬로보단 Slobodan
시살리아오 스벵수카 Sisaliao Svengsuka
시어도어 루스벨트 Theodore Roosevelt
신시아 닐 Cynthia Neal
신시아 모스 Cynthia Moss
신야 야마모토 Shinya Yamamoto
실베스터 스탤론 Sylvester Stallone
실뱅 다르닐 Sylvain Darnil
심 칼라스 Siim Kallas
아나이스 레세기에 Anais Resseguier
아나톨리 마르첸코 Anatoly Marchenko
아돌프 그륀바움 Adolf Grünbaum
아돌프 볼게무트 Adolf Wohlgemuth

아드리안 레인 Adrian Raine
아드리안 홀리스 Adrian Hollis
아로클로르 Aroclor
아론 벡 Aaron Beck
아르노 라가르데르 Arnaud Lagardère
아리스토파네스 Aristophanes
아리아나 발로타 Arianna Ballotta
아마르티아 센 Amartya Sen
아모스 트버스키 Amos Tversky
아베 피에르 Abbe Pierre
아벨 파즐 Abel Fazle
아비지트 센 Abhijit Sen
아서 쇼크로스 Arthur Shawcross
아스트라 제네카 AstraZeneca
아시시의 성 프란체스코 Saint Francis of
  Assisi
아이블 아이베스펠트 Irenaus Eibl-
  Eibesfeldt
아인 랜드 Ayn Rand
안 판 An Pan
안나 O Anna O
안데르스 브레이비크 Anders Breivik
알랜 그로스 Alan Gross
알랭 드노 Alain Deneault
알렉산더 지단세크 Aleksander Zidansek
알렉상드르 볼링 Alexandre Bolling
알렉상드르 졸리앙 Alexandre Jollien
알렉시 드 토크빌 Alexis de Tocqueville
알버트 슈바이처 Albert Schweitzer
알버트 아인슈타인 Albert Einstein
알베르 카뮈 Albert Camu
알퐁스 드 발렌스 Alphonse De Waelhens
알프레드 테니슨 Alfred Lord Tennyson
알프레드 호헤 Alfred Hoche
알피 콘 Alfie Kohn
앙드레 말로 Andre Malraux
앙드레 콩트 스퐁빌 André Comte-
  Sponville

앙드레 트로크메 André Trocmé
앙리 라코르데르 Henri Lacordaire
앙리 바뤼크 Henri Baruk
앙리 엘랑베르제 Henri Ellenberger
앙리 페탱 Henri Petain
앙리 필리피 Henri Philippi
앙투안 루츠 Antoine Lutz
앙투완 바카로 Antoine Vaccaro
앙헬 구리아 Ángel Gurría
애덤 갈린스키 Adam Galinsky
애덤 스미스 Adam Smith
애덤 앵글 Adam Engle
애미쉬 자 Amishi Jha
앤더스 비크만 Anders Wijkman
앤드류 베르그 Andrew Berg
앤드류 셩 Andrew Sheng
앤드류 카네기 Andrew Carnegie
앤소니 스워포드 Anthony Swofford
앨 고어 Al Gore
앨런 그린스펀 Alan Greenspan
앨런 롱 Alan Long
앨런 룩스 Allan Luks
앨런 깁스 Alan Gibson
앨런 월러스 Alan B. Wallace
앨버트 J. 브라운 Albert J. Brown
앨버트 반두라 Albert Bandura
앰버 나라얀 Amber Narayan
야쿠바 사와도고 Yacouba Sawadogo
얀 르 투믈랭 Yahne Le Toumelin
얀 아르튀스 베르트랑 Yann Arthus-
　　Bertrand
얀 아모스 코멘스키 Johann Amos
　　Comenius
양원 Yang Yun
어니스트 와인더 Ernest Wynder
어니스트 자워스키 Ernest Jaworski
어니스트 패트리지 Ernest Partridge
어빈 스타브 Ervin Staub

업턴 싱클레어 Upton Sinclair
에드 디너 Ed Diener
에드가 모랭 Edgar Morin
에드워드 O. 윌슨 Edward O. Wilson
에드워드 롱 Edward Long
에드워드 프리먼 Edward Frieman
에드워드 버네이스 Edward Bernays
에드워드 컴퍼스 Edward Compass
에드워드 티치너 Edward Titchener
에디스 브라운 와이스 Edith Brown Weiss
에디트 슈타인 Edith Stein
에르베 르 크로니에 Hervé Le Crosnier
에른스트 페르 Ernst Fehr
에리히 마리아 레마르크 Erich Maria
　　Remarque
에리히 프롬 Erich Fromm
에릭 랑뱅 Éric Lambin
에릭 스톡스 Eric Stocks
에릭 콘웨이 Erik Conway
에릭 해리스 Eric Harris
에밀 뒤르켐 Emile Durkheim
에밀 멘첼 Emil Menzel
에밀 보드망 Émile Baudement
에밀 졸라 Émile Zola
에브 Ève
에이브러햄 링컨 Abraham Lincoln
에이브러햄 매슬로 Abraham Maslow
에프라임 그르나두 Ephraïm Grenadou
에피쿠로스 Epicurus
엑토르 Hector
엔리코 카란텔리 Enrico Quarantelli
엘 마타비에하스 El Mataviejas
엘라 바트 Ela Bhatt
엘라벤 바트 Elaben Bhatt
엘레인 월스터 Elaine Walster
엘리 리드비터 Elli Leadbeater
엘리 코넨 Elly Konijn
엘리너 오스트롬 Elinor Ostrom

엘리어트 애런슨 Elliot Aronson
엘리엇 소버 Elliott Sober
엘리엇 투리엘 Elliot Turiel
엘리오 리볼리 Elio Riboli
엘리자베스 던 Elizabeth Dunn
엘리자베스 바댕테르 Elisabeth Badinter
엘리자베스 팔룩 Elizabeth Paluck
엘리자베트 드 퐁트네 Elisabeth de
 Fontenay
엘모 줌왈트 Elmo Zumwalt
엘버트 J. 브라운 Albert J. Brown
엠마 서튼 Emma Sutton
오귀스트 드퇴프 Auguste Detoeuf
오로미아 Oromia
오르테가 이 가세트 Ortega y Gasset
오메프라졸 omeprazole
오스본 라크류 Asbjorn Rachlew
오스카 피스터 Oskar Pfister
오토 슈프링거 Otto Springer
오토 케른버그 Otto Kernberg
올가 클리메키 Olga Klimecki
올겐 쿤장 최링 Orgyen Kunzang Choling
올리버 웬델 홈즈 Oliver Wendell Holmes
올리비에 드 슈터 Olivier De Schutter
올리스타트 Orlistat
왓슨 Watson
요제프 브로이어 Josef Breuer
요제프 크라머 Josef Kramer
요한 록스트롬 Johan Rockström
우겐 왕축 Ugyen Wangchuck
우다드 Woodard
우드로 윌슨 Woodrow Wilson
우탐 산엘 Uttam Sanjel
워렌 버핏 Warren Buffet
월즈 미트 Wall's Meat
월터 펭그 Walter Pengue
웨슬리 오트리 Wesley Autrey
웨인 칠리키 Wayne Chilicki

윈스턴 처칠 Winston Churchill
윌 스테폰 Will Steffen
윌리엄 노드하우스 William Nordhaus
윌리엄 니런버그 William Nierenberg
윌리엄 도널드 해밀턴 William Donald
 Hamilton
윌리엄 랜디스 William Landes
윌리엄 맥그루 William McGrew
윌리엄 맥두걸 William McDougall,
윌리엄 맨체스터 William Manchester
윌리엄 옵다이크 William Opdyke
윌리엄 제임스 William James
윌리엄 하보 William Harbaugh
윌리엄스 Williams
유리 해슨 Uri Hasson
유스케 사라야 Yusuke Saraya
유제니아 긴즈버그 Eugenia Ginzburg
율리우스 베어 Julius Baer
이다 쿠비셰브스키 Ida Kubiszewski
이디 아민 Idi Amin
이레나우스 아이블 아이베스펠트 Irenaus
 Eibl-Eibesfeldt
이레네 구트 옵다이크 Irene Gut Opdyke
이매뉴엘 사에즈 Emmanuel Saez
이노센트 4세 Pope Innocent IV
이브 에크만 Eve Ekman
이안 앵거스 Ian Angus
이언 더글러스 해밀턴 Iain Douglas-
 Hamilton
이요스 코추 Ilios Kotsou
이지키엘 몰리나 Ezequiel Molina
자멜레 리골리니 Jamele Rigolini
자이 프라카시 나라얀 Jai Prakash Narayan
자코모 리촐라티 Giacomo Rizzolatti
자크 카보 Jacques Cabau
자크 라캉 Jacques Lacan
자크 르콩트 Jacques Lecomte
자크 반 릴라에 Jacques Van Rillaer

자크 세믈랭 Jacques Sémelin
자크 아탈리 Jacques Attali
자크 오슈만 Jacques Hochmann
장 데세티 Jean Decety
장 바티스트 세 Jean-Baptiste Say
장 뱅상 플라세 Jean Vincent Placé
장 사뮈엘 Jean Samuel
장 샤를르 뒤퐁 Jean-Charles Dupont
장 조레스 Jean Jaurès
장 지로두 Jean Giraudoux
장 칼라 Jean Calas
장 프랑수아 데샹 Jean-François
 Deschamps
장 피아제 Jean Piaget
장 피자니 페리 Jean Pisani-Ferry
장 하츠펠드 Jean Hatzfeld
장 미셸 세브리노 Jean-Michel Severino
장 자크 루소 Jean-Jacques Rousseau
장 프랑수아 데샹 Jean-Francois
 Deschamps
제레미 포티에 Jeremie Pottier
장 프랑수아 르벨 Jean-François Revel
재레드 다이아몬드 Jared Diamond
잭 도비디오 Jack Dovidio
제노 프랑코 Zeno Franco
제라르 타르디 Gérard Tardy
제라르 프뤼니에 Gerard Prunier
제럴드 윌킨슨 Gerald Wilkinson
제레미 리프킨 Jeremy Rifkin
제롬 케이건 Jerome Kagan
제르맨 티용 Germaine Tillon
제이미 사베드라 Jaime Saavedra
제인 구달 Jane Goodall
제인 길햄 Jane Gillham
제임스 K. 갤브레이스 James K. Galbraith
제임스 구스타브 스페스 James Gustave
 Speth
제임스 레이첼스 James Rachels

제임스 문 James Moon
제임스 바레티 James Barretti
제임스 블레어 James Blair
제임스 인호프 James Inhofe
제임스 쿨리크 James Kulik
제임스 토빈 James Tobin
제임스 프리먼 클라크 James Freeman
 Clarke
제임스 헌트 James Hunt
젭 부시 Jeb Bush
제프 스킬링 Jeff Skilling
제프리 삭스 Jeffrey Sachs
제프리 카펜터 Jeffrey Carpenter
조 피셔 Joe Fisher
조나단 오스트리 Jonathan Ostry
조나단 코헨 Jonathan Cohen
조나단 패츠 Jonathan Patz
조나단 폴리 Jonathan Foley
조나단 하스 Jonathan Haas
조너선 사프란 포어 Jonathan Safran Foer
조너선 하이트 Jonathan Haidt
조디 윌리엄스 Jody Williams
조셉 레진스키 Joseph Wresinski
조셉 스티글리츠 Joseph Stiglitz
조셉 시보마나 Joseph Sibomana
조셉 알트만 Joseph Altman
조슈아 그랜트 Joshua Grant
조슈아 플로트니크 Joshua Plotnik
조앤 실크 Joan Slik
조엘 모키어 Joel Mokyr
조엘 캉도 Joël Candau
조엘 파인버그 Joel Feinberg
조이날 애버딘 Joynal Abedin
조지 버나드 쇼 George Bernard Shaw
조지 부시 1세 George Bush Sr.
조지 부시 2세 Bush Junior
조지 산타야나 George Santayana
조지 소로스 George Soros

조지 프라이스 George Price
조지프 버틀러 Joseph Butler
존 B. 왓슨 John B. Watson
존 K. 갤브레이스 John K. Galbraith
존 달리 John Darley
존 더글러스 John Douglas
존 던 John Dunne
존 드루리 John Drury
존 라이트 John Wright
존 릴리 John Lilly
존 맥클린 John Mecklin
존 무하마드 John Muhammad
존 뮬러 John Mueller
존 스튜어트 밀 John Stuart Mill
존 심커스 John Shimkus
존 왓슨 John Watson
존 카밧진 Jon Kabat-Zinn
존 콥 John Cobb
존 키건 John Keegan
존 티즈데일 John Teasdale
존 프랜시스 퀴니 John Francis Queeny
존 피어폰트 모건 John Pierpont Morgan
존 헬리웰 John Helliwell
존 힐 John Hill
줄리오 토노니 Giulio Tononi
줄 차니 Jule Charney
쥘 르나르 Jules Renard
지그문트 프로이트 Sigmund Freud
지미 카터 Jimmy Carter
지타 세레니 Gitta Sereny
직메 셍계 왕축 Jigme Sengye Wangchuck
직메 싱계 왕축 Jigme Singye Wangchuck
직메 케살 남걀 왕축 Jigme Khesar namgyel
    Wangchuck
직메 켄체 린포체 Jigme Khyentse Rinpoche
진 트웬지 Jean Twenge
진델 시걸 Zindel Segal
질 바비네 Gilles Babinet

차링 크로스 Charing Cross
차우세스쿠 Ceausescu
찬드라키르티 Chandrakirti(月稱)
찰리 던바 브로드 Charlie Dunbar Broad
찰스 레이즌 Charles Raison
찰스 만 Charles Mann
찰스 코크 Charles Koch
찰스 테일러 Charles Taylor
찰스 퍼거슨 Charles Ferguson
찰스 휘트먼 Charles Whitman
척 레이존 Chuck Raison
척 피니 Chuck Feeney
체사레 베카리아 Cesare Beccaria
첸 린 쿨리크 Chen-Lin Kulik
초걈 트룽파 Chogyam Trungpa
촘푸눗 Chompunut
츠베탕 토도로프 Tzvetan Todorov
츠토무 야마구치 Tsutomu Yamaguchi
칭기즈 칸 Genghis Khan
카렌 라이비치 Karen Reivich
카렌 호나이 Karen Horney
카롤린 르시르 Caroline Lesire
카루나 셰첸 Karuna Shechen
카를 빈딩 Karl Binding
카를로 알베르토 블랑 Carlo Alberto Blanc
카를로스 메넴 Carlos Menem
카리 Kari
카리스 뷔스케 Carisse Busquet
카타리나 프리츤 Katarina Fritzon
카프카 Kafka
칸귤 린포체 Kangyur Rinpoche
칸딘스키 Kandinsky
칼 구스타프 융 Carl Gustav Jung,
칼 레빈 Carl Levin
칼 마르크스 Karl Marx
칼 포퍼 Karl Popper
칼 표도로비치 케슬러 Karl Fedorovich
    Kessler

칼라 브리시다 Karla Breceda
칼라 하렌스키 Carla Harenski
칼튼 쿤 Carlton Coon
캐롤 엠버 Carole Ember
캐롤린 잔 왁슬러 Carolyn Zann-Waxler
캐슬린 블랑코 Kathleen Blanco
커크 브라운 Kirk Brown
커크 엔디코트 Kirk Endicott
커트 스콰이어 Kurt Squire
케네스 굿 Kenneth Good
케네스 볼딩 Kenneth Boulding
케이트 젠킨스 Cate Jenkins
케이트 피케트 Kate Pickett
켄 쿡 Ken Cook
켄트 키엘 Kent Kiehl
켈상 갸초 Kelsang Gyatso
켈소 그레코 Celso Grecco
코르넬리위스 피츠네 Cornelius Pietzner
코리나 타니타 Corina Tarnita
코피 아난 Kofi Annan
콘라트 로렌츠 Konrad Lorenz
콜린 턴불 Colin Turnbull
쿠르트 요나손 Kurt Jonassohn
쿠클럭스클랜 Ku Klux Klan
크레이그 앤더슨 Craig Anderson
크리스 무니 Chris Mooney
크리스토퍼 바레트 Christopher Barlett
크리스토퍼 보엠 Christopher Boehm
크리스토퍼 브라우닝 Christopher
  Browning
크리스토퍼 치펀데일 Christopher
  Chippindale
크리스토프 보슈 Christophe Boesch
크리스토프 앙드레 Christophe André
크리스티나 매슬랙 Christina Maslach
크리스티안 비르트 Christian Wirth
크리스틴 네프 Kristin Neff
크리스틴 먼로 Kristen Monroe

크릭 Crick
크메르루즈 Khmer Rouge
클라이드 허츠만 Clyde Herzman
클라크 Clark
클레 Klee
클레어 팔머 Clare Palmer
클렉클리 Cleckley
클로드 디올로장 Claude Diologent
클로드 스베스트르 Claude Sevaistre
클로드 알레그르 Claude Allègre
클리프 사론 Cliff Saron
클로드 레비 스트로스 Claude Levi Straus
키르츠네르 Kirchner
키스 캠벨 Keith Campbell
키스 페인 Keith Payne
키이스 캠벨 Keith Campbell
키이스 토핑 Keith Topping
키케로 Cicero
킬리 햄린 J. Kiley Hamlin
킴 힐 Kim Hill
킴벌리 스코너트 레이철 Kimberly
  Schonert-Reichl
타니아 싱어 Tania Singer
타데우시 보로프스키 Tadeusz Borowski,
타란티노 Tarantino
타렉 투발 Tarek Toubale
타케시 히라야마 Takeshi Hirayama
탬진 래트클리프 Tamzin Ratcliffe
테레사 로메로 Teresa Romero
테렌스 로바트 Terence Lovat
테오도어 립스 Theodor Lipps
템플 그랜딘 Temple Grandin
토마스 셸링 Thomas Schelling
토마스 글래스 Thomas Glass
토마스 네이젤 Thomas Nagel
토마스 부그냐르 Thomas Bugnyar
토마스 스컬리 Thomas Scully
토마스 에디슨 Thomas Edison

토마스 제퍼슨 Thomas Jefferson
토마스 호머 딕슨 Thomas Homer-Dixon
토마스 홉스 Thomas Hobbes
톰 맥콜 Tom McCall
톰 크루즈 Tom Cruise
툴식 린포체 Trulshik Rinpoche
툽텐 진파 랑그리 Thubten Jinpa Langri
트룽파 린포체 Trungpa Rinpoche
트리스탕 르콩트 Tristan Lecomte
티모시 윌슨 Timothy Wilson
티에리 롬바르 Thierry Lombard
티에리 페슈 Thierry Pech
팀 잭슨 Tim Jackson
팀 캐서 Tim Kasser
파록세틴 Paroxetine
파르타 다스굽타 Partha Dasgupta
파반 수크데프 Pavan Sukhdev
파스칼 라미 Pascal Lamy
파스칼 브뤼크네르 Pascal Bruckner
파울 크뤼첸 Paul Crutzen
파즐 아베드 Fazle Abed
파트릭 레즈롱 Patrick Legeron
파트릭 비브레 Patrick Viveret
파트릭 카레 Patrick Carré
펄 올리너 Pearl Oliner
파리드 자카리아 Fareed Zakaria
페르난도 노테봄 Fernando Nottebohm
페르난두 엔히크 카르도주 Fernando
　　Henrique Cardoso
페를라 칼리만 Perla Kaliman
페마 왕걀 린포체 Pema Wangyal Rinpoche
페어트레이드 Fairtrade
페이들 제이단 Fadel Zeidan
페터 슬로터다이크 Perter Sloterdijk
펠릭스 바르네켄 Felix Warneken
폴 가버 Paul Garber
폴 길버트 Paul Gilbert
폴 라이언 Paul Ryan

폴 마주르 Paul Mazur
폴 바비악 Paul Babiak
폴 버그 Paul Berg
폴 브로카 Paul Broca
폴 블룸 Paul Bloom
폴 새뮤얼슨 Paul Samuelson
폴 쇠쟁 Paul Ceuzin
폴 에크만 Paul Ekman
폴 콘던 Paul Condon
폴 크루그먼 Paul Krugman
폴 테이큰 Paul Tacon
폴 포트 Pol Pot
폴린 앙드레 Pauline André
표트르 크로포트킨 Pierre Kropotkine
프란스 드 발 Frans de Waal
프란시스 무어 라페 Frances Moore Lappé
프란시스코 바렐라 Francisco Varela
프란체스코 카발리 스포르차 Francesco
　　Cavalli-Sforza
프란츠 슈탕글 Franz Stangl
프란츠 파농 Frantz Fanon
프랑수아 루스탕 François Roustang
프랑수아 미테랑 François Mitterrand
프랑수아 자콥 François Jacob
프랑수아즈 들리베 Françoise Delivet
프랜시스 베이컨 Francis Bacon
프랜시스 에지워스 Francis Edgeworth
프랜시스 파러 Frances Farrer
프랜시스 허치슨 Francis Hutcheson
프랜시스 후쿠야마 Francis Fukuyama
프랭크 라뮈스 Franck Ramus
프랭크 샤프 Frank Sharp
프랭크 초크 Frank Chal
프랭크 치오피 Frank Cioffi
프랭크 후 Frank Hu
프랭클린 포드 Franklin Ford
프레데릭 드 비뉴몽 Frederique de
　　Vignemont

프레드 C. 헤일리 Fred C. Haley
프레드 게이지 Fred Gage
프레드 싱어 Fred Singer
프레드릭 로벨리우스 Fredrick Robelius
프레드릭 사이츠 Frederick Seitz
프레드릭 짐머만 Frederick Zimmerman
프레스크리르 Prescrire
프리드리히 니체 Friedrich Nietzsche
프리드리히 엥겔스 Friedrich Engels
프리드릭 트리쉬 Frederick Treesh
프리모 레비 Primo Levi
플라우투스 Plautus
플로라 로벅 Flora Roebuck
플로랑스 베베르 Florence Weber
피에르 라비 Pierre Rabhi
피터 보타 Pieter Botha
피에르 레이 Pierre Rey
피에르 신부 l'abbé Pierre
피에르 오미디야르 Pierre Omidyar
피에르 자케 Pierre Jacquet
피오 Pio
피오나 가들리 Fiona Godlee
피터 가드너 Peter Gardner
피터 리처슨 Peter Richerson
피터 마쉬 Peter Marsh
피터 브레크 Peter Brecke
피터 싱어 Peter Singer
피터 에릭슨 Peter Eriksson
피터 코헨 Peter Cohen
필 셰이버 Phil Shaver
필립 마스클리에 Philippe Masqueli
필립 모리스 Philip Morris
필립 존스 Philip Johns
필립 짐바르도 Philip Zimbardo
필립 쿠릴스키 Philippe Kourilsky
필립 할리 Philip Hallie
하몬 존스 Hamon-Jones
하비 파인버그 Harvey Fineberg

하이츠 레이만 Heinz Leymann
하인즈 코허트 Heinz Kohut
하인츠 레이만 Heinz Leymann
한스 토흐 Hans Toch
한스 베르너 비어호프 Hans-Werner
  Bierhoff
해롤드 타쿠시안 Harold Takooshian
해리 설리반 Harry Sullivan
해리엇 비처 스토 Harriet Beecher Stowe
해리슨 Harrison
허먼 데일리 Herman Daly
허버트 마쉬너 Herbert Maschner
허버트 스펜서 Herbert Spencer
허먼 케인 Herman Cain
허쉬 Hirschi
헤겔 Hegel
헤네폴라 구나라타나 Bhante Henepola
  Gunaratana
헨리 데이비드 소로 Henry David Thoreau
헨리 민츠버그 Henry Mintzberg
헨리 타지펠 Henri Tajfel
헨리 폴슨 Henry Paulson
헬렌 웡 Helen Weng
호세 무히카 José Mujica
호프만 Hoffman
후루노 다카오 Takao Furuno
후리아 자자이에리 Hooria Jazaieri
후설 Husserl
휴 그랜트 Hugh Grant
히틀러 Hitler

이희수

서울대학교에서 언어학을 전공하고 프랑스 파리 제7 대학에서 언어학 석사 과정을 수료하고
영화학교 ESEC에서 공부했다. 현재 불어와 영어 전문 번역가로 활동하고 있다.
『힘 있는 말하기』,『크리에이터를 위한 창업 노하우 A to Z』,『디자이너, 디자인을 말하다』,
『로고 디자인의 비밀』,『타이포그래피 불변의 법칙 100가지』,『책 읽는 뇌』,『생명 탄생의 비밀』,
『프로젝트에 강한 팀장의 비밀』,『서비스 슈퍼스타 7』등을 우리말로 옮겼다.

이타심
자신과 세상을 바꾸는 위대한 힘

초판 1쇄 발행 2019년 4월 2일

지은이	마티유 리카르
옮긴이	이희수
디자인	류지혜

발행처	하루헌
발행인	배정화
주소	서울시 서초구 방배로 43길 5 1-1208 (우편번호: 06556)
전화	02-591-0057
홈페이지	www.haruhunbooks.com
이메일	haruhunbooks@gmail.com

공급처	(주)북새통
주소	서울시 마포구 방울내로 7길 (우편번호: 03955)
전화	02-338-0117
팩스	02-338-7160
이메일	thothbook@naver.com

잘못된 책은 구입하신 곳에서 교환해 드립니다.
가격은 뒤표지에 있습니다.

ISBN 979-11-962611-1-5 03330

이 도서의 국립중앙도서관 출판예정도서목록(CIP)은 서지정보유통지원시스템
홈페이지(http://seoji.nl.go.kr)와 국가자료종합목록시스템(http://www.nl.go.kr/kolisnet)에서
이용하실 수 있습니다. (CIP제어번호 : CIP2019008162)